CH. NODIER

LA COMBE DE L'HOMME MORT

Polichinelle.
L'Homme et la Fourmi.

Edité par
HENRI GAUTIER
55, QUAI DES GRANDS AUGUSTINS-55
PARIS

N° 461 — Il paraît un volume par semaine

Directeur littéraire de la *Nouvelle Bibliothèque Populaire* :

ALFRED ERNST

AVIS A NOS ABONNÉS

Nous rappelons à nos abonnés que tout changement d'adresse doit être accompagné d'une bande indiquant l'adresse ancienne et de *cinquante centimes* en timbres-poste français ou autre valeur sur Paris.

CHARLES NODIER

LA COMBE DE L'HOMME MORT. — POLICHINELLE. — L'HOMME
ET LA FOURMI. — LE PAYS DES RÊVES.

Notice littéraire.

    Les contes et fantaisies de Charles Nodier que nous offrons aujourd'hui à nos lecteurs leur feront connaître quelques faces nouvelles de cet esprit si varié, d'un talent si curieux, avec lequel ils ont déjà fait deux fois connaissance, connaissance d'ailleurs qu'on aime à entretenir, car l'on trouverait difficilement un causeur plus agréable, un conteur plus disert que Nodier. Cet agrément est même, à notre avis, son mérite propre et sa caractéristique principale.
    En effet, il ne faudrait pas demander à Charles Nodier la puissance de création de Balzac, la forte et élégante concision de Mérimée, la longue imagination de Walter Scott, la surabondance de passion de George Sand. Il fut tout différent, d'autre part, des brillants romantiques avec lesquels il vécut, qu'il encouragea, patronna, et qui trouvèrent, en son hospitalier salon de l'Arsenal, un lieu de réunion plein de charme, Hugo, Dumas, Alfred de Vigny, Emile Deschamps... Nodier, d'une intelligence très ouverte d'un goût très sûr et d'un jugement très fin, sentait bien qu'il tenait à la génération précédente par son éducation et ses souvenirs. Plus âgé que les ardents protagonistes du romantisme, il comprenait qu'il ne pouvait entrer avec eux dans l'arène des luttes enthousiastes, et marcher auprès d'eux du même pas. Surtout, il connaissait la nature de son talent, merveilleusement propre aux fantaisies de courte haleine, aux ingénieux aperçus, à ces narrations brèves et rapides, colorées de sentiment et parfois de poésie, qui constituent l'une des plus réelles originalités de la littérature française. Il laissait donc ses amis plus jeunes livrer les grandes batailles du drame, du roman aux vastes proportions et de la poésie lyrique, et se contentait d'exercer sur eux une discrète influence, par

ses conseils, ses remarques, ses encouragements. Du reste, philologue, lettré, botaniste, voyageur, érudit, archéologue, journaliste, traducteur, « essayiste », comme diraient les Anglais, très familiarisé avec les littératures étrangères, il eut ainsi, par sa conversation, par ses œuvres même, une certaine action indirecte sur la première période du romantisme.

La Combe de l'homme mort, que nous publions aujourd'hui, appartient au genre fantastique, où Nodier excelle, qui lui inspira, par exemple, *Trilby*, *Inès de la Sierra*, *la Légende de sœur Béatrix*. Dans *Polichinelle*, l'auteur se montre observateur avisé de la société et des individus, des mœurs, des caractères, des ridicules, et, en paradoxes amusants, il conclut de l'histoire de Polichinelle à celle de l'humanité. Dans le *Pays des rêves*, cet esprit paradoxal et plaisant se manifeste encore quelque peu, mais avec une ironie moins gaie, et plus d'une réflexion profonde, voire inquiétante.

L'homme et la fourmi, grand apologue en prose sous forme de conte, est plus qu'une jolie chose : c'est une belle chose. Jamais le style de Charles Nodier n'a été meilleur; jamais, dans un cadre restreint, il n'a enclos plus de pensée, on pourrait dire plus de philosophie. En résumé, les pages de Nodier qui composent le présent volume réunissent les qualités dominantes de son talent. On a pu adresser maints reproches au célèbre conteur, blâmer son caractère privé, contester la véracité de ses souvenirs historiques, découvrir même en son œuvre des passages qui ont vieilli, mais les mérites, dont nous venons de parler, ne sauraient être niés ou mis en doute. Telle est l'opinion de tous les bons juges; tel est également, nous en sommes certains, l'avis motivé de nos lecteurs.

ALFRED ERNST.

LA COMBE DE L'HOMME MORT [1]

Il s'en fallait de beaucoup, en 1561, que la route de Bergerac à Périgueux fût aussi belle qu'aujourd'hui. La grande forêt de châtaigniers qui en occupe encore une partie était bien plus étendue et les chemins bien plus étroits ; et dans l'endroit où elle est suspendue sur une gorge profonde qu'on appelait alors *la Combe du reclus*, la pente de la montagne qui aboutissait à cette vallée était si âpre et si périlleuse que les plus hardis osaient à peine s'y hasarder en plein jour. Le 1er novembre de cette année-là, propre jour de la Toussaint, elle aurait pu passer, à huit heures du soir, pour tout à fait impraticable, tant la rigueur prématurée de la saison ajoutait de dangers à ses difficultés naturelles. Le ciel, obscurci dès le matin par une bruine rude et sifflante, mêlée de neige et de grêlons, ne se distinguait en rien, depuis le coucher du soleil, des horizons les plus sombres ; et comme il se confondait par ses ténèbres avec les ténèbres de la terre, les bruits de la terre se mêlaient aussi avec les siens d'une manière horrible, qui faisait dresser les cheveux sur le front des voyageurs. L'ouragan, qui grossissait de minute en minute, se traînait en gémissements comme la voix d'un enfant qui pleure ou d'un vieillard blessé à mort qui appelle du secours ; et l'on ne savait d'où provenaient le plus ces affreuses lamentations, des hauteurs de la nue ou des échos du précipice, car elles roulaient avec elle des plaintes parties des forêts, des mugissements venus des étables, l'aigre criaillement des feuilles sèches fouettées en tourbillons par le vent, et l'éclat des arbres morts que fracassait la tempête ; cela était épouvantable à entendre.

La combe noire et creuse dont je parlais tout à l'heure opposait

---

1. *Combe* est un mot très français qui signifie une vallée étroite et courte, creusée entre deux montagnes, et où l'industrie des hommes est parvenue à introduire quelque culture. Il n'y a pas un village dans tout le royaume où cette expression ne soit parfaitement intelligible ; mais on l'a omise dans le Dictionnaire, parce qu'il n'y a point de *combe* aux Tuileries, aux Champs-Élysées et au Luxembourg.

(Note de Nodier.)

à ceci, sur un de ses points, un contraste frappant, une clarté fixe, mais large et flamboyante, qui s'épanouissait d'en bas comme le panache d'un volcan ; et, de la porte ouverte à deux battants qui lui donnait passage, montaient des bouffées de rires capables d'égayer le désespoir. C'est que c'était la forge de Toussaint Oudard, le maréchal ferrant, qui était parvenu à l'âge de quarante ans sans se connaître un seul ennemi, et qui solennisait joyeusement l'anniversaire de sa fête à la lueur de ses fourneaux et au milieu de ses ouvriers, étourdis par le plaisir et par le vin.

Ce n'est pas que Toussaint eût jamais violé la solennité des saints jours pour armer la sole d'un cheval ou pour ferrer une roue, à moins qu'il n'y fût contraint par quelques accidents inopinés survenus à des étrangers en voyage, et alors il ne tirait aucun salaire de son labeur ; mais sa forge ne cessait d'ardre en aucun temps dans les fêtes les plus scrupuleusement fériées, parce qu'elle servait de fanal, surtout pendant la mauvaise saison, aux pauvres passants égarés, qui y étaient toujours les bienvenus ; et quand on voulait indiquer parmi les paysans de la combe la maison de Toussaint Oudard, fils de Tiphaine, on l'appelait communément l'auberge de la Charité.

Toussaint entra tout à coup dans une grande cuisine contiguë à la forge, où quelques pièces de gibier et de boucherie achevaient de rôtir devant un feu clair et bien nourri qui aurait fait envie à la forge même, sous l'ample manteau d'une de ces cheminées du vieux temps que l'aisance semblait avoir inventées pour l'hospitalité.

— Voilà qui va bien, dit-il en s'adressant gaiement à une vieille femme qui était assise sur un pliant à l'angle de la cheminée, et dont le visage grave et doux brillait, vivement éclairé par une lampe de cuivre à trois becs, posée sur une console de plâtre historié, mais fort noircie par la fumée et par le temps ; il m'est avis que tous les petits sont couchés et que le joli troupeau des jeunes filles de la combe vous fait aussi bonne compagnie qu'à l'ordinaire pour la veillée qui commence. Dieu me garde de la laisser troubler par les éclats de mes garçons que le bruit de l'enclume a depuis longtemps assourdis, et qui ne sauraient s'entendre entre eux s'ils ne hurlent comme des loups. Je viens de les dépêcher dans ma chambre à coucher d'où leurs cris n'arriveront plus jusqu'à vous, et où vous aurez la bonté, ma mère, de nous envoyer le reste de ces béatilles par une de vos servantes, la plus mûre et la plus rechignée qu'il y ait, si faire se peut, et pour cause. Conservez cependant quelque bon lopin pour les pauvres diables que le mauvais temps pourrait nous amener ; et quant à vos gentes amies, tâchez de les bien régaler, à leur gré, de châtaignes dorées sous la braise, en les arrosant largement de vin blanc doux, frais sorti de la cuvée, et qui mousse comme un charme. Quand il n'y en aura plus, il y en aura encore... Je ne vous laisserais pas toutes ces peines, mère bien-aimée, continua Toussaint en essuyant une larme et en embrassant la vieille, si ma chère Scholastique vivait encore; mais Dieu a permis qu'il ne restât que vous de mère à mes enfants, et de providence visible à leur père!

— Tout sera fait comme vous le désirez, mon digne Toussaint, dit la bonne Huberte, aussi émue que son fils du souvenir qu'avaient réveillé ces dernières paroles. Donnez-vous un peu de bon temps pour ce qui reste de votre fête, car les heures passent vite. Quand la cloche du moutier aura sonné les premières prières des morts, nous serons de loisir pour y penser. Égayez-vous donc bellement, et ne soyez pas en souci sur vos hôtes. En voici déjà deux, le ciel en soit loué, que nous nous efforçons de bien recevoir, et qui seront assez indulgents pour faire grâce à la petitesse de nos moyens, si nôtre accueil ne répond pas à notre bonne volonté.

— Que le Seigneur soit avec eux, reprit Toussaint en saluant les étrangers qu'il n'avait pas remarqués jusque-là, et qu'ils se regardent chez nous comme dans leur propre famille! Faites leur d'agréables histoires qui leur adoucissent l'ennui des heures, et ne ménagez pas les provisions, car dans la maison de l'ouvrier chaque jour amène son pain.

Ensuite il embrassa encore une fois sa mère, et il se retira.

Les deux hommes dont venait de parler la vieille Huberte s'étaient levés un moment comme pour répondre à la politesse de Toussaint, et puis ils s'étaient rassis immobiles et en silence à l'autre bout du foyer.

Le premier avait l'apparence d'un personnage de distinction : il portait un juste-au-corps noir à aiguillettes, sur lequel se rabattait une large fraise blanche à gros plis bien empesés et bien godronnés; ses jambes étaient enveloppées jusqu'au-dessus du genou, vers l'endroit où descendait sa cape de drap, d'une bonne paire de guêtres de cuir bouclées en dehors, et son chapeau rabattu était ombragé d'une plume flottante qui retombait devant ses yeux. Sa barbe pointue et grisonnante n'annonçait qu'une robuste vieillesse, et son attitude brave et discrète lui donnait l'air d'un docteur.

L'autre, à en juger par sa petite taille, devait être un enfant du commun, mais son accoutrement extraordinaire avait attiré d'abord l'attention d'Huberte et des jeunes filles de la combe, qui regrettaient de ne pas discerner ses traits à travers les touffes énormes de cheveux roux dont sa figure était couverte presque tout entière; il était vêtu d'un haut-de-chausses et d'un pour-

[5]

point rouge cramoisi, extrêmement serrés, et le sommet de sa tête se cachait seul sous une calotte de laine de même couleur d'où s'échappait en boucles crépues cette chevelure d'un blond ardent qui lui prêtait une physionomie si étrange. Cette espèce de bonnet était fixé sous le menton par une forte courroie, comme la muselière d'un chien hargneux.

— Vous nous excuserez d'autant mieux, messire, de mal nous acquitter de notre devoir, continua Huberte en reprenant son propos et en s'adressant au plus vieux des étrangers, que notre pays pauvre et peu fréquenté n'a pas souvent l'honneur d'être visité par des voyageurs tels que vous. Il faut que ce soit le hasard qui vous y ait conduits.

— Le hasard ou l'enfer, répondit l'homme noir d'une voix rauque, dont l'aigre son fit tressaillir les jeunes filles.

— Cela s'est vu quelquefois, interrompit le nain en se renversant en arrière avec un éclat de rire étourdissant, mais de manière à ne laisser voir de son visage qu'une bouche immense, garnie de dents innombrables, pointues comme des aiguilles et blanches comme de l'ivoire.

Après quoi il rapprocha brusquement sa sellette des landiers brûlants et déploya devant le brasier deux mains très longues et très décharnées, à travers lesquelles la flamme transparait, comme si elles avaient été de corne.

L'homme noir fit peu d'attention pour lors à cette gausserie brutale.

— Mon damné de cheval, poursuivit-il, emporté par la crainte de l'orage ou poussé d'un mauvais esprit, m'a égaré pendant trois heures de forêts en forêts et de ravins en ravins, jusqu'à ce qu'il ait pris le parti de me culbuter dans un précipice où je l'ai laissé pour mort. Je compte bien avoir fait trente lieues, et je ne me suis dirigé en ce pays inconnu qu'à la lueur de votre forge et par la grâce de Dieu.

— Sa sainte volonté soit accomplie en toutes choses, dit mère Huberte en se signant.

— La grâce de Dieu ne pouvait rien moins, reprit le méchant petit homme, en faveur de très illustre et très révérend seigneur maître Pancrace Chouquet, ancien promoteur du monastère des filles de Sainte-Colombe, ministre du Saint-Évangile, recteur de l'université d'Heidelberg, et docteur en quatre facultés.

Et cette phrase fut suivie d'un éclat de rire plus bruyant que le premier.

— De quel droit, s'écria le docteur en grinçant les dents, un malotru de votre espèce ose-t-il se mêler à ma conversation pour m'attribuer des noms et des titres que je n'ai peut-être point? Où m'avez-vous rencontré?

— Pardon, pardon, mon doux maître, ne vous emportez pas, répondit le petit garçon en flattant de sa main démesurée la cape et les manches du vieux docteur. Je vous vis à Cologne en faisant mon tour d'Europe afin de m'instruire ès bonnes lettres, suivant les premières intentions de mon père, et j'assistais à une des leçons où vous traduisiez Plutarchus en latin très excellent, lorsque vous vous arrêtâtes subitement, aussi empêché que si Satan vous avait tenu à la gorge, sur le traité : *De serâ Numinis vindictâ.* C'est belle et savante matière. Il est vrai que vous aviez ce jour-là quelque chose à voir à vos affaires, car on commençait à vous chauffer, derrière le tombeau des trois rois, une couchette plus ardente que ne l'est l'âtre de dame Huberte. L'histoire en est assez bouffonne, et je la conterai volontiers, si cela duit à l'aimable et joyeuse compagnie.

— Et moi, dit le docteur à basse voix, si tu reviens sur ce propos, je te le ferai rentrer dans l'âme avec ma dague ! Il est surprenant, ajouta-t-il en grondant, qu'on reçoive de pareils garnements en si honnête maison !

— Je le prenais pour votre serviteur, repartit Mme Huberte, et je ne le connais pas autrement.

— Ni moi, ni moi, dirent les jeunes filles en se pressant les unes contre les autres, ainsi que des petites fauvettes prises au nid.

— Moi non plus, dit Cyprienne en cachant sa tête entre les genoux de Maguelonne.

— Oh ! les mièvres d'enfants ! cria le voyageur à la calotte rouge, du coin du feu où il s'était accroupi pour retirer à belles griffes les châtaignes toutes brûlantes. Vous verrez qu'elles auront la malice de ne pas me reconnaître en habit de dimanche ? Regardez cependant s'il est changé, mère Huberte, le petit maquignon de céans, Colas Papelin, jadis clerc, aujourd'hui valet d'écurie pour vous servir. L'honnête maître Toussaint n'a pas posé un fer à une de nos cavales que je n'eusse auparavant lavée, frottée, étrillée, lissée, cirée, brunie, rendue plus polie qu'un miroir, et dont je n'aie à toute heure, au moins de nuit, peigné les crins de mes doigts. Voilà pourquoi je suis toujours bien reçu à la forge, car entre le palefrenier et le maréchal il n'y a, comme on dit, que la main.

En tenant ce discours, il écarta de droite et de gauche les boucles épaisses de ses cheveux flamboyants, pour mettre sa face à découvert, et il montra, en riant à ébranler les murs, une figure assez hideuse, blême et jaunie, comme la cire d'une vieille torche, sillonnée de rides bizarres, et au front de laquelle brillaient deux petits yeux rouges, plus éclatants que des charbons sur lesquels joue incessamment le vent du soufflet. Tout le monde fit un mouvement de terreur.

Dame Huberte connut bien qu'elle ne l'avait jamais vu; mais un sentiment secret l'avertit qu'il n'était pas bon de le dire.

— Si j'ai jamais aperçu ce fantôme, grommela Pancrace, il faut que ce soit au grand diable d'enfer!

— Ce pourrait bien être là, reprit Colas Papelin en riant toujours, et j'aurais lieu de m'étonner comme vous du hasard qui nous fait trouver ici. Qui se serait avisé de chercher maître Pancrace Chouquet à la combe du Reclus?

— A la combe du Reclus! dit Pancrace d'une voix tonnante... Ah! ah! reprit-il se mordant le poing.

— Ah! ah! répéta Colas Papelin du ton d'un ricanement; mais ne pensez-vous pas comme moi, docteur, qu'il serait assez curieux pour nous autres gens d'étude, chez qui l'amour de l'instruction s'unit à celui de l'or et du plaisir, de pénétrer pourquoi on appela ainsi cette misérable vallée? L'histoire doit en être singulière, et il m'est avis que dame Huberte, qui sait toutes les belles histoires du monde, nous apprendra volontiers celle-ci entre deux brocs de vin doux.

— Je me soucie fort peu d'histoires, bonhomme, repartit Pancrace en faisant un mouvement pour se lever.

— Si ce n'est celle-là, ce sera la mienne, s'écria Colas Papelin en le retenant assis dans l'étreinte de son bras nerveux qui le serrait comme un étau. Oh! que nous prendrons grand plaisir, dame Huberte, à vous ouïr conter cela.

— Je l'avais promis à mes filles, répondit la vieille, et le récit n'en est pas long: il faut donc vous dire que ce pays était bien plus sauvage et plus triste que vous ne le voyez, quand un saint homme vint, il y a plus de cent ans, y fonder un petit ermitage sur une des saillies du rocher qui borde le précipice. On dit que c'était un jeune et riche seigneur, et qu'il s'était rebuté de la cour par la crainte de n'y pouvoir faire son salut; mais il ne se fit jamais connaître que par le nom d'Odilon, sous lequel Notre Très Saint Père l'a béatifié, en attendant qu'on le canonise.

— Diable! dit Colas Papelin.

— Tant y a, continua Huberte, qu'on ne saurait douter qu'il eût apporté beaucoup d'argent avec lui, car en moins de rien toute la combe changea de face. Il fit cultiver les terres propres au labour, construire des usines sur les courants d'eau, bâtir un petit hospice, un presbytère, un moutier, et ses libéralités attirèrent dans la combe des gens de tous les métiers utiles aux voyageurs, dont les familles existent encore dans une commode médiocrité, et ne cessent de glorifier le nom du bienheureux saint Odilon, qui les laissa pour héritières. C'est pourquoi cette vallée s'appelle la combe du Reclus parce qu'il ne sortait jamais de son ermitage, et qu'à l'imitation de Dieu il faisait du bien aux hommes sans en être vu. Le Seigneur ait son âme devant sa face, ainsi qu'il est dit dans le Bref.

— Cette histoire est fort édifiante, dit le docteur Pancrace, et j'y veux bien croire cette fois, quoique j'aie entendu sa pareille dans tous les pays de moinerie; mais il me semble que le beau temps se rétablit : le vent a cessé de bruire, et la pluie de battre les croisées.

— Ce sera vraiment plaisir de voyager tout à l'heure, remarqua gaiement Papelin, en maintenant le docteur sur son siège; mais il serait trop mal séant d'abandonner dame Huberte au commencement d'une si belle et si instructive narration.

— Cette narration est fort complète, répliqua le docteur avec impatience, et dit clairement tout ce que nous pouvions en attendre, c'est-à-dire l'origine et l'étymologie du nom de cette vallée : il n'y manque pas un mot.

— Il y manque, reprit Colas, une péripétie, un dénouement et une moralité dont vous ne nous auriez pas fait grâce sur les bancs quand vous preniez la peine de nous expliquer péripatétiquement les rhétoriques de maître Guillaume Fichet; et voilà, pour la preuve, la vénérable Mme Huberte qui se dispose à continuer après avoir repris haleine.

— Le bienheureux Odilon, continua-t-elle en effet, avait ainsi vécu près des trois quarts d'un siècle dans la retraite et la prière, quand se présenta, pour l'assister en ses saints offices, un jeune homme qui se faisait remarquer depuis quelques mois par la dévotion de ses pratiques et son assiduité aux sacrements. Comme il avait autant de science qu'un prêtre, autant d'éloquence qu'un prédicateur, et autant de piété apparente qu'un saint, car on n'avait jamais vu de pénitent plus recherché dans ses mortifications, l'ermitage lui fut facilement ouvert. Son nom est pour le présent sorti de ma mémoire, quoiqu'il me semble l'avoir entendu il n'y a pas longtemps.

— Le nom de ce personnage est fort inutile à votre récit, murmura le docteur en se rongeant encore les doigts.

— Maître Pancrace Chouquet, répéta Colas Papelin, d'une voix stridente, pense que le nom de ce personnage est inutile à votre récit, ô ma respectable hôtesse ! Entendez-vous bien, ajouta-t-il en criant encore plus fort, que votre histoire peut se passer du nom de ce bon apôtre, qui m'a l'air d'être quelque infernal hypocrite, et que telle est l'opinion de messire Pancrace, de messire Chouquet, de messire Pancrace Chouquet ! Vous ne vous rappelez donc pas, dame Huberte ?

— Le misérable veut me faire mourir ! pensa le docteur à part lui, en tournant les yeux vers la porte.

— Pas encore, répondit à sa pensée le petit Colas Papelin, qui s'étouffait de rire à son oreille.

— Nous avions craint longtemps que l'appât des trésors du bienheureux n'alléchât quelques voleurs, poursuivit la bonne veuve de Tiphaine, qui avait à peine pris garde à ces interruptions; nous savions cette fois qu'après en avoir distribué une grande part en œuvres pies, comme je vous l'ai rapporté ci-devant, il avait réparti le reste entre la cure et le monastère pour l'éducation des enfants, le soulagement des voyageurs et la réparation des fléaux du ciel. On ne vit donc dans toute la combe, à l'arrivée du jeune clerc, qu'un doux et favorable réconfort que la Providence envoyait par sa grâce à la vieillesse du solitaire. Au moins, disions-nous à nos veillées, le saint homme aura quelqu'un près de lui qui lui ferme les yeux et qui appelle sur sa tête, avec la dernière onction, les bénédictions du ciel.

— Oh! que cela est dignement pensé, brave femme! s'écria Colas Papelin en sanglotant; la tête de ce bienfaisant vieillard, je l'aurais moi-même bénie, je le jure, si Dieu me l'avait permis!... Qu'en dit mon maître, messire Pancrace Chouquet?

Pancrace tordit sa barbe, s'agita sur sa sellette, regarda de nouveau à la porte, et ne répondit pas.

— Voilà qui est bon, continua la vieille femme. Une nuit, Tiphaine se leva tout effaré d'auprès de moi : c'était, messieurs, il y a trente ans, la propre nuit de la Toussaint, comme aujourd'hui, un peu avant les matines des morts.

— Comment? dit Colas Papelin; pensez-vous, ma bonne mère, qu'il y aura effectivement trente ans accomplis depuis ce jour; trente ans à heure fixe, ni plus ni moins, quand sonneront les matines?

— Il le faut bien, honnête monsieur Papelin, répliqua Huberte, puisque c'était en 1531. Je demandai à Tiphaine ce qui le décidait à se lever de si bonne heure, pensant qu'il pouvait être malade.

— Remettez-vous, me répondit-il, et soyez sans crainte, bonne amie : c'est un mauvais songe qui m'a travaillé tout à l'heure, et dont il faut que j'aie mon cœur clair avant de me rendormir; car les rêves sont quelquefois des avertissements du Seigneur. Il m'a semblé qu'on assassinait le saint vieillard Odilon, et, depuis que je suis réveillé, je ne sais quel bruit de plaintes et de gémissements me poursuit; je compte vous rassurer dans un moment.

— Sur cette parole, il courut à l'ermitage avec quelques-uns de ses ouvriers que tenait le même souci, et ils reconnurent que le sommeil ne les avait que trop bien instruits!...

— Le pauvre reclus était mort! reprit Colas. Maître, entendez-vous?...

— Il se mourait quand Tiphaine arriva; mais, quoiqu'il fût tombé sans conserver aucune apparence de vie aux yeux de son meurtrier, il s'était trouvé assez de forces un moment après pour se traîner au dehors de sa cellule, pendant que le misérable cherchait inutilement les prétendus trésors qu'il venait de payer de son âme !

— Et son meurtrier, c'était le monstre artificieux et détestable qui lui avait dérobé son amitié et ses prières sous le masque de la dévotion ! Maître, entendez-vous ?...

Pancrace ne répondit que par une espèce de râle sourd qui ressemblait à un rugissement.

— C'était lui ! dit dame Huberte. Cependant la grille de la cellule s'était refermée sur les pas du bienheureux, par le moyen d'un ressort de l'invention de Tiphaine, dont le secret n'était pas connu de l'assassin.

— Le voilà pris enfin ! s'écria Colas Papelin avec son horrible rire ; quelques moments encore, et le juste sera vengé ! Maître, entendez-vous ?...

— Il n'en fut pas ainsi, poursuivit Huberte en hochant la tête : Tiphaine et ses gens ne découvrirent personne dans la grotte ; et comme il s'y était répandu tout à coup une odeur de bitume et de soufre, on pensa que l'étranger avait contracté un pacte avec le démon pour échapper au danger où il s'était mis, ce qui se trouva véritable ; car on apprit depuis qu'il avait étudié à Metz ou à Strasbourg sous le méchant sorcier Cornélius, dont vous pouvez avoir entendu parler !...

— Oh ! son marché n'en est pas meilleur, interrompit Colas Papelin en se livrant à de nouveaux éclats de joie. Maître, entendez-vous ?...

— J'entends, j'entends, riposta Pancrace Chouquet du ton d'un calme affecté, le langage des folles superstitions dont le papisme a nourri ce peuple ignorant. Puisse descendre sur lui la lumière de vérité !

Et il fit un mouvement subit pour s'éloigner de son voisin. Colas Papelin ne le suivit point ; il tourna sur lui un regard de dérision et de mépris.

— Ce qu'il y a de sûr, ajouta la vieille un peu piquée, c'est qu'il restait dans la grotte un brimborion de cédule taché de sang et marqué de cinq grands ongles noirs comme d'un scel royal, qui assurait trente ans de répit à l'homicide, comme il appert par la translation qu'en fit monseigneur le grand pénitencier ; car il était écrit en lettres diaboliques.

— Ou les oreilles me tintent, murmura Colas Papelin, ou voilà le branle des matines. Maître, entendez-vous ?...

— L'assassin ne fut d'ailleurs jamais reconnu, acheva Huberte, quoiqu'il eût laissé pour signalement dans la main du bienheureux une épaisse poignée de cheveux chargés d'une peau sanglante, qui n'ont pas dû repousser.

[11]

— Respect à saint Odilon ! dit Colas Papelin en se levant et en faisant voler d'un revers de son bras le chapeau empanaché du docteur.

Maître Pancrace Chouquet avait un des côtés de la tête chauve et lisse comme si le feu y avait passé.

Il mesura Colas d'un air menaçant, ramassa son chapeau et gagna la porte en regardant derrière lui pour savoir si le valet d'écurie le suivait; mais le petit homme s'amusait à frapper les landiers tout rouges avec un fourgon de fer, pour en tirer des étincelles qui jaillissaient jusqu'au comble obtus de la cheminée.

La porte se referma. Tout le groupe des femmes se tenait silencieux et sans mouvement sous le poids d'une terreur inconnue, comme si elles avaient été pétrifiées. Colas Papelin s'en aperçut en éclatant de plus belle, et tira sa révérence en rebroussant ses cheveux confus avec la grâce coquette d'un homme du monde élevé dans les belles études et les manières élégantes.

— Adieu, respectable Huberte, et vous, bachelettes gentilles, dit-il en les quittant. Grâces vous soient rendues de l'hospitalité que nous avons reçue de vous; mais elle impose encore d'autres devoirs : je vais suivre ce galant homme dans sa route, de crainte qu'il ne s'égare.

Un instant après, on entendit rouler les gonds, et les fortes fermetures retentirent sur l'huis.

— Le diable est-il aussi parti ? s'écria la blonde Julienne en élevant ses petits doigts palpitants vers le ciel.

— Le diable ! dit Anastasie en croisant les mains dans l'attitude de l'oraison; pensez-vous qu'il soit ainsi fait ?...

— Il y a grande apparence, observa gravement Mme Huberte, qui n'avait cessé depuis longtemps de défiler les grains du rosaire.

— Ne s'est-il pas nommé ? reprit Julienne un peu rassurée; Colas Papelin et le diable, c'est la même chose.

— Ces deux noms sont exactement synonymes, ajouta d'un air posé demoiselle Ursule, qui était nièce et filleule du curé.

— Je l'avais soudainement reconnu, dit Cyprienne; je l'ai vu tant de fois attiser ainsi le feu, quand je m'endormais sur mon fuseau !

— Et moi, dit Maguelone, embrouiller malignement les poils de nos chèvres, quand je veillais dans l'étable !

— Ce doit être lui, observa tout à coup la petite Annette, la fille du meunier Robert, qui égare nos ânesses en sifflant dans le bois !

— Il a bien voulu nous égarer aussi, répondit à basse voix sa sœur Catherine, et le malin au juste-au-corps rouge a fait plus d'un de ses tours au bord du ruisseau de la combe.

— *Libera nos, Domine!* s'écria la vieille Huberte en tombant à deux genoux.

On pense bien que les jeunes filles suivirent aussitôt son exemple, et qu'elles ne se séparèrent pas à la cloche des matines sans avoir purifié la cuisine de dame Huberte par des prières, des fumigations de buis consacré, et des aspersions d'eau bénite.

Le lendemain matin, comme les gens du hameau se rendaient à l'office au moutier qui en est séparé par quelques broussailles, Toussaint Oudard quitta tout à coup le bras de sa mère et s'arrêta au devant de sa petite troupe, en l'avertissant d'un geste et d'un cri de ne pas aller plus avant, car il voulait lui épargner le hideux spectacle dont ses yeux venaient d'être frappés.

C'était un cadavre si horriblement lacéré, si déformé par les convulsions de l'agonie, si rapetissé, si racorni par l'action d'un feu céleste ou infernal, qu'il était difficile d'y reconnaître quelque chose d'humain ; seulement on voyait traîner à côté les lambeaux d'une cape noire et d'un chapeau à plume flottante.

Et c'est depuis ce temps que la Combe du Reclus a pris le nom de la *Combe de l'homme mort.*

POLICHINELLE

Polichinelle est un de ces grands personnages tout en dehors de la vie privée, qu'on ne peut juger que par leur extérieur et sur lesquels on se compose, par conséquent, des opinions plus ou moins hasardées, à défaut d'avoir pénétré dans l'intimité de leurs habitudes domestiques. C'est une fatalité attachée à la haute destinée de Polichinelle. Il n'y a point de grandeur humaine qui n'ait ses compensations.

Depuis que je connais Polichinelle, comme tout le monde le connaît, pour l'avoir rencontré souvent sur la voie publique, dans sa maison portative, je n'ai pas passé un jour sans désirer de le connaître mieux; mais ma timidité naturelle, et peut-être aussi quelque difficulté qui se trouve à la chose, m'ont empêché d'y réussir. Mes ambitions ont été si bornées que je ne me rappelle pas qu'il me soit arrivé, en ce genre, d'autre désappointement, et je n'en connais point de comparable à l'inconsolable douleur que celui-ci me laisserait au dernier moment, si j'ai le malheur d'y parvenir sans avoir joui d'un entretien familier de Polichinelle, en audience particulière. Que de secrets de l'âme, que de curieuses révélations des mystères du génie et de la sensibilité, que d'observations d'une vraie et profonde philosophie il y aurait à recueillir dans la conversation de Polichinelle, si Polichinelle le voulait! Mais Polichinelle ressemble à tous les grands hommes de toutes les époques; il est quinteux, fantasque, ombrageux; Polichinelle est foncièrement mélancolique. Une expérience amère de la perversité de l'espèce, qui l'a d'abord rendu hostile envers ses semblables et qui s'est convertie en dédaigneuse et insultante ironie, l'a détourné de se commettre aux relations triviales de la société. Il ne consent à communiquer avec elle que du haut de sa case oblongue, et il se joue des vaines curiosités de la foule, qui le poursuivrait, sans le trouver, derrière le pan de vieux tapis dont il se couvre quand il lui plaît. Les philosophes ont vu bien des choses, mais je ne crois pas qu'il y ait un seul philosophe qui ait vu l'envers du tapis de Polichinelle. C'est qu'au milieu de cette multitude qui afflue au bruit de sa voix, Polichinelle s'est fait la solitude du sage et reste étranger aux sympathies qu'il excite de toutes parts, lui dont le cœur, éteint par l'expérience ou par le malheur, ne sympathise plus avec personne, si ce n'est peut-être avec son compère dont je parlerai une autre fois. Je suis trop occupé maintenant de Polichinelle pour m'arrêter aux accessoires. Un épisode ingénieux peut tenir sa place dans les histoires ordinaires, mais l'épisode serait oiseux, l'épisode serait inconvenant, j'ose dire qu'il serait profane dans l'histoire de Polichinelle.

※

On appréciera, je l'espère, à sa valeur mon grand travail sur Polichinelle (si je le conduis jamais à fin), par un seul fait qui est heureusement bien connu et que je rapporte sans vain orgueil comme sans fausse modestie. Bayle adorait Polichinelle. Bayle passait les plus belles heures de sa laborieuse vie, debout, devant la maison de Polichinelle, les yeux fixés par le plaisir sur les yeux de Polichinelle, la bouche entr'ouverte par un doux sourire aux lazzis de Polichinelle, l'air badaud et les mains dans ses poches, comme le reste des spectateurs de Polichinelle. C'était Pierre Bayle que vous connaissez, Bayle l'avocat général des philosophes et le prince des critiques, Bayle qui a fait la biographie de tout le monde en quatre énormes in-folio; et Pierre Bayle n'a pas osé faire la biographie de Polichinelle! Je ne cherche pas toutefois dans ce rapprochement des motifs de m'enorgueillir, comme un sot écrivain amoureux de ses ouvrages. La civilisation marchait, mais elle n'était pas arrivée; c'est la faute de la civilisation, ce n'est pas la faute de Bayle. Il fallait à Polichinelle un siècle digne de lui; si ce n'est pas celui-ci, j'y renonce.

※

L'ignorance où nous sommes des faits intimes de la vie de Polichinelle était une des conditions nécessaires de sa suprématie sociale. Polichinelle, qui sait tout, a réfléchi depuis longtemps sur l'instabilité de notre foi politique et sur celle de bien des religions. C'est sans doute lui qui a suggéré à Byron l'idée qu'un système de croyances ne durait guère plus de deux mille ans, et Polichinelle n'est pas homme à s'accommoder de deux mille ans de popularité, comme un législateur ou comme un sectaire. Polichinelle, qui a pour devise l'*Odi profanum vulgus*, a senti que les positions solennelles exigeaient une grande réserve, et qu'elles perdaient progressivement de leur autorité en s'abaissant à des rapports trop vulgaires. Polichinelle a pensé comme Pascal, si ce n'est Pascal qui l'a pensé comme Polichinelle, que le côté faible des plus hautes célébrités de l'histoire, c'est qu'elles touchaient à la terre par les pieds, et c'est de là que proviennent, en effet, ces immenses vicissitudes qui ont fait dire à Mahomet :

Mon empire est détruit si l'homme est reconnu!

Polichinelle, logicien comme il l'est toujours, n'a jamais touché à la terre par les pieds. Il ne montre pas ses pieds. Ce n'est que sur la foi de la tradition et des monuments qu'on peut assurer qu'il a des sabots. Vous ne verrez Polichinelle ni dans les cafés ou les salons comme un grand homme ordinaire, ni à l'Opéra comme un souverain apprivoisé qui vient complaisamment, une fois par semaine, faire constater à la multitude son identité matérielle d'homme. Polichinelle entend mieux le *decorum* d'un pouvoir qui ne vit que par l'opinion. Il se tient sagement à son entresol au-dessus de toutes les têtes du peuple, et personne ne voudrait le voir à une autre place, tant celle-là est bien assortie à la commodité publique, et heureusement exposée à l'action des rayons visuels du spectateur. Polichinelle n'aspire point à occuper superbement le faîte d'une colonne, il sait trop comment on en tombe ; mais Polichinelle ne descendra de sa vie au rez-de-chaussée, comme Pierre de Provence, parce qu'il sait aussi que Polichinelle sur le pavé serait à peine quelque chose de plus qu'un homme; il ne serait qu'une marionnette. Cette leçon de la philosophie de Polichinelle est si grave qu'on a vu des empires s'écrouler pour l'avoir laissée en oubli, et qu'on ne connaît aujourd'hui de systèmes politiques bien établis que ceux dans lesquels elle a passé en dogme, celui de l'Empereur de la Chine, celui du grand Lama, et celui de Polichinelle.

Aussi est-il des sophistes (et il n'en manque pas dans ce temps de paraxodes) qui vous soutiendront hardiment que Polichinelle se perpétue de siècle en siècle, à la ressemblance du grand Lama, sous des formes toujours semblables, dans des individus toujours nouveaux, comme si la nature prodigue pouvait incessamment fournir à la reproduction de Polichinelle! Il y a près d'un demi-siècle, à mon grand regret, que je vois Polichinelle. Pendant tout ce temps-là, je n'ai guère vu que Polichinelle; je n'ai guère médité que sur Polichinelle, et je le déclare dans la sincérité de ma conscience, non loin du monde où je rendrai compte à Dieu de mes opinions philologiques et des autres, je suis encore à concevoir comment le monde pourrait en contenir deux.

⁂

Le secret de Polichinelle, qu'on cherche depuis si longtemps, consiste à se cacher sous un rideau qui ne doit être soulevé que par son compère, comme celui d'Isis, à se couvrir d'un voile qui ne s'ouvre que devant ses prêtres; et il y a plus de rapport qu'on ne pense entre les compères d'Isis et le grand-prêtre de Polichinelle. Sa puissance est dans son mystère, comme celle de ces talismans qui perdent toute leur vertu quand on en livre le mot. Polichinelle, palpable aux sens de l'homme comme Apollonius de Tyane, comme Saint-Simon, comme Débureau, n'aurait peut-être été qu'un philosophe, un funambule ou un prophète. Polichinelle idéal et fantastique occupe le point culminant de la société moderne. Il y brille au zénith de la civilisation, ou plutôt l'expression actuelle de la civilisation perfectionnée est tout entière dans Polichinelle; et si elle n'y était pas, je voudrais bien savoir où elle est.

Pour exercer à ce point l'incalculable influence qui s'attache au nom de Polichinelle, il ne suffisait pas de réunir le génie presque créateur des Hermès et des Orphée, l'aventureuse témérité d'Alexandre, la force de volonté de Napoléon, et l'universalité de M. Jacotot. Il fallait être *doué*, dans le sens que la féerie attribue à ce mot, c'est-à-dire pourvu d'une multitude de facultés de choix propres à composer une de ces individualités toutes-puissantes qui n'ont qu'à se montrer pour subjuguer les nations. Il fallait avoir reçu de la nature le galbe heureux et riant qui entraîne tous les cœurs, l'accent qui parvient à l'âme, le geste qui lie, et le regard qui fascine. Je n'ai pas besoin de dire que tout cela se trouve en Polichinelle. On l'aurait reconnu sans que je l'eusse nommé.

⁂

Je vous ai déjà dit que Polichinelle était éternel, ou plutôt j'ai eu l'honneur de vous le rappeler en passant, l'éternité de Polichinelle étant, grâce à Dieu, de toutes les questions dogmatiques celle qui a été le moins contestée, à ma connaissance. J'ai lu du moins tous les livres de polémique religieuse que l'on a écrits depuis que l'on prend la peine d'en écrire, et je n'y ai trouvé de ma vie un seul mot qui pût mettre en doute l'indubitable éternité de Polichinelle, qui est attestée par la tradition monumentale, par la tradition écrite, et par la verbale. — Pour la première, son masque a été retrouvé, saisissant de ressemblance, dans les fouilles de l'Égypte. On sait s'il est possible de se tromper sur la ressemblance du masque de Polichinelle! et on m'assure que l'authentité de ce portrait est au moins aussi bien démontrée que celle du testament autographe de Sésostris qu'on a dernièrement retrouvé aussi quelque part, à la grande satisfaction des gens de goût qui ne pouvaient plus se passer du testament de Sésostris. Pour la tradition écrite elle ne remonte pas tout à fait si haut, mais nous savons que Polichinelle existait identiquement et nominativement à l'époque de la création de l'Académie, qui partage avec Polichinelle le privilège de l'immortalité, par lettres-patentes du roi. Il est vrai que Polichinelle ne fut pas de l'Académie, et qu'elle en parle même en termes un peu légers dans son *Dictionnaire*, mais cela s'explique naturellement par le sentiment d'aigreur que jettent des concurrences de gloire entre deux grandes notabilités. — Pour la tradition orale enfin, vous ne rencontrerez nulle part d'hommes assez vieux pour avoir vu Polichinelle plus jeune qu'il n'est aujourd'hui, et qui ait entendu parler à son bisaïeul d'un autre Polichinelle. — On a retrouvé le berceau de Jupiter dans l'île de Crète ; on n'a jamais retrouvé le berceau de Polichinelle. « L'âge adulte est l'âge des dieux, » dit Hésiode qui ne devait pas croire au berceau de Jupiter. L'âge adulte est l'âge aussi de Polichinelle, et je n'entends pas tirer de là une conséquence rigoureuse qui risquerait fort d'être une impiété. J'en conclus seulement qu'il a été donné à Polichinelle de fixer ce présent fugitif qui nous échappe toujours. Nous vieillissons incessamment, tous tant que nous sommes, autour de Polichinelle qui ne vieillit pas. Les dynasties passent, les royaumes tombent ; les pairies, plus vivaces que les royaumes, s'en vont ; les journaux, qui ont détruit tout cela, s'en iront faute d'abonnés. Que dis-je ! les nations s'effacent de la terre ; les religions descendent et disparaissent dans l'abîme du passé après les religions qui ont disparu ; l'Opéra-Comique a déjà fermé deux fois, et Polichinelle ne ferme point ! Polichinelle fustige toujours le même enfant ; Polichinelle bat toujours la même femme ; Polichinelle assommera demain soir le Barigel qu'il assommait ce matin, ce qui ne justifie en aucune manière le soupçon de cruauté que des historiens, ignorants ou prévenus, font peser mal à propos sur Polichinelle. Ses innocentes rigueurs ne se déploient que sur des acteurs de bois, car tous les acteurs du théâtre de Polichinelle sont de bois. Il n'y a que Polichinelle qui soit vivant.

*

Polichinelle est invulnérable ; et l'invulnérabilité des héros de l'Arioste est moins prouvée que celle de Polichinelle. Je ne sais si son talon est resté caché dans la main de sa mère quand elle le plongea dans le Styx, mais qu'importe à Polichinelle dont on n'a jamais vu les talons? Ce qu'il y a de certain, et ce que tout le monde peut vérifier à l'instant même sur la place du Châtelet, si ces louables études occupent encore quelques bons esprits, c'est que Polichinelle, roué de coups par les sbires, assassiné par les *bravi*, pendu par le bourreau et emporté par le diable, reparaît infailliblement, un quart d'heure après, dans sa cage dramatique, aussi frisque, aussi vert et aussi galant que jamais. *Polichinelle est mort, vive Polichinelle!* C'est ce phénomène qui a donné l'idée de la légitimité. Montesquieu l'aurait dit s'il l'avait su. On ne peut pas tout savoir.

Je poursuis. Polichinelle éternel et invulnérable, comme on voudrait l'être quand on ne sait pas ce que vaut la vie, Polichinelle a le don des langues, qui n'a été donné que trois fois: la première fois aux apôtres, la seconde fois à la Société asiatique, et la troisième fois à Polichinelle. Parcourez la terre habitée, si vous en avez le temps et le moyen; allez aussi loin de Paris qu'il vous sera possible, et je vous le souhaite, en vérité, du plus profond de mon cœur. Cherchez Polichinelle? Je vous mets au défi de suspendre votre hamac dans un coin du globe où Polichinelle ne soit pas arrivé avant vous.

Polichinelle est cosmopolite. Ce que vous preniez d'abord pour la hutte du sauvage, c'est la maison de Polichinelle sous ses portières de coutil flottant (et vous savez si elle s'annonce de loin par le cercle joyeux qui l'entoure!). Polichinelle encore endormi, sa tête sur un bras et son bras sur la barre de sa tribune en plein vent, comme l'Aurore de La Fontaine, ne se sera pas réveillé au brusque appel de son compère ou au retentissement de l'airain monnayé qui sonne harmonieusement sur les pavés, que vous allez le voir tressaillir, sursaillir, bondir, danser, et que vous l'entendrez s'exprimer allègrement, comme un naturel, dans l'idiome du pays. Moi, voyageur nomade à travers toutes les régions de l'ancien monde, je n'ai pas fait vingt lieues sans retrouver Polichinelle, sans le retrouver naturalisé par les mœurs et par la parole, et, si je ne l'avais pas retrouvé, je serais revenu; j'aurais dit comme les compagnons de Regnard:

Hic tandem stetimus nobis ubi defuit orbis.

Les Colonnes d'Hercule de la civilisation des modernes, c'est la loge de Polichinelle!

[19]

⁂

Ce n'est pas tout : Polichinelle possède la véritable pierre philosophale, ou, ce qui est plus commode encore dans la manipulation, l'infaillible denier du juif errant. Polichinelle n'a pas besoin de traîner à sa suite un long cortège de financiers, et de mander, à travers les royaumes, ses courtiers en estafettes et ses banquiers en ambassadeurs. Polichinelle exerce une puissance d'attraction qui agit sur les menus métaux comme la parole d'un ministre sur le vote d'un fonctionnaire public, puissance avouée, réciproque, solidaire, synallagmatique, amiable, désarmée de réquisitions, de sommations, d'exécutions et des moyens coercitifs, à laquelle les contribuables se soumettent d'eux-mêmes, et sans réclamer, ce qui ne s'est jamais vu dans aucun autre budget, depuis que le système représentatif est en vigueur, et ce qui ne se verra peut-être jamais, car la concorde des payeurs et des payés est encore plus rare que celle des frères. Il n'y a si mince prolétaire qui n'ait pris plaisir à s'inscrire, au moins une fois en sa vie, parmi les contribuables spontanés de Polichinelle. L'ex-capitaliste ruiné par une banqueroute, le solliciteur désappointé, le savant dépensionné, le pauvre qui n'a ni feu ni lieu, philosophe, artiste ou poète, garde un sou de luxe dans sa réserve pour la liste civile de Polichinelle. Aussi voyez comme elle pleut, sans être demandée, sur les humbles parvis de son palais de bois ! C'est que les nations tributaires n'ont jamais été unanimes qu'une fois sur la légalité du pouvoir, et c'était en faveur de Polichinelle ; mais Polichinelle était l'expression d'une haute pensée, d'une puissante nécessité sociale, et tout homme d'État qui ne comprendra pas ce mystère, je le prouverai quand on voudra, est indigne de presser la noble main du compère de Polichinelle.

⁂

L'incomparable ministre dont j'ai eu l'honneur d'être le secrétaire particulier, dans le temps où les ministres répondaient encore aux lettres qui leur étaient écrites, se plaignant un jour de mes inexactitudes régulières, j'essayai de m'excuser comme un écolier, par le plaisir que j'avais pris à m'arrêter quelque temps devant la loge de Polichinelle. « A la bonne heure, me dit-il en souriant, mais comment se fait-il que je ne vous y aie pas rencontré ?... » Mot sublime qui révèle une immense portée d'études et de vues politiques. Malheureusement il ne conserva le portefeuille que cinquante-trois heures et demie, et je ne le plaignis point, parce que je connaissais la force et la stoïcité de son esprit. Polichinelle venait de s'arrêter par hasard devant l'hôtel du ministère; Polichinelle insouciant et libre, en sa qualité de Polichinelle, du caprice et de la mauvaise humeur des rois. Le ministre disgracié s'arrêta, par un de ces échanges de procédés qui signalent les bonnes éducations, devant la loge de Polichinelle. Polichinelle chantait toujours; le ministre se remit à l'écouter avec autant de joie que s'il n'avait jamais été ministre, et vous l'y trouverez peut-être encore; mais vous verrez, hélas! qu'on n'ira pas le chercher là.

Les notabilités n'y manquent pas devant la loge de Polichinelle! Tout le monde y passe à son tour! Peu sont dignes de s'y fixer. L'oisif hébété la laisse en dédain; le flâneur, impatient de nouvelles émotions, la salue tout au plus d'un regard de connaissance; le pédant, pétrifié dans sa sotte science, la cligne en rougissant d'un coup d'œil honteux. Vous n'y craindrez pas le contact effronté de la grossière populace aux goûts blasés et abrutis, écume de l'émeute et de l'orgie, qui se roule, sale cohue, autour des monstres du carrefour, des disputes gymniques des cabarets et des échafauds du Palais; elle a vu des enfants sans tête et des enfants à deux têtes; elle a vu des têtes coupées : elle ne se soucie plus de Polichinelle.

*
* *

La clientèle ordinaire de Polichinelle est beaucoup mieux composée. C'est l'étudiant, fraîchement émoulu de sa province, qui rêve encore les douceurs de sa famille et les adieux de sa mère. Hâtez-vous de goûter sur son visage frais et riant l'expansion de son dernier bonheur; demain il sera classique, romantique ou saint-simonien : il sera perdu! — C'est le jeune député, patriote de conviction, honnête homme d'instinct, qui brave l'appel nominal pour venir méditer un moment avec Polichinelle sur les institutions rationnelles de la société. Loué soit Dieu qui l'a mis dans la bonne voie! La tribune de Polichinelle lui apprendra plus de vérités en un quart d'heure que l'autre ne peut lui en désapprendre dans une session. — C'est le pair déshérité qui descend de son cabriolet, devenu plus modeste, pour se former au mépris des grandeurs humaines par l'exemple de Polichinelle. Homme heureux entre tous les hommes! il a perdu la pairie, mais il a gagné la sagesse. — C'est l'érudit cassé de travail que Polichinelle délasse et reverdit, ou le philosophe épuisé de spéculations inutiles qui vient, en désespoir de cause, humilier ses doctrines trompées aux pieds invisibles de Polichinelle. — Et c'est encore mieux que tout cela!

**

Voilà, voilà Polichinelle, le grand, le vrai, l'unique Polichinelle ! Il ne paraît pas encore, et vous le voyez déjà ! Vous le reconnaissez à son rire fantastique, inextinguible comme celui des dieux. Il ne paraît pas encore ; mais il susurre, il siffle, il bourdonne, il babille, il crie, il parle de cette voix qui n'est pas une voix d'homme, de cet accent qui n'est pas pris dans les organes de l'homme, et qui annonce quelque chose de supérieur à l'homme, Polichinelle, par exemple. Il s'élance en riant : il tombe, il se relève, il se promène, il gambade, il saute, il se débat, il gesticule et retombe démantibulé contre un châssis qui résonne de sa chute. Ce n'est rien ; c'est tout, c'est Polichinelle ! Les sourds l'entendent et rient ; les aveugles rient et le voient ; et toutes les pensées de la multitude enivrée se confondent en un cri : C'est lui ! c'est lui ! c'est Polichinelle !

Alors... Oh ! c'est un spectacle enchanteur que celui-ci !... Alors les petits enfants, qui se tenaient immobiles d'un curieux effroi entre les bras de leurs bonnes, la vue fixée avec inquiétude sur le théâtre vide, s'émeuvent et s'agitent tout à coup, agrandissent encore leurs beaux yeux ronds pour mieux voir, s'approchent, se disputent la première place. — Ils s'en disputeront bien d'autres quand ils seront grands ! — Le flot de l'avant-scène roule à sa surface de petits bonnets, de petits chapeaux, de petits schakos, des toques, des casquettes, des bourrelets, de jolis bras blancs qui se contrarient, de jolies mains blanches qui se repoussent, et tout cela, vous savez pourquoi ? pour saisir, pour avoir Polichinelle vivant ! Je le comprends à merveille ; mais moi, pauvres enfants, moi qui ai grisonné là, derrière vos pères, il y a quarante ans que je l'attends !...

Au second rang cependant se pressent les bonnes et les nourrices, épanouies, vermeilles, joyeuses comme d'autres enfants, sous le bonnet pointu et sous le bonnet rond, sous la cornette aux bandes flottantes et sous le madras en turban ; les bonnes de la haute société surtout, aux manières de femmes de chambre, au cou penché, à l'épaule dédaigneuse, au geste rond, au regard oblique et acéré que darde, entre de longs cils, une prunelle violette. Je ne sais pas si cela est changé, mais je me souviens qu'elles étaient charmantes.

C'est ici que devrait commencer logiquement l'histoire de Polichinelle; mais ces prémisses philosophiques m'ont entraîné à des considérations si profondes sur les besoins moraux de notre malheureuse société, que l'attendrissement m'a gagné au premier chapitre de l'histoire de Polichinelle. L'histoire de Polichinelle, c'est, hélas! l'histoire entière de l'homme avec tout ce qu'il a d'aveugles croyances, d'aveugles passions, d'aveugles folies et d'aveugles joies. Le cœur se brise sur l'histoire de Polichinelle : *Sunt lacrymæ rerum !*

J'ai promis cependant l'histoire de Polichinelle. Eh! mon Dieu! je la ferai un jour, et je ferai plus que cela; car c'est décidément le seul livre qui reste à faire; et si je ne la faisais pas, je vous conseille en ami de la demander à deux hommes qui la connaissent mieux que moi : — Cruyshank et Charlet.

L'HOMME ET LA FOURMI

Quand l'homme arriva sur la terre, les animaux y vivaient depuis des siècles sans nombre, chacun selon ses mœurs, et ne reconnaissaient point de maîtres.

L'année n'avait alors qu'une saison qui surpassait en douceur les plus beaux printemps. Toute la terre était chargée d'arbres qui prodiguaient quatre fois par an leurs fleurs aux papillons, leurs fruits aux oiseaux du ciel, et sous lesquels s'étendait un ample et gras pâturage, infini par son étendue, perpétuellement vivace dans sa riche verdure, dont les quadrupèdes, grands et petits, avaient peine à émonder la luxuriante abondance.

Le sol était parfaitement égal et uni, comme s'il eût été poli à à la roue du tourneur, parce qu'il n'avait encore été ni remué par les tremblements de terre, ni bouleversé par les volcans, ni ravagé par les déluges. Il n'y avait point de ces sites âpres qui font naître de tristes pensées, comme il n'y avait point de ces besoins dévorants qui développent des passions farouches. Il n'y avait point de bêtes féroces ni malfaisantes d'aucune espèce. Pour quiconque se serait trouvé une âme, c'était alors plaisir de vivre. Le monde était si beau avant que l'homme fût venu !

Quand l'homme arriva sur la terre, nu, inquiet, peureux, mais déjà ambitieux, convoiteur, impatient d'agitation et de puissance, les animaux le regardèrent avec surprise, s'éparpillèrent devant lui, et le laissèrent passer. Une race entière sortit de lui, et cette race, jalouse et craintive, tant qu'elle était faible, se parqua dans ses domaines et disparut longtemps.

Un jour enfin, l'espace qu'elle occupait ne suffit plus à la nourrir. Elle fit des sorties fugitives autour de ses enceintes pour surprendre l'oiseau dans son nid, le lièvre dans son gîte du soir, le chevreau sous ses buissons, le chevreuil sous ses grands ombrages. Elle les emporta palpitants au fond de son repaire, les égorgea sans pitié et mangea de la chair et du sang.

Les mères s'en aperçurent d'abord. On entendit pour la première fois dans la forêt un bruit immense de gémissements qui ne pouvait se comparer à rien, car on ne connaissait pas les tempêtes.

L'homme était doué d'une faculté particulière, ou, pour s'exprimer plus justement, Dieu l'avait frappé, entre toutes ses autres créatures, d'une infirmité propre à sa malheureuse espèce. Il était intelligent. Il pressentit bientôt que les animaux irrités deviendraient dangereux pour lui. Il inventa des pièges pour traquer les imprudents et les maladroits, des amorces pour duper les faibles, des armes pour tuer les forts. Comme il tenait surtout à se défendre, il s'entoura de palissades et de remparts.

Le nombre de ses enfants s'accroissant de jour en jour, il imagina d'élever leurs demeures au-dessus de la surface des basses terres. Il bâtit des étages sur des étages, il construisit les premières maisons, il fonda la première ville, que les Grecs ont appelée *Biblos*, par allusion au nom de *Biblion*, qu'ils donnaient au livre, et il est probable qu'ils firent ainsi pour représenter par un seul mot l'origine de toutes les calamités du monde. Cette ville fut la reine des peuples.

On ne sait rien d'ailleurs de son histoire, si ce n'est qu'elle vit danser les premiers baladins, approvisionner la première boucherie, et dresser le premier échafaud.

Les animaux s'effrayèrent en effet des accroissements de cette espèce ennemie qui avait inventé la mort; car, avant elle, la cessation de l'existence ne passait que pour ce qu'elle est réellement, pour un sommeil plus long et plus doux que l'autre, qui arrivait à son terme, et que chaque espèce allait goûter à son tour dans un lieu retiré, au jour marqué par la nature.

Depuis l'avènement de l'homme, c'était autre chose. L'agneau manquait au bêlement d'appel de sa mère, et, quand elle cherchait à retrouver sa trace aux débris de ses toisons, elle flairait du sang sur les herbes à l'endroit où il avait cessé de les brouter.

Elle se disait : l'homme a passé là.

.·.

On s'assembla pour remédier aux malheurs qu'amenait avec lui ce nouvel hôte de la création, destiné par un instinct fatal à en troubler l'harmonie. Et comme les idées les plus indulgentes prévalaient toujours dans le sage conseil de ces peuples innocents, on avisa d'envoyer vers l'homme des ambassadeurs choisis parmi les plus intelligents et les plus graves, l'éléphant, le cheval, le bœuf, le faucon et le chien. On chargea ces notables personnages d'offrir au nouveau venu la domination de la moitié du monde, sous la condition qu'il s'y renfermerait avec sa famille, et qu'il cesserait d'épouvanter le reste des êtres vivants de son aspect menaçant et de ses sanglantes excursions.

— Qu'il vive, dit le lion, mais qu'il respecte nos droits et notre liberté, s'il ne veut pas que je fasse sur lui, comme il l'a fait sur nous, l'épreuve de mes ongles et de mes dents ! C'est le meilleur parti qu'il puisse prendre, si j'en crois ma force ; car les lâches avantages qu'il a usurpés jusqu'ici reposent sur des artifices indignes du vrai courage.

Et en même temps le lion apprit à rugir, et battit ses flancs de sa queue.

— Il n'y a point d'avantages que nous ne possédions bien mieux, dit la biche. Il s'est vainement fatigué à poursuivre le plus petit de mes faons, celui dont la tête s'élève à peine au-dessus des plus modestes bruyères, et je l'ai vu tomber, haletant et rebuté, après quelques efforts maladroits.

— Je construirai comme lui, quand il me plaira, dit le castor, des maisons et des citadelles.

— Je lui opposerai une cuirasse qui ne redoute pas ses atteintes, dit le rhinocéros.

— J'enlèverais, s'il m'en prenait envie, ses nouveau-nés dans les bras de leur mère, dit le vautour.

— Il ne me suivra pas dans les eaux, dit l'hippopotame.

— Ni moi dans les airs, dit le roitelet. Je suis faible et petit, mais je vole.

Les ambassadeurs, assurés des dispositions de leurs commettants, se rendirent à la demeure de l'homme qui les attendait, et qui s'était tenu en mesure de les recevoir.

Il les accueillit avec cette perfidie caressante et fardée qu'on a depuis appelée de la politesse.

Le lendemain, il mit un chaperon au faucon, un mors et une bride au cheval, au bœuf un joug, des ceps à l'éléphant, et il s'occupa de construire sur son dos une tour pour la guerre. C'est ce jour-là que cet exécrable mot fut inventé.

Le chien, qui était de son tempérament paresseux, glouton et couard, se coucha aux pieds de l'homme, et lécha indignement la main qui allait l'enchaîner. L'homme jugea le chien assez méprisable pour le trouver bon à devenir son complice. Mais, comme tout méchant que fût le dernier des animaux créés, il avait du moins apporté avec lui quelque vague sentiment du bien et du mal, il imprima, au nom de son vile esclave, un sceau éternel d'infamie qui ne s'est effacé dans aucun langage.

Ces conquêtes achevées, il s'enhardit au crime par la facilité de le commettre. Il fit profession de la chasse et de la guerre, inonda du sang des animaux la riante parure des prairies, et n'épargna pas même dans sa rage, ses frères et ses enfants. Il avait travaillé un métal meurtrier qui perçait et coupait la chair; et il lui avait donné des ailes en le munissant des plumes de l'oiseau. Il ne négligeait pas, pendant ce temps-là, de s'envelopper de nouvelles forteresses, et les enfants qui sortaient du monstre allaient plus loin construire d'autres villes et porter d'autres ravages.

Et, partout où l'homme arrivait, la création désolée poussait des hurlements de douleur.

La matière inorganisée elle-même parut sensible à l'affreuse détresse des créatures. Les éléments se déchaînèrent contre l'homme avec autant de fureur que s'ils avaient pu le connaître. La terre qu'il avait vue encore si paisible et si magnifique fut incendiée par des feux souterrains, foudroyée par les météores de l'air, et noyée par les eaux du ciel.

Et quand le phénomène avait disparu, l'homme se retrouvait debout.

Le petit nombre d'animaux qui s'étaient soustraits à ces désastres, et qui ne faisaient pas partie de ceux que l'ennemi commun avait soumis, n'hésitèrent pas à se soustraire à son dangereux voisinage par tous les moyens que leur donnaient leur instinct et leur génie. L'aigle, heureux d'avoir vu surgir des rochers inaccessibles, se hâta de placer son aire à leur sommet; la panthère se réfugia dans des forêts impénétrables; la gazelle, dans des sables mouvants qui auraient aisément saisi des pieds moins vites et moins légers que les siens; le chamois, dans les franges bleues des glaciers; l'hyène, dans les sépultures. La licorne, l'hippogriffe et le dragon firent tant de chemin qu'on ne les a jamais revus depuis. Le bruit commun dans l'Orient est que le griffon s'en alla d'un vol se cacher dans la fameuse montagne de Kaff, qui est la ceinture du monde et que les navigateurs cherchent encore.

L'homme croyait avoir asservi tout le reste. Il fut content.

***

Un jour qu'il marchait en grande pompe dans son orgueil insolent (c'était un dieu de ce temps-là), un jour donc, fatigué de carnage et de gloire, il s'assit sur un cône assez grossier que ses ouvriers paraissaient avoir élevé à dessein dans la campagne. La construction en était régulière, solide, assez compacte pour résister au marteau, et rien n'y manquait pour seoir commodément le maître du monde.

— Eh bien! dit-il, que sont devenus les animaux que mes pères ont rencontrés? Les uns ont fui ma colère, et je m'en inquiète peu! Je les retrouverai bien avec mes chiens et mes faucons, avec mes soldats et mes vaisseaux, quand j'aurai besoin de leur duvet pour mes sommiers ou de leur poil pour mes fourrures. Les autres se sont dévoués de bonne grâce au pouvoir de leur maître légitime. Ils ouvrent mes sillons, traînent mes chars ou servent mes plaisirs. Ils fournissent leurs molles toisons à mes vêtements, leurs plumes diaprées à ma parure, leur sang à ma soif et leur chair à mon appétit. Je n'ai pas trop à me plaindre. Je suis l'homme et je règne. Est-il un seul être animé, sur tout l'espace où je daigne étendre mon empire, qui m'ait refusé son hommage et sa foi ?...

— Oui, dit une voix grêle, mais aigre et sifflante, qui s'élevait en face de lui du haut d'un grain de sable; oui, tyran, tu n'as pas encore dompté la fourmi Termès qui se rit de ton pouvoir, et qui te forcera peut-être demain à t'enfuir de tes cités, et à te livrer nu, comme tu es arrivé, à la mouche de Nubie ! Prends garde, roi des animaux, car tu n'as pensé ni à la mouche, ni à la fourmi !... »

C'était une fourmi en effet; et l'homme s'élançait pour la tuer, quand elle disparut dans un trou. Longtemps il le cerna de la pointe de son fer; mais il eut beau soulever le sable à une grande profondeur : la galerie souterraine se prolongeait en s'élargissant, et il s'arrêta d'épouvante et d'horreur en sentant le sol s'ébranler sous ses pieds, tout près de l'entraîner dans un abîme horrible à concevoir, pour y servir de pâture à la famille de la fourmi Termès.

Il appela ses gardes et ses esclaves. L'homme en avait déjà; car l'esclavage et l'inégalité sont les premières choses qu'il ait inventées pour son usage. Il fit retourner, il fit labourer, il fit creuser la terre. Il fit renverser à grand'peine tous ces monticules artificiels sur l'un desquels il s'était reposé. La bêche et la sape lui découvrirent partout des trous pareils à celui où la fourmi Termès s'était précipitée à ses yeux. Il calcula en frémissant de terreur que le nombre de ses sujets rebelles excédait, dans une proportion infinie, celui des grains de sable du désert, puisqu'il n'y avait pas un grain de sable qui n'eût son trou, pas un trou qui n'eût sa fourmi, pas une fourmi qui n'eût son peuple. Il se demanda sans doute avec un ressentiment amer pourquoi le vainqueur des éléphants n'avait point de pouvoir sur le plus vil des insectes de la nature ! Mais il était déjà trop avancé en civilisation pour être resté capable d'attacher une solution naturelle à une idée simple.

— Que me veut-elle enfin ? s'écria-t-il, cette fourmi Termès qui abuse de sa bassesse et de son obscurité pour insulter à ma juste domination sur tout ce qui respire? que m'importe qu'elle murmure dans les retraites où elle se sauve de ma colère, et où je suis peu jaloux de la suivre ? Toutes les fois qu'elle se retrouvera sur mon chemin, je l'écraserai du talon. C'est à moi que le monde appartient.

L'homme rentra dans son palais. Il s'endormit à la vapeur des parfums et au chant des femmes.

L'homme parvint donc à se distraire ainsi, entre les molles voluptés et les jeux cruels qui se partageaient sa vie, du regret de n'avoir pas assujetti une fourmi à sa puissance, et il se reprocha même le mouvement passager de douleur qu'il en avait ressenti, comme une faiblesse indigne de la majesté souveraine.

⁂

Pendant ce temps, la fourmi Termès, descendue dans ses chemins couverts, avait convoqué son peuple entier; elle continuait avec une infatigable persévérance, à ouvrir de loin mille voies convergentes vers la principale ville de l'homme. Elle arriva, suivie d'un monde de fourmis, sous les fondations de ses édifices, et cent mille noires légions, plus pressées que des troupeaux de moutons, s'introduisirent de toutes parts dans les pièces de charpente, ou allèrent fouiller la terre autour de la base des colonnes. Quand les pierres angulaires de tous les bâtiments ne s'appuyèrent plus que sur des plans inclinés d'un terrain mobile et perfide; quand les poutres et les solives, rongées intérieurement jusqu'à leur épiderme, et vides comme le chalumeau flétri d'une paille sèche, n'offrirent plus qu'une vaine apparence d'écorce, la fourmi Termès se retira subitement avec son armée de mineurs en bon ordre.

Et, le lendemain, tout Biblos tomba sur ses habitants.

Elle poursuivit ensuite son dessein, en dirigeant ses troupes d'impitoyables ouvriers sur tous les points où l'homme avait bâti ses villes : et, pendant qu'il fuyait, éperdu, devant son invisible vainqueur, il n'y eut pas une de ses villes qui ne tombât comme Biblos. Après cela, l'empire de l'homme ne fut plus qu'une solitude, où s'élevaient seulement çà et là des constructions de peu d'apparence, qui annonçaient aux yeux la demeure du conquérant définitif de la terre. Ce grand ravageur de cités, cet envahisseur formidable à qui demeurait, du droit royal de dernière possession, la propriété des immenses pays qu'il avait parcourus, ce n'était ni Bélus, ni Sésostris : c'était la fourmi Termès.

Les faibles débris de la famille humaine qui échappèrent à la ruine des villes, aux obsessions opiniâtres de la mouche homicide et aux ardeurs du seymoun, furent trop heureux de se réfugier dans les contrées disgraciées qui ne reçoivent du soleil que des rayons obliques, pâlis par d'incessantes vapeurs, et de relever des villes pauvres, fétides, pétries de fange ou d'ossements calcinés délayés avec du sang, et fières, pour toute gloire, de quelques ignobles monuments qui trahissent partout l'orgueil, l'avarice et la misère.

Dieu ne s'irrite que dans le langage des orateurs et des prophètes auxquels il permet quelquefois d'interpréter sa parole; il sourit aux erreurs qu'il méprise, aux fureurs mêmes qu'il sait réparer; car rien de tout ce qui a été n'a cessé d'être qu'en apparence; et il ne crut pas que la création eût besoin d'un autre vengeur qu'une pauvre fourmi en colère. « Patient, parce qu'il est éternel, » il attendit que la fourmi Termès se fût creusé des routes sous les mers, et qu'elle vînt ouvrir des abîmes sous les cités d'une espèce qu'il ne daignerait pas haïr, s'il était capable de haine; il la croit assez punie par sa démence et ses passions.

L'homme bâtit encore, et la fourmi Termès marche toujours.

LE PAYS DES RÊVES

Je ne suis ni médecin, ni physiologiste, ni philosophe : et tout ce que je sais de ces hautes sciences peut se réduire à quelques impressions communes qui ne valent pas la peine d'être assujetties à une méthode. Je n'attache pas à celles-ci plus d'importance que n'en mérite le sujet; et, comme c'est matière de rêves, je ne les donne que pour des rêves. Or si ces rêves tiennent quelque place dans la série logique de nos idées, c'est évidemment la dernière. — Ce qu'il y a d'effrayant pour la sagesse de l'homme, c'est que le jour où les rêves les plus fantasques de l'imagination seront pesés dans une sûre balance avec les solutions les plus avérées de la raison, il n'y aura, si elle ne reste égale, qu'un pouvoir incompréhensible et inconnu qui puisse la faire pencher.

Il peut paraître extraordinaire, mais il est certain que le sommeil est non seulement l'état le plus puissant, mais encore le plus lucide de la pensée, sinon dans les illusions passagères dont il l'enveloppe, du moins dans les perceptions qui en dérivent, et qu'il fait jaillir à son gré de la trame confuse des songes. Les anciens, qui avaient, je crois, peu de choses à nous envier en philosophie expérimentale, figuraient spirituellement ce mystère sous l'emblème de la porte transparente qui donne entrée aux songes du matin, et la sagesse unanime des peuples l'a exprimée d'une manière plus vive encore dans ces locutions significatives de toutes les langues : *J'y rêverai, j'y songerai, il faut que je dorme là-dessus, la nuit porte conseil.* Il semble que l'esprit, offusqué des ténèbres de la vie extérieure, ne s'en affranchit jamais avec plus de facilité que sous le doux empire de cette mort intermittente, où il lui est permis de reposer dans sa propre essence, et à l'abri de toutes les influences de la personnalité de convention que la société nous a faite. La première perception qui se fait jour à travers le vague inexplicable du rêve est limpide comme le premier rayon du soleil qui dissipe un nuage, et l'intelligence, un moment suspendue entre les deux états qui partagent notre vie, s'illumine rapidement comme l'éclair qui court, éblouissant, des tempêtes du ciel aux tempêtes de la terre. C'est là que jaillit la conception immortelle de l'artiste et du poète; c'est là qu'Hésiode s'éveille, les lèvres parfumées du miel des muses; Homère, les yeux dessillés par les nymphes du Mélès; et Milton, le cœur ravi par le dernier regard d'une beauté qu'il n'a jamais retrouvée. Hélas! où retrouverait-on les amours et les beautés du sommeil? — Otez au génie les visions du monde merveilleux, et vous lui ôterez ses ailes. La carte de l'univers imaginable n'est tracée que dans les songes. L'univers sensible est infiniment petit.

Le cauchemar, que les Dalmates appellent *Smarra*, est un des phénomènes les plus communs du sommeil, et il y a peu de personnes qui ne l'aient éprouvé. Il devient habituel en raison de l'inoccupation de la vie positive et de l'intensité de la vie imaginative, particulièrement chez les enfants, chez les jeunes gens passionnés, parmi les peuplades oisives qui se contentent de peu, et dans les états inertes et stationnaires, qui ne demandent qu'une attention vague et rêveuse, comme celui du berger.

On s'imagine mal à propos que le cauchemar ne s'exerce que sur des fantaisies lugubres et repoussantes. Dans une imagination riche et animée, que nourrissent la libre circulation d'un sang pur et la vitalité robuste d'une belle organisation, il a des visions qui accablent la pensée de l'homme endormi par leurs enchantements, comme les autres par leurs épouvantes. Il sème des soleils dans le ciel; il bâtit pour approcher des villes plus hautes que la Jérusalem céleste; il dresse pour y atteindre des avenues resplendissantes aux degrés de feu, et il peuple leurs bords d'anges à la harpe divine, dont les inexprimables harmonies ne peuvent se comparer à rien de ce qui a été entendu sur la terre. Il prête au vieillard le vol de l'oiseau pour traverser les mers et les montagnes; et auprès de ces montagnes, les Alpes du monde connu disparaissent comme des grains de sable; et dans ces mers nos océans se noient comme des gouttes d'eau.

Pour opposer à ceci une théorie plus vraisemblable il faudrait d'abord établir que la perception, éteinte par le réveil, ne peut ni se prolonger ni se propager dans la pâle et froide atmosphère du monde réel. C'est la véritable place de la question.

Aujourd'hui même, la perception du sommeil vibre encore assez longtemps dans les facultés de l'homme éveillé, pour que nous puissions comprendre sans effort comment elle a dû se prolonger autrefois dans l'homme primitif, qui n'était pas éclairé du flambeau des sciences et qui vivait presque entièrement par son imagination. Il n'y a pas longtemps qu'un des philosophes les plus ingénieux et les plus profonds de notre époque me racontait, à ce sujet, qu'ayant rêvé plusieurs nuits de suite, dans sa jeunesse, qu'il avait acquis la merveilleuse propriété de se soutenir et de se mouvoir dans l'air, il ne put jamais se désabuser de cette impression sans en faire l'essai au passage d'un ruisseau ou d'un fossé. A la place du savant qui a studieusement approfondi les secrets de l'intelligence, et qui subit toutefois cette préoccupation avec tant d'abandon, placez le pasteur des solitudes qui ne juge de la réalité des choses que par des sensations également frappantes dont il n'a jamais fait le départ, et qui a cependant remarqué en lui deux existences diverses, dont l'une s'écoule en faits matériels, sans poésie et sans grandeur; dont l'autre est emportée hors du monde positif dans des extases sublimes. Il en conclura nécessairement qu'il contient deux êtres infiniment disproportionnés l'un à l'autre, dont les attributions sont séparées par le réveil. Il s'élancera de cette seule idée à la théorie de l'âme; il pénétrera, sur la foi de ce guide que le sommeil lui donne, dans les régions les plus reculées du monde spirituel.

Nous redescendrons de ce principe à des applications qui ne sont pas moins nouvelles; mais ici, tous les éléments de la discussion deviendront assez sensibles pour la faire sortir de la catégorie des propositions vraies ou vraisemblables, qui n'ont pas eu le bonheur d'obtenir l'approbation de l'école ou le sauf-conduit des académies. C'est ce que l'on appelle en France des paradoxes.

Le somnambulisme naturel, la somniloquie spontanée, sont des phénomènes du sommeil, aussi incontestés que le cauchemar. Personne n'a jamais douté qu'il y eût des hommes qui pouvaient parler leur pensée en dormant, qui pouvaient en dormant l'exécuter, et qui en venaient à bout, grâce à l'état de puissance où le sommeil fait parvenir quelquefois les organisations les plus communes, par des moyens qui auraient échappé à la méditation du philosophe, et avec une facilité qui aurait déjoué la subtilité des adroits ou effrayé l'audace des téméraires. La mémoire des hommes et leurs livres sont pleins de semblables histoires.

Je ne crois pas qu'on puisse avancer qu'aucun de ces phénomènes, le somnambulisme, la somniloquie, le cauchemar, exclut les autres; et, comme ils sont, au contraire, essentiellement congénères, il n'y aura rien de surprenant à les trouver réunis dans le même individu. Cette accumulation de facultés excentriques se sera rencontrée plus souvent dans les circonstances que j'ai supposées, c'est-à-dire dans un état de la société où l'homme ne touche aux formes générales de la civilisation que par un très petit nombre de points, et où l'âme, qu'un commencement d'éducation lui a révélée, n'a de développement qu'en elle, et d'exercice que sur elle-même.

Le célibataire isolé du monde entier, dont toute la pensée monte, descend, et remonte sans cesse, du troupeau de ses brebis au troupeau innombrable de ses étoiles.

La vieille femme inutile et repoussée, qui ne soutient sa pauvre vie qu'à recueillir dans les bois des racines insipides pour se nourrir, et des branches sèches pour se préserver du froid de l'hiver.

Vous verrez que ceux-là sont plus sujets que les autres à ces aberrations contemplatives que le sommeil élaboré, transforme en réalités hyperboliques, et au milieu desquelles il jette son patient comme un acteur à mille faces et à mille voix, pour se jouer à lui seul, et sans le savoir, un drame extraordinaire qui laisse bien loin derrière lui tous les caprices de l'imagination et du génie!

Quel homme accoutumé aux hideuses visites du cauchemar ne comprendra pas du premier aspect, que toutes les idoles de la Chine et de l'Inde ont été rêvées?

Souvent le pasteur, préoccupé de la crainte des loups, rêvera qu'il devient loup à son tour, et le sommeil lui appropriera ces instincts sanglants si funestes à ses troupeaux. Il a faim de chairs palpitantes, il a soif de sang, il se traîne à quatre pattes autour de l'étable, en poussant cette espèce de hurlement sauvage qui est propre au cauchemar, et qui rappelle si horriblement celui des hyènes affamées. Et si quelque funeste hasard lui fait rencontrer un pauvre animal égaré, trop jeune encore pour s'enfuir, vous le trouverez peut-être les mains liées dans sa toison, et menaçant déjà d'une dent innocente le plus cher des agneaux. — Ne dites pas que loup-garou n'existe pas. La lycanthropie est un des phénomènes du sommeil; et cette horrible perception, plus sujette à se prolonger que le grand nombre des illusions ordinaires du cauchemar, a passé dans la vie positive sous le nom d'une maladie connue de vos médecins. Je ne sais toutefois s'ils en ont reconnu l'origine, car je n'ai jamais lu un livre de médecine moderne; mais je regretterais que cela ne fût point, parce qu'il me semble que cette théorie, approfondie par un philosophe, ne serait pas inutile au traitement et à la curation de la plupart des monomanies, qui ne sont probablement que la perception prolongée d'une sensation acquise dans cette vie fantastique dont se compose la moitié de la nôtre, la vie de l'homme endormi.

Que si, par hasard, le monomane rentrait, en s'endormant, dans les réalités de sa vie matérielle, comme je ne suis pas éloigné de le croire, car toutes nos fonctions tendent perpétuellement à s'équilibrer, il serait, relativement à l'exercice de sa pensée, aussi *raisonnable* que le médecin qui le soigne, si celui-ci rêve toutes les nuits. Ce qui me confirmerait dans cette idée, c'est que je n'ai jamais vue de monomane éveillé subitement dont la première impression ne fût parfaitement lucide. Sa perception s'obscurcit en s'étendant, comme la nôtre s'éclaircit. — Qui sondera jamais, grand Dieu! ces mystères impénétrables de l'âme, dont la profondeur donne le vertige à la raison la plus assurée?

L'impression de cette vie de l'homme que le sommeil usurpe sur sa vie positive, comme pour lui révéler une autre existence et d'autres facultés, est donc essentiellement susceptible de se prolonger sur elle-même et de se propager dans les autres; et comme la vie du sommeil est bien plus solennelle que l'autre, c'est celle-là dont l'influence a dû prédominer d'abord sur toutes les organisations d'un certain ordre; c'est celle-là qui a dû enfanter toutes les hautes pensées de la création sociale, initier les peuples aux seules idées qui les ont rendu imposants devant l'histoire. Sans l'action toute-puissante de cette force imaginative, dont le sommeil est l'unique foyer, la liberté que la frénésie d'un sauvage. Sans elle, la civilisation des hommes ne peut soutenir de comparaison avec celle qui règle la sage police des castors et la prévoyante industrie des fourmis, parce qu'elle est privée de l'invariable instinct qui en maintient le mécanisme sublime. — Voyez ce que la Réforme a fait du christianisme. — Voyez ce que la philosophie du xviiie siècle a fait de la science de Pythagore et de Platon! — Voyez ce que la poétique des pédants a fait de l'art divin d'Orphée, d'Homère et de David! — Voyez ce que l'égoïsme économique et la statistique praticienne des modernes ont fait de la magnifique politique des anciens! — Voyez ce qu'ont gagné la morale et l'intelligence de l'espèce à ce monstrueux *perfectionnement* représentatif, qui a tarifé la valeur individuelle du citoyen par sous et deniers, et qui ferait rougir de honte et d'indignation la plus vile des peuplades barbares! — Je ne voulais faire aucune application de ces idées à la politique, mais je ne peux me soustraire tout à fait aux inductions qui en sortent malgré moi.

Comme il y a deux puissances dans l'homme, ou, si l'on peut s'exprimer ainsi, deux âmes qui régissent, comme l'homme, les peuples dont il est l'expression unitaire, et cela suivant l'état d'accroissement ou de décadence des facultés qui caractérisent l'individu ou l'espèce; il y a aussi deux sociétés, dont l'une appartient au principe imaginatif, et l'autre au principe matériel de la vie humaine. — La lutte de ces forces, presque égales à l'origine, mais qui se débordent tour à tour, est le secret éternel de toutes les révolutions, sous quelque aspect qu'elles se présentent.

L'alternative fréquente et convulsive de ces deux états est inévitable dans la vie des vieux peuples, et il faut la subir dans tous les sens quand le temps en est venu.

Les paysans de nos villages qui lisaient, il y a cent ans, la légende et les contes de fées, et qui y croyaient, lisent maintenant les gazettes et les proclamations, et ils y croient.

Ils étaient insensés, ils sont devenus sots : voilà le progrès.

Quel est le meilleur de ces deux états? Le décidera qui pourra.

Si j'osais en dire mon avis, comme l'homme ne peut échapper par une tangente inconnue à l'obligation d'accepter et de remplir les conditions de sa double nature, ils sont tous les deux impossibles dans une application exclusive.

Le meilleur, c'est celui qui tiendrait de l'un et l'autre, ainsi que l'homme, et tel à peu près que le christianisme nous l'avait donné. Quand la possibilité d'une pareille combinaison n'existerait plus, tout serait dit.

Dans un pays où le principe imaginatif deviendrait absolu, il n'y aurait point de civilisation positive, et la civilisation ne peut se passer de son élément positif.

Dans un pays où le principe positif entreprend de s'asseoir exclusivement au-dessus de toutes les opinions, et même au-dessus de toutes les erreurs, — s'il est une opinion au monde qui ne soit pas une erreur, — il n'y a plus qu'un parti à prendre, c'est de se dépouiller du nom d'homme, & de gagner les forêts avec un éclat de rire universel; car une semblable société ne mérite pas un autre adieu.

Le Gérant : Henri Gautier.

PRIME DU MOIS DE JUIN

Tout abonné direct à la *Nouvelle Bibliothèque populaire* aura droit de recevoir franco, pendant toute la durée du mois de juin, aux prix réduits de 1 franc broché et de 1 fr. 30 relié, au lieu de 2 fr. broché et de 2 fr. 30 relié que coûte cet ouvrage en librairie :

DÉPUTÉ SORTANT
ROMAN DE MŒURS CONTEMPORAINES
Par ERNEST LIONNET

1 volume in-12. — Prix : 2 francs en librairie.

Pour recevoir la prime franco, il suffit d'envoyer à M. HENRI GAUTIER, éditeur, 55, quai des Grands-Augustins, à Paris, 1 franc si on veut recevoir le volume broché, ou 1 fr. 30 si on désire ce volume relié en toile grise avec ornements noirs.

Le paiement doit être fait en mandat-poste, timbres français ou autre valeur sur Paris.

NOUVELLE BIBLIOTHÈQUE POPULAIRE A DIX CENTIMES

Envoi franco de un volume pour 15 cent.
Deux vol. pour 25 cent. — Vingt-cinq vol. pour 3 fr.

Volumes en vente (*suite*) (1)

DIVERSES LITTÉRATURES MODERNES

- 59. *Jokai*. Le Fléau. — Le Chat blanc (*Nouvelles hongroises*).
- 64. *Tœpffer*. Le Tour du Lac (*Nouvelle suisse*).
- 77. *Contes chinois*.
- 86. *Poèmes de l'Inde*.
- 120. *J. Gotthelf*. Joggeli à la recherche d'une femme (*Nouvelle suisse*).
- 147. *Pestalozzi*. Nouvelles suisses.
- 162. *Sienkiewickz*. Jancko le musicien (*Nouvelle polonaise*).
- 169. *Contes arabes*.
- 175. *J. Néruda*. Contes tchèques.
- 179. *Firdoucy*. Le livre des rois (*Poème oriental*).
- 183. *Contes Japonais*.
- 196. *Carmen Sylva*. Contes de Roumanie.
- 293. *Rangabé*. La Veille (*Théâtre grec moderne*).
- 410. *Sismondi*. Les Républiques Italiennes. (*Littérature suisse*).
- 441. *Fauriel*. Chants populaires de la Grèce moderne.
- 444. *Galland*. Histoire de Sindbad le Marin (*Nouvelle orientale*).

LITTÉRATURE LATINE

- 18. *Sénèque*. Consolations à Helvia (*Philosophie*).
- 37. *Tite-Live*. Rome et Carthage (*Histoire*).
- 76. *Tacite*. Vie d'Agricola (*Histoire*).
- 99. *Virgile*. Episodes des Géorgiques (*Poésie*).
- 124. *Les Satiriques latins*. Horace, Juvénal, Perse (*Poésie*).
- 211. *Plaute*. Les Captifs (*Théâtre*).
- 321. *Suétone*. Médaillons d'Empereurs (*Histoire*).
- 340. *Horace*. Les Quatre Livres des Odes (*Poésie*).
- 357. *Cicéron*. Les Catilinaires (*Eloquence*).
- 364. *Virgile*. L'Enéide (Livres I et II) (*Poésie*).
- 437. *César*. La Campagne des Gaules (*Histoire*).

LITTÉRATURE GRECQUE

- 15. *Sophocle*. Antigone (*Théâtre*).
- 27. *Euripide*. Iphigénie en Tauride (*Théâtre*).
- 81. *Hérodote*. Les Egyptiens (*Histoire*).
- 118. *Lucien*. Dialogues des morts.
- 137. *Aristophane*. Théâtre.
- 345. *Démosthène*. Discours sur la couronne.
- 359. *Platon*. Criton (*Philosophie*).
- 390. *Sophocle*. Philoctète (*Théâtre*).
- 406. *Thucydide*. La Guerre du Péloponèse (*Histoire*).
- 439. *Xénophon*. La Retraite des Dix Mille (*Histoire*).
- 443. *Epictète*. Maximes et Pensées (*Philosophie*).
- 462. *Euripide*. Alceste (*Théâtre*).

(1) Voir les numéros 451, 453, 455, 456, 457, 458 et 460.

Pour paraître le 6 juillet 1895

EURIPIDE

ALCESTE

Alceste compte parmi les plus émouvantes tragédies du théâtre grec. L'accent de ce drame est vraiment pénétrant, et l'idée d'une moralité supérieure s'y résume en la glorification de l'amour conjugal. Une traduction nouvelle de ce chef-d'œuvre était assurément à sa place dans notre Collection.

ABONNEMENTS

À LA
Nouvelle Bibliothèque populaire

La *Nouvelle Bibliothèque populaire* publie un volume par semaine. On peut s'abonner aux cinquante-deux volumes d'une année. Les abonnements partent du 1er de chaque mois.

Tous les abonnés, aussi bien ceux de l'étranger et des colonies, que ceux de la France, recevront un volume par semaine.

PRIX DE L'ABONNEMENT D'UN AN

Paris, Départements, Algérie et Belgique . . . **7 FRANCS**
Étranger (sauf la Belgique) et Colonies . . . **8 FRANCS**

PRIME GRATUITE
EXCLUSIVEMENT RÉSERVÉE AUX ABONNÉS NOUVEAUX

Tout abonné nouveau a droit à recevoir, gratis et franco, dix volumes à choisir dans la liste de ceux déjà parus, ou un joli cartonnage pour conserver les volumes.

On s'abonne pour un an en envoyant, en mandat-poste, timbres français ou autre valeur sur Paris, à M. Henri Gautier, 55, quai des Grands-Augustins à Paris, 7 francs si l'on habite la France, la Belgique ou l'Algérie, 8 francs si l'on habite l'étranger ou les colonies. La prime est envoyée au reçu de l'abonnement.

ANGERS, IMPRIMERIE A. BURDIN ET Cie, 4, RUE GARNIER.

URIPIDE

ALCESTE

Edité par
HENRI GAUTIER
55, QUAI DES GRANDS AUGUSTIN
PARIS

N° 462

Il paraît un volume par semaine

Directeur littéraire de la *Nouvelle Bibliothèque Populaire* :

ALFRED ERNST

AVIS A NOS ABONNÉS

Nous rappelons à nos abonnés que tout changement d'adresse doit être accompagné d'une bande indiquant l'adresse ancienne et de cinquante centimes en timbres-poste français, ou autre valeur sur Paris.

EURIPIDE

ALCESTE

Notice littéraire

———

Au nº 27 de notre *Bibliothèque*, la vie et l'œuvre d'Euripide ont été résumés. Mais *Alceste* appelle quelques réflexions. Et, tout d'abord, voici le sujet du drame.

Le roi de Phères en Thessalie, Admète, a ce bonheur d'être uni à la plus fidèle et la plus dévouée des épouses, Alceste. Mais, condamné par les dieux à mourir, il va manquer à un peuple qui l'aime, lorsqu'un oracle annonce qu'il échappera à la mort si quelqu'un veut s'y livrer à sa place. Nul ne se présente, nul ne consent à se sacrifier pour Admète, ni ses parents, ni ses amis, ni ses sujets les meilleurs : seule, l'épouse, Alceste, accepte de mourir en son lieu et place. Telle est la situation au début de la pièce : en un court prologue, Apollon annonce qu'il a obtenu des Parques le salut d'Admète, moyennant le sacrifice volontaire d'une autre personne; cette personne, cette victime dévouée, c'est Alceste. Déjà le génie de la Mort, Thanatos, rôde autour du palais d'Admète; Apollon prophétise qu'Héraclès (Hercule) viendra pour arracher Admète à la sombre divinité.

Nous assistons ensuite aux lamentations d'Admète, du chœur, et d'Alceste elle-même, qui est venue, sur le seuil du palais, contempler une dernière fois la lumière du jour. Alceste confie ses enfants à Admète, l'adjure de ne point se remarier, et, se sentant toute défaillante, rentre en ses appartements pour mourir. L'aîné des enfants, le petit Eumélos, gémit et pleure. Héraclès survient; Admète lui cache la réalité de son malheur, et l'accueille hospitalièrement. Mais le héros apprend d'un serviteur le trépas d'Alceste; il s'élance vers le tombeau, engage une lutte avec le génie de la Mort, et délivre ainsi l'épouse, qu'il rend à l'existence. Il mène Alceste voilée auprès d'Admète en larmes, et la lui présente comme une esclave que le roi de Phères doit garder dans le palais jusqu'à son retour. Admète refuse, tout entier au souvenir d'Alceste, et s'irrite même. Enfin, il cède aux instances d'Héraclès, qui dévoile alors le visage d'Alceste. Admète reconnaît sa femme vivante, laisse éclater son bonheur et remercie Héraclès, qui s'éloigne, marchant à de nouveaux exploits.

Au milieu de ces scènes admirablement émouvantes, une autre s'intercale, du plus âpre réalisme, la dispute entre Admète et son père Phérès. Le père et le fils se reprochent mutuellement d'avoir eu peur de mourir et d'avoir préféré la vie au trépas, laissant Alceste se dévouer généreusement. Cette scène, de la plus dramatique violence, contraste puissamment avec les autres : elle prouve combien le génie d'Euripide était souple et compréhensif.

Les caractères spécifiques de ce génie se marquent d'ailleurs dans *Alceste* avec une grande netteté. Eschyle, entre tous les tragiques grecs, est le plus grandiose, le plus rude, le plus terrible; Sophocle, également sublime, a quelque chose de moins farouche, et son œuvre, moins formidable, est plus harmonieuse, d'une pondération plus riche et plus parfaite, cependant qu'elle s'imprègne d'une plus noble pitié humaine. Avec Euripide, les conceptions s'abaissent quelque peu; la tradition mythique et nationale n'excite plus la même foi, le même respect; l'esprit du poète, comme celui de ses auditeurs, est plus libre, plus sceptique, plus critique : de grandes hardiesses intellectuelles, d'ailleurs généreuses et dépassant beaucoup les limites de l'idée nationale athénienne, se manifestent, brillantes, à côté d'une sensible diminution dans la force créatrice. Quoi qu'il en soit, les drames d'Euripide ont toujours un très vaste intérêt humain, et, en ce sens, rien n'est plus beau, rien n'est plus digne d'admiration qu'*Alceste*, le drame de l'amour conjugal, aussi vrai, aussi touchant aujourd'hui qu'autrefois : œuvre immortelle, qui a inspiré bien des peintres, bien des compositeurs, et à laquelle Gluck, entre autres, doit la plus haute peut-être de ses tragédies musicales.

ALFRED ERNST.

ALCESTE

LES PERSONNAGES DE LA PIÈCE

APOLLON
LA MORT (Thanatos)
LE CHŒUR
UNE SERVANTE
ALCESTE

ADMÈTE
EUMÉLOS
HÉRACLÈS
PHÉRÈS
UN SERVITEUR

APOLLON

O demeures d'Admète, où j'ai consenti, quoique Dieu, à me contenter de la table des esclaves! Zeus en fut cause lorsqu'il tua mon fils Asclépios, en perçant son sein de la foudre; je m'en irritai, et je tuai les forgerons du feu divin, les Cyclopes; mon père me contraignit alors, comme châtiment, à servir auprès d'un mortel. Arrivé dans cette contrée, je paissais les bœufs pour mon hôte et j'ai protégé cette maison jusqu'à ce jour. Car, étant juste moi-même, j'ai rencontré un homme juste : le fils de Phérès. Je l'ai sauvé de la mort, ayant trompé les Parques; or, elles m'ont promis qu'Admète échapperait au trépas d'aujourd'hui, en donnant aux dieux d'en-bas un autre cadavre à sa place. Ayant donc sondé successivement tous ses amis, et son père et sa vieille mère qui l'enfanta, il ne trouva que sa femme qui voulût mourir pour lui et ne plus voir la lumière. Elle est maintenant dans la maison, soutenue entre ses mains, luttant contre la mort; car il est décrété qu'elle doit mourir en ce jour et sortir de la vie. Pour moi, de peur qu'une souillure ne m'atteigne en ces lieux, j'abandonne le toit très cher de ce palais. Mais j'aperçois déjà Thanatos que voici, la prêtresse des morts qui dans les demeures de Hadès doit la faire descendre : elle arrive juste à temps, car elle guettait ce jour où Alceste doit mourir.

LA MORT

Ah! ah! que fais-tu près du palais? pourquoi rôdes-tu par ici, Phébus? Tu commets encore l'injustice de limiter et de supprimer les honneurs des dieux infernaux. Ne t'a-t-il pas suffi d'avoir mis obstacle au destin d'Admète, ayant dupé les Parques par l'artifice et la ruse. Maintenant, la main munie d'un arc, tu veilles encore sur celle-ci, qui s'est engagée, ayant délivré son mari, à mourir à sa place, elle, enfant de Pélias.

APOLLON

Rassure-toi, j'ai pour moi certes la justice et de bonnes raisons.

LA MORT

Qu'as-tu donc besoin d'arc, si tu as la justice?

APOLLON

J'ai l'habitude de le porter toujours.

LA MORT

Et aussi de secourir injustement cette maison-ci.

APOLLON

C'est que je suis accablé par les malheurs d'un ami.

LA MORT

Et tu me priveras de ce second mort?

APOLLON

Mais le premier, je ne te l'ai pas non plus enlevé par violence.

LA MORT

Comment donc est-il sur le sol et non sous terre?

APOLLON

Il a donné en échange une épouse, vers laquelle tu es venue maintenant.

LA MORT

Et je l'emmènerai certes au plus profond de la terre.

APOLLON

Prends-la et va-t'en; car je ne sais si je te persuaderais.

LA MORT

De tuer celui qu'il faut? nous en sommes chargés.

APOLLON

Non, mais de différer la mort de ceux qui y sont destinés.

[4]

LA MORT

Je comprends bien ton motif et ton désir.

APOLLON

Est-il donc un moyen qu'Alceste puisse arriver à la vieillesse?

LA MORT

Il n'en est pas; les honneurs me flattent, moi aussi, crois-le.

APOLLON

Ce ne sera toujours qu'une seule vie à prendre.

LA MORT

Les jeunes en mourant m'apportent un plus grand honneur.

APOLLON

Mais si elle meurt vieille, elle sera ensevelie richement.

LA MORT

Tu établis la loi, Phébus, en faveur des riches.

APOLLON

Comment as-tu dit? serais-tu, toi aussi, subtile à notre insu?

LA MORT

Ils auraient un avantage, ceux qui ont les moyens de mourir vieux.

APOLLON

Donc il ne te plaît pas de m'accorder cette faveur?

LA MORT

Non certes; tu sais d'ailleurs mes manières.

APOLLON

Oui, ennemies des mortels et détestées des dieux.

LA MORT

Tu ne saurais avoir tout ce qu'il ne faut pas que tu aies.

APOLLON

Et pourtant tu céderas, si cruelle que tu sois : car tel est l'homme qui s'avance vers les demeures de Phérès, Eurysthée l'ayant envoyé chercher un attelage dans les contrées froides de la Thrace; accueilli hospitalièrement en la maison d'Admète, il t'enlèvera de force cette femme. Nous n'aurons alors aucune reconnaissance; mais je ferai néanmoins ce que je désire, et d'autre part tu me seras odieuse.

[5]

LA MORT

En parlant davantage, tu n'obtiendrais rien de plus ; donc, cette femme descendra dans les demeures d'Hadès. Je vais vers elle, pour prendre les prémices des rites infernaux avec l'épée ; car il est consacré aux dieux souterrains, celui-là dont ce glaive aura coupé un cheveu de la tête.

LE CHOEUR

Pourquoi donc ce calme devant le palais? pourquoi ce silence en la maison d'Admète? Pas même un ami ne se tient auprès, qui puisse dire si, morte, il faut pleurer la reine, ou si, vivante encore, la fille de Pélias voit la lumière, elle qui me parut, comme à tous, avoir été la meilleure des femmes envers son époux.

DEMI-CHOEUR

Quelqu'un entend-il ou un gémissement ou un bruit de mains dans la maison, ou une lamentation, comme lorsque c'est fini?

DEMI-CHOEUR

Pas même un des serviteurs ne se tient auprès des portes. Oh! si parmi les flots du malheur, ô Péan, tu paraissais!

DEMI-CHOEUR

Ils ne se tairaient pas, si elle était morte.

DEMI-CHOEUR

Elle est morte.

DEMI-CHOEUR

Elle n'a pas quitté la maison.

DEMI-CHOEUR

Qu'en sais tu? Je n'ai pas confiance. Qu'est-ce qui te rassure?

DEMI-CHOEUR

Comment Admète aurait-il fait à une telle épouse des funérailles solitaires?

DEMI-CHOEUR

Devant les portes, je ne vois pas d'eau de source, comme c'est l'usage sur les portes des morts.

DEMI-CHOEUR

Et nulle chevelure dans le vestibule, qui toujours tombe coupée en signe de deuil, lorsqu'il y a un mort, et pas une jeune main de femme ne retentit.

DEMI-CHOEUR

Et pourtant ce jour est le jour fatal...

[6]

DEMI-CHOEUR

Que dis-tu là ?

DEMI-CHOEUR

Où elle doit descendre sous terre.

DEMI-CHOEUR

Tu as touché mon âme, tu as touché mon esprit.

DEMI-CHOEUR

Il faut, quand sont frappés les bons, que s'afflige quiconque passa toujours pour bon.

DEMI-CHOEUR

Il n'est pas d'endroit de la terre, ni en Lycie, ni vers les arides demeures d'Ammon, où quelqu'un ayant envoyé un vaisseau puisse sauver la vie de la malheureuse; car un destin approche, qu'elle ne peut éviter; et il n'y a plus de foyers des dieux où aller offrir des victimes.

DEMI-CHOEUR

Seul, s'il voyait cette lumière-ci, le fils de Phébus l'eût tirée des demeures ténébreuses et des portes d'Hadès, car il ressuscitait les morts avant que ne l'eût tué la foudre de Zeus. Mais maintenant quel espoir de vie me peut-il rester ?

LE CHOEUR

Car tout déjà a été accompli par les rois, et sur les autels de tous les dieux on a fait de sanglants sacrifices, et il n'est nul remède à nos maux. Mais voici l'une des servantes qui sort de la maison en pleurant; quelle nouvelle apprendrai-je ? Par sa douleur, on croit qu'il arrive quelque chose à ses maîtres; mais nous voudrions savoir si Alceste est encore vivante ou si elle est morte.

LA SERVANTE

Tu peux la dire vivante et tu peux la dire morte.

LE CHOEUR

Et comment la même personne serait-elle morte et verrait-elle la lumière ?

LA SERVANTE

Elle penche déjà et lutte contre la mort.

LE CHOEUR

O malheureux ! Un tel homme sera privé d'une telle femme !

LA SERVANTE

Admète ne saura cela que quand il l'aura éprouvé.

LE CHOEUR

Il n'y a plus d'espoir de sauver sa vie?

LA SERVANTE

On ne peut échapper au jour marqué par le destin

LE CHOEUR

Ne prépare-t-on pas ce qu'il faut ?

LA SERVANTE

La parure est prête, dans laquelle l'ensevelira son époux.

LE CHOEUR

Qu'elle sache donc qu'elle mourra certes glorieuse, et de beaucoup la meilleure des femmes qui sont sous le soleil.

LA SERVANTE

Comment ne serait-elle pas la meilleure ? et qui contredira qu'elle ait été une femme admirable ? et comment une femme montrerait-elle mieux qu'elle met son époux au-dessus de tout qu'en voulant mourir pour lui ? Mais cela, toute la ville le sait ; écoute maintenant, pour l'admirer, ce qu'elle a fait dans la maison. Dès qu'elle sentit venu le jour fixé, elle lava dans des eaux fluviales son blanc corps ; puis tirant des chambres de cèdre vêtements et bijoux, elle se para, et, se tenant debout devant le foyer, elle pria : « O souveraine, je vais maintenant sous terre, et c'est pour la dernière fois que je me prosterne devant toi ; je te demanderai d'être une mère pour mes enfants ; et joins à l'un une chère épouse, à l'autre un noble époux ; et qu'ils ne périssent pas avant l'âge, comme moi, leur mère, je péris, mais qu'heureux, sur la terre de la patrie, ils achèvent une vie agréable. » Puis elle alla vers tous les autels qui sont dans les demeures d'Admète, et les couronna et pria, détachant le feuillage des branches du myrte, sans pleurer, sans gémir, et le malheur menaçant n'altérait pas même la belle couleur naturelle de son teint. Et ensuite, s'étant jetée dans la chambre nuptiale et sur le lit, alors seulement elle pleura. Et lorsqu'elle eut assez versé de larmes, elle sortit de sa couche et marcha penchée en avant, et plus d'une fois, en s'éloignant de la chambre nuptiale, elle se retourna et se jeta de nouveau sur le lit. Ses enfants, suspendus aux vêtements de leur mère, pleuraient ; mais elle, les prenant dans ses bras, les embrassait tour à tour, parce qu'elle allait mourir. Et tous les serviteurs pleuraient dans la maison en plaignant leur maîtresse ; et elle tendait sa main à tous et nul n'était si humble qu'elle ne lui parlât et dont, en retour, elle ne reçût les adieux. Tels sont les maux qui accablent la maison d'Admète. Et mort, il n'eût été que mort, tandis qu'ayant échappé au trépas il a une douleur telle que jamais il ne l'oubliera.

LE CHOEUR

Sans doute Admète gémit de ces maux, et qu'il lui faille perdre une aussi bonne épouse.

LA SERVANTE

Il pleure, en effet, tenant dans ses bras une épouse chérie, et la prie de ne pas l'abandonner, demandant ainsi l'impossible, car elle se meurt et elle est flétrie par la maladie. Et languissante, malheureuse qu'il faut qu'on porte, elle veut, quoiqu'elle ne respire plus, contempler la lumière du soleil, qu'elle ne verra plus jamais. Mais j'irai annoncer ta présence, car tous n'ont pas pour leurs souverains de si bonnes pensées, qu'ils se présentent bienveillants dans le malheur. Mais toi tu es un vieil ami de mes maîtres.

LE CHOEUR

O Zeus! quelle issue aux mains de nos souverains? quel remède à leurs malheurs? Quelqu'un va-t-il sortir? Couperai-je ma chevelure? et, les noirs vêtements des deuil, les revêtirons-nous déjà? Ces maux sont certains, amis, ces maux sont certains, mais prions cependant les dieux, car la puissance des dieux est très grande. O roi Péan! trouve un remède aux maux d'Admète! Trouves-en un, car tu en as déjà trouvé, et maintenant délivre de la mort et arrête Hadès homicide.

Ah! ah! ah! ô fils de Phérès, quel malheur tu souffres, privé de ton épouse! Est-ce que ces choses ne valent pas qu'on se tue, et qu'on approche son cou de la corde suspendue? Car ta femme, non pas chère, mais très chère, tu la verras, morte, en ce jour. Vois, vois, elle sort de la maison avec son époux. Crie, oh! gémis, terre de Phérès, sur cette femme admirable que la maladie penche, flétrie, vers Hadès souterrain. Jamais je ne dirai que l'hymen est une joie plus qu'une peine, car je jugerai d'après ce que j'ai vu auparavant et d'après les malheurs de ce roi qui, privé de la meilleure des épouses, vivra dans la suite une vie insupportable.

ALCESTE

Soleil et lumière du jour, et tourbillon céleste de rapides nuées!

ADMÈTE

Il nous voit tous deux bien malheureux, et n'ayant rien fait aux dieux qui ait mérité ta mort.

ALCESTE

O terre et toit de la maison et lit nuptial d'Iolchos, ma patrie!

[9]

ADMÈTE

Relève-toi, malheureuse, ne m'abandonne pas, mais prie les dieux tout-puissants d'avoir pitié.

ALCESTE

Je vois une barque, je vois une barque à deux rames, et le nocher des morts, Charon, une main sur sa perche, m'appelle : « Qu'attends-tu ? Hâte-toi ; tu me retardes. » Ainsi il me presse, irrité.

ADMÈTE

Hélas ! elle est amère pour moi la traversée dont tu parles ! O malheureuse ! quels maux nous souffrons.

ALCESTE

On m'emmène, on m'emmène (ne le vois-tu pas ?) dans la demeure des morts ; c'est un dieu ailé au regard sombre. Ah ! laisse-moi ! Que veux-tu faire ? laisse ! Dans quelle route je m'engage, ô très malheureuse !

ADMÈTE

Dans une route douloureuse pour tes amis, et surtout pour moi et pour les enfants, qui partagent ce deuil.

ALCESTE

Laissez, laissez-moi maintenant. Couchez-moi, je n'ai plus de force dans les pieds. Proche est Hadès, et une sombre nuit couvre mes yeux. Enfants, enfants, déjà votre mère n'est plus, puissiez-vous, ô enfants, voir, heureux, cette lumière !

ADMÈTE

Hélas ! j'entends une parole obligeante et plus terrible pour moi que tout : mort ! Au nom des dieux, ne m'abandonne pas ainsi, et au nom des enfants que tu rendras orphelins ! Mais debout ! courage, car, toi morte, je ne serais plus ; mais c'est en toi qu'est notre vie et notre mort, car nous rendons un culte à ton amour.

ALCESTE

Admète, tu vois en quel état je suis ! Je veux, avant de mourir, te dire ce que je désire. Pour t'honorer, pour te permettre, par le sacrifice de ma vie, de voir la lumière, je meurs, alors qu'il m'était permis de ne pas mourir à ta place, mais de prendre pour mari celui des Thessaliens que j'aurais voulu et d'habiter une maison qu'enrichit le pouvoir suprême. Je n'ai pas voulu vivre séparée de toi, avec des enfants orphelins, et je ne me suis pas ménagée, quoique jouissant avec bonheur des dons de la jeunesse. Cependant ton père et ta mère t'ont abandonné, quoiqu'ils en fussent arrivés à un point de leur vie où il eût été beau de mourir, surtout de

[10]

mourir glorieusement en sauvant leur enfant. Car tu étais leur seul enfant, et ils n'avaient aucun espoir, toi mort, qu'il leur en vienne d'autres. Et, moi aussi, j'aurais vécu avec toi le reste du temps et, privé de ton épouse, tu n'aurais point gémi et tu n'aurais pas élevé des enfants orphelins. Mais sans doute quelqu'un des dieux a fait ces choses, afin qu'elles soient ainsi. Soit! Que ton souvenir maintenant m'en témoigne de la reconnaissance; je ne t'en demanderai jamais une assez grande, car rien n'est plus précieux que la vie : mais je ne demanderai que des choses justes, comme tu le reconnaîtras, car, si du moins tu penses ainsi que tu le dois, tu aimes ces enfants non moins que je les aime. Souffre donc qu'ils restent les maîtres de cette maison et n'épouse pas en secondes noces une femme qui sera pour eux une marâtre, et qui, moins bonne que moi, lèvera par jalousie la main sur nos enfants. Ne fais pas cela, je t'en prie. Car la belle-mère, qui succède à une première femme, est ennemie des enfants du premier lit et n'est en rien plus douce qu'une vipère. Pour le fils, il a dans son père un grand rempart, mais toi, ma fille, seras-tu élevée ainsi qu'il convient à une vierge? Quelle mère ton père te donnera-t-il? Je crains que, t'ayant donné une réputation honteuse, dans la fleur de la jeunesse, elle ne détruise ton hymen. Car ce n'est pas ta mère qui te mariera ni qui t'encouragera dans les couches, là où rien n'est plus agréable que la présence d'une mère. Je dois mourir, et ce n'est pas demain, ni le troisième jour du mois; mais je serai bientôt comptée parmi ceux qui ne sont plus. Puissiez-vous être heureux! Tu peux te vanter, mon époux, d'avoir eu la meilleure des femmes et vous, enfants, la meilleure des mères.

LE CHOEUR

Sois tranquille; je ne crains pas de parler en son nom : il agira ainsi, à moins de folie.

ADMÈTE

Cela sera, cela sera, ne tremble pas; puisque je te possédais vivante, morte tu seras seule appelée aussi ma femme, et aucune fiancée thessalienne ne me parlera, à ta place, ainsi qu'à un époux. Il n'est pas pour cela de femme née d'un père assez noble ni qui soit assez distinguée par sa beauté ou autrement. J'ai, d'autre part, assez d'enfants; je prie les dieux qu'ils m'en laissent jouir, car nous n'avons pas joui de toi. Je porterai ton deuil, non pas un an, mais durant toute ma vie, ô femme, détestant ma mère, haïssant mon père, car ils étaient mes amis en paroles, non en fait. Mais toi, tu as donné en échange de ma vie les biens les plus chers, et tu m'as sauvé. Ne m'est-il pas permis de gémir, lorsque je perds en toi une telle épouse? Je supprimerai les festins joyeux, les réunions, les couronnes et les chants qui remplissaient ma maison; car jamais je ne pourrai plus toucher à un luth, ni je n'aurai le cœur de chanter au son d'une flûte lybienne ; car tu m'enlèves en mourant le charme de la vie. Ton corps, façonné par d'habiles artistes, sera étendu sur un lit, et je tomberai auprès en l'entourant de mes bras, et, t'appelant par ton nom, je croirai avoir dans mes bras ma chère femme, quoique ne l'ayant pas. C'est une froide jouissance, à la vérité, mais pourtant elle allègera le poids de mon âme. Mais si j'avais la langue et la musique d'Orphée, pour, charmant par mes chants la fille de Cérès ou son époux, te tirer des enfers, je descendrais, et ni le chien de Hadès ni le vieux nocher appuyé sur sa rame ne m'arrêteraient avant que je t'aie ramenée à la lumière. Mais attends-moi là-bas lorsque je serai mort et prépare une demeure pour y habiter avec moi ; car je recommanderai à ceux-ci de me placer dans le même bois de cèdre que toi, et d'étendre mon côté contre ton côté, afin que je ne sois jamais, même mort, éloigné de toi, qui seule m'as été fidèle.

LE CHOEUR

Et certes moi, je partagerai ce triste deuil avec toi, ainsi qu'un ami, car la morte en est digne.

ALCESTE

O enfants, vous-même vous avez entendu votre père dire que, pour votre amour, il n'épousera pas une autre femme et qu'il ne m'oubliera pas.

ADMÈTE

Je le dis encore une fois, et je ferai comme j'ai dit.

ALCESTE

A ces conditions reçois les enfants de ma main.

ADMÈTE

C'est un cher présent que je reçois d'une chère main.

ALCESTE

Sois maintenant leur mère à ma place.

ADMÈTE

Il le faut bien, puisqu'ils sont privés de toi.

ALCESTE

O enfants, alors que j'aurais pu vivre, je vais sous la terre.

ADMÈTE

Hélas ! que ferai-je sans toi ?

ALCESTE

Le temps te calmera; un mort n'est plus rien.

ADMÈTE

Emmène-moi avec toi, au nom des dieux, emmène-moi en bas.

ALCESTE

J'y suffis, moi qui meurs pour toi.

ADMÈTE

O Destin! de quelle épouse tu me prives!

ALCESTE

Mon œil obscurci s'appesantit.

ADMÈTE

Je meurs si tu m'abandonnes, femme.

ALCESTE

Tu peux dire que je ne suis plus rien.

ADMÈTE

Lève la face, ne quitte pas tes enfants!

ALCESTE

Pas volontairement, du moins; mais adieu, ô enfants!

ADMÈTE

Regarde-les, regarde.

ALCESTE

Je ne suis plus rien.

ADMÈTE

Que fais-tu? tu nous quittes?

ALCESTE

Adieu!

ADMÈTE

Je suis mort, malheureux!

LE CHOEUR

Elle s'en est allée; la femme d'Admète n'est plus.

EUMÉLOS

Hélas! pour moi, ma mère s'en est allée, et elle ne voit plus le soleil, ô père! Mais, m'abandonnant, l'infortunée m'a rendu orphelin. Vois, en effet, vois sa paupière et ses mains étendues. Écoute, écoute, ô mère! je t'en conjure; je t'appelle, mère, moi, ton poussin, penché vers ta couche.

[13]

ADMÈTE

Tu appelles celle qui n'entend ni ne voit; et moi et vous deux, nous sommes frappés d'un lourd malheur.

EUMÉLOS

Tout jeune, père, je suis privé d'une mère chérie; ô que je souffre de maux !... et toi aussi, jeune fille, ma sœur. O père, en vain, en vain tu t'es marié, et tu n'es pas arrivé avec ta femme au terme de la vieillesse, car elle est morte auparavant, et par ton départ, ô mère, notre maison a péri.

LE CHŒUR

Admète, il faut supporter ces malheurs; car tu n'es ni le premier ni le dernier des mortels qui ait été privé d'une bonne épouse, mais reconnais que nous devons tous mourir.

ADMÈTE

Je le sais, et ce malheur n'a pas fondu sur moi à l'improviste, mais au contraire je m'y attendais et j'étais tourmenté depuis longtemps. Mais assistez-moi, car je vais rendre à cette morte les derniers honneurs ; restez et chantez tour à tour un hymne pour l'inexorable dieu d'en-bas. J'ordonne à tous les Thessaliens, auxquels je commande, de porter le deuil de cette femme, en se tondant au rasoir et en se revêtant de noirs vêtements, et que ceux qui attèlent des quadriges ou des chevaux isolés coupent avec le fer la crinière de leurs bêtes. Que pendant douze lunes on n'entende dans la ville ni le bruit des flûtes, ni celui de la lyre, car je n'ensevelirai jamais mort plus cher que celui-là, ni qui ait été meilleur pour moi; et elle est bien digne que je l'honore, celle qui seule est morte à ma place.

LE CHŒUR

O fille de Pélias, puisses-tu habiter heureuse la demeure de Hadès que n'éclaire pas le soleil. Or qu'il sache, Hadès, le dieu à la noire chevelure, et qu'il sache, le vieillard conducteur des morts qui est assis auprès de l'aviron et du gouvernail, que c'est à la meilleure des femmes qu'il a fait passer l'Achéron dans la barque à deux rames.

Les disciples des Muses te chanteront beaucoup, te célébrant sur l'écaille montagnarde à sept cordes, et, à Sparte, dans des chants sans lyre, lorsque le cercle du temps ramène les mois carnéens et que la lune ne se couche pas, et dans la riche et heureuse Athènes. Si vaste est le sujet de chants que tu laisses en mourant aux chantres de mélodies !

Plût aux dieux qu'il dépendît de moi que j'eusse le pouvoir de te ramener à la lumière et de te tirer des demeures d'Hadès et

[14]

des eaux du Cocyte par la rame du fleuve infernal, car toi seule, ô chère entre les femmes, tu as eu le courage de donner ta vie pour arracher ton époux aux enfers. Que la terre, ô femme, te soit légère ! Mais si ton époux choisissait quelque nouvel hymen, certes il serait tout à fait haï par moi et par tes enfants.

La mère ne voulait pas descendre sous terre pour son fils, non plus que le vieux père, et ils n'eurent pas le courage de sauver celui qu'ils avaient mis au monde, les lâches à la chevelure blanche ! Mais toi, mourant pour lui dans la fleur de ta jeunesse, tu ne verras plus la lumière. Qu'il me soit donné de trouver une pareille épouse ! un tel lot est rare dans la vie ; certes elle vivrait avec moi sans chagrin.

HÉRACLÈS

Étrangers, habitants de cette ville de Phères, trouvé-je Admète chez lui ?

LE CHŒUR

Le fils de Phérès est chez lui, Héraclès. Mais quel besoin t'amène vers la terre des Thessaliens et vers cette ville de Phères ?

HÉRACLÈS

J'accomplis un travail pour le Tirynthien Eurysthée.

LE CHŒUR

Et où vas-tu ? Quelle course dois-tu faire ?

HÉRACLÈS

Je vais vers le char à quatre chevaux du Thrace Diomède.

LE CHŒUR

Comment le pourras-tu ? Ne connais-tu pas cet étranger ?

HÉRACLÈS

Je ne le connais pas, n'étant jamais venu dans la terre des Bistoniens.

LE CHŒUR

Tu ne pourras t'emparer des chevaux sans combat.

HÉRACLÈS

Je ne puis non plus refuser ces travaux.

LE CHŒUR

Tu reviendras, ayant tué ; ou mort, tu y resteras.

HÉRACLÈS

Je ne courrai pas ce risque pour la première fois.

[15]

LE CHŒUR
Et ayant vaincu le maître, que feras-tu ?

HÉRACLÈS
J'emmènerai les chevaux pour le roi de Tyrinthe.

LE CHŒUR
Il n'est pas facile de mettre un frein à leurs mâchoires.

HÉRACLÈS
A moins que leurs naseaux ne soufflent du feu.

LE CHŒUR
Ils dévorent les hommes de leurs rapides mâchoires.

HÉRACLÈS
C'est là une nourriture de bêtes féroces, et non de chevaux.

LE CHŒUR
Tu verras leurs crèches toutes ensanglantées.

HÉRACLÈS
Et de quel père leur maître se vante-t-il d'être le fils ?

LE CHŒUR
D'Arès, et il règne sur les Thraces au bouclier d'or.

HÉRACLÈS
Tu parles d'un travail conforme à mon destin, car il est toujours dur et plein de difficultés ; car je dois toujours combattre avec les enfants d'Arès : d'abord avec Lycaon, puis avec Cycnos, et enfin avec le maître de ses chevaux. Mais personne ne verra jamais le fils d'Alcmène trembler devant une main ennemie.

LE CHŒUR
Voici le roi de cette contrée, Admète, qui s'avance hors de sa maison.

———

ADMÈTE
Sois heureux, fils de Zeus et du sang de Persée.

HÉRACLÈS
Sois heureux aussi, Admète, prince des Thessaliens.

ADMÈTE
Je le voudrais ; je sais que tu me veux du bien.

HÉRACLÈS
Pourquoi ces cheveux funèbrement rasés ?

ADMÈTE
Je dois ensevelir un mort en ce jour-ci.
HÉRACLÈS
Que la Divinité écarte le malheur de tes enfants.
ADMÈTE
Mes enfants vivent; ils sont dans ma maison.
HÉRACLÈS
Ton père du moins était d'âge, si c'est lui qui est mort.
ADMÈTE
Il vit, et ma mère aussi, Héraclès.
HÉRACLÈS
Ce n'est pas ta femme Alceste qui est morte?
ADMÈTE
Je puis tenir sur elle un double discours.
HÉRACLÈS
La dis-tu morte ou vivante?
ADMÈTE
Elle est et elle n'est plus, mais elle m'afflige.
HÉRACLÈS
Je ne sais rien de plus; ton langage est obscur.
ADMÈTE
Ne sais-tu pas quelle est sa destinée?
HÉRACLÈS
Je sais qu'elle a consenti à mourir à ta place.
ADMÈTE
Comment donc vit-elle encore, puisqu'elle a promis cela?
HÉRACLÈS
Ah! pour pleurer ton épouse, attends sa mort.
ADMÈTE
Celui qui doit mourir est mort; et avant sa mort, il n'est plus
HÉRACLÈS
Etre et ne pas être sont deux choses distinctes.
ADMÈTE
Tu juges d'une façon, Héraclès, et moi d'une autre.

[17]

HÉRACLÈS
Pourquoi donc pleures-tu? Lequel de tes amis est mort?
ADMÈTE
Une femme; c'est d'une femme que nous parlions tout à l'heure.
HÉRACLÈS
Une étrangère ou une parente?
ADMÈTE
Une étrangère, mais alliée à ma maison.
HÉRACLÈS
Comment donc a-t-elle perdu la vie chez toi?
ADMÈTE
Son père étant mort, elle était élevée ici comme orpheline.
HÉRACLÈS
Hélas! plût aux dieux que nous ne t'ayons pas trouvé, Admète, dans la douleur!
ADMÈTE
Que veux-tu faire et que dis-tu?
HÉRACLÈS
J'irai vers le foyer d'autres hôtes.
ADMÈTE
Cela ne se peut; qu'un si grand malheur me soit épargné!
HÉRACLÈS
Un hôte est importun, lorsqu'on est affligé.
ADMÈTE
Les morts sont morts; mais entre dans la maison.
HÉRACLÈS
Il est honteux de faire bonne chère chez des amis qui pleurent.
ADMÈTE
Les appartements des étrangers où nous t'introduirons sont à part.
HÉRACLÈS
Laisse-moi partir; je t'en aurai une reconnaissance infinie.
ADMÈTE
Il n'est pas possible que tu ailles au foyer d'un autre homme. Toi, esclave, conduis-le vers les appartements des étrangers qui sont extérieurs à la maison, et dis à ceux qui y sont préposés qu'il y ait

abondance de vivres ; et vous fermerez à l'intérieur les portes des cours, car il ne faut pas que les hôtes, faisant bonne chère, entendent des gémissements et soient affligés.

LE CHOEUR

Que fais-tu ? lorsqu'un tel malheur te frappe, tu oses, Admète, recevoir un hôte ? Es-tu fou ?

ADMÈTE

Mais si j'avais repoussé loin de ma maison et de la ville un hôte qui me venait, me louerais-tu davantage ? Non certes, car mon malheur ne serait en rien diminué et j'aurais en plus manqué aux lois de l'hospitalité. Et ce mal s'ajouterait à mes maux d'entendre appeler ma maison ennemie des hôtes. Puis, moi-même, je trouve en lui un hôte excellent lorsque je vais vers les contrées arides d'Argos.

LE CHOEUR

Comment donc lui cachais-tu ton malheur, si, comme tu le dis, cet homme est ton ami ?

ADMÈTE

Jamais il n'eût voulu entrer dans ma maison, s'il avait connu mes maux. Et lorsque j'agis ainsi, quelqu'un peut me trouver insensé et me blâmer ; mais ma demeure ne sait pas repousser ni mépriser les hôtes.

LE CHOEUR

O maison toujours hospitalière, demeure d'un homme libéral, le Pythien Apollon lui-même à la lyre harmonieuse a daigné l'habiter ; il s'est même résigné à être berger sous ton toit, jouant pour les troupeaux de pastoraux airs d'hyménée parmi les collines obliques.

Et avec eux passaient, par le charme des chants, les lynx tachetés, et, quittant le bois de l'Othrys, la troupe fauve des lions vint vers toi, et, autour de ta lyre, Phébus, dansait le faon au poil bigarré ; il sautait d'un talon léger parmi les sapins à la haute chevelure, tout réjoui par ton chant joyeux. En effet, Admète habite un palais très riche en troupeaux, auprès du lac Boebé aux belles eaux. Les terres labourées et les plaines ont pour limite, du côté du couchant, la terre des Molosses ; et il possède la maritime Egée, jusqu'au rivage sans port de Pélion.

Et maintenant il ouvre sa maison à un hôte, tandis que son œil humide pleure sa chère épouse morte tout à l'heure dans la maison, car une âme noble est portée vers le respect. Les bons ont tous les dons de la sagesse ; j'admire cela ; et la confiance ré-

[19]

side dans mon cœur, car un mortel pieux doit être heureux.

ADMÈTE

Hommes de Phères qui m'assistez de votre présence bienveillante, les serviteurs emportent vers la sépulture et le bûcher le cadavre recouvert de tous ses ornements; saluez, selon la coutume, la morte dont c'est le dernier voyage.

LE CHŒUR

Mais je vois ton père, qui s'avance d'un pied que l'âge rend tardif; il est suivi de serviteurs portant dans leurs mains pour ton épouse une parure funèbre.

PHÉRÈS

Je viens, mon fils, compatir à tes maux; car tu as perdu une femme bonne et sage; nul ne dira le contraire. Mais quoique ces choses soient pénibles à supporter, il les faut supporter. Reçois cette parure, et mets-la sous terre. Il doit être honoré, le corps de cette femme qui est morte pour toi, mon fils; et qui n'a pas permis que, privé de mon enfant, je mène une lugubre vieillesse; la noblesse de son acte ennoblit toutes les femmes. O toi qui as sauvé mon fils et m'as relevé lorsque je tombais, adieu, et sois heureuse dans les demeures d'Hadès. Je dis que de tels mariages sont utiles aux mortels; autrement ce n'est pas la peine de se marier.

ADMÈTE

Tu es venu à ces funérailles, sans que je t'y aie appelé, et je ne puis citer ta présence parmi les choses agréables. Et celle-ci ne revêtira jamais la parure; elle sera ensevelie sans avoir nul besoin de tes dons. Il fallait compatir à mon malheur lorsque je périssais, mais alors tu t'es tenu à l'écart, et, vieillard, tu as laissé un jeune mourir. Tu pleures ce mort? Mais tu n'étais donc pas mon père et celle qui se dit ma mère ne l'était donc pas? mais né d'un sang esclave, j'ai été porté en cachette au sein de ta femme. A l'épreuve, tu as montré qui tu es, et je ne crois pas être ton enfant; ou alors tu te distingues entre tous par la lâcheté, toi qui, au terme de la vie, n'as ni voulu, ni osé mourir pour ton enfant et as laissé mourir pour lui cette étrangère que je considérerai désormais à bon droit comme mon père et ma mère. Et pourtant tu eus livré un beau combat en mourant pour ton fils, car le reste du temps que tu as à vivre était court en tout cas. D'ailleurs tu as eu tout ce qu'il faut pour être nommé heureux: tu as passé ta jeunesse dans la royauté, et tu avais un fils comme héritier, de sorte que tu ne devais pas mourir sans postérité, laisser à des étrangers une maison à piller. Tu ne peux dire non plus que tu m'as laissé mourir parce que je méprisais ta vieillesse, moi qui ai toujours été si respectueux envers toi. Voilà la reconnaissance que vous m'en avez, toi et ma mère. Certes, tu ne peux plus compter avoir d'enfants qui te nourriront dans ta vieillesse et qui, après ta mort, t'enseveliront et exposeront ton corps; car, pour moi, je ne t'ensevelirai pas de ma main. Je suis mort en ce qui te concerne, et si, ayant trouvé un autre sauveur, je vois la lumière du jour, c'est celui-là dont je veux être le fils et le soutien de la vieillesse. Ainsi donc, c'est à la légère que les vieillards souhaitent mourir, accusant la vieillesse et la longue durée de la vie; car si la mort approche, aucun ne veut mourir et la vieillesse ne leur pèse plus.

LE CHOEUR

Admète, c'est assez du malheur présent; tais-toi, et n'irrite pas un père.

PHÉRÈS

O fils, qui prétends-tu accabler d'injures? est-ce un Lydien ou un Phrygien acheté par toi à prix d'argent? Ne sais-tu pas que je suis Thessalien et né d'un père Thessalien, véritablement libre? Tu m'outrages par trop, enfant, avec tes propos juvéniles. Mais tu ne t'en iras pas ainsi après m'avoir frappé. Je t'ai élevé pour être le maître de cette maison, mais je ne dois pas mourir pour toi. Car je n'ai pas reçu cette loi de mon père, que les pères dussent mourir pour leurs enfants; cela n'est pas grec. Tu es né pour toi-même, que tu sois heureux ou malheureux; et de nous tu as obtenu tout ce que tu étais en droit d'en attendre. Tu commandes à de nombreux sujets et je te laisserai de vastes champs, car je les ai reçus de mon père. En quoi donc ai-je mal agi avec toi? de quoi te privé-je? Ne meurs pas pour moi, ni moi pour toi. Tu te réjouis de voir la lumière, crois-tu que ton père ne s'en réjouisse pas? Je calcule que le temps que l'on passe aux enfers est très long, et que la vie est courte, mais douce. Toi, tu as lutté impudemment pour ne pas mourir; par la mort de ta femme tu vis, ayant dépassé le terme marqué par le destin; et tu parles de ma lâcheté, ô très lâche, vaincu par une femme, qui est morte pour ce beau jeune homme! Vraiment, tu as trouvé un moyen ingénieux pour ne jamais mourir : tu persuaderas toujours à ta femme du moment de mourir à ta place. Et après cela, tu fais des reproches à tes amis qui ne le veulent pas, quand toi tu es lâche à ce point! Tais-toi, et penses que, si tu aimes la vie, il en est de même de tous. Si tu parles mal de nous, tu entendras beaucoup de reproches, et pas immérités.

[21]

ADMÈTE

Parle, je te confondrai; mais si tu n'aimais pas entendre la vérité, il ne fallait pas faillir envers moi.

PHÉRÈS

J'aurais plutôt failli en mourant à ta place.

ADMÈTE

La mort est-elle la même chose pour un homme jeune et un vieux.

PHÉRÈS

Nous devons vivre une seule vie et non deux.

ADMÈTE

Eh bien ! puisses-tu vivre un temps plus long que Zeus !

PHÉRÈS

Tu maudis tes parents sans raisons.

ADMÈTE

C'est que je me suis aperçu que tu aimes une longue vie.

PHÉRÈS

Mais toi, n'emportes-tu pas cette morte à ta place ?

ADMÈTE

C'est une preuve, ô très vil, de ta lâcheté !

PHÉRÈS

Tu ne diras pas, au moins, qu'elle ait péri pour nous !

ADMÈTE

Hélas ! plaise aux dieux que tu aies un jour besoin de moi !

PHÉRÈS

Recherche plusieurs femmes afin d'en avoir plusieurs qui meurent à ta place.

ADMÈTE

C'est à ta honte, car tu n'as pas voulu mourir.

PHÉRÈS

La lumière du dieu m'est chère, bien chère.

ADMÈTE

Ton courage est lâche, et non digne d'un homme.

PHÉRÈS

Tu n'as pas la joie d'enterrer ton vieux père.

[22]

ADMÈTE
Tu mourras pourtant, mais tu mourras sans gloire.

PHÉRÈS
Il m'est bien égal, quand je serai mort, qu'on parle mal de moi.

ADMÈTE
Hélas! hélas! que la vieillesse est impudente!

PHÉRÈS
Alceste n'était pas impudente, mais insensée.

ADMÈTE
Va-t'en et laisse-moi ensevelir ce cadavre!

PHÉRÈS
Je m'en vais; toi, son meurtrier, tu l'enseveliras toi-même; et tu rendras raison en outre à tes alliés. Certes Acaste n'est plus un homme, s'il ne venge sur toi le sang de sa sœur.

ADMÈTE
Qu'il t'arrive malheur à toi-même, et à celle qui habite avec toi! Tous deux sans enfants, quoique votre fils soit vivant, vieillissez comme vous en êtes dignes; car vous ne viendrez plus sous mon toit, et, s'il me fallait renoncer par hérauts à ton foyer paternel, j'y renoncerais. Mais (il nous faut supporter notre malheur) allons placer le cadavre sur un bûcher.

LE CHŒUR
Hélas! victime de ton courage! noble femme et de beaucoup la meilleure de toutes, adieu; qu'Hermès souterrain et Hadès te reçoivent avec bienveillance; et si en bas aussi les bons jouissent de quelque avantage, puisses-tu siéger aux côtés de la femme d'Hadès!

UN SERVITEUR
Certes j'ai vu venir dans les demeures d'Admète bien des hôtes et de toute terre, auxquels j'ai servi des repas, mais je n'ai jamais reçu dans ce foyer d'hôte pire que celui-ci. D'abord, voyant le maître affligé, il est entré et a osé franchir les portes; ensuite il n'a pas reçu modestement les présents de l'hospitalité, se contentant, voyant notre deuil, de ce qu'on lui donnait, mais, quand nous n'apportions pas quelque chose, il nous pressait de l'apporter. Et prenant dans ses mains une coupe en bois de lierre, il boit le vin pur d'une grappe noire, jusqu'à ce que la flamme du vin l'ait

enflammé; puis il couronne sa tête de branches de myrte et hurle des grossièretés. Or, on pouvait entendre une douce mélodie, car, d'un côté, lui chantait sans aucun souci des maux qui frappent la maison d'Admète, et nous, les serviteurs, nous pleurions notre maîtresse, cachant nos larmes à l'hôte, ainsi qu'Admète l'avait ordonné. Et maintenant tandis que je traite dans la maison un hôte, quelque rusé voleur ou brigand, elle a quitté la maison et je ne l'ai pas suivie; je n'ai pas étendu la main en pleurant ma maîtresse qui était une mère pour moi et pour tous les serviteurs, qu'elle préservait de maux sans nombre en calmant les colères de son mari. N'ai-je pas raison de haïr l'hôte arrivé parmi nos malheurs?

HÉRACLÈS

Eh! toi! pourquoi ce regard triste et soucieux? Il ne faut pas que le serviteur soit maussade avec les hôtes, mais il doit les recevoir avec affabilité. Mais, voyant devant toi un ami de ton maître, tu le reçois avec un visage chagrin et un malheur étranger te fait froncer les sourcils. Viens ici, que je t'apprenne à être plus sage, sais-tu quelle est la nature des choses mortelles? Non, d'où le saurais-tu? mais écoute-moi. Tous les mortels doivent mourir, et pas un ne sait s'il vivra demain. Car la marche du destin est obscure, et nul ne peut l'apprendre ou la deviner. Ayant donc appris cela de moi, réjouis-toi, crois, sache que le vie de chaque jour est tienne, et que le reste appartient à la fortune. Honore aussi Cypris, déesse la plus agréable de toutes aux mortels, car c'est une déesse bienveillante. Mais laisse-là le reste et crois en mes paroles si toutefois, comme je le pense, elles te paraissent justes. Ayant donc mis de côté ton excessive douleur, ne boiras-tu pas avec nous, prenant le dessus sur les événements et couronné de fleurs. Plusieurs coupes, j'en suis certain, dissiperont ta tristesse et le tour morose de ton esprit. Or, mortels, il nous faut penser à des choses mortelles, car, autant que j'en puis juger, la vie n'est pas véritablement une vie, mais un malheur pour les gens graves et qui froncent le sourcil.

LE SERVITEUR

Nous savons cela; mais ce qui nous arrive n'appelle pas le rire ni les festins joyeux.

HÉRACLÈS

La morte est une femme étrangère; ne t'afflige pas trop, puisque les maîtres de cette maison vivent.

LE SERVITEUR

Comment! ils vivent? ne sais-tu pas les maux qui nous frappent?

[24]

HÉRACLÈS
A moins que ton maître ne m'ait trompé...
LE SERVITEUR
Il est trop, trop hospitalier.
HÉRACLÈS
M'aurait-il caché quelque malheur?
LE SERVITEUR
Adieu! va-t'en! Les malheurs de mes maîtres m'occupent.
HÉRACLÈS
Ce discours n'annonce pas des maux étrangers.
LE SERVITEUR
Je ne me serais pas indigné sans cela de te voir festoyer.
HÉRACLÈS
Un mort étranger devait-il m'empêcher d'être bien traité?
LE SERVITEUR
Certes il était de la maison; il n'en était que trop.
HÉRACLÈS
Aurais-je éprouvé des choses terribles de la part de mes hôtes?
LE SERVITEUR
Tu n'es pas venu à propos pour être reçu dans la maison, car nous sommes dans le deuil; vois nos tonsures et nos noirs vêtements.
HÉRACLÈS
Mais qui est mort? Est-ce qu'un de ses enfants est parti, ou son vieux père?
LE SERVITEUR
La femme d'Admète est morte, étranger.
HÉRACLÈS
Que dis-tu? et vous me donniez l'hospitalité?
LE SERVITEUR
Il eût eu honte de te repousser de son seuil.
HÉRACLÈS
O malheureux! quelle compagne tu perds!

LE SERVITEUR
Nous avons tous péri avec elle.

HÉRACLÈS
Je m'en étais bien aperçu en voyant ses yeux mouillés de larmes, sa tonsure et son triste visage; mais il m'a fait croire que c'était un mort étranger qu'il portait au tombeau. Et ayant franchi ces portes malgré moi, je buvais dans la maison d'un homme hospitalier que frappait un tel malheur. Ensuite, j'ai festoyé, la tête couronnée de fleurs. Mais c'est la faute de ne m'avoir pas dit qu'un tel malheur était dans la maison. Où l'ensevelit-il? où le trouverai-je?

LE SERVITEUR
Près de la route qui mène à Larisse, tu verras hors du faubourg un tombeau poli.

HÉRACLÈS
O mon cœur et ma main qui avez accompli tant de travaux, montrez maintenant quel fils la Tyrinthienne Alcmène, fille d'Electryon, a donné en moi à Zeus! Car il faut que je sauve la femme morte tout à l'heure, que je ramène Alceste dans cette maison et que je rende service à Admète. J'irai, j'épierai Thanatos, souveraine des morts, vêtue de noir; je la trouverai, je crois, près du tombeau, affamée des victimes que l'on a égorgées. Si, m'élançant d'une embuscade, je la prends avec mes deux mains, personne ne m'arrachera la malheureuse avant qu'elle m'ait rendu cette femme. Mais si je la manque et si elle n'est pas venue vers le gâteau sanglant, alors j'irai dans les demeures sans soleil des dieux d'en-bas : Koré et le roi des enfers; je leur demanderai Alceste, et je suis sûr que je la ramènerai sur terre, et que je la remettrai aux mains de l'hôte qui m'a reçu dans sa maison et ne m'a pas repoussé, quoique frappé d'un lourd malheur qu'il cachait par générosité et par respect pour moi. Quel Thessalien, quel Grec est plus hospitalier que lui? Cet homme généreux ne dira pas qu'il a fait du bien à un méchant.

ADMÈTE
Ah! ah! triste abord, triste vue de mon palais désert! Ah! ah! malheureux! Hélas! hélas! où irai-je? où resterai-je? Que dirai-je? que ne dirai-je pas? Comment périr? Ah! ma mère a donné le jour à un fils bien malheureux! J'envie ceux qui sont morts; je souhaite leur sort, je désire habiter ces demeures-là. Je ne me réjouis ni de voir le jour ni d'avoir le pied sur la terre : quel otage la mort m'a arraché pour le livrer à Hadès!

[26]

LE CHOEUR

Avance, avance; rentre dans ta maison.

ADMÈTE

Hélas!

LE CHOEUR

Tu souffres des choses dignes de gémissements.

ADMÈTE

Ah!

LE CHOEUR

Tu as suivi, je le sais, une route de douleur.

ADMÈTE

Hélas! hélas!

LE CHOEUR

Tes cris ne servent à rien à celle qui est en bas.

ADMÈTE

Ah! malheureuse! malheureuse!

LE CHOEUR

Il est triste de ne jamais voir en face le visage d'une compagne chérie.

ADMÈTE

Tu as ravivé la plaie de mon cœur, car quel mal plus grand pour un homme que d'être privé d'une compagne fidèle. Je n'aurais jamais dû me marier et habiter cette maison avec Alceste. Heureux ceux des mortels qui sont sans femme et sans enfants, car une seule vie pour laquelle s'affliger est un fardeau peu lourd, mais voir les maladies de ses enfants, voir la mort ravir son épouse, est intolérable, alors que l'on eût pu rester sans femme et sans enfants.

LE CHOEUR

Un malheur, un malheur difficile à éviter est arrivé.

ADMÈTE

Ha!

LE CHOEUR

Ces maux sont lourds à supporter, cependant...

ADMÈTE

Hélas! hélas!

LE CHŒUR

Supporte-les. Tu n'es pas le premier qui ait perdu...

ADMÈTE

Ah! malheureux! malheureux.

LE CHŒUR

... une femme; mais chaque mortel a ses maux.

ADMÈTE

O longs deuils! et regrets d'êtres chéris qui sont descendus sous terre! Pourquoi m'as-tu empêché de me jeter dans la fosse du tombeau, et d'être étendu mort auprès de la meilleure des femmes! Hadès, au lieu d'une seule âme, en eût eu deux qui, fidèles l'une à l'autre, eussent traversé ensemble le lac souterrain.

LE CHŒUR

Quelqu'un de ma famille perdit un fils unique, digne qu'on gémisse sur sa mort; pourtant il supportait assez bien son malheur, quoiqu'il fut déjà vieux.

ADMÈTE

O maison! comment entrerai-je? Comment l'habiterai-je après ce changement de fortune? Hélas! que la différence est grande! car jadis j'entrais ici avec des torches de pin du mont Pélion et avec des chants d'hyménée; je tenais par la main une compagne chérie, et un cortège bruyant nous suivait, me félicitant moi et celle qui n'est plus de ce que, nobles, et nés de parents très nobles, nous nous étions unis l'un à l'autre. Aujourd'hui les gémissements tiennent lieu du chant d'hyménée; et ce sont des vêtements noirs au lieu de tuniques blanches qui m'accompagnent vers ma couche déserte.

LE CHŒUR

Cette affliction t'a frappé au milieu d'une vie heureuse et lorsque tu n'avais jamais été éprouvé; mais tu vis, tu respires encore. Ton épouse est morte, en quittant ses amours. Qu'y a-t-il là de nouveau? La mort a ravi leur épouse à bien des hommes.

ADMÈTE

Amis, je trouve le sort de ma femme plus heureux que le mien, quoiqu'il ne le semble pas; car aucun chagrin ne l'atteindra jamais; et elle a mis glorieusement fin à beaucoup de peines. Et moi qui ne devais plus vivre, je mènerai, ayant dépassé le terme fatal, une vie malheureuse. Je m'en aperçois déjà. Car comment supporterai-je d'entrer dans cette maison? qui saluerai-je? qui me saluera, de façon que mon entrée me soit agréable? Car la solitude qui règne dans le palais m'en chassera lorsque je verrai vides le lit de ma femme et le siège sur lequel elle s'asseyait, et que je verrai le plancher sale, et mes enfants tombant à mes genoux en pleurant leur mère, et les domestiques se plaignant de la perte de leur maîtresse. Telles seront mes souffrances dans la maison, et, d'autre part, les épouses des Thessaliens et les réunions pleines de femmes me rendront le dehors intolérable, car je ne pourrai supporter la vue de femmes de l'âge de ma compagne. Et mes ennemis parleront ainsi de moi : « Vois cet homme qui vit honteusement, et qui n'a pas eu le courage de mourir, mais qui a échappé à Hadès en donnant lâchement à sa place celle qu'il avait épousée. Et il croit être un homme? Il hait ses parents, mais lui ne consent pas non plus à mourir. » J'aurai, outre mes maux, une telle réputation. En quoi donc ai-je avantage à vivre, amis, avec un tel malheur et en entendant mal parler de moi?

LE CHOEUR

Avec l'aide de la Muse, je me suis élancé fort haut, et j'ai connu toutes les sciences, mais je n'ai rien trouvé de plus fort que la nécessité; et il n'y a contre elle de remèdes ni dans les tablettes thraces qu'ont gravées les accents d'Orpheus, ni dans les herbes que Phébus a coupées pour les mortels malheureux et qu'il a données aux fils d'Asclépios.

Et c'est la seule déesse dont on ne puisse aller ni vers les autels ni vers la statue, et qui soit inexorable aux sacrifices. O vénérable, ne sois pas pour moi plus terrible que tu ne l'as été jusqu'ici! Car tout ce que veut Zeus, c'est par toi qu'il l'accomplit; et tu domptes par la force de fer des Chalybes, et la volonté absolue ne connaît pas de respect.

Et toi aussi, la déesse t'a pris dans les liens inévitables de ses mains. Supporte-le, car jamais tes larmes ne ramèneront les morts sur terre; même les enfants des dieux, lorsqu'ils meurent, s'anéantissent dans les ténèbres. Chère elle nous était lorsqu'elle était avec nous; chère elle nous sera après sa mort; et ton épouse était la plus noble de toutes les femmes.

Que le tombeau de ta compagne ne soit pas regardé comme la sépulture d'un cadavre, mais que, vénération des passants, il soit honoré à l'égal des dieux. Et plus d'un faisant dans sa route un détour parlera ainsi : « Celle-ci mourut jadis pour son mari, et maintenant c'est une déesse bienheureuse; salut, ô vénérable, et accorde-nous des biens. » Ainsi ils la salueront. Mais il me semble que le fils d'Alcmène s'avance, Admète, vers ton foyer.

HÉRACLÈS

Il faut parler librement à un ami, et ne point garder des ressentiments dans son cœur et se taire. Or, me trouvant près de toi dans ton malheur, il me semble que tu devais éprouver mon amitié; mais tu ne me parlais pas du cadavre de ta femme exposé et tu m'accueillais en hôte dans ta maison en me disant que tu pleurais une étrangère. Et moi j'ai couronné ma tête et je me suis versé des libations dans ta maison alors que le malheur la frappait. Voilà ce dont je me plains, mais je ne veux pas t'affliger dans tes maux. Je te dirai seulement pourquoi je reviens sur mes pas. Prends cette femme voilée et garde-la-moi jusqu'à ce que je sois revenu ici avec les cavales thraces, après avoir tué le tyran des Bestoniens. S'il m'arrive ce que je souhaite qu'il ne m'arrive pas (puissé-je revenir!), tu la garderas comme servante dans tes demeures. C'est avec beaucoup de peine qu'elle est venue dans mes mains. J'ai trouvé des jeux publics qu'on avait institués et qui étaient dignes de l'ardeur des athlètes : j'en ai rapporté cette femme que j'ai reçue comme prix de la victoire, car les vainqueurs dans les exercices de légèreté recevaient des chevaux, ceux des exercices plus sérieux du pugilat et de la lutte des troupeaux de bœufs; et il y avait en plus une femme. Il eût été honteux pour moi, qui me trouvais là par hasard, de négliger cette glorieuse récompense. Aie donc soin de cette femme, comme je te l'ai dit; car je ne l'ai pas prise furtivement, mais avec beaucoup de peine; et peut-être avec le temps diras-tu qu'elle le méritait.

ADMÈTE

Ce n'est pas parce que je te méprisais ni parce que je te regardais comme un ennemi que je t'ai caché le destin de ma malheureuse femme; mais c'eût été une douleur ajoutée à ma douleur, si tu avais été vers quelque autre foyer, et j'avais bien assez de mon malheur. Mais je t'en prie, ô roi, si cela t'est possible, donne cette femme à garder à quelqu'un des Thessaliens qui n'ait pas souffert les mêmes maux que moi; et tu as dans Phères beaucoup d'hôtes; ne me fais pas souvenir de mes maux. Je ne pourrais, en voyant cette femme dans mes demeures, me retenir de pleurer. N'ajoute pas une souffrance à mes souffrances; le malheur m'accable assez. Et, d'ailleurs, dans quelle partie de ma maison une jeune femme serait-elle nourrie, car elle est jeune, comme on le voit par son vêtement et sa parure. Habitera-t-elle dans le palais avec les hommes, ou bien la ferai-je loger dans la chambre de la morte? Je craindrais un double blâme, de mes concitoyens et de celle qui n'est plus et qui est digne que je l'honore. Il me faut être très prudent. Mais toi, femme, qui que tu sois, tu as, sache-le, la même taille, et tu lui ressembles de corps. Hélas! au nom des dieux emmène cette femme hors de ma vue! car je crois en la regardant voir ma femme; et elle trouble mon cœur, et des larmes coulent de mes yeux; ô infortuné! comme je goûte maintenant l'amertume de ce deuil!

LE CHOEUR

Je ne saurais certes dire du bien de la fortune; mais quel que soit le dieu qui vient, il faut accepter ses dons.

HÉRACLÈS

Ah! si j'étais assez puissant pour ramener ta femme à la lumière et te rendre ce service!

ADMÈTE

Je sais que tu le voudrais; mais comment le ferais-tu? les morts ne peuvent revenir à la lumière.

HÉRACLÈS

Supporte donc ton malheur avec modération.

ADMÈTE

Il est plus facile de donner des conseils que de supporter le malheur dont on souffre.

HÉRACLÈS

Mais à quoi te servira de vouloir toujours gémir?

ADMÈTE

A rien, je le sais, mais je ne puis m'en empêcher.

HÉRACLÈS

L'amour qu'on porte aux morts amène les larmes.

ADMÈTE

Je meurs de sa perte, et plus encore que je ne le dis.

HÉRACLÈS

Tu as perdu une femme excellente; et nul ne le niera.

ADMÈTE

Et la vie n'a plus pour moi de charmes.

HÉRACLÈS

Le temps adoucira ton mal encore récent

ADMÈTE

Oui, si c'est le temps de la mort.

HÉRACLÈS

Une femme et un nouveau mariage te délivreront du regret.

ADMÈTE

Tais-toi! qu'as-tu dit? Peux-tu parler ainsi?

HÉRACLÈS

Eh !quoi, ne te remarieras-tu pas?

ADMÈTE

Nulle femme ne partagera mon toit.

HÉRACLÈS

Espères-tu que cela serve de quelque chose à la morte?

ADMÈTE

Je dois l'honorer en quelque lieu qu'elle soit.

HÉRACLÈS

Je te loue, vraiment; mais tu agis en insensé.

ADMÈTE

Jamais tu ne me donneras plus le nom d'époux.

HÉRACLÈS

Je te loue de la fidélité envers ton épouse.

ADMÈTE

Que je meure, si je la trahis, quoiqu'elle soit morte.

HÉRACLÈS

Reçois donc celle-ci dans ta noble demeure.

ADMÈTE

Non, je t'en prie au nom de Zeus, ton père.

HÉRACLÈS

Tu commettras pourtant une faute, en ne la recevant pas.

ADMÈTE

Le chagrin me mordra au cœur, si je la reçois.

HÉRACLÈS

Obéis, peut-être ce présent te sera-t-il utile.

ADMÈTE

Hélas! plût aux dieux que tu n'eusses jamais gagné cette récompense!

HÉRACLÈS

Tu partages pourtant ma victoire.

ADMÈTE

Tu parles bien; mais que cette femme s'en aille!

HÉRACLÈS

Elle s'en ira, s'il le faut; mais d'abord considère s'il le faut.

ADMÈTE

Il le faut, si cela ne l'irrite pas contre moi.

HÉRACLÈS

J'ai des raisons pour insister ainsi.

ADMÈTE

Triomphe donc, mais ce que tu fais là ne me plaît pas.

HÉRACLÈS

Tu m'en remercieras un jour; obéis seulement.

ADMÈTE

Emmenez-la, puisqu'il faut que je la reçoive dans ma maison.

HÉRACLÈS

Je n'abandonnerai pas cette femme à des serviteurs.

ADMÈTE

Conduis-la toi-même dans la maison, si tu le veux.

HÉRACLÈS

Je la déposerai entre tes mains.

ADMÈTE

Je ne la toucherai pas, mais elle peut entrer dans la maison.

HÉRACLÈS

C'est à ta main seule que je la confie.

ADMÈTE

Prince, tu me forces à faire ce que je ne veux pas.

HÉRACLÈS

Ose avancer la main et toucher cette étrangère.

ADMÈTE

Je le fais en détournant mes yeux, comme pour décapiter la Gorgone.

HÉRACLÈS

Tu l'as.

ADMÈTE

Je l'ai.

HÉRACLÈS

Garde-la donc et tu diras un jour que le fils de Zeus est un hôte généreux. Regarde si elle ne ressemble pas quelque peu à ta femme, et, heureux, cesse de t'affliger.

ADMÈTE

O dieux! que dirais-je? prodige inattendu! vois-je réellement ma femme, ou est-ce une moquerie de quelque dieu?

HÉRACLÈS

Ce n'est pas une moquerie, mais tu vois ton épouse.

ADMÈTE

Prends garde que ce ne soit quelque vision des enfers.

HÉRACLÈS

Ton hôte n'évoque pas les morts.

ADMÈTE

Mais vois-je l'épouse que j'ai ensevelie?

HÉRACLÈS

Sois-en sûr; mais il ne m'étonne pas que tu te défies de la fortune.

[34]

ADMÈTE

La toucherai-je, lui parlerai-je comme à ma femme vivante?

HÉRACLÈS

Parle-lui, car tu as tout ce que tu voulais.

ADMÈTE

O regard, ô personne d'une très chère épouse! c'est contre mon attente que je vous possède, et je n'espérais plus vous voir jamais!

HÉRACLÈS

Tu la possèdes, puisse aucun dieu n'être jaloux de toi.

ADMÈTE

O noble enfant du très grand Zeus, puisses-tu être heureux! et que ton père t'ait en sa garde, car seul tu m'as soulagé! Comment l'as-tu ramenée d'en bas à la lumière du soleil?

HÉRACLÈS

En engageant un combat avec celui des dieux qui était son maître.

ADMÈTE

Où as-tu engagé ce combat avec la Mort?

HÉRACLÈS

Auprès du tombeau même; sortant d'une embuscade, je la saisis de mes deux mains.

ADMÈTE

Pourquoi donc cette femme demeure-t-elle sans voix?

HÉRACLÈS

Il ne t'est pas permis d'entendre ses paroles avant qu'elle ne soit purifiée, et que le troisième jour ne se soit levé. Mais emmène-la chez toi et agis selon la justice, Admète, en te montrant toujours pieux envers tes hôtes. Adieu, je pars; je vais accomplir pour le fils de Sthénélos le travail qu'il m'impose.

ADMÈTE

Reste auprès de nous et partage ma table.

HÉRACLÈS

Une autre fois; aujourd'hui je dois me hâter.

ADMÈTE

Puisses-tu revenir heureusement ! Or, j'ordonne aux citoyens et à toute la tétrarchie de former des chœurs pour fêter cet événement et de sacrifier des bœufs sur les autels des dieux. La vie nous est maintenant meilleure qu'auparavant, et je ne nierai pas mon bonheur.

LE CHŒUR

Nombreuses sont les formes que revêtent les volontés des dieux, et ils accomplissent beaucoup de choses d'une façon inespérée; et ce qui a paru devoir arriver n'est pas arrivé, mais la divinité a trouvé un moyen de faire des choses inattendues. Tel a été cet événement.

PRIME DU MOIS DE JUILLET

Tout abonné direct à la *Nouvelle Bibliothèque populaire* aura droit de recevoir, pendant toute la durée du mois de juillet, aux prix réduits de 1 fr. 50 broché et de 1 fr. 80 relié, au lieu de 3 fr. broché et 3 fr. 30 relié que coûte cet ouvrage en librairie :

HISTOIRE D'UN DENIER D'OR

PAR
A. DE LAMOTHE

1 volume in-12. — Prix : 3 fr. en librairie.

M. Alexandre de Lamothe n'est point de l'école de l'art pour l'art. *Scribit non ad narrandum, sed probandum*. Tous ses romans n'ont qu'un but : la défense de la vérité contre le mensonge et le sophisme. Dans *le Denier d'Or*, il prend texte de la découverte d'une monnaie romaine de l'époque de Jules César pour raconter à des ouvriers l'histoire de l'Église, en réfutant, époque par époque, toutes les erreurs accumulées contre elle.

Pour recevoir la prime franco, il suffit d'envoyer à M. Henri Gautier, éditeur, 55, quai des Grands-Augustins, à Paris, 1 fr. 50 si on veut recevoir le volume broché, ou 1 fr. 80 si on désire ce volume relié en toile grise avec ornements noirs.

Librairie BLÉRIOT, HENRI GAUTIER, successeur,
55, quai des Grands-Augustins, à Paris.

EMBOITAGES
POUR LA NOUVELLE BIBLIOTHÈQUE POPULAIRE
AVEC TITRE ET TABLE DES MATIÈRES

Nous conseillons à nos lecteurs de se servir de nos jolis emboîtages, en toile grise, avec fers spéciaux noir et or, pour faire relier leurs numéros aussitôt qu'ils en ont reçu treize. Ils constitueront ainsi peu à peu une bibliothèque contenant les maîtresses œuvres des plus grands auteurs.

Vient de paraître : Emboîtage pour les numéros 453 à 465 (21 avril au 3 août 1895).

Prix : 0 fr. 75, franco.

Les autres emboîtages, avec titres et tables des matières, précédemment parus, sont en vente au même prix.

Nous tenons également à la disposition de nos lecteurs des

EMBOITAGES PASSE-PARTOUT

semblables à nos autres emboîtages, et agrémentés d'attaches en soie qui permettent de conserver les numéros et de les classer au fur et à mesure de leur réception. Lorsque l'on a réuni treize numéros, il suffit de couper les attaches; on obtient ainsi un emboîtage propre à faire relier les numéros.

L'emboîtage passe-partout est vendu 0 fr. 75 franco.

Adresser les demandes à M. Henri Gautier, directeur de la *Nouvelle Bibliothèque populaire*, 55, quai des Grands-Augustins, à Paris.

Pour paraître le . u e

MONTESQUIEU

GRANDEUR ET DÉCADENCE DES ROMAINS

Si attentivement que nous regardions le présent où nous sommes et l'avenir qui se prépare, nous ne pouvons fermer l'oreille aux leçons du passé. Ces leçons, de grands écrivains les ont dites en pages immortelles : le regard de ces maîtres embrasse la formation et la chute des empires. De là des œuvres décisives où l'enseignement des siècles se condense et qui nous épargnent la longueur et l'effort des recherches individuelles. Tel est le livre impérissable de Montesquieu ; telles sont ses réflexions éloquentes et profondes sur la gloire et la ruine de l'ancienne Rome.

ABONNEMENTS
A LA
Nouvelle Bibliothèque populaire

La *Nouvelle Bibliothèque populaire* publie un volume par semaine.

On peut s'abonner aux cinquante-deux volumes d'une année. Les abonnements partent du 1er de chaque mois.

Tous les abonnés, aussi bien ceux de l'étranger et des colonies, que ceux de la France, recevront un volume par semaine.

PRIX DE L'ABONNEMENT D'UN AN

Paris, Départements, Algérie et Belgique . . . **7 francs.**
Étranger (sauf la Belgique) et Colonies . . . **8 francs.**

PRIME GRATUITE
EXCLUSIVEMENT RÉSERVÉE AUX ABONNÉS NOUVEAUX

Tout abonné nouveau a droit à recevoir, gratis et franco, dix volumes à choisir dans la liste de ceux déjà parus, ou un joli cartonnage pour conserver les volumes.

On s'abonne pour un an en envoyant, en mandat-poste, timbres français, ou autre valeur sur Paris, à M. Henri Gautier, 55, quai des Grands-Augustins, à Paris, 7 francs si l'on habite la France, la Belgique ou l'Algérie ; 8 francs si l'on habite l'étranger ou les colonies. La prime est envoyée au reçu de l'abonnement.

ANGERS, IMP. BURDIN ET Cie, RUE GARNIER, 4.

MONTESQUIEU

GRANDEUR ET DÉCADENCE DES ROMAINS

Édité par

HENRI GAUTIER
55, Quai des Grands Augustins, 55
PARIS

Directeur littéraire de la *Nouvelle Bibliothèque Populaire* :

ALFRED ERNST

AVIS A NOS ABONNÉS

Nous rappelons à nos abonnés que tout changement d'adresse doit être accompagné d'une bande indiquant l'adresse ancienne et de cinquante centimes en timbres-poste français ou autre valeur sur Paris.

MONTESQUIEU

GRANDEUR ET DÉCADENCE DES ROMAINS

Notice biographique et littéraire

Charles de Secondat, baron de La Brède et de Montesquieu, naquit près de Bordeaux, au château de La Brède, le 18 janvier 1689, et mourut à Paris le 10 février 1755. Tout en se livrant à des essais littéraires et philosophiques, il débuta dans la magistrature et devint même président à mortier à Bordeaux. Ses premiers travaux de quelque importance furent la *Politique des Romains dans la religion*, un *Éloge du duc de La Force*, une *Vie du maréchal de Berwick*, un *Projet d'une histoire physique de la terre* (1719). Les *Lettres persanes*, publiées en Hollande (1721) sans nom d'auteur, firent grand bruit par les idées hardies et les audacieuses critiques qu'elles renfermaient, ainsi que par la liberté et le piquant de leur forme. Imaginant un échange de lettres entre un Persan de passage en France et ses amis demeurés en Perse, Montesquieu y frondait vivement les abus, et, à côté des abus, des institutions et des principes qui auraient peut-être mérité quelque respect. Le succès en fut immense. En 1728, Montesquieu entra à l'Académie française, ayant su, par d'habiles concessions, désarmer l'opposition du roi et celle du cardinal Fleury. Ayant quitté la magistrature, il parcourut l'Europe, y observa les sociétés, les gouvernements, les lois et les individus. De retour à La Brède, il y écrivit les *Considérations sur les causes de la grandeur des Romains et de leur décadence* (1734), livre admirable auquel fait suite le *Dialogue de Sylla et d'Eucrate*. En 1748, à Genève, parut la première édition de *l'Esprit des Lois*, qui, malgré la gravité, on pourrait dire l'aridité des questions que l'auteur y discute, eut un succès européen. Montesquieu y philosophe sur les diverses institutions sociales et politiques que l'histoire nous a fait connaître; sur leurs principes, leur valeur, leur efficacité, leurs rapports réciproques et leurs dissemblances. Voltaire, à propos de *l'Esprit des Lois*, a dit cette phrase hyperbolique : « Le genre humain avait perdu ses titres, M. de Montesquieu les a retrouvés et les lui a rendus. » Des critiques nombreuses et acerbes s'étant produites, Montesquieu y répondit par la *Défense de l'esprit des lois* (1750).

L'*Esprit des Lois* fut considéré comme une arme par le parti des « philosophes », et, de fait, Montesquieu n'avait que trop de propension à partager certaines de leurs erreurs : l'idée chrétienne sociale était, d'ailleurs, au-dessus de ses conceptions propres, pour large que fût sa compréhension et pour solide que se montrât son jugement. Néanmoins Montesquieu ne se laissa jamais enrégimenter parmi les sectaires du philosophisme ou les prôneurs d'irréligion, et sa fin parut suffisamment chrétienne... Outre les ouvrages importants que nous avons cités plus haut, Montesquieu a écrit un roman oriental intitulé *Arsace et Isménie*, le *Temple de Gnide* (1725), quelques *Chansons*, des *Pensées diverses*, un *Essai sur le goût*, *Lysimaque* ou considérations sur le stoïcisme, des *Notes sur l'Angleterre*, des *Lettres*, une *Vie de Louis XI*, détruite par accident, et de nombreuses dissertations sur des sujets d'histoire et de droit.

Le plus parfait de ses ouvrages est, de l'aveu général, celui dont nous publions aujourd'hui des fragments très étendus, *Considérations sur les causes de la grandeur des Romains et de leur décadence*. Malgré quelques tournures spéciales à l'auteur, et qu'on pourrait appeler des « gasconismes », le style y réunit les plus rares mérites de force et de concentration. Ce livre, que d'Alembert nommait « une histoire romaine à l'usage des hommes d'État et des philosophes », est un véritable chef-d'œuvre de clarté, de concision, de logique et d'éloquence. Polybe, Tacite, Saint-Évremond, Bossuet, tels sont les modèles de Montesquieu dans la composition de ces belles pages ; mais, s'il leur a emprunté la forme de certains parallèles, s'il les rappelle plus d'une fois par des ressemblances dans l'ordonnance des parties, l'enchaînement nerveux des déductions, la brièveté substantielle du style, il n'en a pas moins fait une création originale, celle qui contribue le plus efficacement, aujourd'hui encore, à maintenir sa légitime renommée.

ALFRED ERNST.

GRANDEUR ET DÉCADENCE
DES ROMAINS

COMMENCEMENT DE ROME. — SES GUERRES.

Il ne faut pas prendre de la ville de Rome dans ses commencements l'idée que nous donnent les villes que nous voyons aujourd'hui, à moins que ce ne soient celles de Crimée, faites pour renfermer le butin, les bestiaux et les fruits de la campagne. Les noms anciens des principaux lieux de Rome ont tous du rapport à cet usage.

La ville n'avait pas même de rues, si l'on appelle de ce nom la continuation des chemins qui y aboutissaient. Les maisons étaient placées sans ordre et très petites; car les hommes, toujours au travail ou dans la place publique, ne se tenaient guère dans les maisons.

Mais la grandeur de Rome parut bientôt dans ses édifices publics. Les ouvrages qui ont donné et qui donnent encore aujourd'hui la plus haute idée de sa puissance ont été faits sous les rois. On commençait déjà à bâtir la ville éternelle.

Romulus et ses successeurs furent presque toujours en guerre avec leurs voisins pour avoir des citoyens, des femmes ou des terres; ils revenaient dans la ville avec les dépouilles des peuples vaincus : c'étaient des gerbes de blé et des troupeaux : cela y causait une grande joie. Voilà l'origine des triomphes, qui furent dans la suite la principale cause des grandeurs où cette ville parvint.

Rome accrut beaucoup ses forces par son union avec les Sabins, peuples durs et belliqueux comme les Lacédémoniens, dont ils étaient descendus. Romulus prit leur bouclier, qui était large, au lieu du petit bouclier argien dont il s'était servi jusqu'alors. Et on doit remarquer que ce qui a le plus contribué à rendre les Romains les maîtres du monde, c'est qu'ayant combattu successivement contre tous les peuples ils ont toujours renoncé à leurs usages sitôt qu'ils en ont trouvé de meilleurs.

On pensait alors, dans les républiques d'Italie, que les traités qu'elles avaient faits avec un roi ne les obligeaient point envers son successeur; c'était pour elles une espèce de droit des gens : ainsi, tout ce qui avait été soumis par un roi de Rome se prétendait libre sous un autre, et les guerres naissaient toujours des guerres.

Le règne de Numa, long et pacifique, était très propre à laisser Rome dans sa médiocrité; et, si elle eût eu dans ce temps-là un territoire moins borné et une puissance plus grande, il y a apparence que sa fortune eût été fixée pour jamais.

Une des causes de sa prospérité, c'est que ses rois furent tous de grands personnages. On ne trouve point ailleurs, dans les histoires, une suite non interrompue de tels hommes d'État et de tels capitaines.

Dans la naissance des sociétés, ce sont les chefs des républiques qui font l'institution, et c'est ensuite l'institution qui forme les chefs des républiques.

Tarquin prit la couronne sans être élu par le sénat ni par le peuple. Le pouvoir devenait héréditaire; il le rendit absolu. Ces deux révolutions furent bientôt suivies d'une troisième.

Son fils Sextus, en abusant de Lucrèce, fit une chose qui a presque toujours fait chasser les tyrans d'une ville où ils ont commandé, car le peuple, à qui une action pareille fait si bien sentir sa servitude, prend d'abord une résolution extrême.

Un peuple peut aisément souffrir qu'on exige de lui de nouveaux tributs, il ne sait pas s'il ne retirera point quelque utilité de l'emploi qu'on fera de l'argent qu'on lui demande; mais quand on lui fait un affront, il ne sent que son malheur, et il y ajoute l'idée de tous les maux qui sont possibles.

Il est pourtant vrai que la mort de Lucrèce ne fut que l'occasion de la révolution qui arriva; car un peuple fier, entreprenant, hardi, et renfermé dans des murailles, doit nécessairement secouer le joug ou adoucir ses mœurs.

Il devait arriver de deux choses l'une, ou que Rome changerait son gouvernement, ou qu'elle resterait une petite et pauvre monarchie.

L'histoire moderne nous fournit un exemple de ce qui arriva pour lors à Rome, et ceci est bien remarquable; car, comme les hommes ont eu dans tous les temps les mêmes passions, les occasions qui produisent les grands changements sont différentes, mais les causes sont toujours les mêmes.

Comme Henri VII, roi d'Angleterre, augmenta le pouvoir des communes pour avilir les grands, Servius Tullius, avant lui, avait étendu les privilèges du peuple pour abaisser le sénat; mais le peuple, devenu d'abord plus hardi, renversa l'une et l'autre monarchies.

Le portrait de Tarquin n'a point été flatté : son nom n'a échappé à aucun des orateurs qui ont eu à parler contre la tyrannie ; mais sa conduite, avant son malheur, que l'on voit qu'il prévoyait ; sa douceur pour les peuples vaincus, sa libéralité envers les soldats, cet art qu'il eut d'intéresser tant de gens à sa conversation, ses ouvrages publics, son courage à la guerre, sa constance dans son malheur, une guerre de vingt ans, qu'il fit ou qu'il fit faire au peuple romain, sans royaume et sans biens, ses continuelles ressources font bien voir que ce n'était pas un homme méprisable.

Les places que la postérité donne sont sujettes, comme les autres, aux caprices de la fortune. Malheur à la réputation de tout prince qui est opprimé par un parti qui devient le dominant, ou qui a tenté de détruire un préjugé qui lui survit !

Rome, ayant chassé les rois, établit des consuls annuels ; c'est encore ce qui la porta à ce haut degré de puissance. Les princes ont dans leur vie des périodes d'ambition, après quoi d'autres passions et l'oisiveté même succèdent ; mais la république ayant des chefs qui changeaient tous les ans, et qui cherchaient à signaler leur magistrature pour en obtenir de nouvelles, il n'y avait pas un moment de perdu pour l'ambition ; ils engageaient le sénat à proposer au peuple la guerre, et lui montraient tous les jours de nouveaux ennemis.

Ce corps y était déjà assez porté de lui-même ; car étant fatigué sans cesse par les plaintes et les demandes du peuple, il cherchait à le distraire de ses inquiétudes et à l'occuper au dehors.

Or, la guerre était presque toujours agréable au peuple, parce que, par la sage distribution du butin, on avait trouvé le moyen de la lui rendre utile.

Rome étant une ville sans commerce et presque sans art, le pillage était le seul moyen que les particuliers eussent pour s'enrichir.

On avait donc mis de la discipline dans la manière de piller, et on y observait à peu près le même ordre qui se pratique aujourd'hui chez les petits Tartares.

Le butin était mis en commun, et on le distribuait aux soldats : rien n'était perdu, parce qu'avant de partir chacun avait juré qu'il ne détournerait rien à son profit. Or, les Romains étaient le peuple du monde le plus religieux sur le serment, qui fut toujours le nerf de leur discipline militaire.

Enfin, les citoyens qui restaient dans la ville jouissaient aussi des fruits de la victoire. On confisquait une partie des terres du peuple vaincu, dont on faisait deux parts : l'une se vendait au profit du public ; l'autre était distribuée aux pauvres citoyens sous la charge d'une rente en faveur de la république.

Les consuls, ne pouvant obtenir l'honneur du triomphe que par une conquête ou une victoire, faisaient la guerre avec une impétuosité extrême; on allait droit à l'ennemi, et la force décidait d'abord.

Rome était donc dans une guerre éternelle et toujours violente; or, une nation toujours en guerre, et par principe de gouvernement, devait nécessairement périr ou venir à bout de toutes les autres, qui, tantôt en guerre, tantôt en paix, n'étaient jamais si propres à attaquer, ni si préparées à se défendre.

Par là, les Romains acquirent une profonde connaissance de l'art militaire. Dans les guerres passagères, la plupart des exemples sont perdus; la paix donne d'autres idées; et on oublie ses fautes et ses vertus mêmes.

Une autre suite du principe de la guerre continuelle fut que les Romains ne firent jamais la paix que vainqueurs; en effet, à quoi bon faire une paix honteuse avec un peuple pour en aller attaquer un autre?

Dans cette idée, ils augmentaient toujours leurs prétentions à mesure de leurs défaites; par là, ils consternaient les vainqueurs et s'imposaient à eux-mêmes une plus grande nécessité de vaincre.

Toujours exposés aux plus affreuses vengeances, la constance et la valeur leur devinrent nécessaires; et ces vertus ne purent être distinguées chez eux de l'amour de soi-même, de sa famille, de sa patrie, et de tout ce qu'il y a de plus cher parmi les hommes.

Les peuples d'Italie n'avaient aucun usage des machines propres à faire les sièges; et, de plus, les soldats n'ayant point de paye, on ne pouvait pas les retenir longtemps devant une place : ainsi, peu de leurs guerres étaient décisives. On se battait pour avoir le pillage du camp ennemi ou de ses terres : après quoi, le vainqueur et le vaincu se retiraient chacun dans sa ville. C'est ce qui fit la résistance des peuples d'Italie, et en même temps l'opiniâtreté des Romains à les subjuguer; c'est ce qui donna à ceux-ci des victoires qui ne les corrompirent point, et qui leur laissèrent toute leur pauvreté.

S'ils avaient rapidement conquis toutes les villes voisines, ils se seraient trouvés dans la décadence à l'arrivée de Pyrrhus, des Gaulois et d'Annibal; et, par la destinée de presque tous les États du monde, ils auraient passé trop vite de la pauvreté aux richesses, et des richesses à la corruption.

Mais Rome, faisant toujours des efforts et trouvant toujours des obstacles, faisait sentir sa puissance sans pouvoir l'étendre, et, dans une circonférence très petite, elle s'exerçait à des vertus qui devaient être si fatales à l'univers.

Tous les peuples d'Italie n'étaient pas également belliqueux : les Toscans étaient amollis par leurs richesses et par leur luxe;

les Tarentins, les Capouans, presque toutes les villes de la Campanie et de la Grande-Grèce languissaient dans l'oisiveté et dans les plaisirs. Mais les Latins, les Herniques, les Sabins, les Eques et les Volsques aimaient passionnément la guerre ; ils étaient autour de Rome ; ils lui firent une résistance inconcevable, et furent ses maîtres en fait d'opiniâtreté.

Les villes latines étaient des colonies d'Albe, qui furent fondées par Latinus Sylvius. Outre une origine commune avec les Romains, elles avaient encore des rites communs, et Servius Tullius les avait engagées à faire bâtir un temple dans Rome pour être le centre de l'union des deux peuples. Ayant perdu une grande bataille auprès du lac Régille, elles furent soumises à une alliance et une société de guerre avec les Romains.

On vit manifestement, pendant le peu de temps que dura la tyrannie des décemvirs, à quel point l'agrandissement de Rome dépendait de sa liberté. L'État sembla avoir perdu l'âme qui le faisait mouvoir.

Il n'y eut plus dans la ville que deux sortes de gens : ceux qui souffraient la servitude, et qui, pour leurs intérêts particuliers, cherchaient à la faire souffrir. Les sénateurs se retirèrent de Rome comme d'une ville étrangère, et les peuples voisins ne trouvèrent de résistance nulle part.

Le sénat ayant eu le moyen de donner une paye aux soldats, le siège de Véies fut entrepris : il dura dix ans. On vit un nouvel art chez les Romains et une autre manière de faire la guerre : leurs succès furent plus éclatants, ils profitèrent mieux de leurs victoires, ils firent de plus grandes conquêtes, ils envoyèrent plus de colonies ; enfin, la prise de Véies fut une espèce de révolution.

Mais les travaux ne furent pas moindres. S'ils portèrent de plus rudes coups aux Toscans, aux Eques et aux Volsques, cela même fit que les Latins et les Herniques, leurs alliés, qui avaient les mêmes armes et la même discipline qu'eux, les abandonnèrent ; que des ligues se formèrent chez les Toscans, et que les Samnites, les plus belliqueux de tous les peuples de l'Italie, leur firent la guerre avec fureur.

Depuis l'établissement de la paye, le sénat ne distribua plus aux soldats les terres des peuples vaincus, il imposa à ceux-ci d'autres conditions : il les obligea, par exemple, de fournir à l'armée une solde pendant un certain temps, de lui donner du blé et des habits.

La prise de Rome par les Gaulois ne lui ôta rien de ses forces : l'armée, plus disciplinée que vaincue, se retira presque entière à Véies ; le peuple se sauva dans les villes voisines, et l'incendie de la ville ne fut que l'incendie de quelques cabanes de pasteurs.

DE L'ART DE LA GUERRE CHEZ LES ROMAINS

Les Romains se destinant à la guerre et la regardant comme le seul art, ils mirent tout leur esprit et toutes leurs pensées à le perfectionner. C'est sans doute un dieu, dit Végèce, qui leur inspira la légion.

Ils jugèrent qu'il fallait donner aux soldats de la légion des armes offensives et défensives plus fortes et plus pesantes que celles de quelque autre peuple que ce fût.

Mais comme il y a des choses à faire dans la guerre dont un corps pesant n'est pas capable, ils voulurent que la légion contînt dans son sein une troupe légère qui pût en sortir pour engager le combat, et, si la nécessité l'exigeait, s'y retirer; qu'elle eût encore de la cavalerie, des hommes de trait et des frondeurs, pour poursuivre les fuyards et achever la victoire; qu'elle fût défendue par toutes sortes de machines de guerre qu'elle traînait avec elle; que chaque fois elle se retranchât et fût, comme dit Végèce, une espèce de place de guerre.

Pour qu'ils pussent avoir des armes plus pesantes que celle des autres hommes, il fallait qu'ils se rendissent plus qu'hommes; c'est ce qu'ils firent par un travail continuel, qui augmentait leur force, et par des exercices qui leur donnaient de l'adresse, laquelle n'est autre chose qu'une juste dispensation des forces que l'on a.

Nous remarquons aujourd'hui que nos armées périssent beaucoup par le travail immodéré des soldats; et cependant, c'était par un travail immense que les Romains se conservaient. La raison en est, je crois, que leurs fatigues étaient continuelles; au lieu que nos soldats passent sans cesse d'un travail extrême à une extrême oisiveté, ce qui est la chose du monde la plus propre à les faire périr.

Il faut que je rapporte ici ce que les auteurs nous disent de l'éducation des soldats romains. On les accoutumait à aller le pas militaire, c'est-à-dire à faire en cinq heures vingt milles, et quelquefois vingt-quatre.

Pendant ces marches, on leur faisait porter des poids de soixante livres; on les entretenait dans l'habitude de courir et de sauter tout armés; ils prenaient dans leurs exercices des épées, des javelots, des flèches d'une pesanteur double des armes ordinaires; et ces exercices étaient continuels.

Ce n'était pas seulement dans le camp qu'était l'école militaire; il y avait dans la ville un lieu où les citoyens allaient s'exercer (c'était le champ de Mars). Après le travail, ils se jetaient dans le

Tibre, pour s'entretenir dans l'habitude de nager et nettoyer la poussière et la sueur.

Nous n'avons plus une juste idée des exercices du corps : un homme qui s'y applique trop nous paraît méprisable, par la raison que, la plupart de ces exercices n'ont plus d'autre objet que les agréments; au lieu que, chez les anciens, tout, jusqu'à la danse, faisait partie de l'art militaire.

Il est même arrivé parmi nous qu'une adresse trop recherchée dans l'usage des armes dont nous nous servons à la guerre est devenue ridicule, parce que, depuis l'introduction de la coutume des combats singuliers, l'escrime a été regardée comme la science des querelleurs ou des poltrons.

Ceux qui critiquent Homère de ce qu'il relève ordinairement dans ses héros la force, l'adresse ou l'agilité du corps, devraient trouver Salluste bien ridicule, qui loue Pompée « de ce qu'il courait, sautait et portait un fardeau aussi bien qu'homme de son temps ».

Toutes les fois que les Romains se crurent en danger ou qu'ils voulurent réparer quelque perte, ce fut une pratique constante chez eux d'affermir la discipline militaire. Ont-ils à faire la guerre aux Latins, peuples aussi aguerris qu'eux-mêmes, Manlius songe à augmenter la force du commandement, et fait mourir son fils qui avait vaincu sans son ordre. Sont-ils battus à Numance, Scipion Émilien les prive d'abord de tout ce qui les avait amollis. Les légions romaines ont-elles passé sous le joug en Numidie, Métellus répare cette honte dès qu'il leur a fait reprendre les institutions anciennes. Marius, pour battre les Cimbres et les Teutons, commence par détourner les fleuves; et Sylla fait si bien travailler les soldats de son armée, effrayée de la guerre contre Mithridate, qu'ils lui demandent le combat comme la fin de leurs peines.

Publius Nasica, sans besoin, leur fit construire une armée navale. On craignait plus l'oisiveté que les ennemis.

Aulu-Gelle donne d'assez mauvaises raisons de la coutume des Romains de faire saigner les soldats qui avaient commis quelque faute; la vraie est que, la force étant la principale qualité du soldat, c'était le dégrader que de l'affaiblir.

Des hommes si endurcis étaient ordinairement sains. On ne remarque pas dans les auteurs que les armées romaines, qui faisaient la guerre en tant de climats, périssent beaucoup par les maladies; au lieu qu'il arrive presque continuellement aujourd'hui que des armées, sans avoir combattu, se fondent pour ainsi dire dans une campagne.

Parmi nous les désertions sont fréquentes, parce que les soldats sont la plus vile partie de chaque nation, et qu'il n'y en a aucune qui ait ou qui croie avoir un certain avantage sur les autres. Chez les Romains, elles étaient plus rares : des soldats tirés du sein d'un peuple si fier, si orgueilleux, si sûr de commander aux autres, ne pouvaient guère penser à s'avilir jusqu'à cesser d'être Romains.

Comme leurs armées n'étaient pas nombreuses, il était aisé de pourvoir à leur subsistance ; le chef pouvait mieux les connaître, et voyait plus aisément les fautes et les violations de la discipline.

La force de leurs exercices, les chemins admirables qu'ils avaient construits, les mettaient en état de faire des marches longues et rapides. Leur présence inopinée glaçait les esprits ; ils se montraient surtout après un mauvais succès, dans le temps que leurs ennemis étaient dans cette négligence que donne la victoire.

Dans nos combats d'aujourd'hui, un particulier n'a guère de confiance qu'en la multitude ; mais chaque Romain, plus robuste et plus aguerri que son ennemi, comptait toujours sur lui-même ; il avait naturellement du courage, c'est-à-dire de cette vertu qui est le sentiment de ses propres forces.

Leurs troupes étant toujours les mieux disciplinées, il était difficile que, dans le combat le plus malheureux, ils ne se ralliassent quelque part ou que le désordre ne se mît quelque part chez les ennemis. Aussi les voit-on continuellement dans les histoires, quoique surmontés dans le commencement par le nombre ou par l'ardeur des ennemis, arracher enfin la victoire de leurs mains.

Leur principale attention était d'examiner en quoi leur ennemi pouvait avoir de la supériorité sur eux, et d'abord ils y mettaient ordre. Ils s'accoutumaient à voir le sang et les blessures dans les spectacles des gladiateurs, qu'ils prirent des Étrusques.

Les épées tranchantes des Gaulois, les éléphants de Pyrrhus, ne les surprirent qu'une fois. Ils suppléèrent à la faiblesse de leur cavalerie, d'abord en ôtant les brides des chevaux pour que l'impétuosité n'en pût être arrêtée, ensuite en y mêlant des vélites. Quand ils eurent connu l'épée espagnole, ils quittèrent la leur. Ils éludèrent la science des pilotes par l'invention d'une machine que Polybe nous a décrite. Enfin, comme dit Josèphe, la guerre était pour eux une méditation, la paix un exercice.

Si quelque nation tint de la nature ou de son institution quelque avantage particulier, ils en firent d'abord usage ; ils n'oublièrent rien pour avoir des chevaux numides, des archers crétois, des frondeurs baléares, des vaisseaux rhodiens.

Enfin, jamais nation ne prépara la guerre avec tant de prudence et ne la fit avec tant d'audace.

COMMENT LES ROMAINS PURENT S'AGRANDIR.

Comme les peuples de l'Europe ont dans ces temps-ci à peu près les mêmes arts, les mêmes armes, la même discipline et la même manière de faire la guerre, la prodigieuse fortune des Romains nous paraît inconcevable. D'ailleurs, il y a aujourd'hui une telle disproportion dans la puissance, qu'il n'est pas possible qu'un petit État sorte par ses propres forces de l'abaissement où la Providence l'a mis.

Ceci demande qu'on y réfléchisse ; sans quoi nous verrions des événements sans les comprendre, et, ne sentant pas bien la différence des situations, nous croirions, en lisant l'histoire ancienne, voir d'autres hommes que nous.

Une expérience continuelle a pu faire connaître en Europe qu'un prince qui a un million de sujets ne peut, sans se détruire lui-même, entretenir plus de dix mille hommes de troupes ; il n'y a donc que les grandes nations qui aient des armées.

Il n'en était pas de même dans les anciennes républiques, car cette proportion des soldats au reste du peuple, qui est aujourd'hui comme d'un à cent, y pouvait être aisément de un à huit.

Les fondateurs des anciennes républiques avaient également partagé les terres, cela seul faisait un peuple puissant, c'est-à-dire une société bien réglée ; cela faisait aussi une bonne armée, chacun ayant un égal intérêt, et très grand, à défendre sa patrie.

Quand les lois n'étaient plus rigidement observées, les choses revenaient au point où elles sont à présent parmi nous : l'avarice de quelques particuliers et la prodigalité des autres fait passer les fonds de terre dans peu de mains ; et d'abord les arts s'introduisaient pour les besoins mutuels des riches et des pauvres. Cela faisait qu'il n'y avait presque plus de citoyens ni de soldats, car les fonds de terre, destinés auparavant à l'entretien de ces derniers, étaient employés à celui des esclaves et des artisans, instruments du luxe des nouveaux professeurs ; sans quoi, l'État, qui, malgré son dérèglement, doit subsister, aurait péri. Avant la corruption, les revenus primitifs de l'État étaient partagés entre les soldats, c'est-à-dire les laboureurs ; lorsque la république était corrompue, ils passaient d'abord à des hommes riches, qui les rendaient aux esclaves et aux artisans, d'où on en retirait, par le moyen des tributs, une partie pour l'entretien des soldats.

Or, ces sortes de gens n'étaient guère propres à la guerre ; ils étaient lâches et déjà corrompus par le luxe des villes, et souvent par leur art même ; outre que, comme ils n'avaient point proprement de patrie et qu'ils jouissaient de leur industrie partout, ils avaient peu à perdre ou à conserver.

Dans un dénombrement de Rome, fait quelque temps après l'expulsion des rois, et dans celui que Démétrius de Phalère fit à Athènes, il se trouva à peu près le même nombre d'habitants : Rome en avait quatre cent quarante mille ; Athènes quatre cent trente et un mille. Mais ce dénombrement de Rome tombe dans un temps où elle était dans la force de son institution, et celui d'Athènes dans un temps où elle était entièrement corrompue. On trouva que le nombre des citoyens pubères faisait à Rome le quart de ses habitants, et qu'il faisait à Athènes un peu moins du vingtième. La puissance de Rome était donc à celle d'Athènes, dans ces divers temps, à peu près comme un quart est à un vingtième, c'est-à-dire qu'elle était cinq fois plus grande.

Les rois Agis et Cléomènes voyant qu'au lieu de neuf mille citoyens qui étaient à Sparte du temps de Lycurgue, il n'y en avait plus que sept cents, dont à peine cent possédaient des terres, et que tout le reste n'était qu'une populace sans courage, ils entreprirent de rétablir les lois à cet égard, et Lacédémone reprit sa première puissance et redevint formidable à tous les Grecs.

Ce fut le partage égal des terres qui rendit Rome capable de sortir d'abord de son abaissement, et cela se sentit bien quand elle fut corrompue.

Elle était une petite république lorsque les Latins, ayant refusé le secours de troupes qu'ils étaient obligés de donner, on leva sur le champ dix légions dans la ville. « A peine à présent, dit Tite-Live, Rome, que le monde entier ne put contenir, en pourrait-elle faire autant si un ennemi paraissait tout à coup devant ses murailles, marque certaine que nous ne nous sommes point agrandis, et que nous n'avons fait qu'augmenter le luxe et les richesses qui nous travaillent. »

« Dites-moi, disait Tibérius Gracchus aux nobles, qui vaut mieux, un citoyen ou un esclave perpétuel, un soldat ou un homme inutile à la guerre ? Voulez-vous, pour avoir quelques arpents de terre plus que les autres citoyens, renoncer à l'espérance de la conquête du reste du monde, ou vous mettre en danger de vous voir enlever par les ennemis ces terres que vous refusez ? »

DES GAULOIS. — DE PYRRHUS. — PARALLÈLE DE CARTHAGE ET DE ROME. — GUERRE D'ANNIBAL.

Les Romains eurent bien des guerres avec les Gaulois. L'amour de la gloire, le mépris de la mort, l'obstination pour vaincre, étaient les mêmes dans les deux peuples ; mais les armes étaient différentes. Le bouclier des Gaulois était petit et leur épée mauvaise : aussi furent-ils traités à peu près comme, dans les derniers siècles, les Mexicains l'ont été par les Espagnols. Et ce qu'il y a de surprenant, c'est que ces peuples, que les Romains rencontrèrent dans tous les lieux et dans presque tous les temps, se laissèrent détruire les uns après les autres, sans jamais connaître, chercher ni prévenir la cause de leurs malheurs.

Pyrrhus vint faire la guerre aux Romains dans le temps qu'ils étaient en état de lui résister et de s'instruire par ses victoires, il leur apprit à se retrancher, à choisir et à disposer un camp ; il les accoutuma aux éléphants et les prépara pour de plus grandes guerres.

La grandeur de Pyrrhus ne consistait que dans ses qualités personnelles. Plutarque nous dit qu'il fut obligé de faire la guerre de Macédoine parce qu'il ne pouvait entretenir huit mille hommes de pied et cinq cents chevaux qu'il avait. Ce prince, maître d'un petit État, dont on n'a plus entendu parler après lui, était un aventurier qui faisait des entreprises continuelles, parce qu'il ne pouvait subsister qu'en entreprenant.

Tarente, son alliée, avait bien dégénéré de l'institution des Lacédémoniens ses ancêtres. Il aurait pu faire de grandes choses avec les Samnites ; mais les Romains les avaient presque détruits.

Carthage, devenue riche plus tôt que Rome, avait aussi été plus tôt corrompue ; ainsi, pendant qu'à Rome les emplois publics ne s'obtenaient que par la vertu, et ne donnaient d'utilité que l'honneur et une préférence aux fatigues, tout ce que le public peut donner aux particuliers se vendait à Carthage, et tout service rendu par les particuliers y était payé par le public.

La tyrannie d'un prince ne met pas un État plus près de sa ruine que l'indifférence pour le bien commun n'y met une république. L'avantage d'un État libre est que les revenus y sont mieux administrés ; mais lorsqu'ils le sont plus mal, l'avantage d'un État libre est qu'il n'y ait point de favoris ; mais quand cela n'est pas, et qu'au lieu des amis et des parents du prince il faut faire la fortune des amis et des parents de tous ceux qui ont part au gouvernement, tout est perdu ; les lois sont éludées plus dangereusement qu'elles ne sont violées par un prince qui, étant toujours le plus grand citoyen de l'État, a le plus d'intérêt à sa conservation.

D'anciennes mœurs, un certain usage de la pauvreté, rendaient à Rome les fortunes à peu près égales ; mais, à Carthage, les particuliers avaient les richesses des rois.

De deux factions qui régnaient à Carthage, l'une voulait toujours la paix, et l'autre la guerre ; de façon qu'il était impossible d'y jouir de l'une ni d'y bien faire l'autre.

Pendant qu'à Rome la guerre réunissait d'abord tous les intérêts, elle les séparait encore plus à Carthage.

Dans les États gouvernés par un prince, les divisions s'apaisent aisément, parce qu'il y a dans ses mains une puissance coercitive qui ramène les deux partis; mais dans une république elles sont plus durables, parce que le mal attaque ordinairement la puissance même qui pourrait le guérir.

A Rome, gouvernée par les lois, le peuple souffrait que le sénat eût la direction des affaires; à Carthage, gouvernée par des abus, le peuple voulait tout faire par lui-même.

Carthage, qui faisait la guerre avec son opulence contre la pauvreté romaine, avait par cela même du désavantage : l'or et l'argent s'épuisent; mais la vertu, la constance, la force et la pauvreté ne s'épuisent jamais.

Les Romains étaient ambitieux par orgueil, et les Carthaginois par avarice; les uns voulaient conquérir, les autres voulaient acquérir; et ces derniers, calculant sans cesse la recette et la dépense, firent toujours la guerre sans l'aimer.

Des batailles perdues, la diminution du peuple, l'affaiblissement du commerce, l'épuisement du trésor public, le soulèvement des nations voisines, pouvaient faire accepter à Carthage les conditions de paix les plus dures, mais Rome ne se conduisait point par le sentiment des biens et des maux; elle ne se déterminait que par sa gloire, et, comme elle n'imaginait point qu'elle pût être si elle ne commandait pas, il n'y avait point d'espérance ni de crainte qui pût l'obliger à faire une paix qu'elle n'aurait point imposée.

Il n'y a rien de si puissant qu'une république où l'on observe les lois, non pas par crainte, non pas par raison, mais par passion, comme furent Rome et Lacédémone; car, pour lors, il se joint à la sagesse d'un bon gouvernement toute la force que pourrait avoir une faction.

Les Carthaginois se servaient de troupes étrangères, et les Romains employaient les leurs. Comme ces derniers n'avaient jamais regardé les vaincus que comme des instruments pour des triomphes futurs, ils rendirent soldats tous les peuples qu'ils avaient soumis, et plus ils eurent de peine à les vaincre, plus ils les jugèrent propres à être incorporés dans leur république. Ainsi, nous voyons les Samnites, qui ne furent subjugués qu'après vingt-quatre triomphes, devenir les auxiliaires des Romains; et quelque temps avant la seconde guerre punique ils tirèrent d'eux et de leurs alliés, c'est-à-dire d'un pays qui n'était guère plus grand que les États du pape et de Naples, sept cent mille hommes de pied et soixante-dix mille de cheval pour opposer aux Gaulois.

Dans le fort de la seconde guerre punique, Rome eut toujours sur pied de vingt-deux à vingt-quatre légions; cependant il paraît, par Tite-Live, que le cens n'était pour lors que d'environ cent trente-sept mille citoyens.

Carthage employait plus de force pour attaquer, Rome pour se défendre; celle-ci, comme on vient de le dire, arma un nombre d'hommes prodigieux contre les Gaulois et Annibal qui l'attaquaient, et elle n'envoya que deux légions contre les plus grands rois, ce qui rendit ses forces éternelles.

L'établissement de Carthage dans son pays était moins solide que celui de Rome dans le sien; cette dernière avait trente colonies autour d'elle, qui en étaient comme les remparts. Avant la bataille de Cannes, aucun allié ne l'avait abandonnée; c'est que les Samnites et les autres peuples d'Italie étaient accoutumés à sa domination.

La plupart des villes d'Afrique, étant peu fortifiées, se rendaient d'abord à quiconque se présentait pour les prendre; aussi tous ceux qui y débarquèrent, Agathocle, Régulus, Scipion, mirent-ils d'abord Carthage au désespoir.

On ne peut guère attribuer qu'à un mauvais gouvernement ce qui leur arriva dans toute la guerre que leur fit le premier Scipion: leur ville et leurs armées mêmes étaient affamées, tandis que les Romains étaient dans l'abondance de toutes choses.

Chez les Carthaginois, les armées qui avaient été battues devenaient plus insolentes, quelquefois elles mettaient en croix leurs généraux et les punissaient de leur propre lâcheté. Chez les Romains, le consul décimait les troupes qui avaient fui et les ramenait contre les ennemis.

Le gouvernement des Carthaginois était très dur: ils avaient si fort tourmenté les peuples d'Espagne que, lorsque les Romains y arrivèrent, ils furent regardés comme des libérateurs; et si l'on fait attention aux sommes immenses qu'il leur en coûta pour soutenir une guerre où ils succombèrent, on verra bien que l'injustice est mauvaise ménagère, et qu'elle ne remplit pas même ses vues.

La fondation d'Alexandrie avait beaucoup diminué le commerce de Carthage. Dans les premiers temps, la superstition bannissait en quelque façon les étrangers de l'Égypte, et, lorsque les Perses l'eurent conquise, ils n'avaient songé qu'à affaiblir leurs nouveaux sujets; mais, sous les rois grecs, l'Égypte fit presque tout le commerce du monde, et celui de Carthage commença à déchoir.

Les puissances établies par le commerce peuvent subsister longtemps dans leur médiocrité, mais leur grandeur est de peu de durée. Elles s'élèvent peu à peu et sans que personne s'en aperçoive, car elles ne font aucun acte particulier qui fasse du bruit et signale leur puissance; mais, lorsque la chose est venue au point qu'on ne peut plus s'empêcher de la voir, chacun cherche à priver cette nation d'un avantage qu'elle n'a pris, pour ainsi dire, que par surprise.

La cavalerie carthaginoise valait mieux que la romaine par deux raisons : l'une, que les chevaux numides et espagnols étaient meilleurs que ceux d'Italie ; et l'autre, que la cavalerie romaine était mal armée ; car ce ne fut que dans les guerres que les Romains firent en Grèce qu'ils changèrent de manière, comme nous l'apprenons de Polybe.

Dans la première guerre punique, Régulus fut battu dès que les Carthaginois choisirent les plaines pour faire combattre leur cavalerie ; et, dans la seconde, Annibal dut à ses Numides ses principales victoires.

Scipion, ayant conquis l'Espagne et fait alliance avec Masinissa, ôta aux Carthaginois cette supériorité. Ce fut la cavalerie numide qui gagna la bataille de Zama et finit la guerre.

Les Carthaginois avaient plus d'expérience sur la mer et connaissaient mieux la manœuvre que les Romains, mais il me semble que cet avantage n'était pas pour lors si grand qu'il le serait aujourd'hui.

Les anciens, n'ayant pas la boussole, ne pouvaient guère naviguer que sur les côtes ; aussi ne se servaient-ils que de bâtiments à rames, petits et plats ; presque toutes les rades étaient pour eux des ports ; la science des pilotes était très bornée, et leurs manœuvres très peu de chose ; aussi Aristote disait-il qu'il était inutile d'avoir un corps de mariniers, et que les laboureurs suffisaient pour cela.

L'art était si imparfait qu'on ne faisait guère avec mille rames que ce qui se fait aujourd'hui avec cent.

Les grands vaisseaux étaient désavantageux, en ce qu'étant difficilement mus par la chiourme ils ne pouvaient faire les évolutions nécessaires. Antoine en fit à Actium une funeste expérience ; ses navires ne pouvaient se remuer, pendant que ceux d'Auguste, plus légers, les attaquaient de toutes parts.

Les vaisseaux anciens étaient à rames ; les plus légers brisaient aisément celles des plus grands, qui, pour lors, n'étaient plus que des machines immobiles, comme sont aujourd'hui nos vaisseaux démâtés.

Depuis l'invention de la boussole, on a changé de manière : on a abandonné les rames, on a fui les côtes, on a construit de gros vaisseaux ; la machine est devenue plus composée, et les pratiques se sont multipliées.

L'invention de la poudre a fait une chose qu'on n'aurait pas soupçonnée : c'est que la force des armées navales a plus que jamais consisté dans l'art, car pour résister à la violence du canon, et ne pas essuyer un feu supérieur, il a fallu de gros navires ;

mais à la grandeur de la machine, on a dû proportionner la puissance de l'art.

Les petits vaisseaux d'autrefois s'accrochaient soudain, et les soldats combattaient des deux parts; on mettait sur une flotte toute une armée de terre. Dans la bataille navale que Régulus et son collègue gagnèrent, on vit combattre cent cinquante mille Romains contre cent trente mille Carthaginois. Pour lors, les soldats étaient pour beaucoup, et les gens de l'art pour peu; à présent, les soldats sont pour rien, ou pour peu, et les gens de l'art pour beaucoup.

La victoire du consul Duellius fait bien sentir cette différence. Les Romains n'avaient aucune connaissance de la navigation : une galère carthaginoise échoua sur leur côtes ; ils se servirent de ce modèle pour en bâtir ; en trois mois de temps, leurs matelots furent dressés, leur flotte fut construite, équipée, elle mit à la mer, elle trouva l'armée navale des Carthaginois et la battit.

A peine à présent toute une vie suffit-elle à un prince pour former une flotte capable de paraître devant une puissance qui a déjà l'empire de la mer; c'est peut-être la seule chose que l'argent seul ne peut pas faire. Et si de nos jours un grand prince réussit d'abord, l'expérience a fait voir à d'autres que c'est un exemple qui peut être plus admiré que suivi.

La seconde guerre punique est si fameuse que tout le monde la sait. Quand on examine bien cette foule d'obstacles qui se présentèrent devant Annibal, et que cet homme extraordinaire surmonta tous, on a le plus beau spectacle que nous ait fourni l'antiquité.

Rome fut un prodige de constance. Après les journées de Tésin, de Trébie et de Trasimène, après celle de Cannes, plus funeste encore, abandonnée de presque tous les peuples d'Italie, elle ne demanda pas la paix. C'est que le sénat ne se départait jamais des maximes anciennes : il agissait avec Annibal comme il avait agi autrefois avec Pyrrhus, à qui il avait refusé de faire aucun accommodement tandis qu'il serait en Italie; et je trouve dans Denis d'Halicarnasse que, lors de la négociation de Coriolan, le sénat déclara qu'il ne violerait point ses coutumes anciennes: que le peuple romain ne pouvait faire de paix tandis que ses ennemis étaient sur ses terres; mais que, si les Volsques se retiraient, on accorderait tout ce qui serait juste.

Rome fut sauvée par la force de son institution. Après la bataille de Cannes, il ne fut pas permis aux femmes mêmes de verser des larmes; le sénat refusa de racheter les prisonniers, et envoya les misérables restes de l'armée faire la guerre en Sicile, sans récompense, ni aucun honneur militaire, jusqu'à ce qu'Annibal fût chassé d'Italie.

D'un autre côté, le consul Térentius Varron avait fui honteusement jusqu'à Venouse; cet homme, de la plus basse naissance, n'avait été élevé au consulat que pour mortifier la noblesse. Mais le sénat ne voulut pas jouir de ce malheureux triomphe; il vit combien il était nécessaire qu'il s'attirât dans cette occasion la confiance du peuple; il alla au devant de Varron et le remercia de ce qu'il n'avait pas désespéré de la république.

Ce n'est pas ordinairement la perte réelle que l'on fait dans une bataille (c'est-à-dire celle de quelques milliers d'hommes) qui est funeste à un État, mais la perte imaginaire et le découragement qui le privent des forces mêmes que la fortune lui avait laissées.

Il y a des choses que tout le monde dit, parce qu'elles ont été dites une fois. On croit qu'Annibal fit une faute insigne de n'avoir point été assiéger Rome après la bataille de Cannes. Il est vrai que d'abord la frayeur y fut extrême; mais il n'en est pas de la consternation d'un peuple belliqueux, qui se tourne presque toujours en courage, comme de celle d'une vile populace qui ne sent que sa faiblesse; une preuve qu'Annibal n'aurait pas réussi, c'est que les Romains se trouvèrent encore en état d'envoyer partout du secours.

On dit encore qu'Annibal fit une grande faute de mener son armée à Capoue, où elle s'amollit; mais l'on ne considère point que l'on ne remonte pas à la vraie cause. Les soldats de cette armée, devenus riches après tant de victoires, n'auraient-ils pas trouvé partout Capoue? Alexandre, qui commandait à ses propres sujets, prit, dans une occasion pareille, un expédient qu'Annibal, qui n'avait que des troupes mercenaires, ne pouvait pas prendre: il fit mettre le feu au bagage de ses soldats et brûla toutes leurs richesses et les riches. On nous dit que Kouli-Kan, après la conquête des Indes, ne laissa à chaque soldat que cent roupies d'argent.

Ce furent les conquêtes mêmes d'Annibal qui commencèrent à changer la fortune de cette guerre. Il n'avait pas été envoyé en Italie par les magistrats de Carthage; il recevait très peu de secours, soit par la jalousie d'un parti, soit par la trop grande confiance de l'autre. Pendant qu'il resta avec son armée ensemble, il battit les Romains; mais lorsqu'il fallut qu'il mît des garnisons dans les villes, qu'il défendît ses alliés, qu'il assiégeât les places ou qu'il les empêchât d'être assiégées, ses forces se trouvèrent trop petites, et il perdit en détail une grande partie de son armée. Les conquêtes sont aisées à faire, parce qu'on les fait avec toutes ses forces; elles sont difficiles à conserver, parce qu'on ne les défend qu'avec une partie de ses forces.

DE L'ÉTAT DE LA GRÈCE, DE LA MACÉDOINE, DE LA SYRIE ET DE L'ÉGYPTE APRÈS L'ABAISSEMENT DES CARTHAGINOIS.

Je m'imagine qu'Annibal disait très peu de bons mots, et qu'il en disait encore moins en faveur de Fabius et de Marcellus contre lui-même. J'ai du regret de voir Tite-Live jeter ses fleurs sur ces énormes colosses de l'antiquité ; je voudrais qu'il eût fait comme Homère, qui néglige de les parer, et qui sait si bien les faire mouvoir.

Encore faudrait-il que les discours qu'on fait tenir à Annibal fussent sensés. Que si, en apprenant la défaite de son frère, il avoua qu'il en prévoyait la ruine de Carthage, je ne sache rien de plus propre à désespérer des peuples qui s'étaient donnés à lui, et à décourager une armée qui attendait de si grandes récompenses après la guerre.

Comme les Carthaginois en Espagne, en Sicile et en Sardaigne, n'opposaient aucune armée qui ne fût malheureuse, Annibal, dont les ennemis se fortifiaient sans cesse, fut réduit à une guerre défensive. Cela donna aux Romains la pensée de porter la guerre en Afrique. Scipion y descendit. Les succès qu'il y eut obligèrent les Carthaginois à rappeler d'Italie Annibal, qui pleura de douleur en cédant aux Romains cette terre où il les avait tant de fois vaincus.

Tout ce que peut faire un grand homme d'État et un grand capitaine, Annibal le fit pour sauver sa patrie : n'ayant pu porter Scipion à la paix, il donna une bataille où la fortune sembla prendre plaisir à confondre son habileté, son expérience et son bon sens.

Carthage reçut la paix, non pas d'un ennemi, mais d'un maître; elle s'obligea de payer dix mille talents en cinquante années, à donner des otages, à livrer ses vaisseaux et ses éléphants, à ne faire la guerre à personne sans le consentement du peuple romain; et pour la tenir toujours humiliée, on augmenta la puissance de Masinissa, son ennemi éternel.

Après l'abaissement des Carthaginois, Rome n'eut presque plus que de petites guerres et de grandes victoires, au lieu qu'auparavant elle avait eu de petites victoires et de grandes guerres.

Il y avait dans ces temps-là comme deux mondes séparés : dans l'un combattaient les Carthaginois et les Romains; l'autre était agité par des querelles qui duraient depuis la mort d'Alexandre; on n'y pensait point à ce qui se passait en Occident; car, quoique

Philippe, roi de Macédoine, eût fait un traité avec Annibal, il n'eut presque point de suite, et ce prince, qui n'accorda aux Carthaginois que de très faibles secours, ne fit que témoigner aux Romains une mauvaise volonté inutile.

Lorsqu'on voit deux grands peuples se faire une guerre longue et opiniâtre, c'est souvent une mauvaise politique de penser qu'on peut demeurer spectateur tranquille; car celui des deux peuples qui est le vainqueur entreprend d'abord de nouvelles guerres, et une nation de soldats va combattre contre des peuples qui ne sont que citoyens.

Ceci parut bien clairement dans ces temps-là, car les Romains eurent à peine dompté les Carthaginois, qu'ils attaquèrent de nouveaux peuples, et parurent dans toute la terre pour tout envahir.

Il n'y avait pour lors dans l'Orient que quatre puissances capables de résister aux Romains : la Grèce et les royaumes de Macédoine, de Syrie et d'Égypte. Il faut voir quelle était la situation de ces deux premières puissances, parce que les Romains commencèrent par les soumettre.

Il y avait dans la Grèce trois peuples considérables : les Etoliens, les Achéens et les Béotiens; c'étaient des associations de villes libres qui avaient des assemblées générales et des magistrats communs. Les Etoliens étaient belliqueux, hardis, téméraires, avides du gain, toujours libres de leur parole et de leurs serments, enfin faisant la guerre sur la terre comme les pirates la font sur la mer. Les Achéens étaient sans cesse fatigués par des voisins ou des défenseurs incommodes. Les Béotiens, les plus épais de tous les Grecs, prenaient le moins de part qu'ils pouvaient aux affaires générales; uniquement conduits par le sentiment présent du bien et du mal, ils n'avaient pas assez d'esprit pour qu'il fût facile aux orateurs de les agiter, et, ce qu'il y a d'extraordinaire, leur république se maintenait dans l'anarchie même.

Lacédémone avait conservé sa puissance, c'est-à-dire cet esprit belliqueux que lui donnaient les institutions de Lycurgue. Les Thessaliens étaient en quelque façon asservis par les Macédoniens. Les rois d'Illyrie avaient déjà été extrêmement abattus par les Romains. Les Acarnaniens et les Athamanes étaient ravagés tour à tour par les forces de la Macédoine et de l'Etolie. Les Athéniens, sans forces par eux-mêmes et sans alliés, n'étonnaient plus le monde que par leurs flatteries envers les rois, et l'on ne montait plus sur la tribune où avait parlé Démosthènes que pour proposer les decrets les plus lâches et les plus scandaleux.

D'ailleurs, la Grèce était redoutable par sa situation, la force, la multitude de ses villes, le nombre de ses soldats, sa police, ses mœurs, ses lois; elle aimait la guerre; elle en connaissait l'art, et elle aurait été invincible si elle avait été unie.

Elle avait été bien étonnée par le premier Philippe, Alexandre et Antipater, mais non pas subjuguée; et les rois de Macédoine, qui ne pouvaient se résoudre à abandonner leurs prétentions et leurs espérances, s'obstinaient à travailler à l'asservir.

La Macédoine était presque entourée de montagnes inaccessibles; les peuples en étaient très propres à la guerre : courageux, obéissants, industrieux, infatigables; et il fallait bien qu'ils tinssent ces qualités-là du climat, puisque encore aujourd'hui les hommes de ces contrées sont les meilleurs soldats de l'empire des Turcs.

La Grèce se maintenait par une espèce de balance; les Lacédémoniens étaient pour l'ordinaire alliés des Etoliens, et les Macédoniens l'étaient des Achéens. Mais, par l'arrivée des Romains, tout équilibre fut rompu.

Comme les rois de Macédoine ne pouvaient pas entretenir un grand nombre de troupes, le moindre échec était de conséquence; d'ailleurs, ils pouvaient difficilement s'agrandir, parce que, leurs desseins n'étant pas inconnus, on avait toujours les yeux ouverts sur leurs démarches, et les succès qu'ils avaient dans les guerres entreprises pour leurs alliés étaient un mal que ces mêmes alliés cherchaient d'abord à réparer.

Mais les rois de Macédoine étaient ordinairement des princes habiles. Leur monarchie n'était pas du nombre de celles qui vont par une espèce d'allure donnée dans le commencement. Continuellement instruits par les périls et par les affaires, embarrassés dans tous les démêlés des Grecs, il leur fallait gagner les principaux des villes, éblouir les peuples, et diviser ou réunir les intérêts; enfin, ils étaient obligés de payer de leur personne à chaque instant.

Philippe, qui, dans le commencement de son règne, s'était attiré l'amour et la confiance des Grecs par sa modération, changea tout à coup : il devint un cruel tyran dans un temps où il aurait dû être juste par politique et par ambition. Il voyait, quoique de loin, les Carthaginois et les Romains, dont les forces étaient immenses; il avait fini la guerre à l'avantage de ses alliés, et s'était réconcilié avec les Etoliens. Il était naturel qu'il pensât à unir toute la Grèce avec lui pour empêcher les étrangers de s'y établir; mais il l'irrita au contraire par de petites usurpations, et, s'amusant à discuter de vains intérêts quand il s'agissait de son existence, par trois ou quatre mauvaises actions il se rendit odieux et détestable à tous les Grecs.

Les Etoliens furent les plus irrités, et les Romains, saisissant l'occasion de leur ressentiment, ou plutôt de leur folie, firent alliance avec eux, entrèrent dans la Grèce et l'armèrent contre Philippe.

Ce prince fut vaincu à la journée des Cynocéphales, et cette victoire fut due en partie à la valeur des Étoliens. Il fut si fort consterné, qu'il se réduisit à un traité qui était moins une paix qu'un abandon de ses propres forces : il fit sortir ses garnisons de toute la Grèce, livra ses vaisseaux, et s'obligea de payer mille talents en dix années.

Polybe, avec son bon sens ordinaire, compare l'ordonnance des Romains avec celle des Macédoniens, qui fut prise par tous les rois successeurs d'Alexandre. Il fait voir les avantages et les inconvénients de la phalange et de la légion; il donne la préférence à l'ordonnance romaine, et il y a apparence qu'il a raison, si l'on en juge par tous les événements de ces temps-là.

Ce qui avait beaucoup contribué à mettre les Romains en péril dans la seconde guerre punique, c'est qu'Annibal arma d'abord ses soldats à la romaine ; mais les Grecs ne changèrent ni leurs armes ni leur manière de combattre : il ne leur vint point dans l'esprit de renoncer à des usages avec lesquels ils avaient fait de si grandes choses.

Le succès que les Romains eurent contre Philippe fut le plus grand de tous les pas qu'ils firent pour la conquête générale. Pour s'assurer de la Grèce, ils abaissèrent, par toutes sortes de voies, les Étoliens, qui les avaient aidés à vaincre ; de plus, ils ordonnèrent que chaque ville grecque qui avait été à Philippe ou à quelque autre prince se gouvernerait dorénavant par ses propres lois.

On voit bien que ces petites républiques ne pouvaient être que dépendantes. Les Grecs se livrèrent à une joie stupide, et crurent être libres en effet, parce que les Romains les déclaraient tels.

Les Étoliens, qui s'étaient imaginé qu'ils domineraient dans la Grèce, voyant qu'ils n'avaient fait que se donner des maîtres, furent au désespoir ; et, comme ils prenaient toujours des résolutions extrêmes, voulant corriger leurs folies par leurs folies, ils appelèrent dans la Grèce Antiochus, roi de Syrie, comme ils y avaient appelé les Romains.

Les rois de Syrie étaient les plus puissants des successeurs d'Alexandre, car ils possédaient presque tous les États de Darius, à l'Égypte près, mais il était arrivé des choses qui avaient fait que leur puissance s'était beaucoup affaiblie.

Séleucus, qui avait fondé l'empire de Syrie, avait, à la fin de sa vie, détruit le royaume de Lysimaque. Dans la confusion des choses, plusieurs provinces se soulevèrent : les royaumes de Pergame, de Cappadoce et de Bithynie, se formèrent. Mais ces petits États timides regardèrent toujours l'humiliation de leurs anciens maîtres comme une fortune pour eux.

[22]

Comme les rois de Syrie virent toujours avec une envie extrême la félicité du royaume d'Égypte, ils ne songèrent qu'à le conquérir; ce qui fit que, négligeant l'Orient, ils y perdirent plusieurs provinces, et furent fort mal obéis dans les autres.

Enfin, les rois de Syrie tenaient la haute et la basse Asie; mais l'expérience a fait voir que, dans ce cas, lorsque la capitale et les principales forces sont dans les provinces basses de l'Asie, on ne peut pas conserver les hautes; et que, quand le siège de l'empire est dans les hautes, on s'affaiblit en voulant garder les basses. L'empire des Perses et celui de Syrie ne furent jamais si forts que celui des Parthes, qui n'avaient qu'une partie des provinces des deux premiers. Si Cyrus n'avait pas conquis le royaume de Lydie, si Séleucus était resté à Babylone et avait laissé les provinces maritimes aux successeurs d'Antigone, l'empire des Perses aurait été invincible pour les Grecs, et celui de Séleucus pour les Romains. Il y a de certaines bornes que la nature a données aux États pour modifier l'ambition des hommes. Lorsque les Romains les passèrent, les Parthes les firent presque tous périr; quand les Parthes osèrent les passer, ils furent d'abord obligés de revenir; et, de nos jours, les Turcs, qui ont avancé au delà de ces limites, ont été contraints d'y rentrer.

Les rois de Syrie et d'Égypte avaient dans leurs pays deux sortes de sujets : les peuples conquérants et les peuples conquis. Les premiers, encore pleins de l'idée de leur origine, étaient très difficilement gouvernés; ils n'avaient point cet esprit d'indépendance qui nous porte à secouer le joug, mais cette impatience qui nous fait désirer de changer de maître.

Mais la faiblesse principale du royaume de Syrie venait de celle de la cour où régnaient des successeurs de Darius, et non pas d'Alexandre. Le luxe, la vanité, la mollesse, qui, en aucun siècle, n'ont quitté les cours d'Asie, régnaient surtout dans celle-ci. Le mal passa au peuple et aux soldats, et devint contagieux pour les Romains mêmes, puisque la guerre qu'ils firent contre Antiochus est la vraie époque de leur corruption.

Telle était la situation du royaume de Syrie lorsque Antiochus, qui avait fait de grandes choses, entreprit la guerre contre les Romains; mais il ne se conduisit pas même avec la sagesse que l'on emploie dans les affaires ordinaires. Annibal voulait qu'on renouvelât la guerre en Italie, et qu'on gagnât Philippe ou qu'on le rendît neutre. Antiochus ne fit rien de tout cela; il se montra dans la Grèce avec une petite partie de ses forces, et, comme s'il avait voulu y voir la guerre et non pas la faire, il ne fut occupé que par ses plaisirs; il fut battu, et s'enfuit en Asie, plus effrayé que vaincu.

Philippe, dans cette guerre, entraîné par les Romains comme

par un torrent, les servit de tout son pouvoir, et devint l'instrument de leurs victoires. Le plaisir de se venger et de ravager l'Étolie, la promesse qu'on lui diminuerait le tribut et qu'on lui laisserait quelques villes, des jalousies qu'il eut d'Antiochus, enfin de petits motifs le déterminèrent; et, n'osant concevoir la pensée de secouer le joug, il ne songea qu'à l'adoucir.

Antiochus jugea si mal des affaires, qu'il s'imagina que les Romains le laisseraient tranquille en Asie. Mais ils l'y suivirent: il fut vaincu encore, et, dans sa consternation, il consentit au traité le plus infâme qu'un grand prince ait jamais fait.

Je ne sache rien de si magnanime que la résolution que prit un monarque qui a régné de nos jours (Louis XIV) de s'ensevelir plutôt sous les débris du trône que d'accepter des propositions qu'un roi ne doit pas entendre ; il avait l'âme trop fière pour descendre plus bas que ses malheurs ne l'avaient mis, et il savait bien que le courage peut raffermir une couronne, et que l'infamie ne le fait jamais.

C'est une chose commune de voir des princes qui savent donner une bataille. Il y en a bien peu qui sachent faire une guerre, qui soient également capables de se servir de la fortune et de l'attendre, et qui, avec cette disposition d'esprit qui donne de la méfiance avant que d'entreprendre, aient celle de ne craindre plus rien après avoir entrepris.

Après l'abaissement d'Antiochus, il ne lui restait plus que de petites puissances, si l'on en excepte l'Égypte, qui, par sa situation, sa fécondité, son commerce, le nombre de ses habitants, ses forces de mer et de terre, aurait pu être formidable ; mais la cruauté de ses rois, leur lâcheté, leur avarice, leur imbécillité, leurs affreuses voluptés les rendirent si odieux à leurs sujets, qu'ils ne se soutinrent la plupart du temps que par la protection des Romains.

C'était en quelque façon une loi fondamentale de la couronne d'Égypte, que les sœurs succédaient avec les frères; et afin de maintenir l'unité dans le gouvernement, on mariait le frère avec la sœur. Or, il est difficile de rien imaginer de plus pernicieux dans la politique qu'un pareil ordre de succession; car tous les petits démêlés domestiques, devenant des désordres dans l'État, celui des deux qui avait le moindre chagrin soulevait d'abord contre l'autre le peuple d'Alexandrie, populace immense, toujours prête à se joindre au premier de ses rois qui voulait l'agiter. De plus, les royaumes de Cyrène et de Chypre étant ordinairement entre les mains d'autres princes de cette maison avec des droits réciproques sur le tout, il arrivait qu'il y avait presque toujours des princes régnants et des prétendants à la couronne; que ces rois étaient sur un trône chancelant, et que, mal établis au dedans, ils étaient sans pouvoir au dehors.

[24]

Les forces des rois d'Égypte, comme celles des autres rois d'Asie, consistaient dans leurs auxiliaires Grecs. Outre l'esprit de liberté, d'honneur et de gloire, qui animait les Grecs, ils s'occupaient sans cesse à toutes sortes d'exercices du corps; ils avaient dans leurs principales villes des jeux établis, où les vainqueurs obtenaient des couronnes aux yeux de toute la Grèce, ce qui donnait une émulation générale. Or, dans un temps où l'on combattait avec des armes dont le succès dépendait de la force et de l'adresse de celui qui s'en servait, on ne peut douter que des gens ainsi exercés n'eussent de grands avantages sur cette foule de barbares pris indifféremment, et menés sans choix à la guerre, comme les armées de Darius le firent bien voir.

Les Romains, pour priver les rois d'une telle milice et leur ôter sans bruit leurs principales forces, firent deux choses : premièrement, ils établirent peu à peu, comme une maxime chez les Grecs, qu'ils ne pourraient avoir aucune alliance, accorder du secours ou faire la guerre à qui que ce fût, sans leur consentement; de plus, dans leurs traités avec les rois, ils leur défendirent de faire aucunes levées chez les alliés des Romains, ce qui les réduisit à leurs troupes nationales.

DEUX CAUSES DE LA PERTE DE ROME

Lorsque la domination de Rome était bornée dans l'Italie, la république pouvait facilement subsister : tout soldat était également citoyen; chaque consul avait une armée, et d'autres citoyens allaient à la guerre sous celui qui succédait. Le nombre des troupes n'étant pas excessif, on avait attention à ne recevoir dans la milice que des gens qui eussent assez de bien pour avoir intérêt à la conservation de la ville. Enfin, le sénat voyait de près la conduite des généraux, et leur ôtait la pensée de rien faire contre leur devoir.

Mais lorsque les légions passèrent les Alpes et la mer, les gens de guerre, qu'on était obligé de laisser pendant plusieurs campagnes dans les pays que l'on soumettait, perdirent peu à peu l'esprit de citoyens, et les généraux, qui disposèrent des armées et des royaumes, sentirent leur force et ne purent plus obéir.

Les soldats commencèrent donc à ne reconnaître que leur général, à fonder sur lui toutes leurs espérances, et à voir de plus loin la ville. Ce ne furent plus les soldats de la république, mais de Sylla, de Marius, de Pompée, de César. Rome ne put savoir si celui qui était à la tête d'une armée dans une province était son général ou son ennemi.

Tandis que le peuple de Rome ne fut corrompu que par ses tribuns, à qui il ne pouvait accorder que sa puissance même, le sénat put aisément se défendre, parce qu'il agissait constamment ; au lieu que la populace passait de l'extrémité de la fougue à l'extrémité de la faiblesse. Mais quand le peuple put donner à ses favoris une formidable autorité au dehors, toute la sagesse du sénat devint inutile, et la république fut perdue.

Ce qui fait que les États libres durent moins que les autres, c'est que les malheurs et les succès qui leur arrivent leur font presque toujours perdre la liberté ; au lieu que les succès et les malheurs d'un État où le peuple est soumis confirment également sa servitude. Une république sage ne doit rien hasarder qui l'expose à la bonne ou à la mauvaise fortune ; le seul bien auquel il doit aspirer, c'est à la perpétuité de son État.

Si la grandeur de l'empire perdit la république, la grandeur de la ville ne la perdit pas moins.

Rome avait soumis tout l'univers avec le secours des peuples d'Italie, auxquels elle avait donné, en différents temps, divers privilèges. La plupart de ces peuples ne s'étaient pas d'abord fort souciés du droit de bourgeoisie chez les Romains, et quelques-uns aimèrent mieux garder leurs usages. Mais lorsque ce droit fut celui de la souveraineté universelle, qu'on ne fut rien dans le monde si l'on n'était citoyen romain, et qu'avec ce titre on était tout, les peuples d'Italie résolurent de périr ou d'être Romains ; ne pouvant en venir à bout par leurs brigues et par leurs prières, ils prirent la voie des armes ; ils se révoltèrent dans tout ce côté qui regarde la mer Ionienne ; les autres alliés allaient les suivre. Rome, obligée de combattre contre ceux qui étaient, pour ainsi dire, les mains avec lesquelles elle enchaînait l'univers, était perdue ; elle allait être réduite à ses murailles ; elle accorda ce droit tant désiré aux alliés qui n'avaient pas cessé d'être fidèles ; peu à peu, elle l'accorda à tous.

Pour lors, Rome ne fut plus cette ville dont le peuple n'avait eu qu'un même esprit, un même amour pour la liberté, une même haine pour la tyrannie ; où cette jalousie du pouvoir du sénat et des prérogatives des grands, toujours mêlée de respect, n'était qu'un amour de l'égalité. Les peuples d'Italie étant devenus ses concitoyens, chaque ville y apporta son génie, ses intérêts particuliers et sa dépendance de quelque grand protecteur. La ville, déchirée, ne forma plus un tout ensemble, et, comme on n'en était citoyen que par une espèce de fiction, qu'on n'avait plus les mêmes magistrats, les mêmes murailles, les mêmes dieux, les mêmes temples, les mêmes sépultures, on ne vit plus Rome des mêmes yeux, on n'eut plus le même amour pour la patrie, et les sentiments romains ne furent plus.

Les ambitieux firent venir à Rome des villes et des nations entières pour troubler les suffrages ou se les faire donner; les assemblées furent de véritables conjurations; on appela *comices* une troupe de quelques séditieux; l'autorité du peuple, ses lois, lui-même, devinrent des choses chimériques, et l'anarchie fut telle qu'on ne put plus savoir si le peuple avait fait une ordonnance ou s'il ne l'avait point faite.

On n'entend parler dans les auteurs que des divisions qui perdirent Rome; mais on ne voit pas que ces divisions y étaient nécessaires, qu'elles y avaient toujours été et qu'elles y devaient toujours être. Ce fut uniquement la grandeur de la république qui fit le mal, et qui changea en guerres civiles les tumultes populaires. Il fallait bien qu'il y eût à Rome des divisions, et ces guerriers si fiers, si audacieux, si terribles au dehors, ne pouvaient pas être modérés au dedans. Demander à un État libre des gens hardis dans la guerre et timides dans la paix, c'est vouloir des choses impossibles; et, pour règle générale, toutes les fois qu'on verra tout le monde tranquille dans un État qui se donne le nom de république, on peut être assuré que la liberté n'y est pas.

Ce qu'on appelle union dans un corps politique est une chose très équivoque; la vraie est une union d'harmonie qui fait que toutes les parties, quelque opposées qu'elles nous paraissent, concourent au bien général de la société, comme des dissonances dans la musique concourent à l'accord total. Il peut y avoir de l'union dans un État où l'on ne croit voir que du trouble, c'est-à-dire une harmonie d'où résulte le bonheur, qui seul est la vraie paix. Il en est comme des parties de cet univers éternellement liées par l'action des unes et la réaction des autres.

Mais dans l'accord du despotisme asiatique, c'est-à-dire de tout gouvernement qui n'est pas modéré, il y a toujours une division réelle. Le laboureur, l'homme de guerre, le négociant, le magistrat, le noble, ne sont joints que parce que les uns oppriment les autres sans résistance, et, si l'on y voit de l'union, ce ne sont pas des citoyens qui sont unis, mais des corps morts ensevelis les uns auprès des autres.

Il est vrai que les lois de Rome devinrent impuissantes pour gouverner la république; mais c'est une chose qu'on a vue toujours, que de bonnes lois, qui ont fait qu'une petite république devient grande, lui deviennent à charge lorsqu'elle s'est agrandie, parce qu'elles étaient telles que leur effet naturel était de faire un grand peuple et non pas de le gouverner.

Il y a bien de la différence entre les lois bonnes et les lois convenables; celles qui font qu'un peuple se rend maître des autres et celles qui maintiennent sa puissance lorsqu'il l'a acquise.

Il y a à présent dans le monde une république que presque personne ne connaît, et qui, dans le secret et le silence, augmente ses forces chaque jour. Il est certain que si elle parvient jamais à l'état de grandeur où sa sagesse la destine, elle changera nécessairement ses lois; ce ne sera point l'ouvrage d'un législateur, mais celui de la corruption même.

Rome était faite pour s'agrandir, et ses lois étaient admirables pour cela. Aussi, dans quelque gouvernement qu'elle ait été, sous le pouvoir des rois, dans l'aristocratie ou dans l'état populaire, elle n'a jamais cessé de faire des entreprises qui demandaient de la conduite et y a réussi. Elle ne s'est pas trouvée plus sage que tous les autres États de la terre en un jour, mais continuellement; elle a soutenu une petite, une médiocre, une grande fortune avec la même supériorité, et n'a point eu de prospérités dont elle n'ait profité, ni de malheurs dont elle ne se soit servie.

Elle perdit sa liberté parce qu'elle acheva trop tôt son ouvrage

DE LA CORRUPTION DES ROMAINS.

Je crois que la secte d'Épicure, qui s'introduisit à Rome sur la fin de la république, contribua beaucoup à gâter le cœur et l'esprit des Romains. Les Grecs en avaient été infatués avant eux, aussi avaient-ils été plus tôt corrompus. Polybe nous dit que de son temps les serments ne pouvaient donner de la confiance pour un Grec, au lieu qu'un Romain en était pour ainsi dire enchaîné.

Il y a un fait, dans les Lettres de Cicéron à Atticus, qui nous montre combien les Romains avaient changé, à cet égard, depuis le temps de Polybe :

« Memmius, dit-il, vient de communiquer au sénat l'accord que son compétiteur et lui avaient fait avec les consuls, par lequel ceux-ci s'étaient engagés de les favoriser dans la poursuite du consulat pour l'année suivante; et eux, de leur côté, s'obligeaient de payer aux consuls quatre cent mille sesterces s'ils ne leur fournissaient trois augures qui déclareraient qu'ils étaient présents lorsque le peuple avait fait la loi *curiale*, quoiqu'il n'en eût point fait, et deux consulaires qui affirmeraient qu'ils avaient assisté à la signature du sénatus-consulte qui réglait l'état de leurs provinces, quoiqu'il n'y en eût point eu. » Que de malhonnêtes gens dans un seul contrat !

Outre que la religion est toujours le meilleur garant que l'on puisse avoir des hommes, il y avait ceci de particulier chez les

Romains, qu'ils mêlaient quelque sentiment religieux à l'amour qu'ils avaient pour leur patrie. Cette ville, fondée sous les meilleurs auspices, ce Romulus, leur roi et leur dieu, ce Capitole éternel comme la ville, et la ville éternelle comme son fondateur, avaient fait autrefois, sur l'esprit des Romains, une impression qu'il eût été à souhaiter qu'ils eussent conservée.

La grandeur de l'État fit la grandeur des fortunes particulières. Mais comme l'opulence est dans les mœurs et non pas dans les richesses, celle des Romains, qui ne laissait pas d'avoir des bornes, produisit un luxe et des profusions qui n'en avaient point. Ceux qui avaient d'abord été corrompus par leurs richesses le furent ensuite par leur pauvreté. Avec des biens au-dessus d'une condition privée, il fut difficile d'être un bon citoyen; avec les désirs et les regrets d'une grande fortune ruinée, on fut prêt à tous les attentats; et, comme dit Salluste, on vit une génération de gens qui ne pouvaient avoir de patrimoine ni souffrir que d'autres en eussent.

Cependant, quelle que fût la corruption de Rome, tous les malheurs ne s'y étaient pas introduits; car la force de son institution avait été telle, qu'elle avait conservé une valeur héroïque et toute son application à la guerre, au milieu des richesses, de la mollesse et de la volupté, ce qui n'est, je crois, arrivé à aucune nation du monde.

Les citoyens romains regardaient le commerce et les arts comme des occupations d'esclaves; ils ne les exerçaient point. S'il y eut quelques exceptions, ce ne fut que de la part de quelques affranchis qui continuaient leur première industrie; mais, en général ils ne connaissaient que l'art de la guerre, qui était la seule voie pour aller aux magistratures et aux honneurs; ainsi, les vertus guerrières restèrent après qu'on eut perdu toutes les autres.

DE SYLLA. — DE POMPÉE ET DE CÉSAR.

Je supplie qu'on me permette de détourner les yeux des horreurs des guerres de Marius et de Sylla; on en trouvera dans Appien l'épouvantable histoire. Outre la jalousie, l'ambition et la cruauté des deux chefs, chaque Romain était furieux; les nouveaux citoyens et les anciens ne se regardaient plus comme les membres d'une même république, et l'on se faisait une guerre qui, par un caractère particulier, était en même temps civile et étrangère.

Sylla fit des lois très propres à ôter la cause des désordres que l'on avait vus : elles augmentaient l'autorité du sénat, tempéraient le pouvoir du peuple, réglaient celui des tribuns. La fantaisie qui lui fit quitter la dictature sembla rendre la vie à la république ; mais dans la fureur de ses succès, il avait fait des choses qui mirent Rome dans l'impossibilité de conserver sa liberté.

Il ruina dans son expédition d'Asie toute la discipline militaire ; il accoutuma son armée aux rapines, et lui donna des besoins qu'elle n'avait jamais eus ; il corrompit une fois des soldats qui devaient dans la suite corrompre les capitaines.

Il entra dans Rome à main armée, et enseigna aux généraux romains à violer l'asile de la liberté.

Il donna les terres des citoyens aux soldats, et il les rendit avides pour jamais ; car, dès ce moment, il n'y eut plus un homme de guerre qui n'attendît une occasion qui pût mettre les biens de ses concitoyens entre ses mains.

Il inventa les proscriptions, et mit à prix la tête de ceux qui n'étaient pas de son parti. Dès lors, il fut impossible de s'attacher davantage à la république : car, parmi deux hommes ambitieux et qui se disputaient la victoire, ceux qui étaient neutres et pour le parti de la liberté étaient sûrs d'être proscrits par celui des deux qui serait le vainqueur. Il était donc de la prudence de s'attacher à l'un des deux.

« Il vint après lui, dit Cicéron, un homme qui, dans une cause impie et une victoire encore plus honteuse, ne confisqua pas seulement les biens des particuliers, mais enveloppa dans la même calamité des provinces entières. »

Sylla, quittant la dictature, avait semblé ne vouloir vivre que sous la protection de ses lois mêmes ; mais cette action, qui marqua tant de modération, était elle-même une suite de ses violences. Il avait donné des établissements à quarante-sept légions dans divers endroits de l'Italie. « Ces gens-là, dit Appien, regardant leurs fortune comme attachée à sa vie, veillaient à sa sûreté, et étaient toujours prêts à le secourir ou à le venger. »

La république devant nécessairement périr, il n'était plus question que de savoir comment et par qui elle devait être abattue.

Deux hommes également ambitieux, excepté que l'un ne savait pas aller à son but si directement que l'autre, effacèrent par leur crédit, par leurs exploits, par leurs vertus, tous les autres citoyens : Pompée parut le premier, César le suivit de près.

Pompée, pour s'attirer la faveur, fit casser les lois de Sylla qui bornaient le pouvoir du peuple, et, quand il eut fait à son ambition un sacrifice des lois les plus salutaires de sa patrie, il obtint tout ce qu'il voulut, et la témérité du peuple fut sans bornes, à son égard.

Les lois de Rome avaient sagement divisé la puissance publique en un grand nombre de magistratures, qui se soutenaient, s'arrêtaient et se tempéraient l'une l'autre; et comme elles n'avaient toutes qu'un pouvoir borné, chaque citoyen était bon pour y parvenir; et le peuple, voyant passer devant lui plusieurs personnages l'un après l'autre, ne s'accoutumait à aucun d'eux. Mais, dans ces temps-ci, le système de la république changea : les plus puissants se firent donner par le peuple des commissions extraordinaires, ce qui anéantit l'autorité du peuple et des magistrats, et mit toutes les grandes affaires dans les mains d'un seul ou de peu de gens.

Fallut-il faire la guerre à Sertorius, on en donna la commission à Pompée. Fallut-il la faire à Mithridate, tout le monde cria Pompée. Eut-on besoin de faire venir des blés à Rome, le peuple croit être perdu si on n'en charge Pompée. Veut-on détruire les pirates, il n'y a que Pompée. Et lorsque César menace d'envahir, le sénat crie à son tour et n'espère plus qu'en Pompée.

« Je crois bien, disait Marcus au peuple, que Pompée, que les nobles attendent, aimera mieux assurer votre liberté que leur domination; mais il y a eu un temps où chacun de vous devait avoir la protection de plusieurs, et non pas tous la protection d'un seul, et où il était inouï qu'un mortel pût donner ou ôter de pareilles choses. »

A Rome, faite pour s'agrandir, il avait fallu réunir dans les mêmes personnes les honneurs et la puissance; ce qui, dans des temps de trouble, pouvait fixer l'admiration du peuple sur un seul citoyen.

Quand on accorde des honneurs, on sait précisément ce que l'on donne; mais quand on y joint le pouvoir, on ne peut dire à quel point il pourra être porté.

Des préférences excessives, données à un citoyen dans une république, ont toujours des effets nécessaires : elles font naître l'envie du peuple, ou elles augmentent sans mesure son amour.

Deux fois Pompée, retournant à Rome, maître d'opprimer la république, eut la modération de congédier ses armées avant que d'y entrer et d'y paraître en simple citoyen. Ces actions, qui le comblèrent de gloire, firent que, dans la suite, quelque chose qu'il eût faite au préjudice des lois, le sénat se déclara toujours pour lui.

Pompée avait une ambition plus lente et plus douce que celle de César. Celui-ci voulait aller à la souveraine puissance les armes à la main, comme Sylla. Cette façon d'opprimer ne plaisait point à Pompée : il aspirait à la dictature, mais par les suffrages du peuple; il ne pouvait consentir à usurper la puissance, mais il aurait voulu qu'on la lui remît entre les mains.

Comme la faveur du peuple n'est jamais constante, il y eut des temps où Pompée vit diminuer son crédit; et, ce qui le toucha bien sensiblement, des gens qui le méprisaient augmentèrent le leur et s'en servirent contre lui.

Cela lui fit faire trois choses également funestes : il corrompit le peuple à force d'argent, et mit dans les élections un prix au suffrage de chaque citoyen.

De plus, il se servit de la plus vile populace pour troubler les magistrats dans leurs fonctions, espérant que les gens sages, lassés de vivre dans l'anarchie, le créeraient dictateur par désespoir.

Enfin, il s'unit d'intérêts avec César et Crassus. Caton disait que ce n'était pas leur inimitié qui avait perdu la république, mais leur union. En effet, Rome était en ce malheureux état, qu'elle était moins accablée par les guerres civiles que par la paix, qui, réunissant les vues et les intérêts des principaux, ne faisait plus qu'une tyrannie.

Pompée ne prêta pas proprement son crédit à César, mais, sans le savoir, il le lui sacrifia. Bientôt César employa contre lui les forces qu'il lui avait données, et ses artifices mêmes : il troubla la ville par ses émissaires, et se rendit maître des élections; consuls, préteurs, tribuns, furent achetés au prix qu'ils mirent eux-mêmes.

Le sénat, qui vit clairement les desseins de César, eut recours à Pompée; il le pria de prendre la défense de la république, si l'on pouvait appeler de ce nom un gouvernement qui demandait la protection d'un de ses citoyens.

Je crois que ce qui perdit surtout Pompée fut la honte qu'il eut de penser qu'en élevant César comme il l'avait fait il eût manqué de prévoyance. Il s'accoutuma le plus tard qu'il put à cette idée; il ne se mettait point en défense pour ne point avouer qu'il se fût mis en danger; il soutenait au sénat que César n'oserait faire la guerre, et, parce qu'il l'avait dit tant de fois, il le redisait toujours.

Il semble qu'une chose avait mis César en état de tout entreprendre : c'est que, par une malheureuse conformité de noms, on avait joint à son gouvernement de la Gaule cisalpine celui de la Gaule au delà des Alpes.

La politique n'avait point permis qu'il y eût des armées auprès de Rome; mais elle n'avait pas souffert non plus que l'Italie fût entièrement dégarnie de troupes, cela fit qu'on tint des forces considérables dans la Gaule cisalpine, c'est-à-dire dans le pays qui est depuis le Rubicon, petit fleuve de la Romagne, jusqu'aux Alpes. Mais, pour assurer la ville de Rome contre ces troupes, on fit le célèbre sénatus-consulte que l'on voit encore gravé sur le chemin de Rimini à Césène, par lequel on dévouait aux dieux infernaux et l'on déclarait sacrilège et parricide quiconque, avec une légion, avec une armée ou avec une cohorte, passerait le Rubicon.

A un gouvernement si important, qui tenait la ville en échec, on en joignit un autre plus considérable encore : c'était celui de la Gaule transalpine, qui comprenait les pays du midi de la France, qui, ayant donné à César l'occasion de faire la guerre pendant plusieurs années à tous les peuples qu'il voulut, fit que ses soldats vieillirent avec lui, et qu'il ne les conquit pas moins que les barbares. Si César n'avait point eu le gouvernement de la Gaule transalpine, il n'aurait point corrompu ses soldats ni fait respecter son nom par tant de victoires. S'il n'avait pas eu celui de la Gaule cisalpine, Pompée aurait pu l'arrêter au passage des Alpes; au lieu que, dès le commencement de la guerre, il fut obligé d'abandonner l'Italie, ce qui fit perdre à son parti la réputation qui, dans les guerres civiles, est la puissance même.

La même frayeur qu'Annibal porta dans Rome après la bataille de Cannes, César l'y répandit lorsqu'il passa le Rubicon. Pompée éperdu ne vit, dans les premiers moments de la guerre, de parti à prendre que celui qui reste dans les affaires désespérées : il ne sut que céder et que fuir; il sortit de Rome, y laissa le trésor public ; il ne put nulle part retarder le vainqueur; il abandonna une partie de ses troupes, toute l'Italie, et passa la mer.

On parle beaucoup de la fortune de César; mais cet homme extraordinaire avait tant de grandes qualités sans pas un défaut, quoiqu'il eût bien des vices, qu'il eût été bien difficile que, quelque armée qu'il eût commandée, il n'eût été vainqueur, et qu'en quelque république qu'il fût né il ne l'eût gouvernée.

César, après avoir défait les lieutenants de Pompée en Espagne, alla en Grèce le chercher lui-même. Pompée, qui avait la côte de la mer et des forces supérieures, était sur le point de voir l'armée de César détruite par la misère et par la faim; mais comme il avait souverainement le faible de vouloir être approuvé, il ne pouvait s'empêcher de prêter l'oreille aux vains discours de ses gens, qui le raillaient ou l'accusaient sans cesse. « Il veut, disait l'un, se perpétuer dans le commandement, et être, comme Agamemnon, le roi des rois. — Je vous avertis, disait un autre, que nous ne mangerons pas encore cette année des figues de Tusculum. » Quelques succès particuliers qu'il eut achevèrent de tourner la tête à cette troupe sénatoriale. Ainsi, pour n'être pas blâmé, il fit une chose que la postérité blâmera toujours, de sacrifier la d'avantages pour aller, avec des troupes nouvelles, combattre une armée qui avait vaincu tant de fois.

Lorsque les restes de Pharsale se furent retirés en Afrique, Scipion, qui les commandait, ne voulut jamais suivre l'avis de Caton, de traîner la guerre en longueur; enflé de quelques avantages, il risqua tout, et perdit tout; et, lorsque Brutus et Cassius rétablirent ce parti, la même précipitation perdit la république une troisième fois.

Vous remarquerez que, dans des guerres civiles, qui durèrent si longtemps, la puissance de Rome s'accrut sans cesse au dehors. Sous Marius, Sylla, Pompée, César, Antoine, Auguste, Rome, toujours plus terrible, acheva de détruire tous les rois qui restaient encore.

Il n'y a point d'État qui menace si fort les autres d'une conquête, que celui qui est dans les horreurs de la guerre civile. Tout le monde, noble, bourgeois, artisan, laboureur, y devient soldat; et lorsque, par la paix, les forces y sont réunies, cet État a de grands avantages sur les autres, qui n'ont guère que des citoyens. D'ailleurs, dans les guerres civiles, il se forme souvent de grands hommes, parce que, dans la confusion, ceux qui ont du mérite se font jour; chacun se place et se met à son rang; au lieu que, dans les autres temps, on est placé, et l'on est presque toujours tout de travers. Et pour passer de l'exemple des Romains à d'autres plus récents, les Français n'ont jamais été si redoutables au dehors qu'après les querelles des maisons de Bourgogne et d'Orléans, après les troubles de la ligue, après les guerres civiles de la minorité de Louis XII et de celle de Louis XIV. L'Angleterre n'a jamais été si respectée que sous Cromwell, après les guerres du long parlement. Les Allemands n'ont pris la supériorité sur les Turcs qu'après les guerres civiles d'Allemagne. Les Espagnols, sous Philippe V, d'abord après les guerres civiles pour la succession, ont montré en Sicile une force qui a étonné l'Europe, et nous voyons aujourd'hui la Perse renaître des cendres de la guerre civile et humilier les Turcs.

Enfin, la république fut opprimée, et il n'en faut pas accuser l'ambition de quelques particuliers; il faut en accuser l'homme, toujours plus avide du pouvoir à mesure qu'il en a davantage, et qu'il ne désire tout que parce qu'il possède beaucoup.

Si César et Pompée avaient pensé comme Caton, d'autres auraient pensé comme firent César et Pompée, et la république, destinée à périr, aurait été entraînée au précipice par une autre main.

César pardonna à tout le monde; mais il me semble que la modération que l'on montre après qu'on a tout usurpé ne mérite pas de grandes louanges.

Quoi que l'on ait dit de sa diligence après Pharsale, Cicéron l'accuse de lenteur avec raison. Il dit à Cassius qu'ils n'auraient jamais cru que le parti de Pompée se fût ainsi relevé en Espagne et en Afrique; et que, s'ils avaient pu prévoir que César se fût amusé à sa guerre d'Alexandrie, ils n'auraient pas fait leur paix, et qu'ils se seraient retirés avec Scipion et Caton en Afrique. Ainsi un fol amour lui fit essuyer quatre guerres, et, en ne prévenant pas les deux dernières, il remit en question ce qui avait été décidé à Pharsale.

César gouverna d'abord sous des titres de magistratures, car les hommes ne sont guère touchés que des noms. Et comme les peuples d'Asie abhorraient ceux de consul et de proconsul, les peuples d'Europe détestaient celui de roi; de sorte que, dans ces temps-là, ces noms faisaient le bonheur ou le désespoir de toute la terre. César ne laissa pas de tenter de se faire mettre le diadème sur la tête; mais voyant que le peuple cessait ses acclamations, il le rejeta. Il fit encore d'autres tentatives, et je ne puis comprendre qu'il pût croire que les Romains, pour le souffrir tyran, aimassent pour cela la tyrannie ou crussent avoir fait ce qu'ils avaient fait.

Un jour que le sénat lui déférait de certains honneurs, il négligea de se lever, et, pour lors, les plus graves de ce corps achevèrent de perdre patience.

On n'offense jamais plus les hommes que lorsqu'on choque leurs cérémonies et leurs usages. Chercher à les opprimer, c'est quelquefois une preuve de l'estime que vous en faites; choquer leurs coutumes, c'est toujours une marque de mépris.

César, de tout temps ennemi du sénat, ne put cacher le mépris qu'il conçut pour ce corps, qui était devenu presque ridicule depuis qu'il n'avait plus de puissance; par là, sa clémence même fut insultante. On regarda qu'il ne pardonnait pas, mais qu'il dédaignait de punir.

Il porta le mépris jusqu'à faire lui-même les sénatus-consultes; il les souscrivait du nom des premiers sénateurs qui lui venaient dans l'esprit. « J'apprends quelquefois, dit Cicéron, qu'un sénatus-consulte, passé à mon avis, a été porté en Syrie et en Arménie avant que j'aie su qu'il ait été fait; et plusieurs princes m'ont écrit des lettres de remerciments sur ce que j'avais été d'avis qu'on leur donnât le titre de rois, que non seulement je ne savais pas être rois, mais même qu'ils fussent au monde. »

On peut voir dans les lettres de quelques grands hommes de ce temps-là, qu'on a mises sous le nom de Cicéron, parce que la plupart sont de lui, l'abattement et le désespoir des premiers hommes de la république à cette révolution subite, qui les priva de leurs honneurs et de leurs occupations mêmes, lorsque le sénat, étant sans fonction, ce crédit qu'ils avaient eu par toute la terre, ils ne purent plus l'espérer que dans le cabinet d'un seul: et cela se voit bien mieux dans ces lettres que dans les discours des historiens. Elles sont le chef-d'œuvre de la naïveté des gens unis par une douleur commune, et d'un siècle où la fausse politesse n'avait pas mis le mensonge partout; enfin, on n'y voit point, comme dans la plupart de nos lettres modernes, des gens qui veulent se tromper, mais des amis malheureux qui cherchent à se tout dire.

Il était bien difficile que César pût défendre sa vie : la plupart des conjurés étaient de son parti ou avaient été par lui comblés de bienfaits, et la raison en est bien naturelle. Ils avaient trouvé de grands avantages dans sa victoire ; mais plus leur fortune devenait meilleure, plus ils commençaient à avoir part au malheur commun, car, à un homme qui n'a rien, il importe assez peu, à certains égards, en quel gouvernement il vive.

De plus, il y avait un certain droit des gens, une opinion établie dans toutes les républiques de Grèce et d'Italie, qui faisait regarder comme un homme vertueux l'assassin de celui qui avait usurpé la souveraine puissance. A Rome surtout, depuis l'expulsion des rois, la loi était précise, les exemples reçus : la république armait le bras de chaque citoyen, le faisait magistrat pour le moment et l'avouait pour sa défense.

Brutus ose bien dire à ses amis que, quand son père reviendrait sur la terre, il le tuerait tout de même ; et quoique, par la continuation de la tyrannie, cet esprit de liberté se perdît peu à peu, les conjurations, au commencement du règne d'Auguste, renaissaient toujours.

C'était un amour dominant pour la patrie, qui, sortant des règles ordinaires des crimes et des vertus, n'écoutait que lui seul et ne voyait ni citoyen, ni ami, ni bienfaiteur, ni père ; la vertu semblait s'oublier pour se surpasser elle-même, et l'action qu'on ne pouvait d'abord approuver, parce qu'elle était atroce, elle la faisait admirer comme divine.

En effet, le crime de César, qui vivait dans un gouvernement libre, n'était-il pas hors d'état d'être puni autrement que par un assassinat ? Et demander pourquoi on ne l'avait pas poursuivi par la force ouverte ou par les lois, n'est-ce pas demander raison de ses crimes ?

Le Gérant : Henri GAUTIER.

Librairie BLÉRIOT, Henri GAUTIER, successeur,
55, quai des Grands-Augustins, à Paris.

VIENT DE PARAITRE

Un vol. in-12. Avec 60 caricatures et couverture en couleurs

Pour paraître le 30 juillet 1895

CH. DE MAZADE

GUERRE DE FRANCE

Le public de notre Bibliothèque a toujours demandé qu'une large part fût faite, en nos publications, aux récits concernant l'histoire de la Patrie française, ses triomphes et ses malheurs. Nous déférons aujourd'hui à son vœu, une fois de plus, en lui offrant des extraits du livre que Charles de Mazade a consacré à la guerre de 1870-71.

~~~~~~~~~~~~~~~~~~~~~~~~~~~~~~

ABONNEMENTS

À LA

Nouvelle Bibliothèque populaire

La *Nouvelle Bibliothèque populaire* publie un volume par semaine. On peut s'abonner aux cinquante-deux volumes d'une année. Les abonnements partent du 1er de chaque mois.

Tous les abonnés, aussi bien ceux de l'étranger et des colonies, que ceux de la France, recevront un volume par semaine.

PRIX DE L'ABONNEMENT D'UN AN

Paris, Départements, Algérie et Belgique . . . **7 FRANCS.**
Étranger (sauf la Belgique) et Colonies . . . **8 FRANCS.**

PRIME GRATUITE

EXCLUSIVEMENT RÉSERVÉE AUX ABONNÉS NOUVEAUX

Tout abonné nouveau a droit de recevoir, gratis et franco, dix volumes à choisir dans la liste de ceux déjà parus, ou un joli cartonnage pour conserver les volumes.

On s'abonne pour un an en envoyant, en mandat-poste, timbres français, ou autre valeur sur Paris, à M. Henri GAUTIER, 55, quai des Grands-Augustins, à Paris, 7 francs si l'on habite la France, la Belgique ou l'Algérie; 8 francs si l'on habite l'étranger ou les colonies. La prime est envoyée au reçu de l'abonnement.

ANGERS, IMP. BURDIN ET Cie, RUE GARNIER, 4.

. DE MAZADE
DE L'ACADÉMIE FRANÇAISE

GUERRE
DE FRANCE

Edité par
HENRI GAUTIER
55, QUAI DES GRANDS AUGUSTINS, 55
PARIS

N° 464

Il paraît un volume par semaine

Directeur littéraire de la *Nouvelle Bibliothèque Populaire* :

ALFRED ERNST

AVIS A NOS ABONNÉS

Nous rappelons à nos abonnés que tout changement d'adresse doit être accompagné d'une bande indiquant l'adresse ancienne et de *cinquante centimes* en timbres-poste français ou autre valeur sur Paris.

CHARLES DE MAZADE

LA GUERRE DE FRANCE

Notice biographique et littéraire.

La réception de M. Paul Bourget à l'Académie française a ramené l'attention du public sur cet homme de valeur et de probité qui eut nom Charles de Mazade. L'auteur des *Essais de psychologie* et de tant d'autres livres déjà célèbres a trouvé un langage aussi juste qu'ingénieux et délicat pour louer son prédécesseur, dont le talent fut cependant tout l'opposé du sien. Il y eut, en Charles de Mazade, un publiciste très solide et très informé, un critique, un historien quelque peu doctrinaire, mais exercé à l'appréciation claire et saine des événements contemporains, et dont la passion n'a jamais obscurci la vue ni oblitéré le jugement.

Louis-Charles-Jean-Robert de Mazade naquit le 19 mars 1820 à Castel-Sarrazin (Tarn-et-Garonne). Son père était magistrat, et son grand-père, de Mazade-Percin, avait fait partie de la Convention Nationale. A onze ans, il perdit son père; envoyé au collège de Bazas, il y fit ses études classiques, puis il alla préparer son droit à Toulouse, qu'il quitta bientôt pour Paris. C'est là qu'il composa et fit paraître un volume d'*Odes* (1841) qui furent lues avec plaisir, car il y eut un poète éphémère en M. de Mazade, le grave écrivain de la *Revue des Deux-Mondes*... Mais le jeune homme avait l'esprit trop droit, le jugement trop sûr, pour ne pas s'apercevoir rapidement qu'il n'était point né poète, et qu'il n'y avait autre chose, en ses essais lyriques, que la correcte et heureuse application de facultés littéraires d'un ordre tout général. Il renonça donc à la poésie, et entra dans le journalisme. Ayant débuté à *la Presse*, il écrivit ensuite dans la *Revue de Paris*, puis se fixa à la *Revue des Deux-Mondes*, à laquelle il devait collaborer jusqu'à sa mort. En cette Revue, il rédigea surtout la chronique politique, mais il y donna souvent des études critiques sur des ouvrages de littérature, et des articles sur les pays qu'il aimait à visiter, particulièrement l'Italie et l'Espagne. C'est là aussi que parurent des études historiques, entre autres des travaux intéressants sur le siège de Paris en 1870-71, et sur divers événements de l'histoire contemporaine. Beaucoup de ces articles furent réunis par lui dans les volumes dont les noms sont donnés ci-après.

Les ouvrages de M. de Mazade sont les suivants, outre le volume d'*Odes* dont nous avons parlé plus haut : *L'Espagne moderne* (1855); *l'Italie moderne* (1860); *la Pologne contemporaine* (1863); *l'Italie et les Italiens* (1864); *Deux femmes de la Révolution* (1865); *les Révolutions de l'Espagne contemporaine* (1868); *Lamartine, sa vie littéraire et politique* (1872); *la Guerre de France* (1875); *Portraits d'histoire morale et politique du temps* (1875); *le Comte de Cavour* (1877); *le Comte de Serre ou la Politique modérée sous la Restauration* (1879); *A travers l'Italie* (1879); *M. Thiers* (1884); *Correspondance du Maréchal Davout*, avec introduction et notes (1885); *un Chancelier d'ancien régime* (1889). Décoré de la Légion d'honneur en 1878, M. de Mazade fut élu à l'Académie française, où il remplaça le comte de Champagny, le 7 décembre 1882. Il est mort à Paris le 27 avril 1893.

En terminant cette brève notice, nous tenons à remercier MM. Plon et Cie, les éditeurs de *la Guerre de France*, qui nous ont permis de puiser largement en ce beau livre. Les extraits choisis, portant sur nos premiers revers — dont voici précisément les douloureux anniversaires — sur les grandes luttes de Borny et de Gravelotte, sur les efforts de l'armée de la Loire et de l'armée de l'Est, donneront à nos lecteurs une vue d'ensemble sur la guerre de France telle qu'elle est racontée dans l'ouvrage de M. de Mazade.

ALFRED ERNST

GUERRE DE FRANCE

WISSEMBOURG ET REICHSHOFEN

I

Le maréchal de Mac Mahon, qui, au moment de la déclaration de la guerre, était gouverneur de l'Algérie, n'avait pu arriver à Strasbourg avant le 24 juillet. Il avait trouvé en pleine formation, assez peu débrouillé encore, le corps dont il venait prendre le commandement, qui se composait de quatre divisions d'infanterie sous les généraux Ducrot, Abel Douay, Raoult, de Lartigue, et de la division de cavalerie du général Duhesme; les réserves rejoignaient lentement et en désordre. Six régiments d'Afrique, zouaves et tirailleurs algériens ou turcos, qui devaient être distribués entre les quatre divisions, arrivaient un peu moins incomplets que les autres, mais assez dénués eux-mêmes et, de plus, fort éprouvés par les fièvres qu'ils portaient de l'Algérie avec eux. Les services administratifs manquaient là comme partout, de sorte que, lorsque la division Ducrot recevait le 26 juillet l'ordre de quitter Strasbourg et de se porter à Reichshofen pour pousser ses avant-postes jusqu'à la frontière, l'organisation était loin d'être complète ou même suffisante.

On se tirait d'affaire comme on pouvait avec l'aide du maire de Reich-hofen, député au Corps législatif, M. le comte de Leusse, qui ne laissait pas de témoigner sa surprise inquiète au général Ducrot en comparant la réalité qu'il avait sous les yeux aux déclarations qu'il venait d'entendre à Paris. Quel rôle devait remplir le 1er corps dans la guerre qui commençait? D'une manière générale sans doute, il avait à couvrir l'Alsace. Après cela le maréchal de Mac Mahon n'avait en réalité aucune initiative dans l'ensemble des opérations. Par lui-même, il ne savait rien de l'ennemi, et il 'était nullement renseigné par le quartier général de Metz, qui n'en savait pas plus que lui. On lui disait seulement, le 29 juillet, que « l'empereur n'avait pas l'intention de lui faire exécuter de mouvement avant huit jours. »

Y eut-il contre-ordre? Le maréchal de Mac Mahon, comme on l'a dit, se rencontrait-il dans l'intervalle avec le maréchal Lebœuf pour concerter une marche plus prompte? Toujours est-il que le 3 août la division Abel Douay, qui était à Haguenau, avait l'ordre de s'avancer jusqu'à Wissembourg, tandis que la division Ducrot devait se porter sur la gauche, un peu en arrière, à Lembach, dans les Vosges. La division Raoult allait à son tour remplacer Ducrot à Reichshofen; la division de Lartigue devait de son côté se rendre à Haguenau, prenant la place des troupes de Douay. On se rapprochait de la frontière. Le point grave et délicat de ce mouvement était l'occupation de Wissembourg, ville de guerre déclassée, mal défendue par les anciennes lignes de Villars, qui n'existent guère plus, située au fond de la vallée de la Lauter, au pied des derniers contreforts des Vosges et de la grande côte du Pigeonnier, du haut duquel le regard découvre la forêt de Haguenau, la Forêt-Noire, le pays de Bade, même au loin les clochers de Spire et de Strasbourg.

Wissembourg était-il un poste à occuper? C'était une question, d'autant plus qu'on se trouvait en face des coteaux du Palatinat et de la forêt de Bienwald, à travers laquelle des masses ennemies pouvaient s'avancer sans être vues. Au premier moment, le général Ducrot, chargé du commandement supérieur en attendant l'arrivée du maréchal de Mac Mahon, avait fait évacuer Wissembourg et Lauterbourg, où il ne voulait pas laisser de détachements isolés qui pouvaient être compromis. Le maréchal Lebœuf avait paru trouver qu'on dégarnissait trop la frontière, le préfet du Bas-Rhin avait réclamé contre cet abandon. L'intendance, toujours probablement dans l'idée qu'on allait envahir l'Allemagne, avait une manutention, de vastes magasins à cette extrême frontière, et elle ne cessait de se plaindre qu'on laissât ses services sans protection. De là cette réoccupation de Wissembourg par la division Douay, qui arrivait le 3 au soir, assez tard, fort peu complète, n'ayant pas eu le temps de rallier tous ses bataillons, manquant d'ambulance et même de cartes pour se guider. Un chef d'avant-garde était réduit à écrire, et ce fut son dernier télégramme : « Je suis absolument dépourvu de cartes. » Sans prévoir une attaque immédiate, le maréchal avait prévenu le général Douay d'avoir à se replier, s'il se voyait assailli « par des forces très supérieures », et, pour le surplus de son rôle, il le plaçait momentanément sous les ordres du général Ducrot, qui devait lui-même atteindre Lembach le lendemain. A son arrivée, Douay, suivant les instructions du général Ducrot, laissait un seul bataillon du 74e de ligne dans Wissembourg, et il se plaçait avec le reste de ses forces en arrière de la ville, sur les hauteurs du Geisberg, en ayant soin de maintenir ses communications par le Pigeonnier qui était aussi occupé. A vrai dire, malgré toutes les précautions possibles, c'était une position des plus risquées, d'autant plus qu'après avoir laissé à Seltz le 16e bataillon de chasseurs et un bataillon du 50e de ligne, après avoir envoyé trois bataillons du 78e vers le Pigeonnier, le général Douay restait avec 4,000 hommes, trois batteries d'artillerie et la brigade de cavalerie du général de Septeuil, qui ne pouvait lui être guères utile dans un pays aussi accidenté. C'est dans ces conditions que quelques heures après son arrivée il allait être brusquement assailli dans son camp.

Premier et terrible choc de la guerre, qui n'était que la conséquence inévitable et la révélation émouvante d'une situation! Au moment même où le général Douay était envoyé à Wissembourg, le prince royal de son côté, ayant ses forces prêtes au jour fixé sous Landau, recevait l'ordre définitif d'attaquer, et il attaquait. Dès l'après-midi du 3 août, il avait pris ses dispositions. La division de Bothmer du 2e corps bavarois devait prendre la tête de la marche directe sur Wissembourg. Le 5e et le 11e corps prussiens étaient chargés de passer la Lauter au-dessous de Wissembourg, l'un à Altenstatt, l'autre au moulin de Bienwald. Les Wurtembergeois et les Badois, réunis sous le général de Werder, devaient s'avancer par la gauche sur Lauterbourg. Le résultat de ce mouvement était la bataille du 4. Avant huit heures du matin, les Bavarois, arrivant les premiers par les hauteurs de Schweigen, engageaient l'action par l'attaque de Wissembourg.

C'était, si l'on veut, une surprise au camp français, où l'on ne savait rien de l'ennemi. Le général Douay pouvait d'autant moins s'attendre à une si prompte irruption que dès les premières heures du jour il s'était fait éclairer jusqu'au delà de la Lauter par deux escadrons de chasseurs qui n'avaient rien découvert. Si peu préparée qu'elle fût, cependant, la petite division française n'était pas tellement en défaut qu'elle ne reçût chaudement l'ennemi sans se laisser ébranler. Les Bavarois, repoussés à leur premier assaut, étaient obligés de se borner à canonner la ville en attendant l'arrivée du 5e et du 11e corps prussiens, qui bientôt entraient successivement en ligne par la Lauter, faisant face au Geisberg et menaçant de tourner la position. C'est dans cette première période de l'action, vers neuf heures et demie, que le général Douay, faisant simplement et bravement son devoir, était tué auprès d'une batterie de mitrailleuses sur le Geisberg, sur un mamelon couronné de trois peupliers qui se dessinent à l'horizon. Le comman-

[5]

dement de l'action restait alors au général Pellé. Pendant cinq heures, cette division isolée, livrée à elle-même, bientôt assaillie de toutes parts, disputait vaillamment le terrain. Le bataillon du 74⁰ de ligne enfermé dans Wissembourg repoussait longtemps toutes les attaques. Sur un autre point, aux abords de la ville, à la gare du chemin de fer, les turcos soutenaient avec une énergie désespérée le choc des Bavarois et des Prussiens réunis. Au Geisberg surtout, la lutte prenait le caractère le plus violent. Nos soldats, retranchés dans le massif château qui s'élève sur ces hauteurs, défiaient les forces démesurées qu'on lançait contre eux. Vainement les Prussiens se multipliaient et renouvelaient leurs tentatives ; ils échouaient toujours, contenus par la mousqueterie, par les charges à la baïonnette. En un instant, un bataillon des grenadiers du roi avait perdu presque tous ses officiers. Le commandant, le drapeau à la main, se jetait en avant, et tombait mortellement frappé sans avoir réussi à rétablir le combat.

L'assaut de front dirigé par le commandant du 5ᵉ corps lui-même, le général de Kirchbach, légèrement blessé à ce moment, eût été peut-être encore contenu si une brigade du 11ᵉ corps, accourant de son côté, n'eût menacé de tourner nos positions. Ce n'est qu'à force d'hommes et de moyens d'artillerie, — par un déploiement de plus de 25,000 soldats, — que les Allemands raissaient par avoir raison de cette malheureuse division de moins de 5,000 combattants, qui depuis le matin tenait tête si énergiquement à Wissembourg comme au Geisberg, et qui ne cédait le terrain qu'après avoir infligé à l'ennemi une perte de près de 100 officiers, de 1,500 à 2,000 hommes. Elle avait perdu elle-même 1,200 hommes, elle laissait entre les mains des Prussiens le bataillon enfermé à Wissembourg, un certain nombre d'autres prisonniers, un seul canon démonté qu'on n'avait pu sauver. Tout cela se passait si vite que le maréchal de Mac Mahon pouvait à peine être informé, que le général Ducrot, averti vers midi, au moment où il touchait Lembach, n'arrivait en courant sur les hauteurs du Pigeonnier que pour voir nos troupes déjà débordées, commençant à se replier dans la direction qui leur avait été indiquée par la route de Climbach.

Ce premier désastre aurait pu être évité, dit-on, si l'on eût refusé le combat, si on avait compris plus tôt qu'on devait se dérober devant un tel déploiement de forces. C'est facile à dire. Le général Douay ne pouvait sans doute supposer qu'on l'envoyait sur la Lauter pour assister l'arme au bras à l'entrée de l'ennemi en France ; il ne pouvait dans tous les cas se retirer ainsi qu'en soumettant ses soldats à cette dangereuse épreuve d'une guerre commencée par une retraite sans combat, par une contre-marche suivant à quelques heures d'intervalle une marche en avant. Wissembourg était, non la faute de ce vaillant homme, mort à son poste, mais la première expiation du fractionnement de nos forces, de la combinaison qui avait placé là cette malheureuse division. Toujours est-il que l'invasion avait commencé, que la frontière française était forcée, que l'ennemi s'avançait désormais sur notre sol, et que cette nouvelle, allant retentir tout à coup à Metz, ne pouvait qu'ajouter au trouble de l'état-major impérial. Le maréchal de Mac-Mahon lui-même n'était point sûrement sans se préoccuper de la situation que la journée du 4 lui faisait.

En quelques heures tout s'était singulièrement aggravé devant lui... La ligne de la Lauter était perdue. La retraite de la division Douay entraînait un mouvement rétrograde de la division Ducrot, qui ne pouvait plus rester en l'air à Lembach. Maintenant de deux choses l'une : ou bien il fallait se résigner courageusement à se replier après un combat d'avant-garde dans les Vosges, ou bien il fallait choisir une ligne nouvelle, sur laquelle on tenterait d'arrêter l'ennemi, de le rejeter sur la frontière. C'est ce dernier parti que prenait le maréchal de Mac Mahon, surtout probablement après avoir été informé le 5 par le maréchal Lebœuf que l'empereur, par une prudence tardive, mettait sous ses ordres les 5e et 7e corps avec le 1er, de même qu'en Lorraine on mettait les 2e, 3e et 4e corps sous les ordres du maréchal Bazaine. C'était, à vrai dire, une question de position, de forces et de temps.

La position, elle était toute désignée par les traditions de la guerre. Après la Lauter, il y avait la Sauer, au-dessus de la Sauer il y a Frœschwiller, décrit par Gouvion Saint-Cyr, illustré par Hoche. Là, on pouvait avoir quelque chance de disputer le passage même selon l'état-major allemand, à un ennemi supérieur. Ces positions sont formées par une série d'accidents de terrain se détachant des Vosges, s'étendant entre la Sauer et l'Éberbach, sur une longueur de 6 kilomètres, de Nehwiller à Morsbronn par Frœschwiller, Elsasshausen, le Nieterwald. En avant de ces hauteurs coule la Sauer, qui descend des Vosges, se déroule dans une vallée profonde couverte de prairies et s'en va par la forêt de Haguenau vers le Rhin. La clef des positions est à Frœschwiller même, où se croisent plusieurs routes dont l'une peut servir de ligne de retraite par Reichshofen, tandis qu'une autre descend la Sauer et le gros village de Wœrth, première défense dans la vallée.

Ces positions étudiées, parcourues le 5 et définitivement choisies par le maréchal de Mac Mahon, sont assurément des plus puissantes. Elles n'ont cependant toute leur efficacité défensive qu'à deux conditions : la première est qu'on puisse occuper sur la rive gauche de la Sauer quelques points avancés, Langensultzbach, qui garde un des débouchés de la vallée, Goersdorf, Gunstett; la seconde condition, qui se confond avec la première, c'est qu'on dispose de forces suffisantes pour tenir ces points essentiels, pour n'être pas débordé même dans les positions de la rive droite de la Sauer. C'était là précisément la question : le maréchal avait-il des forces suffisantes ? Les états officiels, toujours complaisants, évaluaient le 1er corps au chiffre de 41,000 hommes. En réalité, la division Douay avant Wissembourg comptait à peine 8,000 hommes; la 4e division de Lartigue avait 7,700 hommes, elle avait laissé un régiment à Strasbourg; les divisions Ducrot et Raoult n'étaient pas plus fortes. Même avec la cavalerie du général Duhesme et la division de réserve Bonnemains donnée au 1er corps, on était loin d'atteindre le chiffre officiel.

Le maréchal de Mac Mahon, il est vrai, allait avoir désormais à sa disposition les 5e et 7e corps. Qu'en était-il réellement? Du 7e corps qui n'était pas encore complètement organisé à Belfort sous le général Félix Douay on ne tirait qu'une division, celle du général Conseil-Dumesnil, qui arrivait effectivement par chemin de fer à Haguenau le 5 août : c'était tout juste de quoi remplacer la division Abel Douay, presque hors de combat depuis la veille. Quant au 5e corps, il avait deux divisions à Sarreguemines, où elles avaient été précédemment appelées par l'empereur, une division, celle du général Guyot de Lespart, à Bitche. Les ordres ou les invitations adressés au général de Failly étaient d'abord, il faut l'avouer, peu précis, peu péremptoires. « Faites-moi connaître, disait le maréchal, quel jour et par où vous me rallierez. Il est indispensable que nous réglions nos opérations. » Ceci se passait le soir du 5. La division Guyot de Lespart ne pouvait partir que le 6 au matin, et elle avait 34 kilomètres à parcourir par des défilés difficiles. Les deux autres divisions venant de Sarreguemines devaient suivre par Bitche. Avant vingt-quatre heures, on ne pouvait rien attendre de ce côté, et dans vingt-quatre heures on aurait une division au plus. Le maréchal de Mac Mahon n'avait donc pour le moment que ses modestes divisions, qui atteignaient à peine 35,000 hommes, et avec cela il avait à tenir des positions qui auraient exigé 80,000 hommes. La conséquence était que non seulement on ne pouvait songer à occuper les points avancés de la gauche de la Sauer, mais qu'on devait même se serrer le plus possible sur la rive droite. On n'occupait ni Wœrth dans la vallée, ni Morsbronn à l'extrémité de la ligne, probablement faute de forces.

En réalité, le soir du 5 août, les troupes du maréchal de Mac Mahon se trouvaient ainsi disposées : la division Ducrot sur le plateau de Frœschwiller, à gauche, s'appuyant sur la route de Reichshofen, faisant face à Nehwiller et au débouché de la Sauer; la division Raoult au centre, au-dessus de Wœrth, de Frœschwiller à Elsasshausen; la division de Lartigue sur la droite, formant une ligne brisée de façon à faire face à Gunstett et à Morsbronn; à l'extrême droite, en seconde ligne, était placée la division Conseil-Dumesnil. Tout à fait en arrière, la division Douay, maintenant commandée par le général Pellé, était laissée en réserve. La brigade de cuirassiers Michel de la division Duhesme se tenait dans un pli de terrain près d'Éberbach, à portée de la division de Lartigue. Enfin la brigade de cavalerie légère du général de Septeuil et la division de cavalerie de réserve Bonnemains restaient sur les derrières de l'armée. C'est ainsi qu'on passait une nuit d'orage et de pluie torrentielle sur ces hauteurs, les soldats confiants encore, quoique se ressentant déjà de la désorganisation universelle, les généraux soucieux, le maréchal calme devant le danger, mais préoccupé de savoir quelles forces se dirigeaient sur lui, où était l'ennemi.

L'ennemi n'était pas loin, il arrivait sur les hauteurs du bord de la Sauer. Le prince royal n'avait pas trop perdu de temps en effet. Dès le 5 au matin, après avoir passé la nuit autour de Wissembourg sur le sol français, il avait repris son mouvement, poussant en avant d'abord de fortes reconnaissances sur tous les points, jusque dans la forêt de Haguenau. L'armée allemande s'avançait sur une ligne assez étendue. Le 2e corps bavarois, prenant la route de Lembach et se dirigeant par Langensultzbach vers la haute Sauer, se trouvait porté dans sa marche sur la gauche de nos positions du Nehwiller et de Frœschwiller. Le 5e corps prussien, suivant la route par Soultz, devait arriver sur notre centre à Goersdorf et Gunstett. Le 11e corps avait son point de direction à Surbourg. Les Wurtembergeois et les Badois de Werder, venant de Lauterbourg, devaient gagner Aschbach pour se rapprocher ensuite de la ligne de marche. Le 1er corps bavarois suivait le mouvement. Le soir, les têtes de colonnes allemandes touchaient à la Sauer, de sorte que dans la nuit du 5 au 6 on était déjà en présence.

Par une coïncidence singulière, il semble que ni dans un camp ni dans l'autre on ne prévoyait une bataille pour le 6. Le prince royal comptait sur cette journée pour faire reposer ses troupes et pour relier ses corps de façon à ne s'engager qu'avec toutes ses forces. Le maréchal de Mac Mahon ne pensait pas avoir à se battre avant le 7; il espérait avoir alors avec lui le 5e corps. Le besoin de ce supplément de forces était si bien senti que le matin du 6 encore, à Frœschwiller, où le maréchal avait passé la nuit au milieu de ses troupes, on se demandait s'il ne valait pas mieux se replier aussitôt dans les Vosges. Quelques-uns des lieutenants du maréchal s'efforçaient de démontrer la nécessité de cette retraite. Le maréchal persistait énergiquement d'abord à vouloir attendre l'attaque dans les positions qu'il avait prises; puis il paraissait se rendre à l'avis de ses lieutenants. Il avait même déjà donné quelques ordres pour éclairer les routes; mais il était trop tard: au moment où l'on délibérait, de tous côtés s'engageait la lutte où allait se décider la fortune de la France.

II

Cette bataille du 6 août, elle commençait dès le matin avant huit heures par de simples reconnaissances qui mettaient par degrés les deux armées aux prises, et pendant toute une journée pleine des plus émouvantes, des plus sanglantes péripéties, elle n'était pas toujours défavorable pour nos soldats. Elle avait deux périodes.

Jusqu'à midi, c'était, à tout prendre, de la part des Allemands une affaire incohérente, décousue et en définitive fort douteuse. Ainsi les Bavarois avaient commencé l'attaque sur notre gauche par les pentes de Nehwiller, s'efforçant de déborder nos positions, et ils avaient été reçus avec une extrême énergie par la division Ducrot, qui les tenait en respect et leur infligeait les pertes les plus sérieuses. Avant onze heures, ils semblaient se retirer du combat, sur un ordre du quartier général, qui ne les eût pas arrêtés sans doute dans une victoire. Au centre, des détachements du 5e corps prussien s'étaient portés sur Wœrth, puis ils s'étaient retirés. Bientôt le général de Kirchbach, revenant à la charge, tentait un mouvement offensif non seulement sur les rampes de Wœrth, mais sur les pentes d'Elsasshausen. Ses soldats, après de violents engagements, se voyaient repoussés et rejetés dans la vallée. Plus loin, entre Gunstett et nos positions de la rive droite, il y avait eu d'abord un formidable duel d'artillerie où quatre-vingts pièces allemandes mises en batterie avaient sans doute montré leur supériorité; mais lorsque l'infanterie du 11e corps, passant la Sauer, avait voulu aborder la division Lartigue, elle avait vu tous ses efforts se briser contre nos bataillons, et elle avait dû se replier en laissant le terrain arrosé de son sang. L'état-major prussien avoue même qu'à un certain moment « le combat était sans direction, les compagnies ayant presque toutes perdu leur commandant. »

Ainsi à midi les attaques allemandes avaient échoué nos troupes restaient maîtresses de toutes leurs positions malgré la supériorité numérique déjà évidente de l'ennemi. Assurément, si le maréchal de Mac Mahon avait eu à cet instant des forces suffisantes,

Il aurait pu tenter de poursuivre ses avantages en se jetant sur les Prussiens, qui étaient eux-mêmes étonnés de ne point être suivis l'épée aux reins. Puisqu'il n'avait pas ces forces, n'aurait-il pas pu du moins profiter de ce demi-succès pour reprendre le projet de retraite du matin? C'était peut-être le cas, puisqu'à cette heure même il apprenait sur le champ de bataille, d'une manière sûre et pour la première fois, qu'il avait devant lui 140,000 hommes, auxquels il ne pouvait opposer que 35,000 soldats; mais, s'il n'avait pu arrêter le combat le matin, il le pouvait encore moins à midi, sous l'œil de l'ennemi.

Qu'arrive-t-il alors? Bientôt tout change de face. A mesure que les heures passent, les bataillons allemands s'épaississent devant nous. Au 2ᵉ corps bavarois, aux 5ᵉ et 11ᵉ corps prussiens engagés jusque-là, vont se joindre les Wurtembergeois hâtant leur marche, le 1ᵉʳ corps bavarois entrant à son tour en ligne. Le prince royal, demeuré d'abord à Soultz, voyant l'action s'aggraver contre son attente et ses intentions, accourt sur les hauteurs vis-à-vis de Wœrth et prend lui-même la direction de l'affaire : c'est une autre bataille qui recommence dans de plus grandes et de plus terribles proportions avant deux heures de l'après-midi.

Du côté de notre aile gauche de Frœschwiller, les Bavarois du 2ᵉ corps, reprenant l'action, sont longtemps arrêtés par la division Ducrot, et ils ne finiront par réussir que lorsque leur 1ᵉʳ corps arrivera, lorsque la bataille se sera dessinée sur d'autres points. C'est surtout au centre et sur notre droite que la lutte devient grave. Le général de Kirchbach, ramassant les forces du 5ᵉ corps, les porte au delà de la Sauer et aborde encore une fois les rampes de Wœrth, les pentes d'Elsasshausen. Partout il rencontre la résistance la plus opiniâtre. Chaque pli de terrain est disputé avec un acharnement extrême; il y a des mamelons pris et repris quatre et cinq fois. Les soldats de la division Raoult contiennent par leur intrépidité et déciment de leur feu les Prussiens, qui n'avancent que lentement et ne se maintiennent qu'avec difficulté au-dessus de Wœrth, au bord du premier plateau d'Elsasshausen. Les soldats de Kirchbach ne laissent pas d'être émus. Tout dépend pour eux, sur cette partie de la ligne, de ce qui se passe sur notre droite où le 11ᵉ corps, les Wurtembergeois, qui arrivent bientôt, portent leurs masses contre nos positions du Niederwald. Là aussi, la division de Lartigue et la division Conseil-Dumesnil soutiennent le choc avec énergie. Le 3ᵉ de zouaves du colonel Bocher perd son lieutenant-colonel, trois chefs de bataillon, quinze officiers; le 56ᵉ de ligne perd son colonel, son lieutenant-colonel, deux chefs de bataillon. Le 1ᵉʳ bataillon de chasseurs a son commandant tué. On résiste encore sur le front de bataille, mais bientôt on s'aperçoit que les Allemands nous débordent par l'extrémité de la ligne, par Morsbronn, menaçant de tourner toutes nos positions.

C'est alors que le général de Lartigue, qui a déjà épuisé ses réserves d'infanterie, se sert de sa dernière ressource : il appelle la brigade de cuirassiers Michel. Le terrain, coupé de haies, de fossés, couvert de houblonnières, est bien peu favorable. Le général Duhesme, malade, ne pouvant plus monter à cheval, mais présent sur le terrain, déclare que c'est une folie, qu'on va faire détruire ses cuirassiers pour rien. On lui répond qu'il n'y a pas d'autre moyen de sauver les débris de la division. « Mes pauvres cuirassiers! » dit le général Duhesme en essuyant une larme. Au premier commandement, de toutes ces vaillantes poitrines s'échappe un seul cri, celui de *Vive la France!* et aussitôt cette belle brigade s'avance avec ses cuirasses reluisantes au soleil, va prendre son ordre de bataille sur le plateau. En un clin d'œil, elle se précipite avec la plus impétueuse énergie, balaye les premières pentes, puis, au lieu de se replier vers l'Éberbach, elle descend comme un torrent sur Morsbronn, où elle va se faire hacher. Un instant, cette diversion héroïque et meurtrière semble dégager la division de Lartigue, qui en profite pour reprendre quelques positions ; mais ce n'est qu'un instant. Les masses allemandes, revenant à la charge, commencent à prendre pied sur les plateaux. Le mouvement du 11ᵉ corps sur notre droite aide au progrès du 5ᵉ corps au centre, des Bavarois sur la gauche. De toutes parts, les Allemands gagnent les hauteurs, au Niederwald, à Elsasshausen, autour de Frœschwiller, où l'on se défend encore. Ce que les cuirassiers de la brigade Michel ont fait peu auparavant à Morsbronn, les cuirassiers de la division Bonnemains le renouvellent en arrière d'Elsasshausen ; ils le font avec le même héroïsme et le même résultat : ils couvrent de leurs morts un terrain entrecoupé et difficile sans pouvoir arrêter l'ennemi.

Il est quatre heures, la sanglante bataille est finie. Le maréchal a perdu son chef d'état-major, le général Colson, tué non loin de lui dans la mêlée. Le général Raoult a reçu une blessure mortelle aux derniers moments de la lutte. Nombre d'officiers supérieurs sont tombés. Les régiments sont plus que décimés et épuisés. Quelques hommes tiennent jusqu'au bout ; les masses confondues du 1ᵉʳ corps se précipitent vers Reichschofen, pour se jeter de là dans les Vosges, laissant plus de 6,000 hommes sur le terrain, et entre les mains de l'ennemi 7,000 ou 8,000 prisonniers, trente canons. Ces malheureux soldats avaient du moins fait payer cher la victoire aux Allemands, qui avaient perdu plus de 10,000 hommes, près de 500 officiers.

Plus d'une fois pendant cette cruelle journée on avait soutenu le courage de l'armée française en lui disant : « Le 5ᵉ corps arrive, il va arriver! » Ceux qui le disaient l'espéraient sans doute. Le

5e corps n'était pas arrivé, et il ne pouvait pas arriver, puisque deux de ses divisions se trouvaient encore sur la route de Sarreguemines à Bitche. Il est bien certain que le général de Failly n'était pas un homme de guerre à se tirer de cette situation où il se débattait entre l'armée de Lorraine, vers laquelle on l'avait attiré d'abord, et le maréchal de Mac Mahon, vers lequel on le rejetait ensuite. De plus, il se croyait menacé par la frontière de Bitche, du côté de Pirmasenz, où paraissaient des troupes du 6e corps prussien, venant de Silésie et destinées à la 3e armée allemande. Seule, la division Guyot de Lespart, partie le matin de Bitche, arrivait à temps, non pour prendre part à la lutte, mais pour recevoir sur la route de Niederbronn à Reichshofen les fugitifs de cette malheureuse bataille de Frœschwiller, qui n'était encore qu'un des épisodes de cette triste et fatale journée du 6 août.

BORNY ET GRAVELOTTE

I

On se retrouvait en présence. Les Allemands se rapprochaient d'heure en heure; l'armée française, successivement ramenée par une retraite laborieuse, concentrée depuis deux jours en avant de Metz, formait une sorte d'arc de cercle sur les coteaux de la rive droite de la Moselle, plus ou moins protégée par les forts avancés de Queuleu et de Saint-Julien, dominant les routes de Strasbourg, de Sarrebruck, de Sarrelouis. Le maréchal Canrobert, qui venait d'arriver avec son 6e corps incomplet, tenait la droite à Montigny, entre la Seille et la Moselle, au-dessus de Metz. Au centre, en avant de Borny, des crêtes de Peltre au ravin de Vallière, s'étendaient les divisions du 2e et du 3e corps. Le 4e corps de Ladmirault formait la gauche en avant du fort Saint-Julien. La garde était en arrière.

C'est là ce que les Prussiens avaient aperçu des hauteurs de la Nied. On se touchait presque, et les reconnaissances de l'ennemi venaient jusque sur nos avant-postes. Malheureusement entre ces deux adversaires, séparés à peine par quelques kilomètres, il y avait une redoutable différence. Les Prussiens savaient maintenant où étaient les Français ; ce qu'on savait de notre côté sur les Prussiens se réduisait aux renseignements les plus incertains. On ne connaissait ni l'importance de leurs forces ni la direction et les progrès de leurs mouvements, et jusqu'à la dernière heure, jusqu'à l'heure où l'on allait être attaqué, l'état-major prétendait naïvement que « les reconnaissances n'avaient signalé la présence d'aucun corps ».

L'armée que l'ennemi avait devant lui, la seule qui nous restât pour le moment et qui pût relever la fortune de la France ou lui épargner un nouveau désastre, cette armée, encore placée en avant de Metz, s'élevait tout au plus à 170,000 hommes, et nous avions, nous, sur notre front quelque chose comme 350,000 hommes divisés en deux masses prêtes à s'avancer pour tenter de nous étouffer d'une étreinte violente. Dans cette série de combinaisons qui se déroulaient depuis quelques jours, qui menaçaient de se précipiter, c'étaient les Allemands qui avait l'initiative, qui conduisaient en quelque sorte les événements ; — nous étions, nous, réduits à les subir, et la question au camp français était moins de savoir ce qu'on voulait que ce qu'on pouvait faire. C'est là qu'on en était le 13 août, au moment où le maréchal Bazaine prenait le commandement sans connaître au juste la situation, sans être mis au courant du peu que savaient l'empereur et le major général, sans être préparé à un si redoutable rôle, sans avoir peut-être le sentiment de la responsabilité qui pesait sur lui.

Qu'y avait-il à faire ? De toute façon, il fallait se décider, il n'y avait plus un instant à perdre. Peut-être même avait-on trop attendu pour repasser la Moselle, si on voulait la repasser, — pour pouvoir reprendre avec sûreté cette idée d'une retraite sur Châlons par Verdun, dont l'empereur s'était laissé un instant détourner par des raisons politiques, mais qu'il n'avait pas abandonnée. C'était le 13 au soir l'impression du maréchal Bazaine, qui venait de visiter les positions de l'armée et qui avait senti l'ennemi sur son front à courte distance. Passer la rivière sous l'œil de l'ennemi, s'exposer à être attaqué, à se battre dans ces conditions, lui semblait un péril des plus sérieux. Le nouveau commandant en chef se faisait encore l'illusion qu'il pouvait avant tout aller aux Prussiens « par un mouvement général d'offensive », les surprendre dans leur marche de flanc, et, avec un peu de bonheur, « couper l'armée allemande par la vallée supérieure de la Moselle..., arriver jusqu'à Frouard... » C'était l'idée, soutenue au premier moment avec chaleur par quelques chefs militaires, qui reparaissait à la dernière heure. Seulement ce qui était possible quelques jours auparavant ne l'était certainement plus le 13 ou le 14. Le maréchal Bazaine ne savait pas, il ne pouvait guère savoir qu'il se serait jeté sur des forces démesurées, qui n'étaient pas si disséminées dans leur marche qu'elles ne pussent se concentrer rapidement ; qu'il aurait eu devant lui toutes ces masses de la 1re et de la 2e armée, en dernière ligne le prince royal. Il aurait fallu un bonheur que nous ne connaissions plus, une audace, une souplesse et une rapidité de manœuvre dont nous semblions n'avoir plus le secret, pour se tirer d'une telle aventure.

Chose étrange cependant, ce n'est pas pour cette raison, dont on ne connaissait pas la puissance, que Bazaine renonçait à l'idée qui avait traversé son esprit comme un éclair. Il y renonçait parce que l'empereur lui écrivait au même instant : « Les Prussiens sont à Pont-à-Mousson..., et on dit que le prince Frédéric-Charles fait un mouvement tournant vers Thionville. » Et d'où l'empereur tenait-il cette nouvelle de la marche du prince Frédéric-Charles ? Il la tenait de l'impératrice, — car tout le monde en ce temps-là faisait de la stratégie, jusqu'à l'impératrice, qui venait d'écrire en toute hâte le 13, à sept heures du soir, de Paris : « Ne savez-vous rien d'un mouvement au nord de Thionville, sur la frontière du Luxembourg ? On dit que le prince Frédéric-Charles pourrait bien se diriger sur Verdun; il peut se faire qu'il ait opéré sa jonction avec le général Steinmetz et qu'alors il marche sur Verdun pour y rejoindre le prince royal... » On en était à ce degré d'information ou de perspicacité, — et sur cette « grave nouvelle » qu'il recevait, Bazaine n'avait plus qu'à « franchir la Moselle au plus vite ».

C'était la pensée fixe de l'empereur, qui, même après avoir abdiqué le commandement, ne cessait, à vrai dire, de commander. L'empereur tenait à revenir sur la rive gauche de la Moselle, à se hâter désormais vers Châlons, et il avait peut-être raison ; mais ici s'élevait une autre question. Après ces huit jours passés en tergiversations, ne serions-nous pas devancés maintenant sur le chemin de Verdun par les Prussiens, qui étaient déjà effectivement à Pont-à-Mousson, non à Thionville ? Nos états-majors s'étaient-ils préoccupés de faire couper au-dessus de Metz les ponts de la Moselle pour ralentir tout au moins la marche de l'ennemi ? Avaient-ils suffisamment préparé pour l'armée française elle-même les moyens de passage, de façon à éviter les cohues et les retards ? Avait-on fait reconnaître les routes de retraite dans la direction de Verdun de manière à simplifier la marche des divers corps ? D'un autre côté, ce que Bazaine avait prévu ne se réaliserait-il pas ? Ne serait-on pas attaqué au moment où l'on allait lever le camp sur la rive droite ? Il y avait à vaincre bien des difficultés auxquelles on n'avait songé que légèrement, dont on avait peu préparé, peu étudié les solutions pratiques. On était plus que jamais sous le poids du temps perdu, des résolutions incertaines et d'une sorte d'insouciance obstinée.

Qu'on se rende bien compte de cette situation tristement simple. L'armée française, trop retardée jusque-là, devait être pressée de partir, si elle voulait échapper. Les Prussiens, qui avaient

[15]

été heureux de retrouver nos traces, qui se réjouissaient de nous voir, par nos lenteurs, « abonder dans les vues de l'état-major allemand, » et qui désormais nous surveillaient de près, les Prussiens ne pouvaient avoir d'autre pensée que de nous retenir, de nous retarder pour donner au prince Frédéric-Charles le temps de dessiner son mouvement. Tout était là, et c'est justement l'origine de ce qui allait arriver le lendemain 14, de cette affaire de Borny : dernier mot d'une incohérente campagne de huit jours, prélude de ces autres affaires gigantesques, glorieuses, inutiles, où nos soldats, toujours les mêmes au combat, allaient déployer tant d'héroïsme pour rester fixés à la place arrosée de leur sang.

II

Le 14 août, tout se disposait pour la retraite irrévocablement décidée dans la nuit. Elle devait commencer sur les deux ailes, d'un côté par le 2e et le 6e corps, de l'autre côté par le 4e corps de Ladmirault, tandis que le 3e corps, campé en avant de Borny, se replierait le dernier sur la garde, qui alors repasserait elle-même la Moselle pour traverser Metz. L'empereur semblait donner le signal du départ en quittant Metz vers midi avec le prince impérial, après avoir adressé aux habitants une proclamation assez mélancolique, où il leur recommandait de défendre leur ville, « boulevard de la France, » et où il faisait appel à des « temps plus heureux ». Il s'éloignait tristement, le visage abattu, l'esprit agité de préoccupations sombres, ne rencontrant qu'une population morne et silencieuse qui voyait passer cette majesté à demi découronnée. L'empereur allait, pour première étape, s'établir à quelques kilomètres de Metz, à Longeville, sur la route de Verdun, précédant l'armée et résolu à précipiter son voyage aussitôt qu'il la verrait en marche.

Rien n'avait troublé les mouvements militaires de la matinée. Le maréchal Canrobert, qui se trouvait à portée de la Moselle et du pont du chemin de fer, ne rencontrait aucune difficulté. Le 2e corps passait sans plus d'obstacle. De son côté, le général Ladmirault avait acheminé déjà au delà de la Moselle ses bagages et une partie de son corps : il avait encore sur la rive droite la division Grenier, demeurée la dernière en position. Le général Ladmirault se retirait avec prudence, gardant de l'artillerie et de la cavalerie sous sa main, se méfiant beaucoup, parce que depuis le matin il voyait l'ennemi se rapprocher. Le 3e corps enfin commençait lui-même son mouvement. Il était à peu près trois heures, lorsque tout à coup on se voyait violemment assailli en avant de Borny par le bois de Colombey.

Que se passait-il donc? C'était une action des plus sérieuses et des plus vives s'engageant presque à l'improviste sur ce plateau ondulé et accidenté de la rive droite de la Moselle, qui va en se relevant vers le nord jusqu'au point culminant de Sainte-Barbe, que traversent les routes de Strasbourg, de Sarrebruck, de Sarrelouis, et où se dessinent comme de fortes coupures le ravin profond de Vallières, le ravin de Vantoux. En réalité, les Prussiens de la 1re armée, — 1er et 7e corps, — arrivés depuis la veille sur la Nied, et assez rapprochés par leurs avant-postes des camps français, n'avaient pas reçu de l'état-major allemand la mission d'engager une affaire. Placés comme nous sur une ligne circulaire, ils étaient là sur notre front moins pour prendre l'offensive que pour nous surveiller et attendre eux mêmes l'attaque au besoin; mais depuis le matin ils distinguaient tous les signes d'un mouvement de retraite, et c'est en voyant notre 3e corps se préparer à quitter ses positions en avant de Borny que le général de Goltz, placé avec sa brigade en avant-garde à peu de distance, à Laquenexy, avait pris la résolution soudaine, spontanée, de brusquer l'action pour nous arrêter. C'était une sorte de coup de tête qui avait pourtant sa raison, qui s'inspirait de cette idée qu'il fallait à tout prix retenir l'armée française sous Metz, pour donner au prince Frédéric-Charles le temps de gagner du terrain par la région supérieure de la Moselle.

Tout plein de cette pensée, le général de Goltz n'avait attendu aucun ordre; il avait prévenu les divisions du 7e corps, auquel il appartenait, les divisions voisines du 1er corps, même une division de la 2e armée, qui se trouvait sur la gauche, et, se précipitant par le ravin de Vallières vers Colombey, il s'était jeté sur les divisions Metman et Castagny, qui se retournaient pour recevoir cette attaque inattendue. Au bruit du feu, le général Decaen, qui avait remplacé le maréchal Bazaine dans le commandement du 3e corps, accourait au milieu de ses soldats; le maréchal lui-même ne tardait pas à se rendre sur le théâtre de l'action.

C'était une véritable bataille engagée par une seule brigade bientôt soutenue par les divisions Glumer et Kamecke, qui arrivaient successivement au secours du général de Goltz. Pendant ce temps, le général de Manteuffel, prévenu de ce qui se passait, partait de son côté pour soutenir l'action sur la droite de la ligne allemande. Il s'avançait dans la direction du fort Saint-Julien, par Montoy, Nouilly, Servigny. Noisseville, aidant l'imprudent de Goltz par une attaque contre la division Aymard de 3e corps, et abordant la division Grenier du 4ᵉ corps autour du petit village de Mey. Le général Ladmirault, qui était aux bords de la Moselle, présidant au passage de ses troupes, suspendait aussitôt son mouvement. Il ramenait une partie de ses forces par les pentes de Saint-Julien. La division de Cissey, accourant au pas de course sous l'intelligente impulsion de son chef, se lançait sur les Prussiens de Manteuffel et les faisait reculer. A toutes les attaques, on opposait la plus ferme attitude, de sorte que pendant quelques heures, sur le front du 4ᵉ corps, comme devant le 3ᵉ corps, c'était une lutte opiniâtre, violente, meurtrière. A huit heures du soir, tout était fini; sur tous les points, les positions françaises étaient intactes. Ce combat rapide et après tout brillant pour nos armes nous coûtait, il est vrai, plus de 3,000 hommes; il coûtait aux Prussiens plus de 5,000 hommes. Un de nos plus vaillants chefs de corps, le général Decaen, mortellement blessé, avait payé de son sang l'avantage et l'honneur de la journée. Le maréchal Bazaine lui-même avait été légèrement atteint. Le soir, à Longeville, l'empereur recevait le maréchal en lui disant de l'accent d'un homme à demi soulagé : « Vous avez donc rompu le charme? » Du moins on s'était bien battu, le feu de l'armée française semblait s'être ravivé, nos soldats retrouvaient, avec une certaine gaieté guerrière, le sentiment de leur valeur. En un mot, cette courte et rude rencontre avait suffi pour raffermir en un instant et relever l'esprit militaire.

Après cela, il est bien certain que, s'il y avait un éclair ou une apparence de victoire, c'était surtout une victoire morale. Stratégiquement, le résultat restait aux Prussiens, qui, même repoussés, avaient atteint leur but. Le coup de tête du général de Goltz avait réussi, puisqu'il nous avait retenus, puisqu'il nous avait fait perdre un jour qui profitait singulièrement au prince Frédéric-Charles en marche pour nous arrêter au-dessus de Metz, de sorte que dans les deux camps on pouvait revendiquer une part de succès. Des officiers allemands ont dit que le maréchal Bazaine aurait dû ce jour-là, en vrai homme de guerre, prendre un parti plus décisif: ou bien se jeter avec toutes ses forces sur les corps prussiens qu'il avait devant lui, auxquels il pouvait infliger une défaite signalée; ou bien refuser le combat et poursuivre à tout prix une retraite à laquelle les heures étaient si dangereusement comptées. Toujours est-il que rien n'était décidé, que le combat de Borny, décoré par les Allemands du nom de bataille de Colombey, restait une affaire honorable sans influence sur l'issue définitive des événements, qu'après comme avant la vraie et grande question était à vider par les armes ou par la rapidité des marches sur la route de Verdun.

III

La question en effet, elle était tout entière sur cette route, sur ce massif montueux et accidenté de la Lorraine occidentale qui se déroule depuis Toul, entre la Moselle et la Meuse, s'abaissant du côté de la Moselle par des pentes abruptes et boisées, coupées par intervalles, entre Pont-à-Mousson et Metz, de déchirures profondes, de gorges, le Rupt de Mad, le ravin de Gorze, qui débouche à Novéant, le vallon d'Ars, où coule la Mance. C'était là peut-être un champ de bataille à disputer, si on se laissait devancer, et dans tous les cas une région à traverser pour marcher sur Verdun. Il fallait commencer par gagner ces hauteurs qu'on aborde par des passages tortueux et difficiles en quittant Metz. Il y a plusieurs routes : la principale, la plus directe, remonte d'abord la Moselle, passe à Longeville, où s'arrêtait l'empereur le 14, puis s'élève par d'étroits défilés pour arriver sur le plateau, à Gravelotte, où elle se bifurque, l'un des embranchements allant droit sur Verdun par Rezonville, Vionville, Mars-la-Tour, — l'autre aboutissant également à Verdun par Doncourt, Conflans, Étain. Un peu plus loin, un autre chemin, passant entre le fort Plappeville et le mont Saint-Quentin, qui couvrent le sud de Metz, conduit au col de Lessy, à Châtel-Saint-Germain, d'où l'on peut gagner Amanvilliers ou Vernéville. Une dernière route enfin sortant de Metz par l'ouest passe à Woippy, pour se diriger sur Briey, par Saint-Privat-la-Montagne et Sainte-Marie-aux-Chênes, d'où l'on peut revenir sur Vernéville et Doncourt. Toutes ces routes pouvaient être utilisées dans une marche nécessairement difficile et forcément combinée de façon à tenir tête à l'ennemi, si on le rencontrait.

La première condition était d'une extrême prévoyance dans la préparation du passage de la Moselle d'abord, puis dans l'organisation de la marche sur la rive gauche, dans le choix des directions que devaient suivre les divers corps, dans la reconnaissance des routes, dans les dispositions à prendre pour les bagages, pour les convois. Malheureusement on s'était fié sans doute au hasard pour « se débrouiller ». Le désordre se mettait dès la première heure dans cette armée, qu'un officier d'état-major appelait « l'armée de Darius ». Le passage de la rivière ne laissait pas d'être difficile. La traversée de Metz devenait une véritable confusion. Les troupes ne savaient où se diriger et se trouvaient à chaque instant arrêtées.

D'immenses convois mal réglés encombraient les routes ; de là les contre-temps et les lenteurs de ce mouvement si compliqué par lui-même, interrompu et troublé par l'affaire de Borny.

Le 2e et le 6e corps, qui étaient partis les premiers le matin du 14 et qui devaient se porter par la route directe sur le plateau, à Gravelotte, n'avaient pas fait beaucoup de chemin dans la journée. Le général Frossard n'avait pu dépasser les hauteurs de Rozerieulles, en arrière de Gravelotte; le corps de Canrobert se trouvait entre Moulins et Longeville. La garde, appelée à Queuleu pendant l'affaire du 14, ne pouvait commencer son mouvement qu'à dix heures du soir, et au milieu de tous les encombrements elle était à peine au pied des défilés dans la matinée du lendemain. Le 3e et le 4e corps, tout chauds encore du combat qu'ils venaient de soutenir, n'avaient pu nécessairement se replier que beaucoup plus tard dans la nuit. Le 3e corps, qui venait de perdre son chef, le général Decaen, et dont on se hâtait de donner le commandement au maréchal Lebœuf, au major général de la veille, passait une partie de la journée du 15 à se reconnaître, à reconstituer ses services et à trouver une direction qu'il prenait sur la fin du jour par le col de Lessy, pour ne point aller s'engouffrer sur la route principale de Gravelotte, à la suite du reste de l'armée. Le général Ladmirault, informé de la confusion qu'il allait rencontrer sur les voies qui lui avaient été indiquées, prenait sur lui de se détourner et de diriger son 4e corps par Woippy, où il arrivait après bien des heures avec des troupes fatiguées de combattre et de marcher depuis la veille.

En réalité, où en était-on le 15 au soir? Le maréchal Canrobert et le général Frossard avaient fini par gravir le plateau avec leur corps, dépassant Gravelotte, le premier campant à Rezonville, le second s'arrêtant sur la gauche. Ils avaient en avant la cavalerie du général de Forton et du général de Valabrègue vers Mars-la-Tour. La garde s'était portée à Gravelotte, où l'empereur l'avait suivie pour la nuit; mais les deux autres corps n'étaient point aussi avancés. Le maréchal Lebœuf, qui devait aller à la droite du 6e corps, à Vernéville, avait rencontré des difficultés ; il ne pouvait arriver qu'assez avant dans la soirée avec une seule de ses divisions, les autres le suivant lentement. Le général Ladmirault, qui devait être à la droite de la ligne de marche, sur la route d'Etain à Doncourt, se trouvait encore à Woippy, où il passait la nuit.

On en était là le soir du 15, après une journée pénible passée en mouvements lents et confus. Le 16 au matin, à l'aube, l'empereur, qui était à Gravelotte et qui avait hâte de gagner Verdun, sortait d'une mauvaise auberge où il avait passé la nuit. L'empreinte du chagrin était sur son visage, comme l'affaissement moral était dans sa démarche. Après s'être entretenu un instant avec le maréchal Bazaine, qui arrivait, Napoléon III, croyant peut-être précéder l'armée à Verdun, partait sur la route d'Étain escorté par une brigade de cavalerie de la garde jusqu'à Conflans, où le général de France laissait le service d'escorte du souverain fugitif à la brigade de chasseurs d'Afrique du général Margueritte, qui ne devait plus revenir. Il n'était que temps, et l'empereur avait été bien inspiré de prendre par Étain : s'il avait pris la route directe de Mars-la-Tour, il tombait sur l'ennemi! Peu après ce triste départ en effet, le maréchal Canrobert et le général Frossard, qui avaient dû se remettre en marche dès le matin, mais qui avaient été retenus, voyaient se replier sur eux avec une certaine confusion la cavalerie de Forton et Valabrègue. Sur le front du 2e et du 6e corps, le feu éclatait tout à coup.

C'était la suite fatale de ces quelques jours qu'on venait de perdre, des lenteurs des dernières quarante-huit heures en face d'un ennemi entreprenant qui, par son mouvement de Pont-à-Mousson, se proposait justement de gagner l'armée française de vitesse sur cette ligne de retraite de Verdun où nous commencions à peine à nous engager. Tandis que nous perdions du temps, le prince Frédéric-Charles, quant à lui, avait hâté la marche de la 2e armée. Dès le 14, le 10e corps avait pu franchir la Moselle à Pont-à-Mousson précédé par la division de cavalerie Rheinbaben. Le 4e corps passait plus loin. De leur côté, les 3e, 9e, 12e corps et la cavalerie du duc de Mecklembourg se rapprochaient de la Moselle entre Pont-à-Mousson et Metz, en face des positions que nous allions prendre sur la rive gauche. Le 15, la cavalerie de Rheinbaben s'était avancée sur la route de Verdun, poussant les brigades Bredow et de Redern jusqu'aux approches de Mars-la-Tour, et avait pu s'assurer que l'armée française n'était pas passée.

Aussitôt les Allemands avaient redoublé d'activité, pressant la marche du 10e corps par Thiaucout, portant le 3e corps et la cavalerie de Mecklembourg sur la rive gauche de la Moselle par le pont de Novéant, qu'une négligence de notre état-major avait laissé intact. En même temps l'ennemi hâtait l'arrivée des autres parties de la 2e armée, et rapprochait de la Moselle le 7e et le 8e corps de la 1re armée, qui ne laissait plus que le corps de Manteuffel devant Metz, sur le champ de bataille de la veille. Tout cela s'était fait le 15, de sorte que, le 16 au matin, les Allemands se trouvaient déjà sur la rive gauche de la Moselle, disposant de deux corps complets et de deux grosses divisions de cavalerie, se sachant suivis de forces nombreuses et de plus ayant par Novéant et le vallon de Gorze, un accès vers nos positions. Ils avaient l'audace du succès, ils se sentaient assurés d'être secourus, et ils attaquaient. Le feu, qui avait éclaté tout à coup sur les hauteurs de Tronville, en face de Mars-la-Tour, et devant lequel avait dû se replier la

[21]

cavalerie de Forton et de Valabrègue, n'était que le prélude de la bataille.

IV

A neuf heures du matin, l'attaque se dessinait violemment sur le 2e et le 6e corps. Le général Frossard, à qui on avait pris la division Laveaucoupet pour la laisser à Metz, n'avait plus que les divisions Bataille et Vergé, et la brigade Lapasset, avec lesquelles il occupait la gauche de Rezonville. Au premier bruit du canon, qui étonnait un peu les troupes du 2e corps sans les ébranler, la division Bataille se portait en avant entre Vionville et Flavigny ; elle était appuyée par la division Vergé, qui en se repliant sur la gauche se rejoignait à la brigade Lapasset, chargée de faire face au bois de Saint-Arnould et au vallon de Gorze, par où pouvait déboucher l'ennemi.

L'attaque venait en effet des deux côtés par Vionville et par Saint-Arnould. Elle était soutenue par l'infanterie du 3e corps prussien et par une puissante artillerie, qui se multipliait devant nous. Pendant quelques heures, on se battait énergiquement, souffrant beaucoup sans reculer néanmoins. Bientôt la position devenait difficile vers Vionville. La division Bataille, dont le chef était blessé, commençait à plier, et la division Vergé cédait à son tour sous un feu effroyable, non sans avoir eu, elle aussi, un de ses chefs, le général Valazé, hors de combat. A ce moment, le maréchal Bazaine, arrivant sur le terrain au milieu des troupes du 2e corps, jetait un régiment de lanciers et les cuirassiers de la garde sur l'ennemi. Ces vaillants soldats, conduits par le général du Preuil, se précipitaient, arrivaient jusque sur les batteries allemandes, sabraient les canonniers ; mais ils se voyaient bientôt repoussés après avoir essuyé les pertes les plus graves : ils se repliaient, poursuivis par les hussards prussiens de Brunswick, qui s'avançaient un instant sur nos lignes et menaçaient d'envelopper le maréchal Bazaine lui-même, qui était obligé de mettre l'épée à la main. Ce n'était qu'une échauffourée. Le maréchal, voyant les deux divisions du corps de Frossard trop éprouvées pour rester en première ligne, venait l'appeler la division des grenadiers de la garde, accourue aussitôt pour rétablir le combat que la brigade Lapasset, de son côté, n'avait cessé de soutenir sans se laisser ébranler. Il était plus de midi ; rien n'était compromis. Le 2ᵉ corps avait été ramené en arrière de Rezonville, et restait chargé de surveiller, avec les voltigeurs de la garde, le vallon d'Ars, le bois des Ognons, par où l'ennemi pouvait essayer d'arriver sur nos lignes. Les grenadiers de la garde du général Picard, placés en avant, opposaient la plus ferme contenance sans perdre de terrain. On gardait ses positions.

En même temps, le maréchal Canrobert, qui s'étendait sur la droite de Rezonville avec les divisions Lafond de Villiers et Tixier, ayant en réserve la division Levassor-Sorval, avait été assailli à son tour et ne s'était pas laissé entamer. Il avait affaire au 10ᵉ corps prussien. A la formidable artillerie qui tonnait sur lui et qui faisait éprouver à la division Lafond de Villiers les pertes les plus sérieuses, il ne pouvait opposer qu'une artillerie bien moins forte; mais les batteries du 6ᵉ corps avaient été assez bien placées pour contenir et déjouer tous les mouvements prussiens. L'ennemi essayait vainement de renouveler ses assauts, il souffrait cruellement à son tour; il ne pouvait ni prendre pied à Vionville ni dépasser la route de Verdun, lorsque tout à coup il tentait une charge à fond sur cette artillerie gênante et meurtrière. Le général de Bredow, avec ses cuirassiers — ceux qu'on appelait les cuirassiers de M. de Bismarck — et ses uhlans, se précipitait sur les batteries françaises, sur notre infanterie, sabrant les servants de nos pièces, traversant nos lignes. Au moment où ces cavaliers, épuisés de cet effort, remontent la pente d'un ravin, le général de Forton, placé à peu de distance, les aperçoit, se jette sur leur flanc avec ses dragons et ses cuirassiers, les charge avec la dernière vigueur et les détruit presque complètement. De ces 900 cavaliers allemands, il n'en restait pas 150.

Jusque-là, nous n'avions ni reculé ni avancé. Assurément les Prussiens montraient une audace qu'ils auraient pu expier, si le 3ᵉ et le 4ᵉ corps avaient été sur la ligne de bataille, à Verneville et à Doncourt, au moment où s'engageait la lutte; ils auraient pu être culbutés et en partie précipités dans la Moselle avant midi. Malheureusement le 3ᵉ corps tardait à se montrer à Verneville; le 4ᵉ corps, parti le matin de Woippy, à 30 kilomètres de distance, mettait nécessairement encore plus de temps à gagner Doncourt; les uns et les autres ne pouvaient arriver qu'assez avant dans l'après-midi, lorsque les Prussiens de leur côté avaient pu recevoir des renforts, et à ce moment la bataille se ravivait, s'engageait sur toute la ligne, plus générale, plus violente, plus meurtrière que jamais.

Le maréchal Lebœuf, il est vrai, était arrivé peu après midi; mais on lui avait pris une division, les autres ne le rejoignaient que lentement. Le maréchal Lebœuf n'avait par le fait tout d'abord qu'une division qu'il employait d'ailleurs de son mieux à repousser l'ennemi devant lui en appuyant le 6ᵉ corps engagé depuis le matin. Le général Ladmirault apparaissait un peu plus tard à Doncourt; il n'avait pas lui-même toutes ses forces; une de ses divisions s'était égarée et ne se retrouva qu'à dix heures du soir. Avec ce qu'il avait, la division Grenier, puis la division de Cissey, le général Ladmirault se portait au combat avec autant de résolution que d'habileté. Il voyait devant lui les Prussiens débouchant par Mars-la-Tour et couronnant les hauteurs de Tronville au delà de Mars-la-Tour. Il prenait cette direction, s'avançant sans hésiter, gagnant la ferme de Greyère, au bord d'un ravin qui le séparait des positions allemandes, et, dès qu'il entrait en action, la bataille prenait de ce côté une intensité extrême. Dans ce duel aux mille péripéties, la brigade prussienne de Wedel, qui avait été chargée un instant de tourner les forces du 4ᵉ corps, fut culbutée et détruite presque en entier. Les dragons de la garde royale, accourus au secours de cette infanterie, furent eux-mêmes taillés en pièces.

L'épisode le plus extraordinaire de cette journée était la charge que le chef du 4ᵉ corps organisait vers six heures du soir contre des masses de cavalerie allemande qu'il voyait devant lui. L'ennemi se préparait à fondre sur lui avec vingt-huit ou trente escadrons. A la vue de cet orage qui le menaçait, Ladmirault prenait tout ce qu'il avait sous la main, la division Legrand, la division de Clerembault, que lui prêtait le maréchal Lebœuf, ce qui restait des chasseurs d'Afrique du général du Barail, la brigade de lanciers et de dragons de la garde qui le matin avait escorté l'empereur et qui se trouvait là. Il y avait onze régiments. Ce fut une gigantesque mêlée de plus de 9,000 cavaliers se heurtant le sabre à la main. Qui fut vainqueur? Qui fut vaincu? Il y eut assurément des morts sans nombre. Dans tous les cas, Ladmirault restait sur son terrain, gardant la plus fière attitude.

Pendant que les soldats de Ladmirault se conduisaient avec cette énergie, la lutte ne s'interrompait nullement sur tout le reste de la ligne. Les Allemands avaient fait arriver sur le champ de bataille des forces nouvelles, le 8ᵉ, le 9ᵉ corps, qui passaient la Moselle à Novéant. Avec la division du prince de Hesse, ils essayaient de tourner nos positions par le bois des Ognons derrière Rezonville; mais ils étaient tenus en respect par les voltigeurs et les chasseurs de la garde. Devant Rezonville même, ils renouvelaient leurs attaques d'infanterie, de cavalerie, sur le front des grenadiers de la garde et sur le 6ᵉ corps; ils échouaient toujours. Ils faisaient leur dernière tentative à huit heures du soir. Une charge à outrance était dirigée sur Rezonville par la cavalerie du général Rauch, elle venait se briser sur les baïonnettes des zouaves et des grenadiers de la garde, énergiquement conduits par le général Bourbaki. C'était la fin de la bataille, une des batailles les plus acharnées et les plus sanglantes, qui avait couché par terre 32,000 hommes, 16,000 de notre côté, 16,000 du côté des Allemands.

Le soir, à qui restait la victoire? Évidemment, si l'armée française n'avait pu enlever Vionville et Mars-la-Tour où étaient encore les Prussiens, elle ne restait pas moins maîtresse de ses positions; elle campait à Rezonville comme le matin, et même le général Ladmirault passait la nuit plus en avant sur la droite, à la ferme de Greyère. On faisait face à l'ennemi, on ne reculait pas devant lui; mais ici s'élève la plus grave, la plus douloureuse de toutes les questions: pouvait-on renouveler cet effort le lendemain pour s'ouvrir décidément la route de Verdun? l'a-t-on voulu un seul instant? en eut-on même la pensée? Il est bien clair dans tous les cas que, si on l'avait voulu, il fallait se hâter; laisser un jour à l'ennemi, c'était lui donner le temps de grossir devant nous, d'appeler des forces nouvelles en marche de tous côtés pour le rejoindre.

Que le maréchal Bazaine, avant de se décider, eût réfléchi et qu'il ne se fût pas laissé emporter par une impatience toujours facile à ceux qui n'ont pas la responsabilité, qu'il eût pesé les chances d'un nouveau combat à livrer dès le lendemain matin avec une armée qui venait de passer onze heures au feu, de perdre 16,000 hommes, rien n'eût été plus simple. Ce qu'il y a de plus frappant, de caractéristique, c'est que Bazaine ne paraît pas avoir délibéré un moment avec lui-même sur cette possibilité de poursuivre immédiatement son effort. A ceux qui lui disaient le soir qu'il fallait pousser les Prussiens dans la Moselle, il répondait: « Vous ne savez pas ce qui se passe ailleurs, je ne suis pas si libre de mes mouvements. » Il n'en savait pas lui-même beaucoup plus que ceux qui lui proposaient le parti de l'audace. Plus que ceux qui se montraient impatients d'action, le commandant en chef avait sans doute à se préoccuper des moyens de faire vivre l'armée, de son approvisionnement de munitions qu'on lui représentait presque comme épuisé. C'était la considération qui paraissait le déterminer, qui lui servait au moins de prétexte. En réalité, depuis le matin, surtout depuis que le départ de l'empereur lui laissait sa liberté, il semblait tourner sa pensée bien moins du côté de Verdun que du côté de Metz. Il s'était défendu, il avait tenu tête à l'ennemi énergiquement et même avec une intrépidité personnelle qui n'avait rien de nécessaire dans sa position; pas un seul instant dans la journée il n'avait laissé voir le dessein de pousser un mouvement offensif, même lorsque l'arrivée du 3ᵉ et du 4ᵉ corps lui en donnait les moyens.

Chose étrange! il avait bien plutôt la préoccupation fixe de se tenir en garde contre des tentatives des Prussiens pour couper ses communications avec Metz, et l'ennemi n'y songeait guère, puisque depuis huit jours il manœuvrait précisément pour arriver sur notre ligne de retraite vers le sud. Bazaine obéissait-il dès lors à quelque calcul inavoué, à la pensée secrète de rester indépendant autour de Metz? n'était-il tout simplement qu'un soldat qui s'était bien battu et qui, trouvant la route fermée devant lui, ne voyait rien au delà? Toujours est-il que dans la nuit du 16 au 17, au lieu de recevoir l'avis de se porter en avant, tous les chefs de corps recevaient l'ordre imprévu de se replier, de se rapprocher de nouveau de Metz. C'était une retraite qui n'avait rien de définitif, il est vrai, qu'on représentait comme une halte nécessaire avant de reprendre la marche sur Verdun, mais qui frappait chefs et soldats d'une surprise douloureuse autant qu'elle étonnait l'ennemi lui-même, qui, accablé de ses pertes, ému de la lutte sanglante de la journée, ne croyait pas avoir si complètement réussi. Les Prussiens s'inquiétaient bien plutôt de l'attaque à laquelle ils se croyaient exposés ; ils s'attendaient si peu à ce qui arrivait que le matin du 17 ils s'avançaient avec une circonspection extrême sur le plateau qu'ils trouvaient évacué, et c'est alors qu'éclatait le cri de triomphe ; ce n'est qu'après vingt-quatre heures qu'on annonçait à l'Allemagne la grande victoire — la victoire chèrement achetée — dans les bulletins envoyés à Berlin!

COULMIERS

I

Une chose curieuse, c'est que malgré tout les Allemands n'avaient pas vu bien clair dans ces agitations et ces concentrations de troupes dont Blois était devenu le centre depuis quelques jours; ils ne croyaient pas à l'armée de la Loire. La 22e division prussienne ou hessoise, qui avait d'abord suivi le général Von der Tann à Orléans, avait été rappelée autour de Chartres, et elle y était encore avec la 4e et la 6e division de cavalerie, faisant face au Perche, à Vendôme, à la route du Mans. Von der Tann était resté seul à Orléans avec son corps bavarois et la 2e division de cavalerie, qu'il tenait toujours en mouvement pour faire croire à des forces plus considérables que celles qu'il avait réellement. Quoiqu'il eût déjà rencontré de la résistance autour de lui, il ne se doutait peut-être pas de ce qui se préparait, et il ne semble pas notamment avoir démêlé, au moins dès les premiers moments, le passage des deux divisions du 15e corps sur la rive droite de la Loire. L'immobilité des forces françaises dans les premiers jours de novembre l'avait un peu trompé. Ce n'est que le 8 qu'il commençait à être sérieusement éclairé par ses reconnaissances du côté de Beaugency, et alors laissant à peine quelques troupes à Orléans, il allait dans la nuit prendre position avec tout son corps à l'ouest de la ville, autour de Coulmiers. De son côté, le quartier général de Versailles donnait le même soir à la 22e division d'infanterie et à une division de cavalerie l'ordre de se rapprocher dès le lendemain des Bavarois. Qu'allait faire maintenant l'armée française, cette armée de la Loire, composée de deux divisions du 15e corps et du 16e corps, qui venait d'être mis sous les ordres du général Chanzy?

Le terrain d'opérations qu'elle avait devant elle figure assez bien une sorte de quadrilatère irrégulier qui aurait à ses quatre angles Blois, Orléans, Châteaudun et Vendôme; les deux côtés à l'est et à l'ouest seraient la Loire et le Loir, le côté du nord serait la route d'Orléans à Châteaudun, le côté du sud la route de Blois à Vendôme. Vers le centre est la forêt de Marchenoir. Jusqu'au 7 novembre, les divisions françaises campées en avant de Blois n'avaient pas dépassé une ligne touchant par la droite à la petite ville de Mer sur la Loire, et s'étendant en arrière de la forêt de Marchenoir. Ce mouvement du 8, qui avait frappé le général Von der Tann, était décidément la marche offensive dont le général d'Aurelle avait donné le signal, qui portait notre armée au delà de la forêt de Marchenoir. Le général d'Aurelle s'avançait résolument et prudemment, protégeant l'extrémité de sa ligne à gauche avec la cavalerie du général Reyau et du général Ressayre, se servant sur l'autre rive de la Loire d'un hardi partisan vendéen, Cathelineau, qui allait devancer tout le monde à Orléans, et de quelques milliers d'hommes qu'on avait réunis à Salbris pour garder la route de la Sologne. D'un autre côté enfin, le général Martin des Pallières, qui avait un des premiers rôles dans l'opération, qui avait été laissé en face de Gien, à Argent, pour passer la Loire et se replier sur Orléans, Martin des Pallières avait été prévenu. Seulement il lui fallait quatre jours, trois au moins s'il n'avait pas à combattre en route; il ne pouvait arriver en ligne que le 11 ou le 10 au soir tout au plus, et c'était une question de savoir si les deux attaques se combineraient bien exactement, si la lutte ne serait pas précipitée à l'ouest par le mouvement même du général Von der Tann sur Coulmiers.

Dans quelles conditions se trouvait-on en effet dès la nuit du 8 au 9? On se trouvait absolument en présence, les Bavarois à Baccon, à Coulmiers, à Épieds, à Champs, à Saint-Sigismond, les Français en face, à Cravant, à Ouzouer-le-Marché, à Prenouvellon. On ne pouvait plus faire un pas sans se heurter, sans avoir à disputer le chemin, et le général Chanzy, dans son ordre de marche du 16ᵉ corps, résumait d'avance la journée du 9 : « Débusquer l'ennemi de Charsonville, Épieds, Coulmiers, Saint-Sigismond, et prononcer sur la gauche un mouvement tournant de façon à occuper solidement à la fin du jour la route de Châteaudun à Orléans... » C'était le programme de la bataille de Coulmiers.

II

Au petit jour, tout le monde est sur pied. Les régiments se forment sans trouble, sans confusion, et gagnent en silence les positions qui leur sont assignées. Le temps est froid et sombre sans être défavorable. Les brouillards du matin, en se dissipant, laissent voir tout à coup un spectacle qui réchauffe le cœur des vieux soldats : c'est l'armée française, une véritable armée, rangée en bataille sur deux lignes, calme, confiante, et attendant le combat dans l'ordre le plus parfait. Elle se déroule dans ces campagnes nues, dépouillées et à peine accidentées. Au loin, vers la Loire, on distingue des massifs d'arbres qui entourent des châteaux et des fermes. En avant, on n'aperçoit qu'un point saillant à l'horizon, c'est une hauteur sur laquelle est bâti le bourg de Baccon qui domine la plaine, et dont le clocher sert d'observatoire aux Bavarois depuis l'invasion. On ne voit pas l'ennemi, mais on sent qu'il est là, dans ces positions, ces villages, ces parcs qu'il a crénelés, fortifiés, et qui vont coûter un sang précieux.

Le canon commence à retentir vers neuf heures et demie : c'est le 15ᵉ corps, chargé de l'attaque de droite, qui entre en action, d'abord par un combat d'artillerie, puis avec son infanterie, et, la première position enlevée, c'est Baccon que les soldats de la division Peytavin emportent d'assaut après une lutte corps à corps. Une fois maîtres de Baccon, nos soldats poussent plus loin, arrivent au château et au parc de la Renardière, où ils rencontrent encore une violente résistance dont ils finissent par avoir raison. Au centre, dès le commencement de la bataille, une des divisions du 16ᵉ corps s'est mise en marche sur Coulmiers. Retardée d'abord, elle n'est sérieusement engagée que vers midi, et pendant

[28]

plusieurs heures on se dispute avec acharnement les jardins, puis l'entrée de Coulmiers. Là se trouvent le 7ᵉ chasseurs et le 31ᵉ de marche, dont le chef, le colonel de Fonlonges, tomba frappé à mort devant son régiment.

La lutte semble incertaine lorsque le commandant de la division d'attaque, le général Barry, mettant pied à terre, l'épée à la main prend la tête de la principale colonne, enlève ses hommes au cri de : *Vive la France!* et les entraîne dans le village en flammes¹. A quatre heures, on reste définitivement maître de Coulmiers. Pendant ce temps, la seconde division du 16ᵉ corps, conduite par un nouveau venu à l'armée de la Loire, l'amiral Jauréguiberry, aborde sur la gauche le village de Champs fortement crénelé, s'en empare un instant, est obligée de reculer et commence à se troubler. L'amiral, avec une indomptable énergie, rétablit l'ordre, ranime le courage de ses jeunes soldats, les ramène à l'assaut et reprend le village, où il défie les retours offensifs.

Sur toute la ligne, on avait gagné du terrain lorsque la nuit tombait, laissant nos soldats maîtres des positions si vivement disputées. Le fait est que les Bavarois battaient de toutes parts en retraite. On ne voyait rien dans l'obscurité, au milieu de la pluie et de la neige qui commençaient à tomber; ce n'est que le lendemain matin que l'amiral Jauréguiberry, saisissant le premier la portée de la défaite de l'ennemi, lançait à sa poursuite le peu de cavalerie qu'il avait pour son escorte avec son chef d'état-major, le commandant Lambilly, qui atteignait un convoi allemand, lui prenait deux pièces d'artillerie attelées, vingt-cinq caissons de munitions, trente voitures de bagages, plus un certain nombre de prisonniers.

Si honorable que fût la bataille de Coulmiers, deux choses avaient manqué pour en faire un succès peut-être décisif. La cavalerie du général Reyau, qui avait pour instruction de couvrir le flanc gauche de l'armée et de s'avancer de façon à couper la retraite de l'ennemi sur la route de Paris, n'avait pas rempli sa mission. Le général Reyau avait commencé par s'engager dans un combat d'artillerie assez inutile, où ses escadrons s'étaient bri-

---

1. Parmi ces troupes, les mobiles comptaient déjà en assez grand nombre et au premier rang figurait le 22ᵉ de mobiles de la Dordogne, vaillamment conduit à l'assaut par le colonel de Chadois, depuis député, et blessé à Coulmiers au moment où, en avant de ses soldats, il menait la charge qui força les Bavarois à la retraite. M. de Chadois était un ancien capitaine du 73ᵉ de ligne retiré jeune encore et gardant, avec le feu militaire, l'expérience d'un officier de Crimée et d'Italie. Bien que blessé à la charge de Coulmiers, il ne quittait le combat qu'après la victoire. Le régiment des mobiles de la Dordogne fut cité à l'ordre de l'armée pour sa conduite dans cette journée.

sés sans résultat et d'où ils étaient sortis fort éprouvés ; puis, sur la foi d'une reconnaissance un peu effarée, il avait pris pour des masses allemandes ce qui était tout simplement le corps des francs-tireurs de Lipowski, et il s'était replié sur les positions qu'il avait quittées le matin, de sorte que le soir la cavalerie n'était plus là pour se mettre à la poursuite de l'ennemi.

Ce n'est pas tout : le général Martin des Pallières, qui devait avoir un rôle essentiel dans l'opération, se trouvait n'avoir servi à rien, et ce n'était pas sa faute. Il avait exécuté fidèlement ses instructions ; il était parti dès le 7, il avait passé la Loire sans rencontrer la moindre résistance, et il est même vraisemblable que son mouvement était ignoré des Allemands. Le 8, le général des Pallières était à Châteauneuf; le 9, dans la matinée, il arrivait à la hauteur de la grande route d'Orléans à Pithiviers, croyant toujours avoir jusqu'au 11, lorsque tout à coup il entendait au loin une formidable canonnade qui le plongeait dans la plus cruelle perplexité. Un instant, il eut la pensée de changer sa direction et de se jeter vers Artenay, pour aller se placer derrière l'ennemi, sur la route d'Étampes; son instinct de soldat l'y poussait. C'était cependant de sa part une résolution grave, avec de jeunes soldats et dans l'ignorance où il était des conditions où s'était engagée cette bataille, qu'il n'attendait que pour le lendemain. Il hésitait devant le péril d'une aventure au moment où il n'y avait plus à tenter des aventures, et, prenant son parti, il se décidait à précipiter sa marche, courant au canon vers Orléans avec une fiévreuse rapidité. Ses soldats firent onze lieues dans la journée, ils marchèrent quatorze heures sans prendre ni nourriture ni repos, sans laisser de traînards, montrant autant d'énergie que de bonne volonté.

Martin des Pallières arrivait à la nuit close à Fleury, non loin d'Orléans, avec des troupes naturellement harassées, qui ne pouvaient plus rien. Le lendemain matin, il se lançait sur la route de Paris, jusqu'à Chevilly; mais tout était fini, l'ennemi s'était dérobé pendant la nuit. Si Martin des Pallières avait pu arriver à temps, ou même s'il eût suivi son inspiration au moment où il commençait à entendre le canon, le général Von der Tann pouvait essuyer un vrai désastre. Ce que le général d'Aurelle dit sur ce fait laisse croire qu'on avait compté sur une plus longue résistance de l'ennemi, peut-être parce qu'on pensait avoir devant soi des forces plus considérables que celles qu'il y avait réellement. N'importe, c'était un sérieux et brillant succès qui coûtait aux Bavarois plus de 1,200 hommes mis hors de combat et plus de 2,000 prisonniers, qui amenait l'évacuation immédiate d'Orléans par les troupes allemandes, et qui ressemblait surtout à une sorte de révélation de cette armée que les bulletins prussiens de Versailles appelaient dédaigneusement, même au lendemain de Coulmiers, l'armée dite *de la Loire*. L'armée dite *de la Loire* avait bel et bien battu les Allemands. C'était comme un regain de fortune, ou, si l'on veut, comme une réponse heureuse au dernier désastre de Metz, aussi bien qu'aux duretés par lesquelles l'état-major prussien de Versailles avait rendu l'armistice impossible. L'armée française avait payé son succès d'une perte de 1,500 hommes parmi lesquels il y avait plusieurs officiers tués, le général de cavalerie Rossayre blessé.

Celui du reste qui parlait le plus modestement de la victoire était le général d'Aurelle lui-même. Il disait simplement à ses soldats : « Au milieu de nos malheurs, la France a les yeux sur vous, elle compte sur votre courage, faisons tous nos efforts pour que cet espoir ne soit pas trompé. » Et en même temps il écrivait à Tours : « Le moral des troupes est décuplé. » Le gouvernement de son côté se hâtait de prodiguer les témoignages de satisfaction et les récompenses.

VILLERSEXEL ET HÉRICOURT

I

Le plan du général Bourbaki sembla assez simple et conforme à la nature de ses troupes, encore peu aguerries, aussi bien qu'à sa situation, qui l'obligeait à se tenir rapproché du chemin de fer de Besançon, dont il avait besoin pour vivre. Ce plan consistait à s'avancer par la vallée de l'Ognon, entre la Saône et le Doubs, à manœuvrer sur le flanc de l'ennemi de façon à le faire reculer en menaçant sa retraite et en marchant sur Belfort, où il y aurait sans doute à livrer une bataille décisive.

C'était le plan qu'on exécutait en se portant d'abord de Chagny et de Chalon à Auxonne et à Dôle, puis le 4 ou le 5 janvier à Pesmes et à Marnay sur l'Ognon, puis enfin à Villersexel, position d'une certaine importance comme point d'intersection des routes de Vesoul à Montbéliard, de Lure à Besançon. On forçait ainsi l'ennemi à se retirer successivement de Dijon, de Gray, même de Vesoul. Si le général Bourbaki marchait sans le savoir à une terrible aventure, ce n'était point à coup sûr parce qu'il n'avait pas calculé ses mouvements; il agissait si peu à la légère que le 8 janvier, arrivé à Montbazon, il pouvait adresser à Chanzy une dépêche où il précisait avec une parfaite netteté ce qu'il s'était proposé de faire et ce qui se passerait sans doute le lendemain. « J'ai quitté Bourges, disait-il, pour faire évacuer Dijon, Gray, Vesoul et lever le siège de Belfort. Les garnisons de ces deux premières villes, menacées de se voir couper leur retraite, se sont retirées sans combat. Je continue l'exécution de mon programme... Il peut se faire que notre première rencontre sérieuse ait lieu à Villersexel... » C'est là en effet qu'allait éclater le premier choc. Le général de Werder, qui avait été obligé de se replier jusqu'à Vesoul, et qui ne laissait pas que de se sentir en péril, Werder croyait nécessaire de tenter un effort, ne fût-ce que pour troubler la marche de cette armée qui s'avançait, et le 9 janvier, avec la division Schmeling et des forces de la division badoise, il se portait sur Bourbaki, contre lequel il allait se heurter à Villersexel même. Ce jour-là, selon le récit d'un des principaux acteurs, le temps était magnifique, le ciel clair, l'atmosphère froide, la terre couverte de neige, et les jeunes troupes de l'armée de l'Est en étaient à leur première rencontre sérieuse avec l'ennemi.

Occupé par les Allemands, repris par les Français, toujours disputé avec fureur, le malheureux village de Villersexel était, de neuf heures du matin à dix heures du soir, le théâtre d'une lutte sanglante qui finissait par se concentrer au château. Un moment dans la journée, nos bataillons avaient semblé faiblir, et il n'avait fallu rien moins que l'arrivée de Bourbaki lui-même sur le terrain pour rallier ces jeunes troupes électrisées tout à coup par ce brillant courage, par l'impétueux capitaine qui se portait au feu en s'écriant d'un accent vibrant : « A moi l'infanterie! Est-ce que l'infanterie française ne sait plus charger? » Chefs et soldats, tout cédait aussitôt à cette inspiration guerrière, à cet éclat de commandement; on revenait au combat, et Villersexel restait définitivement en notre possession. Ce que le 20e corps avait commencé, une division du 18e corps, sous l'amiral Penhoat, l'achevait au déclin du jour et dans la nuit au milieu des flammes du château incendié par l'ennemi en fuite[1].

La lutte avait été meurtrière, plus meurtrière qu'on ne l'avouait au camp de Werder. C'était évidemment un succès enlevé avec vigueur par nos soldats, surtout par leur chef; mais en même temps ce succès entraînait une perte de près de quarante-huit

---

1. *Journal des marches et combats de la 2e division du 18e corps* (amiral Penhoat).

heures très profitable à Werder, qui, en étant battu, avait du moins obtenu l'avantage de troubler la marche de l'armée de l'Est et de gagner un peu de temps pour se replier sur des positions habilement choisies où il allait nous attendre. Le 13 janvier, on était encore arrêté autour d'Arcey; on se battait de nouveau assez vivement. Le 14 au soir enfin, on allait coucher sur les hauteurs de la rive droite de la Lisaine, faisant face aux collines de la rive gauche, qui protègent les approches de Belfort, et où les Allemands arrivaient de leur côté.

II

Pourquoi le général Bourbaki, au lieu d'attaquer de front avec toutes ses forces les positions redoutables qui couvrent la Lisaine, ne s'était-il pas porté, comme il en avait été question, sur Vesoul et Lure, de façon à tourner Belfort? Il avait peut-être une raison assez grave ; c'est que le chemin de fer de Gray à Vesoul n'était point encore rétabli, et ne pouvait servir à nourrir une armée entière; c'est que tous les approvisionnements étaient accumulés sur le Doubs, à Clerval, dernière station où l'on pouvait arriver par le chemin de fer venant de Besançon. Même en se tenant à proximité de Clerval, on avait la plus grande peine à vivre, tant les transports étaient devenus difficiles. Les chevaux s'abattaient sur le verglas qui couvrait les chemins, un accident survenu à un attelage suspendait la marche de tout un convoi[1]. Si l'on s'était porté un peu loin de la ligne de ravitaillement, on se trouvait exposé à mourir de faim: des partis de uhlans lancés à propos pouvaient ajouter au trouble des communications.

Pourquoi du moins le général Bourbaki ne se pressait-il pas davantage et ne gagnait-il pas les Allemands de vitesse sur la Lisaine? Un peu sans doute pour cette raison des approvisionnements. Sur toute la route, on avait été arrêté par la difficulté de

---

1. « Ceci se passait, avec un froid de 15 degrés en moyenne, par un verglas épouvantable. Nous avions demandé des fers à crampons et des clous à glace, on ne nous avait envoyé que des clous ordinaires. Les chevaux d'artillerie tombaient tous les quatre pas, il fallait les relever, ils retombaient; on les relevait, ils retombaient encore, et cela durait toute la journée... » Déposition du général Bourbaki devant la Commission d'enquête.

suffire aux besoins de l'armée. A Villersexol, on n'avait perdu près de deux jours que pour attendre des vivres. Les Allemands ne s'y étaient pas trompés; ils s'expliquaient bien mieux que les Français la lenteur de la marche de Bourbaki, et ils en profitaient naturellement. « ... Quant à être devancé par Bourbaki devant Belfort, dit le major Blume, c'était un cas dont il était à peine nécessaire de se préoccuper. Les nombreux prisonniers faits dans ces dernières rencontres étaient si mal nourris, si pauvrement équipés, qu'on n'avait pas à redouter d'un tel adversaire des mouvements rapides de masses très concentrées, surtout dans cette saison où le froid sévissait avec une grande rigueur... » Et c'est ainsi que Bourbaki, après avoir été conduit par les circonstances à se diriger sur la Lisaine, ne pouvait y arriver que le 14 janvier au soir. Les armées étaient désormais en présence. Le nœud de la situation allait être tranché dans un choc décisif. Cette nuit du 14 au 15 janvier, une nuit froide, glaciale, — il y eut jusqu'à 15 degrés, — c'était la veillée des armes précédant une bataille de trois jours, cet ensemble d'engagements qui a gardé le nom de bataille d'Héricourt.

Les deux armées n'étaient séparées que par la vallée assez étroite où coule le torrent de la Lisaine, descendant des Vosges pour aller se perdre vers Montbéliard dans l'Allaine, qui, à son tour, va se jeter dans le Doubs. Sur la rive gauche, les Allemands occupaient une série de positions habilement liées, protégées d'abord par la Lisaine, échelonnées de Montbéliard à Chagey, à Chennebier, jusqu'à Frahier sur la route de Lure à Belfort. C'était une ligne de 12 à 15 kilomètres dont Héricourt représentait à peu près le centre. Le général de Werder avait au moins 45,000 hommes sur ces puissantes positions, assez rapprochées de Belfort pour qu'il y eût un échange permanent de secours entre l'armée d'opérations et le corps d'investissement, pour qu'on pût même détacher momentanément une partie de l'artillerie de siège, qu'on employait à fortifier les points principaux de la ligne de défense. Les Allemands n'avaient pas perdu ces derniers jours. Malgré tout, Werder, livré à lui-même, ne pouvait compter encore sur les secours qu'on lui promettait; Werder n'était pas sans inquiétudes, si bien que le 14 au soir encore il demandait par le télégraphe à Versailles s'il devait accepter le combat devant Belfort. On lui répondait aussitôt d'attendre l'attaque, de tenir ferme dans les fortes positions qu'il occupait, qu'il serait bientôt secouru

Werder ne reçut cet ordre que lorsqu'il était déjà engagé. L'eût-il voulu du reste, il ne pouvait guère éviter le choc; l'armée française qu'il avait devant lui ne pouvait en effet rester inactive. Cette armée était sur la rive droite de la Lisaine, occupant, elle aussi, de bonnes positions, mais n'ayant pas seulement

[34]

à s'y défendre, ayant au contraire à enlever celles de l'ennemi.
— Le 24ᵉ corps et la partie du 15ᵉ corps qui arrivait se rapprochaient de Montbéliard sur la rive droite. Bourbaki lui-même était avec le 20ᵉ corps de Clinchant en face d'Héricourt au centre. Sur la gauche, Billot avec le 18ᵉ corps avait sa direction vers Chagey. Un peu plus loin, à l'extrême gauche, Cremer, venant directement de Dijon, débouchait avec sa division par Lure. Dans la nuit, tous les chefs de corps avaient reçu leurs ordres de combat.

Dès la matinée du 15, le canon retentissait de toutes parts dans l'atmosphère glacée et allait réveiller les espérances des assiégés de Belfort. L'action, engagée sur toute la ligne, se prolongeait jusqu'au soir. Sur la droite, une partie du 15ᵉ corps était chargée de chasser l'ennemi de Montbéliard, de prendre possession de la ville, et on y parvenait sans un trop violent effort; seulement on était dans la ville, on n'avait pas la citadelle, où les Allemands avaient pu s'établir et se retrancher par suite d'une incurie de l'administration impériale qu'on n'avait pas eu l'idée ou le temps de réparer. Sur le reste de la ligne, de Montbéliard à Héricourt, des forces du 20ᵉ et du 24ᵉ corps engageaient une lutte des plus vives, cherchant à entamer directement les positions prussiennes; mais elles avaient devant elles deux obstacles des plus sérieux qui rendaient le succès difficile, la Lisaine d'abord, puis le remblai du chemin de fer, et dans la pensée du général en chef, qui se chargeait avec Clinchant de soutenir la bataille sur ce point, la véritable attaque n'était pas là.

L'attaque sérieuse qui pouvait décider du sort de la journée et peut-être de la campagne était sur la gauche; elle avait été confiée à Billot et à Cremer, qui semblaient toujours fort impatients de se montrer. A eux seuls, ils avaient 40,000 hommes sur un effectif total d'un peu plus de 100,000 hommes, et 98 pièces d'artillerie sur 240 dont disposait l'armée. Ils avaient la mission d'exécuter un mouvement par lequel on espérait déborder la droite de l'ennemi et qui, s'ils réussissaient, pouvait mettre les Allemands dans une position difficile en les obligeant pour le moins à quitter Belfort, en les précipitant peut-être dans une retraite dangereuse. Billot et Cremer devaient partir à sept heures du matin de Beverne, qui n'est qu'à 7 kilomètres de la Lisaine, et se porter sur les positions prussiennes de Chenebier, d'Étobon, de Chagey. Malheureusement, soit que les chemins fussent peu praticables, et ils étaient en effet couverts de glace et de neige, — soit qu'il y eût de la confusion dans la marche des troupes, et la division Cremer fut, il est vrai, obligée d'attendre trois heures pour laisser passer une division du 18ᵉ corps, — soit que les deux chefs eussent de l'humeur contre un mouvement qui n'était pas celui qu'ils avaient imaginé, l'affaire commençait péniblement. Billot arrivait assez tard l'après-midi devant les positions qu'il devait enlever, et déjà la nuit tombait sans qu'il y eût des résultats sérieux. L'issue de la journée restait des plus incertaines; on n'avait pas entamé l'ennemi.

Le 16, la lutte se renouvelait plus vive et plus acharnée que la veille. Les tentatives les plus énergiques pour rompre les lignes prussiennes entre Héricourt et Montbéliard échouaient encore une fois. Sur la gauche, on était plus heureux; la division Penhoat du 18ᵉ corps et la division Cremer, concertant leurs mouvements, se portaient sur Chenebier, livraient un combat sanglant, et, après quelques heures, l'amiral restait maître du village où tout portait la marque de la retraite précipitée de l'ennemi. Ce n'était pas sans importance, puisque Werder écrivait le soir : « Le général Degenfeld, devant des masses supérieures, a dû céder la position de Chenebier; je risquerai tout pour réoccuper Chenebier. » C'était donc un succès, mais un succès qui n'avait encore rien de décisif, qu'il fallait disputer avant d'aller plus loin. Le 17, le combat, à peine interrompu pendant la nuit, recommençait encore. A quatre heures du matin, l'amiral Penhoat, campé avec ses jeunes troupes dans Chenebier, se voyait assailli de toutes parts, et avait à soutenir pendant quelques heures dans l'obscurité un assaut des plus dangereux. On se battait, on repoussait encore l'ennemi, on ne pouvait avancer. Une chose assez énigmatique et que les Allemands ont même remarquée comme « un fait extraordinaire », c'est le rôle de la garnison de Belfort pendant ces trois jours. Dans la ville assiégée on suivait avec anxiété les progrès de la canonnade, les péripéties de ce conflit, qu'on pouvait presque distinguer du haut de la forteresse. Si on essaya quelques démonstrations contre les lignes d'investissement, il est clair qu'il n'y eut aucune tentative bien sérieuse pour « appuyer par une sortie l'attaque de Bourbaki », et le major Blume explique le fait en supposant qu'à ce moment « l'énergie morale de la garnison était déjà fortement ébranlée. » Peut-être, en effet, le colonel Denfert se trouvait-il hors d'état d'engager une action qu'il eût évidemment tentée, s'il l'avait pu.

Le Gérant : HENRI GAUTIER.

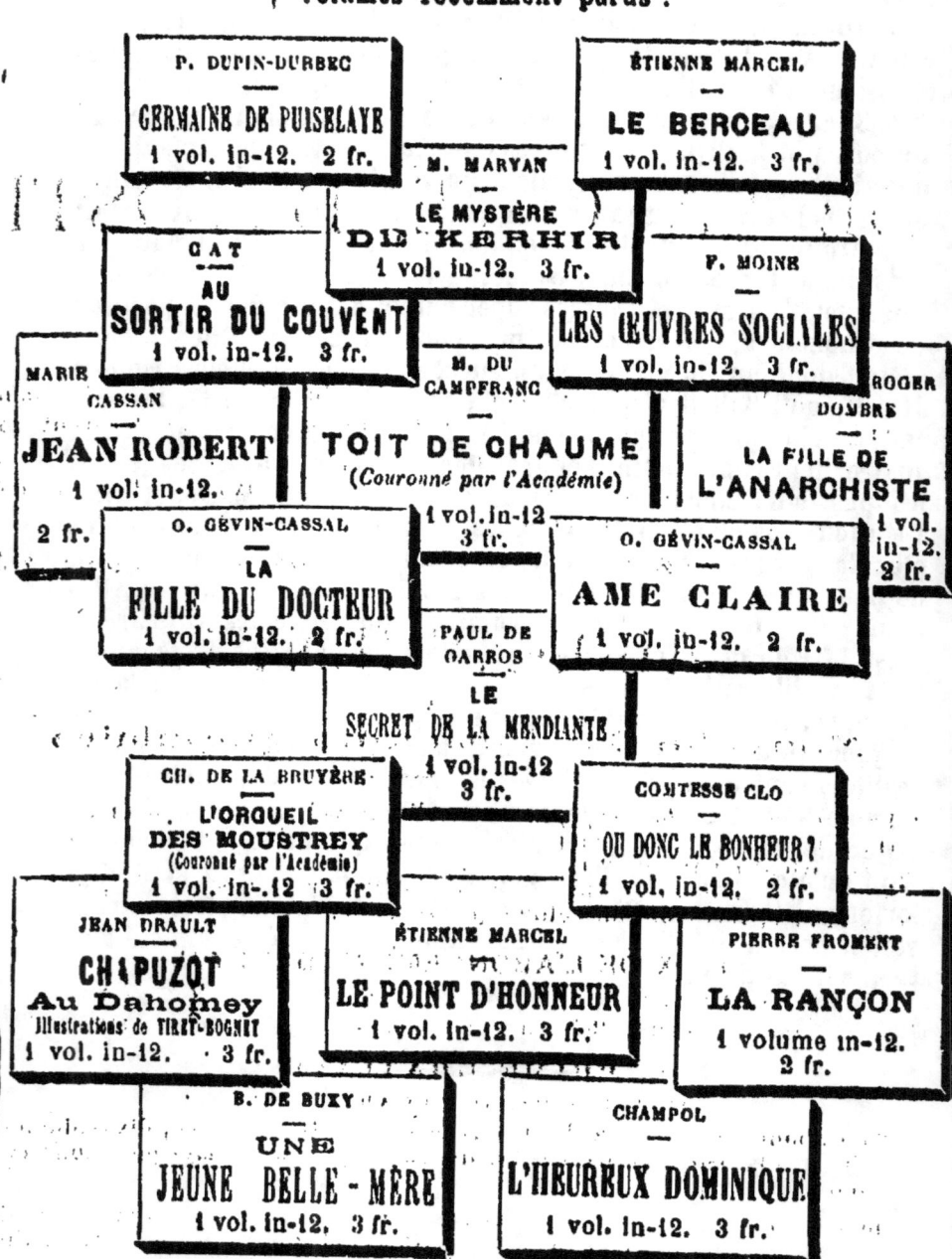

Pour paraître le 27 juillet 1895

XAVIER DE MAISTRE

LE LÉPREUX
DE LA CITÉ D'AOSTE

Que d'émotion en cette touchante nouvelle du célèbre écrivain! Comme elle repose l'esprit des vaines outrances et des grossièretés qui déparent trop souvent la littérature contemporaine! Ceux qui la liront avec soin reconnaîtront vite qu'elle réunit une haute portée morale aux rares et délicats mérites d'un style parfait en sa simplicité.

ABONNEMENTS

A LA
Nouvelle Bibliothèque populaire

La *Nouvelle Bibliothèque populaire* publie un volume par semaine.
On peut s'abonner aux cinquante-deux volumes d'une année. Les abonnements partent du 1er de chaque mois.
Tous les abonnés, aussi bien ceux de l'étranger et des colonies, que ceux de la France, recevront un volume par semaine.

PRIX DE L'ABONNEMENT D'UN AN

PARIS, DÉPARTEMENTS, ALGÉRIE ET BELGIQUE . . . 7 FRANCS
ÉTRANGER (sauf la Belgique) ET COLONIES . . . 8 FRANCS

PRIME GRATUITE
EXCLUSIVEMENT RÉSERVÉE AUX ABONNÉS NOUVEAUX

Tout abonné nouveau a droit à recevoir, gratis et franco, dix volumes à choisir dans la liste de ceux déjà parus, ou un joli cartonnage pour conserver les volumes.

On s'abonne pour un an en envoyant, en mandat-poste, timbres français, ou autre valeur sur Paris, à M. Henri Gautier, 55, quai des Grands-Augustins, à Paris, 7 francs si l'on habite la France, la Belgique ou l'Algérie; 8 francs si l'on habite l'étranger ou les colonies. La prime est envoyée au reçu de l'abonnement.

ANGERS, IMP. BURDIN ET Cie, RUE GARNIER, 4.

XAVIER DE MAISTRE

LE LÉPREUX
DE LA CITÉ D'AOSTE

Edité par
HENRI GAUTIER
55, Quai des Grands Augustin
PARIS

Il paraît un volume par semaine

XAVIER DE MAISTRE

LE LÉPREUX DE LA CITÉ D'AOSTE
EXPÉDITION NOCTURNE AUTOUR DE MA CHAMBRE

Notice littéraire.

Tout semble avoir été dit sur le talent si charmant et si fin de Xavier de Maistre. Sa biographie, d'autre part, est connue de tout le monde, et, très spécialement, elle est familière aux lecteurs de la Bibliothèque, car nous avons publié déjà, dans notre Collection, le *Voyage autour de ma chambre*, la *Jeune Sibérienne* et les *Prisonniers du Caucase*. Nous ne reviendrons pas sur la carrière et les travaux de Xavier de Maistre; mais quelques mots relatifs aux deux ouvrages que nous présentons aujourd'hui à notre public pourront avoir une certaine utilité.

Il est rare qu'un auteur réunisse le don de la fantaisie, de l'humour, finement et délicatement ironique, à celui de la sensibilité profonde et de l'émotion sincère. Xavier de Maistre est au nombre de ces écrivains privilégiés; même, d'une façon générale, il étonne par la variété de ses qualités diverses. Si son œuvre est courte, si elle n'a point de vastes proportions, si elle ne se pare point des magnificences du style, elle nous propose tout naturellement, sans aucun effort, des mérites qui, à première vue, paraîtraient devoir s'exclure. Dans le *Voyage autour de ma chambre*, par exemple, le charme et l'originalité du récit consistent dans l'exquise flânerie de l'écrivain, s'arrêtant aux menus détails, évoquant mille souvenirs, suggérant mille imaginations à propos d'un livre, d'un meuble, d'une fleur, d'un mot, d'une croisée ouverte ou fermée... Au contraire, les *Prisonniers du Caucase* sont un chef-d'œuvre de narration rapide, serrée, dramatique au possible.

Il en est pareillement du *Lépreux*. La douloureuse mélancolie, la poignante tristesse de ces belles pages fait venir les larmes aux yeux, et, néanmoins, la foi chrétienne qui les anime y met un apaisement admirable. On sent qu'il s'agit là d'un souvenir personnel, d'une grande souffrance vue et un moment consolée, et que « le militaire » qui parle au Lépreux d'Aoste n'est autre que Xavier de Maistre lui-même. Quant à l'*Expédition nocturne*, que nous avons dû quelque peu abréger, elle est pleine d'esprit et de fantaisie légère. Il fallait être Xavier de Maistre pour reprendre ainsi, sans se répéter ni déchoir, le sujet ingénieux et le ton charmant du *Voyage autour de ma chambre*.

ALFRED ERNST.

LE LÉPREUX DE LA CITÉ D'AOSTE

La partie méridionale de la cité d'Aoste est presque déserte, et paraît n'avoir jamais été fort habitée. On y voit des champs labourés et des prairies terminées, d'un côté par les remparts antiques que les Romains élevèrent pour lui servir d'enceinte, et de l'autre par les murailles de quelques jardins. Cet emplacement solitaire peut cependant intéresser les voyageurs. Auprès de la porte de la ville, on voit les ruines d'un ancien château, dans lequel, si l'on en croit la tradition populaire, le comte René de Chalans, poussé par les fureurs de la jalousie, laissa mourir de faim, dans le XVe siècle, la princesse Marie de Bragance, son épouse : de là le nom de *Bramafan* (qui signifie *cri de la faim*) donné à ce château par les gens du pays. Cette anecdote, dont on pourrait contester l'authenticité, rend ces masures intéressantes pour les personnes sensibles qui la croient vraie.

Plus loin, à quelques centaines de pas, est une tour carrée, adossée au mur antique et construite avec le marbre dont il était jadis revêtu. On l'appelle la *Tour de la frayeur*, parce que le peuple l'a crue longtemps habitée par des revenants. Les vieilles femmes de la cité d'Aoste se ressouviennent fort bien d'en avoir vu sortir, pendant les nuits sombres, une grande femme blanche, tenant une lampe à la main.

Il y a environ quinze ans que cette tour fut réparée par ordre du gouvernement et entourée d'une enceinte, pour y loger un lépreux et le séparer ainsi de la société, en lui procurant tous les agréments dont sa triste situation était susceptible. L'hôpital de Saint-Maurice fut chargé de pourvoir à sa subsistance, et on lui fournit quelques meubles, ainsi que les instruments nécessaires pour cultiver un jardin. C'est là qu'il vivait depuis longtemps, livré à lui-même, ne voyant jamais personne, excepté le prêtre qui, de temps en temps, allait lui porter les secours de la religion, et l'homme qui chaque semaine lui apportait ses provisions de l'hôpital.

Pendant la guerre des Alpes, en l'année 1797, un militaire, se trouvant à la cité d'Aoste, passa un jour, par hasard, auprès du lépreux, dont la porte était entr'ouverte, et il eut la curiosité d'y entrer. Il y trouva un homme vêtu simplement, appuyé contre un arbre et plongé dans une profonde méditation. Au bruit que fit l'officier en entrant, le solitaire, sans se retourner et sans regarder, s'écria d'une voix triste :

— Qui est là, et que me veut-on ?

— Excusez un étranger, répondit le militaire, à qui l'aspect agréable de votre jardin a peut-être fait commettre une indiscrétion, mais qui ne veut nullement vous troubler.

— N'avancez pas, répondit l'habitant de la tour en lui faisant un signe de la main, n'avancez pas; vous êtes auprès d'un malheureux attaqué de la lèpre.

— Quelle que soit votre infortune, répliqua le voyageur, je ne m'éloignerai point : je n'ai jamais fui les malheureux ; cependant, si ma présence vous importune, je suis prêt à me retirer.

— Soyez le bienvenu, dit alors le lépreux en se retournant tout à coup, et restez, si vous l'osez, après m'avoir regardé.

Le militaire fut quelque temps immobile d'étonnement et d'effroi à l'aspect de cet infortuné, que la lèpre avait totalement défiguré.

— Je resterai volontiers, lui dit-il, si vous agréez la visite d'un homme que le hasard conduit ici, mais qu'un vif intérêt y retient.

Le lépreux. — De l'intérêt !... Je n'ai jamais excité de pitié.

Le militaire. — Je me croirais heureux si je pouvais vous offrir quelque consolation.

Le lépreux. — C'en est une grande pour moi de voir des hommes, d'entendre le son de la voix humaine qui semble me fuir.

Le militaire. — Permettez-moi donc de converser quelques moments avec vous et de parcourir votre demeure.

Le lépreux. — Bien volontiers, si cela peut vous faire plaisir. (En disant ces mots, le lépreux se couvrit la tête d'un large chapeau dont les bords rabattus lui cachaient le visage.) Passez, ajouta-t-il, ici, au midi. Je cultive un petit parterre de fleurs qui pourront vous plaire; vous en trouverez d'assez rares. Je me suis procuré des graines de toutes celles qui croissent d'elles-mêmes sur les Alpes, et j'ai tâché de les faire doubler et de les embellir par la culture.

Le militaire. — En effet, voilà des fleurs dont l'aspect est tout à fait nouveau pour moi.

Le lépreux. — Remarquez ce petit buisson de roses; c'est le rosier sans épines, qui ne croît que sur les Hautes-Alpes; mais il perd déjà cette propriété, et il pousse des épines à mesure qu'on le cultive et qu'il se multiplie.

Le militaire. — Il devrait être l'emblème de l'ingratitude.

Le lépreux. — Si quelques-unes de ces fleurs vous paraissent belles, vous pouvez les prendre sans crainte, et vous ne courez aucun risque en les portant sur vous. Je les ai semées, j'ai le plaisir de les arroser et de les voir, mais je ne les touche jamais.

Le militaire. — Pourquoi donc?

Le lépreux. — Je craindrais de les souiller, et je n'oserais vous les offrir.

Le militaire. — A qui les destinez-vous?

Le lépreux. — Les personnes qui m'apportent des provisions de l'hôpital ne craignent pas de s'en faire des bouquets. Quelquefois aussi les enfants de la ville se présentent à la porte de mon jardin. Je monte aussitôt dans la tour, de peur de les effrayer ou de leur nuire. Je les vois folâtrer de ma fenêtre et me dérober quelques fleurs. Lorsqu'ils s'en vont, ils lèvent les yeux sur moi : *Bonjour, Lépreux*, me disent-ils en riant, et cela me réjouit un peu.

Le militaire. — Vous avez su réunir ici bien des plantes différentes ; voilà des vignes et des arbres fruitiers de plusieurs espèces.

Le lépreux. — Ces arbres sont encore jeunes : je les ai plantés moi-même, ainsi que cette vigne, que j'ai fait monter jusqu'au-dessus du mur antique que voilà, et dont la largeur me forme un petit promenoir ; c'est ma place favorite... Montez le long de ces pierres : c'est un escalier dont je suis l'architecte. Tenez-vous au mur.

Le militaire. — Le charmant réduit ! et comme il est bien fait pour les méditations d'un solitaire !

Le lépreux. — Aussi, je l'aime beaucoup ; je vois d'ici la campagne et les laboureurs dans les champs : je vois tout ce qui se passe dans la prairie, et je ne suis vu de personne.

Le militaire. — J'admire combien cette retraite est tranquille et solitaire. On est dans une ville, et on croirait être dans un désert.

Le lépreux. — La solitude n'est pas toujours au milieu des forêts et des rochers. L'infortuné est seul partout.

Le militaire. — Quelle suite d'événements vous amena dans cette retraite ? Ce pays est-il votre patrie ?

Le lépreux. — Je suis né sur les bords de la mer, dans la principauté d'Oneille, et je n'habite ici que depuis quinze ans. Quant à mon histoire, elle n'est qu'une longue et uniforme calamité.

Le militaire. — Avez-vous toujours vécu seul ?

Le lépreux. — J'ai perdu mes parents dans mon enfance, et je ne les connus jamais : une sœur qui me restait est morte depuis deux ans. Je n'ai jamais eu d'ami.

Le militaire. — Infortuné !

Le lépreux. — Tels sont les desseins de Dieu.

Le militaire. — Quel est votre nom, je vous prie ?

Le lépreux. — Ah ! mon nom est terrible ! je m'appelle *le Lépreux* ! On ignore dans le monde celui que je tiens de ma famille et celui que la religion m'a donné le jour de ma naissance. Je suis *le Lépreux* ; voilà le seul titre que j'aie à la bienveillance des hommes. Puissent-ils ignorer éternellement qui je suis !

Le militaire. — Cette sœur que vous avez perdue, vivait-elle avec vous ?

Le lépreux. — Elle est demeurée cinq ans avec moi, dans cette même habitation où vous me voyez. Aussi malheureuse que moi, elle partageait mes peines, et je tâchais d'adoucir les siennes.

Le militaire. — Quelles peuvent être maintenant vos occupations, dans une solitude aussi profonde ?

Le lépreux. — Le détail des occupations d'un solitaire tel que moi ne pourrait être que bien monotone pour un homme du monde, qui trouve son bonheur dans l'activité de la vie sociale.

Le militaire. — Ah ! vous connaissez peu ce monde, qui ne m'a jamais donné le bonheur. Je suis souvent solitaire par choix, et il y a peut-être plus d'analogie entre nos idées que vous ne le pensez; cependant, je l'avoue, une solitude éternelle m'épouvante; j'ai de la peine à la concevoir.

Le lépreux. — *Celui qui chérit sa cellule y trouvera la paix*; l'Imitation de Jésus-Christ nous l'apprend. Je commence par éprouver la vérité de ces paroles consolantes. Le sentiment de la solitude s'adoucit aussi par le travail. L'homme qui travaille n'est jamais complétement malheureux, et j'en suis la preuve. Pendant la belle saison, la culture de mon jardin et de mon parterre m'occupe suffisamment; pendant l'hiver, je fais des corbeilles et des nattes, je travaille à faire des habits, je prépare chaque jour moi-même ma nourriture avec les provisions qu'on m'apporte de l'hôpital, et la prière remplit les heures que le travail me laisse. Enfin l'année s'écoule, et, lorsqu'elle est passée, elle me paraît encore avoir été bien courte.

Le militaire. — Elle devrait vous paraître un siècle.

Le lépreux. — Les maux et les chagrins font paraître les heures longues; mais les années s'envolent toujours avec la même rapidité. Il est d'ailleurs encore, au dernier terme de l'infortune, une jouissance que le commun des hommes ne peut connaître, et qui vous paraîtra singulière, c'est celle d'exister et de respirer; je passe des journées entières de la belle saison, immobile sur ce rempart, à jouir de l'air et de la beauté de la nature : toutes mes idées alors sont vagues, indécises; la tristesse repose dans mon cœur sans l'accabler; mes regards errent sur cette campagne et sur les rochers qui nous environnent; ces différents aspects sont tellement empreints dans ma mémoire, qu'ils font, pour ainsi dire, partie de moi-même, et chaque site est un ami que je vois avec plaisir tous les jours.

Le militaire. — J'ai souvent éprouvé quelque chose de semblable. Lorsque le chagrin s'appesantit sur moi, et que je ne trouve pas dans le cœur des hommes ce que le mien désire, l'aspect de la nature et des choses inanimées me console; je m'affectionne aux rochers et aux arbres, et il me semble que tous les êtres de la création sont des amis que Dieu m'a donnés.

Le lépreux. — Vous m'encouragez à vous expliquer à mon tour ce qui se passe en moi. J'aime véritablement les objets qui sont, pour ainsi dire, mes compagnons de vie, et que je vois chaque jour : aussi, tous les soirs, avant de me retirer dans la tour, je viens saluer les glaciers de Ruitorts, les bois sombres du mont Saint-Bernard, et les pointes bizarres qui dominent la vallée de Rhême. Quoique la puissance de Dieu soit aussi visible dans la création d'une fourmi que dans celle de l'univers entier, le grand spectacle des montagnes en impose cependant davantage à mes sens; je ne puis voir ces masses énormes, recouvertes de glaces éternelles, sans éprouver un étonnement religieux; mais, dans ce vaste tableau qui m'entoure, j'ai des sites favoris et que j'aime de préférence; de ce nombre est l'hermitage que vous voyez là-haut, sur la sommité de la montagne de Charvensod. Isolé au milieu des bois, auprès d'un champ désert, il reçoit les derniers rayons du soleil couchant. Quoique je n'y aie jamais été, j'éprouve un singulier plaisir à le voir. Lorsque le jour tombe, assis dans mon jardin, je fixe mes regards sur cet ermitage solitaire, et mon imagination s'y repose. Il est devenu pour moi une espèce de propriété; il me semble qu'une réminiscence confuse m'apprend que j'ai vécu là jadis dans des temps plus heureux, et dont la mémoire s'est effacée en moi. J'aime surtout à contempler les montagnes éloignées qui se confondent avec le ciel dans l'horizon. Ainsi que l'avenir, l'éloignement fait naître en moi le sentiment de l'espérance; mon cœur opprimé croit qu'il existe peut-être une terre bien éloignée où, à une époque de l'avenir, je pourrai goûter enfin ce bonheur pour lequel je soupire et qu'un instinct secret me présente sans cesse comme possible.

LE MILITAIRE. — Avec une âme ardente comme la vôtre, il vous a fallu sans doute bien des efforts pour vous résigner à votre destinée et pour ne pas vous abandonner au désespoir.

LE LÉPREUX. — Je vous tromperais en vous laissant croire que je suis toujours résigné à mon sort; je n'ai point atteint cette abnégation de soi-même où quelques anachorètes sont parvenus. Ce sacrifice complet de toutes les affections humaines n'est point encore accompli; ma vie se passe en combats continuels, et les secours puissants de la religion elle-même ne sont pas toujours capables de réprimer les élans de mon imagination. Elle m'entraîne souvent malgré moi dans un océan de désirs chimériques, qui tous me ramènent vers ce monde dont je n'ai aucune idée, et dont l'image fantastique est toujours présente pour me tourmenter.

LE MILITAIRE. — Si je pouvais vous faire lire dans mon âme et vous donner du monde l'idée que j'en ai, tous vos désirs et vos regrets s'évanouiraient à l'instant.

LE LÉPREUX. — En vain quelques livres m'ont instruit de la perversité des hommes et des malheurs inséparables de l'humanité; mon cœur se refuse à les croire. Je me représente toujours des sociétés d'amis sincères et vertueux; des époux assortis, que la santé, la jeunesse et la fortune réunies comblent de bonheur. Je crois les voir errant ensemble dans des bocages plus verts et plus frais que ceux qui me prêtent leur ombre, éclairés par un soleil plus brillant que celui qui m'éclaire, et leur sort me semble le plus digne d'envie, à mesure que le mien est plus misérable. Au commencement du printemps, lorsque le vent du Piémont souffle dans notre vallée, je me sens pénétré par sa chaleur vivifiante, et je tressaille malgré moi. J'éprouve un désir inexplicable et le sentiment confus d'une félicité immense, dont je pourrais jouir et qui m'est refusée. Alors, je fuis de ma cellule, j'erre dans la campagne pour respirer plus librement. J'évite d'être vu par ces mêmes hommes que mon cœur brûle de rencontrer; et du haut de la colline, caché entre les broussailles comme une bête fauve, mes regards se portent sur la ville d'Aoste. Je vois de loin, avec des yeux d'envie, ses heureux habitants qui me connaissent à peine; je leur tends les mains en gémissant, et je leur demande ma portion de bonheur. Dans mon transport, vous l'avouerai-je? j'ai quelquefois serré dans mes bras les arbres de la forêt, en priant Dieu de les animer pour moi, et de me donner un ami! Mais les arbres sont muets, leur froide écorce me repousse; elle n'a rien de commun avec mon cœur, qui palpite et qui brûle. Accablé de fatigue, las de la vie, je me traîne de nouveau dans ma retraite, j'expose à Dieu mes tourments et ma prière ramène un peu de calme dans mon âme.

Le militaire. — Ainsi, pauvre malheureux, vous souffrez à la fois tous les maux de l'âme et du corps!

Le lépreux. — Ces derniers ne sont pas les plus cruels.

Le militaire. — Ils vous laissent donc quelquefois du relâche!

Le lépreux. — Tous les mois, ils augmentent et diminuent avec le cours de la lune. Lorsqu'elle commence à se montrer, je souffre ordinairement davantage; la maladie diminue ensuite, et semble changer de nature; ma peau se dessèche et blanchit, et je ne sens presque plus mon mal; mais il serait toujours supportable sans les insomnies affreuses qu'il me cause.

Le militaire. — Quoi! le sommeil même vous abandonne!

Le lépreux. — Ah! monsieur, les insomnies! les insomnies! Vous ne pouvez vous figurer combien est longue et triste une nuit qu'un malheureux passe tout entière sans fermer l'œil, l'esprit fixé sur une situation affreuse et sur un avenir sans espoir. Non, personne ne peut le comprendre. Mes inquiétudes augmentent à mesure que la nuit s'avance; et lorsqu'elle est près de finir, mon agitation est telle que je ne sais plus que devenir; mes pensées se brouillent, j'éprouve un sentiment extraordinaire que je ne trouve jamais en moi que dans ces tristes moments. Tantôt il me semble qu'une force irrésistible m'entraîne dans un gouffre sans fond, tantôt je vois des taches noires devant mes yeux; mais pendant que je les examine, elles se croisent avec la rapidité de l'éclair, elles grossissent en s'approchant de moi, et bientôt ce sont des montagnes qui m'accablent de leur poids. D'autres fois aussi, je vois des nuages sortir de la terre autour de moi, comme des flots qui s'enflent, qui s'amoncellent et menacent de m'engloutir; et lorsque je veux me lever pour me distraire de ces idées, je me sens comme retenu par des liens invisibles qui m'ôtent les forces. Vous croirez peut-être que ce sont des songes; mais non, je suis bien éveillé. Je revois sans cesse les mêmes objets, et c'est une sensation d'horreur qui surpasse tous mes autres maux.

Le militaire. — Il est possible que vous ayez la fièvre pendant ces cruelles insomnies, et c'est elle, sans doute, qui vous cause cette espèce de délire.

Le lépreux. — Vous croyez que cela peut venir de la fièvre? Ah! je voudrais bien que vous disiez vrai. J'avais craint jusqu'à présent que ces visions ne fussent un symptôme de folie, et je vous avoue que cela m'inquiétait beaucoup. Plût à Dieu que ce fût en effet la fièvre!

Le militaire. — Vous m'intéressez vivement. J'avoue que je ne me serais jamais fait l'idée d'une situation semblable à la vôtre. Je pense cependant qu'elle devait être moins triste lorsque votre sœur vivait.

Le lépreux. — Dieu sait lui seul ce que j'ai perdu par la mort de ma sœur. Mais ne craignez-vous point de vous trouver si près de moi. Asseyez-vous ici, sur cette pierre; je me placerai derrière le feuillage, et nous converserons sans nous voir.

Le militaire. — Pourquoi donc? Non, vous ne me quitterez point; placez-vous près de moi. (En disant ces mots, le voyageur fit un mouvement involontaire pour saisir la main du lépreux, qui la retira avec vivacité).

Le lépreux. — Imprudent! vous allez saisir ma main!

Le militaire. — Eh bien! je l'aurais serrée de bon cœur.

Le lépreux. — Ce serait la première fois que ce bonheur m'aurait été accordé; ma main n'a jamais été serrée par personne.

Le militaire. — Quoi donc! hormis cette sœur dont vous m'avez parlé, vous n'avez jamais eu de liaison, vous n'avez jamais été chéri par aucun de vos semblables?

Le lépreux. — Heureusement pour l'humanité, je n'ai plus de semblables sur la terre.

Le militaire. — Vous me faites frémir!

Le lépreux. — Pardonnez, compatissant étranger! vous savez que les malheureux aiment à parler de leurs infortunes.

Le militaire. — Parlez, parlez, homme intéressant! Vous m'avez dit qu'une sœur vivait jadis avec vous, et vous aidait à supporter vos souffrances.

Le lépreux. — C'était le seul lien par lequel je tenais encore au reste des humains! Il plut à Dieu de le rompre et de me laisser isolé et seul au milieu du monde. Son âme était digne du ciel qui la possède, et son exemple me soutenait contre le découragement qui m'accable souvent depuis sa mort. Nous ne vivions cependant pas dans cette intimité délicieuse dont je me fais une idée, et qui devrait unir des amis malheureux. Le genre de nos maux nous privait de cette consolation. Lors même que nous nous rapprochions pour prier Dieu, nous évitions réciproquement de nous regarder, de peur que le spectacle de nos maux ne troublât nos méditations, et nos regards n'osaient plus se réunir que dans le ciel. Après nos prières, ma sœur se retirait ordinairement dans sa cellule ou sous les noisetiers qui terminent le jardin, et nous vivions presque toujours séparés.

Le militaire. — Mais pourquoi vous imposer cette dure contrainte?

Le lépreux. — Lorsque ma sœur fut attaquée par la maladie contagieuse dont toute ma famille a été la victime, et qu'elle vint partager ma retraite, nous ne nous étions jamais vus; son effroi fut extrême en m'apercevant pour la première fois. La crainte de l'affliger, la crainte plus grande encore d'augmenter son mal en l'approchant, m'avait forcé d'adopter ce triste genre de vie. La lèpre n'avait attaqué que sa poitrine, et je conservais encore quelque espoir de la voir guérir. Vous voyez ce reste de treillage que j'ai négligé; c'était alors une haie de houblon que j'entretenais avec soin et qui partageait le jardin en deux parties. J'avais ménagé de chaque côté un petit sentier, le long duquel nous pouvions nous promener et converser ensemble sans nous voir et sans trop nous approcher.

Le militaire. — On dirait que le ciel se plaisait à empoisonner les tristes jouissances qu'il vous laissait.

LE LÉPREUX. — Mais du moins je n'étais pas seul alors ; la présence de ma sœur rendait cette retraite vivante ; j'entendais le bruit de ses pas dans ma solitude. Quand je revenais à l'aube du jour prier Dieu sous ces arbres, la porte de la tour s'ouvrait doucement, et la voix de ma sœur se mêlait insensiblement à la mienne. Le soir, lorsque j'arrosais mon jardin, elle se promenait quelquefois au soleil couchant, ici, au même endroit où je vous parle, et je voyais son ombre passer et repasser sur mes fleurs. Lors même que je ne la voyais pas, je trouvais partout des traces de sa présence. Maintenant, il ne m'arrive plus de rencontrer sur mon chemin une fleur effeuillée ou quelques branches d'arbrisseau qu'elle y laissait tomber en passant ; je suis seul : il n'y a plus ni mouvement ni vie autour de moi, et le sentier qui conduisait à son bosquet favori disparaît déjà sous l'herbe. Sans paraître s'occuper de moi, elle veillait sans cesse à ce qui pouvait me faire plaisir. Lorsque je rentrais dans ma chambre, j'étais quelquefois surpris d'y trouver des vases de fleurs nouvelles ou quelque beau fruit qu'elle avait soigné elle-même. Je n'osais pas lui rendre les mêmes services, et je l'avais même priée de ne jamais entrer dans ma chambre. Mais qui peut mettre des bornes à l'affection d'une sœur ? Un seul trait pourra vous donner une idée de sa tendresse pour moi. Je marchais une nuit à grands pas dans ma cellule, tourmenté de douleurs affreuses. Au milieu de la nuit, m'étant assis un instant pour me reposer, j'entendis un bruit léger à l'entrée de ma chambre. J'approche, je prête l'oreille. Jugez de mon étonnement ! c'était ma sœur qui priait Dieu en dehors sur le seuil de ma porte. Elle avait entendu mes plaintes. Sa tendresse lui avait fait craindre de me troubler ; mais elle venait pour être à portée de me secourir au besoin. Je l'entendis qui récitait à voix basse le *Miserere*. Je me mis à genoux près de la porte, et, sans l'interrompre, je suivis mentalement ses paroles. Mes yeux étaient pleins de larmes : qui n'eût été touché d'une telle affection ? Lorsque je crus que sa prière était terminée : « Adieu, sœur, lui dis-je à voix basse, adieu, retire-toi, je me sens un peu mieux ; que Dieu te bénisse et te récompense de ta piété ! » Elle se retira en silence, et sans doute sa prière fut exaucée, car je dormis enfin quelques heures d'un sommeil tranquille.

LE MILITAIRE. — Combien ont dû vous paraître tristes les premiers jours qui suivirent la mort de cette sœur chérie !

LE LÉPREUX. — Je fus longtemps dans une sorte de stupeur qui m'ôtait la faculté de sentir toute l'étendue de mon infortune ; lorsque enfin je revins à moi, et que je fus à même de juger de ma situation, ma raison fut prête à m'abandonner. Cette époque sera toujours doublement triste pour moi ; elle me rappelle le plus grand de mes malheurs, et le crime qui faillit en être la suite.

LE MILITAIRE. — Un crime ! je ne puis vous en croire capable.

LE LÉPREUX. — Cela n'est que trop vrai, et, en vous racontant cette époque de ma vie, je sens trop que je perdrai beaucoup dans votre estime ; mais je ne veux pas me peindre meilleur que je ne suis, et vous me plaindrez peut-être en me condamnant. Déjà, dans quelque accès de mélancolie, l'idée de quitter cette vie volontairement s'était présentée à moi : cependant la crainte de Dieu me l'avait toujours fait repousser, lorsque la circonstance la plus simple et la moins faite en apparence pour me troubler pensa me perdre pour l'éternité. Je venais d'éprouver un nouveau chagrin. Depuis quelques années, un petit chien s'était donné à nous : ma sœur l'avait aimé, et je vous avoue que, depuis qu'elle n'existait plus, ce pauvre animal était une véritable consolation pour moi.

Nous devions sans doute à sa laideur le choix qu'il avait fait de notre demeure pour son refuge. Il avait été rebuté par tout le monde; mais il était encore un trésor pour la maison du Lépreux. En reconnaissance de la faveur que Dieu nous avait accordée en nous donnant cet ami, ma sœur l'avait appelé *Miracle*, et son nom, qui contrastait avec sa laideur, ainsi que sa gaieté continuelle, nous avaient souvent distraits de nos chagrins. Malgré le soin que j'en avais, il s'échappait quelquefois, et je n'avais jamais pensé que cela pût être nuisible à personne. Cependant quelques habitants de la ville s'en alarmèrent, et crurent qu'il pouvait porter parmi eux le germe de ma maladie; ils se déterminèrent à porter des plaintes au commandant, qui ordonna que mon chien fût tué sur-le-champ. Des soldats, accompagnés de quelques habitants, vinrent aussitôt chez moi pour exécuter l'ordre cruel. Ils lui passèrent une corde au cou en ma présence, et l'entraînèrent. Lorsqu'il fut à la porte du jardin, je ne pus m'empêcher de le regarder encore une fois; je le vis tourner ses yeux vers moi pour me demander un secours que je ne pouvais lui donner. On voulait le noyer dans la Doire; mais la populace, qui l'attendait en dehors, l'assomma à coups de pierres. J'entendis ses cris, et je rentrai dans ma tour plus mort que vif; mes genoux tremblants ne pouvaient me soutenir : je me jetai sur mon lit dans un état impossible à décrire. Ma douleur ne me permit de voir dans cet ordre juste, mais sévère, qu'une barbarie aussi atroce qu'inutile; et quoique j'aie honte aujourd'hui du sentiment qui m'animait alors, je ne puis encore y penser de sang-froid. Je passai toute ma journée dans la plus grande agitation. C'était le dernier être vivant qu'on venait d'arracher d'auprès de moi, et ce nouveau coup avait rouvert toutes les plaies de mon cœur.

Telle était ma situation, lorsque, le même jour, vers le coucher du soleil, je vins m'asseoir ici, sur cette pierre où vous êtes assis maintenant. J'y réfléchissais depuis quelque temps sur mon triste sort, lorsque là-bas, vers ces deux bouleaux qui terminent la haie, je vis paraître deux jeunes époux qui venaient de s'unir depuis peu. Ils s'avancèrent le long du sentier, à travers la prairie, et passèrent près de moi. La délicieuse tranquillité qu'inspire un bonheur certain était empreinte sur leurs belles physionomies; ils marchaient lentement, leurs bras étaient entrelacés. Tout à coup je les vis s'arrêter : la jeune femme pencha la tête sur le sein de son époux, qui la serra dans ses bras avec transport. Je sentis mon cœur se serrer. Vous l'avouerai-je? l'envie se glissa pour la première fois dans mon cœur : jamais l'image du bonheur ne s'était présentée à moi avec tant de force. Je les suivis des yeux

[10]

jusqu'au bout de la prairie, et j'allais les perdre de vue dans les arbres, lorsque des cris d'allégresse vinrent frapper mon oreille : c'étaient leurs familles réunies qui venaient à leur rencontre. Des vieillards, des femmes, des enfants les entouraient : j'entendais le murmure confus de la joie ; je voyais entre les arbres les couleurs brillantes de leurs vêtements, et ce groupe entier semblait environné d'un nuage de bonheur. Je ne pus supporter ce spectacle ; les tourments de l'enfer étaient entrés dans mon cœur ; je détournai mes regards, et je me précipitai dans ma cellule. Dieu ! qu'elle me parut déserte, sombre, effroyable ! « C'est donc ici, me dis-je, que ma demeure est fixée pour toujours ; c'est donc ici où, traînant une vie déplorable, j'attendrai la fin tardive de mes jours ! L'Éternel a répandu le bonheur, il l'a répandu à torrents sur tout ce qui respire ; et moi, moi seul, sans aide, sans amis, sans compagne... Quelle affreuse destinée ! »

Plein de ces tristes pensées, j'oubliai qu'il est un Être consolateur, je m'oubliai moi-même. « Pourquoi, me disais-je, la lumière me fut-elle accordée ? Pourquoi la nature n'est-elle injuste et marâtre que pour moi ? Semblable à l'enfant déshérité, j'ai sous les yeux le riche patrimoine de la famille humaine, et le ciel avare m'en refuse ma part. Non, non, m'écriai-je enfin dans un accès de rage, il n'est point de bonheur pour toi sur la terre ; meurs, infortuné, meurs ! assez longtemps tu as souillé la terre par ta présence ; puisse-t-elle t'engloutir vivant et ne laisser aucune trace de on odieuse existence ! » Ma fureur insensée s'augmentant par degrés, le désir de me détruire s'empara de moi, et fixa toutes mes pensées. Je conçus enfin la résolution d'incendier ma retraite, et de m'y laisser consumer avec tout ce qui aurait pu laisser quelque souvenir de moi. Agité, furieux, je sortis dans la campagne ; j'errais quelque temps dans l'ombre autour de mon habitation : des hurlements sortaient de ma poitrine oppressée, et m'effrayaient moi-même dans le silence de la nuit. Je rentrai plein de rage dans ma demeure, en criant : « Malheur à toi, Lépreux ! malheur à toi ! » Et comme si tout avait dû contribuer à ma perte, j'entendis l'écho qui, du milieu des ruines du château de Bramafan, répéta distinctement : « Malheur à toi ! » Je m'arrêtai, saisi d'horreur, sur la place de la Tour, et l'écho faible de la montagne répéta longtemps après : « Malheur à toi ! »

Je pris une lampe, et, résolu de mettre le feu à mon habitation, je descendis dans la chambre la plus basse, emportant avec moi des sarments et des branches sèches. C'était la chambre qu'avait habitée ma sœur, et je n'y étais plus rentré depuis sa mort ; son fauteuil était encore placé comme lorsque je l'en avais retirée pour la dernière fois ; je sentis un frisson de crainte en voyant son voile et quelques parties de ses vêtements éparses dans la chambre ; les dernières paroles qu'elle avait prononcées avant d'en sortir se retracèrent à ma pensée : « Je ne t'abandonnerai pas en mourant, me disait-elle ; souviens-toi que je serai présente dans tes angoisses. » En posant la lampe sur la table, j'aperçus le cordon de la croix qu'elle portait à son cou, et qu'elle avait placé, elle-même, entre les deux feuillets de sa Bible. A cet aspect, je reculai plein d'un saint effroi. La profondeur de l'abîme où j'allais me précipiter se présenta tout à coup à mes yeux dessillés, je m'approchai en tremblant du livre sacré. « Voilà, voilà, m'écriai-je, le secours qu'elle m'a promis! » Et comme je retirais la croix du livre, j'y trouvai un écrit cacheté, que ma bonne sœur y avait laissé pour moi. Mes larmes, retenues jusqu'alors par la douleur, s'échappèrent en torrents: tous mes funestes projets s'évanouirent à l'instant. Je pressai longtemps cette lettre précieuse sur mon cœur avant de pouvoir la lire, et, me jetant à genoux pour implorer la miséricorde divine, je l'ouvris, et j'y lus en sanglotant ces paroles, qui seront éternellement gravées dans mon cœur : « Mon frère, je vais bientôt te quitter, mais je ne t'abandonnerai pas. Du ciel, où j'espère aller, je veillerai sur toi; je prierai Dieu qu'il te donne le courage de supporter la vie avec résignation, jusqu'à ce qu'il lui plaise de nous réunir dans un autre monde; alors je pourrai te montrer toute mon affection; rien ne m'empêchera plus de t'approcher et rien ne pourra nous séparer. Je te laisse la petite croix que j'ai portée toute ma vie; elle m'a souvent consolée dans mes peines, et mes larmes n'eurent jamais d'autres témoins qu'elle. Rappelle-toi, lorsque tu la verras, que mon dernier vœu fût que tu pusses vivre et mourir en bon chrétien. » Lettre chérie! elle ne me quittera jamais; je l'emporterai avec moi dans la tombe; c'est elle qui m'ouvrira les portes du ciel, que mon crime devait me fermer à jamais. En achevant de la lire, je me sentis défaillir, épuisé par tout ce que je venais d'éprouver. Je vis un nuage se répandre sur ma vue, et pendant quelque temps je perdis à la fois le souvenir de mes maux et le sentiment de mon existence. Lorsque je revins à moi, la nuit était avancée. A mesure que mes idées s'éclaircissaient, j'éprouvais un sentiment de paix indéfinissable. Tout ce qui s'était passé dans la soirée me paraissait un rêve. Mon premier mouvement fut de lever les yeux vers le ciel pour le remercier de m'avoir préservé du plus grand des malheurs. Jamais le firmament ne m'avait paru si serein et si beau! une étoile brillait devant ma fenêtre; je la contemplai longtemps avec un plaisir inexprimable, en remerciant Dieu de ce qu'il m'accordait encore le plaisir de la voir, et j'éprouvai une secrète consolation à penser qu'un de ses rayons était cependant destiné pour la triste cellule du Lépreux.

Je remontai chez moi plus tranquille. J'employai le reste de la nuit à lire le livre de Job, et le saint enthousiasme qu'il fit passer dans mon âme finit par dissiper entièrement les noires idées qui m'avaient obsédé. Je n'avais jamais éprouvé de ces moments affreux lorsque ma sœur vivait; il me suffisait de la savoir près de moi pour être plus calme, et la seule pensée de l'affection qu'elle avait pour moi suffisait pour me consoler et me donner du courage.

Compatissant étranger! Dieu vous préserve d'être jamais obligé de vivre seul! Ma sœur, ma compagne n'est plus, mais le ciel m'accordera la force de supporter courageusement la vie; il me l'accordera, je l'espère, car je le prie dans la sincérité de mon cœur.

Le Militaire. — Quel âge avait votre sœur lorsque vous la perdîtes?
Le Lépreux. — Elle avait à peine vingt-cinq ans; mais ses souf-

frances la faisaient paraître plus âgée. Malgré la maladie qui l'a enlevée, et qui avait altéré ses traits, elle eût été belle encore, sans une pâleur effrayante qui la déparait; c'était l'image de la mort vivante, et je ne pouvais la voir sans gémir.

Le Militaire. — Vous l'avez perdue bien jeune.

Le Lépreux. — Sa complexion faible et délicate ne pouvait résister à tant de maux réunis; depuis quelque temps, je m'apercevais que sa perte était inévitable, et tel était son triste sort, que j'étais forcé de la désirer. En la voyant languir et se détruire chaque jour, j'observais avec une joie funeste s'approcher la fin de ses souffrances. Déjà, depuis un mois, sa faiblesse était augmentée; de fréquents évanouissements menaçaient sa vie d'heure en heure. Un soir (c'était vers le commencement d'août), je la vis si abattue, que je ne voulus pas la quitter; elle était dans son fauteuil, ne pouvant plus supporter le lit depuis quelques jours. Je m'assis moi-même auprès d'elle, et, dans l'obscurité la plus profonde, nous eûmes ensemble notre dernier entretien. Mes larmes ne pouvaient se tarir; un cruel pressentiment m'agitait. « Pourquoi pleures-tu? me disait-elle; pourquoi t'affliger ainsi? je ne te quitterai pas en mourant, et je serai présente dans tes angoisses. » Quelques instants après, elle me témoigna le désir d'être transportée hors de la tour et de faire ses prières dans son bosquet de noisetiers : c'est là qu'elle passait la plus grande partie de la belle saison. « Je veux, disait-elle, mourir en regardant le ciel. » Je ne croyais cependant pas son heure si proche. Je la pris dans mes bras pour l'enlever. « Souviens-toi seulement, me dit-elle, j'aurai peut-être encore la force de marcher. » Je la conduisis lentement jusque sous les noisetiers; je lui formai un coussin avec des feuilles sèches qu'elle y avait rassemblées elle-même, et, l'ayant couverte d'un voile, afin de la préserver de l'humidité de la nuit, je me plaçai auprès d'elle; mais elle désira être seule dans sa dernière méditation : je m'éloignai sans la perdre de vue. Je voyais son voile s'élever de temps en temps, et ses mains blanches se diriger vers le ciel. Comme je me rapprochais du bosquet, elle me demanda de l'eau; j'en apportai dans sa coupe; elle y trempa ses lèvres, mais elle ne put boire. « Je sens ma fin, me dit-elle en détournant la tête; ma soif sera bientôt étanchée pour toujours. Soutiens-moi, mon frère; aide ta sœur à franchir ce passage désiré, mais terrible. Soutiens-moi, récite la prière des agonisants. » Ce furent les dernières paroles qu'elle m'adressa. J'appuyai sa tête contre mon sein; je récitai la prière des agonisants : « Passe à l'éternité! lui disais-je, ma chère sœur, délivre-toi de la vie; laisse cette dépouille dans mes bras! » Pendant trois heures je la soutins ainsi dans la dernière lutte de la nature; elle s'éteignit enfin doucement, et son âme se détacha sans effort de la terre.

Le Lépreux, à la fin de ce récit, couvrit son visage de ses mains : la douleur ôtait la voix au voyageur. Après un instant de silence, le Lépreux se leva.

— Étranger, dit-il, lorsque le chagrin ou le découragement s'approcheront de vous, pensez au solitaire de la cité d'Aoste; vous ne lui aurez pas fait une visite inutile.

[13]

Ils cheminèrent ensemble vers la porte du jardin. Lorsque le militaire fut au moment de sortir, il mit son gant à la main droite :

— Vous n'avez jamais serré la main de personne, dit-il au Lépreux ; accordez-moi la faveur de serrer la mienne : c'est celle d'un ami qui s'intéresse vivement à votre sort.

Le Lépreux recula de quelques pas avec une sorte d'effroi, et, levant les yeux et les mains au ciel :

— Dieu de bonté ! s'écria-t-il, comble de tes bénédictions cet homme compatissant !

— Accordez-moi donc une autre grâce, reprit le voyageur. Je vais partir ; nous ne nous reverrons peut-être pas de bien longtemps : ne pourrions-nous pas, avec les précautions nécessaires, nous écrire quelquefois ? Une semblable relation pourrait vous distraire, et me ferait un grand plaisir à moi-même.

Le Lépreux réfléchit quelque temps.

— Pourquoi, dit-il enfin, chercherais-je à me faire illusion ! Je ne dois pas avoir d'autre société que moi-même, d'autre ami que Dieu : nous nous reverrons en lui. Adieu, généreux étranger, soyez heureux...

Le Lépreux ferma la porte et en poussa les verrous

EXPÉDITION NOCTURNE
AUTOUR DE MA CHAMBRE

I

Pour jeter quelque intérêt sur la nouvelle chambre dans laquelle j'ai fait une expédition nocturne, je dois apprendre aux curieux comment elle m'était tombée en partage. Continuellement distrait de mes occupations dans la maison bruyante que j'habitais, je me proposais depuis longtemps de me procurer dans le voisinage une retraite plus solitaire, lorsqu'un jour, en parcourant une notice bibliographique sur M. de Buffon, j'y lus que cet homme célèbre avait choisi dans ses jardins un pavillon isolé, qui ne contenait aucun autre meuble que le fauteuil et le bureau sur lequel il écrivait, ni aucun autre ouvrage que le manuscrit auquel il travaillait.

Les chimères dont je m'occupe offrent tant de disparate avec les travaux immortels de M. de Buffon, que la pensée de l'imiter, même en ce point, ne me serait sans doute jamais venue à l'esprit sans un accident qui m'y détermina. Un domestique, en ôtant la poussière des meubles, crut en voir beaucoup sur un tableau peint au pastel que je venais de terminer, et l'essuya si bien avec un linge, qu'il parvint en effet à le débarrasser de toute la poussière que j'y avais arrangée avec beaucoup de soin. Après m'être mis fort en colère contre cet homme qui était absent, et ne lui avoir rien dit quand il revint, suivant mon habitude, je me mis aussitôt en campagne, et je rentrai chez moi avec la clef d'une petite chambre que j'avais louée au cinquième étage dans la rue de la Providence. J'y fis transporter dans la même journée les matériaux de mes occupations favorites, et j'y passai dans la suite la plus grande partie de mon temps, à l'abri du tracas domestique et des nettoyeurs de tableaux. Les heures s'écoulaient pour moi comme des minutes dans ce réduit isolé, et plus d'une fois mes rêveries m'y ont fait oublier l'heure du dîner.

O douce solitude, j'ai connu les charmes dont tu enivres les amants. Malheur à celui qui ne peut être seul un jour dans sa vie sans éprouver le tourment de l'ennui, et qui préfère, s'il le faut, converser avec des sots plutôt qu'avec lui-même !

Je l'avouerai toutefois, j'aime la solitude dans les grandes villes; mais, à moins que d'y être forcé par quelque circonstance grave, comme un voyage autour de ma chambre, je ne veux être ermite que le matin ; le soir, j'aime à revoir des faces humaines. Les inconvénients de la vie sociale et ceux de la solitude se détruisent ainsi mutuellement, et ces deux modes d'existence s'embellissent l'un par l'autre.

Cependant l'inconstance et la fatalité des choses de ce monde sont telles que la vivacité même des plaisirs dont je jouissais dans ma nouvelle demeure aurait dû me faire prévoir combien ils seraient de courte durée. La révolution française, qui débordait de toutes parts, venait de surmonter les Alpes, et se précipitait sur l'Italie. Je fus entraîné par la première vague jusqu'à Bologne. Je gardai mon ermitage, dans lequel je fis transporter tous mes meubles, jusqu'à des temps plus heureux. J'étais depuis quelques années sans patrie ; j'appris un beau matin que j'étais sans emploi. Après une année tout entière passée à voir des hommes et des choses que je n'aimais guère, et à désirer des choses et des hommes que je ne voyais plus, je revins à Turin. Il fallait prendre un parti. Je sortis de l'auberge de la *Bonne Femme*, où j'étais débarqué, dans l'intention de rendre la petite chambre au propriétaire et de me défaire de mes meubles.

En rentrant dans mon ermitage, j'éprouvai des sensations difficiles à décrire : tout y avait conservé l'ordre, c'est-à-dire le désordre dans lequel je l'avais laissé : les meubles, entassés contre les murs, avaient été mis à l'abri de la poussière par la hauteur du gîte, mes plumes étaient encore dans l'encrier desséché, et je trouvai sur la table une lettre commencée.

Je suis encore chez moi, me dis-je avec une véritable satisfaction. Chaque objet me rappelait quelque événement de ma vie, et ma chambre était tapissée de souvenirs. Au lieu de retourner à l'auberge, je pris la résolution de passer la nuit au milieu de mes propriétés. J'envoyai prendre ma valise, et je fis en même temps le projet de partir le lendemain, sans prendre congé ni conseil de personne, m'abandonnant sans réserve à la Providence.

II

Tandis que je faisais ces réflexions, tout en me glorifiant d'un plan de voyage bien combiné, le temps s'écoulait, et mon domestique ne revenait point. C'était un homme que la nécessité m'avait fait prendre à mon service depuis quelques semaines, et sur la fidélité duquel j'avais conçu des soupçons. L'idée qu'il pouvait m'avoir emporté ma valise s'était à peine présentée à moi, que je courus à l'auberge : il était temps. Comme je tournais le coin de la rue où se trouve l'hôtel de la *Bonne Femme*, je le vis sortir précipitamment de la porte, précédé d'un portefaix chargé de ma valise. Il s'était chargé lui-même de ma cassette ; et, au lieu de tourner de mon côté, il s'acheminait à gauche dans une direction opposée à celle qu'il devait tenir. Son intention devenait manifeste. Je le joignis aisément, et, sans lui rien dire, je marchai quelque temps à côté de lui avant qu'il s'en aperçût. Si l'on voulait peindre l'expression de l'étonnement et de l'effroi portée au plus haut degré sur la figure humaine, il en aurait été le modèle parfait quand il me vit à ses côtés. J'eus tout le loisir d'en faire l'étude ; car il était si déconcerté de mon apparition inattendue et du sérieux avec lequel je le regardais, qu'il continua de marcher quelque temps avec moi sans proférer une parole, comme si nous avions été à la promenade ensemble. Enfin, il balbutia le prétexte d'une affaire dans la rue du Grand-Doire ; mais je le remis dans le bon chemin et nous revînmes à la maison, où je le congédiai.

Ce fut alors seulement que je me proposai de faire un nouveau voyage dans ma chambre, pendant la dernière nuit que je devais y passer, et je m'occupai à l'instant même des préparatifs.

III

Depuis longtemps, je désirais revoir le pays que j'avais parcouru jadis si délicieusement, et dont la description ne me paraissait pas complète. Quelques amis qui l'avaient goûtée me sollicitaient de la continuer, et je m'y serais décidé plus tôt sans doute, si je n'avais pas été séparé de mes compagnons de voyage. Je rentrais à regret dans la carrière. Hélas ! j'y rentrais seul. J'allais voyager sans mon cher Joannetti[1] et sans l'aimable Rosine[2]. Ma première chambre elle-même avait subi la plus désastreuse révolution ; que dis-je ! elle n'existait plus ; son enceinte faisait alors partie d'une horrible masure noircie par les flammes, et toutes les inventions meurtrières de la guerre s'étaient réunies pour la détruire de fond en comble. Le mur auquel était suspendu le portrait de Mme de Hautcastel avait été percé par une bombe. Enfin, si heureusement je n'avais pas fait mon voyage avant cette catastrophe, les savants de nos jours n'auraient jamais eu connaissance de cette chambre remarquable. C'est ainsi que, sans les observations d'Hipparque, ils ignoreraient aujourd'hui qu'il existait jadis une étoile de plus dans les pléiades, qui est disparue depuis ce fameux astronome.

Déjà, forcé par les circonstances, j'avais depuis quelque temps abandonné ma chambre et transporté mes pénates ailleurs. Le malheur n'est pas grand, dira-t-on. Mais comment remplacer Joannetti et Rosine ? Ah ! cela n'est pas possible. Joannetti m'était devenu si nécessaire, que sa perte ne sera jamais réparée pour moi. Qui peut, au reste, se flatter de vivre toujours avec les personnes qu'il chérit ? Semblables à ces essaims de moucherons que l'on voit tourbillonner dans les airs pendant les belles soirées d'été, les hommes se rencontrent par hasard et pour bien peu de temps. Heureux encore si, dans leur mouvement rapide, aussi adroits que les moucherons, ils ne se rompent pas la tête les uns contre les autres !

Je me couchais un soir, Joannetti me servait avec son zèle or-

---

1. Nom du domestique de l'auteur.
2. Nom d'une petite chienne favorite de Xavier de Maistre.

dinaire, et paraissait même plus attentif. Lorsqu'il emporta la lumière, je jetai les yeux sur lui, et je vis une altération marquée sur sa physionomie. Devais-je croire cependant que le pauvre Joannetti me servait pour la dernière fois? Je ne tiendrai point le lecteur dans une incertitude plus cruelle que la vérité. Je préfère lui dire sans ménagement que Joannetti se maria dans la nuit même, et me quitta le lendemain.

Mais qu'on ne l'accuse pas d'ingratitude pour avoir quitté son maître si brusquement. Je savais son intention depuis longtemps, et j'avais eu tort de m'y opposer. Un officieux vint de grand matin chez moi pour me donner cette nouvelle, et j'eus le loisir, avant de revoir Joannetti, de me mettre en colère et de m'apaiser, ce qui lui épargna les reproches auxquels il s'attendait. Avant d'entrer dans ma chambre, il affecta de parler haut à quelqu'un depuis la galerie, pour me faire croire qu'il n'avait pas peur; et, s'armant de toute l'effronterie qui pouvait entrer dans une bonne âme comme la sienne, il se présenta d'un air déterminé. Je vis à l'instant sur sa figure tout ce qui se passait dans son âme, et je ne lui en sus pas mauvais gré. Les mauvais plaisants de nos jours ont tellement effrayé les bonnes gens sur les dangers du mariage, qu'un nouveau marié ressemble souvent à un homme qui vient de faire une chute épouvantable sans se faire aucun mal, et qui est à la fois troublé de frayeur et de satisfaction, ce qui lui donne un air ridicule. Il n'était donc pas étonnant que les actions de mon fidèle serviteur se ressentissent de la bizarrerie de sa situation.

« Te voilà donc marié, mon cher Joannetti? » lui dis-je en riant. Il ne s'était précautionné que contre ma colère, en sorte que tous ses préparatifs furent perdus. Il retomba tout à coup dans son assiette ordinaire, et même un peu plus bas, car il se mit à pleurer. « Que voulez-vous, monsieur? me dit-il d'une voix altérée, j'avais donné ma parole. — Eh! morbleu! tu as bien fait, mon ami; puisses-tu être content de ta femme, et surtout de toi-même! Puisses-tu avoir des enfants qui te ressemblent! Il faudra donc nous séparer! — Oui, monsieur; nous comptons aller nous établir à Asti. — Et quand veux-tu me quitter? » Ici, Joannetti baissa les yeux d'un air embarrassé, et répondit de deux tons plus bas : « Ma femme a trouvé un voiturier de son pays qui retourne avec sa voiture vide, et qui part aujourd'hui. Ce serait une belle occasion; mais... cependant... ce sera quand il plaira à monsieur... Quoiqu'une semblable occasion se retrouverait difficilement. — Eh quoi! si tôt? » lui dis-je. Un sentiment de regret et d'affection, mêlé d'une forte dose de dépit, me fit garder un instant le silence. « Non, certainement, lui répondis-je assez durement, je ne vous retiendrai point; partez à l'heure même, si cela vous arrange. » Joannetti pâlit. « Oui, pars, mon ami, va trouver ta femme; sois toujours aussi bon, aussi honnête que tu l'as été avec moi. » Nous fîmes quelques arrangements; je lui dis tristement adieu; il sortit.

Cet homme me servait depuis quinze ans. Un instant nous a séparés. Je ne l'ai plus revu.

Je réfléchissais, en me promenant dans ma chambre, à cette

brusque séparation. Rosine avait suivi Joannetti sans qu'il s'en aperçût. Un quart d'heure après, la porte s'ouvrit ; Rosine entra. Je vis la main de Joannetti qui la poussa dans la chambre; la porte se referma, et je sentis mon cœur se serrer... Il n'entre déjà plus chez moi ! — Quelques minutes ont suffi pour rendre étrangers l'un à l'autre deux vieux compagnons de quinze ans. O triste, triste condition de l'humanité, de ne pouvoir jamais trouver un seul objet stable sur lequel placer la moindre de ses affections !

IV

Rosine aussi vivait alors loin de moi. Vous apprendrez sans doute, avec quelque intérêt, que à l'âge de quinze ans, elle était encore le plus aimable des animaux, et que la même supériorité d'intelligence qui la distinguait jadis de toute son espèce lui servit également à supporter le poids de la vieillesse. J'aurais désiré ne m'en point séparer ; mais lorsqu'il s'agit du sort de ses amis, ne doit-on consulter que son plaisir ou son intérêt ! L'intérêt de Rosine était de quitter la vie ambulante qu'elle menait avec moi, et de goûter enfin dans ses vieux jours un repos que son maître n'espérait plus. Son grand âge m'obligeait à la faire porter. Je crus devoir lui accorder ses invalides. — Une religieuse bienfaisante se chargea de la soigner le reste de ses jours; et je sais que, dans cette retraite, elle a joui de tous les avantages que ses bonnes qualités, son âge et sa réputation lui avaient si justement mérités.

Et puisque telle est la nature des hommes que le bonheur semble n'être pas fait pour eux, puisque l'ami offense son ami sans le vouloir, et que les amants eux-mêmes ne peuvent vivre sans se quereller; enfin, puisque, depuis Lycurgue jusqu'à nos jours, tous les législateurs ont échoué dans les efforts pour rendre les hommes heureux, j'aurai du moins la consolation d'avoir fait le bonheur d'un chien.

V

Il serait inutile de parler des dimensions de ma nouvelle chambre. Elle ressemble si fort à la première, qu'on s'y méprendrait au premier coup d'œil, si, par une précaution de l'architecte, le plafond ne s'inclinait obliquement du côté de la rue, et ne laissait au toit la direction qu'exigent les lois de l'hydraulique pour l'écoulement de la pluie. Elle reçoit le jour par une seule ouverture de deux pieds et demi de large sur quatre pieds de haut, élevée de six à sept pieds environ au-dessus du plancher, et à laquelle on arrive au moyen d'une petite échelle.

L'élévation de ma fenêtre au-dessus du plancher est une des circonstances heureuses qui peuvent être également dues au hasard ou au génie de l'architecte. Le jour presque perpendiculaire qu'elle répandait dans mon réduit lui donnait un aspect mystérieux. Le temple antique du Panthéon reçoit le jour à peu près de la même manière. En outre, aucun objet extérieur ne pouvait me distraire. Semblable à ces navigateurs qui, perdus sur le vaste Océan, ne voient plus que le ciel et la mer, je ne voyais que le ciel et ma chambre, et les objets extérieurs les plus voisins sur lesquels pouvaient se porter mes regards étaient la lune ou l'étoile du matin, ce qui me mettait dans un rapport immédiat avec le ciel, et donnait à mes pensées un vol élevé qu'elles n'auraient jamais eu si j'avais choisi mon logement au rez-de-chaussée.

La fenêtre dont j'ai parlé s'élevait au-dessus du toit et formait la plus jolie lucarne : sa hauteur sur l'horizon était si grande que, lorsque les premiers rayons du soleil venaient l'éclairer, il faisait encore sombre dans la rue. Aussi je jouissais d'une des plus belles vues qu'on puisse imaginer. Mais la plus belle vue nous fatigue bientôt lorsqu'on la voit trop souvent ; l'œil s'y habitue et l'on n'en fait plus de cas. La situation de ma fenêtre me préservait encore de cet inconvénient, parce que je ne voyais jamais le magnifique spectacle de la campagne de Turin sans monter quatre ou cinq échelons, ce qui me procurait des jouissances toujours vives, parce qu'elles étaient ménagées. Lorsque, fatigué, je voulais me donner une agréable récréation, je terminais ma journée en montant à ma fenêtre.

Au premier échelon, je ne voyais encore que le ciel ; bientôt le temple colossal de la Superga[1] commençait à paraître. La colline de Turin, sur laquelle il repose, s'élevait peu à peu devant moi, couverte de forêts et de riches vignobles, offrant avec orgueil au soleil couchant ses jardins et ses palais, tandis que des habitations simples et modestes semblaient se cacher à moitié dans ses vallons, pour servir de retraite au sage et favoriser ses méditations.

Charmante colline ! tu m'as vu souvent rechercher tes retraites solitaires, et préférer tes sentiers écartés aux promenades brillantes de la capitale ; tu m'as vu souvent perdu dans tes labyrinthes de verdure, attentif au chant de l'alouette matinale, le cœur plein d'une vague inquiétude et du désir ardent de me fixer pour jamais dans tes vallons enchantés. — Je te salue, colline charmante ! tu es peinte dans mon cœur ! Puisse la rosée céleste rendre, s'il est possible, tes champs plus fertiles et tes bocages plus touffus ! puissent tes habitants jouir en paix de leur bonheur, et tes ombrages leur être favorables et salutaires ! puisse enfin ton heureuse terre être toujours le doux asile de la vraie philosophie, de la science modeste, de l'amitié sincère et hospitalière que j'y ai trouvée !

VI

Je commençai mon voyage à huit heures du soir précises. Le temps était calme et promettait une belle nuit. J'avais pris mes précautions pour ne pas être dérangé par des visites, qui sont très

---

1. Église élevée par le roi Victor-Amédée Ier, en 1706.

rares à la hauteur où je logeais, dans les circonstances surtout où je me trouvais alors, et pour rester seul jusqu'à minuit. Quatre heures suffisaient amplement à l'exécution de mon entreprise, ne voulant faire pour cette fois qu'une simple excursion autour de ma chambre. Si le premier voyage a duré quarante-deux jours, c'est parce que je n'avais pas été le maître de le faire plus court. Je ne voulus pas non plus m'assujettir à voyager en voiture, comme auparavant, persuadé qu'un voyageur pédestre voit beaucoup de choses qui échappent à celui qui court la poste. Je résolus donc d'aller alternativement, et suivant les circonstances, à pied ou à cheval, nouvelle méthode que je n'ai pas encore fait connaître, et dont on verra bientôt l'utilité. Enfin, je me proposai de prendre des notes en chemin, et d'écrire mes observations à mesure que je les faisais, pour ne rien oublier.

Afin de mettre de l'ordre dans mon entreprise, et de lui donner une nouvelle chance de succès, je pensai qu'il fallait commencer par composer une épître dédicatoire et l'écrire en vers pour la rendre plus intéressante. Mais deux difficultés m'embarrassaient et faillirent m'y faire renoncer, malgré tout l'avantage que j'en pouvais retirer. La première était de savoir à qui j'adresserais l'épître, la seconde comment je m'y prendrais pour faire des vers. Après y avoir mûrement réfléchi, je ne tardai pas à comprendre qu'il était raisonnable de faire premièrement mon épître de mon mieux, et de chercher ensuite quelqu'un à qui elle pût convenir. Je me mis à l'instant à l'ouvrage et je travaillai pendant plus d'une heure sans pouvoir trouver une rime au premier vers que j'avais fait et que je voulais conserver, parce qu'il me paraissait très heureux. Je me souvins alors fort à propos d'avoir lu quelque part que le célèbre Pope ne composait jamais rien d'intéressant sans être obligé de déclamer longtemps à haute voix, et de s'agiter en tous sens dans son cabinet pour exciter sa verve. J'essayai à l'instant de l'imiter. Je pris les poésies d'Ossian et je les récitai tout haut, en me promenant à grand pas pour me monter à l'enthousiasme.

Je vis, en effet, que cette méthode exaltait insensiblement mon imagination, et me donnait un sentiment secret de capacité poétique dont j'aurais certainement profité pour composer avec succès mon épître dédicatoire en vers, si malheureusement je n'avais oublié l'obliquité du plafond de ma chambre, dont l'abaissement rapide empêcha mon front d'aller aussi avant que mes pieds dans la direction que j'avais prise. Je frappai si rudement de la tête contre cette maudite cloison, que le toit de la maison, en fut ébranlé : les moineaux qui dormaient sur les tuiles s'envolèrent épouvantés, et le contrecoup me fit reculer de trois pas en arrière.

VII

Tandis que je me promenais ainsi pour exciter ma verve, une jeune et jolie femme, qui logeait au-dessous de moi, étonnée du tapage que je faisais, et croyant peut-être que je donnais un bal dans ma chambre, députa son mari pour s'informer de la cause du bruit. J'étais encore tout étourdi de la contusion que j'avais reçue, lorsque la porte s'ouvrit. Un homme âgé, portant un visage mélancolique, avança la tête et promena ses regards curieux dans la chambre. Quand la surprise de me trouver seul lui permit de parler : « Ma femme a la migraine, monsieur, me dit-il d'un air fâché. Permettez-moi de vous faire observer que... » Je l'interrompis aussitôt, et mon style se ressentit de la hauteur de mes pensées. « Respectable messager de ma belle voisine, lui dis-je dans le langage des bardes, pourquoi tes yeux brillent-ils, sous tes épais sourcils, comme deux météores dans la forêt noire de Cromba? Ta belle compagne est un rayon de lumière, et je mourrais mille fois plutôt que de vouloir troubler son repos; mais ton aspect, ô respectable messager !... ton aspect est sombre comme la voûte la plus reculée de la caverne de Camora, lorsque les nuages amoncelés de la tempête obscurcissent la face de la nuit, et pèsent sur les compagnes silencieuses de Morven. »

Le voisin, qui n'avait apparemment jamais lu les poésies d'Ossian, prit mal à propos l'accès d'enthousiasme qui m'animait pour un accès de folie, et parut fort embarrassé. Mon intention n'étant point de l'offenser, je lui offris un siège, et je le priai de s'asseoir; mais je m'aperçus qu'il se retirait doucement et se signait en disant à mi-voix : *E matto, per Bacco, è matto*[1] !

VIII

Je le laissai sortir sans vouloir approfondir jusqu'à quel point son observation était fondée, et je m'assis à mon bureau pour prendre note de ces événements, comme je fais toujours; mais à peine eus-je ouvert un tiroir dans lequel j'espérais trouver du papier, que je le refermai brusquement, troublé par un des sentiments les plus désagréables que l'on puisse éprouver : celui de l'amour-propre humilié. L'espèce de surprise dont je fus saisi dans cette occasion ressemble à celle qu'éprouve un voyageur altéré lorsque, approchant ses lèvres d'une fontaine limpide, il aperçoit au fond de l'eau une grenouille qui le regarde. Ce n'était cependant autre chose que les ressorts et la carcasse d'une colombe artificielle, qu'à l'exemple d'Archytas je m'étais proposé jadis de faire voler dans les airs. J'avais travaillé sans relâche à sa construction pendant plus de trois mois. Le jour de l'essai venu, je la plaçai sur le bord d'une table, après avoir soigneusement fermé la porte, afin de tenir la découverte secrète et de donner une aimable surprise à mes amis. Un fil tenait le mécanisme immobile. Qui pourrait imaginer les palpitations de mon cœur et les angoisses de mon amour-propre lorsque j'approchai les ciseaux pour couper le lien fatal !... Zest !... le ressort de la colombe part et se développe avec bruit. Je lève les yeux pour la voir passer; mais après avoir fait quelques tours sur elle-même, elle tombe et va s'

---

[1]. « Il est fou, il est fou ! »

cacher sous la table. Rosine, qui dormait là, s'éloigna tristement. Rosine, qui ne vit jamais ni poulet, ni pigeon, ni petit oiseau, sans les attaquer et les poursuivre, ne daigna pas même regarder ma colombe qui se débattait sur le plancher... Ce fut le coup de grâce pour mon amour-propre. J'allai prendre l'air sur les remparts.

IX

Tel fut le sort de ma colombe artificielle. Tandis que le génie de la mécanique la destinait à suivre l'aigle dans les cieux, le destin lui donna les inclinations d'une taupe.

Je me promenais tristement et découragé, comme on l'est toujours après une grande espérance déçue, lorsque, levant les yeux, j'aperçus un vol de grues qui passait sur ma tête. Je m'arrêtai pour les examiner. Elles s'avançaient en ordre triangulaire, comme la colonne anglaise à la bataille de Fontenoy. Je les voyais traverser le ciel de nuage en nuage. « Ah! qu'elles volent bien! disais-je tout bas; avec quelle assurance elles semblent glisser sur l'invisible sentier qu'elles parcourent! » L'avouerais-je? Hélas! qu'on me le pardonne! l'horrible sentiment de l'envie est une fois, une seule fois entré dans mon cœur, et c'était pour des grues. Je les poursuivis de mes regards jaloux jusqu'aux bornes de l'horizon. Longtemps, immobile au milieu de la foule qui se promenait, j'observais le mouvement rapide des hirondelles, et je m'étonnais de les voir suspendues dans les airs, comme si je n'avais jamais vu ce phénomène. Le sentiment d'une admiration profonde, inconnue pour moi jusqu'alors, éclairait mon âme. Je croyais voir la nature pour la première fois. J'entendais avec surprise le bourdonnement des mouches, le chant des oiseaux, et ce bruit mystérieux et confus de la création vivante qui célèbre involontairement son auteur. Concert ineffable, auquel l'homme seul a le privilège sublime de pouvoir joindre des accents de reconnaissance! « Quel est l'auteur de ce brillant mécanisme? m'écriai-je dans le transport qui m'animait. Quel est celui qui, ouvrant sa main créatrice, laissa échapper la première hirondelle dans les airs? — celui qui donna l'ordre à ces arbres de sortir de la terre et d'élever leurs rameaux vers le ciel? — Et toi, qui t'avances majestueusement sous leur ombre, créature ravissante dont les traits commandent le respect et l'amour, qui t'a placée sur la surface de la terre pour l'embellir? Quelle est la pensée qui dessina tes formes divines, qui fut assez puissante pour créer le regard et le sourire de l'innocente beauté?... Et moi-même, qui sens palpiter mon cœur... quel est le but de mon existence? — Que suis-je, et d'où viens-je, moi, l'auteur de la colombe artificielle centripète?... »

X

Dès que je fus remis un peu du trouble que m'avait causé l'aspect de ma colombe artificielle, la douleur de la contusion que j'avais reçue se fit sentir vivement. Je passai la main sur mon front, et j'y reconnus une nouvelle protubérance précisément à cette partie de la tête où le docteur Gall a placé la protubérance poétique. Mais je n'y songeais point alors, et l'expérience devait seule me démontrer la vérité du système de cet homme célèbre.

Après m'être recueilli quelques instants pour faire un dernier effort en faveur de mon épître dédicatoire, je pris un crayon et me mis à l'ouvrage. Quel fut mon étonnement !... les vers coulaient d'eux-mêmes sous ma plume ; j'en remplis deux pages en moins d'une heure, et je conclus de cette circonstance que, si le mouvement était nécessaire à la tête de Pope pour composer des vers, il ne fallait pas moins qu'une contusion pour en tirer de la mienne. Je ne donnerai pas cependant au lecteur ceux que je fis alors, parce que la rapidité prodigieuse avec laquelle se succédaient les aventures de mon voyage, m'empêcha d'y mettre la dernière main. Malgré cette réticence, il n'est pas douteux qu'on doit regarder l'accident qui m'était arrivé comme une découverte précieuse, et dont les poètes ne sauraient trop user.

Je suis, en effet, si convaincu de l'infaillibilité de cette nouvelle méthode, que, dans le poème en vingt-quatre chants que j'ai composé depuis lors, et qui sera publié avec *la Prisonnière de Pignerol*[1], je n'ai pas cru nécessaire jusqu'à présent de commencer les vers ; mais j'ai mis au net cinq cents pages de notes, qui forment, comme on le sait, tout le mérite et le volume de la plupart des poèmes modernes.

Comme je rêvais profondément à mes découvertes, en marchant dans ma chambre, je rencontrai mon lit, sur lequel je tombai assis, et, ma main se trouvant par hasard tombée sur mon bonnet, je pris le parti de m'en couvrir la tête et de me coucher.

XI

J'étais au lit depuis un quart d'heure, et, contre mon ordinaire, je ne dormais point encore. A l'idée de mon épître dédicatoire avaient succédé les réflexions les plus tristes, et ma lumière, qui tirait vers sa fin, ne jetait plus qu'une lueur inconstante et lugubre du fond de la bobèche, et ma chambre avait l'air d'un tombeau. Un coup de vent ouvrit tout à coup la fenêtre, éteignit ma bougie, et ferma la porte avec violence. La teinte noire de mes pensées s'accrut avec l'obscurité.

Tous mes plaisirs passés, toutes mes peines présentes vinrent fondre à la fois dans mon cœur, et le remplirent de regrets et d'amertume.

Quoique je fasse des efforts continuels pour oublier mes chagrins et les chasser de ma pensée, il m'arrive quelquefois, lorsque je n'y prends pas garde, qu'ils rentrent tous à la fois dans ma mémoire, comme si on leur ouvrait une écluse. Il ne me reste

---

1. L'auteur renonça depuis à publier *la Prisonnière de Pignero*, cet ouvrage rentrant trop dans le genre du roman.

plus d'autre parti à prendre dans ces occasions que de m'abandonner au torrent qui m'entraîne, et mes idées deviennent alors si noires, tous les objets me paraissent si lugubres, que je finis ordinairement par rire de ma folie; en sorte que le remède se trouve dans la violence même du mal.

J'étais encore dans toute la force d'une de ces crises mélancoliques, lorsqu'une partie de la bouffée de vent qui avait ouvert ma fenêtre et fermé ma porte en passant, après avoir fait quelques tours dans ma chambre, feuilleté mes livres et jeté une feuille volante de mon voyage par terre, entra finalement dans mes rideaux, et vint mourir sur ma joue. Je sentis la douce fraîcheur de la nuit, et regardant cela comme une invitation de sa part, je me levai tout de suite, et j'allai sur mon échelle jouir du calme de la nature.

XII

Le temps était serein : la voie lactée, comme un léger nuage, partageait le ciel; un doux rayon partait de chaque étoile pour venir jusqu'à moi, et, lorsque j'en examinais une attentivement, ses compagnes semblaient scintiller plus vivement pour attirer mes regards.

C'est un charme toujours nouveau pour moi que celui de contempler le ciel étoilé, et je n'ai pas à me reprocher d'avoir fait un seul voyage, ni même une simple promenade nocturne, sans payer le tribut d'admiration que je dois aux merveilles du firmament. Quoique je sente toute l'impuissance de ma pensée dans ces hautes méditations, je trouve un plaisir inexprimable à m'en occuper. J'aime à penser que ce n'est point le hasard qui conduit jusqu'à mes yeux cette émanation des mondes éloignés, et chaque étoile verse avec sa lumière un rayon d'espérance dans mon cœur. Eh quoi! ces merveilles n'auraient-elles d'autre rapport avec moi que celui de briller à mes yeux? Et ma pensée qui s'élève jusqu'à elles, mon cœur qui s'émeut à leur aspect, leur seraient-ils étrangers?... Spectateur éphémère d'un spectacle éternel, l'homme lève un instant les yeux vers le ciel, et les referme pour toujours ; mais, pendant cet instant rapide qui lui est accordé, de tous les points du ciel et depuis les bornes de l'univers, un rayon consolateur part de chaque monde et vient frapper ses regards, pour lui annoncer qu'il existe un rapport entre l'immensité et lui, et qu'il est associé à l'éternité.

XIII

Un sentiment fâcheux troublait cependant le plaisir que j'éprouvais en me livrant à ces méditations. Combien peu de personnes, me disais-je, jouissent maintenant avec moi du spectacle sublime que le ciel étale inutilement pour les hommes assoupis!... Passe encore pour ceux qui dorment; mais qu'en coûterait-il à ceux qui se promènent, à ceux qui sortent en foule du théâtre, de regarder un instant et d'admirer les brillantes constellations qui rayonnent de toutes parts sur leur tête? — Non, les spectateurs attentifs de Scapin ou de Jocrisse ne daigneront pas lever les yeux : ils vont rentrer brutalement chez eux, ou ailleurs, sans songer que le ciel existe. Quelle bizarrerie !... parce qu'on peut le voir souvent et gratis, ils n'en veulent pas. Si le firmament était toujours voilé pour nous, si le spectacle qu'il nous offre dépendait d'un entrepreneur, les premières loges sur les toits seraient hors de prix, et les dames de Turin s'arracheraient ma lucarne.

« Oh! si j'étais souverain d'un pays, m'écriai-je, saisi d'une juste indignation, je ferais chaque nuit sonner le tocsin, et j'obligerais mes sujets de tout âge, de tout sexe et de toute condition, de se mettre à la fenêtre et de regarder les étoiles. » Ici, la raison, qui dans mon royaume, n'a qu'un droit contesté de remontrance, fut cependant plus heureuse qu'à l'ordinaire dans les représentations qu'elle me proposa au sujet de l'édit inconsidéré que je voulais proclamer dans mes États. « Sire, me dit-elle, Votre Majesté ne daignerait-elle pas faire une exception en faveur des nuits pluvieuses, puisque, dans ce cas, le ciel étant couvert... — Fort bien, fort bien, répondis-je, je n'y avais pas songé : vous noterez une exception en faveur des nuits pluvieuses. — Sire, ajouta-t-elle, je pense qu'il serait à propos d'excepter aussi les nuits sereines, lorsque le froid est excessif et que la bise souffle, puisque l'exécution rigoureuse de l'édit accablerait vos heureux sujets de rhumes et de catarrhes. » Je commençais à voir beaucoup de difficultés dans l'exécution de mon projet ; mais il m'en coûtait de revenir sur mes pas. « Il faudra, dis-je, écrire au Conseil de médecine et à l'Académie des sciences pour fixer le degré du thermomètre centigrade auquel mes sujets pourront se dispenser de se mettre à la fenêtre ; mais je veux, j'exige absolument que l'ordre soit exécuté à la rigueur. — Et les malades, sire ? — Cela va sans dire ; qu'ils soient exceptés ; l'humanité doit aller avant tout. — Si je ne craignais de fatiguer Votre Majesté, je lui ferais encore observer que l'on pourrait (dans le cas où elle le jugerait à propos et que la chose ne présentât pas de grands inconvénients) ajouter aussi une exception en faveur des aveugles, puisque, étant privés de l'organe de la vue... — Eh bien ! est-ce tout ? interrompis-je avec humeur. — Pardon, sire, mais les amoureux ? Le cœur débonnaire de Votre Majesté pourrait-il les contraindre à regarder aussi les étoiles ? — C'est bon, c'est bon, dit le roi ; remettons cela ; nous y penserons à tête reposée. Vous me donnerez un mémoire détaillé là-dessus. »

Bon Dieu !... bon Dieu !... combien il faut réfléchir avant de donner un édit de haute police !

XIV

Les étoiles les plus brillantes n'ont jamais été celles que je contemple avec le plus de plaisir ; mais les plus petites, celles qui, perdues dans un éloignement incommensurable, ne paraissent que comme des points imperceptibles, ont toujours été mes étoiles favorites. La raison en est toute simple : on concevra facilement qu'en faisant faire à mon imagination autant de chemin de l'autre côté de leur sphère que mes regards en font de celui-ci pour parvenir jusqu'à elles, je me trouve porté sans effort à une distance où peu de voyageurs sont parvenus avant moi, et je m'étonne, en me trouvant là, de n'être encore au commencement de ce vaste univers : car il serait, je crois, ridicule de penser qu'il existe une barrière au delà de laquelle le néant commence, comme si le néant était plus facile à comprendre que l'existence ! après la dernière étoile, j'en imagine encore une autre, qui ne saurait non plus être la dernière. En assignant des limites à la création, tant soient-elles éloignées, l'univers ne me paraît plus qu'un point lumineux, comparé à l'immensité de l'espace vide qui l'environne, à cet affreux et sombre néant, au milieu duquel il serait suspendu comme une lampe solitaire. — Ici, je me couvris les yeux avec mes deux mains, pour m'éloigner toute espèce de distraction, et donner à mes idées la profondeur qu'un semblable sujet exige; et, faisant un effort de tête surnaturel, je composai un système du monde, le plus complet qui ait encore paru. Le voici dans tous ses détails : il est le résultat de toute ma vie. « Je crois que l'espace étant... » Mais ceci mérite un chapitre à part; et, vu l'importance de la matière, il sera le seul de mon voyage qui portera un titre.

XV

SYSTÈME DU MONDE

Je crois donc que l'espace étant infini, la création l'est aussi, et que Dieu a créé dans son éternité une infinité de mondes dans l'immensité de l'espace.

XVI

J'avouerai cependant de bonne foi que je ne comprends guère mieux mon système que tous les autres systèmes éclos jusqu'à ce jour de l'imagination des philosophes anciens ou modernes; mais le mien a l'avantage précieux d'être contenu dans quatre lignes, tout énorme qu'il est. Le lecteur indulgent voudra bien observer aussi qu'il a été composé au sommet d'une échelle. Je l'aurais cependant embelli de commentaires et de notes, si, dans le moment où j'étais le plus fortement occupé de mon sujet, je n'avais été distrait par des sons enchanteurs qui vinrent frapper agréablement mon oreille. Une voix, telle que je n'en ai jamais entendu de plus mélodieuse, une de ces voix qui sont toujours à l'unisson des fibres de mon cœur, chantait tout près de moi une romance dont je ne perdis pas un mot, et qui ne sortira jamais de ma mémoire. En écoutant avec attention, je découvris que la voix partait d'une fenêtre plus basse que la mienne; malheureusement, je ne pouvais la voir, l'extrémité du toit au-dessus duquel s'élevait ma lucarne la cachant à mes yeux. Cependant, le désir d'apercevoir la sirène qui me charmait par ses accords augmentait à proportion du charme de la romance, dont les paroles auraient arraché des larmes à l'être le plus insensible. Bientôt, ne pouvant plus résister à ma curiosité, je montai jusqu'au dernier échelon, je mis un pied sur le bord du toit, et, me tenant d'une main au montant de la fenêtre, je me suspendis ainsi sur la rue, au risque de me précipiter.

Je vis alors sur un balcon, à ma gauche, un peu au-dessous de moi, une jeune femme en déshabillé blanc : sa main soutenait sa tête charmante, assez penchée pour laisser entrevoir, à la lueur des astres, le profil le plus intéressant, et son attitude semblait imaginée pour présenter dans tout son jour, à un voyageur aérien comme moi, une taille svelte et bien prise ; un de ses pieds nus, jeté négligemment en arrière, était tourné de façon qu'il m'était possible, malgré l'obscurité, d'en présumer les heureuses dimensions, tandis qu'une jolie petite mule, dont il était séparé, les déterminait encore mieux à mon œil curieux. Je n'osais faire la moindre exclamation de peur d'effaroucher ma belle voisine, ni le moindre mouvement de peur de tomber dans la rue.

Un soupir m'échappa cependant malgré moi ; mais je fus à temps d'en retenir la moitié ; le reste fut emporté par un zéphir qui passait, et j'eus tout le loisir d'examiner la rêveuse, soutenu dans cette position périlleuse par l'espoir de l'entendre chanter encore. Mais, hélas ! sa romance était finie, et mon mauvais destin lui fit garder le silence le plus opiniâtre. Enfin, après avoir attendu bien longtemps, je crus pouvoir me hasarder à lui adresser la parole : il ne s'agissait plus que de trouver un compliment digne d'elle et des sentiments qu'elle m'avait inspirés. Oh ! combien je regrettai de n'avoir pas terminé mon épître dédicatoire en vers ! comme je l'aurais placée à propos dans cette occasion. Ma présence d'esprit ne m'abandonna pas au besoin. Inspiré par la douce influence des astres après avoir toussé légèrement pour la prévenir, et pour rendre le son de ma voix plus doux : « Il fait bien beau temps, cette nuit, » lui dis-je du ton le plus affectueux qu'il me fut possible.

XVII

Je crois entendre d'ici Mme de Hautcastel, qui ne me passe rien, me demander compte de la romance dont j'ai parlé dans le chapitre précédent. Pour la première fois de ma vie, je me trouve dans la nécessité de lui refuser quelque chose. Si j'insérais ces vers dans mon voyage, on ne manquerait pas de m'en croire l'auteur, ce qui m'attirerait, sur la nécessité des confusions, plus d'une mauvaise plaisanterie que je veux éviter. Je continuerai donc la relation de mon aventure, aventure dont la catastrophe inattendue ainsi que la délicatesse avec laquelle je l'ai conduite sont faites pour intéresser toutes les classes de lecteurs.

Quoi qu'il en soit, il est très sûr que je ne vis rien de mieux à dire, sur le bord du toit où je me trouvais, que les paroles en question. Je ne les eus pas plutôt prononcées, que mon âme se transporta tout entière au tympan de mes oreilles, pour saisir jusqu'à la moindre nuance des sons que j'espérais entendre. La belle releva sa tête pour me regarder ; ses longs cheveux déployèrent comme un voile, et servirent de fond à son visage charmant, qui réfléchissait la lumière mystérieuse des étoiles... Mais, ô ciel! quelle fut ma surprise et ma terreur!... Un bruit sinistre se fit entendre : « Que faites-vous là, madame, à cette heure? Rentrez! » dit une voix mâle et sonore dans l'intérieur de l'appartement. Je fus pétrifié.

XVIII

Tel doit être le bruit qui vient effrayer les coupables, lorsqu'on ouvre tout à coup devant eux les portes brûlantes du Tartare, ou tel encore doit être celui que font, sous les voûtes infernales, les sept cataractes du Styx, dont les poètes ont oublié de parler.

XIX

Une étoile filante traversa le ciel en ce moment, et disparut presque aussitôt. Mes yeux, que la clarté du météore avait détournés un instant, se reportèrent sur le balcon, et n'y virent plus que la petite pantoufle. Ma voisine, dans sa retraite précipitée, avait oublié de la reprendre.

On raconte que, lorsqu'un serpent regarde un rossignol, le malheureux oiseau, victime d'un charme irrésistible, est forcé de s'approcher du reptile vorace. Ses ailes rapides ne lui servent plus qu'à le conduire à sa perte, et chaque effort qu'il fait pour s'éloigner le rapproche de l'ennemi qui le poursuit de son regard inévitable.

Tel était sur moi l'effet de cette pantoufle, sans que cependant je puisse dire avec certitude qui, de la pantoufle ou de moi, était le serpent, puisque, selon les lois de la physique, l'attraction devait être réciproque. Il est certain que cette influence funeste n'était point un jeu de mon imagination. J'étais si réellement et si fortement attiré, que je fus deux fois au moment de lâcher la main et de me laisser tomber. Cependant, comme le balcon sur lequel je voulais aller n'était pas exactement sous ma fenêtre, mais un peu de côté, je vis fort bien que la force de gravitation inventée par Newton, venant à se combiner avec l'attraction oblique de la pantoufle, j'aurais suivi dans ma chute une diagonale, et je serais tombé sur une guérite qui ne me paraissait pas plus grosse qu'un œuf, de la hauteur où je me trouvais, en sorte que mon but aurait été manqué... Je me cramponnai donc plus fortement encore à la fenêtre, et, faisant un effort de résolution, je parvins à lever les yeux et à regarder le ciel.

XX

Les beautés malheureuses ont particulièrement des droits sur mon cœur, et le tribut de sensibilité que je leur dois n'affaiblit point l'intérêt que je porte à celles qui sont heureuses. Cette disposition varie à l'infini mes plaisirs, et me permet de passer tour à tour de la mélancolie à la gaieté, et d'un repos sentimental à l'exaltation.

Souvent aussi, je forme des intrigues dans l'histoire ancienne, et j'efface des lignes entières dans les vieux registres du destin. Combien de fois n'ai-je pas arrêté la main parricide de Virginius et sauvé la vie à sa fille infortunée, victime à la fois de l'excès du crime et de celui de la vertu ! Cet événement me remplit de terreur lorsqu'il revient à ma pensée ; je ne m'étonne point s'il fut l'origine d'une révolution.

J'espère que les personnes raisonnables, ainsi que les âmes compatissantes, me sauront gré d'avoir arrangé cette affaire à l'amiable ; et tout homme qui connaît un peu le monde jugera comme moi que, si on avait laissé faire le décemvir, cet homme passionné n'aurait pas manqué de rendre justice à la vertu de Virginie : les parents s'en seraient mêlés ; le père Virginius, à la fin, se serait apaisé, et le mariage s'en serait suivi dans toutes les formes voulues par la loi.

XXI

Après avoir sauvé l'intéressante Virginie, j'échappe modestement à sa reconnaissance ; et, toujours désireux de rendre service aux belles, je profite de l'obscurité d'une nuit pluvieuse, et je vais furtivement ouvrir le tombeau d'une jeune vestale que le Sénat romain a eu la barbarie de faire enterrer vivante, pour avoir laissé éteindre le feu sacré de Vesta, ou peut-être bien pour s'y être légèrement brûlée. Je marche en silence dans les rues détournées de Rome avec le charme intérieur qui précède les bonnes actions, surtout lorsqu'elles ne sont pas sans danger. J'évite avec soin le Capitole, de peur d'éveiller les oies, et, me glissant à travers les gardes de la porte Colline, j'arrive heureusement au tombeau sans être aperçu.

Au bruit que je fais en soulevant la pierre qui le couvre, l'infortunée détache sa tête échevelée du sol humide du caveau. Je la vois à la lueur de la lampe sépulcrale, jeter autour d'elle des regards égarés ; dans son délire, la malheureuse victime croit être déjà sur les rives du Cocyte : « Ô Minos ! s'écrie-t-elle, ô juge inexorable ! j'aimai, il est vrai, sur la terre, contre les lois sévères de Vesta. Si les dieux sont aussi barbares que les hommes, ouvre, ouvre pour moi les abîmes du Tartare ! J'aimai et j'aime encore. — Non, non, tu n'es point encore dans le royaume des morts ; viens, jeune infortunée, reparais sur la terre ! renais à la lumière ! » Cependant je saisis sa main déjà glacée par le froid de la tombe, je l'enlève dans mes bras, et je l'arrache enfin de cet horrible lieu, toute palpitante de frayeur et de reconnaissance.

XXII

Une autre fois, conduit par mes rêveries, je me trouvais par hasard à l'enlèvement des Sabines; je vis avec beaucoup de surprise que les Sabins prenaient la chose tout autrement que ne le raconte l'histoire. N'entendant rien à cette bagarre, j'offris ma protection à une femme qui fuyait, et je ne pus m'empêcher de rire en l'accompagnant, lorsque j'entendis un Sabin furieux s'écrier avec l'accent du désespoir : « Dieux immortels! pourquoi n'ai-je point amené ma femme à la fête! »

XXIII

Les personnes qui n'approuveront pas mes dissertations doivent être prévenues que, depuis quelque temps, le sommeil s'emparait de moi, malgré les efforts que je faisais pour le combattre. Cependant je ne suis pas bien sûr maintenant si je m'endormis alors tout de bon, et si les choses extraordinaires que je vais raconter furent l'effet d'un rêve ou d'une visite surnaturelle.

Je vis descendre du ciel un nuage brillant qui s'approchait de moi peu à peu et qui recouvrait, comme d'un voile transparent, une jeune personne de vingt-deux à vingt-trois ans. Je chercherais vainement des expressions pour décrire le sentiment que son aspect me fit éprouver. Sa physionomie, rayonnante de bonté et de bienveillance, avait le charme des illusions de la jeunesse, et était douce comme les rêves de l'avenir; son regard, son paisible sourire, tous ses traits enfin réalisaient à mes yeux l'être idéal que cherchait mon cœur depuis si longtemps et que j'avais désespéré de rencontrer jamais.

Tandis que je la contemplais dans une extase délicieuse, je vis briller l'étoile polaire entre les boucles de sa chevelure noire, que soulevait le vent du nord, et au même instant des paroles consolatrices se firent entendre. Que dis-je? des paroles! c'était l'expression mystérieuse de la pensée céleste qui dévoilait l'avenir à mon intelligence, tandis que mes sens étaient enchaînés par le sommeil; c'était une communication prophétique de l'astre favorable que je venais d'invoquer, et dont je vais tâcher d'exprimer le sens dans une langue humaine.

« Ta confiance en moi ne sera pas trompée, disait une voix dont le timbre ressemblait au son des harpes éoliennes. Regarde, voici la campagne que je t'ai réservée; voici le bien auquel aspirent vainement les hommes qui pensent que le bonheur est un calcul, et qui demandent à la terre ce qu'on ne peut obtenir que du ciel. » A ces mots, le météore rentra dans la profondeur des cieux, l'aérienne divinité se perdit dans les brumes de l'horizon; mais, en s'éloignant, elle jeta sur moi des regards qui remplirent mon cœur de confiance et d'espoir.

[8]

Aussitôt, brûlant de la suivre, je piquai des deux de toute ma force ; et comme j'avais oublié de mettre des éperons, je frappai du talon droit contre l'angle d'une tuile avec tant de violence que la douleur me réveilla en sursaut.

XXIV

Cet accident fut d'un avantage réel pour la partie géologique de mon voyage, parce qu'il me donna l'occasion de connaître exactement la hauteur de ma chambre au-dessus des couches d'alluvion qui forment le sol sur lequel est bâtie la ville de Turin. Mon cœur palpitait fortement, et je venais d'en compter trois battements et demi depuis l'instant où j'avais piqué mon cheval, lorsque j'entendis le bruit de ma pantoufle qui était tombée dans la rue, ce qui, calcul fait du temps que mettent les corps graves dans leur course accélérée, et de celui qu'avaient employé les ondulations sonores de l'air pour venir de la rue à mon oreille, détermine la hauteur de ma fenêtre à quatre-vingt-quatorze pieds trois lignes et neuf dixièmes de ligne depuis le niveau du pavé de Turin, en supposant que mon cœur agité par le rêve battait cent vingt fois par minute, ce qui ne peut être très éloigné de la vérité. Ce n'est que sous le rapport de la science que, après avoir parlé de la pantoufle intéressante de ma belle voisine, j'ai osé faire mention de la mienne ; aussi je préviens que ce chapitre n'est absolument fait que pour les savants.

XXV

La brillante vision dont je venais de jouir me fit sentir plus vivement, à mon réveil, toute l'horreur de l'isolement dans lequel je me trouvais. Je promenai mes regards autour de moi, et je ne vis plus que des toits et des cheminées. Hélas ! suspendu au cinquième étage entre le ciel et la terre, environné d'un océan de regrets, de désirs et d'inquiétudes, je ne tenais plus à l'existence que par une lueur incertaine d'espoir ; appui fantastique dont j'avais éprouvé trop souvent la fragilité. Le doute rentra bientôt dans mon cœur encore tout meurtri des mécomptes de la vie, et je crois fermement que l'étoile polaire s'était moquée de moi. Injuste et coupable méfiance, dont l'astre m'a puni par dix ans d'attente ! Oh ! si j'avais pu prévoir alors que toutes ces promesses seraient accomplies, et que je retrouverais un jour sur la terre l'être adoré dont je n'avais fait qu'entrevoir l'image dans le ciel !... Mais il ne faut pas anticiper sur les événements : je reviens à mon sujet, ne voulant pas intervertir l'ordre méthodique et sévère auquel je me suis assujetti dans la rédaction de mon voyage.

XXVI

L'horloge du clocher de Saint-Philippe sonna lentement minuit. Je comptai l'un après l'autre chaque tintement de la cloche, et le dernier m'arracha un soupir. « Voilà donc, me dis-je, un jour qui vient de se détacher de ma vie ; et, quoique les vibrations décroissantes du son de l'airain frémissent encore à mon oreille, la partie de mon voyage qui a précédé minuit est déjà tout aussi loin de moi que le voyage d'Ulysse ou celui de Jason. Dans cet abîme du passé, les instants et les siècles ont la même longueur, et l'avenir a-t-il plus de réalité ? » Ce sont deux néants entre lesquels je me trouve en équilibre comme sur le tranchant d'une lame. En vérité, le temps me paraît quelque chose de si inconcevable, que je serais tenté de croire qu'il n'existe réellement pas, et que ce qu'on nomme ainsi n'est autre chose qu'une punition de la pensée.

Je me réjouissais d'avoir trouvé cette définition du temps, aussi ténébreuse que le temps lui-même, lorsqu'une autre horloge sonna minuit, ce qui me donna un sentiment désagréable. Il me reste toujours un fond d'humeur lorsque je me suis inutilement occupé d'un problème insoluble, et je trouvai fort déplacé ce second avertissement de la cloche à un philosophe comme moi. Mais j'éprouvai décidément un véritable dépit quelques secondes après, lorsque j'entendis de loin une troisième cloche, celle du couvent des Capucins, située sur l'autre rive du Pô, sonner encore minuit, comme par malice.

Lorsque ma tante appelait une ancienne femme de chambre, un peu revêche, qu'elle affectionnait cependant beaucoup, elle ne se contentait pas, dans son impatience, de sonner une fois, mais elle tirait sans relâche le cordon de la sonnette jusqu'à ce que la suivante parût. « Arrivez donc, mademoiselle Branchet ! » Et celle-ci, fâchée de se voir presser ainsi, venait tout doucement et répondait avec un peu d'aigreur, avant d'entrer au salon : « On y va, madame, on y va. » Tel fut aussi le sentiment d'humeur que j'éprouvai lorsque j'entendis la cloche indiscrète des Capucins sonner minuit pour la troisième fois. « Je le sais, m'écriai-je en étendant les mains du côté de l'horloge ; oui, je le sais, je sais qu'il est minuit ; je ne le sais que trop. »

C'est, il n'en faut pas douter, par un conseil insidieux de l'esprit malin, que les hommes ont chargé cette heure de diviser leurs jours. Renfermés dans leurs habitations, ils dorment ou s'amusent, tandis qu'elle coupe un des fils de leur existence ; le lendemain, ils se lèvent gaîment, sans se douter le moins du monde qu'ils ont un jour de plus.

En vain la voix prophétique de l'airain leur annonce l'approche de l'éternité, en vain elle leur répète tristement chaque heure qui vient de s'écouler ; ils n'entendent rien, ou, s'ils entendent, ils ne comprennent pas. O minuit !... heure terrible !... Je ne suis pas superstitieux, mais cette heure m'inspira toujours une espèce de crainte, et j'ai le pressentiment que, si jamais je venais à mourir, ce serait à minuit. Je mourrai donc un jour ? Comment ! je mourrai ? moi qui parle, moi qui me sens et qui me touche, je pourrai mourir ? J'ai quelque peine à le croire ; car enfin, que les autres meurent, rien n'est plus naturel : on voit cela tous les jours ; on les voit passer, on s'y habitue ; mais mourir soi-même ! mourir en personne ! c'est un peu fort. Et vous, messieurs, qui prenez ces réflexions pour du galimatias, apprenez que telle est la manière de penser de tout le monde, et la vôtre à vous-même. Personne ne songe à mourir. S'il existait une race d'hommes immortels, l'idée de la mort les effrayerait plus que nous.

Il y a là-dedans quelque chose que je ne m'explique pas. Comment se fait-il que les hommes, sans cesse agités par l'espérance et par les chimères de l'avenir, s'inquiètent si peu de ce que cet avenir leur offre de certain et d'inévitable? Ne serait ce point la nature bienfaisante elle-même qui nous aurait donné cette heureuse insouciance, afin que nous puissions remplir en paix notre destinée? Je crois, en effet, que l'on peut être fort honnête homme sans ajouter aux maux réels de la vie cette tournure d'esprit qui porte aux réflexions lugubres, et sans se troubler l'imagination par de noirs fantômes. Enfin, je pense qu'il faut se permettre de rire, ou du moins de sourire, toutes les fois que l'occasion innocente s'en présente.

Ainsi finit la méditation que m'avait inspirée l'horloge de Saint-Philippe. Je l'aurais poussée plus loin, s'il ne m'était survenu quelque scrupule sur la sévérité de la morale que je venais d'établir. Mais ne voulant pas approfondir ce doute, je sifflai l'air des *Folies d'Espagne*, qui a la propriété de changer le cours de mes idées lorsqu'elles s'acheminent mal. L'effet en fut si prompt que je terminai sur-le-champ ma promenade à cheval.

XXVII

Avant de rentrer dans ma chambre, je jetai un coup d'œil sur la ville et la campagne sombre de Turin, que j'allais quitter peut-être pour toujours, et je leur adressai mes derniers adieux. Jamais la nuit ne m'avait paru si belle; jamais le spectacle que j'avais sous les yeux ne m'avait intéressé si vivement. Après avoir salué la montagne et le temple de Supergue, je pris congé des tours, des clochers, de tous les objets connus que je n'aurais jamais cru pouvoir regretter avec tant de force, et de l'air et du ciel, et du fleuve dont le sourd murmure semblait répondre à mes adieux. Oh! si je savais peindre le sentiment tendre et cruel à la fois qui remplissait mon cœur, et tous les souvenirs de la plus belle moitié de ma vie écoulée qui se pressaient autour de moi comme des farfadets, pour me retenir à Turin! Mais, hélas! les souvenirs du bonheur passé sont les rides de l'âme! Lorsqu'on est malheureux, il faut les chasser de sa pensée comme des fantômes moqueurs qui viennent insulter à notre situation présente : il vaut mille fois mieux alors s'abandonner aux illusions trompeuses de l'espérance, et surtout il faut faire bonne mine à mauvais jeu et se bien garder de mettre personne dans la confidence de ses malheurs. J'ai remarqué, dans les voyages ordinaires que j'ai faits parmi les hommes, qu'à force d'être malheureux on finit par devenir ridicule. Dans ces moments affreux, rien n'est plus convenable que la nouvelle manière de voyager dont on vient de lire la description. J'en fis alors une expérience décisive : non seulement je parvins à oublier le passé, mais encore à prendre bravement mon parti sur mes peines présentes. Le temps les emportera, me dis-je pour me consoler; il prend tout et n'oublie rien en passant; et, soit que nous voulions l'arrêter, soit que nous le poussions, comme on dit, avec l'épaule, nos efforts sont également vains et ne changent rien à son cours invariable. Quoique je m'inquiète, en général, très peu de sa rapidité, il est telle circonstance, telle filiation d'idées qui me la rappellent d'une manière frappante. C'est lorsque les hommes se taisent, lorsque le démon du bruit est muet au milieu de son temple, au milieu d'une ville endormie, c'est alors que le temps élève sa voix et se fait entendre à mon âme. Le silence et l'obscurité deviennent ses interprètes, et me dévoilent sa marche mystérieuse; ce n'est plus un être de raison que ne peut saisir ma pensée, mes sens eux-mêmes s'en aperçoivent, je le vois dans le ciel qui chasse devant lui les étoiles vers l'Occident. Le voilà qui pousse les fleuves à la mer et qui roule avec les brouillards le long de la colline... j'écoute : les vents gémissent sous l'effort de ses ailes rapides, et la cloche lointaine frémit à son terrible passage.

« Profitons, profitons de sa course, m'écriai-je. Je veux employer utilement les instants qu'il va m'enlever. » Voulant tirer parti de cette bonne résolution à l'instant même, je me penchai en avant pour m'élancer courageusement dans la carrière, en faisant avec la langue un certain claquement qui fut destiné de tout temps à pousser les chevaux, mais qu'il est impossible d'écrire selon les règles de l'orthographe,

gh! gh! gh!

et je terminai mon excursion à cheval par une galopade.

XXVIII

Je soulevais mon pied droit pour descendre, lorsque je me sentis frapper assez rudement sur l'épaule. Dire que je ne fus point effrayé de cet accident serait trahir la vérité; et c'est ici l'occasion de faire observer au lecteur et de lui prouver, sans trop de vanité, combien il serait difficile à tout autre qu'à moi d'exécuter un semblable voyage. En supposant au nouveau voyageur mille fois plus de moyens et de talents pour l'observation que je n'en puis avoir, pourrait-il se flatter de rencontrer des aventures aussi singulières, aussi nombreuses que celles qui me sont arrivées dans l'espace de quatre heures et qui tiennent évidemment à ma destinée? Si quelqu'un en doute, qu'il essaye de deviner qui m'avait frappé!

Dans le premier moment de mon trouble, ne réfléchissant pas à la situation dans laquelle je me trouvais, je crus que mon cheval avait rué ou qu'il m'avait cogné contre un arbre. Dieu sait combien d'idées funestes se présentèrent à moi pendant le court espace de temps que je mis à tourner la tête pour regarder dans ma chambre.

Je vis alors, comme il arrive souvent dans les choses qui paraissent le plus extraordinaires, que la cause de ma surprise était toute naturelle. La même bouffée de vent qui, dans le commencement de mon voyage, avait ouvert ma fenêtre et fermé ma porte en passant, et dont une partie s'était glissée entre les rideaux de mon lit, rentrait alors dans ma chambre avec fracas. Elle ouvrit brusquement la porte et sortit par la fenêtre, en poussant le vitrage contre mon épaule, ce qui me causa la surprise dont je viens de parler.

On se rappellera que c'était à l'invitation que m'avait apportée ce coup de vent que j'avais quitté mon lit. La secousse que je venais de recevoir était bien évidemment une invitation d'y rentrer, à laquelle je me crus obligé de me rendre.

Il est beau, sans doute, d'être ainsi dans une relation familière avec la nuit, le ciel et les météores, et de savoir tirer parti de leur influence. Ah ! les relations qu'on est forcé d'avoir avec les hommes sont bien plus dangereuses ! Combien de fois n'ai-je pas été la dupe de ma confiance en ces messieurs ! j'en disais même ici quelque chose dans une note que j'ai supprimée, parce qu'elle s'est trouvée plus longue que le texte entier, ce qui aurait altéré les justes proportions de mon voyage, dont le petit volume est le plus grand mérite.

Le Gérant : HENRI GAUTIER.

PRIME DU MOIS DE JUILLET

Tout abonné direct à la *Nouvelle Bibliothèque populaire* aura droit de recevoir, pendant toute la durée du mois de juillet, aux prix réduits de 1 fr. 50 broché et de 1 fr. 80 relié, au lieu de 3 fr. broché et 3 fr. 30 relié que coûte cet ouvrage en librairie :

HISTOIRE D'UN DENIER D'OR

PAR
A. DE LAMOTHE

1 volume in-12. — Prix : 3 fr. en librairie.

M. Alexandre de Lamothe n'est point de l'école de l'art pour l'art. *Scribit non ad narrandum, sed probandum.* Tous ses romans n'ont qu'un but : la défense de la vérité contre le mensonge et le sophisme. Dans *le Denier d'Or*, il prend texte de la découverte d'une monnaie romaine de l'époque de Jules César pour raconter à des ouvriers l'histoire de l'Église, en réfutant, époque par époque, toutes les erreurs accumulées contre elle.

Pour recevoir la prime franco, il suffit d'envoyer à M. Henri Gautier, éditeur, 55, quai des Grands-Augustins, à Paris, 1 fr. 50 si on veut recevoir le volume broché, ou 1 fr. 80 si on désire ce volume relié en toile grise avec ornements noirs.

Librairie BLÉRIOT, HENRI GAUTIER, successeur,
55, quai des Grands-Augustins, à Paris.

EMBOITAGES
POUR LA NOUVELLE BIBLIOTHÈQUE POPULAIRE
AVEC TITRE ET TABLE DES MATIÈRES

Nous conseillons à nos lecteurs de se servir de nos jolis emboîtages, en toile grise, avec fers spéciaux noir et or, pour faire relier leurs numéros aussitôt qu'ils en ont reçu treize. Ils constitueront ainsi peu à peu une bibliothèque contenant les maîtresses œuvres des plus grands auteurs.

Vient de paraître : Emboîtage pour les numéros 453 à 465 (24 avril au 3 août 1895).

Prix : 0 fr. 75, franco.

Les autres emboîtages, avec titres et tables des matières, précédemment parus, sont en vente au même prix.

Nous tenons également à la disposition de nos lecteurs des

EMBOITAGES PASSE-PARTOUT

semblables à nos autres emboîtages, et agrémentés d'attaches en soie qui permettent de conserver les numéros et de les classer au fur et à mesure de leur réception. Lorsque l'on a réuni treize numéros, il suffit de couper les attaches ; on obtient ainsi un emboîtage propre à faire relier les numéros.

L'emboîtage passe-partout est vendu 0 fr. 75 franco.

Adresser les demandes à M. Henri GAUTIER, directeur de la *Nouvelle Bibliothèque populaire*, 55, quai des Grands-Augustins, à Paris.

Pour paraître le 3 août 1895.

VOLTAIRE

ZAÏRE
MÉROPE

Voici deux tragédies de Voltaire qui font un contraste heureux avec la plupart des ouvrages du fameux écrivain. Ici, point d'impiété, point de blasphèmes, rien qui choque la morale ou la foi; mais, au contraire, de nobles émotions, des sentiments généreux. Nous avons donc cru bien faire en groupant en un volume les scènes principales de ces deux ouvrages dramatiques.

~~~~~~~~~~~~~~~~~~~~~~~~~~~~~~~~~~

ABONNEMENTS
A LA
Nouvelle Bibliothèque populaire

La *Nouvelle Bibliothèque populaire* publie un volume par semaine. On peut s'abonner aux cinquante-deux volumes d'une année. Les abonnements partent du 1er de chaque mois.
Tous les abonnés, aussi bien ceux de l'étranger et des colonies, que ceux de la France, recevront un volume par semaine.

PRIX DE L'ABONNEMENT D'UN AN
Paris, Départements, Algérie et Belgique . . . **7 francs.**
Étranger (sauf la Belgique) et Colonies . . . **8 francs.**

PRIME GRATUITE
EXCLUSIVEMENT RÉSERVÉE AUX ABONNÉS NOUVEAUX

Tout abonné nouveau a droit à recevoir, gratis et franco, dix volumes à choisir dans la liste de ceux déjà parus, ou un joli cartonnage pour conserver les volumes.
On s'abonne pour un an, en envoyant, en mandat-poste, timbres français, ou autre valeur sur Paris, à M. Henri Gautier, 55, quai des Grands-Augustins, à Paris, 7 francs si l'on habite la France, la Belgique ou l'Algérie; 8 francs si l'on habite l'étranger ou les colonies. La prime est envoyée au reçu de l'abonnement.

ANGERS, IMPRIMERIE A. BURDIN ET Cie, 4, RUE GARNIER.

VOLTAIRE

ZAÏRE

MÉROPE

Édité par
HENRI GAUTIER
55, QUAI DES GRANDS AUGUST
PARIS

Il paraît un volume par semaine

Directeur littéraire de la *Nouvelle Bibliothèque Populaire* :

ALFRED ERNST

AVIS A NOS ABONNÉS

Nous rappelons à nos abonnés que tout changement d'adresse doit être accompagné d'une bande indiquant l'adresse ancienne et de *cinquante centimes* en timbres-poste français ou autre valeur sur Paris.

VOLTAIRE

ZAIRE. — MÉROPE

Notice littéraire

Nos lecteurs connaissent la biographie de Voltaire, cet homme étrange, de talent extraordinaire, de caractère inférieur, d'influence presque toujours pernicieuse, mais dont l'œuvre multiple, immense, renferme des pages de premier ordre à côté de compilations mensongères et haineuses. Nous n'examinerons ici ni la philosophie de Voltaire, philosophie superficielle, aux négations insolentes, aux argumentations déplorablement puériles, ni son œuvre d'histoire, partiellement admirable, ni ses polémiques, spirituelles à coup sûr, mais hypocrites, calomnieuses et basses à tant d'égards, ni les brillantes qualités de sa prose alerte, ni tout ce que son esprit eut de vain, de trompeur et de néfaste. Ce n'est ni du romancier, ni de l'incrédule, ni du courtisan de Frédéric II que nous avons à parler. L'auteur tragique seul nous doit occuper aujourd'hui.

Il est certain que Voltaire est d'une grande habileté dramatique. Il s'entend fort bien à construire une pièce, à la « charpenter », suivant l'actuel jargon des hommes de théâtre, et à ce mérite il joint celui d'une production abondante et aisée. De plus, il sait tracer des caractères, graduer des effets, ménager des surprises, régler adroitement l'économie des scènes et des périodes. Seulement, les caractères qu'il imagine sont fréquemment peu humains, très conventionnels, voire même fabriqués de toutes pièces pour les besoins d'une thèse. Et enfin, comme poète, Voltaire est mal doué, incapable d'images neuves, de lyriques sonorités, d'expressions vraiment personnelles, comme aussi d'une réelle richesse de rythme ou de couleur.

On conçoit pourtant qu'il ait tenu une grande place dans l'histoire de notre théâtre. Si la plupart de ses pièces sont fort ennuyeuses à lire, quelques-unes demeurent remarquables, soit par des scènes éloquentes et bien venues, — c'est le cas de *Zaïre*, —

soit par l'ensemble de leur construction et de leur développement, — c'est le cas de *Mérope*.

Dans *Zaïre*, dont on lira le sujet plus loin, Voltaire s'est proposé de faire une œuvre relativement chrétienne et française. Il y a réussi, et sa tentative, couronnée de succès, marque une date heureuse dans l'évolution de notre littérature dramatique. Par malheur, il n'abdiqua point pour cela ses thèses philosophiques, et créa tout exprès le personnage faux, ampoulé et fastidieux d'Orosmane, à côté du rôle touchant de Zaïre et des belles tirades du vieux Lusignan, en qui s'incarne la fidélité à la foi et à la patrie.

Mérope, très habilement construite, offre moins de faiblesses que *Zaïre*, et se lit beaucoup mieux. Par contre, elle n'a point l'élan exceptionnel, particulièrement généreux et admirable, qui a rendu si célèbre la grande scène entre Lusignan et sa fille retrouvée. Il est vrai qu'elle abonde en vers bien frappés, dont quelques-uns ont passé à l'état de proverbes. De toute façon, parmi les tragédies de Voltaire, *Zaïre* (1732) et *Mérope* (1743) — l'une inspirée, dans ses meilleures parties, du sentiment chrétien, l'autre dont le principal ressort est l'amour maternel — doivent être placées au premier rang, et tout le monde est tenu d'en connaître les beautés.

Alfred Ernst.

ZAIRE

FRAGMENTS

Le sujet de *Zaïre* tient en peu de lignes. Orosmane, soudan de Jérusalem reprise par les infidèles sur les rois chrétiens, veut épouser une de ses esclaves, Zaïre. D'un cœur généreux, s'il élève sa captive au rang suprême, c'est qu'elle en est digne par la vertu plus encore que par la beauté. Mais Zaïre est la fille de Lusignan, le dernier roi français de Jérusalem ; elle ignore sa naissance, et, enfermée dès son plus jeune âge dans le palais d'Orosmane, elle pratique le culte de Mahomet ; une croix d'or qu'elle porte parmi ses bijoux est le seul signe qui lui reste de la foi si vaillamment défendue par ses aïeux. La clémence d'Orosmane ayant mis en présence Zaïre et Lusignan, le vieux roi dépossédé reconnaît sa fille, lui parle au nom du Christ et de la patrie, et obtient d'elle la promesse qu'elle se fera chrétienne. Il reconnaît aussi dans le chevalier Nérestan un de ses fils qu'il avait cru mort, et ce fils veut s'employer à mener un prêtre auprès de Zaïre, afin que celle-ci puisse être baptisée et instruite de sa foi. Mais, en essayant de déjouer, pour ce faire, la surveillance d'Orosmane, il excite sa jalousie : le malheureux soudan s'imagine que Zaïre le trahit ; il la poignarde, et, lorsque Nérestan lui révèle son épouvantable erreur, il se tue lui-même pour ne pas survivre à l'épouse qu'il avait choisie.

Nous donnons ici à nos lecteurs une scène du 1er acte : Nérestan, qui est allé chercher en France la rançon des dix chrétiens et de Zaïre, l'apporte à Orosmane, et, fidèle à sa parole, s'offre à reprendre ses chaînes. Viennent ensuite quelques scènes du 2e acte, parmi lesquelles la plus justement célèbre de l'œuvre, celle où Lusignan reconnaît sa fille.

SCÈNE IVe DU Ier ACTE

OROSMANE, ZAÏRE, FATIME[1], CORASMIN[2], NÉRESTAN.

NÉRESTAN. Respectable ennemi qu'estiment les chrétiens,
　　　　　Je reviens dégager mes serments et les tiens ;
　　　　　J'ai satisfait à tout ; c'est à toi d'y souscrire ;
　　　　　Je te fais apporter la rançon de Zaïre,
　　　　　Et celle de Fatime et de dix chevaliers

---

1. Esclave chrétienne d'Orosmane et confidente de Zaïre.
2. Confident et ministre d'Orosmane.

Dans les murs de Solyme[1] illustres prisonniers :
Leur liberté, par moi trop longtemps retardée,
Quand je reparaîtrais leur dût être accordée,
Sultan, tiens ta parole : ils ne sont plus à toi.
Et dès ce moment même ils sont libres par moi,
Mais, grâces à mes soins, quand leur chaîne est brisée,
A l'en payer le prix ma fortune épuisée,
Je ne le cèle pas, m'ôte l'espoir heureux
De faire ici pour moi ce que je fais pour eux ;
Une pauvreté noble est tout ce qui me reste ;
J'arrache les chrétiens à leur prison funeste ;
Je remplis mes serments, mon honneur, mon devoir.
Il me suffit : je viens me mettre en ton pouvoir ;
Je me rends prisonnier et demeure en otage.

OROSMANE. Chrétien, je suis content de ton noble courage ;
Mais ton orgueil ici se serait-il flatté
D'effacer Orosmane en générosité ?
Reprends ta liberté, remporte tes richesses,
A l'or de ces rançons joins mes justes largesses :
Au lieu de dix chrétiens que je dus t'accorder,
Je t'en veux donner cent ; tu les peux demander ;
Qu'ils aillent sur tes pas apprendre à ta patrie
Qu'il est quelques vertus au fond de la Syrie ;
Qu'ils jugent en partant qui méritait le mieux
Des Français ou de moi l'empire de ces lieux ;
Mais, parmi ces chrétiens que ma bonté délivre,
Lusignan ne fut point réservé pour te suivre :
De ceux qu'on peut te rendre il est seul excepté ;
Son nom serait suspect à mon autorité ;
Il est du sang français qui régnait à Solyme ;
On sait son droit au trône et ce droit est un crime ;
Du destin qui fait tout tel est l'arrêt cruel ;
Si j'eusse été vaincu, je serais criminel.
Lusignan dans les fers finira sa carrière,
Et jamais du soleil ne verra la lumière.
Je le plains, mais pardonne à la nécessité
Ce reste de vengeance et de sévérité.
Pour Zaïre, crois-moi, sans que ton cœur s'offense,
Elle n'est pas d'un prix qui soit en ta puissance ;
Tes chevaliers français et tous leurs souverains
S'uniraient vainement pour l'ôter de mes mains.
Tu peux partir.

NÉRESTAN. Qu'entends-je ? Elle naquit chrétienne ;
J'ai pour la délivrer ta parole et la sienne ;
Et quant à Lusignan, ce vieillard malheureux,
Pourrait-il...?

OROSMANE. Je t'ai dit, chrétien, que je le veux,
J'honore ta vertu ; mais cette humeur altière,
Se faisant estimer commence à me déplaire ;

---

1. *Solyme*, Jérusalem.

[4]

Sors, et que le soleil levé sur mes états
Demain près du Jourdain ne te retrouve pas.
(Nérestan sort.)

FATIME. O Dieu, secourez-nous!
OROSMANE. Et vous, allez, Zaïre,
Prenez dans le sérail un souverain empire;
Commandez en sultane; et je vais ordonner
La pompe d'un hymen qui vous doit couronner.

SCÈNE Iʳᵉ DU IIᵉ ACTE
NÉRESTAN, CHATILLON[1].

CHATILL. O brave Nérestan, chevalier généreux,
Vous qui brisez les fers de tant de malheureux,
Vous, sauveur des chrétiens qu'un Dieu sauveur envoie,
Paraissez, montrez-vous, goûtez la douce joie
De voir nos compagnons pleurant à vos genoux,
Baiser l'heureuse main qui nous délivre tous.
Aux portes du sérail en foule, ils vous demandent;
Ne privez point leurs yeux du héros qu'ils attendent,
Et qu'unis à jamais sous notre bienfaiteur...
NÉRESTAN. Illustre Chatillon, modérez cet honneur;
J'ai rempli d'un Français le devoir ordinaire,
J'ai fait ce qu'à ma place on vous aurait vu faire.
CHATILL. Sans doute, et tout chrétien, tout digne chevalier
Pour sa religion se doit sacrifier;
Et la félicité des cœurs tels que les nôtres
Consiste à tout quitter pour le bonheur des autres.
Heureux à qui le ciel a donné le pouvoir
De remplir comme vous un si noble devoir!
Pour nous, tristes jouets du sort qui nous opprime,
Nous, malheureux Français, esclaves dans Solyme,
Oubliés dans les fers, où, longtemps sans secours,
Le père d'Orosmane abandonna nos jours,
Jamais nos yeux sans vous ne reverraient la France.
NÉRESTAN. Dieu s'est servi de moi, seigneur; sa providence
De ce jeune Orosmane a fléchi la rigueur.
Mais quel triste mélange altère ce bonheur!
Que de ce fier soudan la clémence odieuse
Répand sur ses bienfaits une amertume affreuse!
Dieu me voit et m'entend; il sait si dans mon cœur
J'avais d'autres projets que ceux de sa grandeur.
Je faisais tout pour lui; j'espérais de lui rendre
Une jeune beauté qu'à l'âge le plus tendre
Le cruel Noradin fit esclave avec moi,
Lorsque les ennemis de notre auguste foi,
Baignant de notre sang la Syrie enivrée,

---

1. Châtillon est un chevalier chrétien, captif d'Orosmane, et de qui Nérestan vient d'apporter la rançon.

          Surprirent Lusignan vaincu dans Césarée,
          Du sérail des sultans sauvé par des chrétiens,
          Remis depuis trois ans dans mes premiers liens,
          Renvoyé dans Paris sur ma seule parole,
          Seigneur, je me flattais, espérance frivole !
          De ramener Zaïre à cette heureuse cour
          Où Louis des vertus a fixé le séjour;
          Déjà même la reine, à mon zèle propice,
          Lui tendait de son trône une main protectrice.
          Enfin, lorsqu'elle touche au moment souhaité
          Qui la tirait du sein de la captivité,
          On la retient... Que dis-je? Ah! Zaïre elle-même
          Oubliant les chrétiens pour ce soudan qui l'aime...
          N'y pensons plus... Seigneur, un refus plus cruel
          Vient m'accabler encore d'un déplaisir mortel :
          Des chrétiens malheureux l'espérance est trahie.

CHATILL.   Je vous offre pour eux ma liberté, ma vie;
          Disposez-en, seigneur, elle vous appartient.

NÉRESTAN. Seigneur, ce Lusignan qu'à Solyme on retient,
          Ce dernier d'une race en héros si féconde,
          Ce guerrier dont la gloire avait rempli le monde,
          Ce héros malheureux, de Bouillon descendu,
          Aux soupirs des chrétiens ne sera point rendu.

CHATILL.   Seigneur, s'il est ainsi, votre faveur est vaine:
          Quel indigne soldat voudrait briser sa chaîne
          Alors que dans les fers son chef est retenu?
          Lusignan comme à moi ne vous est pas connu.
          Seigneur, remerciez le ciel dont la clémence
          A pour votre bonheur placé votre naissance
          Longtemps après ces jours à jamais détestés,
          Après ces jours de sang et de calamités
          Où je vis sous le joug de nos barbares maîtres
          Tomber ces murs sacrés conquis par nos ancêtres.
          Ciel! si vous aviez vu ce temple abandonné,
          Du Dieu que nous servons le tombeau profané.
          Nos pères, nos enfants, nos filles et nos femmes,
          Au pied de nos autels expirant dans les flammes,
          Et notre dernier roi, courbé du faix des ans,
          Massacré sans pitié sur ses fils expirants!
          Lusignan, le dernier de cette auguste race,
          Dans ces moments affreux ranimant notre audace,
          Au milieu des débris des temples renversés,
          Des vainqueurs, des vaincus, et des morts entassés,
          Terrible et d'une main reprenant cette épée
          Dans le sang infidèle à tout moment trempée,
          Et de l'autre à nos yeux montrant avec fierté
          De notre sainte foi le signe redouté,
          Criant à haute voix : Français, soyez fidèles...
          Sans doute, en ce moment, le couvrant de ses ailes,
          La vertu du Très-Haut, qui nous sauve aujourd'hui,
          Aplanissait sa route et marchait devant lui;

Et des tristes chrétiens la foule délivrée
Vint porter avec nous ses pas dans Césarée ;
Là par nos chevaliers, d'une commune voix,
Lusignan fut choisi pour nous donner des lois.
O mon cher Nérestan, Dieu qui nous humilie
N'a pas voulu sans doute, en cette courte vie,
Nous accorder le prix qu'il doit à la vertu ;
Vainement pour son nom nous avons combattu.
Ressouvenir affreux, dont l'horreur me dévore !
Jérusalem en cendre, hélas ! fumait encore,
Lorsque dans notre asile attaqués et trahis,
Et livrés par un Grec à nos fiers ennemis,
S'étendit en fureur aux murs de Césarée ;
Ce fut là le dernier de trente ans de revers ;
Là je vis Lusignan chargé d'indignes fers
Insensible à sa chute, et grand dans ses misères.
Il n'était attendri que des maux de ses frères.
Seigneur, depuis ce temps, ce père des chrétiens,
Resserré loin de nous, blanchi dans ses liens,
Gémit dans un cachot, privé de la lumière,
Oublié de l'Asie et de l'Europe entière ;
Tel est son sort affreux ; qui pourrait aujourd'hui,
Quand il souffre pour nous, se voir heureux sans lui ?

NÉRESTAN. Ce bonheur, il est vrai, serait d'un cœur barbare.
Que je hais le destin qui de lui nous sépare !
Que vers lui vos discours m'ont sans peine entraîné !
Je connais ses malheurs, avec eux je suis né,
Sans un trouble nouveau je n'ai pu les entendre ;
Votre prison, la sienne, et Césarée en cendre,
Sont les premiers objets, sont les premiers revers
Qui frappèrent mes yeux à peine encore ouverts.
Je sortais du berceau ; ces images sanglantes
Dans vos tristes récits me sont encor présentes
Au milieu des chrétiens dans un temple immolés.
Quelques enfants, seigneur, avec moi rassemblés,
Arrachés par des mains de carnage fumantes
Aux bras ensanglantés de nos mères tremblantes,
Nous fûmes transportés dans ce palais des rois,
Dans ce même sérail, seigneur, où je vous vois.
Noradin m'éleva près de cette Zaïre,
Qui depuis... pardonnez si mon cœur en soupire,
Qui depuis, égarée en ce funeste lieu,
Pour un maître barbare abandonna son Dieu.

CHATILL. Telle est des musulmans la funeste prudence ;
De leurs chrétiens captifs ils séduisent l'enfance :
Et je bénis le ciel, propice à nos desseins,
Qui dans vos premiers ans vous sauva de leurs mains.
Mais, seigneur, après tout, cette Zaïre même
Qui renonce aux chrétiens pour le soudan qui l'aime,
De son crédit au moins nous pourrait secourir ;
Qu'importe de quel bras Dieu daigne se servir ?

M'en croirez-vous? le juste, aussi bien que le sage,
Du crime et du malheur sait tirer avantage.
Vous pourriez de Zaïre employer la faveur
A fléchir Orosmane, à toucher son grand cœur,
A nous rendre un héros que lui-même a dû plaindre,
Que sans doute il admire, et qui n'est plus à craindre.

NÉRESTAN. Mais ce même héros, pour briser ses liens,
Voudra-t-il qu'on s'abaisse à ces honteux moyens?
Et quand il le voudrait, est-il en ma puissance
D'obtenir de Zaïre un moment d'audience?
Croyez-vous qu'Orosmane y daigne consentir?
Le sérail à ma voix pourra-t-il se rouvrir?
Quand je pourrais enfin paraître devant elle,
Que faut-il espérer d'une femme infidèle,
A qui mon seul aspect doit tenir lieu d'affront,
Et qui lira sa honte écrite sur mon front?
Seigneur, il est bien dur pour un cœur magnanime
D'attendre des secours de ceux qu'on mésestime ;
Leurs refus sont affreux, leurs bienfaits font rougir.

CHATILL. Songez à Lusignan, songez à le servir.
NÉRESTAN. Eh bien!... Mais quels chemins jusqu'à cette infidèle
Pourront?... On vient à nous. Que vois-je? ô ciel ! c'est elle.

SCÈNE II

ZAIRE, CHATILLON, NÉRESTAN.

ZAIRE, *à Nérestan.*

C'est vous, digne Français, à qui je viens parler;
Le soudan le permet, cessez de vous troubler;
Et rassurant mon cœur, qui tremble à votre approche,
Chassez de vos regards la plainte et le reproche;
Seigneur, nous nous craignons, nous rougissons tous deux;
Je souhaite et je crains de rencontrer vos yeux.
L'un à l'autre attachés depuis notre naissance,
Une affreuse prison renferma notre enfance;
Le sort nous accabla du poids des mêmes fers,
Que la tendre amitié nous rendait plus légers.
Il me fallut depuis gémir de votre absence;
Le ciel porta vos pas aux rives de la France:
Prisonnier dans Solyme, enfin je vous revis,
Un entretien plus libre alors m'était permis;
Esclave dans la foule, où j'étais confondue,
Aux regards du soudan je vivais inconnue.
Vous daignâtes bientôt, soit grandeur, soit pitié,
Soit plutôt digne effet d'une pure amitié,
Revoyant des Français le glorieux empire,
Y chercher la rançon de la triste Zaïre :
Vous l'apportez; le ciel a trompé vos bienfaits,
Loin de vous dans Solyme il m'arrête à jamais.

	Mais quoi que ma fortune ait d'éclat et de charmes,
	Je ne puis vous quitter sans répandre des larmes :
	Toujours de vos bontés je vais m'entretenir,
	Chérir de vos vertus le tendre souvenir,
	Comme vous des humains soulager la misère,
	Protéger les chrétiens, leur tenir lieu de mère ;
	Vous me les rendrez chers, et ces infortunés...
NÉRESTAN.	Vous, les protéger ! vous qui les abandonnez !
	Vous, qui des Lusignans foulant aux pieds la cendr
ZAIRE.	Je la viens honorer, seigneur ; je viens vous rendre
	Le dernier de ce sang, votre amour, votre espoir ;
	Oui, Lusignan est libre, et vous l'allez revoir.
CHATILL.	O ciel ! nous reverrions notre appui, notre père !
NÉRESTAN.	Les chrétiens vous devraient une tête si chère !
ZAIRE.	J'avais sans espérance osé la demander ;
	Le généreux soudan veut bien nous l'accorder ;
	On l'amène en ces lieux.
NÉRESTAN.	Que mon âme est émue !
ZAIRE.	Mes larmes malgré moi me dérobent sa vue ;
	Ainsi que ce vieillard j'ai langui dans les fers ;
	Qui ne sait compatir aux maux qu'on a soufferts !
NÉRESTAN.	Grand Dieu ! que de vertu dans une âme infidèle !

SCÈNE III

ZAIRE, LUSIGNAN, CHATILLON, NÉRESTAN.

Plusieurs esclaves chrétiens.

LUSIGNAN.	Du séjour du trépas quelle voix me rappelle ?
	Suis-je avec des chrétiens ?... Guidez mes pas tremblan
	Mes maux m'ont affaibli plus encor que mes ans.
	(En s'asseyant.)
	Suis-je libre en effet ?
ZAIRE	Oui, seigneur, oui, vous l'êtes.
CHATILL.	Vous vivez, vous calmez nos douleurs inquiètes.
	Tous nos tristes chrétiens...
LUSIGNAN.	O jour ! ô douce voix !
	Chatillon, c'est donc vous ? c'est vous que je revois !
	Martyr, ainsi que moi, de la foi de nos pères,
	Le Dieu que nous servons finit-il nos misères ?
	En quels lieux sommes-nous ? Aidez mes faibles yeu
CHATILL.	C'est ici le palais qu'ont bâti vos aïeux :
	Du fils de Noradin c'est le séjour profane.
ZAIRE.	Le maître de ces lieux, le puissant Orosmane,
	Sait connaître, seigneur, et chérir la vertu.
	Ce généreux Français qui vous est inconnu,
	(En montrant Nérestan.)
	Par la gloire amené des rives de la France,
	Venait de dix chrétiens payer la délivrance :
	Le soudan, comme lui, gouverné par l'honneur,
	Croit, en vous délivrant, égaler son grand cœur.

LUSIGNAN. Des chevaliers français tel est le caractère;
Leur noblesse en tout temps me fut utile et chère.
Trop digne chevalier, quoi! vous passez les mers
Pour soulager nos maux et pour briser nos fers?
Ah! parlez, à qui dois-je un service si rare?
NÉRESTAN. Mon nom est Nérestan; le sort, longtemps barbare,
Qui dans les fers ici me mit presque en naissant,
Me fit quitter bientôt l'empire du croissant :
A la cour de Louis guidé par mon courage,
De la guerre sous lui j'ai fait l'apprentissage;
Ma fortune et mon rang sont un don de ce roi,
Si grand par sa valeur, et plus grand par sa foi.
Je le suivis, seigneur, au bord de la Charente,
Lorsque du fier Anglais la valeur menaçante,
Cédant à nos efforts trop longtemps captivés,
Satisfit en tombant aux lis qu'ils ont bravés.
Venez, prince, et montrez au plus grand des monarques
De vos fers glorieux les vénérables marques :
Paris va révérer le martyr de la croix;
Et la cour de Louis est l'asile des rois.
LUSIGNAN. Hélas! de cette cour j'ai vu jadis la gloire.
Quand Philippe à Bovine enchaînait la victoire,
Je combattais, seigneur, avec Montmorenci,
Melun, d'Estaing, de Nesle, et ce fameux Couci.
Mais à revoir Paris je ne dois plus prétendre :
Vous voyez qu'au tombeau je suis prêt à descendre :
Je vais au roi des rois demander aujourd'hui
Le prix de tous les maux que j'ai soufferts pour lui.
Vous, généreux témoin de mon heure dernière,
Tandis qu'il en est temps, écoutez ma prière.
Nérestan, Chatillon, et vous... de qui les pleurs
Dans ces moments si chers honorent mes malheurs,
Madame, ayez pitié du plus malheureux père
Qui jamais ait du ciel éprouvé la colère,
Qui répand devant vous des larmes que le temps
Ne peut encor tarir dans mes yeux expirants.
Une fille, trois fils, ma superbe espérance,
Me furent arrachés dès leur plus tendre enfance;
O mon cher Chatillon, tu dois t'en souvenir.
CHATILL. De vos malheurs encor vous me voyez frémir.
LUSIGNAN. Prisonnier avec moi dans Césarée en flamme,
Tes yeux virent périr mes deux fils et ma femme.
CHATILL. Mon bras chargé de fers ne les put secourir.
LUSIGNAN. Hélas! et j'étais père, et je ne pus mourir !
Veillez du haut des cieux, chers enfants que j'implore,
Sur mes autres enfants, s'ils sont vivants encore.
Mon dernier fils, ma fille, aux chaînes réservés,
Par de barbares mains pour servir conservés,
Loin d'un père accablé furent portés ensemble
Dans ce même sérail où le ciel nous rassemble.
CHATILL. Il est vrai : dans l'horreur de ce péril nouveau,

Je tenais votre fille à peine en son berceau;
Ne pouvant la sauver, seigneur, j'allais moi-même
Répandre sur son front l'eau sainte du baptême,
Lorsque des Sarrasins, de carnage fumants,
Revinrent l'arracher à mes bras tout sanglants,
Votre plus jeune fils, à qui les destinées
Avaient à peine encore accordé quatre années,
Trop capable déjà de sentir son malheur,
Fut dans Jérusalem conduit avec sa sœur.

NÉRESTAN. De quel ressouvenir mon âme est déchirée!
A cet âge fatal j'étais dans Césarée,
Et tout couvert de sang, et chargé de liens,
Je suivis en ces lieux la foule des chrétiens.

LUSIGNAN. Vous... seigneur!... ce sérail éleva votre enfance?...
(En les regardant.)
Hélas! de mes enfants auriez-vous connaissance?
Ils seraient de votre âge, et peut-être mes yeux...
Quel ornement, madame, étranger à ces lieux?...
Depuis quand l'avez-vous?

ZAIRE.   Depuis que je respire.
Seigneur... eh quoi! d'où vient que votre âme soupire?

LUSIGNAN. Ah! daignez confier à mes tremblantes mains...

ZAIRE. De quel trouble nouveau tous mes sens sont atteints?
Seigneur, que faites-vous?

LUSIGNAN.   O ciel! ô providence!
Mes yeux, ne trompez point ma timide espérance;
Serait-il bien possible? Oui; c'est elle... je voi
Ce présent qu'une épouse avait reçu de moi,
Et qui de mes enfants ornait toujours la tête,
Lorsque de leur naissance on célébrait la fête :
Je revois... je succombe à mon saisissement.

ZAIRE. Qu'entends-je...? et quel soupçon m'agite en ce moment?
Ah, seigneur!

LUSIGNAN.   Dans l'espoir dont j'entrevois les charmes!
Ne m'abandonnez pas, Dieu qui voyez mes larmes!
Dieu mort sur cette croix, et qui revit pour nous,
Parle, achève, ô mon Dieu! ce sont là de tes coups!
Quoi! madame, en vos mains elle était demeurée?
Quoi! tous les deux captifs, et pris dans Césarée?

ZAIRE. Oui, seigneur.

NÉRESTAN.   Se peut-il?

LUSIGNAN.   Leur parole, leurs traits
De leur mère en effet sont les vivants portraits.
Oui, grand Dieu; tu le veux, tu permets que je voie..!
Dieu, ranime mes sens trop faibles pour ma joie!
Madame... Nérestan... Soutiens-moi, Chatillon...
Nérestan, si je dois vous nommer de ce nom,
Avez-vous dans le sein la cicatrice heureuse
Du fer dont à mes yeux une main furieuse...

NÉRESTAN. Oui, Seigneur, il est vrai.

LUSIGNAN.   Dieu juste! heureux moments!

NÉRESTAN, *se jetant à genoux.*
Ah! seigneur! ah! Zaïre!

LUSIGNAN. Approchez, mes enfants.
NÉRESTAN. Moi, votre fils!
ZAIRE. Seigneur!
LUSIGNAN Heureux jour qui m'éclaire?
Ma fille! mon cher fils! embrassez votre père.
CHATILL. Que d'un bonheur si grand mon cœur se sent toucher!
LUSIGNAN. De vos bras, mes enfants, je ne puis m'arracher.
Je vous revois enfin, chère et triste famille,
Mon fils, digne héritier... vous... hélas! vous, ma fille!
Dissipez mes soupçons, ôtez-moi cette horreur,
Ce trouble qui m'accable au comble du bonheur,
Toi qui seul as conduit sa fortune et la mienne,
Mon Dieu qui me la rends, me la rends-tu chrétienne!
Tu pleures, malheureuse, et tu baisses les yeux!
Tu te tais! je t'entends! ô crime! ô justes cieux!
ZAIRE. Je ne puis vous tromper; sous les lois d'Orosmane...
Punissez votre fille... elle était musulmane.
LUSIGNAN. Que la foudre en éclats ne tombe que sur moi!
Ah! mon fils! à ces mots j'eusse expiré sans toi.
Mon Dieu! j'ai combattu soixante ans pour ta gloire.
J'ai vu tomber ton temple et périr la mémoire;
Dans un cachot affreux abandonné vingt ans,
Mes larmes t'imploraient pour mes tristes enfants;
Et lorsque ma famille est par toi réunie,
Quand je trouve une fille, elle est ton ennemie!
Je suis bien malheureux... c'est ton père, c'est moi,
C'est ta seule prison qui t'a ravi ta foi.
Ma fille, tendre objet de mes dernières peines,
Songe au moins, songe au sang qui coule dans tes veines
C'est le sang de vingt rois, tous chrétiens comme moi?
C'est le sang des héros, défenseurs de ma loi;
C'est le sang des martyrs... O fille encor trop chère!
Connais-tu ton destin? sais-tu quelle est ta mère?
Sais-tu bien qu'à l'instant où son flanc mit à jour
Ce triste et dernier fruit d'un malheureux amour,
Je la vis massacrer par la main forcenée,
Par la main des brigands à qui tu t'es donnée?
Tes frères, ces martyrs égorgés à mes yeux,
T'ouvrent leurs bras sanglants, tendus du haut des cieux:
Ton Dieu que tu trahis, ton Dieu que tu blasphèmes,
Pour toi, pour l'univers, est mort en ces lieux mêmes,
En ces lieux où mon bras le servit tant de fois,
En ces lieux où son sang te parle par ma voix.
Vois ces murs, vois ce temple envahi par tes maîtres;
Tout annonce le Dieu qu'ont vengé tes ancêtres;
Tourne les yeux, sa tombe est près de ce palais;
C'est ici la montagne où, lavant nos forfaits,
Il voulut expier sous les coups de l'impie;
C'est là que de sa tombe il rappela sa vie;

Tu ne saurais marcher dans cet auguste lieu,
Tu n'y peux faire un pas sans y trouver ton Dieu,
Et tu n'y peux rester sans renier ton père,
Ton honneur qui te parle, et ton Dieu qui t'éclaire.
Je te vois dans mes bras et pleurer et frémir;
Sur ton front pâlissant Dieu met le repentir;
Je vois la vérité dans ton cœur descendue;
Je retrouve ma fille après l'avoir perdue;
Et je reprends ma gloire et ma félicité,
En dérobant mon sang à l'infidélité.

NÉRESTAN. Je revois donc ma sœur! Et son âme...
ZAIRE.   Ah, mon père!
Cher auteur de mes jours, pardon, que dois-je faire?
LUSIGNAN. M'ôter par un seul mot ma honte et mes ennuis,
Dire : Je suis chrétienne.
ZAIRE.   Oui... Seigneur... Je le suis.
LUSIGNAN. Dieu, reçois son aveu du sein de ton empire!

MÉROPE

Tragédie en cinq actes en vers

1743

Personnages.

MÉROPE, veuve de Cresphonte, roi de Messène.
ÉGISTHE, fils de Mérope.
POLYPHONTE, tyran de Messène.

Personnages.

NARBAS, vieillard.
EURYCLÈS, favori de Mérope.
EROX, favori de Polyphonte.
ISMÉNIE, confidente de Mérope.

La scène est à Messène, dans le palais de Mérope.

ACTE PREMIER

SCÈNE PREMIÈRE

MÉROPE, ISMÉNIE

ISMÉNIE. Grande reine, écartez ces horribles images :
Goûtez des jours sereins, nés du sein des orages.
Les Dieux nous ont donné la victoire et la paix :
Ainsi que leur courroux ressentez leurs bienfaits.
Messène, après quinze ans de guerres intestines,
Lève un front moins timide, et sort de ses ruines.
Vos yeux ne verront plus tous ces chefs ennemis,
Divisés d'intérêts, et pour le crime unis,
Par les saccagements, le sang et le ravage,
Du meilleur de nos rois disputer l'héritage.
Nos chefs, nos citoyens, rassemblés sous nos yeux,
Les organes des lois, les ministres des dieux,
Vont, libres de leur choix, décerner la couronne.
Sans doute elle est à vous, si la vertu la donne.
Vous seule avez sur nous d'irrévocables droits,
Vous, veuve de Cresphonte et fille de nos rois,
Vous que tant de constance et quinze ans de misère
Font encor plus auguste et nous rendent plus chère,
Vous pour qui tous les cœurs en secret réunis...

MÉROPE. Quoi! Narbas ne vient point! Reverrai-je mon fils?

ISMÉNIE. Vous pouvez l'espérer ; déjà d'un pas rapide
Vos esclaves en foule ont couru dans l'Élide :
La paix à de l'Élide ouvert tous les chemins.

[14]

	Vous avez mis sans doute en de fidèles mains
	Ce dépôt si sacré, l'objet de tant d'alarmes?
Mérope.	Me rendrez-vous mon fils, dieux témoins de mes larmes?
	Égisthe est-il vivant? Avez-vous conservé
	Cet enfant malheureux, le seul que j'ai sauvé?
	Écartez loin de lui la main de l'homicide.
	C'est votre fils, hélas! c'est le pur sang d'Alcide [1].
	Abandonnerez-vous ce reste précieux
	Du plus juste des rois et du plus grand des dieux,
	L'image de l'époux dont j'adore la cendre?
Isménie.	Mais quoi! cet intérêt et si juste et si tendre
	De tout autre intérêt peut-il vous détourner?
Mérope.	Je suis mère : et tu peux encor t'en étonner?
Isménie.	Du sang dont vous sortez l'auguste caractère
	Sera-t-il effacé par cet amour de mère?
	Son enfance était chère à vos yeux éplorés;
	Mais vous avez peu vu ce fils que vous pleurez.
Mérope.	Mon cœur a vu toujours ce fils que je regrette,
	Ses périls nourrissaient ma tendresse inquiète :
	Un si juste intérêt s'accrut avec le temps.
	Un mot seul de Narbas, depuis plus de quatre ans,
	Vint dans la solitude où j'étais retenue
	Porter un nouveau trouble à mon âme éperdue.
	Égiste, écrivait-il, mérite un meilleur sort;
	Il est digne de vous et des dieux dont il sort;
	En butte à tous les maux, sa vertu les surmonte;
	Espérez tout de lui, mais craignez Polyphonte.
Isménie.	De Polyphonte au moins prévenez les desseins;
	Laissez passer l'empire en vos augustes mains.
Mérope.	L'empire est à mon fils. Périsse la marâtre,
	Périsse le cœur dur, de soi-même idolâtre,
	Qui peut goûter en paix, dans le suprême rang,
	Le barbare plaisir d'hériter de son sang!
	Si je n'ai plus de fils, que m'importe un empire?
	Que m'importe ce ciel, ce jour que je respire?
	Je dus y renoncer alors que dans ces lieux
	Mon époux fut trahi des mortels et des dieux.
	O perfidie! ô crime! ô jour fatal au monde!
	O mort toujours présente à ma douleur profonde!
	J'entends encore ces voix, ces lamentables cris,
	Ces cris : « Sauvez le roi, son épouse et ses fils! »
	Je vois ces murs sanglants, ces portes embrasées,
	Sous ces lambris fumants, ces femmes écrasées,
	Ces esclaves fuyants, le tumulte, l'effroi,
	Les armes, les flambeaux, la mort autour de moi.
	Là, nageant dans son sang, et souillé de poussière,
	Tournant encore vers moi sa mourante paupière.
	Cresphonte en expirant me serra dans ses bras;
	Là, deux fils malheureux, condamnés au trépas,

---

1. Hercule.

Tendres et premiers fruits d'une union si chère,
Sanglants et renversés sur le sein de leur père,
A peine soulevaient leurs innocentes mains.
Hélas! ils m'imploraient contre leurs assassins.
Égisthe échappa seul; un dieu prit sa défense;
Veille sur lui, grand dieu qui sauvas son enfance.
Qu'il vienne; que Narbas le ramène à mes yeux
Du fond de ses déserts au rang de ses aïeux!
J'ai supporté quinze ans mes fers et son absence;
Qu'il règne au lieu de moi : voilà ma récompense.

SCÈNE II

MÉROPE, ISMÉNIE, EURYCLÈS

MÉROPE. Eh bien! Narbas? mon fils?
EURYCLÈS.   Vous me voyez confus;
Tant de pas, tant de soins ont été superflus.
On a couru, madame, aux rives du Pénée,
Dans les champs d'Olympie, aux murs de Saloméc;
Narbas est inconnu; le sort dans ces climats
Dérobe à tous les yeux la trace de ses pas.
MÉROPE. Hélas! Narbas n'est plus; j'ai tout perdu, sans doute.
ISMÉNIE. Vous croyez tous les maux que votre âme redoute;
Peut-être, sur les bruits de cette heureuse paix,
Narbas ramène un fils si cher à nos souhaits.
EURYCLÈS. Peut-être sa tendresse, éclairée et discrète,
A caché son voyage ainsi que sa retraite;
Il veille sur Égisthe; il craint ces assassins
Qui du roi votre époux ont tranché les destins.
De leurs affreux complots il faut tromper la rage.
Autant que je l'ai pu j'assure son passage;
Et j'ai sur ces chemins de carnage abreuvés
Des yeux toujours ouverts et des bras éprouvés.
MÉROPE. Dans ta fidélité j'ai mis ma confiance.
EURYCLÈS. Hélas! que peut pour vous ma triste vigilance?
On va donner son trône : en vain ma faible voix
Du sang qui le fit naître a fait parler les droits;
L'injustice triomphe, et ce peuple, à sa honte,
Au mépris de nos lois penche vers Polyphonte.
MÉROPE. Et le sort jusque-là pourrait nous avilir!
Mon fils dans ses États reviendrait pour servir!
Il verrait son sujet au rang de ses ancêtres!
Le sang de Jupiter aurait ici des maîtres!
Je n'ai donc plus d'amis? Le nom de mon époux,
Insensibles sujets, a donc péri pour vous?
Vous avez oublié ses bienfaits et sa gloire!
EURYCLÈS. Le nom de votre époux est cher à leur mémoire;
On regrette Cresphonte, on le pleure, on vous plaint;
Mais la force l'emporte, et Polyphonte est craint.
MÉROPE. Ainsi donc par mon peuple en tout temps accablée,
Je verrai la justice à la brigue immolée;

>   Et le vil intérêt, cet arbitre du sort,
>   Vend toujours le plus faible aux crimes du plus fort.
>   Allons, et rallumons dans ces âmes timides
>   Ces regrets mal éteints du sang des Héraclides[1];
>   Flattons leur espérance, excitons leur amour.
>   Parlez et de leur maître annoncez le retour.
> ECRYCLÈS.   Je n'ai que trop parlé : Polyphonte en alarmes
>   Craint déjà votre fils et redoute vos larmes;
>   La fière ambition dont il est dévoré
>   Est inquiète, ardente, et n'a rien de sacré.
>   S'il chassa les brigands de Pylos et d'Amphryse,
>   S'il a sauvé Messène, il croit l'avoir conquise.
>   Il agit pour lui seul, il veut tout asservir ;
>   Il touche à la couronne; et, pour mieux la ravir,
>   Il n'est point de rempart que sa main ne renverse,
>   De lois qu'il ne corrompe, et de sang qu'il ne verse ;
>   Ceux dont la main cruelle égorgea votre époux
>   Peut-être ne sont pas plus à craindre pour vous.
> MÉROPE.   Quoi! partout sous mes pas le sort creuse un abîme!
>   Je vois autour de moi le danger et le crime;
>   Polyphonte, un sujet de qui les attentats...
> EURYCLÈS.   Dissimulez, madame, il porte ici ses pas.

SCÈNE III

MÉROPE, POLYPHONTE, ÉROX.

> POLYPHON.   Madame, il faut enfin que mon cœur se déploie.
>   Ce bras qui vous servit m'ouvre au trône une voie;
>   Et les chefs de l'État, tout prêts de prononcer,
>   Me font entre nous deux l'honneur de balancer.
>   Des partis opposés qui désolaient Messènes,
>   Qui versaient tant de sang, qui formaient tant de haines,
>   Il ne reste aujourd'hui que le vôtre et le mien.
>   Nous devons l'un à l'autre un mutuel soutien ;
>   Nos ennemis communs, l'amour de la patrie,
>   Le devoir, l'intérêt, la raison, tout nous lie ;
>   Tout vous dit qu'un guerrier, vengeur de votre époux,
>   S'il aspire à régner, peut aspirer à vous.
>   Je me connais; je sais que, blanchi sous les armes,
>   Ce front triste et sévère a pour vous peu de charmes ;
>   Je sais que vos appas, encor dans leur printemps,
>   Pourraient s'effaroucher de l'hiver de mes ans ;
>   Mais la raison d'État connaît peu ces caprices;
>   Et de ce front guerrier les nobles cicatrices
>   Ne peuvent se couvrir que du bandeau des rois.
>   Je veux le sceptre et vous pour prix de mes exploits.
>   N'en croyez pas, madame, un orgueil téméraire ;
>   Vous êtes de nos rois et la fille et la mère;

---

1. Les Héraclides sont les descendants d'Hercule. (Héraclès)

— 18 —

Mais l'Etat veut un maître, et vous devez songer
Que pour garder vos droits il les faut partager.

MÉROPE. Le ciel, qui m'accabla du poids de sa disgrâce,
Ne m'a point préparée à ce comble d'audace.
Sujet de mon époux, vous m'osez proposer
De trahir sa mémoire et de vous épouser?
Moi, j'irais de mon fils, du seul bien qui me reste,
Déchirer avec vous l'héritage funeste?
Je mettrais en vos mains sa mère et son Etat,
Et le bandeau des rois sur le front d'un soldat?

POLYPHON. Un soldat tel que moi peut justement prétendre
A gouverner l'Etat quand il l'a su défendre.
Le premier qui fut roi fut un soldat heureux.
Qui sert bien son pays n'a pas besoin d'aïeux.
Je n'ai plus rien du sang qui m'a donné la vie;
Ce sang s'est épuisé, versé pour la patrie;
Ce sang coula pour vous; et, malgré vos refus,
Je crois valoir au moins les rois que j'ai vaincus;
Et je n'offre en un mot à votre âme rebelle
Que la moitié d'un trône où mon parti m'appelle.

MÉROPE. Un parti! vous, barbare, au mépris de nos lois!
Est-il d'autre parti que celui de vos rois?
Est-ce là cette foi si pure et si sacrée,
Qu'à mon époux, à moi, votre bouche a jurée?
La foi que vous devez à ses mânes trahis,
A sa veuve éperdue, à son malheureux fils,
A ces dieux dont il sort et dont il tient l'empire?

POLYPHON. Il est encore douteux si votre fils respire.
Mais quand du sein des morts il viendrait en ces lieux
Redemander son trône à la face des Dieux,
Ne vous y trompez pas, Messène veut un maître,
Eprouvé par le temps, digne en effet de l'être,
Un roi qui la défende; et j'ose me flatter
Que le vengeur du trône a seul droit d'y monter.
Egisthe, jeune encore et sans expérience,
Etalerait en vain l'orgueil de sa naissance;
N'ayant rien fait pour nous, il n'a rien mérité.
D'un prix bien différent ce trône est acheté.
Le droit de commander n'est plus un avantage
Transmis par la nature ainsi qu'un héritage;
C'est le fruit des travaux et du sang répandu;
C'est le prix du courage, et je crois qu'il m'est dû.
Souvenez-vous du jour où vous fûtes surprise
Parmi ces lâches brigands de Pylos et d'Amphryse;
Revoyez votre époux et vos fils malheureux,
Presque en votre présence assassinés par eux;
Revoyez-moi, madame, arrêtant leur furie,
Chassant vos ennemis, défendant la patrie;
Voyez ces murs enfin par mon bras délivrés;
Songez que j'ai vengé l'époux que vous pleurez;
Voilà mes droits, madame, et mon rang et mon titre;

La valeur fit ces droits; le ciel en est l'arbitre.
Que votre fils revienne, il apprendra sous moi
Les leçons de sa gloire, et l'art de vivre en roi;
Il verra si mon front soutiendra la couronne.
Le sang d'Alcide est beau, mais n'a rien qui m'étonne.
Je recherche un honneur et plus noble et plus grand :
Je songe à ressembler au dieu dont il descend;
En un mot, c'est à moi de défendre la mère,
Et de servir au fils et d'exemple et de père.

MÉROPE. N'affectez point ici des soins si généreux,
Et cessez d'insulter à mon fils malheureux.
Si vous osez marcher sur les traces d'Alcide,
Rendez donc l'héritage au fils d'un Héraclide,
Ce dieu, dont vous seriez l'injuste successeur,
Vengeur de tant d'Etats, n'en fut point ravisseur.
Imitez sa justice ainsi que sa vaillance;
Défendez votre roi; secourez l'innocence;
Découvrez, rendez-moi ce fils que j'ai perdu,
Et méritez sa mère à force de vertu;
Dans vos murs relevés rappelez votre maître;
Alors jusques à vous je descendrais peut-être.
Je pourrais m'abaisser; mais je ne puis jamais
Devenir la complice et le prix des forfaits.

SCÈNE IV

POLYPHONTE, ÉROX.

ÉROX. Seigneur, attendez-vous que son âme fléchisse?
Ne pouvez-vous régner qu'au gré de son caprice?
Vous avez su du trône aplanir le chemin,
Et pour vous y placer vous attendez sa main !

POLYPHON. Entre ce trône et moi je vois un précipice;
Il faut que ma fortune y tombe ou le franchisse.
Mérope attend Egisthe, et le peuple aujourd'hui,
Si son fils reparaît, peut se tourner vers lui.
En vain, quand j'immolai son père et ses deux frères,
De ce trône sanglant je m'ouvris les barrières;
En vain, dans ce palais, où la sédition
Remplissait tout d'horreur et de confusion,
Ma fortune a permis qu'un voile heureux et sombre
Couvrît mes attentats du secret de son ombre;
En vain du sang des rois, dont je suis l'oppresseur,
Les peuples abusés m'ont cru le défenseur;
Nous touchons au moment où mon sort se décide.
S'il reste un rejeton de la race d'Alcide,
Si ce fils, tant pleuré, dans Messène est produit,
De quinze ans de travaux j'ai perdu tout le fruit.
Crois-moi, ces préjugés de sang et de naissance
Revivront dans les cœurs, y prendront sa défense.
Le souvenir du père, et cent rois pour aïeux,
Cet honneur prétendu d'être issu de nos dieux,

              Les cris, le désespoir d'une mère éplorée,
              Détruiront ma puissance encor mal assurée,
              Egisthe est l'ennemi dont il faut triompher.
              Jadis dans son berceau je voulus l'étouffer
              De Narbas à mes yeux l'adroite diligence
              Aux mains qui me servaient arracha son enfance;
              Narbas, depuis ce temps errant loin de ces bords,
              A bravé ma recherche, a trompé mes efforts.
              J'arrêtai ses courriers; ma juste prévoyance
              De Mérope et de lui rompit l'intelligence.
              Mais je connais le sort; il peut se démentir;
              De la nuit du silence un secret peut sortir;
              Et des dieux quelquefois la longue patience
              Fait sur nous à pas lents descendre la vengeance.

Erox.   Ah! livrez-vous sans crainte à vos heureux destins.
              La prudence est le dieu qui veille à vos desseins.
              Vos ordres sont suivis : déjà vos satellites
              D'Elide et de Messène occupent les limites.
              Si Narbas reparaît, si jamais à leurs yeux
              Narbas ramène Egisthe, ils périssent tous deux.

Polyphon. Mais me réponds-tu bien de leur aveugle zèle?

Erox.   Vous les avez guidés par une main fidèle;
              Aucun d'eux ne connaît ce sang qui doit couler,
              Ni le nom de ce roi qu'ils doivent immoler.
              Narbas leur est dépeint comme un traître, un transfuge,
              Un criminel errant, qui demande un refuge :
              L'autre, comme un esclave, et comme un meurtrier
              Qu'à la rigueur des lois il faut sacrifier.

Polyphon. Eh bien, encore ce crime! il m'est trop nécessaire;
              Mais en perdant le fils, j'ai besoin de la mère;
              J'ai besoin d'un hymen utile à ma grandeur,
              Qui détourne de moi le nom d'usurpateur,
              Qui fixe enfin les vœux de ce peuple infidèle,
              Qui m'apporte pour dot l'amour qu'on a pour elle.
              Je lis au fond des cœurs ; à peine ils sont à moi,
              Echauffés par l'espoir ou glacés par l'effroi,
              L'intérêt me les donne, il les ravit de même.
              Toi, dont le sort dépend de ma grandeur suprême,
              Appui de mes projets par tes soins dirigés,
              Erox, va réunir les esprits partagés ;
              Que l'avare en secret te vende son suffrage;
              Assure au courtisan ma faveur en partage;
              Du lâche qui balance échauffe les esprits;
              Promets, donne, conjure, intimide, éblouis.
              Ce fer au pied du trône en vain m'a su conduire;
              C'est encor peu de vaincre, il faut savoir séduire.
              Flatter l'hydre du peuple, au frein l'accoutumer
              Et pousser l'art enfin jusqu'à m'en faire aimer.

ACTE DEUXIÈME

SCÈNE PREMIÈRE

MÉROPE *interroge encore* EURYCLÈS *sur le destin de son fils.* EURYCLÈS *répond qu'il ne sait rien d'*EGISTHE, *mais qu'on vient d'arrêter un jeune étranger qui est coupable d'un meurtre. Cette idée de meurtre inquiète* MÉROPE, *qui toujours craint pour la vie de son fils. Elle commande qu'on lui amène le prisonnier, désirant l'interroger elle-même.*

SCÈNE II

MÉROPE, EURYCLÈS, ÉGISTHE, *enchaîné,* ISMÉNIE, GARDES.

ÉGISTHE, *dans le fond du théâtre, à Isménie.*
Est-ce là cette reine auguste et malheureuse,
Celle de qui la gloire, et l'infortune affreuse
Retentit jusqu'à moi dans le fond des déserts?

ISMÉNIE. Rassurez-vous, c'est elle.
(Elle sort.)

ÉGISTHE.   O dieu de l'univers!
Dieu qui formas ses traits, veille sur ton image!

MÉROPE. La vertu sur le trône est ton plus digne ouvrage.

MÉROPE. C'est là ce meurtrier? Se peut-il qu'un mortel
Sous des dehors si doux ait un cœur si cruel?
Approche, malheureux, et dissipe tes craintes
Réponds-moi: de quel sang tes mains sont-elles teintes?

ÉGISTHE. O reine, pardonnez: le trouble, le respect
Glace ma triste voix tremblante à votre aspect.
(A Eurycles.)
Mon âme, en sa présence, étonnée, attendrie...

MÉROPE. Parle. De qui ton bras a-t-il tranché la vie?

ÉGISTHE. D'un jeune audacieux, que les arrêts du sort
Et ses propres fureurs ont conduit à la mort.

MÉROPE. D'un jeune homme! Mon sang s'est glacé dans mes veines
Ah!... T'était-il connu?

ÉGISTHE.   Non; les champs de Messènes,
Ses murs, leurs citoyens, tout est nouveau pour moi.

MÉROPE. Quoi! ce jeune inconnu s'est armé contre toi?
Tu n'aurais employé qu'une juste défense?

ÉGISTHE. J'en atteste le ciel: il sait mon innocence.
Aux bords de la Pamise, en un temple sacré
Où l'un de vos aïeux, Hercule, est adoré,
J'osais prier pour vous ce dieu vengeur des crimes;
Je ne pouvais offrir ni présents, ni victimes;
Né dans la pauvreté, j'offrais de simples vœux,
Un cœur pur et soumis, présent des malheureux.
Il semblait que le dieu, touché de mon hommage,
Au-dessus de moi-même élevât mon courage.
Deux inconnus armés m'ont abordé soudain,

L'un dans la fleur des ans, l'autre vers son déclin.
Quel est donc, m'ont-ils dit, le dessein qui te guide?
Et quels vœux formes-tu pour la race d'Alcide?
L'un et l'autre à ces mots ont levé le poignard.
Le ciel m'a secouru dans ce triste hazard;
Cette main du plus jeune a puni la furie;
Percé de coups, madame, il est tombé sans vie;
L'autre a fui lâchement, tel qu'un vil assassin.
Et moi, je l'avoûrai, de mon sort incertain,
Ignorant de quel sang j'avais rougi la terre,
Craignant d'être puni d'un meurtre involontaire,
J'ai traîné dans les flots ce corps ensanglanté.
Je fuyais; vos soldats m'ont bientôt arrêté :
Ils ont nommé Mérope, et j'ai rendu les armes.

EURYCLÈS. Eh! madame, d'où vient que vous versez des larmes?
MÉROPE. Te le dirai-je? hélas! tandis qu'il m'a parlé,
Sa voix m'attendrissait; tout mon cœur s'est troublé.
Cresphonte... ô ciel! j'ai cru..., que j'en rougis de honte!
Oui, j'ai cru démêler quelques traits de Cresphonte.
Jeux cruels du hazard, en qui me montrez-vous
Une si fausse image et des rapports si doux?
Affreux ressouvenir, quel vain songe m'abuse!

EURYCLÈS. Rejetez donc, madame, un soupçon qui l'accuse;
Il n'a rien d'un barbare, et rien d'un imposteur.

MÉROPE. Les dieux ont sur son front imprimé la candeur.
Demeurez; en quel lieu le ciel vous fit-il naître?

ÉGISTHE. En Élide.

MÉROPE. Qu'entends-je? en Élide! Ah! peut-être...
L'Élide!... Répondez... Narbas vous est connu?
Le nom d'Égisthe au moins jusqu'à vous est venu?
Quel était votre état, votre rang, votre père?

ÉGISTHE. Mon père est un vieillard accablé de misère;
Polyclète est son nom; mais Égisthe, Narbas,
Ceux dont vous me parlez, je ne les connais pas.

MÉROPE. O dieux, vous vous jouez d'une triste mortelle!
J'avais de quelque espoir une faible étincelle;
J'entrevoyais le jour, et mes yeux affligés
Dans la profonde nuit sont déjà replongés.
Et quel rang vos parents tiennent-ils dans la Grèce?

ÉGISTHE. Si la vertu suffit pour faire la noblesse,
Ceux dont je tiens le jour, Polyclète, Sirris,
Ne sont point des mortels dignes de vos mépris;
Leur sort les avilit; mais leur sage constance
Fait respecter en eux l'honorable indigence.
Sous ses rustiques toits mon père vertueux
Fait le bien, suit les lois, et ne craint que les dieux.

MÉROPE. Chaque mot qu'il me dit est plein de nouveaux charmes.
Pourquoi donc le quitter? pourquoi causer ses larmes?
Sans doute il est affreux d'être privé d'un fils.

ÉGISTHE. Un vain désir de gloire a séduit mes esprits.
On me parlait souvent des troubles de Messène,

Des malheurs dont le ciel avait frappé la reine,
Surtout de ses vertus, dignes d'un autre prix ;
Je me sentais ému par ces tristes récits.
De l'Elide en secret dédaignant la mollesse,
J'ai voulu dans la guerre exercer ma jeunesse,
Servir sous vos drapeaux, et vous offrir mon bras ;
Voilà le seul dessein qui conduisit mes pas.
Ce faux instinct de gloire égara mon courage ;
A mes parents flétris sous les rides de l'âge,
J'ai de mes jeunes ans dérobé le secours ;
C'est ma première faute ; elle a troublé mes jours ;
Le ciel m'en a puni : le ciel inexorable
M'a conduit dans le piège, et m'a rendu coupable.

MÉROPE. Il ne l'est point ; j'en crois son ingénuité ;
Le mensonge n'a point cette simplicité.
Tendons à sa jeunesse une main bienfaisante ;
C'est un infortuné que le ciel me présente.
Il suffit qu'il soit homme, et qu'il soit malheureux.
Mon fils peut éprouver un sort plus rigoureux.
Il me rappelle Egisthe ; Egisthe est de son âge ;
Peut-être, comme lui, de rivage en rivage,
Inconnu, fugitif, et partout rebuté,
Il souffre le mépris qui suit la pauvreté.
L'opprobre avilit l'âme, et flétrit le courage.
Pour le sang de nos dieux quel horrible partage !

SCÈNES III, IV, V, VI ET VII

MÉROPE *apprend d'*ISMÉNIE *que* POLYPHONTE *vient d'être proclamé roi par la foule. On emmène* EGISTHE. *L'infortunée reine se lamente, proteste encore qu'elle ne peut épouser le tyran.* EURYCLES *survient, et annonce à* MÉROPE *une nouvelle qu'on vient de lui donner : la victime du jeune étranger qui est actuellement captif ne serait autre qu'*EGISTHE. *C'est du moins ce que* POLYPHONTE *fait dire, et il en donne pour preuve l'armure d'*EGISTHE, *armure provenant de son père Cresphonte, et qu'il prétend être celle de l'inconnu tué par l'étranger, alors que c'est réellement celle de cet étranger, en d'autres termes, du véritable* EGISTHE. POLYPHONTE *déclare qu'il va faire mettre à mort le meurtrier, mais* MÉROPE *répond qu'elle veut venger son fils en frappant elle-même ce coupable.*

ACTE TROISIÈME

SCÈNES I, II ET III

Le vieux NARBAS, *revenu avec* EGISTHE, *qui croit être son fils et le nomme Polyclète, se lamente sur tous les dangers de la situation présente, et, rencontrant* ISMÉNIE, *il lui demande la faveur de parler à la reine.* ISMÉNIE *lui dit qu'*EGISTHE *a été assassiné, et lui recommande de ne pas troubler la douleur de* MÉROPE.

SCÈNE IV

MÉROPE, ISMÉNIE, EURYCLÈS, ÉGISTHE
enchaîné; GARDES, SACRIFICATEURS, *puis* NARBAS.

MÉROPE. Qu'on amène à mes yeux cette horrible victime.
Inventons des tourments qui soient égaux au crime;
Ils ne pourront jamais égaler ma douleur.
ÉGISTHE. On m'a vendu bien cher un instant de faveur.
Secourez-moi, grands dieux, à l'innocent propices!
EURYCLÈS. Avant que d'expirer, qu'il nomme ses complices.
            MÉROPE, *avançant*.
Oui, sans doute, il le faut. Monstre! qui t'a porté
A ce comble du crime, à tant de cruauté?
Que t'ai-je fait?
ÉGISTHE.   Les dieux, qui vengent le parjure,
Sont témoins si ma bouche a connu l'imposture.
J'avais dit à vos pieds la simple vérité;
J'avais déjà fléchi votre cœur irrité;
Vous étendiez sur moi votre main protectrice,
Qui peut avoir sitôt lassé votre justice?
Et quel est donc ce sang qu'a versé mon erreur?
Quel nouvel intérêt vous parle en sa faveur?
MÉROPE. Quel intérêt? barbare!
ÉGISTHE.   Hélas! sur son visage
J'entrevois de la mort la douloureuse image;
Que j'en suis attendri! j'aurais voulu cent fois
Racheter de mon sang l'état où je la vois.
MÉROPE. Le cruel! à quel point on l'instruisit à feindre!
Il m'arrache la vie, et semble encor me plaindre.
        (Elle se jette dans les bras d'Isménie.)
EURYCLÈS. Madame, vengez-vous, et vengez à la fois
Les lois, et la nature, et le sang de nos rois.
ÉGISTHE. A la cour de ces rois telle est donc la justice!
On m'accueille, on me flatte; on résout mon supplice.
Quel destin m'arrachait à mes tristes forêts?
Vieillard infortuné, quels seront vos regrets?
Mère trop malheureuse, et dont la voix si chère
M'avait prédit...
MÉROPE.   Barbare! il te reste une mère.
Je serais mère encor sans toi, sans ta fureur.
Tu m'as ravi mon fils.
ÉGISTHE.   Si tel est mon malheur,
S'il était votre fils, je suis trop condamnable.
Mon cœur est innocent, mais ma main est coupable.
Que je suis malheureux! Le ciel sait qu'aujourd'hui
J'aurais donné ma vie et pour vous et pour lui.
MÉROPE. Quoi, traître! quand ta main lui ravit cette armure...
ÉGISTHE. Elle est à moi.
MÉROPE.   Comment? que dis-tu?
ÉGISTHE.   Je vous jure,
Par vous, par ce cher fils, par vos divins aïeux,

	Que mon père en mes mains mit ce don précieux,
MÉROPE.	Qui? ton père? En Élide? en quel trouble il me jette! Son nom? parle : réponds.
NARBAS.	Son nom est Polyclète : Je vous l'ai déjà dit.
MÉROPE.	Tu m'arraches le cœur!

Quelle indigne pitié suspendait ma fureur!
C'en est trop ; secondez la rage qui me guide,
Qu'on traîne à ce tombeau ce monstre, ce perfide.
(Levant le poignard.)
Mânes de mon cher fils, mes bras ensanglantés...
    NARBAS, *paraissant avec précipitation.*
Qu'allez-vous faire, ô dieux!

MÉROPE.	Qui m'appelle?
NARBAS.	Arrêtez!

Hélas! il est perdu, si je nomme sa mère,
S'il est connu.

MÉROPE.	Meurs, traître!
NARBAS.	Arrêtez!

    ÉGISTHE, *tournant les yeux vers Narbas.*
O mon père.

| MÉROPE. | Son père! |

    ÉGISTHE, *à Narbas.*
Hélas! que vois-je? où portez-vous vos pas?
Venez-vous être ici témoin de mon trépas?

NARBAS.	Ah! madame, empêchez qu'on achève le crime. Euryclès, écoutez, écartez la victime. Que je vous parle.

EURYCLÈS *emmène Égisthe et ferme le fond du théâtre.*
O ciel!
    MÉROPE, *s'avançant.*
Vous me faites trembler ;
J'allais venger mon fils.
    NARBAS, *se jetant à genoux.*
Vous alliez l'immoler,
Egisthe...
    MÉROPE, *laissant tomber le poignard.*
Eh bien! Egisthe?

NARBAS.	O reine infortunée!

Celui dont votre main tranchait la destinée,
C'est Égisthe.

MÉROPE.	Il vivrait!
NARBAS.	C'est lui, c'est votre fils.

    MÉROPE, *tombant dans les bras d'Isménie.*
Je me meurs!

ISMÉNIE.	Dieu-puissants!

    NARBAS, *à Isménie.*
Rappelez ses esprits,
Hélas! ce juste excès de joie et de tendresse,
Ce trouble si soudain, ce remords qui la presse,
Vont consumer ses jours usés par la douleur.

MÉROPE, *revenant à elle.*
Ah! Narbas, est-ce vous? est-ce un songe trompeur?
Quoi! c'est vous! c'est mon fils! qu'il vienne, qu'il paraisse.
NARBAS. Redoutez, renfermez cette juste tendresse.
(A Isménie.)
Vous, cachez à jamais ce secret important;
MÉROPE. Le salut de la reine et d'Égisthe en dépend.
MÉROPE. Ah! quel nouveau danger empoisonne ma joie!
Cher Égisthe! quel dieu défend que je te voie?
Ne m'est-il donc rendu que pour mieux m'affliger?
NARBAS. Ne le connaissant pas, vous alliez l'égorger:
Et si son arrivée est ici découverte,
En le reconnaissant vous assurez sa perte.
Malgré la voix du sang, feignez, dissimulez;
Le crime est sur le trône; ou vous poursuit; tremblez

SCÈNE V

NARBAS *révèle à* MÉROPE *que* POLYPHONTE *est l'assassin de Cresphonte son époux.* EURYCLES *et* NARBAS *emmènent* ÉGISTHE *hors de la vue de* POLYPHONTE *qui approche, non sans que tous aient juré de garder le secret de ce qu'ils viennent d'apprendre.*

SCÈNE VI

MÉROPE, POLYPHONTE, ÉROX, ISMÉNIE, suite.

POLYPHON. Le trône vous attend, et les autels sont prêts;
L'hymen qui va nous joindre unit nos intérêts.
Comme roi, comme époux, le devoir me commande
Que je venge le meurtre, et que je vous défende.
Deux complices déjà, par mon ordre saisis,
Vont payer de leur sang le sang de votre fils.
Mais, malgré tous mes soins, votre lente vengeance
A bien mal secondé ma prompte vigilance.
J'avais à votre bras remis cet assassin;
Vous-même, disiez-vous, deviez percez son sein.
MÉROPE. Plût aux dieux que mon bras fût le vengeur du crime!
POLYPHON. C'est le devoir des rois, c'est le soin qui m'anime.
MÉROPE. Vous?
POLYPHON. Pourquoi donc, madame, avez-vous différé?
Votre amour pour un fils serait-il altéré?
MÉROPE. Puissent ses ennemis périr dans les supplices!
Mais si ce meurtrier, seigneur, a des complices;
Si je pouvais par lui reconnaître le bras,
Le bras dont mon époux a reçu le trépas...
Ceux dont la race impie a massacré le père
Poursuivront à jamais et le fils et la mère.
Si l'on pouvait...
POLYPHON. C'est là ce que je veux savoir;
Et déjà le coupable est mis en mon pouvoir.
MÉROPE. Il est entre vos mains?

POLYPHON.   Oui, madame, et j'espère
Percer en lui parlant ce ténébreux mystère.
MÉROPE. Ah! barbare!... A moi seule il faut qu'il soit remis.
Rendez-moi... Vous savez que vous l'avez promis.
   (A part.)
O mon sang! ô mon fils! quel sort on vous prépare!
   (A Polyphonte.)
Seigneur, ayez pitié...
POLYPHON.   Quel transport vous égare!
Il mourra.
MÉROPE.   Lui?
POLYPHON.   Sa mort pourra vous consoler.
MÉROPE. Ah! je veux à l'instant le voir et lui parler.
POLYPHON. Ce mélange inouï d'horreur et de tendresse,
Ces transports dont votre âme à peine est la maîtresse,
Ces discours commencés, ce visage interdit,
Pourraient de quelque ombrage alarmer mon esprit.
Mais puis-je m'expliquer avec moins de contrainte?
D'un déplaisir nouveau votre âme semble atteinte.
Qu'a donc dit ce vieillard que l'on vient d'amener?
Pourquoi fuit-il mes yeux? que dois-je en soupçonner?
Quel est-il?
MÉROPE.   Eh! seigneur, à peine sur le trône,
La crainte, le soupçon déjà vous environne!
POLYPHON. Partagez donc ce trône; et, sûr de mon bonheur,
Je verrai les soupçons exilés de mon cœur.
L'autel attend déjà Mérope et Polyphonte.
        MÉROPE, *en pleurant.*
Les dieux vous ont donné le trône de Cresphonte,
Il y manquait sa femme, et ce comble d'horreur,
Ce crime épouvantable...
ISMÉNIE.   Eh, madame!
MÉROPE.   Ah! seigneur,
Pardonnez... Vous voyez ma mère éperdue.
Les dieux m'ont tout ravi, les dieux m'ont confondue.
Pardonnez... De mon fils rendez-moi l'assassin.
POLYPHON. Tout mon sang, s'il le faut, va couler sous ma main.
Venez, madame.
MÉROPE.   O dieux! dans l'horreur qui me presse,
Secourez une mère, et cachez sa faiblesse.

ACTE QUATRIÈME

SCÈNE PREMIÈRE

POLYPHONTE *avoue à son confident* EROX *que l'attitude de* MÉROPE *l'inquiète: la reine aurait-elle reconnu en lui l'assassin de Cresphonte?* EROX *et lui conçoivent aussi des soupçons sur le jeune étranger captif et sur* NARBAS, *le vieillard qui l'accompagne et dont ils ne savent point le vrai nom.*

SCÈNE II

POLYPHONTE, ÉROX, ÉGISTHE, EURYCLÈS
MÉROPE, ISMÉNIE, GARDES.

MÉROPE. Remplissez vos serments; songez à me venger;
Qu'à mes mains, à moi seule, on laisse la victime.
POLYPHON. La voici devant vous. Votre intérêt m'anime.
Vengez-vous; baignez-vous au sang du criminel;
Et sur son corps sanglant je vous mène à l'autel.
MÉROPE. Ah, dieux!
ÉGISTHE, *à Polyphonte.*
Tu vends mon sang à l'hymen de la reine;
Ma vie est peu de chose, et je mourrai sans peine;
Mais je suis malheureux, innocent, étranger;
Si le ciel t'a fait roi, c'est pour me protéger.
J'ai tué justement un injuste adversaire,
Mérope veut ma mort; je l'excuse, elle est mère;
Je bénirais ses coups prêts à tomber sur moi;
Et je n'accuse ici qu'un tyran tel que toi.
POLYPHON. Malheureux! oses-tu, dans ta rage insolente...
MÉROPE. Eh! seigneur, excusez sa jeunesse imprudente;
Elevé loin des cours et nourri dans les bois,
Il ne sait pas encor ce qu'on doit à des rois.
POLYPHON. Qu'entends-je! quel discours! quelle surprise extrême!
Vous, le justifier!
MÉROPE. Qui, moi, seigneur?
POLYPHON. Vous-même.
De cet égarement sortirez-vous enfin?
De votre fils, madame, est-ce ici l'assassin?
MÉROPE. Mon fils, de tant de rois le déplorable reste,
Mon fils, enveloppé dans un piège funeste,
Sous les coups d'un barbare...
ISMÉNIE. O ciel! que faites-vous?
POLYPHON. Quoi! vos regards sur lui se tournent sans courroux!
Vous tremblez à sa vue, et vos yeux s'attendrissent?
Vous voulez me cacher les pleurs qui les remplissent?
MÉROPE. Je ne les cache point, ils paraissent assez;
La cause en est trop juste et vous la connaissez.
POLYPHON. Pour en tarir la source il est temps qu'il expire.
Qu'on l'immole, soldats.
MÉROPE, *s'avançant.*
Cruel! qu'osez-vous dire?
ÉGISTHE. Quoi! de pitié pour moi tous vos sens sont saisis!
POLYPHON. Qu'il meure!
MÉROPE. Il est...
POLYPHON. Frappez.
MÉROPE, *se jetant entre Égisthe et les soldats.*
Barbare! il est mon fils!
ÉGISTHE. Moi, votre fils?

MÉROPE, *en l'embrassant.*
Tu l'es; et ce ciel que j'atteste,
Ce ciel qui t'a formé dans un sein si funeste,
Et qui trop tard, hélas! a dessillé mes yeux,
Te remet dans mes bras pour nous perdre tous deux.
EGISTHE. Quel miracle, grands dieux, que je ne puis comprendre!
POLYPHON. Une telle imposture a de quoi me surprendre.
Vous, sa mère? Qui? vous, qui demandiez sa mort?
EGISTHE. Ah! si je meurs son fils, je rends grâce à mon sort.
MÉROPE. Je suis sa mère. Hélas? mon amour m'a trahie.
Oui, tu tiens dans tes mains le secret de ma vie;
Tu tiens le fils des dieux enchaîné devant toi,
L'héritier de Cresphonte, et ton maître, et ton roi.
Tu peux, si tu le veux, m'accuser d'imposture.
Ce n'est pas aux tyrans à sentir la nature;
Ton cœur, nourri de sang, n'en peut être frappé.
Oui, c'est mon fils, te dis-je, au carnage échappé.
POLYPHON. Que prétendez-vous dire? et sur quelles alarmes...?
EGISTHE. Va, je me crois son fils; mes preuves sont ses larmes,
Mes sentiments, mon cœur par la gloire animé,
Mon bras, qui t'eût puni s'il n'était désarmé.
POLYPHON. Ta rage auparavant sera seule punie.
C'est trop.
MÉROPE, *se jetant à ses genoux.*
Commencez donc par m'arracher la vie;
Ayez pitié des pleurs dont mes yeux sont noyés.
Que vous faut-il de plus? Mérope est à vos pieds;
Mérope les embrasse, et craint votre colère.
A cet effort affreux jugez si je suis mère,
Jugez de mes tourments; ma détestable erreur,
Ce matin, de mon fils allait percer le cœur.
Je pleure à vos genoux mon crime involontaire.
Cruel! vous qui vouliez lui tenir lieu de père,
Qui deviez protéger ses jours infortunés,
Le voilà devant vous, et vous l'assassinez!
Son père est mort, hélas! par un crime funeste;
Sauvez le fils : je puis oublier tout le reste!
Sauvez le sang des dieux et de vos souverains;
Il est seul, sans défense, il est entre vos mains.
Qu'il vive et c'est assez. Heureuse en mes misères,
Lui seul il me rendra mon époux et ses frères.
Vous voyez avec moi ses aïeux à genoux,
Votre roi dans les fers.
EGISTHE. O reine, levez-vous,
Et daignez me prouver que Cresphonte est mon père,
En cessant d'avilir et sa veuve et ma mère.
Je sais peu de mes droits quelle est la dignité;
Mais le ciel m'a fait naître avec trop de fierté,
Avec un cœur trop haut pour qu'un tyran l'abaisse.
De mon premier état j'ai bravé la bassesse,
Et mes yeux du présent ne sont point éblouis.

Je me sens né des rois, je me sens votre fils.
Hercule ainsi que moi commença sa carrière;
Il sentit l'infortune en ouvrant la paupière;
Et les dieux l'ont conduit à l'immortalité,
Pour avoir, comme moi, vaincu l'adversité.
S'il m'a transmis son sang, j'en aurai le courage
Mourir digne de vous, voilà mon héritage.
Cessez de le prier; cessez de démentir
Le sang des demi-dieux dont on me fait sortir.

POLYPHONTE, à *Mérope*.

Eh bien! il faut ici nous expliquer sans feinte.
Je prends part aux douleurs dont vous êtes atteinte;
Son courage me plaît; je l'estime, et je crois
Qu'il mérite en effet d'être du sang des rois.
Mais une vérité d'une telle importance
N'est pas de ces secrets qu'on croit sans évidence.
Je le prends sous ma garde, il m'est déjà remis :
Et, s'il est né de vous, je l'adopte pour fils.

ÉGISTHE. Vous, m'adopter?
MÉROPE. Hélas!
POLYPHON. Réglez sa destinée.
Vous achetiez sa mort avant mon hyménée.
La vengeance à ce point a pu vous captiver;
L'amour fera-t-il moins quand il faut le sauver?
MÉROPE. Quoi, barbare!
POLYPHON. Madame, il y va de sa vie.
Votre âme en sa faveur paraît trop attendrie,
Pour vouloir exposer à mes justes rigueurs,
Par d'imprudents refus, l'objet de tant de pleurs.
MÉROPE. Seigneur, que de son sort il soit du moins le maître.
Daignez...
POLYPHON. C'est votre fils, madame, ou c'est un traître.
Je dois m'unir à vous pour lui servir d'appui,
Ou je dois me venger et de vous et de lui.
C'est à vous d'ordonner sa grâce ou son supplice.
Vous êtes en un mot sa mère ou sa complice,
Choisissez ; mais sachez qu'au sortir de ces lieux
Je ne vous en croirai qu'en présence des dieux.
Vous, soldats, qu'on le garde ; et vous, que l'on me suive.
(A Mérope.)
Je vous attends; voyez si vous voulez qu'il vive ;
Déterminez d'un mot mon esprit incertain;
Confirmez sa naissance en me donnant la main.
Votre seule réponse ou le sauve ou l'opprime.
Voilà mon fils, madame, ou voilà ma victime.
Adieu.
MÉROPE. Ne m'ôtez pas la douceur de le voir.
Rendez-le à mon amour, à mon vain désespoir.
POLYPHON. Vous le verrez au temple.
ÉGISTHE, *que les soldats emmènent.*
O reine auguste et chère!

O vous que j'ose à peine encor nommer ma mère!
Ne faites rien d'indigne et de vous et de moi;
Si je suis votre fils, je sais mourir en roi.

SCÈNES III, IV ET V

MÉROPE *se désespère.* NARBAS *survient, et apprend d'elle qu'elle a tout révélé. Cependant l'heure de la cérémonie du mariage est arrivée :* ISMÉNIE *l'annonce à* MÉROPE, *qui, la mort dans l'âme, se dirige vers le temple.*

ACTE CINQUIÈME

SCÈNES I, II ET III

NARBAS *et* EURYCLÈS *parlent à* EGISTHE *et le plaignent. Le jeune homme s'indigne du sort qui lui est fait, et regrette de n'être point mort.* POLYPHONTE *arrive, et lui dit qu'il doit choisir entre la mort ou l'obéissance; si* EGISTHE *reconnaît la royauté de* POLYPHONTE, *accepte l'hymen de celui-ci et de* MÉROPE, *il aura la vie sauve et pourra espérer monter plus tard sur le trône, comme héritier du maître.* EGISTHE *repousse cette proposition qu'il juge déshonorante,* POLYPHONTE *se retire, engageant* NARBAS *et* EURYCLES *à convaincre le jeune homme. Tous deux s'efforcent de prêcher la prudence à* EGISTHE, *qui refuse d'écouter leurs conseils.*

SCÈNE IV

MÉROPE, ÉGISTHE, NARBAS, EURYCLÈS, SUITE.

MÉROPE.
Le tyran m'ose envoyer vers toi :
Ne crois pas que je vive après cet hyménée;
Mais cette honte horrible où je suis entraînée,
Je la subis pour toi, je me fais cet effort;
Fais-toi celui de vivre, et commande à ton sort.
Cher objet des terreurs dont mon âme est atteinte,
Toi pour qui je connais et la honte et la crainte,
Fils des rois et des dieux, mon fils, il faut servir.
Pour savoir se venger il faut savoir souffrir.
Je sens que ma faiblesse et t'indigne et t'outrage;
Je t'en aime encor plus, et je crains davantage.
Mon fils...

EGISTHE.
Osez me suivre.

MÉROPE.
Arrête. Que fais-tu?
Dieux! je me plains à vous de son trop de vertu.

EGISTHE.
Voyez-vous en ces lieux le tombeau de mon père?
Entendez-vous sa voix? Etes-vous reine et mère?
Si vous l'êtes, venez.

MÉROPE.
Il semble que le ciel
T'élève en ce moment au-dessus d'un mortel.
Je respecte mon sang; je vois le sang d'Alcide;

	Ah ! parle : remplis-moi de ce dieu qui te guide.
	Il te presse, il t'inspire. O mon fils ! mon cher fils !
	Achève, et rends la force à mes faibles esprits.
ÉGISTHE.	Auriez-vous des amis dans ce temple funeste ?
MÉROPE.	J'en eus quand j'étais reine, et le peu qui m'en reste
	Sous un joug étranger baisse un front abattu ;
	Le poids de mes malheurs accable leur vertu ;
	Polyphonte est haï ; mais c'est lui qu'on couronne ;
	On m'aime et l'on me fuit.
ÉGISTHE.	Quoi ! tout vous abandonne !
	Ce monstre est à l'autel ?
MÉROPE.	Il m'attend.
ÉGISTHE.	Ses soldats
	A cet autel horrible accompagnent ses pas ?
MÉROPE.	Non : la porte est livrée à leur troupe cruelle ;
	Il est environné de la foule infidèle
	Des mêmes courtisans que j'ai vus autrefois
	S'empresser à ma suite, et ramper sous mes lois.
	Et moi, de tous les siens à l'autel entourée,
	De ces lieux à toi seul je puis ouvrir l'entrée.
ÉGISTHE.	Seul, je vous y suivrai ; j'y trouverai des dieux
	Qui punissent le meurtre, et qui sont mes aïeux.
MÉROPE.	Ils t'ont trahi quinze ans.
ÉGISTHE.	Ils m'éprouvaient sans doute.
MÉROPE.	Eh ! quel est ton dessein ?
ÉGISTHE.	Marchons, quoi qu'il en coûte.
	Adieu, tristes amis ; vous connaîtrez du moins
	Que le fils de Mérope a mérité vos soins.
	(A Narbas, en l'embrassant.)
	Tu ne rougiras point, crois-moi, de ton ouvrage ;
	Au sang qui m'a formé tu rendras témoignage.

SCÈNE V

NARBAS, EURYCLÈS.

NARBAS.	Que va-t-il faire ? Hélas ! tous mes soins sont trahis ;
	Les habiles tyrans ne sont jamais punis.
	J'espérais que du temps la main tardive et sûre
	Justifierait les dieux en vengeant leur injure ;
	Qu'Egisthe reprendrait son empire usurpé ;
	Mais le crime l'emporte, et je meurs détrompé.
	Egiste va se perdre à force de courage ;
	Il désobéira, la mort est son partage.
EURYCLÈS.	Entendez-vous ces cris dans les airs élancés ?
NARBAS.	C'est le signal du crime.
EURYCLÈS.	Ecoutons.
NARBAS.	Frémissez.
EURYCLÈS.	Sans doute qu'au moment d'épouser Polyphonte
	La reine en expirant a prévenu sa honte :
	Tel était son dessein dans son mortel ennui.
NARBAS.	Ah ! son fils n'est donc plus ! elle a vécu pour lui

Euryclès.	Le bruit croît, il redouble, il vient comme un tonnerre
	Qui s'approche en grondant, et qui fond sur la terre.
Narbas.	J'entends de tous côtés les cris des combattants,
	Les sons de la trompette, et la voix des mourants;
	Du palais de Mérope on enfonce la porte.
Euryclès.	Ah! ne voyez-vous pas cette cruelle escorte,
	Qui court, qui se dissipe, et qui va loin de nous?
Narbas.	Va-t-elle du tyran servir l'affreux courroux!
Euryclès.	Autant que mes regards au loin peuvent s'étendre,
	On se mêle, on combat.
Narbas.	Quel sang va-t-on répandre?
	De Mérope et du roi le nom remplit les airs.
Euryclès.	Grâces aux immortels! les chemins sont ouverts.
	Allons voir à l'instant s'il faut mourir ou vivre.

(Il sort.)

Narbas.	Allons. D'un pas égal que ne puis-je vous suivre!
	O dieux! rendez la force à ces bras énervés,
	Pour le sang de mes rois autrefois éprouvés;
	Que je donne du moins les restes de ma vie.
	Hâtons-nous.

SCÈNE VI

NARBAS, ISMÉNIE, PEUPLE.

Narbas.	Quel spectacle! Est-ce vous, Isménie?
	Sanglante, inanimée, est-ce vous que je vois?
Isménie.	Ah! laisse-moi reprendre et la vie et la voix.
Narbas.	Mon fils est-il vivant? Que devient notre reine?
Isménie.	De mon saisissement je reviens avec peine;
	Par les flots de ce peuple entraînée en ces lieux...
Narbas.	Que fait Egisthe?
Isménie.	Il est... le digne fils des dieux:
	Egisthe! Il a frappé le coup le plus terrible.
	Non, d'Alcide jamais la valeur invincible
	N'a d'un exploit si rare étonné les humains.
Narbas.	O mon fils! ô mon roi, qu'ont élevé mes mains!
Isménie.	La victime était prête et de fleurs couronnée;
	L'autel étincelait des flambeaux d'hyménée;
	Polyphonte, l'œil fixe, et d'un front inhumain,
	Présentait à Mérope une odieuse main;
	Le prêtre prononçait les paroles sacrées;
	Et la reine, au milieu des femmes éplorées,
	S'avançant tristement, tremblante entre mes bras,
	Au lieu de l'hyménée invoquait le trépas;
	Le peuple observait tout dans un profond silence.
	Dans l'enceinte sacrée en ce moment s'avance
	Un jeune homme, un héros, semblable aux immortels;
	Il court : c'était Egisthe; il s'élance aux autels;
	Il monte; il y saisit d'une main assurée
	Pour les fêtes des dieux la hache préparée.
	Les éclairs sont moins prompts; je l'ai vu de mes yeux,

Je l'ai vu qui frappait ce monstre audacieux,
Meurs, tyran, disait-il ; dieux prenez vos victimes.
Erox, qui de son maître a servi tous les crimes,
Erox, qui dans son sang voit ce monstre nager,
Lève une main hardie, et pense le venger,
Egisthe se retourne, enflammé de furie ;
A côté de son maître il le jette sans vie.
Le tyran se relève ; il blesse le héros ;
De leur rang confondu j'ai vu couler les flots.
Déjà la garde accourt avec des cris de rage.
Sa mère... Ah ! que l'amour inspire de courage !
Quel transport animait ses efforts et ses pas !
Sa mère... Elle s'élance au milieu des soldats.
C'est mon fils, arrêtez, cessez, troupe inhumaine ;
C'est mon fils ; déchirez sa mère, et votre reine,
Ce sein qui l'a nourri, ces flancs qui l'ont porté.
A ces cris douloureux le peuple est agité ;
Une foule d'amis, que son danger excite,
Entre elle et ces soldats vole et se précipite.
Vous eussiez vu soudain les autels renversés,
Dans des ruisseaux de sang leurs débris dispersés ;
Les enfants écrasés dans les bras de leurs mères,
Les frères méconnus immolés par leurs frères ;
Soldats, prêtres, amis, l'un sur l'autre expirants ;
On marche, on est porté sur les corps des mourants ;
On veut fuir, on revient ; et la foule pressée
D'un bout du temple à l'autre est vingt fois repoussée.
De ces flots confondus le flux impétueux
Roule, et dérobe Egisthe et la reine à mes yeux.
Parmi les combattants je vole ensanglantée ;
J'interroge à grand cris la foule épouvantée.
Tout ce qu'on me répond redouble mon horreur,
On s'écrie : Il est mort, il tombe, il est vainqueur.
Je cours, je me consume, et le peuple m'entraine,
Me jette en ce palais, éplorée, incertaine,
Au milieu des mourants, des morts et des débris.
Venez, suivez mes pas, joignez-vous à mes cris ;
Venez. J'ignore encor si la reine est sauvée,
Si de son digne fils la vie est conservée,
Si le tyran n'est plus. Le trouble, la terreur,
Tout ce désordre horrible est encor dans mon cœur.

NARBAS.
Arbitre des humains, divine providence,
Achève ton ouvrage, et soutiens l'innocence ;
A nos malheurs passés mesure tes bienfaits ;
O ciel! conserve Egisthe et que je meure en paix
Ah! parmi ces soldats ne vois-je pas la reine ?

SCÈNE VII

MÉROPE, ISMÉNIE, NARBAS, puis, **ÉGISTHE, PEUPLES, SOLDATS**

(On voit dans le fond du théâtre le corps de Polyphonte couvert d'une robe sanglante.)

MÉROPE. Guerriers, prêtres, amis, citoyens de Messène,
Au nom des dieux vengeurs, peuples, écoutez-moi.
Je vous le jure encore, Egisthe est votre roi ;
Il a puni le crime, il a vengé son père.
Celui que vous voyez traîné sur la poussière,
C'est un monstre ennemi des dieux et des humains ;
Dans le sein de Cresphonte il enfonça ses mains,
Cresphonte mon époux, mon appui, votre maître ;
Mes deux fils sont tombés sous les coups de ce traître.
Il opprimait Messène, il usurpait mon rang ;
Il m'offrait une main fumante de mon sang.
(En courant vers Egisthe, qui arrive la hache à la main.)
Celui que vous voyez, vainqueur de Polyphonte,
C'est le fils de vos rois, c'est le sang de Cresphonte ;
C'est le mien, c'est le seul qui reste à ma douleur.
Quels témoins voulez-vous plus certains que mon cœur ?
Regardez ce vieillard ; c'est lui dont la prudence
Aux mains de Polyphonte arracha son enfance.
Les dieux ont fait le reste.

NARBAS.   Oui, j'atteste ces dieux
Que c'est là votre roi qui combattait pour eux.

EGISTHE, Amis, pouvez-vous bien méconnaître une mère ?
Un fils qu'elle défend, un fils qui venge un père ?
Un roi vengeur du crime ?

MÉROPE,   Et si vous en doutez,
Reconnaissez mon fils aux coups qu'il a portés ;
A votre délivrance, à son âme intrépide.
Eh ! quel autre jamais qu'un descendant d'Alcide,
Nourri dans la misère, à peine en son printemps,
Eût pu venger Messène et punir les tyrans ?
Il soutiendra son peuple, il vengera la terre.
Ecoutez : le ciel parle ; entendez son tonnerre.
Sa voix qui se déclare et se joint à mes cris,
Sa voix rend témoignage, et dit qu'il est mon fils.

SCÈNE VIII

MÉROPE, EGISTHE, ISMÉNIE, NARBAS, EURYCLÈS, PEUPLE.

EURYCLÈS. Ah ! montrez-vous, madame, à la ville calmée ;
Du retour de son roi la nouvelle semée,
Volant de bouche en bouche, a changé les esprits.
Nos amis ont parlé ; les cœurs sont attendris :
Le peuple impatient verse des pleurs de joie ;
Il adore le roi que le ciel lui renvoie,
Il bénit votre fils, il bénit votre amour ;

Il consacre à jamais ce redoutable jour.
Chacun veut contempler son auguste visage;
On veut revoir Narbas; on veut vous rendre hommage.
Le nom de Polyphonte est partout abhorré;
Celui de votre fils, le vôtre est adoré.
O roi! venez jouir du prix de la victoire;
Ce prix est notre amour, il vaut mieux que la gloire.

ÉGISTHE. Elle n'est point à moi; cette gloire est aux dieux;
Ainsi que le bonheur, la vertu nous vient d'eux.
Allons monter au trône, en y plaçant ma mère;
Et vous, mon cher Narbas, soyez toujours mon père.

Le Gérant : HENRI GAUTIER.

PRIME DU MOIS D'AOUT

Tout abonné direct à la *Nouvelle Bibliothèque populaire* aura droit de recevoir franco, pendant toute la durée du mois d'Août, aux prix réduits de 1 fr. broché et de 1 fr. 30 relié, au lieu de 2 fr. broché et de 2 fr. 30 relié que coûte cet ouvrage en librairie :

MANUEL POPULAIRE DES CONNAISSANCES UTILES
Par F. JACQUET
Un volume in-12. — Prix : 2 francs en librairie.

Voilà un livre qui devrait se trouver dans toutes les familles.

On en jugera par l'énoncé de quelques-unes des matières traitées dans l'ouvrage : Abeilles, Age des animaux, Aliments, Assurances, Bail, Blanchissage des toiles, Education, Gâteaux divers, Hypothèque, Interdiction, Locutions vicieuses, Patente et impôts, Plantes agricoles, potagères, médicinales. Quelques règles de civilité : lettres, maintien, visites, etc., etc.

Les matières sont, on le voit, aussi intéressantes que variées. L'auteur les a traitées en homme connaissant à fond les questions dont il parle.

Pour recevoir la prime franco, il suffit d'envoyer à M. Henri Gautier, éditeur, 55, quai des Grands-Augustins, à Paris, 1 franc si on veut recevoir le volume broché, 1 fr. 30 si on désire ce volume relié en toile grise avec ornements noirs.

BIBLIOTHÈQUE SCIENTIFIQUE DES ÉCOLES ET DES FAMILLES
Directeur : GUSTAVE PHILIPPON, docteur ès-sciences.

Prix de chaque volume :

Quinze centimes chez tous les libraires, marchands de journaux, dans les gares et chez Henri Gautier, éditeur, 55, quai des Grands-Augustins, à Paris.

Vingt centimes franco par la poste, en écrivant à M. Henri Gautier, éditeur, 55, quai des Grands-Augustins, à Paris.

Les 25 volumes parus : 4 fr. franco.

Vient de paraître :

26. **LES TRAVAUX D'ÉDISON**, téléphone, microphone, phonographe, plume électrique, etc., par E. Dumont, professeur à l'École des hautes études commerciales.
27. **LES VOITURES SANS CHEVAUX**, par E. Dumont, professeur à l'École des hautes études commerciales.

AUTRES VOLUMES EN VENTE

1. *La Photographie*, appareils et pose, par A. et L. Lumière.
2. *Les Fourmis*, leurs caractères, leurs mœurs, par H. Mercereau.
3. *Les travaux de M. Pasteur*, microbes bienfaisants et microbes malfaisants, par G. Philippon.
4. *Les Parfums*, leurs origines, leur fabrication, par H. Coupin.
5. *Neiges et Glaciers*, par G. Velain.
6. *Lavoisier*, ses travaux, sa vie, par H. Mercereau.
7. *Les Aérostats*, par Capazza.
8. *Sucres, Sucrerie et Raffinerie*, par A. Hébert.
9. *Les Animaux travailleurs*, par Victor Meunier.
10. *Les plantes vénéneuses*, par L. Duclos.
11. *La Soie*, soie naturelle, soie artificielle, par H. Mercereau.
12. *Les Impôts sous l'ancien Régime*, par L. Prévaudeau.
13. *La Photographie*, développement des épreuves, par A. et L. Lumière.
14. *Le Collectionneur d'insectes*, par Henri Coupin.
15. *L'Éclairage électrique*, par E. Dumont.
16. *L'Industrie de l'alcool*, par A. Hébert.
17. *Les Microbes de l'air*, par R. Cambier.
18. *La Fièvre*, théories anciennes et modernes, par le D' Garran de Balzan.
19. *Le Diamant*, par H. Mercereau.
20. *La Céramique et la Verrerie à travers les âges*, par Ch. Quillard.
21. *Hygiène du Chauffage*, par N. Grénant.
22. *Les Impôts depuis la Révolution*, par L. Prévaudeau.
23. *Les Pierres tombées du ciel*, par Stanislas Meunier.
24. *Le Soleil*, par Charles Martin.
25. *Les Maladies microbiennes, le croup*, par le D' Lesage.

Adresser les demandes, accompagnées d'un mandat sur la poste, à M. HENRI GAUTIER, éditeur, 55, quai des Grands-Augustins, PARIS.

Pour paraître le 10 août 1895

WHYMPER

LA CASTASTROPHE DU CERVIN

Le voyage de Suisse est un de ceux qui attirent le plus les touristes, les collégiens en vacances, les familles qui recherchent les beautés pittoresques de la nature ou les bienfaits de l'exercice physique, du changement d'air et d'habitudes. Mais les glaciers étincelants de blancheur au-dessus des forêts verdoyantes, les rocs altiers, les cimes drapées de neiges éternelles, toutes ces splendeurs des Alpes, en un mot, ont eu aussi leurs drames, et parmi ces drames aucun ne fut plus terrible que la catastrophe dont l'émouvant récit est dû à Whymper, le célèbre ascensionniste anglais.

ABONNEMENTS

A LA
Nouvelle Bibliothèque populaire

La *Nouvelle Bibliothèque populaire* publie un volume par semaine.

On peut s'abonner aux cinquante-deux volumes d'une année. Les abonnements partent du 1er de chaque mois.

Tous les abonnés, aussi bien ceux de l'étranger et des colonies, que ceux de la France, recevront un volume par semaine.

PRIX DE L'ABONNEMENT D'UN AN

Paris, Départements, Algérie et Belgique . . . . **7 FRANCS.**
Étranger (sauf la Belgique) et Colonies . . . . **8 FRANCS.**

PRIME GRATUITE
EXCLUSIVEMENT RÉSERVÉE AUX ABONNÉS NOUVEAUX

Tout abonné nouveau a droit à recevoir, gratis et franco, dix volumes à choisir dans la liste de ceux déjà parus, ou un joli cartonnage pour conserver les volumes.

On s'abonne pour un an en envoyant, en mandat-poste, timbres français ou autre valeur sur Paris, à M. Henri Gautier, 55, quai des Grands-Augustins, à Paris, 7 francs si l'on habite la France, la Belgique ou l'Algérie; 8 francs si l'on habite l'étranger ou les colonies. La prime est envoyée au reçu de l'abonnement.

ANGERS, IMPRIMERIE A. BURDIN ET Cie, 4, RUE GARNIER.

WHYMPER

LA CATASTROPH
DU CERVIN

Edité par
HENRI GAUTIER
55, Quai des Grands Augustins
PARIS

Directeur littéraire de la *Nouvelle Bibliothèque Populaire*

ALFRED ERNST

AVIS A NOS ABONNÉS

Nous rappelons à nos abonnés que tout changement d'adresse doit être accompagné d'une bande indiquant l'adresse ancienne et de cinquante *centimes* en timbres-poste français ou autre valeur sur Paris.

ÉDOUARD WHYMPER

LA CATASTROPHE DU CERVIN

Notice.

Parmi les hommes qui ont le mieux fait connaître les Alpes aux touristes, aux ascensionnistes, et même aux simples lecteurs de voyages, Édouard Whymper occupe une place importante. Ses ascensions du Pelvoux, de la Pointe des Écrins, d'autres sommets encore, sont curieuses, dramatiques, et sont demeurées presque célèbres. En particulier, c'est lui qui, le premier avec trois autres Anglais et quelques guides, a réussi, après bien des tentatives, à gravir la cime du Mont Cervin ou Matterhorn, cime réputée jusque-là inaccessible.

Nous publions aujourd'hui une traduction nouvelle, un peu abrégée, du récit que fait Whymper de ses principales tentatives pour gravir la redoutable montagne. Ce récit, bien fait, vivant et néanmoins précis, ne manque pas de mérite littéraire : c'est une narration remarquable, écrite par quelqu'un qui a vu ce qu'il veut nous montrer. Les aventures en sont vécues, et les périls ici racontés furent réels ; la terrible catastrophe qui suivit la victoire de Whymper et de ses compagnons sur le Cervin, et qui coûta la vie à plusieurs personnes, en est une preuve tragiquement irréfutable.

En pareille matière, nous ne savons pas de relations plus attachantes, plus émouvantes aussi que celle de la lutte, pour ainsi parler, de l'obstiné « grimpeur » et de l'abrupt géant des Alpes, ce pic escarpé dont les roches s'écroulent sous les pas des ascensionnistes, et qui défia si longtemps les adresses et les courages. Ces pages de Whymper intéresseront vivement, nous en sommes sûrs, les personnes qui voyagent en Suisse, celles, tout spécialement, qui suivront la pittoresque ligne de Viège à Zermatt, et monteront au Görner-Grat pour y jouir d'une des plus superbes vues qu'il y ait au monde. Mais elles n'intéresseront pas moins les gens qui ne peuvent faire ce voyage, et qui ne visitent les Alpes qu'en imagination... De toute manière, la Nouvelle Bibliothèque populaire leur

N° 467

doit une série de récits de cette nature, véridiques comme un procès-verbal officiel, mouvementés et colorés comme un roman. Avec Whymper, ils graviront les pentes de neige et les escarpements de rocher ; ils tailleront des marches dans la glace, se suspendront à des cordes attachées aux pointes du granit, traverseront des glaciers aux séracs menaçants, aux crevasses béantes, et planteront leur drapeau sur des pics vertigineux, tout blancs de neige vierge, éblouissantes pyramides dressées en plein azur.

Alfred Ernst.

LA CATASTROPHE DU CERVIN

PREMIÈRE TENTATIVE DE WHYMPER POUR GRAVIR LE CERVIN

Des différents sommets des Alpes que le pied de l'homme n'avait encore foulés, deux surtout excitaient mon étonnement et mon admiration. De hardis montagnards avaient à différentes reprises attaqué l'un de ces sommets, le Weisshorn, mais leurs tentatives avaient toujours échoué; l'autre, la tradition le déclarait inaccessible; aussi restait-il encore presque vierge de toute tentative d'escalade : c'était le Cervin.

Les superstitieux habitants des vallées voisines, qui considèrent cette montagne comme la plus haute, non seulement des Alpes, mais du monde entier, en font la demeure d'esprits malfaisants : à les entendre il y avait à son sommet une cité en ruines, habitée par des êtres surnaturels; on en voyait très bien les murailles et les châteaux forts, mais on ne pouvait dépasser ce cordon; ils vous avertissaient de ne pas vous en approcher témérairement, de peur que les démons irrités ne se vengeassent de votre mépris.

Des esprits plus robustes, sans s'arrêter à ces ridicules inventions d'êtres superstitieux, subissaient néanmoins l'influence mystérieuse de sa forme merveilleuse, et, quand ils en parlaient, ils oubliaient toutes les formes ordinaires du langage. De Saussure lui-même, d'habitude si réservé, se sentait enthousiasmé en face de cette montagne : il ne sait comment admirer « la force qu'il a fallu pour rompre et pour balayer tout ce qui manque à cette pyramide! pas d'entassement de fragments autour d'elle; on n'y voit que d'autres cimes qui sont elles-mêmes adhérentes au sol, et dont les flancs, également déchirés, indiquent d'immenses débris, dont on ne voit aucune trace dans le voisinage. Sans doute, poursuit-il, ce sont ces débris qui, sous la forme de cailloux, de blocs et de sable, remplissent nos vallées et nos bassins, où ils sont descendus, les uns par le Valais, les autres par la vallée d'Aoste, du côté de la Lombardie. »

En 1861, j'avais visité le grand tunnel des Alpes de Modane à Bardonnèche; après avoir rôdé pendant une dizaine de jours dans les vallées voisines, je résolus de tenter sans plus tarder l'ascension du Weisshorn et du Cervin. Le premier, me disait-on, venait d'être conquis, le second allait bientôt être attaqué. Quand j'arrivai à Châtillon dans le Val Tournanche, ces bruits me furent confirmés. J'éprouvai un intérêt moins vif pour le Weisshorn, mais mon désir d'escalader le Cervin fut plus vif que jamais, surtout quand on m'apprit que le professeur Tyndall était monté au Breuil dans l'intention de couronner sa victoire du Weisshorn par cette autre plus grande encore du Cervin.

J'avais employé jusqu'à ce jour, dans les Alpes Cottiennes et Grecques, différents guides qui ne m'avaient guère satisfait; aussi fus-je disposé, bien à tort je l'avoue, à en rabaisser singulièrement la valeur: je ne voyais en eux que de robustes mangeurs et buveurs vivant sur la bourse des ascensionnistes. Mes souvenirs du Mont Pelvoux m'eussent fait préférer de beaucoup la société de quelques-uns de mes compatriotes à tous les guides du pays. Quand je demandai un guide à Châtillon, je vis défiler une série d'individus qui semblaient dépourvus de toute bonne qualité; l'orgueil, l'envie, la malice, la haine, en un mot toutes les variétés de friponnerie, voilà ce que semblait exprimer leur physionomie. Je fus dispensé d'engager aucun de ces coquins par l'arrivée de deux touristes avec un guide qu'ils me laissèrent; ils me le présentèrent comme une incarnation de toutes les qualités. S'il ne réalisait pas complètement tous mes désirs, au moins les voyageurs qui me le cédèrent arrivèrent-ils à leurs fins, en soulageant à la fois leur conscience et leur bourse; car j'endossai sans trop m'en rendre compte la responsabilité de lui payer ses journées de retour.

En remontant vers le Breuil, je demandai un second guide à tous ceux qui pouvaient en connaître; tous furent unanimes à proclamer que Jean-Antoine Carrel de Val Tournanche était le coq de la vallée. J'eus bientôt trouvé Carrel: gaillard bien bâti, à l'air résolu, et même un peu fier, il ne me déplut pas. Nous débattîmes les conditions: vingt francs par jour, quel que fût le résultat, tel fut son prix que j'acceptai. Mais, ajouta-t-il, il faut un second guide; à toutes mes questions pourquoi il était nécessaire d'engager un camarade, je n'obtins d'autre réponse sinon qu'il était impossible de se passer d'un second guide. Un gars de mauvaise apparence sortit de l'ombre et se présenta comme le camarade exigé. Je rompis alors les négociations, et je partis sans Carrel. Quelques jours après, dans le cours de ma première ascension, alors que je reposais aux derniers chalets, j'aperçus tout à coup Jean-Antoine Carrel et son camarade qui y montaient aussi. « Oh! oh! leur dis-je, vous vous êtes donc ravisés? — Du tout, vous

vous trompez, répondirent-ils. — Alors, pourquoi êtes-vous venus ici ? — Parce que, nous aussi, nous allons demain sur la montagne. — Alors il n'est pas nécessaire d'être plus de deux ? — Oh! pas pour *nous*. » J'admirai leur ruse ; mais néanmoins je me passai de leurs services.

Je ne ferai pas une description détaillée du Cervin. Les lecteurs savent certainement que cette montagne célèbre a 4482 mètres d'altitude, qu'elle s'élève presque à pic à cette hauteur par une série d'escarpements qui méritent le nom de précipices, à 1500 mètres au-dessus des glaciers qui entourent sa base. En 1861, c'était le dernier des grands pics des Alpes qui n'eût point été escaladé, autant à cause des difficultés que pouvait présenter son ascension que pour la terreur qu'inspirait son apparence invincible. Il semblait environné d'une espèce de cordon qu'on ne pouvait franchir, et au delà duquel, comme je l'ai dit, l'imagination des habitants plaçait des esprits malfaisants, — le Juif errant et les damnés. Si on se moquait de leurs erreurs, ils secouaient gravement la tête, et parlaient de démons qui se vengeraient en précipitant de ces hauteurs imprenables le mortel assez hardi pour tenter de les gravir. Cette influence de la forme extraordinaire du Cervin semblait peser même sur des hommes plus sages qui, quand ils parlaient de la montagne, divaguaient comme à plaisir.

De quelque côté qu'on le contemple, le Cervin ne paraît jamais vulgaire, il est partout imposant. Sans rival dans les Alpes, il n'a que peu de rivaux dans le monde entier.

Ce pic haut de 2000 à 2500 mètres a plusieurs arêtes bien définies ; d'autres sont moins bien marquées. La plus continue est celle du nord-est, dont l'extrémité supérieure constitue le grand sommet, et l'extrémité inférieure le petit pic ou Hörnli. Une autre arête qui descend jusqu'au Fuggen-Grat forme avec la précédente la face orientale de la montagne. Une troisième arête descend dans la direction du sud-ouest et forme avec l'autre la face qu'on découvre du Breuil ; cette face est interrompue par d'immenses précipices, tachetée de pentes de neige et sillonnée de couloirs de neige. Sur l'autre moitié de la montagne, celle qui fait face au glacier de Z'mutt se trouvent des précipices plus apparents que réels, d'autres précipices absolument perpendiculaires, enfin des précipices qui surplombent ; il y a des glaciers ordinaires, des glaciers suspendus ; des glaciers dont les séracs s'écroulent par-dessus des rochers plus grands encore, et dont les débris forment de nouveaux glaciers. Partout on y entend les bruits d'un travail incessant qui dure depuis l'origine du monde et qui peu à peu réduira en atomes la masse puissante de la montagne.

D'habitude, c'est de la vallée de Zermatt ou du Val Tournanche que les touristes voient pour la première fois le Cervin; de là ses faces et ses arêtes paraissent prodigieusement escarpées.

Le touriste qui remonte la vallée cherche vainement de loin à l'horizon la belle vue qui doit le payer de ses fatigues, car la montagne n'est visible qu'à un kilomètre et demi au nord de Zermatt. Mais tout à coup elle se présente; il faut lever la tête pour la contempler, car elle semble vous dominer; toutefois, vu de ce point, le Cervin fait avec l'œil un angle de moins de 16°, tandis que le Dom fait un angle plus large sans attirer l'attention.

Du Breuil, dans le Val Tournanche, le Cervin offre une apparence aussi saisissante, mais l'impression n'est pas aussi vive, parce que le spectateur s'y habitue peu à peu, soit en montant, soit en descendant la vallée. De ce côté la montagne paraît formée d'une série de masses pyramidales, semblables à des coins gigantesques; du côté de Zermatt, elle se fait remarquer par la vaste et uniforme étendue de ses parois à pic et par la multiplicité de ses contours. Il semblait donc naturel de chercher un chemin pour atteindre le sommet là où la montagne était entièrement bouleversée, plutôt que sur la face orientale, qui paraissait de la base au sommet une falaise escarpée et polie, impossible à gravir: aussi est-ce du Breuil que partirent les premières tentatives pour escalader la montagne.

Les premières tentatives dont j'ai entendu parler furent faites en 1858 et 1859 par Jean-Antoine Carrel, Jean-Jacques Carrel, Victor Carrel, l'abbé Gorot et Gabrielle Maquignaz. Ils atteignirent à peu près l'altitude de 3846 mètres, au passage appelé maintenant la « Cheminée ».

Une nouvelle tentative très remarquable, mais dont il n'existe aucune relation, fut faite en 1860 par MM. Alfred, Charles et Sandbach Parker, de Liverpool. Ils gravirent sur la côte orientale à la hauteur de 3298 mètres; puis, après avoir incliné à gauche, ils tournèrent à droite et s'élevèrent encore de 213 mètres, en se tenant aussi près que possible de l'arête, mais se portant de temps à autre sur la face de la montagne. Après avoir atteint environ 3650 mètres, le manque de temps, les nuages et un vent violent les forcèrent à redescendre à Zermatt.

La troisième tentative date d'août 1860. Elle fut faite par M. Vaughan Hawkins du côté du Val Tournanche; il en a laissé un récit animé que le professeur Tyndall a cité à diverses reprises.

C'est par l'arête du sud-ouest que, selon lui, on devait pouvoir monter. Il engagea Jean-Jacques Carrel, et, suivi de Bennen et du professeur Tyndall, il essaya de monter à la brèche située entre le petit pic et le grand.

Bennen était un guide dont on commençait alors à parler. Il était au service du maître de l'hôtel bâti sur l'Eggishorn, qui le louait aux touristes ; il avait une très bonne réputation, ainsi que le prouve son livret de certificats. D'un extérieur agréable, de manières polies et distinguées, adroit et hardi, il se serait élevé au premier rang parmi les guides, s'il eût eu plus de prudence. Il périt en 1864 sur le Haut de Cry.

L'expédition de M. Hawkins, conduite par Bennen, gravit les rochers qui cernent le col du Lion ; suivant alors l'arrête du sud-ouest, elle dépassa la Cheminée, pour s'élever à 91 mètres plus haut. Bennen et le professeur Tyndall montèrent encore de quelques mètres. Trouvant que le temps leur manquait, ils descendirent au col par le même chemin, et gagnèrent le Breuil, en passant cette fois par le couloir. Ils avaient atteint 3940 mètres, c'est-à-dire 105 à 121 mètres de plus que leurs prédécesseurs.

Une nouvelle tentative fut faite par M. Parker en juillet 1861. Il dépassa légèrement le point atteint précédemment, mais l'approche de la nuit le força à descendre à Zermatt d'où le mauvais temps le chassa bientôt. MM. Parker assurèrent que l'ascension eût été encore facile pendant une centaine de mètres du point où ils s'étaient arrêtés, mais au delà les difficultés semblaient augmenter.

C'est le 28 août 1861 que j'arrivai au Breuil avec mon guide, et j'appris là que le professeur Tyndall y était venu un jour ou deux auparavant, mais qu'il n'avait rien entrepris. Bien que novice encore en pareille matière, je compris qu'un jour ne pouvait suffire à faire pareille ascension. Je résolus donc de passer la nuit à la plus grande hauteur possible, et de tâcher de gravir le sommet le jour suivant. En vain nous tentâmes de persuader un autre guide de nous accompagner : ils refusèrent nettement mes offres. Seul, un vieillard encore vert, Pierre Taugwalder, dit qu'il irait bien pour deux cents francs à payer, que nous fassions l'ascension ou non. Les hommes capables de m'accompagner manifestaient une grande répugnance, ou refusaient carrément, ou bien demandaient une somme exhorbitante : les bons guides consentaient bien à monter sur les pentes inférieures ; mais malgré toutes mes sollicitations, ils refusaient de tenter sérieusement l'escalade des parties supérieures. En réalité ils étaient persuadés, à l'exception d'un seul, que le sommet du Cervin était absolument inaccessible.

Nous nous décidâmes à partir seuls ; prévoyant que nous aurions froid sur la montagne, je priai l'hôtelier de me prêter deux couvertures. Il refusa, parce que nous avions acheté deux bouteilles d'eau-de-vie à Val Tournanche, et que nous ne lui en avions pas acheté. Du reste, nous n'eûmes pas besoin de couvertures, car nous passâmes la nuit dans des chalets, à une heure de l'hôtel.

[7]

Les chaletiers étaient de braves gens : ils nous installèrent de leur mieux, partagèrent leurs modestes provisions avec nous, et nous avertirent de nous méfier des précipices hantés par les esprits. A la tombée de la nuit nous aperçûmes Jean-Antoine Carrel et son parent Jean-Jacques qui allaient sur la montagne. J'eus grande envie de les engager tous les deux, mais après réflexion je n'en fis rien. Tous deux étaient de hardis montagnards; mais Jean-Antoine était sans comparaison le plus beau grimpeur de rochers que j'aie jamais vu. Seul entre tous les guides, il crut inébranlablement au succès final, et, malgré quelques échecs qui semblaient lui donner tort, il persista à soutenir que le Cervin pouvait être escaladé, et qu'il le serait un jour du côté de sa vallée natale.

Le repos nocturne ne fut troublé que par un fandango des plus vifs qu'une troupe folâtre de puces exécuta sur ma joue. Avant l'aube les deux Carrel se glissèrent hors du chalet. Quant à nous, nous ne partîmes qu'à sept heures et sans nous presser nous les suivîmes. Nous gravîmes les pentes parsemées de gentiane ; nous dépassâmes bientôt les vaches et leurs pâturages, puis les éboulis de pierres et nous arrivâmes au glacier. Nous atteignîmes facilement la partie inférieure; mais à mesure que nous nous élevions, le nombre des crevasses augmenta, et nous dûmes incliner vers les rochers inférieurs de la Tête du Lion pour trouver un chemin plus facile. En quelques coups de collier nous nous élevâmes sur la crête de l'arête qui descend vers le sud : un long escalier monte de là au Col du Lion; nous l'appelâmes le « Grand Escalier ». Nous dûmes alors contourner les roches escarpées de la Tête du Lion, au-dessus du couloir. Ce passage, qui change beaucoup suivant les années, était en 1861 très difficile, parce que les masses de neige, qui s'y entassent d'ordinaire, étaient fondues, et les rochers ne nous offraient qu'un petit nombre de fissures auxquelles nous puissions nous cramponner. A dix heures nous étions au col, d'où nos regards plongeaient sur le magnifique bassin d'où découle le glacier de Z'mutt. Nous décidâmes de passer la nuit sur le col, bien qu'il ne faille pas y prendre trop de liberté. D'un côté, une muraille de rochers à pic surplombaient le glacier de Tiefenmatten ; de l'autre, des pentes de neige durcie descendaient au glacier du Lion, sillonnées par des ruisseaux et des avalanches de pierres; au nord, se dressait le grand pic de Cervin: au sud, les parois abruptes de la Tête du Lion. Si l'on jette une bouteille sur le glacier de Tiefenmatten, on n'entend le bruit de sa chute qu'après une douzaine de secondes. Nous nous reposâmes pendant quelques temps, nous réchauffant au soleil. A midi, nous descendîmes au chalet pour chercher la tente et d'autres objets, et à six heures du soir, nous étions de retour au col. Notre tente, très jolie à Londres quand elle était dressée, n'était d'aucun usage dans les Alpes : elle s'ouvrait comme un livre; un des bouts ne devait jamais s'ouvrir, l'autre était fermé par des rideaux de toile : deux alpenstocks la supportaient, et les côtés étaient assez longs pour pouvoir se retourner dessous. Le vent assez violent qui soufflait autour des rochers s'engouffrait dans notre brèche comme s'il fût sorti d'un énorme soufflet; les portes de la tente voltigeaient dans tous les sens, et la tente paraissait éprouver un si vif désir de s'envoler au sommet de la Dent Blanche que nous crûmes plus prudent de la plier et de nous asseoir dessus. Le silence était si profond qu'il causait une grande impression. Aucun être vivant ne se trouvait auprès de notre bivouac solitaire; les avalanches de pierres avaient cessé de tomber, et l'eau de couler même goutte à goutte. Le froid était très vif; l'eau gelait dans une bouteille placée sous ma tête. Cependant nous nous endormîmes; mais vers minuit une explosion épouvantable se fit entendre à une grande hauteur au-dessus de notre campement. Une seconde de calme terrible la suivit. Une énorme masse de rocher détachée de la montagne descendait vers nous. Mon guide s'écria : « O mon Dieu, nous sommes perdus! » Nous entendions les blocs de cette avalanche tomber l'un après l'autre par-dessus les précipices, bondissant et rebondissant de terrasse en terrasse. Ils semblaient être tout près de nous, bien qu'ils en fussent probablement éloignés; mais quelques petits fragments qui au même moment glissèrent sur nous des saillies situées au-dessus de notre tête augmentèrent nos alarmes, et mon pauvre compagnon passa la nuit à trembler.

Dès l'aurore nous nous mîmes en route pour commencer l'ascension de l'arête sud-ouest; il fallait conquérir chaque pas en grimpant à pic; mais c'était le mode d'escalade le plus agréable; les rochers très solides n'étaient pas encombrés de débris, et il n'y avait rien à redouter que de soi-même. Nous criâmes pour éveiller les échos de la montagne. Aucune réponse ! mais attendez un peu; comptez jusqu'à douze, et les parois de la Dent d'Hérens, éloignée de plusieurs kilomètres, vous renverront des paroles, des sons d'une irréprochable pureté. La vue est admirable. Sauf la Dent d'Hérens qui nous domine de 30) mètres, rien n'arrête le regard : nous embrassons d'un coup d'œil un océan de montagnes, d'où émergent les trois grands pics des Alpes Grecques : le Grivola, le Grand Paradis et la Tour Saint-Pierre. A cette heure matinale, comme leurs formes pourtant si aiguës offrent de doux contours ! aucun brouillard ne s'élève, aucun objet n'est voilé par aucune vapeur; le cône du Viso se silhouette parfaitement net à l'horizon, bien qu'il soit distant de plus de cent cinquante kilomètres.

[9]

Tournons-nous vers l'est, et suivons les rayons obliques du soleil levant qui s'avancent rapidement sur les champs de neige du Mont-Rose. Voyez les parties qui restent dans l'ombre, mais qui rayonnent d'une lumière réfléchie, et brillent d'un éclat que rien ne saurait définir. Les plus faibles ondulations produisent des ombres dans les ombres, et les ombres qui se projettent sur les ombres ont un côté sombre et un côté clair avec des gradations infinies d'une incomparable délicatesse. La lumière du soleil en s'étendant incessamment fait surgir de l'obscurité une foule de contours imprévus: révélant des crevasses cachées par de légères ondulations, et des vagues de neige; produisant à chaque instant de nouveaux jeux d'ombre et de lumière, étincelant sur les arêtes, scintillant sur les extrémités des aiguilles de glace, brillant sur les hauteurs, illuminant les profondeurs jusqu'à ce que tout ce que le regard embrasse resplendisse d'un éclat tel qu'il éblouit l'œil.

Une heure après avoir quitté le col nous arrivâmes près de la « Cheminée ». C'était une grande roche plate et polie, resserrée entre deux autres roches non moins plates et polies. Mon guide essaya de l'escalader, mais n'y put réussir, bien qu'il eût tordu sa longue personne dans une foule de postures grotesques. Je montai au sommet, sans aucun secours, et je m'efforçai de le hisser: mais il était si maladroit qu'il ne s'aidait en rien, et si lourd que je ne pouvais le soulever. Il se détacha et déclara qu'il allait s'en retourner. Je le traitai de poltron: mais comme il fit mine de partir, je me vis forcé de lui faire des excuses et le priai de ne pas m'abandonner. En effet, si l'escalade de la Cheminée n'offrait aucun danger, il n'en était pas de même de la descente, car le bord inférieur du rocher surplombait d'une manière effrayante.

Le jour était superbe; le soleil versait à flots une chaleur bienfaisante; le vent était tombé; le chemin paraissait tout tracé; aucun obstacle insurmontable ne s'offrait à ma vue, mais que pouvais-je faire seul ! Vivement contrarié par ce contre-temps imprévu, je demeurai quelque temps irrésolu; mais comme je m'aperçus que cette Cheminée était ramonée plus fréquemment qu'il n'était nécessaire (c'était un couloir naturel pour les avalanches de pierres), je me décidai au retour; nous revînmes au Breuil à midi.

Les Carrel ne se montrèrent pas: à en croire les autres guides, ils n'étaient pas montés très haut; et le camarade d'Antoine, qui, pour être plus à son aise, avait ôté ses souliers et les avait attachés à sa ceinture, en avait laissé glisser un; il avait dû descendre avec un morceau de corde tourné autour de son pied nu. Malgré cela il avait résolument glissé par le couloir du Lion, Jean-Jacques Carrel ayant attaché son mouchoir autour de son pied déchaussé.

Le Cervin ne fut pas attaqué de nouveau en 1861, et je quitta le Breuil convaincu qu'un touriste avait grand tort d'en tenter seul l'escalade, si grande était l'influence qu'il exerçait sur l'esprit des guides. Dans mon opinion il fallait être au moins deux, afin de se seconder mutuellement quand les circonstances l'exigeraient. Je passai avec mon guide le col Saint-Théodule, plus décidé que jamais à faire l'ascension du Cervin, et résolu à revenir avec un compagnon, pour l'assiéger jusqu'à ce que l'un de nous deux fût vaincu dans la lutte.

DEUXIÈME ET TROISIÈME TENTATIVES DE WHYMPER POUR GRAVIR LE CERVIN

Le dimanche 6 juillet 1862, il neigea sur le Cervin; néanmoins, le 7 au matin, je me mis en route avec nos trois hommes. Nous suivîmes la même route que l'année précédente; je marchais en tête de la colonne, puisque j'étais le seul qui eût déjà tenté de gravir la montagne. Cependant je me distinguai peu en cette occasion, car je conduisis mes compagnons presque au sommet du petit pic avant d'avoir reconnu mon erreur. Au grand mécontentement de mes hommes, nous constatâmes que nous avions escaladé les rochers qui dominent le col du Lion. En descendant une petite pente de neige pour retrouver le bon chemin, Kronig glissa et descendit avec une rapidité vertigineuse. Heureusement il parvint à se maintenir sur ses pieds, et, grâce à un violent effort, il put s'arrêter en deçà de quelques rochers contre lesquels il se serait infailliblement brisé. Quand nous le rejoignîmes, nous le trouvâmes hors d'état de se tenir debout et tremblant violemment; sa figure était pâle comme un cadavre. Il resta dans cet état pendant plus d'une heure; aussi était-il très tard quand nous arrivâmes à notre campement sur le col. Mettant à profit l'expérience du passé, nous ne dressâmes point la tente sur la neige, mais sur une plate-forme que nous construisîmes avec des débris tombés des rochers voisins et de la boue.

Meynet s'était montré un inestimable porteur de tente; malgré la forme plus pittoresque que symétrique de ses jambes, il savait utiliser ses difformités elles-mêmes; son esprit était d'un ordre relevé, et la vallée eût fourni peu de compagnons plus agréables ou meilleurs grimpeurs que Luc Meynet, le petit porteur bossu du Breuil. Il se contentait des restes dédaignés par les guides, prenait la plus mauvaise place à la porte de la tente, et exécutait toute la besogne malpropre dont les guides le chargèrent.

Un violent coup de vent s'éleva pendant la nuit du côté de l'est, et se transforma le matin en véritable ouragan. La tente se comporta vaillamment et nous y restâmes à l'abri pendant plusieurs heures après le lever du soleil. Une accalmie nous décida à poursuivre notre route, mais nous n'avions pas monté de 30 mètres que la tempête nous assaillit avec une force nouvelle. Impossible d'avancer ni de reculer; tous les débris étaient balayés sur l'arête où nous nous trouvions, et nous dûmes nous cramponner de toutes nos forces aux rochers. Le froid était intense, car la rafale avait traversé tous les immenses champs de neige que domine le Mont-Rose. Notre courage s'évapora avec notre calorique; aussi, au premier moment de calme, battîmes-nous en retraite sous la tente. Taugwald et Kronig déclarèrent qu'ils en avaient assez, et Meynet aussi m'informa que la fabrication de ses fromages rendait pour le lendemain sa présence nécessaire dans la vallée. Force fut donc de retourner au Breuil, où nous arrivâmes à deux heures de l'après-midi, désolés de notre défaite, qui était complète.

Jean-Antoine Carrel, qui était monté jusqu'à l'auberge pendant notre absence, consentit, après quelques négociations, à nous accompagner au premier beau jour, avec un de ses amis nommé Pession.

Le vent tomba pendant la nuit, et à huit heures du matin nous nous remîmes en route, par un temps splendide, avec nos deux guides et un porteur. Carrel nous proposa d'aller camper beaucoup plus haut que la veille; aussi continuâmes-nous à monter sans nous reposer au col pour atteindre le sommet de la Tête-du-Lion. Nous trouvâmes un endroit abrité, sur le versant oriental, près de la Cheminée, et, sous la direction de notre guide qui était maçon de profession, nous construisîmes une plate-forme d'une solidité remarquable; elle se trouvait à une altitude d'environ 3825 mètres.

La journée était si splendide que nous continuâmes à monter, et, une petite heure après, nous atteignîmes le pied de la Grande Tour, c'est-à-dire le point le plus élevé où était parvenu M. Hawkins, puis nous regagnâmes notre bivouac.

Le lendemain matin à quatre heures, nous nous remîmes à grimper; à cinq heures quinze minutes, par un temps superbe, Carrel escaladait la Cheminée; Macdonald et moi le suivîmes, Pession monta le dernier: quand il se trouva au sommet, il se sentit, dit-il, très malade, et, se déclarant absolument incapable d'aller plus loin, il nous signifiait qu'il voulait redescendre. Nous attendîmes un peu, mais il ne se remit pas, et nous ne pûmes deviner la nature de son mal. Comme Carrel refusa nettement de continuer seul l'ascension avec nous, Macdonald me proposa d'essayer ce que nous pourrions faire sans eux; mais le bon sens l'emporta, et, finalement, nous retournâmes ensemble au Breuil. Le lendemain, mon ami partit pour Londres.

J'avais donc à trois reprises tenté d'escalader le Cervin, et j'avais honteusement échoué. Je n'avais pas dépassé d'un mètre l'altitude atteinte par mes prédécesseurs. Nulle difficulté extraordinaire jusqu'à la hauteur d'environ 3950 mètres; la montée, jusque-là, pouvait être considérée comme « un jeu ». Il ne restait donc que environ 550 mètres à gravir; mais cet espace, que n'avait encore franchi aucun pied humain, pouvait offrir les plus formidables obstacles. Aucun montagnard si hardi et si habile fût-il n'osait le gravir tout seul. Un simple fragment de rocher haut de deux mètres, pouvait à chaque instant, s'il était perpendiculaire, faire échouer sa tentative. A la rigueur un pareil passage était praticable pour deux hommes; pour trois ce n'était plus qu'une *bagatelle*. Toute expédition raisonnable devait donc se composer de trois hommes au moins : mais où trouver les deux autres ? Carrel seul avait montré de l'enthousiasme pour une telle entreprise; encore avait-il refusé, en 1861, de m'accompagner, à moins que l'expédition ne fût composée de quatre hommes. L'obstacle venait donc du manque d'hommes et non de la montagne même.

Comme le temps était redevenu mauvais, j'allai à Zermatt, dans l'espoir d'y dénicher un guide. Je ne pus déterminer un seul bon guide à me suivre, et le 17 je revins au Breuil dans l'espoir de combiner l'adresse de Carrel avec la bonne volonté de Meynet pour faire une nouvelle tentative par la même voie, car l'arête du Hörnli me semblait impraticable. Ces deux hommes se montrèrent assez disposés à m'accompagner; mais n'étant pas des guides de profession, leurs occupations les empêchaient de partir.

J'attendis que Carrel et Meynet fussent libres. Comme ma tente avait été laissée roulée sur la seconde plate-forme, il me vint à l'esprit qu'elle aurait bien pu être emportée pendant les dernières tempêtes. Je partis donc le 18 pour aller m'en assurer. Le chemin m'était familier cette fois, et je montai rapidement au grand ébahissement de mes amis les chaletiers, qui me firent des signes de reconnaissance quand ils me virent m'élever, comme un trait, bien au-dessus d'eux et de leurs vaches, car j'étais seul, faute d'un homme disponible. Une fois les pâturages dépassés, je dus ralentir le pas et bien remarquer la ligne que je suivais dans le cas où je serais surpris par le brouillard ou par la nuit. Un des très rares avantages des courses de montagnes faites par un touriste seul, c'est qu'elles tiennent en éveil toutes les facultés de l'homme et le rendent forcément observateur. Quand on ne doit compter que sur ses propres forces pour se tirer d'un mauvais pas, on prend note des moindres détails pour ne pas risquer de perdre la moindre chance. Ainsi dans mon escalade solitaire quand j'eus dépassé la ligne des neiges, au delà des limites ordinaires des plantes qui fleurissent, il m'est arrivé, en examinant autour de moi, pour les graver dans ma mémoire, certains accidents de terrain qui pouvaient me servir de points de repère, il m'est arrivé, dis-je, de laisser tomber mes regards sur les chétives plantes que je rencontrais et qui n'avaient parfois qu'une seule fleur sur une seule tige, humbles pionnières de la végétation, atomes de vie dans un monde de désolation, montées si haut, de si loin et de si bas, qui saurait dire comment? et qui trouvent une maigre subsistance dans quelques recoins privilégiés de ce sol aride. Ces rocs bien connus m'inspiraient un intérêt nouveau, quand je pensais à la lutte acharnée que les survivantes soutenaient, pour l'escalader, contre la montagne. Ainsi qu'on pouvait s'y attendre, la gentiane était là, suivie de près par les saxifrages et par la *Linaria alpina*, mais dépassée par le *Thlaspi rotundifolium*, dernière plante que j'aie pu cueillir à cette hauteur.

Je trouvai ma tente en bon état, bien que chargée de neige. Je me mis à contempler ...ont on jouit et qui, dans la solitude complète où je me trouvais, m'offrit tout l'attrait et tout le charme de la nouveauté. En face se dressaient les pics les plus élevés de la chaîne des Alpes Pennines : le Breithorn (4148 mètres); le Lyskamm (4538 mètres) et le Mont-Rose (4638) mètres ; à droite, j'embrassais d'un coup d'œil le massif entier des montagnes qui séparent le Val Tournanche du Val d'Ayas, dominé par son sommet plus élevé, le Grand Tournalin (3400 mètres). Derrière s'étendaient les chaînes comprises entre le Val d'Ayas et la vallée de Gressoney, dominées par de plus hautes sommités. Plus à droite encore, le regard, après avoir suivi le Val Tournanche dans toute sa longueur, se reposait sur les Alpes Grées aux pics innombrables pour s'arrêter, aux dernières limites de l'horizon, sur la pyramide isolée du Viso (3840 mètres). Venaient ensuite, toujours à droite, les montagnes situées entre le Val Tournanche et le Val Barthélemy. Le mont Rouss s'était abaissé depuis longtemps, et la vue, passant par-dessus, le remarquait à peine pour contempler la Becca Salle, Cervin en miniature, et bien d'autres sommets plus importants encore. L'énorme masse de la Dent d'Hérens (4180 mètres) barrait alors la vue ; magnifique montagne incrustée sur son versant nord d'énormes glaciers suspendus, dont des tranches immenses se détachaient vers le milieu du jour et tombaient avec le fracas du tonnerre sur le glacier de Tiefenmatten. Enfin, la plus splendide de toutes ces montagnes, la Dent Blanche (4364 mètres), s'élançait dans les airs au-dessus du bassin du grand glacier de Z'mutt. Il est extrêmement rare de pouvoir contempler, tel que j'en jouis ce jour-là, sans qu'un nuage l'obscurcisse, cette admirable vue qui n'a peut-être pas d'égale dans les Alpes.

[14]

Le temps avait passé sans que je m'en aperçusse, et les petits oiseaux qui avaient fait leurs nids sur les rochers environnants avaient commencé à gazouiller leur hymne du soir avant que j'eusse pensé au retour. Je revins presque machinalement vers la tente que je dressai. Comme il y avait des provisions pour plusieurs jours, je résolus d'y passer la nuit. J'allai de nouveau contempler le panorama. Le soleil se couchait, et la lumière rose de ses rayons se mêlant aux tons bleuâtres de la neige jetait sur tous les objets un voile violet d'une teinte pâle et transparente; les vallées disparaissaient dans une vapeur empourprée, tandis que les sommets étincelaient d'une lumière éclatante. Assis devant ma tente, je regardais le crépuscule se transformer en obscurité; la terre perdait son aspect terrestre et devenait presque sublime; l'univers semblait mort et n'avoir plus que moi pour habitant. Cependant la lune s'élevant sur l'horizon fit de nouveau apparaître les hauteurs, et, en supprimant les détails, sa douce lumière rendit encore plus magnifique le spectacle que j'admirais. Au sud, un immense ver-luisant restait suspendu dans les airs; il était trop grand pour être une étoile, trop immobile pour être un météore; et pendant longtemps je ne pus constater la réalité du fait incroyable dont j'étais le témoin étonné et ravi : ce que je voyais était bien la lumière de la lune scintillant sur les immenses pentes de neige qui couvrent au nord les flancs du Viso, éloigné de 160 kilomètres à vol d'oiseau. Je passai la nuit très confortablement, et, le lendemain matin, tenté par un temps splendide, je montai plus haut à la recherche d'une place plus élevée pour y dresser ma tente.

J'en trouvai une moins bien abritée que la seconde, mais qui avait l'avantage d'être à 90 mètres plus haut, au pied de la Grande Tour. Fasciné par l'aspect sauvage des rochers qui se dressent comme une tour à l'angle d'un château-fort, je résolus de découvrir ce qu'il y avait derrière leurs parois escarpées. Les obstacles se succédaient sans interruption; les rochers devenaient par trop escarpés pour être gravis par un homme seul, et je rebroussai chemin.

A cinq heures du soir je quittais de nouveau la tente, et déjà je me voyais au Breuil. Je descendis la Cheminée en attachant la corde à un rocher, et je me laissai glisser jusqu'en bas. Ma hache m'avait beaucoup gêné dans la descente; je la laissai dans la tente. Cette imprudence devait me coûter cher.

J'avais dépassé le col du Lion, et, 50 mètres plus bas, j'allais me trouver sur le « Grand Escalier », que l'on peut descendre en courant. Mais, arrivé à un angle des grands rochers escarpés de la Tête du Lion, je m'aperçus que la chaleur des deux jours précédents avait fait presque disparaître complètement les degrés que j'avais dû tailler dans la neige pour monter. Les rochers étant impraticables sur ce point, il me fallait tailler de nouveaux degrés. Une demi-douzaine de marches devaient me suffire pour gagner les rochers. Me tenant de la main droite au rocher, je creusai la neige avec la pointe de mon bâton; alors je m'appuyai contre l'angle pour en faire autant de l'autre côté. Tout allait bien jusque-là; mais, en essayant de tourner cet angle, je glissai et tombai dans le gouffre.

Sur ce point, la pente très raide formait l'extrémité supérieure d'un couloir qui descendait vers le glacier du Lion à 330 mètres au-dessous. Ce couloir se resserrait de plus en plus, et finissait par n'être plus qu'un filet de neige entre deux murailles rocheuses qui se terminaient brusquement au haut d'un précipice à pic au-dessus du glacier. Que l'on se figure un entonnoir coupé en deux dans sa longueur et incliné de 45 degrés, la pointe en bas, et l'on aura une idée exacte de l'endroit où je venais de tomber.

Je tombai d'abord sur quelques rochers situés à 3 ou 4 mètres au-dessous, et qui me relancèrent dans le couloir la tête la première; mon bâton m'échappa des mains et je descendis en tournoyant par une série de sauts de plus en plus longs, rebondissant tantôt sur la glace tantôt sur les rochers; me frappant la tête quatre ou cinq fois avec une violence de plus en plus grande. Un dernier saut me fit faire un bond de 18 à 20 mètres d'un côté à l'autre du couloir; par bonheur mes vêtements s'accrochèrent au roc, et je tombai en arrière sur la neige avec la conscience que ma chute était finie. Je me cramponnai aux aspérités du rocher et je m'arrêtai tout à fait sur le bord même du précipice. Bâton, chapeau et voile sautèrent par-dessus moi et disparurent dans l'abîme. J'avais franchi près de 70 mètres en sept ou huit bonds : trois mètres de plus et je tombais sur le glacier en faisant un bond gigantesque de 280 mètres.

La situation était des plus critiques : mon sang coulait par plus de vingt blessures. Les plus graves étaient celles de la tête, et j'essayai en vain de les fermer d'une main tout en me cramponnant de l'autre au rocher. Tous mes efforts furent inutiles; à chaque pulsation le sang jaillissait en flots qui m'aveuglaient. Enfin je détachai un gros morceau de glace et l'appliquai sur la tête; le sang coula dès lors moins abondamment, je m'évanouis. Quand je revins à moi, le soleil se couchait, et l'obscurité était complète avant que j'eusse pu descendre le Grand Escalier. Je descendis au Breuil, c'est-à-dire de 1700 mètres sans glisser et sans me tromper de chemin une seule fois. Honteux et confus de l'état où m'avait mis ma maladresse, je me glissai rapidement dans l'auberge, espérant atteindre ma chambre sans être vu. Mais Favre me rencontra dans le corridor, et, quand il eut apporté de la lumière, il poussa des cris d'effroi et réveilla toute la maison. Deux douzaines de têtes tinrent conseil au sujet de la mienne, en faisant plus de bruit que de besogne. Il me fallut subir un pansement au vin chaud bien salé. Grâce à ce remède fort simple et à mon robuste tempérament mes blessures se cicatrisèrent rapidement, et quelques jours après j'étais valide.

LA SIXIÈME TENTATIVE DE WHYMPER AU CERVIN

J'avais donné carte blanche à Carrel pour engager des guides; il choisit son parent César, Luc Meynet et deux autres. Nos préparatifs s'achevaient, nos hommes étaient réunis quand le temps parut vouloir se remettre au beau. Le dimanche 9 août nous nous reposâmes, et le lendemain avant l'aube nous nous mîmes en route par une matinée calme et sans nuages, qui semblait promettre un heureux succès à notre entreprise.

Avant neuf heures nous étions arrivés au col du Lion, où des changement très sérieux avaient eu lieu. Des saillies bien connues avaient disparu; de la plate-forme, sur laquelle ma tente avait été dressée, il ne restait que peu de chose; la moitié des pierres avaient été dispersées par le vent, ou détruites par la gelée; le sommet du col lui-même, qui jusque là avait été d'une largeur respectable, était devenu plus aigu qu'un toit d'église, et couvert non plus de neige, mais d'une glace dure. A 100 mètres au-dessus du col les rochers étaient revêtus d'une couche de glace brillante, une neige inconsistante recouvrait les anciennes couches durcies, et son apparence perfide faillit nous faire perdre notre guide. Au moment où Carrel se tenant sur une couche qui paraissait solide levait la hache pour y tailler un degré, la croûte de la pente se rompit brusquement et glissa, laissant à découvert de grandes bandes d'une glace polie qui étincelait au soleil. Le guide se rejeta promptement en arrière sur la roche qu'il venait de quitter, et se contenta de faire cette remarque : « Il est temps de nous attacher. » Quand nous fûmes tous liés à la corde, il reprit son travail comme s'il ne fût rien arrivé.

Dans les deux heures qui suivirent, nous eûmes des preuves nombreuses de l'utilité d'une corde pour les grimpeurs des Alpes. Attachés à une certaine distance l'un de l'autre, nous avancions deux par deux. Carrel tenait la tête; il était suivi de près par un autre homme qui lui prêtait son épaule ou plaçait une hache sous ses pieds, selon la nécessité ; quand ils tenaient tous deux une bonne position, le second couple, puis le troisième, avançait de la même manière. Cette méthode était lente, mais sûre. Un homme seul se mettait en mouvement à la fois, et, s'il glissait, il était aussitôt arrêté par les autres. Ces rochers, assez commodes à escalader dans les circonstances ordinaires, étaient devenus d'un accès extrêmement difficile. La neige fondue les jours précédents coulait en petits filets d'eau qui naturellement avait suivi la pente que nous voulions remonter, et qui, regelés pendant la nuit, avaient recouvert les rochers d'une couche de glace plus ou moins épaisse. Comme le temps était superbe, les hommes supportaient vaillamment la fatigue et poussaient de grands cris pour réveiller les échos de la Dent d'Hérens.

Après avoir dépassé la seconde plate-forme de la tente, la Cheminée et d'autres endroits qui nous étaient familiers, nous espérions déjà passer la nuit sur le sommet de l'« Epaule », quand, avant que nous fussions arrivés au pied de la Grande Tour, un courant d'air froid vint soudain nous avertir de nous tenir sur nos gardes.

Il était difficile de déterminer d'où venait ce courant. Il ne soufflait pas comme une brise, mais il semblait plutôt descendre comme l'eau dans un bain de pluie. Rien dans l'atmosphère ne dénotait le moindre trouble ; nulle part même l'apparence d'un nuage. Mais ce calme plat ne dura guère ; l'air froid se fit de nouveau sentir ; il vint fouetter l'arête et mugir dans les roches ; nous n'eûmes que le temps d'enfoncer nos chapeaux sur nos têtes. Des nuages se formaient autour de la Grande Tour ; d'abord en petits groupes, secoués, ballottés, puis dispersés par le vent, ils se reformaient aussitôt et s'épaississaient de plus en plus, nous montrant parfois l'azur du ciel, qu'ils nous cachaient de nouveau presque aussitôt, augmentant sans cesse de nombre et d'étendue, jusqu'à ce que le ciel entier se trouva pour nous rempli de nuées agitées et tourbillonnantes. Avant d'avoir pu trouver un abri et nous débarrasser de nos fardeaux, un ouragan de neige fondit sur nous. En peu d'instants l'arête en fut couverte. Sur l'avis de Carrel, nous réparâmes et achevâmes la plate-forme de 1862, ce qui nous demanda deux heures, et nous y dressâmes la tente. Notre tâche était à peine terminée que la tempête se déchaîna sur nous avec fureur. De nombreux éclairs dessinèrent leurs étranges zig-zags sur les rocs escarpés qui nous dominaient et que nous dominions. Des flèches de feu passaient si près de nous qu'elles semblaient nous roussir ; nous en étions plus inquiets que nous n'osions l'avouer, car nous étions au centre même de l'orage ; le tonnerre et l'éclair étaient simultanés. Le bruit bref et strident de la foudre ressemblait à celui d'une porte qui eût été fermée violemment mille fois de suite.

[18]

Lorsque je dis que le tonnerre et l'éclair étaient simultanés, cette expression n'est pas exacte. Je veux dire qu'il m'était impossible de mesurer aucune durée entre la lueur et le son : il y eut dans cet orage deux faits dont je puis parler avec quelque précision. Le premier se rapporte à la distance qui nous séparait de l'éclair. S'il s'était écoulé une seconde entre l'apparition de l'éclair et le bruit du tonnerre, nous aurions dû en être éloignés de 340 mètres à peu près ; nous étions donc par moments, j'en suis sûr, à une distance moindre de l'éclair, car je le vis souvent passer devant plusieurs points bien connus de l'arête, au-dessus et au-dessous de nous, dont nous étions éloignés de moins de 300 mètres.

Le second fait se rapporte à la difficulté que l'on éprouve à distinguer le son qui se produit en même temps que la lueur d'autres sons qui sont simplement les échos du tonnerre véritable. Je ne tenterai pas de prouver que les roulements doivent ou ne doivent pas être considérés comme le tonnerre réel, je veux seulement constater que pendant cette tempête sur le Cervin, il était parfaitement possible de distinguer le bruit du tonnerre lui-même des sons (roulements ou éclats) qui étaient simplement l'écho de l'explosion initiale.

De notre campement on pouvait entendre un écho très remarquable qui, à mon avis, nous était renvoyé par la Dent d'Hérens. Crier pour lui faire répéter nos cris était notre amusement de prédilection ; car il redisait chaque note aiguë plusieurs fois, d'une manière très nette, environ douze secondes après.

La tempête dura près de deux heures ; à plusieurs reprises elle redoubla de violence ; à peine un éclair avait jailli que les montagnes voisines nous renvoyaient les roulements prolongés du tonnerre, et de nouveaux coups, qui partaient presque en même temps, se confondaient avec ceux que nous écoutions encore ; de sorte qu'il n'y avait pour ainsi dire jamais une minute de paix et de silence.

Je pus constater ce jour-là seulement que le bruit du tonnerre véritable consiste en un seul son instantané et dur, et que les roulements du tonnerre sont des échos, et non les bruits de décharges successives et nombreuses qui éclatent sur une longue ligne à des distances variées de l'auditeur et qui ne peuvent arriver à son oreille au même instant, quoiqu'elles se succèdent de manière à produire un son plus ou moins continu.

Cependant le vent soufflait avec force du côté de l'est ; il secouait notre tente avec tant de violence que nous craignions de la voir emportée avec nous dans l'espace. Aussi profitâmes-nous d'une accalmie pour élever un petit mur qui pût nous servir d'abri. Vers trois heures le vent sauta au sud-ouest et les nuages disparurent ; nous saisîmes ce moment favorable pour renvoyer un des porteurs, car la tente ne pouvait contenir que cinq personnes. Jusqu'au coucher du soleil le temps varia ; tantôt calme plat, tantôt vent violent et flocons de neige serrés. La tempête ne sévissait évidemment que sur le Cervin, car dès que les nuages se dispersaient nous distinguions nettement tout ce qui pouvait s'apercevoir de notre gîte. A cent vingt-cinq kilomètres le Mont Viso se montrait dégagé de nuages et le soleil se couchait avec un éclat superbe derrière le Mont-Blanc. Nous passâmes la nuit très confortablement dans nos couvertures-sacs ; mais les sifflements du vent, les roulements du tonnerre et les chutes des rochers, rendaient tout sommeil impossible. Je pardonnai au tonnerre en faveur des éclairs. Les rochers du Cervin, illuminés par les reflets de la foudre, m'offrirent le spectacle le plus splendide dont j'aie joui pendant toute ma vie.

Pendant les sept nuits que j'ai passées à des hauteurs variant de 3600 à 4000 mètres, j'ai constaté que c'est d'ordinaire entre minuit et l'aube qu'ont lieu les avalanches de pierres les plus considérables. Je puis cependant me tromper en supposant que pendant la nuit les pierres tombent en plus grand nombre que pendant le jour, parce qu'un bruit quelconque produit bien plus d'effet pendant l'obscurité que lorsqu'on peut en reconnaître la cause. Dans le profond silence de la nuit, un simple soupir peut causer une impression profonde : durant le jour, l'attention se trouve partagée entre le bruit et le mouvement des pierres qui tombent, ou bien elle se trouve distraite par d'autres objets; toutefois, les chutes les plus considérables qui se produisirent pendant la nuit eurent certainement lieu après minuit, ce qui peut s'expliquer ainsi : le maximum froid en vingt-quatre heures est ordinairement constaté entre minuit et l'aurore.

Le 11, à 3 heures du matin, nous vîmes qu'il neigeait toujours : à 9 heures, le soleil se montra et la neige cessa. Nous nous remîmes en route pour atteindre le sommet de l'Epaule : nous grimpâmes péniblement deux heures, quand la neige recommença à tomber. Dans de telles circonstances toute nouvelle tentative devenait inutile, et je dus ordonner la retraite. Nous n'avions pas franchi en deux heures 90 mètres, ni même atteint la corde que l'expédition de Tyndall avait abandonné en 1862. Aucun de nous ne se souciait, par un temps pareil, de tenter une escalade de quatre à cinq heures pour atteindre l'Epaule. Outre nos personnes déjà fort gênantes, il nous fallait encore transporter un bagage très lourd : tente, couvertures, provisions, échelle et 135 mètres de cordes. Ce qui surtout nous arrêtait, c'était la considération que, si nous atteignions l'Epaule, nous serions peut-être forcés d'y passer plusieurs jours, sans pouvoir ni monter ni descendre. Impossible, pour moi surtout, de courir les risques d'une si longue détention, car j'étais obligé d'être à Londres avant la fin de la semaine.

Nous redescendîmes au Breuil dans l'après-midi; il y faisait un temps magnifique, et les gens de l'auberge paraissaient tout étonnés d'apprendre que nous avions été exposés à une tempête de neige qui avait duré vingt-six heures. « Comment! disait-on, mais il n'a pas neigé ici; il a fait beau tout le temps; on n'a même vu qu'un petit nuage sur la montagne. » Ah! un petit nuage! Ceux-là seuls qui l'ont vu de près peuvent dire quel obstacle formidable il leur a opposé.

Pourquoi donc le Cervin est-il sujet à ces abominables variations de temps? Dire que la montagne attire les nuages parce qu'elle est si isolée ne suffit pas. D'autres pics sont également isolés sans pourtant exercer une semblable influence. D'ailleurs, le nuage dont il vient d'être question, ne se forme pas par l'agrégation de petites nuées isolées, attirées l'une vers l'autre d'une certaine distance, mais il prend naissance contre la montagne même, et surgit soudain là où l'on ne voyait d'abord même aucun brouillard. Ce nuage naît et demeure suspendu principalement contre le versant méridional de la montagne, et plus particulièrement contre le versant sud-est : en général, il ne monte pas jusqu'au sommet, et il descend rarement jusqu'au glacier du Lion et au glacier du Mont Cervin. Il se forme par le plus beau temps qu'on puisse souhaiter et dans des journées sans vent et sans nuages.

A mon avis, le fait s'explique plutôt par des différences de température que par la hauteur ou la situation isolée de la montagne. La montagne est essentiellement rocheuse; elle reçoit donc une forte dose de chaleur; et non seulement elle est plus chaude, mais elle est environnée d'une température bien plus chaude que d'autres pics, tels que le Weisshorn et le Lyskamm, qui sont des montagnes éminemment neigeuses.

Dans certains états la température de l'atmosphère peut se maintenir assez égale sur de grandes surfaces et à de grandes élévations. J'ai vu le thermomètre monter à 21° à l'ombre, au sommet d'un pic alpestre, haut de 3950 mètres, et ne pas s'élever plus haut à 1800 ou 2000 mètres au-dessous. Aucun nuage ne se formerait probablement sur le Cervin, si la température était égale ou presque égale sur tous les versants de la montagne et à une distance considérable au-dessus de son sommet. Mais, dès que l'atmosphère qui l'enveloppe devient plus chaude que les couches d'air contiguës, il se forme un courant local ascendant; l'air adjacent qui est plus froid est naturellement attiré vers la montagne où il condense promptement l'humidité de l'air chaud qui se trouve en contact avec lui. Je ne puis m'expliquer autrement les soudaines bouffées d'air froid qui se font sentir sur le Cervin, quand tout à l'entour paraît parfaitement calme. Les nuages sont formés par le contact des deux couches d'air (ayant chacune une température différente) chargées d'une humidité invisible, aussi inévitablement que le mélange de certains fluides incolores produit un liquide blanchâtre et trouble. Le phénomène s'accomplit dans l'ordre suivant : vent froid, — nuage, — pluie, — neige ou grêle.

Ce qui se passe sur le Dom (4134 mètres) et la Dent Blanche (4364 mètres) dont la paroi méridionale n'est qu'une roche dénudée, semble confirmer cette opinion : les nuages s'y forment comme au Cervin, tandis que le Weisshorn (4512 mètres) et le Lyskamm (4538 mètres) restent ordinairement dégagés.

Le 11, à minuit, j'arrivai à Châtillon, vaincu et désolé ; mais comme le joueur qui perd et n'est que plus ardent à tenter la fortune, je retournai à Londres prêt à rêver de nouvelles combinaisons et à former de nouveaux plans.

LA SEPTIÈME TENTATIVE DE WHYMPER AU CERVIN

Le Cervin peut être divisé en trois sections : la première, qui fait face au glacier de Z'mutt, et la seconde, qui regarde l'est, semblent absolument inaccessibles ; la troisième, vis-à-vis du Breuil, a l'air d'être moins impraticable. C'était de ce côté que j'avais fait toutes mes tentatives précédentes. M. Tyndall, M. Hawkins et les chasseurs du Val Tournanche avaient essayé de même l'escalade par l'arête du sud-ouest.

Quatre raisons me faisaient abandonner une route qui avait été trouvée jusqu'à un certain point praticable : 1° mon peu de goût pour les arêtes et ma préférence pour la neige et les faces rocheuses ; 2° la crainte que les accidents météorologiques, qui m'avaient plusieurs fois forcé de battre en retraite, pourraient se représenter à chaque instant ; 3° ma conviction que la face orientale de la montagne n'était pas perpendiculaire, ainsi qu'on l'avait cru, mais que son inclinaison dépassait à peine 40 degrés ; 4° la remarque que j'avais faite que les couches de la montagne s'inclinaient dans la direction de l'ouest-sud-ouest. Ces deux dernières raisons demandent quelques développements. Examinons d'abord pourquoi la face orientale du Cervin paraît trop escarpée à un si grand nombre d'observateurs

Quand on regarde le Cervin de Zermatt, on se trouve placé au nord-est de la montagne; on ne découvre le versant nord-est ni de profil ni de face, mais de biais, d'où il semble plus abrupt qu'il n'est. Pour les touristes qui montent au Riffelberg et au Goernergrat, le Cervin offre un aspect plus abrupt, parce que son versant oriental se trouve plus en face du spectateur. Vu de l'hôtel du Riffel, le Cervin semble avoir une pente de 70 degrés, et pour le touriste qui traverse le col Saint-Théodule le versant oriental est tout à fait perpendiculaire. Très peu de touristes prennent la peine d'examiner la montagne de profil et de face; aussi emportent-ils une idée très fausse de l'inaccessibilité de ce versant. Moi-même je ne reconnus mon erreur qu'au bout de sept ans. Je remarquai qu'en quelques endroits la neige séjournait toute l'année. Cette neige n'aurait pu persister pendant l'été à moins d'une accumulation très considérable pendant l'hiver, accumulation qui ne peut se faire à un angle qui dépasserait de beaucoup les 45 degrés. De ce premier fait je concluais que le versant oriental n'était pas perpendiculaire. Pour m'en convaincre je gravis au-dessus des chalets de Staffel, d'où je pouvais découvrir de profil cette face de la montagne. Dans cette direction elle ne présente plus d'escarpements inaccessibles; on a peine à croire que c'est la même montagne : l'inclinaison dépasse à peine 40 degrés.

Ce fait constaté, un grand pas était fait. Quarante degrés ne constituent pas une inclinaison formidable, et cette inclinaison se maintient rarement sur une longue étendue; c'est à peine si l'on trouve une inclinaison constante de 45 degrés sur 900 mètres d'altitude.

Ce qui empêchait surtout d'entreprendre l'ascension des rochers du Cervin, c'est qu'ils paraissaient dangereusement polis. Les guides désespéraient d'y trouver la moindre aspérité pour s'y cramponner.

Les rochers de l'arête du sud-ouest offrent un obstacle encore plus sérieux. La masse principale du Cervin se compose de stratifications régulières relevées vers l'est. Les roches s'inclinent à l'extérieur et leurs bords échancrés surplombent. Cette disposition des couches n'est guère favorable aux grimpeurs. Si les rochers du sud-ouest n'étaient pas suffisamment crevassés, leur inclinaison extérieure les rendrait absolument inaccessibles.

On ne peut monter une seule fois sur les rochers de l'arête du sud-ouest, du col du Lion au pied de la Grande Tour, sans remarquer combien ils sont en général inclinés en dehors et comme leurs bords échancrés tendent constamment à surplomber. Aussi les débris des roches désagrégées par la gelée tombent-ils en pluie sur les rochers environnants. Chaque jour l'arête est balayé complètement; on ne voit presque jamais que le roc solide.

Depuis fort longtemps De Saussure avait constaté que les couches du Cervin se relevaient dans la direction du nord-est avec une inclinaison d'environ 45 degrés : Forbes aussi pensait que les couches étaient inclinées, mais moins de 45 degrés ; selon moi, la vérité vraie doit se trouver entre les deux opinions. Ce fut seulement après mon insuccès de 1863 que j'attribuai à l'inclinaison des couches les obstacles particuliers de l'arête du sud-ouest : dès que l'obstacle véritable provenait de la structure des rochers plutôt que de leur nature même, je dus naturellement conclure que le côté opposé, c'est-à-dire le versant oriental de la montagne pourrait être relativement plus facile à gravir. Cette déduction vulgaire d'un fait positif me donnait la clef de l'ascension du Cervin. Si l'inclinaison des couches persistait, le versant oriental était parfaitement accessible : il devait, en fait, présenter un grand escalier naturel dont les degrés se trouvaient inclinés en dedans ; en ce cas, l'aspect poli de ses surfaces ne devait inspirer aucune inquiétude, parce que les plus petits de ces degrés, inclinés en ce sens, offraient nécessairement un appui solide.

Ce n'était donc pas par caprice que j'avais engagé M. Reilly à se joindre à moi dans une tentative d'ascension par le versant oriental : si nous n'avions été obligés de nous séparer, le Cervin eût été escaladé en 1864.

En descendant le glacier de Z'mutt pour revenir à Zermatt, nous nous arrêtâmes afin d'examiner le Cervin de profil : mes guides avouèrent qu'ils s'étaient trompés sur la raideur des pentes du versant oriental. Cependant Almer et Biener refusèrent nettement de tenter l'ascension de ce côté. Je cédai pour le moment à leur répugnance évidente. Je leur proposai une route que j'appellerai alternative, c'est-à-dire qui monterait tantôt sur un versant tantôt sur l'autre, et qui, devant passer presque constamment sur la neige, leur paraîtrait préférable à l'autre.

Il y a sur le Cervin un immense couloir qui monte du glacier du Mont Cervin à un point très élevé de l'arête du sud-ouest. Je proposai de gravir ce couloir, puis de passer sur le versant oriental. Nous nous serions trouvés alors au niveau de la grande pente de neige au centre du versant oriental de la montagne ; nous aurions traversé cette pente en diagonale afin de gagner la neige sur l'arête du nord-est. Le reste de l'ascension se serait faite du côté septentrional de la montagne. Tous les détails bien réglés, nous descendîmes au Breuil. Luc Meynet, le brave petit bossu, se déclara très heureux de reprendre son ancien métier de porteur de tente. Favre prépara des rations pour trois jours, car c'est le temps que je résolus de consacrer à notre entreprise : la première nuit, nous devions la passer sur les rochers au sommet du couloir ; le second jour, tâcher d'atteindre le sommet et revenir sous la tente ; le troisième jour, redescendre au Breuil.

[24]

Partis le 21 juin à 5 heures 45 minutes du matin, nous suivîmes pendant trois heures la route du Breuiljoch. Nous voyions très bien de là notre couloir ; plus nous nous approchions, plus son aspect nous paraissaient favorable : déjà il semblait qu'un bon tiers de l'ascension n'offrirait aucune difficulté. Cependant certains indices suspects nous faisaient craindre des avalanches de pierres ; à l'abri de quelques rochers nous attendîmes un peu pour voir si nos craintes ne se réaliseraient pas ; pas une pierre ne tomba. Nous nous remîmes à grimper, taillant des pas dans la neige ; un peu avant dix heures nous trouvâmes un point convenable pour faire halte et préparer notre déjeuner.

Je m'avançai sur un petit promontoire pour examiner de plus près notre chemin. Notre magnifique couloir pénétrait en ligne droite jusqu'au cœur de la montagne sur une hauteur de plus de 300 mètres ; il faisait ensuite un coude vers le nord. Ce coude piquait ma curiosité. Je le fixais attentivement, quand j'aperçus quelques petites pierres qui dégringolaient doucement. Je ne m'en inquiétai guère, me disant que nous les éviterions facilement en suivant de très près l'un des côtés. Mais une autre pierre les suivit à une vitesse de 80 kilomètres, puis une autre plus grosse, puis une autre encore... Mes guides n'avaient rien entendu : Aimer, assis sur un quartier de roc, taillait de larges tranches dans un superbe gigot ; les autres babillaient ensemble. Je ne les avertis de rien, ne voulant pas les inquiéter inutilement. Un craquement soudain les avertit du danger ; un bruit épouvantable retentit dans les rochers ; d'énormes blocs et des pierres de toute dimension s'élançaient du fameux coude à 250 mètres au-dessus de nous, se précipitaient avec furie contre les rochers opposés, et rebondissaient contre les parois rocheuses qui dominaient notre campement, puis descendaient en formant une effroyable avalanche. Quelques blocs rebondissaient sur la neige en faisant des sauts de plus de 30 mètres, le reste tombant comme une trombe en masses confuses, mélange de neige, de glace et de pierres.

Les guides épouvantés, lâchant ce qu'ils tenaient, s'élancèrent dans toutes les directions à la recherche d'un abri. Le précieux gigot roula d'un côté, l'outre d'un autre, et son inestimable contenu s'échappa du goulot débouché. Moi-même je partageai la frayeur de mes guides, et je m'aplatis dans un trou jusqu'à ce que cette avalanche de pierres fût passée. Je n'ai jamais été témoin d'une pareille panique sur une montagne.

Nous battîmes en retraite avec un ensemble parfait, car le danger était trop redoutable. Je proposai de grimper sur les rochers qui nous dominaient ; comme mes guides refusèrent de me suivre, je grimpai tout seul ; mais bientôt je fus obligé de m'arrêter, épuisé par l'effort. Croz, bien au-dessous, suivait *son Monsieur de* l'œil : « Descendez, mais descendez donc, me cria-t-il, cela ne sert de rien. » Je finis par descendre, bien convaincu qu'il disait vrai. Ainsi fut renversé mon pauvre petit plan, et force nous fut de revenir au plan primitif.

Nous regagnâmes le Breuiljoch pour nous rendre au Hörnli, où nous voulions passer la nuit, avant d'attaquer le versant oriental du Cervin : Quand nous y arrivâmes à midi, une déception amère nous y attendait. Plus de passage! Une muraille de rochers absolument à pic nous séparait du glacier de Fuggen; le glacier s'était tellement retiré que la descente n'était pas possible. D'épais nuages arrivaient depuis une heure du côté du sud, et le vent soufflait avec violence. Mes guides se demandèrent s'il ne serait pas plus sage de renoncer à toute nouvelle tentative. La neige qui commençait à tomber trancha la question; je donnai l'ordre de la retraite. Nous descendîmes au Breuil, pour aller passer la nuit au Val Tournanche ; le lendemain, nous descendîmes à Châtillon, d'où nous nous rendîmes à Courmayeur en remontant la vallée d'Aoste. Croz nous quitta à Chamonix au jour fixé; mais un hasard étrange nous réunit de nouveau à Zermatt trois semaines plus tard, et, deux jours après, il périssait sous mes yeux sur cette même montagne, dont nous nous étions éloignés, d'après son conseil, le 21 juin...

ASCENSION DU CERVIN. — LA CATASTROPHE.

Le 13 juillet 1865, par un temps superbe et un ciel sans nuages, nous partîmes de Zermatt à 5 heures 30 du matin, au nombre de huit : Croz, le vieux Pierre Taugwalder et ses deux fils, lord Francis Douglas, Hadow, Hudson et moi. Pour plus de sécurité, chaque touriste eut son guide; le plus jeune des Taugwalder m'échut en partage ; il se distingua dès le départ.

J'étais chargé de porter les outres de vin : à chaque fois qu'on y puisa, j'eus soin de les remplir secrètement avec de l'eau ; aussi, à la halte suivante, se trouvèrent-elles plus pleines qu'au départ; ce phénomène fut considéré comme un heureux présage.

Le premier jour nous montâmes fort à notre aise; nous passâmes à la chapelle du Schwarzsée, puis nous gravîmes l'arête qui relie le Hörnli au Cervin; à onze heures et demie, nous arrivions à la base du pic principal ; nous dûmes contourner quelques saillies de rochers pour gagner le versant oriental. Parvenus alors sur la montagne même, nous constatâmes que les pentes qui paraissaient inaccessibles du Riffel pouvaient être gravies presque en courant.

Avant midi nous campions à 3350 mètres.

Croz et le jeune Pierre partirent en reconnaissance, et bientôt ils parurent derrière un angle de rochers à une grande hauteur, grimpant avec rapidité. Quant à nous, nous dressâmes la tente sur une plate-forme solide dans un endroit bien abrité; puis nous attendîmes le retour des deux guides, espérant que l'ascension serait facile. Enfin ils revinrent à 3 heures, déclarant que tout était pour le mieux, et que nous n'aurions pas de difficultés. Le reste de la soirée se passa fort paisiblement. Quand le soleil disparut, son coucher nous promettant une magnifique journée pour le lendemain, nous nous préparâmes à passer la nuit. Les échos de la montagne retentirent longtemps, après le crépuscule, de nos chants et de nos rires. Aucun danger n'étant à craindre, nous nous sentions tous pleins de gaieté et de sécurité.

Le 14, nous partîmes dès qu'il fit assez clair pour pouvoir se diriger. Suivant la direction que les guides avaient prise la veille, nous nous trouvâmes bientôt sur le versant oriental de la montagne, et nous pûmes embrasser d'un regard cette grande arête qui se dressait comme un gigantesque escalier de plus de 1000 mètres. Bien que l'accès ne fût pas partout également commode, nous ne rencontrâmes aucune difficulté sérieuse; il ne fut pas même nécessaire de recourir à la corde. A 6 heures du matin, nous étions à 3900 mètres; après une halte, nous continuâmes à monter, et à 10 heures nous étions à 4270 mètres.

Nous nous trouvions alors à la base de cette partie du Cervin qui, vue de Zermatt, paraît surplomber la vallée; nous dûmes, pendant quelque temps, revenir au versant septentrional de la montagne. Un changement fut opéré dans l'ordre de marche. Croz marchait en tête; je le suivais, Hudson et Hadow avec le vieux Pierre formaient l'arrière-garde. A mesure qu'on avançait, les plus grandes précautions devenaient nécessaires. L'inclinaison générale n'atteignait pas 40 degrés, mais la neige avait rempli les interstices des rochers; les rares fragments qui perçaient çà et là étaient recouverts d'une mince couche de glace formée par la neige fondue et gelée aussitôt. C'était la contre-partie des 215 mètres qui terminent le sommet de la Pointe des Ecrins.

Ce passage n'offrait aucun danger pour un montagnard exercé. M. Hudson ne réclama nulle assistance; il n'en était pas de même de M. Hadow peu habitué à de pareilles ascensions.

Cette partie, la seule vraiment difficile de l'ascension, n'avait pas une grande étendue. Nous la traversâmes d'abord presque horizontalement sur une longueur d'environ 120 mètres; nous montâmes ensuite directement vers le sommet pendant près de 20 mètres; puis nous dûmes revenir sur l'arête qui descend vers Zermatt. Un long et difficile détour qu'il nous fallut faire pour contourner une saillie de rocher nous ramena sur la neige. A partir de ce point, le dernier doute s'évanouit! Encore 60 mètres d'une neige facile à gravir, et le Cervin était à nous!

Reportons un instant notre pensée vers les Italiens qui avaient quitté le Breuil le 11 juillet. Quatre jours s'étaient écoulés depuis leur départ et nous craignions de les voir arriver au sommet avant nous. Plus d'une fois pendant l'ascension, victimes de fausses alarmes, nous avions cru voir des hommes sur la cime de la montagne. Notre anxiété croissait à mesure que nous montions. La raideur de la pente diminuant, on put quitter la corde; Croz et moi nous nous élançâmes aussitôt en avant, exécutant côte à côte une course folle qui se termina *ex æquo*. A 1 heure 40 minutes de l'après-midi, le monde était à nos pieds, l'invincible Cervin était conquis! Hourra! pas une seule trace de pas ne se voyait sur la neige! Le sommet du Cervin est formé d'une arête longue d'environ 107 mètres; les Italiens étaient peut-être parvenus à l'extrémité la plus éloignée. Je gagnai en toute hâte la pointe méridionale, scrutant la neige d'un œil avide. Encore une fois hourra! pas un pied humain ne l'avait foulée. Où pouvaient être nos rivaux! Avançant la tête par-dessus les rochers, je les aperçus aussitôt à une grande distance au-dessous de nous, sur l'arête; à peine l'œil pouvait-il les distinguer. Agitant en l'air mes bras et mon chapeau, je me mis à crier : « Croz! venez, venez vite! il faut absolument qu'ils entendent nos cris de victoire!

Nous criâmes à tue-tête. Les Italiens semblaient regarder de notre côté, mais nous n'en étions pas bien sûrs. Saisissant alors une grosse pierre je la poussai dans l'abîme; nous soulevâmes d'énormes blocs, et bientôt un torrent de pierres roula le long de la montagne. Cette fois il n'y avait plus de méprise possible. Les Italiens épouvantés battirent en retraite au plus vite.

Eh bien, je regrettais vivement que le chef de cette expédition n'eût pas été avec nous à ce moment. De tous les hardis montagnards qui avaient tenté l'ascension du Cervin, c'était certes celui qui méritait le mieux d'arriver le premier au sommet. Le premier, il avait eu la gloire de croire au succès, et seul il avait persisté dans son opinion. Son rêve était d'atteindre le sommet par le versant qui regarde l'Italie, en l'honneur de sa vallée natale. Les temps sont bien changés pour Carrel. Sa suprématie est fortement ébranlée dans le Val Tournanche; pour moi, il restera ce qu'il a toujours été; on aura de la peine à trouver son maître.

Nos amis nous ayant rejoints, nous retournâmes à l'extrémité septentrionale de l'arête. Croz planta dans la neige, à l'endroit le plus élevé, le bâton de la tente. A cette hampe improvisée il attacha sa blouse comme drapeau. Quelque pauvre que fût l'étendard que nul souffle de vent ne faisait flotter, on le vit de partout à la ronde, de Zermatt, — du Riffel, — du Val Tournanche. Au Breuil, ceux qui guettaient l'arrivée des guides au sommet se mirent à crier : « La victoire est à nous ! » Les bravos pour Carrel et les vivats pour l'Italie éclatèrent de toutes parts ; chacun célébra le glorieux événement. Ils furent bien désabusés le lendemain. Les guides revinrent tristes, humiliés, abattus et découragés. « Ce n'est que trop vrai, dirent-ils, nous les avons vus de nos yeux, ils ont fait rouler des pierres sur nous ! L'ancienne tradition est véridique : la cime du Cervin est défendue par des esprits ! »

Nous élevâmes une petite pyramide de pierres, puis nous admirâmes le panorama qui se déroulait sous nos yeux. C'était une de ces journées pures et tranquilles qui précèdent d'ordinaire le mauvais temps. Aucun nuage, aucune vapeur pour troubler l'atmosphère. Les montagnes à 75 et à 100 kilomètres se voyaient avec tous leurs détails, leurs arêtes, leurs neiges immaculées, leurs glaciers étincelants : pas un des grands pics des Alpes n'était caché ; pas une des cimes géantes dominant les chaînes et les massifs qui leur servaient de base.

Je revois encore la Dent Blanche au grand sommet blanc ; le Gabelhorn, le Rothhorn à la pointe aiguë ; l'incomparable Weisshorn ; les Mischabelhœrner, semblables à d'énormes tours, flanquées par l'Allalinhorn, le Strahlhorn, et le Rimpfischhorn ; puis le Mont-Rose avec ses nombreuses aiguilles, le Lyskamm et le Breithorn. Plus loin, le groupe superbe de l'Oberland Bernois, dominé par le Finsteraarhorn ; les groupes du Simplon et du Saint-Gothard. Au sud, nos regards plongent au delà de Chivasso dans la plaine du Piémont. Le Viso, éloigné de 160 kilomètres, paraît tout près de nous ; à 200 kilomètres, les Alpes Maritimes qu'aucune brume ne voile. A l'ouest, je reconnais ma première passion, le Pelvoux, les Ecrins et la Meije ; puis après avoir contemplé les massifs des Alpes Grecques, j'admire le roi des Alpes, le magnifique Mont-Blanc que dorent les rayons du soleil. A 3300 mètres au-dessous de nous s'étalent les champs verdoyants de Zermatt, constellés de chalets d'où s'échappent lentement des colonnes d'une fumée bleuâtre. De l'autre côté, à 2700 mètres, s'étendent les pâturages du Breuil. Je vois aussi d'épaisses et sombres forêts, de fraîches prairies, des cascades écumantes, des lacs paisibles, des terres fertiles et d'âpres solitudes, des plaines fécondées par le soleil et des plateaux glacés : les formes les plus abruptes, les contours les plus gracieux, des rochers escarpés et à pic, des pentes doucement ondulées, des montagnes de pierre, ou des montagnes de neige, les unes sombres, solennelles, ou bien étincelantes de blancheur, ornées de hautes murailles, de tours, de clochetons, terminés en pyramides, en dômes, en cônes, en aiguilles, semblables aux flèches élancées des cathédrales gothiques ! Toutes les combinaisons de lignes que l'univers contient, tous les contrastes que l'imagination peut voir en rêve !

Nous passâmes une heure entière sur le sommet et nous nous préparâmes à descendre.

Après nous être consultés, Hudson et moi, nous décidâmes que Croz descendrait le premier, suivi par Hadow; Hudson, qui, pour la sûreté du pied, valait presque un guide, désirait être le troisième; lord Douglas devait venir ensuite, précédant le vieux Pierre. Je proposai d'attacher une corde aux rochers dans les passages les plus difficiles, afin d'y chercher un point d'appui supplémentaire. L'idée fut approuvée, sans qu'il fût convenu expressément entre nous de la mettre à exécution. Pendant que je prenais un croquis du sommet, tout avait été disposé dans l'ordre que je viens de décrire; tout était prêt, et l'on n'attendait plus que moi pour m'attacher à la corde, quand quelqu'un proposa de laisser nos noms dans une bouteille; ce qui fut fait: puis l'on se mit en marche.

Je m'attachai au jeune Pierre et je rejoignis mes compagnons au passage le plus difficile. Toutes les précautions étaient prises. On descendait un seul à la fois ; quand il avait trouvé un point d'appui solide, le suivant s'avançait à son tour, et ainsi de suite : personne ne parla d'attacher une corde supplémentaire aux rochers. Nous suivîmes quelques instants, Pierre et moi, nos compagnons sans être attachés; nous aurions probablement continué à descendre ainsi, si lord Douglas ne m'avait demandé de m'attacher au vieux Pierre, de peur que Taugwalder n'eût pas assez de force pour se retenir tout seul si l'un d'entre nous venait à glisser.

Peu d'instants après, un jeune garçon dont la vue était très perçante courut à l'hôtel du Mont-Rose dire à M. Seiler qu'il venait de voir tomber une avalanche du sommet du Cervin sur le glacier. On le gronda de venir faire un conte aussi ridicule : hélas! il avait raison ; voici ce qu'il avait vu.

Michel Croz avait posé sa hache à côté de lui, et s'occupait uniquement de diriger la marche de M. Hadow en plaçant l'un après l'autre les pieds du jeune touriste dans la position qu'ils devaient avoir. Autant que j'ai pu en juger, personne ne descendait en ce moment; je ne puis l'affirmer, parce que Croz et Hadow m'étaient en partie cachés par une saillie du roc; au mouvement de leurs épaules je jugeai que Croz, après avoir fait ce que je viens de dire, se retournait pour descendre lui-même d'un ou de deux pas; à ce moment M. Hadow glissa, tomba sur Croz et le renversa. J'entendis Croz pousser un cri, et presque au même moment je les

[30]

vis glisser tous deux avec une effrayante vitesse ; l'instant d'après Hudson se trouva entraîné à leur suite, ainsi que lord Douglas. Tout ceci se passa avec la rapidité de la foudre. Le vieux Pierre et moi, nous nous cramponnâmes de toutes nos forces au rocher : la corde subitement tendue nous imprima une violente secousse. Nous tînmes bon le plus possible ; mais par malheur elle se rompit entre Taugwalder et lord Francis Douglas. Pendant quelques secondes nous pûmes voir nos malheureux amis glisser sur le dos avec une vitesse vertigineuse, les mains étendues pour tâcher de se cramponner à quelque saillie de rocher. Ils disparurent à nos yeux un à un sans avoir reçu la moindre blessure et roulèrent d'abîme en abîme jusque sur le glacier du Cervin, à 1200 mètres plus bas que nous.

Ainsi sont morts nos infortunés compagnons ! Pendant plus d'une demi-heure nous restâmes immobiles, paralysés par la terreur ; les deux guides pleuraient comme des enfants, et tremblaient tellement que nous étions menacés, à chaque instant, d'avoir le même sort que nos amis.

Le vieux Pierre ne cessait de gémir : « Chamonix, oh ! que va dire Chamonix ! » Le jeune homme sanglotait et criait : « Nous sommes perdus ! mon Dieu ! nous sommes perdus ! »

Attaché entre eux deux, et ne pouvant faire un seul mouvement tant qu'ils ne changeraient pas de position, je priai le jeune Pierre de descendre ; il n'osait pas. Le vieillard cependant s'approcha d'un rocher auquel il attacha une corde, ce qui décida le jeune homme à descendre. Je demandai la corde qui s'était rompue, et je constatai avec horreur que cette corde maudite était la plus faible des trois. Elle n'aurait jamais dû être employée au service qu'elle avait fait et n'avait pas été apportée dans ce but. C'était une vieille corde, faible même en comparaison des autres. On devait la garder en réserve pour le cas où il eût fallu en laisser une attachée aux rochers. Je compris de suite qu'il y avait là une question sérieuse à résoudre, et je me fis donner le bout qui restait. Cette corde s'était rompue nettement et ne paraissait pas avoir subi avant l'accident la plus petite altération.

Pendant les deux heures qui suivirent, je crus à chaque minute toucher à mon dernier moment ; les deux Taugwalder, entièrement énervés, étaient incapables de me prêter la moindre assistance ; ils avaient tellement perdu la tête qu'à chaque pas je craignais de les voir glisser. Pour aider notre marche nous fixâmes des cordes aux rochers les plus solides ; ces cordes furent coupées et abandonnées ; elles marquent la ligne que nous avons suivie. A plusieurs reprises le vieux Pierre, la figure blême et tremblant de tous ses membres, se tourna vers moi répétant avec emphase : « Je ne puis pas avancer ! »

Enfin, vers six heures du soir, nous arrivâmes à la neige sur l'arête qui descend vers Zermatt, et nous fûmes dès lors à l'abri de tout danger. Nous fîmes de vaines tentatives pour découvrir quelques traces de nos infortunés compagnons. Convaincus à la fin qu'ils étaient hors de la portée de la vue et du son, nous cessâmes d'inutiles efforts. Trop abattus pour parler, nous recueillîmes en silence tout ce qui nous avait appartenu, à nous et à ceux que nous avions perdus, et nous nous préparions à descendre quand soudain un arc immense se dessina dans le ciel, s'élevant à une très grande hauteur au-dessus du Lyskamm. Pâle, incolore, silencieuse, cette mystérieuse apparition présentait des lignes parfaitement nettes et arrêtées, excepté aux extrémités qui se perdaient dans les nuages; on eût dit une vision de l'autre monde. Frappés d'une terreur superstitieuse, nous suivions avec étonnement le développement graduel des deux grandes croix placées de chaque côté de cet arc étrange. J'aurais douté de mes propres sens si les Taugwalder n'avaient aperçu les premiers ce phénomène atmosphérique; ils lui attribuèrent une relation surnaturelle avec l'accident. Pour moi, je pensais presque aussitôt que c'était peut-être un mirage où nous jouions un rôle; mais nos mouvements n'y apportaient aucun changement. C'était un phénomène terrible, merveilleux, unique pour moi qui avais vu tant de choses curieuses. On ne saurait décrire l'impression qu'il produisit sur nous dans les circonstances où nous nous trouvions.

J'étais prêt à partir et j'attendais mes deux guides qui avaient su retrouver la parole et l'appétit. Ils causaient entre eux en patois et je ne les comprenais pas. A la fin le fils me dit en français : « Monsieur, nous sommes de pauvres gens ; nous avons perdu notre maître, personne ne nous payera c'est bien dur pour nous. » — « Taisez-vous, dis-je ; je vous payerai tout comme si votre maître était là. » Après une nouvelle consultation le fils reprit : « Nous ne vous demandons pas de nous payer. Nous désirons seulement que vous écriviez sur le livre de l'hôtel de Zermatt et dans vos journaux que nous n'avons pas été payé. » — « Je ne vous comprends pas ; qu'est-ce que cela signifie ? » — « C'est que... l'année prochaine il viendra une quantité de touristes à Zermatt, et nous aurons à coup sûr une belle clientèle. » Je gardai le silence, mais ils comprirent à merveille l'indignation qui me suffoquait. Leur cynisme avait fait déborder la coupe de l'amertume. La nuit vint ; pendant une heure nous descendîmes dans l'obscurité. A neuf heures et demie nous trouvâmes une espèce d'abri où nous passâmes six mortelles heures. Dès l'aube nous descendîmes en courant de l'arête du Hörnli aux chalets de Buhl, et de là à Zermatt. Seiler, que je rencontrai à sa porte, me suivit en silence dans ma chambre. « Qu'est-il donc arrivé ? » me demanda-t-il. — « Je suis revenu avec les Taugwalder. » Il me comprit et fondit en larmes, puis il courut aussitôt réveiller le village. En peu de temps vingt hommes étaient rassemblés pour monter sur les hauteurs du Hohlicht, au-dessus de Kalbermatt et de Z'mutt, hauteurs qui commandent le glacier du Cervin. Six heures après ils étaient de retour, nous apprenant qu'ils avaient aperçu les corps de nos malheureux amis gisant immobiles sur la neige. C'était le samedi. Le dimanche 16, nous partîmes, suivant jusqu'au Hörnli la même route que le jeudi précédent. De là nous descendîmes à droite de l'arête, puis nous montâmes à travers les séracs du glacier du Cervin. A 8 heures du matin, nous étions arrivés sur le plateau supérieur du glacier, en vue de l'endroit fatal où devaient se trouver les restes de nos infortunés compagnons.

Chaque guide s'arma à son tour du télescope et le passa en silence à son voisin. Tout espoir était perdu. Nous nous approchâmes. Ils gisaient sur la neige, dans le même ordre où ils avaient glissé, Croz un peu en avant, Hadow près de lui, et Hudson à quelque distance en arrière; mais on ne trouva aucune trace de lord F. Douglas. Nous les ensevelîmes dans la neige, à la place même où ils étaient tombés, au pied de la plus haute arête de la grande montagne des Alpes.

Tous ceux qui étaient tombés avaient été attachés avec la corde de Manille, ou avec la seconde corde, qui était également forte; par conséquent, la corde la plus faible n'avait été employée qu'entre le vieux Pierre et lord Douglas. Ce fait singulier était une mauvaise note pour Taugwalder; car pourquoi employer une corde si inférieure, quand il restait plus de soixante-quinze mètres disponibles et de la meilleure qualité?

Il était donc fort à désirer, dans l'intérêt du vieux guide, dont la réputation d'ailleurs était très bonne, que ce mystère fût éclairci. Je fis ma déposition devant une commission d'enquête nommée par le gouvernement du Valais, et je remis aux membres de la commission une série de questions rédigées de façon à fournir au vieux Pierre l'occasion de se disculper des graves soupçons qui pesaient sur lui. Ces questions furent posées, m'a-t-on affirmé, mais je n'ai jamais pu connaître les réponses qui y furent faites.

Cependant, des ordres très précis avaient été donnés pour que les cadavres fussent descendus à Zermatt; le 19 juillet, vingt et un guides de Zermatt partirent pour accomplir cette triste et périlleuse tâche. Ils coururent de grands dangers à la descente, car ils faillirent être engloutis par la chute d'un sérac. Ils ne trouvèrent non plus aucun fragment du corps de lord Douglas, qui était sans doute resté accroché sur quelque rocher. Les restes de Hudson et de Hadow furent ensevelis dans la partie septentrionale de l'église de Zermatt, en présence d'une foule émue et sympathique. Le corps de Michel Croz a été enterré dans l'autre côté de cette église; sa tombe, plus simple, porte une inscription qui dit, dans les termes les plus dignes, la droiture, le courage et le dévouement dont il fit toujours preuve.

La tradition selon laquelle le Cervin était absolument inaccessible se trouvait donc détruite; aux légendes des temps passés se substituaient des connaissances d'un caractère plus réel. D'autres touristes ne tarderont pas à leur tour d'escalader ses orgueilleuses arêtes; mais pour aucun d'eux la montagne ne sera ce qu'elle fut pour ceux qui les premiers en atteignirent le sommet. Jamais aucun d'eux n'éprouvera l'impression que nous ressentîmes quand, pour la première fois, il nous fut donné de contempler ce panorama si merveilleux; j'espère et je souhaite de tout mon cœur que nul ne sera condamné à voir sa joie se changer en désespoir, ses éclats de rire devenir des cris de douleur.

Nous avons trouvé dans le Cervin un adversaire acharné. Longtemps il a résisté; il nous a même porté plus d'un coup redoutable. Quand enfin il fut vaincu avec une facilité que nous n'aurions pu prévoir, semblable à un impitoyable ennemi terrassé, mais non anéanti, il a tiré une terrible vengeance de sa défaite. Un jour viendra où le Cervin lui-même aura disparu; seul un amas d'informes débris marquera la place où surgissait cette belle montagne : atome par atome, centimètre par centimètre, mètre par mètre, elle subit peu à peu l'action destructive des forces éternelles auxquelles rien ne saurait résister. Bien des siècles passeront avant que ne vienne ce jour éloigné; bien des générations pourront contempler les effrayants précipices du Cervin, admirer sa forme qui n'a pas d'égale dans toutes les Alpes. Si exaltées que soient ses idées, si exagérées qu'aient été ses espérances, nul de ceux qui auront le bonheur de le voir ne s'en retournera déçu par la réalité.

Avant de nous séparer, un dernier mot sur les plus sérieux enseignements que nous donnent les montagnes. Au loin on aperçoit un sommet, et involontairement on ajoute qu'il est impossible de l'escalader ! « Mais non ! répond le montagnard, cela n'est pas impossible. Le chemin est bien long; il est hérissé de difficultés, peut-être même s'y présentera-t-il des dangers sérieux; mais l'ascension est possible, j'en suis bien convaincu; je chercherai la meilleure route; je prendrai l'avis de mes frères les montagnards; j'apprendrai d'eux comment ils s'y sont pris pour gravir des sommets aussi élevés; ils me signaleront les dangers de pareilles excursions et m'apprendront à les éviter ». Quand tout dort encore dans la plaine, il se met en route par un sentier glissant, très pénible même. Sa prudence et sa persévérance finissent par remporter la victoire; et quand la montagne est enfin escaladée, ceux qui le voient d'en bas s'écrient que c'est une action incroyable, surhumaine.

[34]

Pour ceux qui sont habitués à ces grimpades dans la montagne, ils savent quelle supériorité donne sur la force brutale la volonté d'atteindre un but bien déterminé et la persévérance. Ils savent qu'on ne peut faire un pas, ni gravir la moindre hauteur qu'au prix d'efforts patients et laborieux; ils savent que le désir ne saurait remplacer l'action. Ce qu'ils savent surtout apprécier, ce sont les bienfaits de l'assistance mutuelle; pour eux, vouloir c'est pouvoir; bien des difficultés inattendues surgiront; bien souvent il faudra combattre, et plus souvent tourner les obstacles. Instruits à cette rude école, ils reviennent à leurs occupations journalières plus forts et mieux armés pour soutenir les combats contre les difficultés de la vie, et pour surmonter les obstacles du chemin; le souvenir des victoires remportées et des tâches accomplies sur d'autres champs de bataille les fortifie et les ranime.

Je n'ai point la prétention de me faire l'apologiste passionné des courses de montagnes, ni de m'ériger en moraliste; cependant je me serais fort mal acquitté de ma tâche si je l'achevais sans rappeler les bienfaits plus sérieux qu'on peut retirer de ces exercices virils. Nous sommes heureux et fiers de la régénération physique qu'ils produisent en nous; les scènes grandioses qui se déroulent sous nos yeux nous transportent d'admiration; nous nous extasions sur les splendeurs des levers et des couchers du soleil, sur les incomparables beautés des collines, des vallons, des lacs, des bois, des cascades; mais ce que nous estimons à un prix bien supérieur, c'est le progrès que nous avons fait en tant qu'homme; c'est le développement qu'ont pris, grâce à notre lutte incessante avec les difficultés, ces nobles qualités de notre nature, le courage, la patience et la force d'âme.

Je sais bien que certaines gens tiennent ces vertus en fort faible estime, et attribuent même des motifs bas et méprisables à ces innocents exercices des montagnes; mais, comme l'a dit le poète : « Sois chaste comme la glace, pur comme la neige, et malgré cela tu n'échapperas pas à la calomnie. »

Il s'en trouve d'autres encore qui, sans se montrer violents détracteurs des alpinistes, prétendent ne rien comprendre au plaisir qu'il y aurait à escalader les montagnes. Il ne faut pas s'en étonner; nous n'avons pas tous la même constitution. Les courses de montagnes sont un exercice essentiellement réservé aux hommes jeunes et robustes; ceux que la vieillesse ou l'infirmité affaiblit en sont forcément exclus; pour ces derniers, la peine ne saurait être un plaisir. Que de fois on les entend s'écrier : « Voilà un homme qui fait du plaisir une fatigue ! » Comme l'a dit un sage de l'antiquité, une sorte de rapport nécessaire relie, malgré leurs natures opposées, le plaisir et la peine. Celui qui veut parcourir les montagnes doit être averti qu'il s'expose à de grandes fatigues;

[85]

mais la fatigue donne la force, non seulement la force musculaire, mais encore la force morale; elle éveille toutes les facultés, et de la force naît le plaisir. Souvent on vous demande, d'un ton qui implique une réponse dubitative : « Mais le plaisir vaut-il la peine? » Bien évidemment on ne peut estimer le plaisir comme on mesure le vin, ou comme on pèse le plomb. Quand bien même je pourrais effacer de ma mémoire tous mes souvenirs, je dirais encore que mes escalades dans les Alpes m'ont bien payé de mes peines, car elles m'ont donné deux des meilleures choses que l'homme puisse posséder ici-bas : de la santé et des amis.

Les souvenirs des plaisirs passés ne sauraient s'effacer. Au moment même où je trace ces lignes, ils se pressent en foule devant moi. D'abord une série infinie de tableaux magnifiques par la forme, par l'effet, par la couleur. De grands pics aux sommets entourés de nuages, qui semblent monter toujours dans l'infini, se présentent à mon regard; j'entends les concerts des troupeaux éloignés, les chants des paysans, les tintements solennels des cloches des églises; j'aspire les émanations odorantes des pins. Puis se pressent en foule des pensées d'un autre ordre. Je songe à ceux qui ont été honnêtes, braves et loyaux, aux cœurs dévoués et aux actions hardies, aux politesses que j'ai reçues d'étrangers et qui, bien qu'insignifiantes en elles-mêmes, témoignaient de cette bienveillance envers l'humanité qui est l'essence de la charité.

Il est aussi des souvenirs tristes qui planent autour de moi, et, s'amassant comme des brouillards flottants, me cachent les rayons du soleil et me font oublier les jours heureux. J'ai éprouvé des joies que des paroles ne sauraient décrire; j'ai subi des chagrins si profonds que je n'ai pas osé m'y appesantir. En me rappelant toutes ces impressions, je dis à mes lecteurs : grimpez, si vous le voulez, mais souvenez-vous que le courage et la force ne sont rien sans la prudence, et qu'un moment de négligence peut détruire le bonheur de toute une vie. Ne faites rien précipitamment, surveillez bien chacun de vos pas, et, en commençant une expédition, songez à la conclusion qu'elle peut avoir!

Le gérant : Henri Gautier.

Librairie **BLÉRIOT**, Henri **GAUTIER**, Successeur
55, quai des Grands-Augustins, à Paris.

POUR LA JEUNESSE EN VACANCES

Romans pour Jeunes Gens

AIMARD (Gustave)
Les Bandits de l'Arizona, 1 v. in-12 . . . 3 »
Le Robinson des Alpes, 1 vol. in-12 illustré . . . 2 »

BUET (Charles)
Les Chevaliers de la Croix blanche, 1 vol. in-12 . . . 3 »
L'Honneur du Nom, 1 vol. in-12 . . . 3 »
Hauteluce et Blanchelaine (suite de l'Honneur du Nom), 1 vol. in-12 . . . 3 »
François le Balafré, 1 vol. in-12 . . . 3 »

COOPER (Fenimore)
Le Dernier des Mohicans, 1 v. in-12 . . . 2 »
L'Ecumeur de Mers, 1 vol. in-12 . . . 2 »
A toutes voiles, 1 v. in-12 illustré . . . 2 »

DESLYS (Charles)
La Balle d'Iéna, 1 vol. in-12 . . . 2 »
Le Blessé de Gravelotte, 1 v. in-12 . . . 2 »

DRAULT (Jean)
Chapuzot est de la classe ! 1 vol. in-12, nombreuses caricatures de J. Blass . . . 3 »
Le Carnet d'un réserviste, 1 vol. in-12, nombreuses caricatures de J. Blass et E. Mesplès . . . 3 »
La Pédale humanitaire, 1 v. in-12, nombreuses caricatures de J. Blass et P. Balluriau . . . 3 »
La Cantine Chapuzot, 1 v. in-12, nomb. caricatures de Tiret-Bognet . . . 3 »
Chapuzot au Dahomey, 1 v. in-12, nomb. caricatures de Tiret-Bognet . . . 3 »

GIRON (Aimé)
Les Lurons de la Gause, 1 v. in-12 . . . 3 »
Maître Bernillon notaire, 1 vol. in-12 . . . 3 »

LAMOTHE (A. de)
Les Camisards, suivis des Cadets de la Croix, 3 v. in-12 illustrés . . . 6 »
Les Faucheurs de la Mort, 2 v. in-12 . . . 4 »
Le Secret du Pôle, 1 vol in-12 . . . 3 »
Le Cap aux Ours, 1 vol. in-12 . . . 3 »
Les Secrets de l'Océan :
1re partie : Le Capitaine Ferrague, 1 vol. in-12 . . . 3 »
2e partie : Fleur des Eaux, 1 vol. in-12 . . . 3 »
Les Secrets de l'Équateur 1 vol. in-12 . . . 3 »

LAMOTHE (A. de)
Flora chez les Nains (suite des Secrets de l'Équateur 1 vol. in-12 . . . 3 »
Esprit Cabassu, exploits d'un mousse au Tonkin, 1 vol. in-12 nomb. illust. de Kauffmann . . . 3 »

LIONNET (Ernest)
Le Docteur Chabot, 1 vol. in-12 . . . 2 »
L'Homme de la Tour, 1 vol. in-12 . . . 2 »
Chacun sa voie, 1 vol. in-12 . . . 2 »

MARICOURT (Cte de)
Le Couteau du Bandit, 1 vol. in-12 . . . 3 »

MARRYAT (Le Capitaine)
Pierre Simple, Aventures d'un aspirant de marine, 1 v. in-12, illus. . . . 2 »
Le Robinson des Glaces, 1 vol. in-12, illustré . . . 3 »

MEYNE-REID
Le Chef Blanc, 1 v. in-12, illus. . . . 2 »
Les Chasseurs de Chevelures, 1 vol. in-12 illustré . . . 2 »
Les Chasseurs de la baie d'Hudson 1 vol. in-12, illustré . . . 2 »

NAVERY (Raoul de)
Le Capitaine aux mains rouges, 1 vol. in-12 . . . 3 »
Le Coutumax, 1 v. in-12 . . . 4 »
Les Drames de l'Argent, 1 v. in-12 . . . 3 »
Les Drames de la Misère 2 v. in-12 . . . 6 »
Une Erreur fatale, 1 v. in-12 . . . 3 »
Les Idoles, 1 vol. in-12 . . . 3 »

POLI (Vicomte Oscar de)
Les Régicides, 2 v. in-12 . . . 6 »
Le Masque de fer, 1 v. in-12 . . . 3 »
Petit Capet, 1 vol. in-12 . . . 3 »

SAINT-MARTIN
Rouget le Braconnier, 1 v. in-12 . . . 3 »
La Mort d'un forçat, 1 vol. in-12 . . . 2 »

WALSH (Vicomte)
Le Fratricide ou Gilles de Bretagne, 2 vol. in-12 . . . 4 »

WALTER SCOTT
Quentin Durward, 1 v. in-12 . . . 2 »
Waverley, 1 vol. in-12 . . . 2 »
Ivanhoé, 1 vol. in-12 . . . 2 »

Pour recevoir chacun de ces ouvrages *franco*, il suffit d'en envoyer le prix en mandat-poste ou timbres français, à M. Henri GAUTIER, éditeur, 55, quai des Grands-Augustins, à Paris.

Pour paraître le 17 août 1895

MAURICE LE BRAZ

LA LÉGENDE DE LA MORT

EN BASSE-BRETAGNE

La *Légende de la Mort en Basse-Bretagne*. Tel est le titre d'un très remarquable volume de récits populaires, que l'Académie Française vient de couronner et que M. A. Le Braz a recueillis au cours de plusieurs missions à travers les campagnes bretonnes. On trouvera, dans les extraits que nous en publions, la fleur même de ces antiques traditions, les plus curieuses peut-être et les plus poétiques de notre mythologie populaire.

ABONNEMENTS

A LA

Nouvelle Bibliothèque populaire

La *Nouvelle Bibliothèque populaire* publie un volume par semaine.
On peut s'abonner aux cinquante-deux volumes d'une année. Les abonnements partent du 1er de chaque mois.
Tous les abonnés, aussi bien ceux de l'étranger et des colonies, que ceux de la France, recevront un volume par semaine.

PRIX DE L'ABONNEMENT D'UN AN

Paris, Départements, Alsace et Belgique .... 7 francs.
Étranger (sauf la Belgique) et Colonies .... 8 francs.

PRIME GRATUITE

EXCLUSIVEMENT RÉSERVÉE AUX ABONNÉS NOUVEAUX

Tout abonné nouveau a droit à recevoir, gratis et franco, dix volumes à choisir dans la liste de ceux déjà parus ou un joli cartonnage pour conserver les volumes.

On s'abonne pour un an en envoyant, en mandat-poste, timbres français ou autre valeur sur Paris, à M. Henri Gautier, 55, quai des Grands-Augustins, à Paris, 7 francs si l'on habite la France, la Belgique ou l'Algérie ; 8 francs si l'on habite l'étranger ou les colonies. La prime est envoyée au reçu de l'abonnement.

MAURICE LE BRAZ

LA
LÉGENDE DE LA MOR
EN BASSE-BRETAGNE

Edité par
HENRI GAUTIER
55, QUAI DES GRANDS AUGUSTINS
PARIS

Il paraît un volume par semaine

Directeur littéraire de la *Nouvelle Bibliothèque Populaire* :

ALFRED ERNST

AVIS A NOS ABONNÉS

Nous rappelons à nos abonnés que tout changement d'adresse doit être accompagné d'une bande indiquant l'adresse ancienne et de cinquante centimes en timbres-poste français ou autre valeur sur Paris.

M. ANATOLE LE BRAZ

Notice.

M. Anatole Le Braz est né en 1859 à Duault, dans les monts d'Arrée, au pays des bûcherons, des *pilluwers* et des sabotiers. Puis les migrations paternelles (son père était instituteur) l'entraînèrent vers la Manche, l'Armor de la Bretagne septentrionale Il a écrit dans une de ses pièces :

      Je suis un fils des monts adopté par la mer.

Et c'est vrai à la lettre. Plus tard, dans ses livres, on sentira leur double inspiration, leurs deux grands souffles vivifiants.

La situation de son père dans l'enseignement décida de sa propre carrière. Fils d'instituteur, il fut « voué », suivant l'usage, au professorat. Ses études achevés au lycée Saint-Louis, il se fait recevoir licencié ès lettres, tourne quelque temps autour de la Sorbonne et, un beau jour, s'avise qu'il serait bien mieux à sa place dans un coin du pays de Léon ou du pays de Goëlo : on l'expédia au collège de Melun. Il finit cependant par être nommé en Bretagne (1886). Il y est encore. Aussi bien avait-il retrouvé à Quimper son milieu véritable, le seul qui lui convînt (pour l'instant du moins), des gens simples, graves, une nature un peu âpre dans sa mélancolie, mais délicate aussi à ses heures et la plus propre au repliement de l'esprit. De ce second et décisif contact avec la vie bretonne allait sortir le poète et le légendaire que nous admirons. Une heureuse rencontre y aida encore. M. Luzel, le célèbre celtisant disparu il y a quelques mois, habitait le Finistère, dont il était archiviste. Il sut intéresser Le Braz à ses études de traditionnisme, l'emmena avec lui aux veillées et dans les « pardons », l'initia à sa méthode, à ses projets, et, en fin de compte, eut la satisfaction de se l'associer. De ce commerce chaque jour plus étroit devait sortir un beau livre que l'Académie couronna (*Soniou Breiz-Izell*). Un autre recueil : *Vieilles histoires du pays breton*, tiré seulement à quelques exemplaires et en dehors du commerce, procède vraisemblablement de la même origine, encore qu'on n'y trouve pas le nom de M. Luzel. En 1891 parut *la Chanson de la*

Bretagne, œuvre toute personnelle, de vive et forte inspiration. « Enfin, dit M. Gaston Deschamps dans sa *Vie littéraire* du *Temps*, voici des vers qui sont d'un poète authentique, de quelqu'un dont l'âme est pieuse, douce, émue, voltigeante et chantante, prompte à la joie et prompte aux larmes, de quelqu'un qui ne ressemble pas aux autres hommes... » Le livre fut couronné, l'année suivante, par l'Académie.

La même distinction vient d'être accordée à la *Légende de la Mort* (Champillon, éditeur, Paris), dont on trouvera plus loin des extraits choisis par l'auteur. Entre temps, M. Le Braz avait publié *Au pays des Pardons*, un des plus savants et des plus délicieux livres qu'ait inspirés la Bretagne. Partant de ces deux recueils, M. Edouard Schuré écrivait dans la *Revue Bleue* : « L'auteur a bu dès son enfance à la source fraîche de la tradition populaire... A Paris, il demeura d'abord comme éperdu devant les courants sinueux, multicolores et troubles de la vie et de l'art contemporain. Alors lui vint la nostalgie du pays « aux murs bas coiffés de vieux chaume » qu'il devait bientôt chanter en vers délicieux. Ce fut dans un de ces retours sur la terre des légendes mystérieuses et des bruyères sans fin que la profonde poésie de son pays et de sa race le frappa comme une révélation... Désormais il devait partager sa vie en deux moitiés : l'une dédiée à la poésie personnelle, l'autre à l'étude approfondie des chants et des traditions populaires de l'Armorique. » — « Le grand charme de *la Légende de la Mort*, a dit à son tour M. Gaston Deschamps, c'est que l'auteur semble croire aux histoires qu'il a transcrites. On dirait qu'il veut redescendre, lui savant, au rang des humbles qu'il a confessés. A peine a-t-il jeté çà et là au bas des pages, quelques notes modestes et émues, quelques brèves indications de paysages où l'on retrouve la douceur voilée, la tendresse pénétrante de ses vers. »

M. Le Braz a collaboré à la *Revue de Paris*, à la *Revue hebdomadaire* et à différents périodiques savants. Il collabore régulièrement au *Journal des Débats*.

Il est chargé depuis quatre ans par le Ministère de l'Instruction publique de recueillir les traditions orales relatives aux saints celtiques. J'ajouterai, pour le pittoresque du détail, que sa vieille maison de Kerfeunteun, en Quimper, est le rendez-vous des chanteurs nomades, des pèlerins de la Montagne-Noire, des mendiants chercheurs de pain et collecteurs de légendes, qui gardent, sous leurs haillons troués, l'âme vénérable de la Bretagne.

Ch. L. G.

LA LÉGENDE DE LA MORT

EN BASSE-BRETAGNE

AVANT-PROPOS

Le volume d'où nous détachons ces pages a paru en 1892, sous le titre de *la Légende de la Mort en Basse-Bretagne* (croyances, traditions et usages des Bretons armoricains). Il se divise en neuf chapitres comprenant : 1° les intersignes ou pressentiments ; 2° les superstitions relatives à l'*Ankou*, personnification masculine de la Mort chez les Bas-Bretons ; 3° les veillées funèbres, les aspects sous lesquels on se représente la séparation de l'âme d'avec le corps, les livres magiques servant aux évocations, les messes nocturnes d'expiation dans des sanctuaires spécialement consacrés à ces rites ; 4° les traditions auxquelles donnent naissance les cimetières et les charniers, les pèlerinages que les morts n'ont pu faire et que les vivants sont tenus d'accomplir à leur place ; 5° les suicides, les engloutissements de villes, les envoûtements et maléfices mortels ; 6° les *Anaon* ou âmes en peine, les précautions qu'il convient de prendre à leur égard, les lieux et les formes de leurs pénitences ; 7° les bons revenants ; 8° les morts malfaisants, les exorcismes, le « marais » des conjurés ; 9° les voyages de vivants dans l'autre monde, les descriptions de l'Enfer et du Paradis tels que les conçoivent les gens du peuple en Armorique. Parmi les quatre-vingt-dix légendes que comporte ce vaste cycle, nous avons choisi celles qui nous ont semblé le plus propres à caractériser chacun des groupes dont on vient de lire l'énumération. Toutes ont été recueillies des lèvres mêmes des conteurs locaux, dans la langue qui leur est habituelle, puis traduites en français aussi scrupuleusement qu'il était possible. Outre l'intérêt qu'elles peuvent présenter pour la mythologie comparée et la science générale des rites, elles constituent, prises isolément, des espèces de petits drames populaires où l'émotion atteint parfois au pathétique le plus intense. C'est surtout à ce titre que nous en offrons au lecteur ces quelques spécimens.

Comme le dit excellemment M. Marillier, dans la remarquable introduction qu'il a écrite pour ce volume, la Bretagne est avant toute chose le pays de la Mort. Les défunts y demeurent comme mêlés aux vivants. « Les âmes ne restent point enfermées dans les tombes des cimetières ; elles errent la nuit par les grandes routes et les sentiers déserts ; elles hantent les champs et les landes, pressées comme les brins d'herbe d'une prairie ou les grains de sable de la grève. » Elle gardent un invincible attachement aux maisons où habitaient naguère les corps qu'elles animaient. « Elles s'attardent dans la cuisine silencieuse, et on les aperçoit, du fond du lit clos, accroupies près de l'âtre où s'éteignent les tisons. » La nuit leur appartient. Malheur à qui les trouble dans leurs allées et leurs venues : elles infligent aux indiscrets des leçons souvent cruelles. Et ce ne sont pas seulement les âmes en peine, les *Anaon*, qui hantent à la tombée du soir les chemins bretons ; c'est aussi la Mort même, c'est l'*Ankou*. Il est peu de paysans ou de pêcheurs qui n'aient entendu grincer, dans le silence des campagnes ou parmi la rumeur apaisée des plages, l'essieu mal graissé de son chariot d'épouvante.

Mais comment passer en revue tout ce fourmillement d'ombres chères ou menaçantes dont l'imagination des Bretons a peuplé la nuit ? Ce n'est pas sans raison que M. Renan a fait de cette constante préoccupation de l'autre vie un des traits les plus frappants de la race celtique. Pour le Breton, le monde mystérieux de la mort pénètre de toutes parts le monde réel. De là ce sens profond et surnaturel qu'il prête volontiers aux faits les plus insignifiants. Des bruits, des lueurs, un son de voix, le heurt d'une aile d'oiseau contre sa fenêtre prennent à ses yeux des proportions étranges, un accent solennel, deviennent des signes avertisseurs. Personne ne meurt, sans en avoir été prévenu : il n'est que de savoir entendre ou de savoir interpréter. C'est dire que la pensée de toute la race est, en quelque sorte, orientée vers l'au-delà ; et peut-être est-ce la cause principale, non point de sa tristesse, comme on l'a trop souvent écrit, mais de son sérieux, de sa gravité. Le traducteur de ces légendes en a fait l'expérience par lui-même : tandis qu'il allait les recueillant de bourgade en bourgade, ou même de seuil en seuil, il a pu juger, à l'empressement qu'on lui témoignait, qu'il n'y a point de sujet qui touche davantage aux parties les plus secrètes de l'âme bretonne. Il semblait que, à l'interroger sur ces antiques croyances, il remuât ce qu'il y avait en elle de plus précieux, de plus vénérable, de plus sacré. Aussi, que de soirées inoubliables passées à écouter, sous le chaume, près de l'âtre, ou in plein air, dans la solitude des grèves et des landes, les tileuses,

[4]

les bergers, les tailleurs de pierres, les matelots, les mendiants nomades, tous les illettrés des monts et de la mer d'Armorique! Parfois le village entier se groupait autour du conteur, et le cadre ajoutait souvent au fantastique du récit. La terre bretonne revêt, surtout au crépuscule, des aspects singuliers. Il n'est, en vérité, rien de plus troublant et, comme on dit, de plus suggestif que les processions figées des roches au large des eaux, la plainte immense, infinie, du flot occidental, ou le hérissement funèbre des *cairns* de granit sur la ligne onduleuse du pays d'Aré. C'est tout cette atmosphère originelle qu'il faudra reconstituer pour conserver aux légendes qui vont suivre leur âpre et mystérieuse saveur. Nous espérons que le lecteur, par un facile effort d'imagination, voudra bien y suppléer.

A. Le Braz.

Quimper, 24 mai 1895.

L'INTERSIGNE DE « L'ALLIANCE »

Marie Cornic, de Bréhat, avait épousé un capitaine au long cours qu'elle aimait de toute son âme. Malheureusement, par métier, il était obligé de vivre la plupart du temps loin d'elle. Marie Cornic passait ses nuits et ses jours à se repaître du souvenir de l'absent. Dès qu'il était parti, elle s'enfermait dans sa maison, n'acceptant d'autre compagnie que celle de sa mère qui demeurait avec elle, et qui la morigénait même quelquefois sur cette affection trop exclusive qu'elle avait pour son mari.

Elle lui disait sans cesse :

— Il n'est pas bon de trop aimer, Marie. Nos « anciens » du moins le prétendaient. Trop de rien ne vaut rien.

A quoi Marie ripostait aussi par un proverbe :

N'hen eus mann a vad'bars ar bed,
Met caroun ha bezan caret.

« Il n'est rien de bon dans le monde — que d'aimer et d'être aimée. »

La jeune femme ne sortait de chez elle que le matin, et c'était pour se rendre à l'église où elle assistait régulièrement à toutes les messes, priant Dieu, la Vierge et tous les saints de Bretagne de veiller sur son mari et de le ramener à Bréhat, sain et sauf.

Le jardin qui entourait sa maison était contigu au cimetière. Elle fit percer une porte dans le mur de séparation, et put désormais aller et venir de chez elle à l'église, de l'église chez elle, sans avoir à traverser le bourg, sous les regards indiscrets des commères.

Une nuit elle se réveilla en sursaut. Il lui sembla qu'elle venait d'entendre sonner une cloche.

— Serait-ce déjà la première messe, la messe d'aube? se demanda-t-elle.

Sa chambre était éclairée d'une lumière vague. Comme on était en hiver, elle pensa que c'était le petit jour. La voilà de se lever et de se vêtir en grande hâte, puis de s'en aller d'une course jusqu'à l'église.

Elle fut tout étonnée, en entrant, de trouver la nef pleine de monde, plus étonnée encore de voir que c'était un prêtre étranger qui officiait.

Elle se pencha à l'oreille d'une de ses voisines :

— Pardon, dit-elle, si je vous dérange. Mais que signifie cette solennité ? J'étais à la grand'messe dimanche dernier, j'ai attentivement écouté le prône, et je ne me souviens pas d'avoir entendu annoncer de fête majeure pour cette semaine...

La voisine était si profondément absorbée dans son oraison que Marie Cornic ne put obtenir d'elle aucune réponse.

A ce moment, il se fit une espèce de remous dans l'assistance. C'était le *chasse gueux* qui s'ouvrait passage à travers les rangs serrés de la foule. D'une main il tenait sa hallebarde, de l'autre un plat de cuivre qu'il promenait sous le nez des gens, en bramant d'une voix lamentable :

— Pour l'*Anaon*, s'il vous plaît ! pour l'*Anaon*.

Les gros sous pleuvaient dans le plat de cuivre.

Marie Cornic regardait s'avancer le quêteur.

— C'est singulier, pensait-elle. Je ne reconnais personne ici, pas même le chasse-gueux. Je n'ai cependant pas ouï dire qu'on ait donné un successeur à Pipi Laur. Dimanche dernier c'était encore lui qui portait la hallebarde... En vérité je suis tenté de croire que je rêve.

Elle finissait à peine cette réflexion que le chasse-gueux était près d'elle.

Vite, elle mit la main à sa poche.

Fatalité ! dans son empressement à accourir à la messe, elle avait oublié de prendre son porte-monnaie.

L'homme de la quête secouait le plateau désespérément.

— Pour l'*Anaon* ! pour le pauvre cher *Anaon* ! clamait-il.

— Mon Dieu ! balbutia Marie Cornic qui se sentait prête à défaillir de honte, je n'ai pas un sou sur moi.

Le chasse-gueux lui dit alors d'un ton dur :

— On ne vient pas à cette messe-ci, sans apporter son obole aux âmes défuntes.

[6]

La malheureuse femme retourna ses poches pour lui faire constater qu'elles étaient vides.

— Vous voyez bien que je n'ai pas un rouge liard.

— Il faut cependant que vous me donniez quelque chose ! Il le faut !

— Quoi ? que puis-je vous donner ? murmura-t-elle, à bout de forces.

— Vous avez votre alliance d'or. Déposez-là dans le plateau.

Elle n'osa pas dire non. Elle croyait sentir tous les yeux fixés sur elle. Elle fit glisser sa « bague de noces » hors de son doigt. Mais à peine l'eut-elle déposée dans le plateau, qu'une angoisse étrange lui étreignait le cœur. Elle se prit le front entre les mains et se mit à pleurer en silence. Combien de temps resta-t-elle dans cette attitude ? Elle n'aurait su le dire.

... Six heures cependant venaient de sonner. Le recteur de Bréhat en ouvrant une des portes basses de l'église ne fut pas peu surpris de voir une femme à genoux, au pied d'un des piliers. Il la reconnut aussitôt, et, allant à elle, il lui toucha l'épaule :

— Que faites-vous là, Marie Cornic ?

Elle sursauta sur sa chaise.

— Mais... Monsieur le recteur... j'assiste à la messe !...

— La messe !... Au moins eussiez-vous dû attendre qu'elle fût commencée !

Alors seulement, Marie Cornic songea à regarder autour d'elle. De l'innombrable assistance qui tout à l'heure emplissait l'église, il ne restait plus personne. Elle faillit s'évanouir de stupeur. Mais avec de bonnes paroles le recteur la réconforta.

— Marie, lui dit-il, racontez-moi ce qui s'est passé.

Elle raconta tout, point par point, sans omettre un détail. Le récit terminé, le recteur prononça tristement :

— Venez, Marie. Celui qui vous a dépouillée de votre bague de noces n'a pas dû l'emporter bien loin.

Ce disant, il franchissait la balustrade du chœur et gravissait les marches de l'autel. Il souleva la nappe. L'alliance était sur la pierre sacrée.

— Emportez-la, dit-il, en la rendant à la jeune femme, et rentrez chez vous. Vous avez beaucoup aimé, vous aurez beaucoup à pleurer.

... Quinze jours après, Marie Cornic apprenait qu'elle était veuve. Le navire que commandait son mari avait sombré, en vue des côtes d'Angleterre, la nuit où elle assistait à la messe étrange, et à l'heure même où le « chasse-gueux des morts » la contraignait à quitter sa bague.

Port-Blanc, en Penvénan (Côtes-du-Nord).

L'INTERSIGNE DES RAMES

Un soir, après souper, nous étions, comme cela, à causer au coin du feu. On était en plein hiver, et vous savez si, en cette saison, le vent souffle sur nos côtes. Je n'avais que dix ans à l'époque, j'en ai aujourd'hui soixante-trois, mais de semblables souvenirs ne sortent de la mémoire que lorsque la vie s'en va du corps. D'entendre meugler la tempête, on en vint tout naturellement à parler de mon frère aîné, Guillaume, qui était alors marin sur la mer. Ma mère fit observer que depuis longtemps on n'avait eu de ses nouvelles. Sa dernière lettre était datée de Valparaiso. Dans cette lettre, il se disait en parfaite santé, mais elle remontait déjà à six mois. Il est vrai que les matelots ne sont pas prodigues d'écritures.

— Tout de même, disait ma mère, je voudrais bien savoir où il est à cette heure. Pourvu qu'il n'ait pas à pâtir du coup de vent qu'il fait ce soir !

Là-dessus on commença les prières auxquelles on ajouta un *Pater* tout exprès à l'intention de mon frère Guillaume. Puis nous nous en fûmes coucher.

Moi je partageais le lit de ma sœur Coupaïa.

Nous dormions déjà à moitié, lorsque la voix de ma mère nous réveilla. Son lit était placé au bout du nôtre, à côté de l'âtre.

— Hé ! les enfants, est-ce que vous n'entendez pas ?

— Quoi donc, *maman* ?

— Ce bruit, au dehors.

C'est moi qui couchais au bord. Je me levai sur mon séant, et je tendis l'oreille.

— Oui, dis-je, j'entends le bruit de quatre rames qui frappent l'eau en cadence.

— Est-ce tout ? demanda la bonne femme.

— Non, ma foi ! J'entends aussi des gens converser entre eux.

— Sors donc du lit, Marie-Cinthe[1], et entr'ouvre la fenêtre pour tâcher de comprendre en quelle langue ils parlent.

J'obéis. J'entr'ouvris la fenêtre avec précaution, de peur que la bourrasque ne m'en poussât les battants à la figure.

Les voix venaient de la mer dont notre maison (celle-là même que j'habite encore) n'était séparée que par la route. C'étaient évidemment les voix des quatre rameurs. Ce qu'il y avait de bizarre, c'est que chacun d'eux avait l'air de parler dans une langue

---

1. C'est l'abréviation générale en Basse-Bretagne pour le prénom, très fréquent en pays trécorrois, de Marie-Hyacinthe.

[8]

différente. Quelques mots arrivèrent jusqu'à moi. Je les ai retenus; les voici :

— *Hourra... Sinemarra... Dali... Ariboué...*

Anglais, espagnol, italien, il y avait peut-être là-dedans de tout cela à la fois. Il me sembla aussi que l'un des hommes du canot mystérieux s'exprimait en breton. Mais, dans ce charabia de langues, et surtout à cause du vent, je ne pus distinguer ce qu'il disait.

— Eh bien, Marie-Cinthe? interrogea ma mère.

— Ce doit être, répondis-je, le canot de quelque navire en détresse dans nos parages, et qui a à son bord des matelots de divers pays.

— Rallume la chandelle, en ce cas, afin que ces pauvres gens trouvent une maison éclairée, quand ils débarqueront.

Ma mère était une femme secourable. Elle aimait à rendre service, dans la mesure de ses moyens, surtout lorsqu'elle avait affaire à des marins, car on l'était, chez nous, de père en fils.

Moi, de rallumer la chandelle, et de passer mon jupon et mon corsage. Je grelottais de froid, un peu de peur aussi, je l'avoue.

Puis je restai là attendre... une demi-heure, une heure.

Mais personne ne vint cogner à la porte. Les hommes du canot avaient dû débarquer, cependant. On n'entendait plus ni bruit de rames ni bruit de voix. A la fin, ma mère me dit de me recoucher. Goupaïa était déjà rendormie. Malgré la frayeur étrange dont je me sentais saisie, je ne tardai pas à faire comme elle.

Le lendemain, dès le point du jour, le premier soin de la vieille Toulouzan fut d'aller aux informations. Mais elle eut beau questionner de porte en porte, elle ne put recueillir aucun renseignement. Personne, hormis nous, n'avait eu vent de quoi que ce fût. Même, les douaniers de garde, cette nuit-là, entre Buguélès et Treztél, juraient leur plus grand serment que pas un navire n'avait été en vue et que pas un canot n'avait rangé la côte.

Ma mère rentra, la figure toute pâle.

La journée se passa pour nous à attendre la nuit avec impatience, et cependant à craindre sa venue.

Comme nous nous mettions à table pour souper, le second de mes frères, qui était allé la veille par mer à Perros, se montra dans le cadre de la porte. Nous ne comptions pas sur lui avant la marée suivante. J'apportais son couvert, et le repas commença. Tout à coup, mon frère poussa un cri :

— On a donc suspendu aux poutres de la viande saignante? dit-il en levant les yeux au plafond.

— Tu auras bu de trop, répliqua ma mère, que cette exclamation avait troublée.

— *Damen!* voyez plutôt. Ce ne sont cependant pas des gouttes d'eau salée que j'ai là.

Il avait posé sa main à plat sur la table. Sur le dos de cette main, trois larmes rouges étaient en effet tombées on ne sait d'où, trois larges gouttes de sang frais.

Ma mère devint aussi blanche qu'un cadavre.

— Pour sûr, murmura-t-elle, il y a un malheur sur l'un des nôtres.

Chacun gagna son lit. Mais une même pensée nous tint tous éveillés, jusqu'à ce que la fatigue eût raison de notre épouvante. Nous écoutions si les rameurs inconnus ne faisaient pas entendre le bruit cadencé de leurs avirons. Le vent s'était apaisé. La nuit était silencieuse. Nous n'entendîmes rien de particulier... Il n'en fut pas de même, le troisième soir. Ma mère venait d'éteindre la chandelle, quand de nouveau arriva jusqu'à nous le *plic-ploc* de quatre rames frappant l'eau, deux à deux. De nouveau, je me levai. Cette fois, je voulais en avoir le cœur net, je voulais voir. Je me rhabillai et je sortis. La mer miroitait sous la lune. Je fouillai des yeux toute l'étendue claire des eaux. Je n'y vis que les rochers de Saint-Gildas qui semblaient des spectres et, très loin, les bêtes mauvaises, les Sept-Iles[1].

De barque, point !

Et cependant le *plic-ploc* continuait de résonner dans la nuit, comme un tic-tac régulier d'horloge.

Mais c'était tout. Les rameurs « nageaient » en silence. Ils ne conversaient plus entre eux, dans leurs jargons.

Mon frère m'avait rejoint sur la falaise. Il avait l'œil plus exercé que le mien. N'importe ! Il ne fit que voir ce que je voyais, rien de plus.

— Eh bien, nous demanda la vieille, quand nous eûmes repassé le seuil.

Mon frère répondit :

— Ça doit être un intersigne de marin.

---

1. Le paysage de mer que l'on embrasse du Port-Blanc, est, le soir, l'un des plus fantastiques que je connaisse. A droite est l'île de Saint-Gildas, avec sa chapelle de pierres brutes, son petit bois de pins, et la grande traînée de ses roches éparses. A gauche, c'est Groagué (l' Ileaux femmes, et, plus au nord, les masses cyclopéennes du Castel-Nevez et du Castel-Coz, du château neuf et du château vieux. Par derrière, s'apperçoit Tomé, en breton Taléak, longue échine tourmentée où la lumière se joue, suivant le temps et l'heure, en teintes adorables ou sinistres. Enfin, à l'extrême horizon, comme bâties aux confins de la mer visible, apparaissent « Ar Gentiles », les Sept Iles Rouzic (La Roussotte) en tête. Véritables apparitions, en effet, fantômes capricieux, qui, par les jours clairs, semblent s'avancer jusqu'à toucher presque la côte, puis, soudain, s'évanouissent dans la brume, dans la profonde immensité grise, comme ces demeures enchantées que l'imagination bretonne croit voir surgir, à époques fixes, du mouvant linul des eaux.

Ma mère, de son lit, commença aussitôt le *De profundis*.

Nous pensions tous à Guillaume, et, tout en priant, nous ne pouvions nous empêcher de sangloter.

Je ne crois pas que nous ayons pleuré autant, un mois après, lorsque la mère, de retour de Tréguier où elle avait été toucher sa « délégation », au bureau de la marine, nous annonça que Guillaume était mort.

C'était le sous-commissaire qui lui avait communiqué la chose. Juste le soir où, pour la première fois, nous avions entendu le bruit des rames, le frère aîné, étant à Karikal des Indes, avait été commandé pour aller à terre, avec le canot du bord, en compagnie de trois matelots, chercher des officiers. Il était revenu au navire avec un fort mal de tête. Le lendemain, son nez avait saigné. Le surlendemain, on avait débarqué son cadavre, pour être inhumé dans le cimetière catholique...

En ce monde, il ne faut s'étonner de rien. Tout s'y fait par la seule volonté de Dieu.

LA VEILLÉE DE LÔN

Lorsque mourut Lôn Ann Torfado[1], ainsi appelé parce que, sa vie durant, il n'avait fait que mettre en pratique les préceptes d'Ollier Hamon le mauvais clerc[2], sa femme convia en vain le voisinage à venir faire près de son cadavre la veillée mortuaire.

— Je ne tiens cependant pas, se dit-elle, à veiller seule ce mécréant. J'aurais trop peur que, mort, il ne me jouât quelque farce plus vilaine encore que toutes celles qu'il m'a jouées de son vivant.

Ceci se passait un samedi soir.

Quoique l'heure fût quelque peu avancée, la femme de Lôn Ann Torfado se rendit au bourg.

Elle pensait :

— Je trouverai bien à l'auberge trois ou quatre mauvais sujets, de l'espèce de Lôn, qui ne demanderont pas mieux que de l'assister dans sa nuit dernière. Il suffira que je leur promette, pour les allécher, cidre et vin-ardent à discrétion.

Ce qu'elle prévoyait arriva.

---

1. *Torfado*, forfaits.
2. On peut lire dans les *Gwerziou Briz-Izell* (t. II, p. 293) une version, d'ailleurs très incomplète, de cette ballade du mauvais clerc qui a joui naguère d'une grande vogue par toute la zone maritime du pays trégorrois. Le nom d'Ollier Hamon y est resté synonyme de « vaurien », de « débauché », ou mieux de *fanfaron de vices*. Cet Ollier Hamon, « natif du canton » (il a soin de ne pas spécifier), fut destiné par ses parents à la prêtrise, tourna bride dès les premières années d'étude, se fit valet, se maria, mangea la dot à sa femme, battit le pays et « mourut dans la peau d'un chien ».

Dans l'auberge actuellement tenue par les Lageat, et qui est à l'entrée du bourg, une troupe de buveurs menait grand tapage, en jouant aux cartes.

La femme de Lôn franchit le seuil et dit :

— Y a-t-il parmi les chrétiens qui sont ici quatre hommes charitables capables de me rendre un service ? Il s'agit de veiller mon mari qui vient d'expirer. Je promets cidre et vin-ardent à discrétion.

— Aussi bien, garçons, fit un des hommes; l'aubergiste nous a menacés de nous jeter à la porte, au coup de neuf heures. Suivons cette femme. Nous continuerons notre partie chez elle, et la boisson ne nous coûtera rien.

— Allons ! s'écrièrent les autres.

La femme de Lôn retourna au logis, escortée de quatre gaillards à demi soûls et qui, tout le long du chemin, braillèrent à tue-tête.

— Nous voici arrivés, dit-elle en poussant la porte. Je vous prierai d'être un peu moins bruyants, par respect pour le mort.

Il était là, le mort, allongé sur la table de la cuisine. On avait jeté sur lui la nappe au pain, le seul linge à peu près convenable qu'il y eût dans la maison. Le visage toutefois était à découvert.

— Hé ! mais, s'écria un des veilleurs improvisés, c'est Lôn Ann Torfado !

— Oui, répondit la veuve. Il a trépassé dans l'après-midi.

Elle alla à une armoire, en tira verres et bouteilles, disposa le tout sur le *banc-tossel* et dit aux hommes :

— Vous boirez à votre soif. Moi, je vais me coucher.

— Oui, oui, vous pouvez laisser Lôn à notre garde. Nous l'empêcherons bien de s'échapper.

La femme partie, les hommes s'installèrent à une petite table placée près du mort, sur laquelle brûlait une chandelle et où un rameau de buis trempait, dans une assiette pleine d'eau bénite.

Je ne vous ai pas encore dit leurs noms. C'étaient Fanch Vraz, de Kerautret, Luch ar Bitouz, du Minn-Camm, et les deux frères Troadek, de Kerelguin. Tous, gens résolus et sans souci, que la présence d'un cadavre n'était pas pour impressionner.

Fanch Vraz sortit de la poche de sa veste un jeu de cartes qui ne le quittait jamais.

— Coupe ! dit-il à Guillaume Troadek.

Et voilà le jeu en train.

Une heure durant, on joua, on but, on jura et sacra.

En entrant, les gars n'étaient ivres qu'à demi ; ils l'étaient maintenant tout à fait, sauf le plus jeune des Troadek. Celui-là avait un peu plus de pudeur que les autres.

— Tout de même, garçons, dit-il, ce n'est pas bien ce que nous faisons là. Ne craignez-vous pas que nous ayons à nous repentir de nous comporter ainsi à l'égard d'un mort? Nous n'avons seulement pas récité un *De profundis* pour le repos de son âme.

— Ho! oh! oh! ricana Luch ar Bilouz, l'âme de Lôn Ann Torfado! Si tant est qu'il en ait jamais eu une, elle aimerait mieux jouer et boire avec nous, que d'entendre réciter des *De profundis*!

— Sacré Dié, oui! appuya Fanch Vraz. C'était un fier chenapan que ce Lôn. Je suis sûr, tout mort qu'il est, que, si on lui proposait une partie, il l'accepterait encore.

— Ne dis pas de ces choses, Fanch.

— Nous allons bien le voir!

Joignant le geste à la parole, il brassa les cartes, et, comme c'était à lui la donne, au lieu de quatre jeux il en fit cinq.

— Vieux Lôn! cria-t-il, il y en a un pour toi.

Alors se passa une chose terrible à dire.

Le mort, dont les mains étaient jointes sur la poitrine, laissa glisser peu à peu son bras gauche jusqu'à la table des joueurs, posa la main sur les cartes qui lui étaient destinées, les éleva au-dessus de son visage, comme pour les regarder, puis en fit tomber une, pendant qu'une voix formidable hurlait par trois fois:

— Pique et atout, damné sois-je! Pique et atout! Pique et atout!

Nos quatre lurons, d'abord pétrifiés par l'épouvante, eurent vite fait de trouver la porte. Et ce ne fut pas Fanch Vraz, malgré toute sa forfanterie, qui demeura le dernier. Ils se précipitèrent devant eux, dans la nuit, sans se demander quelle route ils faisaient. Jusqu'à l'aube ils vaguèrent ainsi, par les champs, semblables à des taureaux affolés. Lorsqu'avec le jour ils regagnèrent enfin leurs maisons respectives, ils avaient tous au cou la couleur de la mort. Fanch Vraz expira dans la semaine. Les autres en réchappèrent, mais après avoir tremblé pendant près d'une année une fièvre mystérieuse dont ils ne purent se guérir qu'à force d'absorber de l'eau de la fontaine de Saint-Gonéry [1].

LA VISION DE PIERRE LE RHUN

Au temps dont je vous parle, les tailleurs de campagne n'étaient pas nombreux. On venait souvent nous quérir de fort loin. Encore, pour être assuré de nous avoir, fallait-il nous prévenir plusieurs semaines à l'avance.

---

1. La fontaine de Saint-Gonéry, en Plougrescant, attire nombre de malades. Le sentier qui y mène est tellement fréquenté que le propriétaire du pré où elle se trouve l'a fait paver. La vieille complainte du saint recommande surtout son eau pour la guérison des « maux de tête ». Mais elle est très efficace pour la fièvre, moins cependant que les pincées de terre prise au tombeau du pieux thaumaturge et qu'on se suspend au cou, dans un petit sachet de toile.

J'avais promis d'aller travailler au Minihy, à trois lieues de chez moi, dans une ferme qui s'appelait Rozvilienn.

Je me mis en route une après-midi de dimanche, à l'issue des vêpres, de façon à arriver pour souper à Rozvilienn. On m'avait demandé pour toute une semaine. Je tenais à être au travail dès le lundi matin.

— Ah! c'est vous, Pierre? me dit Catherine Hamon, la ménagère, en me voyant apparaître dans la cuisine.

— C'est moi, Catel... Mais je n'aperçois pas ici Marco, votre mari. Peut-être n'est-il pas encore revenu du bourg.

— Hélas! il n'y est même pas allé... Voici une quinzaine de jours qu'il est couché là, sans bouger.

Elle me montre le lit clos, près de l'âtre.

Je m'approchai, et, m'agenouillant sur le *banc-tossel*, j'écartai les rideaux.

Le vieux Marco était étendu tout de son long, immobile. Sa figure était creusée par la maladie. Je pensai en moi-même : « Celui-ci a presque pris sa tête de mort. » Néanmoins je lui fis mine riante, je le plaisantai, comme c'est l'habitude en pareil cas.

— Ça, Marco! qu'est-ce que tu fais donc là? En voilà une posture pour un homme de ton âge et de ton tempérament!... Te laisser terrasser ainsi, toi, un homme en chêne!

Il me répondit je ne sais quoi; il avait la respiration si oppressée, la voix si faible, que le son de ses paroles n'arriva pas jusqu'à mes oreilles.

— Comment l'avez-vous trouvé, Pierre? me demanda Catherine, quand j'eus pris ma place à table, parmi les gens de la ferme.

— Heu! dis-je, il n'est certainement pas bien, mais avec des corps bâtis comme l'est Marco, il y a toujours de la ressource.

Je ne disais pas le fond de ma pensée, ne voulant pas effrayer Catel. En allant me coucher, je songeais :

— C'est fini!... Il ne passera pas la semaine... En vérité, mon Pierre, tu ne tailleras plus de braies pour ton vieux client de Rozvilienn!...

Sur cette réflexion mélancolique, je me fourrai dans mes draps.

On me traitait à Rozvilienn, non pas en tailleur, mais en hôte. Au lieu de me faire coucher à la cuisine ou à l'écurie, comme cela arrivait souvent à mes confrères, on me réservait la plus belle pièce de toute la maison. C'était une vaste chambre qui, du temps où Rozvilienn était château, avait dû servir de salle. Elle communiquait avec la cuisine par une porte étroite, percée dans le pignon, et avait sur la cour une haute et large fenêtre d'autrefois, qui s'ouvrait presque du plancher au plafond. Car elle avait un plancher cette chambre, un parquet de chêne, un peu délabré, il est vrai, faute d'en-

[14]

tretien, mais qui, avec les restes d'anciennes peintures, encore visibles, çà et là, sur les murailles, ne laissait pas de donner à tout l'appartement un certain air de noblesse. Le lit était à baldaquin et faisait face à la fenêtre.

J'avais le cœur navré de me dire que, un de ces prochains soirs, je m'entendrais réveiller, pour aller assister ce bon Marco à ses derniers moments.

C'était vraiment un digne homme que Marco Hamon : serviable, loyal, compatissant. Je me mis à me remémorer toutes ses qualités, à part moi, et, ce faisant, je m'endormis.

Combien de temps dura mon somme, c'est ce que je ne saurais dire. Toujours est-il qu'il me sembla soudain entendre craquer le bois vermoulu du parquet, comme si quelqu'un traversait la chambre.

J'ouvris les yeux.

La lune était levée. Il faisait clair comme en plein jour.

Je parcourus du regard toute la pièce. Personne.

J'allais me replonger sous mes draps, quand je crus sentir une fraîcheur sur mes épaules.

Je regardai du côté de la fenêtre et je vis qu'elle était ouverte. Je pensai que j'avais oublié de la fermer en me couchant. Je sautai à bas du lit, déjà j'avais la main sur un des battants, lorsque là, dans la cour, à deux pas de moi, je vis un homme qui allait et venait, les bras derrière le dos, du pas nonchalant de quelqu'un qui attend et qui se promène pour abréger l'ennui de l'attente. Il était grand, maigre, le chef ombragé d'un chapeau large.

Au milieu de la cour, près du puits, stationnait un char de structure grossière, attelé de deux chevaux étiques dont la crinière était si longue qu'elle traînait jusqu'à terre et s'emmêlait dans leurs pieds de devant. Les montants étaient à claire voie : entre les barreaux, pendaient au dehors des jambes, des bras, voire des têtes, des têtes humaines, jaunes, grimaçantes, hideuses !

Il n'était que trop facile de deviner à quel boucher appartenait toute cette viande.

Croyez d'ailleurs que je restai à regarder ce spectacle moins de temps que je n'en mets à vous le décrire.

Laissant la fenêtre telle qu'elle était, je regagnai mon lit à quatre pattes ; j'avais une peur horrible que l'homme au grand chapeau ne me vît ou m'entendît.

Une fois au lit, je m'enfonçai tout entier sous les couvertures, mais j'eus soin de ménager à la hauteur de mes yeux une sorte de petit soupirail de trou de jour, par lequel je pouvais continuer de voir, sans être vu.

Pendant près d'une demi-heure, l'homme au grand chapeau

passa et repassa dans la lumière de la fenêtre, découpant à chaque fois son ombre gigantesque sur le parquet de la chambre.

Tout à coup, dans la pièce même, je distinguai de nouveau le bruit de pas, qui précédemment m'avait réveillé.

C'était quelqu'un qui débouchait par l'embrasure de la porte donnant accès dans la cuisine.

Il ressemblait de point en point à l'autre, à l'homme de la cour, sauf qu'il était encore plus grand, encore plus maigre. Sa tête n'était pas proportionnée à son corps. Elle était menue, menue, et elle branlait si fort en tous sens qu'on craignait sans cesse de la voir se détacher. Ses yeux n'étaient pas des yeux, mais deux petites chandelles blanches brûlant au fond de deux grands trous noirs. Il n'avait pas de nez. Sa bouche riait d'un rire qui allait rejoindre ses oreilles.

Moi, je sentais des gouttes de sueur froide sourdre de mes tempes et ruisseler tout le long de ma poitrine, de mes cuisses et de mes jambes, jusqu'à mes pieds.

Quant à mes cheveux, ils étaient si raides que j'aurais pu, je crois, le lendemain encore m'en servir comme d'aiguilles.

Ah! il n'y a pas beaucoup de gens à savoir comme moi ce que c'est que la peur!

Attendez!... ce n'est pas tout.

L'homme à la tête démontée avait frôlé mon lit, en passant, mais il s'en était éloigné aussitôt pour aller se poster près de la fenêtre. Or, à ce moment, un deuxième personnage entra de la cuisine dans la chambre. Je l'entendis venir avant de le voir. Car il faisait un fameux bruit! On l'eût dit chaussé de sabots trop grands et trop lourds pour ses pieds. Il les traînait sur le plancher, les heurtait sans cesse l'un contre l'autre, trébuchait, se rattrapait, menait, en un mot, un tel vacarme que, ma foi! persuadé que c'était à moi qu'on en voulait décidément, et, préférant la mort même à l'angoisse qui me dévorait, je rejetai mes draps et me dressai sur mon séant.

L'homme aux sabots s'arrêta immédiatement; il était à trois pas de mon chevet.

Je le reconnus tout de suite. C'était Marco Hamon, le pauvre cher Marco.

Il me lança un regard désespéré qui me fit dans le cœur comme le froid d'un coup de couteau. Puis, ayant poussé un long et triste soupir, il me tourna brusquement le dos.

Tout disparut.

Les battants de la fenêtre se refermèrent avec violence.

Quelques minutes encore, par les routes pierreuses, au loin, sous la lune, retentit le *wig-a-wag* du chariot funèbre.

Il n'y avait pas de doute possible : l'Ankou emmenait Marco.

[16]

Je n'osais plus rester seul dans la chambre. Je me réfugiai à la cuisine. J'y trouvai Catel assise dans l'âtre, et somnolant à demi, près de la chandelle de résine qui éclairait à peine.

— Comment va Marco ? lui demandai-je.

Elle se frotta les yeux et murmura :

— Je suis restée le veiller. Je crois qu'il repose. Il n'a eu besoin de rien.

— Voyons ! dis-je.

Nous penchâmes nos têtes à l'intérieur du lit clos. Effectivement, Marco Hamon n'avait eu besoin de rien : il était mort !... Je lui fermai les yeux, non sans y avoir lu le même regard désespéré qu'il m'avait lancé tout à l'heure, en passant dans la chambre.

Je suis sûr que Marco Hamon, avant de s'en aller, avait demandé à venir me trouver dans mon lit, « parce qu'il avait quelque chose à me dire. » J'eus le tort de l'effaroucher, étant moi-même affolé par l'épouvante. C'est le plus grand de mes remords.

Et maintenant, vous pouvez m'en croire, moi qui ai vu l'Ankou comme je vous vois : c'est une chose terrible que de mourir !

LE LINCEUL DE MARIE-JEANNE

Marie-Jeanne Hélary vivait seule, depuis de longues années, dans une petite maison au bord de la grève. Elle passait le temps à filer sur le pas de sa porte. Elle n'avait pas de plus chère jouissance que de voir de beau linge filé par elle et tissé par le tisserand du bourg s'empiler sur les planches de son armoire.

Un soir, elle tomba malade, se coucha et ne se releva plus.

Comme voisinage, il n'y avait que les Rojou, dont la ferme était située à un quart de lieue de là dans les terres.

La pauvre vieille dut mourir seule, comme elle avait vécu.

Le lendemain, le fermier Gonéri Rojou, étant allé prendre du goémon à la grève, s'étonna de voir fermée la porte de Marie-Jeanne.

— Elle sera peut-être partie en pèlerinage, pensa-t-il.

Il dit la chose à sa femme, en rentrant.

Deux jours se passèrent.

Le troisième jour, la femme Rojou dit à son homme :

— Je vais faire un tour du côté de chez Marie-Jeanne, pour voir si elle est revenue.

Quand elle arriva à la maison de la vieille, elle trouva la porte encore fermée. L'idée lui vint de regarder par la fenêtre. Elle vit alors une chose bien triste. La moitié du corps de Marie-Jeanne Hélary pendait hors du lit, et sa tête posait sur le *banc-tossel*.

La femme Rojou courut d'une haleine à la ferme.

[17]

— Prends un levier, dit-elle tout essoufflée à son homme, et suis-moi.

Le levier servit à jeter la porte dans la maison. L'odeur de la morte infectait, sa chair tombait déjà en pourriture. Rojou et sa femme la tirèrent cependant du lit et l'étendirent sur la table.

— Nous allons toujours l'ensevelir, dit l'homme. Vois donc si tu ne trouveras pas dans l'armoire quelque pièce de toile propre, car les draps du lit sont sales et presque en lambeaux.

La femme Rojou n'eut pas plus tôt ouvert l'armoire qu'elle demeura émerveillée, comme en extase. L'armoire était comble de linge tout neuf, qui sentait bon la lavande, et qui était blanc comme neige et fin au toucher comme de la soie.

— Oh! la belle *armoirée*! s'écria la femme Rojou.

Et le malin esprit lui souffla aussitôt une vilenie dans l'oreille.

Vous n'êtes pas sans savoir combien les ménagères aiment le beau linge et comme elles s'enorgueillissent, à chaque lessive, de l'entendre claquer au vent, sur l'herbe des prés, puis de le voir se disposer en hautes piles sur les étagères, dans les armoires de chêne. Le rêve de la femme Rojou avait toujours été de pouvoir, comme la vieille Marie-Jeanne, passer ses journées à filer de fin lin qu'elle verrait ensuite se transformer en fine toile. Mais la « pauvre » n'avait, hélas! que trop à faire dans son ménage, autour de son homme, de ses quatre enfants, et des bêtes qu'il faut soigner à l'instar des gens. Depuis douze ans qu'elle était mariée, son rouet chômait dans un coin de la cuisine, et, en fait de toile, il n'y avait guère chez elle que de la toile d'araignée.

Donc le malin esprit lui disait :

— Femme Rojou, tu es seule avec ton mari dans la maison de la défunte. Personne encore, dans la contrée, ne sait que la vieille a trépassé. Personne non plus ne sait au juste ce que renferme son armoire. Nul ne sera surpris qu'on l'ait trouvée vide. Pas un héritier ne réclamera, puisque Marie-Jeanne Hélary vivait solitaire et racontait elle-même qu'elle avait perdu toute sa parenté. Ce qu'elle laisse s'en ira à vau-l'eau, deviendra la proie de l'État, du « gouvernement », qui est à lui seul plus riche que tout le monde, et qui n'a jamais fait quoi que ce soit pour Marie-Jeanne Hélary. Toi, au contraire, tu t'es toujours montrée serviable envers elle, tu vas tout à l'heure t'occuper de lui rendre les derniers devoirs. N'est-il pas juste que tu prennes ta part de ce qu'il y a dans sa maison et dont elle n'a désormais que faire?

Ainsi parla le diable, le tentateur éternel.

Lénan Rojou était une honnête femme, mais elle était la fille de sa mère, et sa mère était la fille d'Ève.

Elle écouta les propos du démon.

— Ho! ho! Gonéri, dit-elle, ce n'est pas les linceuls qui manquent. Il y a ici de quoi ensevelir cent cadavres. Regarde plutôt !

Comme sa femme, Gonéri Rojou s'extasia.

— Si tu voulais, reprit celle-ci, nous aurions à nous tout ce linge, sauf ce qu'il en est besoin pour faire un « drap de mort » à la vieille Marie-Jeanne.

— Après tout, observa Rojou, pourquoi d'autres, et non pas nous ?

— Il y a là de quoi faire six douzaines de beaux draps de lit, autant de nappes pour envelopper le pain[1], et au moins quatre-vingts chemises d'homme, de femme et d'enfant. Ne le crois-tu pas, Gonéri ?

— Si, ma foi !... Écoute, tu vas rester ici garder la vieille. Moi, je vais *déloger* les pièces de toile et les transporter chez nous. Cela ne sera ni vu ni entendu. Je t'en laisserai seulement une, dans laquelle, pendant que je ferai ma tournée, tu tailleras le linceul.

Et Gonéri Rojou de partir, chargé comme un âne. Encore ne sentait-il pas le poids de son péché qui aurait dû peser à ses épaules plus que tout le reste.

Au bout d'une demi-heure, il était de retour.

Le cadavre de Marie-Jeanne Hélary attendait toujours son linceul. Lénan Rojou, à genoux sur une pièce de toile déployée à terre, tenait une paire de ciseaux dans sa main droite, mais ne se décidait pas à en faire usage.

— *Damen !* s'écria Gonéri, dès le seuil, il ne semble pas que tu aies beaucoup avancé la besogne.

— Aussi bien, répondit Lénan, ce serait grand dommage d'entamer une toile si blanche pour un pauvre corps qui tombe en pourriture. Ne penses-tu pas que la vieille Marie-Jeanne aimerait autant dormir, une fois morte, dans les draps où elle couchait de son vivant ?

— Tu as peut-être raison, dit Rojou qui, comme beaucoup de maris occupés aux durs travaux des champs, laissait à sa femme le soin de penser pour elle et pour lui.

Il fut entendu qu'on n'entamerait pas la pièce de toile neuve et qu'on ensevelirait la vieille dans ses vieux draps.

Ce qui fut fait.

Le soir même, le glas tinta pour le décès à l'église du bourg. Un menuisier apporta le cercueil ; Marie-Jeanne Hélary y fut couchée à demi nue, et en grande hâte, car elle puait à force. Gonéri

---

1. Dans la plupart des fermes bretonnes où se pratiquent encore les anciens usages, le pain demeure constamment sur la table. On l'enveloppe d'une nappe (*ann doubier*). C'est cette nappe que l'on déploie devant l'hôte, au moment où il prend place à la table commune.

Rojou s'était chargé de tous les frais d'enterrement et de sépulture. Dans tout le pays, on loua sa générosité. Le dimanche d'après, M. le recteur le prôna en chaire, lui et sa femme, en les recommandant tous deux en exemple à l'assistance, comme de parfaits enfants de Jésus-Christ.

Ils ne se montrèrent nullement vains de ces éloges. De quoi on leur sut encore plus de gré.

Au fond, ils n'avaient pas la conscience tranquille. Lénan, elle, se consolait assez facilement de ses remords. Il lui suffisait de contempler la belle ordonnance que présentait, dans son armoire naguère si vide, le linge de Marie-Jeanne Hélary. Mais de Gonéri Rojou il n'en était pas de même. Le pauvre cher homme n'avait plus de goût au travail, mangeait du bout des dents et ne pouvait dormir que d'un œil.

Une nuit qu'il somnolait ainsi, il se dressa tout à coup sur son séant. On cognait à la porte.

— Qui est là? demanda-t-il.

Pas de réponse.

Il pensa que c'était quelque ivrogne attardé, quoiqu'il n'y eût pas grand passage par l'aire de sa métairie.

— Qui est là? répéta-t-il une seconde fois, puis une troisième.

Toujours pas de réponse.

— Damné sois-je! s'écria-t-il d'un ton d'autant plus furieux qu'il avait l'esprit plus malade, je m'en vais tout à l'heure vous faire confesser votre nom, que vous veniez de la part de Dieu ou de la part du diable!

Il fit mine de se lever, mais il n'eut pas plus tôt la tête hors du lit qu'il sentit ses cheveux se hérisser d'épouvante. La porte du logis était grande ouverte. Il était cependant bien sûr d'en avoir solidement poussé le verrou, avant de se coucher. Ce n'était rien encore. La nappe qui enveloppait le pain, sur la table de la cuisine, se déployait, se déployait. On eût dit un drap repoussé peu à peu par les pieds d'un dormeur qui a trop chaud. Puis sur la nappe se dessina la forme rigide d'un cadavre. La tourte de pain, à peine entamée, servait d'oreiller à la tête. Cette tête Gonéri Rojou la vit se soulever lentement.

Il referma les yeux, bien décidé à ne rien voir de plus.

Mais il oublia de se boucher les oreilles.

Il ne put s'empêcher d'entendre un petit pas menu de vieille qui trottinait, trottinait à travers la maison.

Puis ce fut le bruit que font en s'écartant les battants mal graissés d'une armoire.

Puis ce fut une voix cassée, chevrotante, qui ricanait, en imitant par moquerie l'exclamation jaillie naguère des lèvres de Lénan devant le linge de Marie-Jeanne Hélary :

[20]

— Oh! la belle armoirée! la belle armoirée!

Gonéri Rojou entr'ouvrit les paupières. Il éprouvait un besoin de voir, qui était plus fort que sa volonté d'homme.

L'oblique clair de lune, entrant par le cadre de la porte, découpait sur le sol de terre battue un carré de lumière blanche tout pareil à une toile étendue en long et en large. A l'une des extrémités était agenouillée une vieille femme. Elle tenait une paire de ciseaux dans sa main droite. Gonéri la reconnut à son profil. C'était Marie-Jeanne, la morte!

— C'est pourtant dommage, disait-elle, continuant d'imiter le ton de Lénan, c'est pourtant dommage d'entamer une toile si blanche pour un pauvre corps qui tombe en pourriture… La vieille Marie-Jeanne aimerait autant, une fois morte, dormir dans les draps où elle couchait de son vivant…

Gonéri Rojou sentit une sueur froide ruisseler le long de ses membres.

La vieille fit une pause, puis reprit :

— Eh bien! non! non! non! Je veux être ensevelie dans le lin que j'ai filé!

Par trois fois, elle répéta avec insistance :

— Il me faut mon linceul! Il me faut mon linceul!! Il me faut mon linceul!!!

Là-dessus, elle disparut.

Par amitié pour sa femme, Gonéri Rojou ne l'avait point réveillée. A l'aube, elle se réveilla d'elle-même. Gonéri lui dit alors :

— Femme, sais-tu quel est le premier travail que tu vas faire à ton lever?

— Oui, mon homme, je vais piler de l'ajonc vert pour les bêtes, puis je débarbouillerai les enfants.

— Non, dit Gonéri, tu te mettras sur ton « trente-et-un »; tu tâcheras d'être à l'église au moment où M. le recteur reçoit à confesse, et tu lui avoueras en confession notre faute.

— Y penses-tu, Gonéri? Et de quoi donc te mêles-tu, s'il te plaît?

— Ce n'est pas tout, poursuivit l'homme; je marcherai sur tes pas, emportant sur mes épaules le linge volé qui est là, dans l'armoire. N'oublie pas de demander au recteur quel usage nous en devrons faire.

Quel usage!… quel usage!!… répartit la femme, en colère. Si quelqu'un doit le savoir, c'est moi, et non le recteur! Ne t'inquiète donc pas de ce linge.

— J'ai des raisons pour m'en inquiéter, dit Gonéri. Il y va de ta paix et de la mienne, en ce monde et dans l'autre.

---

1. *War da bégément*, dit l'expression bretonne, c'est-à-dire « sur ton combien ».

Il raconta à sa femme sa vision de la nuit.

Lénan, dès lors, ne fit plus d'objection. Elle disposa elle-même le faix de linge sur les épaules de son mari et le précéda au bourg. Arrivée à l'église, elle se blottit dans le confessionnal du recteur, pendant que Gonéri l'attendait, avec sa charge, près des fonts baptismaux.

Le recteur dit à Lénan, quand elle lui eut tout avoué :

— Revenez cette nuit, ma fille, accompagnée de votre homme. Quant au linge, vous le déposerez à la sacristie, où je l'exorciserai. J'espère en avoir fait sortir avant ce soir l'âme funeste qui est en lui et qui n'est autre que votre péché à tous deux.

Lénan et Gonéri s'en retournèrent à la ferme, mais le soir de ce jour les retrouva en prière, dans l'église, avec le recteur.

Quand sonna l'heure de minuit, celui-ci fit signe à Lénan.

— Voici l'heure, dit-il. Prenez dans la sacristie les pièces de toile ; ne vous étonnez point de les sentir aussi légères que plume, et allez les étendre une à une, sur la tombe encore fraîche de Marie-Jeanne. Ayez surtout bien soin d'attendre qu'une ait disparu avant de déplier l'autre. Nous prierons ici, pendant ce temps, votre mari et moi. Quand tout sera fini, vous viendrez nous rendre compte, et vous nous direz ce que vous aurez vu.

Lénan Rojou n'était pas fière, en s'en allant, à l'heure de minuit, accomplir cette restitution, dans le cimetière de la paroisse.

Gonéri Rojou non plus n'était pas fier, dans le chœur de l'église, où il priait côte à côte avec le recteur pour le retour heureux de sa femme.

Il fut soulagé d'un grand poids en la voyant reparaître par la porte de la sacristie, saine et sauve.

Elle tremblait pourtant de tous ses membres.

— Eh bien ? Lénan, demanda le recteur.

— Oh ! répondit-elle, j'ai vu des choses que nul autre ne verra.

— Expliquez-vous, Lénan !

— D'abord, monsieur le recteur, j'ai déplié une première pièce de toile sur la tombe. Un vent s'est élevé aussitôt, et la pièce de toile s'est envolée en gémissant. J'en ai déplié une seconde. Le même vent s'est élevé de nouveau, et la seconde pièce de toile s'est envolée comme la première, mais sans gémir. J'en ai déplié une troisième. Celle-ci a fait un bruissement léger comme l'haleine du printemps à travers les feuilles nouvelles. Puis elle s'est gonflée comme une voile, et s'en est allée au loin, par le chemin de Saint-Jacques[1], tout au fond du ciel. La terre de la tombe alors s'est crevassée ; j'ai vu Marie-Jeanne Hélary allongée, toute nue, dans

---

1. La voie lactée.

le creux noir de la fosse. J'ai déplié la quatrième pièce de toile. Au lieu de s'envoler, celle-ci s'est engouffrée en terre, et la morte s'est roulée dedans, en faisant : *brr! brr!* comme quelqu'un qui a très froid. Restait la cinquième et dernière pièce. J'allais la déplier et l'étendre, lorsque quatre anges descendus du paradis me l'ont arrachée des mains. J'ai entendu une voix mélodieuse qui disait : Vous êtes pardonnés ! » Et c'est tout.

— C'est assez ! prononça le recteur. Ton mari et toi, Lénan Rojou, vous pouvez aller en paix. Souvenez-vous seulement que, s'il est mauvais de voler les vivants, il est odieux de voler les morts ! Quant à Marie-Jeanne Hélary, soyez certains qu'elle ne vous tourmentera plus !

LA BAGUE DU « CAPITAINE »

Il y a quelque cinquante ans, un navire étranger fit naufrage sur la côte de Buguélès, en Penvénan. On recueillit une dizaine de cadavres. Comme on ignorait s'ils étaient chrétiens, on les enterra dans le sable, à l'endroit où on les avait trouvés. Parmi eux était le corps d'un grand et beaux jeune homme, plus richement vêtu que ses compagnons, et que, pour cette raison, on jugea être le capitaine. A l'annulaire de la main gauche, il portait une grosse bague en or sur laquelle étaient gravées des lettres d'une écriture inconnue.

Buguélès est habité par une population d'honnêtes gens. On enterra, ou plutôt on ensabla le beau jeune homme, sans le dépouiller de sa bague.

Des années se passèrent. Le souvenir du naufrage s'était peu à peu effacé. Cependant, à la veillée, quelquefois, en attendant le retour des hommes partis en mer, les femmes devisaient encore de celui qu'elles appelaient « le capitaine étranger », et de la grosse alliance en or pur qu'il portait au doigt.

La première fois que Môn Paranthoën, une jeune couturière des environs, entendit raconter cette histoire, elle ne fit que rêver toute la nuit de cette alliance qu'on disait si belle. Le lendemain, elle y songea encore, et le surlendemain, et tous les jours suivants. Cela devint chez elle une hantise. Elle était passablement coquette, comme le sont toutes les jeunes couturières, et elle se disait qu'un bijou est fait pour briller à la lumière du soleil béni, non pour s'encrasser dans les ténèbres de la tombe. Longtemps néanmoins, je dois l'avouer, elle repoussa la tentation. Mais son métier même l'y exposait sans cesse. Quand elle causait dans les maisons de Buguélès, — ce qui advenait presque journellement, — elle était obligée de s'installer sur la table, près de la fenêtre et toutes les fenêtres de ce pays regardent du côté de la grève.

A la fin, la malheureuse n'y tint plus.

Un soir, sa journée close, elle fit mine de retourner chez elle, puis, quand elle fut bien sûre de n'être pas vue, elle descendit à pas de loup vers la plage.

Le lieu de la sépulture des noyés était marqué par une croix grossière, de bois badigeonné de goudron, qu'on avait eu soin de planter juste au-dessus du cadavre du beau capitaine. A tout seigneur tout honneur.

Nuit pleine, et tous les pêcheurs rentrés, Môn Paranthoën n'avait pas à craindre d'être dérangée. Elle s'agenouilla, se mit à gratter le sable avec ses ongles, furieusement. Bientôt, elle parvint à tirer à elle une des mains du cadavre, la gauche. L'anneau y était toujours. Elle tenta de le faire glisser sur le doigt, mais la peau racornie formait de gros bourrelets. Elle essaya de ses ciseaux. Peine perdue : les ciseaux ne mordaient pas dans ce cuir tanné par l'eau de la mer. Alors, exaspérée, elle saisit le doigt entre ses dents et le trancha d'un coup. Puis, l'ayant recraché dans la fosse, elle y fit de même rentrer la main, nivela le sable, épousseta son tablier, en se relevant, et s'enfuit, emportant la bague.

Le lendemain, elle vint à son ouvrage, comme à l'ordinaire. Seulement, elle avait la tête enveloppée d'un fichu de laine, par-dessus sa coiffe, et elle était toute pâle.

— Qu'avez-vous donc, Môna ? lui demanda la ménagère.

— Oh ! rien, fit-elle, un peu mal aux dents. Cela va passer.

Et elle entama sa couture.

Mais, au lieu de passer, le mal ne fit que croître, au point de forcer Môn Paranthoën à quitter son travail. Elle s'en alla, en gémissant.

Elle disparaissait à peine au tournant du sentier, qu'il s'éleva un grand tumulte dans le village. Des gamins qui jouaient dans la grève étaient subitement remontés, criant à tue-tête :

— Venez voir ! venez voir !

— Quoi ?

— Ce qu'il y a « au cimetière des noyés » !

Tout Buguélès, hommes et femmes, descendit derrière eux jusqu'à la mer. Quand on fut arrivé à l'endroit, voici ce qu'on vit. Au pied de la croix goudronnée, une manche de veste sortait du sable, et de la manche sortait une main, et les doigts de cette main étaient affreusement crispés, sauf un, l'annulaire, qui se dressait, rigide et menaçant. On eût dit qu'il désignait avec colère quelqu'un, tout là-haut, dans les landes maigres qui dominent les petites maisons éparses des pêcheurs. A sa base, il portait une entaille profonde.

[24]

Une des femmes qui étaient là parla ainsi :

— C'est le doigt de la bague : on la lui a volée, et il la réclame.

— Réenfouissons toujours cette main, répondit un des hommes. Et il la recouvrit de sable.

L'assistance se dispersa, en échangeant mille commentaires. Quand ceux qui étaient partis en mer rentrèrent, le soir, on leur conta la chose. Ils furent de l'avis commun : cela sentait le sacrilège.

On s'endormit fort tard dans les chaumières, et l'on dormit mal.

Au petit jour, les plus impatients coururent au cimetière des noyés. De nouveau, le doigt fatal se dressait sur le sable lisse.

— Voyons voir jusqu'au bout, dirent-ils.

Et ils réenfouirent le doigt, la main, tout, comme on avait fait la veille. Puis ils allèrent quérir çà et là d'énormes galets et des quartiers de roches qu'ils entassèrent par-dessus.

Oui, mais deux heures plus tard le doigt reparaissait ; les pierres semblaient s'être écartées d'elles-mêmes, respectueusement, et formaient cercle à distance.

Alors, on eut recours à d'autres moyens. Le recteur de Penvénan, accompagné d'un chantre et d'un enfant de chœur, vint conjurer le mort, en l'aspergeant d'eau bénite.

Mais le beau capitaine n'était probablement pas chrétien, car il ne se laissa pas conjurer.

— Il redemande son alliance ! répéta la femme qui avait parlé la première fois. Maintenant, chacun pensait comme elle. Mais où la trouver, cette alliance, où la trouver, pour la rendre ?

L'enfant de chœur, agenouillé dans le sable, dit :

— Ce doigt-là a été resoudé par la puissance de Dieu ou du diable, après avoir été coupé avec des dents. Et, certes, ces dents-là étaient aiguisées et fines.

Il n'avait pas achevé, que, par la route goémonneuse qui mène de la mer aux maisons de Buguélès, apparaissait Môna Paranthoën, la couturière. Du moins, les ménagères la reconnurent à sa robe de double-chaîne et à l'élégance fraîche de son tablier. Car de son visage on ne voyait rien, tellement il était entortillé de linges et de châles. Sur son corps si souple, elle avait l'air de porter une tête monstrueuse.

Elle avançait lentement, exhalant une plainte sourde à chaque pas qu'elle faisait.

Lorsqu'elle fut arrivée au groupe, elle pria, du geste, qu'on la laissât passer.

Entre le pouce et l'index, elle tenait une grosse bague d'or... Vous devinez le reste !...

Les hommes voulurent faire un mauvais parti à Môn Paranthoën.

Mais elle écarta les linges qui couvraient sa figure et leur montra sa bouche vide de dents, pleine de pus. On se contenta de la fuir, comme une pestiférée.

Je l'ai rencontrée plus d'une fois, vaguant par les chemins, la tête toujours enveloppée de haillons. Elle ne pouvait plus parler, mais elle geignait lugubrement.

Quant au capitaine étranger, depuis lors il repose en paix, sa belle alliance d'or au doigt, et rêvant, j'imagine, de la « douce » qui la lui avait donnée.

CELLE QUI PASSA LA NUIT DANS UN CHARNIER

C'était un soir de *grande journée* à Guernoter. Il y avait là, réunis, les domestiques principaux de trois ou quatre fermes des environs. Le souper avait été copieux et largement arrosé, comme c'est l'usage en pareille circonstance. Quand tous eurent bu et mangé à leur content, on fit cercle autour du foyer; les hommes allumèrent leurs pipes, les femmes s'assirent à leurs rouets, et une conversation générale s'engagea.

D'abord — cela va sans dire — on devisa des incidents de la journée qui avait été laborieuse.

Les gens de Guernoter et ceux des fermes qui leur avaient prêté bonne aide étaient partis dès trois heures du matin pour Saint-Michel-en-Grève, — un voyage de cinq lieues, un long voyage, lorsqu'il s'agit de le faire au retour avec des tombereaux chargés de sable humide par dessus bord.

A ce propos, on parla harnais; on vanta l'étalon gris de Roc'h-Laz, le plus fier limonier qu'il y eût à la ronde; puis on en vint à dire un mot des bourgs que l'on avait traversés. Chacun fut d'avis que le meilleur cidre d'auberge se buvait chez les Moullek, à Ploumilliau.

— Oui, appuya Maudez Merrien, un des « gars », et si l'on m'en donnait seulement par jour une douzaine de chopines à boire, j'irai volontiers remplacer l'*Ankou de Ploumilliau* pendant une semaine ou deux.

— Ne plaisantez pas ainsi, Maudez, dit la maîtresse de Guernoter. Vous aurez peut-être affaire à l'Ankou plus tôt que vous ne voudrez.

Cette réflexion de Marie Louarn suffit pour incliner la conversation vers les choses de la mort. Une servante cita l'exemple de quelqu'un qui s'était moqué d'*Ervoanic Plouillo* et qu'on avait trouvé noyé le soir même.

— Tout ça c'est des histoires de bonnes femmes, ricana un des assistants.

— Les morts sont morts, ajouta un autre; un mort ne peut rien contre un vivant.

— N'empêche, reprit la servante, que, si on vous proposait de passer la nuit dans le charnier, vous ne parleriez pas si haut.

Tous les gars de se récrier en chœur.

Quand les hommes ont de la boisson sous le nez, ils sont prêts à manger le diable et ses cornes.

Oui, en paroles ! Car à l'action ils ne sont pas si braves.

C'est ce que l'on vit bien, ce soir-là, à Guernoter.

Yvon Louarn, le maître, n'avait bu que modérément, afin de mieux griser son monde. Il s'était fourré dans le coin de l'âtre, et de là il écoutait, plus qu'il ne parlait.

En entendant les gars se récrier de la sorte, au propos tenu par la servante, il intervint.

— Eh bien ! prononça-t-il, feignant un grand sérieux, il ne sera pas dit que j'aurai perdu une si belle occasion de mettre au défi des gaillards de votre valeur. Je donne demain matin un écu de six francs à celui d'entre vous qui aura le courage de passer toute cette nuit dans le charnier.

Les gars s'entre-regardèrent, riant d'un rire forcé, faisant mine de tourner la chose en simple jeu. Deux ou trois gagnèrent la porte, comme pour satisfaire un besoin.

— Allons ! insista Yvon Louarn, tâtez-vous ! J'ai dit un écu de six livres. Un écu de six livres à **gagner** en une seule nuit ! Vous n'aurez pas souvent pareille aubaine. Qui se décide ?

Personne ne se décidait. Tous cherchaient une défaite. Ce fut Maudez Merrien qui la trouva le premier.

— J'accepterais la gageure, dit-il, si la journée n'avait pas été si rude et si longue. Mais ce soir, Yvon Louarn, je ne donnerais pas pour vingt écus de six livres mon lit de balle d'avoine dans l'écurie du Mezou-Meur.

Et là-dessus il se leva.

Les autres appuyèrent son dire et se disposèrent à imiter son exemple.

Le maître de Guernoter allait sans doute leur décocher quelque trait d'ironie, lorsque du milieu des femmes une petite voix claire se fit entendre :

— Maître, disait la petite voix, me donneriez-vous, tout comme à l'un de ceux-ci, me donneriez-vous les six francs, si je faisais ce qu'ils n'osent faire ?

Celle qui hasardait cette question était une fillette de treize ou quatorze ans, mais si chétive, si menue qu'elle n'avait pas l'air d'en avoir dix. On l'appelait Monik, tout court. Elle n'avait pas de nom de famille, parce qu'elle ne s'était jamais connu de parents. C'était une « enfant de l'aventure ». On l'avait recueillie à la

me, par pitié ; on l'y employait comme vachère. Elle n'avait
pour gages que sa nourriture et son vêtement. D'ordinaire elle
n'élevait jamais la voix à la veillée, où on l'occupait à dévider le
fil qu'avaient filé les autres servantes; elle s'acquittait de sa
tâche, à l'écart, silencieusement : tout au plus l'entendait-on chuchoter en travaillant quelque prière, car elle était dévotieuse,
l'esprit toujours tendu vers les choses de la religion.

Grande fut la surprise de Marie la fermière quand elle vit la
langue de Mônik se délier si hors de propos.

Écoutez donc cette mijaurée! s'écria-t-elle. On a bien raison de
dire que l'envie d'argent est la perte des âmes. Voici une malheureuse qui, pour six livres, consentirait à se damner si on la laisserait faire!... N'avez-vous pas de honte, petite va-nu-pieds que
vous êtes?

— Croyez, maîtresse, que, si je gagne cet argent, je n'en ferai pas
mauvais usage, répondit humblement la petite gardeuse de vaches.

— Tu en feras l'usage qu'il te plaira, dit le fermier, pourvu que
tu le gagnes. Je ne suis pas fâché de voir une femmelette comme
toi relever un défi devant lequel ces hommes reculent. Seulement,
nous t'accompagnerons jusqu'au charnier, nous fermerons sur toi
la porte, et tu n'en sortiras que demain matin, à l'aube, quand
nous irons t'ouvrir.

Ainsi fut fait, malgré les protestations indignées de Marie Louarn.

Le charnier était plein d'ossements. Mais dès que Mônik fut entrée, les ossements se rangèrent contre les murs, s'empilant les
uns sur les autres, pour lui faire une place où elle pût s'étendre
comme sur son lit.

Mônik commença par s'agenouiller, invoqua la protection des
âmes défuntes, puis s'allongea sans crainte sur le sol de terre
humide qui sentait la mort.

A peine se fut-elle étendue qu'une torpeur délicieuse envahit
tous ses membres, et des musiques douces, lointaines, se prirent
à murmurer autour d'elle, comme pour la bercer.

Elle ne se souvenait plus d'être dans un ossuaire. Elle était
ailleurs, mais elle ne savait pas où, dans un pays tout bleu, tout
bleu. Elle ne distinguait rien. Elle essayait d'ouvrir les yeux pour
voir, mais ses paupières étaient aussi lourdes que si elles eussent
été de plomb.

Elle dormit ainsi sa pleine nuitée, d'un sommeil surnaturel.

A l'aube, elle fut étonnée de se retrouver dans le charnier. La
porte était déclose, et le maître de Guernoter disait à la fillette :

— Voici l'écu de six livres, Mônik. Il est à vous; vous l'avez bien
gagné.

— Je vous remercie, mon maître, répondit l'enfant.

Et elle se rendit à l'église avec la pièce blanche. Le recteur était à son confessionnal : elle l'y alla trouver, lui conta ce qu'elle avait fait, et, lui remettant l'argent, le pria de dire une messe à l'intention de l'âme du purgatoire qui en avait le plus besoin.

— Peut-être est-ce l'un de mes parents inconnus qui en bénéficiera, ajouta-t-elle. C'est pour cela que j'ai toujours rêvé, depuis que je suis en âge de raison, d'avoir à moi quelques sous. Les âmes défuntes le savaient. Aussi m'ont-elles protégée cette nuit.

— Eh bien, dit le recteur, en lui donnant l'absolution, vous allez être tout de suite satisfaite. La messe que je vais dire sera vôtre.

Mônik y assista pieusement et prit part à la communion.

La messe finie, comme elle s'apprêtait à sortir, l'âme légère, pour gagner Guernoter, elle se croisa sous le porche avec un homme à cheveux blancs; il semblait vieux comme la terre, et cependant il avait le corps droit, la démarche aisée.

Il aborda la fillette, avec une profonde révérence.

— Jeune demoiselle, porteriez-vous ce billet à Kersaliou?

— Oui bien, homme vénérable, répondit-elle en prenant le billet qu'il lui tendait.

Le vieillard eut un sourire si bon, un remerciement si tendre, que Mônik croyait encore voir le sourire, entendre le remerciement tandis qu'elle s'acheminait vers Kersaliou, et jamais elle n'avait eu au cœur une joie si douce.

— Quelle belle figure il avait ! pensait-elle.

Kersaliou est un manoir noble dont dépendait, avant la Révolution, le domaine de Guernoter. Une avenue de grands hêtres y conduit. Lorsque la petite vachère s'engagea dans l'avenue, les feuilles se mirent à bruire, à bruire, et presque à chanter, comme si chacune d'elles avait été un oiseau.

— Je ne sais pas, se disait Mônik, mais il me semble qu'il va m'arriver aujourd'hui quelque chose d'extraordinairement heureux. J'ai comme un pressentiment que la rencontre du vieillard me portera bonheur.

Elle allait entrer dans la cour de Kersaliou, quand elle se trouva face à face avec le propriétaire du manoir.

Elle le *bonjoura*.

— Où allez-vous ainsi, ma petite? lui demanda-t-il.

— Chez vous, Monsieur de Kersaliou.

— Et qu'allez-vous faire chez moi?

— Vous apporter ce billet qui m'a été remis pour vous.

Elle raconta son aventure du porche, et combien le vieillard lui avait paru beau, malgré son âge.

— Le reconnaîtriez-vous, si on vous faisait voir son portrait? interrogea le gentilhomme qui, à la lecture du billet, était subitement devenu tout pâle.

— Certes oui, je le reconnaîtrais.

— Venez donc.

Il l'emmena au manoir et lui en fit parcourir toutes les chambres. Quoique Kersaliou fût bien déchu de son ancienne splendeur, les appartements y avaient gardé fort grand air. Aux murs, dans de vastes cadres enrichis de dorures, étaient suspendus des portraits représentant d'illustres personnages de la maison noble de Kersaliou.

Le seigneur actuel promena Mônik de l'un à l'autre. Devant chacun, il lui demandait :

— Est-ce celui-ci ?

— Non, répondait-elle, ce n'est pas encore celui-là.

Ils défilèrent ainsi devant tous. Mônik avait beau regarder avec attention, dans aucun d'eux elle ne reconnaissait l'imposante et vénérable figure du vieillard rencontré sous le porche.

Le maître de Kersaliou demeura un instant sans mot dire, la mine songeuse et désappointée.

Tout d'un coup il se frappa le front.

— Suivez-moi au grenier ! ordonna-t-il à la fillette.

Ce grenier était plein d'une foule de choses des temps d'autrefois. Il y avait là de vieilles draperies en loques, de vieilles statues mutilées, de vieux tableaux criblés de trous. Le gentilhomme se mit à fouiller parmi ces tableaux. A mesure qu'il les dégageait de tout ce fatras, il les tendait à Mônik qui les essuyait avec le revers de son tablier.

— Le voilà ! s'écria soudain la petite.

Elle avait reconnu les traits du vieillard, quoique la couleur fût un peu effacée.

— C'est bien, dit le maître de Kersaliou. Descendons maintenant à mon cabinet.

Là, il ouvrit un gros livre dans lequel étaient inscrits tous les noms des membres de sa famille, et, après l'avoir consulté :

— Ma chère Mônik, prononça-t-il, écoutez-moi. Le vieillard que vous avez rencontré sous le porche était le *père-doux* de mon grand-père. Voici plus de trois cents ans qu'il est mort. Depuis trois cents ans il languissait, faute d'une messe, dans les flammes du purgatoire. Cette messe, il fallait qu'un pauvre la payât spontanément, de ses maigres deniers. C'est ce que vous avez fait, ainsi qu'en témoigne le billet que vous m'avez remis et qui est l'écriture du défunt. Grâce à vous, mon ancêtre de la sixième génération a été sauvé. Il me charge de vous en récompenser, d'une façon digne de lui et digne de vous. Désormais vous ne servirez plus ailleurs qu'en ma maison. Je vous promets que vous y serez traitée avec égards. Dites seulement si vous consentez à ce que je vous propose.

La pauvre petite gardeuse de vaches était si loin de s'attendre à une telle belle fortune, qu'elle resta comme clouée sur place, incapable de proférer une parole.

Mais le maître de Kersaliou devina aisément que c'était le saisissement et la joie qui la rendaient muette.

A partir de ce jour elle vécut au manoir. Elle y trouva le bonheur; mais, comme disait Yvon Louarn, de Guernoter, pour l'écu de six livres, elle l'avait bien gagné.

LE CONJURÉ DE TADIC-COZ

Ceci se passait au temps où Tadic-coz était recteur de Bégard. Tadic-coz s'appelait de son vrai nom « Monsieur Guillermic ». C'était un curé à la mode d'autrefois, un brave vieux bonhomme qu'on rencontrait plus souvent par les chemins et dans les champs qu'au presbytère. Des montagnes d'Arez à la « Mer Grande », il était connu d'un chacun. Il avait une charité d'âme extraordinaire. Et, comme Jésus-Christ, ceux qu'il aimait le plus, c'étaient les petites gens, les pauvres paysans, les journaliers, les pâtres.

Moi qui vous parle, je l'ai connu. Je l'ai connu longtemps, et je ne l'ai connu que vieux. J'ai entendu raconter qu'il était plus vieux que la terre, qu'il était mort dix fois, et que dix fois il était ressuscité.

Je puis vous faire son portrait.

Il avait le dos voûté, les cheveux longs et blancs.

On n'aurait su dire si sa figure était d'un vieillard ou bien d'un enfant. Il riait toujours et goguenardait volontiers.

Sa soutane était faite de pièces et de morceaux, comme on dit, mais il y avait encore plus de trous que de morceaux.

Dès le matin, sa messe dite, il partait en tournée. On le « bonjourait » au passage. Il s'arrêtait, engageait la conversation par une phrase toujours la même:

— *Contet d'in ho stad, va bugel. Me eo ho tad, ho tadic-coz!* (Contez-moi votre état, mon enfant. C'est moi qui suis votre père, votre vieux petit père).

C'est pour cela qu'on avait fini par ne l'appeler plus que *Tadic-coz* (vieux petit père).

On l'aimait et on le vénérait. On le craignait aussi. Car, ce n'était pas seulement un bon prêtre, c'était encore un prêtre savant, à qui Dieu, disait-on, avait donné autant de *pouvoir* qu'au pape.

Les gens qui connaissent quelque peu les choses de ce monde se croient de grands magiciens.

Tadic-coz, lui, possédait à la fois tous les secrets de la vie et tous les secrets de la mort. On prétend que, de temps en temps, il passait la tête dans le soupirail de l'enfer, demeurait penché sur l'abîme et conversait avec les diables. Toujours est-il que, pour célébrer l'*ofern drantel*, il n'avait pas son pareil. On le venait consulter de tout le pays breton, et même du pays gallot. Quand il ne pouvait sauver une âme, au moins l'obligeait-il à se tenir en repos. Jamais il n'y a eu de prêtre sachant *conjurer*, comme Tadic-coz.

Je vais, à ce propos, vous raconter une histoire que je tiens de l'individu même à qui elle arriva.

.*.

Il était soldat de Louis-Philippe, en garnison à Lyon-sur-Rhône, bien loin d'ici, comme vous voyez !

Ayant obtenu un congé d'un mois, il voulut se montrer en uniforme aux gens de son pays, et prit la diligence de Bretagne (dans ce temps-là il n'y avait pas encore de chemin de fer). La voiture le déposa à Belle-Isle-en-Terre. De là à Trézélan, son village, il avait à faire encore trois bonnes lieues. Mais qu'est-ce que trois lieues pour un soldat qui rentre au pays?

Il se mit en route, d'un pied leste.

Comme il passait au Ménez-Bré, il croisa un vieux prêtre qui avançait péniblement, la taille courbée en deux, et menait en laisse un chien noir, un affreux barbet.

— Hé! mais! s'écria le soldat du plus loin qu'il le vit venir. C'est Tadic-coz! c'est ce bon Tadic-coz! Bonjour, Tadic-coz.

— Bonjour, mon enfant.

— Vous ne me reconnaissez donc pas, Tadic-coz?

— C'est que ma vue baisse, mon enfant.

— Je suis Jobic, Jobic Ann Dréz, de la ferme de Coatfô, en Trézélan. C'est vous qui m'avez baptisé, Tadic-coz, et qui m'avez fait faire ma première communion.

— Oui, oui, ta mère est Gaud Ar Vrân. Elle sera bien contente de te revoir... Et, ajouta le vieux prêtre, après une courte hésitation, tu es sans doute pressé d'arriver à Coatfô?

— Dame, oui, Tadic-coz. Je ne serais pas fâché d'être rendu. Mais pourquoi me demandez-vous cela?

— C'est que... si tu avais eu le temps... Il y a là ce vilain barbet qu'il faut que je conduise au recteur de Louargat... Et mes jambes sont si vieilles qu'elles branlent sous moi... Je ne sais, en vérité si j'aurai la force d'aller jusqu'au bout...

Mon ami Jobic sentit son cœur s'attendrir de pitié. C'était pourtant vrai que le pauvre Tadic-coz paraissait exténué de fatigue.

— Sapristi! il faut que ce soit pour vous, Tadic-coz! Donnez-moi la laisse de ce chien. Je le conduirai au recteur de Louargat. Je tourne le dos à Trézélan, mais n'importe! on ne refuse pas un service à Tadic-coz. Retournez en paix à votre presbytère. Peut-

[32]

être rencontrerez-vous quelqu'un des miens sur la route; annoncez que je ne rentrerai pas avant la tombée de la nuit.

— Ma bénédiction sur toi, mon enfant!

Et Tadic-coz de remettre à Jobic Ann Dréz la laisse du chien noir.

La hideuse bête voulut grogner d'abord, mais Tadic-coz lui imposa silence, marmottant quelques paroles latines, et elle ne fit plus de difficulté de suivre son nouveau conducteur.

Une demi-heure après, Jobic frappait à la porte du recteur de Louargat.

— Sauf votre respect, Monsieur le recteur, voici un chien que Tadic-coz m'a prié de vous ramener.

Le recteur regarda Jobic Ann Dréz d'un air tout drôle.

— C'est volontairement que tu t'es chargé de cette commission?
— Sans doute. Histoire de faire plaisir à Tadic-coz.
— Eh bien, mon garçon, tu n'es pas au bout de tes peines!...
— Qu'entendez-vous par là?
— Tu verras ça. En attendant, vide-moi ce verre de vin. Il te faut des jambes pour aller jusqu'à Belle-Isle.
— Comment! jusqu'à Belle-Isle? s'écria Jobic Ann Dréz. Vous moquez-vous de moi? Voilà votre barbet, gardez-le! Faites-en ce qu'il vous plaira! Moi je m'en vais à Trézélan; sans Tadic-coz, j'y serais déjà. Bonjour et bonsoir, Monsieur le recteur!
— Ta, ta, ta! mon garçon. Des barbets du genre de celui-ci, quand on en a pris la charge, on ne les plante pas ainsi au premier tournant de route. Si par malheur tu lâchais ce chien, c'en serait fait de toi. Ton âme serait condamnée à prendre la place de l'âme mauvaise qui est en lui. Vois si cela te convient.
— Ce chien n'est donc pas un chien? murmura Jobic subitement radouci, et même un peu pâle.
— Hé non! c'est quelque revenant malfaisant que Tadic-coz aura conjuré. Regarde comme ses yeux étincellent.

Pour la première fois, Jobic examina le chien d'un peu près; il remarqua qu'en effet il avait des yeux extraordinaires, des yeux de diable.

— N'empêche, murmura-t-il, c'est un vilain tour que Tadic-coz m'a joué là!
— Ce que tu as de mieux à faire désormais, c'est d'en prendre ton parti, dit le recteur de Louargat.
— Ainsi, je dois maintenant me rendre à Belle-Isle?
— Oui, tu iras trouver mon confrère et tu diras que c'est moi qui t'envoie.
— Allons! soupira Jobic. Puisqu'il faut, il faut...

Et le voilà en route pour Belle-Isle, faisant à rebours le chemin qu'il avait parcouru quelques heures plus tôt. Il chantait gaiement alors, tandis qu'à présent il se sentait plus triste que le bon Dieu de Pleumeur.

Le recteur de Belle-Isle le reçut avec une grande affabilité.

— Mon garçon, lui dit-il, la nuit arrive. Tu vas coucher ici ce soir. Demain matin, tu continueras ton voyage.

— En vérité, s'exclama Jobic Ann Dréz, ce n'est donc pas pour vous non plus, le chien?

— Non, mon ami.

Jobic eut grande envie de se fâcher tout rouge, cette fois, mais son regard ayant rencontré celui de la bête maudite, il se laissa tomber sur une chaise et fondit en larmes.

— Quand on pense, sanglota-t-il, que j'aurais pu être à table maintenant, chez mes « vieux », dans la cuisine de Coatfô.

— Console-toi, lui dit le recteur, je n'ai pas l'intention de te laisser mourir de faim. Donne-moi la corde de l'animal, que j'enferme celui-ci dans la cave. Toi, va souper et tâche de bien dormir.

N'ayant pas mangé de la journée, Jobic fit honneur au repas, malgré son chagrin, et, quand il fut au lit, il dormit d'un sommeil de plomb. Le lendemain matin, ce fut le recteur en personne qui vint le réveiller :

— Debout, camarade! Le soleil est déjà levé! Le barbet se démène et hurle! Allons, en route! Tâche d'arriver pour déjeuner au presbytère de Gurnhuël. Tu diras au recteur que tu viens de ma part!

Et Jobic Ann Dréz de déguerpir. Que voulez-vous? Il fallait bien qu'il subît ce qu'il ne pouvait empêcher.

Nous ne le suivrons pas de presbytère en presbytère.

Le recteur de Gurnhuël l'adressa au recteur de Callac;

Le recteur de Callac au recteur de Maël-Carhaix;

Le recteur de Maël-Carhaix à celui de Trébrivan... etc... etc...

En deux jours, il visita une douzaine de « maisons de curés », bien accueilli d'ailleurs dans chacune; partout il trouvait bon vin, bon repas et bon gîte.

Cela l'ennuyait tout de même, d'abord parce qu'il se demandait avec terreur s'il y aurait jamais un terme à ce singulier voyage; ensuite, parce que c'était vexant d'être un objet de curiosité pour les gens, que son passage attirait sur le seuil des portes et qui paraissaient fort intrigués de ce que pouvait bien être ce soldat, traînant ce chien.

Le troisième jour, vers midi, il entrait chez le recteur de Commana, tout là-haut, là-haut, dans les monts d'Arez.

— Sauf votre respect, Monsieur le recteur, voici un chien...

C'était la treizième ou quinzième fois qu'il prononçait cette phrase. Il en était arrivé à la débiter du ton piteux dont un mendiant implore l'aumône.

Le recteur de Commana l'interrompit :

— Je sais, je sais. Fais-toi servir un verre de cidre à la cuisine. Il faudra que tu sois en état, ce tantôt, de me donner un bon coup de main, car la bête n'a pas l'air commode.

— Si c'est pour me débarrasser d'elle, enfin, s'écria Jobic, n'ayez pas peur, je vous vaudrai un homme !

— Tiens-toi prêt dès que je te ferai signe. Mais il faudra attendre le coucher du soleil.

— A la bonne heure, pensa Jobic Ann Dréz, voilà un langage que je comprends.

Il n'y comprenait pas grand'chose, à vrai dire, sinon que le plus dur restait à faire, mais aussi que, cela fait, il serait libre.

Au coucher du soleil il s'entendit héler par le recteur.

Celui-ci avait revêtu son surplis et passé son étole.

— Allons ! dit-il. Surtout prends garde que l'animal ne t'échappe. Nous serions perdus l'un et l'autre.

— Soyez tranquille ! répondit Jobic Ann Dréz, en assujettissant la corde à son poignet, solidement.

Les voilà partis tous trois ; le recteur marchait devant, puis venait Jobic, et, derrière lui, le chien.

Ils allaient à une grande montagne sombre, bien plus haute et plus sauvage que le Ménez-Bré. Tout à l'entour la terre était noire. Il n'y avait là ni herbe, ni lande, ni bruyère.

Arrivé au pied de la montagne, le recteur s'arrêta un instant :

— Nous entrons dans le *Leun Elez* (le marais des roseaux), dit-il à Jobic. Quoi que tu entendes, ne détourne pas la tête. Il y va de ta vie en ce monde et de ton salut dans l'autre. Tu tiens bien l'animal au moins ?

— Oui, oui, Monsieur le recteur.

Le lieu où ils cheminaient maintenant était triste, triste ! C'était la désolation de la désolation. Une bouillie de terre noire détrempée dans de l'eau noire.

— Ceci doit être le vestibule de l'enfer, se disait Jobic Ann Dréz.

On ne fut pas plus tôt dans ces fondrières que le chien se mit à hurler lamentablement et à se débattre avec frénésie.

Mais Jobic tenait bon.

Plus on avançait, plus la maudite bête faisait des bonds et poussait de *iou...! iou!...* Elle tirait tellement sur la corde que Jobic en avait les poings tout ensanglantés.

N'importe ! il tenait bon.

Cependant, on avait atteint le milieu du *Leun Elez*.

— Attention ! murmura le recteur à l'oreille de Jobic.

Il marcha au chien, et, comme celui-ci se dressait pour le mordre, houp ! avec une dextérité merveilleuse il lui passa son étole au cou.

[35]

La bête eut un cri de douleur atroce, épouvantable.

— Vite! à plat ventre et la face contre terre! commanda le recteur à Jobic, en prêchant d'exemple.

A peine Jobic Ann Dréz s'était-il prosterné, qu'il entendit le bruit d'un corps qui tombe à l'eau. Et aussitôt ce furent des sifflements, des détonations, tout un vacarme enfin! On eût juré que le marais était en feu.

Cela dura bien une demi-heure. Puis tout rentra dans le calme.

Le recteur de Commana dit alors à Jobic Ann Dréz :

— Retourne maintenant sur tes pas. Mais ne manque point de t'arrêter dans chacun des presbytères où tu es entré en venant. A chaque recteur tu diras : « Votre commission est faite. »

Cette fois, Jobic ne se fit pas prier pour se remettre en chemin.

Tout le long de la route, il chanta, heureux de n'avoir plus de chien à traîner, heureux aussi d'aller vers Trézélan.

Il chemina de bourgade en bourgade, de presbytère en presbytère, tant et si bien qu'il arriva enfin chez le recteur de Louargat.

— Ah! te voilà, mon garçon! dit le recteur. Eh bien! va trouver Tadic-coz. Il est impatient de te revoir.

Tadic-coz! à ce nom, Jobic Ann Dréz sentit sa colère lui revenir. Certainement, il irait le trouver, ce Tadic-coz, et, par la même occasion, il lui apprendrait...!

Ce fut, au contraire, Tadic-coz qui lui apprit une chose qui l'étonna fort.

Ce conjuré que Jobic Ann Dréz avait conduit au *Ieun Elez*, devinez qui c'était.

Son propre grand-père!

Depuis sa mort, arrivée quelques mois auparavant, le vieux ne cessait de faire des siennes, à Coatfô et dans la région.

Pour venir à bout de lui, il avait fallu recourir à la science de Tadic-coz.

En sorte que Jobic Ann Dréz, après avoir été mystifié par le vieux prêtre, se trouvait encore être son obligé.

Penvénan, 1886.

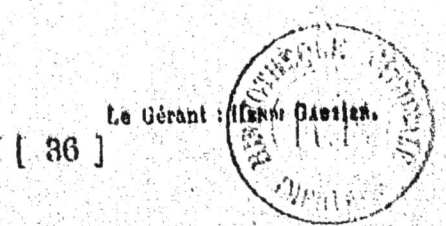

PRIME DU MOIS D'AOUT

Tout abonné direct à la *Nouvelle Bibliothèque populaire* aura droit de recevoir franco, pendant toute la durée du mois d'Août, aux prix réduits de 1 fr. broché et de 1 fr. 30 relié, au lieu de 2 fr. broché et de 2 fr. 30 relié que coûte cet ouvrage en librairie :

MANUEL POPULAIRE DES CONNAISSANCES UTILES
Par F. JACQUET
Un volume in-12. — Prix : 2 francs en librairie.

Voilà un livre qui devrait se trouver dans toutes les familles.

On en jugera par l'énoncé de quelques-unes des matières traitées dans l'ouvrage : Abeilles, Age des animaux, Aliments, Assurances, Bail, Blanchiment des toiles, Education, Gâteaux divers, Hypothèques, Interdiction, Locutions vicieuses, Patente et impôts, Plantes agricoles, potagères, médicinales. Quelques règles de civilité : lettres, maintien, visites, etc., etc.

Les matières sont, on le voit, aussi intéressantes que variées. L'auteur les a traitées en homme connaissant à fond les questions dont il parle.

Pour recevoir la prime franco, il suffit d'envoyer à M. Henri Gautier, éditeur, 55, quai des Grands-Augustins, à Paris, 1 franc si on veut recevoir le volume broché, 1 fr. 30 si on désire ce volume relié en toile grise avec ornements noirs.

BIBLIOTHÈQUE SCIENTIFIQUE DES ÉCOLES ET DES FAMILLES
Directeur : GUSTAVE PHILIPPON, *docteur ès-sciences*

Prix de chaque volume :

Quinze centimes	Vingt centimes
chez tous les libraires, marchands de journaux, dans les gares et chez HENRI GAUTIER, éditeur, 55, quai des Grands-Augustins, à Paris.	franco par la poste, en écrivant à M. HENRI GAUTIER, éditeur, 55, quai des Grands-Augustins, à Paris. *Les 25 volumes parus : 4 fr. franco.*

Vient de paraître :

26. **LES TRAVAUX D'ÉDISON**, téléphone, microphone, phonographe, plume électrique, etc., par E. DUMONT, professeur à l'École des hautes études commerciales.
27. **LES VOITURES SANS CHEVAUX**, par E. DUMONT, professeur à l'École des hautes études commerciales.

AUTRES VOLUMES EN VENTE

1. *La Photographie*, appareils et pose, par A. et L. LUMIÈRE.
2. *Les Fourmis*, leurs caractères, leurs mœurs, par H. MERCEREAU.
3. *Les Travaux de M. Pasteur*, microbes bienfaisants et microbes malfaisants, par G. PHILIPPON.
4. *Les Parfums*, leurs origines, leur fabrication, par H. COUPIN.
5. *Neiges et Glaciers*, par C. VÉLAIN.
6. *Lavoisier*, ses travaux, sa vie, par H. MERCEREAU.
7. *Les Aérostats*, par CAPAZZA.
8. *Sucres, Sucrerie et Raffinerie*, par A. HÉBERT.
9. *Les Animaux travailleurs*, par VICTOR MEUNIER.
10. *Les plantes vénéneuses*, par A. DUCLOS.
11. *La Soie*, soie naturelle, soie artificielle, par H. MERCEREAU.
12. *Les Impôts sous l'ancien Régime*, par L. PRÉVAUDEAU.
13. *La Photographie*, développement des épreuves, par A. et L. LUMIÈRE.
14. *Le Collectionneur d'insectes*, par HENRI COUPIN.
15. *L'Éclairage électrique*, par E. DUMONT.
16. *L'Industrie de l'alcool*, par A. HÉBERT.
17. *Les Microbes de l'air*, par R. CAMBIER.
18. *La Fièvre*, théories anciennes et modernes, par le Dr GARRAN DE BALZAN.
19. *Le Diamant*, par H. MERCEREAU.
20. *La Céramique et la Verrerie à travers les âges*, par CH. QUILLARD.
21. *Hygiène du Chauffage*, par N. GRÉHANT.
22. *Les Impôts depuis la Révolution*, par L. PRÉVAUDEAU.
23. *Les Pierres tombées du ciel*, par STANISLAS MEUNIER.
24. *Le Soleil*, par CHARLES MARTIN.
25. *Les Maladies microbiennes : le croup*, par le Dr LESAGE.

Adresser les demandes, accompagnées d'un mandat sur la poste,

Pour paraître le 24 août 1895

VILLEHARDOUIN

LA PRISE DE CONSTANTINOPLE

Les chroniques et les mémoires sont une des grandes richesses de la littérature française, en même temps qu'une source historique précieuse. Parmi les plus anciennes de ces chroniques, celle de Villehardouin offre un intérêt considérable, qui la désignait pour figurer dans notre collection.

ABONNEMENTS

A LA

Nouvelle Bibliothèque populaire

La *Nouvelle Bibliothèque populaire* publie un volume par semaine.
On peut s'abonner aux cinquante-deux volumes d'une année. Les abonnements partent du 1ᵉʳ de chaque mois.
Tous les abonnés, aussi bien ceux de l'étranger et des colonies, que ceux de la France, recevront un volume par semaine.

PRIX DE L'ABONNEMENT D'UN AN

Paris, Départements, Algérie et Belgique . . . **7** francs.
Étranger (sauf la Belgique) et Colonies . . . **8** francs.

PRIME GRATUITE

EXCLUSIVEMENT RÉSERVÉE AUX ABONNÉS NOUVEAUX

Tout abonné nouveau a droit à recevoir, gratis et franco, dix volumes à choisir dans la liste de ceux déjà parus, ou un joli cartonnage pour conserver les volumes.
On s'abonne pour un an en envoyant, en mandat-poste, timbres français, ou autre valeur sur Paris, à M. Henri Gautier, 55, quai des Grands-Augustins, à Paris, 7 francs si l'on habite la France, la Belgique ou l'Algérie; 8 francs si l'on habite l'étranger ou les colonies. La prime est envoyée au reçu de l'abonnement.

ANGERS, IMPRIMERIE A. BURDIN ET Cⁱᵉ, 4, RUE GARNIER.

VILLEHARDOUIN

LA PRISE
DE CONSTANTINOPLE

Édité par
HENRI GAUTIER
55, QUAI DES GRANDS AUGUSTINS
PARIS

Il paraît un volume par semaine

Directeur littéraire de la *Nouvelle Bibliothèque Populaire* :

ALFRED ERNST

AVIS A NOS ABONNÉS

Nous rappelons à nos abonnés que tout changement d'adresse doit être accompagné d'une bande indiquant l'adresse ancienne et de *cinquante centimes* en timbres-poste français ou autre valeur sur Paris.

VILLEHARDOUIN

LA PRISE DE CONSTANTINOPLE

Notice.

Geoffroi, sire de Villehardouin, l'un des plus célèbres chroniqueurs français, naquit près de Troyes, au château de Villehardouin, vers l'année 1155. On consultera avec fruit, sur l'existence et l'œuvre de celui qu'on pourrait appeler le plus ancien des historiens en prose française, l'ouvrage de M. Marius Sepet (*Geoffroi de Villehardouin*, Paris, 1874), les notices que contiennent à son sujet les Encyclopédies diverses et les éditions récentes de sa chronique, et surtout l'*Histoire littéraire de la France*, au tome XVII. De bonne noblesse, Geoffroi de Villehardouin avait le titre de sénéchal auprès du comte de Champagne, au moment où la quatrième croisade eut lieu; il se croisa lui-même en l'année 1199, bien que père de cinq enfants; en 1201, à la tête de cinq autres députés de l'armée chrétienne, il se rendit à Venise, et obtint du doge le passage de trente-cinq mille hommes sur les vaisseaux vénitiens, au prix de 85,000 marcs d'argent (à peu près quatre millions de francs). On peut dire que ce furent ses larmes, et l'éloquence simple et touchante de sa parole — lorsqu'il supplia le peuple de Venise, sur la place Saint-Marc, « de venger la honte de Jésus-Christ » — qui contribuèrent le plus au succès de sa requête. A la mort du comte de Champagne Thibaut III, son influence décida de l'élection de Boniface, marquis de Montferrat, comme chef suprême de l'armée. Les dissensions des croisés, leurs divergences au sujet de l'itinéraire à suivre les empêchèrent d'acquitter intégralement le prix convenu avec Venise. Mais pour achever de se libérer, ils consentirent à soumettre pour le compte des Vénitiens la ville de Zara (que Villehardouin nomme Jadres). Sur la demande du prince Alexis, dont le père Isaac avait été chassé du trône, à Constantinople, par un usurpateur, l'armée chrétienne alla mettre le siège devant la grande cité grecque. Partis de Corfou en mai 1203, les croisés prirent Constantinople à la fin de juin; bientôt, Alexis leur ayant manqué de parole, ils furent obligés de se retourner contre lui : Contantinople, reprise par eux, fut en partie pillée et brûlée, et le comte Baudouin s'assit sur le trône des anciens empereurs de Byzance (9 mai 1204), tandis que le marquis de Montferrat devenait roi de Thessalonique.

Dans tous ces événements, Villehardouin avait joué un grand rôle; il continua de rendre aux chrétiens les plus signalés services. A la bataille d'Andrinople, où Baudouin fut pris par les Bulgares, il sauva l'armée du plus complet désastre par son sang-froid et son intelligence. Après avoir aidé à l'élection de Henri Ier, Villehardouin se retira à Messinople, place de Thessalonique que le marquis de Montferrat lui avait donnée. C'est là qu'il écrivit sa fameuse chronique, *la Conquête de Constantinople*, et c'est aussi à Messinople qu'il mourut paisiblement, vers l'année 1213, estimé, aimé de tous, après qu'il eut doté les abbayes de Troyes et de Froissy en Champagne.

La chronique de Villehardouin est la première de ce genre écrite en langue française. A la lire, on en sent immédiatement la parfaite sincérité, la véracité indéfectible ; mais son grand attrait réside dans l'extrême naïveté du récit ; personne ne s'étonne plus franchement, n'emploie des façons de parler plus spontanées, plus simples, on pourrait dire plus candides, que le bon Geoffroi de Villehardouin ! Et cet homme, en quelque sorte si ingénu, qui trouva dans son cœur des accents d'une émotion si vraie lorsqu'il parla aux Vénitiens sur la place Saint-Marc, fut en même temps un guerrier de la plus parfaite bravoure, une intelligence forte, avisée, un chef et un conseiller dont on ne regretta jamais d'avoir accepté le jugement. Enfin, par la forme du récit, les exclamations et les enthousiasmes naïfs qu'on y remarque, la chronique de Villehardouin est encore toute proche des chansons de geste et en a fréquemment les allures. C'est donc, à ce point de vue également, un monument littéraire curieux et, en un sens, unique.

Joinville est déjà tout autre, et plus différentes encore nous apparaissent les chroniques de Froissart. Villehardouin, lui, est à peine sorti de l'âge épique, du temps où le jongleur contait les exploits vrais ou fictifs des grands barons de Charlemagne, en s'émerveillant lui-même de leur prouesse et en ranimant, par des interpellations familières, l'attention de ses auditeurs.

Dans cette belle chronique de Villehardouin d'un si précieux intérêt pour l'histoire de la langue française comme pour l'exacte peinture des exploits et des mœurs guerrières de nos ancêtres, tout serait matière à réflexion. La quatrième croisade, si bien narrée par le bon et vaillant sire, ne ressemble déjà plus aux précédentes; ni Richard Cœur de Lion, le farouche roi d'Angleterre, ni le pieux Godefroy de Bouillon n'y dressent leurs fières statures n'y frappent leurs terribles coups d'épée ; la foi d'un Pierre l'Ermite, l'éloquence d'un saint Bernard ne l'ont pas provoquée en de sublimes élans d'enthousiasme. La délivrance du Saint-Sépulcre est encore le but lointain proposé aux efforts, mais ce but, on l'oublie trop aisément pour des conquêtes temporelles ; la richesse de Venise, les splendeurs de Constantinople, tant d'attraits répandus sur les pays d'outre-mer, des royaumes aisés à prendre, sinon à conserver, des seigneuries, des titres et des biens nouveaux, arrêtent et retiennent les croisés. Malgré la sobriété du récit et l'absence de tout commentaire et de toute arrière-pensée chez Villehardouin, ce curieux état de choses est visible presque à chaque page.

Procédant pour *la Conquête de Constantinople* comme pour nos autres publications de ce genre, nous l'avons mise en français moderne, d'après les meilleures éditions du texte ancien, tout en nous efforçant de changer le moins possible la construction et la couleur des phrases et de laisser à la narration sa particulière saveur.

Alfred Ernst.

LA PRISE DE CONSTANTINOPLE

PREMIER DÉPART DES PÈLERINS POUR VENISE. — IL Y EN A QUI SUIVENT UN AUTRE CHEMIN

Après la Pâque et jusqu'à la Pentecôte (2 juin 1202) les pèlerins commencèrent à quitter leur pays. Mainte larme de pitié fut versée quand ils quittèrent leur terre, leurs gens et leurs amis. Ils chevauchèrent par la Bourgogne, le Mont Joux, le Mont Cenis et la Lombardie, et ils commencèrent à se rassembler ainsi en Venise où ils se logèrent en une île qu'on appelle Saint-Nicolas dans le port.

En même temps partit de Flandre par mer une flotte, où se trouvait une très grande quantité de bonnes gens armés. Le chef de cette flotte était Jean de Nèle, châtelain de Bruges, et Thierry, fils du comte Philippe de Flandre, ainsi que Nicolas de Mailly. Ils promirent au comte Baudouin et jurèrent sur les reliques qu'ils passeraient par les détroits du Maroc, et le rejoindraient lui et l'armée de Venise, en quelque lieu qu'ils entendraient dire qu'il irait. En échange le comte de Flandre et son frère Henri leur envoyèrent de leurs navires chargés de draps de vivres et d'autres choses.

Cette flotte était bien belle et bien riche, et le comte de Flandre et les pèlerins y avaient bien grande confiance, parce que le plus grand nombre de leurs bons sergents s'en allèrent sur cette flotte; mais ils tinrent bien mal parole à leur seigneur eux et tous les autres, parce que ceux-là redoutèrent le grand péril où les gens de Venise s'étaient engagés.

Ainsi leur faillit l'évêque d'Autun, Guigues, le comte de Forez et Pierre Bromont, et assez d'autres gens qui en furent blâmés et firent peu de besogne là où ils allèrent! Des Français à leur tour il leur faillit Bernard de Moreuil, Hugues de Chaumont, Henri d'Araines, Jean de Villers, Gautier de Saint-Denis, Hugues son frère, et bien d'autres qui esquivèrent le passage de Venise pour le grand péril qu'il y avait là et s'en allèrent passer à Marseille ; ils en reçurent grande honte et en furent bien blâmés, et grande mésaventure leur en advint après.

DES PÈLERINS QUI FURENT RAMENÉS A VENISE, ET DE CEUX QUI S'EN ALLÈRENT EN POUILLE

Parlons maintenant des pèlerins dont un grand nombre était déjà venu à Venise. Le comte Baudouin de Flandre y était déjà arrivé ainsi que beaucoup d'autres. Là, ils apprirent que bon nombre de pèlerins s'en allaient par d'autres chemins à d'autres ports ; et ils en furent bien troublés, parce qu'ils ne pourraient tenir la convention ni payer l'argent qu'ils devaient aux Vénitiens.

Ils tinrent conseil et résolurent d'envoyer à la rencontre des pèlerins de bons messagers, ainsi que vers le comte de Blois et de Chartres, qui n'était pas encore venu, pour les encourager, les supplier d'avoir pitié de la Terre Sainte, et pour les convaincre que nul autre passage, sauf celui de Venise, ne pouvait faire de profit.

On choisit à cet effet le comte Hugues de Saint-Paul, et Geoffroi le maréchal de Champagne ; ils chevauchèrent jusqu'en Lombardie, où ils trouvèrent le comte Louis avec grande quantité de bons chevaliers et de bonnes gens. Leurs encouragements et leurs prières ramenèrent à Venise beaucoup de gens qui s'en fussent allés en d'autres ports par d'autres chemins.

Malgré cela il partit de Plaisance de bien bonnes gens qui s'en allèrent en Pouille par d'autres chemins. Ainsi firent Vilain de Neuilly, qui était un des bons chevaliers du monde, Henri d'Arzillières, Renaud de Dampierre, Henri de Longchamp, Gilles de Trasegnies, qui était homme-lige du comte Baudouin de Flandre et de Hainaut ; le comte lui avait donné du sien cinq cents livres pour faire le voyage avec lui. Avec ceux-là partirent bon nombre de chevaliers et de sergents dont les noms ne sont point écrits.

Ce fut une grande perte pour l'armée qui allait par Venise, et il leur en advint grande mésaventure, ainsi que vous l'apprendrez bientôt.

L'ARGENT MANQUE AUX PÈLERINS POUR PAYER LES VÉNITIENS

Le comte Louis et les autres barons s'en allèrent à Venise ; ils y furent reçus à grande fête et à grande joie, et se logèrent en l'île Saint-Nicolas avec les autres. L'armée était bien belle ; jamais homme ne vit réunis tant de gens ni armée plus belle. Les Vénitiens leur tinrent un marché aussi abondant qu'il convenait de toutes les choses qu'il faut pour hommes et chevaux ; et la flotte qu'ils avaient préparée était bien la plus belle et la plus riche en galères, nefs et huissiers que jamais homme chrétien ait vue, bien pour trois fois autant de gens qu'il y en avait à l'armée.

Ah ! quel grand dommage quand les autres qui allèrent aux autres ports ne vinrent pas là ! La chrétienté en eût été bien rehaussée, et la terre des Turcs abaissée. Les Vénitiens leur avaient très bien tenu toutes leurs conventions, et au delà ; et ils sommèrent les comtes et les barons de tenir les leurs et de remettre l'argent ; car ils étaient prêts à partir.

On réclama le prix du passage dans l'armée ; mais il y avait beaucoup de gens qui disaient qu'ils ne pouvaient payer leur passage ; et les barons en prenaient ce qu'ils pouvaient en avoir. Ainsi payèrent-ils ce qu'ils purent. Quand ils eurent quêté et réclamé le prix du passage, et quand ils eurent payé, ils ne furent ni à moitié ni au bout.

Et alors les barons se réunirent et dirent : « Seigneurs, les Vénitiens nous ont très bien tenu leurs conventions et plus encore ; mais nous ne sommes pas assez de gens pour qu'en payant nos passages nous puissions tenir les nôtres ; c'est par la faute de ceux qui sont allés aux autres ports. Pour Dieu donc que chacun mette de son avoir tant que nous puissions acquitter nos promesses ; car il vaut mieux que nous mettions tout notre avoir ici, que de perdre ce que nous y avons mis et faillir à nos conventions ; car si cette armée ne part pas, la conquête d'outre-mer est manquée. »

Il y eut alors grande discorde entre les barons et les autres gens, et ils dirent : « Nous avons payé nos passages, et, s'ils veulent nous emmener, nous irons volontiers ; et s'ils ne veulent pas, nous irons à d'autres passages. » S'ils parlaient ainsi, c'est qu'ils eussent bien voulu que l'armée se dispersât, pour aller chacun en son pays. Et d'autres dirent : « Nous aimons mieux mettre tout notre avoir, et aller pauvres en l'armée, que de la voir se séparer et faillir; car Dieu nous le rendra bien quand il lui plaira. »

Alors le comte de Flandre commence à donner tout ce qu'il avait et tout ce qu'il put emprunter; le comte Louis fit de même, ainsi que le comte et le marquis de Saint-Paul, et ceux qui tenaient à leur parti. On vit alors une grande quantité de belle vaisselle d'or et d'argent portée à l'hôtel du doge pour faire le paiement. Quand ils eurent payé, il manqua à la somme convenue trente-quatre mille marcs d'argent; ils furent bien joyeux ceux qui avaient gardé leur avoir, et n'y voulurent rien mettre; car ils pensaient bien alors que l'armée allait se disperser. Mais Dieu, qui conseille les abandonnés, ne le voulut pas souffrir ainsi.

POUR OBTENIR UN RÉPIT LES CROISÉS PROMETTENT D'AIDER LES VÉNITIENS A RECOUVRER JADRES

Alors le doge rassembla ses gens, et leur dit : « Seigneurs, ces gens ne peuvent payer davantage; tout ce qu'ils ont payé, nous l'avons tout gagné à cause de la convention qu'ils ne nous peuvent tenir. Mais notre droit ne serait pas reconnu partout, et nous en recevrions grand blâme, nous et notre pays. Demandons-leur donc un accord.

« Le roi de Hongrie nous enleva Jadres en Esclavonie¹, qui est une des plus fortes cités du monde; et jamais, avec tout le pouvoir que nous avons, elle ne sera recouvrée, sinon par ces gens. Demandons-leur qu'ils nous aident à la reconquérir, et nous leur donnerons répit pour les trente-quatre mille marcs d'argent qu'ils nous doivent, jusqu'à ce que Dieu nous les laisse gagner ensemble, nous et eux. » Cet accord fut combattu de ceux qui eussent voulu que l'armée se séparât; mais toutefois il fut fait et octroyé.

LE DOGE ET BEAUCOUP DE VÉNITIENS SE CROISENT

On s'assembla le dimanche à l'église Saint-Marc; le peuple du pays s'y rendit, ainsi que la plupart des barons et des pèlerins.

---

1. Zara.

Avant que la grand'messe commençât, le doge de Venise, qui avait nom Henri Dandolo, monta au lutrin et dit au peuple : « Seigneurs, vous êtes associés aux meilleurs gens du monde et pour la plus haute affaire qu'on ait jamais entreprise; je suis un homme vieux et faible, et j'aurais besoin de repos; je suis malade de ma personne; mais je vois que nul ne vous saurait gouverner et commander comme moi qui suis votre sire. Si vous voulez octroyer que je prisse le signe de la croix pour vous garder et vous diriger, et que mon fils restât à ma place et gardât le pays, j'irais vivre ou mourir avec vous et avec les pèlerins. »

Quand ils l'ouïrent, ils s'écrièrent tous d'une voix : « Nous vous prions pour Dieu que vous l'octroyiez et fassiez, et que vous veniez avec nous. »

Bien grande fut alors la pitié du peuple de la terre et des pèlerins; et mainte larme fut versée, parce que ce prud'homme aurait eu si grande raison de rester; c'était un vieillard; il avait les yeux du visage beaux, et pourtant il n'en voyait goutte; car il avait perdu la vue par une plaie qu'il eut à la tête. Il était de bien grand cœur. Ah! qu'ils lui ressemblaient mal ceux qui étaient allés à d'autres ports pour esquiver le péril !

Il descendit du lutrin, et alla devant l'autel, où il se mit à genoux pleurant beaucoup; et ils lui cousirent la croix à un grand chapeau de coton par devant, parce qu'il voulait que les gens la vissent. Nos pèlerins eurent grande joie et grande pitié pour cette croix qu'il prit, à cause du sens et de la prouesse qu'il y avait en lui. Les Vénitiens commencèrent à se croiser en grand nombre; en ce jour-là il y en avait encore bien peu de croisés.

Ainsi fut croisé le doge. Alors on commença à livrer les nefs, les galères et les huissiers aux barons pour partir; et il y avait déjà tant d'écoulé sur le terme que septembre approcha.

MESSAGE D'ALEXIS, FILS D'ISAAC, EMPEREUR DÉTRÔNÉ DE CONSTANTINOPLE. MORT DE FOULQUE DE NEUILLI. — ARRIVÉE DES ALLEMANDS

Or écoutez une des plus grandes merveilles et des plus grandes aventures que vous ayez jamais entendues. A ce temps il y avait à Constantinople un empereur qui avait nom Isaac; et il avait un frère nommé Alexis, qu'il avait racheté de la prison des Turcs. Cet Alexis prit son frère l'empereur, lui arracha les yeux de la tête, et se fit empereur par cette trahison. Il le retint aussi très longtemps en prison, avec un sien fils qui avait nom Alexis. Ce fils s'échappa de sa prison, et s'enfuit sur un vaisseau jusqu'à une cité sur mer qui a nom Ancône. De là il partit pour aller au roi Philippe d'Allemagne qui avait épousé sa sœur; et il vint à Vérone en Lombardie, et logea en la ville, où il trouva nombre de pèlerins et de gens qui s'en allaient à l'armée.

Ceux qui l'avaient aidé à échapper, et qui l'accompagnaient, lui dirent : « Sire, voici une armée en Venise près de nous, des meilleures gens et des meilleurs chevaliers du monde, qui vont outre-mer; crie-leur donc merci; qu'ils aient pitié de toi et de ton père, qui à tort êtes déshérités. Et s'ils te veulent aider, tu feras ce qu'ils te diront. Peut-être qu'il leur prendra pitié de toi. »

Et il dit qu'il le fera bien volontiers, et que ce conseil est bon.

Il choisit ses messagers qu'il envoya au marquis Boniface de Montferrat, qui était chef de l'armée, et aux autres barons. Quand les barons les virent, ils s'en émerveillèrent beaucoup, et dirent aux messagers : « Nous entendons bien ce que vous dites; nous enverrons un message au roi Philippe avec lui. S'il nous veut aider à recouvrer la terre d'outre-mer, nous l'aiderons à conquérir sa terre à lui; car nous savons qu'elle est enlevée à tort à son père et à lui. » Ainsi furent envoyés les messagers en Allemagne à l'héritier de Constantinople et au roi Philippe d'Allemagne.

Avant ce que nous avons conté ici, il vint une nouvelle en l'armée dont furent bien tristes les barons et les autres gens : c'est que messire Foulque, le bon, le saint homme, qui prêcha le premier la croisade, finit et mourut.

Après cette aventure, il leur vint une compagnie de braves gens de l'empire d'Allemagne, ce dont ils furent bien joyeux. C'étaient l'évêque de Halberstadt, le comte Bertoud de Katzenelbogen, Garnier de Borlande, Thierri de Loos, Henri d'Orme, Roger de Suitre Thierri de Diest, Alexandre de Villers, Orri de Tone, et maintes autres bonnes gens qui ne sont pas écrits au livre.

LES CROISÉS VONT ASSIÉGER JADRES

Alors furent repartis les nefs et les huissiers[1] par les barons. Ah!

---

1. Les *huissiers* sont ici des bateaux de hauteur et de gréement moindres que les *galères* et autres *nefs*, des sortes de chalands probablement pontés, qui voguaient de conserve avec les nefs, remorqués quelquefois; ils transportaient des chevaux, des écuyers, du matériel

Dieu, que de bons destriers y furent mis ! Et quand les nefs furent chargées d'armes et de vivres et de chevaliers et de sergents, les écus furent rangés tout autour des bords et des châteaux des nefs, ainsi que les bannières dont il y avait tant de belles.

Et sachez qu'on porta dans les nefs des pierriers et des mangoneaux[1] jusqu'à trois cents et plus, et tous les engins qui servent à prendre une ville, en grande quantité. Et jamais plus belle flotte ne partit de nul port ; ce fut aux octaves de la fête Saint-Remi (8 octobre) en l'an de l'incarnation mil deux cent et deux.

La veille de la Saint-Martin (10 novembre), ils vinrent devant Jadres en Esclavonie, et virent la cité fermée de hauts murs et de hautes tours ; et vainement en eussiez cherché une plus belle, plus forte, ni plus riche. Et quand les pèlerins la virent, ils s'en émerveillèrent beaucoup, et se dirent les uns aux autres : « Comment pourrait-on prendre une telle ville par la force, si Dieu même ne le fait ? »

Les premières nefs qui vinrent devant la ville ancrèrent et attendirent les autres. Et au matin, il fit bien beau jour et bien clair, et toutes les galères vinrent avec les huissiers et les autres nefs qui étaient en arrière ; et ils prirent le port de force, et rompirent la chaîne qui était très forte et bien arrangée ; et ils descendirent à terre, en sorte que le port fut entre eux et la ville. Alors vous eussiez vu maint chevalier et maint sergent sortir des nefs, et tirer des huissiers maint bon destrier, et mainte riche tente et maint pavillon. Ainsi se logea l'armée, et Jadres fut assiégé le jour de la Saint-Martin (11 novembre 1202).

A cette fois tous les barons n'étaient pas venus : ainsi n'était pas encore venu le marquis de Montferrat, qui était resté en arrière pour une affaire qu'il avait. Etienne du Perche était resté malade en Venise ainsi que Mathieu de Montmorency ; et quand ils furent rétablis, ce dernier vint rejoindre l'armée à Jadres. Mais Etienne du Perche ne fit pas si bien ; il laissa l'armée et s'en alla séjourner en Pouille. Avec lui s'en alla Rotrou de Montfort et Yves de la Jaille, et beaucoup d'autres qui en furent blâmés, et passèrent au passage de mars en Syrie.

---

de campement et de guerre, et servaient en outre aux débarquements et embarquements.

1. Les *pierriers* et les *mangonneaux* étaient des engins de guerre, employés au siège des villes et destinés à lancer sur les défenseurs des pierres et de gros traits pesants, d'après un principe analogue à celui de l'arbalète et de la catapulte.

LES CROISÉS PARTENT POUR CORFOU. — ARRIVÉE DU JEUNE ALEXIS.
PRISE DE DURAS

Les croisés séjournèrent à Jadres tout l'hiver de l'an 1202. En carême, ils préparèrent leurs vaisseaux pour partir à la Pâque. Le lendemain de Pâques (7 avril 1203), les pèlerins se logèrent hors de la ville sur le port ; et les Vénitiens firent abattre et la ville et les tours et les murs.

Alors advint une mésaventure qui pesa fort à ceux de l'armée ; car un des hauts barons de l'armée, qui avait nom Simon de Montfort, avait fait son accord avec le roi de Hongrie, qui était l'ennemi, et il s'en alla à lui et quitta l'armée. Avec lui partit Gui, Simon de Neaufle, Robert de Mauvoisin, et Dreux de Cressonsacq, ainsi que l'abbé de Vaux, moine de l'ordre de Citeaux, et maints autres. Et il ne tarda guère après, que s'en alla au roi de Hongrie un autre haut seigneur de l'armée qui s'appelait Enguerrand de Boves, et Hugues son frère, et ceux des gens de leur pays qu'ils purent emmener.

Ce fut un grand dommage à l'armée, et grande honte à ceux qui le firent. Alors commencèrent à partir les nefs et les huissiers, et il fut dit qu'ils prendraient port à Corfou, une île de Romanie, et que les premiers attendraient les derniers pour que tous fussent ensemble ; et ainsi firent-ils.

Avant que partissent du port de Jadres le doge et le marquis et les galères, vint Alexis le fils de l'empereur Isaac de Constantinople. Il était envoyé par le roi Philippe d'Allemagne ; il fut reçu avec grande joie et de grands honneurs ; et le doge lui donna des galères et des vaisseaux tant qu'il lui en fallut. Ils partirent du port de Jadres et eurent bon vent, et allèrent tant qu'ils prirent port à Duras. Là ceux de la terre, quand ils virent leur seigneur, lui rendirent la ville bien volontiers, et lui jurèrent fidélité.

Ils partirent de là et vinrent à Corfou, où ils trouvèrent l'armée qui était logée devant la ville ; ils avaient tendu tentes et pavillons, et sorti les chevaux des huissiers pour les rafraîchir. Quand ils entendirent que le fils de l'empereur de Constantinople était arrivé au port, maint bon chevalier et maint bon sergent alla à sa rencontre ; ils le reçurent ainsi avec grande joie et grand honneur. Il fit tendre sa tente au milieu de l'armée ; et tout auprès fut tendue celle du marquis de Montferrat, à la garde de qui l'avait recommandé le roi Philippe, qui avait sa sœur pour femme.

[11]

COMMENT LES CHEFS DES CROISÉS RETINRENT CEUX QUI VOULAIENT QUITTER L'ARMÉE

Ils séjournèrent ainsi trois semaines en cette île, qui était bien riche. Pendant ce séjour, il leur advint une mésaventure qui fut fâcheuse et dure; car une grande partie de ceux qui voulaient disperser l'armée, et qui s'y étaient montrés autrefois contraires, parlèrent ensemble et dirent que cette chose leur semblait bien longue et bien périlleuse, et qu'ils resteraient en l'île et laisseraient l'armée s'en aller; et que, par le canal de Corfou, ils enverraient au comte Gauthier de Brienne, qui alors tenait Brindisi, pour qu'il leur envoyât des vaisseaux pour aller à Brindisi.

Je ne puis pas vous nommer tous ceux qui travaillèrent à cette œuvre, mais je vous en nommerai une partie, parmi les plus grands chefs. De ceux-là furent Eudes de Champlitte, Jacques d'Avesnes, Pierre d'Amiens, Gui de Coucy, Oger de Saint-Chéron, Gui de Chappes et son neveu Claude, Guillaume d'Aunoi, Gui de Conflans, Richard de Dampierre et son frère Eudes, et maints autres qui leur avaient promis par derrière qu'ils se tiendraient de leur parti, et qui par honte ne l'osaient montrer par devant; en sorte que le livre témoigne bien que plus de la moitié de l'armée se tenait en leur accord.

Quand le marquis de Montferrat ouït cela, et le comte Baudouin de Flandre, et le comte Louis, ainsi que le comte de Saint-Paul avec les barons qui se tenaient en leur accord, ils furent bien troublés et dirent : « Seigneur, nous sommes mal lotis. Si ces gens se séparent encore de nous, notre armée sera ruinée, et nous ne pourrons faire nulle conquête. Mais allons à eux et tombons à leurs pieds, et leur crions merci; que pour Dieu ils aient pitié d'eux et de nous, et qu'ils ne se déshonorent pas, et qu'ils ne nous enlèvent pas la délivrance d'outre-mer. »

Ainsi fut arrêté le conseil; et ils allèrent tous ensemble en une vallée où ceux-là tenaient leur parlement, et menèrent avec eux le fils de l'empereur de Constantinople, et tous les évêques et tous les abbés de l'armée. Et quand ils arrivèrent là, ils se mirent à pied : et quand ceux-là les virent, ils descendirent de leurs chevaux et allèrent à leur rencontre. Les barons tombèrent à leurs pieds, pleurant beaucoup; et ils dirent qu'ils n'en bougeraient jusqu'à ce que les autres eussent promis qu'ils ne partiraient pas.

Quand ceux-là les virent, ils en eurent bien grande pitié, et pleurèrent bien fort en voyant leurs seigneurs et leurs parents et leurs amis tomber à leurs pieds. Ils se retirèrent et parlèrent ensemble. La fin de leur conseil fut qu'ils seraient encore avec eux jusqu'à la Saint-Michel, à condition qu'on leur jurerait sur les reliques qu'après cette date, à quelque moment qu'ils en fissent la demande, on leur donnerait de bonne foi, sans tromperie, dans les quinze jours, une flotte avec quoi ils pourraient aller en Syrie.

Ainsi fut-il octroyé et juré; et il y eut une grande joie dans l'armée : tous entrèrent dans les nefs, et les chevaux furent mis dans les huissiers.

DÉPART DE CORFOU. — PRISE D'ANDRE ET D'AVIE

Ils partirent ainsi du port de Corfou la veille de la Pentecôte (24 mai 1203); toutes les nefs ensemble, tous les huissiers et toutes les galères de l'armée, avec beaucoup de nefs de marchands qui faisaient route avec eux. Le jour était beau et clair, et le vent doux et bon ; et ils laissent aller les voiles au vent.

Ils vinrent ainsi à Cademelée, où ils rencontrèrent deux nefs de pèlerins et de chevaliers et de sergents, qui revenaient de Syrie; c'étaient de ceux qui étaient allé passer à Marseille. Quand ils virent la flotte si belle et si riche, ils eurent une telle honte qu'ils n'osèrent se montrer. Baudouin envoya la barque de sa nef pour savoir qui ils étaient, et ils le dirent.

Un sergent se laissa couler de la nef dans la barque, et dit à ceux de la nef : « Je vous déclare quittes pour ce qui reste du mien dans la nef; je m'en vais avec ceux-ci : car il me semble bien qu'ils doivent conquérir de la terre. » On fit le meilleur traitement au sergent, et il fut vu bien volontiers à l'armée; et pour cela dit-on qu'on peut retourner de mille mauvaises voies.

L'armée voyagea ainsi jusqu'à Nègre dont Nègrepont est la très bonne cité. Là les barons tinrent conseil. Le marquis de Montferrat et le comte Baudouin de Flandre s'en allèrent avec une bonne partie des galères et des huissiers, en compagnie du fils de l'empereur Isaac, en une île qu'on appelle Andre. Les chevaliers s'armèrent et coururent en la terre, et les gens du pays vinrent à merci au fils de l'empereur et firent la paix avec lui.

Ils rentrèrent en leurs vaisseaux et reprirent la mer ; alors il leur advint un grand dommage ; car un haut seigneur de l'armée, Gui le châtelain de Coucy, mourut et fut jeté en mer.

...es autres chefs qui n'avaient pas tourné de ce côté entrèrent en bouche d'Avie, là où le Bras de Saint-Georges tombe dans la mer. Ils naviguèrent jusqu'à une cité très bien assise et très belle de la Turquie qu'on appelle Avie. Ceux de la ville se rendirent comme gens qui n'osaient se défendre. On fit si bonne garde que ceux de la ville n'y perdirent pas un denier vaillant.

Ils séjournèrent là huit jours pour attendre les nefs et galères qui étaient encore à venir. Pendant ce séjour ils prirent du blé, car c'était la moisson ; et ils en avaient grand besoin. Dans ces huit jours arrivèrent tous les vaisseaux et les barons.

ARRIVÉE A SAINT-ÉTIENNE. — ON DÉLIBÈRE SUR LE LIEU DU DÉBARQUEMENT

Ils partirent du port d'Avie tous ensemble. Vous eussiez pu voir le Bras de Saint-Georges couvert à contre-mont de galères et de nefs, que c'était grande merveille à regarder. Ils naviguèrent ainsi contremont dans le Bras de Saint-Georges, tant qu'ils vinrent la veille de la Saint-Jean (23 juin 1203) à Saint-Étienne, une abbaye qui se trouve à trois lieues de Constantinople; et ils ancrèrent leurs vaisseaux.

Or vous pouvez croire qu'ils regardèrent beaucoup Constantinople, ceux qui ne l'avaient jamais vue ; car ils ne pouvaient penser qu'il pût être en tout le monde une si riche ville, quand ils virent ces hauts murs et ces riches tours dont elle était enclose tout entour, et ces riches palais, et ces hautes églises, et la longueur et la largeur de la ville qui entre toutes les autres était souveraine. Et sachez qu'il n'y eut homme si hardi à qui la chair ne frémît ; et ce ne fut pas merveille ; car jamais si grande affaire ne fut entreprise par nulles gens, depuis que le monde fut créé.

Alors descendirent à terre les comtes et les barons et le doge de Venise; le parlement se tint à l'église Saint-Étienne. Il y eut maint avis pris et donné. A la fin du conseil le doge se leva et dit : « Seigneurs, je connais mieux l'état de ce pays que vous, car autrefois j'y ai été. Vous avez entrepris la plus grande affaire et la plus périlleuse que jamais gens aient entreprise : pour cela donc il conviendrait d'agir sagement. Sachez, si nous allons à la terre ferme, que la terre est grande et large, et nos gens sont pauvres et manquent de vivres. Aussi se répandront-ils par la terre, et nous ne pourrions faire si bonne garde que nous ne perdissions des nôtres; et nous n'avons pas besoin d'en perdre, car nous avons peu de gens pour ce que nous voulons faire.

« Il y a près d'ici des îles que vous pouvez voir, et qui produisent blés, vivres et autres biens. Allons là prendre port, et recueillons les blés et les vivres du pays; et quand nous aurons recueilli des vivres, nous reviendrons devant la ville, et nous ferons ce que Notre-Seigneur aura disposé; car plus sûrement guerroie celui qui a des vivres que celui qui n'en a pas. » Les comtes et les barons se rallièrent tous à ce conseil, et ils s'en retournèrent chacun à leurs nefs et à leurs vaisseaux.

LES CROISÉS DÉBARQUENT A CHALCÉDOINE ET A L'ESCUTAIRE [1]

Ils reposèrent ainsi cette nuit au matin, le jour de la fête de saint Jean-Baptiste (24 juin 1203); on dressa les bannières et les gonfalons sur les châteaux des nefs; les housses furent ôtées des écus, et les bords des nefs furent garnis. Chacun regardait ses armes telles qu'il les devait avoir; car ils savent pour sûr que bientôt ils en auront besoin.

Les mariniers lèvent les ancres et laissent les voiles aller au vent; et Dieu leur donne bon vent tel qu'il leur fallait. Ils passent ainsi jusque par devant Constantinople, si près des murs et des tours qu'on tira contre maintes de leurs nefs. Il y avait tant de gens sur les murs et sur les tours qu'il semblait qu'il n'y en eût pas ailleurs.

Ainsi Dieu leur fit-il changer le dessein qui fut pris la veille de tourner vers les îles, comme si jamais on n'en avait parlé. Et maintenant ils vont à la terre ferme aussi droit qu'ils peuvent; et ils prennent port devant un palais de l'empereur Alexis, en un lieu qui était appelé Chalcédoine; c'était en face de Constantinople, de l'autre côté du Bras, devers la Turquie. Ce palais était un des plus beaux et des plus délicieux que jamais yeux eussent pu regarder, avec toutes les délices qui conviennent aux hommes, et qu'il doit y avoir en maison de prince.

Les comtes et les barons descendirent à terre et se logèrent au palais et dans la ville à l'entour; beaucoup tendirent leurs pavillons. Les chevaux furent tirés des huissiers, et les chevaliers et les sergents descendirent à terre avec leurs armes, en sorte qu'il ne

---

1. Scutari.

resta sur les vaisseaux que les mariniers. La contrée était riche en tous biens, et les blés moissonnés en meules dans les champs ; et chacun en prit ce qu'il voulait comme gens qui en avaient grand besoin.

Ils séjournèrent ainsi en ce palais le lendemain, et au troisième jour Dieu leur donna bon vent ; les mariniers lèvent les ancres et dressent les voiles au vent. Ils s'en vont ainsi en contre-mont[1] du Bras, bien une lieue au-dessus de Constantinople, jusqu'à un palais de l'empereur Alexis, qui était appelé l'Escutaire. Là ils ancrèrent leurs nefs et les galères ; et toute la chevalerie qui était logée au palais de Chalcédoine alla le long du rivage par terre.

Quand l'empereur de Constantinople vit l'armée française ainsi logée à l'Escutaire, il fit sortir son armée de Constantinople et se logea sur l'autre rive, en face d'elle ; et il fit tendre ses pavillons, pour qu'ils ne pussent prendre terre de force contre lui. L'armée des Français séjourna ainsi pendant neuf jours, et tous se procurèrent des vivres.

LES FOURRAGEURS DES CROISÉS DÉFONT LES GRECS

Pendant ce séjour, une compagnie de très bonnes gens sortit pour garder l'armée, de peur qu'on ne l'attaquât ; et les fourrageurs parcoururent la contrée. En cette compagnie furent Eudes le Champenois de Champlitte, son frère Guillaume, Oger de Saint-Chéron, Manassès de l'Isle, et le comte Girard de Lombardie de la suite du marquis de Montferrat : ils avaient bien quatre-vingts chevaliers avec eux de très bonnes gens.

Ils aperçurent au pied de la montagne des pavillons bien à trois lieues de l'armée ; c'était le méga-duc de l'empereur avec bien cinq cents chevaliers grecs. Les nôtres ordonnèrent aussitôt leurs gens en quatre corps de bataille ; et ils décidèrent qu'ils les combattraient. Quand les Grecs virent cela, ils ordonnèrent leurs corps de bataille et se rangèrent par devant leurs pavillons pour les attendre ; et nos gens allèrent les attaquer très vigoureusement.

Le combat dura peu, et les Grecs tournèrent le dos ; ils furent déconfits à la première rencontre, et les nôtres les poursuivirent bien une grande lieue. Ils gagnèrent là assez de chevaux et de roussins et de palefrois, de mulets et de mules, de tentes et de

---

1. En amont, en remontant.

pavillons, et tel butin qui convenait en pareille affaire. Ils s'en revinrent au camp, où ils furent bien reçus, et partagèrent leur butin comme ils durent.

MESSAGE DE L'EMPEREUR ALEXIS ; RÉPONSE DES CROISÉS

Le lendemain, l'empereur Alexis envoya un messager aux comtes et aux barons avec ses lettres. Ce messager, nommé Nicolas Roux, était natif de Lombardie. Il trouva les barons au riche palais de l'Esculaire où ils étaient en conseil, et les salua de la part de l'empereur Alexis de Constantinople, puis il leur tendit ses lettres que le marquis de Montferrat reçut. Il y avait aussi une lettre de créance pour que l'on ajouta foi à celui qui les apportait, Nicolas Roux. Ces lettres furent lues devant tous les barons, qui dirent à Nicolas Roux :

« Beau sire, nous avons vu vos lettres, et elles nous disent que nous vous croyions ; et nous vous croyons bien. Or, dites ce qu'il vous plaira. »

Et le messager debout devant les barons leur dit :

« Seigneurs, l'empereur Alexis vous mande qu'il sait bien que vous êtes les meilleures gens qui soient sans couronne, et du meilleurs pays qui soit. Il s'émerveille beaucoup pourquoi et à propos de quoi vous êtes venus en son pays ; car vous êtes chrétiens, et il est chrétien ; il sait bien que vous êtes en marche pour délivrer la Terre Sainte, et la sainte Croix et le Sépulcre. Si vous êtes pauvres et disetteux, il vous donnera volontiers de ses vivres et de son avoir, pourvu que vous vidiez sa terre. Il ne voudrait autrement vous faire de mal, et pourtant il en a le pouvoir ; car si vous étiez vingt fois autant de gens, vous ne pourriez vous en aller (s'il voulait vous faire mal) que vous ne fussiez tout déconfits. »

Par l'accord et par le conseil des autres barons et du doge de Venise, se leva Conon de Béthune, chevalier bon et sage, et bien éloquent ; et il répondit au messager :

« Beau sire, vous nous avez dit que votre seigneur s'émerveille beaucoup pourquoi nos seigneurs et nos barons sont entrés en son royaume et en sa terre. En sa terre ils ne sont pas entrés, car il la tient à tort et à péché, contre Dieu et contre raison ; elle est à son neveu, qui siège ici parmi nous sur un trône, qui est fils de son frère l'empereur Isaac. Mais s'il voulait venir à la merci de son neveu et lui rendait la couronne et l'empire, nous le prierions qu'il lui pardonnât et lui donnât assez pour qu'il pût vivre richement. Et si ce n'est pas pour un tel message que vous revenez une autre fois, ne soyez pas si hardi que de revenir encore. » Ainsi partit le messager; et il s'en retourna en Constantinople à l'empereur Alexis.

LES CROISÉS MONTRENT LE JEUNE ALEXIS AU PEUPLE DE CONSTANTINOPLE. ILS SE PRÉPARENT AU COMBAT

Le lendemain les barons résolurent de montrer Alexis, fils de l'empereur Isaac, au peuple de la cité. Alors ils firent venir les galères : le doge de Venise et le marquis de Montferrat entrèrent dans l'une, et prirent avec eux Alexis le fils de l'empereur Isaac; dans les autres entrèrent les chevaliers et les barons, ceux qui voulurent.

Ils s'en allèrent ainsi tout près des murs de Constantinople, et montrèrent l'enfant au peuple des Grecs, et dirent : « Voici votre seigneur naturel; et sachez que nous ne vînmes pas pour vous faire mal, mais nous vînmes pour vous garder et vous défendre, si vous faites ce que vous devez. Celui à qui vous obéissez comme à votre seigneur vous tient à tort et à péché, contre Dieu et contre raison. Et vous savez bien comme il a déloyalement agi envers son seigneur et son frère, car il lui a crevé les yeux et enlevé son empire à tort et à péché. Or voici le véritable héritier; si vous vous tenez à lui, vous ferez ce que vous devez; et si vous ne le faites pas, nous vous ferons du pis que nous pourrons. » Pas un de la cité ne laissa voir qu'il se tînt à lui, par crainte et par peur de l'empereur Alexis. Ils s'en revinrent ainsi au camp, et allèrent chacun à sa tente.

Le lendemain, quand ils eurent ouï la messe, ils s'assemblèrent en parlement; et le parlement se tint à cheval, au milieu des champs. Là vous eussiez pu voir maint beau destrier et maint bon chevalier dessus. Le conseil était pour ordonner les corps de bataille. Il y eut assez de disputes de part et d'autre; mais à la fin on décida que l'avant-garde fût octroyée au comte Baudouin de Flandre, parce qu'il avait une bien grande quantité de bonnes gens et d'archers et d'arbalétriers, plus que nul autre en l'armée.

Après il fut décidé que Henri son frère, Mathieu de Walincourt et Baudouin de Beauvoir feraient le second corps de bataille. Le comte Hugues de Saint-Paul fit le troisième corps de bataille avec Pierre d'Amiens son neveu, Eustache de Canteleu, Anseau de Cayeux, et maints bons chevaliers de leur terre et de leur pays.

Le comte Louis de Blois et de Chartres fit le quatrième corps de bataille qui fut bien grand et riche et redouté.

Mathieu de Montmorency fit le cinquième corps de bataille avec les Champenois. Là se trouvèrent Geoffroi le maréchal de Champagne, Oger de Saint-Chéron, Manassès de l'Isle, Milon le Brébant, Macaire de Sainte-Menehould, Guy de Chappes, Clérambaud son neveu, Robert de Ronsoi et maints bons chevaliers.

Les gens de Bourgogne firent le sixième corps de bataille. En celui-là fut Eudes le Champenois de Champlitte, Guillaume son frère, Gui de Pesmes et son frère Edmond, Othon de la Roche, Richard de Dampierre, Eudes son frère, Gui de Conflans, et les gens de leur terre et de leur pays.

Le marquis Boniface de Montferrat fit le septième corps de bataille, qui fut très grand. Là furent les Lombards, les Toscans et les Allemands, et toutes les gens qui étaient depuis le Mont Cenis jusqu'à Lyon sur le Rhône. Tous ceux-là furent dans le corps de bataille du marquis; et il fut ordonné qu'il ferait l'arrière-garde.

LES CROISÉS S'EMPARENT DU PORT

Le jour fut arrêté où ils s'embarqueraient sur les nefs et les vaisseaux pour prendre terre de force, ou pour vivre et mourir; et sachez que c'était une des plus redoutables choses à faire qui jamais fut. Les évêques et le clergé parlèrent au peuple, et montrèrent qu'il fallait se confesser et faire chacun son testament; car ils ne savaient quand Dieu ferait sa volonté d'eux : et ainsi firent-ils bien volontiers dans toute l'armée, et bien pieusement.

Le terme vint ainsi qu'il était arrêté; et les chevaliers furent tous sur les huissiers avec leurs destriers, tous armés et les heaumes lacés, les chevaux couverts et sellés. Ceux qui n'avaient pas si grand besoin à la bataille, furent tous sur les grandes nefs, et les galères toutes armées et préparées.

L'empereur Alexis les attendait avec des troupes nombreuses et de grands apprêts d'autre part. Le matin était beau un peu après le soleil levant : on sonne les trompettes; chaque galère est liée à un huissier pour passer outre plus facilement. Ils ne demandent pas qui doit aller devant; mais chacun aborde le plus tôt qu'il peut. Les chevaliers tout armés, le heaume lacé et la lance au poing, sautèrent des huissiers à la mer jusqu'à la ceinture; ainsi firent les archers, les sergents et les arbalétriers, chacun avec sa compagnie, là où elle aborda.

Les Grecs firent bien semblant de tenir tête; mais quand on en vint à baisser les lances, ils tournèrent le dos; ils s'enfuient leur laissant le rivage : jamais nul port ne fut plus orgueilleusement pris. Alors les mariniers ouvrirent les portes des huissiers, et jetèrent les ponts; on tira les chevaux et les chevaliers y montèrent; les corps de bataille commencent à se ranger comme ils devaient.

PRISE DE LA TOUR DE GALATHAS

Le comte Baudouin chevaucha avec l'avant-garde et les autres corps de bataille suivaient dans l'ordre convenu; et ils allèrent jusque là où l'empereur de Constantinople avait été campé : mais il s'en était retourné vers la ville, laissant tendus les tentes et les pavillons; et nos gens y gagnèrent assez.

Le conseil des barons fut qu'on se logerait sur le port devant la tour de Galathas, où tenait la chaîne qui venait de Constantinople; c'est par cette chaîne que devait entrer qui voulait entrer au port de Constantinople. Nos barons virent bien que, s'ils ne prenaient cette tour et rompaient cette chaîne, ils étaient morts et mal lotis. Ils se logèrent la nuit dans la juiverie qu'on appelle l'Estanor, où il y avait une ville bien bonne et bien riche.

La nuit ils se firent bien garder; le lendemain à l'heure de tierce, ceux de la tour firent une attaque avec ceux qui venaient de Constantinople leur aider en barques. Nos gens coururent aux armes. Là combattit Jacques d'Avesnes et sa troupe; il fut blessé au visage d'une lance, et en aventure de mort; un de ses chevaliers, Nicolas de Jenlain, secourut très bien son seigneur, et se montra si bien qu'il en eut grand honneur.

Le cri s'éleva dans le camp; nos gens vinrent de toutes parts et les repoussèrent bien laidement; beaucoup furent tués ou pris; beaucoup ne retournèrent pas à la tour, mais allèrent aux barques; et là il y en eut assez de noyés, et d'aucuns en échappèrent. Quant à ceux qui allèrent à la tour, l'armée les tint de si près qu'ils n'en purent fermer la porte; il y eut là un grand combat à la porte;

ils la leur enlevèrent de force, et les prirent dedans; beaucoup furent tués ou pris.

ATTAQUE DE LA VILLE PAR TERRE ET PAR MER

Ainsi furent pris le château de Galathas et le port de Constantinople. Ceux de l'armée en furent bien réconfortés et louèrent Dieu; ceux de la ville bien déconfortés. Le lendemain on tira dans le port les nefs, les galères et les huissiers. L'armée tint conseil pour savoir s'ils attaqueraient la ville par mer ou par terre. Les Vénitiens demandèrent que les échelles fussent dressées sur les vaisseaux, et que l'assaut fût par devers la mer. Les Français disaient qu'ils ne savaient pas si bien s'aider sur mer que sur terre; mais que quand ils auraient leurs chevaux et leurs armes, ils sauraient mieux s'aider sur terre. La fin du conseil fut que les Vénitiens attaqueraient par mer, et les barons par terre.

Ils séjournèrent ainsi quatre jours; au cinquième tout le camp s'arma; et les corps de bataille chevauchèrent comme ils avaient été ordonnés, par-dessus le port jusqu'en face du palais de Blaquerne : la flotte vint par dedans le port jusqu'en face d'eux, presque au bout du port. Là il y a un fleuve qu'on ne peut passer que sur un pont de pierre : les Grecs l'avaient coupé; et les barons firent travailler l'armée tout le jour et toute la nuit pour l'arranger. Au matin les corps de bataille furent armés, et marchèrent contre la ville : pas un de la cité ne sortit contre eux; et ce fut une bien grande merveille, car, pour un qu'ils étaient dans l'armée, il y en avait deux cents dans la ville.

Le conseil des barons fut de se loger entre le château de Blaquerne et le palais de Boémond qui était une abbaye close de murs. Alors furent tendus les tentes et les pavillons; et ce fut une chose bien fière à regarder; car de Constantinople qui tenait trois lieues de front par devers la terre, toute l'armée ne put assiéger que l'une des portes. Les Vénitiens sur mer dressaient les échelles, les pierriers et les mangoneaux, et disposaient l'assaut très bien ; et les barons firent de même par devers la terre avec des pierriers et des mangoneaux.

Il n'était heure du jour et de la nuit qu'un des corps de bataille ne fût armé devant la porte, pour veiller aux engins et aux sorties. Les Grecs ne laissaient pas d'en faire par cette porte et d'autres, et les tenaient de si court que six ou sept fois par jour il fallait s'armer dans tout le camp; on n'avait pas le pouvoir d'aller chercher des vivres à quatre portées d'arbalète loin du camp. Ils avaient bien peu de vivres, si ce n'est de la farine et de la salaison; de viande fraîche point, si ce n'est des chevaux qu'on leur tuait. Dans toute l'armée il n'y avait de vivres que pour trois semaines; et ils étaient bien en péril, car ils étaient bien peu pour attaquer une si grande ville.

PREMIERS INCIDENTS DE L'ATTAQUE

Ils s'avisèrent alors d'un très bon engin; ils entourèrent le camp de bonnes palissades et de bonnes barrières, et ils furent ainsi beaucoup plus sûrs et plus forts. Les Grecs faisaient des sorties nombreuses, mais toujours ils étaient repoussés rudement et y perdaient beaucoup de monde.

Un jour que les Bourguignons faisaient la garde, les Grecs firent une sortie avec une partie de leurs meilleures gens; ceux du camp les repoussèrent bien rudement et les menèrent si près de la porte qu'on leur jetait des pierres de gros poids; là fut pris un des meilleurs Grecs de la ville, qui eut nom Constantin Lascaris; c'est Gautier de Neuilly qui le prit tout monté sur son cheval. Guillaume de Champlitte eut le bras brisé d'une pierre; et ce fut bien dommage, car il était preux et bien vaillant.

Je ne puis vous redire tous les coups et tous les blessés ainsi que les morts. Il y avait peu de jours qu'on ne fît des sorties; on tenait les nôtres de si près qu'ils ne pouvaient dormir, ni se reposer, ni manger, sinon armés.

Dans une autre sortie les Grecs perdirent encore assez; mais là fut tué un chevalier nommé Guillaume du Gi; là aussi Mathieu de Walincourt eut son cheval tué sous lui, au pont de la porte. A la porte au-dessus du palais de Blaquerne, par où les Grecs sortaient plus souvent Pierre de Bracieux se fit plus d'honneur que personne, parce qu'il était logé plus près et qu'il y vint plus souvent.

L'ASSAUT EST DONNÉ

Ce péril dura près de dix jours, tant qu'un jeudi matin (17 juillet 1203) l'assaut et les échelles furent préparés. L'assaut fut ordonné de telle sorte que trois des sept corps de bataille garderaient le champ par dehors, et les quatre autres iraient à l'assaut. Le marquis Boniface de Montferrat garda le camp avec les Bourguignons, les Champenois et Mathieu de Montmorency. Le comte Baudouin alla à l'assaut avec ses gens, ainsi que son frère Henri, le comte Louis de Blois et Hugues de Saint-Paul.

Ils dressèrent à un avant-mur deux échelles près de la mer; le mur était bien garni d'Anglais et de Danois, et l'assaut fut bon et dur. Par vive force des chevaliers et deux sergents montèrent sur le mur, suivis d'une quinzaine d'autres, et ils combattirent corps à corps avec les haches et les épées; mais ceux de la ville les mirent dehors bien rudement si bien qu'ils en retinrent deux qui furent menés devant l'empereur Alexis, ce dont il fut bien joyeux. Il y eut beaucoup de blessés et d'estropiés, et les barons en furent bien irrités.

Le doge de Venise avait ordonné ses nefs sur un front de bien trois portées d'arbalète; et ils commencent à s'approcher du rivage sous les murs et sous les tours. Alors les mangoneaux lancèrent de dessus les nefs et les huissiers, les carreaux d'arbalètes volèrent, les arcs tiraient à foison, et ceux de dedans se défendirent bien rudement du haut des murs et des tours; les échelles approchaient si fort qu'on s'entrefrappait de l'épée et de la lance; il semblait que terre et mer s'abîmassent. Les galères n'osèrent prendre terre.

PRISE DE VINGT-CINQ TOURS

Or voici une étrange prouesse; le doge de Venise, qui était vieux et ne voyait goutte, était tout armé en tête de sa galère, et il avait le gonfalon de Saint-Marc devant lui; il criait aux siens qu'ils le missent à terre, ou sinon il en ferait justice sur leurs corps. Ainsi firent-ils; la galère prend, ils sautent dehors, portant le gonfalon de Saint-Marc devant lui.

Alors les Vénitiens se tiennent chacun pour honni, et tous vont à terre, ceux des huissiers et ceux des grandes nefs, au plus vite et à qui mieux mieux. Alors on vit un assaut grand et merveilleux; et ce que témoigne Geoffroi de Villehardouin le maréchal de Champagne, c'est que plus de quarante lui dirent en vérité qu'ils virent le gonfalon de Saint-Marc sur une des tours, et qu'ils ne surent point qui l'y porta.

Ceux du dedans s'enfuient et abandonnent les murs; les autres entrent au plus vite, si bien qu'ils prennent vingt-cinq des tours et les garnissent de leurs gens. Le doge envoie des messagers aux barons du camp, et leur fait savoir qu'on avait vingt-cinq tours, et qu'on ne les pouvait reperdre. Les barons ne peuvent croire que c'est vrai, jusqu'à ce que les Vénitiens commencent à envoyer au camp en bateaux des chevaux et palefrois qu'ils avaient gagnés dans la ville.

Quand l'empereur vit qu'ils étaient entrés dans la ville, il envoya ses gens contre eux en si grande quantité qu'ils virent bien qu'ils ne pourraient leur résister. Ils mirent donc le feu entre eux et les Grecs; et il devint si grand que les Grecs ne purent voir nos gens.

L'EMPEREUR ALEXIS PRÉSENTE LA BATAILLE ET SE RETIRE SANS ATTAQUER

Alors Alexis sortit de la ville avec toutes ses forces, par d'autres portes qui étaient bien à une lieue loin du camp. Il fait ordonner ses corps de bataille dans la plaine, et ils chevauchent vers le camp. Les nôtres courent aux armes. Ce jour-là Henri, le frère de Baudouin, faisait le guet pour les engins devant la porte de Blaquerne, avec Mathieu de Walincourt et Baudouin de Beauvoir. En face, l'empereur Alexis avait préparé des gens en grand nombre pour sortir par trois portes, pendant que lui se jetterait dans le camp d'un autre côté.

Les six corps de bataille se rangèrent par devant les palissades; les sergents et écuyers à pied par derrière les croupes des chevaux, et les archers et arbalétriers par devant eux : on fit un corps des chevaliers à pied, car il y en avait bien deux cents qui n'avaient plus de cheval. Ils se tinrent cois devant leurs palissades et firent bien; car s'ils fussent allés en plaine les attaquer, les autres avaient si grande quantité de gens, que nous eussions été noyés parmi eux. Les nôtres n'avaient que six corps de bataille, et les Grecs bien quarante, et il n'y en avait pas qui ne fût plus grand que les nôtres. Mais les nôtres étaient ordonnés de telle sorte qu'on ne pouvait venir à eux que par devant. Alexis chevaucha tant qu'il fut assez près pour qu'on se tirât les uns sur les autres. Quand le doge entendit cela, il fit retirer ses gens des tours qu'il avait conquises, et s'en vint vers le camp avec ce qu'il put amener de ses gens dehors.

Les Grecs et les pèlerins restèrent longtemps vis-à-vis; les premiers n'osaient pas se jeter sur leurs lignes, et les nôtres ne voulurent pas s'éloigner de leurs palissades. Alors Alexis rallia ses gens et se retira à un palais qui était appelé Philopas. Jamais Dieu ne tira nulles gens de plus grand péril qu'il fit de ceux de l'armée ce jour-là; nul ne fut si hardi qu'il n'en eut grande joie. Les pèlerins allèrent à leurs tentes : ils se désarmèrent, car ils étaient bien las et fatigués; et ils mangèrent et burent peu, car ils avaient peu de vivres.

ALEXIS ABANDONNE LA VILLE; SON FRÈRE EST RÉTABLI SUR LE TRÔNE. LES CROISÉS LUI ENVOIENT UN MESSAGE

Or écoutez les miracles de Notre-Seigneur comme ils sont beaux partout où il lui plaît ! Cette nuit même, Alexis prit de son trésor ce qu'il put en emporter, et il s'enfuit de la cité. Ceux de la ville demeurèrent bien ébahis; ils allèrent à la prison où était Isaac qui avait les yeux arrachés; ils le vêtirent impérialement, le portèrent au palais de Blaquerne, le mirent sur le trône, et lui firent obéissance comme à leur seigneur. Par son conseil ils envoyèrent des messagers et mandèrent à son fils et aux barons que l'empereur Alexis s'était enfui et qu'ils avaient rétabli l'empereur Isaac.

Quand l'enfant le sut, il manda le marquis de Montferrat, lequel manda les barons par tout le camp. Quand tous furent assemblés au pavillon du fils de l'empereur, il leur conta cette nouvelle, dont tous furent en joie, et ils louèrent bien pieusement le Seigneur de ce qu'en si peu de temps il les avait secourus : et pour cela peut-on bien dire : « Celui que Dieu veut aider, nul homme ne peut lui nuire. »

Quand il commença à faire jour, le camp commença à s'armer, parce qu'ils ne croyaient pas beaucoup les Grecs. Le conseil des barons fut qu'ils enverraient des messagers dans la ville pour savoir comment les affaires y allaient; et si ce qu'on leur avait dit était vrai, ils requerraient le père d'assurer les conventions telles que le fils les avaient faites, ou ils ne laisseraient pas le fils entrer en ville. Les messagers furent élus : Mathieu de Montmorency, Geoffroi le maréchal de Champagne, avec deux Vénitiens de la part du doge de Venise.

Les messagers furent ainsi conduits jusqu'à la porte de la ville, où ils mirent pied à terre. Les Grecs avaient mis des Anglais et des Danois avec leurs haches depuis la porte jusqu'au palais de Blaquerne. Les messagers furent amenés au palais où ils trouvèrent l'empereur Isaac, et à côté de lui l'impératrice sa femme, qui était bien belle dame, sœur du roi de Hongrie. Tous ceux qui avaient été le jour d'avant contre lui étaient ce jour-là tout à sa volonté.

ISAAC CONFIRME LES ENGAGEMENTS DE SON FILS ALEXIS

L'empereur et tous les autres honorèrent beaucoup les messagers; lesquels dirent qu'ils voulaient lui parler en particulier, de la part de son fils et des barons. Il se leva et entra dans une chambre, et n'emmena que l'impératrice, son chancelier, son drogman et les messagers. Geoffroi de Villehardouin maréchal de Champagne prit la parole et dit à l'empereur :

« Sire, tu vois le service que nous avons rendu à ton fils, et comme nous lui avons bien tenu notre convention. Mais il ne peut entrer ici jusqu'à ce qu'il nous ait donné garantie des conventions qu'il nous a faites; et il te mande que tu confirmes la convention en telle forme qu'il nous l'a faite. Cette convention est telle que je vous la dirai. Tout premièrement, mettre tout l'empire de Romanie en l'obéissance de Rome, dont il s'est séparé il y a longtemps; ensuite donner deux cent mille marcs d'argent à ceux de l'armée, et vivres pour un an aux grands et aux petits; et mener dix mille hommes à pied et à cheval tels que nous voudrons, en ses vaisseaux et à ses dépens en la terre de Babylone, et les y tenir pendant un an; et en la Terre d'outre-mer tenir à ses dépens toute sa vie cinq cents chevaliers, qui garderont la Terre. Telle est la convention qu'il nous a faite; et il l'a confirmée par serment et chartes à sceaux pendants, et par le roi Philippe qui a épousé votre fille. Cette convention nous voulons que vous la confirmiez aussi. »

« Certes, fait l'empereur, la convention est bien forte, et je ne vois pas comment elle pourra être remplie ; néanmoins vous l'avez si bien servi, lui et moi, que, si on vous donnait tout l'empire, vous l'auriez bien mérité. » Après maintes paroles dites et répétées, le père confirma la convention telle quelle par serment et lettres patentes munies de bulle d'or. La charte fut délivrée aux messagers qui prirent congé et retournèrent au camp pour dire aux barons qu'ils avaient fait la besogne.

ENTRÉE DES CROISÉS A CONSTANTINOPLE: COURONNEMENT D'ALEXIS

Alors les barons montèrent à cheval, et amenèrent l'enfant en la cité à son père, et les Grecs le reçurent avec grande joie et bien grande fête. La joie du père et du fils était très grande parce qu'ils ne s'étaient pas vus depuis longtemps, et qu'ils avaient passé de si grande pauvreté à si grande puissance.

Le lendemain l'empereur et son fils prièrent les pèlerins que pour Dieu ils allassent se loger devers l'Estanor et Galathas, car, s'ils logeaient en ville, il y aurait à redouter une mêlée entre eux et les habitants. Les nôtres s'en allèrent donc loger de l'autre côté, où ils séjournèrent en paix avec grande abondance de vivres.

Beaucoup de ceux de l'armée allèrent visiter la ville, ses riches palais, ses hautes églises, ses reliques et ses grandes richesses. Et les Grecs et les Francs furent en grande union pour toutes choses, et pour les marchandises et les autres biens.

Par un commun conseil on décida que le nouvel empereur serait couronné à la fête de saint Pierre (1er août 1203). Il fut couronné aussi dignement qu'on le faisait pour les empereurs grecs en ce temps. Après il commença à payer l'argent qu'il devait à ceux de l'armée; et on le partagea dans l'armée, afin que chacun rendît son passage tel qu'on l'avait payé pour lui à Venise.

[27]

ALEXIS PRIE LES CROISÉS DE PROLONGER LEUR SÉJOUR

Le nouvel empereur allait souvent voir les barons au camp, et les honorait le mieux qu'il pouvait. Un jour il vint au camp, pour voir les barons en particulier, dans l'hôtel du comte Baudouin, et il leur dit : « Seigneur, je suis empereur de par Dieu et de par vous ; et vous m'avez rendu le plus grand service que jamais gens aient rendu à un homme chrétien. Sachez qu'assez de gens me montrent un beau semblant, qui ne m'aiment pas ; et les Grecs ont très grand dépit de ce que par votre aide je suis entré dans mon héritage.

« Le terme est près où vous devez vous en aller, votre société avec les Vénitiens ne dure que jusqu'à la Saint-Michel (29 septembre 1203). Dans un terme si court je ne peux vous payer. Sachez-le, si vous me laissez, je reperdrai ma terre, et les Grecs m'occiront. Mais faites une chose ; demeurez jusqu'en mars, et je vous ferai conserver votre flotte de la fête Saint-Michel en un an, et je payerai les frais aux Vénitiens, et je vous donnerai ce qui sera nécessaire jusqu'à la Pâque. Dans ce terme j'aurai mis mes terres en tel point que je ne pourrai les reperdre ; et je vous aurai payé l'argent qui me viendra par toute la terre ; je serai en état de vous envoyer des vaisseaux ainsi que je l'ai promis, et vous auriez l'été pour guerroyer. »

Les barons virent bien que ce qu'il proposait était mieux pour eux et pour lui ; et ils répondirent qu'ils en parleraient à l'armée, et lui feraient réponse.

Alexis se sépara d'eux et rentra à Constantinople. Le lendemain tous les barons et chefs de l'armée furent mandés, ainsi que la plupart des chevaliers ; et la demande de l'empereur fut redite.

DÉBAT DES CROISÉS. — MORT DE MATHIEU DE MONTMORENCY

Alors il y eut grande discorde à l'armée par ceux qui maintes fois avaient voulu qu'on se séparât. Ce parti rappela aux autres leurs serments et dit : « Baillez-nous les vaisseaux, ainsi que vous l'avez juré ; car nous voulons aller en Syrie. »

Et les autres disaient : « Seigneurs, ne ruinons pas le grand honneur que Dieu nous a fait. Si nous allons en Syrie à l'entrée de l'hiver, on ne pourra guerroyer. Si nous attendons jusqu'en mars, nous laisserons cet empereur en bon état, et nous aurons des vivres et de l'argent ; puis nous ferons des courses dans la terre de Babylone. Notre flotte nous restera de la Saint-Mich el jusqu'à la Pâque parce qu'ils ne pourront nous quitter à cause de l'hiver. »

Mais les autres ne se souciaient ni de mieux ni de pis, pourvu que l'armée se séparât. Ceux qui voulaient maintenir l'armée travaillèrent tant, à l'aide de Dieu, que les Vénitiens refirent serment pour un an, à compter de la Saint-Michel, de conserver la flotte, et l'empereur Alexis leur donna tant que cela fut fait ; les pèlerins jurèrent de leur côté de maintenir leur société, et la paix et la concorde régnèrent dans l'armée.

Alors advint une bien grande mésaventure : car Mathieu de Montmorency, qui était un des meilleurs chevaliers de l'armée tomba malade, et sa maladie s'aggrava tant qu'il mourut. Il fut enterré en une église de monseigneur Saint-Jean de l'Hôpital de Jérusalem.

LE JEUNE EMPEREUR PARCOURT L'EMPIRE AVEC LES CROISÉS

Par le conseil des Grecs et des Français, l'empereur sortit de Constantinople avec une troupe bien nombreuse pour pacifier l'empire et le soumettre ; il prit avec lui une grande partie des barons : le marquis de Montferrat, le comte Hugues de Saint-Paul, Henri le frère de Baudouin, Jacques d'Avesnes, Guillaume de Champlitte et bien d'autres. Baudouin le comte de Flandre et Louis de Blois restèrent au camp.

En cette expédition tous les Grecs de l'un et l'autre côté du Bras vinrent à lui, et lui firent hommage comme à leur seigneur ; seul Johannis résista ; c'était un Blaque qui s'était révolté contre son père et contre son oncle, et pendant vingt ans il avait tant guerroyé qu'il s'était conquis un puissant royaume en Blaquie et Bogrie, devers l'occident : peu s'en fallait qu'il n'ait pris la moitié du royaume de l'empire.

MÊLÉE DES GRECS ET DES LATINS A CONSTANTINOPLE; INCENDIE DE LA VILLE

Pendant que l'empereur était en expédition, il advint une bien grande mésaventure en la ville de Constantinople; car une mêlée commença entre les Grecs et les Latins qui habitaient la ville, et il y en avait beaucoup. Je ne sais quelles gens, par méchanceté, mirent le feu en la ville. Ce feu fut si grand et si fort que nul homme ne put l'éteindre. Les barons furent bien tristes de voir ces belles églises, et ces riches palais s'effondrer, et ces grandes rues marchandes brûler à feu ardent; et ils n'y pouvaient rien. Le feu gagna sur le port, et jusque parmi le plus épais de la ville, tout près de l'église Sainte-Sophie. Il dura deux jours et deux nuits, et son front tenait bien une demi-lieue. Nul ne pourrait faire le compte des richesses perdues, et non plus des hommes, femmes et enfants qui y furent brûlés.

Les Latins de quelque pays qu'ils fussent n'osèrent plus y demeurer; mais ils prirent leurs familles et leur avoir et passèrent le port devers les pèlerins. Ils étaient bien quinze mille petits et grands. Les Grecs et les Francs ne furent plus aussi unis qu'ils l'avaient été auparavant : et ils ne surent à qui s'en prendre, cela leur pesa de part et d'autre.

Vers le même temps mourut l'abbé de Loos, moine de l'ordre de Cîteaux, ce dont les barons et ceux de l'armée furent bien attristés.

LE JEUNE ALEXIS RENTRE A CONSTANTINOPLE; IL MANQUE DE PAROLE AUX CROISÉS

L'empereur Alexis demeura absent jusqu'à la Saint-Martin (11 nov.) et alors il rentra à Constantinople. Les Grecs et les dames de Constantinople allèrent à sa rencontre à grandes chevauchées ; l'empereur rentra au palais de Blaquerne, et les barons s'en retournèrent au camp avec le marquis de Montferrat.

L'empereur qui avait réussi et pensait avoir bien pris le dessus s'enorgueillit envers les barons qui lui avaient fait tant de bien. Quand ils lui demandaient qu'il leur fit paiement, il les menait de répit en répit ; il leur faisait de temps en temps de pauvres petits payements, et à la fin le payement devint néant.

Le marquis Boniface de Montferrat, qui l'avait mieux servi que les autres, lui reprochait le tort qu'il avait envers eux ; mais l'empereur ne tenait rien de ce qu'il leur eût promis ; si bien qu'ils virent clairement qu'il ne cherchait que le mal.

Alors les barons de l'armée tinrent un parlement et décidèrent de lui envoyer de bons messagers pour requérir qu'il leur tint parole et, s'il ne voulait pas le faire, le défier de par eux, et lui dire qu'ils poursuivraient leurs droits ainsi qu'ils le pourraient.

LA GUERRE COMMENCE ENTRE LES GRECS ET LES CROISÉS

Les barons élurent à cette fin Conon de Béthune et Geoffroi de Villehardouin le maréchal de Champagne, ainsi que Milon le Brébant de Provins ; le doge de Venise y envoya avec eux trois hauts hommes de son conseil. Les messagers se rendirent au palais où ils trouvèrent l'empereur Alexis et son père l'empereur Isaac, ainsi que quantité de hautes gens de la cour ; ils lui déclarèrent au nom des barons que, s'il ne tenait ses promesses, ils ne le considéraient plus ni comme seigneur ni comme ami ; qu'ils ne feraient mal ni à lui ni aux siens avant de l'avoir défié suivant la coutume de leur pays.

Les Grecs tinrent ce défi à grand outrage disant que mal n'avait encore été si hardi qu'il osât défier l'empereur de Constantinople en sa chambre même. Il y eut bien grand bruit dans le palais ; et quand les messagers furent hors de la ville ils furent joyeux comme qui a échappé à un grand péril. Alors commença la guerre, et mal fit qui put mal faire sur terre et sur mer. Il y eut maints combats, mais toujours les Grecs, Dieu merci ! perdirent plus que les Francs.

Les Grecs eurent la pensée d'un bien grand engin : ils prirent dix-sept grandes nefs qu'ils emplirent de menu bois, de poix et d'étoupes ; une nuit que le vent soufflait très fort ils mirent le feu aux nefs et laissèrent les voiles aller au vent. Le brûlot s'en vint vers la flotte des pèlerins; aussitôt les Vénitiens courent aux vaisseaux, et commencent à les retirer du feu bien vigoureusement. Jamais gens de mer ne s'aidèrent mieux que les Vénitiens; ils s'élancèrent dans les galères, et prenaient les nefs enflammées avec des crocs, les tiraient de vive force hors du port, et les mettaient dans le courant du Bras pour les laisser aller brûlant en aval du Bras.

Les Grecs tiraient sur les nôtres et en blessèrent plusieurs. Les nôtres se rangèrent dans la plaine, et endurèrent ce travail et cette angoisse jusqu'au grand jour; mais par l'aide de Dieu, ils n'eurent à déplorer que la perte d'un navire pisan plein de marchandises qui fut brûlé. Si leur flotte eût brûlé, ils eussent tout perdu, et ils n'eussent pu s'en aller ni par terre ni par mer.

MURZUPHLE USURPE L'EMPIRE; ISAAC MEURT ET LE JEUNE ALEXIS EST ÉTRANGLÉ.

Les Grecs, voyant qu'il n'y avait plus d'espoir de paix, tinrent conseil pour trahir leur maître. Parmi eux se trouvait Murzuphle qui lui avait fait faire la brouille avec les Français plus que nul autre. Une nuit qu'Alexis dormait en sa chambre, Murzuphle et ceux qui devaient le garder le saisirent et le jetèrent en prison. Murzuphle chaussa les bottes vermeilles et fut proclamé empereur, puis couronné à Sainte-Sophie.

Quand l'empereur Isaac apprit que son fils était pris, il lui prit une maladie qui ne dura pas longtemps; il mourut. Murzuphle essaya deux ou trois fois d'empoisonner Alexis, mais il ne mourut pas; alors il fit dire qu'il était mort de sa mort naturelle, bien qu'il l'eût fait étrangler; il le fit ensevelir comme empereur honorablement, et manifesta un grand chagrin. Mais un meurtre ne put se céler; il fut bientôt connu des Grecs et des Latins. Les barbares tinrent conseil, et les évêques et tout le clergé y furent; et ceux qui avaient les pouvoirs du pape dirent aux barons que celui qui faisait un tel meurtre ne pouvait pas tenir terre; que la guerre était bonne et juste, si les barons avaient bonne intention de conquérir la terre et la mettre en l'obédience de Rome.

DÉFAITE DE MURZUPHLE

Cette déclaration fut de grand confort aux barons et aux pèlerins ; et la guerre fut grande entre les Français et les Grecs ; il y avait peu de jours qu'on ne se battît sur terre ou sur mer. Henri, le frère du comte Baudouin de Flandre, Jacques d'Avesnes, Eudes de Champlitte et les gens de leur pays partirent un soir, et, après avoir chevauché toute la nuit, ils vinrent à une bonne ville qui avait nom la Filée, et la prirent. Ils y firent grand gain de bestiaux, de prisonniers, de vêtements, de vivres, qu'ils envoyèrent en barques au camp ; car la ville était sur la mer de Russie. Ils y restèrent deux jours ; quand au troisième ils s'en retournaient, Murzuphle, parti de nuit de Constantinople, se mit en embuscade. Il laissa passer les corps de bataille, et, quand vint l'arrière-garde sous Henri le frère de Baudouin, il leur courut sus à l'entrée d'un bois, et ils se battirent bien rudement.

Murzuphle fut défait, et il faillit être pris en personne : il perdit son gonfalon impérial, et une bannière qu'il faisait porter devant lui, à quoi il se fiait beaucoup, lui et les autres Grecs (en cette bannière était représentée Notre-Dame). Une partie de l'hiver était déjà passée, et l'on était environ à la Chandeleur (2 février) et le carême approchait.

LES CROISÉS PRÉPARENT L'ASSAUT DE CONSTANTINOPLE ; FUITE DE MURZUPHLE ; PRISE DE LA VILLE.

Les croisés devant Constantinople firent très bien préparer leurs engins, dresser leurs pierriers et leurs mangoneaux sur les nefs et les huissiers, et tout ce qui est nécessaire pour prendre une ville. Quand les Grecs virent cela, ils commencèrent à fortifier en face d'eux la ville, qui était bien fermée de hauts murs et de hautes tours. A toutes les tours ils firent deux ou trois étages de bois; ainsi travaillèrent de part et d'autre les Grecs et les Français pendant une partie du carême. Ils tinrent conseil dans le camp et se consultèrent sur la conduite à tenir. Les barons et les Vénitiens convinrent que, si Dieu leur accordait qu'ils entrassent dans la ville, ils répartiraient en commun tout le gain qui serait fait; et que six hommes seraient pris parmi les Français et autant parmi les Vénitiens, lesquels jureraient d'élire pour empereur celui qu'ils penseraient être le meilleur pour le profit de la terre. Celui qui serait élu aurait pour sa part le quart de la terre, et les palais de Bouchelion et de Blaquerne; des trois quarts restant la moitié serait donnée aux Vénitiens, l'autre aux barons. Alors douze hommes choisis de côté et d'autres feraient e partage des fiefs et des honneurs, et régleraient le service qu'ils en feraient à l'empereur.

Cette convention fut assurée et jurée par les Français et les Vénitiens, moyennant que fin de mars en un an pourrait s'en aller qui voudrait; tous ceux qui ne la tiendraient pas furent excommuniés par le clergé.

Le jeudi après la mi-carême (8 avril 1204) ils entrèrent tous dans les nefs, qui furent retirés d'entre les galères et les huissiers. Le vendredi 9 avril l'assaut commença bien fort et bien rude. En maints lieux les échelles des nefs furent si approchées que ceux des tours et des échelles s'entre-frappaient de leurs lances, de main en main. L'assaut dura jusqu'à l'heure de none, mais les pèlerins furent repoussés, et ceux qui étaient descendus des nefs et des galères y furent rejetés de force. Ceux de l'armée perdirent ce jour plus que les Grecs. Le soir il se tint un parlement; maint conseil y fut donné, et ceux de l'armée étaient bien troublés du méchef qu'ils avaient eu ce jour-là. Le résultat du conseil fut qu'ils rajusteraient leurs affaires le lendemain et le dimanche et que le lundi (12 avril) ils iraient à l'assaut; qu'ils lieraient deux à deux les nefs où étaient les échelles pour attaquer les tours.

Le lundi ceux des nefs s'armèrent de nouveau. Les Grecs les redoutaient moins qu'ils ne firent d'abord. L'assaut commença fier et merveilleux; le cri de bataille fut si grand qu'il semblait que la terre s'abîmât.

L'assaut dura ainsi jusqu'à ce que le vent qu'on appelle Borée poussa les nefs plus sur la rive qu'ils n'étaient auparavant. Bientôt deux nefs la Pèlerine et le Parvis joignent une tour, et un Vénitien, ainsi qu'un chevalier de France, André d'Urboise, y entrèrent et chassèrent ceux de la tour. Les chevaliers descendent de leurs galères et bientôt prirent quatre tours. Tous attaquent à qui mieux mieux, et trois portes sont prises. Les chevaux sont tirés hors des huissiers et les chevaliers chevauchent droit vers le camp

[34]

de Murzuphle. Ses chevaliers en voyant venir les nôtres se déconfirent, et l'empereur s'enfuit au château de Bouchelion. Alors il y eut des morts et des blessés sans fin ni mesure, jusqu'à ce que ceux de l'armée furent las de se battre et d'occire. Les nôtres décidèrent qu'ils se logeraient près des murs et des tours qu'ils avaient conquises; car ils ne pensaient pas qu'ils dussent vaincre la ville en un mois, ni les fortes églises ni les forts palais, et le peuple qui était dedans. Ils s'établirent donc dans les tentes verveilles de l'empereur Murzuphle, et devant le palais de Blaquerne. Constantinople fut prise le lundi de Pâques fleuries (12 avril 1204).

L'empereur Murzuphle rassembla ses gens et leur dit qu'il attaquerait les Français, mais il n'en fit rien; il chevaucha vers une autre porte qu'on appelle la Porte-Dorée, et s'enfuit par là; et après lui s'enfuit qui put s'enfuir.

En cette nuit vers le camp de Boniface de Montferrat, quelques-uns qui craignaient que les Grecs ne les attaquassent mirent le feu entre eux et les Grecs; et la ville commença à flamber bien fort, et brûla toute cette nuit et le lendemain jusqu'au soir. C'était le troisième feu qu'il y eut à Constantinople depuis que les Francs vinrent à Constantinople.

Le mardi 13 avril tous s'armèrent au camp, et chacun alla à son corps de bataille. Ils pensèrent trouver les ennemis plus nombreux que la veille, car ils ne savaient que l'empereur s'était enfin; mais ils ne virent personne.

Alors le marquis de Montferrat chevaucha droit jusqu'au palais de Bouchelion qui se rendit. Là se trouvèrent la plupart des hautes dames : la sœur du roi de France qui avait été impératrice, et la sœur du roi de Hongrie et beaucoup d'autres.

En même temps, le palais de Blaquerne se rendit à Henri le frère de Baudouin de Flandre. Chacun garnit le château de ses gens, et fit garder le trésor qui s'y trouva. Les autres se répandirent par la ville où le butin fut bien grand : or, argent, pierres précieuses, satins, draps de soie, riches hermines et biens comme il n'y en avait nulle part ailleurs.

Grande fut la joie des pèlerins; ils firent ainsi la Pâque fleurie et la grande Pâque (25 avril); ils durent bien louer le Seigneur, car ils n'avaient pas plus de vingt mille hommes armés entre eux tous, et, par l'aide de Dieu, ils prirent quatre cent mille hommes et plus dans la ville la plus grande et la mieux fortifiée du monde.

Alors fut crié par l'ordre de Boniface de Montferrat qui tout l'avoir fut assemblé, ainsi qu'il avait été juré sous peine d'excommunication; et les lieux désignés furent trois églises. L'un apporta bien, l'autre mauvaisement; car convoitise qui est racine de tous maux ne laissa pas faire. Ce qui fut apporté fut partagé entre les Francs et les Vénitiens par moitié. Quand les pèlerins eurent partagé, ils payèrent sur leur part cinquante mille marcs d'argent, aux Vénitiens ; et entre eux tous ils partagèrent plus de cent mille marcs à leurs hommes, à raison de deux sergents à pied contre un à cheval, et deux sergents à cheval contre un chevalier.

Il y en eut beaucoup qui en gardèrent et des petits et des grands, mais cela ne fut pas su ; car, pour les vols, celui qui en fut convaincu, sachez qu'il en fut fait grande justice. Vous saurez que l'avoir fut grand ; car, sans celui qui fut volé et sans la part des Vénitiens, il en fut bien rapporté quatre cent mille marcs d'argent et bien dix mille montures des unes et des autres.

Librairie BLÉRIOT, Henri GAUTIER, Successeur
55, quai des Grands-Augustins, à Paris.

POUR LA JEUNESSE EN VACANCES

Romans pour Jeunes Filles

BÉAL (Gabriel)
Trop petite, 1 vol. in-12 . . . 2 »
Le Médecin de Lochrist 1 v. in-12 3 »

BOURDON (Mme Mathilde)
Jacqueline, 1 vol. in-12. . . . 2 »
Mlle de Chenevaux, 1 vol. in-12. 2 »

CHAMPOL
L'Heureux Dominique, 1 vol. in-12 2 »
Noëlle, 1 v. in-12, illus. de Poirson 3 »

CHANDENEUX (Claire de)
Les Ronces du Chemin, 1 v. in-12 2 »
Les Terreurs de Lady Suzanne, 1 vol. in-12 . . . . 3 »
Val-Régis la Grande, 1 vol. in-12. 3 »

DOMBRE (Roger)
La Troisième Opale, 1 vol. in-12. 2 »
L'Armoire aux chiffons, 1 vol. in-12. . . . . 2 »

DU CAMPFRANC (M.)
Perle fine, 1 vol. in-12 . . . 3 »
Toit de Chaume (couronné par l'Académie), 1 vol. in-12.. 3 »
Amour de Mère, 1 vol. in-12, nombreuses illustrations de Vulliemin. . . . . 3 »

DU CHATEAU (Pierre)
Notre Demoiselle, 1 vol. in-12. 2 »
Les Locataires de M. Godillot, 1 vol. in-12. . . . . 2 »

DU VALLON (Georges)
Le Fiancé de Solange, 1 vol. in-12 3 »
La Destinée de Marthe, 1 vol. in-12. . . . . 2 »

FLEURIOT (Mlle Zénaïde)
Aigle et Colombe, 1 vol. in-12, ouvrage couronné par l'Académie française. . . . . 3 »
Cœur de Mère, 1 vol. in-12. . 2 »
Yvonne de Coatmorvan, 1 vol. in-12. . . . . 2 »

GIRON (Aimé)
La Béate, 1 vol. in-12. . . . 3 »
Cœur malade, 1 vol. in-12 . . 3 »

JOSÉFA (Marie-Thérèse)
Sans Brevet, 1 vol. in-12. . . . 2 »
Autour d'une Dot, 1 vol. in-12. . 2 »
Le Roman de Jeanne Delbriac, 1 vol. in-12. . . . . 3 »

MARCEL (Étienne)
Yvette la Repentie, 1 vol. in-12. 3 »
Triomphes de femmes, 1 vol. in-12 3 »
L'Héritage de Mme Hervette, 1 vol. in-12. . . . . 2 »

MARÉCHAL (Mlle Marie)
Le Mariage de Nancy, 1 vol. in-12. 2 50
Mademoiselle de Charmeilles, 1 vol. in-12. . . . . 3 »
Marcelle Dayre, 1 vol. in-12. . 3 »

MARYAN (M.)
Le Mystère de Kerhir, 1 vol. in-12. 3 »
La Maison de Famille, 1 vol. in-12. 3 »
Une Dette d'honneur, 1 vol. in-12. 3 »
Le Secret de Solange, 1 vol. in-12. 3 »
Une Cousine pauvre, 1 vol. in-12. 3 »
La Cousine Esther, 1 vol. in-12. 2 »
Le Pont sur l'Oiselle, 1 vol. in-12. 3 »

NAVERY (Raoul de)
La Fille sauvage, 1 vol. in-12. . 3 »
Patira, 1 vol. in-12. . . . . . 3 »
Le Trésor de l'Abbaye, 1 vol. in-12, (suite de Patira). . . . 3 »
Jean Canada (suite du Trésor de l'Abbaye), 1 vol. in-12. . . 3 »
Le Val Perdu, 1 vol. in-12, illustré. 2 »

POLI (Vte Oscar de)
Mariola, 1 vol. in-12. . . . . 2 »
Fleur de Lis, 1 vol. in-12 . . . 3 »

SANDOL (Jeanne)
Le Puits qui parle, 1 vol. in-12. 2 »
Marthe, 1 vol. in-12. . . . . . 2 »

WALTER SCOTT
La Fiancée de Lammermoor, 1 vol. in-12 . . . . 2 »
La Jolie Fille de Perth, 1 vol. in-12. 2 »

Pour recevoir chacun de ces ouvrages *franco*, il suffit d'en envoyer le prix en mandat-poste ou timbres français, à M. Henri GAUTIER, éditeur, 55, quai des Grands-Augustins, à Paris.

Pour paraître le 31 août 1895.

CERVANTÈS

L'ESPAGNOLE-ANGLAISE

Lorsqu'un grand écrivain produit une œuvre maîtresse, d'universelle portée humaine, la postérité néglige parfois ses autres ouvrages, et ce légitime tribut d'admiration, trop sommaire, comporte ainsi quelque injustice. C'est le cas de Cervantès, l'auteur de *Don Quichotte*. Nous avons cru bien faire en rouvrant pour nos lecteurs l'écrin de ses *Nouvelles*, encore peu connues malgré leur émotion et leur charme ; l'*Espagnole-Anglaise* est une des plus jolies qui soient sorties de la plume de Cervantès.

ABONNEMENTS

A LA

Nouvelle Bibliothèque populaire

La *Nouvelle Bibliothèque populaire* publie un volume par semaine.
On peut s'abonner aux cinquante-deux volumes d'une année. Les abonnements partent du 1er de chaque mois.
Tous les abonnés, aussi bien ceux de l'étranger et des colonies, que ceux de la France, recevront un volume par semaine.

PRIX DE L'ABONNEMENT D'UN AN

Paris, Départements, Algérie et Belgique . . . **7 francs.**
Étranger (sauf la Belgique) et Colonies . . . **8 francs.**

PRIME GRATUITE

EXCLUSIVEMENT RÉSERVÉE AUX ABONNÉS NOUVEAUX

Tout abonné nouveau a droit à recevoir, gratis et franco, dix volumes à choisir dans la liste de ceux déjà parus, ou un joli cartonnage pour conserver les volumes.
On s'abonne pour un an en envoyant, en mandat-poste, timbres français ou autre valeur sur Paris, à M. Henri Gautier, 5, quai des Grands-Augustins, à Paris, 7 francs, si l'on habite la France, la Belgique ou l'Algérie ; 8 francs si l'on habite l'étranger ou les colonies. La prime est envoyée au reçu de l'abonnement.

ANGERS, IMP. BURDIN ET Cie, RUE GARNIER, 4.

CERVANTÈS

L'ESPAGNOLE-ANGLAISE

Edité par
HENRI GAUTIER
55, Quai des Grands Augustins, 5
PARIS

Il paraît un volume par semaine

Directeur littéraire de la *Nouvelle Bibliothèque Populaire*

ALFRED ERNST

AVIS A NOS ABONNÉS

Nous rappelons à nos abonnés que tout changement d'adresse doit être accompagné d'une bande indiquant l'adresse ancienne et de cinquante centimes en timbres-poste français ou autre valeur sur Paris.

CERVANTÈS

NOUVELLES

Notice littéraire

Deux fois déjà, les lecteurs de la Nouvelle Bibliothèque ont été renseignés sur la vie de Cervantès et sur l'ensemble de son œuvre; mais ce n'est point trop lorsqu'il s'agit d'un homme et d'une œuvre qui tiennent une si grande place dans l'histoire de l'esprit humain.

Pour ceux qui écrivent, pour ceux qui pensent, pour ceux qui lisent, Cervantès est l'auteur de *Don Quichotte de la Manche*, et il ne saurait guère être que cela, tant la gloire de cet ouvrage a fait pâlir le mérite des autres productions. Cette création comique, au fond si triste, — où la belle humeur et l'abondante gaîté des incidents cachent une philosophie si mélancolique, où la fantaisie, le pittoresque, la couleur locale des aventures recouvrent des vérités qui sont de tous les temps et de tous les âges, — a fait oublier, plus sans doute que de raison, les pièces de théâtre et les nouvelles de Cervantès. Bien souvent, la juste célébrité d'un livre ou d'un drame absorbe à elle seule toute la réputation et tout le mérite d'un auteur.

Nous n'avons pas l'intention de nous inscrire en faux contre les jugements un peu exclusifs de la postérité, d'autant plus que ces jugements laissent à tous les esprits la possibilité d'en élargir la signification, et d'enrichir à leur goût la liste des belles œuvres. Sans modifier des choix qui sont en quelque sorte ceux de l'humanité même, sans mettre au-dessous ce qui est au-dessus, et à gauche ce qui est à droite, il est intéressant et utile de rechercher les ouvrages de second plan, les productions de valeur, remarquables, curieuses, qui ne sauraient figurer sur le livre d'or des lettres universelles, mais qui méritent d'être lues, d'être appréciées, et qui font mieux connaître les écrivains, les pays, les époques.

De ce nombre sont les *Nouvelles* de Cervantès. L'illustre auteur espagnol n'y a pas créé des types humains, des figures immortelles comme le chevalier de la Manche et son fidèle Sancho Pança, mais il y a fait preuve d'une grande imagination, et d'un rare talent de narrateur, qui sait ménager l'intérêt, l'exciter à point, le concentrer sur des personnages touchants, le ranimer par d'adroites péripéties. En particulier, l'*Espagnole-Anglaise*, que nous publions aujourd'hui, est tout à fait typique à cet égard. La passion y règne très franchement, mais sans faire tort ni à la morale ni à la foi, car Cervantès, un libre esprit s'il en fut jamais, sut demeurer en toute occasion, qu'il eût l'épée ou la plume à la main, le plus sincère et le plus courageux des croyants. On y remarquera la multiplicité des aventures tragiques, mais il ne faut pas s'en étonner : le goût de l'aventure est dans le sang espagnol ; tous les auteurs de cette vaillante race l'ont aimée ; ils se plaisent aux risques hardis, aux tragiques événements, aux dangers extrêmes, aux miraculeuses délivrances. Cervantès, en ses *Nouvelles*, obéit à cette vaillante tendance de sa race, comme il y avait obéi en sa vie même, à Lépante et ailleurs, et l'on peut dire qu'il y obéit également dans son *Don Quichotte*, où pourtant il raille les romans de chevalerie, les mensonges du merveilleux épique, et toutes les sottises que de folles exagérations peuvent engendrer. L'idée profonde de son œuvre n'est pas seulement la protestation du bon sens contre les ridicules et les prétentions désastreuses, mais encore et surtout la tristesse qui résulte du désaccord entre le monde de l'imagination et celui des quotidiennes réalités ; or ce désaccord cruel, incurable, qui lui a inspiré des railleries si fines, des remarques si amères, des fantaisies si largement humaines, il ne l'a bien senti que parce qu'il aimait l'aventure, les grandes entreprises et les beaux dangers, parce qu'il fut toujours, en son existence traversée de continuelles infortunes, un rêveur, un chevalier, un poète par le cœur.

Alfred ERNST.

L'ESPAGNOLE-ANGLAISE

Lors de la prise de Cadix, en 1596, les Anglais emportèrent, au nombre des dépouilles, une enfant d'environ sept ans; Clotald, gentilhomme anglais, qui commandait une escadre, l'emmena à Londres malgré les ordres formels du comte d'Essex qui tenait à ce que cette enfant fût rendue à ses parents. Ces derniers avaient avisé ce général de l'enlèvement de leur fille et l'avaient supplié de la leur faire rendre. Puisque, disaient-ils, il ne voulait prendre que les richesses et entendait laisser la liberté aux personnes, il ne pouvait pas tolérer qu'ils fussent malheureux à ce point que, dépouillés de tous leurs biens, ils fussent encore privés de leur fille, lumière de leurs yeux, et si belle qu'elle faisait l'admiration de toute la ville. Touché de tant de douleurs, le comte d'Essex fit publier sur toute la flotte que celui qui s'était approprié la jeune fille devait la rendre sur-le-champ sous peine de perdre la vie.

Mais Clotald resta sourd à toutes les menaces; il trouvait l'enfant si merveilleusement belle qu'il ne voulait s'en séparer à aucun prix, et tenait soigneusement cachée dans son navire la jeune captive qui s'appelait Isabelle. Les parents restèrent inconsolables de la perte de leur fille, tandis que Clotald, au comble de la joie, la ramenait à Londres et faisait don à sa femme de ce précieux butin.

Par bonheur, tout le monde était catholique dans la maison de Clotald, quoique publiquement ils parussent professer la religion de la reine. Clotald avait un fils âgé de douze ans, nommé Ricared. Ses parents lui enseignaient l'amour de Dieu et la foi la plus ardente dans les vérités du catholicisme. La femme de Clotald, Catherine, prit la petite Isabelle en telle affection qu'elle la traitait comme si elle eût été sa propre fille. D'ailleurs, l'enfant était si douce et si bien douée qu'elle retenait sans peine tout ce qu'on lui enseignait. Le temps aidant, et grâce aussi à la bonté avec laquelle on la traitait, elle finit par oublier combien ses parents l'avaient choyée; cependant elle pensait souvent encore à eux et pleurait leur absence. Malgré les progrès qu'elle faisait dans la connaissance de la langue anglaise, elle n'oubliait pas celle de sa patrie ; Clotald, en effet, amenait souvent, en secret, des Espagnols chez lui et les priait de causer avec Isabelle. Ainsi finit-elle par parler l'anglais aussi bien que si elle avait été native de Londres, tout en conservant la pureté de sa langue d'origine.

Tout d'abord, elle apprit à coudre comme il convient à une jeune fille de bonne maison, puis elle apprit à lire et à écrire. Mais elle montrait surtout de grandes dispositions pour jouer de tous les instruments permis à une femme, et, comme, en outre, le ciel l'avait douée d'une voix merveilleuse, c'était un enchantement de l'entendre chanter.

Ces dons naturels et ces qualités acquises gagnèrent insensiblement le cœur de Ricared ; de son côté, Isabelle avait pour lui l'affection et lui prodiguait les soins qu'elle devait au fils de son maître. Tout d'abord, il n'eut pour elle que l'amitié d'un frère pour une sœur ; mais au fur et à mesure que grandissait Isabelle, ou plutôt Elisabeth, comme on l'appelait en Angleterre, et que sa beauté augmentait, cette inclination se transforma, et il aspira de toutes ses forces à devenir son époux. A maintes reprises, il songea à tout avouer à ses parents, mais toujours il reculait, car il craignait une vive opposition de leur part, n'ignorant pas qu'ils voulaient le marier à une riche Ecossaise de maison noble, et élevée, elle aussi, dans la religion catholique. Il se disait qu'à coup sûr ses parents ne voudraient pas qu'il donnât sa main à une esclave, alors qu'ils l'avaient promise à une jeune fille de noble race. Il languissait dans l'inquiétude et la tristesse, ne sachant comment s'y prendre pour arriver à son but. La vie n'avait plus aucun charme pour lui, et il eût désiré mourir si les principes dans lesquels il avait été élevé ne lui eussent fait considérer comme une lâcheté de ne pas réagir. Prenant courage il se décida à avouer ses sentiments à Isabelle.

Mais son état de langueur persistait pour la plus grande douleur des gens de la maison qui l'aimaient beaucoup, et surtout de ses parents qui avaient la plus grande affection pour lui ; outre qu'il était leur fils unique, ils étaient fiers de ses qualités exceptionnelles et de sa remarquable intelligence. Les médecins ne savaient quelle cause attribuer à son mal ; pour lui il n'osait ni ne voulait le leur expliquer. Enfin, il prit courageusement son parti, et, un jour qu'il se trouvait seul avec Isabelle, il lui dit d'une voix tremblante d'émotion : « Si je suis dans l'état où tu me vois, ma chère Isabelle, la faute en est à ta grande vertu et à ton admirable beauté. Si tu ne veux pas que je meure au milieu des plus affreux tourments, il faut que tu te conformes à mes désirs. Je veux te prendre pour épouse à l'insu de mes parents qui peut-être me refuseraient ta main parce qu'ils n'apprécient pas tes rares qualités comme je le fais et comme tu le mérites. Donne-moi ta parole d'être ma femme, de mon côté je t'engagerai ma foi de chrétien. La certitude que j'aurai alors de te posséder un jour quand j'aurai obtenu l'assentiment de mes parents et la bénédiction de l'Eglise suffira à me rendre la santé et à me tenir en joie jusqu'à ce qu'arrive le jour tant désiré. »

Pendant ce discours, Isabelle restait les yeux pudiquement baissés, sans proférer une parole. Quand Ricared eut achevé, elle lui répondit avec une chaste réserve : « Depuis le jour où le ciel, dans sa bonté ou dans sa rigueur, car je ne sais ce qu'il faut en penser, a cru devoir, Seigneur Ricared, me séparer de mes parents et me rapprocher des vôtres, je leur ai toujours témoigné la plus grande reconnaissance pour la faveur dont ils m'ont comblée, et je me suis promis de ne jamais opposer ma volonté à la leur. Je considérerais donc comme un malheur, et non comme une bonne fortune, la grande faveur que vous voulez me faire si je l'obtenais sans leur consentement. Dès aujourd'hui, je puis vous dire que je me conformerai à leur volonté; mais jusqu'au moment où votre projet s'accomplira ou sera abandonné, vous devez cependant trouver une source de joie et de consolation dans la pensée que je vous souhaiterai toujours, du plus profond de mon cœur, la plus grande somme de bonheur que puisse prodiguer le ciel. »

Ainsi se termina la réponse pleine de droiture de la jeune fille; dès ce moment Ricared revint à la santé pour la plus grande joie de ses parents que sa maladie avait désolés. Les deux jeunes gens se quittèrent amicalement. Ricared avait les larmes aux yeux; Isabelle était pleine d'admiration pour ce jeune homme qui lui montrait tant d'amour et de respect. Quand Ricared fut tout à fait rétabli, ce que ses parents considérèrent comme un miracle, il se décida enfin à leur ouvrir son cœur. Un jour, il se confia à sa mère et termina leur long entretien en disant que lui refuser Isabelle ou lui donner la mort était tout un. Il montra Isabelle sous un tel jour, exaltant ses qualités et ses vertus que la mère finit par estimer que, en mariant Ricared et Isabelle, c'était celle-ci qui faisait le marché le moins avantageux. Elle donna donc son consentement promettant à Ricared de ne rien négliger pour obtenir celui de son père.

En effet, ayant fait valoir auprès de son mari les mêmes arguments que lui avait présentés Ricared, elle parvint bientôt à conformer sa volonté aux désirs de leur fils, et ils imaginèrent sur-le-champ les prétextes dont ils pouvaient se servir pour le dégager vis-à-vis de la jeune Ecossaise. Isabelle n'avait encore que quatorze ans et Ricared vingt; mais leur discrétion et leur retenue étaient telles que, malgré leur grande jeunesse, on aurait pu les prendre pour des jeunes gens dans la force de l'âge.

[5]

Dans quatre jours le mariage devait avoir lieu. Les parents étaient ravis maintenant de donner le nom de fille à leur prisonnière ; il leur semblait qu'Isabelle, avec toutes ses vertus, apportait à leur fils une dot plus précieuse que l'Écossaise avec toutes ses richesses. Les parures étaient achevées ; les parents étaient invités ; il ne restait plus qu'à prévenir la reine dont le consentement était indispensable pour le mariage des personnes de noble origine. Mais comme à leurs yeux l'autorisation ne faisait aucun doute, ils ne se pressèrent pas de la demander. Tout était donc prêt et quatre jours seulement les séparaient de l'heure du mariage, quand, sur le soir, arriva un messager de la reine qui jeta le trouble dans tout ce bonheur. La reine ordonnait à Clotald de lui amener le lendemain l'Espagnole qu'il avait fait prisonnière à Cadix. Clotald répondit qu'il se ferait un plaisir de se conformer aux ordres de la reine. Le messager partit, laissant toute la maison dans le trouble, l'agitation et la crainte. « Grand Dieu ! s'exclamait Catherine, que dira Sa Majesté si elle apprend que j'ai élevé cette enfant dans la religion catholique et en tire cette conclusion que tous ici nous sommes catholiques ? Car, si elle lui demande ce qu'on lui a appris pendant les huit années qu'elle vient de passer sous notre toit, que pourra-t-elle dire qui ne soit notre condamnation, quelque discrétion qu'elle mette dans ses réponses ? » — « Ne vous inquiétez pas, Madame, répondit Isabelle qui n'avait rien perdu de ses paroles, le ciel m'inspirera si bien que tout ce que je dirai, loin de vous charger, ne fera que tourner à votre avantage. »

Ricared était tout tremblant comme s'il prévoyait que quelque grand malheur le menaçait ; Clotald s'appliquait à le rassurer, mais en somme il ne pouvait que s'en remettre à Dieu et se confier à la prudence d'Isabelle ; il lui recommanda avec le plus grand soin d'éviter à tout prix l'aveu qu'ils étaient catholiques, car, disait-il, bien que leur âme fût prête à subir le martyre, il avouait que leur chair frémissait à la pensée des tortures. A maintes reprises, Isabelle leur donna l'assurance qu'ils pouvaient avoir la certitude que rien de malheureux ne leur arriverait à cause d'elle ; à la vérité, elle ne savait pas encore quelle serait la nature de ses réponses, mais, elle le répétait, elle avait l'entière confiance que ce qu'elle dirait ne pourrait que leur être utile.

Ils passèrent la nuit à remuer des pensées de toutes sortes, et finirent par s'arrêter à cette idée consolante que, si la reine avait pu supposer qu'ils fussent catholiques, elle eût employé dans son message des termes moins affables ; il y avait donc lieu de croire que la reine désirait seulement connaître Isabelle dont la réputation de beauté et de talents serait venue jusqu'à elle. Mais ils estimaient qu'ils avaient déjà commis une faute grave en ne la lui présentant pas d'eux-mêmes, et ils ne trouvèrent rien de mieux à dire pour leur défense que, dès le jour où elle avait été leur prisonnière, ils l'avaient destinée à leur fils Ricared. L'argument était bien faible, car c'était une nouvelle faute d'avoir fiancé ces jeunes gens sans l'autorisation royale; mais ils pensaient que ce ne serait pas là un bien grand grief et que le châtiment ne pouvait en être sévère. Consolés de la sorte, ils décidèrent qu'Isabelle se présenterait non pas pauvrement vêtue comme une prisonnière, mais habillée somptueusement comme il convient à l'épouse d'un noble seigneur tel que leur fils.

Bien décidés désormais, le lendemain, ils habillèrent Isabelle en Espagnole; elle était vêtue d'une robe de satin vert à longue traîne, rehaussée d'une riche étoffe brodée d'or. Elle portait des bijoux enrichis de diamants et un éventail semblable à ceux des grandes dames espagnoles; ses longs cheveux blonds, ornés de diamants et de perles lui faisaient une superbe coiffure. Aussi luxueusement parée, on la vit, jolie à ravir, traverser Londres dans un superbe carrosse; tous les yeux et tous les cœurs allaient à elle. Auprès d'elle se tenaient Clotald, sa femme et Ricared, tandis que des seigneurs de la famille les accompagnaient à cheval. Clotald pensait que, en traitant si magnifiquement sa prisonnière, il forcerait la reine à la considérer comme la femme de son fils.

Arrivés au palais, ils furent introduits dans un grand salon où se trouvait la reine. Le cortège fit deux pas, puis s'arrêta tandis qu'Isabelle s'avançait seule; ainsi isolée, elle parut semblable à l'étoile qui brille dans la nuit, ou comme le rayon de soleil qui s'infiltre au lever du jour entre deux montagnes; plus d'un cœur dans l'assistance s'enflamma aux rayons des deux beaux soleils d'Isabelle. Humble et digne, elle alla aux pieds de la reine et lui dit en anglais : « Que Votre Majesté permette à son humble servante de lui baiser les mains; désormais elle sera rehaussée à ses propres yeux, parce qu'elle aura eu le bonheur d'approcher Votre Grandeur. »

Longtemps la reine la regarda en silence. Elle croyait, à ce qu'elle dit plus tard à ses suivantes, voir un ciel sans nuage dont les perles et les diamants d'Isabelle étaient les étoiles, ses yeux le soleil et la lune. Les dames d'atour de la reine restaient en admiration : l'une louait la vivacité de son regard; l'autre la fraîcheur de son teint; celle-ci la finesse de sa taille; celle-là la douceur de sa voix; une dernière enfin, crevant de jalousie, s'écria : « Cette Espagnole est jolie, mais elle est bien mal habillée. » Quand la reine fut revenue de son admiration, elle fit relever la jeune fille et lui dit : « Parlez-moi en espagnol, mon enfant, je comprends la langue de votre pays; vous me ferez plaisir. » Puis, s'adressant à Clotald : « Je regrette, Clotald, dit-elle, que vous m'ayez si longtemps privée de ce trésor; mais je comprends que vous vous en soyez montré jaloux. Maintenant il faut me le rendre, car il est à moi de droit. » — « Madame, répondit Clotald, vous avez raison; je m'avoue coupable, si c'est être coupable que d'avoir conservé ce trésor jusqu'au jour où il est arrivé au degré de perfection suffisant pour être présenté à Votre Majesté. Maintenant qu'il y est arrivé, je pensais le rehausser encore, en suppliant Votre Majesté de permettre qu'Isabelle devînt l'épouse de mon fils Ricared. En vous offrant ce couple, je vous offrirais tout ce que je possède de plus précieux. » — « J'aime tout en elle, répondit la reine, même son nom. Mais, Clotald, faites attention à vos paroles je sais que vous l'aviez promise à votre fils sans mon consentement. » — « Il est vrai, Majesté, dit Clotald, mais c'est parce qu'il me semblait que les services nombreux et importants rendus à l'Angleterre par mes aïeux et par moi méritaient des faveurs au moins aussi grandes que cette permission; au reste, le mariage n'est pas fait. » — « Et il ne se fera pas, ajouta la reine, avant que Ricared ait mérité Isabelle par ses propres exploits; je veux qu'il ne la doive qu'à lui seul et non à vous et vos ancêtres. Que Ricared se prépare à me servir et à gagner cette perle rare que j'estime à l'égal de ma propre fille. »

A ces mots, Isabelle se jeta de nouveau aux pieds de la reine et lui dit en espagnol : « Les peines qui trouvent d'aussi grandes consolations doivent être plutôt considérées commes joies que comme malheurs. Votre Majesté a daigné m'appeler sa fille; quels malheurs puis-je craindre, quelle fortune ne dois-je pas espérer, après un tel témoignage d'intérêt? » Isabelle parlait avec un tel charme, elle exprimait si gracieusement tout ce qu'elle voulait dire que la reine ordonna qu'elle restât à la cour, tant était grande la sympathie que la jeune fille avait su lui inspirer; la première femme de chambre, qui était une dame de haute noblesse, fut chargée de l'initier aux devoirs de sa nouvelle situation. Ricared pour qui la perte d'Isabelle était plus que la perte de la vie, crut qu'il allait devenir fou. Il se jeta en tremblant aux genoux de la reine et lui dit avec effroi : « D'autres récompenses que celles accordées à mon père et à mes aïeux étaient inutiles pour m'exciter à bien servir ma reine. Mais puisqu'il plaît à Votre Majesté que je la serve avec d'autres désirs, dans un but différent, je voudrais savoir comment et dans quelle profession il me sera permis de montrer que je me suis soumis aux obligations que m'impose Votre Majesté » — « Deux vaisseaux, répondit la reine, vont prendre la mer; le baron de Lansac les commande ; je vous nomme capitaine de l'un d'eux, persuadée que votre valeur saura suppléer au manque des années. C'est une grande faveur que je vous accorde, remarquez-le, puisque je vous fournis l'occasion, tout

[8]

eu servant votre pays, comme l'ordonne le sang qui coule dans vos veines, de montrer votre intelligence et votre faveur et de mériter la récompense qui, à vos propres yeux, semble être la plus précieuse que vous pussiez désirer. Je veillerai moi-même sur Isabelle, quoique sa vertu semble devoir être sa meilleure sauve-garde. Que Dieu vous conduise; vous êtes amoureux, j'ai donc lieu de compter sur vos hauts faits. Et maintenant, relevez-vous, Ricared, et faites vos adieux à Isabelle; demain vous embarquerez. »

Ricared baisa la main de la reine en signe de gratitude pour la faveur qu'elle lui accordait, puis il alla se prosterner devant Isabelle; mais lorsqu'il voulut parler, il ne put articuler une parole; sa langue paraissait serrée comme par un nœud. Seules, des larmes montèrent à ses yeux, et, quelques efforts qu'il fît pour cacher son émotion, il ne put la dissimuler à la reine. « Ricared, lui dit-elle, pourquoi cacher vos larmes; il n'y a pas de déshonneur à montrer, au moment de la séparation, la tendresse de votre cœur. Il est moins difficile de se battre que de se séparer de celle à qui on a donné son cœur. Isabelle, donnez un baiser à Ricared et bénissez-le; ses regrets montrent qu'il en est digne. » Isabelle n'entendit pas les ordres de la reine, tant l'humble attitude et la douleur de Ricared, que déjà elle aimait comme son époux, l'avaient émue; elle se mit à pleurer inconsciemment, immobile comme une statue. Tous les assistants étaient émus à la vue de tant de douleur. Ricared sortit du salon sans avoir retrouvé la force d'ajouter une seule parole à Isabelle. En même temps que lui sortirent Clotald et tous ceux qui les avaient suivis.

Il sembla à Isabelle que, pour la seconde fois, elle venait de perdre ses parents; elle tremblait à la pensée que peut-être sa nouvelle maîtresse voudrait lui faire changer les habitudes dans lesquelles elle avait été élevée jusque-là. Le surlendemain, Ricared prit la mer; dans son cœur s'agitaient deux pensées qui le torturaient : d'une part, il voulait par de hauts faits conquérir la main d'Isabelle; d'autre part, il lui semblait qu'il resterait impuissant parce que son cœur de catholique lui défendait de combattre contre des catholiques. Il lui fallait donc ou avouer sa foi ou paraître lâche, et alors, ou bien il risquait sa vie, ou bien il lui fallait renoncer à Isabelle. Dans cette alternative, il résolut de dompter son amour et d'affirmer sa foi; mais dans le fond de son cœur, il suppliait le ciel de lui fournir l'occasion de se montrer brave tout en restant chrétien, de servir la reine et de conquérir Isabelle.

Durant les six premiers jours, le vent se montra favorable, et ils voguèrent tranquillement vers les Açores; dans ces eaux l'on rencontre toujours des bâtiments portugais revenant des Grandes Indes ou quelques autres navires de retour des Indes occidentales.

Le sixième jour, un fort vent du sud les prit en flanc; la tempête fut si violente et si persistante qu'ils durent remettre le cap sur l'Espagne sans avoir pu aborder aux îles. A l'entrée du détroit de Gibraltar, ils aperçurent trois navires dont deux petits et un autre de fort tonnage. Ce que voyant, Ricared fit avancer son navire auprès de la capitane pour demander au général s'il croyait bon d'attaquer les trois vaisseaux. Mais comme il allait se trouver à portée de la capitane, il vit que l'on hissait un pavillon noir sur le grand mât. Bientôt, comme on se rapprochait, il perçut un bruit lugubre de trompettes; il n'y avait plus de doute : le général ou quelque personnage de marque était mort. Alors seulement, dans ce moment de vive émotion et pour la première fois depuis le départ, les deux vaisseaux purent se parler. On cria de la capitane que le général avait succombé la veille à une attaque et qu'il était nécessaire que le capitaine Ricared prît le commandement. La consternation fut générale; seul Ricared se réjouit, non pas de la perte du général, mais parce qu'il se trouvait maintenant maître de commander les deux navires; c'étaient là les instructions que la reine avait données. A peine Ricared avait-il pris le commandement au milieu de l'enthousiasme général que l'on constata l'approche de deux des trois navires qui étaient en vue. Ils marchaient droit sur les navires de Ricared. Quant au troisième bâtiment, le plus grand, il restait en arrière.

C'étaient des galères turques; on le reconnut facilement aux pavillons qui étaient ornés de croissants : grande fut la joie de Ricared; il lui semblait, en effet, que, s'il pouvait s'en emparer, ce serait une prise importante sans que cela nuisît à aucun catholique. Les deux navires turques s'approchèrent afin de reconnaître les bâtiments anglais qui, pour n'être pas reconnus et aussi pour n'être pas pris pour des corsaires, portaient, non le pavillon anglais, mais celui de l'Espagne. Les Turcs, persuadés que c'étaient des navires revenant des Indes, pensèrent qu'il leur serait facile de s'en emparer. Ricared les laissa s'approcher lentement jusqu'à ce qu'ils fussent à bonne portée de canon : alors il ordonna de faire feu; la précision fut telle que cinq boulets venant frapper une des galères l'ouvrirent par le milieu; couchée sur le flanc, elle s'en alla au hasard sans pouvoir réparer ses avaries. En présence d'un tel péril, la seconde galère lui jeta une amarre et la remorqua jusque dans les eaux du grand bâtiment; cependant Ricared, avec ses vaisseaux légers et agiles, poursuivit les galères en faisant pleuvoir les boulets sur elles. Dès que la galère endommagée toucha le grand navire, son équipage l'abandonnant s'efforça de se hisser jusqu'à bord. Ricared, voyant alors la galère encore intacte gênée dans sa marche par les débris de l'autre, jeta ses deux navires sur elle et la prit entre deux feux. La seule chance de salut qui restait

[10]

aux Turcs était de gagner le bord du grand navire; ce qu'ils firent tandis que les rameurs qui étaient des chrétiens, brisant leurs chaînes, cherchaient le même refuge que les Turcs. Mais la mêlée était telle qu'ils arrivaient péniblement à se sauver, tandis que Ricared faisait tirer sur eux ou tout au moins sur les Turcs, car il avait donné l'ordre d'épargner ceux que l'on reconnaissait pour être des chrétiens. C'est ainsi que la plus grande partie des Turcs trouva la mort; le reste qui était parvenu sur le grand navire fut tué par les chrétiens qui les avaient suivis et qui tournèrent contre eux leurs propres armes.

Ils croyaient que les vaisseaux anglais étaient espagnols; cette pensée leur donnait l'espoir de la liberté et stimulait leur ardeur. Enfin quand la plupart des Turcs furent mis hors de combat, quelques Espagnols, montant sur le pont, firent signe à ceux qu'ils croyaient Espagnols de venir recueillir le prix de leur victoire. A Ricared qui leur demandait ce qu'était ce vaisseau, ils répondirent que c'était une galère revenant des Indes portugaises et portant des épices, des perles et des diamants en tel nombre qu'il vallait plus d'un million; qu'il avait été attaqué et pris la veille par les deux galères appartenant au corsaire Mami, et que celui-ci, comprenant qu'il ne pourrait entasser sur ses galères toutes les richesses que renfermait le navire, les Turcs le remorquaient jusqu'à la rivière Laroche, située non loin de là. Alors Ricared leur apprit que les navires qu'il commandait étaient anglais, et non pas espagnols. Ce fut pour eux une cruelle désillusion, car ils crurent qu'ils n'avaient fait que changer de péril. Mais Ricared les rassura bien vite, leur promettant la liberté s'ils renonçaient à toute idée de révolte. « Nous le voudrions que nous ne le pourrions pas, répondirent-ils, puisqu'il n'y a point d'artillerie à bord du navire et que nous n'avons pas d'armes. Nous ne pouvons donc que nous en remettre à la bonté du général; celui auquel nous devons d'être délivrés de l'insupportable joug des Turcs, rendra son nom fameux s'il pousse la magnanimité jusqu'au bout. »

Flatté de ces paroles, Ricared réunit en conseil tout son équipage et leur demanda leur avis sur le moyen de faire passer tous ces chrétiens en Espagne sans qu'il y eût à craindre que, profitant de leur grand nombre, ils essayassent de se mutiner. Certains conseillèrent de faire passer les chrétiens un à un à bord du navire et de les tuer au fur et à mesure qu'ils mettaient le pied sur le pont; après quoi l'on remorquerait tranquillement le galion jusqu'à Londres. « Non, dit Ricared; Dieu dans sa bonté nous a donné ces immenses richesses; nous ne devons pas répondre à cette magnanimité par des actes de cruauté. Ce que l'on peut résoudre par ruse ne doit pas être tranché par le fer. Pour moi, il faut épargner tous les catholiques, par affection non pour eux mais pour moi-même;

je voudrais que notre haut fait ne nous valût, ni à moi, ni à vous, mes chers compagnons la réputation de cruauté en même temps que celle de bravoure. Si vous m'en croyez, nous allons transporter sur le galion tous les canons d'un de nos navires, puis nous ferons de notre équipage l'équipage du galion que nous ramènerons en Angleterre; pendant ce temps les Espagnols rentreront en Espagne. »

Nul n'osa s'opposer aux projets de Ricard : pour les uns, il montrait en cette circonstance beaucoup de grandeur d'âme et d'habileté; aux autres, il semblait pas trop indulgent pour les catholiques. Son parti une fois pris d'une façon définitive, Ricared, accompagné de cinquante hommes solidement armés, passa à bord du navire portugais. Il s'y trouvait trois cents personnes à peu près, c'étaient les échappés des galères; il commença par demander le livre de bord : on lui répondit que ce livre avait été enlevé par le corsaire des petits navires, lequel s'était noyé lorsqu'ils avaient coulé. Lorsque tout fut remis en ordre, Ricared adressa quelques paroles aux chrétiens, après quoi il les fit descendre sur le bâtiment allégé où ils trouvèrent accumulées de nombreuses provisions pour de longs jours. Au fur et à mesure qu'ils embarquaient, il faisait donner à chacun d'eux quatre écus espagnols en or, afin qu'ils pussent subvenir à leurs premiers besoins quand bientôt ils seraient descendus à terre. Déjà on pouvait distinguer les cimes des montagnes d'Abyla et de Calpe.

De tous côtés s'élevèrent des témoignages de remerciments pour tant de générosité. Le dernier qui allait passer sur le navire était celui qui avait servi d'interprète de ses compagnons. A ce moment il s'adressa à Ricared : « Je serais heureux, noble seigneur, si tu voulais m'emmener avec toi en Angleterre plutôt que de me faire passer en Espagne. C'est ma patrie, il est vrai; je ne l'ai pas quittée depuis longtemps, et cependant tout ce que je pourrai y retrouver ne fera qu'augmenter ma tristesse et me montrer combien je suis aujourd'hui seul au monde. En effet, il y a une dizaine d'années, lors de la prise de Cadix, une fille me fut enlevée et sans doute conduite en Angleterre; c'était toute la consolation de ma vieillesse, tout le plaisir de mes yeux : depuis qu'elle est partie, rien ne peut plus charmer mes regards. En même temps que ma fille, je perdis toute ma fortune : ce double malheur m'abattit à ce point que je ne me sentis plus ni la force ni la volonté de recommencer le commerce dans lequel j'avais acquis des biens qui me faisaient passer à bon droit pour le plus riche négociant de la ville. Mon crédit était trop grand et ma fortune liquide s'élevait à plus de cinquante mille ducats. Mais qu'eût-ce été de perdre tout cela si j'avais conservé ma fille! Après tous ces désastres, je me trouvai dans un tel dénûment que, d'accord avec ma femme que vous voyez tristement assise là-bas, je résolus de passer aux Indes où se réfugient tous les malheureux honteux. Il y a six jours que nous nous embarquâmes ; à la sortie de Cadix nous fûmes rencontrés et faits prisonniers par ces deux bâtiments corsaires. De nouvelles épreuves recommençaient pour nous. Cependant nos maux eussent été plus terribles encore si le corsaire n'avait pas capturé ce galion qui retardait sa marche jusqu'aux événements auxquels tu viens d'assister. » Ricared lui demanda le nom de sa fille. « Elle s'appelle Isabelle, » répondit-il. Dès lors Ricared fut confirmé dans la pensée qui lui était venue qu'il se trouvait en présence du père de sa chère fiancée. Cependant, ne voulant pas lui donner une fausse joie, il se contenta de lui dire qu'il consentait volontiers à les emmener, lui et sa femme, à Londres, où ils pourraient peut-être apprendre des nouvelles de celle qu'ils pleuraient. Il les fit donc embarquer sur sa capitane, après avoir mis sur le galion portugais le nombre d'hommes qui lui parut nécessaire.

La nuit venue ils quittèrent à toutes voiles les côtes d'Espagne ; sur le bâtiment qui portait les chrétiens libérés se trouvaient aussi environ vingt Turcs auxquels Ricared avait aussi rendu la liberté, désireux de montrer de la sorte que sa libéralité était dictée bien plus par la bonté et la générosité que par une sympathie particulière pour les catholiques. Il demanda aux Espagnols de débarquer, à la première occasion, ces Turcs et de les laisser complètement libres. Ceux-ci lui prodiguèrent les témoignages de la plus vive reconnaissance. Au début du trajet, on trouva bon vent, mais bientôt il devint moins fort, puis ce fut le calme plat. Les Anglais poussèrent alors de grands cris disant que Ricared s'était montré trop généreux, que les prisonniers libérés pouvaient prévenir les Espagnols de ce qui se passait, que ceux-ci armeraient des galions, les poursuivraient et n'auraient pas de peine à s'emparer d'eux. Ricared ne se dissimulait pas la justesse de leurs récriminations ; néanmoins, il parvint à les apaiser à force de bonnes paroles. D'ailleurs le vent se remit à souffler, les voiles s'enflèrent, et au bout de neuf jours ils se trouvèrent à proximité de Londres. Leur voyage si glorieusement terminé, avait à peine duré un mois.

Comme le général était mort, Ricared se fit scrupule d'arriver en donnant des signes de joie ; il fit donc alterner les marques de deuil avec celles de triomphe. Aux gaies sonneries du clairon succédaient les lugubres trompettes ; après les joyeux battements de tambour venaient les fifres lugubres ; à un mât flottait l'étendard orné de croissants ; à un autre pendait en berne un large drapeau noir. Son navire pénétra de la sorte dans la rivière qui passe à Londres ; quant au grand bâtiment portugais, il dut croiser en mer, son tirant d'eau étant trop fort. La foule considérait le navire avec étonnement, ne comprenant rien à ces signes opposés. Bientôt on reconnut le petit navire pour être la capitane du baron de Lansac, mais nul ne se rendait compte comment l'autre petit navire avait pu se changer en ce grand bâtiment qui ne pouvait pénétrer dans la rivière. Mais bientôt la lumière se fit dans l'esprit de tous, à la vue du glorieux Ricared qui, couvert de brillantes armures, sautait dans un canot; celui-ci, à pied et sans autre escorte que la foule qui l'acclamait, se rendit au palais où la reine anxieuse attendait, dans une galerie extérieure, des nouvelles des deux vaisseaux signalés. Dans l'entourage de la reine se trouvait Isabelle, aussi gracieuse dans ses vêtements anglais qu'elle l'était naguère en Espagnole. Un messager vint informer la souveraine de la venue de Ricared; à ce nom, Isabelle se troubla, partagée qu'elle était entre la crainte et l'espérance. Ricared, avec sa haute taille, ses nobles proportions, son armure complète et brillante, fit à toute l'assistance l'impression la plus favorable. Les uns disaient que c'était Mars lui-même; d'autres le comparaient à Vénus qui, par fantaisie, aurait pris l'aspect du dieu des batailles.

Enfin il s'approcha de la reine; alors mettant un genou à terre, il lui dit : « Majesté, après la mort du baron de Lansac, enlevé par une attaque d'apoplexie, je pris, suivant les ordres de Votre Majesté, le commandement en chef des vaisseaux; c'est alors que ma bonne fortune mit sur ma route deux galères turques remorquant le grand navire qui est en rade. Je les attaquai; vos troupes combattirent avec leur courage habituel, et les deux galères furent coulées; les chrétiens, qui, échappant au joug turc, s'étaient réfugiés sur un de nos vaisseaux, furent rendus à la liberté en votre nom. Seuls, deux Espagnols, un homme et une femme, qui m'avaient témoigné le désir de vous être présentés, restèrent avec nous. Le grand navire vient des Indes du Portugal; à ce que disent les hommes qui le montaient, il contient pour plus de un million d'épices et de matières précieuses. Rien n'y a été dérangé; toute la cargaison appartient à Votre Majesté à laquelle le ciel l'a destinée; je serai cent fois payé si vous voulez m'accorder un seul bijou. Ce bijou que votre Majesté a déjà daigné me promettre, c'est Isabelle que j'aime. »

La reine lui répondit : « Relevez-vous, Ricared, si je voulais estimer Isabelle à la valeur que je lui attribue, vous ne pourriez l'obtenir au prix ni de ce que renferme ce vaisseau, ni de tout ce que contiennent les Indes entières. Si je vous la donne, c'est parce que je vous l'ai promise et que vous êtes dignes l'un de l'autre. Vous la devez à votre seul mérite. Vous m'avez conservé les richesses du navire; moi, je vous ai conservé votre joyau. Dites à Isabelle que je vous la donne, je crois qu'elle en sera heureuse car elle a su apprécier la valeur de votre affection. Et maintenant, allez prendre un repos que vous avez bien gagné; demain vous me raconterez tous les détails de vos hauts faits et vous m'amènerez les deux Espagnols qui désirent me voir. »

Ricared baisa les mains de la reine avec les marques de la plus vive gratitude et se retira. Ses parents et ses amis lui firent l'accueil le plus chaleureux, et, cette nuit-là, ce furent dans Londres des réjouissances générales en l'honneur de son succès. Le père et la mère d'Isabelle avaient été reçus chez Clotald auquel Ricared avait dit qui ils étaient, tout en lui recommandant de ne leur donner avant lui aucune nouvelle d'Isabelle. Les mêmes instructions avaient été données à Mme Catherine et à tout le personnel de la maison.

Dès cette première nuit, en présence d'une foule considérable on commença à décharger le grand navire; mais il fallut plus de huit jours pour en retirer toutes les épices et toutes les autres richesses qu'il renfermait.

Le lendemain, Ricared se présenta au palais, accompagné des parents d'Isabelle auxquels il avait fait part du désir qu'avait la reine de les voir. Ils étaient habillés à l'anglaise. Ils furent introduits dans la salle où se tenait la reine, entourée de ses dames d'honneur. Par une attention toute particulière à l'égard de Ricared, elle avait fait asseoir à côté d'elle Isabelle, habillée de la même façon que le jour où elle lui avait été présentée pour la première fois. Sa beauté restait toujours aussi éblouissante. Les parents de la jeune fille furent éblouis de tant de faste; leurs yeux se portèrent sur Isabelle, mais ils ne s'y arrêtèrent pas. Et pourtant, une sorte de pressentiment leur faisait battre joyeusement le cœur. La reine, sans attendre que Ricared s'agenouillât à ses pieds, le fit asseoir sur un tabouret qui avait été placé là à cette intention; c'était là une faveur extraordinaire, étant donnée la morgue habituelle de la reine; aussi les marques de jalousie parurent de tous côtés dans l'assistance : toute faveur accordée par un prince n'est-elle pas comme un coup de lance dans le cœur des envieux?

La reine demanda à Ricared de lui faire le récit détaillé du combat contre les corsaires. Il recommença donc sa narration, disant que la victoire était due à Dieu et au courage de ses hommes; il les glorifia tous en général et fit, en particulier, l'éloge de quelques-uns qui s'étaient signalés par de hauts faits. Aussi la reine crut-elle devoir les récompenser tous et accorder des faveurs spéciales aux plus méritants. Lorsque l'occasion se présenta de parler des Turcs et des chrétiens qu'il avait remis en liberté, il ajouta en désignant le père et la mère d'Isabelle : « Cet homme et cette femme sont ceux dont j'ai parlé hier à Votre Grandeur et qui, dans leur ardent désir de vous être présentés, m'avaient supplié de les emmener. Ils habitaient Cadix, et, à leur récit et aussi par ce que j'ai vu, j'ai lieu de croire que ce sont

[15]

des personnes de marque. » La reine leur dit d'approcher; à ce moment Isabelle tourna ses regards vers eux pour voir des compatriotes qui peut-être connaissaient ses parents. En même temps, sa mère, elle aussi, la regarda et, s'arrêtant, la fixa attentivement; alors des souvenirs vagues s'élevèrent dans l'esprit de la jeune fille et il lui sembla qu'elle avait déjà vu cette femme, il y avait bien longtemps. Son père, lui aussi, montrait la même hésitation; il n'avait pu en croire ses yeux. Ricared épiait attentivement les divers sentiments qui se manifestaient sur les visages de ces trois personnes incertaines si, oui ou non, elles se connaissaient. La reine ne fut pas sans remarquer l'inquiétude des deux étrangers, et aussi celle d'Isabelle qui rougit, puis pâlit tour à tour. Le plus grand désir d'Isabelle était alors d'entendre la voix de celle qu'elle supposait être sa mère, dans l'espoir de sortir de l'incertitude où ses yeux l'avaient jetée. Alors la reine commanda à Isabelle de leur demander quel motif les avait poussés à refuser la liberté que, non seulement les hommes, mais les animaux considèrent comme le plus précieux des biens. Isabelle posa la question à sa mère qui, aussitôt, en dépit des obstacles qui la séparaient d'elle, se précipita vers la jeune fille; puis, sans songer au décorum, elle s'approcha de l'oreille droite d'Isabelle et y remarqua un petit signe noir qui acheva de l'affermir dans sa conviction; certaine désormais qu'Isabelle était sa fille, elle se jeta à son cou et s'écria dans un élan de passion : « O enfant chérie de mon cœur; ô précieux trésor de mon âme! » Et sans pouvoir ajouter une parole, elle tomba sans connaissance dans les bras de sa fille. Son père, tout aussi ému, mais moins expansif, versait des larmes qui baignèrent bientôt sa barbe vénérable. Isabelle colla son visage contre celui de sa mère, et, fixant son père, elle lui exprima clairement la joie en même temps que le regret qu'elle éprouvait de le voir en un tel lieu. La reine surprise de ces péripéties dit à Ricared : « Sans aucun doute, toute cette scène est votre œuvre, mais je ne sais si vous avez bien fait, car, vous le savez, on meurt de joie aussi bien que de chagrin. » Puis s'approchant d'Isabelle, elle la sépara doucement de sa mère qui reprit bientôt ses sens. Alors celle-ci, se jetant aux genoux de la reine : « Je supplie Votre Grandeur, dit-elle, de m'excuser; mais n'est-il pas naturel qu'on perde la raison quand on retrouve tout à coup une enfant aussi aimée? » La reine lui fit comprendre qu'elle l'approuvait, en se servant d'Isabelle comme d'interprète. Tel est le récit de la reconnaissance d'Isabelle et de ses parents. La reine fit rester ceux-ci au palais afin qu'ils pussent voir leur fille tout à leur aise. Ce fut une grande joie pour Ricared. Alors de nouveau, il supplia la reine de lui accorder la main d'Isabelle si toutefois elle l'en jugeait digne. Dans le cas contraire, il lui demandait de le mettre en mesure d'accomplir les hauts faits qui lui permettraient d'obtenir son cher trésor. La reine jugea qu'il n'y avait pas lieu de le soumettre à de nouvelles épreuves ; elle était dès maintenant assurée de son courage et de sa fidélité : elle lui dit donc qu'elle lui donnerait Isabelle dans quatre jours. Au comble du bonheur, Ricared se retira emportant dans son cœur l'espérance de posséder bientôt Isabelle pour toujours.

Les jours passèrent trop lentement à son gré. Enfin le moment arriva où Ricared espéra, non pas aimer davantage Isabelle, cela n'était pas possible, mais trouver en elle de nouvelles grâces qui le rendissent plus heureux encore. Et cependant, durant ces quelques courts instants, alors qu'il croyait qu'un vent favorable poussait le navire de son bonheur vers le port désiré, la mauvaise fortune souleva un tel orage sur la mer de sa vie qu'il crut cent fois périr dans les flots.

En effet, la première camériste de la reine, aux soins de laquelle Isabelle avait été confiée, avait un fils de vingt-deux ans, le comte Arnest. Sa grande fortune, sa noblesse, la haute situation de sa mère auprès de la reine, le rendaient, plus qu'il ne convient, vaniteux et arrogant. Or, ce jeune homme s'éprit éperdument d'Isabelle. Pendant le voyage de Ricared, il lui avait ouvert son cœur, mais toujours Isabelle l'avait repoussé ; cet échec n'avait fait qu'irriter son amour. Quand il apprit que la reine avait jugé Ricared digne de la main d'Isabelle et que bientôt elle serait sa femme, il songea à se tuer. Toutefois avant d'en venir à cette lâche extrémité, il se confia à sa mère et la pria de demander pour lui à la reine la main d'Isabelle, ajoutant que, si elle ne l'obtenait pas, il en mourrait.

Cette déclaration remplit la camériste de stupeur ; comme elle connaissait le caractère violent et passionné de son fils, elle craignit réellement pour ses jours ; aussi, mère avant tout et voulant le bien de son enfant, elle lui promit d'intervenir auprès de la reine. Cependant elle savait bien qu'elle ne l'amènerait pas à violer sa parole, mais elle voulait accomplir tout entier son devoir de mère.

Le matin du même jour, la reine avait fait habiller Isabelle avec une richesse que nous ne saurions exprimer. Elisabeth elle-même lui avait attaché au cou un collier composé des plus belles perles trouvées dans le navire ; sa valeur était de vingt mille ducats ; elle lui avait passé au doigt une bague de six mille écus ; les dames d'honneur se préparaient à grand fracas aux fêtes qui seraient données à l'occasion du mariage. C'est à ce moment que la première camériste entra chez la reine, et, se jetant à ses genoux, la supplia de suspendre pendant deux jours le mariage d'Isabelle ; cette faveur, disait-elle, la paierait amplement de tous ses services passés et futurs. La reine surprise voulut connaître le motif de cette singulière demande, qui allait à l'encontre de la parole qu'elle avait donnée, mais la camériste resta muette jusqu'à ce que la reine, lui ait promis qu'il serait fait selon son désir. Alors la camériste fit à la reine le récit des amours de son fils, lui exposa la violence de son caractère, lui dit sa crainte qu'il ne se tuât ou se livrât à quelque vilaine action s'il n'épousait pas Isabelle, et ajouta que, si elle avait demandé ce répit de deux jours, c'était pour que la reine pendant ce temps, songeât au moyen à employer pour sauver son fils. La reine répondit que, si elle n'avait pas engagé sa parole à Ricared, elle trouverait bien le moyen de sortir de ce mauvais pas, mais que maintenant qu'elle était liée rien au monde ne pourrait la faire revenir sur sa promesse.

La camériste rapporta cette réponse à son fils. Celui-ci, affolé par la passion, s'arma de toutes pièces, et, monté sur un vigoureux coursier, se présenta devant la maison de Ricared. Alors il appela Ricared à grands cris afin que celui-ci parût à sa fenêtre. Le jeune homme venait d'achever sa toilette de fiancé et prenait ses dernières dispositions pour se rendre au palais avec tout le cérémonial qu'exigeait une telle solennité. Au bruit que faisait Arnest, il s'enquit de la personne qui était là. Quand il apprit que c'était Arnest et pour quel motif il venait, Ricared, non sans inquiétude, se montra à sa fenêtre. Dès qu'il l'aperçut Arnest s'écria : « Ricared, écoute-moi bien ; la reine t'a envoyé combattre pour son service et accomplir des hauts faits qui te rendissent digne de la main d'Isabelle ; tu es parti et tu es revenu amenant des vaisseaux chargés de trésors et de la sorte tu crois avoir mérité Isabelle ; mais si la reine t'a promis sa main, c'est qu'elle ignore que, dans sa cour, il y a un homme plus digne d'une pareille faveur. Peut-être s'est-elle trompée ; c'est du moins mon opinion et je m'y tiens ; je dis donc que ce que tu as fait ne te hausse pas au niveau d'Isabelle et que jamais, quoi que tu fasses, tu n'en seras digne ; si tu oses me contredire, je te défie à mort. »

A ces paroles Ricared répondit : « Seigneur comte, je n'ai aucun motif pour relever votre défi, car je confesse que je ne suis pas digne d'Isabelle et qu'il n'y a pas un homme sur la terre qui mérite un si grand bien. Votre défi ne m'atteint donc pas ; cependant votre audace me plaît et je me tiens à votre disposition. » Alors quittant la fenêtre il se fit donner ses armes sur-le-champ. A cette nouvelle, une grande émotion se répandit parmi les parents et les amis qui étaient venus pour l'escorter jusqu'au palais. Une des personnes, qui avaient vu le comte Arnest en armes et qui avaient assisté au défi porté et accepté, courut au palais et raconta tout à la reine. Celle-ci enjoignit à son capitaine des gardes d'aller en hâte arrêter le comte. Il arriva au moment où Ricared sortait de chez lui, couvert de ses armes de combat et monté sur un vigoureux cheval. A la vue du capitaine le comte comprit ce qu'il venait faire. Il cria alors à Ricared : « Tu vois, Ricared, l'obstacle qui s'élève entre nous; mais si tu as envie de me punir tu me chercheras; moi, de mon côté, je te chercherai, car j'ai aussi envie de te punir; de la sorte nous nous trouverons facilement; remettons donc la partie à un autre jour.

Ricared répondit qu'il acceptait volontiers cette proposition.

C'est alors que le capitaine s'approcha et intima au comte l'ordre de se constituer prisonnier. Celui-ci répondit qu'il se rendait volontiers, mais à la condition expresse d'être conduit en présence de la reine. Le capitaine y consentit et il fut conduit au palais sous bonne escorte. Mais lorsque Arnest parut devant la reine, celle-ci sans vouloir l'écouter le fit désarmer et enfermer dans une tour.

Ces événements n'étaient pas sans troubler profondément le cœur d'Isabelle et de ses parents qui voyaient de nouveau leur tranquillité menacée. La camériste essaya de persuader à la reine de faire expulser d'Espagne Isabelle qui allait devenir une cause de discorde entre sa famille et celle de Ricared. C'était, à son avis, le seul moyen d'éviter un conflit. Pour donner plus de poids à ses paroles, elle ajouta perfidement qu'Isabelle était catholique et que ses convictions étaient si profondes que jamais elle n'avait pu obtenir qu'elle renonçât à ses exercices de piété. « Elle m'est d'autant plus sympathique, répondit la reine, qu'elle est plus ferme dans la foi que lui ont enseignée ses parents; quant à l'éloigner d'Espagne, qu'on ne m'en parle jamais; je souffrirais trop d'être privée de la vue de ses charmes et de ses vertus, et, si ce n'est aujourd'hui, un jour du moins je la donnerai à Ricared, car je tiens à accomplir ma promesse. »

En présence de la fermeté inébranlable de la reine, la camériste tomba dans un tel désespoir qu'elle ne trouva pas un mot à répliquer. Mais dans sa conviction que le seul moyen de calmer la fureur de son fils et de l'empêcher de se battre avec Ricared était de supprimer Isabelle, elle se décida au crime le plus noir qui puisse venir à l'esprit d'une personne née : elle résolut d'empoisonner la jeune fille. Et comme, chez les femmes, l'action suit généralement de près la pensée, dès le soir même elle empoisonna Isabelle en l'obligeant à prendre un breuvage qui contenait du poison, prétextant que c'était un remède souverain contre les angoisses du cœur. Les effets du toxique se firent bientôt sentir sur Isabelle : enflammation de la gorge et de la langue, noirceur des lèvres, voix rauque, trouble des yeux, oppression de la poitrine. Les signes de l'empoisonnement étaient évidents. Les dames de la cour se précipitèrent chez la reine pour lui rapporter ce qui se passait, affirmant que, sans nul doute, le coup venait de la première cameriste. La reine avait des raisons pour se laisser persuader sans peine; elle accourut auprès d'Isabelle qui semblait près d'expirer. Elle envoya chercher ses médecins, mais sans attendre leur arrivée, trop lente au gré de son impatience, elle lui fit absorber de la poudre de licorne et autres antidotes dont les souverains ont toujours soin d'être munis par crainte de semblables accidents. Quand les médecins arrivèrent, ils multiplièrent leurs soins et insistèrent pour qu'on fît avouer à la première cameriste de quel poison elle s'était servie; car pour personne il n'y avait de doute: elle était la coupable. Celle-ci n'hésita pas longtemps à confesser son crime; alors les médecins, sachant à quel poison ils avaient affaire, opérèrent si bien que bientôt on conserva l'espoir de rendre Isabelle à la santé.

La reine donna l'ordre d'arrêter la cameriste et de l'enfermer dans une pièce étroite du palais; celle-ci se disculpait de son mieux, disant que c'était faire un acte agréable à Dieu que de supprimer une catholique de la terre. Ricared, en apprenant ces tristes nouvelles, tomba dans un tel accès de désespoir qu'on crut qu'il allait perdre la raison, tant ses paroles étaient incohérentes.

Enfin Isabelle conserva la vie, mais la nature, semblant vouloir lui faire payer la vie qu'elle lui laissait, lui fit tomber les cheveux, les sourcils et les cils; son visage était boursouflé, son teint terreux, sa peau rugueuse et ses yeux sans cesse larmoyants; bref, son état était tel que, après avoir paru un miracle de beauté, elle sembla être devenue un phénomène de laideur. Ses amis en venaient presque à regretter qu'elle n'eût pas succombé à l'empoisonnement. Cependant Ricared supplia la reine de la lui donner pour femme, disant que son amour était plus fort que les vanités du corps et que, si son visage avait perdu sa beauté, son âme restait ornée des mêmes vertus. « Je vous approuve, Ricared, répliqua la reine, emmenez-la donc et restez persuadé que je vous donne le plus précieux des bijoux, enfermé dans une enveloppe grossière. Plût au ciel que j'aie pu vous la rendre telle que vous me l'avez confiée, mais puisque ce n'est pas possible, pardonnez-moi. Le châtiment que j'infligerai à l'auteur de tels maux sera bien fait pour vous venger. » Ricared intercéda de toutes ses forces en faveur de la cameriste, disant que les arguments qu'elle avait donnés étaient assez forts pour excuser les plus noirs forfaits. Enfin, Ricared fut autorisé à emmener chez lui, ou plutôt chez ses parents, Isabelle avec son père et sa mère. Pour montrer combien grande était son affection pour sa protégée, la reine ajouta d'autres présents aux bijoux dont elle l'avait déjà comblée. Durant deux mois rien ne laissa présumer que la laideur d'Isabelle pût s'atténuer; cependant, au bout de ce temps, la rugosité de sa peau disparut et la fraîcheur de son teint commença à revenir.

Cependant les parents de Ricared, persuadés que jamais Isabelle ne retrouverait sa beauté, avaient résolu de reprendre les négociations pour le mariage de leur fils avec la jeune Écossaise. Sans en rien dire à leur fils, ils demandèrent qu'elle vînt à Londres, pensant que sa beauté présente effacerait jusqu'au souvenir de la beauté passée d'Isabelle; quant à celle-ci, ils comptaient la renvoyer en Espagne avec ses parents après leur avoir donné assez de richesses pour réparer leurs anciennes pertes. Six semaines après, sans que Ricared en eût été prévenu, la jeune Écossaise arriva accompagnée comme il convient à une jeune fille de qualité. Sa beauté était si parfaite que depuis le malheur d'Isabelle elle n'aurait pu trouver une rivale dans la ville entière. Cette vue troubla profondément Ricared qui craignit que le saisissement causé par cette arrivée ne mit les jours d'Isabelle en danger. Désireux de parer à tout événement, il s'approcha du lit où elle était étendue; ses parents se trouvaient auprès d'elle : « Ma chère Isabelle, lui dit-il, mes parents qui m'aiment de tout leur cœur et qui ne comprennent pas que je vous ai donné toute mon âme, ont fait venir ici une jeune Écossaise qu'ils avaient voulu me donner pour femme avant que je vous connusse; ils pensent, sans doute, que sa grande beauté vous fera disparaître de mon cœur où vous régnez en souveraine. Mais, depuis que je vous aime, mon affection est plus forte que les vanités de la terre; certes j'aimais votre beauté, mais j'aime par-dessus tout vos rares vertus; aussi mon amour s'est-il encore accru depuis que vous avez perdu les charmes de votre corps. Je veux donner une force particulière à mes paroles. Veuillez donc me tendre votre main.

Il prit dans les siennes la main qu'elle lui donnait et continua : « Par la foi catholique à laquelle je crois et que je confesse, par le vrai Dieu qui écoute mes paroles, je vous jure, Isabelle, vous qui avez toute mon âme, de vous épouser si vous me jugez digne de m'élever jusqu'à vous. »

Isabelle et ses parents restaient confondus des paroles de Ricared. Elle ne savait que répondre; enfin, en lui baisant la main, elle lui dit qu'elle le voulait pour époux et que toute sa vie elle serait sa fidèle esclave. Ricared qui n'avait jamais osé approcher ses lèvres de son visage lorsqu'elle était belle, déposa un baiser sur son front, et les parents de la jeune fille célébrèrent par des flots de larmes cette fête des fiançailles. Ricared leur dit qu'ils verraient comment il trouverait le moyen de rompre son mariage avec l'Écossaise que ses parents avaient amenée sous leur toit. Il leur recommanda de consentir à partir pour Cadix lorsque ses parents le leur proposeraient, et de l'attendre soit dans cette ville soit à Séville où il les rejoindrait avant deux années si le ciel lui accordait de vivre jusque-là. Dans le cas où ils ne le verraient pas dans ce délai, c'est que la mort ou quelque grave événement serait venu mettre obstacle à son projet. Isabelle lui répondit qu'elle l'attendrait, non pas deux années, mais toute son existence, jusqu'au jour où elle apprendrait sa mort, jour qui serait le dernier pour elle aussi.

A ces tendres paroles, les larmes coulèrent de nouveau de tous les yeux, et Ricared, se retirant, alla dire à ses parents qu'avant d'épouser l'Ecossaise il voulait aller à Rome pour se mettre en repos avec sa conscience. Il invoqua de si bonnes raisons que ses parents et ceux de l'Ecossaise qui s'appelait Clisterna, en bons catholiques qu'ils étaient, se laissèrent persuader, et il fut convenu que le mariage serait différé d'une année pendant laquelle la jeune fille habiterait chez ses futurs parents.

Quand tout fut ainsi décidé, Clotald dit à Ricared qu'il avait l'intention, si la reine ne s'y opposait pas, d'envoyer en Espagne Isabelle et ses parents; sans doute l'air de la patrie hâterait la guérison de la jeune fille. Ricared, pour donner le change, répondit sans sourciller à ses parents qu'ils pouvaient faire comme ils jugeraient le mieux. Il demanda seulement à son père de laisser à Isabelle tous les cadeaux que lui avait donnés la reine. Clotald trouva cette prière très raisonnable, et le jour même il alla demander tout à la fois à la reine d'autoriser le mariage de son fils avec Clisterna et de renvoyer en Espagne Isabelle et ses parents. La reine trouvant très sage la double demande de Clotald, donna son consentement complet. Le jour même, sans se soucier de prendre l'avis des magistrats, elle condamna sa cameriste à ne plus rester à son service, et à verser à Isabelle une indemnité de dix mille écus d'or. Pour le comte Arnest, il fut condamné à dix ans d'exil en punition du défi qu'il avait porté à Ricared. Quatre jours après, alors qu'Arnest avait pris ses dernières dispositions pour partir en exil et que l'argent de l'amende était prêt, la reine fit appeler un riche marchand français, habitant Londres et qui était en rapports fréquents avec la France, l'Italie et l'Espagne. Elle lui remit les dix mille écus, et le père de Ricared lui demanda des papiers de commerce pour que les parents d'Isabelle pussent toucher cette somme, soit à Séville, soit dans toute autre ville d'Espagne. Le marchand préleva ses intérêts et remit une lettre de change qui, suivant ses arrangements, devait être payée sur l'avis d'un banquier français. La reine fit ensuite appeler un armateur flamand qui devait toucher la France et de là cingler sur l'Espagne. Elle le pria d'emmener Isabelle et ses parents, d'avoir pour eux tous les égards possibles et de les descendre au premier port espagnol qu'il toucherait. Celui-ci, désireux d'être agréable à la reine, lui dit qu'il serait satisfait à tous ses désirs et qu'il débarquerait ses passagers à Lisbonne, Cadix ou Séville. Le lendemain Isabelle et ses parents vinrent faire leurs adieux à la reine qui, de nouveau, les combla de cadeaux pour adoucir les ennuis du voyage. Isabelle la remercia chaleureusement et prit ensuite congé des dames de la cour qui, depuis qu'elle était devenue laide et ne pouvait plus passer pour une rivale, eussent été heureuses de la conserver à la cour pour jouir de son esprit. La reine embrassa les trois voyageurs, les recommanda au patron du navire et insista auprès d'Isabelle pour qu'elle lui fît parvenir de ses nouvelles. Le soir même ils s'embarquèrent accompagnés des regrets de Clotald, de sa femme et de tous les serviteurs de la maison qui avaient voué une affection profonde à la jeune étrangère. Ricared, craignant de laisser voir combien grande était sa douleur, était parti à la chasse avec des amis afin de ne pas assister à l'embarquement. Mme Catherine fit à Isabelle de superbes cadeaux, et lui prodigua les baisers et les recommandations. Isabelle et ses parents se montrèrent à la hauteur de tant de bienfaits de sorte que l'on se quitta satisfait de part et d'autre.

Le soir même le navire mit à la voile, et trente jours après il entra dans Cadix où Isabelle et ses parents débarquèrent. Reconnus bientôt par les habitants de la ville, ils furent accueillis avec les témoignages de la joie la plus vive. On les combla de félicitations sur le bonheur qu'ils avaient eu de recouvrer la liberté et de retrouver leur fille. Déjà la santé d'Isabelle était meilleure, et elle pouvait espérer recouvrer sa beauté passée. Ils se reposèrent un long mois à Cadix après quoi ils partirent pour Séville afin de toucher les dix mille écus qui devaient leur être remis par l'intermédiaire du banquier français. La lettre d'avis n'était pas encore arrivée de France, lui répondit-on, mais elle ne pouvait pas tarder.

Ce que voyant, les parents d'Isabelle louèrent une maison en face du monastère de Sainte-Paula, parce qu'il s'y trouvait une de leurs nièces, religieuse réputée pour la beauté sans pareille de sa voix. Leur choix se porta sur cette maison afin d'être rapprochés de leur nièce et aussi parce que Isabelle avait dit à Ricared que, s'il venait la chercher à Séville, il devrait demander son adresse à sa cousine la religieuse de Sainte-Paula que tout le monde lui désignerait s'il disait qu'elle était réputée pour la beauté de sa voix.

Les avis de France tardèrent encore quarante jours à venir. Enfin Isabelle put toucher les dix mille écus qu'elle remit à ses parents. Grâce à cette somme et au produit de la vente de quelques-uns des bijoux d'Isabelle, son père put recommencer son commerce au grand étonnement de ceux qui avaient eu connaissance de ses pertes. En quelques mois son crédit fut rétabli, tandis qu'Isabelle retrouvait si bien son ancienne beauté que parmi les jolies femmes, l'Espagnole-Anglaise méritait le premier rang. Tout le monde, dans la ville, la connaissait sous ce nom, et sa réputation était universelle. Isabelle et ses parents, par l'intermédiaire du négociant flamand, firent part de leur arrivée à la reine d'Angleterre. Ils écrivirent aussi à Clotald et à Catherine auxquels Isabelle donna le nom de parents et que Clotald et sa femme appelaient seigneurs. La reine ne leur répondit pas, mais Clotald et sa femme leur apprirent que, le lendemain de leur départ, Ricared était parti pour la France et de là pour d'autres pays où il croyait bon de se rendre pour mettre sa conscience en repos.

Isabelle ne douta pas que, si Ricared avait quitté l'Angleterre, c'était pour venir la chercher en Espagne. Pleine d'espérance, elle passait des jours heureux et s'appliquait à ce que, en débarquant à Séville, Ricared fût informé de sa présence par le bruit de ses vertus. Si elle sortait, c'était pour se rendre au couvent. Presque toujours enfermée dans son oratoire, c'était de là qu'elle suivait les offices de la semaine sainte. Jamais on ne la vit paraître à une fête publique ni prendre part à aucune réjouissance. Toute entière à ses prières et à ses chers souvenirs, elle attendait Ricared.

Cependant un an et demi s'était déjà écoulé et l'espoir de voir bientôt arriver Ricared faisait battre plus vivement le cœur de la jeune fille. Alors, tandis qu'elle croyait déjà son époux auprès d'elle et lui demandant quels événements avaient retardé sa venue; tandis qu'elle l'entendait s'excuser et qu'elle lui pardonnait, voilà que soudain elle reçoit une lettre de Mme Catherine, lettre déjà vieille de cinquante jours et ainsi conçue : « Ma chère enfant; tu te souviens de Guillard, le page de Ricared; il l'avait accompagné dans le voyage que notre fils a entrepris le lendemain de ton départ. Pendant seize mois nous sommes restés sans nouvelles de notre cher enfant, et voilà que Guillard vient de revenir pour nous annoncer que Ricared a été traîtreusement tué en France par le comte Arnest. Tu comprends quelle a été notre douleur à tous en apprenant cette affreuse nouvelle, nouvelle qui, hélas! ne peut pas être mise en doute. Clotald et moi, ma chère enfant, nous te supplions de prier pour l'âme de Ricared; ne dois-tu pas cela à celui qui t'a tant aimée, tu le sais? »

L'écriture et la signature étaient connues d'Isabelle; elle ne pouvait donc en douter : son époux était mort. Elle connaissait Guillard; elle savait que sa parole était sûre et que jamais il n'aurait consenti à donner la fausse nouvelle de la mort de son maître; d'autre part, il n'y avait aucune raison pour que la mère de Ricared lui envoyât de si tristes nouvelles si elles n'étaient pas vraies. De toutes parts la triste réalité lui apparaissait donc comme certaine. Quand elle eut achevé la lettre, elle se leva, droite, le visage calme, sans aucune apparence de douleur et se dirigea vers son oratoire. Là elle se jeta à genoux devant un crucifix et fit vœu de devenir religieuse, comme c'était son droit, puisqu'à ses yeux elle était veuve. Ses parents s'appliquèrent à dissimuler leur propre chagrin afin d'avoir plus de force pour calmer la douleur d'Isabelle; mais elle, comme si elle se complaisait dans sa peine, adoucie par sa pieuse résolution, consolait à son tour ses parents auxquels elle fit part de son intention. Ils lui conseillèrent, avant de la mettre à exécution, d'attendre la fin des deux années que Ricared avait fixées pour son retour. La fin de ce délai confirmerait la mort de Ricared et alors elle pourrait entrer en religion avec plus de confiance. Isabelle suivit ce conseil; les six mois qui restaient encore furent occupés par elle à se préparer, par de pieuses pratiques, à son nouvel état; elle avait choisi le couvent de Sainte-Paula où se trouvait sa cousine.

Enfin les deux années se passèrent et le jour de la prise de voile fut fixé; la nouvelle courut bientôt toute la ville, et le monastère ainsi que le chemin qui y conduisait fut rempli des personnes qui connaissaient Isabelle, soit de vue, soit de simple réputation. Son père avait invité tous ses amis qui firent à Isabelle le plus beau cortège qu'on eût jamais vu à Séville pour une semblable solennité. Là se trouvait le corrégidor, le doyen de l'église, le vicaire général et tous les seigneurs, toutes les dames nobles de la ville: tous voulaient voir une dernière fois briller dans tout son éclat la beauté d'Isabelle que, depuis tant de mois, elle leur avait cachée. L'usage veut que les jeunes filles qui vont prendre l'habit paraissent aussi richement parées que possible, voulant ainsi briller d'un dernier éclat avant de renoncer pour toujours aux vanités du monde. Isabelle voulut se conformer à cette habitude. Elle revêtit le costume qu'elle portait le jour où elle parut pour la première fois devant la reine d'Angleterre, et on se souvient combien il était riche et coquet; ses perles, son gros diamant, son collier, sa ceinture, rien ne fut oublié. Ainsi parée avec son élégance naturelle, Isabelle se rendit à pied au monastère qui était trop rapproché pour qu'un carrosse fût nécessaire. Cependant la foule se pressait à ce point que l'entourage de la jeune fille regretta de n'avoir pas eu recours aux voitures; ils ne pouvaient arriver à se frayer un chemin jusqu'au couvent. Ici on bénissait le ciel, là on rendait grâce à ses parents de l'avoir dotée de tant de charmes; celui-ci se haussait sur la pointe des pieds pour la mieux regarder; celui-là, après l'avoir vue, allait plus loin pour la voir encore. Mais de tous, celui qui paraissait le plus avide de regarder était un homme portant l'habit des captifs rachetés par les aumônes des Pères de la Rédemption.

Au moment où Isabelle allait entrer dans le monastère et où la prieure et les religieuses portant la croix venaient pour la recevoir sur le seuil, ce captif se mit à crier de toutes ses forces : « Arrêtez, Isabelle, tant que je vivrai vous ne pourrez pas entrer en religion. » A ces paroles, Isabelle et ses parents se retournèrent; ils virent alors le captif fendre la foule et se précipiter vers eux. Dans sa hâte, il avait laissé tomber le bonnet bleu qui lui couvrait la tête. Son abondante chevelure blonde et bouclée et son visage frais et rose montrèrent qu'il était étranger. Enfin il parvint jusqu'à Isabelle. Alors, lui prenant la main, il s'écria : « Isabelle, ne me reconnaissez-vous pas? Je suis Ricard, votre mari! » — « Oui, répliqua Isabelle, si vous n'êtes pas un fantôme envoyé de l'enfer pour troubler mon âme, je vous reconnais. » Son père et sa mère se rapprochèrent, le regardèrent avec attention et reconnurent qu'il était bien Ricard. Alors, les yeux remplis de larmes et se jetant aux genoux d'Isabelle, il la supplia de ne pas considérer l'étrangeté de son costume comme un empêchement à ce qu'on le reconnût, ni son malheur comme un obstacle à l'accomplissement de la parole qu'ils s'étaient donnée l'un à l'autre. Isabelle dut se rendre à la réalité que lui montrait ses yeux en dépit de la lettre de Mme Catherine lui annonçant la mort de Ricard. Alors enlaçant de ses bras le cou du prisonnier, elle lui dit : « C'est vrai, vous êtes mon seigneur et vous seul pouvez vous opposer à l'accomplissement de mes vœux, car vous possédez la moitié de mon âme, car vous êtes mon époux. J'ai gardé votre souvenir gravé au fond de mon cœur. La nouvelle de votre mort que m'avait donnée votre mère ne m'ayant pas ôté la vie, j'ai voulu devenir religieuse et j'étais en route pour prononcer mes vœux. Mais puisque Dieu montre clairement par votre présence que telle n'est pas sa volonté, je ne veux ni ne peux m'y opposer. Venez dans la maison de mes parents et nous nous marierons suivant les rites de notre religion catholique. » A ces mots qu'entendirent toutes les personnes présentes, les autorités religieuses, au comble de l'étonnement, voulurent connaître cette histoire, savoir quel était cet étranger et de quel mariage il était question. Le père d'Isabelle coupa court à la curiosité générale, en disant que cette histoire ne pouvait être contée en un tel lieu; il pria les personnes qu'elle intéressait de venir dans sa maison qui était toute voisine; là il leur dirait toute la vérité et les surprendrait par l'étrangeté des circonstances qu'il leur exposerait.

Dans cet instant un des assistants, s'écria : « Je connais ce jeune homme, c'est un célèbre corsaire anglais qui a enlevé aux pirates algériens, il y a environ deux ans, un galion portugais venant des Indes. J'affirme que c'est bien lui, car il m'a rendu la liberté et m'a donné de l'argent pour rentrer en Espagne; sa générosité s'est étendue, non seulement sur moi, mais encore sur trois cents autres prisonniers. » Ces paroles mirent le comble à l'agitation générale et chacun brûlait du désir de connaître les détails de ces étranges aventures. Enfin, les personnes les plus haut placées et les autorités ecclésiastiques revinrent avec Isabelle dans la maison de ses parents, au grand désespoir des religieuses qui pleuraient de perdre Isabelle. Celle-ci fit asseoir tous les assistants dans une grande salle de la maison. Tout d'abord Ricared voulait raconter son histoire, mais à la réflexion il jugea plus convenable de laisser ce soin à Isabelle, car il ne s'exprimait que difficilement en espagnol.

Au milieu du silence général, tenant tous les assistants suspendus à ses lèvres, Isabelle fit le récit détaillé de tous les événements que nous connaissons, insistant sur la générosité de la reine d'Angleterre et sur la foi ardente de Ricared et de ses parents pour la religion catholique. Quand elle eut achevé, elle pria Ricared de raconter ce qui lui était arrivé depuis qu'il avait quitté Londres jusqu'au moment présent où il se montrait sous les habits d'un captif racheté par la charité publique. Ricared y consentit et commença ainsi le récit des terribles épreuves qu'il avait supportées :

« Lorsque j'eus quitté Londres pour me soustraire au mariage impossible que mes parents voulaient me faire contracter avec Clisterna, je me rendis en France et de là à Rome en compagnie de Guillard, ce page qui a rapporté à Londres, au dire de ma mère, la nouvelle de ma mort. Dans la Ville Sainte la joie emplit mon âme et ma foi prit des forces nouvelles. Je me jetai aux pieds du Saint-Père ; je confessai mes péchés au grand pénitentier qui me donna l'absolution et me remit les pièces attestant que j'avais rendu hommage à la sainte Église catholique. Ensuite je visitai les innombrables lieux saints que renferme cette ville. J'avais deux mille écus en or ; j'en remis seize cents à un changeur nommé Roqui en échange desquels il me remit un effet sur Séville. Avec les quatre cents écus qui me restaient je me proposai de passer en Espagne. En conséquence, je me rendis à Gênes où l'on m'avait dit que deux navires étaient en charge pour cette destination. J'arrivai avec mon page Guillard, à Acquapendente, dernier village que possède le Pape sur la route de Rome à Florence. Je descendis dans une auberge où je rencontrai mon ennemi mortel le comte Arnest. Il était masqué et se rendait à Rome, à ce que j'appris, plus par curiosité que par esprit religieux. Il était accompagné de quatre domestiques. Croyant qu'il ne m'avait pas reconnu, mais néanmoins assez inquiet, je m'enfermai dans mon appartement, bien résolu à changer d'hôtellerie dès que la nuit serait venue. J'abandonnai ce projet néanmoins, tant il me parut certain, à voir l'indifférence du comte et de ses gens, que je n'avais pas été reconnu. Je pris mon repas dans ma chambre, barricadai ma porte, sortis mon épée et, sans songer à me coucher, remis l'avenir entre les mains de Dieu. Mon serviteur se mit au lit et s'endormit tandis que, tout somnolent, je restais assis sur une chaise. Mais vers minuit, je fus éveillé par quatre coups de pistolet que me tiraient, à ce que j'appris ensuite, le comte et ses domestiques, désireux de m'envoyer dormir d'un éternel sommeil. Ceux-ci, me croyant mort, montèrent à cheval et partirent précipitamment en disant à l'aubergiste que j'étais noble et qu'il fallait m'enterrer. Mon page, réveillé en sursaut et fou de terreur, se jeta, paraît-il, par une fenêtre et se sauva en criant : « Que je sois maudit ! j'ai laissé tuer mon maître. » Sa frayeur était telle que sans doute il ne s'arrêta qu'à Londres, puisque c'est lui qui y porta la nouvelle de ma mort. Les domestiques de l'auberge montèrent dans ma chambre et me trouvèrent traversé de quatre balles; mais les coups avaient porté de telle façon qu'aucune blessure n'était mortelle. Je priai qu'on m'envoyât un confesseur et qu'on me fît administrer les derniers sacrements; lorsque je les eus reçus, on s'occupa de mes blessures, mais je dus rester deux mois avant de me remettre en route. Enfin je pus gagner Gênes, mais je n'y trouvai pour me transporter en Espagne que deux petits bateaux que je frétai d'accord avec deux nobles Espagnols : le premier devait marcher devant pour éclairer la route tandis que le second nous porterait. Nous mîmes alors à la voile ; notre intention était de côtoyer le rivage et de ne jamais gagner la pleine mer. Mais en arrivant à un endroit des côtes de France, nommé *Les Trois Maries*, tandis que le premier bateau marchait devant à la découverte, nous vîmes soudain deux navires turcs sortir d'une petite anse et se mettre à notre poursuite. L'un nous coupa la haute mer tandis que l'autre nous empêchait de gagner terre. Ainsi entourés de tous côtés, nous fûmes bientôt pris. Une fois à bord, on nous dépouilla de tout ce que nous avions sur nous. Les Turcs prirent aussi tout ce que contenaient les bateaux qu'ils laissèrent ensuite voguer à l'aventure. On comprendra combien je fus atterré d'être ainsi capturé et surtout privé des certificats que je rapportais de Rome et de mon billet de seize cents ducats. Par bonheur, la boîte qui contenait ces précieux papiers tomba entre les mains d'un prisonnier chrétien, Espagnol de naissance, qui conserva ce qu'elle renfermait. On nous conduisit à Alger; les Pères de la Sainte-Trinité s'y occupaient du rachat des captifs. M'adressant à eux, je leur exposai ma situation, et émus de pitié ils me rachetèrent malgré ma qualité d'étranger. Ma rançon fut de trois cents ducats dont cent payables tout de suite et deux cents à l'arrivée du navire qui devait apporter la rançon du supérieur de la congrégation qui se trouvait prisonnier à Alger, parce qu'il y devait quatre mille ducats qu'il avait dépensés en bonnes œuvres. En effet, la générosité de ces bons Pères est telle qu'ils échangent leur liberté contre celle d'autrui, et qu'ils

[28]

demeurent prisonniers pour racheter des captifs. Ce qui mit le comble à ma joie d'être délivré, c'est que je pus rentrer en possession de la caisse qui contenait mes papiers. Je les montrai au Père qui m'avait racheté et, pour coopérer à sa bonne œuvre, je lui offris cinq cents ducats de plus que ma rançon.

« Lorsque le navire des aumônes arriva, le Père Rédempteur me conduisit en Espagne avec une cinquantaine d'autres captifs qu'il avait rachetés. Nous fîmes à Valence la procession générale; après quoi, chacun se mit en route dans la direction qui lui convenait, portant les mêmes habits que j'ai sur moi et qui sont les marques de la délivrance. Je suis arrivé ici aujourd'hui, mon désir de revoir enfin Isabelle, mon épouse, était tel que, sans songer à autre chose, je me suis fait conduire à ce couvent où je devais trouver de ses nouvelles. On sait le reste; je n'ai plus maintenant qu'à montrer mes papiers qui prouveront la véracité de mon histoire. »

Ce que disant, il tira ses certificats de sa boîte de fer-blanc et les remit au corrégidor qui, après les avoir soigneusement examinés, constata qu'il ne s'y trouvait rien qui fût de nature à infirmer le récit de Ricared. Le ciel voulut qu'à l'appui de toutes ces affirmations vint s'ajouter la présence du négociant florentin sur lequel était tiré l'effet de seize cents ducats. Il demanda à voir l'effet, le reconnut sans peine, et le paya aussitôt, car il y avait plusieurs mois qu'il en avait été avisé. On allait de surprise en surprise. Ricared confirma le don de cinq cents ducats qu'il avait promis en plus de sa rançon. Le corrégidor l'embrassa ainsi qu'Isabelle et ses parents, et se mit à leur entière disposition avec la plus grande affabilité. Les autorités ecclésiastiques suivirent son exemple et prièrent Isabelle d'écrire le récit de ces événements afin que l'archevêque en fut informé.

Le profond silence dans lequel tous les assistants avaient écouté ce récit fut rompu par les louanges qu'on rendit au Seigneur pour avoir permis de si miraculeux événements. Ensuite, tout le monde adressa ses félicitations à Ricared, à Isabelle et à ses parents; après quoi l'on se sépara. Les parents insistèrent auprès du corrégidor pour qu'il assistât au mariage des jeunes gens qui fut fixé à huit jours plus tard. Il y consentit de bonne grâce, et, en effet, la semaine suivante, il présida à la noce, entouré des principales autorités de la ville.

Ainsi les parents d'Isabelle avaient retrouvé leur fille et leur fortune. Ainsi cette jeune fille, que le ciel protégeait à cause de ses admirables vertus, trouva, en dépit de toutes les difficultés, un mari tel que Ricared avec lequel elle doit vivre encore dans la maison qu'ils avaient louée en face du couvent de Sainte-Paula et dont, depuis, ils se rendirent acquéreurs.

Nous voyons par cette histoire quel est le pouvoir de la vertu et de la beauté : soit qu'elles soient réunies, soit qu'elles agissent séparément, elles s'attirent la sympathie des ennemis eux-mêmes : cette histoire nous montre en outre de quelle façon Dieu se sert de nos plus grandes adversités pour nous donner le plus grand des bonheurs.

LES RÈGLES DU PARNASSE

Un matin, en sortant du couvent d'Atocha, je vis se diriger vers moi un jeune homme d'environ vingt-quatre ans, élégamment habillé et très soigné. Tous ses vêtements étaient en soie. Son col était si grand, si raide qu'il semblait avoir été fait pour un descendant d'Atlas. Ajoutez à ce col deux manchettes plates qui, partant des poignets, semblaient escalader les bras pour venir se joindre à la barbe. Jamais lierre, du pied de la muraille qu'il recouvre, voulant atteindre les créneaux, ne m'a semblé aussi ambitieux que ces manchettes avides d'atteindre les coudes. Enfin col et manchettes avaient de telles proportions que le visage se cachait ou mieux se perdait dans le col et que les bras disparaissaient dans les manchettes. Ce jeune homme s'approchant de moi me dit avec un air tout à fait sérieux : « Ne seriez-vous pas le seigneur Michel Cervantès Saavedra, qui est revenu récemment du Parnasse ? » A ces mots, mon visage pâlit, car je pensai que je me trouvais en présence de quelque poète que j'avais oublié de nommer dans mon *Voyage au Parnasse*. Enfin, prenant mon parti, je répondis : « En effet, Seigneur, c'est moi. En quoi puis-je vous être utile ? » A ces mots, il me tend les bras, m'enlace et nul doute qu'il ne m'eût embrassé si les dimensions de son col n'eussent mis obstacle à ses épanchements. « Faites-moi le plaisir, Seigneur, me dit-il, de me considérer comme votre ami tout dévoué. Depuis longtemps déjà vos ouvrages aussi bien que votre réputation de douceur et d'amabilité vous ont acquis toute ma sympathie. »

Je poussai un soupir de soulagement et repris mes esprits un instant troublés. Je le serrai sur mon cœur, tout en évitant de chiffonner son col, et je lui répondis : « Sans vous connaître, je me mets à votre service ; il me suffit de vous regarder pour être assuré que vous êtes de noble race et de vaste intelligence, et par cela même je vous dois toute mon estime. » Nous continuâmes à nous congratuler, faisant assaut d'amabilités. D'encore en encore, il finit par me dire : « Sachez, seigneur Cervantès, que je suis poète ou que, du moins, j'aspire à le devenir avec l'aide d'Apollon. Je m'appelle Pancrace de Roncevaux.

[30]

Cervantès. — Si je ne l'avais entendu de mes oreilles, jamais je ne l'aurais cru.

Pancrace. — Pourquoi donc?

Cervantès. — Parce que jamais je n'ai rencontré poète aussi élégamment vêtu que vous l'êtes. En général les poètes, tout entiers aux choses de l'esprit, se préoccupent peu de ce qui touche le corps.

Pancrace. — C'est que je suis jeune, riche et amoureux. Ces trois qualités contre-balancent le laisser-aller que pourrait me donner le culte de la poésie. A la jeunesse je dois l'ardeur, la richesse me permet de la satisfaire et l'amour m'oblige à me soigner.

Cervantès. — En ce cas, vous serez un bon poète. Les trois quarts de la route sont faits.

Pancrace. — Je ne vous comprends pas. Expliquez-vous.

Cervantès. — Vous êtes riche et vous êtes amoureux; or un homme riche et amoureux ne peut produire que des pensées ennemies de l'avarice et amies de la générosité. Pour le poète misérable au contraire, le besoin de chercher le pain de chaque jour met obstacle à la moitié de ses sublimes conceptions, de ses pensées éthérées. Mais vous seriez bien aimable de me dire quel est le mets poétique que vous préférez.

Pancrace. — Qu'entendez-vous par mets poétique?

Cervantès. — Je veux savoir quel genre de poésie possède vos faveurs. La poésie lyrique, héroïque ou comique?

Pancrace. — Je me plie facilement à tous les genres. Cependant le comique est mon fort.

Cervantès. — Vous devez alors avoir écrit plusieurs comédies.

Pancrace. — J'en ai écrit beaucoup, mais je n'en ai fait jouer qu'une seule.

Cervantès. — A-t-elle été appréciée?

Pancrace. — Pas par le public vulgaire.

Cervantès. — Et par le public intelligent?

Pancrace. — Tout aussi peu.

Cervantès. — Pourquoi?

Pancrace. — On trouvait les dialogues languissants, les vers plats et l'invention pauvre.

Cervantès. — Si l'on s'arrêtait à cela, les comédies de Plaute seraient trouvées mauvaises.

Pancrace. — Au reste, on ne peut porter sur elle qu'un jugement superficiel, car les sifflets firent si grand tapage que les acteurs ne purent aller au bout. A vrai dire, on la joua le lendemain. Mais ce fut peine perdue. C'est tout au plus s'il vint cinq personnes.

Cervantès. — Vous savez, les comédies ont leurs bonnes et leurs mauvaises chances et souvent leur succès tient plus de la veine que du talent de l'auteur. Telle pièce tombée à plat à Madrid était portée aux nues à Tolède. Ne vous laissez donc pas rebuter

[31]

et continuez à travailler. C'est quand vous y penserez le moins que vous trouverez une idée qui vous donnera gloire et fortune.

Pancrace. — L'argent m'importe peu. Mais j'aspire par-dessus tout à la renommée. Quelle joie, quel orgueil on doit ressentir quand on voit, à la sortie du spectacle, la foule s'écouler joyeuse et contente et que les félicitations pleuvent sur la tête de l'auteur arrêté à la porte du théâtre.

Cervantès. — Cette médaille a bien des revers. Souv... .a pièce est si mauvaise que personne ne daigne regarder le poète en face; les acteurs eux-mêmes restent les yeux baissés, tant ils sont honteux de s'être trompés au point d'avoir choisi une pièce aussi détestable.

Pancrace. — Et vous, seigneur Cervantès, fréquentez-vous la scène? Avez-vous fait représenter quelques comédies?

Cervantès. — Oui, plusieurs, et, si je n'en étais pas l'auteur, je les considérerais comme ayant quelque mérite. Je vous citerai Los Tratos de Argel, La Numancia, La Batalla naval, La Jerusalem, La unica y la bizarra Arsinda, et tant d'autres dont le titre m'échappe. Mais la meilleure, à mon avis, et celle dont je m'honore le plus, c'est La Confusa qui, de toutes les comédies d'aventures jouées jusqu'à ce jour, peut être rangée au nombre des meilleures.

Pancrace. — En avez-vous écrit de nouvelles qui n'aient pas encore été jouées?

Cervantès. — J'en ai six qui comportent six intermèdes.

Pancrace. — Pourquoi donc ne les joue-t-on pas?

Cervantès. — Parce que les directeurs de théâtre ne me les demandent pas et que je ne cours pas après eux.

Pancrace. — Sans doute c'est qu'ils ne savent pas que ces comédies sont achevées.

Cervantès. — Si fait. Mais comme ils ont leurs auteurs favoris et qu'ils s'en trouvent bien, ils jugent inutile de chercher mieux. Cependant, mon intention est de publier mes pièces pour que l'on puisse juger à tête reposée de ce qui est passé inaperçu à la scène.

Nous en étions là de notre entretien, lorsque Pancrace tira de sa poitrine une lettre dont l'enveloppe était fermée. Il y déposa un baiser et me la donna. Je vis écrit sur l'adresse : « Pour Miguel Cervantès Saavedra, rue de Las Huertas, en face l'ancienne maison du prince de Maroc. Madrid. Port : Un demi-réal, ou plutôt dix-sept maravedis. »

Je poussai les hauts cris à cette indication du port et je lui rendis la lettre en disant : « Quand j'étais à Valladolid, on m'apporta un jour une lettre taxée d'un réal pour le port. Ma nièce qui la reçut paya. Plût au ciel qu'elle ne l'eût jamais fait. Sur mes observations, elle prétexta que bien souvent elle m'avait entendu dire qu'il y avait trois cas dans lesquels il ne fallait pas hésiter à mettre la main à la poche : pour faire l'aumône, pour appeler le médecin et pour payer le port des lettres, qu'elles fussent d'amis ou d'ennemis. Celle des amis contiennent souvent de sages conseils et celles des ennemis laissent voir le fond de leurs pensées. La lettre dont il s'agit renfermait un mauvais sonnet qui, sans aucun sel, déblatérait contre *Don Quichotte*. Je m'irritai surtout de la perte du réal et je me promis de ne plus jamais accepter une lettre avec un port à payer. Si donc je dois payer pour celle-ci, gardez-la ; à coup sûr elle ne vaut pas le demi-réal qu'elle me coûterait.

Le seigneur de Roncevaux, partant d'un long éclat de rire, me dit : « Je suis poète, il est vrai, mais je n'en suis pas encore à dix-sept maravedis. Laissez-moi vous faire remarquer, seigneur Cervantès, que cette lettre est d'Apollon lui-même. Il l'a écrite, il y a moins de vingt jours, sur le Parnasse, et me l'a remise pour vous. Lisez-la ; vous en serez content, j'en suis sûr. Soit, répondis-je ; mais auparavant faites-moi le plaisir de me dire comment, à quelle époque et pourquoi vous avez été au Parnasse. »
— « Comment ? me répondit-il. Par mer, sur un navire que j'avais loué avec dix autres poètes à Barcelone. A quelle époque ? Six jours après la bataille que s'y livrèrent les bons et les mauvais poètes. Pour quelle raison ? Parce que je voulais assister à cette bataille en ma qualité de poète. »
— Sans aucun doute, Apollon vous a fait le meilleur accueil ?
— Certes, oui, et cependant, à notre arrivée il était fort occupé, ainsi que les Piérides, à labourer le champ de bataille et à y semer du sel. Sur ma demande il m'expliqua quel était le but de ce travail. Il me dit : « Des dents du serpent Cadmus naissaient des hommes couverts d'armures ; de chaque tête de l'hydre qu'Hercule terrassa en renaissaient sept nouvelles ; les gouttes de sang de la tête de Méduse ont infesté la Lybie de serpents ; de même, du sang corrompu des mauvais poètes, morts dans ce champ, commençaient à naître de mauvais poétaillons, pas plus gros qu'un rat, et bientôt toute la terre eût été remplie de cette méchante race. Voilà pourquoi nous retournons cette terre et nous y semons du sel comme si un traître l'avait habitée. »

Après avoir entendu ce discours de Pancrace, j'ouvris la lettre et j'y lus ce qui suit :

« Apollon salue Michel Cervantès.

« Le seigneur Pancrace de Roncevaux, qui vous remettra cette lettre, vous racontera à quels travaux je me livrais lorsqu'il me rendit visite en compagnie de ses amis. Laissez-moi vous dire que vous m'avez grandement irrité en poussant l'impolitesse au point de quitter le Parnasse sans avoir pris congé de moi et de mes filles ; vous savez cependant combien moi et les Muses nous vous aimons.

Votre seule excuse, que j'accepte si elle est sincère, est le désir que vous aviez sans doute de revoir le plus tôt possible le comte de Lemos, votre généreux protecteur.

« Depuis votre départ, j'ai eu bien des tracas et je me suis donné beaucoup de peine pour faire mourir en germe les petits poëtes qui naissaient sans cesse du sang des mauvais poëtes qui avaient été tués ici; enfin, nos peines ont été couronnées de succès et le mal est maintenant réparé.

« J'ai beaucoup souffert de maux de tête et d'étourdissements causés sans doute par le tumulte de la bataille et par les mauvaises odeurs qui s'exhalaient de la terre imbibée du sang des vaincus. Si donc vous rencontrez sur votre chemin des poëtes, renommés pour leur talent, commettant des sottises et écrivant de méchants vers, ne les accusez pas, n'en dites point de mal, et pardonnez-leur, car, si moi, le père de la poésie, je divague et semble imbécile, il ne faut pas être surpris qu'ils le paraissent à leur tour.

« Je vous remets des privilèges, des ordres et des conseils pour les poëtes. Veuillez les faire exécuter de point en point; vous avez pour cela tous mes pouvoirs.

« Quelques-uns des poëtes qui accompagnaient Pancrace de Roncevaux se sont plaints de n'avoir pas été mis au nombre de ceux que Mercure amena en Espagne; ce qui fait, disent-ils, que vous n'en avez pas parlé dans votre *Voyage*. Je leur ai répondu que j'étais seul coupable, mais que d'ailleurs le mal était facile à réparer : ils n'avaient qu'à écrire des œuvres qui, les rendant célèbres, attireraient du bruit autour de leur nom sans qu'ils se vissent dans la triste nécessité de mendier des éloges.

« Si je trouve d'autres messagers, j'enverrai de nouveaux privilèges et je vous donnerai de mes nouvelles. De votre côté, dites-moi comment vous vous portez, vous et nos amis.

« Vous saluerez de ma part le célèbre Vincent Espinel que je regarde comme un des plus anciens et des meilleurs de mes amis.

« Dans le cas où Francisque de Quevedo ne serait pas encore parti pour la Sicile, dites-lui que sans faute il profite de ce voyage pour venir me voir. Quand il est venu ici, il est parti si précipitamment que nous n'avons pas eu le temps de causer.

« Si vous trouvez sous vos pas quelqu'un des vingt poëtes qui sont passés dans l'autre camp, passez sans mot dire et laissez-les en repos : leur malheur est déjà assez grand, car ils sont comme des démons qui traînent avec eux, en quelque lieu qu'ils aillent, le remords et la honte.

« Soignez-vous bien, et craignez mes atteintes surtout pendant la canicule. Si grande que soit mon amitié pour vous, je ne suis plus maître de moi durant ces jours-là; je n'ai plus d'amis.

« Attachez-vous le seigneur Pancrace de Roncevaux. Il est riche, il peut bien être méchant poète. Et maintenant que le Seigneur vous protège; c'est mon plus ardent désir.

« Au Parnasse, le 22 juillet 1614, jour où je mets mes éperons pour monter sur la canicule.

« Votre dévoué,
APOLLON. »

Une feuille de papier était jointe à cette lettre; voici ce que j'y lus :

Privilèges, ordres et conseils d'Apollon aux poètes d'Espagne.

« Tout d'abord, il est nécessaire que quelques poètes se fassent remarquer autant par leur tenue peu soignée que par la qualité de leurs poésies.

« Un poète se donne-t-il comme pauvre, il doit être cru sur parole sans qu'il soit besoin de vérification ni de serment.

« Il est de règle qu'un poète soit d'un caractère doux et peu batailleur; il ne doit pas s'attacher de trop près au point d'honneur.

« Si un poète va voir un ami ou même une simple connaissance et que celui-ci soit en train de dîner et l'invite, alors même que le poète jurerait ses grands dieux que déjà il a soupé, il ne faut pas le croire et l'on doit l'obliger à se mettre à table : toujours d'ailleurs il se laissera faire sans trop de résistance.

« Si pauvre que soit un poète, à moins toutefois qu'il n'ait l'âge d'Adam ou de Mathusalem, il doit toujours se faire passer pour amoureux et donner à la dame de ses pensées un nom tel que Chloris, Amaryllis, Philis, Philda, celui enfin qu'il jugea le plus joli et sans que personne ait rien à y voir.

« J'entends que tout poète, quelle que soit sa naissance, ait le titre d'hidalgo, en raison de la noble profession qu'il exerce, de même que les enfants trouvés sont tous regardés comme chrétiens de naissance.

« Je défends de la façon la plus absolue aux poètes d'écrire des poèmes à la louange des princes ou des grands de la terre : car j'entends que les flatteries et les éloges me soient tous réservés.

« Tout poète qui a fait représenter une comédie doit avoir droit d'entrer gratis au théâtre; tout au plus pourra-t-on lui demander le droit des pauvres et encore il vaudrait mieux que cela ne fût pas.

« On voudra bien remarquer que, lorsqu'un poète fait imprimer un ouvrage, celui-ci n'est pas nécessairement bon parce qu'il est dédié à quelque souverain : ce n'est pas la dédicace, fût-elle adressée au Grand Turc, qui fera la qualité du livre.

« J'autorise tous les poètes à disposer suivant leur fantaisie de moi et de tout ce qu'il y a dans le ciel, à savoir : les rayons de ma chevelure qui peuvent être attribués à la dame de leurs pensées; ses yeux peuvent se transformer en soleils; en me comptant, il y aura de la sorte trois soleils, et la terre n'aura qu'à y gagner. Il peut user à son gré des étoiles et des planètes si bien que, tout d'un coup, ladite dame sera transformée en sphère céleste.

« Toute personne qui se croira poète, parce qu'elle aura composé des vers, devra avoir pour elle-même la plus haute estime et le « crier bien fort, en vertu de cette maxime : « On n'est rien si l'on « ne se fait pas valoir. »

« Aucun poète sérieux ne devra rassembler la foule autour de lui pour réciter ses vers sur les places publiques. Les beaux vers, en effet, mériteraient d'être écoutés par les disciples de l'école d'Athènes et non par le public des rues.

« Toute mère qui possède des enfants maussades ou méchants doit pouvoir les menacer de Croquemitaine et les effrayer en leur disant : « Attendez, vilains garnements, le poète un tel va venir « vous chercher pour vous jeter avec ses mauvais vers dans la ca- « verne de Cabra ou dans le trou d'Airon. »

« Si, un jour de jeûne, on voit un poète se manger les ongles en composant dès son lever, il ne faudrait pas l'accuser pour cela d'avoir rompu le jeûne.

« J'entends que tout poète qui se donnerait pour bravache ou tireur d'épée perde toute la gloire que lui aurait procurée ses vers.

« Parce qu'un poète aura pris quelques vers à autrui et les aura précieusement mêlés aux siens propres, il ne devra pas être pour cela considéré comme un voleur, à condition toutefois qu'il ne se soit pas approprié une pensée ou une strophe tout entière; car, dans ce cas, il serait voleur au même titre que Cacus.

« Tout bon poète, sans qu'il ait besoin de composer des poèmes héroïques, ni de faire représenter de longues pièces au théâtre, méritera d'être appelé divin au même titre que Garcilaso de la Vega, Francesco de Figueroa et Fernando de Herrera, si mince que soit son œuvre.

« J'insiste auprès des poètes protégés par des princes ou des grands seigneurs, pour qu'ils ne leur rendent pas de trop fréquentes visites, et surtout pour qu'ils ne leur demandent rien : ils doivent s'en remettre à leur bonne étoile. La Providence qui nourrit les vers de la terre prendra soin de nourrir aussi les poètes, si vers de terre soient-ils. »

Tel est le résumé des privilèges, ordres et conseils qu'Apollon m'envoya par l'entremise du seigneur Pancrace de Roncevaux dont je me fis un ami très fidèle. Il fut convenu entre nous que nous enverrions un messager auprès d'Apollon pour lui donner notre réponse en même temps que de nos nouvelles. Nous préviendrons du jour du départ afin que tous ses amis puissent lui écrire.

Le gérant : HENRI GAUTIER.

NOUVELLE BIBLIOTHÈQUE POPULAIRE A DIX CENTIMES

Envoi franco de un volume pour 15 cent.
Deux vol. pour 25 cent. — Vingt-cinq vol. pour 3 fr.
Écrire à M. Henri Gautier, éditeur, 55, quai des Grands-Augustins, à Paris.

Volumes en vente

LITTÉRATURE FRANÇAISE

Romans — Contes — Nouvelles — Variétés

1. Chateaubriand. Le Dernier des Abencérages.
9. Fr. Soulié. Le Martyre de saint Saturnin. — Le Conseiller au parlement.
12. Charles Nodier. François les bas bleus. — Lidivine. — Le Chien de Brisquet, etc.
13. Hégésippe Moreau. Contes à ma sœur.
23. Xavier de Maistre. La Jeune Sibérienne.
52. Fénelon. Télémaque. — Dialogues des morts.
90. X. de Maistre. Les Prisonniers du Caucase. — Voyage autour de ma chambre.
98. Fénelon. Aventures d'Aristonoüs, etc.
102. Mme de Souza. Eugène de Rothelin.
109. Mme de Genlis. Mlle de Clermont. — Les dîners du baron d'Holbach.
115. Lesage. Le Diable boiteux.
149. Paul Féval. Contes de Bretagne.
150. Les Conteurs Provençaux. Contes de Roumanille, Mistral, Félix Gras.
155. Bernardin de Saint-Pierre. La Chaumière indienne. — Le Café de Surate.
190. Fr. Soulié. Le Tour de France.
197. Grosley. Histoires sérieuses et badines.
210. Furetière. Le Roman bourgeois.
219. André Theuriet. L'Oreille d'Ours.
222. François Coppée. Le Convalescent. — Le Remplaçant. — En Bretagne.
224. Ferdinand Fabre. Nouvelles cévenoles.
229. Henri de Bornier. Un Cousin de passage.
231. Paul Bourget. Aline. — Croquis italiens. Jules Vallès.
234. Jules Simon. Colas, Colasse et Colette. — Les Ecus du baron, etc.
237. Alphonse Daudet. L'Arrivée. — Mon tambourinaire, etc.
242. Jean Rameau. Un Prix de vertu. — Le Vieux Guide. — Le Pierrot noir, etc.
245. Jules Claretie. Calissou. — Tuyet. — Une Course de taureaux.
248. Louis Veuillot. — La Chambre nuptiale. — Petits Voyages. — Prêtre et Soldat.
254. Ch. Deslys. Le Zouave. — La Montre de Gertrude.
268. Marivaux. Le Spectateur français.
271. Guy de Maupassant. La Main. — Le Vieux. — La Parade. — Sur mer.
275. Jules Lemaître. L'Imagier.
284. Philippe Gille. Le Vengeur de Phébé. — Poésies. — Victor Hugo.
287. Paul Féval. Le Docteur Bousseau.
295. Cyrano de Bergerac. Histoires comiques de la Lune et du Soleil.
296. Champfleury. Quinquet. — Une Religion au cinquième, etc.
302. Gérard de Nerval. La Main enchantée.
303. L. Cladel. Montauban-tu-ne-le-saurais-pas.
307. Charles Monselet. Le Calvaire des hommes de lettres.
324. Xavier Marmier. Le Danger d'une intervention.
326. Henri Meilhac. Le Surnuméraire.
331. Jean Aicard. Les Etrennes du père Zidore.
33. Mercier. L'An 2440.
338. Moncrif. Les Chats.
342. Stendhal. Souvenirs vécus d'un chevau-léger d'avant-garde.
351. Lesage. Episodes de Gil Blas.
360. Jules Tellier. Le Rêve de Mohammed. — De Toulouse à Girone, etc.
374. La Satire Ménippée.
391. Rabelais. Gargantua et Pantagruel.
399. Stendhal. Une Aventure aux bords du lac de Côme. — L'Evasion.
409. Eugène Mouton (Mérinos). Les Plaisirs du Voyage. — Le Bœuf. — La chambre d'ami.
417. Mme Cottin. Elisabeth.
420. L. de la Brière. Le Grand duc de Ninive.
428. Emile Pouvillon. Bernadette. — Le superbe lion du Sennaar. — Jean Bru.
436. Charles Nodier. Le Songe d'Or. — Les Plagiats littéraires.
440. Legouvé. Mon Père. — L'Inondation.
445. Ch. Grandmougin. Le Hèvre de Dandillot. — Le coffre-fort.
460. Georges de Lys. Soldats de France.
461. Ch. Nodier. La Combe de l'Homme-Mort. — Polichinelle.
465. Xavier de Maistre. Le Lépreux de la cité d'Aoste.
468. M. Le Braz. La Légende de la Mort.

Théâtre

17. Marivaux. L'Épreuve. — Le Legs.
31. Molière. Le Malade imaginaire.
48. Picard. M. Musard. — Les Ricochets.
66. Sedaine. Le Philosophe sans le savoir.
70. Brueys. L'Avocat Patelin.
80. Dancourt. Les Bourgeoises de qualité.
87. Etienne. Brueys et Palaprat. — La Petite Ecole des Pères.
175. Desforges. Le Sourd ou l'Auberge pleine.
163. Brueys. Le Grondeur.
168. Palissot. Le Cercle.
180. Berquin. Petits Drames.
184. Sedaine. La Gageure imprévue.
189. Lesage. Crispin rival de son maître.
199. Mme de Staël. Le Capitaine Kernadec. — Le Mannequin.
208. Dufresny. L'Esprit de contradiction.
233. Picard. Les Deux Philibert.
251. Molière. Les Précieuses ridicules.
265. Racine. Les Plaideurs.
294. Jean Michel. La Passion (Mystère).

Pour paraître le 7 septembre 1895

BACHAUMONT

MÉMOIRES

La fin de Voltaire. — J.-J. Rousseau.
Anecdotes et Bons mots.

Des extraits, soigneusement choisis de l'œuvre de Bachaumont, l'un des esprits les plus fins, les plus ingénieux de la littérature française, voilà ce que contient ce volume, qui ne peut manquer de plaire vivement à notre public. Outre des détails fort curieux sur les derniers jours de Voltaire, on y trouvera nombre d'anecdotes piquantes sur les grands personnages de l'époque.

ABONNEMENTS
A LA
Nouvelle Bibliothèque populaire

La *Nouvelle Bibliothèque populaire* publie un volume par semaine.
On peut s'abonner aux cinquante-deux volumes d'une année. Les abonnements partent du 1er de chaque mois.
Tous les abonnés, aussi bien ceux de l'étranger et des colonies, que ceux de la France, recevront un volume par semaine.

PRIX DE L'ABONNEMENT D'UN AN

Paris, Départements, Algérie et Belgique . . . **7 francs.**
Étranger (sauf la Belgique) et Colonies . . . **8 francs.**

PRIME GRATUITE
EXCLUSIVEMENT RÉSERVÉE AUX ABONNÉS NOUVEAUX

Tout abonné nouveau a droit à recevoir, gratis et franco, dix volumes à choisir dans la liste de ceux déjà parus, ou un joli cartonnage pour conserver les volumes.

On s'abonne pour un an en envoyant, en mandat-poste, timbres français, ou autre valeur sur Paris, à M. Henri Gautier, 55, quai des Grands-Augustins, à Paris, 7 francs si l'on habite la France, la Belgique ou l'Algérie; 8 francs si l'on habite l'étranger ou les colonies. La prime est envoyée au reçu de l'abonnement.

ANGERS, IMPRIMERIE A. BURDIN ET Cie, 4, RUE GARNIER.

MÉMOIRES

La fin de Voltaire. — J.-J. Rousseau.
Anecdotes et Bons Mots.

Edité par

HENRI GAUTIER
55, QUAI DES GRANDS AUGUSTINS-55
PARIS

Il paraît un volume par semaine

Directeur littéraire de la *Nouvelle Bibliothèque Populaire* :

ALFRED ERNST

AVIS A NOS ABONNÉS

Nous rappelons à nos abonnés que tout changement d'adresse doit être accompagné d'une bande indiquant l'adresse ancienne et de *cinquante centimes* en timbres-poste français ou autre valeur sur Paris.

BACHAUMONT

Notice biographique et littéraire

Louis Petit de Bachaumont — qu'il ne faut pas confondre avec *François le Coigneux de Bachaumont*, célèbre par ses épigrammes contre Mazarin et le *Voyage en Provence* qu'il écrivit avec Chapelle — est un littérateur français du xviiie siècle, né à Paris en 1690 et mort le 21 avril 1771, suivant les uns, le 28 avril 1770, suivant les autres. On a peu de détails sur sa vie, qui fut celle d'un mondain spirituel et d'un écrivain intermittent, mais il a laissé ses fameux *Mémoires secrets*, recueil historique et anecdotique, qu'il rédigea au jour le jour, et qui parut en 1777. Ces *Mémoires* formaient alors six volumes : Pidansat de Mairabert et d'autres littérateurs les continuèrent et formèrent ainsi trente nouveaux volumes. Même dans la partie qui lui revient en propre, Bachaumont n'a pas toujours tenu la plume; il a souvent dicté à son valet de chambre, et celui-ci a même dû parfois compléter de son cru le récit inachevé, ou y ajouter quelques détails : une lecture attentive nous le laisse du moins deviner. D'ailleurs, hôte fidèle du salon littéraire de Mme Doublet de Persan, Bachaumont y a souvent recueilli les notes et les documents que possédaient les autres habitués.

Ce qu'on appelle les *Mémoires secrets* de Bachaumont est donc une vaste accumulation de racontars, d'indiscrétions, de réflexions piquantes, sur des faits avérés ou supposés, recueil auquel collaborèrent plusieurs auteurs successifs, mais qui garde le nom de Bachaumont, sa marque générale, son genre, son esprit et son style habituel. Nous y avons librement puisé, sans nous restreindre à la date où la rédaction du premier auteur s'interrompt forcément. Mais l'on conçoit qu'en cet ouvrage unique, extraordinairement curieux, où l'historien, le dilettante, le critique et le romancier trouvent également plaisir et profit, il y ait bien des taches et bien des faiblesses, bien des pages aussi où la morale et le bon ton sont outrageusement offensés, où l'humeur gaie, indiscrète, souvent méchante, des rédacteurs et en particulier de Bachaumont, se permet les traits les plus cyniques. Naturellement, nous avons laissé de côté tous les passages dont nos lecteurs auraient pu s'alarmer. Malgré cette élimination, il reste encore, dans ces *Mémoires* justement réputés, des trésors d'esprit, de petits chefs-d'œuvre de narration, quantité de petits faits typiques, merveilleusement propres à faire connaître le xviii° siècle, les mœurs de l'époque, la société frivole et polie, élégante et vicieuse dont la brillante apogée précéda de si peu les catastrophes de la Révolution. Aussi sommes-nous bien assurés que notre public se plaira à ces intéressants extraits.

Bachaumont, outre ses *Mémoires*, a laissé des *Lettres critiques sur le Louvre, l'Opéra, la place Louis XV et les salles de spectacle* (1751); un *Essai sur la peinture, la sculpture et l'architecture* (1752); des *Vers sur l'achèvement du Louvre* (1755); et une édition de *Quintilien*, traduit par Gédoyn, avec une vie du traducteur (1753).

ALFRED ERNST.

MÉMOIRES

LA FIN DE VOLTAIRE

13 octobre 1763. — *Extrait d'une lettre de Ferney, du 30 décembre.*

« Rassurez-vous, Monsieur, sur les inquiétudes que vous avez à l'égard de M. de Voltaire. Ce grand homme, accoutumé à dire qu'il se meurt depuis plus de cinquante ans, se porte à merveille. Il se plaint d'être sourd et aveugle. Le fait est qu'il lit encore sans lunettes, et qu'il a l'ouïe très fine. Il est sec et ingambe ; il est peu courbé. Le jour que j'ai eu l'honneur de le voir, il avait de gros souliers, des bas blancs roulés, une perruque naissante, des manchettes d'entoilage qui lui enveloppaient toute la main, une robe de chambre de Perse. Il nous fit beaucoup d'excuses de n'être point habillé ; mais il n'est jamais autrement. Il parut à l'entremets. On avait réservé un grand fauteuil à bras, où cet illustre vieillard se mit, mangea rondement des légumes, de la pâtisserie, des fruits, etc. Il pétilla d'esprit. On pourrait lui reprocher d'être trop emphatique, et de n'avoir point dans la conversation ce ton cavalier qui caractérise si bien le style de ses écrits. Après le dîner il nous mena dans sa bibliothèque, très vaste, très nombreuse et très belle. Il nous lut des passages de livres rares sur la religion, c'est-à-dire contre la religion, car c'est aujourd'hui sa manie ; il revient sans cesse sur cette matière. Puis on se mit à dire des histoires de voleurs. Chaque dame ayant conté la sienne, on engagea M. de Voltaire à avoir son tour. Il commença ainsi : *Mesdames, il était un jour un fermier général...* Ma foi, j'ai oublié le reste. Nous le laissâmes après cette épigramme, la meilleure sûrement qu'il ait faite de la journée... »

14 juillet 1769. — *Extrait d'une lettre de Ferney du 1ᵉʳ juillet 1769.*

« Vous me demandez des nouvelles du patron. Je vous dirai que j'en ai été très bien reçu ; que c'est un homme charmant de tout point, mais intraitable sur l'article de la santé. Il devient furieux quand on lui dit qu'il se porte bien : vous savez qu'il a la manie d'être malade depuis quarante ans ; elle ne fait qu'augmenter avec l'âge ; il se prétend investi de tous les fléaux de la vieillesse ; il se dit sourd, aveugle, podagre. Vous en allez juger. Le premier jour que j'arrivai, il me fit ses doléances ordinaires, me détailla ses infirmités. Je le laissai se plaindre ; et pour vérifier par moi-même ce qui en était, dans une promenade que nous fîmes ensemble dans le jardin tête à tête, je baissai d'abord insensiblement la voix au point d'en venir à ce ton bas et humble dont on parle aux ministres, ou aux gens qu'on respecte le plus. Je me rassurai sur ses oreilles. Ensuite, sur les compliments que je lui faisais de la beauté de son jardin, de ses fleurs, etc., il se mit à jurer après son jardinier, qui n'avait aucun soin ; et en jurant il arrachait de temps en temps de petites herbes parasites très fines, très déliées, cachées sous les feuilles de ses tulipes, et que j'avais toutes les peines du monde à distinguer de ma hauteur. J'en conclus que M. de Voltaire avait encore des yeux très bons ; et, par la facilité avec laquelle il se courbait et se relevait, j'estimai qu'il avait de même les mouvements très souples, les ressorts très liants, et qu'il n'était ni sourd, ni aveugle, ni podagre. Il est inconcevable qu'un homme aussi ferme et aussi philosophe ait, sur sa santé, les frayeurs et les ridicules d'un hypocondre ou d'une femmelette. Dès qu'il se sent la moindre chose, il se purge... Le plus singulier, c'est que dès la fleur de l'âge il ait été tel... Au reste, vous vous rappelez le mot de Dumoulin, qui, dans un excès d'impatience sur l'énumération de ses maux et de ses peurs, se mit à l'injurier et à lui protester qu'il ne devait pas craindre la mort, puisqu'il n'avait pas de quoi mourir. Rien de plus vrai : c'est une lampe qui s'éteindra faute d'huile, quand le feu dont il est dévoré aura tout consumé... »

22 *décembre* 1774. — ***Extrait d'une lettre de Ferney, du 8 décembre 1774.***

« M. de Voltaire est un homme si illustre, que tout en est intéressant. Je vais donc entrer dans des détails qui paraîtraient minutieux en tout autre cas. Sa vie ordinaire est de rester dans son lit jusqu'à midi. Il se lève et reçoit du monde jusqu'à deux heures, ou travaille. Il va se promener en carrosse jusqu'à quatre, dans ses bois ou à la campagne, avec son secrétaire, et presque toujours sans autre compagnie. Il ne dîne point, prend du café ou du chocolat. Il travaille jusqu'à huit, et se montre alors pour souper quand sa santé le lui permet. On remarque depuis cet automne qu'elle est bien chancelante, qu'elle varie d'un jour à l'autre; qu'il est si faible à certains jours qu'il est hors d'état de paraître, et que le lendemain on ne s'en aperçoit plus. Il est d'une gaieté charmante. J'ai visité et compté sa bibliothèque : elle est de six mille deux cent dix volumes. Il y en a beaucoup de médiocres, surtout en fait d'histoire. Il n'y a pas trente volumes de romans; mais presque tous ces livres sont précieux par les notes dont M. de Voltaire les a chargés. Il a 150,000 livres de rentes, dont une grande partie gagnée sur les vaisseaux. La dépense de sa maison se monte à 40,000 livres environ : on en met 20,000 pour le gaspillage, les incidents, etc. Restent 90,000 livres, qu'il amasse ou place. Il fait bâtir beaucoup de maisons, qu'il loue à deux et demi pour cent. Il commande une maison à son maçon comme un autre commanderait une paire de souliers à son cordonnier. Il a grande envie que Ferney devienne considérable; il secourt les habitants, et leur fait tout le bien possible. En général, c'est lui qui se mêle de toute l'administration extérieure et intérieure de son bien. Mme Denis n'y a rien à voir, et ne s'en mêle aucunement. J'ai visité l'église et le tombeau de ce philosophe, qui est dans le cimetière attenant à l'église : il est de pierre de taille, et simple.

« Pour revenir aux détails intérieurs, vous seriez surpris comment le sieur Wagnière, qui de postillon du philosophe de Ferney est devenu son secrétaire et son ami, peut suffire seul aux écritures immenses qu'il a. »

26 juillet 1777. — *Extrait d'une lettre de Ferney, du 20 juillet 1777.*

« M. de Voltaire est dans un chagrin d'autant plus sensible que son amour-propre est blessé au vif. Il avait fait les plus superbes préparatifs, dans l'espoir que M. le comte de Falkenstein viendrait le visiter. Il avait rassemblé autour de lui tous ses amis des environs, pour grossir sa cour; il avait composé des vers que devait débiter à l'illustre étranger Mlle de Varicourt. Tous ces soins ont été inutiles. Le prince n'a pas daigné le voir, ni son château, ni son village : il n'a demandé aucune de ses nouvelles. Il s'est cependant arrêté à Genève; et, par une affectation encore plus cruelle, il est allé à Versoy, et a parcouru en détail ce lieu, non moins affligeant pour le seigneur de Ferney. Vous savez que M. de Choiseul avait entrepris de former une ville de Versoy, et d'y creuser un bassin. Depuis sa disgrâce les travaux avaient été suspendus; mais comme il coûtait beaucoup en frais de l'administration qu'on avait commencé d'y établir, et qu'on avait calculé qu'avec cet argent on aurait fini le projet, on avait recommencé : il en a résulté déjà des émigrations, et Ferney se serait dépeuplé si cela avait duré. Le canton de Berne a heureusement fait des représentations contre ce port, qui lui serait très nuisible. On assure que l'on va de nouveau abandonner les ouvrages, et que M. de Vergennes l'a promis au canton réclamant. Ceci calme un peu les tourments du patron; mais l'empereur brûler son ermitage avec un mépris si marqué ! il ne peut digérer cet affront. »

12 février 1778. — M. de Voltaire est arrivé à Paris avant-hier, dans l'après-dînée. Il a mis pied à terre rue de Beaune, chez M. le marquis de Villette; et une heure après il est allé gaillardement, et de son pied, rendre visite à M. le comte d'Argental, quai d'Orsay. Il était dans un accoutrement si singulier, enveloppé d'une vaste pelisse, la tête dans une perruque de laine surmontée d'un bonnet rouge et fourré, que les petits enfants, qui l'ont pris pour un chie-en-lit dans ce temps de carnaval, l'ont suivi et hué.

Hier, M. de Voltaire s'est tenu toute la journée en robe de chambre et en bonnet de nuit. Il a reçu ainsi la cour et la ville; il donnait pour excuse qu'il était extrêmement fatigué, incommodé : il parlait toujours de se mettre au lit et ne s'y mettait point. Voici quel était l'ordre du cérémonial : On était introduit dans une suite d'appartements superbes, dont Mme la marquise de Villette, maîtresse de l'hôtel et Mme Denis, nièce de M. de Voltaire, faisaient les honneurs. Elles tenaient cercle. Un valet de chambre allait avertir M. de Voltaire à chaque personne qui venait; MM. le marquis de Villette et le comte d'Argental, chacun de leur côté, présentaient ceux que le philosophe ne connaissait pas, ou dont il avait perdu le souvenir; il recevait le compliment du curieux, et lui répondait un mot honnête; puis retournait dans son cabinet dicter à son secrétaire des corrections pour sa tragédie d'*Irène*.

Il paraît que sa tendresse paternelle pour cet ouvrage, qu'il aurait grande envie de voir jouer, n'est pas entrée pour peu dans son retour ici; mais quelle a été sa douleur d'apprendre la mort de Le Kain!

20 février. — M. de Voltaire s'étant trop fatigué dans la journée de lundi, a eu recours au docteur Tronchin, qui lui a trouvé les jambes enflées : il l'a fait coucher, et lui a déclaré qu'il ne répondait pas de sa vie, qu'il n'avait pas huit jours à exister s'il ne se conduisait autrement, et ne prenait un repos absolu. En conséquence, le vieillard, effrayé, ne voit plus personne, et se refuse aux gens de la plus haute considération : il s'écrie que sa santé lui est plus précieuse que tous les hommages qu'on veut lui rendre. Cependant il ne peut s'abstenir de travailler, et accablé d'écritures son secrétaire Wagnière, pour cette malheureuse tragédie qui le tourmente.

L'amour-propre de M. de Voltaire est d'autant plus affligé d'un tel contre-temps, que M. le comte d'Artois l'a fait assurer de sa bienveillance et du plaisir qu'il aurait de le voir à la Comédie, et l'invitait en même temps de lui faire savoir le jour où il pourrait y aller.

La reine ne pouvant lui donner d'audience publique, par respect pour son auguste mère, qui, regardant M. de Voltaire comme un des plus grands ennemis de la religion, n'approuverait pas cette démarche, a fait dire aussi à ce philosophe qu'elle serait fort aise qu'il assistât à la cour à la représentation de quelqu'une de ses pièces.

C'est à l'occasion de cette inimitié qu'on assure que l'empereur n'a point voulu s'arrêter à Ferney et voir le philosophe, pour se conformer à la parole qu'il en avait donnée à l'impératrice-reine.

22 février 1778. — Le jour où le docteur Franklin est allé voir M. de Voltaire, il lui a présenté son petit-fils; et, par une adulation indécente, puérile, basse, et même, suivant certains dévots, d'une impiété dérisoire, il lui a demandé sa bénédiction pour cet enfant. Le philosophe, ne jouant pas moins bien la comédie que le docteur, s'est levé, a imposé les mains sur la tête du petit inno-

cent, et a prononcé avec emphase ces trois mots : *Dieu, liberté, tolérance.*

M. de Voltaire, non moins étonnant au physique qu'au moral, s'est trouvé beaucoup mieux le jeudi ; ses jambes se sont désenflées, et il s'est occupé de la distribution des rôles de sa tragédie. Le seul maréchal duc de Richelieu a eu permission de le voir relativement à cet objet. C'était un spectacle curieux d'observer ces deux vieillards et de les entendre. Ils sont du même âge à peu près ; le duc est un peu plus jeune ; mais, malgré sa toilette et sa décoration, il avait l'air plus cassé que M. de Voltaire, en bonnet de nuit et en robe de chambre. Celui-ci est convenu de se transporter dimanche à la Comédie, et d'y assister à un premier essai de répétition, le cahier à la main, pour connaître la portée de chaque acteur.

Vendredi, M. de Voltaire a tellement travaillé, qu'il n'a pas laissé à son secrétaire le temps de s'habiller. Mme la comtesse du Barry s'est présentée l'après-dînée pour le visiter : on a eu bien de la peine à déterminer le vieux malade à la voir. Son amour-propre souffrait de paraître devant cette beauté sans toilette et sans préparation. Il a cédé enfin à ses instances, et réparé par les grâces de l'esprit ce qui lui manquait du côté de l'élégance extérieure.

1er mars 1878. — Les amis de M. de Voltaire, sentant la difficulté qu'il séjourne ici longtemps, à cause des clameurs des dévots et du clergé, et craignant d'ailleurs pour sa santé, qui a commencé à s'altérer peu de temps après son arrivée, songeaient sérieusement à l'emmener lors de son accident. Mme de Saint-Julien, en grande liaison avec lui, faisait préparer une voiture faite exprès pour lui rendre le retour plus commode. Il est à craindre que ces précautions, prises trop tard, ne deviennent inutiles.

Il paraît qu'on doit attribuer le crachement de sang qui lui est survenu le mercredi aux efforts qu'il avait faits, le dimanche précédent, lors de la répétition de sa pièce, qu'il s'est trouvé obligé de déclamer presque en entier, pour donner à chaque acteur le ton de son rôle.

Comme cet accident était la suite d'une fatigue extraordinaire, on critique les saignées faites en pareilles circonstances, et à son âge. Il ne voit plus personne que sa famille ; tout travail lui est interdit absolument, et il reste presque toujours au lit ; il fait bonne contenance cependant, et rassure les assistants, en disant que ce n'est rien.

2 mars. — M. de Voltaire disait toujours à Ferney qu'il ne mourrait pas content qu'il n'eût vu encore une représentation de la Comédie française et une séance publique de l'Académie. Il est à la veille de jouir de ce double spectacle, ou, pour mieux dire, de ce double triomphe, et cependant il est à craindre qu'il n'en soit

privé pour jamais; son état devient de plus en plus inquiétant; il continue à cracher un peu de sang.

4 mars. — M. de Villette avait invité, il y a quelques jours, beaucoup de monde à dîner; en se mettant à table, M. de Voltaire n'aperçoit pas devant lui un gobelet qu'il avait marqué de son cachet : « Où est mon gobelet? » demande-t-il, l'œil étincelant, à un grand domestique fort niais, qui était spécialement chargé de le servir. Le pauvre diable, interdit, balbutie quelques mots. *Ennemi de votre maître*, s'écrie le vieillard furieux, *cherchez mon gobelet. Je veux mon gobelet, ou je ne dînerai pas.* Voyant enfin que le gobelet ne se trouvait pas, il quitte la table avec colère, monte dans son appartement, et s'y enferme. Mme Denis, Mme et M. de Villette, ont été successivement, mais en vain, le conjurer de descendre. Enfin on s'est déterminé à députer vers lui M. le marquis de Villevieille, qu'il aime beaucoup, et que l'aménité de ses mœurs et son amabilité rendent digne de cette distinction; il frappe doucement à la porte de l'appartement : « Qui est là? — C'est moi.... Villevieille. — Ah! (en ouvrant la porte) c'est vous, mon cher marquis! Que me voulez-vous? — Je viens, au nom de tous vos amis désolés de votre absence, vous conjurer de descendre. — On m'invite à descendre? — On vous en supplie. — Tenez, mon cher, je n'ose pas. — Et pourquoi? — On doit se moquer de moi? — Pouvez-vous le penser? n'avons-nous pas nos idées possessives? On tient à son verre, à son couteau, à sa plume. — Je vois bien que vous cherchez à m'excuser. Convenons plutôt franchement que chacun a ses faiblesses, je rougis de la mienne : cependant je me rappelle d'avoir lu quelque part que le sage Locke était colère. Descendez le premier; je vais vous suivre. » Il a en effet reparu quelques moments après, est venu s'asseoir à table, en imitant la gaucherie timide d'un enfant qui a fait une sottise, et qui craint d'être grondé. Quelqu'un qui a assisté à ce dîner, et qui a répandu cette anecdote, nous a assuré qu'il n'avait jamais été plus aimable.

5 mars. — M. de Voltaire, depuis son retour ici, aura présenté en peu de temps le contraste le plus philosophique et le plus intéressant. A son arrivée il a joui d'hommages enivrants, d'honneurs incroyables, d'une gloire dont il n'y a point d'exemple : on l'a vénéré comme un génie unique, comme un dieu, n'ayant rien de commun avec ses semblables; aujourd'hui il n'est plus qu'un spectacle affligeant pour l'humanité; son corps en a toutes les infirmités; son esprit, toutes les faiblesses.

Dimanche, M. de la Harpe, bien loin de soulager le malade, l'ayant extrêmement fatigué par sa déclamation dure et déchirante et par les observations que M. de Voltaire ne pouvait s'empêcher de lui faire, le docteur Tronchin a défendu qu'on le laissât parler à personne : on ne fait plus que le montrer à ceux qui viennent;

il prend la main aux uns, leur sourit, et il témoigne aux autres, par des cris affreux, qu'ils lui déplaisent.

Il avait fait venir de Ferney un jeune homme pour aider le sieur Wagnière, son secrétaire, dans ses écritures. Comme celui-ci n'a pas grande occupation, le maître a renvoyé le premier avec une inhumanité singulière; et Mme Denis a été obligée de lui fournir, à l'insu de son oncle, des secours pour se loger et exister.

9 mars. — Dès le vendredi soir, M. de Voltaire a soupé avec des œufs brouillés, et le lendemain il s'est mis à table avec tout le monde, mais en robe de chambre, qu'il n'a point quittée depuis qu'il est arrivé. La tête est revenue, il a repris sa fermeté; il est resté enfermé avec son secrétaire, et lui a dicté beaucoup de lettres. Tout cela fait présumer qu'on s'était trompé sur la nature de l'accident de ce vieillard, aussi étonnant au physique qu'au moral, et que le sang qu'il a rendu ne venait pas de la poitrine.

Sa confession a roulé sur deux points : sur une rétractation de ses ouvrages, qu'il a prétendu n'être pas obligé de faire, parce qu'il ne pouvait désavouer ce qu'il n'avait jamais avoué, et sur sa foi. Les prêtres se vantent qu'à cet égard il en a donné une profession par écrit, qui est entre les mains de M. l'archevêque.

11 mars. — Voici sa déclaration de foi : « Je, soussigné, déclare qu'étant attaqué depuis quatre jours d'un vomissement de sang, à l'âge de quatre-vingt-quatre ans, et n'ayant pu me traîner à l'église, M. le curé de Saint-Sulpice ayant bien voulu ajouter à ses bonnes œuvres celle de m'envoyer M. l'abbé Gauthier, prêtre, je me suis confessé à lui; et que, si Dieu dispose de moi, je meurs dans la sainte religion catholique, où je suis né, espérant de la miséricorde divine qu'elle daignera pardonner toutes mes fautes, et que, si j'ai scandalisé l'Église, j'en demande pardon à Dieu et à elle. *Voltaire*. — Le 2 mars 1778, dans la maison de M. le marquis de Villette, en présence de M. l'abbé Mignot, mon neveu, et de M. le marquis de Villevieille, mon ami. »

Le mardi matin, il s'est fait dans le salon une répétition de sa tragédie; mais il a eu la douleur de n'y pouvoir assister. La toux le fatiguant trop la nuit, on avait été obligé de le lever; et s'étant recouché, le médecin avait exigé qu'il restât au lit, et même les rideaux fermés, afin de lui éviter l'envie de parler aux personnes qui seraient dans sa chambre; mais il faudrait lui lier la langue, et il dit toujours quelque chose.

Ce qui le fâche le plus, c'est la crainte de ne pouvoir assister à la première représentation d'*Irène*. Le docteur Tronchin s'y oppose; mais ceux qui s'embarrassent peu des suites l'encouragent à cette démarche, dont il aurait la plus grande envie.

Sa rechute lui a fait revenir le désir de s'en aller dès que sa pièce aura été jouée, et qu'on pourra l'embarquer avec sûreté. Pressé par ses amis et ses admirateurs de se fixer à Paris, ou du moins d'y avoir un domicile, il avait voulu louer l'hôtel que quitte le comte d'Hérouville, faubourg Saint-Honoré. Cet hôtel, qui donne sur les Champs-Élysées, lui convenait à tous égards : outre un jardin magnifique qui y est attaché, outre un bon air et une vue étendue dont il aurait joui, il aurait eu la facilité de se dérober au tumulte de sa maison et de Paris, et d'aller à pied ou en carrosse se promener dans le Cours, ce qui lui aurait fait retrouver son habitude d'aller tous les jours, lorsque le temps le permettait, rêver pendant quelques heures dans ses bois, à Ferney.

La maladie, les tracasseries qu'il a éprouvées, et peut-être des ordres supérieurs, lui ont ôté ce projet, qui reviendra sans doute s'il n'y a point d'obstacle, et s'il jouit du triomphe qu'il espère pour sa tragédie. Il a toujours été fort capricieux, et l'âge, les infirmités et la flatterie ne l'ont pas guéri de ce défaut.

13 mars — M. de Voltaire a passé encore une mauvaise nuit, du mardi au mercredi, et il a rendu beaucoup de sang clair, qu'on juge être de la poitrine. Le docteur Tronchin lui a ordonné le lait d'ânesse. On fait bonne contenance dans la maison, mais on est inquiet, et la famille s'y rassemble assidûment, et ne désempare pas. Comme il avait pour usage de refaire ou de revoir son testament tous les mois, afin de contenir les aspirants en haleine, on craint que la foule n'en augmente dans ce pays-ci, et l'on ne veut pas laisser enlever un aussi bon héritage.

14 mars. — Jeudi, M. de Voltaire était affaissé, et ceux qui le voient habituellement l'ont trouvé plus changé en quatre jours qu'il n'avait paru l'être en quatre ans. Il disait à ceux qui venaient le voir : *Voltaire se meurt; Voltaire crache du sang.* Il n'avait pas encore commencé le lait d'ânesse, et prenait du café avec très peu de lait. La consternation était extrême dans toute la maison, Mme Denis pleurait. Cependant, pour en imposer à l'extérieur, M. et Mme de Villette ont affecté de se montrer à l'Opéra.

L'Académie, instruite de la rechute de ce membre précieux, a envoyé une députation, ce jour-là même, chez M. de Voltaire, pour lui témoigner l'intérêt qu'elle prenait à son état : elle s'y est rendue dans le carrosse du prince de Beauvau, mais n'a pu être admise chez le malade, qui reposait.

Il n'est question que d'*Irène*, et c'est à qui se pourvoira pour assister à la première représentation de cette tragédie. On variait sur la place qu'y occuperait l'auteur. Les uns le mettaient dans un fauteuil sur le théâtre, pour que le public pût le contempler à son aise; les autres lui faisaient l'honneur de l'admettre dans la loge de la reine, où il serait derrière Sa Majesté. Des gens plus sages le plaçaient dans celle des gentilshommes de la chambre. Il paraît aujourd'hui impossible que le moribond jouisse de ce triomphe, ce qui ralentirait l'ardeur de quantité de curieux, plus empressés de voir le poète que sa tragédie, si son état était bien constaté, et qu'on désespérât de jouir du spectacle de sa personne.

15 mars. — Jeudi, jour où M. de Voltaire avait perdu toute sa vivacité. M. le marquis de Villevieille, ami intime du philosophe, par zèle pour sa personne, et voulant le ranimer avec un remède violent sans doute, mais tel qu'il le jugeait nécessaire, lui apporta des vers contre *Irène*. M. de Voltaire les lut, et les lui rendit sans dire mot, sans annoncer aucune sensibilité, ce qui déplut aux spectateurs et les affligea : ils le jugèrent bien malade.

15 mars. — Il n'y a pas longtemps que M. de Voltaire, quoique malade, se mêlait encore de l'intérieur de son ménage. Il était question d'une couverture qu'il voulait donner à sa garde. Le marchand, venu de loin, la laissait à 17 liv. au philosophe, qui n'en offrait que 15. Celui-ci n'a pas voulu augmenter, et a forcé le vendeur à se retirer, jurant comme un démon qu'on lui ait fait perdre sa peine et son temps. Ces petits détails, indignes d'être rapportés dans tout autre cas, servent ici merveilleusement à établir le caractère constant de ce grand homme, mélange d'opposés si inconcevables

Le lait d'ânesse n'a pas réussi le premier jour ; il y a eu une consultation de médecins, qui ont déterminé de le lui faire quitter. Il est moins mal, les crachats ne sont plus que teints ; mais l'abattement est toujours le même. C'est Mme Denis qui veille uniquement au succès de la pièce. Il y a eu samedi une répétition générale, où elle a présidé.

18 mars. — Malgré les éloges outrés prodigués à M. de Voltaire par les journalistes et par ses adulateurs, à l'occasion de sa tragédie d'*Irène*, l'impartialité veut qu'on assure que les deux premiers actes ont été reçus avec de sincères applaudissements, et sont en effet semés de beaux traits ; mais que les trois derniers, absolument vides, sont glacials. Il y a dans l'ensemble quelques scènes nobles ; il y a des morceaux de sensibilité, mais rien de vraiment tragique, rien de cette éloquence vigoureuse dont on trouve tant d'exemples dans *Œdipe*, *Alzire*, *Mahomet*, etc. Quant au dialogue, il est lâche, diffus, bavard, et plein de répétitions. Les caractères sont ce qu'il y a de mieux. On les a trouvés assez bien frappés, vrais et soutenus ; mais ils ne se développent guère qu'en paroles, la pièce étant presque tout à fait dénuée d'action. En un mot, elle ne peut que grossir le nombre des dernières pièces médiocres de l'auteur.

21 mars. — M. de Voltaire s'étant excédé de travail le dimanche,

où il avait travaillé douze heures sans interruption, eut une fort mauvaise nuit; et toutes les louanges que ses adulateurs lui prodiguèrent, au retour de la Comédie, ne purent calmer son fâcheux état. Il pouvait s'appliquer cette fameuse sentence d'un Père de l'Église sur la futilité des réputations de tant d'hommes célèbres et immortalisés dans ce bas monde, lorsqu'ils brûlent en enfer : *Laudantur ubi non sunt, cruciantur ubi sunt*. L'anecdote qui l'aurait fait tressaillir de joie, s'il n'eût pas été si souffrant, c'était le spectacle de la reine, le crayon à la main, semblant écrire les plus beaux vers de la pièce. On s'est imaginé que c'était surtout ceux relatifs à Dieu et à la religion, dont le poète parle avec beaucoup d'édification, ce qui fit crier un plaisant : *On voit bien qu'il a été à confesse*. Quoi qu'il en soit, on a présumé que Sa Majesté voulait les citer au roi, pour justifier, sur ses vrais sentiments, ce coryphée de la philosophie, si décrié par les prêtres, si redoutable au clergé.

Le mardi et le mercredi, le philosophe n'a pas été encore bien. On a refusé tout le monde, même le directeur général des finances, qui s'était dérobé un moment à ses importantes occupations pour le visiter; et même M. le comte d'Argental, son ami de cinquante ans, son confident, son maître en politique, dont la conversation avait jusque-là charmé le malade.

A la fin de la seconde représentation d'*Irène*, le parterre demanda des nouvelles du poète, et l'acteur qui annonçait donna des paroles consolantes.

Le jeudi, M. de Voltaire est ressuscité pour la troisième fois : il a revu du monde, entre autres le duc de Praslin; il a acheté des chevaux, et parle de se promener. Il est comme les marins, qui, pendant la tempête, promettent de ne plus quitter le port, et se rembarquent bientôt après : il ne songe plus à partir, et à peine à s'arracher à ce pays-ci, surtout au moment où on l'embaume plus fortement que jamais de l'encens le plus flatteur, où on lui fait accroire que sa tragédie restera au théâtre et fera époque.

24 mars. — Lundi 16, jour de la première représentation d'*Irène*, pendant qu'on jouait cette tragédie, dès le second acte, un messager fut député de la Comédie pour annoncer à M. de Voltaire la faveur qu'elle prenait; après le quatrième, un second vint avec ordre de pallier le froid presque général dont on avait reçu le troisième et quatrième acte. A la fin du cinquième, M. Dupuy, le mari de Mlle Corneille, fut le premier à lui apprendre qu'*Irène* avait eu un succès complet.

Un ami, entré ensuite, trouva M. de Voltaire au lit, écrivant, enflé des éloges qu'il venait de recevoir, et mettant en ordre sa seconde tragédie d'*Agathocle*, pour la faire jouer de suite. Le philosophe affecta d'abord un grand flegme : il ne répondit au compliment autre chose, sinon : *Ce que vous dites là me console, mais ne me guérit pas.*

Les jours suivants, plus de trente cordons bleus étant venus se faire inscrire chez lui pour le féliciter, l'illusion du succès ne put que s'accroître; et ce qui y mit le comble, ce fut la députation de l'Académie française, le jeudi 19, pour l'assurer de la part que la Compagnie prenait à son triomphe. Le poète sortira d'autant moins de cette agréable erreur, que, pour ne pas la troubler, les journalistes ont reçu défense de parler de lui et de sa tragédie, à moins que ce ne soit pour le louer.

Depuis ce temps, M. de Voltaire ne rêve que tragédie. Outre son *Agathocle*, on assure qu'il en a entrepris une troisième, et qu'il ne veut même plus s'occuper que de ce genre de travail. Il a chargé ses émissaires de répandre dans le public sa satisfaction, de l'assurer de toute sa reconnaissance, et de sa disposition sincère à venir lui-même faire ses remerciments au parterre dès que sa santé le lui permettra.

25 mars. — M. de Voltaire, ranimé par son amour-propre, exalté au plus haut degré, s'est trouvé en état de monter en voiture le samedi. Il s'est promené dans Paris, sous prétexte d'aller voir la place Louis XV; et, les chevaux allant au pas, il a été suivi de tout le peuple et de beaucoup de curieux, ce qui lui formait un cortège et une sorte de triomphe.

Rentré chez lui, il a reçu une députation de la loge des *Neuf Sœurs*; elle s'était rendue à pied, au nombre d'environ quarante membres, suivie de plusieurs carrosses appartenant à quelques francs-maçons. C'est M. de la Lande, *le vénérable*, qui portait la parole. Ces messieurs sont tombés dans une veine heureuse : le vieillard était frais, gaillard : le grand air l'avait fortifié. Il a paru très aimable à l'Assemblée. Ne se ressouvenant plus des formules, il a affecté de n'avoir jamais été frère, et il a été inscrit de nouveau : il a signé sur-le-champ les constitutions, et a promis d'aller en loge. M. de la Lande lui ayant nommé successivement les frères qui pouvaient en être connus, il a dit à chacun des choses obligeantes, relatives aux actions ou aux ouvrages propres à les caractériser.

28 mars. — M. de Voltaire s'est habillé jeudi pour la première fois depuis son séjour ici, et a fait toilette entière. Il avait un habit rouge doublé d'hermine, une grande perruque à la Louis XIV, noire, sans poudre, et dans laquelle sa figure amaigrie était tellement enterrée, qu'on ne découvrait que ses deux yeux, brillants comme des escarboucles. Sa tête était surmontée d'un bonnet carré rouge, en forme de couronne, qui ne semblait que posé. Il avait à la main une petite canne à bec de corbin; et le public

de Paris, qui n'est point accoutumé à le voir dans cet accoutrement, a beaucoup ri. Ce personnage, singulier en tout, ne veut sans doute avoir rien de commun avec la société ordinaire.

1er avril 1778. — M. de Voltaire, décidé à jouir du triomphe qu'on lui promettait depuis longtemps, est monté lundi dans son carrosse couleur d'azur, parsemé d'étoiles, peinture bizarre qui a fait dire à un plaisant que c'était le char de l'Empyrée. Il s'est rendu ainsi d'abord à l'Académie française, qui tenait ce jour-là son assemblée particulière. Elle était composée de vingt-deux membres. Aucun des prélats ou abbés, ou membres du corps ecclésiastique, ses confrères, n'avait voulu s'y trouver, ni adhérer aux délibérations extraordinaires qu'on se proposait.

L'Académie est allée au-devant de M. de Voltaire pour le recevoir. Il a été conduit au siège du directeur, que cet officier et l'Académie l'ont prié d'accepter. On avait placé son portrait au-dessus de son fauteuil. La Compagnie, sans tirer au sort suivant l'usage, a commencé son travail en le nommant, par acclamation, directeur du trimestre d'avril. Le vieillard, étant en train, allait causer beaucoup, lorsqu'on lui a dit qu'on s'intéressait trop à sa santé pour l'écouter; qu'on voulait le réduire au silence. En effet, M. d'Alembert a rempli la séance par la lecture de l'*Éloge de Despréaux*, dont il avait déjà fait part dans une cérémonie publique, et où il avait inséré des choses flatteuses pour le philosophe présent.

M. de Voltaire a désiré monter ensuite chez le secrétaire de l'Académie, dont le logement est au-dessus. Il est resté quelque temps chez lui, et s'est enfin mis en route pour se rendre à la Comédie française. La cour, quelque vaste qu'elle soit, était remplie de monde qui l'attendait. Dès que sa voiture, unique en son genre, a paru, on s'est écrié : Le voilà! Les savoyards, les marchandes de pommes, toute la canaille du quartier, s'étaient rendus là; et les acclamations : *Vive Voltaire!* ont retenti pour ne plus finir. Le marquis de Villette, arrivé d'avance, l'est venu prendre à la descente de son carrosse, dans lequel il était avec le procureur Glause : tous deux lui ont donné le bras, et ont eu peine à l'arracher de la foule. A son entrée à la Comédie, un monde plus élégant, et saisi du véritable enthousiasme du génie, l'a entouré : les femmes surtout se jetaient sur son passage et l'arrêtaient, afin de le mieux contempler. On en a vu s'empresser à toucher ses vêtements, et quelques-unes arracher du poil de sa fourrure. M. le duc de Chartres, n'osant avancer de trop près, n'a pas montré moins de curiosité que les autres.

Le saint ou plutôt le dieu du jour devait occuper la loge des gentilshommes de la chambre, en face de celle du comte d'Artois. Mme Denis, Mme de Villette, étaient déjà placées, et le parterre

[15]

était dans des convulsions de joie, attendant le moment où le poète paraîtrait. On n'a pas eu de repos qu'il ne se fût mis au premier rang auprès des dames. Alors on a crié : *La couronne !* et le comédien Brizard est venu la lui mettre sur la tête. *Ah ! Dieu, vous voulez donc me faire mourir ?* s'est écrié M. de Voltaire, pleurant de joie et se refusant à cet honneur. Il a pris cette couronne à la main, et l'a présentée à *Belle et Bonne*. Celle-ci la refusait lorsque le prince de Beauvau, saisissant le laurier, l'a remis sur la tête du Sophocle, qui n'a pu résister cette fois.

On a joué la pièce, plus applaudie que de coutume, mais pas autant qu'il l'aurait fallu pour répondre à ce triomphe. Cependant les comédiens étaient fort intrigués de ce qu'ils feraient ; et, pendant qu'ils délibéraient, la tragédie a fini, la toile est tombée, et le tumulte du parterre était extrême lorsqu'elle s'est relevée ; et l'on a vu un spectacle pareil à celui de la *Centenaire*. Le buste de M. de Voltaire, placé depuis peu dans le foyer de la Comédie française, avait été apporté sur le théâtre, et élevé sur un piédestal : tous les comédiens l'entouraient en demi-cercle, des palmes et des guirlandes à la main. Une couronne était déjà sur le buste ; le bruit des fanfares, des tambours, des trompettes, avait annoncé la cérémonie, et Mme Vestris tenait un papier, qu'on a su bientôt être des vers que venait de composer M. le marquis de Saint-Marc. Elle les a déclamés avec une emphase proportionnée à l'extravagance de la scène. Les voici :

> Aux yeux de Paris enchanté,
> Reçois en ce jour un hommage
> Que confirmera d'âge en âge
> La sévère postérité.
> Non, tu n'as pas besoin d'atteindre au noir rivage
> Pour jouir des honneurs de l'immortalité !
> Voltaire, reçois la couronne
> Que l'on vient de te présenter :
> Il est beau de la mériter,
> Quand c'est la France qui la donne !

On a crié : *bis !* et l'actrice a recommencé. Après, chacun est aller poser sa guirlande autour du buste. Mlle Fanier, dans une extase fanatique, l'a baisé, et tous les autres comédiens ont suivi.

Cette cérémonie fort longue, accompagnée de *vivat* qui ne cessaient point, la toile s'est encore baissée ; et quand on l'a relevée pour jouer *Nanine*, comédie de M. de Voltaire, on a vu son buste à la droite du théâtre, qui y est resté durant toute la représentation.

M. le comte d'Artois n'a pas osé se montrer trop ouvertement ; mais, instruit de l'arrivée de M. de Voltaire à la Comédie, il s'y est rendu incognito. M. de Voltaire, étant sorti de sa loge pour prendre l'air, a été présenté à Son Altesse, et a eu l'honneur de lui faire sa cour.

Nanine jouée, nouveaux brouhahas, autre embarras pour la modestie du philosophe. Il était déjà dans son carrosse, et l'on ne voulait pas le laisser partir; on se jetait sur les chevaux, on les retenait; on a entendu même de jeunes poètes s'écrier qu'il fallait les dételer, et se mettre à leur place pour reconduire l'Apollon moderne : malheureusement il ne s'est pas trouvé assez d'enthousiastes de bonne volonté, et il a enfin eu la liberté de partir, non sans des *vivat*, qu'il a pu entendre encore du Pont-Royal, et même de son hôtel.

Telle a été l'apothéose de M. de Voltaire, dont Mlle Clairon avait donné chez elle un échantillon il y a quelques années, mais devenue un délire plus violent et plus général.

M. de Voltaire, rentré chez lui, a pleuré de nouveau, et a protesté modestement que s'il avait prévu qu'on eût fait tant de folies, il n'aurait pas été à la Comédie.

Le lendemain, on a vu chez lui une procession de monde qui est venu successivement lui renouveler en détail les éloges et les faveurs qu'il avait reçus en chorus la veille; il n'a pu résister à tant d'empressement, de bienveillance et de gloire, et il s'est décidé sur-le-champ à acheter une maison pour se fixer à Paris.

6 avril. — Tout est mêlé d'amertume dans cette vie, et le plus beau triomphe est souvent accompagné d'humiliations; c'est ainsi que M. de Voltaire vient d'en éprouver plusieurs, dont la moindre serait propre à empoisonner le bonheur d'un homme qui a autant d'amour-propre.

1° Le jour de son couronnement, il savait que la reine était venu à l'Opéra, mais avec le projet secret de passer incognito à la Comédie française, et d'y recevoir sans affectation les hommages du Nestor de la littérature; elle ne lui a pas donné cette satisfaction : on assure que dans sa loge elle a reçu un billet qui l'a détournée de son premier dessein; on prétend même qu'il avait été rendu en route à Sa Majesté.

1° Son *Irène* a bien été jouée jeudi dernier à la cour; mais on ne l'a pas fait avertir d'y venir, comme il s'en flattait et comme la reine le lui avait fait espérer; mais le jour de la représentation, au débotté du roi, pendant que Sa Majesté s'habillait pour le spectacle, on a entendu les courtisans perfides, pour plaire au monarque, qu'on sait ne point aimer M. de Voltaire, lui dénigrer d'avance la tragédie, et prématurer son ennui, qui ne s'est que trop manifesté.

3° Enfin le vieillard de Ferney, qui, en se repaissant de la fumée de la gloire, ne néglige point le solide et veille à ses affaires en homme qui s'en occupe essentiellement, est allé l'autre jour chez un procureur au parlement, nommé Hureau, pour lui parler d'un procès dont celui-ci n'avait plus d'idée. Il a eu le dépit de voir ce suppôt du palais l'ignorer absolument, le traiter cavalièrement comme un client ordinaire, et l'obliger de décliner son nom; et il a dû juger que ce malheureux praticien vivait dans une telle indolence, qu'il ne savait pas seulement que M. de Voltaire fût à Paris. Il est vrai qu'à ce nom de M. de Voltaire il a ouvert les yeux et les oreilles, que toute la maison en a bientôt retenti, et que, la rumeur passant de bouche en bouche, le philosophe, en rentrant dans son carrosse, s'est vu assailli de toute la populace du quartier.

10 avril. — Lundi, M. de Voltaire s'est trouvé assez vigoureux pour aller à pied de chez lui à l'Académie, et l'on juge combien il fait courir de monde après lui.

Mardi matin, il s'est rendu à la loge des *Neuf Sœurs*, suivant la promesse qu'il en avait faite aux députés. La joie des frères leur a fait commettre quelques indiscrétions; en sorte que, malgré le mystère de ces sortes de cérémonies, beaucoup de circonstances de la réception de ce vieillard ont transpiré.

On ne lui a point bandé les yeux; mais on avait élevé deux rideaux à travers lesquels le vénérable l'a interrogé; et, après diverses questions, il a fini par lui demander s'il promettait de garder le secret sur tout ce qu'il verrait: il a répondu qu'il le jurait, en assurant qu'il ne pouvait plus tenir à son état d'anxiété, et pria qu'on lui fît voir la lumière. A l'instant les deux rideaux se sont entr'ouverts, et cet homme de génie est resté comme étourdi des pompeuses niaiseries de ce spectacle; tant l'homme est susceptible de s'en laisser imposer par la surprise de ses sens! On a remarqué même que cette première stupeur avait frappé le philosophe au point de lui ôter, pendant toute la séance, cette pétulance de conversation qui le caractérise, ces saillies, ces éclairs qui partent si rapidement quand il est dans son assiette.

Au banquet, il n'a mangé que quelques cuillerées d'une purée de fèves, à laquelle il s'est mis pour son crachement de sang, et que lui a indiquée Mme Hébert, intendante des *Menus*.

Il s'est retiré de bonne heure; il s'est montré l'après-dînée, sur son balcon, au peuple assemblé; il était entre M. le comte d'Argental et le marquis de Thibouville. Le soir, il est allé voir la *Belle Arsène*, chez Mme de Montesson. Il a retourné hier jeudi à ce spectacle, où l'on a dû donner en sa faveur une seconde représentation de l'*Amant romanesque*, et y joindre *Nanine*.

2 mai 1778. — Lundi dernier, 17 avril, M. de Voltaire est allée à une séance particulière de l'Académie française. L'abbé Delille

y lut quelques morceaux détachés de son poème sur l'art d'orner de peindre la nature, et d'en jouir, et la traduction de la célèbre épître de Pope au docteur Arbuthnot. Pendant cette lecture, le vieux malade se rappelait les vers anglais de Pope, les comparait à la traduction, et préférait celle-ci.

M. de Voltaire, à cette occasion, se plaignit de la pauvreté de la langue française ; il parla de quelques mots peu usités, et qu'il serait à désirer qu'on adoptât, celui de *tragédien*, par exemple, pour désigner un acteur jouant dans la tragédie. *Notre langue est une gueuse fière*, disait-il en parlant de la difficulté d'introduire des mots nouveaux ; *il faut lui faire l'aumône malgré elle*.

16 mai. — On raconte que, ces jours derniers, M. de Voltaire se trouvant chez Mme la maréchale de Luxembourg, il fut question de la guerre. Cette dame en déplora les calamités, et souhaitait que les Anglais et nous entendissions assez bien nos intérêts et ceux de l'humanité pour la terminer sans effusion de sang, et par un bon traité de paix. *Madame*, dit le philosophe bouillant, en montrant l'épée du maréchal de Broglie qui était présent, *voilà la plume avec laquelle il faut signer ce traité*.

26 mai. — M. de Voltaire, loin d'être tout à fait quitte de l'accident que lui a occasionné le fatal présent du maréchal duc de Richelieu[1], est retombé plus gravement ; et quoiqu'on ne puisse savoir au juste son état, par le silence que gardent ses domestiques, ses parents et ses amis, quoiqu'on ait affecté de rassurer le public dans le *Journal de Paris*, on a tout lieu de craindre qu'il ne succombe cette fois.

31 mai. — M. de Voltaire est mort hier, sur les onze heures du soir. Comme les prêtres refusent de l'enterrer, et qu'on n'ose envoyer son cadavre à Ferney, où cependant son tombeau l'attend, on est à chercher quelque tournure pour y suppléer.

12 juin 1778. — Le testament de M. de Voltaire, à son ouverture, a étonné tout le monde. On comptait y trouver des dispositions qui feraient honneur à son esprit et à son cœur. Rien de tout cela : il est très plat, et sent l'homme dur qui ne songe à personne, et n'est capable d'aucune reconnaissance. Ce qui augmente l'indignation, c'est qu'il a deux ans de date, et a été fait conséquemment avec toute la maturité de jugement possible. Voici les principaux articles :

A M. Wagnière, son secrétaire, son bras droit, dont il ne pouvait se passer, qu'il appelait son ami, son *fidus Achates*, 8,000 livres une fois payées ; rien à sa femme et à ses enfants.

---

1. Il lui avait apporté un spécifique dont il lui avait garanti le bon effet.

A son domestique, nommé *la Vigne*, qui le servait depuis trente-trois ans, une année de gages seulement.

A *la Barbaras*, sa gouvernante de confiance, 800 livres payées une fois seulement.

Aux pauvres de Ferney, 300 livres une fois payées.

Six volumes anglais à un M. Durieu ; du reste, rien à qui que ce soit.

A Mme Denis, sa nièce, 80,000 livres de rentes et 400,000 livres d'argent comptant, en ce qu'il la fait sa légataire universelle ; 100,000 livres seulement à l'abbé Mignot, son neveu, et autant à M. d'Ornoy.

1er décembre 1778. — Mme Denis a touché 150,000 livres de la vente de la bibliothèque de M. de Voltaire à l'impératrice de Russie : c'est le prix qu'y a mis cette magnifique souveraine ; elle y a joint des fourrures de la plus grande beauté et une lettre très flatteuse. On doit ajouter aux livres toutes les lettres originales qu'on pourra faire imprimer et autres, manuscrites, qui ne seraient pas dans le même cas. Mme Denis a seulement demandé permission d'en garder copie.

L'impératrice de Russie désire en outre des plans exacts et dans tous les sens du château de Ferney : elle se propose d'en faire construire un pareil dans un de ses châteaux de plaisance, et d'y élever un monument à la mémoire du philosophe ci-devant seigneur du lieu.

La place de M. de Voltaire à l'Académie française reste encore vacante, et la Compagnie ne semble pas disposée à lui donner de sitôt un successeur ; on la croit toujours en négociation avec le ministère pour le service d'usage à faire aux Cordeliers.

En attendant, M. d'Alembert l'a, en quelque sorte, remplacé par Molière, dont il a fait placer le fameux buste, par Houdon, à l'Académie. Quand il a été question d'y mettre une inscription, quelqu'un avait proposé d'écrire : *Molière, de l'Académie française après sa mort*, et cette phrase avait été retournée dans tous les sens : on a préféré ce vers de M. Saurin :

Rien ne manque à sa gloire ; il manquait à la nôtre.

23 *novembre* 1779. — *Extrait d'une lettre de Ferney, du 15 novembre.*

« Les étrangers continuent à visiter cet ancien séjour de M. de Voltaire avec la même affluence et la même curiosité. Le marquis de Villette a fait conserver sa chambre telle qu'elle était, jusqu'à son lit, qui semble encore prêt à le recevoir. Mais ce qu'il y a de nouveau, et qui frappe d'un saisissement involontaire, c'est un monument dont voici la description :

« On voit une pyramide quadrangulaire, contre laquelle est adossé un autel composé d'un simple tronçon de colonne cannelée. Cette pyramide est ceinte, au tiers de sa hauteur, d'une corniche saillante, soutenue aux angles par quatre consoles antiques, et porte une urne sépulcrale. Sur chaque face une couronne de laurier termine la pyramide tronquée, c'est le seul attribut caractéristique qui y soit exprimé : et sur l'autel est placé un coussin de velours, où repose un cœur, symbole de celui qui est dans l'intérieur du monument.

« Cet ensemble, composé de trois marbres, le blanc, le noir et le vert antique, de la hauteur d'environ sept pieds sur trois et demi de largeur de la base, est placé au fond d'une niche drapée en noir.

« On ne sait comment l'évêque d'Annecy, qui n'a pas voulu que le cœur de M. de Voltaire fût dans l'église, prendra cette espèce d'idolâtrie, cette parodie du moins des monuments religieux dans un lieu tout profane.

« On a décoré l'appartement de quelques portraits rassemblés de diverses chambres du château, portraits pour lesquels le grand homme défunt avait le plus de prédilection, savoir : ceux de l'impératrice de Russie, du roi de Prusse, de la princesse de Bareuth, de la marquise du Châtelet, de l'acteur Le Kain, de M. d'Alembert, du comte de Maurepas, de M. d'Argental, de M. le marquis et Mme la marquise de Villette. Il est à observer que le comte de Maurepas n'a jamais figuré entre les personnages chéris de M. de Voltaire, qu'il en parlait avec assez d'irrévérence; mais l'auteur du monument, trop sujet aux censures ecclésiastiques, a cherché ainsi à se mettre sous la protection du Mentor du roi.

« Enfin on y lit cette inscription : *Mes mânes sont consolés, puisque mon cœur est parmi vous.* »

27 janvier 1780. — Mme Denis, nièce de M. de Voltaire, vient de faire une sottise, dans son genre, à peu près aussi forte que celle de la veuve de Jean-Jacques Rousseau. Elle s'est remariée à un certain M. Duvivier, qui a commencé par être soldat, a été occupé ensuite en qualité de copiste à la secrétairerie du comte de Maillebois, a plu à ce seigneur qui se l'est attaché, en a fait son secrétaire en titre, et lui a fait avoir une charge de commissaire des guerres, des maréchaux de France.

Mme Denis a soixante-huit ans; elle est laide, grosse comme un muid, et d'une mauvaise santé. Malgré la considération de son oncle, qui se réfléchissait sur elle, elle désirait depuis longtemps on être débarrassée, pour devenir maîtresse de sa fortune et de ses actions. A peine jouit-elle de ces deux biens, que la voilà qui se remet sous la tutelle d'un maître impétueux, dur, sans complaisance, et qui ne peut guère même lui procurer les plaisirs qui excitent ordinairement les veuves à se remarier. Il a cinquante-huit ans, et est estropié d'un bras, qui lui a été mal remis après une chute. On dit qu'il est aimable quand il veut, mais qu'il ne le veut déjà plus vis-à-vis de sa femme : qu'à peine le mariage a-t-il été déclaré, il s'est rendu le maître; qu'il a forcé Mme Denis, accoutumée à dîner, à n'avoir personne le soir et à se coucher de bonne heure, à changer de train de vie; qu'il lui procure beaucoup de monde à souper, la fait veiller et jouer, et semble vouloir s'en débarrasser promptement, à force d'excès.

Du reste, sottise des deux parts. Ceux qui connaissent M. Duvivier assurent qu'il avait quinze ou vingt mille livres de rentes, et qu'il pouvait fort bien rester garçon avec cette fortune, sans s'exposer à devenir le fléau d'une femme et l'horreur de sa famille. Mme Denis proteste qu'elle ne lui a donné que part d'enfant; mais on se doute bien que la cupidité seule ayant pu être le motif de l'époux, il va la dépouiller de son mieux. Toute sa famille est furieuse : l'abbé Mignot, que sa sœur avait engagé à venir demeurer chez elle, l'a quittée dès le matin où il a appris cette nouvelle; il n'a pas même voulu dîner. M. d'Hornoy n'est pas moins outré, et en général le public se moque d'elle sans la plaindre. Elle faisait un si mauvais usage de sa fortune, même envers les gens de lettres, qu'on est peu touché du malheureux sort qu'elle se prépare.

ANECDOTES ET BONS MOTS

14 février 1762. — M. de Crébillon étant allé chez le roi, Sa Majesté l'a reçu avec bonté ; et dans le courant de la conversation : *Vous êtes vieux*, lui dit le roi, *vous avez plus de quatre-vingts ans.* — *Non, Sire,* lui répondit-il, *c'est mon extrait baptistaire qui les a.*

14 juin 1762. — On ne cesse de parler de Rousseau, et de raconter les circonstances de son évasion. On prétend qu'il ne voulait point absolument partir, et qu'il s'obstinait à comparaître ; que M. le prince de Conti lui ayant fait là-dessus les instances les plus pressantes et les plus tendres, cet auteur avait demandé à Son Altesse ce qui lui en pouvait arriver, en ajoutant qu'il aimait autant vivre à la Bastille ou à Vincennes que partout ailleurs ; qu'il voulait soutenir la vérité, etc. Que le prince lui ayant fait entendre qu'il y allait non seulement de la prison, mais encore du bûcher, la stoïcité de Rousseau s'était émue ; sur quoi, le prince avait repris : « Vous n'êtes point encore assez philosophe, mon ami, pour soutenir pareille épreuve ; » que là dessus on l'avait emballé et fait partir.

8 juillet 1762. — Il y a à Genève une fermentation considérable, occasionnée par la condamnation du livre de Rousseau. Les ministres de l'Église réformée prétendent que les séculiers ne l'ont condamné que par esprit de parti, à cause qu'il soutient dans le *Contrat social* les vrais sentiments de la *démocratie*, opposés à ceux de l'*aristocratie*, qu'on voudrait introduire. A l'égard de la doctrine théologique renfermée dans *Émile*, ils disent qu'on pourrait la soutenir en bien des points ; que d'ailleurs on ne lui a pas laissé le temps de l'avouer ou de la rétracter. Ils ajoutent que l'on souffre dans l'État un homme (M. de Voltaire) dont les écrits sont bien plus répréhensibles, et que les distinctions qu'on lui accorde sont une preuve de la dépravation des mœurs, et des progrès de l'irréligion qu'il a introduite dans la république depuis son séjour dans son territoire.

9. — On ne peut se refuser à consigner un bon mot du roi, qui caractérise également l'excellence de son esprit et de son cœur.

Sa Majesté étant allé voir les nouveaux bureaux de la Guerre, il y a quelques jours, entra partout ; et dans celui de M. Dubois, ayant trouvé une paire de lunettes, mit la main dessus : *Voyons,* dit le roi, *si elles valent celles dont je me sers*. Un papier apprêté exprès, suivant les apparences, se trouva sous sa main. C'était une lettre dans laquelle entrait un éloge pompeux du monarque et de son ministre (le duc de Choiseul). Sa Majesté, rejetant avec précipitation les lunettes, dit : *Elles ne sont pas meilleures que les miennes, elles grossissent trop les objets.*

2 janvier 1763. — Épitaphe de M. de la Popelinière :

> Sous ce tombeau repose un financier.
> Il fut de son état l'honneur et la critique ;
> Généreux, bienfaisant, mais toujours singulier,
> Il soulagea la misère publique,
> Passant, priez pour lui, car il fut le premier.

21 mars. — Il se trouve à Paris un arrière-petit-fils de Racine par les femmes. Comme il ne reste aucun mâle, que le dernier mort et son fils avaient très peu joui de leurs entrées, droit héréditaire dans une famille aussi illustre pour le théâtre ; que personne ne recueillait cette espèce de succession littéraire, ce jeune homme a cru pouvoir se présenter, et attendre cette grâce du respect et de la reconnaissance des comédiens pour leur bienfaiteur. Leur procédé noble en faveur de son cousin, de la petite-fille de Corneille, de Crébillon, etc., lui étaient garants de leur générosité. Les histrions ont démenti en un instant toute la bonne opinion qu'avaient conçue d'eux les gens qui ne connaissent pas les ressorts du cœur humain. Comme cette grâce a été demandée sourdement, qu'ils n'ont pas espéré qu'elle fît un grand éclat, que le faste et l'ostentation sont ce qui les détermine plus ou moins aux bonnes actions, ils ont refusé tout net les entrées à l'arrière-petit-fils de Racine.

25 mars. — On commence à répandre les bons mots des enfants de France ; on en cite deux entre autres qui décèlent leur manière de penser.

Le duc de Berri, en parlant, avait lâché le mot *il pleuva*. « Ah ! quel barbarisme ! s'écria le comte de Provence. Mon frère, cela n'est pas beau ; un prince doit savoir sa langue. — Et vous, mon frère, reprit l'aîné, vous devriez retenir la vôtre. »

Le duc de Chartres étant allé faire sa cour aux enfants de France, il appelait toujours M. le duc de Berri *Monsieur*. « Mais, dit ce jeune prince, Monsieur le duc de Chartres, vous me traitez bien cavalièrement ! Ne devriez-vous pas me donner du *monseigneur* ? — Non, reprit vivement M. le comte de Provence, non, mon frère ; il vaudrait mieux qu'il dît *mon cousin.* »

24 mai 1763. — Voici la lettre que J.-J. Rousseau a écrite au premier syndic de Genève, pour abdiquer le titre et la qualité qu'il a toujours affecté de prendre, de citoyen de cette république :

« Revenu du long étonnement où m'a jeté, de la part du magnifique conseil, le procédé que j'en devais le moins attendre, je prends enfin le parti que l'honneur et la raison me prescrivent, quelque cher qu'il en coûte à mon cœur.

« Je vous déclare donc, Monsieur, et je vous prie de déclarer au magnifique conseil, que j'abdique à perpétuité mon droit de bourgeoisie et de cité de la ville et république de Genève. Ayant rempli de mon mieux les devoirs attachés à ce titre, sans jouir d'aucun de ses avantages, je ne crois point être en reste avec l'État en le quittant. J'ai tâché d'honorer le nom de Genevois j'ai tendrement aimé mes compatriotes, je n'ai rien oublié pour me faire aimer d'eux : on ne saurait plus mal réussir. Je veux leur complaire jusque dans leur haine : le dernier sacrifice qui me reste à faire est celui d'un nom qui me fut cher. Mais, Monsieur, ma patrie, en me devenant étrangère, ne peut me devenir indifférente ; je lui reste attaché par un tendre souvenir, et je n'oublie d'elle que ses outrages. Puisse-t-elle prospérer toujours et voir augmenter sa gloire ! puisse-t-elle abonder en citoyens meilleurs et surtout plus heureux que moi !

« Recevez, Monsieur, je vous supplie, les assurances de mon profond respect. »

14 septembre. — M. Saurin vient de produire ce qui suit :

AU ROI

Pour ton inscription, Louis, on s'évertue
Qu'est-il besoin d'esprit ? Notre cœur t'a nommé.
Qu'on mette en lettres d'or, au bas de ta statue :
Louis le bien-aimé.

11 novembre 1763. — On répand un bon mot qu'on attribue à M. le duc d'Ayen. Sans en discuter le mérite intrinsèque, il donne une idée de la tournure d'esprit des courtisans. C'est à l'occasion du vice-chancelier, lorsqu'on lui en donna la nouvelle : *Je ne vois, dit-il, dans tout cela qu'un vice de plus dans l'État.*

27 novembre 1763. — On répand un bon mot du roi, que Sa Majesté peut avoir dit de très bonne foi, mais qu'a relevé la malignité des courtisans. Lorsqu'il a été question de remplacer M. de Bougainville, le roi en parlait à quelques seigneurs ; et demanda si ce serait M. Thomas. *Non, Sire,* répliqua M. de Bissy qui était présent ; *il ne s'est pas mis sur les rangs, car il ne m'est pas venu voir. C'est qu'il ne vous croyait pas de l'Académie,* reprit Sa Majesté.

18 janvier 1764. — La littérature a perdu un poète qui s'était distingué par sa méchanceté, et par quelques ouvrages lyriques d'un genre supérieur. Chacun devine que c'est le poète Roy. Accablé d'infirmités, il s'était retiré dans la solitude depuis quelques années. C'est lui qui reçut des coups de bâton, dont il donna quittance, pour avoir dit, lors de l'élection du comte de Clermont à l'Académie : *Trente-neuf et zéro n'ont jamais fait quarante.*

21 janvier. — Les noms de Jean-Jacques Rousseau et de Diderot sont si connus dans le monde, qu'il n'est pas besoin de rappeler leur célébrité. Il vient de se passer un fait trop singulier pour ne pas le rapporter. Les rebelles de Corse leur ont envoyé des députés pour les engager à leur dresser un code qui puisse fixer leur gouvernement, ayant en horreur tout ce qui leur est venu de la part des Génois. Jean-Jacques leur a répondu que l'ouvrage était au-dessus de ses forces, mais non pas de son zèle ; et qu'il y travaillerait. Quant à Diderot, il s'en est défendu sur son impuissance à répondre à cette invitation, n'ayant point assez étudié ces matières pour pouvoir les traiter relativement aux mœurs du pays, à l'esprit des habitants et au climat, qui doivent entrer pour beaucoup dans l'esprit de législation propre à la confection d'un code de lois.

Il ne paraît pas étonnant que les Corses se soient adressés à Rousseau, auteur du *Contrat social*, où, dans une note très avantageuse, il prédit la grandeur inévitable de cette république ; mais à l'égard de Diderot, on ne voit pas en quoi il a pu mériter une distinction aussi flatteuse.

1 mars 1765. — Le *Siège de Calais* continue à faire l'engouement de la cour et de la ville. Il n'est donc dans les talons rouges que le comte d'Ayen qui ait le courage de se déclarer, et de larder la pièce de tous les sarcasmes que lui présentent les circonstances. On lui reprochait ces jours-ci cet acharnement contre ce monument patriotique : *Vous n'êtes donc pas bon Français ?* lui disait-on. — *Bon Français ! A Dieu ne plaise,* s'écria-t-il, *que je ne le fusse pas meilleur que les vers de la pièce !* En effet, elle est barbarement écrite.

22 décembre 1745. — Voici la manière dont le roi a annoncé à Mme la Dauphine la mort de son mari.

Ce prince avait chargé le grand aumônier de rester auprès du mourant jusqu'au dernier instant. Ce prélat s'étant rendu près du roi, Sa Majesté a fait venir M. le duc de Berri ; et après lui avoir fait un discours relatif aux circonstances, il l'a conduit chez Mme la Dauphine ; en entrant, il a dit à l'huissier de la chambre : *Annoncez le roi et M. le Dauphin.* Cette princesse a senti ce que cela voulait dire, et s'est jetée aux pieds de Sa Majesté.

28 décembre. — Il court une lettre très singulière du roi de Prusse au célèbre Jean-Jacques Rousseau : si elle est authentique, elle peut expliquer les motifs du changement de ce philosophe sur le lieu de sa retraite. Voici l'épître attribuée au Salomon du Nord :

« Vous avez renoncé à Genève, votre patrie ; vous vous êtes fait chasser de la Suisse, pays tant vanté dans vos écrits ; la France vous a décrété. Venez donc chez moi : j'admire vos talents, je m'amuse de vos rêveries, qui, soit dit en passant, vous occupent trop et trop longtemps. Il faut à la fin être sage et heureux. Vous avez assez fait parler de vous par des singularités peu convenables à un véritable grand homme. Démontrez à vos ennemis que vous pouvez quelquefois avoir le sens commun : cela les fâchera, sans vous faire tort. Mes États vous offrent une retraite paisible : je vous veux faire du bien, et je vous en ferai, si vous le trouvez bon. Mais si vous vous obstinez à rejeter mes secours, attendez-vous que je ne le dirai à personne. Si vous persistez à vous creuser l'esprit pour trouver de nouveaux malheurs, choisissez-les tels que vous voudrez : je suis roi, je puis vous en procurer au gré de vos souhaits. Et ce qui sûrement ne vous arrivera pas vis-à-vis de vos ennemis, je cesserai de vous persécuter quand vous cesserez de mettre votre gloire à l'être. »

30 mai. — On parle d'un bon mot du roi à l'égard de M. le comte de Lauraguais. Ce seigneur, de retour d'Angleterre depuis peu, est allé, suivant l'usage, faire sa cour à Versailles. Le roi d'abord ne faisait pas grande attention à lui : il s'est tant avancé, que Sa Majesté l'a remarqué, et lui a demandé d'où il venait. — *D'Angleterre, sire.* — *Et qu'avez-vous été faire là ?* — *Apprendre à penser.* — *Des chevaux,* a repris le roi. Cette allusion reçoit d'autant plus de force dans la circonstance, que M. de Lauraguais se pique d'être grand connaisseur en chevaux.

4 juin 1766. — Les Anglais, qui écrivent tout, ont inséré dans le *Saint-James Chronicle* une lettre prétendue du roi de Prusse à J.-J. Rousseau. Nous avons déjà fait mention de cette lettre, que le même journal assure être de l'invention d'un grand seigneur anglais, très connu dans la république des lettres, à Paris, dans le temps dont on parle.

Le célèbre misanthrope a été si sensible à ce badinage, qu'il a écrit au journaliste la lettre suivante, datée de Wooton le 3 mars 1766 :

« Vous avez manqué, Monsieur, au respect que tout particulier doit aux têtes couronnées, en attribuant publiquement au roi de Prusse une lettre pleine d'extravagance et de méchanceté, dont par cela seul vous deviez savoir qu'il ne pouvait en être l'auteur. Vous avez même osé transcrire sa signature, comme si vous l'aviez vue écrite de sa main. Je vous apprends, Monsieur, que cette lettre a été fabriquée à Paris, et, ce qui navre et déchire mon cœur, que l'imposteur a des complices en Angleterre. Vous devez au roi de Prusse, à la vérité, à moi, d'imprimer la lettre que je vous écris et que je signe, en réparation d'une faute que vous vous reprocheriez sans doute si vous saviez de quelles noirceurs vous vous rendez l'instrument coupable. Je vous fais, Monsieur, mes sincères salutations.

« J.-J. Rousseau. »

8 juillet. — On doit se rappeler que J.-J. Rousseau est passé en Angleterre sous les auspices de M. Hume, auteur célèbre de la Grande-Bretagne, et qui y jouit de la réputation la plus flatteuse pour un homme de lettres. On avait imaginé d'abord que l'arrivée de l'ex-citoyen de Genève à Londres y ferait sensation; et tout le monde a été trompé sur cette attente. Rousseau s'est retiré à la campagne, où il mène une vie fort ignorée. Mais ce à quoi l'on ne s'attendait pas, c'est à la lettre qui vient d'être écrite par M. Hume à un homme de ses amis à Paris (M. le baron d'Holbach). Il n'entre dans aucun détail sur les motifs qui lui donnent lieu de se plaindre du prétendu philosophe genevois; mais il marque que c'est un serpent qu'il a porté dans son sein, et un monstre indigne de l'estime des honnêtes gens. On attend avec bien de l'impatience le détail de cette querelle.

14 juillet. — Les détails qu'on a reçus jusqu'à présent sur les plaintes que forme M. Hume contre J.-J. Rousseau ne sont pas assez clairs pour qu'on puisse en inférer l'opinion que ses antagonistes veulent faire prendre sur son compte; et l'on doit suspendre son jugement sur cet homme singulier, jusqu'à ce que cette discussion soit éclaircie. La cabale encyclopédique jette les hauts cris, et met tout le tort du côté de M. Hume. Cependant on réveille une anecdote sur le compte de M. Rousseau, qui rendrait tout croyable de sa part.

On prétend qu'il a été autrefois colporteur de dentelles en Flandre, et que Mme Boivin, fameuse marchande en ce genre, fut chargée, il y a déjà longtemps, d'une lettre de change et contrainte par corps contre lui. Il avait enlevé la marchandise et l'argent. M. Rousseau demeurait alors dans la rue de Grenelle-Saint-Honoré. C'était dans le temps où son discours, couronné par l'Académie de Dijon, commençait à le rendre célèbre. Mme Boivin, s'en étant informée et ayant appris sa célébrité et la médiocrité de sa fortune, ne voulut point se charger de mettre à exécution contre lui les pouvoirs qu'elle avait, et renvoya le tout à ses correspondants.

25 juillet. — Si l'on en croit les nouvelles de Londres sur la personne du célèbre Genevois, ses torts sont relatifs à la nature de son

caractère, dont l'orgueil et l'amour-propre font la base. M. Hume, qui l'a conduit en Angleterre, ayant cherché à lui être utile, lui avait obtenu une pension qui lui assurait un bien-être pour sa vie. M. Hume prétend n'avoir fait des démarches pour obtenir cette grâce, que de l'aveu de M. Rousseau, qui, loin d'en convenir, s'est répandu en invectives sur ce qu'on cherchait à le déshonorer, en lui prêtant une avidité qu'il n'avait pas ; qu'il n'avait besoin des bienfaits de personne; qu'il n'avait jamais été à charge à qui que ce soit; qu'il ne prétendait pas qu'on mendiât sous son nom des grâces qu'il dédaignait. M. Hume, justement piqué de ces reproches, a rendu publiques des lettres qui démontrent la fausseté de Rousseau, ce cynique personnage lui témoignant sa reconnaissance des soins qu'il voulait bien se donner pour lui ménager une pension du roi d'Angleterre. Voilà le fond de la querelle qui divise ces auteurs, assez bien éclairci d'après les lettres venues de Londres.

16 octobre. — On vient enfin de publier l'exposé de la contestation qui s'est élevée entre M. Hume et M. Rousseau, avec les pièces justificatives. Cette brochure, de plus de cent pages, ne laisse aucun doute sur le fond de la guerre. Il paraît que la première cause est la lettre supposée du roi de Prusse à Rousseau, écrite et avouée par M. Horace Walpole, imprimée dans tous les journaux, et particulièrement dans les papiers anglais. M. Rousseau, d'un caractère inquiet et peu commun par sa bizarrerie, a cru voir l'auteur de cette plaisanterie dans la personne de M. Hume, et dès lors l'a regardé comme un traître et le plus méchant des hommes. Il lui a écrit, dans cette idée, avec toute la chaleur qu'on connaît au Démosthène moderne. Vainement M. Hume lui a opposé le sang-froid que donne la défense d'une bonne cause, et a cherché à le ramener par la douceur et les bons procédés; M. Rousseau n'y a répondu que par une lettre encore plus outrageante. Il a forcé le caractère de M. Hume, et celui-ci s'est cru obligé de rendre publique la nature de ses liaisons avec Rousseau, les motifs qui l'ont porté à l'obliger, et l'injustice, pour ne rien dire de plus, de cet auteur.

23 octobre. — L'exposé succinct publié par M. Hume contre Jean-Jacques Rousseau n'a pas le suffrage général. On reproche à M. Hume de n'avoir pas conservé le noble dédain qu'il avait témoigné d'abord et qu'une âme plus philosophique eût montré jusqu'au bout. On y lit des reproches sur des objets de reconnaissance qu'il eût été plus honnête de taire. M. d'Alembert y figure par une lettre de sa façon qui lui fait honneur. Rousseau l'inculpait, dans cette querelle, comme un des coopérateurs de la lettre. Il se justifie, ou plutôt il s'explique avec tout le flegme du vrai philosophe. La lettre de M. Walpole est ce qu'il y a de plus remar-

quable pour la fierté et peut-être l'insolence avec laquelle il traite Rousseau.

4 décembre 1767. — On ne tarit point sur les épigrammes, sarcasmes, quolibets, que s'attire le sieur Poinsinet par sa fatuité et son impudence, malgré la chute générale de son opéra d'*Ernelinde*. Il essuya l'autre jour, à la Comédie italienne, une mortification bien propre à l'humilier, s'il était susceptible d'humiliations. M. le marquis de Seneterre, l'aveugle, était au foyer de ce spectacle, où, la conversation étant tombée sur le nouvel opéra, il dit au laquais qui le conduit : Quand l'auteur paraîtra ici, faites-le venir à moi, que je lui fasse mon compliment. Poinsinet se présente; le domestique l'arrête, le mène au marquis, qui l'embrasse tendrement, et s'écrie : « Mon cher maître, recevez mon remerciement du plaisir que vous m'avez fait. Votre opéra est plein de beautés, la musique en est délicieuse : il est fâcheux que vous ayez eu à travailler sur des paroles aussi ingrates... » Et tout le monde de rire.

27 décembre. — Entre les bons mots du roi de Danemark, on en cite un qui indique la vivacité de ses réponses et sa facilité pour les saillies. Dans son passage par la Hollande, un seigneur de ce pays-là lui présenta une généalogie, par laquelle il prétendait lui appartenir : *Mon cousin*, lui dit le roi, *je suis ici incognito; faites de même*.

31 octobre. — On continue à s'entretenir du roi de Danemark, dont on admire les réponses ingénieuses. Chacun s'efforce de mériter quelque chose de flatteur de sa part : on s'évertue aussi, et l'on se répand en saillies pour plaire à ce prince aimable. On cite de nouveaux bons mots de ce monarque, et de ceux qui ont l'honneur de l'approcher. Nous en choisirons quelques-uns seulement. Dans un souper qu'il fit chez le roi, Sa Majesté lui demanda quel âge il donnait à Mme de Flavacourt, qui paraissait l'enchanter. Il répondit : « Trente ans. » — « Elle en a plus de cinquante, dit le roi. — Sire, c'est une preuve qu'on ne vieillit point à votre cour.

Le jour qu'on présenta M. l'évêque d'Orléans à Sa Majesté danoise, on lui parla de la faveur qu'avait ce prélat : on lui dit que c'était lui qui donnait les évêchés, les archevêchés. « M'en donneriez-vous bien un? lui demanda ce prince. — Sire, c'est moi qui les propose au roi; mais c'est le Saint-Esprit qui les fait. »

18 novembre. — On recueille les différents mots du roi de Danemark, qui soutiennent la bonne opinion qu'on avait conçue de la délicatesse de son goût et de la finesse de son esprit. On ne finirait pas de les rapporter tous. On choisira le suivant, comme le plus adroit et le plus honnête. Ce monarque revenait de Fontainebleau; en passant à Essonne, une foule de peuple l'entoure, et se met à crier : *Vive le roi!* Ce prince se met à la portière, et d'un air affable il s'écrie : *Mes enfants, il se porte bien; je viens de le voir*.

25 novembre. — M. de Voltaire s'amuse de tout ; il ne dédaigne aucun genre ; il embouche avec une égale facilité la trompette et le flageolet. Il court aujourd'hui une énigme sous son nom. Les sociétés de la cour et de la ville s'en occupent. On la propose à deviner successivement à tous les nouveaux venus. La voici :

> A la ville, ainsi qu'en province,
> Je suis sur un bon pied, mais sur un corps fort mince,
> Robuste cependant, et même fait au tour.

18 novembre 1769. — Une historiette de M. le comte de Lauraguais occupe les oisifs, et fournit matière aux propos du moment. Ce seigneur s'est trouvé, il y a quelques jours, dans une rue étroite, en face du carrosse de M. de Barentin l'avocat général, qui avait avec lui sa femme, très laide. Le cocher de M. de Lauraguais voulait toujours avancer ; celui du robin refusait de reculer : grande dispute entre les valets. L'avocat général met la tête à la portière, et, prodiguant la morgue magistrale, paraît étonné qu'on ne veuille pas le laisser avancer ; il décline sa qualité, et combien le service du roi exige qu'il ne soit pas retardé dans sa marche. M. de Lauraguais, avec beaucoup de sang-froid, ne tient aucun compte des dires de M. l'avocat général, ordonne à son cocher de passer outre. Alors la femme tout effrayée se montre à son tour, fait valoir les privilèges de son sexe, et paraît surprise qu'un seigneur aussi bien élevé les méconnaisse. « Ah ! dit M. de Lauraguais, que ne vous montriez-vous plus tôt, Madame ! Je vous assure que moi, mon cocher et mes chevaux, aurions reculé du plus loin que nous vous aurions vue. »

24 mai 1770. — On raconte un bon mot de l'abbé Terray au roi, qui indique dans ce ministre une présence d'esprit gaie, dont la nation ne peut qu'être fort aise, par la bonne opinion qu'elle doit concevoir du génie et des ressources du ministre, qui, s'il n'avait par devers lui de quoi se rassurer, ne serait certainement pas plaisant. On dit que Sa Majesté lui ayant demandé comment il trouvait les fêtes de Versailles : *Ah ! Sire,* a-t-il répondu, *impayables !*

31 mai. — Le feu d'artifice tiré hier à la place Louis XV a eu les suites les plus funestes. Outre la mauvaise exécution, un accident arrivé par une fusée qui est tombée dans le corps de réserve d'artifice, qui a fait partir le bouquet au milieu de la fête, et qui a enflammé toute la décoration, a rendu ce spectacle fort médiocre. Le sieur Ruggiéri n'a pas profité des fautes de son antagoniste Torré, et n'a pas les mêmes excuses. Outre que son plan était beaucoup moins combiné que celui de l'autre, et n'exigeait pas la même étendue de génie, c'est qu'il n'avait pas éprouvé les mêmes contrariétés de la part du temps ; le ciel l'avait favorisé entièrement.

L'accident survenu au bastion a été fort long; et comme on ne donnait aucun secours au feu, bien des gens se sont imaginé que cet incendie était un nouveau genre de spectacle, qui en effet présentait un très beau coup d'œil, et éclairait magnifiquement la place, pendant qu'on formait l'illumination.

Mais pendant ce temps il se passait une scène infiniment plus tragique. La place n'ayant, à proprement parler, qu'un débouché dans cette partie du côté de la ville, et la foule s'y portant, indépendamment des voitures qui venaient prendre ceux qui avaient été invités aux loges du gouverneur et de la ville, pratiquées dans les bâtiments neufs, un fossé qu'on n'avait point comblé, et qui s'est trouvé au passage de quantité de gens poussés par derrière, les a fait trébucher; ce qui a occasionné des cris et un effroi général. Trop peu de gardes, ne pouvant suffire à contenir la presse, ont été obligés de succomber ou de se retirer; des filous sans doute, augmentant le tumulte pour mieux faire leurs coups; des gens oppressés mettant l'épée à la main pour se faire jour, ont occasionné une boucherie effroyable, qui a duré jusqu'à ce qu'un renfort puissant du guet ait rétabli l'ordre. On a commencé par emporter les blessés comme on a pu, et ce spectacle était plutôt celui d'une ville assiégée que d'une fête de mariage. Quant aux cadavres, on les a déposés dans le cimetière de la Madeleine; et l'on y en compte aujourd'hui cent trente-trois. Pour les estropiés, on n'en sait pas la quantité. M. le comte d'Argental, envoyé de Parme, a eu l'épaule démise; et M. l'abbé de Raze, aussi ministre étranger, a été renversé, et est horriblement froissé et meurtri.

3 juin 1770. — M. le Dauphin a paru fort inquiet, dès le commencement du jour du 1er juin, de ce que son mois n'arrivait pas. Il est de deux mille écus, destinés à ses menus plaisirs. On ne pouvait deviner le sujet de cette impatience. On l'a découvert enfin, par l'usage qu'il a fait de son argent. Il a envoyé la somme entière à M. le lieutenant général de police, avec la lettre suivante :

« J'ai appris le malheur arrivé à Paris, à mon occasion : j'en suis pénétré. On m'a apporté ce que le roi m'envoie tous les mois pour mes menus plaisirs; je ne peux disposer que de cela, je vous l'envoie : secourez les plus malheureux.

« J'ai, Monsieur, beaucoup d'estime pour vous.

« *Signé* : Louis-Auguste. »

« A Versailles, le 1er juin 1770. »

22 juillet 1770. — Quelques gens, sans doute ennemis de J.-J. Rousseau, prétendent qu'il est extrêmement baissé. Ce qu'il y a de sûr, c'est qu'il est beaucoup plus liant qu'il n'était; qu'il a dépouillé cette morgue cynique qui révoltait ceux qui le voyaient;

qu'il va manger fréquemment en ville, en s'écriant que les dîners le tueront. On ne sait trop à quoi il s'occupe. On sait seulement qu'il va plusieurs fois par semaine au jardin du Roi, où est la collection de toutes les plantes rares, et qu'il a été herboriser dans la campagne avec M. de Jussieu, démonstrateur de la botanique.

Il passe pour constant qu'il a envoyé ses deux louis pour la statue de M. de Voltaire : acte de générosité bien humiliant pour ce dernier ; façon bien noble de se venger de la sortie indécente et cruelle que l'autre a faite contre ce grand homme, dans le chiffon en vers qu'il a adressé à Mme Necker, et de s'élever infiniment au-dessus de lui auprès de tous ceux qui connaissent la vraie grandeur.

26 juillet. — J.-J. Rousseau a herborisé dans la campagne jeudi dernier avec M. de Jussieu, démonstrateur de botanique. La présence de cet élève célèbre a rendu le concours très nombreux. On a été fort content de l'aisance qu'il a mise dans cette société. Il a été très parlant, très communicatif, très honnête ; il a développé des connaissances profondes dans cet art. Il a fait beaucoup de questions au démonstrateur, qui les a résolues avec la sagacité digne de lui ; et à son tour Rousseau a étonné M. de Jussieu par la finesse et la précision de ses réponses.

Un plaisant a fait d'avance l'épitaphe de M. le duc de la Vrillière. Elle roule sur ses trois noms différents : de Phélippeaux, Saint-Florentin, et la Vrillière :

Ci-gît, malgré son rang, un homme fort commun,
Ayant porté trois noms et n'en laissant aucun.

17 juin 1772. — On fait courir dans le monde des *revers* et des *légendes*, qui ne partent certainement pas de l'Académie des inscriptions et belles-lettres. Elles sont en général très méchantes, et conséquemment font beaucoup de bruit. Les voici :

Revers et légendes.

La France....	revers.	Un vaisseau battu par la tempête.
	légende.	*Ventis urgetur et undis.*
Le roi......	revers.	Un soleil éclipsé.
	légende.	*Abeunte nitebit.*
Les princes exilés.....	revers.	Une lune.
	légende.	*Sole adversante refulget.*
Le comte de la Marche...	revers.	Un mendiant.
	légende.	*Quid non cogit egestas !*
Les ducs protestants....	revers.	Un faisceau de traits.
	légende.	*Juncta corroborantur.*
Les autres ducs.	revers.	Un hameçon.
	légende.	*Mergens decipit et rapit.*
La comtesse du Barry.....	revers.	Un vase qui fuit.
	légende.	*Inde mali labes.*

Le chancelier .	revers.	Un volcan.
	légende.	*A splendore malum.*
Le duc de la Vrillière . . .	revers.	Une girouette.
	légende.	*Quocumque spirat, obsequor.*
M. Bertin, ministre	revers.	Un gagne-petit.
	légende.	*Parvis parva decent.*
Le marquis de Monteynard .	revers.	Une tortue.
	légende.	*Lentius ut cautius.*
M. le duc d'Aiguillon	revers.	Une roue.
	légende.	*Sursum, moxque deorsum.*
M. Bourgeois de Boynes . . .	revers.	Un serpent au haut d'un arbre.
	légende.	*Repende.*
Mme Louise . . .	revers.	Une chandelle qu'on mouche.
	légende.	*Minuitur ut elucescat.*
Le peuple	revers.	Un mouton.
	légende.	*Exuviis cumulantur opes.*
Les conseillers d'États	revers.	Des roseaux.
	légende.	*Flectere nostrum est.*
Les maîtres des requêtes . . .	revers.	Une flèche en l'air.
	légende.	*Mittentis pulsum sequetur.*
L'ancien parlement	revers.	Le temple de Thémis embrasé.
	légende.	*Novi sæculum Erostratis.*
Le nouveau parlement	revers.	Un âne bâté et bridé.
	légende.	*Ad omnia paratus.*
Le grand conseil.	revers.	Un marronnier d'Inde.
	légende.	*Fructu cognoscitur arbor.*
La chambre des comptes . . .	revers.	Une cruche qui penche.
	légende.	*Inclinata ruit.*
La cour des aides	revers.	Des abeilles.
	légende.	*Specula figentes pereunt.*
Les avocats au parlement . .	revers.	Un arbre, moitié vert moitié sec.
	légende.	*Altera parte resurget.*
Les proc. av. du parlement . .	revers.	Un oison.
	légende.	*Voce et penna notandus.*
Les procureurs supprimés . .	revers.	Un chien de basse-cour.
	légende.	*Fures allatrat.*

17 août 1770. — On prétend que depuis qu'on a découvert la statue de Louis XV, on y a trouvé la criminelle épigramme ci-jointe, qui avait déjà disparue, et que des séditieux ont renouvelée :

Grotesque monument, infâme piédestal!
Les vertus sont à pied, le vice est à cheval.

18 juillet 1774. — On parle beaucoup de la croix de Saint-Louis que le sieur Bouret d'Erigny, fermier général, a obtenue de M. le duc d'Aiguillon. On a fait à cette occasion l'épigramme suivante :

D'un ordre militaire on décore un traitant :
A quel titre obtient-il ce ruban éclatant?

[34]

> Quels sont donc les exploits de sa valeur insigne?
> De la croix, par quel sang versé
> Aujourd'hui s'est-il rendu digne?
> Eh! comptez-vous pour rien celui qu'il a sucé?

3 août 1775. — Le sieur Guimard est une espèce de concierge chargé du détail des petits appartements à Versailles, qui, à raison de sa place, était dans la confiance la plus intime du feu roi, et est aimé de celui-ci. Sa Majesté ne trouve point mauvais que, usant de la franchise qu'il avait acquise sous son aïeul, il s'en serve vis-à-vis d'elle. Ces jours derniers, il vit le roi occupé à lire un manuscrit intitulé *Le Roi de ses peuples* : « Sire, vous aurez beau faire, lui dit-il brusquement, vous n'en serez jamais aimé tant que le pain sera cher. »

14 novembre 1776. — Cet été, la reine ayant choisi une robe de taffetas d'une couleur rembrunie, le roi dit en riant : *C'est couleur de puce*; et à l'instant toutes les femmes de la cour voulurent des taffetas puce. La manie passa aux hommes : les teinturiers furent occupés à travailler des nuances nouvelles. On distingua entre la vieille et la jeune puce, et l'on sous-divisa les nuances même du corps de cet insecte; le ventre, le dos, la cuisse, la tête, se différencièrent. Cette couleur dominante semblait devoir être celle de l'hiver. Les marchands, intéressés à multiplier les modes, ayant présenté des satins à la reine, Sa Majesté en a choisi principalement un d'un gris cendré. Monsieur s'est écrié qu'il était *couleur des cheveux de la reine*. A l'instant la couleur puce est tombée, et l'on a dépêché des valets de chambre de Fontainebleau à Paris pour demander des velours, des ratines, des draps de cette couleur; et dans ceux-ci certains coûtaient, la veille de la Saint-Martin, quatre-vingt-six livres l'aune : leur prix courant est de quarante à quarante-deux livres. Cette anecdote, frivole en apparence, annonce que si le monarque français a de la solidité dans la tête, malgré sa jeunesse, les courtisans sont toujours légers, petits et vains, comme sous le feu roi.

16 mai 1779. — On a parlé du poëme sur la musique, de M. Marmontel : il embrasse aussi la peinture. On sait que l'abbé Arnaud, le prôneur du chevalier Gluck, y est fort maltraité. Voici deux épigrammes qu'il a enfantées à ce sujet :

> Ce Marmontel si gros, si long, si lent, si lourd,
> Qui ne déclame pas, mais beugle
> Juge de peinture en aveugle,
> Et de musique comme un sourd

> Ce pédant à fâcheuse mine,
> De ridicules tout bardé,
> Dit qu'il a pour les vers le secret de Racine.
> Jamais secret ne fut, à coup sûr, mieux gardé.

10 janvier 1780. — Les agréables, aujourd'hui, portent deux montres et ceux qui ne peuvent les avoir réellement les font soupçonner, en laissant passer un cordon à chaque gousset. Le maréchal duc de Richelieu, un de ces vétérans de la fatuité, si bien dépeint par Gresset, malgré son âge plus qu'octogénaire, est trop petit-maître, trop frivole, pour n'avoir pas adopté cette élégance. Un de ces jours, comme il s'habillait, et que ses deux montres étaient étalées sur sa cheminée, quelque adulateur le félicite sur ces jolis bijoux, lui demande la permission de les voir de plus près, de les examiner, de les comparer. Comme il les tenait, il craint qu'une ne lui échappe, et, sans la pouvoir retenir, laisse tomber l'autre : les voilà toutes deux à terre. Honteux de sa gaucherie, il demande mille pardons au maître, qui le rassure. « Pourquoi vous désespérer? lui dit le maréchal ; je ne les ai jamais vues aller si bien ensemble. »

2 mars 1780. — La lenteur que nous mettons à toutes nos opérations maritimes a donné lieu dernièrement à un bon mot de la part du duc de Choiseul, qui, en général, assez ami de M. de Sartines, n'a pu s'empêcher de se le permettre avec sa gaieté ordinaire, en parlant de ce qui vient d'arriver à Gibraltar. « Je ne sais, dit-il, comment fait ce ministre ; mais sa pendule retarde toujours. »

21 mars 1782. — M. le comte de Chabot, honoré du glorieux surnom de *Balafré*, qui commandait, cet automne, l'armée de Flandre, meurt d'une écorchure à la jambe. Son chirurgien, entre les mains duquel il était, voyant la plaie empirer, le prévint qu'il désirait un médecin. « Cela étant, a dit le malade, qu'on appelle en même temps un prêtre et un notaire. » Depuis ce temps, il fait lui-même ses bulletins, et annonce avec le plus grand sang-froid les progrès de la gangrène.

2 juin 1782. — M. le comte du Nord, qui n'omet aucun de nos beaux monuments à voir, n'a pas manqué d'aller en Sorbonne visiter le fameux tombeau du cardinal de Richelieu. Le docteur qui lui montrait l'église et ce mausolée lui rappela les paroles mémorables du tzar, qui, en voyant la statue de ce grand ministre, s'écria : *O grand homme, que ne vis-tu encore! je te donnerais la moitié de mes États pour m'apprendre à gouverner l'autre.* Oh! Monsieur, a repris avec vivacité le jeune prince, ce n'aurait pas été pour longtemps.

Le Gérant : Henri Gourdon.

PRIME DU MOIS DE SEPTEMBRE

Tout abonné direct à la *Nouvelle Bibliothèque populaire* aura droit de recevoir, pendant toute la durée du mois de Septembre, aux prix réduits de 1 franc broché et de 1 fr. 30 relié, au lieu de 2 fr. broché et 2 fr. 30 relié que coûte cet ouvrage en librairie :

LES MICROBES
ROMAN DE MŒURS CONTEMPORAINES
PAR
ROGER DES FOURNIELS
1 volume in-12. — Prix : 2 fr. en librairie.

Pour recevoir la prime franco, il suffit d'envoyer à M. HENRI GAUTIER, éditeur, 55, quai des Grands-Augustins, à Paris, 1 franc si on veut recevoir le volume broché, ou 1 fr. 20 si on désire ce volume relié en toile grise avec ornements noirs.

BIBLIOTHÈQUE SCIENTIFIQUE DES ÉCOLES ET DES FAMILLES

Directeur : GUSTAVE PHILIPPON, *docteur ès-sciences*

Prix de chaque volume :

Quinze centimes chez tous les libraires, marchands de journaux, dans les gares et chez HENRI GAUTIER, éditeur, 55, quai des Grands-Augustins, à Paris.

Vingt centimes franco par la poste, en écrivant à M. HENRI GAUTIER, éditeur, 55, quai des Grands-Augustins, à Paris. *Les 25 volumes parus : 4 fr. franco.*

Vient de paraître :

26. LES TRAVAUX D'ÉDISON, téléphone, microphone, phonographe, plume électrique, etc., par E. DUMONT, professeur à l'École des hautes études commerciales.
27. LES VOITURES SANS CHEVAUX, par E. DUMONT, professeur à l'École des hautes études commerciales.

AUTRES VOLUMES EN VENTE

1. *La Photographie*, appareils et pose, par A. et L. LUMIÈRE.
2. *Les Fourmis*, leurs caractères, leurs mœurs, par H. MERCEREAU.
3. *Les Travaux de M. Pasteur*, microbes bienfaisants et microbes malfaisants, par G. PHILIPPON.
4. *Les Parfums*, leurs origines, leur fabrication, par H. COUPIN.
5. *Neiges et Glaciers*, par G. VELAIN.
6. *Lavoisier*, ses travaux, sa vie, par H. MERCEREAU.
7. *Les Aérostats*, par CAPAZZA.
8. *Sucres, Sucrerie et Raffinerie*, par A. HÉBERT.
9. *Les Animaux travailleurs*, par VICTOR MEUNIER.
10. *Les plantes vénéneuses*, par A. DUCLOS.
11. *La Soie*, soie naturelle, soie artificielle, par H. MERCEREAU.
12. *Les Impôts sous l'ancien Régime*, par L. PRÉVAUDEAU.
13. *La Photographie*, développement des épreuves, par A. et L. LUMIÈRE.
14. *Le Collectionneur d'insectes*, par HENRI COUPIN.
15. *L'Éclairage électrique*, par E. DUMONT.
16. *L'Industrie de l'alcool*, par A. HÉBERT.
17. *Les Microbes de l'air*, par R. CAMMIER.
18. *La Fièvre*, théories anciennes et modernes, par le Dr GARRAN DE BALZAN.
19. *Le Diamant*, par H. MERCEREAU.
20. *La Céramique et la Verrerie à travers les âges*, par CH. QUILLARD.
21. *Hygiène du Chauffage*, par N. GRÉHANT.
22. *Les Impôts depuis la Révolution*, par L. PRÉVAUDEAU.
23. *Les Pierres tombées du ciel*, par STANISLAS MEUNIER.
24. *Le Soleil*, par CHARLES MARTIN.
25. *Les Maladies microbiennes : le croup*, par le Dr LESAGE.

Adresser les demandes, accompagnées d'un mandat sur la poste, à M. HENRI GAUTIER, éditeur, 55, quai des Grands-Augustins, PARIS.

Pour paraître le **14 septembre 1895**

CAMILLE ROUSSET
DE L'ACADÉMIE FRANÇAISE

L'ALGÉRIE

Camille Rousset, le laborieux académicien dont les lettres déplorent encore la perte, a été par excellence l'historien de notre conquête africaine. En des pages élégantes et lumineuses, chargées cependant de faits et riches d'enseignements, il a dit les labeurs de la guerre algérienne, les difficultés de la colonisation, et aussi les résultats obtenus, les beautés de cette nouvelle France arrosée du sang de nos soldats.

ABONNEMENTS
A LA
Nouvelle Bibliothèque populaire

La *Nouvelle Bibliothèque populaire* publie un volume par semaine.
On peut s'abonner aux cinquante-deux volumes d'une année. Les abonnements partent du 1er de chaque mois.
Tous les abonnés, aussi bien ceux de l'étranger et des colonies, que ceux de la France, recevront un volume par semaine.

PRIX DE L'ABONNEMENT D'UN AN
Paris, Départements, Algérie et Belgique . . . . **7 francs.**
Étranger (sauf la Belgique) et Colonies . . . . **8 francs.**

PRIME GRATUITE
EXCLUSIVEMENT RÉSERVÉE AUX ABONNÉS NOUVEAUX

Tout abonné nouveau a droit à recevoir, gratis et franco, dix volumes à choisir dans la liste de ceux déjà parus, ou un joli cartonnage pour conserver les volumes.

On s'abonne pour un an en envoyant, en mandat-poste, timbres français, ou autre valeur sur Paris, à M. Henri Gautier, 55, quai des Grands-Augustins, Paris, 7 francs si l'on habite la France, la Belgique ou l'Algérie; 8 francs si l'on habite l'étranger ou les colonies. La prime est envoyée au reçu de l'abonnement.

ANGERS, IMPRIMERIE A. BURDIN ET Cie, 4, RUE GARNIER.

AMILLE ROUSSET

DE L'ACADÉMIE FRANÇAISE

L'ALGÉRIE

Édité par
HENRI GAUTIER
55, Quai des Grands Augustins, 55
PARIS

N° 472   Il paraît un volume par semaine

Directeur littéraire de la *Nouvelle Bibliothèque Populaire* :

ALFRED ERNST

AVIS A NOS ABONNÉS

Nous rappelons à nos abonnés que tout changement d'adresse doit être accompagné d'une bande indiquant l'adresse ancienne et de cinquante centimes en timbres-poste français ou autre valeur sur Paris.

CAMILLE ROUSSET

L'ALGÉRIE

Notice biographique et littéraire

Nous serons sobres de détails sur la vie et les ouvrages de Camille Rousset, la Bibliothèque populaire renfermant déjà, au numéro 334, une étude assez développée sur cet historien de valeur. Rappelons qu'il naquit à Paris le 15 février 1821 et mourut le 19 octobre 1892 à Saint-Gobain. Après avoir professé dans l'Université, à Grenoble d'abord, à Paris ensuite, il fut, de 1864 à 1876, conservateur de la Bibliothèque du Ministère de la Guerre. Il entra, en 1871, à l'Académie Française, où il remplaça Prévost-Paradol. Sa vie studieuse fut riche en travaux remarquables, tous de nature historique, mais qui joignent à leur mérite spécial de science et de fidélité celui d'un style ferme, solide, non dépourvu cependant d'élégance, style qui dénote un commerce assidu de l'auteur avec les ouvrages de nos grands classiques, les maîtres du xviie siècle.

Ces livres, qui se sont imposés à l'estime de tous les esprits compétents, sont l'*Histoire de Louvois*, le *Précis d'histoire de la Révolution française*, la *Correspondance de Louis XIV et du maréchal de Noailles*, le *Comte de Gisors*, la *Conquête de l'Algérie*, l'*Histoire de la Guerre de Crimée*, la *Conquête d'Alger*, les *Volontaires de 1791-1794*, la *Grande Armée de 1813*. L'impartialité de Camille Rousset lui a suscité beaucoup de détracteurs; on lui a reproché, particulièrement, de battre en brèche la légende révolutionnaire dans son livre sur les *Volontaires*, livre nourri de documents irréfutables. Il est possible que Camille Rousset eût pu embrasser le mouvement patriotique, en 1792, d'une vue plus large, et faire une critique moins sévère, à quelques égards, de ses défaillances réelles; mais sa thèse n'en est pas moins historiquement exacte: il nous démontre, pièces en mains, que l'enthousiasme ne suffit pas, qu'il y eut bien des illusions, bien des apparences trompeuses, bien des non-valeurs dans ce mouvement célèbre, et que, parmi les volontaires de la Révolution, les meilleurs même ne purent rendre des services qu'après avoir été encadrés, exercés, longuement aguerris par leur contact avec des troupes plus vieilles et mieux instruites. Pour arriver à cela, il fallut passer par des épreuves de toute espèce, des retraites, des paniques même, et c'est ainsi que se transformèrent des enrôlés pleins de bonne volonté patriotique, mais incapables de tenir au feu, en des soldats vrais, accoutumés à la discipline, aux fatigues, aux périls.

Peut-être est-ce surtout par l'*Histoire de Louvois* d'une part, de l'autre par ses études sur l'Algérie et les guerres en Algérie que Camille Rousset aura mérité de demeurer au nombre des bons historiens de notre temps. C'est pourquoi nous avons voulu revenir à la partie si caractéristique de son œuvre où il décrit la prise de possession par la France de l'ancien pays des pirates barbaresques, et la terre africaine, tantôt âpre, tantôt magnifique, que le sang de nos soldats a si généreusement arrosée. Nous remercions une fois une fois de plus MM. Plon et Cie, éditeurs de *la Conquête de l'Algérie* et de *la Conquête d'Alger*, pour l'obligeance qu'ils ont mise à nous laisser puiser en ces intéressants ouvrages.

ALFRED ERNST.

L'ALGÉRIE

L'ALGÉRIE AVANT LA CONQUÊTE. — LES PIRATES BARBARESQUES. — INSULTE AU CONSUL FRANÇAIS

Partout où la conquête n'a été que le triomphe de la force, la conscience humaine a protesté contre le conquérant. Combien de peuples ont disparu qui n'avaient d'autre tort que leur faiblesse, et dont l'histoire, en ses arrêts, n'a jamais voulu dire qu'ils ont justement succombé! D'autres, en ajoutant des fautes à leur impuissance, ont paru du moins provoquer leur malheur et fait hésiter longtemps la sentence du juge; on ne saurait décider du premier coup s'ils n'ont pas mérité leur sort. Ce ne sont ni de telles protestations ni de tels problèmes que soulève la conquête dont le récit va suivre. La France, conquérante d'Alger, n'attend pas qu'on la justifie.

Quand elle a détruit, en 1830, non pas une société réglée, mais une association de malfaiteurs, il y avait trois cents ans que cette association se perpétuait, avec la même audace et les mêmes crimes. Entre Baba-Aroudj, mort en 1519, et Hussein-dey, proclamé en 1818, il n'y a pas de distance morale; on peut supprimer trois siècles et tenir le dernier dey pour l'héritier immédiat du premier pirate algérien.

L'histoire a noté des peuples qui n'ont pas eu des commencements plus honorables, et le premier de tous, ce *peuple-roi*, issu d'un ramas de bandits embusqués dans les broussailles du Palatin. Il est vrai, mais, en trois cents ans, les fils de ces bandits étaient devenus les citoyens de Rome; leur valeur faisait oublier déjà l'infamie de leur origine, et le temps avait consacré parmi eux l'autorité d'une grande aristocratie militaire. Le temps n'a rien pu consacrer dans la tourbe algérienne. Les janissaires de Constantinople, qui n'étaient rien moins qu'une aristocratie, tenaient dans le dernier mépris les janissaires d'Alger. Ceux-ci en effet, quoique Turcs d'origine, n'étaient qu'une troupe d'aventuriers, de misérables ou de brigands, incessamment renouvelée par les recrues de même sorte dont les sultans débarrassaient volontiers, sans grand souci de la terre d'Afrique, leurs domaines d'Europe et d'Asie. Une fois débarqués, les nouveaux venus se fondaient dans l'*odjak*; c'était le nom turc de la milice d'Alger. Par leur audace ou leur intelligence, quelques-uns se tiraient de la foule, et de grade en grade s'élevaient assez pour devenir d'abord les aides et les conseillers du chef, un peu plus tard ses meurtriers, et, après avoir convoité les jouissances du pouvoir, en subir les angoisses et les dangers à leur tour.

Celui qui fut le dernier dey d'Alger, Hussein, fils de Hassan, était un Smyrniote, de moins basse condition que la plupart de ses prédécesseurs. Son père, officier dans l'artillerie du Sultan, avait réussi à le faire admettre dans l'école spéciale fondée à Constantinople, au dernier siècle, par le fameux baron de Tott. Le jeune Hussein y fit d'assez bonnes études; il en sortit avec le titre d'*uléma*, ce qui lui valut la réputation d'un lettré à Constantinople, et à Alger, plus tard, d'un savant accompli. Entré dans le corps de l'artillerie, il y eut d'abord un avancement rapide; peut-être s'y fût-il élevé aux premiers grades, si l'emportement de son caractère n'était venu donner un nouveau tour à sa fortune. Menacé, pour une faute contre la discipline, d'une punition sévère, il quitta brusquement le service du Sultan, et, trouvant un navire qui portait des recrus à la milice d'Alger, il tenta l'aventure.

Un homme capable de lire et d'écrire ne se rencontrait pas fréquemment à Alger; aussi les fonctions de *khodja* ou d'écrivain étaient-elles d'autant plus considérées qu'il y avait moins de candidats pour y prétendre. Le premier des *khodja*, le *khodja-cavallo*, écrivain ou secrétaire de la cavalerie, venait immédiatement après l'*aga*, général en chef de l'*odjak*, qui lui-même ne cédait qu'au l'*khaznadj*, ministre des finances. En 1815, Hussein était *khodja-cavallo*, c'est-à-dire, après le dey, le troisième personnage de l'État, et tout à fait en passe de devenir le premier. C'est à ce titre qu'il se trouva fort intéressé dans un de ces complots qui, de temps à autre, sans beaucoup de différence dans les détails, décidaient à Alger de la transmission du pouvoir.

Soixante-dix Turcs, mécontents ou las du dey Hadj-Ali, avaient résolu de le tuer et d'élever à sa place l'aga Omar qui était populaire dans l'odjak. Celui-ci, mis dans le secret, s'efforça de les dissuader, beaucoup moins par affection pour son maître que par considération pour sa propre personne. « Il ne voulait pas, disait-il, d'une place qui rend l'homme prisonnier en quelque sorte, et qui contrarîait le penchant qu'il avait pour tenir la campagne en bon cavalier. » Sur son refus, les conjurés décidés à passer outre lui déclarèrent qu'ils choisiraient donc pour dey le khaznadj Mohammed, et pour khaznadj « l'écrivain des chevaux », Hussein-Khodja, « afin, ajoutaient-ils par un scrupule assez singulier dans la circonstance, de se conformer en quelque sorte à l'ancien usage. » Dès que l'aga se vit personnellement hors de cause, non seulement il n'objecta plus rien contre le meurtre du dey, mais il offrit même d'y prêter son industrie, par amour de la paix publique. En effet, une sanglante exécution sous les yeux de la foule pouvait causer de graves désordres, tandis que, si les conjurés voulaient bien le laisser faire, il se chargeait « de les débarrasser du dey, en quelques jours, d'une manière plus tranquille pour le pays ». Ils y consentirent et lui donnèrent par leur acquiescement la plus grande preuve de confiance, car il n'eût tenu qu'à lui de les faire tous étrangler ou jeter à la mer. Mais il leur tint parole, et, lorsqu'il eut gagné successivement le *khaznadj*, le *khodja-cavallo*, le *atchi-bachi* ou chef des cuisines, et le *khaznadar* ou trésorier, la population d'Alger apprit un beau jour que le dey venait de mourir. Ce que les initiés savaient seuls, c'est qu'il avait été poignardé dans le bain par un de ses esclaves noirs.

Son successeur, l'ancien khaznadj Mohammed, était un vieillard infirme et décrépit : tort bien plus grave, il était l'élu d'une minorité ; aussi le plus grand nombre, qui ne cherchait qu'un prétexte, lui fit-il un crime de ses infirmités et de son âge. Au lieu d'un complot, il y eut une sorte de délibération régulière. Le divan, composé des chefs de l'odjak, prononça la condamnation du dey, qui fut étranglé dans la prison, selon les formes, le 7 avril 1815. Il avait régné dix-sept jours. Alors on fit de nouveaux efforts pour vaincre les répugnances de l'aga Omar. Comme cette fois l'accord était unanime, et sur la promesse formelle qu'il irait en campagne quand bon lui semblerait, « étant dey au camp aussi bien qu'à la ville », Omar se laissa fléchir et prit d'une main ferme le pouvoir qu'on le suppliait d'accepter. En échange de quelques avantages de solde, il exigea de la milice une sévère discipline. Il l'obtint d'abord ; mais les instincts de désordre s'étant peu à peu réveillés dans cette troupe insolente, il finit comme ses prédécesseurs, étranglé par ses soldats en révolte, le 8 septembre 1817.

Ali-Khodja fut proclamé dey. Hussein, qui avait eu toute la faveur d'Omar, s'était en même temps si bien ménagé auprès d'Ali qu'il devint tout d'un coup son principal ministre et son conseiller le plus intime. Ali, comme Hussein, était un lettré, un politique bien plus qu'un chef de guerre. L'exemple de tant de deys faits et défaits par les mêmes mains, l'exemple surtout d'Omar dont la popularité si éclatante et soutenue pendant de longues années avait si rapidement défailli, lui persuada de n'attendre pas que la ferveur de ses partisans se fût refroidie pour s'armer contre eux de précautions opportunes.

L'habitation qui servait de résidence aux deys, la Djennina, située au milieu de la ville, resserrée, sans défense, paraissait avoir été choisie pour le plus grand succès de l'émeute que tout y conviait et qui naturellement prit l'habitude d'y faire de temps en temps visite. Tout autre était la situation de la Kasbah, citadelle menaçante, dominante, enceinte de bons murs et garnie de canons qui plongeaient sur la ville. C'est dans la Kasbah qu'Ali avait résolu de s'enfermer.

Un petit nombre de confidents, choisis parmi les plus attachés à sa fortune, fut seul mis dans le secret. Huit ou dix jours après son avènement, le dey renouvela tout à coup le personnel de l'administration et fit publier un édit qui ordonnait, sous peine de mort, que tous les Turcs fussent à l'avenir rentrés dans leurs casernes avant six heures du soir. La milice étourdie n'était pas encore revenue de sa stupeur qu'une belle nuit le trésor fut transporté à dos de mulet de la Djennina à la Kasbah, et, quand le dernier coffre eut été enlevé, le dey sortit à son tour avec sa famille et ses gens, sa garde bien armée autour de lui, musique en tête. Comme personne, à cause de l'édit, ne se hasardait à s'aventurer dans les rues, les Algériens intrigués durent attendre au lendemain pour savoir le motif de cette promenade nocturne. Le jour venu, ils furent tout surpris d'apercevoir au-dessus de leurs têtes, et tout au sommet de la Kasbah, le drapeau rouge qui flottait d'ordinaire sur la Djennina maintenant ouverte et déserte.

A peine entré dans la Kasbah, et la porte refermée sur le dernier homme de son escorte, Ali s'était écrié : « Maintenant je suis dey! » En effet, ce changement de résidence n'était rien moins qu'une révolution. Avides et insolents, les Turcs de l'odjak n'avaient jamais cherché à rendre leur domination populaire ; peu leur importait d'être aimés ou soufferts, pourvu qu'ils fussent obéis. Les juifs, rampant devant eux, se laissaient rançonner sans mot dire ; les notables d'Alger, les Maures, musulmans et associés de leurs maîtres pour le brigandage maritime, avaient fort à faire de défendre contre eux leur part dans les bénéfices de la piraterie ; enfin les fils mêmes des Turcs, nés de leurs relations avec les femmes du pays, les Coulouglis étaient tenus par eux dans une condition subalterne. Longtemps exclus de l'odjak, ils y avaient été enfin admis par nécessité ; mais les hauts grades et le droit de siéger au divan leur était systématiquement interdits. Ainsi tout ce qui n'était pas Turc était opprimé ou suspect. Ce fut aux opprimés et aux suspects, impatients de venger leur humiliation et leurs souffrances, qu'Ali fit un appel qui ne pouvait manquer d'être entendu. Aveuglément servi par les esclaves noirs et les Maures dont il s'était fait une garde particulière, il fit peser sur les Turcs un cruel despotisme. En quelques mois, dix-huit cents janissaires périrent dans les supplices.

Tout en flattant les sanglantes passions de son maître, l'habile Hussein évitait de s'y associer trop ouvertement ; il réussit même à persuader aux chefs de l'odjak décimé que, sans son influence modératrice, le mal eût été pire encore. Combien de temps ces ménagements auraient-ils pu durer sans le compromettre ? La peste vint à point le tirer d'une situation difficile. Le 28 février 1818, Ali, atteint par le fléau, mourut. Alger trembla : une lutte horrible n'allait-elle pas s'engager entre les janissaires et la garde noire ? Tout à coup des clameurs éclatèrent ; c'étaient des cris de joie. Amis et ennemis, Turcs et Maures s'étaient rencontrés pour porter Hussein au pouvoir. Il n'y eut ni assemblée régulière ni recours au divan. Élu par acclamation, Hussein vit à l'instant tous les partis, sans distinction, prosternés à ses pieds. Pour toute réforme, il se contenta de congédier et de remplacer ses anciens collègues au ministère. D'ailleurs, il continua de résider à la Kasbah et conserva même la garde noire d'Ali ; mais il eut soin de la réconcilier avec les Turcs, auxquels il ne cessa de témoigner les plus grands égards.

Il y avait longtemps qu'Alger n'avait joui, par comparaison, de tant d'ordre et de sécurité. Quant au reste de la Régence, les émotions de la capitale n'y avaient jamais été bien vivement ressenties, beaucoup moins à coup sûr que les émotions locales invariablement et périodiquement soulevées par la perception de l'impôt.

L'impôt, chez les nations policées, se recouvre paisiblement : dans la Régence d'Alger, sous la domination turque, il devait être militairement exigé; c'était, à proprement parler, une contribution de guerre. Aussi bien l'état de guerre était-il, dans ces contrées, naturel, général, permanent, cher aux peuples, consacré par les traditions et par les mœurs. Tribus de race différente, tribus de même race, Arabes contre Berbères, Berbères ou Arabes entre eux, s'attaquaient et se pillaient à la plus grande joie des Turcs dominateurs. Comment, sans ces divisions incessantes et soigneusement fomentées, quinze mille étrangers, disséminés sur un territoire immense, auraient-ils pu maîtriser trois millions de sujets belliqueux et fiers ? Entre adversaires à peu près égaux, ils favorisaient, comme par équité, tantôt l'un, tantôt l'autre; mais quand la force était toute d'un côté, c'était de ce côté-là qu'ils se rangeaient par fatalisme et par système. De là leur façon de répartir et de percevoir l'impôt. Ce n'étaient pas les quelques Turcs prêtés à grand'peine aux beys, leurs vassaux, par les deys d'Alger, ce n'étaient même pas les Coulouglis, plus nombreux, mais répartis çà et là par petits groupes dans les postes fortifiés ou *bordj* de la Régence, qui auraient suffi pour opérer des recouvrements difficiles et dangereux; ils y assistaient sans doute, mais à titre de réserve, pour soutenir et surveiller à la fois les collecteurs auxiliaires qui couraient pour eux les risques et partageaient avec eux les bénéfices de l'aventure. Les tribus, au point de vue de l'impôt, étaient *maghzen* ou *rayas*; les premières, généralement choisies parmi les plus puissantes, ne payaient rien aux Turcs et prenaient au contraire leur part de ce qu'elles leur faisaient payer par les autres.

Trois grands commandements ou beyliks, celui d'Oran à l'ouest, celui de Constantine à l'est, entre les deux celui de Titteri, partageaient, en dehors d'Alger et de son territoire immédiat, l'étendue de la Régence. Chacun d'eux avait son maghzen et ses rayas; mais il y avait des tribus qui n'étaient ni rayas ni maghzen. Issues des anciens habitants du pays, retranchées dans les plus âpres régions des montagnes, ces tribus, les Kabyles, y maintenaient énergiquement leur indépendance. Plus d'une fois, les beys turcs, irrités et rapaces, essayèrent de forcer et de saccager ces forteresses naturelles; chaque fois leurs colonnes mutilées retombèrent au pied des escarpements ensanglantés par leur chute. Il y fallut renoncer. « Là où le cheval ne peut plus porter son cavalier, disait un proverbe arabe, là s'arrête le beylik. »

Telle était donc la situation des Turcs dans la Régence, obéis dans les villes, redoutés dans les plaines, bravés dans les montagnes, haïs partout, même par les complices de leurs exactions; mais entre eux, leurs complices et leurs victimes, il y avait un lien puissant, la foi religieuse, l'*Islam*; par-dessus toutes les haines locales et passagères, il y avait la haine générale du *Roumi*, de l'étranger chrétien. C'était la force de la domination turque en Algérie, c'était l'appui sur lequel se fondait la piraterie algérienne pour continuer d'insulter l'Europe au xixe siècle comme au xvie.

[7]

II

Après trois cents ans d'une fortune insolente, Alger se croyait au-dessus de tout effort humain. Des flottes puissantes avaient à plusieurs reprises essayé de la détruire; à peine y avaient-elles fait quelques ruines presque aussitôt relevées. Une seule fois, dans les premiers temps de son existence, Alger avait redouté les chances d'un siège; mais la fameuse entreprise de Charles-Quint s'était abîmée dans un désastre, et de cette grande menace il ne restait qu'un monument, témoignage du danger couru, signe de triomphe à la fois et gage de sécurité pour l'avenir, *Sultan Kalassi*, le château de l'Empereur, élevé sur le lieu même où Charles-Quint avait planté sa tente.

Deux siècles et demi plus tard, le premier consul Bonaparte écrivait au dey Mustapha : « Je débarquerai quatre-vingt mille hommes sur vos côtes, et je détruirai votre Régence. » Lancée par le conquérant de l'Egypte, la menace était saisissante; mais ni en ce temps-là ni plus tard Bonaparte n'eut assez de loisir pour la mettre à exécution. Alors comme toujours, ce furent les dissensions de l'Europe qui sauvèrent Alger. Un jour vint cependant où, lasse de se déchirer, l'Europe fit trêve à ses animosités intestines et d'un accord unanime en apparence se tourna contre les Barbaresques.

En 1815, le congrès de Vienne avait déclaré qu'il serait mis un terme à l'esclavage des chrétiens enlevés par les corsaires d'Alger, de Tunis et de Tripoli. Organe et exécutrice des déclarations du congrès, l'Angleterre envoya dans la Méditerranée, l'année suivante, des forces considérables sous le commandement de lord Exmouth. Les beys de Tunis et de Tripoli cédèrent; mais, après quelques pourparlers sans effet, le dey d'Alger Omar repoussa brutalement toutes les demandes de l'amiral anglais. Alger subit alors un de ces bombardements dont Louis XIV avait donné pour la première fois le bruyant et stérile exemple; les Anglais, comme le grand roi, n'obtinrent qu'une soumission illusoire. Le seul résultat sérieux de cette exécution fut que les Algériens augmentèrent et poussèrent jusqu'à l'excès leurs armements défensifs du côté de la mer.

Mille captifs avaient été rendus à l'Europe chrétienne en 1816; mais les chefs de la piraterie algérienne avaient si peu renoncé à leur industrie que, à peine deux ans écoulés, le congrès d'Aix-la-Chapelle eut à la condamner de nouveau, en exigeant, pour atteindre le mal à la racine, l'abolition absolue de la course. Cette fois l'exécution des volontés du congrès fut confiée, non plus à l'Angleterre seule, mais à l'Angleterre et à la France. Lorsque le contre-amiral Jurien de la Gravière et le commodore Freemantle se présentèrent devant Alger, au mois de septembre 1819, c'était le dey Hussein qui tenait le pouvoir. On espérait mieux de lui que de ses prédécesseurs. En effet, les premiers actes de son gouvernement avaient paru s'inspirer d'un certain esprit de conciliation, de ménagement, presque de tolérance religieuse. Une jeune fille chrétienne qu'Ali avait séquestrée et contrainte à embrasser l'islamisme fut notamment rendue à sa famille et à sa foi par le dey Hussein. Cependant tous les efforts des deux représentants de la France et de l'Angleterre pour obtenir de lui la pression de la course furent absolument inutiles. Le dey répondit qu'il ne pouvait, sous aucun prétexte, renoncer au droit et à l'usage de visiter tous les navires sans distinction, afin de reconnaître ses amis et ses ennemis et d'arrêter ceux dont les papiers ne se trouveraient pas en règle, c'est-à-dire qui n'auraient pas acquitté le tribut auquel s'étaient soumis, pour n'être plus inquiétés par les corsaires d'Alger, plusieurs des pavillons chrétiens.

Soit que les forces navales envoyées d'Angleterre et de France n'eussent pas été jugées suffisantes pour combattre les défenses agrandies d'Alger, soit que l'exemple de lord Exmouth n'eût pas été considéré comme bon à suivre, le refus du dey Hussein ne donna lieu à aucun acte d'hostilité. On crut à Paris que l'Angleterre prenait volontiers son parti d'un échec dont la France partageait le désagrément avec elle; on la soupçonna même de l'avoir secrètement provoqué, en ce sens que, tandis qu'elle produisait, par l'organe du commodor Freemantle, ses exigences officielles, elle aurait fourni au dey ses réponses par l'entremise du consul général Macdonnel, notoirement et publiquement hostile à la France.

Outre les griefs généraux et communs à toute l'Europe chrétienne, la France avait contre le gouvernement algérien des griefs particuliers. Quand les Turcs étaient venus au xvi° siècle, prendre déjà pied sur la côte barbaresque, ils y avaient trouvé des Français établis et en possession de certains avantages commerciaux. C'étaient des Français qui achetaient aux gens du pays le blé, l'huile, la cire, les cuirs, les laines; la pêche entière du corail était entre leurs mains. Concentré particulièrement sur le littoral entre Bône et Tunis, le commerce français avait pour entrepôt et pour soutien quelques établissements dont les plus considérables étaient le Bastion de France et le port de la Calle.

Pour être exact, il convient d'ajouter que ces établissements n'avaient jamais été bien fructueux ni bien solides; le seul nom de *Concessions d'Afrique* suffirait pour montrer à quel point les conditions de leur existence étaient précaires. Imposé par les Turcs, maîtres du pays, ce nom n'était point un vain mot. Les concessions étaient grevées de redevances annuelles dont la plus grande part revenait au dey d'Alger, la moindre au bey de Constantine. Bien des contestations s'élevèrent à propos de ces redevances. En 1790, le dey Baba-Mohammed les avait réglées à 90,000 francs. Mais la Révolution française étant survenue et la guerre maritime à la suite, les établissements français furent cruellement éprouvés. En 1807, ils succombèrent, et les concessions d'Afrique passèrent aux mains des Anglais par un traité qui les leur conférait pour dix ans. Profondément irrité contre l'Angleterre par le bombardement de lord Exmouth, le dey Omar refusa de renouveler, en 1816, les conventions expirantes; il reprit les concessions et les offrit de nouveau à la France, moyennant une redevance de 270,000 francs, à peu près égale à celle qu'avaient payée les Anglais. Enfin, le 17 mars 1817, le chiffre, réglé d'abord à 214,000 francs, mais porté bientôt à 300,000, par suite d'un changement dans la valeur des monnaies, fut accepté provisoirement par le gouvernement français, qui se réservait, après expérience faite, le droit de dénoncer le traité, s'il lui paraissait trop onéreux. Le successeur d'Omar, Ali, beaucoup plus favorable à la France, lui fit une concession inouïe : car il consentit à revenir au chiffre fixé, en 1790, par Baba-Mohammed, c'est-à-dire à réduire de 300,000 francs à 90,000 la redevance. Il est vrai que nos établissements avaient grand'peine à se relever de l'état déplorable où les avaient réduits les Anglais, qui n'y avaient laissé que des ruines.

L'avènement du dey Hussein remit tout en question. « Je ne me dissimule pas, écrivait au ministre des Affaires étrangères de France le consul général du roi à Alger, M. Deval, je ne me dissimule pas toutes les peines que j'aurai à conserver, sous le gouvernement de ce nouveau dey, les faveurs extraordinaires que son prédécesseur nous avait accordées. » En effet, le taux des redevances fut agité de nouveau. Dans une conférence avec le dey, le consul revendiqua d'abord pour la France la propriété de ses établissements; après cette réclamation de principe, il se tint ferme, pour les redevances, au traité de 1790, en ajoutant que, s'il était vrai que le taux de 300,000 francs eût été prétendu par Omar, ce taux n'avait pas été maintenu par Ali dont Hussein avait été le principal ministre. Alors eut lieu une scène que la comédie pourrait emprunter à l'histoire. « Voulez-vous, dit le dey, tenir les priviléges des concessions au taux fixé par Baba-Mohammed ? — Assurément. — Ainsi donc, nous voilà bien d'accord. Vous prenez les concessions aux taux fixé par Omar. — Comment ! Omar ! Vous avez dit, seigneur, Baba-Mohammed. — Je n'ai pas dit Baba-Mohammed, j'ai dit Baba-Omar. — Je vous assure, seigneur, que vous avez dit Baba-Mohammed, ou j'ai mal entendu. » Le dey fit alors approcher deux jeunes esclaves qui se tenaient au fond de la salle d'audience, et leur demanda s'il n'avait pas dit Baba-Omar. Les esclaves naturellement jurèrent que leur seigneur n'avait jamais parlé d'un autre ; sur quoi le dey, revenant au consul, lui dit brusquement : « Puisque vous voulez vous dédire, les Français n'auront pas les concessions... Vous n'aurez pas les concessions ; faites-le connaître à votre gouvernement. — Seigneur, reprit M. Deval, le Bastion de France appartient aux Français, ainsi que la pêche du corail. — Le Bastion ? s'écria Hussein ; allez le prendre, si vous pouvez... oui, si vous pouvez. » Le gouvernement du roi Louis XVIII ne daigna pas relever cette provocation ridicule ; les négociations continuèrent ; et enfin une convention du 24 juillet 1820 régla le taux des redevances à 220,000 francs, y compris les cadeaux à faire au chef et aux principaux personnages de la Régence.

Outre l'affaire des concessions, il y avait entre la France et Alger d'autres difficultés financières. De 1794 à 1796, deux juifs algériens, Bacri et Busnach, avaient fourni au gouvernement de la République des blés pour une valeur de plus de deux millions. Ils s'élaient même chargés, en 1798, d'approvisionner, dans l'île de Malte, les magasins affectés aux subsistances de l'armée d'Égypte. Mais le sultan ayant déclaré la guerre à la France et entraîné la déclaration du dey d'Alger, son vassal, il en résulta des représailles auxquelles ne purent échapper les Bacri, et par suite, dans le règlement de leurs comptes avec le gouvernement français, des complications inextricables. En 1818, à l'avènement de Hussein, la discussion durait depuis vingt ans, en s'embrouillant tous les jours davantage. Enfin, sur l'avis d'une commission nommée tout exprès pour examiner, contradictoirement avec les représentants des Bacri, les créances algériennes, la dette de la France fut réduite et arrêtée à la somme de sept millions de francs. L'acte de transaction, signé le 28 octobre 1819, fut ratifié par la loi de finances du 24 juillet 1820. Dans cette transaction, un article important, le quatrième, stipulait une réserve expresse en faveur des créanciers français des Bacri, c'est-à-dire que les sommes sur lesquelles il serait formé opposition devaient être versées et retenues à la caisse des dépôts et consignations jusqu'à ce que les tribunaux français eussent prononcé sur la validité des réclamations élevées par les opposants. Une somme de 2,500,000 francs environ fut de la sorte mise en réserve. Ce n'était pas l'affaire du dey Hussein, qui, de gré ou par menace, s'était associé d'abord, puis tout à fait substitué au droit des Bacri. Les règlements de la comptabilité française, nos lois civiles et la jurisprudence de nos tribunaux ne lui parurent que des subtilités offensantes, des chicanes de mauvaise foi, le moyen, en un mot, d'éluder un payement solennellement promis. Il y fut sensible jusqu'à la fureur, et peut-être eût-il, dès ce temps-là, provoqué une rupture, s'il ne s'était de nouveau brouillé avec l'Angleterre.

Le consul Macdonnel, si puissant naguère, si écouté, si bien accueilli, lorsqu'il irritait les mauvaises passions du dey contre la France, avait fini par croire qu'il pouvait tout oser et prétendre. Poussé à bout par ses exigences, personnellement blessé de ses façons hautaines et méprisantes, un jour vint où Hussein ne sut plus se contenir; après une scène où l'orgueil du consul Macdonnell eut beaucoup à souffrir, il sortit d'Alger le 31 janvier 1824, en appelant sur le dey les vengeances de sa puissante nation. Le 11 juillet, l'amiral sir Harry Neale dirigea contre les forts et les batteries de la rade une attaque où il n'eut pas l'avantage; un essai de revanche qu'il tenta le lendemain ne fut pas plus heureux. Hussein triompha. « Je ne reconnais qu'un Dieu et une seule religion véritable, dit-il au parlementaire envoyé par l'amiral; je vous jure, sur mon Dieu et sur ma religion, que jamais M. Macdonnell ne mettra le pied dans Alger. » L'amiral anglais n'insista pas, sacrifia le consul, et se tint satisfait d'avoir obtenu le renouvellement des stipulations de 1816 en faveur des prisonniers chrétiens. « Les Algériens se croient aujourd'hui invincibles, écrivait le consul de France à M. de Chateaubriand, alors ministre des Affaires étrangères; cette dernière lutte avec les Anglais fera époque à Alger et influera beaucoup sur les déterminations rigoureuses qui dorénavant seront prises ici contre les puissances européennes. » En effet, Hussein reprit vivement l'affaire des créances Bacri. le 14 septembre 1824, il écrivit au baron de Damas, qui avait succédé à M. de Chateaubriand, pour exiger l'envoi immédiat des sommes retenues en France, avec l'intérêt et le remboursement des frais supportés par lui « pendant ce long espace de mois et d'années, disait-il expressément, que cet argent est resté hors de notre jouissance ». Et il ajoutait : « Tels sont les usages en pareil cas, comme vous le savez parfaitement. Envoyez-nous toutes ces différentes sommes par vos propres mains, car ceci ne regarde que vous, et faites-nous-les parvenir bien entières et bien complètes. » Cette impertinente sommation ne méritait pas de réponse, au moins directe. Dans une dépêche adressée, le 7 janvier 1825, au consul général de France, le ministre réduisit à néant les plaintes et les exigences du dey: de nombreux et difficiles procès étaient engagés entre les Bacri et leurs créanciers ; les tribunaux français en étaient régulièrement saisis ; il n'y avait en conséquence ni lieu ni moyen de les dessaisir.

III

Des actes, et non plus seulement des paroles, témoignèrent bientôt de la profonde irritation du dey. Au mois de juin 1825, il fit envahir et fouiller la maison du consul de France à Bone, sous prétexte que cet agent était soupçonné de fournir de la poudre et des balles aux Kabyles insurgés dans le voisinage. Peu à peu les corsaires, qui s'étaient depuis quelques années abstenus par prudence, infestèrent de nouveau la Méditerranée. Dans un temps où Hussein avait encore quelque ménagement pour la France, il avait déclaré, sur les observations de notre consul général, « que le pavillon romain serait reconnu bon par les corsaires algériens ». Ce fut précisément sur un bâtiment romain que, pour mieux marquer son ressentiment, il fit tomber la première agression. Quelque temps après, un navire français, du port de Bastia, était mis au pillage, et un bateau-poste, faisant le service entre Toulon et la Corse, avait à subir la visite d'un corsaire. A la nouvelle de ces violences, le gouvernement français fit armer deux bâtiments de guerre qui se présentèrent, le 28 octobre 1826, devant Alger. Le dey désavoua la conduite de ses corsaires à l'égard du pavillon français, mais, quant au bâtiment romain, il persista à le déclarer de bonne prise et ne consentit qu'à mettre en liberté les gens de l'équipage.

On a vu pourquoi Hussein n'avait pas reçu de réponse directe à l'étrange sommation qu'il avait faite au baron de Damas ; dans son aveugle colère, il se persuada que M. Deval ou retenait ses lettres ou dérobait les réponses. Il imagina d'écrire une seconde fois au ministre, et, sans en rien dire à M. Deval, il confia sa lettre au consul de Naples pour qu'il la fît passer en France. Dans cette pièce, encore plus hautaine et injurieuse que l'autre, le dey réclamait de nouveau le payement des créances Bacri dont il était le cessionnaire, avec la prétention exorbitante qu'on lui renvoyât à

Alger toutes les oppositions, sur la validité desquelles il déciderait lui-même promptement et en dernier ressort. Enfin il exigeait le rappel immédiat de M. Deval qu'il menaçait de chasser honteusement s'il n'était pas fait droit à ses griefs. Le baron de Damas avait résolu d'en finir avec cet excès d'impertinence ; il avait préparé une réponse dont le ton ferme et net ne laissait place à aucune équivoque. Après avoir de nouveau repoussé les exigences et les prétentions du dey, c'était lui qui exigeait satisfaction au nom du roi de France. « Sa Majesté, disait-il, compte sur la réparation qui lui est due ; si, ce que je ne puis croire, ses espérances étaient déçues, le roi est résolu à ne prendre conseil que de sa dignité offensée et à faire usage, pour obtenir justice, de la puissance que Dieu a mise entre ses mains. » Quand ce projet de réponse fut présenté au conseil, le 7 décembre 1826, le ministre des Affaires étrangères n'obtint pas de ses collègues le concours sur lequel il se croyait en droit de compter. Inquiété au dedans par une opposition croissante, préoccupé au dehors des affaires d'Espagne, surtout des difficultés soulevées en Orient par l'insurrection des Grecs, le cabinet présidé par M. de Villèle répugnait à compliquer ses embarras d'une querelle où le sultan prendrait, sinon parti, tout au moins prétexte pour rompre le fragile accord de l'Angleterre avec la Russie et la France. La dépêche de M. de Damas fut donc trouvée trop rude, trop immédiatement menaçante ; mais on ne put lui persuader d'en adoucir ni le sens ni la forme ; il aima mieux la supprimer. N'ayant plus de réponse directe à faire, il se borna, pour clore l'incident, à inviter en termes généraux M. Deval à faire en sorte de ramener le dey à une plus juste appréciation de la force et des griefs de la France.

Mal soutenu par ses collègues, le ministre se trouvait mal servi à Alger. Il regrettait qu'en mainte circonstance M. Deval n'eût pas tenu un langage et pris une attitude plus fermes. La mollesse qu'il reprochait au consul général de France était un vice d'origine. Autrefois drogman à Constantinople, M. Deval avait passé toute sa vie avec des Turcs ; il connaissait à fond leur caractère, leur mauvaise foi, leurs défauts de toute sorte ; mais pour les étudier si bien, il s'était trop rapproché d'eux peut-être, et laissé, par la force du contact et de l'habitude, entraîner à trop de ménagements et de complaisance. La dignité de la France perdait, en passant par lui, quelque chose de son prestige. Le dey Hussein qui le détestait, ne l'estimait point et le redoutait moins encore. Un jour vint où le mépris du grossier despote s'emporta jusqu'à l'outrage. C'est le récit même de l'outragé, récit incorrect, mais intéressant, qu'on va lire.

« Le privilège, accordé aux consuls de France en cette ville, de complimenter en audience particulière le dey, la veille de la fête du Baïram, écrivait M. Deval au baron de Damas, le 30 avril 1827, me fit demander au château l'heure où Son Altesse voulait me recevoir. Le dey me fit dire qu'il me recevrait à une heure après midi, mais qu'il voulait voir la dernière dépêche de Votre Excellence que la goélette du roi, destinée à la station de la pêche du corail, m'avait apportée. Je fis répondre aussitôt, par le drogman turc du consulat, que je n'avais reçu aucune lettre de Votre Excellence par cette occasion, et que je n'en avais reçu d'autre que celle de S. Exc. le ministre de la Marine qui avait rapport à la pêche. Je ne fus cependant pas peu surpris de la prétention du dey de connaître par lui-même les dépêches que Votre Excellence me fait l'honneur de m'adresser, et je ne pouvais concevoir quel en était le but. Je me rendis néanmoins au château à l'heure indiquée. Introduit à l'audience, le dey me demanda s'il était vrai que l'Angleterre avait déclaré la guerre à la France. Je lui dis que ce n'était qu'un faux bruit, provenant des troubles suscités en Portugal, dans lesquels le gouvernement du roi n'avait pas voulu s'immiscer, dans sa dignité et sa loyauté. « Ainsi donc, dit le dey, « la France accorde à l'Angleterre tout ce qu'elle veut, et à moi « rien du tout! — Il me semble, seigneur, que le gouvernement du « roi vous a toujours accordé tout ce qu'il a pu. — Pourquoi votre « ministre n'a-t-il pas répondu à la lettre que je lui ai écrite? — J'ai « eu l'honneur de vous en porter la réponse aussitôt que je l'ai re- « çue. — Pourquoi ne m'a-t-il pas répondu directement? Suis-je un « manant, un homme de boue, un va-nu-pieds? Mais c'est vous qui « êtes la cause que je n'ai pas reçu la réponse de votre ministre; « c'est vous qui lui avez insinué de ne pas m'écrire! Vous êtes un « méchant, un infidèle, un idolâtre! » Se levant alors de son siège, il me porta, avec le manche de son chasse-mouches, trois coups violents sur le corps et me dit de me retirer. » M. Deval ne se retira et ne se récria même pas; sans paraître fort ému ni s'écarter du cérémonial, il continua, comme s'il ne s'était rien passé, la conversation : « Seigneur, je prie Votre Altesse d'être bien convain- « cue que je crains Dieu et non les hommes. Je puis affirmer à « Votre Altesse que j'ai transmis fidèlement à S. Exc. le ministre « du roi la lettre de Votre Altesse. Son Excellence a répondu par « mon entremise, suivant les formes usitées. — Au reste, me dit-il, « sachez que je n'entends nullement qu'il y ait des canons au fort « de la Calle. Si les Français veulent y rester et y faire le commerce « et la pêche du corail comme des négociants, à la bonne heure; « autrement qu'ils s'en aillent. Je ne veux pas absolument qu'il y « ait un seul canon des infidèles sur le territoire d'Alger. » Je voulus répliquer, mais il m'ordonna de me retirer. »

Rentré au consulat, et en écrivant ce récit, M. Deval parut éprouver enfin un sentiment d'indignation tardive. « Si Votre Excellence, disait-il, ne veut pas donner à cette affaire la suite sévère et tout l'éclat qu'elle mérite, elle voudra bien au moins m'accorder la permission de me retirer par congé ».

Quand cette dépêche fut lue par le baron de Damas devant le conseil, l'outrage y fut vivement ressenti. On décida qu'une réparation éclatante, générale et complète, de tous les griefs de la France serait poursuivie, même par la force, mais qu'avant tout et sans retard il fallait exiger, pour l'affront fait au roi dans la personne de son représentant, une satisfaction personnelle et solennelle. Sans vouloir préciser le détail ni même le lieu de la cérémonie, qui ne pouvait d'ailleurs avoir pour théâtre que la Kasbah, le consulat de France ou le bord du commandant de la division navale qui allait être envoyée devant Alger, le conseil arrêta seulement qu'au moment où des excuses seraient adressées publiquement à M. Deval, soit par le dey lui-même, soit par un de ses ministres, le pavillon français arboré sur tous les forts d'Alger serait salué par l'artillerie algérienne d'une salve de cent coups de canon.

En même temps qu'il expédiait au consul de France le texte de ces résolutions et l'ordre de cesser toute relation avec le gouvernement du dey, le baron de Damas faisait connaître à tous les envoyés du roi au dehors et à tous les représentants des cours étrangères à Paris les déterminations du gouvernement français.

Le 11 juin 1827, M. Deval reçut les instructions du ministre. Après avoir invité les sujets du roi à quitter la ville et confié d'ailleurs les intérêts français à la protection du comte d'Attili de Latour, consul général de Sardaigne, il se retira lui-même, avec tout le personnel du consulat, à bord de la goëlette *la Torche*. De concert avec lui, le capitaine de vaisseau Collet, commandant de la division navale dont l'intervention extraordinaire devait, jusqu'à la solution du conflit, remplacer l'action régulière du consul, examina les mesures à prendre pour exécuter les ordres du gouvernement. Entre les formes indiquées, mais non prescrites par le ministre, ils s'arrêtèrent à celle qui avait le plus de chance de succès. En conséquence le capitaine Collet rédigea une note par laquelle il demandait que le *vehil-hadj*, ministre de la Marine algérienne, escorté des principaux personnages de la Régence, vînt à son bord présenter au consul de France les excuses personnelles du dey, et que, pendant cette cérémonie, le pavillon français fût arboré sur les forts et salué de cent coups de canon. Si la réparation demandée n'était pas accordée dans les vingt-quatre heures, les hostilités commenceraient aussitôt. A cette note que lui présenta, le 14 juin, le consul général de Sardaigne, Hussein répondit par une lettre insolente et par un formel refus. Le 15 juin, le capitaine Collet déclara la rupture des négociations et l'état de guerre. Le blocus d'Alger commença.

Les Turcs, de leur côté, ne tardèrent pas à faire acte d'hostilité contre la France. Les établissements français à Bone et à la Calle furent saccagés et détruits par ordre du bey de Constantine. Nos nationaux, heureusement prévenus, avaient eu le temps de se réfugier à bord des navires que leur avait envoyés le capitaine Collet.

LE BLOCUS D'ALGER. — LE BLOCUS JUGÉ BIENTÔT INSUFFISANT. — MEMOIRE DE BOUTIN. — RAPPORT DU MARQUIS DE CLERMONT-TONNERRE. — ESSAIS DE CONCILIATION. — OUTRAGE AU PAVILLON PARLEMENTAIRE.

I

La division navale chargée du blocus d'Alger et des autres ports de la Régence se composait de cinq frégates, d'une corvette et de six bâtiments de rang inférieur. Six croiseurs en outre devaient parcourir en tous sens le bassin occidental de la Méditerranée; d'autres avaient pour mission spéciale d'escorter les navires du commerce sur les deux lignes principales qui reliaient Cadix et l'Archipel à Marseille. Enfin on poussa le soin jusqu'à tenir dans les parages des Açores deux navires chargés d'avertir les bâtiments venant de l'Atlantique à destination de Marseille et de les diriger sur Cadix, afin de rallier les convois qui partaient périodiquement de ce port. Eu égard au petit nombre des très faibles corsaires algériens qui tenaient encore la mer, ces précautions pouvaient sembler excessives; cependant deux navires du commerce français furent encore pris et pillés.

Le 4 octobre 1827, au point du jour, la flotte du dey, composée de onze navires de guerre, fut aperçue sortant du port d'Alger et longeant la côte dans la direction de l'ouest. Le commandant Collet, qui n'avait que cinq bâtiments sous la main, manœuvra pour empêcher l'ennemi de prendre le large. Le feu s'engagea vers midi; après deux heures d'un combat auquel prirent part les batteries de côte, les Algériens renoncèrent à forcer le passage et rentrèrent dans le port. Cette affaire, bien menée par le capitaine Collet et qui lui valut le grade de contre-amiral, ne satisfit cependant pas le public impatient et mal informé; il s'étonnait que la flotte algérienne n'eût pas été prise ou détruite. Sans donner dans ces excès d'opinion, les gens éclairés commençaient à douter de l'efficacité des moyens employés jusqu'alors. Les bombardements, les attaques de vive force du seul côté de la mer n'avaient que de rares partisans; le blocus, qui en avait eu beaucoup d'abord, les perdait peu à peu tous les jours. L'idée germait d'un débarquement, d'une grande expédition militaire.

« Je pense, avait écrit M. Deval en 1819, qu'il convient d'extirper le mal dans sa racine par un siège du côté de terre. » A l'appui de son opinion et contre ceux qui exagéraient les difficultés de l'entreprise, il invoquait alors certains travaux de reconnaissance exécutés sous l'Empire par un officier du génie, le commandant Boutin. Il s'en autorisa de nouveau dans un mémoire adressé par lui, le 1er juillet 1827, au Ministre des Affaires étrangères.

En 1803 comme en 1802, Napoléon avait été fortement tenté de refaire contre Alger l'expédition d'Égypte; c'était pour aviser aux moyens d'exécution que le commandant Boutin avait reçu du duc Decrès, ministre de la Marine, l'ordre d'aller faire une reconnaissance générale de la ville d'Alger de ses défenses et de ses environs. Boutin, transporté par un brick de guerre, était arrivé à Alger le 24 mai 1808. A force d'esprit et de fermeté, de courage et de finesse, malgré les obstacles de tout genre qu'il rencontra, l'officier français réussit au delà de ce que les plus audacieux auraient cru possible. « J'ai parcouru, écrivait-il au ministre de la Marine, ces parties de la ville où les chapeaux ne paraissent pas, et tout autour d'Alger j'ai dépassé de trois à quatre lieues les limites assignées aux Européens. « Riche de dessins, de croquis et de notes de toute espèce, il s'embarqua pour Toulon, le 17 juillel; mais, le 28, le brick qui le ramenait fut attaqué, à la hauteur de la Spezzia, par une frégate anglaise. Boutin n'eut que le temps de jeter à la mer ses dessins et ses papiers les plus importants. Fait prisonnier et conduit à Malte, il s'en échappa un mois après, déguisé en matelot, prit passage pour Constantinople et revint par terre en France. Telles étaient la netteté de ses souvenirs et la justesse de son esprit que, grâce aux croquis et aux notes qu'il avait pu sauver, il réussit à refaire treize grands dessins et à rédiger un mémoire dont tout le prix n'a été vraiment connu qu'en 1830[1]. Dès 1827, cependant, le marquis de Clermont-Tonnerre, ministre de la Guerre, en avait apprécié le mérite et la valeur. Les renseignements précis que s'empressèrent de lui fournir, sur sa demande, le commandant Collet et le capitaine de frégate Dupetit-Thouars achevèrent d'éclairer le ministre.

Convaincu que la question algérienne ne pouvait se résoudre que par une grande expédition militaire, M. de Clermont-Tonnerre prit à tâche de faire passer dans l'esprit du roi Charles X et de ses collègues la conviction qui s'était emparée du sien. Le 14 octobre 1827, il présenta au conseil un éloquent rapport où toutes les conditions du problème étaient discutées et résolues. « La Providence, y disait-il en s'adressant au roi, la Providence a permis que Votre Majesté fût brutalement provoquée, dans la personne de son consul, par le plus déloyal des ennemis du nom chrétien. Ce n'est peut-être pas, Sire, sans des vues particulières qu'elle appelle ainsi le fils de saint Louis à venger à la fois la religion, l'humanité et ses propres injures. « L'occasion, d'ailleurs, n'était-elle pas bonne pour organiser une armée, en vue « d'une conflagration qui pouvait s'enflammer tout d'un coup d'un bout de l'Europe à l'autre ? » Enfin, préoccupé de l'agitation des esprits à l'intérieur contre les idées représentées par le cabinet dont il était membre, le ministre se croyait fondé à dire qu'une expédition « agirait sur l'esprit turbulent et léger de notre nation, rappellerait à la France que la gloire militaire survivait à la révolution, et ferait une utile diversion à la fermentation politique de l'intérieur ». Après ces considérations générales, M. de Clermont-Tonnerre abordait la question même d'une expédition en Afrique.

Cette expédition aurait pour but ou la seule destruction d'Alger ou l'occupation permanente de la Régence. S'il ne s'agissait que de détruire Alger, une telle œuvre serait déjà glorieuse et utile. La renommée d'un succès vainement tenté par Charles-Quint, la reconnaissance de l'Europe chrétienne, « l'avantage d'avoir une nouvelle armée qui aura fait la guerre, et la guerre contre les Turcs, dans un climat qui a quelque analogie avec les climats de l'Orient, tous ces résultats, fussent-ils enfin les seuls, disait le ministre, vaudront plus pour le pays et lui donneront plus de puissance que

---

1. Le mémoire original a pour titre : *Reconnaissance générale des villes, forts et batteries d'Alger, des environs, etc., faite en conséquence des ordres et instructions de S. E. Mgr Decrès, ministre de la Marine et des Colonies, en date des 1er et 2 mars 1808, pour servir au projet de descente et d'établissement définitif dans ce pays.*

ne pourrait en produire l'économie de cinquante millions de dépense extraordinaire qu'il faudra consacrer à cette expédition. » N'aura-t-on pas, d'ailleurs les trésors accumulés dans le château du dey ? Si, dans l'autre hypothèse, le roi, devenu maître d'Alger, veut y fonder la domination française, n'est-ce pas le droit du vainqueur ? Quel autre droit l'Europe y pourra-t-elle opposer ? « Personne pense-t-il à demander compte à la Russie des conquêtes qu'elle a pu faire sur la Perse, ou des provinces qu'elle ajoute à son immense empire, en vertu du droit de la guerre, toutes les fois qu'elle remporte une victoire sur quelque puissance d'Asie ? Enfin la Russie ou la France demandent-elles compte à l'Angleterre de ce qu'elle acquiert chaque jour dans l'Inde, aux dépens de l'empire des Birmans ? Non sans doute. Je prétends donc qu'il n'est pas de puissance au monde qui ait le droit de dicter au roi de France l'usage qu'il devra faire de sa victoire sur le dey d'Alger, si la Providence la lui accorde. » Il est vrai qu'un traité vient d'être signé à Londres entre la France, l'Angleterre et la Russie[1], et que l'article 5 de ce traité interdit aux puissances contractantes de chercher dans les arrangements à établir entre la Turquie et les Grecs « aucune augmentation du territoire ». Mais, selon la remarque du ministre, la Régence d'Alger est seulement une dépendance nominale, et non pas une partie intégrante de l'Empire ottoman. Nos traités avec la Porte ont toujours reconnu à la France le droit de faire la guerre à la Régence d'Alger sans que la Porte puisse se regarder comme provoquée ni obligée de prendre part au conflit.

La guerre contre Alger reconnue juste et la conquête qui peut suivre légitime, M. de Clermont-Tonnerre établit que c'est uniquement par une expédition militaire qu'on y peut réussir. La marine seule est hors d'état d'y atteindre. Il faut débarquer auprès d'Alger une armée de terre. Les abords immédiats sont défendus par un grand nombre de batteries ; mais du côté de l'ouest et à peu de distance du cap Caxine, la presqu'île de Torre-Chica ou de Sidi-Ferruch offre à l'est et à l'ouest deux plages, toutes deux propres à un grand débarquement, d'un abord facile, avec des fonds de mer si favorablement disposés que les grands bâtiments peuvent s'embosser à peu de distance de la côte, et les embarcations cependant porter les soldats assez près du rivage pour qu'ils puissent atterrir sans mouiller leurs munitions ni leurs armes. Facile à retrancher, la presqu'île formerait une place de dépôt et une excellente base d'opération pour le corps qui marcherait de là sur Alger. Six semaines après le débarquement, le siège pourrait être achevé. Mais, pour l'entreprendre avec espoir de succès, il est essentiel que l'expédition se fasse entre les mois d'avril et de juin ; sinon, il faudra différer d'une année « une tentative pour laquelle rien, au delà des chances ordinaires de la guerre, ne doit être donné au hasard. » En temps ordinaire, le ministre n'hésiterait pas à désigner Toulon comme point de départ ; mais, par suite de

---

1. Traité pour la pacification de la Grèce, conclu entre la Grande-Bretagne, la France et la Russie, et signé à Londres, le 6 juillet 1827.

l'occupation d'Espagne, c'est une bonne fortune d'y avoir des troupes aguerries et acclimatées qu'il serait facile de réunir à Carthagène ou à Mahon. Trente-trois mille hommes avec un parc de siège de cent cinquante bouches à feu, et, pour la dépense extraordinaire, cinquante millions doivent suffire.

Enfin le ministre se résume et conclut ainsi : « Une expédition par terre est indispensable ; le point de débarquement est connu, la marche de l'opération est simple, la dépense est modérée ; le succès peut être considéré comme certain, si la tentative a lieu dans la saison favorable ; mais il n'y a pas un moment à perdre, ou bien il faut renoncer à tout projet pour l'année 1828. Les circonstances extérieures paraissent déterminantes. L'Europe est en paix : il est probable que cet état se maintiendra en 1828 ; mais peut-on espérer qu'il subsistera plus longtemps ? Il est d'une sage politique de profiter d'un moment, le dernier peut-être, pour faire une opération qui peut devenir impossible plus tard, et à laquelle cependant nous ne pouvons renoncer sans rester indéfiniment exposés à subir de nouvelles insultes. Aucune puissance n'est entrée dans cette querelle qui cependant est engagée contre l'ennemi de tous les États chrétiens. L'Europe doit donc applaudir à cette détermination généreuse ; mais si quelque gouvernement jaloux osait vouloir y mettre obstacle, l'armée même qui aurait été destinée à châtier Alger pourrait être employée à le punir de sa déloyauté. Les circonstances intérieures militent en faveur de l'expédition ; l'opinion publique l'appelle, et, si le gouvernement ne l'entreprend pas, il faudra qu'il rende compte des motifs qui l'auront déterminé à rester dans une situation dont l'orgueil du pays s'indigne et qui ne froisse pas moins les intérêts commerciaux que la dignité nationale. Si au contraire un résultat glorieux vient couronner cette entreprise, ce ne sera pas pour le roi un léger avantage que de clore la session et de demander ensuite des députés à la France, les clefs d'Alger à la main. »

Cette éloquente et chaleureuse adjuration laissa le conseil insensible ; le ministre de la Guerre y fut à peu près seul de son avis. Cependant les idées qu'il avait exprimées dans un noble langage étaient si justes qu'après des essais différents on fut, deux ans plus tard, forcé d'y revenir. S'il ne fut pas donné à M. de Clermont-Tonnerre de diriger l'exécution de ses projets, il eut au moins la satisfaction d'en voir le triomphe. Mais le succès militaire répondit seul à ses espérances ; le succès politique trompa les vœux de ce loyal serviteur du roi Charles X. En 1830, la prise d'Alger vint trop tard ; serait-elle venue assez tôt en 1828 ? Ce fut surtout par des considérations de politique intérieure que M. de Villèle combattit et fit échouer le projet du ministre de la Guerre. Il avait résolu de faire immédiatement aux électeurs un appel que M. de Clermont-Tonnerre aurait voulu retarder au contraire. Préparer à la fois des élections générales et une grande expédition, c'était trop d'affaires en même temps. Le projet de M. de Clermont-Tonnerre fut donc écarté, la Chambre fut dissoute, les élections se firent, une opposition plus hostile en sortit, et M. de Villèle tomba.

II

Le 4 janvier 1828, un nouveau cabinet fut constitué sous la présidence de M. de Martignac. Le comte de la Ferronnays, ministre des Affaires étrangères, se saisit aussitôt de la question algérienne; quinze jours après, il était déjà en état de mettre sous les yeux du roi un rapport et des projets nouveaux. D'accord sur les prémisses avec M. de Clermont-Tonnerre, il différait complètement d'avec lui par les conclusions. Où M. de Clermont-Tonnerre demandait une action rapide et libre de la France toute seule, M. de la Ferronnays proposait des atermoiements et l'action combinée de l'Angleterre, de la Russie et de la France. Au lendemain du congrès d'Aix-la-Chapelle, ce projet eût été bon peut-être; en 1828, il était de plus de dix ans en retard. Représentant d'une politique de transaction et de moyen terme, le ministère redoutait au dehors comme au dedans les coups d'éclat et les partis extrêmes. Assurément le ministre des Affaires étrangères était aussi jaloux que personne de la dignité de la France, mais il voyait, sur cette question d'Alger, l'opinion publique encore hésitante et froide, tandis qu'elle avait pris feu pour la Grèce, et il craignait, par une action isolée et hâtive, non seulement de rompre l'accord des puissances alliées contre les Turcs, mais encore de provoquer l'opposition armée de l'Angleterre. Ce fantôme, qui n'étonnait pas la fermeté de M. de Clermont-Tonnerre, préoccupait sérieusement M. de la Ferronnays. « Quelque soin, disait-il, que le gouvernement du roi mît à persuader qu'en envoyant une armée contre Alger il n'entend agir dans aucune vue d'ambition ou de conquête, on peut douter qu'il réussit à dissiper toutes les méfiances vraies ou simulées, à prévenir tous les prétextes d'opposition étrangère. On pourrait craindre que l'Angleterre ne se hâtât d'intervenir pour arrêter, par des voies détournées, l'exécution de ce projet, ou même qu'elle ne s'y opposât ouvertement. En pareil cas, la France pourrait-elle mettre le désir de châtier le dey en balance avec le danger d'une rupture entre elle et l'Angleterre ? »

Par une tendance bien naturelle, les ministres de 1828 inclinaient à penser que leurs prédécesseurs avaient mal engagé la question algérienne et trop exigé d'un adversaire ignorant et faible. « On ne peut, disait M. de la Ferronnays devant la Chambre des pairs, le 15 février 1828, on ne peut confondre dans les mêmes règles de diplomatie les relations des États européens entre eux et celles qu'ils sont contraints d'entretenir avec les États barbaresques. Il faut sortir des règles ordinaires pour apprécier les rapports de ce genre, et le gouvernement du roi a besoin de pardonner à ces barbares un premier tort, celui de ne pas comprendre la gloire de la France. La satisfaction que le roi exige et qu'il n'exigera pas en vain, le roi la proportionne au pays qui la donne plutôt qu'à la puissance qui l'exige. L'Archipel, ajoutait l'orateur en faisant allusion à la récente bataille de Navarin, l'Archipel vous est témoin que le pavillon de la France a désormais besoin d'être indulgent. »

[20]

C'est avec cet esprit de modération et de douceur dans la force qu'au mois d'avril 1828 l'ordre fut donné au contre-amiral Collet d'envoyer à Alger un parlementaire pour traiter de l'échange des prisonniers et pressentir en même temps les dispositions du dey vers un accommodement. Le lieutenant de vaisseau Bézard, chargé de cette mission, eut en effet avec Hussein une conversation dans laquelle le dey reprit à son point de vue les causes et l'origine du conflit, sa haine contre M. Deval, ses pressantes et inutiles demandes pour qu'il fût remplacé, ses soupçons et plus que des soupçons, sa conviction que M. Deval supprimait ses lettres et les réponses qu'il attendait de France. Enfin, dans une dernière audience, Hussein ayant renouvelé les plaintes, M. Deval, suivant lui, aurait répliqué avec arrogance : « Mais comptez-vous franchement sur une réponse de mon gouvernement? Il ne vous écrira pas, c'est inutile. » Sur quoi le dey, légitimement ému, se serait écrié à son tour : « Eh bien! puisque votre gouvernement pense que je ne mérite pas une réponse de lui, sortez de chez moi!... » Et en faisant du bras le geste qui montrait la porte, il aurait touché le consul avec l'éventail qu'il tenait à la main. « Il m'a fait voir le geste, ajoutait M. Bézard, et il dut rencontrer le côté de M. Deval. » Au sortir de cette conférence, l'officier parlementaire traduisait ainsi l'impression qu'il en avait reçue : « Vous parlant comme j'ai senti, je ne pense pas qu'il se soumette jamais à la moindre réparation. Il m'a paru pénétré de ses raisons, et ne peut pas s'imaginer un instant qu'on puisse lui demander des réparations pour des torts qu'il n'avoue pas. »

En dépit de cette conclusion si peu encourageante, M. de la Ferronnays proposa au roi, le 20 mai, de renvoyer M. Bézard auprès du dey, afin d'entamer, s'il était possible, un commencement de négociation. Sur le rapport même du ministre, le roi écrivit de sa propre main cette note : « Approuvé l'envoi du lieutenant Bézard à Alger avec des instructions conciliantes, mais en même temps fermes et convenables. » Le négociateur était autorisé à faire entendre au dey que, s'il voulait envoyer en France un de ses officiers pour donner des éclaircissements, il trouverait le gouvernement français prêt à y répondre. La seconde mission de M. Bézard ne rapporta rien de plus que la première. Hussein s'entêta à soutenir qu'il n'avait commis aucune insulte envers le consul de France, et qu'on n'était nullement fondé à lui demander réparation d'un tort qu'il n'avait pas eu. Cet entêtement n'avait d'égal que la persévérance de M. de la Ferronnays. Le 31 juillet, par l'entremise du capitaine de vaisseau de la Bretonnière, qui avait remplacé le contre-amiral Collet épuisé et mourant, il adressa au comte d'Attili de Latour, consul général de Sardaigne, et protecteur officieux des intérêts français à Alger, une dépêche par laquelle il invitait ce diplomate à presser le dey d'envoyer en France un officier de marque chargé de déclarer en son nom que, dans sa dernière entrevue avec le consul général du roi, « il n'avait réellement pas eu l'intention de le maltraiter, encore moins de faire insulte au roi lui-même »; autrement, « le dey, en s'exposant aux plus graves conséquences, ne devrait s'en prendre qu'à lui des calamités inévitables qui fondraient sur la Régence ». A cette communication, Hussein répondit qu'il n'enverrait personne en France avant que la paix eût été signée à Alger même et saluée de part et d'autre de vingt et un coups de canon. Puis il ajouta qu'il entendait bien qu'on lui remboursât ses frais de guerre.

Si cette dernière et incroyable prétention n'était pas une raillerie, elle démontrait la profonde et grossière ignorance où le despotisme et l'orgueil avaient réduit ce souverain de parade. Le ministre n'en fut que plus pressé de lui donner les lumières qui lui faisaient complètement faute. M. Bézard pour la troisième fois et le comte d'Attili pour la seconde, retournèrent donc à la charge. Ils avaient pour mission de proposer un armistice et la levée du blocus, si le dey consentait d'abord à envoyer un officier de marque à Paris. Hussein, qui à deux reprises avait accueilli sans difficulté le lieutenant Bézard, s'imagina tout à coup que c'était une offense à sa dignité de traiter avec un simple officier de vaisseau. Il ne voulut d'abord voir ni M. Bézard ni le comte d'Attili, et les renvoya à son ministre de la Marine ; puis, s'étant ravisé, il les reçut, mais pour leur affirmer de nouveau qu'il n'enverrait personne à Paris avant la paix faite et les vingt et un coups de canon tirés ; « que si nous ne consentions pas à cette condition, — c'est M. Bézard qui parle, — je pouvais me rembarquer, qu'il était prêt à recevoir la guerre comme nous la voudrions, à mort s'il le fallait, et qu'il entretenait des troupes pour la faire au besoin ». Cependant, peu de jours après, M. de la Bretonnière apprit et se hâta de faire savoir à M. de la Ferronnays que le dey ne serait pas éloigné d'envoyer un officier de marque à Paris, si l'aga, son gendre, obtenait l'agrément d'acheter « le gros brick à poupe ronde, très voilier et de vingt-quatre pièces, faisant partie de la division royale ». Le navire si judicieusement, mais si naïvement convoité par l'aga, connaisseur en fait de constructions navales, était le brick l'*Alerte*, la terreur des corsaires algériens. Quelque étrange et l'on pourrait dire absurde que fût cette ouverture, M. de la Ferronnays ne laissa pas de s'en emparer, et tout en répondant à M. de la Bretonnière que le trafic d'un bâtiment de la marine royale entre la France et le gendre du dey serait une ridicule inconvenance, il invita le commandant de la division française à saisir pour la dernière fois l'occasion d'engager le dey à déclarer officiellement qu'il n'avait jamais eu l'intention d'insulter le représentant du roi.

Dans les premiers jours de l'année 1829, le comte d'Attili se chargea de porter au dey les paroles conciliantes du gouvernement français. Hussein lui répondit par un nouveau refus, en ajoutant que, si les Français essayaient de débarquer sur son territoire, il ne tirerait pas le premier coup de canon, mais qu'il serait prêt à les bien recevoir. En informant M. de la Bretonnière du résultat de sa démarche, M. d'Attili recherchait et indiquait les causes de l'obstination du dey. « Quelques-uns des consuls que je n'ose pas nommer, disait-il, abandonnés à leurs passions, et par un raffinement d'intrigue, osèrent persuader au dey qu'il fallait repousser tous les moyens d'accommodement, en l'assurant que la France céderait, parce qu'elle n'était nullement dans l'intention de lui faire la guerre. » Tenu à moins de réserve, M. de la Bretonnière n'hésitait pas à nommer le chef de cette cabale qui était le consul d'Angleterre.

Ce n'était plus M. de la Ferronnays qui dirigeait la politique extérieure de la France. Dès le 11 janvier 1829, la maladie l'avait écarté des affaires : après avoir essayé d'un congé, il se retira tout à fait, le 24 avril. Confié d'abord au duc de Montmorency-Laval, le portefeuille des Affaires étrangères fut définitivement remis par le roi, le 14 mai, au comte Portalis, qui l'avait tenu déjà par intérim pendant le congé accordé à M. de la Ferronnays. Sans s'écarter de la ligne suivie par son prédécesseur, M. Portalis demanda au roi l'autorisation de faire faire auprès du dey une dernière et solennelle démarche, non plus par un agent étranger ou par un officier de garde inférieur, mais par le commandant même de la division navale. Le roi y consentit, et M. de la Bretonnière, promu au garde de contre-amiral, fut accrédité comme négociateur.

L'avancement qu'il recevait n'avait pas seulement pour objet de l'autoriser dans sa mission ; c'était la juste récompense des services qu'il avait rendus à la tête de la division navale, et, à un point de vue plus général et plus élevé, la preuve que le dévouement de la marine française employée au blocus n'était pas méconnu. C'était en effet une tâche monotone, ingrate et pénible, que cette veille perpétuelle, à peu près sans action et sans gloire. A peine, depuis le combat du 4 octobre 1817, y avait-il eu quelques faits à signaler. L'année précédente, dans la nuit du 21 au 22 mai 1828, quatre embarcations des navires attachés au blocus d'Oran avaient enlevé et ramené un navire du commerce français pris par les Algériens et qu'ils tenaient mouillé sous le fort même de Mers-el-Kebir. Quatre mois après, le 1er octobre, quatre corsaires avaient été chassés dans la baie de Torre-Chica et détruits, malgré le feu violent des batteries de gros calibre au pied desquelles ils étaient venus tout exprès s'échouer.

Malheureusement la mer, dangereuse en ces parages et plus redoutable que l'ennemi, lui fournissait quelquefois des avantages contre nous. Le 17 juin 1829, une felouque avait été signalée, sortant d'Alger et courant à l'est toutes voiles dehors ; les deux frégates *Iphigénie* et *Duchesse de Berry* lui donnèrent aussitôt la chasse. Le corsaire s'étant jeté à la côte, trois embarcations de chacune des deux frégates furent envoyées pour le détruire. Le rivage était couvert de gens armés ; derrière eux on voyait des cavaliers s'agiter et de nouveaux groupes accourir. Quand les embarcations furent à courte portée, elles ouvrirent, malgré la houle, un feu nourri et sûr qui eut bientôt balayé la plage ; mais tandis que nos marins incendiaient la felouque, l'un des canots de l'*Iphigénie*, enlevé par une lame énorme, s'échoua profondément dans le sable. A cette vue, les trois embarcations de la *Duchesse de Berry* se portèrent vivement à terre afin d'assister l'équipage en péril. De toutes parts les Arabes avaient reparu ; ils s'enfuirent de nouveau après une lutte violente et sanglante. En ce moment la force des lames était telle qu'une seule des quatre embarcations put être renflouée; il fallut abandonner les trois autres; mais avant qu'il eût été possible de pousser au large, les assaillants étaient revenus pour la troisième fois. L'unique embarcation déjà trop chargée ne pouvait contenir tout le monde. Il y eut dans cette crise des actes sublimes. Vingt-cinq officiers et marins se dévouèrent pour le salut de leurs camarades; vingt-quatre périrent; leurs têtes héroïques furent portées le lendemain à la Kasbah. Quand le consul de Sardaigne demanda au dey la permission de faire donner la sépulture aux corps décapités, Hussein lui répondit que ses gens y courraient trop de risque, parce que les tribus avec lesquelles les Français avaient été aux prises étaient les plus féroces non seulement de la côte, mais de toute la Régence. Il ne fit d'ailleurs pas difficulté de rendre aux consuls les vingt-quatre têtes qu'il avait payées cent piastres chacune; il en avait donné deux cents pour le seul prisonnier qui eût échappé à la mort.

Quelques semaines après ce triste incident, le vaisseau *la Provence*, portant le pavillon du contre-amiral de la Bretonnière, se présentait devant Alger. Par l'entremise du consul général de Sardaigne, une audience fut demandée au dey, qui, après quelques pourparlers, consentit à recevoir à la Kasbah l'amiral négociateur. Le 31 juillet, M. de la Bretonnière, accompagné d'un capitaine de frégate, d'un secrétaire et d'un interprète, débarqua dans le port d'Alger; une foule tumultueuse, à grand'peine contenue par le bâton des janissaires, grondait autour du cortège. En se rendant d'abord à la résidence du ministre de la Marine, où le comte d'Attili devait le rejoindre, l'amiral trouva rangés sur son passage, comme les trophées d'une prétendue victoire, les trois canots que la mer avait enlevés à nos marins, le 17 juin. Arrivé à la Kasbah, il refusa de subir l'humiliante exigence que l'étiquette algérienne imposait aux étrangers; il garda son épée. Sa conférence avec le dey dura deux heures; les conditions préliminaires qu'il était chargé de présenter et de soutenir au nom du roi n'avaient été ni augmentées ni diminuées : c'étaient l'envoi d'un personnage considérable de la Régence à Paris et la conclusion d'un armistice. Hussein remit au surlendemain sa réponse. Le 2 août, l'amiral se rendit de nouveau à la Kasbah. Malgré tous ses efforts, le dey refusa péremptoirement toute satisfaction en disant « qu'un prince doit toujours soutenir ce qu'il a prononcé »; puis il termina l'audience par ces mots : « J'ai de la poudre et des canons, et, puisqu'il n'y a pas moyen de s'entendre, vous êtes libre de vous retirer. Vous êtes venu sous la foi d'un sauf-conduit; je vous permets de sortir sous la même garantie. » En retournant à son bord, M. de la Bretonnière promit au consul général de Sardaigne de différer jusqu'au lendemain à midi son départ.

Le 3 août, à midi, le brick *l'Alerte*, qui avait accompagné *la Provence*, appareilla le premier pour sortir de la rade. Une heure après, *la Provence* leva l'ancre à son tour. A ce moment, le port, le môle, le rivage, toutes les terrasses des maisons étagées depuis le port jusqu'à la Kasbah étaient couverts de spectateurs. La brise était faible. Le vaisseau, sous pavillon parlementaire, s'avançait lentement. Tout à coup une détonation retentit dans la batterie du fanal; puis une seconde et une troisième. Au signal du canon la foule répondit par des clameurs; les batteries qui paraissaient désertes s'animèrent; pendant une demi-heure, les bombes et les boulets tombèrent autour du vaisseau amiral. Cependant il marchait, calme et dédaigneux, sans répondre à l'outrage; quand il fut hors d'atteinte, il amena seulement alors le pavillon parlementaire qu'il avait, lui seul, respecté jusqu'à la fin; et pourtant onze boulets avaient frappé le majestueux navire. Malgré l'aveuglement de son orgueil, Hussein ne tarda pas à reconnaître la grandeur de l'attentat qu'il venait de commettre. Le 6 août, il fit indirectement savoir à M. de la Bretonnière que le ministre de la Marine, le commandant des canonniers et tous les chefs de batterie avaient été destitués et chassés, pour avoir agi sans ses ordres. Le désaveu n'obtint pas plus de réponse que l'agression.

Quand ces graves nouvelles arrivèrent à Paris, elles se perdirent d'abord dans l'émotion causée par la chute du ministère Martignac; la politique de transaction avait échoué. Le prince de Polignac et ses amis venaient d'être appelés par la confiance du roi Charles X au pouvoir.

APRÈS LA PRISE D'ALGER

I

Le 4 juillet 1830, après l'explosion du château de l'Empereur, une vive agitation s'était produite parmi les Arabes et les Kabyles campés sur la plage; puis tout d'un coup, comme d'un commun accord, ils avaient pris leur course et disparu vers la plaine de la Métidja. C'était l'avant-garde de l'émigration algérienne. Pendant tout le reste du jour, on vit sortir par la porte Bab-Azoun et s'éloigner dans la même direction des troupes de fugitifs poussant devant eux des mulets lourdement chargés, tandis que des barques encombrées de passagers et de bagages quittaient le port et s'efforçaient de gagner les parages du cap Matifou. La nuit venue, les principaux de la ville, convoqués par le muphti, s'étaient assemblés dans la grande caserne des janissaires. Là, malgré les excitations fanatiques de quelques ulémas qui voulaient provoquer une résistance désespérée dans la ville même, ou tout au moins ouvrir par la force un passage à travers les rangs de l'armée française, la chute de la puissance algérienne fut acceptée comme un jugement de Dieu.

Pendant que le plus grand nombre, sans espoir, mais sans terreur excessive, rentrait et se renfermait chez soi pour attendre la journée du lendemain, les plus violents ou les plus timides mettaient à profit, pour s'éloigner à la hâte, les dernières heures de la nuit. Au point du jour, il ne restait donc plus dans Alger qu'une population résignée fatalement à sa nouvelle fortune. Les janissaires eux-mêmes, abdiquant la domination, s'étaient retirés dans leurs casernes. A la Kasbah, tout était en désordre ; les serviteurs et les esclaves du dey s'agitaient pour recueillir les meubles précieux, les riches vêtements, les belles armes, tous les objets de prix qui appartenaient à leur maître. Hussein présidait gravement à ce tumulte, et il attendait, avant de descendre avec ses femmes dans une des maisons de la ville qui était sa propriété particulière, qu'on lui annonçât l'approche du vainqueur.

Au camp français, le comte de Bourmont disposait tout pour l'occupation militaire et l'administration d'Alger. Le général Tholozé allait prendre le commandement de la place ; M. d'Aubignosc, un administrateur qui s'était fait remarquer sous le maréchal Davout, à Hambourg, était nommé lieutenant général de police. Une commission de gouvernement, dans laquelle ils avaient placé l'un et l'autre et dont faisaient également partie le payeur général de l'armée, M. Firino, et le consul Deval [1], était instituée sous la présidence de l'intendant en chef, M. Denniée. Quant aux points relatifs à l'occupation militaire, le général en chef avait réglé que la porte et le fort Bab-el-Oued seraient occupés par des troupes de la première division, la porte et le fort Bab-Azoun par des troupes de la troisième. C'était à la deuxième division qu'était réservé l'honneur de fournir, avec l'escorte du général en chef, la garde de la Kasbah et celle de la porte Neuve, qui s'ouvrait à mi-côte, entre la citadelle et la ville. Tous les corps qui devaient figurer dans cette solennité militaire avaient reçu l'ordre de se mettre en grande tenue.

Afin d'honorer et de récompenser les services que l'artillerie et le génie n'avaient pas cessé de rendre depuis l'ouverture de la campagne, le comte de Bourmont avait autorisé les généraux de La Hitte et Valazé à placer en tête de la colonne qui devait pénétrer par la porte Neuve des détachements des deux armes spéciales. Mais les voitures de l'artillerie ayant bientôt encombré le chemin à peine praticable qui du fort de l'Empereur menait à la porte Neuve, il en résulta quelque désordre et surtout un regrettable retard. En dépit des consignes et las d'attendre, un certain nombre d'hommes isolés s'étaient aventurés dans la ville, et, suivant une ruelle tortueuse qu'ils avaient trouvée devant eux, ils étaient arrivés jusqu'à la Kasbah. Hussein venait d'en sortir. Aux esclaves du dey qui s'étaient attardés pour rapporter à leur maître tout ce qu'il leur serait possible de sauver encore, s'étaient mêlés des Maures et des Juifs qui furetaient et recueillaient pour leur propre compte. Le premier uniforme français qui parut fit sur cette cohue affairée l'effet d'un épouvantail ; en quelques instants tous eurent fui. Chacun, dans sa terreur, s'était débarrassé de son fardeau ; çà et là gisaient des bijoux, des coffrets, des tapis, des coussins, des vêtements de femmes. Ces épaves, dont les premiers arrivants s'emparèrent, n'étaient pas au fond d'une valeur considérable ; mais leur séduisante apparence, la nouveauté, la bizarrerie des

---

1. Neveu de celui qui avait été insulté par le dey.

formes, l'éclat des couleurs, jusqu'à l'imprévu qui semait comme dans un conte de fée ces riens brillants à l'aventure, tout devait exciter des fantaisies de convoitise qui ne trouvaient pas de difficultés à se satisfaire. Cependant ce fut un mal. Quand, plus tard, l'armée tout entière eut à protester contre ce qu'on appela le pillage de la Kasbah, les premiers qui avaient cédé à la tentation durent souvent regretter d'avoir fourni à la calomnie des prétextes et pour ainsi dire les germes d'où étaient sorties les imputations les plus odieuses. Enfin le général en chef arriva; l'ordre se rétablit : des factionnaires furent placés devant la porte des appartements particuliers du dey et de ses femmes.

Au milieu de la confusion qui venait de cesser à peine, un Turc était resté, grave, impassible, sous une des galeries qui entouraient la cour principale de la Kasbah : c'était le khaznadj, le vaillant chef qui la veille avait détruit, après une vaine mais héroïque défense, le château de l'Empereur. Ministre des Finances du dey, il attendait, les clefs du trésor à la main, que les chefs de l'armée victorieuse vinssent le relever de ses fonctions. L'intendant Denniée, le général Tholozé et le payeur général, M. Firino, qui formaient la commission des finances, se mirent aussitôt en rapport avec lui. De ses déclarations verbales, recueillies et traduites par un des interprètes de l'armée, il résulta que l'administration financière de la Régence était d'une simplicité primitive, et que rien ne ressemblait moins aux formes et aux règles de la comptabilité française, auxquelles évidemment le dey avait pu de bonne foi se refuser d'entendre, lorsqu'on les avait opposées naguère à ses réclamations dans l'affaire Bacri. En effet, il n'y avait ni registres ni documents d'aucune sorte constatant les recettes et les dépenses, ni moyen de connaître, à un moment donné, la situation du trésor. Réduite à l'opération matérielle d'un versement sans vérification ni contrôle, l'entrée des fonds s'offrait comme une occasion toute naturelle et à souhait d'en détourner facilement quelque chose. Quant à la sortie, elle semblait au moins soumise à des précautions dont la garantie d'ailleurs était parfaitement illusoire : il fallait sans doute une décision du Divan pour que des fonds pussent sortir du trésor, et il est bien vrai que le dey lui-même n'y pouvait pénétrer qu'accompagné du khaznadj; mais comme le maître et le ministre pouvaient et devaient se mettre facilement d'accord, la décision du Divan courait grand risque de n'être pas observée par eux avec une fidélité scrupuleuse.

Les premiers renseignements donnés, le khaznadj conduisit les commissaires français dans les salles du trésor. Les unes contenaient, soit dans des coffres, soit dans des compartiments ouverts, des monnaies et des lingots d'argent; dans la pièce consacrée aux monnaies d'or, elles étaient derrière une simple cloison de bois, entassées pêle-mêle sur le sol, sans distinction de valeur, de titre ni d'origine. Après s'être assurés qu'il n'y avait pas d'autre issue que celle par laquelle ils avaient pénétré, les commissaires apposèrent les scellés sur toutes les portes et firent placer dans la galerie sur laquelle ouvrait l'unique entrée au trésor un poste de gendarmerie. L'atelier de monnayage qu'ils visitèrent ensuite, et qui ne contenait en lingots qu'une valeur de 25,000 à 30,000 francs, fut l'objet de précautions analogues; mais, pendant la nuit suivante, un trou fut pratiqué dans la muraille du fond, et les lingots disparurent. On ne put jamais connaître l'auteur ou les auteur de ce vol.

Le 6 juillet, dans un ordre du jour adressé à l'armée, le général en chef s'exprimait en ces termes : « La reconnaissance de toutes les nations civilisées sera pour l'armée expéditionnaire le fruit le plus précieux de ses victoires. L'éclat qui doit en rejaillir sur le nom français aurait largement compensé les frais de la guerre, mais ces frais mêmes seront payés par la conquête. Un trésor considérable existait dans la Kasbah. Une commission composée de M. l'intendant en chef, de M. le général Tholozé et de M. le payeur général, a été chargée par le général en chef d'en faire l'inventaire. Elle s'occupe de ce travail sans relâche, et bientôt le trésor conquis sur la Régence ira enrichir le trésor français. » Quelques jours après, M. de Bourmont écrivait au prince de Polignac : « Le trésor, dont j'ai fait prendre possession au payeur général de l'armée, n'est point encore inventorié. Je ne l'ai point vu, et je ne serais pas d'ailleurs en état d'évaluer moi-même les sommes qu'il peut contenir. Mais le payeur général, l'intendant en chef et le général Tholozé, qui forment la commission des finances, assurent qu'il contient au moins quatre-vingts millions, en espèces d'or et d'argent. Nous avons en outre à la disposition du roi les valeurs des denrées et des marchandises de toute sorte qui appartiennent à la Régence et qu'on peut évaluer, je crois, à vingt millions. Ainsi ce sera probablement une centaine de millions que j'aurai à faire envoyer au trésor royal. » Malhabiles à évaluer, à première vue, les amas d'or et d'argent entassés dans des salles basses et sombres, les commissaires s'étaient à la légère aventurés dans leurs conjectures, et, lorsqu'il leur fallut, vérification faite, rabattre beaucoup du chiffre exagéré qu'ils avaient lancé d'abord, cette rectification mal reçue vint ajouter malheureusement aux méchants bruits que le vol constaté dans l'atelier de monnayage avait fait naître.

Pendant que le khaznadj, dans la journée du 5 juillet, faisait aux commissaires français la remise du trésor, le général en chef et son état-major parcouraient avec une curiosité mal satisfaite l'ancienne résidence du dey. Quelle déception pour des imaginations françaises qui s'étaient fait fête de visiter dans ses merveilleux et voluptueux détails un palais des *Mille et une Nuits!* La Kasbah n'était ni un palais ni même une habitation tolérable. Pour s'en convaincre, il faut lire la description qu'en a faite, en manière de procès-verbal, l'intendant Denniée. L'art y manque absolument, mais l'exactitude est parfaite, et la sécheresse même de l'écrivain tourne au profit de la vérité. « C'est, a-t-il dit, une enceinte informe, formée par des murailles blanchies à la chaux, d'une hauteur prodigieuse, sans issues, sans jours, crénelées à la moresque, et desquelles s'échappent, par de profondes embrasures, sans ordre ni alignement, de longs canons dont la bouche est peinte en rouge. On y pénètre par un porche sombre, au centre duquel s'élève une coupe en marbre blanc d'où coule une eau limpide. Ce porche, grossièrement décoré de larges lignes rouges et bleues et de quelques petits miroirs, est le lieu où se tenaient les nègres qui formaient, dans les derniers temps, la garde fidèle du dey. Ce porche franchi, une ruelle conduit d'un côté au magasin à poudre, et de l'autre à l'entrée de la cour intérieure, où le dey faisait sa demeure. Cette cour, dallée en marbre blanc, est carrée; elle offre, sur trois de ses côtés, des galeries soutenues par des colonnes torses. Sous l'une de ces galeries est une espèce de retraite, indiquée par une longue banquette couverte en drap écarlate, où le dey se tenait quelquefois. C'est encore sous cette galerie, et de plain-pied, que se trouvaient les salles renfermant le trésor. Le premier étage se compose de quatre galeries. Dans l'une de ces galeries était placée une espèce de palanquin, sous lequel le dey venait entendre la musique. Ce meuble bizarre était adossé à de petites chambres où se trouvaient encore, après le départ du dey, quelques harnachements de chevaux, etc[1]. L'une des galeries du premier étage communiquait à une longue batterie qui commandait la ville, et aussi, par un véritable escalier de moulin, à une galerie supérieure où venaient aboutir les quatre longues chambres, sans glaces ni tentures, mais blanchies à la chaux, qui formaient l'appartement du dey. Cette galerie supérieure conduisait, par une porte incroyablement basse, au quartier des femmes, composé de six petites pièces et clos par de hautes murailles. Ces appartements n'obtenaient de jour que par une cour intérieure dont le sol était à la hauteur du premier étage. D'un côté, cette triste demeure était appuyée par les batteries qui commandaient la montagne dans la direction du château de l'Empereur, et de l'autre, c'est-à-dire du côté de la cour principale, par une épaisse muraille d'où, pour satisfaire la timide curiosité des femmes, on remarquait, dans quelques-unes des chambres, des espèces de meurtrières longues et étroites projetées diagonalement, et d'où l'œil sollicitait la vue de quelques pieds de la galerie supérieure où le dey venait parfois se délasser. C'est encore dans le voisinage de l'appartement des femmes que se trouve un espace décoré du nom de jardin, et dans lequel on ne parvient, après cent détours bizarres, qu'en descendant soixante ou quatre-vingts degrés. Ce jardin, encaissé dans de hautes murailles d'une blancheur éblouissante, ayant pour tout ombrage un long berceau de jasmin, était le seul lieu dont l'accès fût permis aux femmes. »

Telle était la Kasbah; la ville, au point de vue de l'art, ne valait ni plus ni moins que cette citadelle bizarre et maussade. Presque toutes les cités d'Orient ont ce commun caractère : à distance elles séduisent, au dedans elles attristent. Alger n'était point fait pour démentir cette observation déplaisante; pour tous monu-

---

1. D'autres visiteurs du premier jour ont noté, outre le mobilier habituel de l'Orient, divans, coussins, tapis, coffres, pipes et armes damasquinées, des miroirs de Venise, des pendules anglaises à cadran arabe, de grands vases de porcelaine, et jusqu'à une lunette astronomique.

ments, les établissements de la Marine et quelques mosquées sans grandeur; partout des maisons à peu près uniformes, cubes de pierre accolés ou étagés les uns au-dessus des autres; de grands murs blancs, nus, percés comme à regret de rares lucarnes fortement grillées et de portes basses, profondes, quelquefois inférieures au sol, comme des portes de cave; entre ces murs, des ruelles étroites, souvent écrasées sous des voûtes, avec des retraites ménagées de distance en distance dans l'épaisseur des maçonneries pour aider au passage des bêtes et des gens, à moins que quelque marchand ne s'en fût accommodé pour son commerce, car les boutiques n'étaient guère autre chose. De ces ruelles, les unes, qui descendaient de la citadelle au port, semblaient plutôt des escaliers aux larges marches de pierre; les autres, transversales et qui auraient dû être de plain-pied, étaient comme à dessein inégales et toujours tortueuses. Une seule avait assez de largeur pour être vraiment une rue : c'était celle qui, tout au bas de la ville, joignait, en longeant la Marine, la porte Bab-el-Oued et la porte Bab-Azoun; mais les échoppes y étaient accumulées en si grand nombre et dans un tel désordre que la circulation n'y était guère moins difficile qu'ailleurs.

En prenant leurs postes ou en établissant des communications des uns aux autres, nos soldats ne cherchaient à dissimuler ni leur curiosité ni leur surprise. Cette ville triste et muette leur causait des impressions étranges; cependant elle n'était point déserte; çà et là un marchand assis devant sa boutique fermée; sur les terrasses, quelques femmes juives; dans les carrefours, des groupes de Maures et de Turcs fumant en silence; mais si les gens d'Alger étaient pour les Français un spectacle, les Français ne semblaient pas en être un pour eux; on eût dit vraiment qu'ils ne s'apercevaient pas de leur présence. C'était cette dédaigneuse indifférence des vaincus qui étonnait les vainqueurs davantage. La dignité froide des races d'Orient, leur calme fataliste, inconnu à la vivacité française, l'irritaient comme une protestation insolente.

Alger, malgré tout, n'en appartenait pas moins aux Français. La Kasbah et la porte Neuve occupées par la brigade Damrémont, la porte et le fort Bab-el-Oued par la brigade Achard, la porte, le faubourg et le fort Bab-Azoun par la brigade de Montlivault, la Marine par les sapeurs du génie et les canonniers, l'artillerie de campagne en batterie sur la plage et près du château de l'Empereur, le reste de l'armée de siège tout autour d'Alger, la flotte enfin rangée devant le port, tout attestait la victoire de la France et la chute définitive de la puissance algérienne. Vingt jours avaient suffi pour la destruction de cet État, « dont l'existence fatiguait l'Europe depuis trois siècles [1] ».

---

1. Ordre du jour du 6 juillet 1830.

II

Le 7 juillet, dans la matinée, on vit une troupe de chefs turcs et maures, escortés par une compagnie de grenadiers français, monter de la ville à la Kasbah : c'était le dey qui venait faire visite à son vainqueur. Hussein était vêtu simplement; mais il montait, grave et calme, un cheval bai richement caparaçonné : sur son passage, les postes français présentaient les armes, les tambours rappelaient. La dignité de son attitude frappa les officiers du général en chef qui vinrent à sa rencontre. Accueilli courtoisement par le comte de Bourmont, il s'entretint avec lui de son prochain départ. C'était à Malte qu'il aurait voulu se retirer d'abord; mais l'intérêt de la France ne permettant pas que le souverain dont la déchéance causait tant d'irritation en Angleterre devînt l'hôte et le protégé du gouvernement britannique, Livourne fut indiqué au lieu de Malte, puis enfin Naples accepté d'un commun accord. L'entrevue finissant, Hussein demanda la permission de parcourir une dernière fois cette Kasbah d'où il avait dominé si longtemps Alger, la Régence et la mer. M. de Bourmont voulut le conduire lui-même et l'invita poliment à désigner tous les objets, armes, meubles, étoffes, tapisseries, qu'il désirait emporter dans sa retraite.

Le lendemain, ce fut au tour du général en chef de descendre à la ville pour visiter son ancien adversaire. Hussein commença par remercier le vainqueur de sa courtoisie généreuse, puis faisant un retour sur lui-même et sur le renversement de sa fortune : « J'avais été, dit-il, toujours persuadé de la justice de ma cause, mais je reconnais que je m'étais trompé, puisque j'ai été vaincu. Je dois me résigner à la volonté de Dieu. On m'a représenté comme un homme cruel et féroce : que l'on consulte mes sujets, surtout les plus pauvres, et l'on aura la preuve du contraire, car je leur ai fait du bien; je vous les recommande. Je sais que vous avez perdu un fils, je vous plains, et j'apprécie d'autant plus votre douleur que la fortune de la guerre ne m'a pas non plus épargné; un neveu que j'aimais tendrement m'a été enlevé; mais nous devons nous résigner à la volonté de Dieu. C'est à Naples que je dois me retirer. Je pars avec la conviction que le roi de France ne m'abandonnera pas. Il est généreux, puisqu'il vous a commandé tout ce que vous faites. »

Deux jours après, le 10, le dey s'embarqua sur la frégate *Jeanne d'Arc* avec son harem, son gendre Ibrahim, ses ministres, quelques officiers turcs et ses serviteurs, en tout cent dix personnes, dont cinquante-cinq femmes. Après une quarantaine de dix jours à Mahon, il prit terre, le 31 juillet, à Naples. A peine arrivé, il put apprendre que le puissant souverain qui l'avait vaincu, le roi de France, déchu au lendemain de sa victoire, allait, comme lui, chercher un asile sur la terre étrangère.

La même journée, qui avait vu la *Jeanne d'Arc* emporter loin d'Alger l'ancien dey, avait été signalée aussi par l'embarquement d'une grande partie de ses janissaires. Dès le 5 juillet, tous avaient reçu l'ordre de déposer leurs armes, fusils, pistolets, yatagans, soit dans leurs casernes mêmes, soit à la Kasbah, et l'on put croire qu'ils avaient tous et complétement obéi. Après le désarmement, le général en chef avait décidé que les hommes mariés pourraient demeurer provisoirement dans la ville, mais que les célibataires seraient transportés sans délai en Asie Mineure. Ils étaient deux mille cinq cents que cette décision atteignait : il n'y eut parmi eux ni protestation, ni réclamation, ni plainte, ni murmure. On les vit, silencieux, impassibles, se préparer sans agitation au départ, faire gravement leurs adieux et se diriger d'un pas tranquille vers le port. Le seul moment de surprise et comme d'émotion fut lorsqu'on remit à chacun d'eux, outre deux mois de leur solde, cinq piastres d'Espagne pour le voyage. Cette libéralité d'un vainqueur troublait toutes leurs idées ; elle les touchait en dépit d'eux-mêmes, et ces bouches, que l'orgueil musulman tenait obstinément muettes, s'ouvrirent un moment pour exhaler comme par instinct quelques exclamations de reconnaissance. Répartis sur quatre vaisseaux de ligne, c'est à Smyrne que ces deux mille cinq cents Turcs furent transportés.

Les casernes qu'ils laissaient vacantes furent immédiatement assainies et appropriées pour recevoir les malades que les fièvres, la dysenterie et surtout l'imprudence habituelle du soldat rendaient de jour en jour plus nombreux dans l'armée victorieuse. Dans le même temps, la commission de gouvernement s'efforçait d'organiser l'administration d'Alger d'abord, et autant que possible celle de la région voisine. Pour la ville, son œuvre ne fut ni très difficile ni très contestable : elle institua un comité municipal maure, composé des chefs des principales corporations, et en donna la présidence à Sidi bou Derba, l'un des deux négociateurs députés, le 4 juillet, au général en chef et qui, pour conclure sommairement, avaient proposé, comme une solution toute naturelle, d'apporter au vainqueur la tête du dey. Les Juifs, très nombreux dans Alger, durent garder, suivant la coutume, leur organisation particulière, sous un chef qui fut l'un des fils du vieux Bacri.

Ce fut quand il s'agit de régler les rapports du conquérant français et chrétien, du Roumi, avec les tribus de la plaine et de la montagne, que commencèrent les embarras et les fautes. On débuta par une grosse erreur. Comme on comprenait volontiers dans un même ensemble tous les indigènes, comme on ignorait qu'il y eût des distinctions essentielles à faire entre les populations, entre les races qui vivaient côte à côte, mais non confondues, sur le sol de la Régence, on choisit pour la dignité considérable d'aga ou syndic des Arabes, Sidi Hamdan, un riche habitant d'Alger, un négociant, un Maure. C'était le plus malheureux choix qu'on pût faire, le plus antipathique à l'orgueil et aux préjugés des chefs de grande tente, qui n'avaient pas assez de mépris pour les Maures et pour leur trafic. Cependant le caractère arabe, patient et dissimulé, contint d'abord sous une indifférence dédaigneuse le ressentiment d'une injure qui lui avait paru faite à dessein.

A vrai dire ce n'étaient ni les cheiks ni les caïds qui attiraient l'attention des chefs de l'armée française; c'étaient ceux qui avaient au-dessus d'eux l'autorité apparente, les beys turcs. Après la chute d'Alger, le bey de Constantine, Hadj-Ahmed, avait campé pendant trois jours à peu de distance, sur la rive droite de l'Harrach, autour d'une sorte de ferme fortifiée nommée par les Arabes Bordj-el-Kantara, Maison-Carrée par les Français. A l'approche d'un régiment conduit en reconnaissance par le général de Montlivault, Ahmed se retira définitivement et reprit le chemin de son beylik, avec le nombreux bétail qu'il avait enlevé du bordj et les beaux chevaux du haras que le dey entretenait un peu plus loin, à la Rassauta. On sut plus tard qu'il n'était pas rentré sans peine à Constantine : surpris au redoutable défilé des Portes-de-Fer par des tribus hostiles, il n'avait pu le franchir qu'en abandonnant à ces gardiens jaloux des Bibans le meilleur de son butin. Du bey d'Oran on n'avait évidemment rien à craindre : Hassan était un vieillard usé, maladif, sans enfants, tout prêt à accepter, pour son compte, les conditions qui lui seraient dictées par le nouveau maître de la Kasbah d'Alger.

Des trois beys, celui dont il était le plus intéressant et le plus urgent de connaître les résolutions, c'était le plus voisin, le bey de Titteri, Mustapha bou Mezrag, le dernier général en chef de l'armée algérienne. La curiosité bien naturelle qu'excitait ce personnage eut bientôt lieu de se satisfaire. De Médéah, chef-lieu de son beylik, où il s'était replié avec son monde, on vit arriver, dès le 6 juillet, l'un de ses fils qu'il envoyait en parlementaire. Le surlendemain, on le vit se présenter lui-même avec une cinquantaine de cavaliers. Dans son entrevue avec le comte de Bourmont, il parut accepter comme un fait irrévocable le grand changement que Dieu avait permis dans le gouvernement de la Régence. On lui laissa son beylik, à la charge de payer au roi de France le même tribut qu'il payait au dey. Il parut reconnaissant, s'offrit, en prolongeant son séjour dans Alger, comme une sorte d'otage volontaire, et fit amener, à la disposition de l'administration française, quinze cents bœufs qui furent mis dans la partie la plus rapprochée de la Métidja, au pacage.

Le 15 juillet, eut lieu avec une certaine solennité la cérémonie de son investiture. L'acte de soumission, écrit en arabe et revêtu de son cachet, était ainsi conçu : « Au nom de Dieu tout-puissant, créateur du monde, je déclare reconnaître de bon cœur le roi de France pour mon souverain et seigneur. Je promets de lui être fidèle et de le servir contre tous les ennemis qu'il a ou qu'il pourrait avoir, et de lui rendre hommage en la même forme et de la mêmemanière que les beys de Titteri avaient coutume de faire au pacha dey d'Alger. Je reconnais recevoir du roi de France, Charles X le Victorieux, l'investiture du beylik de Titteri, et je promets de lui faire, en ma qualité de bey de Titteri, tous les services et de lui payer tous les tributs que moi ou mes prédécesseurs en cette charge avions coutume de payer à la Régence d'Alger. Je promets de maintenir les peuples habitant le beylik de Titteri dans l'obéissance et la fidélité qu'ils doivent au roi de France, de maintenir le bon ordre et de faire bonne justice à tous, suivant les lois et coutumes du pays. Je compte sur l'engagement qu'a pris, au nom du roi de France, le général en chef commandant son armée en Afrique, que l'exercice de la religion musulmane restera libre, et qu'en ma qualité de bey de Titteri je recevrai, au besoin, du roi de France, toute la protection qu'un vassal peut attendre de son souverain. » Ainsi lié avec son nouveau maître, Mustapha bou Mezrag reprit le chemin de Médéah.

Trois jours après, le bateau à vapeur *Sphinx*, qui avait été dépêché tout de suite après la capitulation d'Alger pour en porter l'heureuse nouvelle en France, rentrait dans le port avec les premiers témoignages de la satisfaction royale et les premières marques de sa munificence : le général de Bourmont avait été créé maréchal, et le vice-amiral Duperré avait reçu la pairie. Le roi attendait les propositions du commandant en chef par la nomination de trois lieutenants généraux et de six maréchaux de camp, pour les promotions qui suivraient en conséquence dans les gardes inférieurs, ainsi que pour les noms à inscrire sur les listes des ordres de la Légion d'honneur et de Saint-Louis.

BLIDAH

Avant de quitter Alger, le bey de Titteri avait engagé M. de Bourmont à se montrer hors de la ville et à parcourir la plaine jusqu'au pied de l'Atlas : « La présence du général en chef de l'armée française, disait-il, aura l'effet immédiat de faire naître la confiance générale et de hâter la soumission de toute la province. » Il fallait une démonstration de nature à parler aux yeux de ces peuples qui, pour croire à la force, ont besoin, sinon d'en ressentir les coups, tout au moins d'en voir directement l'appareil. Des nouvelles arrivées sur ces entrefaites en prouvaient la nécessité. On apprenait que certaines tribus des contreforts de l'Atlas, les Beni-Sala et les Beni-Meçaoud notamment, avaient enlevé dans la Métidja cinq ou six cents bœufs qui restaient de l'envoi fait par le bey de Titteri, et d'autre part que les Kabyles menaçaient Blidah, la ville des orangers; les habitants avaient même député au maréchal de Bourmont pour lui demander la protection des armes françaises. Cependant l'aga des Arabes, Sidi Hamdan, était contraire au projet d'une excursion militaire : il la trouvait au moins prématurée; il pensait qu'il fallait attendre le règlement en bonne forme des rapports à venir entre les Français et les indigènes, et il appuyait son opinion de l'autorité considérable d'un chef puissant dans la tribu des Flissa, Ben Zamoun. En dépit de ces remontrances qui lui parurent dictées par une prudence hors de saison, le maréchal résolut d'exécuter ce qui ne devait être, à son sens, qu'une promenade militaire.

Il avait donné des ordres pour faire évacuer et raser les ouvrages échelonnés depuis la pointe de Sidi Ferruch jusqu'à Alger; l'armée concentrée autour de la ville devait y avoir désormais sa base d'opération. Un bataillon d'infanterie légère, huit compagnies de voltigeurs, un escadron de chasseurs à cheval, un détachement de sapeurs du génie, deux sections d'artillerie, l'une de campagne, l'autre de montagne, furent désignés pour accompagner le maréchal, sous le commandement du général Hurel. Vingt Maures et Arabes étaient avec l'aga en personne à la suite de l'état-major.

Le 22 juillet au soir, les troupes commandées pour l'expédition allèrent prendre leur bivouac à trois lieues et demie d'Alger. Le 23, de bon matin, le maréchal les rejoignit. La colonne se mit en route. C'était en vérité une promenade champêtre. La plaine sans culture, envahie par les hautes herbes, hérissée de broussailles, encombrée de palmiers nains, témoignait d'une puissance de végétation qui pour donner ses richesses n'attendait que des soins réguliers et intelligents. On croisait à tout moment des Arabes conduisant à la ville leurs ânes chargés de volailles, de légumes et de fruits. Plus loin on distinguait çà et là les tentes basses de quelque tribu pastorale et de nombreux troupeaux gardés par des cavaliers en vedette. Cependant la chaleur devenait ardente, et le chemin s'allongeait beaucoup plus qu'on n'avait pensé. Enfin, au soleil déclinant, on vit croître au-dessus de l'horizon le profil des montagnes, et Blidah la voluptueuse apparut comme une blanche vision, ceinte d'orangers, baignée d'eaux vives et couronnée par la verdure magnifique des pentes qui lui servaient d'appui. Il y avait là des oliviers grands comme de beaux chênes, dont le port et le feuillage humiliaient la jactance étonnée de nos Provençaux. L'accueil des habitants fut parfait; une députation de notables était venue plus d'une lieue au-devant de la colonne. Les troupes s'étaient d'abord établies dans les jardins et les enclos; par un juste sentiment de prudence militaire, sur les observations du duc Des Cars et du général de La Hitte, le maréchal fit transporter les bivouacs hors des clôtures, sur un terrain plus découvert, moins facile aux surprises. Le quartier général ne quitta cependant pas le logis qu'il avait pris en arrivant dans le cimetière, au voisinage des orangers, sous la garde de deux compagnies d'infanterie et de vingt-cinq chasseurs. La nuit fut paisible.

A quatre heures du matin, le 24, le maréchal fit une reconnaissance d'une lieue et demie environ à l'ouest de la ville. Au retour, on entendit des coups de feu : c'étaient des Kabyles qui tiraient de loin sur l'escorte. Il y avait de l'inquiétude, de l'agitation dans Blidah; les habitants disaient aux interprètes que les montagnards n'attendaient pour fondre sur la ville et la piller que le départ des Français. Vers le milieu du jour, la fusillade retentit de nouveau; deux conducteurs d'artillerie qui abreuvaient leurs chevaux près de la ville furent surpris et décapités; d'autres soldats qui s'étaient aventurés dans les jardins ne reparurent pas; enfin le premier aide de camp du maréchal, le commandant de Trélan, sortant pour aller aux nouvelles, fut atteint d'une balle dans le ventre presque sur le seuil du quartier général. Il n'y avait pas un moment à perdre pour rejoindre le gros des troupes; déjà en effet les Kabyles et les gens de Blidah eux-mêmes s'étaient placés sur la ligne de communication de l'état-major avec elles. Il fallut s'ouvrir un chemin de vive force, les chasseurs en chargeant, l'infanterie à coups de baïonnette. Enfin on rejoignit à mi-chemin trois compagnies de renfort que le général Hurel envoyait pour dégager le quartier général. La colonne reformée se mit aussitôt en mouvement dans la direction d'Alger.

La plaine avait du tout au tout changé d'aspect; ce n'étaient plus, comme la veille, des tableaux pacifiques. Des groupes nombreux d'hommes à pied, armés de longs fusils, apparaissaient au travers des broussailles, tout autour de la colonne, et du fond de l'horizon accouraient de toutes parts des essaims de cavaliers. Arabes et Kabyles étaient réunis pour faire parler la poudre. Leur attaque était ardente, mais incohérente; la défense fut méthodique et ferme. On ne cessa pas de marcher en combattant; quand les assaillants s'approchaient trop, une charge des chasseurs, un coup de mitraille ou d'obus les écartaient et les dispersaient. Ainsi bataillant, on dépassa le marais de Bou-Farik, puis on s'engagea dans un défilé entre deux bois de lauriers-roses. Ce fut là qu'eut lieu le dernier effort de l'ennemi : la nuit tombait; il se retira presque tout d'un coup. Après une heure de repos, la colonne reprit sa route et ne fit halte que vers onze heures du soir, à Bir-Touta, près d'un puits entouré de figuiers. Ce fut à ce bivouac, par une singulière occurrence, que M. de Bourmont reçut, au milieu de la nuit, son bâton de maréchal, apporté jusque-là par un envoyé du prince de Polignac, M. de Bois-le-Comte. Le lendemain 25, à quatre heures du matin, la marche fut reprise : on ne vit plus l'ennemi. A sept heures, on atteignit le pont romain de l'Oued-Kerma; à une heure, les troupes rentraient dans leur campement, avec une perte de quinze morts et de quarante-trois blessés; au nombre des premiers était M. de Trélan; pendant la retraite il avait succombé à sa blessure.

Le maréchal, devançant la colonne, était arrivé au moment où, dans la grande cour de la Kasbah, le premier aumônier célébrait la messe militaire. Il y assista tout poudreux, les traits altérés par la fatigue, l'air sérieux et soucieux. On sut bientôt dans tout Alger que l'excursion pacifique avait eu pour épilogue une vraie journée de guerre.

Le Gérant : Henri Garrigh.

NOUVELLE BIBLIOTHÈQUE POPULAIRE A DIX CENTIMES

Envoi franco de un volume pour 15 cent.
Deux volumes pour 25 cent. — Vingt-cinq vol. pour 3 fr.

Écrire à M. Henri Gautier, *éditeur,* 55, *quai des Grands-Augustins, à Paris.*

Volumes en vente *(suite)* (¹)

LITTÉRATURE FRANÇAISE (suite).

Théâtre, (suite).

- 258. Colin d'Harleville. Monsieur de Crac en son petit castel.
- 305. Ducis. Jean sans Terre.
- 319. Andrieux. Les Étourdis.
- 329. Saint-Évremond. Les Académiciens.
- 365. Carmontelle. Il ne faut jurer de rien.
- 366. De Marchangy. Tristan le voyageur.
- 368. Molière. Le Médecin malgré lui.
- 372. Racine. Esther.
- 376. Poinsinet. Le Cercle ou la Soirée à la mode.
- 383. Picard. La Petite Ville.
- 388. Casimir Delavigne. Les Enfants d'Édouard.
- 401. Rotrou. Vinceslas. — Saint-Genest.
- 414. Regnard. Le Joueur. — Le Légataire universel.
- 455. Molière. Le Bourgeois Gentilhomme.
- 476. Voltaire. Zaïre. — Mérope.

Poésie

- 5. André Chénier. Poésies diverses.
- 19. Les Fabulistes. Chefs d'œuvre de la table.
- 24. Casimir Delavigne. Les Messéniennes.
- 26. La Chanson de Roland.
- 28. Les Poètes contemporains (1re série).
- 34. Les Vieux Poètes français (1re série).
- 74. Les Chansonniers français.
- 83. Satiriques des xviiie et xixe siècles.
- 97. Poètes provençaux contemporains. Jasmin, Aubanel, Mistral, Roumanille.
- 100. Le Roman du Renard (1re partie).
- 101. Les Vieux Fabliaux français.
- 108. Les Vieux Poètes français (2e série).
- 139. Scarron. Virgile travesti. — Le Roman comique.
- 141. Les Poètes contemporains (2e série).
- 146. Le Roman du Renard (2e partie).
- 148. Les Vieux Poètes français (3e série).
- 152. Victor de Laprade. Poésies.
- 153. Les Poètes bretons.
- 160. Mme Tastu. Poésies.
- 161. Chansons du Béarn.
- 171. Les Vieux Poèmes français. Esclarmonde.
- 174. Legouvé. Le Mérite des femmes.
- 181. Voiture. Épîtres et Ballades.
- 185. J.-B. Rousseau. Odes et Cantates.
- 195. Berchoux. La Gastronomie.
- 226. Les Poètes angevins.
- 250. René Bazin. La Légende de Sainte-Béga. Les Contrebandiers du Paradis, etc.
- 255. Petits Poètes français du xviiie siècle.
- 267. André Chénier. Poésie et prose.
- 278. Les Vieux Noëls.
- 280. Clément Marot. Épîtres, Ballades et Chansons.
- 283. Eustache Deschamps. Ballades historiques.

- 300. Ronsard. Odes, Hymnes, Églogues et Sonnets.
- 301. Les Grotesques : Saint-Amand, Scudéry, Cottin, Brébeuf, etc.
- 313. Les Quatre Fils Aymon.
- 349. Delille. Poésies.
- 361. Boileau. Épisodes du Lutrin.
- 369. La Fontaine. Fables (Livres I, II, III).
- 404. Les Poètes de Jeanne d'Arc.
- 447. Les Vieux Poèmes français. Aliscans.

Histoire — Mémoires

- 22. Froissart. Chroniques.
- 29. Bossuet. Histoire des Variations.
- 40. Riouffe. Mémoires d'un Détenu sous la Terreur.
- 44. Joinville. Saint Louis.
- 50. Florian. Les Maures de Grenade.
- 54. Amyot. Vie d'Alexandre.
- 65. Mme de Staël. Dix ans d'exil. — De l'Allemagne.
- 69. Augustin Thierry. Récits mérovingiens.
- 106. Saint-Simon. Louis XIV. — Le duc et la duchesse de Bourgogne, etc.
- 111. Ph. de Comines. Louis XI.
- 117. De Retz. La Fronde et l'affaire du chapeau.
- 127. Voltaire. Le Siècle de Louis XIV, etc.
- 135. Comte de Ségur. Petits Côtés de l'histoire.
- 165. Châteaubriand. Mémoires d'outre-tombe.
- 170. Beaumarchais. Mémoires de Clavico.
- 176. Grimm. Les Salons de Paris sous la Révolution.
- 178. Napoléon III. Œuvres choisies.
- 191. Fléchier. Les Grands Jours d'Auvergne.
- 203. Mme Vigée-Lebrun. Souvenirs d'une artiste.
- 204. Napoléon Ier. Œuvres historiques.
- 206. Mme de Caylus. Les Coulisses du grand siècle.
- 216. Arnauld. Souvenirs d'un Sexagénaire.
- 223. Talleyrand. Trois Règnes.
- 227. Pellisson. Le Procès de Fouquet.
- 240. Mme de Staal-Delaunay. Antichambres et Salons.
- 244. Diderot. Les Salons.
- 258. Mme de Lafayette. La Cour de France au xviie siècle.
- 274. Sainte-Beuve. La Grande Mademoiselle.
- 275. Blaise de Montluc. La Défense de Sienne.
- 282. Mme de Motteville. Une Grande Reine.
- 285. Châteaubriand. La Mort du duc d'Enghien. — Talleyrand.
- 310. Mme du Deffand. La Fin de Louis XV.
- 312. Général Ambert. La Défaite.
- 316. Mme de Choiseul. Une Grand'Maman à la cour de Louis XV.
- 317. Vte Walsh. Les Massacres de Septembre.
- 322. Rulhière. Chez les Russes.
- 328. Cléry. Les Derniers Jours de Louis XVI.

(¹) Voir le numéro 470.

Pour paraître le 21 septembre 1895

LIVINGSTONE

LE CENTRE DE L'AFRIQUE

Peu de noms, en ce temps-ci, méritent une vénération plus grande que celui de Livingstone. Parmi les explorateurs de l'Afrique, beaucoup ont agi en conquérants brutaux, d'autres en marchands avides, et presque tous, même les meilleurs, ont été poussés par l'ambition, par le désir de la gloire. Livingstone seul a montré, dans ses longs voyages, une véritable âme d'apôtre; il fut un grand chrétien, et sa vie, toute de dévouement, a été féconde en résultats admirables. Enfin, nul mieux que lui n'a connu cette Afrique qu'il ne s'est pas borné à traverser, mais où il a vécu et où il est mort.

~~~~~~~~~~~~~~~~~~~~

ABONNEMENTS

à la

Nouvelle Bibliothèque populaire

La *Nouvelle Bibliothèque populaire* publie un volume par semaine.
On peut s'abonner aux cinquante-deux volumes d'une année. Les abonnements partent du 1er de chaque mois.
Tous les abonnés, aussi bien ceux de l'étranger et des colonies, que ceux de la France, recevront un volume par semaine.

PRIX DE L'ABONNEMENT D'UN AN

Paris, Départements, Algérie et Belgique . . . **7 francs.**
Étranger (sauf la Belgique) et Colonies . . . **8 francs.**

PRIME GRATUITE
EXCLUSIVEMENT RÉSERVÉE AUX ABONNÉS NOUVEAUX

Tout abonné nouveau a droit à recevoir, gratis et franco, dix volumes à choisir dans la liste de ceux déjà parus, ou un joli cartonnage pour conserver les volumes.

On s'abonne pour un an, en envoyant, en mandat-poste, timbres français, ou autre valeur sur Paris, à M. Henri Gautier, 65, quai des Grands-Augustins, à Paris, 7 francs si l'on habite la France, la Belgique ou l'Algérie; 8 francs si l'on habite l'étranger ou les colonies. La prime est envoyée au reçu de l'abonnement.

ANGERS, IMP. BURDIN ET Cie, RUE GARNIER, 4.

LIVINGSTONE

LE
CENTRE DE L'AFRIQUE

Edité par
HENRI GAUTIER
55, Quai des Grands Augustins, 5
PARIS

Il paraît un volume par semaine

Directeur littéraire de la *Nouvelle Bibliothèque Populaire* :

ALFRED ERNST

AVIS A NOS ABONNÉS

Nous rappelons à nos abonnés que tout changement d'adresse doit être accompagné d'une bande indiquant l'adresse ancienne et de cinquante centimes en timbres-poste français ou autre valeur sur Paris.

DAVID LIVINGSTONE

David Livingstone, voyageur anglais, né vers 1815, à Blantyre (Ecosse), et fils d'un marchand de thé, fut placé, dès l'âge de dix ans, dans une filature de coton. Il employa ses rares loisirs à étudier, puis alla suivre à Glasgow les cours de langues anciennes, de médecine et de théologie. Dès qu'il eut reçu du collège des médecins de cette ville le grade de licencié, il se fit agréer de la Société des missions de Londres avec l'intention d'aller prêcher l'Evangile en Chine. Mais il en fut empêché par la guerre qui venait d'éclater dans ce pays.

En 1840, ses études terminées, Livingstone s'embarqua pour le Cap de Bonne-Espérance, envoyé par la Société des missions de Londres. Il commença par visiter la mission située la plus au nord de la colonie anglaise, Kourouman, mission fondée par le pasteur Moffat, dont il épousa la fille. Puis il pénétra sur le territoire des Betchouanas, et se fit un ami d'un de leurs chefs, Séchéli; là il détruisit plusieurs superstitions des indigènes, leur annonçant la bonne parole. Il séjourna ensuite à Lépépolé, et, en 1843, continuant ses explorations et prédications, il fut renversé par un lion qu'il avait atteint d'une balle, faillit périr, et s'en tira avec une fracture de l'humérus, et quelques autres blessures. Guéri, il obtint que Séchéli reçût le baptême. En 1849, il s'avança vers l'est et vers le nord, traversa le désert de Kalahari, atteignit la rivière Zouga; le 1er août, il parvenait au lac Ngami, que nul Européen n'avait encore visité. Il revint, après ces découvertes, à Kolobeng, sur la rivière du même nom, où il avait son église et où Séchéli demeurait.

En 1851, Livingstone remonta au nord, passa quelque temps auprès du chef des Makololos, Sébitouané, homme de remarquable intelligence, qui l'accueillit hospitalièrement, et découvrit, dans cette région centrale, ce même Zambèse que l'on ne connaissait guère qu'au voisinage de la côte. Il explora ce magnifique fleuve, puis revint au Cap, d'où il repartit en 1852, trouva son établissement chrétien de Kolobeng ruiné par les Boërs du Transvaal, mais, loin de se décourager, résolut, avec une énergie nouvelle, d'ouvrir le centre de l'Afrique à la civilisation et au christianisme. En 1853, il découvrit les salines de Nhokotsa, parvint à la rivière de Tchobé, remonta le Zambèse, explora l'un des principaux affluents de ce fleuve, la Liambye ou Liambaïe, et une autre rivière, la Liba. Ses voyages continuèrent en 1854; il découvrit le lac Dilolo, reconnut la ligne de partage des eaux entre les bassins du Congo et du Zambèse, c'est-à-dire entre les fleuves tributaires de l'Atlantique et de l'Océan Indien. Poussant toujours plus avant dans la région centrale, il se dirigea aussi de plus en plus vers l'est, atteignit le fleuve nommé Zaïre ou Congo, et enfin, après bien des vicissitudes, parvint, sur l'Océan Atlantique, au principal établissement portugais de l'Afrique, Saint-Paul-de-Loanda. Cette mémorable traversée de régions inexplorées jusqu'alors avait épuisé Livingstone, que la fièvre retint quelque temps à Loanda.

Les deux années suivantes, Livingstone poursuivit ses recherches, parcourant des régions où nul homme blanc n'avait pénétré avant lui ; il reconnut, sur le Zambèse, les célèbres chutes Victoria, deux fois plus élevées que celles du Niagara, à bon droit si fameuses. Ce fut vers l'ouest, cette fois, qu'il se dirigea ; en fin de compte, le 3 mars 1857, il atteignit un établissement portugais, Tété, sur le Zambèse, puis il descendit encore le fleuve, à Senna, à Mazaro, et aboutit à Quillimané, sur l'Océan Indien. C'est là qu'il s'embarqua pour l'Angleterre, où il arriva le 22 décembre 1857. Là, en terminant le récit de son premier voyage, il dit ces simples et belles paroles : « Je rends grâces à Dieu, l'Être infiniment bon, qui a veillé sur moi, et qui a disposé pour moi le cœur des noirs comme celui des blancs. »

Les découvertes de Livingstone complétaient ou modifiaient dans une mesure énorme les données de la géographie sur l'Afrique australe et centrale. Elles montraient aussi la nécessité comme la possibilité de faire pénétrer les bienfaits de la civilisation chrétienne jusque dans ces régions, et révélaient du même coup les horreurs de la traite. Une expédition fut décidée, sous la direction de Livingstone, avec la coopération de son frère Charles, de l'explorateur Thornton et du naturaliste Kirk. Elle quitta l'Angleterre le 1er mars 1858. Sur un petit vapeur démontable, Livingstone remonta le Zambèse, mais fut obligé, peu après, d'abandonner ce bateau. Le 16 septembre 1859, il découvrit le lac Nyassa. Après d'intéressantes et périlleuses explorations, il reçut, au port de Congoué, en 1861, un nouveau bateau à vapeur ; de plus, de nouveaux compagnons lui arrivèrent, entre autres l'évêque anglican Mackenzie. On remonta le Zambèse, délivrant les convois d'esclaves qu'on rencontrait ; une mission fut établie, où Mackenzie resta, et le docteur Livingstone repartit seul pour aller plus loin ; il explora géographiquement le lac Nyassa. Il faillit mourir d'épuisement et de faim. Un vaisseau de la marine anglaise amena sur ces entrefaites à la côte Mme Livingstone. Le vaillant explorateur fut heureux de retrouver la dévouée compagne de ses premiers voyages, qui revenait d'Angleterre pour partager ses fatigues ; mais sa joie fut de courte durée : le 27 avril 1862, Mme Livingstone succombait à la fièvre. Peu avant, Mackenzie était mort de même, dans sa mission à peine fondée.

A l'aide de son nouveau bateau à vapeur, Livingstone continua l'exploration des rivières. M. Thornton, qui venait de reconnaître le mont Kilimandjaro et les chutes Murchison, succomba le 21 avril 1863. Malades, Charles Livingstone et Kirk durent rebrousser chemin et revenir en Europe ; en avril 1864, le docteur, qui avait regagné l'embouchure du Zambèse, s'embarqua sur un navire anglais et arriva à Zanzibar. De là, sur son petit bateau à vapeur, il partit, traversa l'Océan Indien et débarqua à Bombay, dans l'Inde. Le 20 juillet de la même année il était à Londres.

Après vingt-quatre années de voyages, Livingstone ne songea point à se reposer. Il repartit d'Angleterre en 1865, arriva à Zanzibar en janvier 1866, organisa une caravane, qui, traversant un pays désolé sans cesse par la traite des nègres, arriva le 8 août au lac Nyassa. Le 1er avril 1867, on atteignit le Tanganyka. L'exploration du lac Moero, la découverte du lac Bangouélo, maints dangers de morts, furent les événements principaux de l'année 1868 ; le 14 février 1869, le docteur regagna la rive du Tanganyka ; il étudia et reconnut en partie ce lac déjà vu par Burton. Vers la fin de la même année, il se mit en route pour le Loualaba ou partie supérieure du fleuve Congo. La maladie le força de s'arrêter longtemps ; enfin, le 27 mars 1871, il atteignit le Loualaba, dans une région très peuplée, que la traite, dirigée par des Arabes, ensanglante d'affreux massacres. Le 20 juillet, il repartit pour Oudjiji, c'est-à-dire pour la région à l'est du Tanganyka ; son escorte crut plusieurs fois qu'il mourrait en chemin ; le 23 septembre, non loin du lac, il reconnut une rivière que l'on peut considérer comme la naissance du Loualaba, et supposa que c'était là le déversoir du Tanganyka ; puis il traversa le lac, et, le 23 octobre, il s'arrêta, malade, dénué de tout, à Kaouélé, port de l'Oudjiji, sur la rive orientale de cette grande nappe d'eau intérieure ; là, le 30, il fut retrouvé par Stanley, qu'avait envoyé vers lui le propriétaire du *New-York-Herald*, M. James Gordon Benett. En Europe, on croyait Livingstone mort ou perdu ; mais M. Benett supposait que l'illustre explorateur vivait encore, que l'on pouvait le rejoindre, et il avait envoyé vers lui son plus hardi reporter.

Stanley et Livingstone explorèrent alors ensemble le nord du Tanganyka, auquel ils ne virent point de déversoir. Stanley voulait ramener le docteur en Angleterre, mais celui-ci n'accepta point, et, se séparant du voyageur américain le 14 mars 1872, voulut, en visitant les chaînes de montagnes qui entourent le Tanganyka, reconnaître les sources du Loualaba et du haut Zambèse et compléter ce qu'on savait sur les sources du Nil. Le voyage fut terrible pour la santé de Livingstone que minaient les fatigues et les fièvres. Le 27 avril 1873, à Kaloùnganyovou, Livingstone s'arrêta et écrivit les dernières lignes de son journal de voyage. Le 29, on le porta encore en litière pendant quelques heures, jusqu'à un village du chef Tchitambo, dans le pays d'Illala, au bord de la rivière Molilamo. Il n'était plus qu'à trois jours de marche de ce haut Congo, tour à tour nommé Louapoula et Loualaba, qu'il souhaitait si fort de complètement reconnaître et descendre. Le 30 avril, vers onze heures du soir, il s'entretint quelques instants avec Souzi, son fidèle serviteur africain. Vers quatre heures du matin (1er mai 1873), on pénétra dans sa case pour voir comment il allait, et on le trouva mort, à genoux au pied de sa couche, dans l'attitude de la prière. Au prix de bien des difficultés, sa dépouille mortelle fut rapportée à Zanzibar, sauf son cœur, qui avait été enterré dans une boîte en fer-blanc à l'endroit même où il était mort.

Le 18 avril 1874, les funérailles solennelles de David Livingstone eurent lieu à Londres, en l'abbaye de Westminster, où reposent les hommes les plus illustres de l'Angleterre. L'histoire n'oubliera jamais le nom de cet explorateur courageux et désintéressé, qui a fait tant de découvertes, depuis celle du lac Ngami jusqu'à celle des sources du Congo, qui a si noblement agi pour délivrer l'Afrique australe et centrale du fléau de l'esclavage et la préparer à recevoir les bienfaits de la vérité comme ceux de la civilisation.

[8]   ALFRED ERNST.

LE CENTRE DE L'AFRIQUE

LA MOUCHE TSÉTSÉ

La mouche tsétsé est à peu près de la taille de la mouche commune ; elle est d'un brun qui se rapproche beaucoup de celui de l'abeille ordinaire, et a l'abdomen strié de trois ou quatre raies jaunes transversales ; ses ailes plus longues que son corps lui donnent une très grande vivacité, et il est très difficile de l'attraper avec la main vers le milieu de la journée ; mais le soir et le matin, la température étant plus fraîche, elle est beaucoup moins agile. Ceux qui ont voyagé avec des animaux domestiques n'oublient jamais, lorsqu'ils l'ont une fois entendu, le bourdonnement de la mouche tsétsé, car sa piqûre venimeuse est mortelle au chien, au bœuf et au cheval. C'est ainsi que pendant ce voyage nous perdîmes quarante-trois superbes bœufs, sans nous être rendu compte du nombre des tsétsés qui les avaient attaqués ; nous avions exercé sur eux une surveillance continuelle et nous croyions qu'une vingtaine au plus de ces insectes s'étaient posés sur eux.

Un des principaux caractères de la piqûre de cette mouche est qu'elle est tout à fait inoffensive pour l'homme et pour les animaux sauvages, et même pour les veaux qui sont encore à la mamelle. Nous avons vécu deux mois au milieu de ces insectes, sans jamais avoir à en souffrir personnellement. La rive méridionale du Chobé en était infestée, et sur l'autre rive il n'y en avait pas un seul, quoique nous y ayions conduit nos bœufs qui auraient dû les attirer, et que des indigènes y transportassent souvent des quartiers de viande crue qui en étaient couverts.

Quand on a l'un de ces insectes sur la main et qu'on le laisse agir en paix, on peut voir sa trompe se diviser en trois parts, dont celle du milieu pénètre dans votre peau assez profondément ; puis l'insecte la retire, l'éloigne un peu et fait alors usage de ses mandibules, dont l'action rapide imprime à la piqûre une couleur cramoisie ; l'abdomen de l'insecte, d'abord flasque et plat, se gonfle peu à peu et la tsétsé s'envole lorsqu'elle est gorgée de sang. Cette piqûre occasionne une légère démangeaison, mais pas plus grave que celle causée par la piqûre d'un moustique. Chez le bœuf, l'effet immédiat ne paraît pas plus inquiétant que chez l'homme ; mais au bout de quelques jours, un mucus abondant s'écoule des yeux et du mufle du pauvre animal, la peau tressaille et frissonne, le dessous de la mâchoire se met à enfler et parfois aussi le nombril ; le bœuf maigrit de jour en jour, quoiqu'il continue à paître ; les muscles deviennent de plus en plus flasques ; puis la diarrhée survient, l'animal cesse de manger et il meurt bientôt dans un état complet d'épuisement. Les bœufs, qui, au moment de la piqûre, jouissent d'un certain embonpoint, sont soudain pris de vertige, comme si le cerveau était attaqué ; ils sont frappés de cécité et meurent au bout de peu de temps. Les changements de température causés par la pluie paraissent activer les progrès du mal ; néanmoins il faut généralement plusieurs jours pour que l'appauvrissement graduel arrive à son terme, et alors tous nos efforts ne peuvent arracher les pauvres bêtes à une mort inévitable.

Voici quels sont les résultats que donne l'autopsie ; le tissu cellulaire que recouvre la peau est boursouflé et semble formé d'une agglomération de bulles de savon ; la graisse est d'une consistance huileuse et d'un jaune qui tire sur le vert ; les chairs sont molles et le cœur est si flasque que, lorsqu'on le saisit dans la main, les doigts se touchent en le pressant ; les poumons et le foie sont attaqués ainsi que tous les autres organes ; l'estomac et les intestins sont pâles et vides, et la poche à fiel est gonflée de bile. Ce sont là les marques d'un empoisonnement du sang, empoisonnement dont les germes ont été introduits par la trompe de l'insecte ; le venin qui le produit est contenu dans une glande située à la base de cette trompe, et il a sans doute la faculté de se multiplier, car le corps d'un animal mort de la piqûre de la mouche tsetsé contient si peu de sang que les mains en sont à peine tachées par la dissection. Pas plus que l'homme et que les animaux sauvages, l'âne, le mulet et la chèvre ne souffrent de la piqûre de cet insecte. Aussi la chèvre est-elle le seul animal domestique de beaucoup des peuplades des bords du Zambèse, où la mouche tsetsé est un véritable fléau. Nos enfants étaient souvent piqués par cette mouche sans en ressentir le moindre mal ; et nous avions autour de nous des antilopes, des buffles, des zèbres, des cochons, qui paissaient sans danger au milieu des tsetsés ; cependant il y a trop peu de différence entre la nature du cheval et celle du zèbre, entre la nature du bœuf et celle du buffle, entre celle du mouton et celle de l'antilope pour qu'on puisse donner de ce phénomène une explication satisfaisante. Tant qu'ils tettent leur mère, les veaux sont à l'abri de cette piqûre, et pourtant les chiens nourris de lait y succombent ; ce lait singulier nous fit d'abord croire que c'était une plante quelconque et non l'insecte qui produisait ces ravages, mais le major Vardon, de l'armée de Madras, pour trancher la question, se rendit à cheval sur une petite colline où les tsétsés étaient en abondance; il ne laissa pas manger un brin d'herbe à sa monture, et ne resta que le temps nécessaire pour regarder le pays et pour saisir quelques-unes des mouches qui piquaient son cheval. La malheureuse bête mourait au bout de dix jours.

HISTOIRE DE SÉBITOUANÉ. — LIVINGSTONE RETROUVE LE ZAMBÈSE AU CENTRE DE L'AFRIQUE.

Sur les rives du Chobé, nous rencontrâmes les Makololos; ils parurent enchantés de nous voir. Leur chef Sébitouané était à vingt milles plus bas sur les bords de la rivière. Nous nous rendîmes par eau, M. Oswell et moi, vers le lieu où il se trouvait. Dès qu'il avait appris que les blancs cherchaient à parvenir jusqu'à lui, il avait quitté Nabélé, ville des Barotsés, et s'était rendu à Léchéké d'où il avait fait cent milles pour nous souhaiter la bienvenue dans son propre pays. Nous le trouvâmes dans une île, entouré de ses principaux dignitaires; lorsque nous arrivâmes, il chantait et il continua son chant quelques secondes encore après que nous nous fûmes approchés de lui; ce chant ressemblait bien plus à la musique d'église qu'au monotone è è è œ œ œ que psalmodient les Béchuanas. Nous lui racontâmes toutes les difficultés que nous avions eues à parvenir jusqu'à lui, et nous lui fîmes part du bonheur que nous éprouvions à nous trouver enfin en sa présence. Il nous témoigna le plaisir que lui-même en éprouvait. « Vos bœufs, ajouta-t-il, ne sauraient échapper à la mort, car ils ont tous été piqué par la tsétsé; mais ne vous en préoccupez pas; j'ai des troupeaux et vous aurez autant de bêtes que vous en désirerez. » Nous croyions alors que, comme nos bœufs n'avaient reçu qu'un très petit nombre de piqûres, il n'en résulterait que fort peu de dommages. Sébitouané nous fit don sur-le-champ d'un bœuf et d'une jatte de miel; puis il nous confia à Mahalé, chef de l'ambassade qu'il nous avait envoyée à Kolobeng, et à laquelle il attribuait notre venue. Il nous fit donner pour nous couvrir pendant notre sommeil des peaux de bœuf qu'une préparation spéciale a rendues aussi souples que du drap, et qui devinrent la propriété de Makalé, car aucun des objets prêtés par le chef ne lui retournent jamais.

Bien avant l'aube, Sébitouané vint s'asseoir auprès du feu qu'on avait préparé à notre intention, et il nous raconta les difficultés que lui-même avaient trouvées dans sa jeunesse en traversant le désert dont nous venions aussi de surmonter les obstacles. Une rapide esquisse de l'histoire de Sébitouané, qui fut sans contredit le plus grand homme de toute cette région, ne manquera pas d'intérêt pour le lecteur.

Lorsque nous le vîmes pour la première fois, Sébitouané avait environ quarante-cinq ans; c'était un homme de haute stature, aux membres nerveux, à la tête un peu chauve et à la peau café au lait. Il était de manières dignes et réservées, mais ses réponses étaient néanmoins d'une très grande franchise. C'est le plus grand capitaine qu'on ait vu dans les régions au nord de la colonie du Cap. Contrairement aux autres chefs qui déclarent la guerre, mais n'en affrontent pas les dangers, il était toujours lui-même à la tête de ses troupes. Lorsqu'il apercevait l'ennemi, il touchait du doigt le tranchant de sa hache d'arme en disant : « Elle est coupante et quiconque tentera de s'enfuir l'éprouvera. » On savait qu'il n'aurait point eu de pitié pour l'homme qui eût abandonné le champ de bataille, et il était si rapide à la course que le fuyard n'eût pas eu d'espoir de lui échapper. Il avait permis à quelques-uns de ses hommes qui s'étaient cachés pendant la bataille de regagner leurs foyers; mais à son retour il les fit comparaître devant lui et leur dit : « Vous avez préféré mourir ici plutôt que que de vous faire tuer en combattant l'ennemi; il sera fait selon votre désir. » Et il les fit exécuter.

Il était né près des sources de la Likoua et du Namagari, à huit ou neuf cent milles de distance du lieu où nous le rencontrions. Il n'était pas fils d'un chef, bien qu'il fût allié à la famille régnante des Basoutous; quand la tribu à laquelle il appartenait fut battue et dispersées par Lékonyélé, il faisait partie de ces bandes immenses de sauvages que les Griquas chassèrent de Kuruman en 1824. Il gagna le nord avec un petit nombre de ses compatriotes et quelques bêtes à cornes. Quand ils furent arrivés à Mélita, les Bangouaketsés s'unirent aux Bakouains, aux Bakatlas et aux Bahurutsés, afin de s'emparer des fugitifs pour les manger. Mais Sébitouané fit placer ses hommes en avant, fit mettre les femmes derrière les bœufs et les vaches, et renversa du premier choc ses ennemis qui s'enfuirent. Il s'empara alors de la ville et des biens de Makalé, chef des Bangouaketsés.

Plus tard, il s'établit à Litoubarouba (aujourd'hui la capitale de Léchéké) où son peuple souffrit cruellement d'une de ces attaques sur lesquelles l'histoire reste muette, mais où les Européens chargent leurs consciences de crimes abominables dont ils auront un jour à répondre. Sébitouané eut encore à subir de grandes vicissitudes dans la partie nord du pays des Béchuanas. Deux fois, les Matébélés lui enlevèrent tout son bétail, mais il garda toujours ses guerriers à ses côtés, et il reprit plus de bestiaux qu'il n'en avait perdu. A cette époque, il traversa le désert à peu près au même endroit que nous. Un Béchuana qu'il avait fait prisonnier lui servait alors de guide; comme il fallait marcher de nuit pour gagner une source, ce guide en profita pour s'échapper, et, le lendemain matin, Sébitouané, qui croyait être arrivé à la fontaine, se retrouva au lieu qu'il avait quitté la veille. Dévorés de soif, presque tous ses bœufs regagnèrent Lerolli, qui était à ce moment une vaste pièce d'eau, ou retournèrent à Mashué ou à Lapépé chez les Batletlis. Après s'être emparé des rives du lac Kumadad, l'intrépide conducteur de cette bande de fugitifs apprit que des Européens habitaient la côte occidentale; il avait toujours vivement désiré entrer en relation avec les blancs, aussi se dirigea-t-il vers le sud-ouest où il atteignit le pays récemment découvert par MM. Galton et Anderson. Terriblement éprouvé par la soif, il arriva vers une petite citerne, où il décida de ne laisser boire que les hommes dont la vie était plus précieuse que celle du bétail, parce qu'ils pouvaient, si celui-ci devait périr, s'en procurer d'autre en combattant. Le lendemain, il ne retrouva ni ses vaches ni ses bœufs qui s'étaient enfuis chez les Damaras.

Sébitouané s'en retourna vers le nord plus pauvre qu'il n'en était parti; il remonta le Téoughé jusqu'au mont Sorila et se dirigea vers l'est à travers des marécages. Il marcha jusqu'à la basse vallée du Lyambie, ne jugea pas le pays convenable à l'établissement de sa tribu, descendit les fleuves, et arriva chez les Batokas et les Bashoubias dont la gloire à cette époque était à son apogée. Son récit ressemblait singulièrement aux commentaires de César et à l'histoire des Anglais dans l'Inde. Toujours il avait eu à combattre les tribus qu'il rencontrait, et jamais il n'avait rien fait que son peuple n'eût trouvé tout à fait juste, tout à fait raisonnable. Les Batokas habitaient alors les grandes îles du Zambèse, où, à la faveur de cette position exceptionnelle, ils attiraient les tribus nomades ou fugitives pour les déposer, sous prétexte de leur faire traverser le fleuve, sur des îlots écartés de la rive, où ils les abandonnaient après les avoir entièrement dépouillés. Le chef des Bamangouatos, Lékomi, avait dans son enfance failli être victime d'une semblable trahison; mais un homme encore vivant avait, pendant la nuit, donné à sa mère le moyen de s'enfuir avec lui. Le Zambèse est si large qu'on ne peut distinguer si l'on a en face de soi le bord d'une île ou celui du rivage; mais Sébitouané, avec sa prudence habituelle, exigea du chef des Batokas qu'il s'assît dans le même canot que lui, et il le retint à ses côtés jusqu'à ce que ses hommes et ses bestiaux eussent été déposés sains et saufs sur l'autre rive. Les Batokas avaient coutume d'orner leurs villages avec les crânes des étrangers : quand Sébitouané parut auprès des grandes chutes, une nombreuse armée se rassembla afin de couper les têtes des Makololos, dont ils désiraient faire un trophée. Ils fournirent seulement à Sébituané une occasion de les combattre, et de leur prendre, après les avoir vaincus, tant de bestiaux qu'il fut impossible à son peuple d'en faire le dénombrement. Ensuite il parcourut les pays qui s'étendent vers le Kafoué, et il fit choix, pour s'y établir, de plaines légèrement vallonnées, peu boisées et couvertes d'une herbe fine et courte. Les Makololos aiment toujours cette saine et fertile contrée.

Mais une tribu cafre ou zoulou, les Matébélés, traversa le Lyambie sous la conduite de Mosilikatsé, vint attaquer Sébituané et lui enleva son bétail et ses femmes. Il réunit cependant ses hommes, se mit à la poursuite des pillards et leur reprit tout ce qu'ils lui avaient ravi ; mais après avoir résisté à une nouvelle attaque des Matébélés, il pensa de nouveau à descendre le Zambèse pour venir visiter les blancs ; il s'imaginait, je ne sais pourquoi, que, s'il avait un canon, il pourrait vivre en paix. Toute sa vie, il avait fait la guerre et il semblait plus que personne souhaiter une existence paisible. Il fut de nouveau poussé à se diriger vers l'ouest par les exhortations d'un prophète. Celui-ci avait nom Tlapané et le peuple l'avait surnommé Sénoga, c'est-à-dire celui qui s'entretient avec les dieux ; il avait le cerveau dérangé ; il se retirait on ne sait où, sans doute dans quelque caverne, et il y demeurait en état de somnambulisme jusqu'au retour de la pleine lune. Il reparaissait alors au milieu de la tribu, et il s'exaltait jusqu'à ce qu'il fût arrivé à l'extase, selon la coutume de ceux qui prétendent recevoir le souffle inspirateur. Ces prétendus prophètes commencent leurs opérations par une action violente sur les muscles soumis à la volonté ; ils bondissent, frappent la terre du pied, trépignent en poussant des cris ou battent le sol avec un bâton et arrivent ainsi à se donner des convulsions pendant lesquelles ils disent n'avoir aucune connaissance des paroles qu'ils prononcent. « Sébituané, s'écria Tlapané, en étendant le bras vers l'est, j'aperçois une flamme ; évite-la, car elle te brûlerait ; les dieux me disent : Qu'il n'y aille pas. » Puis il continua en se tournant vers l'ouest : « Je vois une ville et une tribu d'hommes noirs aux bestiaux rouges qui vivent au bord de l'eau. Cette tribu périt ; elle s'éteindra, mais tu règneras sur les hommes noirs, Sébituané, et, lorsque tes guerriers se seront emparés du bétail rouge, ne laisse pas tuer les vaincus, car ils formeront ton peuple et leur ville sera la tienne. Epargne-les, afin qu'ils te contraignent à bâtir une ville nouvelle. Pour toi, Ramosinii, ton village sera entièrement détruit ; si Makari s'éloigne, il mourra le premier et tu périras le dernier de tous. Les dieux ont donné aux autres hommes de l'eau pour apaiser leur soif, mais ils ne m'ont donné que l'amer breuvage du choukourou. Ils m'appellent, je ne puis demeurer ici plus longtemps. »

J'ai rapporté cette prédiction, quoiqu'elle perde beaucoup à être traduite, pour l'esprit observateur qu'elle décèle. La politique que recommandait Tlapané était fort sage, et, peu de temps après, le prophète et les deux hommes qu'il avait nommés étant morts, il n'est pas surprenant que Sébitouané ait suivi implicitement les conseils de Sénoga. Le feu qu'il avait signalé était évidemment celui des fusils portugais, dont il avait sans doute entendu parler. Les hommes noirs qu'il voyait à l'ouest, c'étaient les Barotsés ou Baloianas, ainsi qu'ils se nommaient eux-mêmes, et Sébitouané, quoiqu'il fût attaqué le premier, épargna leurs chefs ; il était alors dans la vallée Barotsé, où le poursuivirent les Matébélés qui ne pouvaient oublier leurs défaites et avaient réuni une armée nombreuse qui remontait le Zambèse pour attendre l'ennemi. Sébitouané, en guise d'appât, fit déposer quelques chèvres dans une des plus grandes îles du fleuve, et mit à la disposition des Matébélés plusieurs barques dirigées par des hommes dont il était sûr. Lorsque tous furent débarqués, les barques s'éloignèrent, et les Matébélés dont aucun ne savait nager, furent pris au piège.

Après avoir mangé les chèvres, ils durent se nourrir de racines, et ce régime les affaiblit à un tel point que, lorsque les Makololos débarquèrent à leur tour, ils n'eurent qu'à les égorger. Les vainqueurs adoptèrent les enfants et les femmes qui firent désormais partie de leur tribu. Lorsqu'ils apprirent cette nouvelle, les guerriers de Mosilikatsé firent promettre à leur chef qu'il tirerait vengeance des Makololos. Pour éviter le destin de l'armée précédente, celle-ci se munit de pirogues ; mais dans l'intervalle Sébitouané avait subjugué les Barotsés et les jeunes hommes de sa tribu avaient appris à gouverner une barque ; il descendit donc le fleuve en s'arrêtant à chaque île afin de surveiller de si près les mouvements des Matébélés qu'il leur fut impossible, sans diviser leurs forces, de se servir de leurs pirogues. A la fin, tous les Makololos furent rassemblés avec leur bétail dans l'île de Loyélo et continuèrent à épier l'armée venue pour les attaquer. Au bout de quelque temps, Sébitouané traversa le bras du fleuve qui le séparait des Matébélés. Il alla droit à eux et leur dit : « Pourquoi voulez-vous ma mort ? jamais je ne vous ai attaqués ni n'ai fait aucun mal à votre chef. Aou ! c'est de votre côté qu'est le crime ! » Les Matébélés ne répondirent rien, mais le lendemain ils avaient disparu et leurs canots brisés gisaient sur la rive. De cette nombreuse armée, il n'y eut que cinq hommes qui revinrent dans leurs foyers ; les autres avaient péri par la fièvre, la faim ou les armes des Batokas.

[10]

Sébitouané était alors le chef suprême de toutes les peuplades qui occupaient un immense espace, et il était arrivé à imposer du respect au terrible Mosilikatsé. Il se défiait cependant de ce chef cruel ; il fit une descente chez les Batokas des îles qui étaient venus en aide aux Matébélés en leur faisant traverser le Zambèse, et les chassa de leurs retraites, que ces insulaires croyaient inexpugnables. Il rendit ainsi, sans s'en rendre compte, un immense service à la contrée en détruisant l'obstacle qui avait empêché jusque-là le commerce de pénétrer dans la grande vallée du centre.

Après cette dernière victoire, Sébitouané dit des chefs qui n'avaient pas péri dans le combat : « Ils aiment Mosilikatsé, qu'ils aillent vivre près de lui; pour moi, le Zambèse est ma ligne de défense. » Et il fit placer sur le bord du fleuve des sentinelles qui gardassent sa frontière.

Quand il sut que nous désirions le voir, il s'efforça de nous faciliter son approche; c'était à lui que Léchélé, Lékomi et Léchulatébé devaient leur pouvoir, et celui-ci eût pu payer fort cher les entraves qu'il avait mises à notre voyage.

Sébitouané avait connaissance des plus petits événements qui arrivaient dans le pays, et il savait se faire aimer de tous : des étrangers comme de son peuple ; lorsque des malheureux venaient chez lui vendre des peaux et des houes, il s'asseyait à leurs côtés, si misérable que fût leur apparence, et, s'informant s'ils avaient faim, il faisait apporter par l'un de ses serviteurs du miel, de la farine et du lait, y goûtait en leur présence pour écarter de leur esprit tout soupçon et leur faisait faire un bon repas, pour la première fois peut-être de leur vie. Charmés par ses manières bienveillantes et sa généreuse conduite, ces étrangers sentaient leur cœur s'émouvoir et s'ouvrir, et non seulement ils ne marchandaient pas au chef qui leur faisait un tel accueil les renseignements qu'ils avaient pu se procurer, mais encore ils répandaient au loin sa louange : « Sebitouané a du cœur et est sage, » nous disait-on partout lorsque nous parlions du chef des Makololos.

Il parut très heureux de ce que nous n'avions pas craint de lui amener nos enfants, et, touché de cette marque de confiance, il promit de nous faire visiter toutes les parties de son royaume, pour que nous y choisissions un endroit où fixer notre demeure. D'après le plan que nous avions concerté, je devais rester dans le pays pour me livrer à l'instruction des indigènes, tandis que M. Oswell descendrait le Zambèse dont il explorerait les bords. Mais au moment de voir se réaliser son plus ardent désir, Sébitouané fut atteint d'une inflammation de poitrine, qui vint encore aggraver une ancienne blessure qu'il avait reçue à Mélita. Je vis le danger de son état, mais n'osai assumer la responsabilité du traitement,

[11]

de peur que son peuple ne me reprochât sa mort; je fis part de ces scrupules à ses médecins, et ils approuvèrent ma conduite : « Vous êtes prudent et sage, me dirent-ils, s'il venait à mourir, on s'en prendrait à vous. » Les Barotsés l'avaient guéri l'année précédente d'une semblable affection en lui scarifiant largement la poitrine, mais les docteurs Makololos lui incisèrent à peine l'épiderme. J'allai lui rendre visite, le dimanche suivant, après l'office avec Robert, l'aîné de mes trois enfants. « Approchez-vous, me dit-il et voyez dans quel état je suis; tout est fini maintenant. » Je vis qu'il comprenait la gravité de sa situation et ne crus pas devoir le contredire. Je prononçai quelques paroles sur la vie future et l'espoir qui nous attend après notre mort. « Que dites-vous là? répondit un des médecins qui se trouvaient là. Sébitouané ne mourra jamais! » Si j'avais insisté, la rumeur aurait couru que j'avais souhaité sa mort. Je recommandai son âme à Dieu et me levais pour sortir lorsqu'il se dressa sur son séant, appela un serviteur et lui dit : « Conduisez Robert à Maounkou (c'était une de ses femmes) pour qu'elle lui donne du lait. » Ce furent les dernières paroles qui sortirent de la bouche de Sébitouané.

Les Béchuanas ont coutume d'enterrer leur chef dans le lieu où sont enfermés ses bestiaux, qu'ils conduisent une heure ou deux sur sa tombe pour qu'elle soit entièrement effacée. J'assistai aux funérailles, et j'adressai quelques paroles aux membres de la famille, leur conseillant de ne pas se désunir, mais de rester liés au successeur de Sébitouané. Ils prirent ce conseil en bonne part, et, à leur tour, ils nous engagèrent à ne pas nous alarmer et nous affirmèrent qu'ils étaient loin de nous attribuer la mort de leur chef. Sébitouané, disaient-ils, avait été retrouver ses aïeux, mais il laissait après lui des enfants, et tous espéraient que nous agirions envers ceux-ci avec autant de bonté que nous l'eussions fait envers leur père.

Sébitouané était certainement le plus grand et le meilleur chef des tribus que j'aie jamais rencontré. Nous fûmes très sensibles à sa perte. Nous ne pouvions nous empêcher de penser au sort qui l'attendait dans cet autre monde dont il n'avait entendu parler qu'à l'heure de quitter celui-ci, et nous comprenions le sentiment de ceux qui font des prières pour les morts.

Ce fut une des filles de Sébitouané, Ma-Mochisané, qui succéda à son père, selon le désir qu'il en avait exprimé. Ainsi que nous l'avons dit plus haut, ce dernier nous avait promis de nous laisser explorer le pays pour que nous y puissions choisir une résidence; c'était à sa fille qu'il fallait maintenant nous adresser. Elle habitait, à douze lieues au nord, la ville de Nabélé, ce qui nous obligea d'attendre sa réponse à notre message. Elle nous donna pleine autorisation de parcourir le pays et de nous fixer où nous le voudrions. M. Oswell et moi en profitâmes pour nous rendre à Léchéké, à cent trente milles au moins au nord-est du lieu où nous nous trouvions; et, vers la fin de juin 1851, la découverte du Zambèse au centre du continent vint nous dédommager amplement de nos fatigues. Cette découverte avait d'autant plus d'importance qu'on ignorait complètement jusqu'alors que le fleuve existât en cet endroit. Toutes les cartes portugaises placent sa source beaucoup plus à l'est. Si le commerce avait pénétré dans le pays compris entre le 12° et le 18° degrés de latitude sud, cette admirable partie du Zambèse serait depuis longtemps connue. Nous y arrivâmes à la fin de la saison sèche, moment où les rivières ont le niveau le plus bas, et pourtant le lit du fleuve renfermait un cours d'eau d'une profondeur et d'une rapidité peu communes, qui ne mesurait pas moins de trois à six cents mètres de largeur. M. Oswell, qui pourtant arrivait de l'Inde, n'avait jamais vu de fleuve aussi beau. Lors de son débordement annuel, le Zambèse s'élève à une hauteur de plus de six mètres et atteint environ quinze à vingt milles de large.

Le pays que nous venions de traverser pour atteindre le Zambèse est, depuis les rives du Chobé, complètement plat; les seules éminences qu'on y voie sont dues à d'énormes fourmilières, généralement couvertes de dattiers sauvages et de palmyras. Dans quelques parties de la plaine sont des forêts de mimosas et de bacchinias; çà et là, on trouve des terres où l'eau séjourne, et il existe dans le voisinage du Chobé de grands marais où les Makololos, qui s'y trouvent protégés par de profondes rivières garnies d'une végétation infranchissable, ont établi leur résidence. Je ne pouvais, en conscience, les prier de quitter ces retraites parce qu'il me plaisait de m'y établir. En outre, cette contrée est si malsaine que les premiers habitants, les Basoutos, décimés par la fièvre, avaient presque entièrement disparu; je craignais cette maladie pour ma famille, mais cependant les régions où l'air était pur étaient si découvertes et si peu à l'abri d'une attaque qu'on n'osait pas davantage s'y fixer.

Comme nous étions les premiers blancs qu'on eût jamais vus dans le pays, un grand nombre de visiteurs venaient nous voir tous les jours; l'un des premiers était revêtu d'une robe de chambre d'indienne d'une couleur éclatante; beaucoup de Makololos avaient des habits de serge bleue, verte, rouge, ou de coton imprimé. Comme nous demandions d'où venaient ces vêtements, on nous répondit qu'on les avait obtenus des Mambaris contre des petits garçons. Les Mambaris sont une tribu qui habite près de Bitsé. Elle fit en 1850 pour la première fois le commerce d'esclaves avec les Makololos, et, si le chulatébé ne nous eût pas arrêtés par des difficultés sans nombre, nous serions arrivés assez tôt pour empêcher Sébitouané d'autoriser cet odieux trafic. Les Mambaris avaient jadis rendu visite au chef des Barotsés qui n'avait pas voulu permettre qu'on leur vendît un seul enfant; ils restèrent longtemps sans revenir et ne reparurent qu'en 1850, époque où les Barotsés étaient gouvernés par Sébitouané. Ils apportaient avec eux un stock de vieux fusils portugais, marqués Legitimo de Braga qui séduisirent Sébitouané. Il pensa qu'ils lui fourniraient un excellent moyen de vaincre les Matébélés, et il offrit de donner en échange de l'ivoire ou des bœufs. Les Mambaris ne voulurent s'en défaire que contre des enfants mâles de treize à quatorze ans. Cette proposition ne fut guère du goût des Makololos qui n'avaient jamais entendu dire qu'on achetât des enfants ou des hommes; mais ils cédèrent au désir de posséder les armes qu'on leur offrait, et ils échangèrent huit jeunes garçons contre autant de vieux fusils. Ce n'était pas d'ailleurs leurs enfants qu'ils donnaient en échange, mais des captifs enlevés aux peuplades vaincues. Je n'ai jamais vu en Afrique de parents vendre leurs enfants. Les Mambaris poussèrent plus tard les Makololos à faire avec eux une razzia chez quelques tribus de l'est; les premiers devaient avoir les captifs, les seconds les bestiaux. Cette année-là, deux cents esclaves furent emmenés du pays. Pendant cette expédition, les Makalolos firent rencontre de quelques Arabes de Zanzibar qui leur livrèrent trois mousquets de fabrication anglaise contre trente captifs.

Après m'être entretenu longuement de ce sujet avec mes compagnons, je pensai que, si le commerce d'articles fabriqués en Europe faisait concurrence à celui des esclaves, celui-ci disparaîtrait bientôt, remplacé par un trafic honnête. Il me semble plus facile d'échanger aux noirs, contre l'ivoire et les autres produits indigènes, les marchandises pour lesquelles ils livrent aujourd'hui leurs captifs, et de prévenir par ce moyen-là la traite des nègres, que de tenter de la réprimer après que la vente a eu lieu. Pour que ce projet soit réalisable, il faudrait seulement établir une grande route qui reliât la côte au centre de l'Afrique.

Comme je ne pouvais espérer que les Boërs laisseraient les naturels de Kolobeng s'instruire en paix, je résolus de ne pas laisser plus longtemps ma famille exposée aux dangers d'un climat malsain, de la renvoyer en Europe et de revenir seul explorer le pays pour y trouver un lieu salubre qui pût devenir un centre de civilisation, enfin d'ouvrir l'intérieur de l'Afrique par un chemin qui pût y conduire de la côte occidentale ou de la côte orientale. Je pris donc la route du Cap, et y arrivai en avril 1852; je voyais des pays civilisés pour la première fois, depuis onze années. Nous dûmes traverser toute la colonie pour arriver au Cap. C'était le douzième mois de la guerre avec les Cafres, et, si les gens qui versent périodiquement des sommes immenses pour couvrir les frais de cette guerre sans gloire désirent savoir comment notre petite troupe put traverser sans escorte la colonie, aussi paisiblement qu'elle eût voyagé en Angleterre, qu'ils prennent un correspondant : lors des prochaines hostilités, il leur expliquera ce que devient l'argent qu'ils donnent et qui tire profit du sang et des trésors prodigués.

LE LION DE L'AFRIQUE AUSTRALE ET CENTRALE

Lorsqu'un lion est devenu vieux et qu'il ne peut plus atteindre le gibier qu'il chasse, il en arrive souvent à tuer les chèvres dans les villages mêmes ; si une femme ou un enfant sort alors le soir il en fait aussi sa proie, et, comme il ne lui reste plus désormais d'autre moyen de subsistance, il continue à se nourrir de cette façon[1].

C'est pourquoi l'on a dit que, lorsqu'un lion a goûté une fois de la chair humaine, il la préfère à toute autre nourriture. Les lions qui s'attaquent à l'homme sont toujours vieux. Lorsqu'un d'eux surmonte la peur que lui inspire l'homme jusqu'à s'approcher d'un village et à se saisir des chèvres, les habitants ont coutume de dire « que ses dents sont usées, qu'il tuera bientôt quelqu'un », et, comme ils se sentent en danger, ils lui donnent immédiatement la chasse. Quand le lion vit dans un pays tout à fait inhabité ou que, comme en certains lieux, les Bushmen et les Balanharis lui inspirent une salutaire terreur, il se met, dès qu'il se sent malade ou qu'il voit venir la vieillesse, à chasser des souris et d'autres petits rongeurs, et quelquefois même à manger de l'herbe, peut-être, comme les chiens, afin de se purger. Alors les indigènes, remarquant dans ses excrétions des matières végétales non digérées, suivent sa trace et sont certains de le trouver sous un arbre, où il ne peut presque pas se mouvoir, et où ils le tuent très facilement.

Quant à la terreur qu'inspire l'homme aux fauves, ce fait avéré en prouve suffisamment le pouvoir : aux alentours de certaines villes, d'où l'usage des armes à feu avait éloigné les animaux dont elles ont coutume de faire leur proie, on a vu des lionnes assouvir leur faim en dévorant leurs propres lionceaux ; on a vu aussi des chiennes se porter à cette action dénaturée,

---

1. En lisant ces curieuses et véridiques pages de Livingstone, il ne faut pas oublier qu'il s'agit ici du lion de l'Afrique Australe et Centrale, et non du lion de l'Afrique du Nord et du Soudan, tel qu'il existait en Algérie, où il est devenu rare. Ce lion du Nord de l'Afrique surpasse en taille, en courage et en férocité, ses congénères du Centre et du Midi.

poussées par un impérieux besoin de nourriture animale, besoin que les indigènes éprouvent aussi bien que les carnivores. On doit pourtant ajouter que, si les effluves que l'homme répand sur ses pas sont, généralement, suffisantes pour écarter les lions des lieux habités, il y a cependant des exceptions à la règle. Comme je m'occupais de transporter notre résidence à Kolobeng, il en vint une telle quantité à Chonouané, autour de nos maisons presque désertes, que les indigènes qui étaient auprès de mistress Livingstone n'osaient pas, la nuit venue, sortir de leurs demeures.

Quand vous rencontrez un lion en plein jour, chose peu rare dans ces contrées, si, mettant de côté toute idée préconçue, vous ne vous imaginez pas avoir devant vous un objet d'une incomparable majesté, vous voyez simplement un animal un peu plus fort qu'un gros dogue, et dont les traits rappellent beaucoup ceux de la race canine; la face du lion ressemble fort peu à celle que lui donne ordinairement la gravure; le nez se prolonge ainsi que le museau d'un chien et n'a guère de rapport avec celui dont les peintres gardent la tradition. Ceux-ci expriment d'ordinaire l'idée qu'ils ont de la majesté féline, en donnant à leurs lions la figure d'une vieille femme ornée d'un bonnet de nuit; il ne leur serait pourtant pas difficile d'avoir des renseignements plus exacts en allant étudier la nature dans les jardins zoologiques. En plein jour le lion fait halte une seconde ou deux pour examiner la personne qu'il rencontre; il tourne ensuite autour d'elle avec lenteur en lançant un regard par-dessus son épaule, puis il se met à trotter et s'enfuit en bondissant ainsi qu'un lévrier, dès qu'il croit qu'on ne peut plus l'apercevoir. On ne court aucun danger d'être attaqué pendant le jour par un lion qu'on ne provoque pas; on ne court même pas le moindre danger les nuits où il fait clair de lune; la sécurité que nous éprouvions pendant ces nuits était telle que nous n'attachions presque jamais nos bœufs, qui couchaient en liberté près des wagons, tandis que, lorsque la nuit était sombre et pluvieuse, si quelque lion se trouvait dans les environs, on pouvait être sûr qu'il tenterait de dévorer l'un d'eux.

Le lion s'avance toujours furtivement, sauf lorsqu'il a reçu une blessure; dans ce cas, la vue même d'un piège ne l'empêche pas de bondir une dernière fois. La prudence que la vue d'une trappe inspire d'ordinaire au lion est, paraît-il, une caractéristique de toute la race féline. Dans les Indes, lorsque la chèvre qu'on attache à un pieu pour servir d'appât au tigre se trouve en rase campagne, il s'en empare d'un coup de griffe avec une rapidité telle que le chasseur qui se trouve à l'affût n'a pas le temps de le viser. Pour obvier à cet inconvénient, on creuse une fosse au fond de laquelle on attache la pauvre bête, après lui avoir mis une petite pierre dans l'oreille pour la faire crier toute la nuit. Le tigre ne manque pas d'arriver; mais lorsqu'il voit le piège, il en fait plusieurs fois le tour, ce qui permet au chasseur de le tirer à coup sûr.

Lorsqu'un lion affamé à l'affût aperçoit un animal quelconque, il ne l'attend pas, mais le traque sur-le-champ. Un homme se traînait dans l'herbe en rampant vers un rhinocéros, lorsque, regardant derrière lui, il vit avec terreur qu'il était poursuivi par un lion; il ne dut son salut qu'à un arbre sur lequel il se réfugia. A Lopépé, une lionne bondit à la cuisse du cheval de M. Oswell; le cheval bondit à son tour en s'enfuyant de toutes ses forces; M. Oswell, arrêté dans sa course par une de ces plantes épineuses qu'on nomme vulgairement *attends-un-peu*, fut projeté à terre, où il demeura sans connaissance; il fut sauvé par ses chiens. M. Codrington fut surpris de la même façon, bien qu'il ne chassât pas en ce moment; il se retourna et tua l'animal à bout portant. Un de ses chevaux s'étant un jour échappé fut arrêté par un tronc d'arbre où sa bride s'emmêla; il fut retrouvé au même endroit quarante-huit heures après. Autour de lui, à un rayon assez étendu, on remarquait de nombreuses traces de lions qui, sans doute, n'avaient pas osé l'attaquer, de peur qu'il ne fût là pour les attirer dans un piège. Une nuit, deux lions s'avancèrent jusqu'à trois pas d'un mouton attaché à un arbre et de plusieurs bœufs liés à un chariot; ils firent entendre d'épouvantables rugissements, mais n'osèrent pas toucher à ces animaux, sans doute dans la même crainte.

A Mashué, l'un de nous était profondément endormi derrière un buisson, entre deux naturels; ceux-ci, accablés de fatigue, avaient presque laissé éteindre le brasier qui se trouvait à leurs pieds; un lion s'en approcha en rugissant, mais, bien que l'un des hommes ne fût qu'à quelques pas de lui, un bœuf attaché aux broussailles empêcha le lion de suivre son instinct et de sauter sur sa proie. Il se retira, et gagna un monticule à trois cents mètres de là environ, et il continua à rugir et à gronder jusqu'au lendemain matin, moment où s'éloigna la petite troupe.

Il n'y a rien de ce que j'ai appris sur le lion qui puisse m'engager à reconnaître la férocité ou la grandeur de caractère qu'on lui attribue. Il n'a pas la noblesse des chiens de Terre-Neuve ou du mont Saint-Bernard. Il est, il est vrai, d'une vigueur prodigieuse; l'énorme masse de muscles qui entoure ses mâchoires et ses épaules suffisent à expliquer sa terrible puissance; cependant il semble qu'elle soit inférieure à celle du tigre indien. Le lion n'emporte pas le bœuf qu'il a tué, il le traîne à terre; il saute parfois sur la croupe d'un cheval, mais jamais sur le garrot d'une girafe; il ne monte même pas sur la croupe de l'élan : il le fait tomber en le lacérant de coups de griffes. M. Oswell et M. Vardon virent un jour trois lions tenter d'abattre un buffle qui, bien que déjà mortellement atteint d'une balle, leur résista longtemps. Je cite le passage où M. Vardon raconte cet intéressant épisode :

« 15 septembre 1846. — Nous suivions, cette après-midi, Oswell et moi, le bord du Limpopo, quand un waterbock partit devant nous. Je descendis de cheval, afin de le suivre à travers les jungles. Trois buffles se levèrent à mon approche et s'arrêtèrent au bout de quelques pas; celui qui était le plus proche de moi se retourna afin de me r'garder. Je lui envoyai dans l'épaule une balle de deux onces, et les trois buffles prirent la fuite. Dès que j'eus rechargé mon fusil, nous nous mîmes à leur poursuite; au moment où nous aperçûmes de nouveau le buffle que j'avais blessé et tandis que nous gagnions à chaque pas du terrain sur lui, trois lions bondirent sur le malheureux animal; il mugit furieusement et continua quelques moments sa course, tout en se défendant contre ses agresseurs, mais il ne tarda pas à faire halte et ses jambes fléchirent; nous vîmes alors une lutte magnifique; les lions, debout sur leurs pattes de derrière, déchiraient le buffle avec leurs dents et leurs griffes. Nous nous approchâmes en rampant, et, quand nous ne fûmes plus qu'à trente pas environ, nous nous mîmes à genoux et fîmes feu sur les lions; l'un d'eux se retourna, saisit entre ses dents une branche d'un buisson qui se trouvait près de lui, et tomba mort sur-le-champ, la branche dans la gueule. Le second s'enfuit à toute vitesse; le troisième leva la tête, nous regarda d'un air calme et continua à déchirer le cadavre du buffle. Nous nous éloignâmes de quelques pas afin de recharger nos armes; puis nous nous rapprochâmes et fîmes feu de nouveau. Le lion s'enfuit, mais une balle lui avait traversé l'épaule, et il dut bientôt s'arrêter; nous le poursuivîmes et le tuâmes après qu'il se fût plusieurs fois retourné contre nous. Il est bien rare qu'en moins de dix minutes on puisse tuer un vieux buffle et deux lions. Aussi cette aventure nous avait-elle singulièrement exaltés, et je ne l'oublierai jamais. »

Il paraît évident que le buffle s'était approché du lieu où étaient couchés les lions; ceux-ci, voyant qu'il boitait et qu'il était couvert de sang, profitèrent d'une si bonne occasion.

Le lion saisit en général l'animal auquel il s'attaque par le flanc, non loin de la jambe de derrière, ou à la gorge, sous la mâchoire inférieure; il n'essaye guère de le saisir au garrot. Le flanc est son point d'attaque habituel, et c'est par cette partie qu'il commence à dévorer sa proie. Les naturels sont sur ce point du même avis que le lion, et ce sont les mêmes morceaux que lui qu'ils prélèrent. On trouve quelquefois un élan dont l'intérieur a été entièrement dévoré par un lion, et dont le corps est resté presque intact. Les entrailles et les parties graisseuses sont, même pour le plus gros lion, un repas complet; le chacal vient renifler autour de la curée, audace qui lui vaut parfois un coup de griffe qui le tue instantanément.

Dès qu'il est rassasié, le lion s'endort, et, dans ce cas, on en vient bien facilement à bout. D'ailleurs, lorsque l'on a des chiens, la chasse au lion est fort peu dangereuse en comparaison de celle du tigre de l'Inde. La meute le lance, le réduit aux abois, et le chasseur a tout le temps nécessaire pour le viser avec calme et, pour ainsi dire, à loisir.

Partout où le gibier est en abondance, on doit s'attendre à trouver quantité de lions; ils ne se réunissent jamais en troupe, mais vont par bandes de six ou huit, sans doute une famille qui se rassemble pour chercher sa subsistance. On court pourtant beaucoup plus grand risque d'être écrasé dans les rues de Londres que d'être dévoré par les lions en Afrique, si toutefois on ne leur donne pas la chasse; je n'ai vraiment rien vu ni rien entendu raconter à leur égard qui puisse arrêter un homme courageux ou lui faire renoncer à ses desseins.

C'est sans doute la même idée qui a conduit les peintres modernes à figurer le lion sous des traits fantaisistes, qui a aussi poussé les sentimentalistes à considérer son rugissement comme le plus terrible des cris de la nature. Nous avons entendu ce « majestueux rugissement du roi des animaux » et nous avouons qu'il peut inspirer quelque terreur lorsqu'il se mêle au bruit épouvantable du tonnerre de cette contrée, alors que la nuit est si noire que, après chaque éclair aussi lumineux que rapide, on est comme entièrement aveuglé, quand la pluie tombe avec tant de violence qu'elle éteint votre feu et vous laisse sans même la protection d'un arbre ou de votre fusil tout mouillé qui peut rater au premier coup. Mais quand vous vous trouvez dans un chariot ou dans une maison bien close, il n'en est pas du tout de même, et le rugissement du lion ne vous inspire ni respect ni terreur.

Le cri de l'autruche est aussi retentissant, et jamais l'homme n'en a conçu d'effroi. J'ai émis il y a quelques ans cette assertion, et, comme on ne semblait pas y croire, j'ai recherché soigneusement l'avis des Européens qui ont entendu l'un et l'autre; je leur ai demandé s'ils voyaient entre les deux cris la moindre différence et tous m'ont répondu qu'ils n'en voyaient aucune, à quelque distance que l'on fût de l'animal. Les indigènes cependant prétendent qu'ils reconnaissent au début de ces cris quelque chose qui les distingue.

Nous reconnaissons qu'il existe une différence considérable entre le murmure d'un lion rassasié et le grognement significatif d'un lion à jeun. La voix du lion est généralement plus profonde que celle de l'autruche; mais le seul moyen que j'aie eu jusqu'à ce jour de les distinguer avec certitude, c'est que la voix du lion se fait entendre la nuit et celle de l'autruche le jour.

Le lion d'Afrique a la couleur tannée qu'ont certains mâtins; sa crinière est grande et donne l'idée d'une force immense; chez quelques-uns, l'extrémité des poils est noire, et on les appelle lions à crinière noire, quoique le reste de la crinière soit jaune comme tout le corps.

Lors de la découverte du lac Ngami, MM. Oswell et Wilson tuèrent un individu de chacune des deux espèces : l'un était un vieux lion qui n'avait plus pour dents que des chicots, et dont les griffes étaient totalement émoussées; l'autre était dans toute la force de sa vigueur, et ses dents étaient blanches et acérées; ni l'un ni l'autre n'avaient de crinières.

Sur les rives du lac Ngami, et dans tous les environs, les lions rugissent beaucoup moins que dans la contrée qui est plus au sud; à peine, pendant notre séjour, les avons-nous entendus.

L'homme n'est pas le seul ennemi que le lion ait à craindre; il lui arrive rarement, il est vrai, de s'attaquer à un animal parvenu à son complet développement; mais quand il s'empare du petit d'un buffle, il voit souvent la mère fondre sur lui avec fureur, l'enlever sur ses cornes et le faire retomber mort du coup. Nous en vîmes plusieurs qui avaient péri de cette façon. Je ne pense pas qu'un lion s'attaque jamais seul à un buffle adulte. Le nombre et la force des rugissements que l'on entend lorsqu'un buffle est tué la nuit indiquent que plusieurs lions prennent part à l'assaut.

Dans la plaine qui s'étend au sud du gué de Sébitouané, nous vîmes un troupeau de buffles se défendre contre une nombreuse bande de lions en présentant les cornes à l'ennemi; les mâles étaient en avant et les femelles et les jeunes étaient placés derrière eux. Un taureau de cette espèce n'a qu'à projeter une fois en l'air le lion le plus vigoureux, pour le tuer sur-le-champ. On m'a raconté que, dans les Indes, les buffles domestiques eux-mêmes se rendaient compte de la supériorité qu'ils avaient sur certains fauves, et qu'on les avait vus poursuivre un tigre avec des mugissements qui marquaient bien le plaisir que leur causait cette chasse.

Les lions ne s'approchent jamais des éléphants, excepté des jeunes, qu'ils déchirent parfois.

Tous les animaux de la création, sauf l'homme, fuient devant le noble éléphant; ce serait pourtant une proie encore plus facile que le rhinocéros, dont la seule vue met en fuite le lion.

ENTRE LE BASSIN DU ZAMBÈSE ET CELUI DU CONGO

24 février 1854. — Nous avons franchi les plaines inondées qui avoisinent le Dilolo et nous voici sur un territoire qui a échappé à la submersion et qui reconnaît l'autorité d'un chef du nom de Katendé. Là, je m'aperçois avec étonnement que les terrains plats que nous venons de traverser forment un déversoir entre les rivières du nord et celles du midi. En effet les eaux du pays où nous nous trouvons coulent vers le nord et vont se jeter dans le Kasaï ou Loké, au lieu que les rivières que nous avions rencontrées jusqu'à présent prenaient une direction méridionale.

Au premier village où nous faisons halte, nous recevons un accueil des plus cordiaux, et, comme nous y rencontrons de braves gens qui nous proposent de nous servir de guides, nous renvoyons ceux que nous avait donnés Katéma. Nous marchons vers le nord-ouest et nous atteignons la première vallée d'une réelle profondeur que nous ayions vue depuis que nous avons quitté Kolobeng. Une rivière en arrose le fond, qui se trouve à cent vingt mètres au-dessous du niveau des plaines qui couronnent les deux flancs du plateau; des arbres fort élevés croissent sur ses rives, et les plus belles fleurs se voient dans le terrain qui les entoure. Nous traversons un pont grossier où l'eau nous vient jusqu'aux genoux et nous franchissons la côte opposée. Après deux heures de marche, nous gagnons une autre vallée, aussi belle et qu'un clair ruisseau traverse également dans son milieu. On ne manquera pas de me trouver puéril de m'arrêter à noter un événement aussi peu important que la rencontre d'une vallée, chose si commune en tout pays. Mais le lecteur m'excusera sans doute si je lui fais remarquer la nature plus accidentée du pays où nous nous trouvons, lorsqu'il saura que les vallons que je viens de citer sont des embrassements de celui où se trouve le lit du Kasaï, et que ce fleuve, ainsi que ses affluents, s'alimente d'une manière toute particulière aux flancs mêmes des coteaux de la vallée, qu'elle traverse.

Sur le versant des coteaux qui forment ces vallées, on peut remarquer en plusieurs endroits des sources qu'environnent des arbres élancés, aux larges feuilles toujours vertes et de la même famille que ceux dont sont garnies les rives de la rivière. La terre y est généralement garnie d'une herbe drue, et c'est bien plutôt un marécage qu'une fontaine. L'eau qui s'en écoule lentement glisse goutte à goutte dans la rivière qui passe au fond de la vallée, et ces verdoyantes fontaines sont en assez grand nombre pour donner au paysage un aspect tout particulier.

Elles sont évidemment produites par les eaux qui s'infiltrent dans les plaines supérieures, qu'elles couvrent plusieurs mois de l'année, et la différence qui existe entre la végétation luxuriante qui entoure ces fontaines filtrantes et les maigres arbres qui garnissent le plateau, provient du long desséchet auquel est soumis le terrain de la plaine après une inondation qui a duré plus ou moins longtemps.

Nous atteignons le soir le village de Kabenjé, qui nous envoie du tabac, du maïs et du mulokuané, par le messager que nous lui avons envoyé pour lui annoncer notre visite; il nous fait dire en même temps quel plaisir lui cause l'espoir d'entrer un jour en relations commerciales avec la côte.

La route que nous suivons, en nous rapprochant de l'ouest, nous mène au milieu d'une peuplade infestée par les marchands d'esclaves, dont les visites causent une effusion de sang. En effet, le chef qui a autorisé la vente d'un certain nombre d'enfants juge nécessaire de se défaire des parents dont il craint les sortilèges. Cette croyance au pouvoir magique est si vivace chez ces peuplades que, si parfois elle conduit au crime celui qui a intérêt à se délivrer du sorcier, elle impose plus souvent un frein au despotisme, parce qu'elle attribue au faible une jouissance supérieure à celle du despote, et une puissance qui peut le poursuivre jusque par delà la tombe. Un noir de la tribu de Kabenjé nous fait voir le tombeau de sa fille, morte brûlée; il a réuni dans sa douleur tous ses autres enfants et a construit des cabanes tout autour du lieu où repose sa fille, afin, dit-il, d'y venir pleurer pour elle. « Si je ne surveillais pas son corps, ajoute le malheureux, des magiciens viendraient l'ensorceler en mettant des charmes sur son tombeau. » Ils croyent décidément à une vie future d'une façon bien plus arrêtée que les tribus du sud; les Barotzés eux-mêmes partagent cette croyance, et ils sont persuadés que les morts gardent des relations avec les vivants; un de mes hommes de cette tribu, que tourmentait un violent mal de tête, me dit un jour pensivement : « Mon père me châtie parce que je ne lui donne rien de la nourriture que je prends. » Et, comme je m'informais d'où était son père, il dit : « Avec les Barimos, » c'est-à-dire avec les Esprits.

Kabenjé nous refuse un guide pour nous conduire au village prochain, sous prétexte qu'il est en guerre avec le chef voisin. J'arrive cependant à le faire revenir sur cette décision, mais c'est à la condition que, dès que nous apercevrons les maisons de son ennemi, je renverrai le guide. Je n'accepte pas cette condition sans un vif regret, car les nègres n'accordent jamais une grande croyance aux paroles de l'étranger qui lui raconte lui-même son histoire; mais il me faut en passer par là et me présenter moi-même au chef du village voisin qui, d'ailleurs, ne ressemble pas du tout au portrait que son ennemi m'en a tracé. Il s'appelle Kangenké, et son village est situé sur une petite rivière du nom de Kalomba. Ici on ne donne plus ; on vend et on achète ce qu'on vous donne ailleurs, et, comme je n'ai plus qu'un paquet de verroteries, que je garde pour les circonstances difficiles, je commence à craindre que nous n'ayions bientôt à souffrir de la faim. On nous demande de la poudre en échange des aliments qui nous sont nécessaires, et nous serions riches si nous avions un plus grand approvisionnement de cet article qui a dans ce pays une grande valeur : on a une belle volaille pour une charge de poudre. On estime aussi à un très haut prix l'indienne et les grains de verroterie, mais le numéraire n'a aucun cours. Les naturels ne connaissent pas l'or qu'ils prennent pour du cuivre ; on ne peut commercer avec eux que par l'échange, et l'homme riche, fier de sa bourse bien garnie, verrait dans ce pays-ci la terre lui manquer sous les pieds. Le seul équivalent de notre monnaie dans cette contrée est une grosse pièce de cuivre, en forme de croix de Saint-André, qu'on offre parfois en payement.

27 février. — Kangenké nous donne des guides, et nous franchissons en peu de temps la distance qui nous sépare du lieu où nous devons traverser le Kasyé (nommé encore Kasaï ou Loké) à l'aide de deux canots que le chef a fait préparer pour nous. Le Kasaï est une belle rivière ; il a une largeur d'environ cent mètres et ressemble beaucoup à la Clyde. Il serpente lentement au fond d'une vallée dont les coteaux sont hauts d'environ cinq cents mètres, et il se dirige vers le nord et le nord-est. Le pays qu'il arrose est composé de forêts alternant avec des prairies herbues, et les guides m'affirment que nous pourrions naviguer plusieurs mois de suite sur cette rivière sans en découvrir la source ou l'embouchure.

Au moment de traverser le Kasaï, nous avons été victimes d'une tentative de chantage, dont les sujets de Shinté m'avaient prévenu. Un des hommes de Kangenké fit tomber son couteau près du lieu où nous avions passé la nuit : c'était un piège qu'il tendait au premier venu. Il se mit ensuite à guetter, jusqu'à ce qu'il vit un de mes serviteurs ramasser le couteau, ce qu'il ne sembla pas remarquer. Lorsque la moitié de nos gens eurent été déposés sur l'autre bord, il porta sa plainte et dit qu'un de mes hommes lui avait volé son couteau. Sûr de l'honnêteté de mes Zambésiens, je le priai de fouiller les bagages de ceux qu'il accusait ainsi. Le malheureux garçon qui avait donné dans le piège s'avança alors et déclara que l'objet réclamé était dans son panier et qu'il le rendrait très volontiers à son propriétaire. Celui-ci ne voulut le recevoir qu'accompagné d'une amende.

Le jeune homme lui offrit un collier, qu'il repoussa avec mépris. Le malheureux avait au cou une coquille semblable à celle dont Shinthé m'avait fait présent, et l'auteur de ce honteux chantage ne voulait se contenter que de cet objet précieux. Il fallut donner ce bijou en expiation de la faute commise. En effet, la coutume des Makololos et de beaucoup d'autres peuples exige que celui qui trouve un objet aille le porter au personnage le plus important de la société, auquel on en fait présent. Nul n'avait jamais manqué à cette règle établie, et le jeune noir eût dû s'y conformer à mon égard. Je regrettai cependant très vivement l'abus dont il était victime, abus auquel, en toute autre circonstance, je me serais opposé; mais le chef de la bande s'était réservé de ne traverser le fleuve qu'avec le dernier convoi, et, si je n'avais pas consenti aux exigences qu'on nous imposait, je me serais trouvé entre les mains de l'ennemi. J'ai rarement, d'ailleurs, rencontré un chef assez imprudent pour se laisser conduire avant moi sur l'autre bord, où il répondrait de ma personne si l'on venait à me saisir.

Les peuplades qui habitent près des établissements un peu plus civilisés pratiquent nombre d'autres escroqueries de ce genre. Les Balondas de la frontière orientale m'ont raconté mainte fois que des caravanes étaient plusieurs fois parties pour vendre aux blancs eux-mêmes les produits de leur pays, pour ne plus avoir affaire aux Mambaris, et que jamais elles n'avaient pu arriver à destination, à cause des ruses sans nombre que savaient inventer les peuplades qu'elles rencontraient en chemin, pour leur soustraire leur ivoire au moyen d'amendes.

Nous avons traversé le Kasaï par 11° 15′ 47″ de latitude sud; je n'ai pu prendre la longitude, tant le ciel était couvert.

Les sujets de Kangenké exigent un prix exorbitant pour la maigre quantité de manioc et de farine qu'ils nous offrent, et nous n'avons rien à manger. Mes Zambésiens ne possèdent qu'un peu de graisse qui vient du bœuf que nous avons tué chez Katéma, et il me faut leur donner une partie de mon dernier paquet de perles. Après avoir marché pendant un jour, nous arrivons auprès du village de Katendé. Je vois qu'il ne faut pas espérer s'y procurer de la viande, car un de nos guides attrape pour son repas deux souris et une taupe à robe bleu clair, et il les enveloppe dans une feuille avec un soin qui montre clairement combien le gibier est rare. Je ne vois nulle part la moindre trace d'animaux; et autour des villages, nous voyons des enfants occupés à déterrer les souris et les taupes.

Le lendemain du jour de notre arrivée, Katendé me fait appeler, et, comme je ne demande pas mieux que d'aller le voir, je fais à pied les trois milles qui séparent le camp de sa résidence. Quand nous arrivons au village, on nous invite à entrer dans une hutte, et, comme il tombe une pluie assez forte, j'y consens bien volontiers.

J'y reste assez longtemps et je reçois divers messages de Katendé; puis on m'informe que ce grand chef, en échange du droit qu'il m'accorde de traverser son royaume, exige un homme, une dent d'éléphant, des perles, des anneaux de cuivre ou un coquillage. On m'affirme que nul ne peut jouir de cette liberté ou même être admis à contempler la face du chef sans avoir offert d'abord l'un ou l'autre de ces objets. J'expose avec humilité l'état où je me trouve, et je finis mon discours en citant le proverbe africain: « On ne peut pas saisir par les cornes un taureau qui n'en a plus. » Au bout de quelques moments Katendé me fait dire de regagner ma tente et qu'il me donnera réponse demain. Je ne puis m'empêcher de rire de l'impudence de ce sauvage, et je retourne au camp le plus vite possible, car il pleut toujours à torrent. Mes Makololos semblent froissés de cette conduite peu hospitalière, et ils expriment assez vivement leur opinion; un des esclaves de Katendé essaie de me faire comprendre qu'il me suffirait, pour satisfaire le chef, de lui abandonner quelque bagatelle; aussi, dès que je suis arrivé, j'examine mes quatre chemises, je choisis la plus mauvaise, et je l'envoie à Katendé en l'invitant à venir lui-même prendre dans ma tente tout ce qui lui fera plaisir. Mais j'ajoute que, lorsque mon chef, me voyant entièrement nu, me demandera ce que j'ai fait de mes vêtements, je serai obligé de lui dire que je les ai laissés à Katendé. Le chef accepta ma chemise, et ceux de mes Zambésiens qui la lui avaient portée me dirent qu'on nous enverrait le lendemain des guides et des provisions de route, et qu'en outre Katendé avait manifesté le désir de me voir à mon retour de la côte. Les marchands qui lui font visite ont la faiblesse de céder à toutes ses exigences qui dès lors ne connaissent plus de bornes et qu'il multiplie sous les plus futiles prétextes. Un de mes hommes ayant rencontré un habitant du village qui ressemblait à l'un de ses compatriotes l'appela du nom de ce dernier et lui en expliqua le motif; on considéra cette plaisanterie comme une grave injure, et l'on exigea du coupable une amende importante. On me soumit l'affaire; je répondis qu'il n'y avait là aucune offense, et je conseillai à mon Zambésien de ne pas donner droit à cette ridicule demande. Ma réponse diminua considérablement les prétentions de l'offensé qui vient trouver le jeune homme afin de s'arranger à l'amiable; celui-ci refusa même de l'entendre, et l'affaire n'eut pas d'autre suite.

Tous les vivres que nous avait promis Katendé se réduisirent le lendemain à une volaille et à un peu de farine et de manioc. Voici deux jours que la pluie nous retient dans ce pays, et j'estime qu'il faut une rare patience pour voyager dans cette saison au milieu de gens de cette sorte. Enfin nous partons sans avoir vu Katendé; nous traversons d'abord le Sengko, petit fleuve sur les bords duquel nous avions établi notre camp, et après deux heures de marche nous rencontrons une seconde rivière un peu plus large, nommée le Totélo, que traverse un pont; à l'autre bout de ce pont, nous trouvons un nègre qui nous dit que ce pont lui appartient ainsi que le sentier, que les guides sont ses enfants, et que, si nous ne voulons pas lui donner quelque chose, il nous empêchera de passer. Je ne m'attendais pas à un tel trait de civilisation, et je restai immobile en face de l'audacieux péager; mais un de mes hommes lui donna trois anneaux de cuivre qui payèrent pour toute la bande. Ce publicain noir vaut mieux, somme toute, que je ne l'aurais cru, car, tandis que nous traversons sa passerelle, il va dans son jardin cueillir du tabac dont il nous fait cadeau.

A quelque distance du dernier village que nous devions traverser, nos guides s'asseyent à terre en face de trois sentiers et m'annoncent que, si je ne leur fais pas immédiatement cadeau d'un morceau d'étoffe ou d'un habit quelconque, ils me livreront à mes propres lumières et me laisseront choisir le chemin que je jugerai le meilleur. Comme je sais fort bien dans quelle direction se trouve Loanda, et que nous n'avons besoin de guides que pour traverser les villages et pour nous indiquer les sentiers les plus praticables, j'indique à mes gens celui des trois chemins qui nous mène au nord-ouest et je m'y engage sans me préoccuper de rien d'autre. Mais Mashaouana qui craint que nous ne nous égarions me demande l'autorisation d'abandonner sa propre jaquette; ce que voyant, nos guides se remettent aussitôt à la tête de notre troupe en s'écriant avec étonnement : « Averia! Averia! »

Dans l'après-midi, il nous faut traverser un petit ruisseau aux ondes rapides et transparentes, qui arrose une vallée d'environ un mille de largeur. Les hommes qui traversent à pied cette petite rivière ont de l'eau jusqu'au menton, et ceux qui sont à dos de bœuf ont de l'eau jusqu'à la ceinture; soudain, une pluie torrentielle éclate, le tonnerre gronde et l'orage achève de nous mouiller jusqu'aux os; il nous faut passer ensuite une très mauvaise nuit en nous contraignant à coucher entre des couvertures trempées. Le lendemain, nous voyons en face de nous une vallée inondée ayant environ huit cents mètres de large; un petit ruisseau la traverse, qui a toutes les allures d'un torrent et qui gagne le sud-sud-est dans la direction du Kasaï. Sa rapidité est telle que, pour le franchir, il nous faut nous cramponner aux bœufs que la force du courant a bientôt lancés à l'autre rive; nous sautons sur la berge et nous conduisons les pauvres animaux vers un endroit moins profond où il leur est possible d'aborder. Tout le reste de la vallée est un marais où nous enfonçons jusqu'au-dessus des genoux; mais en nous retenant à la courroie qui assujettit la couverture de mon bœuf de selle, nous arrivons tant bien que mal à nous tirer de ce bourbier. Nous n'avions rencontré jusqu'à ce jour que des fondrières d'une plus ou moins grande étendue, mais qui étaient toujours circonscrites; cette fois, le marécage s'étend sur une ligne parallèle au ruisseau et mesure sur chaque rive plusieurs mill.s d'étendue; malgré la rapidité du courant la grande quantité d'herb. qui tapisse la berge a préservé les terres contre l'effet des eaux.

Dans l'après-midi nous atteignons les bords du Nuana-Loké, c'est-à-dire enfant du Loké. Un pont traverse cette rivière; mais, pour l'atteindre et pour en sortir, il faut se mettre à la nage, et, lorsqu'on le traverse, on a de l'eau jusqu'aux aisselles : aussi quelques hommes de ma suite trouvent-ils plus commode de passer à côté du pont en se tenant à la queue des bœufs. J'avais l'intention de faire comme eux; mais au moment où j'allais descendre de mon bœuf Sinbad, cet animal se jeta dans la rivière avec ses semblables et il plonge si profondément que je ne pus même pas me saisir de la couverture et que je me décidai à passer l'eau tout seul. Mes compagnons s'imaginant que j'y étais contraint malgré moi, furent saisis d'une telle frayeur en me voyant lâcher ma bête qu'une vingtaine d'entre eux, qui avaient déjà gagné l'autre rive, se précipitèrent dans l'eau tous à la fois afin de me porter secours. Au moment où j'atteins le bord opposé, l'un me prend le bras, l'autre me jette le sien autour du corps; tous s'approchent, tous se pressent à mes côtés de la façon la plus touchante du monde; quelques-uns ont perdu leur manteau que le courant entraîne, mais ils l'oublient dans la joie qu'ils éprouvent de me retrouver sain et sauf; après m'avoir témoigné leur affection et exprimé leur bonheur de ce qu'il ne m'est rien arrivé, ils se jettent de nouveau à l'eau pour aller chercher une partie de mes bagages qu'ils ont abandonnés dans leur effroi.

Quelle vive reconnaissance m'inspirent ces malheureux idolâtres! Comme je leur sais gré de la hâte qu'ils ont mise à me secourir! Ils nagent à la façon des chiens, et non, ainsi que nous, à celle des grenouilles, et ils étaient plus rapides que moi qui étais embarrassé par mes vêtements. Un peu plus loin, il nous fallut traverser la petite rivière du Lozézé, et nous atteignons un village de Kasabis où nous achetons du manioc en échange de nos grains de verroterie. Tandis que je me retourne devant un grand feu afin de sécher mes habits, quelques indigènes essaient de nous faire peur en nous parlant des rivières profondes que nous rencontrerons sur notre route. Cette idée que nous pouvons nous laisser effrayer par une rivière fait bien rire mes Zambésiens. « Nous savons tous nager, répliquent-ils, et c'est par ses propres efforts que l'homme blanc a traversé le Nuana. » Cet éloge me remplit de fierté.

Samedi 4 mars. — Nous atteignons les frontières du territoire des Chiboques. Deux petites rivières à passer : le Kondé qui a quelque profondeur et sur lequel on trouve un pont, et le Kalouzé qui n'a aucune importance; tous deux arrosent de charmantes vallées d'une grande fertilité. « Le beau pays pour élever du bétail! s'écrient mes Zambésiens qui déplorent sans cesse l'abandon de terres si fécondes, nous souffrons de voir de si riches vallées sans culture : elles donneraient tant de maïs! »

Je me demande en effet pourquoi les habitants de cette belle contrée n'élèvent pas de troupeaux ; j'ai quelquefois pensé que la cause en était le despotisme des chefs qui ne toléraient pas que leurs sujets aient des animaux domestiques ; mais aujourd'hui je crois que la mouche tsétsé a jadis infesté le territoire des Balondas et qu'elle l'a quitté au moment où les animaux sauvages ont disparu de la région.

Aujourd'hui que la contrée ne produit plus de gibier, il est possible d'y élever des bêtes à cornes, témoin les troupeaux de Matiamoo, de Katéma et de Shinté qui réussissent fort bien.

Rien n'annonce d'ailleurs que dans les villages de Kasabis la population n'ait pas une nourriture suffisante. On y apprécie beaucoup nos grains de verre, mais le calicot et l'indienne auraient encore plus de succès ; lorsque nous passons, des femmes, des hommes, des enfants courent à notre rencontre et s'empressent de nous offrir de la farine et des volailles que nous achèterions volontiers si nous nous étions munis de quelques morceaux de cotonnade. Lorsque nous leur disons que nous n'avons pas d'étoffe, ils nous tournent le dos et s'éloignent en donnant tous les signes d'un vif désappointement. La population du centre de l'Afrique est assez nombreuse en comparaison de celle de la colonie du Cap ou du pays des Béchuanas ; mais, relativement à l'étendue de son territoire, elle est encore bien peu de chose, et une bien faible partie des terres qui pourraient être cultivées est soumise à la charrue. Partout d'abondants cours d'eau qui permettraient l'irrigation des terres et presque sans travail, d'admirables prairies, des forêts magnifiques, de fécondes vallées totalement désertes, car on ne rencontre même pas de bêtes sauvages pour manger l'herbe tendre et pour prendre leur repos à l'ombre des grands bois toujours verts qui abondent dans la province de Londa.

Les peuplades de la région centrale ne sont pas tout à fait noires. Nombre des habitants de cette contrée sont de couleur bronzée, et les autres d'une teinte aussi claire que celle des Bushmen, ce qui prouve, comme nous l'avons déjà remarqué, que la chaleur ne suffit pas pour produire de véritables nègres ; les peaux tout à fait noires ne se rencontrent que chez les tribus qui habitent depuis des siècles un pays chaud et humide à la fois, et encore y trouve-t-on un grand nombre d'exceptions. Les Makololos sont pâles si on les compare aux indigènes du district où ils sont venus s'établir. Les Batokas des régions élevées ont la peau bien moins foncée que les Batokas qui habitent le bord des fleuves, et cette différence est si sensible qu'on les prendrait pour deux races différentes s'ils ne parlaient pas la même langue et si l'on ne retrouvait pas chez ceux-ci comme chez ceux-là une coutume caractéristique et qui prouve évidemment une communauté d'origine : celle de s'arracher les incisives de la mâchoire supérieure.

En dehors de l'influence que peuvent avoir la hauteur, la chaleur et l'humidité des lieux, j'ai cru remarquer que les teintes plus ou moins sombres qu'offre la peau des nègres peuvent se distribuer en cinq zones qui divisent la partie sud du continent africain dans le sens de la longitude. Sur la côte, à l'est et à l'ouest, la couleur est très foncée. Les deux zones qui sont situées à trois cent milles du rivage renferment les peuplades d'une teinte beaucoup plus claire; celle de l'ouest décrit un vaste demi-cercle qui embrasse le désert Kalahari et le territoire des Béchuanas. Chez les indigènes de la zone centrale, la couleur se fonce de nouveau.

J'avance cette opinion sans en affirmer l'exactitude absolue, et telle que je l'ai conçue à mesure que je traversai la région. On doit cependant remarquer que les dialectes parlés par les diverses peuplades de l'Afrique sont distribués selon un certain ordre qui paraît indiquer les migrations des tribus chez lesquelles ils sont en usage, et que cet ordre se trouve être précisément l'ordre que j'attribue aux teintes diverses de la couleur des nègres. Les dialectes des Hottentots et des Cafres ont une étroite ressemblance avec ceux des peuplades qui habitent immédiatement au nord de la Cafrerie; c'est par d'insensibles gradations qu'ils passent de l'un à l'autre, et, lors même qu'ils diffèrent, on peut facilement leur reconnaître une origine commune. Lorsqu'on s'éloigne et que l'on compare la langue des Cafres avec celle des tribus qui avoisinent l'équateur, on rencontre une nouvelle preuve que tous les dialectes africains appartiennent à deux familles uniques, encore qu'à cette distance le rapport qu'ils ont entre eux devienne moins facile à saisir. Toujours est-il que l'examen de la racine des mots qui composent ces nombreux dialectes donne la certitude qu'ils ont une souche commune dont les diverses branches suivent une direction parallèle. Il existe ainsi une différence bien moins grande entre les dialectes de l'Est et de l'Ouest qu'entre ceux des tribus du Nord et du Sud, et la langue que parlent les habitants d'Angola se rapproche de fort près de celle des habitants de Télé.

Ainsi que je l'ai dit plus haut, nous avons atteint le 4 mars le village de Njambi, l'un des chefs des Chiboques. Nous comptons y passer tranquillement la journée du dimanche. Comme tous nos vivres sont épuisés, j'ordonne de tuer un de nos bœufs de selle qui est harassé de fatigue, et j'en fais porter la bosse et les côtes à

Njambi en lui faisant dire que tel est le tribut qu'on a coutume d'offrir aux chefs dans le pays que nous venons de traverser. Il nous remercie de ce cadeau et nous fait dire qu'il nous enverra des vivres. Mais le lendemain matin, il nous envoie un insolent message par lequel, ne se contentant plus de la viande qu'il avait acceptée la veille, il réclame un homme, un bœuf, de la poudre, un fusil, de l'indienne ou un coquillage, et où il nous annonce qu'il ne nous accordera le droit de passage qu'en échange d'un de ces objets. Je lui fais répondre que je croirais commettre une action insensée si je faisais fi de la minime quantité de farine qu'il nous a envoyée et surtout si j'exigeais qu'il y joignît autre chose ; que je n'ai aucun des objets qu'il me demande, mais que, quand bien même je les aurais à ma disposition, j'estimerais qu'un nègre n'a pas le droit d'imposer un tribut à des voyageurs qui n'ont rien de commun avec les marchands d'esclaves. Les envoyés de Njambi me répondent que, lorsqu'ils sont chargés d'un message auprès des Mambaris, ceux-ci leur donnent toujours un grand morceau d'étoffe pour leur maître et qu'ils attendent de moi un présent équivalent.

Au moment où les Chiboques s'éloignent, nous les entendons se dire entre eux : « Ces étrangers n'ont que cinq fusils. » Et vers le milieu du jour, notre camp est entouré par Njambi qui a réuni tous ses hommes dans l'intention évidente de nous enlever tout ce que nous avons. Mes Zambésiens s'emparent de leurs javelots, tandis que les jeunes Chiboques brandissent leurs sabres avec fureur ; quelques-uns ont des fusils qu'ils braquent vers moi en se faisant les uns aux autres des signes d'intelligence. Je m'assieds sur mon pliant, je place sur mes genoux mon fusil à deux coups, et je prie le chef de s'asseoir ainsi que moi. Aussitôt que Njambi et ses conseillers sont assis à terre en face de moi, je les interroge sur le motif de cette démonstration menaçante. Le chef me répond que ce matin l'un de mes hommes du nom de Pitsané, tandis qu'il se chauffait, a atteint en crachant les jambes d'un de ses envoyés, et que ce *crime* mérite une amende d'un homme, d'un fusil ou d'un bœuf. Pitsané avoue qu'il est tombé sur la jambe du Chiboque un peu de salive, mais il ajoute que ce n'est que par hasard, et que la preuve que son intention n'était pas d'offenser l'envoyé de Njambi, c'est qu'un moment auparavant il lui avait fait cadeau d'un morceau de viande, et qu'il a essuyé de sa main l'éclaboussure qu'il avait faite par inadvertance.

Quant à l'amende d'un homme qu'il exige de nous, je déclare que nous sommes préparés à périr plutôt que de livrer l'un de nous dont on ferait certainement un esclave, et que je n'ai pas plus le droit de disposer de mes serviteurs qu'eux-mêmes n'ont le droit de me vendre, car tous nous sommes des hommes libres.

« Livrez alors le fusil qui vous a servi à tuer le bœuf, répond Njambi. — Impossible, dis-je, vous venez en ce lieu dans l'intention de nous piller; je ne puis vous en fournir les moyens en vous donnant des armes. » Njambi m'affirme qu'il n'a jamais eu d'autre intention que de réclamer le tribut qui lui est dû par les voyageurs qui traversent son territoire. Je lui demande quel droit il a de réclamer un paiement de ceux qui passent sur le sol qui n'appartient qu'à Dieu, notre père à tous. « Si nous traversions vos jardins, ajouté-je, nous ne ferions pas de difficulté pour vous payer, mais nous marchons sur la terre commune et elle nous appartient aussi bien qu'à vous. » Il ne tente point de réfuter ce raisonnement, qui concorde d'ailleurs avec les idées de son peuple, et il reprend l'affaire du crachat. Mes Zambésiens me supplient d'abandonner quelque objet afin de terminer ce différend; je demande à Njambi si l'action de cracher est réellement un crime, et, comme il me répond affirmativement, je lui cède une de mes dernières chemises. Mais les jeunes Chiboques ne s'en satisfont pas, ils se mettent à brandir leurs armes, à pousser des cris perçants et à réclamer une amende d'une plus grande valeur.

Pitsané, que cette déplorable aventure désole d'autant plus qu'il en est la cause, me conjure d'ajouter un objet quelconque à la chemise que j'ai livrée; j'abandonne un rang de perles; les conseillers réclament à leur tour; j'ajoute un grand mouchoir de poche; mais les Chiboques augmentent leurs cris, leurs exigences s'accroissent en raison de la faiblesse qu'ils me supposent, et enfin ils se précipitent sur nous les armes hautes. Un d'eux tente de m'attaquer par derrière; mais au moment où il lève son arme sur moi, il rencontre le canon de mon fusil au niveau de sa bouche; ce qui l'engage à se retirer immédiatement. Je suis sûr, avec mes Makololos que Sébitouané a dressés au combat, de venir à bout des Chiboques, quel que soit leur nombre et celui des sabres, des lances, des arcs et des fusils dont ils sont armés jusqu'aux dents. Cependant je voudrais éviter l'effusion du sang et je m'efforce d'empêcher le combat. Mes Zambésiens, que ce déploiement soudain de forces a pris au dépourvu, n'en gardent pas moins un sang-froid admirable; ils se rapprochent graduellement de Njambi et de ses conseillers qui, en cédant à l'invitation que je leur avais faite de s'asseoir, se sont placés eux-mêmes ainsi que dans un piège, et qui comprennent fort bien qu'il ne leur serait pas possible d'éviter les javelots de mes hommes. Je leur dis alors que, puisqu'ils n'ont rien voulu accepter de ce que je leur ai offert en cadeau, c'est une preuve qu'ils souhaitent le combat, tandis que nous ne désirions que traverser en paix leur territoire; que c'est donc à eux de commencer la bataille, qu'ils en répondront devant Dieu, et que nous, nous attendrons pour combattre qu'ils aient frappé le premier coup.

Après avoir prononcé ces paroles, j'observai le silence pendant quelques minutes et non sans une certaine inquiétude, car je savais fort bien que ce serait l'homme blanc qu'on viserait le premier. Cependant je m'efforçai de garder un air calme, et je promenai un œil tranquille sur les figures sauvages qui m'entouraient, figures dont le caractère féroce était augmenté par la coutume qu'ont tous les Chiboques de se limer les dents de façon à les rendre tout à fait aiguës. Njambi et ses conseillers, que l'air résolu dont mes hommes semblaient attendre le moment de les frapper à leur tour ne paraissait guère rassurer, hésitaient à donner le signal du combat.

« C'est d'une manière toute nouvelle, dirent-ils enfin, que vous vous présentez à nous; vous dites être nos amis, mais comment pouvons-nous le savoir si vous ne nous donnez pas de vos aliments et que vous ne goûtiez pas des nôtres? Donnez-nous un bœuf, de notre côté nous vous céderons tout ce que vous désirerez et nous serons liés par une réelle amitié. »

Afin de satisfaire au désir de mes hommes, je livrai le bœuf qu'on m'avait demandé et je priai qu'en échange on nous envoyât des vivres dont nous avions un grand besoin. Dans la soirée, je reçus un tout petit panier de farine et deux ou trois livres de notre bœuf que Njambi nous expédiait en nous priant de l'excuser de ce qu'il n'avait pas autre chose. Il ne manquait pas d'impudence. Je ne fis qu'en rire, et je remerciai Dieu de ce qu'il eût permis que nous pussions continuer notre chemin sans qu'il y eût de sang répandu, car j'étais bien résolu à combattre jusqu'à la mort plutôt que de livrer un de mes hommes pour en faire un esclave.

Dans le tumulte occasionné par cette affaire, plusieurs Chiboques volèrent des quartiers de viande à mes Zambésiens, et Mohorisi, l'un des Makololos, vint avec fierté parmi cette troupe hostile reprendre un os à moelle qu'un des Chiboques lui avait dérobé. La bravoure que mes compagnons montrèrent en cette circonstance me semble d'autant plus réelle que non seulement ils avaient à combattre un ennemi bien supérieur en nombre, mais qu'en plus ils avaient laissé chez eux leurs boucliers que Sékélétou n'avait pas voulu leur laisser emporter de crainte qu'ils ne se trouvassent trop disposés à combattre les peuplades que nous devions traverser. Nous avons en toute occasion fait preuve d'intentions pacifiques, et l'on voit par la réception que nous a faite Njambi que notre conduite n'a pas toujours été appréciée. Il faut dire qu'au point de vue des Chiboques nous cherchons à frauder la tribu d'une taxe qui lui est due. Ils ont l'habitude de recevoir de chaque marchand qui passe un ou deux esclaves, et ils s'indignent du refus que nous faisons de leur payer cette impôt qui leur semble équitable.

6 mars. — On nous affirme que les tribus qui habitent à l'ouest des Chiboques ont à ce point la coutume de se voir payer en chair humaine le passage qu'ils accordent aux traitants qu'il ne me sera pas possible de traverser leur territoire sans laisser un à un tous nos hommes en route, au point que je n'en aurai plus quand j'atteindrai la côte. Ces renseignements, que tout me porte à croire exacts, me décident à changer de direction et je me dirige vers le nord-nord-est dans l'espérance de rencontrer un sentier qui nous conduise aux établissements portugais de Cassangé. Nous allons d'abord droit au nord en laissant à notre droite les villages Kasabis et à notre gauche le Kasaï. Durant les premiers vingt milles, nous avons à franchir un grand nombre de ruisseaux qui sont débordés, dont les rives sont, comme d'ordinaire, marécageuses et dont les eaux sont décolorées par le fer qui les rouille en tous les lieux où elle ont séjourné quelque temps.

L'autre jour, j'aperçus une antilope noire, animal rare dans cette région. La grande quantité de fleurs charmantes et inconnues qui croissent dans ces vallées nous étonne, et nous constatons avec intérêt le changement que la différence topographique amène dans les saisons : à l'époque où nous sommes, l'été touche à sa fin à Kuriman; il est très avancé à Lynianti, et dans l'endroit où nous arrivons il n'est qu'à la moitié de son cours. Ici les fruits que nous avons mangés sur les rives du Liambye ne sont pas encore parvenus à maturité, mais les habitants de la région où nous pénétrons ont, chaque année, deux saisons de pluie et deux étés, ce qui arrive quand le soleil passe au midi de l'équateur et quand il repasse au nord comme il le fait maintenant.

8 mars. — Comme un de mes hommes a laissé une ou deux onces de poudre à l'endroit où nous avons campé cette nuit, il lui a fallu faire plusieurs milles pour aller les rechercher. Nous avons dû l'attendre; la traversée d'un ruisseau que nous avons passé tout à l'heure m'avait trempé, ce qui ne serait rien si je ne m'étais pas arrêté, mais l'inaction m'a fait attraper un refroidissement et j'ai été pris d'un violent accès de fièvre. Cela me cause d'autant plus d'ennui que nous arrivons dans une vallée délicieuse arrosée par un ruisseau que l'on nomme le Chihouné, et que nous possédons le bonheur d'avoir un ciel absolument pur et un admirable clair de lune; mais j'ai un tel vertige que c'est à grand'peine que j'arrive après plusieurs heures d'efforts à prendre une observation lunaire à laquelle je puisse me fier.

Le Chihouné va se jeter dans le Longé qui se joint à son tour au Chihombo, l'un des affluents du Kasaï. Tandis que nous étions sur les rives du Chihouné, les habitants d'une bourgade voisine sont venus nous apporter de la cire en nous offrant de nous la vendre. Nous leur avons répondu que nous préférions du miel, et quelques moments après ils sont revenus en portant une ruche. Toutes les abeilles de ce pays sont la propriété des indigènes qui placent un assez grand nombre de ruches pour les contenir toutes.

Lorsque nous avons acquis la certitude de ce fait, nous avons cessé de répondre aux cris d'appel du coucou indicateur qui n'aurait pu nous mener qu'à une ruche que nous n'étions pas en droit de dépouiller. Mais, malgré le peu d'attention que nous accordons à sa voix, l'oiseau n'en continue pas moins à nous indiquer les endroits où se trouve du miel. Mes Zambésiens manifestent un vif regret de n'avoir pas su plus tôt que la cire des abeilles offrait une valeur commerciale. En traversant les clairières et les bois épais que nous rencontrons tour à tour, je remarque avec un intérêt qu'égale seule ma surprise que les arbres eux-mêmes ont quelque chose qui ressemble à de l'instinct. L'un d'eux d'où s'écoule lorsqu'on l'entaille un suc laiteux se développe tout naturellement lorsqu'il pousse en terrain découvert; il est alors droit, et son feuillage luxuriant répand autour de lui une ombre épaisse ainsi que tous les arbres dont la cime est touffue. Lorsqu'il croît au milieu des forêts, il naît de son sommet une branche volubile qui s'enroule autour d'un arbre voisin qui s'élève quelquefois jusqu'à dix ou quinze mètres de la feuillée d'où elle s'est échappée, et qui se ramifie alors de façon à former une nouvelle cime qui prend au soleil un libre développement. Enfin, lorsque cet arbre pousse dans l'épaisseur de la forêt, il fait choix d'un voisin vigoureux, s'y enlace immédiatement et gagne le sommet sans même avoir tenté de se ramifier plus bas; on dirait alors une liane gigantesque; il en a l'apparence et il en adopte les habitudes chaque fois qu'il est obligé, par le manque d'air et d'espace, à modifier sa nature. Les sentiers sont encombrés par des lianes colossales qui atteignent parfois la grosseur de la cuisse. Il doit y avoir une raison qui leur fait préférer une direction à une autre dans la spirale qu'elles décrivent et qui est invariablement la même; sur l'une des rives du Chihouné, elles s'enroulent de droite à gauche, tandis que sur l'autre bord, elles prennent la direction opposée. Tout d'abord je pensai que cela venait de leur position par rapport au soleil qu'elles ont tour à tour au nord et au sud pendant six mois de l'année; mais je remarquai sur le Liambye des plantes grimpantes qui s'enroulaient autour du même roseau chacune dans un sens opposé de façon à décrire la même figure que celle que décrivent en se croisant les cordons d'un soulier.

C'est en traversant ces sentiers inextricables que j'ai eu l'occasion de constater combien était capricieux le bœuf qui me servait de monture. On l'appelait Sinbad et ses allures infiniment plus douces que celles de ses compagnons me l'avaient fait préférer, mais son caractère était extrêmement difficile. Par bonheur, ses cornes avaient la pointe en bas, et cette disposition les rendait absolument inoffensives ; il était d'ailleurs plus fantasque que méchant ; au moment où l'on pouvait s'y attendre le moins, il tournait court et se précipitait dans le hallier sans souci des épines et des lianes. La bride et le mors dont je me servais pour le diriger étaient formés d'une corde au bout de laquelle se trouvait un bâton qui lui traversait le cartilage du nez. Lorsque je tirais sur la corde afin de le faire arrêter, il n'en courait qu'un peu plus vite ; lorsque je voulais aller à droite, il tournait sa grosse tête dans la direction que je lui avais indiquée, mais il ne quittait pas du coin de l'œil le côté défendu et m'emportait à gauche malgré tous mes efforts. Le seul moyen de lui faire faire halte était de lui asséner un coup de baguette sur la figure. Si une branche ou une liane se trouvait en travers du chemin, j'étais violemment renversé à terre, et jamais Sinbad n'a manqué cette occasion de me donner un coup de pied comme si je n'avais jamais rien fait qui pût me mériter son affection.

Aucun des arbres et des plantes de cette contrée n'est muni d'épines à l'exception toutefois d'un arbre qui produit une sorte de noix vomique, et d'un petit arbuste assez semblable au smilax et dont les épines crochues s'ornent de baies jaunâtres réunies en bouquets. Ce manque d'épines qui est une des particularités de ces forêts nous étonne d'autant plus qu'on trouve dans le sud une quantité innombrable de plantes et d'arbres épineux de toutes sortes et des épines de toutes dimensions et de toutes figures : droites, longues et minces, courtes et grosses, en crochets, en hameçons, en fers de lances, en alènes et si fortes et si coupantes qu'elles entament le cuir ainsi qu'un rasoir. Les gousses, les noix, les capsules, en un mot toutes les gaînes qui contiennent les graines de cette plante sont dispersées parmi ces appendices : l'un est plat comme une pièce de monnaie et est muni au centre de deux épines afin de pouvoir s'attacher au pied du premier animal qui marchera dessus par hasard et le transportera à une distance parfois assez grande ; un autre, qui appartient à l'*Uncaria procumbens*, que l'on nomme vulgairement plante à grappin, porte une quantité de gigantesques épines qui lui permettent de s'accrocher à tout ce qui passe ; lorsqu'il s'attache au mufle d'un bœuf, la malheureuse bête fait halte et pousse des rugissements de douleur et d'impuissance.

Chaque fois que l'on a défriché une partie de la forêt, afin d'y établir un jardin que l'on a ensuite délaissé, une plante dont les feuilles sont assez semblables à celles du gingembre fait son apparition sur le terrain abandonné qu'elle se partage avec la fougère. Ce fait, qui se renouvelle souvent depuis le territoire des Chiboques jusqu'à la province d'Angola, montre la différence de climat qui existe entre cette contrée et le pays des Béchuanas, où l'on ne rencontre pas de fougère, sauf une ou deux espèces assez vivaces pour résister à la sécheresse. La plante dont il est question porte au niveau du sol une charmante fleur rose qui fait place en tombant à un fruit pourpre rempli de graines, et donne un jus acide délicieux et infiniment précieux dans cette contrée torride.

Le Gérant: Ds*** GAUTIER.

PRIME DU MOIS DE SEPTEMBRE

Tout abonné direct à la *Nouvelle Bibliothèque populaire* aura droit de recevoir, pendant toute la durée du mois de Septembre, aux prix réduits de 1 franc broché et de 1 fr. 30 relié, au lieu de 2 fr. broché et 2 fr. 30 relié que coûte cet ouvrage en librairie :

LES MICROBES
ROMAN DE MŒURS CONTEMPORAINES
PAR
ROGER DES FOURNIELS

1 volume in-12. — Prix : 2 fr. en librairie.

Pour recevoir la prime franco, il suffit d'envoyer à M. Henri Gautier, éditeur, 55, quai des Grands-Augustins, à Paris, 1 franc si on veut recevoir le volume broché, ou 1 fr. 30 si on désire ce volume relié en toile grise avec ornements noirs.

Librairie BLÉRIOT, Henri GAUTIER, successeur,
55, quai des Grands-Augustins, à Paris.

VIENT DE PARAITRE

CH. BUET

L'AINÉE

Ouvrage couronné par l'Académie Française.

1 volume in-12.   2 francs.

JEAN DRAULT

DÉPUTÉ-SOLDAT

Illustrations de G. Tiret-Bognet

1 volume in-12.   2 francs.

Pour recevoir ces ouvrages, il suffit d'en envoyer le prix en mandat-poste, timbres français ou autre valeur sur Paris, à M. Henri Gautier, éditeur, quai des Grands-Augustins, à Paris.

Pour paraître le 28 septembre 1895

CALDERON

LA DÉVOTION à LA CROIX

Nous connaissons trop peu, en France, le théâtre étranger. Tout spécialement, les dramaturges espagnols nous demeurent peu familiers, et, si Shakespeare a commencé de paraître sur nos scènes, il n'en est pas de même de Calderon. On lira avec admiration, nous en sommes persuadés, le plus original peut-être de ses ouvrages, *la Dévotion à la Croix*.

ABONNEMENTS

à la

Nouvelle Bibliothèque populaire

La *Nouvelle Bibliothèque populaire* publie un volume par semaine.
On peut s'abonner aux cinquante-deux volumes d'une année. Les abonnements partent du 1er de chaque mois.
Tous les abonnés, aussi bien ceux de l'étranger et des colonies, que ceux de la France, recevront un volume par semaine.

PRIX DE L'ABONNEMENT D'UN AN

Paris, Départements, Algérie et Belgique . . . **7 francs.**
Étranger (sauf la Belgique) et Colonies . . . **8 francs.**

PRIME GRATUITE

EXCLUSIVEMENT RÉSERVÉE AUX ABONNÉS NOUVEAUX

Tout abonné nouveau a droit à recevoir, gratis et franco, dix volumes à choisir dans la liste de ceux déjà parus, ou un joli cartonnage pour conserver les volumes.

On s'abonne pour un an en envoyant, en mandat-poste, timbres français, ou autre valeur sur Paris, à M. Henri Gautier, 55, quai des Grands-Augustins, à Paris, 7 francs si l'on habite la France, la Belgique ou l'Algérie; 8 francs si l'on habite l'étranger ou les colonies. La prime est envoyée au reçu de l'abonnement.

CALDERON

LA DÉVOTION à LA CROIX

Edité par
HENRI GAUTIER
55, QUAI DES GRANDS AUGUSTINS, 55
PARIS

Il paraît un volume par semaine

Directeur littéraire de la *Nouvelle Bibliothèque Populaire* :

ALFRED ERNST

AVIS A NOS ABONNÉS

Nous rappelons à nos abonnés que tout changement d'adresse doit être accompagné d'une bande indiquant l'adresse ancienne et de cinquante centimes en timbres-poste français ou autre valeur sur Paris.

CALDERON

Notice biographique et littéraire

Don Pedro Calderon de la Barca naquit au mois de janvier 1600, à Madrid. Son père, secrétaire du Conseil des finances, était issu d'une ancienne famille seigneuriale; sa mère venait, elle, d'une famille également noble, originaire de la Flandre, mais établie en Castille depuis de nombreuses générations. Dans le cours de sa neuvième année, le jeune Calderon entra au collège impérial de Madrid. Là, ses maîtres, les Jésuites, furent émerveillés de ses progrès rapides et de ses dons, car il composa, encore sur les bancs de la classe, sa première comédie, *le Char du ciel*, aujourd'hui perdue. Il poursuivit ses études à la célèbre université de Salamanque, et s'y distingua dans toutes les sciences. Revenu à Madrid, il s'y livra sans relâche à ses travaux dramatiques, étudiant surtout le théâtre de Lope de Vega. Puis il entra dans l'armée, alla guerroyer dans le Milanais et dans les Pays-Bas, observant en particulier les mœurs italiennes, et ne cessant pas d'écrire. Sa réputation grandissait, et Lope le considérait déjà comme le plus brillant des poètes espagnols. En 1636, Calderon fut mandé en Espagne par Philippe IV, qui le fit intendant de ses fêtes dramatiques et lui donna l'habit militaire de Saint-Jacques.

En 1651, le poète applaudi de toute l'Espagne, le soldat valeureux et estimé de tous prit une détermination inattendue: il entra dans les ordres. Dans la vie civile comme dans la vie militaire, Calderon avait toujours donné l'exemple, du reste, de la foi la plus vive et de la fidélité aux obligations religieuses. Cette foi, cet attachement aux préceptes de l'Église étaient devenus chez lui, avec le temps, une piété extrêmement ardente.

D'ailleurs, en un pays et à une époque où la foi de tous était vive, l'Église ne voyait nul inconvénient à ce que ses membres, ses dignitaires même, s'occupassent de poésie, d'art et de théâtre. Calderon, qui jamais n'a fait l'apologie du vice ou de l'erreur, et qui entendait servir la vérité par sa plume d'écrivain, composa bien davantage après son entrée dans les ordres qu'auparavant. Le roi fit de Calderon son chapelain honoraire; puis, le célèbre dramaturge fut chargé, plusieurs années durant, d'écrire les pièces religieuses ou « actes sacramentels » (*autos sacramentales*) que l'on jouait, dans un grand esprit de foi, aux fêtes importantes de l'Église. En 1663, le poète entra dans la congrégation dite de Saint-Pierre; en 1666, il fut nommé premier chapelain de cette congrégation. En 1681, le 25 mai, jour de la Pentecôte, il mourut: le prêtre riche de vertus, le poète chargé de gloire, s'éteignit au soir de cette fête, à l'heure où, à Madrid, à Séville, à Tolède, à Grenade, dans l'Espagne presque tout entière, s'achevait la représentation de ses « actes sacramentels ».

On n'a pas le chiffre exact des œuvres écrites par Calderon, dont la fécondité dramatique, sans égaler celle de Lope, fut absolument extraordinaire. Cependant, d'après les renseignements les plus dignes de foi, il composa cent vingt comédies ou drames, cent « actes sacramentels », deux cents « louanges » (loas), qui fréquemment servaient de prologue aux « actes », cent intermèdes, chansons, etc. De cette immense production, on a pu conserver soixante-douze actes sacramentels précédés de leurs « louanges », et cent huit pièces ordinaires de théâtre.

Calderon est certainement un des plus étonnants dramaturges qui aient existé. On distingue, dans son œuvre, les « comédies d'intrigue », et les « comédies sérieuses », sans parler des *autos*. Le mot de comédie n'est pas de sens aussi limité dans le théâtre espagnol que sur notre scène, et, en particulier, la « comédie sérieuse » correspond assez à ce que nous appelons « drame » depuis les batailles livrées par l'école romantique. Dans la comédie d'intrigue, les personnages sont habituellement des types très généraux, fréquemment bouffes, et, par suite, un peu convenus ; les pièces de Calderon valent surtout, en ce cas, par l'ingéniosité d'une intrigue aux incidents multiples, aux effets amusants, et par la verve brillante du dialogue : quiproquos, imbroglios, surprises et méprises, l'auteur s'en donne à cœur joie. Dans la comédie sérieuse, Calderon est dramatique à outrance ; il excelle aux effets grandioses et terribles, et du même coup il dessine des caractères fortement conçus, développe puissamment de tragiques passions. Si on peut lui reprocher son insouci des vraisemblances, les facilités qu'il se donne de la sorte engendrent des beautés si saisissantes et si nombreuses que le spectateur suit volontiers le poète où celui-ci veut le conduire. Le génie de Calderon est si spontané, d'une vigueur productrice si intense et d'une variété si magnifique que l'œuvre de ce dramaturge demeure tout à fait extraordinaire, au nombre de celles qui n'appartiennent pas à un seul pays, mais bien à toute l'humanité. Est-il beaucoup d'ouvrages plus dramatiques que *l'Alcade de Zalamea*, d'une portée plus vaste et plus juste que *la Vie est un songe*, d'une plus belle émotion religieuse que les *autos sacramentales*, d'une signification chrétienne et humaine plus haute que *la Dévotion à la Croix*? Je ne le crois pas. Et cette production, si considérable que peu de lettrés, même parmi les érudits, la connaissent entièrement, a influé d'une manière efficace sur les écrivains dramatiques les plus divers, de Molière à Scribe, des auteurs anglais à Wagner et à Goethe.

ALFRED ERNST.

LA DÉVOTION A LA CROIX

(FRAGMENTS)

Personnages :

EUSEBIO.
LISARDO.
CURCIO, vieillard, père de Lisardo.
JULIA, fille de Curcio.
OCTAVIO.
CELIO.
RICARDO.
GIL, paysan bouffon.
MENGA, paysanne bouffonne.
ALBERTO, prêtre.
Bandits et paysans.

La scène se passe en Espagne.

SCÈNE PREMIÈRE DE LA PREMIÈRE JOURNÉE

Un terrain désert dans les montagnes. Au loin on aperçoit une croix.

GIL et MENGA, *parlent hors de la scène.*

MENGA
Regardez où va cette bourrique.

GIL
Hue donc, diablesse! hue donc, coquine!

MENGA
Regardez où elle s'est fourrée! Allons! par ici!

GIL
Que le diable l'emporte! N'y a-t-il personne qui puisse m'aider à la tirer par la queue! Tant de gens seraient dignes d'en porter une!

MENGA
Tu as fait là un bel ouvrage, Gil!
GIL
Tu as fait là un bel ouvrage, Menga! car la faute en revient à toi, qui montais la bête, et qui sûrement lui as conseillé de s'aller mettre dans le fossé, pour me faire enrager.
MENGA
Vraiment! c'est toi qui le lui as conseillé, pour me faire tomber.
GIL
Comment faire pour la tirer de là?
MENGA
Je croyais que ton intention était de la laisser dans le fossé.
GIL
A moi tout seul, je n'en viendrai pas à bout.
MENGA
Je vais la tirer par la queue, et toi tu la tireras par les oreilles.
GIL
Le mieux serait d'agir comme l'on fit pour un carrosse qui s'était embourbé l'autre jour à la ville. Ce carrosse (que Dieu l'ait en sa garde!), traîné par deux mauvaises haridelles, semblait un carrosse honteux et poursuivi sans doute par la malédiction paternelle; il allait tristement, non pas de porte en porte, mais d'un marchepied à l'autre, embourbé qu'il était dans un ruisseau. Le cavalier priait, le cocher fouettait, et tous deux essayaient de se tirer de là. Mais, malgré tous leurs efforts, mon carrosse n'avançait pas. Enfin, voyant que tout avait échoué, ils placèrent devant le carrosse une mesure d'orge, et aussitôt les chevaux, pour atteindre la nourriture, tirèrent de telle sorte qu'ils furent bientôt hors du fossé. Essayons de ce moyen.
MENGA
Tes contes ne valent jamais deux cuartos.
GIL
Menga, je ne puis voir sans douleur un animal affamé là où il y en a de rassasiés.
MENGA
Je vais voir sur la route s'il ne passe pas quelqu'un du village, qui vienne nous aider; car, pour toi, tu ne te remues guère.
GIL
Bon, voilà que tu m'attaques encore.
MENGA
Ah! bourrique de mon âme! (Elle sort.)
GIL
Ah! bourrique de mes entrailles! Tu étais, on peut le dire, la bourrique la plus comme il faut de tout le village. Jamais tu ne

t'es montrée en mauvaise compagnie. Tu n'aimais nullement à courir les rues, et même tu préférais rester tranquille à l'écurie plutôt que d'être conduite dehors. Tu étais pleine de modestie et de dignité, et pas un ânon, je l'atteste, ne peut se vanter de t'avoir vu mettre la tête à la fenêtre sur son passage. Ce n'est pas non plus par ta langue que tu as pu mériter ce malheur, car tu n'en fis jamais mauvais usage, et telle était la bonté de ton âme que, lorsqu'il t'était impossible d'achever ce qu'on te donnait à manger, tu le laissais généreusement pour une bourrique plus pauvre que toi. (*On entend du bruit au dehors*) Mais quel est donc ce bruit? Voici deux cavaliers qui mettent pied à terre... ils attachent leurs chevaux... et viennent par ici. Pourquoi donc ont-ils des visages si pâles et errent-ils dans la campagne de si bonne heure? Ils ont sans doute la manie de manger de la terre, ou sont atteints de quelque obstruction. Si par hasard aussi c'étaient des brigands! Je n'en serais pas étonné. Mais, quoi qu'ils soient, je cours me cacher, car ils viennent, ils s'approchent, ils arrivent... les voilà!

Entrent LISARDO *et* EUSEBIO.

LISARDO
Arrêtons-nous ici. Ce lieu solitaire et écarté de la route convient à mes desseins. Tirez votre épée, Eusebio. C'est pour un duel que je vous ai mené ici.

EUSEBIO
Nous voilà sur le terrain et ce n'est plus, par conséquent, l'heure des explications. Je voudrais cependant vous demander le motif qui vous anime ainsi. Dites-moi, Lisardo, quel sujet de plainte vous ai-je fourni?

LISARDO
J'ai tant de raisons de me plaindre de vous, que la voix me fait défaut, et que la patience manque à ma douleur. Aussi, Eusebio, j'aurais préféré les taire ; même j'aurais voulu les oublier, car en les rappelant, j'ai peur de raviver mon injure. (*Il lui fait voir des lettres*) Connaissez-vous ces papiers?

EUSEBIO
Jetez-les par terre, je les ramasserai.

LISARDO
Prenez-les. Qui vous arrête? D'où vient ce trouble?

EUSEBIO
Ah! malheur! mille fois malheur à celui qui confie ses secrets au papier! car c'est une pierre qu'on lance dans l'air; on sait bien qu'on la lance, mais on ne peut savoir où elle retombera.

LISARDO

Vous avez reconnu ces papiers ?

EUSEBIO

Je ne le nierai pas ; ils sont tous de ma main.

LISARDO

Eh bien! moi, je suis Lisardo de Sena, fils de Lisardo Curcio. Mon père, en prodigalités sans bornes, a dévoré en quelques ans la fortune que lui avaient laissée ses ancêtres, sans songer combien est coupable celui dont les dépenses excessives ruinent ses enfants. Mais enfin la pauvreté, bien qu'elle soit une tache pour la noblesse, ne saurait exempter des devoirs qu'elle impose. Julia est ma sœur. Plût au Ciel qu'elle ne l'eût jamais été ! Je ne vous accuse pas parce que vous avez prétendu à sa main, malgré la bassesse de votre extraction, mais je vous accuse parce que vous étiez mon ami, et c'est là ce qui fait votre culpabilité à mon égard. Si vous avez désiré ma sœur pour femme (mais je ne crois pas que vous ayez pu vous flatter de l'espoir insensé de l'obtenir, car, vive Dieu! plutôt que de la voir mariée avec vous, j'aimerais mieux la tuer de mes propres mains), enfin si vous la désiriez pour femme, il eût été loyal de faire part de vos vœux à mon père plutôt qu'à elle ; l'honneur vous indiquait ce procédé. Mon père eût alors vu s'il lui convenait de vous la donner, et je me trompe fort ou il n'y eût point consenti ; car lorsqu'un cavalier ne peut pas donner à sa fille une dot qui soit proportionnée à son rang, il la met dans un couvent plutôt que de se mésallier. Mon père s'est arrêté à ce parti à l'égard de ma sœur Julia, et elle prendra dès demain le voile, qu'elle y consente ou non. Une religieuse ne saurait conserver des gages d'une passion si insensée, d'une faiblesse si honteuse ; je les remets en vos mains, et je ne suis pas seulement résolu à me défaire de ces lettres, mais aussi de celui de qui elles viennent. Donc, tirez votre épée. Il faut qu'un de nous deux reste mort ici ; ou vous pour que vous cessiez vos assiduités, ou moi pour que je n'en sois pas le témoin.

EUSEBIO

Lisardo, baissez votre épée ; puisque j'ai eu le sang-froid d'écouter tout ce que vous m'avez dit d'outrageant, veuillez, à votre tour, entendre ma réponse. Et, quoique le récit de mes aventures soit long et que votre impatience puisse le juger inutile puisque nous sommes seuls tous deux, que nous allons nous battre et qu'un de nous deux doit mourir, néanmoins, au cas où le ciel permettrait que je périsse, écoutez d'étonnants miracles, de prodigieuses merveilles qui ne doivent pas rester, par ma mort, ensevelis dans un silence éternel. Je ne sais pas qui fut mon père, mais je sais que je naquis auprès d'une croix et qu'une pierre fut mon berceau. Rien de plus extraordinaire que ma naissance, à ce que

[6]

racontent du moins les bergers qui me trouvèrent dans ces montagnes. Ils disent que, pendant trois jours, ils m'entendirent crier, mais que par crainte des bêtes féroces qui infestaient le lieu sauvage où je me trouvais, ils n'osèrent venir à mon secours. Pour moi, ces bêtes ne me firent aucun mal, sans doute à cause de la croix qui me protégeait. Un berger, que le hasard conduisit vers moi, tandis qu'il recherchait une brebis égarée, me porta au village où habitait Eusebio, qui n'y avait pas été amené sans motif; il lui conta ma naissance miraculeuse, et la clémence du Ciel vint en aide à la sienne. Ce seigneur me fit porter dans sa maison, où il me fit élever comme son propre fils. Je m'appelle donc Eusebio de la Croix; je tire mon nom de celui qui m'a recueilli et de celle qui fut mon premier guide et ma première garde. Je me livrai par goût aux armes; aux lettres par passe-temps. Eusebio mourut, j'héritai de lui. Si ma naissance fut miraculeuse, mon étoile ne l'est pas moins; car elle est en même temps mon ennemie et ma protectrice; elle me met en danger et me sauve tout à la fois. J'étais encore à la mamelle, quand ma nature féroce et sauvage montra ses barbares dispositions; animé d'une force diabolique, je déchirai avec mes gencives encore sans dents le sein de la femme qui me nourrissait. Cette femme, que la douleur mettait hors d'elle et que la fureur aveuglait, me jeta dans un puits sans que personne le sût. Mais mes cris furent entendus, on descendit dans le puits et l'on me trouva, dit-on, sur les eaux, mes tendres mains placées en croix sur ma bouche... Un jour le feu se déclara à la maison et la flamme sans pitié fermait toute issue et tout passage; cependant je restai libre parmi les flammes sans éprouver le moindre mal; et, lorsque je cherchai depuis pourquoi la flamme m'avait épargné, je me souvint que ce jour-là était le jour de la Croix... J'avais à peine quinze ans lorsque, me rendant à Rome par mer, une épouvantable tempête m'assaillit, pendant laquelle mon vaisseau heurta contre un écueil caché, s'entr'ouvrit et se brisa; je pus gagner la terre sain et sauf en m'attachant à un madrier, mais la forme de ce madrier était celle d'une croix... Un jour, cheminant avec un compagnon dans ces montagnes escarpées, je fis halte pour prier devant une croix, qui se dressait au partage de deux routes; l'autre, pendant ce temps, continuait son chemin; je fis hâte pour le rejoindre, mais je le trouvai mort; il avait été massacré par des brigands... Une autre fois, dans une querelle, je tombai à terre, atteint d'un coup d'épée sans pouvoir riposter; et, lorsque tous me croyaient mort, on trouva seulement la marque de l'épée sur une croix que je portais à mon cou et que l'épée avait frappée... Un autre jour, je chassais dans ces montagnes désertes, lorsque le ciel se couvrit soudain de sombres nuages, déclara la guerre au monde avec d'effroyables coups de tonnerre, et fit tomber sur nous une pluie si épaisse que l'on eût dit des lances et des pierres ; les autres chasseurs cherchèrent un refuge sous les arbres et dans les buissons, comme sous une tente de campagne, et, au même moment, un coup de foudre réduisit en cendres deux d'entre eux qui étaient le plus près de moi. Dans mon étonnement et mon trouble j'allai voir ce que c'était, et je trouvai près de moi une croix, la même sans doute qui assista à ma naissance et dont je porte l'image sur la poitrine; car le ciel doit par elle m'avoir désigné pour manifester les effets d'une cause secrète. — Mais quoique je ne sache pas moi-même qui je suis, un tel esprit m'anime, une telle âme m'emplit et m'enflamme qu'elle m'inspire le courage de mériter Julia si, comme j'en ai l'espérance, la noblesse que l'on s'est acquise ne le cède pas à celle que l'on a reçue en héritage. Tel est l'homme que je suis. Et, bien qu'il me soit possible de vous donner toute satisfaction, votre langage insultant m'a mis dans une telle fureur que je ne veux ni me justifier, ni écouter vos reproches. Et puisque vous vous opposez à mon mariage avec votre sœur, elle ne sera ni dans sa maison ni dans un couvent à l'abri de mes poursuites, et, celle que vous me refusez comme épouse, j'irai la prendre moi-même. Ainsi mon amour réduit au désespoir et ma patience mise à bout par vos offenses voulent châtier vos mépris et venger mon affront.

LISARDO

Eusebio, où l'épée doit parler la langue doit se taire. (*Ils se battent, Lisardo tombe*) Je suis blessé!

EUSEBIO

Quoi! vous n'êtes pas mort.

LISARDO

Non! et mon bras a encore assez de force pour... (*Il tente de se relever, mais retombe sur le sol*) Hélas! la terre se dérobe sous moi!

EUSEBIO

Et la vie va bientôt vous abandonner.

LISARDO

Ne me laissez pas au moins mourir sans confession.

EUSEBIO

Meurs, misérable!

LISARDO

Par cette Croix, sur laquelle mourut le Christ, je vous en conjure, ne me tuez pas!

EUSEBIO

Ce mot seul vous a sauvé. Levez-vous. Cette invocation m'a fait perdre toute colère, et mon bras demeure sans force. Levez-vous.

LISARDO

Je ne le puis; ma vie s'enfuit avec mon sang; et si mon âme ne s'est pas encore échappée, c'est que, sans doute, de tant d'issues elle ne sait laquelle choisir.

EUSEBIO

Eh bien! reprenez courage; ayez confiance en moi. Non loin d'ici se trouve un petit ermitage de moines pénitents; si vous y arrivez encore vivant, vous pourrez vous y confesser.

LISARDO

Je vous remercie de votre pitié. Et en récompense je vous promets par serment que si je mérite de me trouver en la sainte présence de Dieu, je lui demanderai que vous ne mourriez pas non plus sans confession.

(Eusebio sort en portant Lisardo entre ses bras.)
(Gil sort de l'endroit où il était caché, et de l'autre côté entrent BLAS, TIRSO, MENGA et TORIBIO.)

GIL, *à part*

Vit-on jamais chose pareille!... La singulière charité!... Vraiment, pour moi, je l'en remercie!... Le tuer et l'emporter sur ses épaules!

TORIBIO, *à Menga*

Ne nous disais-tu pas l'avoir laissé ici?

MENGA

Oui, avec la bête.

TIRSO

Regarde-le là, tout étonné.

MENGA

Que regardais-tu là, Gil?

GIL

Ah! Menga!

TIRSO

Que t'est-il arrivé?

GIL

Ah! Tirso!

TORIBIO

Qu'as-tu donc vu? Réponds.

GIL

Ah! Toribio!

BLAS

Qu'as-tu, Gil? dis-le-nous; d'où viennent ces gémissements?

GIL

Ah! Blas! Ah! mes amis!... j'en suis encore stupéfait... Imaginez-vous qu'il l'a tué et qu'il l'a emporté ensuite sur ses épaules. C'est sans doute pour le saler.

MENGA

Qui l'a tué?

GIL

Je n'en sais rien.

TIRSO

Qui est mort?

GIL

Je l'ignore aussi.

TORIBIO

Qui a-t-on chargé sur ses épaules?

GIL

Je ne le sais pas plus.

BLAS

Et qui l'a emporté?

GIL

Qui vous voudrez. Mais si vous voulez en savoir plus long, suivez-moi.

TIRSO

Où cela?

GIL

Je n'en sais rien; mais venez, car ils n'ont pas été bien loin.

(Tous sortent.)

SCÈNE PREMIÈRE DE LA DEUXIÈME JOURNÉE

Même décor.
(On entend la détonation d'une arquebuse, et l'on voit entrer RICARDO, CELIO et EUSEBIO vêtus en brigands et armés chacun d'une arquebuse.)

RICARDO

La balle lui a sans doute traversé la poitrine.

CELIO

Et l'herbe autour de lui doit être toute rougie de son sang.

EUSEBIO

Qu'on l'enterre, qu'on mette sur lui une croix. Dieu veuille nous le pardonner.

RICARDO

A nous autres, voleurs, les dévotions ne manquent jamais.

(Il sort.)

EUSEBIO

Puisque mon triste destin m'a fait capitaine des brigands, je veux que mes crimes égalent les injustices dont j'ai été victime. On me poursuit avec fureur, comme si j'avais tué Lisardo déloyalement; leur persécution m'oblige à me défendre en tuant. On m'a ravi mon bien, mes châteaux ont été confisqués, et l'on me refuse jusqu'au simple nécessaire. Eh bien ! tout voyageur qui s'aventurera dans la montagne sera mis à mort et dépouillé !

(Entrent RICARDO et des brigands, conduisant ALBERTO, vieillard.)

RICARDO

J'étais allé afin de voir sa blessure... Si vous saviez, capitaine, quelle aventure extraordinaire !...

EUSEBIO

Je suis curieux de la savoir.

RICARDO

J'ai vu en m'approchant que la balle n'avait point pénétré, mais qu'elle était venue s'amortir sur ce livre qu'il avait dans son sein... Le voyageur était seulement évanoui, et le voici devant vous sain et sauf.

EUSEBIO

Je suis frappé d'étonnement et d'effroi. Qui êtes-vous donc, vénérable vieillard, pour que le ciel vous ait si miraculeusement sauvé ?

ALBERTO

Je suis un prêtre indigne et le plus malheureux des mortels. J'ai professé quarante-cinq ans la théologie à Bologne, et Sa Sainteté m'avait donné l'évêché de Trente en récompense de mon zèle, mais bientôt je vis que je ne pouvais consacrer mon âme à un si grand nombre d'âmes dont je devais répondre ; je laissai donc là ces grandeurs et ces pompes, et, pour fuir leur charme trompeur, je suis venu dans les solitudes où l'on contemple la vérité face à face. J'allais maintenant à Rome, pour obtenir du Saint-Père l'autorisation de fonder un ordre d'ermites. Mais votre fureur sans pitié arrête ici ma carrière et ma vie.

EUSEBIO

Répondez-moi, quel est ce livre ?

ALBERTO

C'est le fruit des études de toute mon existence.

EUSEBIO

Quel en est le contenu ?

ALBERTO

Il traite de l'origine et de l'histoire de ce saint bois, sur lequel le Christ triomphe de la mort par le courage sublime avec lequel il accepta de mourir. Son titre est : *les Miracles de la Croix*.

EUSEBIO

Comme je suis heureux que le plomb de l'arquebuse se soit amolli contre ce livre comme la cire malléable ! Plût à Dieu que, plutôt que d'avoir endommagé un livre si digne de mon adoration, elle eût brûlé tout entière sur un brasier ardent ! Que votre vie soit sauve ; gardez aussi votre argent et vos effets. C'est seulement ce livre que je veux. (*Aux brigands*) Accompagnez ce saint vieillard jusqu'à la sortie des montagnes.

ALBERTO

Je prierai Dieu qu'il vous éclaire et vous fasse voir dans quelle erreur vous vivez.

EUSEBIO

Puisque vous semblez me vouloir du bien, priez le Seigneur pour qu'il ne me laisse pas mourir sans confession.

ALBERTO

Je vous en fais la promesse, et je serai son ministre en cette circonstance. Oui, je vous le jure, — telle est la reconnaissance que m'inspire votre générosité, — aussitôt que vous m'appellerez, en quelque lieu que je me trouve, j'abandonne tout pour venir vous confesser. Je suis prêtre et me nomme Alberto.

EUSEBIO

Vous me le jurez?

ALBERTO

J'en fais le serment avec la main.

EUSEBIO

Je baise encore une fois vos pieds.

(Alberto sort; entre CHILINDRINA, brigand.)

CHILINDRINA

J'ai traversé la montagne, afin de venir vous parler.

EUSEBIO

Qu'y a-t-il donc, ami?

CHILINDRINA

Deux assez mauvaises nouvelles.

EUSEBIO

Je suis ému de crainte. Quelles sont-elles?

CHILINDRINA

D'abord on a chargé le seigneur Curcio, père de Lisardo... j'ose à peine vous dire cela.

EUSEBIO

Parle, j'attends.

CHILINDRINA

On l'a chargé de vous prendre mort ou vivant.

EUSEBIO

Je crains bien plus l'autre nouvelle. Tout mon sang, il me semble, afflue vers mon cœur, comme si j'avais le pressentiment d'un malheur prochain. Qu'y a-t-il?

CHILINDRINA

C'est de Julia qu'il s'agit.

EUSEBIO

Ce n'est pas à tort que je craignais. Julia, dis-tu? Ce nom seul suffit à me désespérer... Maudit soit l'astre fatal sous lequel prit naissance cet amour!... Qu'est-il arrivé à Julia?

CHILINDRINA

Elle s'est enfermée dans un couvent.

EUSEBIO

La fureur remplace en moi le chagrin. N'était-ce pas assez des maux dont le ciel m'accablait? N'est-ce pas assez qu'il m'eut ravi même l'espérance, et fallait-il encore que je fusse jaloux de lui-même? Mais puisque j'ai eu le courage d'adopter une vie qui me condamne au vol et à l'assassinat, je ne saurais plus reculer devant aucun crime. Je mettrai à exécution ce que ma pensée a osé concevoir. Appelle Celio et Ricardo. Je vais les chercher.

(Il sort.)

GIL et MENGA entrent

MENGA

J'ai si peu de chance, qu'il se pourrait bien que nous le rencontrions.

GIL

Ne suis-je pas là, Menga? Qu'as-tu à craindre de ce chef de bandits? Va, sois tranquille; j'ai une fronde et un bâton.

MENGA

Vois-tu, Gil, je crains ses façons d'agir à ce vilain homme. (*Elle voit tout à coup Eusebio devant elle*) Ah! seigneur! prenez garde On dit qu'Eusebio est aux environs.

GIL

Ne restez pas par ici, seigneur.

EUSEBIO, *à part*

Ils ne savent pas qui je suis. Dissimulons.

GIL

Ne craignez-vous pas que ce bandit vous tue?

EUSEBIO

Comment pourrai-je, mes amis, reconnaître un si précieux avis.

GIL

Nous ne demandons rien; nous vous engageons seulement à prendre garde à ce drôle.

MENGA

S'il vous prend, seigneur, bien que vous ne lui ayez rien fait ni rien dit, il vous mettra à mort immédiatement; puis il vous enterrera, vous mettra dessus une croix, et pensera que vous devez encore lui en être bien reconnaissant.

[13]

Entrent RICARDO *et* CELIO

RICARDO

Où l'as-tu laissé?

CELIO

Ici-même.

GIL

N'attendez pas ce voleur, croyez-moi.

RICARDO

Que désirez-vous, Eusebio?

GIL, *bas à Menga*

Ne l'a-t-il pas nommé Eusebio?

MENGA, *bas à Gil*

Oui.

EUSEBIO

En effet, mes amis, c'est moi qui suis Eusebio. Qu'est-ce donc que vous avez contre moi? Vous ne répondez pas?

MENGA

Allons, Gil, toi qui as ta fronde et ton bâton.

GIL

J'ai le diable qui l'emporte!

CELIO

Dans la tranquille vallée qui s'étend entre la montagne et la mer, j'ai vu une foule de paysans qui marchent en armes contre vous. Ils ne tarderont pas à paraître. Curcio, sans doute, les conduit et médite sa vengeance. Que devons-nous faire? Le meilleur parti ne serait-il pas de réunir la troupe et de partir.

EUSEBIO

Oui, partons; j'ai pour cette nuit un important projet. Accompagnez-moi tous deux, mes chers compagnons. C'est en vous que j'ai la plus grande confiance.

RICARDO

Vive Dieu! vous n'avez pas tort!... Moi, je me ferais tuer pour vous, s'il le fallait.

EUSEBIO, *à Gil et à Menga*

Et vous, drôles, je vous laisse la vie, mais à condition que vous portiez pour moi ce message à Curcio. Vous lui direz que moi et mes braves compagnons, nous ne voulons pas l'attaquer et que nous cherchons seulement à nous défendre et qu'il n'a nul motif de me persécuter ainsi, car je n'ai pas tué son fils par trahison, mais dans un duel loyal, à armes égales, et avant qu'il meure je l'ai porté entre mes bras jusqu'à un lieu où il pût se confesser. Vous lui direz que son père devrait m'en avoir de la recon-

[14]

naissance et que, s'il veut ma perte, je saurai me défendre. (*A Ricardo et à Celio*) Et maintenant, afin que ces paysans ne voient pas de quel côté nous nous dirigeons, qu'on les attache à ces arbres, les yeux bandés. Ainsi ils ne pourront rien dire.

RICARDO

Voici une corde.

CELIO

(*Ils attachent Gil et Menga à des arbres.*)

Dépêchons.

GIL

Voilà qu'ils m'ont mis comme un saint Sébastien.

MENGA

Et moi comme une sainte Sébastienne. Attachez-moi autant que vous le voudrez, seigneurs. Je ne demande qu'une chose, c'est qu'on me laisse la vie.

GIL

Seigneur, ne m'attachez pas; et, si je m'en vais, que je sois un coquin et un drôle. Fais le serment, Menga.

CELIO

Les voilà bien liés.

EUSEBIO

Allons maintenant mettre mon projet à exécution. Déjà la nuit étend au loin ses sombres voiles. O Julia! c'est en vain que le ciel lui-même te garde; je vais bientôt contempler ta beauté!

(*Ils sortent, laissant Gil et Menga attachés.*)

GIL

Si quelqu'un venait, Menga!... Bien qu'il nous en coûte fort cher, on ne pourra pas dire que ce n'est pas ici le Peralvillo du pays.

MENGA

Viens ici, Gil! je ne puis me remuer.

GIL

Viens d'abord me délier, Menga; j'irai aussitôt te rendre le même service.

MENGA

Viens d'abord, toi. Tu me fais attendre; cela m'ennuie.

GIL

Il faudra bien à la fin que quelqu'un vienne. S'il ne passe pas de muletier, il passera toujours bien un voyageur, un étudiant ou quelque quêteuse charitable. Il n'en manque pas, certes. Mais hélas! c'est ma faute.

UNE VOIX, *au dehors*

J'entends parler par ici, accourez!

[15]

GIL
Soyez, seigneur, le bienvenu, si vous voulez avoir la bonté de défaire quelques nœuds qui me gênent.
MENGA
Si par hasard, seigneur, c'est de la corde que vous cherchez par ici, j'en ai à votre service.
GIL
La mienne est plus grosse et plus forte.
MENGA
Je suis femme ; on me doit protection et assistance.
GIL
Il n'est pas question de galanterie! C'est moi que l'on doit délier le premier.

Entrent TIRSO, BLAS, CURCIO *et* OCTAVIO.

TIRSO
C'est de ce côté que j'ai entendu la voix.
GIL
Vous brûlez.
TIRSO
Comment, c'est toi, Gil?
GIL
Oui, Tirso, le diable est malin. Délie-moi, je te raconterai l'histoire ensuite.
CURCIO
Que s'est-il donc passé?
MENGA
Soyez le bienvenu, seigneur, pour punir le misérable.
CURCIO
Qui vous a arrangés ainsi?
GIL
Qui? Eusebio. C'est du moins le nom qu'il s'est donné. Mais qui que ce soit, il nous a laissés en cet état.
TIRSO
Ne te lamente pas, il a été généreux envers toi.
BLAS
Tu n'as pas à t'en plaindre, il t'a laissé Menga.
GIL
Ah! Tirso, si je me plains, ce n'est pas qu'il m'ait fait du mal.
TIRSO
De quoi te plains-tu donc, alors?

[16]

GIL

Mais justement de ce qu'il m'a laissé Menga.

CURCIO

L'infâme, le scélérat! Est-il un malheur qui égale le mien? L'avoir laissé échapper!

MENGA

Si vous le voulez, nous nous armerons aussi, nous autres femmes, pour l'anéantir.

GIL

Il se tient ici, sans nul doute. Toutes ces croix qui sont rangées là à la file sont autant d'hommes qu'il a tués.

OCTAVIO

Nous sommes dans le lieu le plus retiré de la montagne.

CURCIO

Et c'est ici, seigneur, que je fus témoin du miracle que le ciel accomplit en faveur de cette innocente et chaste beauté, sur qui j'avais tant de fois formé des soupçons outrageants! J'ai vu en ce lieu le prodige le plus incroyable!

OCTAVIO

Quels sont donc les pensées qui vous agitent ainsi?

CURCIO

De bien tristes souvenirs viennent m'assaillir, Octavio; et je ne trouve à mes chagrins, dont personne ne peut être le confident, d'autre soulagement que les larmes. Qu'on me laisse seul, Octavio; l'état de mon âme exige la solitude.

OCTAVIO

Allons! amis, sortons.

(Ils sortent.)

CURCIO

Quel est l'homme à qui il n'est pas arrivé, lorsque son cœur débordait de douleurs qu'il ne pouvait confier à personne, de s'entretenir seul avec lui-même?... Accablé par tant de malheurs à la fois, j'éprouve quelque soulagement à me trouver seul, en cet endroit désert, face à face avec mes pensées et mes souvenirs. Je ne voudrais même pas que les oiseaux ou les fontaines assistassent à ce solitaire colloque, car les fontaines murmurent et les oiseaux aussi ont leur langage. La compagnie de ces saules agrestes me suffit; leur triste aspect concorde avec mes tristes pensées, et eux, du moins, ne peuvent me trahir... Ces monts furent le théâtre du plus étrange et plus extraordinaire événement qu'ait amené la jalousie. Quel homme, à quelque rang que le destin l'ait placé, n'en a jamais ressenti l'aiguillon? et quel est celui que la vérité a pu convaincre et délivrer des soupçons de la jalousie?... C'est ici que je vins un jour avec ma femme Rosmira, au moment où elle allait devenir mère... A ce seul souvenir mon âme entière

[17]

est émue, et la voix me manque. On peut le comprendre aisément, car il me semble que tout ce qui m'environne, que ces arbres, ces rochers, ces fleurs se lèvent pour m'accuser et me reprocher une si infâme action !... Je tirai mon épée, mais elle, sans se troubler, sans pâlir, avec la tranquillité que donne l'innocence, me dit : « Modérez-vous, mon ami. S'il vous plaît de me donner la mort, je ne prétends pas vous en empêcher, car vous pouvez disposer de moi selon votre bon plaisir; mais veuillez, avant de me tuer, me dire pour quelle raison vous m'ôtez la vie. » Et moi je répondis : « Ce n'est pas moi, misérable, qui vous tue, c'est votre crime ! — Hélas, répondit-elle, si vous me croyez coupable, vous avez le droit de me tuer, mais je n'ai jamais trahi mes devoirs. Non, non ! (et elle se jetait au pied de cette même croix que je vois en ce moment), je ne vous ai, même en pensée, jamais trahi. J'en prends à témoin cette croix que j'embrasse et qui me protègera contre vos fureurs. » A ces nobles paroles, et en voyant son innocence resplendir sur son visage, je me repentis de mon action, et je fus près de me jeter à ses pieds en implorant son pardon. Mais, soit que je me fusse trop avancé pour reculer, soit qu'une fureur aveugle se fût de nouveau emparée de moi, soit enfin qu'une puissance supérieure me gouvernât à mon insu, je levai mon bras et frappai mille fois de tous côtés; mais je n'atteignais à chaque coup que le vide. Je m'enfuis enfin, la laissant pour morte au pied de la croix, et je regagnai ma demeure. Mais là, ô miracle! je la retrouvai, je la retrouvai belle et d'une grâce charmante et tenant dans ses bras un enfant, Julia, divine image de beauté. Quel bonheur, quelle gloire, pouvait être comparable aux miens! Elle était devenu mère au pied même de la croix, et, par une rencontre où éclatait l'intervention divine, son enfant portait sur sa poitrine une croix de feu et de sang. Mais quelque chose vint m'affliger et mêler de la douleur à ma joie : Rosmira me dit que, au milieu des angoisses qu'elle avait souffertes, elle avait cru sentir qu'elle donnait le jour à un autre enfant, laissé dans la montagne. Alors, moi...

Entre OCTAVIO

OCTAVIO

Seigneur, une bande de brigands passe dans la vallée. Il serait bon d'aller à leur rencontre avant qu'il fasse tout à fait nuit; sans quoi ils nous échapperaient, car ils connaissent tous les détours de la montagne que nous, nous ignorons.

[18]

CURCIO
Eh bien! rassemble les hommes, et marchons. Il ne pourra y avoir de repos pour moi que lorsque ma vengeance sera réalisée.

TROISIÈME JOURNÉE

FIN DE LA SCÈNE PREMIÈRE

Un terrain au milieu des montagnes.

EUSEBIO *et les brigands*

RICARDO
Il faut vous préparer à vous défendre, capitaine; car le seigneur Curcio s'est mis en campagne avec sa troupe afin de s'emparer de vous, et les voilà qui pénètrent dans la montagne. De tous les villages voisins, tout le monde a voulu marcher contre vous, vieillards, femmes, enfants; et Curcio, pour venger son fils, a fait serment qu'il vous châtierait pour tous ceux que vous avez mis à mort, et qu'il vous conduirait mort ou vif à Lena.

EUSEBIO
Soldats, voici le jour où il nous faut montrer tout notre courage. Que pas un de vous ne faiblisse. Songez que nous avons à combattre des gens qui ont juré notre perte et que, si nous ne mourons pas sur le champ de bataille, ils nous conduiront dans leurs geôles, déshonorés et réservés au pire supplice. Qui donc ne défendrait pas vaillamment sa vie et son honneur? Pour qu'ils ne croyent pas que nous ayions peur d'eux, marchons à leur rencontre. La fortune est toujours du parti de l'audace.

RICARDO
Voici qu'ils avancent vers nous.

EUSEBIO
Préparez-vous donc et comportez-vous avec courage; car, vive Dieu! si j'en vois un s'enfuir ou reculer, je le tue d'abord, même avant les ennemis.

CURCIO, *du dehors*
J'ai aperçu, caché dans la montagne, le traître Eusebio; mais il ne saurait nous échapper; il est perdu.

UNE VOIX, *du dehors*
Nous le voyons d'ici derrière les arbres.

EUSEBIO

Attendez, misérables, et la plaine bientôt ne sera qu'un ruisseau de votre sang. En avant! vive Dieu!

RICARDO

Les vilains! les lâches. Leur nombre est infini.

CURCIO

Où te caches-tu, Eusebio?

EUSEBIO

Je ne me cache pas, je marche vers toi.

(Ils sortent tous et l'on entend le bruit des arquebuses.)

SCÈNE II

Une autre partie de la montagne.

Entre GIL vêtu en brigand

GIL

Pour me tirer d'affaire, je me suis enrôlé parmi les brigands. Mais à peine ai-je recouru à cette ruse, que cette ruse même me met en danger. Quand j'étais paysan, nous étions les battus; me voilà brigand, et c'est leur tour de l'être. Il faut que je porte le guignon avec moi; et je suis sûr que, si j'étais juif, les juifs eux-mêmes ne gagneraient plus d'argent.

Entrent MENGA, BLAS, TIRSO et des paysans

MENGA

Suivons-les! suivons-les!

BLAS

Il ne faut pas qu'il en réchappe un seul.

MENGA

En voici un qui s'est caché par là.

BLAS

A mort, le voleur!

GIL

Mais je suis...

MENGA

Un brigand, nous le voyons bien à vos habits!

GIL

Mes habits sont des coquins qui en ont menti.

MENGA

Frappe-le.

BLAS

Fais-lui son affaire.

GIL

Je ne demande rien. Remarquez seulement...

TIRSO

Nous n'avons rien à remarquer. N'êtes-vous pas un brigand?

GIL

Mais non; je suis Gil, voué au Christ.

MENGA

Que ne le disais-tu plus tôt!

TIRSO

Que ne parlais-tu!

GIL

Mais voilà une heure que je me tue à vous crier que je suis Gil.

MENGA

Que fais-tu donc là?

GIL

Tu le vois bien, j'offense Dieu dans le cinquième commandement. Je tue à moi seul plus de monde qu'un médecin et un été réunis.

MENGA

Quel est ce costume?

GIL

C'est le diable! J'en ai tué un et j'ai revêtu ses habits.

MENGA

Mais si tu l'as tué, pourquoi donc les vêtements ne sont-ils pas tachés de sang?

GIL

C'est qu'il est mort de peur. Voilà la raison.

MENGA

Viens avec nous. Nous avons vaincu les brigands; ils se sont enfuis, et nous courons à leur poursuite.

(Ils sortent. EUSEBIO et CURCIO entrent en se battant.)

CURCIO

Nous voilà seuls enfin, grâce au ciel. Je n'eus pas voulu remettre à quelque autre le soin de ma vengeance, ni que tu mourusses d'une autre main que la mienne.

EUSEBIO

Le ciel m'a été favorable en cette occasion, seigneur Curcio, puisqu'il a permis que je vous rencontre et que je me mesure avec vous. Et pourtant, j'en fais l'aveu, vous m'inspirez, j'ignore pourquoi, tant de respect que c'est plutôt votre ressentiment que je redoute que votre épée. Oui, quoique votre courage puisse être redoutable, lorsque je vous regarde, je ne redoute que vos cheveux blancs.

CURCIO

Votre présence et votre voix, Eusebio, apaisent en partie ma fureur, je le confesse. Mais n'attribuez pas à du respect la crainte que vous inspire mon courage. Et, de peur qu'une étoile qui vous soit favorable ne me détourne de ma vengeance, recommençons le combat. Défendez-vous !

EUSEBIO

Non, seigneur Curcio, ne croyez pas que mon cœur puisse éprouver aucune crainte, mais la seule victoire que j'ambitionne, c'est de me prosterner devant vous pour implorer votre pardon et pour déposer à vos pieds cette épée, la terreur de tant d'hommes.

CURCIO

Ne suppose pas, Eusebio, que je veuille profiter de l'avantage que tu me donnes. Je renonce aussi à mon épée. (*Il la jette*) Luttons ensemble à bras le corps.

(Ils se prennent à bras le corps et luttent.)

EUSEBIO

J'ignore comment vous avez produit en moi ce singulier effet ; mais je ne sens dans mon cœur ni colère ni haine contre vous; je me sens près de verser des larmes d'attendrissement; et je voudrais me donner la mort afin de vous venger. Prenez ma vie, seigneur; vous en êtes le maître, je vous l'abandonne.

CURCIO

Quelque injure qu'ait reçue un gentilhomme, il ne rougit jamais ses mains du sang d'un homme qui se rend à lui. Ce serait souiller sa victoire.

UNE VOIX, *du dehors*

Les voilà par ici !

CURCIO

Tandis que votre troupe, vaincue, fuit en désordre, la mienne, victorieuse, vient me chercher. Je veux vous protéger. Cachez-vous, car, quoi que je fasse pour vous défendre, ces brutaux ne m'écouteraient pas, et vous ne pourriez vous défendre seul contre eux tous.

EUSEBIO

Je suis sans force contre vous, seigneur Curcio, mais je n'ai peur de rien au monde; et si je reprends mon épée, vous pourrez voir quel est mon courage contre les autres.

[22]

Entrent OCTAVIO *et les paysans*

OCTAVIO
Du fond de la vallée aux faîtes des montagnes, tout a été massacré. Seul, Eusebio qui sans doute s'est enfui...

EUSEBIO
Tu mens, faquin, jamais Eusebio ne s'est enfui.

TOUS
C'est lui ! C'est Eusebio ! A mort !

EUSEBIO
Approchez, misérables !

CURCIO
Attendez ! Arrête, Octavio !

OCTAVIO
Quoi, seigneur, c'est vous qui nous retenez, vous qui devriez nous exciter au contraire.

BLAS
Comment pouvez-vous défendre un tel homme ?

GIL
Un homme qui a tué tous ceux qui lui sont tombés entre les mains ! un homme qui a ravagé tout le pays !

OCTAVIO
Que voulez-vous faire, seigneur ?

CURCIO
Écoutez. Il vaut mieux l'emmener prisonnier à Lena. — Rendez-vous, Eusebio. Foi de gentilhomme, je vous promets ma protection ; malgré le passé, je serai, je le jure, votre défenseur.

EUSEBIO
Je me serais rendu au seigneur Curcio ; je ne me rendrai pas au chef de ces hommes. Tout à l'heure c'était respect ; ce serait peur à présent.

TOUS
A mort ! A mort !

CURCIO
Mes amis, veuillez remarquer...

OCTAVIO
Quoi ! vous le défendez ! Vous nous trahissez !

CURCIO
Je vous trahis, moi !... On me soupçonne... Vous le voyez, Eusebio, je ne puis, hélas ! vous sauver !

EUSEBIO
Otez-vous de devant moi, seigneur Curcio ! Otez-vous, je vous

en prie, car votre présence me trouble et votre personne serait le bouclier de ces gens-là. (Il sort en se battant contre tous.)

CURCIO

Oh! que ne puis-je donner ma vie, Eusebio, pour sauver la tienne! Le voilà dans la montagne... Il gagne la vallée... Il est couvert de blessures... Courons à son secours... le sang qui coule, il me semble que c'est le mien. Sans cela, il ne m'appellerait pas, ou, du moins, je n'entendrais pas sa voix!

(Il sort.)

SCÈNE III

(Même décor qu'à la première scène de la première journée.)

Entre EUSEBIO

EUSEBIO

Précipité du sommet de la montagne, c'est avec peine que j'ai trouvé la terre. Maintenant je vais bientôt mourir et lorsque je considère ma triste existence, ce n'est pas de quitter la vie que je m'afflige, mais c'est de savoir comment avec ma seule vie je pourrai payer tant de crimes. Voici que mes ennemis, insatiables de vengeance, se mettent de nouveau à ma poursuite. Puisque je ne puis m'échapper, je veux, du moins, mourir en combattant... Peut-être ferais-je mieux d'aller en un lieu où je puisse implorer du Ciel le pardon de mes péchés. Non, arrêtons-nous devant cette croix; cela hâtera le moment où ils me donneront la mort, mais elle me donnera la vie éternelle. (*Il parle à la croix*) O arbre sur lequel le Ciel a mis le fruit véritable qui devait nous dédommager du fruit trompeur qui le premier perdit les humains! Divine fleur du nouveau paradis! Pampre fertile et toujours vert! Arc resplendissant de lumière dont la merveilleuse venue annonça la paix à ce monde! Harpe du nouveau David! Table d'un autre Moïse! Je suis un misérable pécheur qui implore ta protection, qui la réclame comme une justice; car c'est pour le salut des pécheurs que Dieu est mort sur ton bois; donc, comme je suis un pécheur, tu me dois la protection. Croix sainte à qui j'ai toujours voué un culte particulier, ne permets pas, je t'en supplie, que je meure sans confession. Je ne serai pas le premier criminel qui, sur la croix, se soit confessé au Seigneur. Et puisqu'un autre l'a fait avant moi et que ses péchés lui ont été remis, je profiterai, à mon tour, de la puissance de rédemption. Lisardo, lorsque j'avais le droit, pour châtier tes injures, de te donner la mort, je te permis de te confesser avant de rendre le dernier soupir; et toi, Alberto, noble vieillard, tu me promis que je ne mourrais pas sans confession! c'est donc votre pitié à tous deux que j'implore. Je meurs, ô Lisardo! Alberto, je t'appelle.

Entre CURCIO

CURCIO

Il doit être par ici.

EUSEBIO

Si vous venez me tuer, il vous sera facile d'achever un homme à moitié mort.

CURCIO

Comment voir sans pitié tout ce sang. — Rendez votre épée, Eusebio.

EUSEBIO

A qui?

CURCIO

A Curcio.

EUSEBIO

La voici. — Et je vous demande à vos pieds pardon de mes torts. Je ne puis en dire davantage; ma blessure m'en ôte la force, et je sens mon âme se plonger dans d'épouvantables ténèbres.

CURCIO

J'en suis tout ému. Croyez-vous qu'il n'y ait plus de moyen de vous guérir.

EUSEBIO

Je ne puis plus souhaiter d'autres secours que les secours divins... pour mon âme.

CURCIO

Où est votre blessure?

EUSEBIO

A la poitrine.

CURCIO

Je veux la toucher de ma main... Mais quelle est cette marque que mes doigts y sentent? Quel est ce signe que je vois gravé sur votre sein? A son aspect mon âme entière s'est émue.

EUSEBIO

Ce sont les armes que me donna cette croix au pied de laquelle je suis né... et c'est là tout ce que je sais de ma naissance. Mon père, que je n'ai jamais vu, eut sans doute la prescience de ce que je devais être, et c'est pour cela qu'il m'abandonna; mais je sais que c'est ici que je suis né.

CURCIO

Et c'est aussi ici que je devais éprouver une joie qui n'a d'égale que ma douleur! O destinée cruelle et favorable à la fois! Ah! mon fils, quel bonheur, quel chagrin de te voir. Oui, Eusebio, tu es mon fils; j'en avais le pressentiment. Mais ne devais-je te retrouver que pour te voir périr sous mes yeux! C'est ici que la mère te mit au monde. Au lieu même où j'ai péché, le ciel a placé mon châtiment. Si quelques doutes pouvaient subsister dans mon esprit, cette croix que tu portes sur ton sein, comme ma fille Julia, les aurait bientôt dissipés. Le Ciel, en vous marquant tous deux d'une si mystérieuse façon, a sans doute voulu que vous fussiez l'étonnement et l'enseignement des hommes.

EUSEBIO

O mon père! Je ne puis prononcer un mot!... Adieu... Un funèbre voile s'étend sur moi. Je sens la mort qui m'emporte. Le moment solennel est venu pour moi, Alberto!

CURCIO

Étais-je destiné à pleurer la mort de celui que je haïssais lorsqu'il était en vie?

EUSEBIO

Venez, Alberto!

CURCIO

O désespoir!

EUSEBIO

Alberto! Alberto!

(Il meurt.)

CURCIO

Il est mort! Ah! dans ma douleur, je m'arracherais mes cheveux blancs!

(Entrent OCTAVIO et les paysans.)

CURCIO

Mon malheur, Octavio, est plus grand que je ne l'aurais jamais pu croire. Ce cadavre que tu vois, ce cadavre inanimé, c'est mon fils! O ciel! donne-moi le courage dont j'ai besoin, ou délivre-moi d'une vie si douloureuse! — Vous, mettez de côté son corps jusqu'à ce que je puisse lui donner une sépulture convenable.

TIRSO

On ne peut pas l'ensevelir dans un endroit consacré! Ignorez-vous qu'il est mort excommunié.

BLAS

Ce désert n'est-il pas une sépulture bien suffisante pour un homme mort de la sorte?

CURCIO

Les vilains! comme ils gardent le ressentiment d'une injure! La mort elle-même ne suffit pas à leur vengeance!

(Il sort désespéré.)

BLAS

Ce bandit ne mérite pas d'autre tombeau que le corps des oiseaux de proie et des bêtes féroces.

UN PAYSAN

Jetons son corps du haut de la montagne pour le mettre en pièces!

TIRSO

Il vaut mieux lui donner une sépulture rustique sous ces branches. (*Ils l'enterrent.*) Maintenant, partons, la nuit tombe. Toi, Gil, reste ici; si tu vois quelqu'un des fuyards, tu crieras pour nous avertir.

(*Ils sortent.*)

BLAS

Eh bien! ils ne se gênent pas, ceux-là! Ils viennent de l'enterrer et ils me laissent seul avec lui! Au moins, seigneur Eusebio, souvenez-vous que j'étais des vôtres. Mais qu'y a-t-il? Je vois venir, si mes sens ne m'abusent, au moins un millier de personnes, par ici.

Entre ALBERTO

ALBERTO

J'arrive de Rome. La nuit a égaré mes pas, et me voici pour la seconde fois, perdu dans ces montagnes. C'est ici qu'Eusebio me donna la vie. Je crains bien que ses soldats ne me mettent à mal.

EUSEBIO

Alberto!

ALBERTO

Quelle voix étrange répète ainsi mon nom?

EUSEBIO

Alberto!

ALBERTO

On m'appelle encore!... C'est par ici, je crois? Allons voir.

BLAS

Dieux trois fois saint! c'est Eusebio! Jamais peur n'égala la mienne!

EUSEBIO

Alberto!

ALBERTO

J'approche, il me semble. O voix qui redis et redis ainsi mon nom, qui es-tu?

EUSEBIO

Je suis Eusébio. Viens, Alberto. C'est par ici que je suis enterré. Écarte ce branchage. N'aie pas peur.

ALBERTO

Je suis inaccessible à la peur.

BLAS

Moi, pas!

ALBERTO

Te voilà dégagé. Au nom de Dieu, que me veux-tu?

EUSEBIO

C'est en son nom, ô Alberto, que je t'ai appelé pour que avant que je meure, tu entendisses ma confession. Il y a déjà quelques instants que j'ai rendu le dernier soupir; mais mon âme n'a pas encore abandonné le corps dont elle va bientôt se séparer. (*Il se lève*). Viens, Alberto, que je confesse mes péchés. Ils sont plus nombreux que le sable des grèves ou que les atomes du soleil. Le Ciel a accordé cette récompense à la dévotion à la Croix.

BLAS

Par Dieu! le voilà debout! et le jour point comme pour qu'on puisse mieux le voir. Je vais avertir tout le monde.

(Entrent des paysans.)

Puisque voici du monde, que tous connaissent par moi la plus prodigieuse aventure à laquelle un homme ait assisté. Eusebio s'est levé du lieu où il était enterré en appelant un prêtre à grands cris. Mais pourquoi vous raconter ce que vous pouvez voir par vous-même? Voyez avec quelle piété il est agenouillé et se confesse.

CURCIO

Mon fils!.... Dieu puissant, quels sont ces miracles?... Dès que ce saint homme lui a donné l'absolution, il est tombé mort de nouveau à ses pieds.

ALBERTO

Que le monde, au milieu de ses grandeurs, apprenne par ma voix le miracle le plus extraordinaire. Après qu'Eusebio fut mort, le Ciel a laissé son esprit dans son corps jusqu'à ce qu'il eût fait sa confession. Dieu, par cette faveur, a voulu récompenser LA DÉVOTION A LA CROIX.

DON FERNAND

Cette belle scène est extraite d'une comédie historique de Calderon : Le Prince Constant (El Principe Constante). Le prince don Fernand, frère du roi de Portugal, don Édouard, est, à la suite d'une expédition malheureuse des Portugais contre le Maroc, resté comme otage en Afrique, et les Marocains ne doivent lui rendre sa liberté que contre la place de Ceuta.

La scène est dans la campagne, près de Tanger.

Entrent DON FERNAND *et plusieurs captifs*

PREMIER CAPTIF

Seigneur, de ce jardin où nous travaillons nous vous avons vu partir pour la chasse, et nous accourons tous ensemble nous prosterner à vos pieds.

DEUXIÈME CAPTIF

C'est la seule consolation que le ciel nous ait laissée.

TROISIÈME CAPTIF

Et nous l'en remercions avec ferveur.

DON FERNAND

Embrassez-moi, mes amis. Le ciel m'est témoin que, au lieu de vous serrer entre mes bras, je voudrais pouvoir rompre vos liens, et, soyez-en sûrs, vous seriez libres avant moi !... Mais acceptez votre destin présent comme un bienfait du ciel ; il deviendra plus tolérable. La sagesse peut triompher du plus opiniâtre malheur. Supportez les rigueurs de la fortune avec patience. Cette changeante déesse — fleur aujourd'hui, demain cadavre — ne reste jamais en un même état, et elle modifiera le vôtre. Hélas ! il est bien triste de ne pouvoir donner aux malheureux que des conseils ; mais malgré le désir que j'aurais de vous faire quelques cadeaux, je n'ai rien à présent à vous offrir : excusez-moi, amis. J'attends des secours de Portugal ; ils arriveront bientôt ; mes biens seront pour vous ; c'est pour vous seuls que je les attends. Si l'on vient me mettre en liberté, je vous emmène tous avec moi. Adieu ; allez travailler ; ne mécontentez pas les maîtres que le Ciel vous a donnés.

PREMIER CAPTIF

Nous sommes heureux, seigneur, dans notre esclavage de vous voir en bonne santé.

DEUXIÈME CAPTIF

Dieu vous donne, seigneur, une vie aussi longue que celle du phénix !

(Ils sortent.)

DON FERNAND

Je reste confondu en voyant ces pauvres gens s'éloigner sans que j'aie pu leur faire aucun présent... Ah ! que n'est-il en mon pouvoir de les secourir !... Quelle douleur j'en éprouve !

Entre MULEY, *général more*

MULEY

J'admirais, seigneur, avec quelle douceur et quelle bonté vous traitiez ces malheureux.

DON FERNAND

J'ai pitié de leur malheur, et leurs souffrances m'enseignent à supporter l'infortune. Peut-être aurai-je un jour besoin de me rappeler ces leçons.

MULEY

Que dit là Votre Altesse ?

DON FERNAND

Quoique, par ma naissance, je sois infant de Portugal, je suis devenu esclave ; il se pourrait donc que je descendisse à une condition plus malheureuse encore. Il y a plus de distance d'un infant à un captif que d'un captif à n'importe quel autre malheureux. Chaque jour appelle le jour suivant et amène ainsi des pleurs après des pleurs, des peines après des peines.

MULEY

Espérez ! aujourd'hui, il est vrai, vous êtes captif ; mais vous pouvez demain revoir votre patrie.

(Il sort.)

Entre LE ROI DE FEZ

LE ROI

Je viens chercher Votre Altesse. Avant que le soleil se couche derrière un voile de pourpre ou de perles, suivez-moi, vous assisterez à la lutte d'un tigre que mes chasseurs cernent déjà.

DON FERNAND
Seigneur, vous imaginez chaque jour pour moi de nouveaux plaisirs. Si c'est ainsi que vous savez traiter vos captifs, ils ne pourront regretter leur patrie.
LE ROI
Des captifs tels que vous font honneur à leur maître et l'on ne saurait les servir avec trop de soin.

Entre DON JUAN, *seigneur portugais*

DON JUAN, *au Roi*
Approchez-vous, seigneur, du rivage de la mer, et vous verrez le spectacle le plus admirable, une merveille de la nature et de l'art. Une galère chrétienne s'avance dans le port. Elle est couverte d'insignes de deuil, mais demeure si belle qu'on s'étonne qu'elle puisse réunir ainsi la joie et la tristesse... Elle porte le pavillon portugais... Elle a pris sans doute ces marques de tristesse à cause de la captivité de l'infant et pour montrer la douleur de son peuple, et elle témoigne son affliction en venant lui rendre la liberté.
DON FERNAND
Non, mon cher don Juan, tel n'est pas le motif du deuil qu'elle a revêtu. Si cette galère venait me mettre en liberté, elle ne serait ornée que d'insignes de joie.

Entre L'INFANT DON HENRI, *vêtu de deuil*

DON HENRI, *au Roi*
Seigneur, permettez que je vous embrasse.
LE ROI
Que Votre Altesse soit la bienvenue !
DON FERNAND
Ah ! don Juan, mon malheur est certain !
LE ROI
Ah ! Muley, je touche au but de mes désirs !
DON HENRI
Maintenant que je me suis acquitté de mes devoirs envers vous, souffrez, seigneur, que j'embrasse mon frère. Ah ! cher Fernand !
DON FERNAND
Cher Henri ! quels sont ces vêtements de deuil ? Mais non, ne me

réponds-pas, tes yeux ont parlé assez clairement. Mais si tu viens m'annoncer une éternelle captivité, ne verse pas de larmes, car c'est cette captivité que je désire ; il faudrait bien plutôt m'en féliciter, et, porteur d'une si heureuse nouvelle, ce sont des habits de fête qu'il fallait revêtir. Comment va le roi, mon seigneur ? Pourvu qu'il soit en bonne santé, je serai content. — Mais, tu ne réponds pas ?

DON HENRI
Si l'on souffre deux fois lorsqu'on entend deux fois le récit de tristes nouvelles, je t'épargnerai du moins cette douleur. — Prêtez-moi l'oreille aussi, grand roi, et, quoique cette montagne soit peut-être un palais un peu rustique, je vous y demande audience, en vous priant de bien vouloir m'accorder votre attention et la liberté du captif... La flotte dont le poids orgueilleux avait longtemps fatigué la mer, et que la tempête avait dispersée, rentra, laissant l'infant prisonnier dans votre cour, dans le port de Lisbonne. Dès qu'Édouard eut connu ces funestes nouvelles, la tristesse s'empara de lui, et, sa mélancolie s'augmentant chaque jour, il fit voir que l'on peut, en effet, mourir de chagrin... Il est mort ; que Dieu ait son âme !

DON FERNAND
O Dieu ! c'est ma captivité qui fut cause de ce malheur !

LE ROI
Allah sait combien cette nouvelle m'attriste. Mais continuez.

DON HENRI
Le roi mon seigneur a ordonné, dans son testament, qu'on cédât la ville de Ceuta contre la personne de l'infant ; et c'est pourquoi, chargé des pouvoirs d'Alfonse, son héritier, — lumineuse aurore qui seule pouvait nous consoler de la disparition du soleil ! — je viens vous remettre la place, puis...

DON FERNAND
Assez, n'achevez pas !... assez, Henri, assez. Ce sont là des paroles indignes, non seulement d'un infant de Portugal, non seulement d'un grand maître qui sert sous la bannière du Christ, mais même du dernier des hommes, mais même d'un barbare qui n'aurait jamais été éclairé par la lumière de notre sainte foi. Si mon frère — que Dieu a voulu rappeler dans son sein — a inséré cette clause dans son testament, ce n'était pas pour qu'on l'accomplît, mais seulement pour montrer à quel point il désirait ma liberté, et comme il avait à cœur que l'on s'efforçât de l'obtenir par d'autres voies de gré ou de force. Commander de rendre Ceuta, cela voulait dire qu'on devait faire des efforts extraordinaires, inouïs. Comment en effet un roi catholique, comment un roi sage et juste consentirait-il à livrer au More une cité qu'il paya de son propre sang ? puisque — ainsi que vous le savez — ce fut lui

qui, armé seulement de son bouclier et de son épée, escaladant ses orgueilleuses murailles, arbora le premier sur ses créneaux l'étendard du Portugal. Et c'est encore là ce qui importe le moins. Mais cette ville professe la foi catholique; elle a obtenu des églises où le culte de notre sainte religion se célèbre avec vénération et amour : serait-ce une chose digne d'un prince pieux, d'un chrétien, d'un Portugais, que de consentir à ce que dans ces temples du vrai Dieu, à la place des lumières divines dont les remplit le vrai soleil, on vit se répandre les ombres musulmanes, et que leurs funestes croissants obscurcissent les saintes clartés qui éclairent les yeux chrétiens? Comment tolérer que ces chapelles sacrées fussent livrées aux animaux les plus vils pour leur servir d'étables, ou — ce que je craindrais plus encore — qu'elles redevinssent des mosquées?... Ici ma langue s'arrête comme enchaînée, le souffle me manque, la douleur me rend muet... Oui, lorsque je songe à une semblable profanation, je sens que mon cœur se rompt, que mes cheveux se dressent sur ma tête, qu'un frisson glacé parcourt mes membres... Des étables et des crèches furent déjà le temple de Dieu; elles lui ont donné un abri... Mais des mosquées, ce serait le tombeau de notre honneur, l'écriteau de notre ignominie et le monde entier y lirait ces mots : « En ce lieu Dieu avait un saint asile, et des chrétiens le lui ont enlevé afin d'en faire don au démon! » Oserions-nous donc venir affronter Dieu dans sa propre demeure? Oserions-nous y conduire l'impiété, l'y protéger et, afin de l'établir en paix, chasser notre Dieu de ses autels? — Peut-être les chrétiens qui demeurent dans cette ville avec leurs familles, et qui ont là toute leur fortune, abjureront-ils et abandonneront-ils leur foi afin de ne pas perdre leur bien : les devons-nous exposer au péché? devons-nous livrer aux Mores les jeunes enfants des fidèles, pour qu'ils les accoutument à leurs rites et les fassent entrer dans leur secte? Serait-il juste d'abandonner tant d'hommes à une dure captivité, afin de sauver la vie d'un seul dont la perte est si peu importante? — Car que suis-je enfin? suis-je donc plus qu'un homme? Si le titre d'infant me rendait plus considérable, songez que, devenu esclave, je n'ai plus maintenant ni noblesse ni rang lorsque je suis captif; nul ne doit m'appeler l'infant; et dès lors doit-on mettre à tel prix ma rançon?... Mourir, c'est perdre l'existence; je l'ai perdue dans la bataille; je ne suis plus, et il serait insensé de faire périr tant de vivants pour un mort... Donnez-moi donc ces vains pouvoirs. (*Don Henri lui donne les pouvoirs; il les déchire.*) Que leurs morceaux épars soient le jouet du vent et des flammes... mais non, je veux en avaler les débris et les cacher dans mon sein, afin qu'il n'en reste pas de vestige qui puisse apprendre au monde quelle faiblesse a pu montrer la noblesse portugaise. Je suis ton esclave, roi; dispose de moi et de ma liberté, je n'en veux pas à ce prix... Henri, rentrez dans notre patrie et dites que vous m'avez laissé enseveli en Afrique. Chrétiens, Fernand, le grand-maître d'Avis, est mort désormais. Mores, un esclave vous reste. Captifs, un compagnon de plus partage aujourd'hui vos peines. Ciel, un homme a sauvé l'intégrité de tes églises. Mer, un malheureux grossira de ses larmes tes flots amers. Montagnes, un infortuné vous demande un refuge, et sa condition sera celle des brutes qui vous habitent. Terre, laisse préparer la fosse où reposera bientôt mon cadavre... Et ainsi roi, Mores, chrétiens, ciel, terre, mer, tous sauront qu'aujourd'hui un prince, constant dans ses malheurs, glorifie la foi catholique et honore la loi de Dieu : car, ne fût-ce que parce que Ceuta contient une église consacrée à l'éternelle conception de la Reine des cieux, je voudrais, vive la Vierge! perdre mille fois la vie pour sa défense.

LE ROI

Ingrat, c'est ainsi que, sans égard pour ma grandeur et ma gloire, tu enlèves par ton refus l'objet de mes plus vifs désirs, mais il n'est pas surprenant que tu ne te sois pas aperçu de ta captivité, car je t'avais laissé plus de pouvoir dans mon royaume que tu n'en avais dans ton pays. — Désormais, puisque tu te nommes toi-même mon esclave et que tu reconnais mes droits, tu seras traité en esclave. Que ton frère et tes compatriotes te voient dès l'instant à mes pieds.

(Don Fernand lui baise les pieds.)

DON HENRI

O malheur!

MULEY

O douleur!

DON HENRI

O honte!

DON JUAN

O souffrance!

LE ROI

Tu es maintenant mon esclave.

DON FERNAND

C'est vrai, et tu as là une maigre vengeance... L'homme n'est sorti de la poussière que pour faire sur terre un bien court voyage ; et, quelque chemin qu'il prenne, il doit toujours finir par retourner à la poussière. Je te dois donc de la reconnaissance plutôt que de la haine, puisque tu m'enseignes des chemins plus courts pour arriver au terme de la route.

LE ROI

Puisque tu es mon esclave, tu ne peux rien avoir à toi. Ceuta est aujourd'hui en ta puissance : si tu es mon esclave, si tu me reconnais pour maître, donne-la-moi.

[34]

DON FERNAND

Je ne puis. C'est à Dieu qu'elle appartient et non pas à moi.

LE ROI

La loi de Dieu ne commande-t-elle pas d'obéir à son maître? Eh bien! de par les droits que ce titre me confère, je t'ordonne de me rendre cette place.

DON FERNAND

Dieu commande au serviteur d'obéir à son maître en ce qui est juste seulement; mais si le maître ordonne à son esclave de pécher, celui-ci ne doit point lui obéir; car, pour être commandé, le péché n'en est pas moins péché.

LE ROI

Je te ferai donner la mort.

DON FERNAND

Ce sera pour moi le commencement de la vie.

LE ROI

Tu n'auras même pas cette espérance. Je ferai de ta vie une longue mort. Tu verras quelle est ma rigueur.

DON FERNAND

Tu verras quelle est ma patience.

LE ROI

Fernand, tu ne recouvreras point ta liberté.

DON FERNAND

Roi, tu ne recouvreras point Ceuta.

LE ROI, *appelant*

Holà!

Entre SÉLIM

SÉLIM

Quels sont vos ordres, seigneur?

LE ROI

Que sur-le-champ ce captif soit traité ainsi que les autres! Qu'on lui mette les fers au cou et aux pieds! Qu'on le fasse travailler dans mes écuries, dans mes bains, dans mes jardins, sans nulle faveur, sans nul égard! Qu'on lui retire ses habits de soie, et qu'on le vête d'une serge grossière! Qu'on lui donne du pain noir et de l'eau croupie, et qu'il passe la nuit dans un humide et sombre cachot... Qu'on traite de même ses domestiques, et ses vassaux... Qu'on les emmène tous.

DON HENRI

Quelle disgrâce!

DON JUAN

O douleur!

LE ROI, *à don Fernand*

Je verrai, barbare, je verrai si ta fermeté triomphe de ma rigueur.

DON FERNAND

Tu la trouveras inébranlable.

(On l'emmène ainsi que don Juan.)

LE ROI

Vous êtes ici sous la garde de ma parole, Henri, et vous pouvez regagner Lisbonne. — Vous direz à vos Portugais que leur infant, le grand-maître de l'ordre d'Avis, je l'emploie à panser mes chevaux, et que, s'ils l'osent, ils viennent lui rendre la liberté.

DON HENRI

Ils viendront; et si je le laisse, sans la partager, dans cette triste situation, c'est que je compte revenir bientôt, avec de plus grandes forces, pour le délivrer d'esclavage.

(Il sort.)

LE ROI

Nous verrons s'il le peut.

NOUVELLE BIBLIOTHÈQUE POPULAIRE A DIX CENTIMES

Envoi franco de : un volume pour 15 cent.
Deux vol. pour 25 cent. — Vingt-cinq vol. pour 3 fr.
Écrire à M. Henri Gautier, éditeur, 55, quai des Grands-Augustins, à Paris

Volumes en vente (suite) (1)

LITTÉRATURE FRANÇAISE (suite)

HISTOIRE, MÉMOIRES (suite)

- 334. *Camille Rousset.* La Prise d'Alger.
- 336. *Michaud.* La Prise de Jérusalem. — Le Tableau d'une Auberge.
- 339. *Mme de Rémusat.* Les Confidences d'une Impératrice.
- 344. *Mme Adam.* La Patrie hongroise.
- 353. *Racine.* Port-Royal.
- 356. *P. de Nolhac.* Marie-Antoinette à Trianon.
- 363. *Benjamin Constant.* Les Cent Jours.
- 373. *Marmontel.* La Société littéraire au XVIIIe siècle.
- 380. *Cardinal de Richelieu.* Testament politique.
- 381. *Beaumarchais.* Le Procès Goëzman.
- 385. *Agrippa d'Aubigné.* Épisodes de la vie du roi de Navarre.
- 393. *Comte de Ségur.* Souvenirs de la Guerre d'Amérique.
- 396. *Las Cases.* Mémorial de Sainte-Hélène.
- 400. *Dangeau.* Journal de la Cour.
- 408. *Mme Campan.* Le Dix Août.
- 419. *Mme d'Épinay.* Journal et Correspondance.
- 426. *Mallet du Pan.* Mémoires.
- 431. *P. Thureau-Dangin.* Casimir Périer.
- 432. *Mme Roland.* Souvenirs de jeunesse.
- 451. *Général Chanzy.* L'Armée de la Loire.
- 459. *Miot de Mélito.* Souvenirs du Premier Empire.
- 464. *Ch. de Mazade* (de l'Académie française). Guerre de France.
- 469. *Villehardouin.* La Prise de Constantinople.
- 471. *Bachaumont.* Mémoires.
- 472. *Camille Rousset.* L'Algérie.
- 476. *Mme d'Abrantès.* Mémoires.

Voyages

- 142. *Gérard de Nerval.* Voyage en Orient.
- 201. *V. Jacquemont.* Lettres de l'Inde.
- 236. *Regnard.* Voyage en Laponie.
- 260. *Paul Mariéton.* A travers la Provence classique.
- 263. *V. Tissot.* Hors de France. — A Berlin. — En Suisse.
- 270. *Bernardin de Saint-Pierre.* L'Ile de France.
- 290. *La Fontaine.* Voyage à Limoges.
- 292. *Vte E.-M. de Vogüé.* Voyage en Asie.
- 299. *Jules Michelet.* En Italie.
- 308. *De Saussure.* La Première Ascension au Mont-Blanc.
- 337. *Chateaubriand.* — Voyage en Amérique.
- 355. *Ramond de Carbonnières.* Les Pyrénées.
- 387. *Grangier de Liverdys.* Voyage en Italie.
- 391. *Chardin.* Voyage en Perse et aux Indes.
- 398. *René Caillié.* Tombouctou.

- 405. *De Laborde.* Mœurs espagnoles.
- 415. *Bougainville.* Le Détroit de Magellan.
- 424. *Tournefort.* Voyage du Levant.
- 429. *Jurien de la Gravière (Amiral).* Chine et Corée. — La reine Pomaré.
- 437. *Cte de Dalmas.* Japon et Japonais.

Sciences

- 313. *Olivier de Serre.* Le Ménage des Champs.
- 320. *Buffon.* Les Époques de la nature.

Lettres — Pensées — Pamphlets

- 1. *Louis XVI.* Lettres.
- 35. *Pascal.* Pensées.
- 39. *Mme de Sévigné.* Lettres.
- 46. *Mme de Maintenon.* Lettres. — Avis.
- 72. *A. Colnet.* Lettres à mon voisin.
- 95. *P.-L. Courier.* Lettres et Pamphlets.
- 123. *La Bruyère.* Caractères et Portraits.
- 128. *Chamfort.* Pensées. — Anecdotes.
- 132. *Montesquieu.* Lettres persanes. — Dialogues des Morts.
- 138. *Prince de Ligne.* Lettres. — Pensées. — Portraits historiques.
- 141. *Racine.* Lettres à son fils.
- 259. *Édouard Drumont.* Gambetta et sa cour. — Barons juifs.
- 346. *Princesse des Ursins.* Lettres de la Camerera Mayor.
- 377. *Président de Brosses.* Lettres familières sur l'Italie.
- 379. *Joubert.* Pensées et Correspondance.
- 422. *Vauvenargues.* Pensées et Portraits.
- 435. *La Rochefoucauld.* L'Amour-propre.

Éloquence — Religion — Philosophie — Morale

- 4. *Mme de Lambert.* Avis d'une mère à sa fille.
- 6. *R.P. Lacordaire.* Le Général Drouot. — M. de Tocqueville.
- 7. *Napoléon Ier.* Harangues et Proclamations.
- 21. *R. P. Monsabré.* Une Ville héroïque. — Jeanne d'Arc.
- 23. *Mgr Dupanloup.* Discours et Polémique.
- 42. *Montaigne.* De l'éducation des Enfants.
- 57. *J. de Maistre.* Du Pape. — Soirées de Saint-Pétersbourg.
- 89. *Jules Simon.* Opinions et Discours.
- 121. *Massillon.* Œuvres oratoires.
- 134. *J.-J. Rousseau.* La Religion et la Morale.
- 145. *Les Orateurs de la Restauration.* Royer-Collard, Berryer, de Broglie, etc.
- 166. *Rivarol.* De l'universalité de la langue française.
- 186. *Les Orateurs parlementaires contemporains.* Thiers, Gambetta, d'Audiffret-Pasquier, de Mun.

(1) Voir les numéros 470 et 472.

Pour paraître le 5 octobre 1895

L'Abbé DE BROGLIE

L'ÉGLISE
ET L'IDÉE RELIGIEUSE

L'abbé de Broglie, qui, victime d'un crime odieux, vient d'être enlevé à l'Église et à la science, sera compté au nombre des plus vaillants et des plus solides apologistes de la foi à notre époque. Les pages éloquentes que nous détachons de son œuvre feront connaître à nos lecteurs l'élévation de sa pensée, la noblesse de ses vues et la haute valeur de son style.

~~~~~~

ABONNEMENTS

À LA

Nouvelle Bibliothèque populaire

La *Nouvelle Bibliothèque populaire* publie un volume par semaine.
On peut s'abonner aux cinquante-deux volumes d'une année. Les abonnements partent du 1er de chaque mois.
Tous les abonnés, aussi bien ceux de l'étranger et des colonies, que ceux de la France, recevront un volume par semaine.

PRIX DE L'ABONNEMENT D'UN AN

Paris, Départements, Algérie et Belgique . . . . 7 francs.
Étranger (sauf la Belgique) et Colonies . . . . 8 francs.

PRIME GRATUITE

EXCLUSIVEMENT RÉSERVÉE AUX ABONNÉS NOUVEAUX

Tout abonné nouveau a droit à recevoir, gratis et franco, dix volumes à choisir dans la liste de ceux déjà parus, ou un joli cartonnage pour conserver les volumes.
On s'abonne pour un an en envoyant, en mandat-poste, timbres français ou autre valeur sur Paris, à M. Henri Gautier, 55, quai des Grands-Augustins, à Paris, 7 francs si l'on habite la France, la Belgique ou l'Algérie, 8 francs si l'on habite l'étranger ou les colonies. La prime est envoyée au reçu de l'abonnement.

ANGERS, IMPRIMERIE A. BURDIN ET Cie, 4, RUE GARNIER

L'Abbé DE BROGLIE

L'ÉGLISE
ET L'IDÉE RELIGIEUSE

Edité par
HENRI GAUTIER
55, Quai des Grands Augustins
PARIS

Il paraît un volume par semaine

Directeur littéraire de la *Nouvelle Bibliothèque Populaire* :

ALFRED ERNST

AVIS A NOS ABONNÉS

Nous rappelons à nos abonnés que tout changement d'adresse doit être accompagné d'une bande indiquant l'adresse ancienne et de *cinquante centimes* en timbres-poste français ou autre valeur sur Paris.

ABBÉ DE BROGLIE

L'abbé de Broglie, petit-fils de Mme de Staël, fils et frère de deux ministres célèbres, oncle du duc Emmanuel de Broglie qui fut reçu académicien à la mort de son père, en 1894, était né à Paris le 18 juin 1834. Ancien élève de l'école polytechnique, il servit d'abord dans la marine. Aspirant en 1855, enseigne de vaisseau le 10 juin 1857 et lieutenant de vaisseau le 16 août 1862, il quitta le service, en mai 1869, pour embrasser la carrière ecclésiastique. Le nonce, Mgr Chigi, l'ordonna prêtre au mois d'octobre 1870, pendant le siège de Paris. Sitôt après, l'abbé de Broglie alla spontanément offrir ses services à l'abbé Planchat, au patronage du quartier de Charonne, où la Commune manqua faire de lui un otage. Puis il fut nommé aumônier de l'école normale primaire d'Auteuil où il resta jusqu'à la suppression de ses fonctions en 1876. A cette époque, il accepta d'être professeur non rémunéré à l'Institut catholique de Paris. Il y fut chargé d'inaugurer l'enseignement de l'apologétique, et pendant près de vingt ans le docte professeur, qui n'était pourtant point charmant causeur ou orateur distingué, réussit à s'attacher un auditoire d'hommes dont le nombre l'obligea même, dans les derniers temps, à transporter ses conférences dans la chapelle des Carmes.

Nous n'avons pas à raconter ici la vie modeste et laborieuse de l'abbé de Broglie, ni comment il consacrait ses journées de repos, les dimanches, à ses amis, les apprentis du patronage de Sainte-Mélanie, dont il savait partager les soucis. Il s'asseyait à la table de ces enfants du peuple, et jamais sa réserve et son impuissance à rire habituelle n'apportaient aucune contrainte à l'exubérante joie et à l'expansive familiarité de cette jeunesse.

Ce qui nous intéresse en M. de Broglie, c'est l'écrivain. De fait, le maître fut plutôt écrivain que conférencier, et le livre ou l'article reproduisait toujours, en le précisant et le complétant, son enseignement oral.

La première en date de ses œuvres éditées (si l'on excepte les *Conférences sur la vie surnaturelle*, prêchées à Sainte-Valère), la première peut-être par la valeur, fut son grand ouvrage, le *Positivisme et la science expérimentale*. Il nous est impossible dans un opuscule comme celui-ci de faire la moindre place à ces développements de pure philosophie, mais nous engageons ceux de nos lecteurs que la métaphysique intéresse à prendre connaissance d'une étude aussi magistrale. Aussi bien, le talent de l'abbé de

Broglie y est mieux caractérisé que partout ailleurs, car le mérite de cet ouvrage ne tient pas seulement, comme on l'a dit, à la quantité de vues personnelles qu'il renferme, mais encore à la forme qu'il revêt et aux procédés qu'il emploie. C'est l'argumentation scolastique appliquée à la réfutation du positivisme contemporain, mais une argumentation qui rejette les termes et les formules d'école pour ne garder que la sage lenteur d'une marche lumineuse et sûre. Pour qui n'est pas habitué à cette méthode, elle étonne et fatigue presque tout d'abord : volontiers l'on dirait que cette dialectique trop serrée tourne toujours dans un même cercle et que la question n'avance pas. En fin de compte, on est étonné et agréablement surpris du nombre considérable de notions qui ont été posées et éclaircies, et l'on pense que, si tout n'a pas été résolu des grands problèmes abordés, du moins les éléments de toute solution ont été fournis et détaillés. L'abbé de Broglie, dans l'avant-propos de son ouvrage, dit qu'il a « contemplé avec admiration l'édifice doctrinal élevé par la philosophie catholique du moyen âge et reposant non, comme nos maigres systèmes modernes, sur un seul principe, mais sur l'ensemble des doctrines du bon sens, admises au nom de leur propre évidence », et ces éloges conviendraient parfaitement à son œuvre même. C'est en effet une petite Somme de saint Thomas qu'il a composée, et quiconque entreprendra (il faudra pour cela un homme de génie, comme dit M. Ollé-Laprune) de rajeunir et restaurer cet édifice, qui reste, quoique vieilli, un modèle d'architecture, trouvera dans l'auteur du *Positivisme et la science expérimentale* un précurseur et un guide.

Cependant l'abbé de Broglie, ce livre achevé, alla au devant d'une science nouvelle dont on faisait grand état, il y a quinze ans, jusqu'à l'introniser au Collège de France, et dont il a pour beaucoup contribué à rabaisser les prétentions injustifiées : la science comparée des religions. Des cours qu'il professa sur ce sujet à l'université catholique sortit un petit livre qui fit époque : *Problèmes et conclusions de l'histoire des religions*. Le monde scientifique s'étonna de voir l'histoire des religions enseignée par un prêtre, et cela avec une haute compétence, une parfaite mesure, un profond respect des hommes et des choses. « Comme œuvre d'apologétique, disait M. Barth, l'indianiste bien connu et nullement chrétien, ce livre est un signe des temps. » Certains esprits s'en défièrent comme d'une nouveauté. Les meilleurs catholiques joignirent leur suffrage aux encouragements de Rome pour une œuvre vivante[1], d'où l'Église catholique devait sortir glorifiée par la grande voix de la conscience humaine, par l'écho des traditions chrétiennes répandues chez tous les peuples et jusque par les contradictions et l'impuissance des faux cultes auxquels l'auteur rendait volontiers hommage. L'abbé de Broglie se montrait le hardi

---

1. Nous faisons allusion à l'encouragement précieux qu'adressa à l'abbé de Broglie Mgr Talamo, alors préfet de l'Apollinaire : « Vous êtes, lui dit-il, *un vivant avec les vivants*. »

successeur des Auguste Nicolas et des Lacordaire, dépassant le premier par son érudition et sa critique, atteignant l'éloquence du second quand il parle en fils aimant des grandeurs et des tendresses de sa mère, la sainte Église, ou quand il amène toutes les églises à la proclamer seule vraie et divine. Certains passages font penser à la célèbre péroraison où Lacordaire évoque le souvenir des impressions qu'il ressentit à Rome lorsque l'auguste Pontife Pie IX parut sur l'immense place de Saint-Pierre couverte d'une foule émue, tandis que l'obélisque de granit chantait l'hymne triomphal au Christ, vainqueur des faux dieux : « Christus vivit, Christus regnat, Christus imperat[1]. »

Ce n'est pas qu'il y ait du *style* dans les œuvres de l'abbé de Broglie. Car si l'on excepte quelques rapprochements classiques, les religions, par exemple, comparées à un immense fleuve dont les eaux se partagent en plusieurs bras et se répandent sur l'univers entier ; quelques banales figures de rhétorique, comme « le vent changeant des doctrines », l'éminent philosophe n'emprunte à la littérature ni ses artifices ni ses ressources. La clarté de la pensée qui suffit à la justesse de l'expression dispense l'écrivain du souci de la phrase, et la loyauté de la discussion tient lieu des saillies d'esprit et des ironies *ad hominem* qu'il n'a jamais connues. Au reste, aucun pédantisme, aucun bagage scientifique sous ces dehors un peu froids, mais un exposé sobre qui suppose chez le lecteur plus de culture générale que de connaissances techniques, un développement scolastique de plus en plus dissimulé derrière l'intelligence de l'attaque et la précision de la défense. Qu'on ne l'oublie pas, jamais l'abbé de Broglie n'a fait œuvre exclusive de savant, il veut être, il est avant tout sauveur d'âmes, précautionnant les intelligences contre le poison de l'erreur et — nous ne pouvons insister ici sur ce point de vue — ramenant les cœurs à Dieu par la pratique d'un dévouement infatigable et d'une charité sans limites.

L'abbé de Broglie fut aussi attiré par l'étude de la Bible, et sur ce terrain encore il se posa en adversaire du rationalisme. Mais, de même que l'étendue de l'inspiration biblique[2] lui semblait presque une question oiseuse, digne d'occuper les loisirs de doctes théologiens, de même aussi le concordisme que l'on prétend découvrir entre les récits bibliques d'une part et les données des sciences de la nature, de la préhistoire, de l'archéologie scientifique d'autre part, lui semblait un argument superficiel. Il voulait qu'on fît plutôt œuvre d'historien, qu'on laissât de côté, par exemple, le Pentateuque, pour scruter les livres historiques des Rois ou les Prophètes. Là se trouvera Israël, avec ses institutions. Si ces institutions supposent Moïse et la législation du Sinaï, le peuple élu

---

1. Trente-neuvième conférence (Poussielgue).
2. Il s'agit de savoir si les écrivains sacrés ont été inspirés (c'est-à-dire divinement instruits et, par conséquent, infaillibles, quant au fond de leurs écrits ou même quant à la forme et au style de la composition, quant aux enseignements dogmatiques et moraux ou même quant aux données purement scientifiques d'histoire, d'astronomie, etc.

aura retrouvé son contrat d'alliance, ses communications surnaturelles avec Dieu. L'abbé de Broglie avait déjà adopté une tactique semblable, quand il avait établi la divinité de la religion du Christ par la transcendance historique du christianisme, c'est-à-dire en prouvant que cette religion est un fait historique exceptionnel, unique de son espèce, inexplicable par les lois qui régissent les autres phénomènes. Nous exposerons davantage dans le détail, au cours de cet opuscule, ce plan d'études que l'abbé de Broglie a exécuté pour le Nouveau Testament, mais dont il n'a réalisé que des fragments pour l'Ancien. Il comptait réunir ces fragments dans un volume d'*Études bibliques*, lorsque la mort est venue brusquement interrompre le cours de sa laborieuse vie.

Ajoutons aux œuvres déjà citées, *le Présent et l'Avenir du Catholicisme en France*, dont nous donnons plus loin le résumé avec quelques extraits, et qui révélait en l'abbé de Broglie, à côté du métaphysicien, du théologien, de l'exégète et de l'historien, un psychologue distingué. Enfin, mentionnons la *Réaction entre le Positivisme*, où le philosophe put avant de mourir — c'était son dernier livre (octobre 1894) — constater les résultats qu'il avait prédits aux doctrines positivistes et qu'il avait pour une part préparés. Avec ces deux ouvrages se clôt la liste des productions les plus saillantes de l'abbé de Broglie[1]. On sait comment mourut ce prêtre modèle qui joignait à l'intelligence et aux labeurs du savant la charité d'un apôtre et une obéissance d'enfant à l'autorité de l'Eglise. Il ne nous sera pas donné de connaître ici-bas combien d'âmes il a sauvées ni jusqu'où ses travaux apologétiques que d'autres continueront, sont appelés à étendre sur terre le règne du Christ. Du moins pouvons-nous souhaiter voir quelque écrivain de talent, quelque ami de l'illustre défunt relater ce qu'on peut connaître de ses vertus et le détail de cette vie où le don de soi-même se joignait aux prodigalités immenses — dit-on — d'une fortune princière[2].

ABBÉ R. DESCHAMPS,

Professeur de philosophie à l'Institution Saint-Joseph d'Arras.

---

1. Il nous faut cependant ajouter pour être complet : *Conférences sur l'idée de Dieu dans l'Ancien Testament*, in-18; *La morale sans Dieu*, in-18; *Instruction morale*, ouvrage rédigé conformément aux programmes officiels, in-18, et un certain nombre de brochures toutes éditées, ainsi que les ouvrages eux-mêmes, chez Putois-Crette, 90, rue de Rennes, Paris.

2. Nous avons emprunté quelques détails de cette notice à un article remarquable que M. l'abbé Batiffol, aumônier de Sainte-Barbe et ami du défunt, a fait paraître dans la *Revue du Clergé français* (1ᵉʳ juin 1895, Poussielgue). Nous aimons à terminer à citer encore cette comparaison de l'auteur qui peint parfaitement l'abbé de Broglie un des esprits les plus ouverts qui se puissent rencontrer, mais toujours maintenu dans la voie droite par l'autorité de l'Eglise qui était comme sa boussole de voyage. « En officier de marine qu'il avait été, la direction une fois donnée au navire, il restait sur la passerelle pour surveiller l'horizon, pour discerner les feux mouvants ou fixes qui poindraient dans la brume. »

L'ÉGLISE ET L'IDÉE RELIGIEUSE

I

NATURE DE L'IDÉE RELIGIEUSE[1]

Qu'est-ce que l'idée religieuse? L'idée de moralité (Kant); l'idée de science (Fichte); l'idée de dépendance (Schleimacher); l'idée de dévouement (Aug. Comte); le sentiment de l'infini (Max Muller)... Non, toutes ces définitions sont incomplètes. M. Réville, le professeur du cours d'histoire des religions au Collège de France, se rapproche davantage de la vérité en avouant « le sentiment d'un lien unissant l'homme à l'esprit mystérieux dont il reconnaît la domination sur l'univers et auquel il aime à se sentir uni. » Mais qu'est-ce que cet esprit mystérieux? Est-il différent du monde visible, ou n'est-il que ce monde même sous la forme de loi et de force mesurable? En somme, en analysant l'idée religieuse, nous voyons qu'elle confine, d'une part, à la philosophie (elle traite des mêmes problèmes), à la morale (elle a dans le devoir un principe commun avec elle), à l'art (elle poursuit aussi un idéal); et de l'autre côté, à la magie et à la mythologie féerique. Voyons si de ces rapprochements nous ne pourrons pas faire naître la définition cherchée.

Quel est le trait commun entre la philosophie, la morale, l'art et la religion? N'est-ce pas, Messieurs, la recherche de ce que nous pouvons appeler l'absolu, l'idéal, le parfait, ou, si l'on veut, le beau et le bien, ce qu'Aristote appelait τὸ καλόν et Platon τὸ ἀγαθόν.

Et n'est-ce pas aussi cet absolu, cet idéal, cette perfection, cet objet suprême des aspirations de la nature humaine que la religion cherche, ou plutôt qu'elle prétend trouver, posséder et offrir aux hommes?

---

1. Cet article et le suivant sont extraits de la leçon donnée le 18 décembre 1881, à l'ouverture de la 3ᵉ année du cours d'histoire des cultes non chrétiens, à l'Institut catholique de Paris (brochure in-8 sous le titre : *La Définition de la religion*, chez Putois-Cretté).

Nous devons donc reconnaître dans la religion, comme trait commun avec la philosophie, la morale et l'art, la recherche du beau et du bien absolu, ou, en d'autres termes, d'une perfection qui soit l'objet suprême des aspirations élevées de la nature humaine.

Mais, d'autre part, qu'y a-t-il de commun entre la religion, la magie et la féerie? N'est-ce pas que toutes trois vivent dans un monde invisible où se trouvent des êtres vivants, réels et concrets avec lesquels l'homme est en rapport et qui peuvent influer sur sa destinée? Croire à un monde invisible, n'est-ce pas là ce que font l'homme religieux qui invoque l'Être suprême, le magicien qui évoque les esprits mauvais, le superstitieux qui croit à la protection ou la colère des génies ou des fées?

Réunissez maintenant ces deux idées, d'une part la recherche d'une perfection qui satisfasse les aspirations les plus élevées de la nature humaine, et d'autre part la croyance à un monde invisible où vivent des êtres réels, et vous verrez apparaître avec son originalité et ses caractères propres, le concept auguste de la religion.

Qu'est-ce donc que la religion? C'est la croyance à un monde invisible et supérieur, distinct du monde actuel, dans lequel seulement se trouvent réalisés ce beau, ce bien, cette perfection et cet idéal, après lesquels notre nature aspire. C'est la recherche, c'est la découverte, c'est la possession de l'idéal, mais d'un idéal vivant et concret, qui habite un monde supérieur à celui où nous habitons nous-mêmes.

Chercher l'idéal et l'absolu simplement, c'est le propre de l'artiste, du philosophe et du moraliste.

Croire simplement à un monde invisible, c'est le propre du magicien et de l'homme superstitieux[1].

Mais chercher l'idéal, chercher le beau et le bien absolu dans le monde invisible, croire qu'il s'y trouve à l'état concret et réel, communiquer avec ce monde invisible pour y trouver l'idéal, c'est le propre de l'homme religieux.

L'idéal réalisé, la perfection vivante, la béatitude possédée, toutes ces choses que notre âme cherche avec ardeur, après lesquelles notre cœur soupire, mais qui sont impossibles dans l'économie actuelle, voilà, Messieurs, l'objet de la faculté religieuse. Croire

---

1. « On devra, pour être exact, dit ailleurs M. de Broglie, refuser le nom de religion à toute recherche de l'idéal, du bien et du beau, si cette recherche est indépendante de toute communication avec un monde suprasensible. On parle souvent de la religion de l'art, de la religion de la patrie, de la religion du devoir; ne condamnons pas ces expressions, mais n'oublions pas qu'elles sont métaphoriques, et que ni l'art, ni le patriotisme, ni le devoir, ne peuvent constituer à eux seuls une véritable religion. »

qu'elles existent dans un autre monde et dans une autre économie, croire qu'elles sont accessibles, travailler à les conquérir, s'unir d'avance par certains actes à ce monde supérieur, tels sont les sentiments et les pratiques qui constituent la religion.

Ne voyez-vous pas, Messieurs, que cette définition, que nous avons obtenue par une véritable analyse scientifique et impartiale, sans nous être appuyé sur une croyance particulière, ni sur un *a priori* quelconque, correspond exactement à l'objet défini?

Ne nous fournit-elle pas, comme essence de la religion, la croyance à l'invisible et la croyance à l'idéal, c'est-à-dire en un mot la foi?

Ce n'est pas sans doute toujours la foi surnaturelle fondée sur les promesses divines, œuvre de la grâce, mais c'est toujours une sorte de foi naturelle, de confiance dans l'existence et la souveraineté du bien, sentiment qui se retrouve partout dans le cœur humain, qui constitue la religion.

Oui, Messieurs, tout homme religieux est un croyant. C'est vainement et par un abus de langage que le sceptique¹ dit avoir une religion : il ne peut en avoir que l'apparence et l'ombre. Croire, c'est-à-dire passer au delà des sens et du raisonnement, mais en chercher l'idéal, l'absolu et le parfait, et non pas seulement l'extraordinaire et l'inconnu, saisir par un élan de l'âme, non pas une formule vide et creuse, mais le bien suprême, la beauté éternelle, c'est encore là, Messieurs, l'essence de la religion.

La religion en général étant définie, la définition des religions particulières s'ensuit aisément. Elles diffèrent entre elles de deux manières, par les diverses conceptions qu'elles se forment du monde supérieur et des êtres qui l'habitent, et par les divers moyens de communication avec cette région transcendante qu'elles fournissent ou prétendent fournir.

II

L'IDÉE RELIGIEUSE CORRESPOND A UN OBJET RÉEL

L'idée fondamentale commune à toutes les religions est-elle une idée vraie ou une idée chimérique ? la croyance à un monde supérieur est-elle bien fondée ou nécessairement illusoire ? Les rationalistes ne s'occupent pas de ce problème ; la science des religions (M. Réville) élude cette question capitale, aussi bien que cette autre qui lui est connexe : ce monde supérieur, supposé qu'il existe, peut-il être connu ? peut-on établir avec lui, dès ici-bas, des communications réelles ? Examinons ces deux questions.

---

1. Et, en général, comme le dit plus loin M. de Broglie, les rationalistes qui rejettent un monde supérieur et surnaturel font de puérils efforts pour conserver néanmoins l'idée de religion.

Existe-t-il un monde supérieur où soit réalisé l'idéal qui n'existe pas dans le monde visible ?

C'est à la philosophie de répondre à cette question. C'est à elle à nous montrer comment, remontant de degré en degré et d'anneau en anneau, l'échelle des causes, la série des moteurs, la chaîne des fins subordonnées les unes aux autres, on arrive nécessairement à une cause première nécessaire et parfaite, à un moteur qui n'est pas mû, à une fin suprême qui ne se rapporte à aucune autre. C'est à elle à nous montrer que ce monde imparfait, ne se suffisant pas à lui-même, est nécessairement suspendu à une cause parfaite et indépendante. C'est à elle à nous prouver que la destinée de l'homme ne saurait être renfermée dans les limites étroites de la vie terrestre, que les promesses et menaces de la conscience ne sont pas vaines, qu'elles sont l'écho d'une voix supérieure infaillible, et que la justice absolue qui, quoi qu'on en dise, n'est pas immanente ici-bas, doit habiter ce monde inconnu, vers lequel nous marchons tous, et se trouve au terme de cette route dans laquelle nous sommes engagés.

C'est à elle à nous prouver enfin que le désir et la poursuite de l'idéal, soit sensible, soit immatériel et moral, seraient inexplicables ici-bas, si cet idéal n'existait à l'état réel quelque part, et à nous montrer dans l'Être parfait, entrevu à travers le voile des créatures, le pôle mystérieux de cette attraction vers le bien et le beau qui se fait sentir ici-bas, et nous soulève au-dessus de nous-mêmes.

Cette démonstration philosophique n'est pas l'objet du cours que je professe devant vous. Vous le connaissez néanmoins, Messieurs ; beaucoup d'entre vous en ont entendu ici-même l'éloquent exposé, et n'ont pas oublié avec quel éclat la parole émue de l'éminent prélat qui dirige cet institut a fait apparaître devant leurs yeux cet absolu personnel, cette synthèse vivante de l'idéal et du réel, ce vrai Dieu, seul objet digne de l'adoration des hommes[1].

Ce qu'il nous appartiendra de constater, c'est que l'humanité tout entière fait écho à la saine philosophie, c'est que, d'un bout du monde à l'autre, un sentiment intime du cœur humain le porte à chercher cet idéal, c'est que toute créature tressaille quand elle l'entrevoit et soupire quand elle ne peut l'atteindre, c'est que l'amour et l'aspiration vers cette perfection absolue et réelle située dans un monde supérieur est la véritable essence de la religion, et fait partie par conséquent de l'essence de l'homme, de cet être justement nommé l'animal religieux, c'est-à-dire l'animal qui, à la

---

1. Allusion à la leçon finale du cours de philosophie professé en 1881 par Mgr d'Hulst, recteur de l'Institut catholique de Paris (*Note de l'auteur*).

différence de tous les autres, entrevoit et poursuit un idéal situé au-dessus de cette terre, de même que, seul, il dirige son regard vers le ciel.

La seconde question est celle-ci. Le monde supérieur où réside l'idéal, étant un monde réel, ce monde peut-il être connu et pouvons-nous entrer en relation avec ceux qui l'habitent?

Ici encore, Messieurs, c'est d'abord à la philosophie qu'il convient de s'adresser, c'est à elle qu'il convient de réfuter le positivisme, cette forme équivoque et bâtarde du matérialisme absolu[1]. C'est à elle à montrer que la recherche de la cause première est possible, c'est à elle à nous révéler, sous des analogies tirées du monde créé, les traits de cet être, qui est mystérieux sans doute, mais qui n'est pas, comme on l'a dit, absolument inconnaissable. C'est à elle à nous manifester sa réalité, sa transcendance, sa personnalité, sa bonté, son amour, sa justice, son caractère personnel à l'égard des hommes.

C'est à elle qu'il convient de prouver qu'il n'y a point d'anthromorphisme[2] à supposer dans la cause les perfections de l'effet, et que le respect et l'adoration dus au Créateur consistent, non à l'ignorer absolument[3], mais à le connaître avec mesure et sobriété. C'est à elle enfin à préparer les voies à l'apologétique, en montrant qu'une révélation est possible et que l'intervention miraculeuse du Créateur ne peut être écartée *a priori*. Après quoi, l'apologétique chrétienne découvrira dans l'histoire les marques authentiques de la parole divine et fera passer de l'état d'hypothèse à l'état de certitude les communications entre le monde terrestre et le monde supérieur où Dieu réside.

Mais ici encore, à côté de cette démonstration rationnelle, nous pouvons invoquer le témoignage de l'humanité. Connaître ce monde supérieur, entrer en rapport avec lui, entr'ouvrir la porte de la région obscure qui se trouve au delà du tombeau, c'est la

---

1. Le *Positivisme* ne reconnaît comme du domaine de la science que ce qui tombe sous les sens, ce qui est susceptible d'une expérience sensible. L'immatériel, le suprasensible existe peut-être, mais il est inconnaissable. On le voit, le positivisme, sans se confondre avec le matérialisme, y confine, et la plupart des positivistes célèbres ont été matérialistes (Cf. le *Positivisme contemporain* de l'abbé de Broglie).

2. Procédé par lequel on imagine une sorte d'abstraction divine formée de toutes les qualités et perfections que l'on observe chez l'homme.

3. Comme le prétendent ceux qu'on pourrait appeler les *sentimentalistes*, au rang desquels se placent : les *faux mystiques* de tous les temps, les *piétistes* protestants; et un certain nombre de *rationalistes* dont les uns, avec Rousseau et J. Simon, semblent faire de la religion presque uniquement une question de sentiment et de cœur, et dont les autres, les déistes anglais de la fin du XVIIIe siècle, par exemple, et nombre d'Allemands, disciples de Kant et de Fichte, en font plutôt une question de volonté.

prétention, c'est le désir, c'est l'aspiration continuelle de l'humanité, ou tout au moins de la partie la plus noble et la plus élevée de l'humanité, celle qui est croyante.

Ne serait-il pas étrange que cette aspiration fût toujours trompée¹, que ces efforts fussent toujours vains ; que, depuis que le monde existe et jusqu'au jour où l'humanité disparaîtra de la face de l'univers, on ait vu tant d'hommes aspirer vainement après ce bien suprême, s'élancer sur les ailes de la foi vers ce monde supérieur, et que toujours et partout ils n'aient embrassé que des fantômes au lieu de la réalité, et que cet idéal qu'ils poursuivent se soit toujours évanoui lorsqu'ils croyaient l'atteindre ?

Quel singulier être serait l'homme s'il était ainsi doué d'une faculté religieuse cherchant un objet qui lui échappe toujours, demandant au ciel une révélation et ne recevant que l'écho de sa propre voix, frappant constamment à la porte mystérieuse de l'éternité sans que jamais cette porte s'ouvre devant lui !

Non seulement ce spectacle serait étrange, mais il deviendrait désespérant, révoltant et presque scandaleux, si nous considérions non pas seulement les désirs d'atteindre ce bien suprême et cette beauté parfaite, mais les efforts faits pour l'obtenir, les sacrifices héroïques accomplis en vue de cette félicité dont une religion vraie peut seule assurer la possession. Écoutez sur ce point la voix de l'un des grands poètes de ce siècle, l'hymne de Lamartine sur le tombeau de sa mère ² :

> Là dorment soixante ans d'une seule pensée,
> D'une vie à bien faire uniquement passée,
> D'innocence, d'amour, d'espoir, de piété,
> Tant d'aspirations vers son Dieu répétées,
> Tant de foi dans la mort, tant de vertus jetées
>   En gage à l'immortalité.
>
> Tant de nuits sans sommeil pour veiller la souffrance,
> Tant de pain retranché pour nourrir l'indigence,
> Tant de pleurs toujours prêts à s'unir à des pleurs,
> Tant de soupirs brûlants vers une autre patrie,
> Et tant de patience à porter une vie
>   Dont la couronne était ailleurs.
>
> Non, non, pour éclairer trois pas sous la poussière
> Dieu n'aurait pas créé cette immense lumière,

---

1. Qu'on nous permette la citation suivante, non pas à cause de l'écrivain, — car *Renan* n'a pas d'opinion, — mais à cause de la vérité qu'elle exprime et qui confirme tout ce passage de l'abbé de Broglie : « L'homme est le plus religieux dans ses meilleurs moments. C'est quand il est bon qu'il veut que la vertu corresponde à un ordre éternel ;... comment ne pas supposer que c'est dans ces moments-là que l'homme voit le mieux ? Il est le plus dans le vrai quand il est religieux » (Renan).

2. *Harmonies poétiques et religieuses*, liv. III, Harmonie VII°.

Cette âme au long regard, à l'héroïque effort :
Sur cette froide pierre, en vain le regard tombe,
O vertu! ton aspect est plus fort que la tombe
Et plus évident que la mort.

Multipliez maintenant, Messieurs, ce témoignage : évoquez dans votre pensée les souvenirs personnels qui vous rappellent des âmes semblables à celles que ce poète décrit. Faites comparaître en outre les martyrs qui ont versé leur sang pour leur foi, les saints qui ont pratiqué obscurément des vertus héroïques, les âmes fidèles qui ont résisté aux plus violentes tentations dans l'espoir de ces biens futurs, et considérez d'un seul regard les merveilles de dévouement et de vertu qu'ont produites, non pas simplement l'idée vague d'une perfection placée dans un monde meilleur, mais la croyance à un Dieu personnel et vivant, l'idée de communications actuelles et réelles avec cet Être parfait, et dites s'il ne serait pas inouï, s'il ne serait pas incroyable, que tout cela fût chimérique, que le monde divin fût réellement inaccessible à l'homme et que, par conséquent, l'erreur et l'illusion fussent nécessaires pour produire ce qu'il y a de plus beau et de plus grand sur cette terre.

III

PREMIÈRE MANIFESTATION HISTORIQUE DE L'IDÉE RELIGIEUSE[1]

Quelles sont les origines historiques de la religion? Y a-t-il eu évolution de l'idée religieuse, en ce sens que la conception spiritualiste d'un Dieu un, suprême, soit le résultat d'un long progrès à partir d'imaginations plus basses et plus grossières; ou au contraire faut-il admettre une notion originelle de l'Infini (notion d'où peuvent sortir, suivant les circonstances, soit le monothéisme[2]*, soit le polythéisme*[3]*, provoquée par les grands phénomènes de la nature, tels que le lever du soleil, l'éclat de la foudre, etc.? Les philosophes sont partagés, mais ces deux opinions, celle du polythéisme primitif et celle à laquelle Max Muller a donné le nom d'hénothéisme*[4] *ne paraissent prouvées ni l'une ni l'autre. La conception d'esprits, d'âmes, d'êtres invisibles*[5] *que doit admettre le polythéisme primitif,*

---

1. L'article présent est extrait du livre de l'abbé de Broglie intitulé : *Problèmes et conclusions de l'Histoire des religions*, in-12, chez Putois-Cretté.
2. Dieu unique et seul.
3. Plusieurs dieux.
4. Dieu un.
5. On a aussi appelé *animisme* le polythéisme, surtout le polythéisme primitif, parce qu'il admettrait que le monde est peuplé d'âmes, d'esprits invisibles, parcourant en liberté la terre et l'air.

est une conception subtile qui suppose déjà un certain travail de la pensée : au fond, c'est déjà la distinction de l'âme et du corps. Le polythéisme ne serait donc pas la religion primitive[1]. — D'autre part, l'hénothéisme de Max Muller, admettant dans l'homme une faculté religieuse spéciale que viennent exciter les grands phénomènes de la nature, malgré son côté séduisant, n'échappe pas aux objections. En premier lieu, il est difficile d'admettre que l'infini, ainsi perçu dans la nature par une intuition sensible, soit un être personnel, ni qu'il ait le caractère moral d'un père et d'un juge. Ce que le spectacle du ciel, de la foudre et de l'océan, peut faire naître dans l'âme humaine, c'est l'idée de quelque chose de vague, d'un objet inconnu d'effroi ou d'admiration, et non d'un être vivant, capable de nous entendre, de nous protéger et de nous juger. Or, les attributs moraux de la divinité se trouvent précisément dans les chants antiques de l'Inde et de l'Egypte où Max Muller veut nous montrer la première apparition de la pensée de Dieu dans l'intelligence humaine. En second lieu, si c'est vraiment l'infini qui est perçu par la faculté religieuse, cet infini doit être perçu comme unique. Comment donc expliquer que, aussitôt après la première perception de l'infini, le polythéisme succède à l'hénothéisme et que l'idée de l'unité exclusive de la divinité ne vienne que plus tard ? — Il semble donc qu'on doive en rester à la théorie du monothéisme primitif, et précisément la révélation, le récit de la Genèse se trouve en cela d'accord avec la philosophie la mieux fondée.

Ici se présente le troisième système que nous allons étudier, système qui, selon nous, résout la difficulté et qui montre clairement l'origine de l'incohérence et de la contradiction du paganisme le plus ancien. Ce système est bien simple; il consiste à supposer que l'origine de la religion dans l'espèce humaine a été semblable à la naissance de l'idée de Dieu dans chaque individu. Ici on nous permettra de quitter un instant le terrain de l'érudition, pour revenir aux réalités de la vie pratique, dont la connaissance peut nous être très utile, le cœur humain étant le même partout et nos aïeux étant des hommes semblables à nous.

Comment s'éveille l'idée de Dieu chez l'enfant ? Il y a évidemment dans la formation de cette idée un élément subjectif. L'enfant a dans son âme des facultés, des aspirations, qui le préparent à comprendre et à accepter la notion d'un Père céleste. Sans cela ce serait en vain qu'on essayerait de la lui enseigner, les mots dont on se servirait ne seraient pas compris. Cette faculté religieuse

---

[1]. D'ailleurs la filiation des dieux qu'on rencontre dans les religions les plus anciennes paraît peu favorable à l'animisme et au polythéisme primitif; elle fait plutôt conclure à une conception de la divinité vague, mais très élevée.

est-elle bien définie par ces termes : intuition ou perception de l'infini? N'est-ce pas une faculté plus complexe? ou plutôt l'âme de l'enfant ne touche-t-elle pas Dieu par plusieurs côtés, par plusieurs de ses facultés? C'est la raison qui accepte et cherche une cause première ; c'est la conscience qui admet un législateur et un juge; c'est le cœur qui se tourne vers le Père céleste et qui cherche un objet suprême d'amour. Quoi qu'il en soit, il y a dans l'âme tout un ensemble de dispositions qui la rendent religieuse, et la portent à recevoir l'idée de Dieu.

Mais ces dispositions ne se développent pas spontanément. Il leur faut, comme à toutes les facultés humaines, une excitation extérieure. D'où viendra cette initiation? Est-ce de la nature physique? A la rigueur cela pourrait avoir lieu. Il n'est pas impossible de supposer qu'un enfant à qui l'on n'apprendrait pas la religion serait excité par le spectacle de la nature à craindre et à invoquer une puissance suprême. Mais ce cas est très exceptionnel ; il est douteux qu'une idée claire de la divinité soit ainsi formée ; il est probable qu'une âme livrée à la seule influence de la nature n'éprouverait que des impressions vagues et des sentiments confus, et n'arriverait à aucune croyance déterminée. La véritable initiation à l'idée religieuse, l'initiation régulière, normale, naturelle, c'est la parole humaine, ou, pour être plus exact, c'est la tradition. Sans doute, répétons-le encore, la parole serait vaine et sans écho, s'il n'y avait pas dans l'auditeur une faculté de percevoir, de sentir le divin, ou plutôt toute une série de puissances et d'aspirations qui ne peuvent être satisfaites que par l'idée de Dieu. Mais cette terre féconde de l'âme religieuse demande à être ensemencée par la parole. L'enfant pourra contempler longtemps l'océan, le soleil, l'orage ; il pourra sans doute être frappé d'admiration, il sera probablement saisi d'un sentiment de terreur superstitieuse, mais il ne croira pas en Dieu, il ne priera pas. Mais que sa mère s'approche de lui, qu'elle lui montre le ciel en lui nommant le Père céleste ; qu'elle lui apprenne à joindre ses mains et à ployer ses genoux, et tout aussitôt, l'idée religieuse, l'idée claire, simple, d'un protecteur céleste et d'un monde supérieur au monde visible, se formera dans son esprit, et son cœur s'y attachera. C'est donc la tradition, c'est l'enseignement qui est la véritable initiation des âmes à l'idée religieuse. La religion que chaque génération humaine possède lui vient en partie de son cœur, mais en partie aussi de la génération précédente. La foi se transmet de croyant en croyant, comme la vie de vivant en vivant. Ce qui prouve d'ailleurs cette vérité, c'est l'immense diversité des opinions religieuses dans le même pays, sous le même climat, en présence de la même nature, chez des peuples de la même race. Pourquoi, dans l'Inde, le musulman coudoie-t-il le brahmane? Pourquoi, dans les vallées du Nil, les chrétiens d'Abyssinie se trouvent-ils au milieu de musulmans et de païens de même race? C'est parce qu'ils ont reçu un enseignement différent, c'est parce que leur âme a été arrosée par une autre branche du fleuve de la tradition. S'il en est ainsi, il nous semble qu'on peut admettre, jusqu'à preuve du contraire, que ce qui a lieu pour l'homme a eu lieu pour l'espèce humaine, qu'elle aussi a reçu à ses débuts la religion par un enseignement provenant de quelque chose d'antérieur à elle.

Pour établir que la race humaine a reçu son initiation de la nature physique, tandis que l'individu la reçoit de l'enseignement traditionnel, il faudrait des preuves bien fortes ; il faudrait montrer que les premiers hommes n'ont pas pu être enseignés. Or, cette preuve n'est nullement fournie par les partisans du naturalisme primitif. Remarquons, en effet, que les défenseurs de cette doctrine ne disent pas que l'homme soit un animal perfectionné. Max Muller reconnaît dans l'homme une faculté religieuse spéciale, une perception de l'infini, que l'animal ne possède à aucun degré. Cela suffit à établir entre l'homme et l'animal un abîme, un intervalle brusque, qui n'est pas soumis à la loi de continuité. Cela étant, il y a eu des premiers hommes. Qu'ils aient été directement créés, ou qu'ils soient le résultat d'une transformation brusque ou d'une élévation faite d'un seul jet d'êtres inférieurs à la dignité humaine, il y a eu des premiers hommes. Dès lors, qui peut empêcher le Créateur d'avoir enseigné les premiers hommes, et, tout en leur conférant la faculté religieuse, d'avoir mis lui-même en mouvement cette faculté primordiale, par une impulsion du même ordre que l'initiation qui, dans le cours des générations postérieures, se fait par la parole des parents. Nous ne pouvons savoir de quelle espèce a été cette communication divine ; si elle a été la parole d'un être visible, ou une simple manifestation intellectuelle interne. L'état des premiers hommes qui n'ont pas eu de parents est absolument différent de tout autre et nous est inconnu [1].

Je ne puis comprendre par quel motif on déclarerait une telle communication impossible, et pourquoi on rejetterait la plus vraisemblable des hypothèses, celle que Dieu a servi de père au pre-

---

1. Une initiation de ce genre n'est pas identique aux révélations postérieures, qui sont adressées à des hommes qui connaissent déjà le vrai Dieu. Ce n'est pas sur le témoignage de Dieu que les premiers hommes ont cru à son existence, c'est parce qu'il s'est manifesté à eux intérieurement ou extérieurement. Cette simple remarque répond à une objection de Max Muller qui dit que l'idée de Dieu ne peut venir par révélation, parce que la révélation suppose déjà la connaissance du Dieu révélateur. Cette argutie, que nous pouvons qualifier de sophistique, est le seul argument que Max Muller donne contre l'existence d'une révélation primitive. (*Note de l'auteur.*)

mier homme et qu'il a commencé lui-même cet enseignement qui devait se transmettre ensuite des parents aux enfants. Je comprends encore moins pourquoi l'on préférerait supposer que les premiers hommes aient été laissés en présence du terrible problème de l'invention de la religion, lorsque leurs descendants, qui ont de plus grandes ressources intellectuelles et morales, n'ont en règle générale qu'à la recevoir et à la conserver. J'ai encore plus de peine à admettre que, laissés ainsi à eux-mêmes, ou aidés seulement par le témoignage équivoque de la nature physique, nos premiers parents soient parvenus à découvrir ces vérités spiritualistes si élevées, que nous trouvons exprimées clairement et d'une manière unanime dans les antiques chants religieux de tous les peuples, et jusqu'à la hauteur desquelles il est rare que la philosophie des époques postérieures se soit élevée.

Nous pouvons donc admettre, ne fût-ce qu'à titre d'hypothèse, l'idée d'une révélation primitive. Or, cette hypothèse étant posée, il nous est facile de prouver qu'elle explique bien mieux que le naturalisme de Max Muller les idées religieuses étranges, bizarres et incohérentes des plus anciens peuples du globe. Si, en effet, c'est Dieu qui a instruit les premiers hommes, il a dû leur enseigner la vérité. La première idée de la divinité a donc dû être une idée vraie, celle de l'Être infini, parfait, tout-puissant, mais en même temps personnel et doué des attributs moraux de justice, de bonté, de miséricorde. Les premiers hommes ont dû également considérer ce Dieu comme la cause universelle de l'univers et comme supérieur à tout ce qui est visible. Sans doute, une telle idée contient une profonde philosophie, mais elle la contient sous une forme simple et familière, qui la rend accessible à des esprits non encore habitués aux subtilités de la pensée. L'expérience nous prouve que les enfants saisissent et acceptent aisément cette idée du vrai Dieu, du Dieu créateur.

Mais, dans la suite des âges, la communication primitive avec Dieu ayant cessé et ayant été remplacée par une tradition descendant des pères aux enfants, cette idée si haute a pu et a dû s'altérer. L'homme n'aime pas à adorer l'invisible; comme le peuple juif au pied du Sinaï, quand son maître est caché dans les nuages, il cherche à se créer des dieux visibles qui marchent devant lui.

Il était naturel aussi que l'idée de création, si simple et si aisée à admettre, s'effaçât avec le temps et la réflexion. La création est un acte si différent de ceux que nous voyons habituellement, un acte dont le comment nous échappe si complètement, que nous sommes portés à lui substituer quelque idée plus familière à notre expérience. On conçoit donc aisément qu'une notion élevée, quoique simple, de la divinité, révélée à l'origine et conservée par tradition, ait pu s'altérer avec le temps, et qu'un monothéisme primordial se soit transformé en cette notion plus vague que M. Max Muller a appelée l'hénothéisme, notion susceptible d'être transformée plus tard en polythéisme. Nous pouvons donc expliquer les faits de la même manière que M. Max Muller ; mais, au lieu de supposer que cette notion incohérente et contradictoire, qui s'applique à la fois à un dieu ou à plusieurs dieux, soit une notion primitive et spontanée, nous voyons en elle le résultat de la dégradation lente d'une notion simple primitivement révélée.

Quiconque lit avec attention les documents primitifs des vieilles religions est frappé de leur caractère contradictoire. C'est un dieu spirituel et élevé au-dessus du monde, puis ce sont des dieux matériels et visibles : le soleil, la lune, l'orage, les fleuves ; c'est un dieu unique, et ce sont des divinités multiples ; c'est une divinité juste et vengeresse de la morale, et ce sont des dieux grossiers qui se repaissent de sacrifices ou dont on achète le secours. Dans notre hypothèse, cette contradiction s'explique ; le dieu unique, invisible, juste, le dieu de l'ordre moral, c'est le dieu de la tradition ; les dieux multiples et grossiers sont l'altération de la tradition, sous l'influence précisément de cette nature physique à laquelle l'école de Max Muller attribue la formation complète de la religion. Non, la nature physique ne crée pas la religion ; elle est, au contraire, bien souvent la cause de la corruption de l'idée religieuse. Sans doute, la nature bien interprétée raconte la gloire du Créateur, mais qu'il est facile de voir aussi en elle soit une force aveugle qui reste indifférente aux besoins de l'homme et qui ne s'inquiète pas du bien ni du mal, soit une multitude de principes en lutte les uns avec les autres. Les brillants phénomènes font naître l'idée de l'infini dans l'âme, mais ils attirent cette idée vers eux-mêmes, ils se revêtent des attributs de l'Être suprême ; c'est un miroir qui reproduit la beauté divine, mais qui la multiplie et la déforme en la reflétant.

Ce problème de l'origine de la religion, qui paraît au premier abord n'offrir qu'un intérêt de curiosité, importe extrêmement aux questions religieuses les plus vitales ; on s'en rendra mieux compte par l'article suivant.

IV

L'IDÉE DE VRAIE RELIGION EST EN RELATION INTIME AVEC LE MONOTHÉISME[1]

Nous avons déjà dit que l'idée religieuse correspond à un objet

---

1. Cet article est extrait de la leçon d'ouverture du cours d'Apologétique chrétienne à l'Institut catholique de Paris, 1888-1889 (brochure in-8, *La vraie religion*, chez Putois-Cretté).

réel; en d'autres termes, qu'il y a dans le monde supérieur une source infaillible de vérité, et qu'il existe un canal capable d'amener cette source de vérité aux hommes. Mais par une conséquence facile à déduire, si une doctrine religieuse aboutit à conclure qu'il n'y a pas dans le monde supérieur une source infaillible de vérité ou que le canal par lequel les hommes communiquent avec ce monde supérieur peut amener autre chose que la vérité, elle nie par là même l'objectivité de l'idée religieuse, elle n'est pas la vraie religion[1]. Donc, deux conditions de certitude sont nécessaires pour que la vraie religion soit possible : une condition de certitude dépendant de la nature même du monde suprasensible, et une autre dépendant de notre relation avec ce monde supérieur. Or, pour ne parler que de la première, la conception monothéiste est la seule parmi les conceptions religieuses qui puisse la réaliser.

Si nous nous arrêtons d'abord aux religions proprement dites, nous rencontrons trois conceptions distinctes : le monothéisme, le panthéisme[2] et le polythéisme. Les deux dernières peuvent se concilier ensemble; la première est opposée aux deux autres d'une manière absolue.

Le monothéisme est la croyance à l'existence d'un Être suprême, distinct de la nature, créateur et maître de l'univers, personnel et libre en même temps que tout-puissant et parfait. Cet être, auquel aucun autre ne peut être comparé, est, selon la doctrine monothéiste, le seul qui mérite le nom de Dieu, le seul auquel doive être rendu l'hommage de l'adoration. S'il ne constitue pas à lui seul le monde suprasensible, il en est le souverain absolu, et à côté de lui il ne peut exister que des créatures absolument dépen-

---

1. Ce qui n'empêche pas les fausses religions d'être d'accord avec la vraie en ce qu'elles admettent l'existence d'un monde suprasensible et la possibilité d'entrer en communication avec lui. De plus, parce qu'elles répondent aux mêmes besoins de l'âme, la vraie religion et les autres cultes emploient pour les satisfaire des formes extérieures analogues : temples, autels.... Enfin, les fausses religions peuvent enseigner un grand nombre de dogmes qui leur sont communs avec la vraie, et qui, si celle-ci mérite réellement ce nom, seront également vrais.
2. D'après le panthéisme, Dieu est la substance universelle, le grand tout. Comme l'abbé de Broglie le fait remarquer, le panthéisme a revêtu deux formes distinctes : le panthéisme naturaliste (panthéisme des anciens), pour lequel le monde est la seule réalité véritable dont Dieu est comme l'idéal, la force inséparable de la matière qui constitue le monde, et lui imprimant son ordre et son mouvement ; et le panthéisme idéaliste (évolutionniste), pour lequel Dieu seul existe réellement : le monde n'est qu'une fantasmagorie de Dieu, une apparence phénoménale, les individus ne sont que des modes fugitifs de la divinité. — Sous chacune de ses formes, le panthéisme rencontre les mêmes contradictions, les mêmes répugnances et les mêmes conséquences immorales.

dantes de sa volonté, qu'il peut anéantir comme il les a créées. Selon la conception polythéiste, ce monde supérieur contient des dieux multiples, êtres difficiles à définir, supérieurs à l'homme sous certains rapports, ses semblables par d'autres côtés de leur nature, revêtus d'une auréole vague d'idéal et de perfection qui n'empêche pas de leur attribuer des vices et des crimes. Selon la conception panthéiste enfin, le monde suprasensible, objet de la religion, se réduit à un être unique et mystérieux, principe immanent de l'univers, se confondant avec la nature. Ce principe est en lui-même impersonnel, dépourvu par conséquent de conscience et de liberté.

J'ai dit que les deux conceptions polythéiste et panthéiste pouvaient s'associer ensemble. En effet, elles ont été associées dans plusieurs des grandes religions de l'antiquité et elles le sont encore aujourd'hui dans les religions de l'Inde. Le principe immanent et inconscient est censé, dans ces religions, acquérir des personnalités conscientes multiples, lesquelles sont douées de liberté. Il prend différents noms; sous ces noms, il exerce à l'égard de ses adorateurs des actes de protection spéciale; il peut accomplir, sous le vêtement de ces personnalités diverses, de véritables actes miraculeux.

Le monothéisme ne comporte aucune alliance de ce genre avec les autres sytèmes. Il exclut le polythéisme en affirmant un principe unique seul adorable, et le panthéisme en enseignant que ce principe est distinct du monde, transcendant, libre et personnel par lui-même et non par des personnalités empruntées.

Telles sont les conceptions du monde suprasensible qui constituent les religions proprement dites. Toutes les religions de l'antiquité, toutes celles de l'Extrême-Orient, le christianisme, le judaïsme et l'islamisme se ramènent à l'un de ces trois types. Mais dans le monde moderne, dans l'Occident qui a été éclairé par la lumière du christianisme, deux conceptions nouvelles de ce monde ultra-expérimental se sont développées, à mesure que le monothéisme chrétien perdait son empire sur les âmes. L'une est le déisme de Rousseau, l'autre celle que j'appellerai le panthéisme évolutionniste. Le déisme admet un Être suprême, infini et personnel à la fois, organisateur de l'univers, mais qui n'agit sur cet univers que par des lois générales posées à l'origine et dont il ne peut jamais s'écarter, soit que la puissance lui manque pour le faire, soit que la perfection même de sa sagesse le lui interdise.

Le panthéisme moderne diffère du panthéisme antique en ce qu'il se refuse à admettre ces personnalités multiples, supérieures à l'homme, que les panthéistes anciens attribuaient à la substance unique et dont ils faisaient des divinités. Selon la doctrine des panthéistes contemporains, le principe immanent de l'univers ne devient conscient que dans l'homme. Il ne se connaît lui-même que dans la mesure où l'homme connaît la nature. En outre, il est dépourvu de toute liberté ; tous les événements qui sortent de sa substance se déroulent suivant des lois invariables et nécessaires. Je nommerai cette forme de panthéisme, qui exclut tout surnaturel, panthéisme évolutionniste, parce que ses adhérents admettent tous un développement fatal et progressif de l'univers à partir d'un point de départ infime et voisin du néant. Il doit être bien entendu que le système de l'évolution, restreint au monde végétal et animal, bien qu'il soit un des éléments de ce système, ne lui est pas lié et n'en dépend nullement ; l'évolution restreinte peut se concilier avec le monothéisme.

Nous ne trouvons, dans le monde moderne, aucune conception du monde suprasensible que celles que nous venons d'indiquer : le monothéisme chrétien, le déisme et le panthéisme évolutionniste. Il est inutile de parler de l'athéisme pur, qui déclare que ce monde n'existe pas, ni du positivisme, qui affirme que l'homme ne saurait absolument pas le connaître. Ces deux doctrines ne peuvent nous apprendre rien qui touche à notre question.

Quelle est maintenant, relativement à cette garantie certaine de vérité que nous cherchons, la conséquence de chacune de ces diverses conceptions du monde suprasensible, objet de la croyance religieuse. Le polythéisme, évidemment, ne saurait fournir cette garantie. Les dieux multiples que les païens adorent pourraient sans doute enseigner aux hommes certaines vérités, mais il n'y a rien dans leur nature qui oblige ni même qui autorise à se fier à leur parole et à admettre comme vrai leur enseignement. Le panthéisme uni au polythéisme ne donne pas à ceux qui chercheraient à appuyer sur cette conception la certitude religieuse une base plus assurée. Le principe immanent du monde n'est nullement par nature un principe véridique. Source de tout ce qui existe, du mal comme du bien, du crime comme de la vertu, cette substance unique, indifférente, peut également engendrer le mensonge et la vérité. D'ailleurs, selon l'opinion de ceux qui associent ainsi le polythéisme au panthéisme, le principe infini du monde se dégrade et se limite lui-même en revêtant les personnalités divines multiples, sous lesquelles il se manifeste. Quel droit ces personnalités, qu'elles s'appellent Krishna, Çiva, Cybèle ou Astarté, ont-elles d'être crues sur parole lorsqu'elles prétendent enseigner les hommes ?

Le panthéisme moderne de l'Occident, le panthéisme dépourvu des formes païennes, que nous avons appelé panthéisme évolutionniste, est encore plus impuissant à constituer une vraie religion. Il ne saurait constituer une religion quelconque. Son Dieu inconscient ne saurait parler aux hommes ; il ne saurait leur faire une révélation, si par révélation on entend un enseignement proprement dit, donné par un maître et reçu par des disciples. Et si, par une espèce d'abus de langage, on appelait révélation de l'être infini la manifestation de sa nature à l'intelligence humaine, cette révélation se confondrait avec la science expérimentale et la philosophie. Ce serait par le monde visible seulement qu'il se manifesterait. Selon les panthéistes, en effet, il n'y a de suprasensible que la nature absolument mystérieuse et inconnue du premier principe. Il n'y a donc pas d'autre révélation de cet être que les sciences humaines. Or le but d'une religion doctrinale est précisément d'enseigner à l'homme, relativement à sa destinée et à sa fin suprême, ce que les sciences humaines ne lui apprennent pas. Une telle religion, et à plus forte raison une religion méritant le nom de vraie, est donc inconciliable avec la forme moderne du panthéisme.

Le déisme de Rousseau, enfin, ne contient pas davantage le principe certain de vérité venue du ciel que nous cherchons. Ce système a, en effet, pour doctrine caractéristique l'impossibilité d'une communication de l'Être suprême avec les hommes différente de celle qui résulte des lois uniformes de la nature. Son Dieu ne peut rien révéler aux hommes. On ne saurait donc fonder sur sa parole l'autorité d'aucune doctrine.

Reste donc le monothéisme seul. Le Dieu des juifs, des chrétiens et des musulmans, le Dieu de la Bible et du Coran, le Dieu transcendant, créateur, infini et parfait, mais libre et personnel, le Dieu qui a établi les lois de l'univers, mais qui peut déroger à ces lois, si cela lui plaît : ce Dieu est le seul qui puisse garantir par sa parole une vérité venant de plus haut que la terre. Il n'est pas douteux qu'il ne le puisse : il est tout-puissant et parfaitement libre; donc il peut parler aux hommes et leur enseigner une doctrine. Comment ne pourrait-il pas faire ce que peut l'homme lui-même, éclairer et enseigner d'autres intelligences par la communication de sa propre science? Étant infini et parfait, il est souverainement véridique : les doctrines qu'il enseigne, précisément parce qu'elles sont enseignées par lui, sont nécessairement vraies.

Nous avons donc rencontré enfin cette garantie infaillible de vérité que nous cherchions. Elle ne se trouve que dans le Dieu créateur. Dès lors, il devient certain que la notion de vraie religion s'accorde avec la conception monothéiste de l'univers et ne s'accorde qu'avec cette conception. Si le monothéisme est une vérité, la vraie religion est possible, et on peut se demander si elle existe réellement et si l'une des religions historiques mérite d'être appelée religion vraie. Au contraire, si le monothéisme était une erreur, une vraie religion serait impossible. La certitude d'aucune doctrine ne pourrait, dans cette hypothèse, reposer sur une base religieuse. Chercher la vraie religion serait alors une recherche oiseuse : ce serait chercher une chimère.

Cette relation nécessaire entre l'idée de vraie religion et le monothéisme est l'explication de plusieurs faits d'histoire religieuse qui sans cela seraient incompréhensibles. On peut se demander d'abord pourquoi les hommes les plus éclairés de l'antiquité païenne étaient si hostiles au christianisme. Ce n'était pas la doctrine du Dieu unique, enseignée par Platon; ce n'était même pas la morale sévère de l'Évangile qui causait leur répulsion : les stoïciens prétendaient aussi soumettre l'homme à une règle austère. Ce qui les choquait, c'était surtout la prétention du christianisme au titre de religion exclusivement vraie. Cette notion était nouvelle, étrangère, inintelligible aux philosophes aussi bien qu'aux politiques. Ignorant ou rejetant tous la conception monothéiste de l'univers, ils ne pouvaient comprendre au nom de quel principe la conscience des chrétiens se refusait à sacrifier devant les aigles romaines et à adorer l'image de l'Empereur. Ce qui nous paraît une obligation de conscience infiniment respectable leur paraissait, faute de la notion de la religion vraie, un fanatisme absurde et dangereux qu'ils se croyaient le droit de réprimer par des supplices. Un autre fait qui s'explique par la même cause, c'est l'état d'esprit des habitants de l'Inde à notre époque. Passionné pour les questions religieuses, divisé en sectes sans cesse renaissantes, le peuple hindou est absolument étranger à l'idée d'une véritable orthodoxie religieuse; il associe sans scrupule le culte des dieux les plus opposés en apparence. Cette disposition, résultant de la conception panthéiste qui a depuis de nombreuses générations absolument pénétré les âmes, est un des plus grands obstacles que rencontre la prédication chrétienne. On peut amener assez facilement les Hindous à adorer Jésus-Christ; il semble presque impossible, au contraire, de leur faire comprendre qu'il faut cesser d'adorer Çiva et Vichnou.

C'est encore cette opposition fondamentale entre la conception panthéiste de l'univers et la notion d'une religion vraie qui explique l'attitude de ceux qui enseignent de nos jours l'histoire des religions à un point de vue rationaliste. Ces historiens semblent, dans leurs récits, ignorer complètement l'idée d'une vraie religion. Ils ne discutent même pas la prétention du christianisme à ce titre sublime. Ils placent le christianisme sur le même pied que les autres religions, lui accordant quelquefois une certaine supériorité sur les autres cultes, à la condition qu'il soit de même espèce; mais ils passent sous silence la question de sa vérité exclusive et absolue. En procédant ainsi, ils prétendent être impartiaux; peut-être même croient-ils de bonne foi à leur impartialité. Imbus de la conception panthéiste et évolutionniste de l'univers, ils tirent de cette conception, sans le dire, et peut-être sans s'en apercevoir, cette conclusion logique, qu'aucune religion ne peut posséder une garantie certaine de la doctrine qu'elle enseigne. Toute prétention de ce genre leur paraît chimérique. Ils semblent ne pouvoir comprendre le véritable état d'esprit des chrétiens de nos jours, comme les empereurs, les magistrats et les sages de la Rome païenne contemplaient, sans en discerner les motifs, la constance des premiers martyrs.

La première condition de l'existence d'une religion vraie est donc la vérité objective de la conception monothéiste de l'univers.

Il faut, en second lieu, à la vraie religion des caractères qui garantissent la vérité de son enseignement, des preuves que sa doctrine vient réellement de Dieu. Avant de rechercher quels sont ces caractères et ces preuves, efforçons-nous de faire saisir le vice de cet argument rationaliste : les miracles, les prophéties, le courage des martyrs ne prouvent rien parce qu'on trouve de tels phénomènes, ou du moins des allégations de tels phénomènes, associés aux doctrines les plus opposées. Par un raisonnement analogue, on considérerait comme sans valeur l'effigie d'un souverain gravée sur une monnaie parce qu'il se trouve des faux monnayeurs qui peuvent l'imiter. Les ressemblances entre les diverses religions découlent naturellement de l'élément subjectif commun qu'elles supposent : le sentiment religieux. Citons le développement de cette pensée.

V

L'IDÉE RELIGIEUSE CRÉE LES RESSEMBLANCES ENTRE LA VRAIE RELIGION ET LES FAUSSES[1]

Les religions sont des institutions destinées à satisfaire certains instincts de la nature humaine. Ce sont précisément ces instincts communs à tous les hommes, ce sont ces problèmes, naissant dans tous les esprits, qui rendent possible l'existence de divers cultes. Si cette base subjective des religions était détruite, l'homme ne comprendrait pas ce qu'on veut lui dire en lui parlant de Dieu ou de la prière. C'est en cherchant dans la nature humaine les plus généraux de ces instincts, que nous sommes arrivés, au début de ces études, à donner une définition générale de la religion. Or, ne pouvons-nous pas trouver dans ces mêmes instincts du cœur humain, considérés avec plus de détail dans leurs formes particulières, la source de ces ressemblances qui existent entre tous les cultes, quelle que soit d'ailleurs la cause à laquelle il

---

1. Cet article et le suivant sont extraits du livre déjà cité : *Problèmes et conclusions de l'Histoire des religions.*

faille attribuer ce qu'il y a d'objectif dans les religions, l'enseignement, les cérémonies, l'organisation hiérarchique?

Quelle que soit la cause qui ait produit une religion dans le monde, que cette cause soit naturelle, divine ou humaine, cette religion, par le seul fait qu'elle est une religion, a nécessairement certains caractères et par là même ressemble à une autre religion, de même qu'un habit ressemble à un autre habit, quel que soit le tailleur qui l'ait fait. Supposons maintenant que la culture générale intellectuelle et morale augmente dans certaines portions de l'humanité; certains instincts plus précis, certaines fibres plus spéciales du cœur pourront être éveillés et demanderont, pour être satisfaits, des formes religieuses, des doctrines plus élevées et plus subtiles. De là de nouvelles ressemblances plus étroites entre les religions des peuples arrivés à ce degré de culture morale, intellectuelle et artistique. Mais cette destination commune, qui établit entre toutes les religions une analogie si grande et des liens si étroits, n'empêche pas la distinction profonde et la pleine diversité des causes qui produisent ces religions. Cette diversité des causes à son tour pourra servir à expliquer les immenses différences que nous avons constatées. Expliquons notre pensée par des comparaisons tirées d'un autre ordre d'œuvres et d'institutions.

Dans toutes les grandes villes du monde il y a des palais. Ces palais sont, pour la plupart, distribués d'une manière analogue. Il y a des salles de réception, une salle du trône, des appartements privés pour le souverain, d'autres pour sa famille et sa suite; il y a des escaliers, des antichambres, des portes et des fenêtres. Tout cela indique-t-il que ces différents palais aient été construits par le même architecte et sur le même plan? Non, car il y a des palais de toute forme et construits dans tous les styles. Les ressemblances ne viennent pas de l'auteur, mais de la destination de l'édifice. Destiné à loger un souverain, un palais doit ressembler à un autre palais. Une gare de chemin de fer ressemble à une autre gare, un théâtre à un autre théâtre. Les institutions sociales sont soumises à la même règle. Dans tous les pays du monde, un tribunal sera composé d'un président, d'assesseurs; il aura devant lui un accusé muni d'un défenseur et poursuivi par un accusateur. Une assemblée délibérante, qu'elle ait lieu dans les forêts de la Germanie sauvage ou dans l'agora d'Athènes, aura toujours certains caractères semblables. Il y a partout de grandes analogies entre des institutions correspondantes et tendant à la même fin. Pourquoi ne pas appliquer ces principes si simples aux religions, institutions destinées à satisfaire certains besoins spéciaux du cœur humain? Pourquoi ne pas admettre que, quelle que soit leur cause, qu'elle soit divine ou humaine, elles doivent avoir entre elles certaines ressemblances, par le fait même de leur destination? Pourquoi ne pas se servir de cette explication pour rendre compte de ces étranges analogies que nous rencontrons entre le christianisme et les cultes païens, analogies moins grandes que celles qui existent entre les autres institutions humaines? N'est-ce pas là évidemment la solution que nous cherchons? Essayons, vu l'importance et la nouveauté de cette doctrine, de l'exposer de nouveau d'une manière plus complète et de l'appliquer aux singulières ressemblances que nous avons constatées.

La religion divine et vraie est sans doute, profondément différente des religions humaines. L'une est vraie, les autres sont mensongères; l'une est surnaturelle et possède une puissance céleste, l'autre n'a d'autres forces que celles de la nature. Néanmoins l'une comme les autres reposent sur une base identique, la nature religieuse de l'homme. La grâce couronne et complète la nature, mais ne la détruit pas. La nature morale et religieuse, dans son fond, est la même chez les païens et chez les chrétiens. Le besoin de la prière, le besoin de l'adoration, celui de l'expiation, l'aspiration à la vie future, les terreurs de la conscience, la crainte d'êtres invisibles, la croyance au surnaturel, sont des sentiments naturels du cœur humain. Ceux de ces sentiments qui sont bons pourraient exister même dans l'état de pure nature et sans la grâce, car l'homme naturel peut connaître Dieu, aspirer à sa fin, distinguer le bien du mal. Mais dans l'état actuel de l'humanité, primitivement appelée à l'ordre surnaturel, et soumise encore, même en dehors de l'Église, à l'influence de la grâce qui sollicite les âmes de bonne volonté, on peut admettre que des sentiments plus élevés, des aspirations proprement surnaturelles, se trouvent mêlés, dans une proportion variable, aux sentiments religieux de l'ordre naturel chez tous les peuples.

Or qu'arrive-t-il lorsque les hommes animés de ces sentiments se trouvent privés du bienfait de la révélation véritable et de la religion divine? Il arrive naturellement qu'ils cherchent ce qui leur manque, qu'ils le créent, qu'ils l'imaginent selon leurs lumières et leurs forces. Sentant le besoin d'une révélation, ces hommes écouteront le premier prophète venu, sans vérifier ses titres; sentant le besoin d'un libérateur, ils écouteront celui qui dira qu'il peut et qu'il veut les sauver. Sentant le besoin d'émotions religieuses, ils organiseront des cérémonies et des chants capables de les leur inspirer. Croyant au surnaturel, ils s'adresseront à des êtres invisibles pour obtenir d'eux la santé et la richesse. Les occasions ne manqueront pas à ces hommes pour manifester ainsi leurs sentiments. Ces besoins du cœur humain seront compris par d'autres hommes qui s'efforceront de les satisfaire. Les prophètes, les messies, les thaumaturges, les prêtres fondateurs de culte, les inventeurs de cérémonies touchantes, ne manqueront jamais. Ainsi se développeront les fausses religions, où il y aura toujours une part d'imposture, et où le bien sera mêlé au mal, parce que, à côté des sentiments religieux nobles et élevés, les sentiments plus bas, qui constituent la superstition, exerceront leur influence sur les cultes existants pour les altérer, ou sur les cultes nouveaux pour les abaisser au niveau des sentiments généralement régnants dans les peuples.

Maintenant, supposons qu'au milieu de ces erreurs Dieu veuille faire paraître la vérité, supposons qu'il veuille satisfaire lui-même par une institution réelle, authentique, céleste, efficace, à ces mêmes aspirations du cœur humain qui avaient trouvé dans des cultes erronés une satisfaction mensongère, que fera-t-il ? Il fera d'une manière plus parfaite, d'une manière réelle, ce qu'avaient vainement essayé et ébauché ces hommes. Il enverra de véritables prophètes dont les paroles seront efficaces et certaines ; il enverra un véritable sauveur de l'humanité. Il instituera lui-même ou bien il laissera instituer, par ses envoyés revêtus de sa délégation, des rites et des institutions religieuses qui produiront sur les âmes le même effet surnaturel que les cérémonies extérieures du paganisme, mais qui auront en outre leur efficacité propre et leur action mystérieuse sur le fond même de la nature. Il satisfera enfin, par de véritables miracles, au besoin de surnaturel qui existe de tout temps et partout dans l'humanité.

Si telle est la vraie histoire de la formation des religions, qui ne voit que la religion divine et vraie doit être très différente des religions fausses, mais qu'en même temps elle doit leur être très ressemblante ? Elle doit être très différente, parce que la marque de l'œuvre divine doit se trouver en elle, parce qu'elle est l'œuvre du Créateur et de l'auteur de la vie, tandis que les autres sont les œuvres de l'homme. Mais elle doit être très analogue, parce qu'elle doit répondre aux mêmes besoins, s'adapter aux mêmes dispositions du cœur de l'homme, satisfaire aux mêmes aspirations. Elles doivent se ressembler, comme la réalité au rêve qui la reproduit, comme le corps vivant à la statue ou au portrait qui le représente. Cette analogie peut avoir lieu sans qu'il y ait eu imitation d'une part ni de l'autre. La vraie religion a pu ne paraître dans l'histoire qu'après les ébauches que l'homme avait faites pour combler les vides de son cœur et les défaillances de sa nature.

M. de Broglie fait ensuite l'application de son système[1] *à quelques*

---

[1]. Lequel système est préférable, dit-il, à celui de l'école traditionnaliste qui admet que cet ensemble de faits et de doctrines, semblables à ceux de la vraie religion, représente la religion primitive de l'humanité dont le christianisme ne serait que la restauration. Cette affirmation est absolument gratuite. Ni la Bible ni la science profane ne nous

unes des plus singulières analogies entre l'Évangile et les autres cultes. Il nous faut citer quelque chose de cette judicieuse étude.

Choisissons un autre exemple, celui des fêtes d'Osiris, d'Adonis et d'Atys [1], dont la ressemblance est si grande avec la fête de Pâques, puisqu'il s'agit d'un Dieu mort et ressuscité. Comme je l'ai indiqué plus haut, il semble à peu près prouvé que l'origine de ces fêtes est un mythe naturaliste et qu'elles sont destinées primitivement à célébrer la mort de la nature en hiver et son réveil au printemps. Si l'on s'en tenait à cette idée, qui est celle de la plupart des savants modernes, l'analogie avec la fête de Pâques serait purement fortuite; car le sens de la Pâque chrétienne est connu : elle est destinée à fêter la résurrection véritable du Sauveur et elle succède à la Pâque juive qui célébrait le passage de la mer Rouge. Il n'y a là aucun rapport même éloigné avec la succession du printemps à l'hiver.

Mais peut-être, en examinant plus profondément le sens de ces cérémonies, pourra-t-on trouver un fondement réel à la ressemblance. La fête d'Adonis peut avoir eu primitivement un sens naturaliste pur, mais elle s'est transformée dans les esprits : telle qu'elle était célébrée en Phénicie, avec des larmes et des cris de joie, cette fête était un drame religieux roulant sur des personnages divins et humains à la fois, et non plus sur des phénomènes naturels. La souffrance d'un héros adoré, la mort terminant ces souffrances, et ensuite la résurrection et le triomphe final, c'est la forme suprême du drame, c'est le plus complet développement des sentiments du cœur humain. Une forme dramatique de ce genre est un puissant auxiliaire du sentiment religieux; sans de telles émotions, l'âme religieuse n'arrive pas au complet épanouissement de ses facultés. Le même genre de fêtes dramatiques se rencontre dans la Perse musulmane; à l'occasion de la mort d'Hussein fils d'Ali [2], il y a eu en Perse une cérémonie dramatique analogue à la passion d'Adonis. Nous pouvons donc admettre que c'est sous l'influence de ce besoin d'émotions dramatiques que le phénomène naturel de la succession des saisons a pris chez les Phéniciens la forme émouvante de la fête de Tammouz.

Mais, ces sentiments existant dans le cœur humain, Dieu devait en tenir compte et s'en servir pour tourner vers le bien, vers la vertu, vers le sacrifice, vers l'idéal, tous les instincts généreux de notre cœur. Dès lors il convenait qu'il y eût au centre de la vraie

---

donnent à entendre que les premiers hommes connussent les enseignements dogmatiques et moraux du Christianisme.
1. Divinités égyptiennes.
2. Garcin de Tassey, *l'Islamisme*. Voir aussi Gobineau, *Trois ans en Asie* (*Note de l'auteur*).

religion un drame suprême où se manifesteraient la vie et la mort, la défaite et le triomphe, et où la compassion et la joie prendraient leur plein développement dans les cœurs. Tel nous semble avoir été l'un des motifs de la passion et de la résurrection du Sauveur[1]. Nous retrouvons ainsi dans les profondeurs du cœur humain le lien qui rattache ces fêtes si diverses sous d'autres rapports, la folie désordonnée et furieuse des pleureuses d'Adonis et la noble folie des amants du crucifié. Peut-être même peut-on aller plus loin, et admettre une cause de ressemblance, tirée de la même source, mais plus philosophique et plus profonde : qui sait si cette mort et cette résurrection de la nature ne sont pas jointes, dans la pensée de certains adorateurs des dieux païens, au problème de la destinée humaine, et à l'idée de la vie future? Qui sait s'ils n'ont pas deviné que l'homme doit mourir pour revivre, comme le grain jeté dans la terre? Ces fêtes auraient alors une signification plus mystérieuse. Elles représenteraient la mort et la résurrection d'un Dieu[2]. Le défunt pour l'Égyptien, c'est l'Osiris qui traverse les régions inférieures. Mais cette idée de la nécessité de mourir pour ressusciter étant une idée vraie, se trouve dans la vraie religion, et le Christ est vraiment le type de l'homme qui s'anéantit pour revivre. L'analogie est donc plus frappante encore, mais la différence est aussi immense ; car ces passions d'Osiris, d'Atys, d'Adonis, sont des fables, et la passion du Sauveur une réalité historique, attestée par les historiens païens eux-mêmes.

En résumé, l'objection de la ressemblance entre la vraie religion et les fausses comprend deux arguments. Le premier consiste dans un préjugé très répandu d'après lequel une religion divine et des religions humaines devraient différer du tout au tout. Ce préjugé est mal fondé puisque, comme nous l'avons vu, la communauté d'idées religieuses (outre un reste de traditions primitives)[3] explique très simplement et réclame pour ainsi dire une certaine similitude. Le

---

1. La théologie enseigne qu'un abaissement quelconque du Verbe de Dieu est suffisant pour expier tous les péchés du monde : l'excès des souffrances et des humiliations de la Passion semble donc avoir pour cause finale l'action morale produite sur l'humanité par ces preuves manifestes de l'amour de Dieu (*Note de l'auteur*).
2. Jules Girard, *Du sentiment religieux en Grèce*, livre II, chap. III (*Note de l'auteur*).
3. M. de Broglie fait d'ailleurs judicieusement remarquer que le bien naturel continue d'exister même chez l'homme déchu. Des erreurs théologiques, telles que le jansénisme et le baïanisme prétendent seules qu'il ne peut exister aucun bien moral chez les païens, que tout chez eux doit être directement opposé à ce que la grâce produit chez les chrétiens. La tradition catholique est toute différente dans son enseignement.

second n'est autre chose qu'une accusation de plagiat portée contre le christianisme, en raison de ses ressemblances : le christianisme étant la dernière venue des grandes religions, on en conclut qu'il n'est que la copie et la reproduction des cultes précédents; de là à n'y voir que mensonge et imposture, il n'y a qu'un pas. On répond à cet argument que le christianisme ne ressemble que partiellement aux cultes païens (ressemblance explicable d'après ce qui a été exposé), mais reste original par deux éléments : les faits historiques qui lui servent de base et qui sont la marque de la parole divine, et les doctrines propres au christianisme, les dogmes surnaturels proprement dits, les grands mystères de la religion, les secrets de la nature divines révélés à l'humanité. Ne pouvant nous étendre davantage, nous renvoyons à l'auteur pour le développement et la preuve de ces deux points.

Mais il ne suffit pas de prouver que les caractères communs aux fausses religions et à la vraie ne peuvent rien contre celle-ci, il faut encore étudier les caractères propres à la vraie religion, les traits vraiment inimitables qui n'appartiennent qu'à la vérité et que l'erreur ne peut reproduire, la transcendance du christianisme[1]. L'abbé de Broglie distingue cinq preuves principales de cette transcendance : la préparation prophétique du christianisme et sa situation dans l'histoire; la doctrine chrétienne sur Dieu et l'homme, d'où résulte cette disposition de l'âme spéciale que l'on peut nommer l'esprit chrétien; la vie du fondateur du christianisme; ses miracles; la conversion du monde romain au christianisme. Encore une fois, nous ne pouvons suivre l'auteur dans ces développements, et nous nous contenterons de nous placer — toujours avec lui — à un point de vue plus général et plus conforme au but de cet opuscule, considérer le christianisme comme la religion qui satisfait le plus complètement et le plus parfaitement aux instincts religieux communs à toute l'humanité.

VI

LE CHRISTIANISME SATISFAIT PLEINEMENT L'IDÉE RELIGIEUSE

Quelle est la religion vraiment universelle, dont les doctrines et les rites répondent à tous les bons instincts du cœur humain ? Ce

---

1. Deux comparaisons de l'abbé de Broglie éclaireront cette idée : «Considérez un homme vivant et le portrait ou la statue de cet homme. Ne dites-vous pas que le portrait et la statue sont ressemblants? Mais l'homme est vivant, la statue n'est qu'un bloc de pierre, le portrait n'est qu'une toile. L'être vivant est d'une nature supérieure; il est transcendant par rapport à ses images. Considérez un tableau original de Raphaël et la copie faite par un artiste ordinaire : la ressemblance peut être très étroite; l'original a, aux yeux des connaisseurs, une valeur inappréciable, et se distingue de la copie par des signes certains; il est transcendant par rapport à la copie.

n'est pas le polythéisme antique, auquel manque la grande idée du Dieu créateur qui anime les cultes monothéistes; ce n'est pas le judaïsme, religion locale et nationale; ce n'est pas l'islamisme, dont l'idéal moral est si abaissé et qui réduit le sentiment religieux au respect et à la crainte sans amour; ce n'est pas le bouddhisme, qui détruit l'idée de Dieu et propose le néant comme béatitude suprême. Mais si nous considérons le christianisme sous sa forme parfaite, celle que lui a donnée son auteur, sous la forme catholique, nous y trouvons précisément cette universalité de doctrines que nous cherchons. Nous y trouvons le même monothéisme que dans la religion de Moïse, la même prescription du culte exclusif du Créateur. Comme dans le judaïsme et le mahométisme, c'est un Dieu invisible que les chrétiens adorent. Mais les mystères chrétiens modifient, au point de vue de l'imagination et du cœur, l'austérité du culte de Jéhovah. D'une part, son unité, sans être diminuée, s'entr'ouvre pour ainsi dire pour manifester la société des trois personnes qui subsistent en elle, et, d'autre part, l'une de ces personnes se manifeste en chair et offre à l'humanité la Divinité invisible sous une chair visible, qui lui appartient en propre et qui n'est pas un simple symbole.

Par l'effet de ces dogmes, la forme extérieure de la prière et du culte se rapproche de ce qui existait dans le polythéisme antique, l'invocation s'adressant à plusieurs objets d'adoration et la Divinité se présentant sous forme visible à ses fidèles. Mais ce n'est pas tout. Un grand nombre des formes et des usages des cultes de l'antiquité grecque et de l'Orient trouvent place dans la liturgie et la discipline catholique. Le sacrifice, spiritualisé il est vrai, est, comme dans l'antiquité, le centre de la religion. Le culte des images rappelle les formes extérieures du paganisme. L'ascétisme, en usage dans l'Inde, se retrouve dans la vie monastique catholique. Le célibat est conseillé, comme dans le bouddhisme, mais sans rien ôter à la sainteté du mariage. Jésus-Christ remplit aux yeux des chrétiens ce rôle d'homme idéal, de libérateur, de docteur, que l'on rencontre dans plusieurs des grandes religions. Le sacerdoce et son autorité, la hiérarchie avec un chef suprême, qui existent dans un grand nombre de cultes, se retrouvent encore dans la religion catholique. On peut dire, en un mot, que toutes les formes religieuses, sauf celles qui sont immorales et absurdes, comme par exemple le culte des animaux, se rencontrent reproduites dans cette religion; d'où il résulte qu'elle est adaptée à toutes les aspirations du cœur humain auxquelles les autres cultes devaient satisfaire.

Ce que nous disons en ce moment n'est, en général, pas contesté. Tout au contraire, c'est le thème habituel des accusations contre l'Église catholique. Les protestants l'accusent d'avoir restauré le paganisme et de s'être ainsi écartée du véritable esprit de l'Évangile. Certains rationalistes, de leur côté, disent que le catholicisme est le vrai christianisme, mais qu'il n'est qu'une copie des religions anciennes, ou du moins une religion de même espèce. Nous avons déjà répondu et nous répondrons encore à ces objections; mais leur existence même prouve que cette universalité de doctrines et que l'ensemble des sentiments qui constituent la religion en général, et qui se trouvent dispersés dans les divers cultes, se trouvent réunis et concentrés dans la religion catholique. Il en résulte que l'on peut dire d'une religion quelconque, fût-ce le fétichisme ou le culte des esprits, qu'elle est un fragment ou une déformation du catholicisme, qui est le type universel auquel on peut rapporter tous les cultes.

Observons maintenant que ce caractère d'universalité n'appartient, parmi les cultes historiques, qu'à la religion catholique, et qu'on ne peut l'attribuer à aucune autre religion. Si l'on choisissait l'islamisme, par exemple, comme type universel des religions, le type serait trop étroit; les cultes païens, et principalement le bouddhisme athée, n'auraient rien de commun avec lui. Réciproquement, pris comme type, le polythéisme exclurait les cultes monothéistes, les plus élevés qui existent sur la terre, et le bouddhisme serait absolument opposé au judaïsme primitif. Dans le bouddhisme, en effet, le caractère religieux provient uniquement de l'idée de la vie future; l'idée de la divinité est exclue. Dans le judaïsme, c'est l'adoration de Jéhovah qui est l'essence de la religion, et la vie future joue un rôle si peu important que l'on a pu mettre en doute si elle faisait partie de la croyance des Hébreux.

Ainsi, dans toutes les religions historiques nous voyons une conception partielle et tronquée de la religion. La religion y est mise en accord avec les besoins spéciaux d'une race et d'un peuple. Le catholicisme présente seul le type d'une religion unique, s'adressant à tous les hommes et contenant en elle-même ce qu'il y a de beau et de bon dans toutes les religions, ou plutôt contenant en elle-même la perfection des éléments qui se trouvent à l'état imparfait et grossier dans les autres cultes.

Mais il faut que ces éléments disparates soient unis d'une manière rationnelle et harmonique. Max Muller a jeté, dans un de ses ouvrages, les bases d'une religion éclectique qui grouperait ainsi les emprunts faits à tous les cultes. Il suffit d'un peu de réflexion pour comprendre la vanité d'une pareille tentative et combien peu de fidèles accepteront ce choix fait par Max Muller et consorts. Mais ce problème insoluble pour les savants, l'unité religieuse dans la variété des enseignements et des pratiques, l'Église catholique l'a résolu.

L'Église de l'avenir de Max Muller est donc une chimère. Mais le problème qu'il s'est posé, et que les brahmoïstes de l'Inde[1] essaient de résoudre, sans avoir pour cela la force ni les principes nécessaires, n'est cependant pas insoluble. Non seulement ce problème peut être résolu, mais il l'est déjà, et la fameuse Église de l'avenir, bâtie sur les fondements des plus antiques croyances de l'humanité, montre au grand jour ses piliers, ses arceaux et sa majestueuse nef. Elle est ignorée des savants orgueilleux, et c'est, suivant l'antique prophétie, la pierre que ceux qui bâtissent rejettent comme inutile; mais elle existe et cette merveille divine est sous nos yeux. Regardez, en effet, comment, dans la doctrine catholique, les éléments épars des religions de l'univers s'accordent dans une admirable harmonie. Voyez aussi comme dans ce sublime édifice tout ce qui est impur, tout ce qui est mauvais, tout ce qui est irrationnel dans le paganisme, a été rejeté, et avec quelle sagesse la main divine a choisi et préparé ses matériaux!

Comme nous l'avons dit plus haut, la religion catholique nous présente à la fois le monothéisme et certaines formes analogues à celle des religions polythéistes et que les autres religions monothéistes, judaïsme et islamisme, ont rejetées. Or, ces éléments en apparence opposés sont-ils laissés sans conciliation et sans harmonie? La réponse se trouve dans la théologie catholique, et principalement dans la doctrine des premiers conciles. Les discussions sur la Trinité, les discussions des conciles de Nicée et du premier concile de Constantinople ont eu précisément pour but d'établir, autant que cela est possible avec le langage humain et la pensée humaine, inférieurs à de si grands mystères, l'accord entre l'unité transcendante du Dieu suprême et la multiplicité des personnes divines. Tandis que les triades païennes, molles et changeantes, se greffant les unes sur les autres, établissent entre l'Être suprême vaguement connu et le monde une échelle d'êtres intermédiaires et confondent ainsi le fini et l'infini, la doctrine catholique distingue d'une façon absolument précise le monde supérieur de l'éternité, où vivent les personnes divines, et le monde inférieur des êtres créés. La divinité reste transcendante et parfaitement une; elle ne se divise pas, ne s'abaisse pas, et cependant le Dieu chrétien n'est plus le Dieu solitaire qui effrayait le cœur et troublait l'imagination; la paternité, la filiation, la vie, la société, l'amour, toutes les beautés de l'infini, dont les beautés du

---

[1]. Nom donné à une secte née à notre époque dans la race intelligente des brahmanes et qui cherche à réaliser le programme de Max Muller. Cette secte, déjà divisée en plusieurs branches, n'a eu, malgré ses prétentions de conquérir le monde, que des succès très limités, et n'est pas encore partie du Bengale, où elle compte, dit-on, environ 50,000 fidèles.

monde inférieur sont l'image, apparaissent aux yeux charmés, quoique éblouis des fidèles. La présence de la divinité sous forme visible sur la terre alterne chez les païens entre un anthropomorphisme grossier qui assimile l'Être suprême aux créatures, et un symbolisme vague qui ne diminue en rien la difficulté pour l'homme d'entrer en rapport avec l'Infini. L'Incarnation chrétienne, définie par les conciles d'Éphèse et de Chalcédoine, établit au contraire un lien mystérieux entre le monde absolu et le monde contingent, et fait vivre réellement Dieu sur la terre, sans qu'il cesse d'être le souverain invisible de l'univers. La même doctrine pure et idéale rejette comme des scories les grossières analogies païennes, les incarnations dans des corps d'animaux, ou dans la personne d'hommes coupables ou corrompus, tels que Çiva ou Krishna. Comme Hercule et d'autres héros, le Christ a une origine céleste et miraculeuse ; mais à la place des fables grossières et immorales par lesquelles le paganisme explique cette union du ciel et de la terre, l'Évangile nous montre un type de pureté idéale et surhumaine dont la beauté ravit les cœurs et les enflamme d'amour pour l'innocence et la vertu. Les liturgies païennes contiennent l'idée de l'expiation, de la purification, du pardon, exprimée quelquefois sous une forme très énergique. Mais, en attribuant aux cérémonies une puissante efficacité, elles n'en indiquent pas la cause, et par conséquent donnent à ces cérémonies un caractère irrationnel et magique. Elles négligent aussi, en général, les dispositions morales et permettent d'associer la pureté liturgique à la corruption du cœur. La doctrine catholique des sacrements, aussi énergique que les croyances païennes quant à l'efficacité des cérémonies, attribue cette puissance à la volonté du Dieu créateur, en exclut toute magie et maintient la nécessité des dispositions du cœur et du bon usage de la liberté[1]. Le culte des saints et celui des images ressemblent extérieurement aux cultes des dieux païens et à l'idolâtrie ; mais la doctrine monothéiste, qui anime la religion tout entière, transforme ces cérémonies ; la vénération des saints se distingue de l'adoration, et des explications sages empêchent que l'image ne se confonde avec la réalité. En outre, des liens étroits rattachent le culte des saints à celui du Christ leur chef, qui leur communique sa vie, le culte des images à la manifestation visible de la divinité en sa personne ; le culte des reliques au dogme de la résurrection des morts et à la résurrection du Christ, type de toutes les autres. Aussi ces usages et ces pratiques, qui, s'ils étaient isolés, seraient répréhensibles, deviennent des conséquences légitimes et des corollaires des doctrines fonda-

---

1. Consulter sur ce point les *Conférences de Sainte-Valère sur la vie surnaturelle*, tome III (*Note de l'auteur*).

mentales du christianisme. Même supériorité, même modération dans la hiérarchie catholique. Le chef de cette hiérarchie a une autorité divine et infaillible, mais cette autorité ne va pas, comme celle des *imans* de l'islamisme persan, jusqu'à être une prophétie permanente, ni, comme celle des *gurus* de l'Inde et des *lamas* du Thibet, jusqu'à être une perpétuelle incarnation de la divinité.

En un mot, dans la religion catholique, tous les éléments communs entre le christianisme et les autres cultes sont chacun à leur place, se limitant et se modérant l'un l'autre, contenus dans les bornes de la logique et d'une raison soumise, mais non détruite, et toujours en accord avec un idéal moral sublime et élevé. Cette harmonieuse organisation d'éléments partout ailleurs dispersés, se rencontrant dans une seule religion, prouve qu'elle est surhumaine. Il faut une cause surnaturelle pour créer une telle merveille.

M. de Broglie ajoute que la religion catholique est une institution vivante à la manière des êtres organiques, et satisfait aux divers instincts de l'humanité, non par des croyances ou des rites artificiellement assemblés, mais par un développement interne produisant les éléments religieux, comme l'être vivant produit ses organes; enfin, que cette religion, étant une œuvre vivante, croît et se développe sans cesse. Dès lors la thèse de l'apologiste est prouvée sans réplique [1].

---

[1]. On sera peut-être désireux de voir exposé le plan complet d'une apologétique chrétienne, d'après M. de Broglie. Le voici. Le sentiment religieux, l'idée religieuse commune à tous les temps et à tous les peuples, a-t-il une vérité objective? Oui, car il n'est pas croyable que les plus intimes et les plus fortes aspirations de l'homme soient *toujours* trompées. Cependant, ces aspirations peuvent être *quelquefois* et accidentellement trompées. A quels signes donc reconnaître la *vraie* religion? D'abord à ce qu'elle enseigne le monothéisme, c'est-à-dire qu'elle reconnaît l'existence d'un Dieu unique, personnel et libre, dont la nature même garantit infailliblement la vérité cherchée. Voilà du même coup les religions polythéistes et panthéistes écartées. La seconde marque de la vraie religion, c'est sa transcendance, c'est-à-dire la présence de caractères non équivoques témoignant qu'elle possède la parole authentique du Dieu infaillible. Or des trois religions monothéistes, le judaïsme, l'islamisme et le christianisme, celui-ci résiste seul victorieusement à cet examen. Le christianisme (et par ce mot il faut entendre le catholicisme qui est la forme la plus complète et la plus élevée du christianisme, la seule qui possède, entre autres marques, cette unité dans la variété qui satisfait aux instincts religieux) est donc la vraie religion.

En résumé, deux thèses fondamentales pour démontrer la vérité du christianisme, thèse *philosophique* du monothéisme, thèse *historique* de la transcendance du christianisme. Il paraît plus logique d'établir d'abord la première. Mais M. de Broglie, on le conçoit, préfère la marche inverse. Aux historiens rationalistes, en effet, qui s'efforcent de faire rentrer la naissance de la religion dans le cadre des lois générales d'évolution de la pensée humaine, il lui est permis, en employant les mêmes

VII

LA PRATIQUE DU CATHOLICISME EN FRANCE A NOTRE ÉPOQUE

On nous permettra de terminer cette brochure par un extrait du beau livre de l'abbé de Broglie : Le présent et l'avenir du catholicisme en France[1]. Cet extrait prouvera que notre auteur n'est pas seulement un spéculatif et un théologien de cabinet, mais encore un observateur sagace et un apologiste vivant au xixe siècle et connaissant parfaitement son époque.

Ce livre est la réfutation d'un certain nombre d'articles de M. Taine parus dans la Revue des Deux-Mondes. Le célèbre historien cherche à se rendre compte de la puissance présente du catholicisme. Il divise son étude en quatre parties. C'est d'abord une sorte de revue des forces du catholicisme : le pape, les évêques, le clergé paroissial, les ordres religieux (il parlera plus loin des laïques), et, tout en n'apercevant, ici comme ailleurs, qu'une partie de la vérité, M. Taine donne une idée assez exacte de ces forces qu'il reconnaît vraiment considérables. Il cherche, en second lieu, à découvrir le principe intime de cette vitalité catholique, et, confondant la foi avec une sorte d'extase, d'exaltation de visionnaires, il tombe dans des erreurs manifestes. Tirant alors un horoscope sur l'avenir du catholicisme, il le condamne en principe, comme contraire aux résultats acquis de la science depuis un siècle. Cette contradiction d'ailleurs n'est pas difficile à établir, car — non par mauvaise foi, mais par méprise — il confond la vraie science avec ce qui n'est pas elle, mais des postulats d'une métaphysique athée, évolutionniste et déterministe.

Enfin, jetant de nouveau un regard sur les faits contemporains, il constate que l'action de l'Église sur les masses populaires et sur la société en général va en décroissant. Pour concilier cette dernière assertion avec ce qu'il a dit plus haut du zèle du clergé et des religieux, il a donné à sa pensée les deux formes suivantes : la foi augmente dans le groupe restreint et diminue dans le groupe large et le christianisme en France s'est réchauffé dans le cloître et refroidi dans le monde. Cette phrase est la dernière de son article, et elle pourrait donner de son étude une conclusion décourageante,

---

principes et le même ordre d'arguments, sans recourir à d'autres notions philosophiques, de montrer que leur thèse est démentie par les faits. Et, d'autre part, la transcendance historique du christianisme, une fois solidement établie, fournit de puissants arguments en faveur du monothéisme. Le monde, en effet, n'est guère explicable que par un Dieu créateur ou par un panthéisme évolutionniste. Mais si cette évolution, ce progrès fatal, cette négation de tout miracle, de toute liberté, est battue en brèche par la démonstration de la transcendance du christianisme, ne faut-il pas en revenir à la saine notion du vrai Dieu.

1. Un vol. in-12, chez Plon et Nourrit.

laissant entendre que le christianisme n'est plus désormais dans la société une force utile pour le bien général, mais une superfétation mystique, un objet de luxe pour certaines âmes qui poursuivent un idéal supra-terrestre, s'isolant par des murailles du reste du monde. Quoi qu'il en soit, occupons-nous de l'autre formule qui nous paraît acceptable, mais à laquelle nous demandons de donner une interprétation précise, en définissant d'abord ce groupe restreint, en indiquant les éléments dont il se compose, et en montrant ensuite quel genre d'influence il peut exercer sur la société entière.

Le groupe restreint des catholiques, dont la foi et la ferveur vont augmentant, comprend, selon M. Taine, l'épiscopat, le clergé séculier et régulier avec ses recrues prochaines et sa clientèle étroite.

Voici ce que M. Taine en dit : « Jamais il n'a été si exemplaire et plus fervent; en particulier, l'institution monastique n'a jamais plus spontanément et plus utilement fleuri. »

Mais que signifient ces mots : « clientèle étroite du clergé »? Quelle est la portion des laïques catholiques qui mérite d'être comprise sous la dénomination de groupe restreint et fervent?

Il semblerait que ce ne fût qu'une très petite fraction, une portion insignifiante de ceux qui font officiellement partie de l'Eglise. Si M. Taine a eu cette pensée, il s'est gravement trompé, et sa statistique est en défaut. Le nombre des laïques, hommes et femmes, chez lesquels la foi est vivante et se traduit par des œuvres, est beaucoup plus considérable qu'il ne le dit. Une très notable partie des classes aisées est animée de ces sentiments. Cela est évident d'ailleurs, car il serait impossible au clergé séculier et régulier, recruté, en général, dans des familles pauvres, de soutenir les œuvres catholiques, s'il n'était aidé par d'abondantes aumônes qui n'ont d'autre source que la foi. Pour se rendre compte de ce qui constitue le groupe restreint des catholiques fervents, il faudrait joindre à la statistique du clergé et des religieux une statistique des œuvres catholiques soutenues et dirigées par des laïques. Il faudrait compter le nombre des membres et apprécier l'action de la Société de Saint-Vincent-de-Paul [1] de l'œuvre de la Propagation de la Foi, des œuvres ouvrières de patronage et d'assistance dirigées par des laïques [2].

Ce développement des communautés religieuses, que M. Taine a si justement admiré, n'est pas un phénomène isolé. C'est le som-

[1]. Le Bulletin de la Société de Saint-Vincent-de-Paul contient le nom des villes qui possèdent des conférences : ce nombre va croissant chaque année. Le nombre des membres est plus difficile à estimer : on doit observer qu'ils appartiennent à toutes les conditions sociales (*Note de l'auteur*).

[2]. Consulter sur ce point le *Manuel des Œuvres*, Poussielgue, éditeur (*Note de l'auteur*).

met, c'est le couronnement d'un développement beaucoup plus vaste de la foi et de la charité. C'est dans un milieu plein de foi et de ferveur que les Ordres religieux puisent leurs sujets et leurs ressources ; ces plantes célestes ne pourraient pousser sur un sol qui ne serait pas arrosé par l'abondance de la grâce et fécondé par la prière et les sacrements.

M. Taine a négligé de nous signaler une preuve manifeste et palpable de cette foi pratique, la gigantesque construction de l'église du Sacré-Cœur, pour laquelle l'argent n'a jamais manqué, sans qu'il ait fallu faire d'appel exceptionnel à la charité. Il n'a pas calculé l'immense budget des écoles libres, qui se sont élevées dans toute la France, soit avec l'argent des catholiques aisés, soit même par des souscriptions populaires. La foi qui se traduit par des sacrifices permanents peut être considérée comme sincère.

Ce ne sont pas, d'ailleurs, les seules manifestations de l'existence de cette multitude nombreuse de croyants fervents parmi les laïques. L'assistance, qui, chaque année, suit la retraite de Notre-Dame et participe à la communion générale, est un fait très significatif. Rien de pareil n'existait au commencement de ce siècle ; rien de pareil, au point de vue de la liberté et de la spontanéité, n'a existé dans l'ancienne France. Nous voyons, de nos jours, une jeunesse chrétienne qui fait profession de rester chaste et de mettre sa chasteté sous la protection de la charité. Lors même que cette règle morale ne serait pas toujours fidèlement observée, le seul fait qu'elle soit professée est, sur ce qui existait dans les classes aristocratiques aux siècles précédents, un immense progrès. Si nous comparons l'Assemblée nationale de 1871, qui contenait lors de son début plus de 600 membres, sur 750, ouvertement attachés à la religion, et parmi eux tant d'hommes éminents, aux Chambres précédentes, à celles même de la Restauration, nous devons reconnaître, dans une partie du moins des classes supérieures, une grande augmentation de foi et de régularité dans l'accomplissement des devoirs que la loi impose ; ce progrès s'est d'ailleurs réalisé d'une manière libre et spontané, sans aucun motif d'intérêt.

Ainsi, il faut donner à ce terme de groupe restreint une extension plus grande que celle que M. Taine lui donne. L'abbé de Broglie termine en disant que cette concentration de la foi dans un groupe plus restreint n'est nullement un signe de décadence pour le catholicisme. Un groupe restreint possède une double force, force de résistance et force de propagande, grâce auxquelles il peut prendre (les apôtres autrefois et les minorités catholiques d'Angleterre, d'Allemagne et d'Amérique de nos jours en témoignent assez) un merveilleux développement.

Le gérant : Henri Gautier

PRIME DU MOIS D'OCTOBRE

Tout abonné direct à la *Nouvelle Bibliothèque populaire* aura droit de recevoir franco, pendant toute la durée du mois d'Octobre, aux prix réduits de 1 franc broché et de 1 fr. 30 relié, au lieu de 2 fr. broché et de 2 fr. 30 relié que coûte cet ouvrage en librairie :

UNE ANNÉE A LA FERME
Par M. MESPLET

1 volume in-12. — Prix : 2 francs en librairie.

Pour recevoir la prime franco, il suffit d'envoyer à M. HENRI GAUTIER, éditeur, 55, quai des Grands-Augustins, à Paris, 1 franc si on veut recevoir le volume broché, 1 fr. 30 si on désire ce volume relié en toile grise avec ornements noirs.

BIBLIOTHÈQUE SCIENTIFIQUE DES ÉCOLES ET DES FAMILLES
Directeur : GUSTAVE PHILIPPON, docteur ès-sciences

Prix de chaque volume :

Quinze centimes chez tous les libraires, marchands de journaux, dans les gares et chez HENRI GAUTIER, éditeur, 55, quai des Grands-Augustins, à Paris.

Vingt centimes franco par la poste, en écrivant à M. HENRI GAUTIER, éditeur, 55, quai des Grands-Augustins, à Paris.
Les 27 volumes parus : 4 fr. 25 franco.

Derniers volumes parus :

26. **LES TRAVAUX D'ÉDISON**, téléphone, microphone, phonographe, plume électrique, etc., par E. DUMONT, professeur à l'École des hautes études commerciales.
27. **LES VOITURES SANS CHEVAUX**, par E. DUMONT, professeur à l'École des hautes études commerciales.

AUTRES VOLUMES EN VENTE

1. *La Photographie*, appareils et pose, par A. et L. LUMIÈRE.
2. *Les Fourmis*, leurs caractères, leurs mœurs, par H. MERCEREAU.
3. *Les Travaux de M. Pasteur*, microbes bienfaisants et microbes malfaisants, par G. PHILIPPON.
4. *Les Parfums*, leurs origines, leur fabrication, par H. COUPIN.
5. *Neiges et Glaciers*, par C. VELAIN.
6. *Lavoisier*, ses travaux, sa vie, par H. MERCEREAU.
7. *Les Aérostats*, par CAPAZZA.
8. *Sucres, Sucrerie et Raffinerie*, par A. HÉBERT.
9. *Les Animaux travailleurs*, par VICTOR MEUNIER.
10. *Les plantes vénéneuses*, par A. DUCLOS.
11. *La Soie*, soie naturelle, soie artificielle, par H. MERCEREAU.
12. *Les Impôts sous l'ancien Régime*, par L. PRÉVAUDEAU.
13. *La Photographie*, développement des épreuves, par A. et L. LUMIÈRE.
14. *Le Collectionneur d'insectes*, par HENRI COUPIN.
15. *L'Éclairage électrique*, par E. DUMONT.
16. *L'Industrie de l'alcool*, par A. HÉBERT.
17. *Les Microbes de l'air*, par R. CAMBIER.
18. *La Fièvre*, théories anciennes et modernes, par le Dr GARRAN DE BALZAN.
19. *Le Diamant*, par H. MERCEREAU.
20. *La Céramique et la Verrerie à travers les âges*, par CH. QUILLARD.
21. *Hygiène du Chauffage*, par N. GRÉHANT.
22. *Les Impôts depuis la Révolution*, par L. PRÉVAUDEAU.
23. *Les Pierres tombées du ciel*, par STANISLAS MEUNIER.
24. *Le Soleil*, par CHARLES MARTIN.
25. *Les Maladies microbiennes : le croup*, par le Dr LESAGE.

Adresser les demandes, accompagnées d'un mandat sur la poste, à M. HENRI GAUTIER, éditeur, 55, quai des Grands-Augustins, PARIS

Pour paraître le 12 octobre 1895

Mme D'ABRANTÈS

MÉMOIRES

Le succès que nos publications de mémoires ont rencontré, justifie amplement le choix que nous avons fait dans les Mémoires si attachants de Mme d'Abrantès, fidèle tableau de la grandeur impériale et de la vie sous ce règne extraordinaire de Napoléon Ier.

~~~~~~~~~~~~~~~~~~~~~~~~~~~~~~

ABONNEMENTS
A LA
Nouvelle Bibliothèque populaire

La *Nouvelle Bibliothèque populaire* publie un volume par semaine. On peut s'abonner aux cinquante-deux volumes d'une année. Les abonnements partent du 1er de chaque mois.

Tous les abonnés, aussi bien ceux de l'étranger et des colonies, que ceux de la France, recevront un volume par semaine.

PRIX DE L'ABONNEMENT D'UN AN

Paris, Départements, Algérie et Belgique . . . **7 francs.**
Étranger (sauf la Belgique) et Colonies . . . **8 francs.**

PRIME GRATUITE
EXCLUSIVEMENT RÉSERVÉE AUX ABONNÉS NOUVEAUX

Tout abonné nouveau a droit à recevoir, gratis et franco, dix volumes à choisir dans la liste de ceux déjà parus, ou un joli cartonnage pour conserver les volumes.

On s'abonne pour un an en envoyant, en mandat-poste, timbres français, ou autre valeur sur Paris, à M. Henri Gautier, 55, quai des Grands-Augustins, à Paris, 7 francs si l'on habite la France, la Belgique ou l'Algérie ; 8 francs si l'on habite l'étranger ou les colonies. La prime est envoyée au reçu de l'abonnement.

ANGERS, IMPRIMERIE A. BURDIN ET Cie, 4, RUE GARNIER

Mme D'ABRANTÈS

LE SACRE DE NAPOLÉON

LA COUR IMPÉRIALE

Edité par
HENRI GAUTIER
55, Quai des Grands Augustins
PARIS

Il paraît un volume par semaine.

Directeur littéraire de la *Nouvelle Bibliothèque Populaire* :

ALFRED ERNST

AVIS A NOS ABONNÉS

Nous rappelons à nos abonnés que tout changement d'adresse doit être accompagné d'une bande indiquant l'adresse ancienne et de *cinquante centimes* en timbres-poste français ou autre valeur sur Paris.

Mme D'ABRANTÈS

MÉMOIRES

Notice biographique

Laure Permon, épouse du général Junot et duchesse d'Abrantès, naquit à Montpellier le 6 novembre 1784. Son père avait une grande fortune; lors de la Révolution française, il quitta sa ville pour Toulouse, puis, après le 9 thermidor, se fixa à Bordeaux, tandis que sa femme et ses deux filles s'installaient à Paris, dans un hôtel que Bonaparte et son aide de camp Junot fréquentèrent bientôt assidûment. Lorsque Junot, au retour de la campagne d'Égypte, reçut le commandement de Paris, il demanda la main de Laure Permon, qui avait perdu son père quelques années auparavant. Le mariage eut lieu, et le premier consul pourvut la fiancée d'une dot de 100.000 francs et d'une corbeille de 40.000. Un peu plus tard, quand Junot et sa femme furent au comble de la faveur, Bonaparte continua ses libéralités : il voulut être parrain de la première fille de Mme Junot, et donna aux parents une maison dans les Champs-Élysées et 100.000 francs. La jeune femme était fort dépensière, et son mari ne se montrait pas moins prodigue ; aussi, malgré les dotations, les gros traitements, les cadeaux, Junot voyait ses dettes s'accroître. D'autre part, Mme Junot passait pour être si mauvaise langue qu'on l'appelait à la Malmaison « la petite peste ». Napoléon, ayant nommé Junot gouverneur de Portugal et duc d'Abrantès, Mme Junot, ainsi promue duchesse, déclara gaiement ce titre « le plus joli nom de la troupe ». Toute la période des guerres d'Espagne et de Portugal se passa, pour la duchesse d'Abrantès, en fêtes, en dépenses folles, alimentées par les richesses et les butins précieux que Junot envoyait de la péninsule à Paris. Ses intrigues et ses imprudences, jointes à quelques fautes militaires et politiques de son mari, les brouillèrent tous deux avec Napoléon. Junot étant mort à Montbard, le 20 juillet 1813, peu après son retour en France, la duchesse d'Abrantès se mêla à la société et aux agents qui préparaient le retour des Bourbons; après la Restauration de 1814, son hôtel fut le rendez-vous des plus grands personnages, et l'empereur

Alexandre y parut; elle alla ensuite à Rome, puis revint, vendit la bibliothèque et les meubles de son mari, acheva rapidement de se ruiner, et demanda des ressources à sa plume. Elle publia des *Mémoires* aussi intéressants que volumineux, et qui eurent du succès; de plus, on lui doit des nouvelles et des ouvrages anecdotiques. Elle mourut à Paris, dans une maison de santé de Chaillot où elle venait de se retirer, le 7 juin 1838. Ses principales productions sont les suivantes : *Mémoires ou Souvenirs historiques sur Napoléon, la Révolution, le Directoire, le Consulat, l'Empire et la Restauration* (1831-1834, 18 vol.); *l'Amirante de Castille* (1832); *les Femmes célèbres de tous les pays* (1833-1835); *L'Opale* (1834); *Catherine II* (1835); *Mémoires sur la Restauration, la Révolution de 1830, etc.* (1836); *Scènes de la vie espagnole* (1836); *Histoire des Salons de Paris* (1837-1838); *L'Exilé* (1837); *Souvenirs d'une ambassade et d'un séjour en Espagne et en Portugal* (1837); *la Duchesse de Valombray* (1838); *la Vallée des Pyrénées* (1838), *Eglantine, Blanche, Louise, les Deux Sœurs*, etc.

Les *Mémoires* de Mme d'Abrantès sauveront à-coup sûr son nom de l'oubli. Ils fourmillent de détails curieux, d'anecdotes intéressantes, nous dirions volontiers de cancans. C'est moins de l'histoire que de la médisance, mais cette médisance même, pour peu qu'on sache y faire un certain départ, en négliger les petitesses, en rectifier les affirmations hasardées, éclaire très utilement les dessous des grands événements. Le style n'en est pas très châtié, mais facile à plaisir, piquant à souhait, et l'ensemble de l'ouvrage est attachant au plus haut point.

ALFRED ERNST.

MÉMOIRES

LE SACRE DE NAPOLÉON.

Au milieu des joies que ramenaient les jours, les soirées et même les nuits, Junot éprouvait un chagrin qu'il finit par me confier, et qui avait *Marmont* pour objet. Il n'avait été compris dans aucune des nominations que l'empereur avait faites lors de la formation de l'empire, ni comme grand-officier de l'empire ni comme grand-officier de la couronne. Une amitié si tendre attachait Junot à son ancien camarade de collège, son premier frère d'armes, que je le vis tout à fait malheureux de cette sorte de disgrâce, car enfin c'en était une. Junot savait, me disait-il, quel en était l'auteur. Je le pressai, il me le confia; et, si j'en fus révoltée, la chose ne m'étonna pas, car d'accuser les autres était le rôle que maintenant avait pris un homme qui, placé d'ailleurs au premier rang dans l'armée, aurait pu conserver une attitude noble et belle, au lieu de la salir par une réputation tout odieuse. Je ne sais si Marmont le sut alors. Junot me disait :

— Jamais il ne l'apprendra de ma bouche. Car lui qui est brave n'hésiterait pas à lui en demander raison, et qu'en résulterait-il? C'est que tout en n'y voyant pas clair, l'autre pourrait tuer mon brave ami. Quelquefois j'ai envie de lui marcher sur les pieds, de façon à le faire crier, pour avoir le droit de me couper la gorge avec lui.

Quelque temps après le sacre, le prince Eugène ayant été nommé grand-chancelier d'État, la charge de colonel-général des chasseurs fut donnée à Marmont.

Les adresses arrivaient de toutes parts. Les départements se distinguaient à l'envi par des expressions toutes produites par un sentiment vrai et unanime; et celui qui, aujourd'hui, ose dire qu'alors Napoléon ne fut pas nommé par la nation entière *ment à sa conscience*. Oui, il fut assis sur ce trône, que depuis on eut l'indignité de dire qu'il avait usurpé. Il y fut porté par les bras de la France elle-même. Ah! dans ce moment, où, forcée par mes souvenirs d'interroger ces temps écoulés, je retrouve encore en moi tout le retentissement de ces cris d'amour qui s'élançaient au ciel dès qu'il paraissait, soit dans une promenade, soit au spectacle, combien je souffre de ce que je vois autour de moi... Le peuple n'a plus de voix que pour se plaindre, ses yeux ne lui servent que pour pleurer, et il n'a plus de cœur que pour haïr.

Le 1er décembre, le Sénat conservateur présenta à l'empereur le *décret* du peuple — car on peut le nommer ainsi — qui donnait les votes de ce même peuple. Ce nouveau *plébiscite* offrait le résultat de soixante mille registres ouverts comme pour le consulat à vie. Une chose remarquable, c'est que pour l'empire il n'y eut que deux mille cinq cent soixante-dix-neuf votes négatifs et trois millions cinq cent soixante et quinze mille affirmatifs, tandis que pour le consulat à vie il y eut, je crois, près de neuf mille votes négatifs. Je déjeunais chez l'impératrice ce même jour, et je puis affirmer qu'il est faux, bien qu'on l'ait dit dans plusieurs relations, qu'elle était malheureuse des pressentiments de son propre malheur et de celui de Napoléon. Elle était fort émue, — et je conçois ce sentiment, — mais le bonheur perçait dans son regard et dans ses moindres actions. Elle me raconta, avec une expression dont je lui sus gré, tout ce que l'empereur lui avait dit d'aimable le matin même; comment il lui avait essayé la couronne qu'elle devait ceindre le lendemain devant la France entière. Ses yeux étaient pleins de larmes. Elle me parla avec bonté de la peine qu'elle avait éprouvée en recevant un refus de l'empereur lorsqu'elle lui avait demandé le matin même le retour de Lucien :

— J'ai voulu invoquer une aussi grande journée, me dit-elle, mais Bonaparte — elle fut encore quelque temps à le nommer ainsi — m'a répondu avec aigreur et j'ai été contrainte de me taire. Je voulais prouver à Lucien que je sais rendre le bien pour le mal. Si vous en trouvez l'occasion, faites-le-lui savoir.

Je fus surprise de cette sévérité constante de l'empereur envers son frère, et surtout un frère auquel il devait tant. Son mariage avec Mme Jouberton n'avait d'abord rien qui fût contre l'honneur, seul motif pour lequel il ne doit y avoir aucun pardon. Je crois plutôt que les idées fortement républicaines de Lucien étaient le seul empêchement à son rappel. Une des raisons qui étaient venues se joindre à toutes les autres, pour augmenter l'humeur de l'empereur, était la conduite de Mme Lætitia Bonaparte. Elle avait pris chaudement le parti de son fils exilé et, après une altercation très vive avec l'empereur, elle avait quitté Paris pour aller rejoindre le fils malheureux et lui porter des secours, des consolations et sa noble assistance. J'ai déjà dit que je ferais connaître Mme Bonaparte pour ce qu'elle est réellement, et je le puis avec d'honorables et de glorieuses preuves. Son cœur de mère était doublement blessé à cette époque où la France retentissait de chants et de fêtes. Son plus jeune fils, Jérôme, n'était pas non plus dans ce faisceau de famille que Napoléon se plaisait à réunir au tour de lui pour en composer sa force à venir. Jérôme était marié en Amérique avec Mlle Patterson ; quoique fort jeune et même enfant, son mariage était valide, puisqu'il avait le consentement de sa mère et de son frère aîné. Mais le premier consul était furieux contre le jeune enseigne de vaisseau, et il prétendait qu'en sa qualité de chef du gouvernement il l'était de sa famille. Jérôme avait quitté l'Amérique pour revenir en Europe, Mme Bonaparte la mère avait reçu l'avis de son départ. Elle l'avait fait parvenir à l'empereur, qui avait répondu en faisant donner l'ordre de lui fermer tous les ports, non seulement de France, mais de Hollande, de Belgique et de toutes les côtes sur lesquelles nous avions du pouvoir. Je ne fais aucune réflexion sur cette sévérité. Les événements pourront la justifier ou la condamner. Ils viendront en leur lieu. Mme Bonaparte la mère était donc à Rome au couronnement et n'avait aucun titre, aucune distinction. Elle fut placée ensuite dans le tableau du sacre, de David. Je ne sais trop pourquoi l'empereur eut cette idée[1]. Je ne crois pas qu'elle soit venue de Madame mère. Elle pouvait avoir quelquefois des manières étranges au milieu d'une cour qui, en raison de sa nouveauté, était plus exigeante qu'une autre. Mais son âme est grande et forte, et je ne pense pas que ce soit elle qui ait eu la fantaisie de figurer là où elle n'était pas, tandis qu'alors elle remplissait le plus noble et le plus doux des devoirs de la femme, celui de la mère consolatrice.

Le 2 décembre, il n'était pas encore jour que l'activité régnait déjà dans toutes les maisons de Paris et il y en avait beaucoup dans lesquelles on ne s'était pas couché. Des femmes eurent le courage de se faire coiffer à deux heures du matin et de demeurer tranquilles sur leur chaise jusqu'au moment où il serait l'heure de passer leur robe. J'avoue que je préférai être un peu moins bien coiffée et l'être par ma femme de chambre afin de dormir deux heures de plus. Toutefois, nous avions peu de temps, car il fallait être rendu avant le départ du cortège des Tuileries, et il devait partir à neuf heures. Il partit un peu plus tard, mais on croyait qu'il se mettrait en marche à cette heure-là, et il fallait agir d'après cette croyance.

J'étais à cette époque aussi liée avec la duchesse de Raguse (Mme Marmont) que Junot l'était avec son mari. Depuis, elle s'est brouillée avec moi sans que j'en puisse connaître la raison, je le jure devant Dieu et les hommes aussi solennellement qu'on peut faire un serment. Enfin, quoi qu'il en soit, je l'aimais alors comme

---

1. Et surtout placée comme elle y est. Je n'ai jamais vu trois plus singulières figures que celles qui sont représentées dans cette tribune. Elles sont de face toutes trois. L'une d'elles, surtout, rappelle tout à fait le mot de Mme du Deffand sur Gibbon (*note de l'auteur.*)

on aime une sœur et nous étions liées tendrement. Nous nous arrangeâmes pour aller ensemble à Notre-Dame et nous nous mîmes en effet en route à sept heures et demie du matin. Quant à Junot, il portait un des honneurs de Charlemagne, — la boule ou la main de justice, je ne me rappelle plus précisément laquelle des deux, — et, comme il faisait partie du cortège, il était encore dans tout l'embarras de sa toilette de pair, — car les vingt-quatre grands-officiers de l'empire n'étaient pas autre chose que les pairs de Charlemagne — lorsque nous partîmes toutes deux pour Notre-Dame.

J'avais ma place dans une travée du chœur qui était réservée pour les dames des grands-officiers de l'empire. Mais étant avec Mme M... et ne voulant pas la quitter, je montai avec elle dans une travée du maître-autel à l'étage supérieur. Il y avait une telle affluence que toutes les places désignées et gardées étaient envahies par la foule. Nous nous trouvâmes si serrées que, voyant Mme M... avec une personne de sa connaissance, je descendis dans la travée des grands-officiers, où je pus respirer au moins et d'où je vis la cérémonie avec autant de facilité qu'une chose qui se serait passée dans ma chambre.

Quelle est l'âme — car c'est l'âme que j'interroge — qui peut avoir mis un pareil jour en oubli? J'ai vu depuis Notre-Dame, je l'ai vue dans des fêtes somptueuses et solennelles, mais jamais le coup d'œil du couronnement de Napoléon n'a été même rappelé. Cette voûte aux arceaux gothiques, aux vitraux lumineux, qui retentissait du chant sacré des prêtres, appelant les bénédictions du Très-Haut sur la cérémonie qui allait être célébrée, en attendant le vicaire de Jésus-Christ, dont le trône était préparé près de l'autel, tandis que le long de ses vieilles murailles, recouvertes de tapisseries magnifiques, on voyait rangés par ordre tous les corps de l'État, les députés de toutes les villes, la France entière enfin qui, représentée par ses mandataires, envoyait son vœu : Attirer la bénédiction du ciel sur celui qu'elle couronnait! Ces milliers de plumes flottantes qui ombrageaient le chapeau des sénateurs, des conseillers d'État, des tribuns, ces cours de judicature avec leur costume riche et sévère à la fois, et ces uniformes brillants d'or, puis ce clergé dans toute sa pompe, tandis que, dans les travées de l'étage supérieur de la nef et du chœur, des femmes jeunes, belles, étincelantes de pierreries et vêtues en même temps avec cette élégance qui n'appartient qu'à nous, formaient une guirlande ravissante au coup d'œil.

Le pape arriva le premier. Au moment où il entra dans la basilique, le clergé entonna *Tu es Petrus*, etc., et ce chant grave et religieux fit une profonde impression sur les assistants. Il est impossible d'imaginer, dans une circonstance semblable, si on voulait prêter à la pensée un visage imposant et vénérable à la fois, une autre physionomie que celle de Pie VII. Il s'avançait du fond de cette église, avec un air tout à la fois majestueux et humble. On voyait qu'il était notre souverain, mais que dans son cœur il se reconnaissait l'humble sujet de Celui dont le trône était une croix. La travée dans laquelle j'étais placée était précisément en face de lui; je pus donc l'examiner sans empêchement pendant cette longue cérémonie.

Déjà en 754 un souverain pontife avait passé les monts pour venir en France donner l'huile sainte au fondateur d'une dynastie. Étienne III vint *resacrer* Pépin le Bref, qui ne l'avait été que par l'archevêque de Mayence. Étienne sacra en même temps les deux fils de Pépin et leur mère. Un fait assez singulier qui revint à ma pensée en voyant les apprêts de cette cérémonie, que certes je n'eusse pas admise comme possible dix ans auparavant, ce fut le mot du pape Zacharie, prédécesseur d'Étienne. Consulté sur les projets de Pépin, non seulement il les approuva, mais il répondit ces paroles remarquables :

— *Celui-là est roi qui en a la puissance.*

Il ajouta même, je crois, qu'il était permis à Pépin de raser, d'enfermer, de clore à jamais dans un cloître le pauvre Childéric III, et de plus son fils Thierry. Étienne eut au moins un salaire pour son voyage d'outre monts, tandis que Pie VII a été frustré dans son attente, s'il est vrai, comme on le dit, qu'il ait fait le voyage pour avoir la rétrocession des trois légations cédées à Tolentino.

Je souffrais de le voir attendre si longtemps, lorsque enfin le canon annonça le départ du cortège.

Depuis le matin, le temps était affreux. Il faisait froid, il pleuvait et tout faisait craindre que le trajet ne fût troublé par le vent et la pluie. Mais comme par une sorte de protection spéciale accordée par Dieu à Napoléon, ainsi qu'on a pu le remarquer dans une foule de circonstances, le ciel prit tout à coup un aspect moins sévère, et la foule qui bordait la route des Tuileries à la cathédrale put jouir de la vue du cortège sans avoir à craindre l'injure d'une pluie de décembre. C'est pendant ce trajet que Napoléon a pu recueillir des paroles d'amour et d'attachement passionné. C'est pendant ce trajet qu'il a vraiment reçu une première onction sainte. C'était un premier sacre, celui-là... L'autre ne pouvait le rendre plus positif.

Le trône de l'empereur était en face du maître-autel et masquait le grand portail du milieu. Ce fut là qu'il monta d'abord et que Joséphine prit place à côté de lui, parmi les souverains de l'Europe.

Je ne puis rendre ce que j'ai éprouvé lorsque l'empereur est descendu de son trône et s'est avancé vers l'autel où le pape l'attendait pour le couronner. Il faut se reporter avec moi aux jours qui s'étaient écoulés, à cette vie ensemble, pour ainsi dire, qui pendant bien des années de sa vie avait été presque commune entre ma famille et lui. Cette émotion, du reste, n'avait aucune amertume pour lui. Seulement je pensai à ma mère.

La cérémonie du sacre a été décrite dans trop d'ouvrages pour que j'entreprenne ici d'en donner une nouvelle relation. Toutefois je parlerai de ce que j'ai cru remarquer dans l'empereur et de ce qui me frappa dans cette journée unique dans l'histoire.

Napoléon paraissait fort calme. Je l'examinai attentivement pour voir si son cœur battait sous la dalmatique impériale plus vivement que sous l'habit de colonel des guides de la garde ; mais je ne vis rien et pourtant j'étais à dix pas de lui. La longueur de la cérémonie seulement parut l'ennuyer, et je le vis plusieurs fois étouffer un bâillement. Mais il fit tout ce qui lui fut ordonné et toujours convenablement. Lorsque le pape lui fit la triple onction, sur la tête et les mains, je m'aperçus, à la direction de ses yeux, qu'il songeait plutôt à s'essuyer qu'à tout autre chose, et, par l'habitude que j'avais de son regard, je puis dire que j'en suis certaine. Cependant, c'est pendant ce temps que le pape récitait cette oraison remarquable :

« Dieu tout-puissant et éternel, qui avez établi Hazaël pour gouverner la Syrie, et Jéhu, roi d'Israël, en leur manifestant vos volontés par l'organe du prophète Élie ; qui avez également répandu l'huile sainte des rois sur la tête de Saül et de David par le ministère du prophète Samuel, répandez par mes mains les trésors de vos grâces et de vos bénédictions sur votre serviteur Napoléon, que, malgré notre indignité personnelle, *nous consacrons, aujourd'hui, empereur en votre nom.* »

L'empereur écouta cette oraison, comme tout le reste, avec recueillement et convenance. Mais au moment où le pape allait prendre la couronne, *dite* de Charlemagne, sur l'autel, Napoléon la saisit et se la mit sur la tête. Dans ce moment il était vraiment beau. Sa physionomie, toujours expressive, avait un feu et un jeu de muscles tout particuliers, à cet instant unique dans sa vie. Il avait ôté la guirlande de laurier en or dont il était coiffé en entrant dans l'église, et qui est celle qu'on voit dans le beau tableau de Gérard. La couronne fermée allait moins bien peut-être comme agrément à son visage ; mais l'expression provoquée par son contact lui donnait un éclat de réelle beauté.

C'est en ce moment qu'arriva un de ces incidents qui passent inaperçus lorsqu'ils sont sans suite, mais que la superstition ne peut s'empêcher de recueillir. Les vieilles voûtes de Notre-Dame étaient fatiguées depuis un mois par les coups multipliés dont on les frappait pour attacher les tentures et les charpentes nécessaires à la décoration de l'église. Plusieurs petites pierres se détachaient et tombaient inégalement dans la nef ou dans le chœur. Au moment que je viens de décrire, lorsque Napoléon se mit la couronne sur la tête, une de ces pierres, de la grosseur d'une noisette à peu près, tomba de la voûte et directement sur l'épaule de l'empereur. Elle glissa ensuite sur le camail de la dalmatique et fut rouler sur les marches de l'autel, du côté du trône du pape, où elle fut ramassée par un prêtre italien qui probablement l'a conservée, s'il a pu voir qu'elle avait d'abord touché la tête qu'on venait de consacrer. Je fus frappée de cet événement — dans une heure semblable tout est présage pour ceux qui observent — mais je n'en parlai pas. Je ne sais si mes compagnes virent comme moi la chute de cette pierre. Je n'appelai l'attention d'aucune d'elles sur ce fait, et Junot, à qui je le communiquai le soir et qui n'en avait rien vu, tout près de l'empereur qu'il était, me dit que j'avais bien fait. Aucun mouvement n'a pu lui faire juger si l'empereur avait senti la pierre. Il me paraît difficile qu'il ne s'en soit pas aperçu, car, quel que fût le peu de volume du *gravois*, — je ne lui donne même pas le nom de pierre, — la hauteur excessive de l'édifice doublait nécessairement tant de fois sa pesanteur qu'il est bien difficile, je le répète, que l'impression n'en ait pas été sentie.

Mais l'instant qui réunit peut-être le plus de regards sur les marches de l'autel où se tenait l'empereur fut celui où Joséphine reçut de lui la couronne et fut sacrée solennellement *impératrice des Français*. Quel moment, quel hommage, quelle preuve d'amour lui rendait celui qui alors l'aimait avec une solidité de sentiment dont elle aurait toujours dû se contenter, parce qu'il était réel et certifié par de fortes preuves !

Le tableau de David et plusieurs dessins faits sur les lieux mêmes ont bien représenté l'impératrice Joséphine à genoux devant Napoléon qui la couronne, puis le pape, des prêtres, et même des personnages qui se trouvaient à quatre cents lieues du théâtre sur lequel on les faisait paraître : Madame mère, par exemple, qui était à Rome, et que David *plaquait* comme une enseigne dans son tableau du sacre. Mais rien n'a pu donner une juste idée, un aperçu même de cette scène touchante et digne à la fois, dans laquelle un grand homme se plaçait lui-même plus haut que le trône, car il était en ce moment reconnaissant et sensible.

Lorsqu'il fut temps pour elle de paraître activement dans le grand drame, l'impératrice descendit du trône et s'avança vers l'autel où l'attendait l'empereur, suivie de ses dames du palais et de tout son service d'honneur, et ayant son manteau porté par la princesse Caroline[1], la princesse Julie[2], la princesse Élisa et la princesse Louis[3]. Une des beautés remarquables de l'impératrice Joséphine, c'est non seulement l'élégance de sa taille, mais le port de sa tête, la façon gracieuse et noble tout à la fois dont elle la tournait et dont elle marchait. J'ai eu l'honneur d'être présentée à beaucoup de *vraies princesses*, comme on le disait dans le faubourg Saint-Germain, et je dois dire, en toute vérité, de conscience, que jamais je n'en ai vu qui m'imposassent davantage que Joséphine. C'était de l'élégance et de la majesté. Aussi, une fois qu'elle avait après elle son manteau de cour, il ne fallait plus chercher la femme du monde peu arrêtée dans ses vouloirs, elle était convenable de tous points, et jamais reine ne sut mieux *trôner* sans l'avoir appris.

Je vis tout ce que je viens de dire dans les yeux de Napoléon. Il jouissait en regardant l'impératrice s'avancer vers lui et, lorsqu'elle s'agenouilla, lorsque les larmes, qu'elle ne pouvait retenir, roulèrent sur ses mains jointes qu'elle élevait bien plus vers lui que vers Dieu, dans ce moment où Napoléon, ou plutôt *Bonaparte*, était pour elle sa véritable providence, alors il y eut entre ces deux êtres une de ces minutes fugitives, uniques dans toute une vie et qui comblent le vide de bien des années. L'empereur mit une grâce parfaite à la moindre des actions qu'il devait faire pour accomplir la cérémonie. Mais ce fut surtout lorsqu'il s'agit de couronner l'impératrice. Cette action devait être accomplie par l'empereur, qui, après avoir reçu la petite couronne fermée et surmontée de la croix, qu'il faisait placer sur la tête de Joséphine, devait la poser sur sa propre tête, puis la mettre sur celle de l'impératrice. Il mit à ces deux mouvements une lenteur gracieuse qui était remarquable. Mais lorsqu'il en fut au moment de couronner enfin celle qui était pour lui, selon un préjugé, son *étoile heureuse*, il fut *coquet* pour elle, si je puis dire ce mot. Il arrangeait cette petite couronne qui surmontait le diadème en diamants, la plaçait, la déplaçait, la remettait encore ; il semblait qu'il voulût lui promettre que cette couronne lui serait douce et légère ! Ces différentes nuances ne purent être saisies par les personnes qui étaient loin de l'autel. Sans doute le fait fut raconté, parce que d'autres yeux que les miens l'ont vu comme j'ai pu le voir, mais peu cependant ont été placés comme je l'étais et cette position m'a révélé bien des choses, pendant ces heures merveilleuses rejetées maintenant par beaucoup de gens dans les temps de féerie.

---

1. Mme Murat.
2. Mme Joseph Bonaparte.
3. Mme Louis Bonaparte (*notes de l'auteur*).

Au moment où Napoléon descendit de l'autel, pour retourner à son trône, lorsque le clergé et toutes ces voix enchanteresses, choisies par l'abbé Rose pour chanter son *Vivat*, entonnèrent cet hymne admirable, mes yeux se voilèrent et je fus très émue. L'empereur, dont le regard d'aigle parcourait tout ce qui était autour de lui, me reconnut dans l'angle de la travée que j'occupais. L'expression du regard qu'il me lança, pour ainsi dire, est impossible à rendre. Un marin me disait dernièrement que, dans un naufrage, au moment de périr, il avait, dans l'espace d'une minute peut-être, déroulé le tableau de sa vie tout entière. Napoléon, en me revoyant, au moment où il ceignait la couronne, n'avait-il pas rappelé à lui toutes les années écoulées? La rue des Filles-Saint-Thomas? Mais, plus loin encore, la maison et l'hospitalité de mon père, et cette voiture, dans laquelle il disait, lorsque ma mère le ramenait de Saint-Cyr:

— Oh! si j'étais le maître!...

Ma figure seule rappelait le passé, et cela sans parole, sans intention, comme un parfum, une harmonie nous rappellent des jours écoulés.

Quelques jours après, l'empereur s'approcha de moi:

— Pourquoi donc aviez-vous une robe de velours noir?

Cette question me frappa tellement de surprise que je ne pus d'abord lui répondre.

— Était-ce en signe de deuil?

— Oh! Sire...

Et les larmes me vinrent aux yeux. Il me regarda avec une attention scrupuleuse, comme s'il eût voulu traduire la plus intime de mes pensées.

— Mais pourquoi choisir cette couleur sombre et presque sinistre?

— Votre Majesté n'a pu voir que le bas de ma robe, et le devant était brodé en épis d'or[1]. J'avais mes diamants et je croyais que cette toilette était convenable, puisque, n'étant pas de celles qui devaient mettre leur habit de cour, je n'étais tenue à cet égard à aucune obligation.

— Est-ce un reproche indirect que vous me faites-là? Êtes-vous comme la maréchale S., comme la maréchale D., comme la maréchale B., qui boudent parce que je ne les ai pas toutes nommées dames du palais? Je n'aime pas les bouderies, je n'aime pas les humeurs.

— Je n'en ai pas témoigné, Sire, et à cela je n'ai nul mérite, car

---

1. On portait alors beaucoup de robes de velours noir, surtout avec des diamants, ou bien du velours d'une couleur foncée pour les faire mieux ressortir. Le jour du couronnement il y en avait beaucoup.

je puis assurer à Votre Majesté que je n'ai pas d'humeur. Junot m'a dit qu'elle avait bien voulu lui apprendre qu'elle n'entendait pas faire un double emploi de grâces dans sa maison et dans celle de l'impératrice, et que, lorsque le mari serait dans la maison militaire, la femme ne pourrait être dame du palais.

— Ah! il vous a dit cela! Et à propos de quoi? Vous vous plaigniez donc? Est-ce que les femmes vont avoir de l'ambition à présent? Je ne veux pas de cela. Les femmes ambitieuses, à moins d'être reines, et il n'y en a pas beaucoup, sont toutes des intrigantes. Rappelez-vous cela, Madame Junot.

Et revenant à moi:

— Répondez-moi. Êtes-vous fâchée de ne pas être dame du palais? Mais répondez-moi avec franchise, si une femme peut être franche...

— Eh bien, Sire... Mais Votre Majesté ne me croira pas...

— Si fait. Allons, dites.

— Je n'en suis pas fâchée.

— Pourquoi cela?

— Parce que mon humeur est contraire à une sujétion positive, et que Votre Majesté voudra sûrement que le protocole de l'étiquette de service d'honneur de l'impératrice soit fait d'après un code militaire.

Il se mit à rire.

— Cela pourra bien être. Au surplus, je suis content de vous. Vous m'avez bien répondu, et je m'en souviendrai. Ah! dites-moi, votre frère est-il à Paris?

— Oui, Sire.

— Était-il à Notre-Dame?

— Oui, Sire.

— Avec vous?

— Votre Majesté oublie que cela ne se pouvait pas.

— C'est vrai! Ce pauvre Junot, dit-il, comme pour repousser une pensée qu'il voulait éloigner, ce pauvre Junot, comme il était touché! Avez-vous vu comme il pleurait? C'est un bon ami, celui-là. Qui nous aurait dit à Toulon, il y a dix ans, qu'une journée comme celle du 2 décembre se préparait?

— Peut-être lui, Sire.

Je lui rappelai alors cette lettre de Junot, écrite à son père en 1794, dans laquelle il réfutait les objections du vieillard qui lui reprochait d'avoir quitté son régiment pour suivre la fortune d'un général inconnu : « Car enfin, disait mon beau-père, qu'est-ce que c'est que le général Bonaparte? » Et son fils lui répondait : « Vous me demandez ce que c'est que le général Bonaparte? C'est un de ces hommes dont la nature est avare et qu'elle jette sur le globe de siècle en siècle. »

[12]

Mon beau-père fit voir cette lettre au *premier consul* lorsqu'il passa par Dijon, à l'époque de Marengo, et l'*empereur* parut frappé du souvenir que je lui rappelais.

— C'est vrai, me dit-il.

Et, se frottant le menton en souriant, il s'éloigna sans ajouter un mot.

Cette conversation eut lieu dans un bal, je crois, chez le ministre de la guerre, ou chez M. de Talleyrand, je ne puis me rappeler positivement lequel des deux. Le souvenir de la conversation m'est seul resté.

J'aurais pu rappeler à l'empereur un fait qui n'aurait pas été déplacé, mais qui eût été inconvenant. Cela paraît bizarre à dire, et pourtant c'est la vérité.

A l'époque du consulat à vie, le premier consul, se promenant un jour à la Malmaison avec le sénateur Monge, pour lequel il avait beaucoup d'amitié, lui parla avec confiance de tout ce qui se faisait. Il était heureux de l'attachement que lui montrait la France, et le témoignait à Monge :

— Et vous, sénateur Monge, lui dit-il en souriant, et vous, êtes-vous content ?

— Je ne le serai complètement, citoyen premier consul, lui répondit Monge, que lorsque votre vœu à vous-même sera rempli, et que je vous ferai ma révérence comme juge de paix de votre canton.

Le premier consul se mit à rire et prit fort bien la plaisanterie. Pour la comprendre tout entière, il faut savoir qu'un jour le premier consul, alors général en chef de l'armée d'Italie, se trouvant, je crois, à Morfontaine avec Monge et plusieurs autres savants, comme Berthollet et Laplace, les félicitait du bonheur qu'ils avaient eu de s'illustrer sans que le sang tachât leur brevet d'immortalité :

— Quant à moi, leur dit-il, je ne serai heureux que lorsque, après avoir donné la paix à l'Europe, je pourrai, pour toute récompense, obtenir le titre de juge de paix de mon canton.

— L'avez-vous fâché en lui rappelant cette anecdote ? demandait quelqu'un à Monge.

— Je suis sûr que non, répondit l'honnête et excellent homme, j'en suis certain.

Et moi aussi.

LES PREMIERS TEMPS DE L'EMPIRE

Je vis revenir un jour Junot, l'air préoccupé et presque triste. Il me dit que l'empereur voulait lui donner une marque de confiance, dont sans doute il était fort touché, mais qui le faisait presque trembler, lui qui pourtant ne tremblait guère. Il était question d'une ambassade en Portugal. Je ne vis d'abord que le côté brillant de la chose, et je lui dis :

— Eh bien ! pourquoi n'en pas être content ?

— Parce que je ne suis pas fait pour la diplomatie, parce que Lannes, ce brave et excellent garçon, m'a dit que cette cour de Lisbonne est une vraie pétaudière et que je ne puis faire que de la mauvaise besogne. L'Angleterre y est toute-puissante, l'Autriche menace de nous tourner le dos, ainsi que la Prusse et la Russie. Et tu penses bien que ce n'est pas au bruit des coups de canon et des coups de fusil que j'irai faire la sieste en Portugal.

Je connaissais le caractère de Junot, et je ne répliquai pas. Cette dernière objection me fermait la bouche. Quant à moi, l'idée seule de quitter la France me mettait au désespoir, et je ne pouvais en supporter la possibilité. Cependant, comme il était question d'une affaire qui devait placer Junot dans un position où, selon moi, il prouverait ce qu'il pouvait faire, je ne voulus pas le détourner d'une voie ouverte à sa renommée comme homme de mérite et d'esprit. Je l'exhortai tout au contraire à réfléchir avant de prendre un parti, et surtout de consulter un de nos amis, homme d'un mérite supérieur, dont je n'ai pas encore parlé, c'est M. de Lageard de Cherval.

M. l'abbé de Lageard, parent de M. de Talleyrand, son plus intime et son plus cher ami pendant les années de jeunesse qu'ils passèrent tous deux au séminaire, est un des hommes les plus distingués que j'aie rencontrés de la dernière époque *sociable*. Il a de la vigueur dans l'âme, de la tendresse dans le cœur, de la finesse dans l'esprit, une extrême chaleur dans l'imagination, et il a soixante dix-sept ans. C'est l'amabilité personnifiée. Son genre était tout autre que celui de M. de Narbonne, cet ami de cœur à moi dont je parlerai bientôt, mais il était aimable sans laisser aucun désir à former. Il avait été aussi malheureux qu'un exilé comme lui pouvait l'être. Il avait souffert de toutes les douleurs, et même de leurs reflets. Je lui portais une amitié de fille. Ma confiance en lui était grande, je l'aimais et le respectais tout à la fois. Junot pensait de même et, toutes les fois qu'il y avait un cas un peu sérieux dans notre intérieur, M. de Cherval était appelé à le juger.

— Il est mon ennemi, avait dit un jour l'empereur à Junot.

— Sire, je n'ai qu'une réponse à faire à Votre Majesté, c'est que je ne connais pas un de ses ennemis. M. de Talleyrand peut être comme moi garant de M. de Lageard et je pense que nos deux cautions valent bien une accusation du ministre de la police.

L'empereur ne répliqua rien ce jour-là, mais sa prévention contre M. de Lageard ne fut jamais détruite et son existence entière s'en ressentit. On sait que ce fut à M. Bourrienne que M. de Cherval en eut l'obligation.

Lorsque Junot lui parla de l'ambassade de Lisbonne, il fut de l'avis de M. de Narbonne, qui lui conseillait d'accepter. Il y avait une chose désagréable, c'était l'*antécédent*. Le général Lannes, qui ressentait de l'humeur d'être à Lisbonne et voulait s'en revenir, avait formé, dit-on, le projet de se faire rappeler, de quelque manière que ce fût, et voici, à ce que la médisance du faubourg Saint-Germain racontait, ce qui eut lieu entre lui et le ministre d'Angleterre.

C'était alors sir Robert Fitz-Gérald, secrétaire d'ambassade à Paris en 1790, qui occupait à Lisbonne le rang de ministre d'Angleterre. Il est difficile d'avoir des manières plus polies, quoique froides, un abord plus digne que l'avait lord Robert ; sa tournure était encore remarquable et faisait ressortir avec plus d'effet celle de lady Robert Fitz-Gérald, qui joignait à un physique vraiment désagréable une haine pour la France qui lui donnait par intervalle des airs de furie qui ne l'embellissaient pas. Elle ne parlait de l'empereur que comme d'un brigand digne du feu, et tout ce qu'elle en disait était du même goût. On pense bien que le général Lannes[1], qui n'entendait rien sur Napoléon qu'avec l'oreille du cœur, ne prit en gré ni le mari ni la femme, quoique le premier fût parfaitement mesuré, mais il avait de l'humeur, et toute l'ambassade d'Angleterre fut comprise dans le même anathème, jusqu'à lord Strankford, qui, à cette époque, tout en traduisant *le Camoëns*, dormait une bonne partie de ses vingt-quatre heures.

Il faut avoir connu le maréchal Lannes pour avoir une idée juste de la haine qu'il portait à l'Angleterre. Son noble cœur ne comprenait pas qu'il fût possible de transiger avec ses sentiments et il les manifestait avec la franchise de son caractère. On doit penser qu'au milieu d'une cour étrangère, où les façons obséquieuses passent comme devoir avant tout, celles du maréchal Lannes durent paraître étranges. La maréchale avait bien apporté, dans le commerce habituel de la vie diplomatique qui existe dans une cour, toute la douceur de son caractère, sa candeur vierge et sa beauté admirable ; mais ces charmes, cet attrait était un défaut de plus dans une Française aux yeux de lady Fitz-Gérald ; et la guerre tacite qu'elle faisait à notre parti n'en fut que plus active.

Une des offenses que le général Lannes ne pouvait surtout supporter, parce qu'elle avait une apparence de droit, c'était la prétention qu'avait lord Robert de passer avant lui, soit d'une cham-

---

[1]. Le prince Auguste d'Angleterre qui était à Lisbonne à l'époque du séjour de Mme Lannes et du général fut très gracieux pour eux (*note de l'auteur*).

bre dans l'autre à *Quélus*, soit sur la route. Enfin il y avait une prétention de passage. Le général Lannes prit de l'humeur de cette prérogative appuyée sur une ancienneté, ou quelque chose de semblable ; et, pour trancher la difficulté, il s'y prit de cette manière :

On allait faire sa cour au prince régent — le père de dom Pédro — à une maison de plaisance appelée *Quélus*, et située à quatre lieues de Lisbonne. On allait à cette résidence comme on aurait été à la Malmaison ou à Saint-Cloud, dans une calèche à quatre chevaux. Le ministre d'Angleterre avait un équipage leste et bien tenu, qui faisait le désespoir et la jalousie des gens du général Lannes. Le général le rencontrait sur la route comme il rencontrait lors Robert à la porte de l'appartement du prince régent, et cela l'ennuyait. Un jour, il dit à un de ses cochers, jeune homme intelligent, mais qui comprenait quelquefois par delà ce qu'on lui disait :

— Comment, coquin, tu ne trouveras pas le moyen de me faire arriver avant cet Anglais ?

Le cocher n'aimait pas les Anglais plus que son maître, et de plus il comprenait les chevaux dans l'anathème. Le dimanche suivant, conduisant le général, il rencontre l'équipage de lord Robert, et, pour obéir à son maître et satisfaire en même temps son esprit vindicatif, il accroche la voiture anglaise qui, toute légère et d'ailleurs prêtant le flanc à l'attaque, ne put résister au choc et tomba dans un fossé. Le général fut, *dit-on*, désespéré de la maladresse de son cocher. Mais ses chevaux étaient tellement lancés qu'il fut impossible de les arrêter pour porter secours au confrère en diplomatie. Arrivé à Quélus, on demeura quelque temps avant de passer dans la salle d'audience. On attendait le ministre d'Angleterre.

— Ne l'attendez pas, dit le général, je ne crois pas qu'il vienne.

Voilà comme on m'a raconté l'histoire. Mais je commence par dire que je n'en affirme pas l'authenticité. Je ne puis garantir qu'une chose dont la réalité m'est connue, c'est l'antipathie du général Lannes pour les Anglais. Et si l'affaire ne s'est pas passée comme je viens de la raconter, cela devait être ainsi.

Quoi qu'il en soit, Junot n'avait aucun désir d'aller au bout de l'Europe faire de la politique et de la dissimulation, lui le plus franc et le plus communicatif des hommes. Et puis, il désirait rester à Paris. Il avait un extrême désir ou de faire son service comme premier aide de camp de l'empereur, ou de reprendre le commandement de la première division militaire, qu'on aurait séparée du gouvernement de Paris. Voilà quel était alors son vœu. Il pensait bien que Murat, qui était beau-frère de l'empereur, ne demeurerait pas dans le gouvernement de Paris, et, dans son cœur, il désirait encore être à la tête de l'administration militaire de la capitale de la France. Junot avait une vive affection, à part l'ambition satisfaite, pour cette ville qu'il avait maintenue calme et paisible dans des temps orageux. Les magistrats, comme les maires, le préfet de police, le préfet de la Seine, étaient tous des hommes estimables qu'il appréciait à une haute valeur. Il y avait ensuite une sorte de lien entre lui et la grande ville, et ce lien était formé par une mutuelle estime, ainsi que le prouvent les deux lettres que je vais transcrire. L'une est la lettre d'adieu que Junot écrivit aux autorités de Paris en partant pour Arras; l'autre est la réponse qu'il adressa aux maires et au préfet pour les remercier du souvenir qu'ils lui offrirent au nom de la ville de Paris. La première sera transcrite avec tout ce qui l'accompagnait, pour faire voir comment on était encore à Paris, cinq mois seulement avant la publication de l'empire.

1re DIVISION MILITAIRE.   LIBERTÉ, ÉGALITÉ.

Au quartier général à Paris, le 3 nivôse an XII de la République française.

J.-A. Junot, général divisionnaire, commandant la première division militaire et la ville de Paris, au Préfet du département de la Seine et aux Maires de la ville de Paris.

« Citoyens,

« Je quitte le commandement de la ville de Paris auquel j'ai été nommé le 8 thermidor de l'an VIII par le premier consul, et je vais prendre le commandement de la division d'élite de l'armée de l'Angleterre qu'il vient de me confier.

« Si depuis l'an VIII la tranquillité a été maintenue dans cette grande ville, je ne prétends pas m'en attribuer tout honneur, c'est aux Parisiens mêmes qu'il appartient. C'est à l'administration paternelle des premiers magistrats, à la bonne conduite de la garde nationale, que je dois rapporter le succès qui a couronné mes efforts et récompensé mon zèle.

« Il sera glorieux pour moi, citoyens, et tous mes vœux seront satisfaits si j'emporte les regrets des premiers magistrats et des citoyens de la plus grande ville du monde.

« J'ai l'honneur de vous saluer,

« J.-A. Junot. »

La réponse à cet adieu fut le don d'une épée sur la lame de laquelle était écrit :

Donnée au général Junot par la ville de Paris.

Junot fut touché jusqu'au fond du cœur de cette marque d'estime offerte au nom d'une ville qu'on peut à bon droit nommer la première du monde, et il répondit ce peu de mots à la lettre qui accompagnait ce don, d'autant plus honorable que l'épée n'avait du reste aucune valeur comme prix matériel.

« CITOYENS,

« Les sentiments d'estime et d'affection que vous m'exprimez de la part du préfet et du conseil municipal de la ville de Paris sont pour moi la récompense la plus flatteuse que j'en pouvais recevoir, et j'y suis extrêmement sensible.

« J'accepte avec reconnaissance l'épée que vous m'offrez au nom de la ville de Paris. Je la porterai le jour de la gloire. Elle guidera les braves de la division d'élite et me rappellera toujours l'époque où j'ai eu l'honneur de commander dans la grande ville, les devoirs que m'imposent la nouvelle preuve de confiance de ma patrie, et l'estime et l'amitié dont m'honorent les habitants et les magistrats municipaux de la ville de Paris.

« J'ai l'honneur de vous saluer,

« J.-A. JUNOT. »

Ne sachant pas se déterminer, Junot résolut d'aller prendre conseil de l'archichancelier. Il lui avait toujours témoigné de l'attachement, et Junot avait pour lui une confiance et une estime entières. Il écouta fort attentivement tout ce que Junot lui dit et finit par conclure qu'il devait partir.

— Mais, disait Junot, je ne ferai que des sottises ; comment imaginer que je pourrai me plier à tous les ménagements, à toutes les duplicités qu'exige la diplomatie ?

— Ne vous en faites pas un monstre, répondait Cambacérès, et d'autant plus que j'ai un conseil à vous donner. Demeurez tel que vous êtes. C'est la plus habile des diplomaties que la franchise. Et puis, mon cher général, *il faut obéir à Sa Majesté.*

Lorsque Junot me rapporta la conversation qu'il avait eue avec l'archichancelier, cette dernière parole me frappa plus que tout le reste. J'étais bien jeune alors et je concevais difficilement une versatilité aussi excessive dans un homme de l'âge de Cambacérès. Je me rappelai que le 21 janvier, à deux heures du matin, il s'était élancé à la tribune de la Convention pour faire prononcer l'arrêt, et demandant l'exécution dans les vingt-quatre heures. Si sa conduite n'avait pas été le résultat d'une profonde et intime conviction, elle était bien répréhensible.

— Tu es trop sévère, me dit mon frère, tu exiges d'un homme les vertus d'un dieu. L'archichancelier est dévoué au pouvoir existant, voilà son affaire. Sans doute, il serait mieux qu'il fût autrement. Mais pour être ce qu'il est, il n'est pas plus méchant que les autres hommes. Et lorsque dernièrement il fit proclamer l'empire à son de trompe comme un marchand de vulnéraires, il a été dans l'intime conviction qu'il agissait noblement parce qu'il obéissait.

J'ignorais ce que cela voulait dire, je me le fis expliquer et j'appris qu'en effet, le 8 floréal, à neuf heures du matin, le chancelier du Sénat, faisant *fonction de héraut d'armes*, partit du Luxembourg pour parcourir Paris, accompagné du plus pompeux cortège, afin de proclamer la nomination de Napoléon à la dignité d'empereur des Français. Il était suivi du général en chef gouverneur de Paris, de l'inspecteur général de la gendarmerie, du préfet de la Seine, du préfet de police, du président du Corps législatif, du président du tribunal, des maires des douze arrondissements, des généraux de division, des généraux de brigade, et de tous les officiers supérieurs se trouvant à Paris. Ce nombreux cortège parcourut les boulevards, les principales rues de Paris et les places publiques, et l'on publia à son de trompe et de timbales l'avènement de Napoléon à la couronne.

Libéralement parlant, je ne puis blâmer cette démarche. Mais je ne sais pourquoi je fus fâchée d'apprendre qu'elle avait eu lieu de cette manière.

J'ai déjà dit que je ne pouvais, à cette époque, quitter Paris sans un déchirement de cœur. J'étais jeune. Paris était alors un lieu de féerie, j'y avais tous mes amis, mon frère, ma plus petite fille que j'étais contrainte d'y laisser, parce qu'elle était trop jeune pour lui faire entreprendre une aussi longue route. Tout cela me brisait l'âme. Et puis, Mme Lannes ne me racontait pas des choses engageantes sur Lisbonne. Il paraissait que la société était nulle ou bien sous l'influence de l'Angleterre. Et l'échantillon que nous avions de la noblesse portugaise, qui heureusement valait mieux que cela, et qui était représentée par M. de Lima, ambassadeur du prince régent, n'était pas fait pour me donner une grande confiance dans l'agrément que je devais trouver au sein de la belle Lusitanie. Du reste, à quelques exceptions près, je ne m'étais pas trompée, ainsi que je le ferai voir plus tard.

Enfin le voyage fut arrêté. L'empereur décida Junot, en lui par lant avec confiance de ce qu'il exigeait de lui. Il le chargeait, non seulement de l'ambassade de Lisbonne, mais d'une mission délicate et secrète à la cour de Madrid, où cependant il avait le général Beurnonville pour ambassadeur. Mais les affaires prenaient un aspect assez sérieux pour que toute l'attention de l'empereur se dirigeât surtout vers ses alliés du Midi. Le Portugal était neutre, mais tellement cauteleux qu'il fallait une surveillance intime, et l'Espagne était si pitoyablement gouvernée qu'il était plus que nécessaire de surveiller également ses démarches. L'Angleterre s'agitait et menaçait de bouleverser de nouveau l'Europe pour sa querelle. L'Espagne lui avait déclaré la guerre, le 12 ou le 15 décembre de cette même année; mais le ministre qui régnait en Espagne serait-il de bonne foi aussi longtemps que le demandaient nos intérêts? Voilà la question qu'il fallait éclaircir. La nation espagnole était dès lors ce qu'elle a été deux ans plus tard, ce qu'elle a été depuis, grande et belle nation, mais il y a des exceptions partout.

Une grande et imposante cérémonie avait eu lieu vers la fin de décembre, c'était l'ouverture du Corps législatif. L'empereur fut dans cette circonstance ce qu'il fut si souvent dans les années glorieuses qui commençaient pour lui leur ère immortelle. Son discours fut simple et digne. Il venait demander justice au peuple français de la mauvaise foi de l'Angleterre et l'accuser de vouloir troubler la paix de l'Europe. On a bien souvent, depuis la chute de Napoléon, repris toutes ses paroles pour en tirer de mauvaises armes émoussées contre lui. Ces armes, sans le blesser, semblaient pourtant le frapper, aux yeux de gens prévenus, qui arrivaient au jugement avec l'intention de condamner. C'est ainsi que ses discours de cette époque ont été *traduits*, commentés à la guise de ceux qui ensuite disaient : *Voyez ce qu'il a fait! Voyez ce qu'il disait!*

Mais si la force des choses entreprises pour la perte de la France l'a contraint à agir comme il l'a fait, qui peut lui en adresser des reproches? C'est ce qu'il faut examiner et juger avec un esprit dégagé de ces préventions funestes qui emmaillotent l'histoire et l'empêchent de marcher dans la route qui lui appartient, d'un pas ferme et sûr. Quant à moi, je rapporterai les expressions de l'empereur telles que je les ai entendues et telles qu'il *les a dites*, c'est-à-dire que je les rapporte, convaincue que son intention était alors véritablement d'agir comme il le disait. Il voulait dès lors organiser l'Allemagne ainsi qu'il l'a fait depuis; et ses projets à cet égard, qui depuis furent tournés en dérision et en blâme par ces mêmes princes qui formaient la fédération germanique, trouvaient à cette époque dans ces mêmes hommes non seulement des approbateurs, mais des courtisans serviles, qui mendiaient une couronne, quelques centaines de sujets, quelques arpents de souveraineté, l'alliance de l'empereur à tout prix, même avec une cousine au dixième degré, et qui voulaient surtout obtenir leur indépendance et ne plus donner à l'empereur d'Autriche le nom d'empereur d'Allemagne. Quant à Napoléon, il désirait, dès cette époque, mettre à exécution le projet pour lequel armait Henri IV, lorsque le fer d'un assassin l'arrêta.

— *Je ne veux pas accroître le territoire de l'empire*, dit l'empereur au Corps législatif, mais en maintenir l'intégrité. Je n'ai pas l'ambition d'exercer en Europe une plus grande influence, mais *je ne veux pas déchoir de celle* que j'ai acquise.

Le ministre de l'intérieur parla aussi en exposant la situation de l'empire. Mais je ne trouvai pas son discours ce qu'il devait être. Il rappela trop l'affaire de Malte et parla trop longuement des efforts de l'Angleterre pour agiter le continent. Il y avait des faits à présenter à cet égard qui étaient eux-mêmes des accusations. La convention signée à Stockholm entre la Suède et l'Angleterre, par laquelle cette dernière puissance s'engageait à payer un subside à l'autre pour qu'elle agît hostilement contre la France, cette conduite des deux cours était, à elle seule, un texte plus facile à mettre en œuvre que celui de Malte déjà oublié, tandis que l'autre venait d'avoir lieu. J'en fis la remarque, et l'on me répondit que cela appartenait au ministre des relations extérieures. Mais puisque, en présentant l'exposé de la situation de l'empire, celui de l'intérieur avait parlé des mouvements de l'Angleterre, de Malte et du traité d'Amiens, cette dernière attaque pouvait y trouver sa place, et en première ligne.

Un fait de la vie de Napoléon, qu'il est important de rappeler, fut l'acte auquel sa fierté se soumit vers cette même époque. Il est possible de tout dénaturer, de tout présenter sous un faux jour, et la malignité n'a que trop de couleurs sur sa palette pour barbouiller les teintes pures et brillantes du grand homme. C'est ainsi, comme je le disais tout à l'heure, qu'en s'obstinant à réfuter les paroles de Napoléon, en disant qu'il *pensait autre chose*, en passant légèrement sur ses actions grandes et belles, en soutenant qu'il avait des projets pour la suite et qu'il ne fallait pas faire attention à ce qui précédait; c'est ainsi qu'un rideau est continuellement tiré sur une belle vie depuis quelques années. Heureusement qu'il se trouve des mains qui ne laisseront pas rouiller les anneaux à la tringle.

Au mois de janvier 1805, l'empereur écrivit au roi d'Angleterre et lui adressa directement sa lettre.

« Je ne vois aucun déshonneur à faire le premier pas, disait-il. J'ai prouvé, je crois, au monde que je ne crains aucune des chances de la guerre, mais la paix est aujourd'hui le vœu de mon cœur.

Je supplie Votre Majesté de ne pas se refuser le bonheur de la donner au monde. Qu'elle ne laisse pas cette satisfaction à ses enfants. Je voudrais qu'elle fût davantage convaincue de cette vérité qu'une nouvelle coalition ne peut qu'accroître la grandeur et la prépondérance continentale de la France. »

L'événement le prouva dans cette même année. Et voilà la lettre qui a été si étrangement rapportée dans des livres aussi injurieux qu'ils sont mensongers. Voilà comment on a pu présenter la démarche la plus noble et la plus dégagée de toute cette petite gloire, cette vanité que Napoléon ne connut jamais; c'est en disant que cette lettre fut écrite non seulement *pour abuser les Français, mais pour traiter d'égal à égal avec une tête couronnée*... C'est bien au moment le plus lumineux de la gloire de Napoléon, lorsqu'il était le souverain adoré et légalement reconnu de la plus grande nation de l'Europe, qu'il aurait eu la *gloriole* de vouloir traiter *par vanité* avec un souverain insensé et un prince comme le prince de Galles. En vérité, je suis quelquefois tentée de repousser avec humeur, loin de moi, les livres écrits avec ce fiel amer qui blesse toute raison. Il semblerait qu'il est question de convaincre un tiers arrivant des déserts de l'Afrique, ou bien se réveillant depuis une heure d'un sommeil de plusieurs siècles. Aussi de pareilles personnes trouvent-elles fort simple que ce soit le *ministre* qui réponde au *ministre* (M. de Talleyrand), et qui lui donne pour raison d'impertinentes billevesées. « Sa Majesté, dit le ministre anglais, ne pouvant répondre plus particulièrement à la communication qui lui a été faite, avant de l'avoir fait connaître aux puissances du continent... »

Pendant ce temps on ordonne en France une levée de soixante mille hommes. Ce sont les conscrits de l'an XIV disponibles au 22 septembre de cette même année 1805. Une autre loi ordonne la construction d'une ville dans la Vendée. Non seulement Napoléon a pacifié ces provinces incendiées et inondées de sang français, mais il repeuple leurs cités, il relève leurs murailles, il rend l'âme et la fertilité à leurs campagnes dévastées par les guerres civiles. Est-ce de l'orgueil encore? Je le veux bien. Un orgueil qui donne des résultats pareils vaut toutes les hypocrisies modestes derrière lesquelles se retranchent la nullité méchante et l'impuissance vindicative.

Pendant ce temps une escadre sort de Rochefort malgré la rigueur de la saison. Elle porte des armes et des munitions qu'elle va débarquer à la Martinique, ayant à son bord un brave et loyal ami de Junot, un frère d'armes de l'Égypte, le général Joseph Lagrange. Il conduit ses troupes *aux Roseaux*, chef-lieu de l'île anglaise *la Dominique*, opère une descente avec tout le succès qu'il devait obtenir, s'empare de la garnison, de l'artillerie, détruit les magasins, enlève les bâtiments mouillés dans le port, puis l'escadre appareille pour le retour. Toute cette besogne est terminée à la fin de février, et l'escadre était partie de l'île d'Aix, échappant à la croisière anglaise, le 11 janvier de cette même année, c'est-à-dire cinq semaines avant. L'escadre était composée d'un vaisseau à trois ponts, de trois frégates et quatre vaisseaux de ligne. L'amiral Missiessi la commandait. Cet exemple, celui d'Algésiras, plusieurs autres encore, prouvent que nous faisions aussi bonne contenance sur mer que sur terre. Cette même escadre portant le général Joseph Lagrange, après avoir porté des armes et des munitions à la Martinique, détruit une partie de la Dominique, ravitaille la Guadeloupe. Alors il régnait dans tous les cœurs français une volonté de seconder le maître, d'accroître sa propre gloire personnelle à lui-même, pour en former cette couronne toute lumineuse dont la France était alors si superbement couronnée. Alors tout marchait au son des trompettes victorieuses, alors tout était gloire et honneur, alors on parlait une autre langue…

Lorsque le départ de Junot fut résolu, lorsque j'appris qu'il me fallait quitter la France, je m'occupai, malgré le déchirement de cœur que j'éprouvais, des préparatifs de notre voyage. L'empereur me parla fort longuement un jour sur la conduite qu'il fallait tenir avec la noblesse portugaise et la noblesse espagnole.

— Une ambassadrice, me dit-il, est une *pièce* plus importante qu'on ne croit dans une ambassade. Cela est partout, et chez nous plus qu'ailleurs, en raison du préjugé qui existe contre la France. C'est à vous à donner aux Portugaises une idée juste des façons de la cour impériale. Ne soyez pas haute, ne soyez pas vaine, et encore moins susceptible, mais apportez dans vos relations avec les femmes de la noblesse portugaise une grande réserve et une grande dignité. Vous trouverez à Lisbonne plusieurs femmes émigrées de la cour de Louis XVI, vous en trouverez aussi à Madrid; faites une attention scrupuleuse à vos démarches vis-à-vis d'elles. C'est dans cette circonstance qu'il faut vous rappeler les leçons de Mme Permont *dans ce qu'elles avaient de bon*. Prenez surtout garde de vous moquer des usages du pays lorsque vous ne les comprendrez pas, ni de l'intérieur de la cour. On dit que l'on peut s'en moquer et en médire. Si vous ne pouvez vous empêcher de faire l'un ou l'autre, *médisez*, mais ne vous moquez pas. Rappelez-vous que *les souverains ne pardonnent jamais une raillerie*. Soyez très bien pour l'Espagne. Vous serez présentée à la cour. Soyez circonspecte en étant confiante. Vous devez me comprendre…

Et comme je le regardais comme pour l'interroger, il dit avec une sorte d'humeur :

— J'entends par *circonspecte*, point *bavarde*, point *caillette*. La reine d'Espagne vous fera des questions sur l'impératrice, sur la princesse Louis, sur la princesse Caroline, sur la princesse Joseph. C'est à vous à savoir mesurer vos paroles. L'intérieur de ma famille peut être exposé à tous les regards. Cependant il ne me serait pas agréable que mes sœurs fussent peintes par un mauvais peintre.

Je n'ai jamais oublié cette expression.

— Votre Majesté, dis-je alors, doit penser que je ne puis être accusée même de l'intention de mal faire.

— Je le sais, je le sais! Mais vous êtes moqueuse, vous aimez à raconter. C'est une chose que vous devez éviter. La reine d'Espagne vous fera d'autant plus de questions que l'ambassadrice de France à Madrid ne connaît pas du tout la cour impériale et fort peu la France, ayant passé toute sa jeunesse dans l'émigration. La reine vous fera donc beaucoup de demandes sur l'impératrice et sur la cour. Tant qu'elles n'auront pour objet que la façon dont on porte une robe, cela va bien. Mais aussitôt que l'entretien prendra une tournure plus sérieuse, ce qui arrivera, parce que Marie-Louise est une personne fine et madrée, alors prenez garde à vous. Quant à moi, vous savez que mon nom ne doit être prononcé que comme il est dans le *Moniteur*.

— Il y a, me dit-il une autre fois, une personne à Madrid qui, dit-on, me déteste. C'est la princesse des Asturies. Faites attention à ce que vous direz devant elle. Elle parle français comme vous. Mais vous parlez italien, n'est-ce pas? C'est très bon cela!

Et il se promenait en souriant.

— C'est très bien! Ils parlent peu français à Madrid et à Lisbonne, mais presque tous parlent italien. Voyons, comment vous en tirez-vous?

Je lui récitai ce beau sonnet de Pétrarque :

> Levommi il mio pensiere in parte ov'era
> Quella ch'io cerco, e più non trovo in terra
> Ivi fra lor ch'al terzio cerchio serra
> La rividi più bella e men altera,

. . . .

L'empereur parut frappé de mon accent.

— Qui vous a donc appris à prononcer ainsi? me demanda-t-il. Je vous avais entendue parler souvent italien, mais jamais réciter de la poésie. Vous la déclamez à la française sans la chanter à l'italienne, et vous avez raison. Savez-vous des vers du Tasse par cœur?

Je lui en dis quelques-uns, puis encore de Pétrarque, puis quelque chose du Dante.

— Oh! c'est à merveille, dit-il en se frottant les mains. Vous apprendrez facilement le portugais en parlant ainsi italien; et puis vous leur plairez. Mais rappelez-vous ce que je vous ai dit pour le *cailletage*. Comment êtes-vous avec la princesse Caroline ?

— Mais très bien à ce que je présume, Sire.

— Et avec la princesse Pauline ?

Voilà quel était le nom qu'il voulait dire depuis qu'il me recommandait de n'être pas caillette. J'ai souvent remarqué que l'empereur, malgré son caractère absolu et directement prononcé dans les grandes choses, avait souvent d'immenses détours pour arriver à un but tout rapproché du point de départ, et cela pour des niaiseries, comme, par exemple, le fait que je viens de citer. A cette époque, l'Angleterre écrivait d'affreux libelles sur les personnages de la famille impériale. La princesse Pauline et Mme Bonaparte la mère y étaient surtout présentées sous les couleurs les plus odieuses et en même temps les plus fausses relativement à Mme Lætitia, dont le caractère n'avait rien que d'honorable. Mais enfin l'empereur connaissait tous les pamphlets, et ceux-là l'affectaient bien plus que ceux qui étaient répandus quelques années avant par ordre secret de la Prusse et par les intrigues non avouées et peut-être même inconnues du cabinet de l'empereur de Russie (1802). Napoléon était vulnérable dans cette partie de son âme, exposée au souffle médisant du monde, à un point incroyable pour quelqu'un qui ne le connaît pas bien. Aussi, tout en me parlant, il me suivait des yeux, dans mon regard, dans mon sourire, dans mon repos, pour savoir dans ma physionomie elle-même si je ferais ce qu'il voulait que je fisse.

— Recevez beaucoup, me disait-il aussi. Que votre maison soit agréable à Lisbonne comme elle l'était à Paris lorsque vous étiez *madame la commandante*. Mais qu'on s'y amuse avec dignité et convenance. Ce que vous avez vu ici doit vous guider, soit comme exemple, soit comme préservatif. Mme de Gallo, Mme de Lucchesini, Mme de Cetto, cette duchesse anglaise, vous avez là-dedans de quoi prendre et beaucoup à éviter. Vivez en bonne harmonie avec vos camarades diplomatiques, mais ne formez de liaisons avec aucune. Il s'ensuit de petites picoteries de femmes dont ensuite les maris se mêlent. Et quelquefois deux puissances seront au moment de se détruire parce que deux péronnelles se seront chamaillées, ou bien que l'une aura eu un chapeau plus élégant que celui de l'autre.

Je me mis à rire.

— Ne croyez pas que je plaisante et soyez fort circonspecte dans ce genre de relations. Il paraît que cette lady Fitz-Gérald est un tambour-major en jupons et une espèce de *harengère*. Laissez-la donc dans la position qu'elle-même a choisie. Elle y est ridicule, c'est assez pour me venger d'elle.

Ce fut en plusieurs fois que j'eus ces différentes conversations avec l'empereur. Il paraît qu'il mettait une grande importance à faire paraître dans un jour favorable une des femmes de la nouvelle cour, chez un peuple où l'Angleterre avait du crédit et par cela même beaucoup de relations.

MORT DE PITT. — LA COUR DE L'EMPEREUR

Je quittai Madrid avec regret. J'y avais été reçue avec une si parfaite cordialialité que je ne pouvais, sans être ingrate, n'en pas conserver de la reconnaissance. Mais la France m'appelait et, si jamais, depuis que j'écris ces Mémoires, j'ai fait comprendre tout ce que je ressens de profondément dévoué pour ma patrie, on doit alors concevoir combien elle devait m'attirer dans ce moment de gloire lumineuse et presque magique dont elle était resplendissante.

L'homme qui lui avait donné cette auréole immortelle en recevait la récompense. Nous n'étions pas alors ce que depuis nous sommes devenus, ingrats et injustes. Nous avions apprécié la valeur des lauriers dont il avait formé notre couronne, et la France entière le proclamait le plus grand parmi les grands, le plus aimé parmi les plus aimés. Ce sentiment me frappa, surtout en traversant Bayonne et Bordeaux. Cette partie de la France avait toujours été contre lui depuis la rupture du traité d'Amiens et depuis l'expédition de Saint-Domingue. Le commerce de Bordeaux, violemment attaqué par ces deux événements, ne pouvait, il faut le dire avec justice, reconnaître du malheur par de l'amour. Les peuples veulent aussi que l'on songe à eux et, dans cette lutte avec l'Angleterre, ils furent toujours oubliés. Cependant lorsque je repassai par Bordeaux, un an plus tard, je fus confondue de la différence que douze mois avaient apportée dans cette ville, la seconde de l'empire, et par sa nombreuse population, et par son importance commerciale. Sans doute l'esprit public n'en était pas totalement changé, mais avec un peu de soin il était évident que l'empereur pouvait le conquérir entièrement. L'un des magistrats chargés de l'administration de la ville lui faisait alors bien du mal. Je ne puis le nommer, parce que mon sentiment, bien qu'il soit fortifié de l'opinion générale, ne doit pas se présenter à l'avenir comme accusateur d'un homme qui ne fut pas coupable, mais seulement maladroit et encore imbu des maximes d'une époque que, pour notre propre gloire intérieure, nous aurions dû, dès cette époque, mettre dans un profond oubli.

Avant de quitter l'Espagne, j'avais appris une nouvelle qui était d'une immense importance dans le jeu politique de l'Europe.

C'était la mort de M. Pitt. Je connaissais la manière de penser de l'empereur à l'égard de M. Pitt, et je me doutai que cette nouvelle avait dû faire sur lui une profonde impression. Je dirai plus, il dut en être *content*; et prétendre qu'il eut de la joie de la mort de M. Pitt n'est pas avancer une chose hasardée.

On sait dans le monde que Napoléon ne l'aimait pas. On sait qu'il était son ennemi, parce qu'on connaît l'aversion de l'empereur contre l'Angleterre. Mais ce qui est moins connu, c'est que M. Pitt et le général Bonaparte étaient *ennemis personnels*. La chose, toute extraordinaire qu'elle puisse paraître, n'en est pas moins vraie. Comment est-elle venue? Voilà ce qui est difficile à pouvoir éclaircir. Ce que je sais, c'est que déjà, à l'époque de l'armée d'Italie et de l'armée d'Égypte, le général Bonaparte ne pardonnait pas à l'Angleterre, et il avait raison, la violation du repos des familles, en faisant imprimer des correspondances entières ou particulières. Des divorces, des suicides, des duels, des familles séparées à jamais, des enfants frappés de bâtardise, tout ce qu'une torche de furie peut secouer d'infernal et allumer d'incendie fut le résultat de cette conduite du ministre britannique. Les affaires de Saint-Jean d'Acre survinrent ensuite, puis le traité d'Yel-Harrich. M. Pitt fut accusé avec raison de tout, encore plus que le duc de Portland et de tous ceux qui tinrent le gouvernail de l'Angleterre pendant la folie du roi. M. Pitt était influent à cette époque et l'était à juste titre. Son influence, au lieu de se diriger vers un but conciliateur, ne servit qu'à brouiller les cartes. Le général Bonaparte fit quelques tentatives pour gagner M. Pitt à la France, lorsqu'il arriva au consulat. Les propositions furent mal faites, quoique assez habilement pour ne pas compromettre. Mais le premier consul eut tout le désagrément d'un échec. Il le sentit, et peut-être trop fortement pour un homme comme lui. Mais j'ai déjà dit combien il était sensible à des faits puérils. Il prit dès lors M. Pitt dans une de ces antipathies positives qui ne peuvent être vaincues. Il fit rechercher sa vie dans tous ses détails; et les journaux français, les journaux anglais de l'opposition retentirent bientôt de diatribes du plus mauvais goût. Qu'en advint-il? Que M. Pitt, qui n'était pas de la race des anges, fit à son tour une descente non pas sur les côtes, mais dans la famille du premier consul et que les objets les plus sacrés et les plus chers de son attachement furent, à partir de ce jour, livrés à tout ce qu'une plume méchante, et souvent spirituelle, peut relater, et présenter au public, entouré d'un cadre, quelquefois de faits inventés, mais aussi quelquefois de vérités, et que l'Europe entière se mit à lire, avec tout l'intérêt du scandale, des biographies sur la mère et les sœurs du premier consul.

La première qui tomba dans les mains de Napoléon le mit dans un état si violent qu'à la seconde on n'osa pas lui traduire toute la vérité. Mais il fallut pourtant bien arriver à dire les choses comme elles étaient, et la colère de Jupiter recommença. Dans ce temps-là, c'était bien un peu comme dans Homère ; et lorsqu'il fronçait le sourcil, notre Jupiter, le monde s'en ressentait. Mais au lieu de s'en prendre à M. Pitt, avec du canon, Napoléon continua cette guerre d'injures avec une telle âcreté que bientôt les personnalités outrageantes renvoyées par le parti ennemi furent de telle nature que rien ne peut donner une idée juste de la fureur de Napoléon, lorsqu'il lisait un pamphlet, une de ces mille et une productions que les folliculaires de Londres, pour faire d'ailleurs leur cour au ministre, tout en gagnant de l'argent, faisaient pleuvoir par milliers sur les côtes de France.

On sait que, à l'époque du traité d'Amiens, M. Pitt ne voulut pas demeurer au ministère pour ne point signer, disait-il, la *honte* de l'Angleterre et se trouver en rapport avec un homme qu'il considérait comme *l'ennemi du genre humain.* La haine qu'il y avait entre ces deux hommes est peut-être l'une des plus fortes qui aient jamais existé. On sait qu'ils ne s'aimaient pas, et voilà tout. Mais à ce point où cette haine est parvenue, à moins d'en avoir été témoin, on ne peut la comprendre.

L'empereur, qui savait dès lors ce qu'il voulait, et qui bâtissait déjà les fondations de son vaste édifice, ne voyait qu'un obstacle réel et terrible, et c'était M. Pitt. Cet homme aurait entravé toutes ses opérations. Cet homme eût été devant lui comme un spectre. Pendant vingt-trois ans que M. Pitt a été aux affaires, quelle influence n'a-t-il pas eue sur celles de la France ! C'était en vain que Napoléon disait souvent, en parlant de lui :

— Guillaume Pitt est grand ministre jusqu'à Douvres, à Calais je n'ai plus peur de lui.

Cela n'était pas vrai. Guillaume Pitt était un habile homme et l'était partout. Et Napoléon en avait, non pas peur, parce qu'il n'avait peur de personne et de rien, mais il le haïssait et le redoutait, comme on craint un homme de talent qui est votre ennemi. Et cependant M. Pitt n'était pas un grand homme.

Élevé à l'école de son père, lord Chatam, M. Pitt était entré aux affaires, dès l'âge de vingt-quatre ans, nourri de maximes peut-être un peu puériles, comme sacrifiant trop aux discussions et aux débats parlementaires. Il était éloquent, et le savait. Il voulait briller à la tribune et sacrifiait souvent à ce désir l'avantage de la raison silencieuse. Lui, si froid, si réservé d'ailleurs, devenait alors, comme nous, bavard et argumentateur. Sa haine contre la France était déraisonnable et celle qu'il avait vouée à Napoléon l'était tout autant. Son inflexible opposition à tous nos gouvernements, quels qu'ils fussent, montra de la passion, mais non pas du génie. Sans doute, il a servi sa patrie, mais le salut de l'Angleterre est peut-être plutôt le résultat des fautes de l'empereur que de la persévérance de son système politique.

M. Pitt est qualifié de grand homme chez les Anglais. C'est encore là une de ces réputations sur lesquelles il faudrait bien que la justice et la raison portassent le marteau pour la démolir. On ne peut ainsi donner le titre de grand homme. Il faut fouiller bien avant dans la vie d'un ministre surtout qui a tenu dans ses mains pendant vingt-trois ans la destinée d'un empire. Eh bien que voit-on dans M. Pitt?

Une haine constante contre notre révolution. C'est en suivant les impulsions de cette haine, bien plus que par les moyens judicieux qu'il a employés, qu'il nous a fait du mal. La route qu'il avait ouverte, et dans laquelle il a constamment marché, et qui était longue et dangereuse, fut celle qu'il voulut toujours suivre; et pourtant elle a mené l'Angleterre bien près de sa ruine. Que l'on prenne les journaux anglais eux-mêmes; c'est eux que je consulte en ce moment. C'est dans les journaux du ministère britannique, dans le *Times* surtout, ce journal la terreur de la tribune ministérielle, que je trouve la liste de tous les échecs de M. Pitt, toutes les fois qu'il a voulu tenter des combinaisons politiques de la guerre continentale. C'est en cela peut-être que Napoléon trouvait base pour appuyer ses sarcasmes.

— Le financier fiscal, le tacticien du sac de laine n'est pas fort pour les plans d'attaque, disait-il en riant.

Et la chose était vraie. Lorsque M. Pitt mourut, il laissa l'Angleterre dans un état de souffrance anxieuse, qui n'était que trop motivé, et l'Europe dans une incertitude que l'empereur rendait encore plus redoutable. Et ce qu'on peut affirmer, je crois, sans crainte d'être démenti, même par ses compatriotes, c'est que ce n'est pas la continuité de ses maximes administratives et politiques qui ont amené la perte de la France — car le coup qu'elle reçut alors fut un coup mortel — et le salut de l'Angleterre, du moins son salut momentané, ce sont les fautes de son adversaire, dont surent profiter des hommes médiocres, tels que lord Castlereagh et Sidmouth. Ils eurent au moins le talent de savoir bien jouer les cartes que le hasard leur avait données belles.

La mort de M. Pitt fit une très forte sensation en Espagne. L'Angleterre était avec ce malheureux royaume dans un état d'hostilité trop violent et trop terrible dans ses résultats, pour que l'animosité n'eût par une raison véritablement fondée à s'adresser au premier ministre du gouvernement britannique. M. Pitt, pendant qu'il était aux affaires, avait exprimé son opinion sur l'alliance de l'Espagne avec la république française, en plein parlement, avec si peu de mesure même qu'en Angleterre il en fut blâmé. Sa mort fut donc une sorte d'*holocauste* offert aux mânes des marins engloutis à Trafalgar. A Vittoria, la maison dans laquelle je logeais, et qui était celle de la personne la plus considérable de la ville, avait été complètement illuminée pour célébrer cet événement « si *heureux pour* l'Espagne », me disait mon hôte.

— Mais comment a-t-on permis que vous fissiez cette démonstration? lui demandai-je, car enfin vous célébriez la mort d'un homme, d'un chrétien?

— Lui ! un chrétien !

Et la figure de l'Espagnol exprimait une foule de sentiments étranges.

— Lui, un homme ! Mais je n'en ai pas demandé permission, d'ailleurs, j'ai donné un bal… Mais, madame, comment pouvez-vous dire que M. Pitt était chrétien ? Il était protestant ! il était hérétique !

A Bordeaux et à Bayonne, cette mort de M. Pitt avait également produit une sensation des plus vives. Bordeaux espérait enfin qu'un nouvel ordre de choses allait éclore, et que l'empereur serait moins difficile dans ses exigences avec un autre ministère; car l'esprit de M. Pitt se promenait toujours de Windsor à Whitehal et à Westminster, même pendant le ministère de M. Fox.

Je logeai à l'hôtel Fumelle, à Bordeaux, ainsi que je le faisais toujours. J'y retrouvai une personne que ma mère avait connue autrefois, et qui venait de sa terre, le château de Pierrefonds, pour embrasser son fils, qui s'était échappé miraculeusement des prisons d'Angleterre. Ce jeune homme était enseigne tout simplement et avait été pris à Trafalgar. Puis vinrent des ordres, des ordres rigoureux, et le pauvre prisonnier fut étroitement resserré. Alors, comme il n'avait pas donné de parole, il s'échappa en se déguisant trois fois différemment.

Il était jeune, assez laid, mais ayant à peine de la barbe, et offrant l'aspect d'une fille, grande, forte, d'*un beau brin de fille* enfin. En résumé, il était en France, embrassant sa mère, frappant d'un pied joyeux le sol de sa patrie, et jurant à l'Angleterre une haine éternelle. Cependant il en parlait de manière à la faire estimer et redouter.

— Le nombre des vaisseaux *commissionnés*, disait-il (c'était en 1806), s'élevait à *sept cent quarante*, dont cent trente de ligne, vingt de cinquante à soixante canons, et cent quarante et quelques frégates. Et tout cela *gréé*, tout cela prêt à marcher, tout cela garni d'équipages instruits et parfaitement habiles.

Lorsque, en racontant à l'empereur qui me fit des questions réitérées pendant bien des jours sur mon voyage et sur les plus pelites particularités, je lui parlai du jeune *Pierrefonds*, de tout ce que je lui avais entendu dire de son voyage à lui-même et des remarques qu'il avait faites, l'empereur me fit donner son adresse et son nom. Et deux mois après j'appris, par une lettre de sa mère, que son fils avait été nommé à un grade supérieur.

« C'est probablement pour le dédommager du tort que lui a fait sa captivité, m'écrivait-elle; car je ne conçois pas comment lui est venu ce bonheur. C'est bien le cas de dire que souvent il vient en dormant[1]. »

Je rentrai dans Paris le mardi gras. J'en étais sortie également un mardi gras... Mon Dieu! que j'étais heureuse d'y revenir! Certes, je n'étais pas ingrate envers Dieu, qui me permettait de revoir ma patrie. Ma patrie! Comme alors ce mot était gracieux à dire! La France! Je suis Française! Lorsqu'on disait : « Je suis Français! » alors la tête se relevait d'elle-même avec fierté, on éprouvait au cœur une sensation tellement puissante que souvent, *moi qui l'ai ressentie dans toute sa chaleureuse inspiration*, je sentais mes yeux se mouiller lorsque je voyais mon pays honoré, vénéré dans la personne d'une faible femme, et cela, parce qu'elle était Française, parce qu'elle portait le nom de l'un des braves enfants de la France.

Le lendemain de mon arrivée, j'écrivis à Mme la baronne de Fontanges, dame d'honneur de Madame, en lui demandant quel jour je pouvais me présenter à Son Altesse Impériale, non seulement pour lui rendre mes devoirs, mais pour prendre possession de ma place de dame pour accompagner... La réponse me parvint le soir même. Mme de Fontanges me prévenait que Son Altesse Impériale me recevrait après la messe, le dimanche suivant... Nous étions au jeudi.

Le vendredi matin, j'eus la visite d'une personne assez subalterne, qui vint rôder autour de ma cheminée, en me demandant si j'avais le projet d'attendre que j'eusse vu Madame pour aller aux Tuileries... La demande n'était naturelle d'aucune façon... J'y répondis, tout franchement, que j'avais l'intention et la volonté de me rendre aux Tuileries; mais que, tenant encore peut-être aux *usages de cour* auxquels j'avais été assujettie pendant longtemps, je croyais plus convenable d'attendre que j'eusse vu *ma princesse*, et que j'eusse reçu mon *intronisation*... Après le départ de cette personne, je réfléchis, et je vis clairement qu'elle n'était pas venue de son propre mouvement... Je ne voulus pas *blesser*, car je connaissais les termes où l'on en était de *belle-mère* à *belle-fille*, et j'étais bien déterminée à n'être pour rien dans les

---

[1]. J'ai rapporté ce fait, parce qu'il montre combien l'empereur faisait attention aux moindres paroles (*note de l'auteur*).

nuages que l'étiquette devait faire flotter incessamment sur l'horizon impérial dans une famille aussi nombreuse dont aucun des membres, excepté l'impératrice, n'avait de tradition à cet égard, même de souvenir. J'écrivis à Mme de La Rochefoucauld pour lui demander quel jour je pourrais présenter mes devoirs à Sa Majesté. Mme de La Rochefoucauld me répondit à l'instant même que, ayant pris les ordres de l'impératrice, elle était chargée par elle de m'inviter à déjeuner pour le lendemain matin et de me dire de ne pas manquer de lui conduire sa filleule, ma petite Joséphine. Mon orgueil maternel fut heureux de cette bonté, car Joséphine était une ravissante enfant, avec ses joues de rose, contre lesquelles venaient tomber de grosses boucles de cheveux ressemblant à des torsades de soie de Piémont, et puis toute la finesse, la grâce de ses charmantes manières. Je soignai sa toilette plus que la mienne et je me rendis le lendemain matin, à dix heures et demie, aux Tuileries avec ma fille.

En parlant de la cour impériale, c'est une chose intéressante à faire connaître que les déjeuners de l'impératrice Joséphine. C'était une manière d'être toute particulière qui n'existe dans aucune cour; et, pour le dire avec vérité, l'impératrice donnait à ces heures du matin un charme tout à fait spécial. On était ordinairement quatre ou cinq personnes. L'impératrice n'invitait presque jamais que des femmes, et presque toujours les invitations étaient verbales. Il y avait bien certainement une intention autre que celle de faire faire une chose gracieuse à l'impératrice, dans l'indulgence de l'empereur et sa facilité à permettre ces réunions qui avaient lieu dans le plus extrême intérieur des Tuileries, et, pour ainsi dire, sous la présidence de la souveraine. Lorsque l'empire fut établi, Napoléon fut assez sévère pour l'exigence d'une étiquette même rigoureuse, et, en cela, il était parfaitement conséquent, comme en tout. Cela était non seulement nécessaire pour la monarchie qu'il rétablissait, mais bien encore pour tous les gouvernements possibles *chez nous*. Un frein, quel qu'il soit, est indispensable aux Français aussitôt qu'ils se trouvent face à face avec la puissance. La Terreur avait pour étiquette le tribunal révolutionnaire, et le bourreau pour maître des cérémonies. Il n'était pas à craindre aussi qu'on se raillât d'elle. Au commencement de l'empire donc, il fallut être non seulement sévère, mais exigeant, pour que la machine marchât dans une route convenable. L'empereur aurait donc défendu les déjeuners de l'impératrice s'ils n'eussent été, même pour lui, quoique absent, un moyen souvent employé pour arriver par des routes inaperçues à un but que lui seul connaissait. J'ai vu à cet égard des choses surprenantes, dont j'étais moi-même l'instrument sans le savoir. Que de fois la même situation s'est trouvée celle de beaucoup de ces dames sans qu'elles s'en soient jamais doutées! L'empereur, qui alors voulait déjà mettre en activité son malheureux *système de fusion*, permettait les déjeuners de l'impératrice et s'en servait d'une manière très utile à son plan. On y invitait beaucoup de femmes qui, dans l'origine de l'empire, n'étaient pas admises aux grands cercles de la cour, ni même au spectacle. Là, j'ai vu une foule de noms qui, du reste, plus tard, ont figuré, ainsi que nous le verrons, dans l'*Almanach impérial*, et cela de leur plein gré, et par suite de plusieurs lettres écrites au grand chambellan même, mais qui alors enfin ne paraissaient vouloir se rattacher qu'à Mme de Beauharnais comme à l'une des leurs. Ah! que j'ai vu de singuliers sujets de proverbes, dont M. Théodore Leclerc ferait de bien jolies pièces avec son aimable talent! Oui, j'en ai vu beaucoup.

J'ai conservé un souvenir particulier de ce déjeuner, où l'impératrice me fit inviter à mon retour, par une circonstance qui eût également frappé toute autre personne. Lorsque j'arrivai dans le grand salon jaune, qui était après celui de François I[er][1], j'y trouvai une jeune personne dont la grâce, la fraîcheur, la physionomie toute charmante, me frappèrent de surprise. Elle vint à moi en souriant, quoiqu'elle ne me connût pas, et, se baissant pour se mettre au niveau de Joséphine :

— Oh! la ravissante créature, s'écria-t-elle. Voulez-vous venir avec moi, mon ange?

Et la prenant dans ses bras, elle l'emporta aussitôt en courant à l'extrémité du salon. Joséphine, qui n'était pas du tout une farouche personne, goûtait fort cette façon d'être accueillie; elle y répondit de son mieux, et quelques minutes n'étaient pas écoulées que la connaissance était complète. Je n'avais pas eu le temps de demander à Mme d'Arberg quelle était cette jolie et gracieuse personne, lorsque l'impératrice sortit de son appartement intérieur. Son accueil fut aussi bon, aussi complètement aimable qu'elle le pouvait faire, et nous savons tous que, lorsqu'elle le voulait, elle y excellait. Elle m'embrassa, me dit avec le ton de la plus extrême bienveillance combien elle était contente de me revoir.

— Et ma filleule, ajouta-t-elle, ne me l'avez-vous pas amenée?

Joséphine, accoutumée aux bontés de sa marraine, accourut aussitôt qu'elle l'aperçut. Pour la chère petite, il n'existait aucun frein d'étiquette ni de convenance.

— Ah! ah! dit l'impératrice, voilà déjà Stéphanie faisant la partie de Joséphine. Vous ne connaissiez pas ma nièce, me dit-elle

---

1. Bien que l'on changeât les tableaux qui ornaient ces salons, cependant celui de François Ier demeurait plus qu'aucun autre dans cette pièce, et nous lui avions donné ce nom. C'était le salon immédiatement avant le salon jaune (*note de l'auteur*).

tout bas; regardez-la, et dites-moi si elle n'est pas charmante?

Je pouvais répondre, sans crainte d'être reprise comme *flatteuse de cour*, que l'impératrice avait grandement raison, car j'ai rencontré peu de femmes qui m'ait paru aussi agréables que Mlle Stéphanie de Beauharnais l'était à cette époque. Tout ce qui peut plaire, comme bonne grâce, comme bonnes manières, charmant visage, tournure élégante, elle réunissait tous les avantages qu'une femme peut souhaiter au milieu du monde, et, dans une fête, elle était sûre d'y plaire généralement, car elle était bien jolie et bien avenante, ce qui la faisait admirer des hommes. Et cependant les femmes le lui pardonnaient, parce qu'elle était bonne et prévenante pour toutes. Elle était fille de M. de Beauharnais le sénateur, cousin du mari de l'impératrice, et fiancée du prince héréditaire de Baden. Son futur, que je vis quelques jours après, ne me parut pas être digne d'elle sous le rapport de l'extérieur de sa personne.

J'ai conservé de cette matinée un souvenir qui jamais ne m'a quitté.

L'impératrice me parla longuement de mon voyage en Portugal, et me fit une foule de questions sur la reine d'Espagne et la princesse du Brésil. Je pensais, en y répondant, à la curiosité des autres princesses en me parlant de l'impératrice et je ne pouvais m'empêcher de jeter un coup d'œil un peu gai sur moi-même, en me voyant l'interprète, si je l'avais voulu, de trois têtes couronnées, et trois têtes féminines encore. Je répétai seulement à l'impératrice ce que la reine d'Espagne m'avait dit d'agréable sur elle et je fus impénétrable sur le reste de la conversation, qui, au fait, avait été curieuse sans bienveillance. Oh! je devenais tout à fait diplomate. L'impératrice me parla de Madame:

— Je suis bien fâchée que l'empereur ne vous ait pas mise auprès de moi, au lieu de vous placer auprès de ma belle-mère, me dit-elle. Cette maison vous sera désagréable, bien sûrement. Tout le monde y est vieux, comme si l'on avait pris une portion de la cour de Louis XV. Vous si jeune et si gaie, comment allez-vous vous arranger dans cette manière de tombeau?

Malgré toute la bonté de l'impératrice, et quelque agréables que fussent ses paroles, je savais très bien qu'il lui était fort égal que je fusse ou non dans la maison de Madame. Je reçus donc les marques de sa bienveillance comme je le devais, mais sans y attacher aucune importance d'ailleurs. J'évitai même de répondre à ce qu'elle me dit relativement à Madame, dont la manière de vivre n'était que trop souvent le sujet des plaisanteries de la cour. Et, pour le dire avec vérité, je n'en ai jamais vu le moindre sujet. Je ne cherche pas ici à établir une défense de Madame mère, mais je dis seulement que tout ce qu'on a dit d'elle n'était pas vrai en ce qui la touchait personnellement. Je répondis à l'impératrice que Madame avait été bien bonne pour moi depuis mon enfance, et que j'étais certaine que dans ma jeunesse elle aurait toute l'indulgence dont j'avais sans doute besoin; qu'au reste je tâcherais de ne mériter aucun reproche. Et ce que je disais à l'impératrice, je le pensais, car Madame était considérée par moi comme une seconde mère. Jamais je ne pouvais oublier qu'à une époque où la mienne était mourante, elle et la reine d'Espagne, alors Mme Joseph Bonaparte, vinrent me chercher, croyant que j'étais orpheline. Ce souvenir m'est encore présent et me fait rendre un tribut de reconnaissance à celles qui furent toujours bonnes pour moi.

Nous avions un costume de cour, composé, comme on le sait, d'une jupe courte et d'une longue traîne. Je ne sais pourquoi ce costume n'était pas adopté pour les présentations chez les princesses de la famille impériale. Comme j'avais déjà été présentée à l'empereur et à l'impératrice, et que ma présentation à Madame était une chose d'étiquette appartenant à sa maison, je ne mis donc ni *traîne* ni *cheruske* et, me bornant à la robe à queue, j'en mis une de satin blanc, avec une belle parure de perles, et je me rendis le dimanche 25 février à l'hôtel de Madame mère, situé rue Saint-Dominique, et qui est aujourd'hui l'hôtel du ministère de la guerre.

Madame mère n'avait pas été élevée à la dignité de princesse dans la famille impériale, en même temps que ses filles et ses belles-filles, ainsi que je l'ai observé précédemment, par la raison de son attachement fidèle à son fils malheureux et proscrit. Heureusement pour lui que l'empereur revint à des sentiments plus dignes de sa grandeur, et que Madame fut rappelée de Rome et placée dans le rang qui lui appartenait comme mère de l'empereur. A l'époque où je revins de Portugal, elle était déjà depuis longtemps en possession de son titre et de sa fortune, et, pour parler avec une entière justice, elle soutenait l'un en digne et noble matrone, et faisait honorablement l'emploi de ce que lui donnait l'empereur. Elle n'avait alors que cinq cent mille francs, et sa cour d'honneur lui en coûtait près du cinquième.

Lorsque j'arrivai, je lui fus présentée par Mme de Fontanges qui me nomma à elle. Elle prit aussitôt la parole et, quittant la cheminée auprès de laquelle elle était, elle vint à moi.

— Ah! vous n'avez pas besoin de me nommer Mme Junot, lui dit-elle. C'est une enfant à moi. Je l'aime comme ma fille et j'espère qu'on lui rendra sa place auprès d'une vieille femme le plus agréable possible, car c'est bien sérieux pour vous, n'est-il pas vrai, madame Junot?

Je répondis à Madame comme je le devais, et ce fut en lui affirmant que j'étais enchantée, puisqu'on m'avait désignée pour faire partie de l'une des maisons des princesses, que ce fût la sienne que l'empereur eût choisie. Et lorsque Madame me demanda si je prendrais un *long congé* pour me reposer de ma route, je lui dis que le congé avait été assez long, puisque j'avais l'honneur de lui appartenir depuis le mois de mai de l'année précédente et que je n'avais pas encore fait de service auprès d'elle. J'étais donc à ses ordres et je prendrais mon service aussitôt qu'elle l'ordonnerait.

— Eh bien ! me dit-elle, que ce soit le plus tôt possible.

Il fut convenu que ce serait pour le dimanche suivant et je pris congé, Madame devant aller dîner avec l'empereur, ce qui avait lieu tous les dimanches régulièrement, à moins d'un empêchement fort important.

Le lendemain matin, à peine était-il dix heures, que l'on m'annonça M. Rollier, intendant de la maison de Madame. Je le connaissais, parce qu'il avait épousé une Corse et que j'avais entendu souvent prononcer son nom à ma mère. Il avait la réputation de l'homme le plus probe et le plus intègre, et méritait cette réputation : c'était un *honnête homme*. Je ne concevais pas beaucoup quel rapport nous pouvions avoir ensemble, car à cette époque j'étais un peu insouciante de ce qu'on appelle le matériel de la vie. Je devais apprendre plus tard que c'est cependant ce qui fait tout agir en ce monde. En recevant mon brevet, je ne m'étais nullement inquiétée si des appointements étaient attachés à ma place auprès de Madame. C'était cependant de cela que venait m'entretenir M. Rollier. Il m'apportait une année entière de mes appointements, car ils avaient commencé à courir du jour où j'avais été nommée, et Madame lui avait donné l'ordre de me les apporter. Je voulus me défendre de recevoir cet argent, puisque j'avais été absente, mais M. Rollier me dit que Madame serait fâchée que je le refusasse. Et, quoique cela fît une assez forte somme, je le pris.

Le Gérant Henri Gautier

NOUVELLE BIBLIOTHÈQUE POPULAIRE A DIX CENTIMES

Envoi franco de : un volume pour 15 cent.
Deux vol. pour 25 cent. — Vingt-cinq vol. pour 3 fr.
Écrire à M. Henri Gautier, éditeur, 55, quai des Grands-Augustins, à Paris.

Volumes en vente (suite) (¹)

LITTÉRATURE FRANÇAISE (suite)

ÉLOQUENCE, RELIGION, PHILOSOPHIE, MORALE (suite)

- 213. *Lamartine.* A la Constituante.
- 220. *Mgr Lavigerie.* L'Esclavage africain.
- 239. *Mgr Freppel.* L'Amiral Courbet. — Le Général de Sonis, etc.
- 247. *Mirabeau.* Monarchie et Révolution.
- 252. *Fléchier.* Turenne.
- 266. *R. P. Didon.* Jésus-Christ (extraits).
- 272. *Mgr Perraud.* La France et les faux dieux.
- 276. *Portalis (E.-M.).* Le Concordat.
- 289. *Saint François de Sales.* La Vie dévote. — Les Jugements téméraires.
- 291. *R. P. Félix.* Christianisme et socialisme.
- 341. *Bossuet.* Henriette d'Angleterre.
- 375. *Vicomte de Bonald.* L'Éducation sociale.
- 382. *Mably.* Entretiens de Phocion.
- 384. *Balzac.* Le Socrate chrétien.
- 389. *Chateaubriand.* Le Génie du Christianisme.
- 411. *Buffon.* Discours sur le style.
- 413. *Fénelon.* Lettre à l'Académie.
- 425. *Cardinal Maury.* Essai sur l'éloquence.
- 433. *Le R. P. Albert Le Grand.* Les Saints de la Bretagne.
- 452. *Descartes.* Discours de la Méthode.
- 454. *Mgr Dupanloup.* Panégyrique de Jeanne d'Arc.
- 463. *Montesquieu.* Grandeur et Décadence des Romains.
- 475. *Abbé de Broglie.* L'Église et l'idée religieuse.

Biographie
(Voir aussi Éloquence)

- 55. *Cormenin.* Lamartine, Thiers, Guizot.
- 85. *De Broglie.* Mme Swetchine. — Le Père Lacordaire.
- 116. *Les Antivoltairiens.* Fréron, Nonnotte, Guénée, etc.
- 187. *Comte de Falloux.* Augustin Cochin.
- 193. *Barbey d'Aurevilly.* Les Œuvres et les Hommes.
- 218. *Fontenelle.* Portraits d'Académiciens.
- 243. *Cuvier.* Les Grands Savants français.
- 250. *Vicomte E.-M. de Vogüé.* Dostoïevsky.
- 262. *La Harpe.* Portraits littéraires du XVIIIe siècle. — Beaumarchais.
- 418. *La Harpe.* Cicéron et Montesquieu.

LITTÉRATURE ALLEMANDE
Romans — Contes — Variétés

- 2. *Hoffmann.* Contes fantastiques.
- 14. *Gœthe.* Hermann et Dorothée.
- 30. *Baron Fr. de la Motte-Fouqué.* Ondine.
- 38. *A. de Chamisso.* L'Homme qui a perdu son Ombre.
- 49. *Auerbach.* La Fille aux pieds nus. — Contes.
- 56. *Gœthe.* Mignon. — Sous la Pluie de balles.
- 75. *Hoffmann.* Mlle de Scudéri.
- 112. *Zschokke.* Matinées suisses.
- 116. *Hoffmann.* Maître Martin le tonnelier.
- 228. *De Hacklaender.* La Vie militaire en Prusse. Scènes de garnison.
- 235. *Paul Heyse.* Nérine.
- 238. *Wieland.* L'Ombre de l'Ane.
- 288. *Georges Ebers.* La Fille de Pharaon.
- 358. *Grimm.* Contes et Légendes.

Théâtre

- 45. *Gœthe.* Gœtz de Berlichingen.
- 126. *Vondel.* Lucifer.
- 194. *Frédéric Holm.* Le Gladiateur de Ravenne.
- 225. *Wagner.* Parsifal.
- 327. *Wagner.* Lohengrin.
- 407. *Schiller.* Marie Stuart.
- 438. *Kotzebue.* La Petite Ville allemande.
- 446. *Schiller.* Guillaume Tell.

Poésie

- 11. *Les Poètes contemporains de l'Allemagne.*
- 93. *Schiller.* Contes et Ballades.
- 209. *Henri Heine.* Atta Troll, histoire d'un ours.
- 214. *Schiller.* La Cloche.
- 403. *Les Grandes Épopées.* Les Niebelungen.
- 450. *Klopstock.* La Messiade.

Histoire — Mémoires — Voyages

- 67. *Henri Heine.* Les Allemands.
- 253. *De Moltke.* La Guerre.
- 323. *Frédéric le Grand.* Mémoires du philosophe de Sans-Souci.
- 456. *Henri Heine.* Tableaux de Voyage.

Philosophie — Éloquence — Lettres

- 158. *Leibnitz.* Entretiens familiers.
- 246. *Schopenhauer.* La Volonté.
- 264. *De Bismarck.* Opinions et Discours.
- 335. *De Humboldt.* Lettres à une amie.

LITTÉRATURE ANGLAISE
(Grande Bretagne — Amérique)
Romans — Contes — Nouvelles — Variétés

- 11. *Poë (Edgar).* Histoires mystérieuses.
- 20. *Ch. Dickens.* Esquisses humoristiques.
- 25. *Ch. Lamb.* Contes de Shakespeare (1re partie).
- 32. *Swift.* Voyage de Gulliver à Lilliput.

(¹) Voir les numéros 470, 472 et 474.

Pour paraître le octobre

Le R. P. ALBERT LE GRAND

LES SAINTES DE LA BRETAGNE

AVEC INTRODUCTION PAR CH. LE GOFFIC

Le très grand succès obtenu par notre volume *les Saints de la Bretagne* (n° 433 de la collection), nous engage à publier aujourd'hui le complément de l'œuvre de R. P. Albert le Grand. On y trouvera le même charme de style, la même grâce archaïque que dans son premier volume.

ABONNEMENTS
A LA
Nouvelle Bibliothèque populaire

La *Nouvelle Bibliothèque populaire* publie un volume par semaine.
On peut s'abonner aux cinquante-deux volumes d'une année. Les abonnements partent du 1er de chaque mois.
Tous les abonnés, aussi bien ceux de l'étranger et des colonies, que ceux de la France, recevront un volume par semaine.

PRIX DE L'ABONNEMENT D'UN AN

Paris, Départements, Algérie et Belgique	7 francs.
Étranger (sauf la Belgique) et Colonies	8 francs.

PRIME GRATUITE
EXCLUSIVEMENT RÉSERVÉE AUX ABONNÉS NOUVEAUX

Tout abonné nouveau a droit à recevoir, gratis et franco, dix volumes à choisir dans la liste de ceux déjà parus, ou un joli cartonnage pour conserver les volumes.

On s'abonne pour un an en envoyant, en mandat-poste, timbres français, ou autre valeur sur Paris, à M. Henri Gautier, 55, quai des Grands-Augustins, à Paris, 7 francs si l'on habite la France, la Belgique ou l'Algérie ; 8 francs si l'on habite l'étranger ou les colonies. La prime est envoyée au reçu de l'abonnement.

ANGERS, IMP. BURDIN ET Cie, RUE GARNIER, 4.

R. P. ALBERT LE GRAND

LES SAINTES
DE LA BRETAGNE

AVEC INTRODUCTION PAR CHARLES LE GOFFIC

Édité par
HENRI GAUTIER
55, Quai des Grands Augustins, 55
PARIS

Il paraît un volume par semaine

Directeur littéraire de la *Nouvelle Bibliothèque Populaire* :

ALFRED ERNST

AVIS A NOS ABONNÉS

Nous rappelons à nos abonnés que tout changement d'adresse doit être accompagné d'une bande indiquant l'adresse ancienne et de *cinquante centimes* en timbres-poste français ou autre valeur sur Paris.

R. P. ALBERT LE GRAND

INTRODUCTION

Dans l'introduction que nous avons donnée aux *Vies des Saints de Bretagne*, nous avons renvoyé au présent volume ceux de nos lecteurs désireux de se renseigner sur ces saints et sur ces saintes, dont il pouvait arriver que le nom frappât pour la première fois leurs oreilles.

Saint Yves, saint Vincent et saint Guillaume sont, de tous les saints bretons, les seuls qui aient été régulièrement canonisés. Ce sont à peu près les seuls aussi, avec saint Tugdual, dont la réputation ait franchi les limites de la province. C'est ce que reconnaissait déjà le P. Albert, quand il disait, à propos de ces saints bretons, que les noms de « plusieurs d'iceux, bien qu'escrits au livre de Vie, ne se trouvent dans nos Martyrologes et Calendriers. » La raison en est aisée à comprendre, c'est que jusqu'au XIIe siècle la papauté ne s'était point encore prévalue de son droit exclusif à prononcer les canonisations. Les évêques y prétendaient et en usaient fort librement. La multitude des saints bretons suffit à le témoigner.

M. Louis de Carné a voulu voir dans la plupart de ces saints de vieux druides désabusés ou des disciples du druidisme élevés dans les collèges de Rhuys, de Calonnèse, d'Uxantis (la moderne Ouessant), et qui introduisirent dans le christianisme les formules mystérieuses de leur ancienne religion. Il explique ainsi l'infinie variété des œuvres théurgiques et thaumaturgiques que les hagiographes bretons prêtent avec tant de complaisance aux premiers apôtres de la foi chrétienne en Bretagne. C'est là une hypothèse fort contestable. Ce n'est point chez ces saints apôtres, mais dans la conscience populaire que le paganisme celtique avait poussé des racines profondes. C'est elle dont le sourd travail d'élaboration transforma peu à peu les doctrines et les œuvres et les pénétra de merveilleux. Bien avant les grands travaux de l'érudition moderne, et quand M. de la Villemarqué, M. Arthur de la Borderie, M. Loth et M. Anatole Le Braz ne s'étaient point encore prononcés, il suffisait de s'en rapporter aux Bénédictins et aux Bollandistes, voire au naïf Albert Le Grand, pour s'apercevoir que les trois quarts de ces saints bretons nous venaient de la Cornouaille anglaise ou de l'Irlande. M. de Carné ne le nie point, d'ailleurs. Il se souvient du mot d'Albert Le Grand : « Ce sont les moines irois qui ont versé l'eau du baptême sur la tête des Armoricains ; » il rappelle les liens mystiques qui unissaient autrefois la Bretagne et l'Irlande et qui font qu'aujourd'hui encore il y a dans l'expression morale des deux peuples je ne sais quelle ressemblance fraternelle. Mais il n'accorde point assez à l'œuvre de christianisation des missionnaires cornouaillais et irois, et pour un Corentin qui se serait assis, dans la forêt de Ploumodiern, sous le grand druide Al-hir-Bad, il ne fait point attention que l'enseignement des Bretons insulaires, autrement considérable et renouvelé par des apports incessants, était réputé dans toute la chrétienté occidentale pour sa savante orthodoxie.

Que cette orthodoxie n'ait point pâli avec le temps, qu'elle n'ait subi aucune retouche et qu'on ne puisse distinguer dans la légende qui s'est cristallisée autour de ces saints personnages la forte empreinte de l'imagination celtique, c'est ce que nous n'allons point à prétendre. La Bretagne est la terre du mystère, le berceau enchanté de toutes les vieilles superstitions. Il en est de délicates et de touchantes; il en est de terribles. La messe de saint Gwénolé ou du *tu-pe-zu* (qui tue ou qui sauve), l'*ofern-drantel* ou office de trentaine à saint Hervé pour les âmes tombées au pouvoir du démon, la dévotion à saint Yves de Vérité pour l'établir juge de la vie ou de la mort d'un ennemi, l'attribution solennelle à saint Briac de toutes les attaques d'épilepsie et les « batailles sacrées » en l'honneur de saint Gelvest ; ce sont là, pour n'en citer que quelques-unes, les manifestations regrettables d'une foi toute barbare encore et mal dégagée de sa rude enveloppe primitive. Mais il n'est point que l'influence d'un clergé à la fois conciliant et avisé ne finisse par triompher de ces restes de barbarie. C'est où son action peut s'exercer avec le plus de bonheur et sans se heurter, comme il est arrivé quelquefois, à une résistance de l'esprit national.

Le Breton tient à ses saints et n'entend point qu'on les lui enlève ou qu'on leur substitue des saints étrangers. On raconte que la chapelle de Saint-Gonver, dans la paroisse du même nom, ayant été détruite il y a une soixantaine d'années et remplacée par une église dédiée à saint Pierre, les fidèles refusèrent de changer de patron et continuèrent de célébrer à domicile la fête de leur vieux saint, laquelle échéait le dernier dimanche de septembre. M. Le Braz rapporte un fait analogue sur saint Iguinou et les paroissiens de Spézet. On en pourrait vraisemblablement citer beaucoup d'autres. Là où le culte du saint local a pu être remplacé sans protestations par celui d'un saint canonique, étranger à la paroisse, c'est presque toujours à la faveur d'une paronymie plus ou moins significative. Ainsi, à Saint-Quay, dans la commune de Saint-Brieuc, un simple changement d'écriture a fait de Saint-Quay ou Ké Saint-Caïe, lequel fut pape et martyre et offre tous les avantages d'une canonisation régulière.

Il va sans dire que ce culte des saints autochtones n'a rien qui préjudicie à la dévotion bien connue des Bretons pour la famille spirituelle de Jésus-Christ. Il n'est point de pays où la Vierge et sainte Anne soient plus vénérées qu'en Bretagne. Leurs sanctuaires, dit un poète, sont en aussi grand nombre que les étoiles du ciel, et le particularisme quelque peu jaloux des fidèles se marque à la riche variété des vocables sous lesquels on les a placés. Quant aux croix et calvaires érigés en l'honneur de Jésus lui-même, on aura une idée du chiffre qu'ils peuvent atteindre en

Basse-Bretagne par ce simple fait que, au début du xviie siècle, Roland de Neufville, évêque de Saint-Pol-de-Léon, en fit élever cinq mille dans les seuls chemins et carrefours de son diocèse. Aujourd'hui encore, il est difficile de faire quelques mètres sur une route de Bretagne sans rencontrer, enfoui à mi-corps dans un talus ou planant sur une éminence, quelqu'un de ces monuments primitifs de la foi de nos pères.

Pour en revenir aux saints bretons, l'attachement qu'ont gardé pour eux les fidèles s'explique par la conception un peu singulière qu'ils se sont formée de leur rôle. M. de la Villemarqué raconte qu'il se promenait un jour aux environs de Quimper, un livre à la main, quand il croisa un paysan qui lui dit :

— C'est la *Vie des Saints* que vous lisez là?

« Un peu surpris de l'apostrophe, dit M. de la Villemarqué, je demeurai silencieux, réfléchissant à cette opinion des paysans bretons selon lesquels la *Vie des Saints* est la lecture habituelle de quiconque sait lire; et, comme mon interlocuteur réitérait sa demande :

« — Mais oui, lui répondis-je pour entrer dans ses idées, il est quelquefois question des saints dans ce livre.

« — Et quel est celui dont vous lisez la vie? continua-t-il obstinément.

« Je lui citai au hasard le nom d'un saint quelconque, et je crus avoir contenté sa curiosité, mais je n'avais pas satisfait sa foi.

« — Et à quoi est-il bon? me demanda-t-il. »

C'est qu'en effet, aux yeux des Bretons, tout saint doit être « bon » à quelque chose. Au vrai, les saints font en Bretagne office des anciens génies et des demi-dieux de la mythologie. Ils ont chacun une spécialité, et tel qui guérit des rages de dents renvoie à son voisin pour les fractures des os ou les gastralgies récalcitrantes. Quatre d'entre eux seulement n'ont pas de « spécialité », et c'est qu'aussi bien ils guérissent de tous maux. Ils s'appellent saint Yves, saint Gwénolé, saint Ronan et sainte Anne. Ce sont les quatre grands saints de la Bretagne, et leurs panégyries annuelles attirent les pèlerins par milliers. La croyance populaire est qu'il faut avoir entendu la messe, une fois au moins, dans sa vie, à l'un ou l'autre des sanctuaires de ces quatre bienheureux, sous peine d'encourir la damnation éternelle. Leurs fêtes ont lieu, au printemps et à l'été, pour saint Yves à Tréguier, pour saint Gwénolé à Rumengol, pour saint Ronan à Locronan et pour sainte Anne à la Palud. On les trouvera décrites, avec une puissance d'évocation remarquable, dans le récent livre de M. Anatole Le Braz : *Au Pays des Pardons*. Nous ne pouvons qu'y renvoyer. C'est assez que, dans cette modeste notice, nous ayons essayé de dégager la physionomie générale de ces saints bretons dont le P. Albert Le Grand s'est institué le très pieux et très méritant historien.

CHARLES LE GOFFIC.

LES SAINTES DE LA BRETAGNE

LA VIE DE SAINTE NENNOK

VIERGE, LE QUATRIESME JUIN.

Du temps du pape saint Innocent, I du nom, et des empereurs Arcade et Honoré, environ l'an de grâce 403, regnant en nostre Bretagne le roy Grallon, I du nom, surnommé le Grand, il y avait un prince en certain canton de la Grande-Bretagne, nommé Brokhan, descendu de la race du grand Guthiern, jadis roy de ladite Isle, si riche et si puissant qu'il se nomma roy des provinces et des villes qui estoient en sa domination. Ce prince, par l'avis des estats de sa province, épousa une noble dame, nommée Menedux, de la lignée du grand Constantin et autres roys ses ancestres. De ce mariage ils eurent quatorze enfans, tant fils que filles, lesquels, disans adieu au monde, se rendirent religieux en divers monastères, et aucuns, désireux du salut des âmes de leur prochain, ayans receu les saints ordres, allèrent prescher l'évangile ès provinces éloignées, tant de l'Isle que d'outre-mer.

Brokhan et Menedux, se voyans sans enfans, et que Dieu les avoit apellez à son service, s'en affligèrent extrêmement : toutefois, se conformans entièrement à sa divine volonté et s'adonnans à l'oraison, ils faisoient de grandes aumosnes et autres œuvres pieuses, prians Dieu, si c'estoit sa volonté, qu'il leur donnast fils ou fille qui pust succéder à leurs estats. Le prince Brokhan, pour mieux obtenir ce que si ardemment il désiroit, se servit des prières et oraisons des prestres et religieux, auxquels il fit bastir un oratoire, en une montagne proche de la ville où il faisoit sa demeure, dans lequel il se retira avec eux et jeûna une quarantaine avec telle vigueur et austérité qu'il ne prenait sa réfection que trois fois la semaine en commun avec les religieux, se contentant des mets qui leur estaient servis. La princesse Menedux, sa femme, restée en ville, ne s'affligeait pas moins de pénitences et austéritez, vivant en son palais comme dans un monastère. Enfin Dieu exauça leurs oraisons, et, la nuit du vendredy saint, que Brokhan était en prières, il luy envoya un ange qui luy commanda de s'en retourner en son palais, et qu'il luy naistroit une fille, laquelle il nommerait Nennok. Brokhan, ayant ouy ces nouvelles, en rendit grâces à Dieu, et, après les festes de Pasques, s'en retourna vers sa femme, à laquelle il récita ce que l'ange luy avait révélé, dont elle remercia Dieu et promist de donner de grands revenus aux églises et monastères de son estat.

Menedux conceut et, neuf mois après, accoucha d'une fille, laquelle fut baptizée par un saint abbé d'Ecosse, nommée Columchille, qui, pour quelques affaires d'importance, était venu vers Brokhan, et fut tenuë sur les sacrez fonds de baptesme par un grand seigneur, nommé Gurlchentelius, dit Ilfin, et sa femme Guen-Arkhant, proches parens de sa mère Menedux, chez lesquels cette princesse Nennok fut renduë, si-tost qu'elle eut quitté la mammelle et y demeura jusqu'à l'âge de quinze ans, croissant en vertus et perfections aussi bien qu'en âge. Elle estoit d'une humeur douce et modeste, obéissante, adonnée à l'oraison et à la lecture; fréquentoit les églises et monastères; entendoit dévotement la messe et les prédications réitérées au logis, où elle passait son temps à faire des ouvrages à l'esguille ou à quelque autre honneste occupation, fuyant l'oysiveté, comme mère et nourrice de tous vices.

La renommée de sa rare beauté et autres dons de nature, dont elle était douée, la fit rechercher par le fils aisné d'un roytelet d'Ecosse, lequel vint voir son père, accompagné des plus grands seigneurs de sa cour et la luy demanda. Brokhan la fit venir en cour, et, ayant pris l'avis des seigneurs de son estat, penchoit à l'accorder à ce prince; mais il voulut, avant d'engager sa parole, sçavoir la volonté de sa fille. Il la tira à part en une chambre, et, luy ayant déclaré son intention touchant ce mariage et représenté combien le party lui estoit avantageux et l'utilité qui en reviendroit à tous ses sujets, la conjura d'y presterson consentement. La sainte fille, prévenuë de l'amour de Jésus-Christ, se trouble de ses paroles, et, ayant quelque peu pensé à par soy, répondit en toute humilité et modestie:

« Mon père, je ne doute aucunement du prince qui me recherche, ny de l'honneur que vostre maison recevroit de son alliance, non plus du profit et utilité qui pourroit résulter de ce mariage pour les deux provinces; mais je ne puis me résoudre à fausser la foy que j'ay promise à Jésus-Christ, mon doux espoux, et de postposer ses chastes embrassemens à l'amour d'un homme terrien et mortel; en un mot, mon père, j'ay fait vœu de n'avoir jamais autre époux que Nostre-Seigneur Jésus-Christ, et ne croy pas, en égard au mérite et qualité de celuy de l'amour duquel je suis si puissamment prévenuë. »

Brokhan s'attrista extrêmement de cette résolution de sa fille et envoya sa femme Menedux vers elle, pour tascher à la réduire à volonté; mais elle demeura ferme en sa résolution et ne put estre fléchie, ny par les prières, ny par les larmes, ny mesme par les menaces de ses père et mère, lesquels, vaincus de sa constance, congédièrent ce seigneur et permirent à leur fille de vivre à sa volonté. La sainte princesse, ayant courageusement surmonté l'ennemy qui luy avoit dressé cette partie, en rendit grâces à Dieu et, dès lors, s'adonna entièrement à son service. Peu de temps après, à sçavoir l'an 434, saint Germain, évesque d'Auxerre, qui avoit passé en la Grande-Bretagne pour contrecarrer les erreurs des Pélagiens, arriva à la cour du roy Brokhan et y demeura quelques mois, preschant d'un zèle admirable à son peuple : la sainte princesse Nennok ne perdoit aucune de ses prédications, par les moyens desquelles elle fut tellement embrazée en l'amour de Dieu, spécialement par le récit que saint Germain luy fit de la sainte vie que menoient les vierges sanctimoniales de la Bretagne Armorique et autres provinces des Gaules, qu'elle résolut de sortir de son pays, passer la mer et se rendre religieuse parmy elles. La difficulté estoit d'obtenir le congé de ses père et mère, lesquels, pour rien, ne pouvoient supporter son absence : néanmoins, Dieu, favorisant son dessein, luy fit naistre une occasion de l'obtenir ; car le roy son père, ayant préparé un banquet somptueux, le premier jour de janvier, jour de sa naissance, il convia les évesques, princes et seigneurs de son royaume, et par mesme saint Germain ; lesquels estans assis à table, la sainte princesse Nennok, prenant son temps, se vestit de ses beaux accoustrements et, entrant en la salle du banquet, ravit toute l'assistance en admiration de sa rare beauté; elle se jetta à genoux aux pieds de son père et le pria, les larmes aux yeux, qu'en considération de la compagnie il luy voulûst octroyer une requeste ; son père qui l'aimait tendrement la releva et luy promist de luy accorder tout ce qu'elle luy voudroit demander : « Je vous ay déclaré, il y a longtemps, dit-elle, que je me désirois consacrer au service de Dieu ; c'est pourquoy je vous demande permission de passer la mer et aller en Bretagne Armorique, où je puisse passer le reste de ma vie au service de Dieu et à prier Dieu pour vous et pour tout vostre estat. »

Son père fut d'autant plus attristé de cette requeste, que tendrement il aimait sa fille, laquelle il espéroit devoir estre le baston de sa vieillesse et le suport de sa maison ; il sortit de la table tout triste et affligé et tascha, par toutes voyes possibles, à faire perdre à sa fille cette résolution; mais la trouvant constante en son saint propos, il se résolut de luy donner sa bénédiction et congé; la reyne sa mère, ses oncles et tantes, ne furent pas moins affligez de cette nouvelle; ils l'allèrent trouver, la conjurèrent de ne vouloir quitter la maison paternelle, mais ils ne gagnèrent rien. Le bienheureux saint Germain, voyant cela, remonstra si bien au roy et à la reyne l'avantage du choix qu'avoit fait leur fille, renonçant aux vanitez du monde pour embrasser la croix de la pénitence en cette vie, et les contenta si bien par ses persuasions et raisons si préjugeantes qu'ils luy accordèrent sa demande, lui donnèrent leur bénédiction et firent équiper un navire pour la porter en Bretagne Armorique. Cependant qu'on faisait les préparatifs du voyage et dressoit l'équipage du vaisseau, Dieu donna tant de vertu et efficace aux paroles de sainte Nennok que, par ses exhortations, ses parain et marraine Gurlehentelius et Guen-Arkhant se résolurent de quitter le monde et suivre la généreuse résolution de leur filleule, avec laquelle ils s'embarquèrent, et nombre d'autres, tant religieux que prestres et laïcs de l'un et l'autre sexe, lesquels, poussez d'un vent favorable, abordèrent en peu de jours, à la coste de Bretagne, mouillèrent l'ancre en un port, qui fut nommé Poul-Ilfin, du nom de son parain Gurlehentelius, qui autrement s'appelait Ilfin.

Ayans mis pied à terre, ils avisèrent par entr'eux qu'il serait bon d'envoyer quelques-uns vers le prince de ce pays, et nommèrent à cet effet deux évesques, Mordredus et Gurgallonus, et le susdit Gurlehentelius, parain et oncle de sainte Nennok, lesquels, ayans salué le prince, luy firent un ample récit du sujet de leur arrivée en cette province, le suppliant de leur donner quelque lieu où bastir un oratoire pour s'y retirer et faire pénitence. Le prince qui se nommait Erekh, fut extrêmement aise de leur arrivée, les traita fort charitablement et leur donna permission de visiter les costes prochaines, pour voir s'ils rencontreraient un lieu propre pour s'établir ; ce qu'ils firent, et, s'étans séparez, bastirent des oratoires et cellules éloignées les unes des autres. Quant à sainte Nennok, elle s'habitua en la paroisse de Plemeur, où elle bastit un petit oratoire, qui, de son nom, fut appelé Landt-Nennok, et, ès environs, de petites chambrettes, où elle amassa plusieurs belles filles, avec lesquelles elle vivait en une grande innocence et pureté. Les autres saints personnages, prestres et religieux, allèrent prescher par la Bretagne et s'arrestèrent en divers monastères, excepté Gurlehentelius, lequel bastit un petit ermitage, près celui de sa filleule sainte Nennok, où, ayant amassé un grand nombre de religieux, il finit ses jours au service de Dieu, prenant le soin de sainte Nennok et de ses filles, auxquelles il disoit la messe et récitoit l'office canonial en un mesme oratoire.

Le susdit prince Erekh, estant un jour allé à la chasse, poursuivit si vivement un cerf, ès environs du monastère de sainte Nennok, qu'il fut contraint de se sauver dans son église et, entrant de course dans le chœur où elle assistoit au divin service, se jetta à ses pieds, demy mort de lassitude ; les chiens le suivirent de fort près ; mais estans arrivez en un petit ruisseau qui est au-devant de l'église de sainte Nennok, ils s'arrestèrent tout court, sans passer plus avant ; le comte y arriva incontinent, et, estonné de voir sa meutte abboyer extraordinairement et ne vouloir passer outre, descendit de cheval et, accompagné de ses gens, entra dans l'église, où il trouva sainte Nennok accompagnée de ses filles et, de l'autre costé du chœur, Gurlehentelius et ses religieux qui chantoient l'office divin; mais ce qui l'estonna fut de voir le cerf qu'il poursuivoit couché aux pieds de la sainte, comme en un azile asseuré, se moquer des vains efforts des chasseurs et des chiens; il la salua et toute sa vénérable compagnie, et, ayant congédié ses domestiques, demeura huit jours entiers en ce lieu, conférant souvent avec la sainte, à laquelle il donna plusieurs belles terres et revenus pour l'accommodation de son monastère, laquelle donaison il fit ratifier par le métropolitain et autres évesques de Bretagne et par ses frères Michel, comte de Rennes, et Budic, comte de Cornouaille, et autres seigneurs, en une assemblée tenuë pour cet effet; de laquelle donaison il fit faire des lettres et chartres authentiques, lesquelles il mist sur l'autel, avec un calice et patène d'or plein de vin. Voicy l'acte de sa donaison, qui est dattée de l'an 458 :

« Au nom de la sainte et individuë Trinité et de la très heureuse Vierge Marie, et par la vertu de la Sainte Croix, je Erekh, par la grâce de Dieu, duc de la Petite-Bretagne, en présence des évesques, comtes et principaux seigneurs de Bretagne, donne et octroye, de mon propre héritage, à la sainte vierge et servante de Dieu Nennok et à ses successeurs, afin qu'elle aye mémoire de prier pour les âmes de mes parents vivans et trespassez et pour le salut de mon âme et de ceux de ma lignée qui doivent succéder, et pour l'estat de mon royaume, le lieu qui, de son nom, s'appelle Sainte Nennok, et toute la paroisse qui s'appelle Plouemeur, avec toutes ses terres cultivées et non cultivées ; j'y ajouste aussi un autre don de toute la terre en laquelle est l'église de sainte Julite et la mesme église qui est en Ren-Guys; et, pour l'entretenement de ce lieu, tous les ans, trois cens boisseaux, tant de seigle que de froment et de vin, de la terre qui s'appelle Dalk-Guerran, que je feray rendre icy ; et ajouste encore à ce don trois cens animaux, soit chevaux, cavalles, bœufs, vaches et autres. En foy duquel don, et pour iceluy corroborer, j'ay offert à l'autel un calice d'or plein de vin pur, avec sa patène, Quiconque violera ce don, ou en diminuera la quantité, qu'il soit frappé d'éternel anathème et qu'il soit éternellement damné avec les misérables. »

Sainte Nennok remercia très humblement Erekh et le supplia de prendre son monastère et celuy de Gurlehentelius et ses religieux en sa protection; et faire bénir pour abbé ledit Gurlehentelius, pour avoir le soin et direction d'elle et de ses religieuses; ce que le prince luy accorda ; et, s'estant recommandé à ses prières, se retira. En ce lieu, la bonne sainte vescut le reste de ses jours, faisant une austère pénitence, illustrée de grands miracles: car, par ses prières, elle rendit la veuë aux aveugles, l'oüye aux sourds, la parole aux muets, fit marcher droit les boîteux, nettoya les lépreux, rendit la santé aux paralytiques, mesme ressuscita des morts. Enfin, ayant vescu en son monastère trente-deux ans, Dieu, la voulant récompenser de ses travaux, luy envoya une maladie qui luy fit connaistre que son heure dernière approchoit; elle receut dévotement ses sacrements et, ayant exhorté ses filles à la persévérance en leur profession, rendit son heureux esprit, le quatriesme jour de juin, l'an de grâce 467, sous le règne de Hoël, 1 du nom, dit le Grand, roy de la Bretagne Armorique.

LA VIE DE SAINTE URSULE

REINE DE BRETAGNE ARMORIQUE, SON MARTYRE ET DES ONZE MILLE VIERGES, SES COMPAGNES.

L'heureuse princesse sainte Ursule estoit Bretonne insulaire, fille de Dionotus Maurus nommé autrement Durstus, roy d'Albanie (à présent Ecosse) et de Cornouaille, en la mesme Isle, par succession de son frère Karadocus (c'est Karantec), mort sans enfans, et de la reyne Darie. Elle nasquit, l'an de grâce 337, sous le pontificat de saint Jules I du nom, et de l'empire des enfans du grand Constantin, Constantin II, Constance et Constans. Ses parens la firent soigneusement élever en la religion chrestienne et étudier ès humanitez, philosophie et autres sciences, selon la coustume du pays; esquelles nostre sainte princesse se rendit si excellente qu'on la tenoit partout pour un oracle de science; mais ce n'estoit rien, au prix des belles vertus et rares qualitez dont son âme estoit ornée, lesquelles, jointes à sa beauté corporelle, à son grave maintien et port majestueux, faisoient que les monarques des royaumes voisins, tant de l'Isle que d'outre-mer, la recherchoient pour épouse; mais elle estoit résoluë de n'avoir d'autre époux que Jésus-Christ, auquel elle avoit consacré la chasteté de son corps, aussi bien que la pureté de son âme. Elle estoit obéissante à ses parents, auxquels elle portoit un grand respect, leur complaisant en toute chose, sans jamais leur avoir donné le moindre sujet de mécontentement; elle estoit dévote envers Dieu et les saints, fréquentoit les églises et maisons d'oraison, assistoit les monastères et hospitaux et se délectoit en semblables exercices vertueux.

Cependant, Flave Maxime Clémens, lieutenant de l'empereur Gratian, en la Grande-Bretagne, s'estant, à la sollicitation de ses soldats, révolté, passa, avec une puissante armée, ès Gaules, assisté de Conan Mériadec, jeune prince insulaire, lequel luy avoit amené dix mille hommes, et vint descendre au Havre Saliocan, qui est le port de Morlaix, nommé l'Armorique, l'an 383, et ayant défait Jubant, roy du pays (tributaire néanmoins des Romains), il assiégea Rennes, que Sulpicius Gallus, qui y commandoit, rendit; surpris Nantes, et conséquemment toutes les villes et fortes places du pays de Bretagne Armorique, lequel il donna au prince Conan, pour tenir en titre du royaume de la Grande-Bretagne (qui appartenoit audit Conan), qu'il avoit eu en dot avec sa femme, fille d'Octavian, oncle maternel du prince Conan, sur lequel il l'avoit usurpé. Maxime suivit sa route et tira vers Paris avec son armée, et le roi Conan commença à policer et donner ordre aux affaires de son royaume, lequel voyant fort désert et dépeuplé, à cause que les habitans avoient esté partie tuez, partie s'en estoient fuïs ès provinces voisines, pour échapper à la tyrannie de Maxime, il en départit à ses soldats les terres et héritages, et députa une solennelle ambassade vers les princes bretons de l'Isle, pour leur demander des jeunes filles mariables, pour peupler sa nouvelle conqueste; et, réservant ses prétentions sur la Grande-Bretagne, laquelle il se proposoit d'aller conquérir, quand il verroit Maxime le plus empesché, il se voulust fortifier d'amis et d'alliance en l'Isle mesme, et rechercher en mariage la princesse Ursule, envoyant pour cet effet une ambassade extraordinaire vers le roy Dionotus, son père, avec charge de luy dénoncer la guerre, en cas de refus.

Ce prince, ayant ouy la proposition des ambassadeurs du roy Conan, fut extrêmement troublé : car il sçavoit bien que la princesse Ursule, sa fille, avoit voüé sa chasteté; d'ailleurs, il n'estoit pas assez fort pour résister à Conan, qui avoit ses forces toutes prestes pour le venir attaquer. En cette perplexité, il alla trouver sainte Ursule et luy raconta la proposition des ambassadeurs de la Bretagne Armorique et les angoisses esquelles il se trouvoit ; la sainte princesse le consola et luy dit que, dans trois jours, elle lui rendroit réponse et tascheroit à leur donner contentement. Elle passa ces trois jours en jeusnes, veilles et oraisons, prosternée à terre dans son oratoire, suppliant Nostre-Seigneur Jésus-Christ de luy manifester sa sainte volonté, et luy recommandant sa pureté qu'elle luy avoit voüée; et, le troisiesme jour, Dieu luy révéla tout ce qui luy devoit arriver et à sa compagnie, et qu'elles répandroient leur sang pour le soustien de leur foy et conservation de leur pudicité. La sainte princesse rendit grâces à Dieu de cette faveur, et, s'estant levée de son oraison, alla trouver le roy son père, auquel elle dit qu'il ne fist aucune difficulté de la promettre aux ambassadeurs du roy Conan, parce qu'elle estoit asseurée qu'elle et ses compagnes seroient bien-tost colloquées. Le roy Dionotus fist réponse aux ambassadeurs, lesquels s'en retournèrent devers

[10]

leur maistre rendre raison de leur négociation, cependant qu'on amasse des vierges de toutes parts pour fournir le nombre d'onze mille, qui devoient accompagner la princesse Ursule, outre les dames mariées qui alloient trouver leurs maris, déjà habituez en Bretagne Armorique.

Or, comme les tyrans sont toujours dans le soupçon et la défiance, Maxime, ayant esté averty de cette recherche du roy Conan, et craignant qu'il se voulust fortifier de cette alliance, pour s'en servir, en temps et lieu, pour la conqueste de la Grande-Bretagne, sur laquelle il avoit toujours eu de justes prétentions, manda à tous les capitaines qu'il avoit le long du rivage de la mer, ès Gaules et en Germanie, de ne laisser passer cette flotte en Bretagne, mais tascher à tuer la princesse Ursule et les dames de sa suite. Cependant le roy Conan fit ses préparatifs pour recevoir sa future espouse et sa compagnie, laquelle, estant assemblée, s'embarqua ès navires que le roy avoit fait disposer pour leur passage, et, par un bon vent, sortirent du port et s'élargirent en pleine mer, tenant la route de Bretagne Armorique; mais estans déjà au milieu de leur route, il s'éleva une furieuse tempeste, qui, les ayant battus tout le reste du jour et toute la nuit suivante, les porta par delà les isles de Hollande et Zélande, jusques à l'embouchure du Rhin, qui est un gros fleuve, large et profond, le long des rivages duquel les marées jettèrent ces vaisseaux tous délabrez de leur équipage. Or, l'empereur Gratian avoit laissé la garde des costes maritimes d'Allemagne à Affricanus, lieutenant de l'empire, lequel, craignant quelque descente des Bretons insulaires en cette contrée, souldoya Melga, capitaine des Skits ou Skots, auquel il commit la garde de la Mer Germanique. D'autre part, Gannicque, général des Huns, pratiquez par Maxime, alloit avec son armée assiéger la ville de Cologne, de sorte que les rivages du Rhin estoient couverts des soldats de ces deux capitaines; lesquels, voyans ces navires arriver à la coste sans voiles ny gouvernails, les envoyèrent investir de toutes parts. Sainte Ursule, voyant ses compagnes toutes éperdues de peur et appréhension, les consola, et leur prédit ce qui adviendroit de cette aventure, les exhortant à endurer constamment le martyre pour le soustien de leur religion et la conservation de leur honneur; toutefoys, elles mirent pied à terre et se placèrent sur le chemin de Cologne, espérans que l'armée que Maxime envoyoit pour assiéger cette ville les recueilleroit et leur donneroit le moyen de poursuivre leur route en Bretagne.

Les Huns, les voyans à terre, les poursuivirent et attrapèrent; et ayans sceu qu'elles estoient chrestiennes et le sujet de leur voyage, ils jugèrent que c'estoient celles que Maxime leur avoit recommandé; ils les sommèrent de renier Jésus-Christ et de leur abandonner leur honneur; mais les saintes dames leur répondirent toutes, par la bouche de sainte Ursule, leur princesse, qu'elles endureroient plustost mille morts que de renier Jésus-Christ ny consentir à leur infasme demande. Alors, Gannicque s'approcha de sainte Ursule pour la devoir caresser; mais la sainte princesse le repoussa rudement, dont le barbare entra en telle furie qu'il commanda à ses soldats de les massacrer toutes. Pendant ce sanglant sacrifice, sainte Ursule les exhortoit à endurer constamment ce martyre, sans se vouloir taire, ny prester l'aureille aux persuasions de Gannicque, qui, ores par douceur, ores par menaces, taschoit à gagner son affection; mais, voyant qu'il n'y gagnoit rien, il tourna son amour en rage, et du javelot qu'il tenoit à la main, il la transperça de part en part, et, par ce genre de martyre, la bienheureuse princesse sainte Ursule, couronnée de deux guirlandes, de virginité et de martyre, entra dans la gloire de son époux céleste, conduisant cette troupe glorieuse dans le repos éternel. Il y avoit une de ces vierges, nommée Cordule, laquelle se sauva du massacre et s'alla cacher; mais, voyant que toutes ses compagnes avoient estés martyrisées, elle s'alla présenter aux barbares, leur confessant qu'elle estoit de mesme religion que ses compagnes et qu'elle désiroit estre participante de leurs couronnes : les barbares, ne pouvant endurer cette liberté, la passèrent au fil de l'épée. Les noms d'aucunes de ces dames sont sainte Ursule, sainte Sentie, sainte Grégoire, sainte Pinoze, sainte Mardie, sainte Saule, sainte Britule, sainte Saturnie, sainte Rabagie, sainte Palladie, sainte Clémence, sainte Grata et autres jusques au nombre d'onze mille vierges, et plusieurs autres femmes.

Les saints corps furent recueillis des fidelles avec grande dévotion et portez révéremment en la ville de Cologne, où ils furent enterrez en un cimetière, auquel on a, depuis, édifié une abbaye de filles, en laquelle on montre les chefs d'aucunes d'icelles; et la terre de leur église ne souffre aucun corps mort, fust-ce d'un enfant nouvellement baptizé, mais le rejette la nuit, Dieu ne voulant qu'aucun autre corps soit inhumé parmy tant de nobles vierges et martyres, ses épouses, lesquelles avoient en ce lieu versé leur sang pour la profession de leur foy et conservation de leur virginité. Leur martyre fut le 24 octobre l'an de grâce 383, dont l'histoire a esté diversement escrite par plusieurs auteurs; mais nous n'avons icy rapporté que seulement ce qui est plus probable et asseuré; car qu'elles soient allées à Rome en si grand nombre, veu mesme les guerres dont les Gaules et l'Italie estoient travaillées, et que le pape Syria aye quitté le siège apostolique pour les assister à leur retour, telles choses n'ont ny apparence ny probabilité; et ayant esté bien examinées par le docte cardinal Bornaius et Lyndanus, évesque de Ruremunde, ont esté par eux tenues pour apocriphes. La nouvelle de cette barbare cruauté ne tarda guères à estre portée ès deux Bretagnes; le roy Conan en porta le deuil et, sachant que Maxime en avait esté l'auteur, se disposoit à s'en venger; mais Dieu le délivra de cette peine, par la punition qu'il fit de Maxime et des Huns; et d'abord, pour Gannicque, ayant son camp devant la ville de Cologne, son armée fut attaquée par un exercite céleste, au nombre d'onze mille, lesquels, après un grand carnage de ses Huns, contraignirent le reste de lever le siège et de se sauver là où ils pûrent.

Quant à Maxime, il traisna quelque temps son lien, entretenant de propositions de paix l'empereur Théodose, depuis qu'il eust tué Gratian, et, néanmoins, ne laissant de continuer ses entreprises. Il pénétra jusques dans la Pannonie, d'où il fit avancer son armée pour combattre Théodose, lequel ne se sentant assez fort pour résister à telle puissance, méditoit déjà la fuite. En ces entrefaites, ce pieux empereur, ayant entendu le martyre de sainte Ursule et ses compagnes, se recommanda à elles, les priant d'estre ses avocates devant Dieu, et ne fut frustré de son espérance : car il vainquit, par après, Andagraste, lieutenant de Maxime, qui gardoit le passage des Alpes, puis mena son armée victorieuse contre Marcelin, frère de Maxime, le combattit et mit son armée en déroute. S'estant ouvert le chemin, il passa outre contre Maxime mesme, lequel estoit en la ville d'Aquilée, taschant à recueillir les débris de ses deux armées vaincües, et en remettre une autre plus puissante sur pieds, avant que Théodose le pust joindre. Cependant l'armée impériale avançoit pays; mais elle fut arresté tout court sur le bord du grand lac qui luy bouchoit le passage; Théodose, voyant cet obstacle, se recommanda, de rechef, à sainte Ursule et ses compagnes, par le mérite desquelles il passa miraculeusement son armée à travers ce lac effroyable, sans ayde de batteau ny autres vaisseaux, défit le prince Jean et toutes les troupes que Maxime avoit hors Aquilée et l'assiégea dans ladite ville, où les soldats, s'estant mutinez, le saisirent au corps et le lièrent, ouvrirent les portes à l'empereur Théodose et le luy présentèrent; mais, voyant que ce prince l'avoit traitté trop humainement, les soldats allemans le poignardèrent de sang-froid, l'an 388, cinq ans après le martyre de sainte Ursule dont le sang obtint vengeance contre le tyran et toute sa maison : car Andagraste, meurtrier de l'empereur Gratian, ayant ouy les nouvelles de la mort de Maxime, fut tué au giron de sa mère, par Arbogaste, prince des Français, qui estoient à la solde des empereurs.

La gloire de ces bien-heureuses vierges fut manifestée par plusieurs miracles que Dieu fit en leur faveur. Du temps du pape Adrien IV et de l'empereur Frédéric I, surnommé Barberousse, les ossements de sainte Verinne, une des compagnes de sainte

[13]

Ursule, furent levez de terre et transportez par le vénérable abbé Hidelin en présence d'Anulpho II, évesque de Cologne; et, pendant qu'on portoit processionnellement ces reliques, on vid en l'air des anges qui tenoient des cierges allumés et des encensoirs fumans, et ainsi accompagnèrent les reliques jusqu'à l'église.

Un certain abbé, ayant obtenu de l'abbesse et religieuses où reposent les saintes vierges le corps d'une d'icelles pour enrichir son abbaye, promit de luy donner une riche châsse; mais il négligea d'accomplir sa promesse et la laissa dans une châsse de bois sur un autel. Une nuit, l'abbé chantant matines avec ses religieux, le corps de la sainte descendit de l'autel, comme s'il eust esté vivant, et ayant fait une profonde inclination au Saint-Sacrement, passa par le milieu du chœur et s'en retourna en son église de Cologne, où elle fut trouvée, le lendemain, en sa place ordinaire, sans que, depuis, elle en aye pû estre ostée. Un certain religieux, dévot à sainte Ursule et ses compagnes, estant malade, vit une belle fille près de son lit, qui luy dit qu'elle estoit l'une des onze mille vierges, qu'il continuast à leur estre dévot, et qu'elles ne manqueroient à l'assister à l'heure de la mort: ce qui arriva ainsi; car, ayant receu ses sacrements, il s'écria: « Faites place, faites place; » et, estant interrogé de ce qu'il vouloit dire il répondit que sainte Ursule le venait visiter. La bien-heureuse Françoise d'Amboise, duchesse de Bretagne et fondatrice des Carmélites en Bretagne, estoit extrêmement dévote à ces saintes vierges, et, en leur honneur, donnoit, toutes les semaines, à disner à onze vierges: elle fonda une messe hebdomadale en leur honneur, aux Chartreux de Nantes; et se faisoit peindre présentée par sainte Ursule, comme il se voit au couvercle du tableau du grand autel du couvent des FF. PP. de Nantes et ès vitraux de la Chappelle de Notre-Dame-de-Nazareth, au monastère des Coëtz, près ladite ville: aussi fut-elle visitée et consolée d'elles, en son dernier temps, comme nous l'avons dit en sa vie. Le collège de Sorbonne à Paris prend pour patrosne cette sçavante princesse, laquelle fut une des doctes théologiennes de son temps, ainsi qu'il se peut voir dans les doctes œuvres qu'elles a composées, aucunes desquelles se trouvent encore parmy les anciennes bibliothecques, comme le livre intitulé: *De arcanis visionibus*, et un autre qui porte pour titre: *Documenta fidei christianæ* et plusieurs de ses épistres. De quoi on ne se doit estonner, d'autant que ç'a toûjours esté la coustume des anciens Bretons insulaires de faire estudier les enfants des princes et grands seigneurs, non seulement les masles, mais encore les filles, lesquelles n'estoient pas, par les loix du pays, excluses de la discipline des lettres; nous en avons des exemples en Sicambre, fille de Bellinus, roy de Bretagne, en Marcia Proba, inventrice des lois Marciannes, en sainte Heleine, en sainte Brigide et en tant d'autres; et mesme les Anglais, leur ayant succédé en la mesme Isle, n'ont exclu leurs filles des estudes des bonnes lettres. Ce n'est pas un des moindres rayons de la gloire de cette princesse d'estre patrosne et protectrice de l'ordre des Ursulines, lequel prit son origine en Espagne et Italie environ l'an 1328, par certaines congrégations de filles vertueuses; lesquelles, par la permission des évesques diocésains, s'assemblèrent, faisans profession, entre autres exercices, d'instruire et enseigner gratuitement pour l'amour de Dieu les pauvres filles qui n'avoient le moyen de s'entretenir ès escolles.

Du nombre de ces filles fut la bien-heureuse Angèle de Foligny, fille de grande sainteté, laquelle, désirant establir sa congrégation en estat régulier, enjoignit à ses filles de prier Dieu qu'il lui plust leur manifester sa sainte volonté touchant cette affaire; enfin, elle eut révélation que son intention estoit bonne, avec commandement d'en poursuivre l'exécution, veu que ce nouvel ordre réussiroit à la gloire de Dieu et à l'utilité de toute la chrestienté et qu'un grand personnage, archevesque de Milan, le feroit recevoir au nombre des autres ordres approuvez de l'église, avec injonction de choisir la règle de saint Augustin pour leur observance, et pour mère, patronne et protectrice, la glorieuse vierge et martyre sainte Ursule. Cette révélation fut faite à la bien-heureuse Angèle, l'an 1530; laquelle, dès lors, se fit appeller, elle et ses filles, Ursulines et filles de sainte Ursule, peut-estre à cause de la conformité de leurs exercices; celles-cy faisans profession de conduire au ciel la jeunesse de leur sexe par bonnes instructions, tout ainsy que celle-là conduisit ses bien-heureuses compagnes par les avoir fortifiée à endurer constamment le martyre. Ce prélat qui procurait leu[s] establissement en ordre régulier fut saint Charles Borromée, ar[r] chevesque de Milan, lequel en fit les poursuites envers le pape Pie IV, son oncle, et en vint heureusement à bout. Cet ordre s'est dilaté, en moins d'un siècle, par tous les cantons de la chrestienté. nommément au très chrestien royaume de France, et, depuis vingt à trente ans en çà, en cette province, y en ayans xi couvents; sçavoir, ès villes de Nantes, Rennes, Vennes, Kempercorentin, Saint-Paul de Léon, Lann-Tréguer, Saint-Brieuc, Saint-Malo, Dinan, Ploërmel et Pontivy, et n'y a guères d'autres bonnes villes qui ne les désirent avoir, pour l'expérience journalière qu'on a de l'utilité et service que reçoit le public de leurs religieux et charitables exercices.

LA VIE DE LA BIEN-HEUREUSE ERMENGARDE D'ANJOU

DUCHESSE DE BRETAGNE, FONDATRICE DU MONASTÈRE DE BUZAY, LE 25 DU MOIS DE SEPTEMBRE.

L'heureuse princesse Ermengarde, fille de Foulques, surnommé

Rechim, XLII⁰ comte d'Anjou, et de sa première femme Hildegarde, fille de Lancelin, seigneur de Beaugency, nasquit au chasteau d'Angers, l'an de grâce 1057, sous le pontificat d'Estienne X, dit IX, et l'empire de Henri IV, dit III, régnant en Bretagne le duc Conan II du nom. Elle fut soigneusement élevée par ses parents, et, estant grandelette, fut mariée à Guillaume, comte de Poitou, lequel, après l'avoir répudiée, décéda, la laissant veuve. L'an 1093, Constance d'Angleterre, fille de Guillaume le Bastard, roy d'Angleterre, femme d'Alain IV, surnommé Fergent, duc de Bretagne, estant décédé, ce prince, informé des vertus de la comtesse de Poitou, la rechercha et épousa, en grande solemnité, au chasteau de Nantes. Cette dame estoit de mesme humeur avec son époux, adonnée à la piété, justice et exercice de vertus; c'estoit la vraye mère de son peuple, le refuge des affligés, le modelle et exemple de toute vertu. Le pape Urbain II estant venu en France, l'an 1095, pour lever la croisade contre les infidelles qui occupoient la Terre Sainte, la duchesse, postposant son aise et commodité à la gloire de Dieu et recouvrement des saints lieux, persuada au duc, son époux, de se croiser avec les autres princes françois, et passer la mer en personne pour combattre les ennemis de Jésus-Christ.

Le duc, obéissant aux pieux avis de sa femme, laissa son pays et duché sous le gouvernement des estats et de la duchesse, et, ayant fait levée de bon nombre de soldats, se croisa avec Conan, fils du comte Geffroy, qui fut tué à Dol, Hervé, fils de Guillaume, comte de Léon, Raoul de Gaël, Alain, son fils, Riou de Loheac et plusieurs autres seigneurs; lesquels, s'estans joints à Robert, duc de Normandie, Estienne, comte de Chartres, Eustache, frère du duc de Lorraine, Rotrou, comte du Perche, le comte de Flandre et Hugues le Grand, passèrent à Duras, puis en Albanie, Macédoine, Thrace, et de là à Constantinople, où ils furent bien recueillis de l'empereur Alexis, qui, au partir, les chargea de présens, et enfin allèrent joindre l'armée des chrestiens campée devant Nicée en Bithinie, où ils firent monstre de six cens mille piétons et de cent mille chevaux. Le duc Alain demeura six ans, hors sa duché, en cette sainte expédition et y fit de belles armes, ayant combattu vaillamment en trois mémorables batailles rangées; la première fut en ce siège de Nicée, où Solyman, général des Turcs, qui estoit venu à grande puissance pour lever ce siège, fut défait et mis en pièces par l'armée chrestienne; l'autre fut le premier de juillet 1097 sur le chemin d'Antioche; la troisiesme au Pont-Ferré, où les Perses et les Parthes mahométans furent mis en déroute, le duc commandant en celuy des douze bataillons de l'armée chrestienne qui attaqua le bataillon du satrape Corbagat. Il fut aussi en plusieurs assauts et prises des villes, chasteaux et forteresses, et entra des premiers, par la bresche, en la ville de

Jérusalem, lorsqu'elle fut prise d'assaut. Tandis que le duc faisoit merveilles d'armes en Orient, la duchesse, comme un autre Moïse, passoit tout son temps en oraisons et œuvres de piété; elle faisoit faire des processions générales par toute la Bretagne, alloit de monastère en autre recommander aux religieux et prestres le succez des armées chrestiennes, faisant faire des questes et cueillettes pour fournir aux frais de la guerre, dont les deniers et sommes elle faisoit tenir asseurément à l'armée.

Enfin, l'an 1101, les princes ayans mis bon ordre aux affaires de la Terre Sainte, le duc s'en retourna et arriva en Bretagne, au mois d'aoust, au grand contentement de tous ses sujets, mais spécialement de la duchesse, laquelle, voyant que la justice se manioit en Bretagne fort confusément, sans règle certaine, ny forme déterminée, persuada au duc, son mary, d'y donner ordre pour le soulagement de ses sujets; ce qu'il fit, instituant deux seneschaux en Bretagne; l'un à Rennes, juge universel du duché, l'autre à Nantes pour le comté nantois seulement, et rétablit le grand parlement de Bretagne, qui avoit esté longtemps interrompu par le moyen de guerres, où il s'assit en son estat royal; à sa dextre, un peu plus bas, le prince Conan, comte de Nantes, Geffroy, comte de Penthièvre, et Estienne, son frère; aux pieds du duc, le chancelier; à costé, le seigneur de Guemené, tenant un coussin de drap d'or, et, sur iceluy, la couronne ducale à hauts d'or; et, de l'autre costé, le grand escuyer de Bretagne; le seigneur Blossac portant l'épée ducale; après, les seigneurs du sang; Baldric, archevesque de Dol, suivy des évesques de Rennes, Nantes, Saint-Malo, Cornoüaille, Vennes, Saint-Brieuc, Léon et Tréguer; vingt-deux abbés; les neufs barons de Bretagne, à mains senestre, et les bannerets et députés des chapitres et bonnes villes; et, en cette assemblée, il fit des loix, ordonnances et édits très utiles pour le bien de son estat. Ce prince gouverna depuis sa duché en paix et justice jusqu'à l'an 1111 que, étant tombé malade, il se fit porter en l'abbaye de Saint-Sauveur de Rhedon, pour se disposer à bien mourir parmi les religieux qui y vivoient fort saintement. La duchesse, ayant obtenu permission des abbez et religieux de l'assister, luy rendit tous les devoirs et offices de bonne et loyale épouse, et fit tant par ses prières, aumosnes et autres bonnes œuvres, que le duc recouvra sa santé, et, par le conseil de sa femme, se démit du gouvernement du duché és mains du prince Conan, son fils, et se retira à Rhedon, se logeant près le monastère de Saint-Sauveur, vivant en grande tranquillité et quiétude, s'exerçant en l'oraison et mortification jusques en l'an 1119, que Dieu l'appella de ce monde, et fut enterré audit monastère, en présence des neuf évesques de Bretagne, au grand regret de tous ses sujets. Il avoit deffendu très expressément qu'on ne fist aucune pompe funèbre à ses obsèques; mais les barons ne le voulurent endurer et luy firent autant d'honneur qu'à aucun de ses prédécesseurs. A l'exemple de ce prince, Benoît, évesque de Nantes, son frère, se défit de son évesché, se rendit religieux au monastère de Sainte-Croix de Kemperlé et y vescut, le reste de ses jours, en grande humilité et observance.

La bienheureuse duchesse Ermengarde, ayant essuyé les larmes de son dueil, se donna entièrement au service de Dieu; et, après avoir assisté au couronnement du duc Conan, son fils, se retira à Rhedon, où elle demeura six ans, vivant en grande observance, sous la direction des religieux du monastère de Saint-Sauveur. Sa maison estoit composée de personnes religieuses et de bonne vie; son train estoit petit, en ayant retranché la plus grande part; elle distribuoit le revenu de son patrimoine et de son douaire aux églises, monastères et hospitaux; elle entendoit dévotement le divin service audit monastère et s'exerçoit en grandes austéritez et mortifications. Cependant qu'elle s'occupoit à ces religieux exercices, Dieu luy fit naistre l'occasion d'aller visiter les saints lieux de la Terre Sainte, d'autant que les seigneurs chrestiens, après la mort de Baudoüin, roy de Jerusalem, apellèrent le frère d'elle, Foulques, comte de Touraine et du Mayne, pour épouser la princesse Méliscende, seule et unique héritière dudit Baudoüin; ce que la duchesse ayant sceu, elle pria le roy Foulques, son frère, de l'amener en la Terre Sainte; il le fit, l'an 1125, et y demeura neuf ans, s'occupant en visites des saints lieux, réparations d'églises, assistances des religieux, pauvres et pèlerins; elle fit bastir une magnifique église sur le puits de Jacob, où le Sauveur parla à la Samaritaine, laquelle elle fit dédier à Saint-Sauveur, et eust passé le reste de ses jours en cette contrée, si le duc Conan, son fils, et toute la Bretagne n'eussent importuné le roy Foulques de la renvoyer, et elle de s'en retourner : ce qu'elle fit à son grand regret, aportant de précieuses reliques en Bretagne, où elle arriva, l'an 1134, au grand contentement du duc et de tout le peuple.

En ce temps-là, le glorieux patriarche saint Bernard s'estant eslevé contre les erreurs de M° Pierre Abaëlard, abbé de Saint-Gildas de Rhuys, natif du bourg paroissial de Palets, diocèse de Nantes, fit plusieurs voyages vers le duc Conan et la duchesse Marguerite, fille de Henry I, roy d'Angleterre, pour se servir de leur autorité, afin de ranger cet homme, qui estoit leur sujet, à la raison, où il trouva la bien-heureuse Ermengarde, nouvellement revenue la Terre Sainte, avec laquelle il contracta une sainte amitié, de sorte qu'elle luy ouvrit son dessein, qui estoit de se retirer du monde et passer le reste de ses jours au service de Dieu en quelque monastère, suppliant le saint abbé de vouloir accepter une terre et les possessions qu'elle luy vouloit donner, pour fonder et bastir un monastère, comme il avait fait à Bégar, au diocèse de Tréguer, à l'instance des comte et comtesse de Guengamp. Le saint abbé accepta son offre, et, ayant pris des religieux de Clairvaux, les amena en Bretagne, et vint trouver la duchesse Ermengarde à Nantes, accompagné de Geffroy, évesque de Chartres, légat du pape Innocent II en Aquitaine. Ils furent faire la révérence au duc, lequel ratifia la fondation que sa mère vouloit faire dudit monastère, en un lieu apellé Buzay, situé sur le bord de la rivière de Loire, à quatre lieuës sous Nantes.

La bienheureuse Ermengarde, après l'establissement des religieux à Buzay, y fit quelque séjour, recevant les instructions du saint abbé Jean, et méprisa tellement le monde qu'elle ne voulut plus retourner en la cour du duc, son fils, quoy qu'elle en fust importunée, mesme pressée par plusieurs grands seigneurs, lesquels, s'offençans de son refus et du genre de vie qu'elle vouloit désormais mener, en tinrent peu de compte et la méprisèrent; mais la bienheureuse princesse, bien ayse d'estre méprisée pour l'amour de Jésus-Christ et de la vertu, se retira en sa ville de Rhedon, qui estoit membre de son douaire, et, y ayant receu l'habit de l'ordre de Cisteaux de la propre main de saint Bernard, acheta une grande et spacieuse maison, près le monastère de Saint-Sauveur, où, ayant amassé quelques filles pieuses, elle passa le reste de ses jours au service de Dieu, jusques à l'heure de son trépas. Saint Bernard faisoit estat de la vertu de cette bienheureuse princesse et la consoloit souvent par lettres. Enfin, la bonne dame, ayant longuement persévéré au service de Dieu, mourut saintement à Rhedon, et fut inhumée près du duc son mary, l'an de grâce 1148.

LA VIE DE LA BIENHEUREUSE FRANÇOISE D'AMBOISE

DUCHESSE DE BRETAGNE, FONDATRICE DES CARMÉLITES AUDIT PAYS, LE 28 DU MOIS DE SEPTEMBRE

Messire Louis d'Amboise, vicomte de Thouars, prince et seigneur de Talmont, ayant épousé dame Marie de Rieux (illustre et antique seigneurie de Bretagne), eut de ce mariage trois filles; l'aisnée fut notre Françoise; la seconde s'appela Marguerite, et la troisième Jeanne, ou Péronelle, laquelle, ayant esté mariée au comte de Tancarville, laissa héritière du nom et seigneurie de sa maison sa seconde sœur Marguerite, femme de Louis de la Trémouille I du nom, comme nous le dirons cy-après. Quant à l'aisnée, Françoise, de laquelle nous descrivons la vie, elle vint au monde, l'an de grâce 1427, séant au saint siège apostolique le pape Martin V; sous l'empire de Sigismont et le règne du duc Jean V du nom, qui avoit espousé Madame Jeanne, fille de Charles VI, roy de France. Elle ne fut pas si-tost mise au monde, que plusieurs grands seigneurs, la considérans héritière des grandes terres et seigneuries de ses père et mère, recherchèrent son alliance et la demandèrent en mariage; le premier desquels fut Georges, seigneur de la Trémoüille, Sully et Craon, grand-chambellan de France, qui la demanda pour son fils Louis, mais il en fut contredit; et pour réponse de ses père et mère, qu'elle estoit encore trop jeune, et que, lors qu'elle seroit plus âgée, elle feroit eslection d'un espoux à sa volonté. Ce seigneur espousa, depuis, sa seconde sœur Marguerite. Georges ne se contenta aucunement de cette réponse, et en eut tel ressentiment qu'il s'en voulut venger, taschant à mettre ledit seigneur d'Amboise en la disgrâce du roy de France. Sur ces entrefaites, l'an 1429, le comte de Richemond, Artur, Monsieur de Bretagne, connestable de France, ne se voulant trouver au sacre du roy Charles VII pour quelque mécontentement qu'il avoit, se retira à Partenay avec Madame de Guyenne, sa femme, et, pendant quelques mois qu'il y séjourna, visita souvent le seigneur d'Amboise et de Thoüars, et, remarquant je ne sais quoy de majestueux et de relevé en nostre petite infante, proposa de la marier au prince Pierre, comte de Guengamp, IIe fils du duc Jean, son frère; proposition qui fut fort agréable à ses père et mère, lesquels la luy promirent. Sur ces assurances, ledit seigneur connestable fit un voyage en Bretagne, et vint voir le duc son frère à Rennes et lui raconta ce qu'il avoit proposé touchant ce mariage, dont le duc fut fort aise, l'approuva et, de plus, luy donna le prince Pierre, encore un petit enfant, lequel il amena en France, où il séjourna quelques temps avec Madame de Guyenne, sa tante, visitant de fois à autre sa future espouse, encore petite et sortant des langes.

Le seigneur de la Trimoüille continuant en la haine qu'il avoit conceuë contre les parents de nostre infante, à cause du refus dont nous avons parlé, monseigneur le connestable fut d'avis de l'envoyer à la cour du duc, son frère, pour obvier aux inconvéniens qui eussent pû arriver : ce qui fut exécuté au commencement de l'an 1431, le quatriesme de son âge, auquel fut traité le mariage d'elle avec ledit prince Pierre, lequel, en considération dudit mariage, ledit seigneur connestable institua son héritier de ses terres de Vouvent, Partenay, Mervent, Secondigny, Chastelalion et autres terres qu'il tenoit en France par don du roy, fait à luy et à ses héritiers masles; ce que le roy autorisa, et le duc Jean, père dudit Pierre, apointa le prince François, comte de Monfort, et son fils, et ledit Pierre sur le débat de ladite succession future, en sorte qu'elle venoit entièrement audit Pierre, du consentement de monseigneur le dauphin, héritier présomptif du roy. Quant à elle, elle eut promesse de quatre mille livres de rente, à estre prises sur le comté de Benon, en l'isle de Ré, chasteau et chastelenie de Mont-Richard; et le duc Jean luy assigna douaire (en cas qu'elle survescut à son mary) de la somme de douze cents livres de rente, et depuis, en l'an 1438, assigna au prince Pierre son appanage. Sa mère, l'envoyant en Bretagne, luy donna une prudente damoiselle pour la nourrir et eslever en la crainte de Dieu et instruire en tous les loüables et vertueux exercices qui sont séans à filles de sa qualité. Notre petite Françoise fut receuë en grande joye du duc et de toute sa cour, mais spécialement de la duchesse, madame Jeanne de France, l'une des pieuses princesses de son temps, fille spirituelle de l'apostolique saint Vincent Ferrier, laquelle prit un soin particulier d'eslever cette jeune plante et la dresser au ply de la vertu, et, dès qu'elle sceut parler, elle luy apprit ses créances et catéchisme, mesme à faire oraison mentale, selon la méthode que saint Vincent luy avoit apris. En cet âge tendre et enfantin, elle donnoit des présages et indices manifestes de ce qu'elle seroit un jour; elle estoit d'un naturel doux et paisible, ne faschait aucun, et, lorsqu'elle s'éveillait en son berceau, ne criait aucunement; mais, levant les yeux au ciel, ses petites mains jointes ou croisées sur sa poitrine, demeuroit comme ravie et extasiée en quelque profonde contemplation, excitant à dévotion ceux qui expressément espèrent l'occasion de la surprendre en tels ravissemens. Sa prudence en ses réponses et sa discrétion en ses paroles surpassoient son âge; elle estoit dévote et prenoit grand plaisir à fréquenter les églises, où elle prioit en grande ferveur et attention; elle supportoit volontiers toutes les injures et incommoditez du temps, considérant les peines et travaux que Jésus-Christ et les saints ont enduré. Un jour, estant de retour de l'église cathédrale de Vennes, où elle avoit assisté au divin service avec la duchesse, estant de retour au chasteau de l'Hermine, sa gouvernante luy fit tirer ses souliers pour la chausser plus aisément, car il faisait grand froid; alors elle se prit à soupirer et pleurer; interrogée de la cause de ses larmes, elle dit à sa fille qui la déchaussoit: « Ma bonne fille, n'avez-vous pas pris garde que mon père et patron saint François persévère nuds pieds en continuelle oraison? Je vous prie, portez-luy mes souliers, afin qu'il n'aye pas si grand froid. » Elle donnait aux pauvres des petits présens qu'elle pouvoit avoir en sa disposition, mesme ses robbes, cottes, souliers, et souvent son déjeuner ou réfection; elle ne s'amusoit point aux jeux puérils et autres passe-temps avec les enfants de son âge; mais la trouvoit-on occupée à quelque action sérieuse, filer, coudre, travailler à l'éguille, lire ou escrire, et jamais oyseuse. En l'église, elle récitoit tous les jours ses Heures; et, les jours de prédications (desquelles elle ne perdoit pas une seule), tout son entretien n'estoit que de ce que le prédicateur avoit dit.

Dès son plus bas âge, elle portoit une grande révérence au saint sacrement de l'autel, devant lequel elle se prosternoit humblement; et lors que le prestre le montroit au peuple, elle sentoit une si grande tendresse de consolation intérieure, que ses yeux se déchargeoient d'un torrent de larmes. Les jours que le duc, la duchesse et leur cour (très bien réglée en piété et dévotion) se disposoient pour la communion, elle estoit plongée en un excès de tristesse, ne vouloit manger ny boire et ne cessoit de pleurer; elle ne voulut long-temps découvrir le sujet de ses larmes, jusqu'à ce qu'un jour la duchesse, l'ayant prise à part, la conjura de luy dire quel estoit le sujet de sa tristesse et qu'elle la rendroit contente. Alors, redoublant ses sanglots, elle répondit: « Hélas! Madame, Monseigneur et vous et toute vostre cour avez, ce jour, joüy d'une si grande faveur du ciel, ayant receu le corps de nostre Sauveur, et moy seule, faute d'âge, je suis privée de ce bien! Jugez, s'il vous plaist, si je n'ay pas sujet de pleurer. » La duchesse fut attendrie de ces paroles et ne peut tenir de pleurer de joie, et, tirant son mouchoir, luy essuya les yeux, les baisa et luy dit: « Apaisez-vous, mon petit cœur; je feray en sorte qu'à la Toussaints prochaine vous communierez. » Et tout de ce pas alla trouver son confesseur, le R. P. F. Yves de Pontsal, religieux de l'ordre des Frères Prédicateurs, du couvent de Kemperlé, qui, la mesme année 1432, fut sacré évesque de Vennes, lequel, voyant la piété, discrétion et zèle de la petite Françoise, jugea qu'on luy devoit permettre l'accès de la sainte table et la faire communier, quoy qu'elle ne fust âgée que de cinq ans. L'année suivante, qui fut 1433, la bonne duchesse tomba malade, au commencement du mois de septembre, et, sa maladie se rengregeant, elle fit ses dernières dispositions et ordonnances, receut dévotement les sacrements de Pénitence, Viatique et l'Extresme-Onction; puis, appellant ses filles, leur dit adieu, et, faisant approcher la petite Françoise près de son lit, après plusieurs belles remontrances et avis salutaires, luy donna sa bénédiction et luy fit présent d'un chapelet de bois qu'elle avoit eu de saint Vincent, luy recommandant très spécialement de solliciter la canonisation dudit saint envers le duc et les princes ses enfants. Françoise, toute baignée de larmes, recueillit les dernières paroles de sa bonne maistresse spirituelle, laquelle elle avoit soigneusement servie pendant sa maladie, et, quand elle fut décédée, elle en porta le deuil, assista à son enterrement, qui fut au chœur de l'église cathédrale de Vennes, devant le grand autel, où elle fit dire grand nombre de messes pour le repos de son âme. Sur la fin de la mesme année, le duc, avec toute sa cour, alla à Nantes et y fit conduire aussi nostre Françoise, avec les princes ses enfants, tous lesquels assistèrent à la fondation du magnifique portail de Saint-Pierre de Nantes, auquel le duc mit et posa la première pierre ; Guillaume de Malestroit, évesque de Nantes, la seconde ; le comte de Montfort, François, la troisiesme ; le chapitre de Nantes la quatriesme, le prince Pierre la cinquiesme et la ville la sixième, le 15 avril 1234. Pendant son séjour à Nantes, elle fréquenta plusieurs religieux de sainte vie et exemplaire, ès monastères de Saint-Jacques, ordre des Frères Prédicateurs, situé tout proche le chasteau, des Cordeliez fondez jadis par les seigneurs de Rieux, ses ayeuls maternels, et des carmes, de la fondation des seigneurs de Rochefort, en Bretagne, vicomtes de Donges, ses propres alliez ; lesquels l'enflammèrent tellement en l'amour de Dieu, qu'elle eust désiré deslors se consacrer entièrement à son service en quelque austère religion.

Mais le temps n'estant pas encore venu auquel Dieu luy devoit accorder ses soûhaits, le duc Jean, la voyant âgée de sept ans, et qu'à mesure qu'elle croissait en âge elle croissait en vertus, appella, un jour, les barons et seigneurs qui se trouvèrent à Nantes, dans le chasteau, où, s'estans assemblez dans la salle, il fit venir ses trois fils, les princes François, comte de Montfort et Beaufort, Pierre, comte de Guengamp, et Gilles ; et, s'adressant à nostre Françoise, luy dit : « Or çà, ma fille, voicy mes trois fils ; choisissez lequel il vous plaira et il sera vostre espoux. » Ayant humblement remercié le duc de cette faveur, soit qu'elle eust esté avertie que monseigneur le connestable, son oncle, avoit, dès l'an 1429, proposé de la marier au prince Pierre, soit par humilité et inspiration particulière de Dieu, comme dit le manuscrit de sa vie, elle ne s'arresta pas au comte de Montfort, héritier présomptif du duché, mais s'alla humblement prosterner aux pieds du prince Pierre, lequel la releva gratieusement et la baisa, et se donnèrent la foy réciproque : le baiser de cette dame fut de telle vertu et efficace, que son époux ne la toucha jamais, mais la laissa vierge, sans aucune corruption, comme dirons ailleurs. Ayant esté fiancée, elle commença à s'adonner à l'exercice des vertus plus que jamais, se préparant aux exercices de patiences ès tribulations qui luy estoient réservées en son futur ménage ; elle servoit de modèle de vertu et d'exemple de piété à toutes les dames de la cour. Quand elle se trouvoit ès compagnies, sa modestie et honneste entretien, ses paroles très douces et discrètes servoient de frein et retenue aux plus dissolues ; elle faisoit grand estime de celles qui, touchées de Dieu, désiroient de quitter le monde et entrer en quelque religieux monastère ; se plaisoit en leur compagnie et les aydoit de grosses sommes de deniers. Ayant atteint l'âge de quinze ans, elle fut solennellement espousée audit prince Pierre, en présence du duc François, son beau-frère, du connestable de France, son oncle, des prélats et barons de Bretagne, l'an 1442, et la fit, son mary, vestir, le jour de ses nopces, de damas blanc, donnant par là à connoistre qu'elle garderait la blancheur du lys virginal, et serviroit le seigneur en toute pureté, sous cette livrée, en l'ordre sacré des Carmes, dédié à la glorieuse Vierge Marie; et, de fait, la première nuit de leur mariage, ils convinrent ensemble de vivre aux yeux des hommes comme mariez, mais devant Dieu comme frère et sœur. Les solennitez des nopces achevées, le prince Pierre amena son épouse en sa ville de Guengamp, en Basse-Bretagne, au diocèse de Tréguer, laquelle ville, confisquée sur ceux de Penthièvre, luy avoit esté donnée par le duc Jean, son père, et la fit murer et ceindre avec ses tours et portaux, comme elle se voit à présent; et, pour son logement, y bastit un petit chasteau, flanqué de quatre belles tours, susportées d'un fort ravelin pentagone, qui deffend une des portes, nommée de Rennes.

En ce lieu choisirent leur ordinaire demeure, pour estre l'air très beau, le pays bon et habité, remply de bois et forests pour le déduis et plaisir de la chasse; la ville bonne et riche, tant à cause que c'est comme la clef et le passage de l'une à l'autre Bretagne, haute et basse, qu'à cause du trafic de mer qui se fait en son port de Pontrieu, distant de trois lieuës de la ville, où abordent toutes sortes de marchandises, qui, des celliers des marchands de Guengamp, se débitent sur le plat pays de six, huit et dix lieuës à la ronde. En ce lieu, dis-je, ces princes avoient une petite cour, visitez continuellement de la noblesse de Tréguer, Goëlo, Saint-Brieuc et Cornouaille, passans les premières années de leur mariage en grande union, concorde et conformité de mœurs et d'humeurs, la princesse Françoise s'estudiant soigneusement de complaire en tout et par tout à son seigneur et mary, auquel elle portait un si grand respect que, lors qu'il revenoit de la chasse, ou de quelque autre récréation ou visite, elle luy sortoit au devant pour le recevoir et luy rendre toute sorte de service. Pendant qu'ils vivoient de la sorte en leur mesnage, comme en un petit paradis terrestre, Dieu permit, pour sa plus grande gloire et pour accroistre la couronne de la bien-heureuse princesse, que l'ennemy du genre humain vinst troubler leur repos et amitié, par le moyen de certains flatteurs, lesquels, d'une langue serpentine, jettèrent dans l'âme du prince mille soupçons de sa chaste et pudique femme, de sorte qu'il devint jaloux à toute extrémité. Il devint triste, chagrin, fascheux et inaccessible à tout le monde; tout luy déplaisoit, et il pointilloit sur un pied de mouche; il se défioit de tout, épioit les actions de ses domestiques, regardoit comme on parloit, comme on cheminoit, comme on se gouvernoit; ceux qui, auparavant luy estoient plus familiers luy furent suspects; il congédioit aussi avec menaces et injures les seigneurs qui le venoient visiter, montrant porter une haine ouverte à ses proches et familiers, mesme à sa très chaste et innocente femme, laquelle il ne pouvoit regarder que de travers et grinçant des dents, et, néanmoins, il ne pouvoit vivre une heure hors de sa présence. La beauté incomparable de cette dame fomentait ses soupçons et défiances ; son éloquence et ses charmantes paroles, pleines d'humilité et de respect, aigrissoient son courroux et enflammoient de plus en plus sa rage ; néanmoins, elle taschoit à le remettre en son bon sens et luy demandoit quel estoit le sujet de sa tristesse, protestant aymer mieux mille fois mourir que faire la moindre action contre son devoir, ny qui luy dépleust. Cela et rien estoit tout un vers ce pauvre prince, frappé si avant de l'aveuglement de jalousie, que la bien-heureuse princesse, voyant qu'elle ne gagnoit rien sur luy, se prépara à la patience, recommanda son innocence à Dieu, le suppliant de ne permettre qu'elle ni son mari n'offençassent Sa Majesté, que, cela sauf, sa sainte volonté fust entièrement accomplie en leur triste et désolé mesnage.

Enfin, cette nuée enfanta le carreau ; et des soupçons et des paroles le prince en vint aux effets et aux coups. Furieuse passion ! qui transformez les hommes en bestes, et métamorphosez ce prince, qui, pour sa naturelle bonté et débonnaireté, fut depuis surnommé le simple, en un tigre cruel envers la plus belle, la plus chaste, la plus humble et la plus aymable femme de son siècle. Cette dame joüoit parfaitement bien du luth et sçavait la musique, mesme l'avoit aprise à ses damoiselles, avec lesquelles elle chantoit quelques airs et chansons spirituelles, que la défunte duchesse luy avoit apris. Un jour, comme elle s'occupoit à cet honneste et récréatif divertissement, en la haute salle du château de Guengamp, son mary, qui estoit en son cabinet, entendant cette douce harmonie, capable d'appriviser les bestes farouches mesmes, sortit de sa chambre tout furieux, et, entrant dans la salle, se mit à crier et tempêter et vomist mille injures contre la princesse, et en vint jusques là que, fermant le poing et levant le bras, il s'avança pour la frapper. Alors l'humble Françoise, regrettant plus l'offense faite à Dieu que le tort fait à son innocence, se jetta à genoux, et, les mains jointes, les yeux baignez de larmes, luy dit : « Monseigneur et mary, différez un petit pour le présent, et, quand nous serons en la chambre, vous pourrez faire punition, s'il y a cause. » La voyant en cette humble posture, il ne la voulut frapper, mais luy commanda d'entrer promptement en la chambre, où il la suivit, peu après, garni de verges fraschement cueillies, et luy ayant donné plusieurs soufflets sur la face, la fit dépouiller et la foüetta par tout le corps, avec une cruauté si barbare qu'il la laissa demy-noyée dans son sang ; et, pendant ce sanglant sacrifice, il ne luy échappa jamais aucune parole que

[25]

seulement : « Mon amy, croyez que j'aymerois mieux mourir que d'offenser mon Dieu, ny vous ; mes péchez méritent plus rude chastiment que celuy-ci. Mon cher amy, Dieu nous veüille pardonner ! » Non content de l'avoir excédée de la façon, il chassa et renvoya tous les domestiques que sa mère luy avoit baillez : ce qui luy fut bien dur à suporter, nommément l'absence de sa nourrice ou gouvernante, femme vertueuse et spirituelle, en laquelle elle avoit tant de confiance qu'elle luy ouvroit son intérieur et conféroit avec elle des plus importantes affaires de sa conscience. Cette privation l'affligea tellement qu'elle tomba en une griefve maladie, laquelle la réduisit, en peu de jours si bas que l'on n'en attendoit que la mort. Toute la Bretagne, ayant sçeu le sujet de sa maladie, déploroit son infortune ; mais aucun n'osoit l'aller voir, ny consoler, crainte de son mary, qui se défioit de tout le monde. Enfin, sa bonne gouvernante, sçachant l'extresmité où elle estoit réduite, obtint, par l'importunité, permission de l'aller voir, et, estant dans la chambre, elle se mit à genoux près de son lit, et, les larmes aux yeux, luy dit : « Hélas ! madame et bonne maistresse, si vostre cœur pouvoit parler, il me feroit connoistre qu'on vous persécute à tort et sans cause. » La bien-heureuse princesse, tirant des forces de sa faiblesse, luy répondit : « Ce monde n'est point un lieu de félicité, mais de travaux et calamitez, auquel Nostre Sauveur Jésus-Christ a tant souffert d'opprobres, de travaux et de tourmens, estant mort honteusement pour nostre salut, et ceux qui sont ses amis participent de ses peines et passions. Mon Seigneur Jésus-Christ, c'est mon amour, c'est ma patience, qui, par sa grâce, m'a donné de son vin d'amertume, duquel le Nom soit béni à jamais ! »

Tandis que l'heureuse Françoise but ce calice de tribulation, avec une si admirable patience et résignation à la volonté de Dieu, elle mérita la guérison de son mary et d'elle-mesme : car les seigneurs et barons du pays luy remontrèrent si bien le tort qu'il faisoit à sa compagne et à soy-mesme et le scandale qu'il causoit à toute la Bretagne que Dieu, le touchant intérieurement, luy ouvrit les yeux pour reconnoistre sa faute ; en sorte que, rentrant en soy-mesme, et pensant au mauvais traitement qu'il avoit fait subir à sa femme, il resta tout honteux et confus, entra dans la chambre où elle estoit malade au lit, non encore furieux et bouillant de colère, mais repentant de ses fautes et la larme à l'œil, se jeta à genoux, teste nüe, près de son lit, reconnut humblement sa faute et luy en demanda pardon.

Depuis que le prince Pierre eut reconnu sa faute, il se conforma tellement aux saintes intentions de sa femme que son palais sembloit un monastère bien réglé, par le bon ordre qu'y donnoit nostre Françoise : ils se levoient tous les jours à quatre heures, et à genoux en leur oratoire, récitoient dévotement leurs heures; puis, faisoient une heure d'oraison mentale, dont les points leur estoient fournis par celuy de leurs aumôniers qui estoit en semaine pour deservir l'oratoire du prince; sur les six heures, ils entendoient tous deux la messe, où, depuis le *Sanctus* jusques à la communion, elle versoit de ses yeux un torrent de larmes, excitant à dévotion les plus tièdes et lasches; et son mary, sortant pour vaquer à ses affaires, elle demeuroit en oraison en sa chappelle, si quelque affaire urgente ne l'en divertissoit, et entendoit toutes les messes qui s'y disoient, et, l'heure de la grand'messe venue, elle alloit à l'église cathédrale, ou à sa paroisse, ou bien à quelque monastère, et y entendoit tout le divin service. Elle avoit une grande dévotion à sainte Ursule et aux onze mille vierges, ses compagnes, en l'honneur desquelles elle donnoit à disner, tous les mercredys de l'année, à onze vierges, les servoit à table, et, à l'issue du disner, leur donnoit à chascune cinq sols, et, à mesme jour de mercredy, faisoit dire une messe en l'honneur des onze mille vierges et l'a fondée à perpétuité aux Chartreux de Nantes. Le jour de Noël, elle prenoit quelque petit pauvre, lequel elle vestoit et accoustroit tout de neuf, pour l'honneur de Nostre-Seigneur Jésus-Christ et disoit avec une joye et réjouïssance spirituelle : « Ce petit innocent nous représentera l'Enfant Jésus cette année. » Laquelle coustume les dames religieuses des Coëts, ses filles, ont toujours observée depuis, à son exemple. Et elle se confessoit, au plus tard, tous les quinze jours et recevoit dévotement le Saint-Sacrement, avec abondance de larmes et une extresme dévotion, nommément ès fêtes solemnelles, estant toute ravie en Dieu. Quand elle estoit revenue du sermon, elle assembloit tous ses domestiques, qui n'y avoient pû aller et leur récitoit ce qu'elle y avoit apris pour leur édification. Après avoir sobrement pris sa réfection, elle passait la journée à travailler avec ses filles, à ouvrager, à l'aiguille, de la broderie, de la dentelle et autres semblables, fuyant l'oisiveté, comme la mère de tout vice et le coupe-gorge des vertus. Jamais ne querelloit ses seigneurs, mais les reprenoit doucement, et dissimuloit prudemment leurs fautes, prenant son temps pour les avertir de leur devoir. A sa persuasion, le duc Pierre, son époux, rebastit tout à neuf le chœur de l'église collégiale de Notre-Dame de Nantes, en laquelle ils avoient éleu leur sépulchre. Le jour du jeudy saint, tous les ans, elle lavoit les pieds à quinze vierges, les servoit à table et leur donnoit à chascune une robbe blanche. Elle visitoit les hôpitaux et maladeries, s'informant diligemment s'ils estoient fournis de lingeries, meubles, lits et autres ustensiles. Elle fit paroistre sa charité envers les ladres et meseaux, lesquels, estans délaissez et abandonnez pour l'horreur et saleté de cette maladie, elle fit recueillir et retirer en des maisons et ladreries

[27]

qu'elle fit bastir à cet effet, et gagea des personnes pieuses pour les ayder et assister. C'estoit la mère du peuple, le refuge des misérables, la nourrice des pauvres. Elle procuroit volontiers audiance aux pauvres gens qui avoient affaire à son mary, sollicitoit pour eux et leur faisoit dépescher leurs affaires. Elle avoit grande compassion des pauvres honteux et de la noblesse qui, par quelque accident et revers de fortune, estoit tombée en disette et nécessité, à laquelle elle faisoit, par des personnes interposées, distribuer de grosses sommes de deniers, et volontiers prenoit leurs enfans à sa suite, les apointant de bons gages, outre leur nourriture et entretien. Elle fit venir en son palais une vieille bonne femme, laquelle, ayant passé sa vie à assister des malades, estoit devenüe percluse, sans se pouvoir ayder de ses membres, la logea en une chambre proche la sienne, la visitoit souvent, lui aprestoit et faisoit prendre sa nourriture, la faisoit surveiller et assister toutes les nuits par deux damoiselles, la faisoit visiter par des religieux et, lorsqu'elle fut décédée, l'ensevelit de ses propres mains : cette bonne femme, parmy ces douleurs, exhortée à patience par la bien-heureuse duchesse, respondoit assez rustiquement et mal courtoisement : «Prends patience? Madame, oh! que cela est aisé à dire, mais difficile à faire. » A cela ne répliquoit rien, mais, se tournant vers ses filles et damoiselles, leur disoit humblement : « Dieu nous l'a envoyée pour nous donner sujet de mériter et exercer les œuvres de miséricorde.» Elle se comporta en cette façon tout le temps qu'elle fut au monde, tant avant qu'après estre duchesse.

Cependant son mary estant mort, elle se résolut de quitter entièrement le monde et de vivre désormais solitaire, gémissant comme la tourterelle qui a perdu sa compagne. Elle projectoit de se rendre en quelque monastère lorsque, tout à propos, le R. P. Soreth, général de l'ordre des Carmes, lequel faisoit la visite ès convens de son ordre en Bretagne, arriva à Nantes. La bien-heureuse duchesse, en estant avertie, l'envoya prier de la venir trouver au chasteau : ce qu'il fit volontiers, car il avoit déjà ouy parler de l'estat de sa vie. Elle le receut en grande joye, l'entretint quelques heures, luy ouvrit son cœur, et luy déclara « son désir estre de se rendre religieuse. Alors le père Soreth, loüant son dessein, luy parla de la sainte vie des religieuses de son ordre, qui estoient au pays de Liège et luy en dit tant de bien que, le Saint-Esprit opérant intérieurement dans son âme, elle se résolut d'imiter leurs vertus et d'embrasser leur institut, supliant ledit Père général de luy envoyer nombre de ces religieuses pour peupler un monastère qu'elle leur désiroit fonder, pour s'y rendre avec elles : ce que le père luy promit faire. Elle se retira à Vennes et y acheta une terre joignant l'église du monastère des Pères Carmes, dit le

Bon-Don, projettant de bastir son couvent contigu à cette église, afin que, sans sortir de la closture, elle pust entendre le divin service : car elle ne sçavait pas que les Carmélites chantassent le plain-chant, mais pensoit qu'ils lisoient leur office à notte morte, comme les religieuses de Sainte-Claire. Ayant payé cinq cent escus d'or pour cette terre, elle envoya à Rome suplier le pape Pie II de luy permettre de fonder son monastère, et d'apeller de pieuses religieuses de Liège pour y venir demeurer. Le pape, loüant ses sages résolutions, luy accorda sa requeste. Ayant obtenu cette permission du pape, elle fit travailler au bastiment de son monastère en telle diligence que, dans trois ans, l'église fut accomply. Le monastère basty et fermé de hautes et fortes murailles, le général des Carmes, Soreth, assisté du grand-vicaire du révérendissime Père en Dieu Frère Yves de Pontsal, religieux de l'ordre des Frères Prédicateurs du couvent de Kemperlé, évesque de Vennes, suivis de multitude de noblesse qui assistoit la duchesse, des bourgeois et habitants de Vennes et d'une innombrable multitude de peuple, fut prendre les carmélites au chasteau de l'Hermite et les amena le long de la ville jusqu'au nouveau monastère, situé tout près et joignant le couvent de Pères Carmes, dit le Bon-Don, et furent solemnellement mises en possession dudit monastère, lequel fut nommé le monastère des Trois-Maries. La duchesse bailla les clefs à la mère prieure, luy présenta les cordes des cloches et luy aida à les sonner, bien marrie de ne pouvoir prendre l'habit dès l'heure, mais il luy fallut demeurer encore en habit séculier, l'espace de quatre ans. Au bout de l'an, elle demanda humblement à faire profession, se prosternant aux pieds des religieuses, qu'elle fut trouver toutes, l'une après l'autre, les supliant pour l'amour de Jésus-Christ de n'avoir égard à ses imperfections et autres fautes qu'elle avoit commises en leur endroit, pendant son année de probation, mais au désir qu'elle avoit de s'amender, les supliant aussi de la recevoir sœur converse, se réputant indigne de chanter les loüanges de Dieu au chœur avec les autres religieuses. Sa requeste fut agréable à la compagnie et fut unanimément admise de toutes, ouy pour sœur de chœur, car elles ne vouloient jamais consentir qu'elle fust converse; et luy fut assigné le jour de l'annonciation Nostre-Dame, le 25 mars de l'an 1468, pour faire solemnellement sa profession. Lorsqu'on luy apporta les habits neufs pour sa profession, elle-mesme coupa les deux coins de derrière de son voile noir, et, interrogée pourquoi, elle répondit : « qu'elle ne méritoit pas de porter le voile comme les vierges, épouses de Jésus-Christ, elle qui avoit esté mariée, et qu'il estoit raisonnable qu'il y eust quelque différence manifeste qui la fist reconnoistre la plus imparfaite de toutes. » Encore bien que l'opinion de sa perpétuelle virginité fust toute constante, l'heure tant desirée venüe, qui luy avoit esté assignée pour faire profession, elle sortit du monastère, tenant un cierge blanc en sa main, suivie de quelques jeunes filles novices aussi; et se vint prosterner devant le Saint-Sacrement, au chœur de l'église de Bon-Don, puis aux pieds du général Soreth, luy demandant de faire profession en l'ordre des Carmes; à quoy ledit Père général la receut. Alors l'évesque de Vennes bénit ses habits, son voile et la ceinture de peau veluë, dont ledit Père général la vestit, et, le *Te Deum* chanté, elle entra dans le monastère avec les religieuses.

On pouvoit lire sur son visage et voir à sa contenance extérieure combien estoit grand le contentement qu'elle sentoit en son âme; elle remercia humblement Dieu de la faveur qu'il luy avoit faite, luy requérant le don de persévérance; et, pour se rendre vraye religieuse aussi bien d'effet que de nom, elle renouvella ses ferveurs et ses austéritez. Elle ne couchoit jamais sur coëtte de plume, ny matelas, avant sa profession; mais depuis elle se conforma entièrement à la façon de vivre de la communauté, fuïant soigneusement toute sorte de singularitez, comme vraye poison de l'union et charité, faisant estat de faire ses actions par obéïssance. Elle avoit tellement mis le monde en oubly, qu'elle n'en vouloit aucunement ouïr parler; lors qu'elle estoit malade, elle alloit à l'infirmerie commune avec les autres sœurs; et, hors de ce cas, logeait au dortoir, en une petite chambrette sans cheminée, ny autre meuble qu'un simple lict, une table et un escabeau. Elle ne mangeoit jamais hors le réfectoire, ny ne vouloit estre servie d'autres mets que de ceux de la communauté, où elle estoit plus attentive à la lecture qu'à manger et à boire. Toute sa vaisselle d'argent estoit d'étain ou de bois, et trenchoit elle-même ses viandes d'un couteau de fort vil prix. Après grâces, quand les autres sœurs s'alloient récréer dans les jardins, elle montoit ès infirmeries, pour visiter, consoler et servir les malades. Son habit estoit de gros drap gris fumé, de vil prix, sous lequel elle portoit le plus souvent la haire, et continuoit à prendre de cruelles disciplines jusqu'à effusion du sang. On ne la trouvoit jamais oyseuse, mais toujours occupée à quelque honneste labeur. Elle estoit toujours en prière au chœur, et n'en sortoit que long-temps après les autres; s'il se disoit plusieurs messes, elle les entendoit toutes, se tenans toujours à genoux sans s'appuyer, de sorte qu'il lui vint des callus ou durillons aux genoux, comme l'ont déposé celles qui l'ensevelirent. Elle avoit un mouvement spécial de prier pour ceux qui travailloient à la conversion des âmes. Elle avoit une soif insatiable de la parole de Dieu; et lors qu'elle estoit au siècle, elle avoit toujours en sa cour son fameux docteur et prédicateur, lequel preschoit sa famille, les dimanches et festes; et estant religieuse, elle procuroit d'en avoir aux Advents, Caresmes, festes et dimanches; et, quand il n'y avoit sermon, elle supléoit par la lecture de la sainte Ecriture ou de quelque livre dévot et spirituel. Lors qu'elle se présentoit au chapitre pour dire sa coulpe, elle se persuadoit estre devant le trosne judiciel de Jésus-Christ, et, se prosternant humblement aux pieds de la prieure, se confessoit des fautes et trangressions qu'elle avoit commises contre la règle et les statuts, supliant les sœurs, les larmes aux yeux, de supléer au deffaud de sa mémoire et de l'avertir charitablement de ses imperfections; puis mettant humblement les genoux en terre, elle se soumettoit aux disciplines et autres pénitences qu'on a accoustumé de départir en ce lieu. Elle s'estoit tellement dénuée de son propre sens et volonté, qu'elle ne faisoit rien que par obéissance ou aveu des supérieurs; si modeste en paroles, que les sœurs et les séculiers mesmes recherchoient sa conversation et ne la quittoient qu'à regret, restans grandement édifiez d'icelle.

Les religieuses, admirans la vertu et sainteté de la bien-heureuse Françoise, l'éleurent canoniquement et unanimément leur prieure, l'an 1475 : charge qu'elle refusa, alléguant son incapacité pour le peu de temps qu'il y avoit qu'elle estoit professe, et fit sa renonciation en plein chapitre, que les religieuses ne voulurent pas admettre, et évoquèrent l'affaire au Père général, lequel confirma son élection, luy commandant, en vertu de sainte obéissance, de l'accepter; ce qu'elle fit à regret, et non sans verser un torrent de larmes.

L'an 1481, le 25° jour de juillet, ce grand personnage, Frère Jean Soreth, lequel, par authorité du Saint-Siège avoit esté continué au généralat vingt ans, pendant lesquels il avoit travaillé à la réformation de son ordre en France, en Allemagne et pays de Flandre, décéda au couvent d'Angers; l'heureuse Françoise le pleura comme son père et fit prier pour le repos de son âme, et lui survescut quatre années, continuant en ces saints exercices et avançant de plus en plus dans la voye de perfection. Elle servoit les malades en l'infirmerie, au mois d'octobre de l'an 1485, spécialement une qui estoit frappée de maladie contagieuse, laquelle mourut entre ses bras; et, peu après, Dieu, la voulant retirer à soy, luy envoya une maladie, dont elle sentit les premières atteintes, le samedy devant la Toussaints, 28 octobre, par une douleur qui la saisit par tout le corps et qui l'obligea de se retirer en l'infirmerie; le lendemain, qui fut le dimanche, elle se confessa, entendit la messe, communia et ouït le sermon, puis prit congé du prédicateur et s'en retourna à l'infirmerie, d'où elle ne sortit désormais; elle passa la fête de la Toussaints en grandes douleurs qu'elle sentoit par tout le corps, sans montrer aucun signe d'impatience; la continuation et rengrègement de son mal luy firent connoistre que l'heure tant désirée approchait d'aller jouïr des chastes embrassemens de son époux céleste ; à quoy elle s'estoit résoluë ès entretiens spirituels qu'elle avoit eus pendant ces trois jours avec le P. Mathieu de la Croix, vicaire du convent, de l'avis duquel, le lendemain jeudy, 3ᵉ jour de novembre, elle se confessa de rechef et receut le saint sacrement d'Eucharistie en viatique et passa le reste du jour en colloques et oraisons jaculatoires, envisageant, de fois à autre, un crucifix qu'elle tenoit entre ses mains et qu'elle baisoit souvent. Environ minuit, elle fit appeller toutes ses religieuses en sa chambre et, en leur présence, dit sa coulpe au Père maistre vicaire et à la prieure, s'accusant, avec abondance de larmes, d'avoir mal édifié la compagnie, à laquelle elle demanda humblement pardon ; puis, se tournant vers ses filles qui fondoient en larmes autour de sa couche, elle leur dit : « Mes chères sœurs, je vous prie, sur toutes choses, faites que Dieu soit le mieux aymé ; soyez humbles, bénignes, douces, charitables, chastes, obéissantes, aimez-vous les unes les autres ; chérissez la paix, union et concorde ; soyez loyales à Dieu, fermes, constantes et persévérantes en l'observance de vostre profession. Adieux, mes filles, je m'en vais à présent experimenter ce que c'est que d'aymer Dieu ; celuy-là est bien abusé qui désire longuement vivre en ce monde ; quant à moy, je me soumets entièrement à la divine miséricorde et à la justice de Nostre-Seigneur, afin qu'il fasse de moy selon sa sainte volonté ; je me rends à luy. »

Elle estoit si humble qu'elle n'osoit donner la bénédiction à ses religieuses, jusques à ce que le Père vicaire luy dit : « Nostre mère, donnez vostre bénédiction à vos filles. » — « Je ne sçay, répondit elle, si je le puis faire, parce que les femmes n'ont point accoutumé de la donner. » Mais ayant esté assurée qu'elle le pouvait faire, elle leva la main et les bénit, disant : *Benedictio Dei Patris*, etc. Après, elle parla à maistre Olivier Laurens, son médecin, et luy remonstra qu'elle laissoit son monastère fort engagé, le chargeant de prier, de sa part, le duc d'acquitter ses dettes de l'argent qu'il luy devoit, et luy dire qu'elle luy recommandoit son pauvre convent. Ayant dit cela, elle pria le Père vicaire de luy donner l'Extresme-Onction, qu'elle receut avec grande dévotion, répondant elle-mesme aux pseaumes, litanies et autres suffrages, et, le reste de la nuit, elle vouleut que continuellement on luy lust quelque pieuse méditation ou dévote oraison, encore que le mal la pressast. Elle apella ses deux nièces de la Floxellère et de la Trimouïlle, ausquelles, agenouillées près de sa couche, elle donna plusieurs bons avertissemens et instructions. Le vendredy matin, elle manda le Père vicaire, et luy recommanda ses religieuses ; puis, fit réciter le *Stabat mater*, qu'elle écouta attentivement, et, quand elle fut finie, elle dit : « Oh ! qu'elle est bche ! » Après on lut la passion et, à ces paroles *In manus tuas, Domine*, etc., elle fit un regard sur la compagnie et dit à mesme temps : « Si vous voulez que je vous avoüe pour mes filles, soyez sages et discretes, fermes et constantes en vostre vocation ; je vous prie, faites que Dieu soit sur tout le mieux aymé. » Ce furent ses dernières paroles, et son cœur embrasé de l'amour de Dieu, bruslant et mourant d'amour, donna ce dernier témoignage de la véhémence de l'amour qu'elle portoit à Jésus-Christ : amour qu'elle laissa, par testament et legs, héréditaire à ses chères filles. Encore qu'elle eust perdu la parole, si est-ce qu'elle avoit le jugement bon, comme elle témoignoit par les signes qu'elle faisoit pendant qu'on récitoit les prières de la recommandation de l'âme agonisante. Ayant passé toute la matinée ès agonies, à l'heure de None, la parole luy revint, et regardant vers le ciel, joignant les mains, dit hautement : « Vous, soyez les très bien venuës, mes bonnes dames. » On luy demanda que c'estoit : « Ce sont mes dames que j'ay toujours honorées et vénérées ; oh ! qu'il y a long-temps que j'ay désiré estre avec elles ! Je vous prie qu'on fasse place pour les recevoir. » Et peu après rendit son heureux esprit, le vendredy, quatriesme jour de novembre, à mesme heure que Jésus-Christ expira en la croix, et crut-on que ces dames qu'elle vit assister à son trépas, c'estoient sainte Ursule, reyne de Bretagne Armorique, sa prédécesseure, et les onze mille vierges, ausquelles elle avoit toujours porté une dévotion spéciale.

Le bruit de sa mort ayant esté épandu par la ville de Nantes, les chanoines de l'église collégiale de Notre-Dame voulurent avoir son corps, pour l'enterrer dans leur église, près du duc Pierre son époux ; mais il fut impossible de résoudre ses religieuses de s'en dessaisir : elles l'ensevelirent à l'entrée de leur chapitre, ainsi qu'elle l'avoit désiré, afin que les sœurs, entrans et sortans du chapitre, la foulassent de leurs pieds ; mais depuis son corps a esté retiré de là et mis en un tombeau élevé, en un coin dudit chapitre, tellement disposé que le pied du tombeau répond au bas de l'église, sous le jubé de la grille, et à l'entour de la pierre tombale est gravée son épitaphe, plein de religieuse modestie, en ces termes.

Cy gist très haulte et vertueuse dame, sœur Françoise d'Amboise, en son vivant duchesse de Bretagne, épouse du bon duc Pierre ; après la mort duquel, elle entra en la sainte et dévote religion de Nostre-Dame du Carmel et prit l'habit le jour de l'Annonciation de Nostre-Seigneur, l'an 1467, et audit jour fit profession, l'an révolu ; vivant sous la closture et entière observance et bonne résolution jusqu'à son trépas, qui fut le quatrième jour de novembre, au vendredy, heures de None l'an 1485.

HISTOIRE DE LA FONDATION DE NOTRE-DAME DU FOLLGOAT

EN LÉON, LE 8 MARS

Environ l'an de grâce 1350, séant en la chair apostolique le pape Clément VI, Charles IV du nom tenant les resnes de l'empire, et le roy Jean régnant en France, durant le plus fort des guerres civiles entre le duc Jean de Montfort (depuis surnommé le conquérant) et Charles de Chastillon, dit de Blois, comte de Penthièvre, devers sa femme, pour le duché de Bretagne, Guillaume de Rochefort estant évesque de Léon, vivoit, au territoire de Les-Neven, un pauvre garçon idiot, nommé Salaün, qui signifie Salomon, lequel avoit l'esprit si grossier qu'encore qu'il fust envoyé de bonne heure aux écoles, jamais il ne peut apprendre autre chose que ces deux mots : *Ave Maria*, lesquels il récitoit continuellement avec grande dévotion et consolation de son âme.

Ses parens estans décédez, il fut contraint de mendier sa vie, ne sçachant aucun métier pour la gagner. Il faisoit sa demeure dans un bois, à l'extrémité de la paroisse de Guic-Elleaw, près d'une fontaine ; n'usant d'autre lict que la terre froide, sur laquelle il se couchoit, à l'ombre d'un arbre tortu, qui lui servoit de ciel et de pavillon. Il estoit pauvrement vestu, deschaux la plus part du temps. Il alloit tous les matins à la ville de Lesneven, distante de demie lieue de son bois, où il entendoit la sainte messe, pendant laquelle il prononçoit continuellement ces mots : *Ave Maria*, ou bien en son langage : *O' Itroun Guerhez Vari*, c'est-à-dire : O ! Dame Vierge Marie. La messe ouye, il alloit mendier par la ville de Lesneven du pain que luy donnoient volontiers les citoyens et soldats de la garnison ; puis, s'en retournant à son hermitage, rompoit son pain et le trempoit dans l'eau de sa fontaine et le mangeoit sans autre assaisonnement que le saint nom de Marie qu'il répétoit à chaque morceau. Lorsqu'il faisoit froid, il se plongeoit dans l'eau de sa fontaine jusqu'aux aisselles et y demeuroit long-temps, chantant toujours quelque couplet ou rythme breton en l'honneur de Notre-Dame ; puis ayant repris ses accoutremens, il montoit dans son arbre, et, empoignant une branche, se bransloit en l'air, criant à pleine teste : *O ! Maria ! O ! Maria !*

Les villageois du voisiné, voyans ses déportemens, le jugèrent fol, et ne l'appeloit-on partout que Salaün-ar-foll, c'est-à-dire Salomon-le-fol. Une fois, fut rencontré par une bande de soldats qui couroient la poule sur la campagne, lesquels l'arrestèrent et luy demandèrent qui vive : « Je ne suis, dit-il, ny Blois, ny Mont-

[84]

'ort (voulant dire qu'il n'estoit partisan de Charles de Blois, ny du comte de Mont-fort), mais *Vive la Vierge Marie!* » A ces paroles, les soldats se prirent à rire, et, l'ayant fouillé, ne luy trouvant rien qui leur fust propre, le laissèrent aller. Il mena cette manière de vie l'espace de trente-neuf ou quarante ans, sans jamais avoir offensé ny fait tort à personne. Enfin, environ l'an 1358, il tomba malade, et ne voulut, pour cela, changer de demeure, quoy que les habitants des villages circonvoisins luy offrissent leurs maisons. Il demanda le curé de Guic-Ellcaw, auquel il se confessa, et peu après décéda paisiblement, le premier de novembre, jour de Toussaints. Son corps fut enterré dans le cimetière de Guic-El-lcaw, et non au lieu où il mourut, qui estoit terre prophane, sans autre solemnité. Mais Dieu qui vouloit que sa sainte Mère fust glorifiée en ce sien serviteur, fit paroistre aux yeux de tous combien cette dévotieuse affection qu'il portoit à la glorieuse Vierge Marie luy avoit esté agréable.

Car, comme on ne parloit plus de Salaün et que sa mémoire sembloit avoir esté ensevelie dans l'oubliance, aussi-bien que son corps dans la terre, Dieu fit naistre sur sa fosse un lys blanc, beau par excellence, lequel répandoit de toutes parts une fort agréable odeur; et, ce qui est plus admirable, c'est que dans les feuilles de ce lys estoient écrites en caractères d'or ces paroles : *Ave Maria!* Le bruit de cette merveille courut, en moins de rien, par toute la Bretagne, de sorte qu'il s'y transporta une infinité de monde pour voir cette fleur miraculeuse, laquelle dura en son estre plus de six semaines, puis commença à se flétrir : et lors fut advisé par les ecclésiastiques, nobles et officiers du duc, qu'on fouiroit tout à l'entour de sa tyge, pour sçavoir d'où elle prenoit sa racine, et trouva-t-on qu'elle procédoit de la bouche du corps mort de Salaün : ce qui redoubla l'estonnement de tous les assistans, voyans un témoignage si grand de la sainteté et innocence de celuy que, quelques années auparavant, ils estimoient fol. Lors, par délibération commune des seigneurs qui se trouvèrent là et des officiers du duc, fut conclu et arresté qu'en mémoire de cette merveille on édifieroit, au lieu mesme où Salaün avoit fait son hermitage, une chappelle en l'honneur de Nostre Dame, qui seroit apellée Ar-Follcoat, c'est-à-dire le Bois du Fol. Le duc comte de Mont-Fort, adverty de ces merveilles et de la délibération des seigneurs, approuva leur dessein et promit à Dieu et à la glorieuse Vierge que, si par son assistance il devenoit paisible possesseur de son héritage de Bretagne, il luy édifieroit une église au Follcoat, la doteroit et donneroit salaire aux ecclésiastiques pour y faire le divin service.

Et, de fait, ce prince, ayant vaincu ses ennemys à la bataille d'Auray, l'an 1364, où son compétiteur Charles de Blois fut tué, s'alla faire reconnoistre par toutes les villes de son duché, et, estant à Les-Neven, au mois de janvier 1365, il fit ladite fondation et assigna des rentes pour les doyens, chanoines, chappelains, et psallette du Follcoat, fit prendre les fondemens de l'église et posa la première pierre. On continua le bastiment jusqu'à l'an 1370, que la guerre commença entre le roy de France Charles VI et le duc, de l'obéissance duquel la plus part de ses sujets se révoltèrent, en haine de ce qu'il avoit logé des garnisons angloises à Morlaïx, Kemper et Les-Neven, où ils commirent des insolences si grandes que tout le païs se rua sur eux et les chassa hors. Cette guerre dura jusques à l'an 1381, pendant laquelle l'ouvrage ne s'avança aucunement, les deniers qui y estoient destinés ayant été divertis pour subvenir aux frais de la guerre; laquelle estant sur le point de se rallumer, l'an 1388, à cause de l'emprisonnement du connestable Ollivier de Clisson au chasteau de l'Hermine, à Vennes; et l'an 1392, le roy de France Charles VI menaçant de fondre sur la Bretagne, les susdits deniers furent de rechef arrestés pour fournir aux nécessitez occurantes du païs : enfin, le duc, mourant au chasteau de Nantes, l'an 1399, le jour de Tous-Saints, recommanda très expressément à son fils, le comte de Mont-Fort, qu'au plus-tost que faire se pourroit il s'acquitast de cette fondation; à quoy il ne manqua.

Car, incontinent qu'il fut de retour de France, en l'an 1401, il vint à Les-Neven; il y fit son entrée et receut les hommages des nobles de la comté de Léon, fut au Follcoat, fit venir des ouvriers de toutes parts et y fit continuellement travailler, en sorte que l'église parfaite fut dédiée, l'an 1419, par Alain, évesque de Léon, peu avant qu'il fut transféré à l'évesché de Tréguier par le pape Martin V. Cette chappelle est l'un des plus dévots pèlerinages, renommé par-tout pour les grands miracles que Dieu y a opérés par l'intercession de sa sainte Mère. Tous nos princes, depuis Jean le Conquéreur jusques à François II, y ont fait plusieurs voyages, et, en leurs affaires les plus urgentes, s'y sont voüez. La reyne Anne de Bretagne, estant venue faire un tour en son païs de Bretagne, y vint en pèlerinage, l'an 1506, y fit sa neufvaine, y laissa de riches présens, comme aussi le roi François 1er en septembre l'an 1532, à l'issue des Estats de Vennes, où la duché de Bretagne fut incorporée et inséparablement unie à la couronne de France.

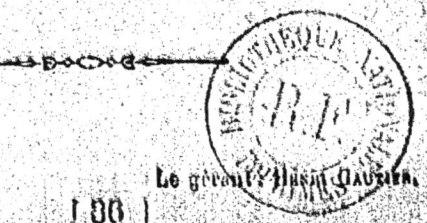

RENTRÉE DES CLASSES

BIBLIOTHÈQUE LITTÉRAIRE
DES ÉCOLES ET DES FAMILLES
Adoptée par le Ministère de l'Instruction publique
POUR LES ÉCOLES PRIMAIRES SUPÉRIEURES

Le Volume : 10 Centimes

Envoi franco de 1 vol. pour 15 cent. — 2 vol. pour 25 cent. — 25 vol. pour 3 fr. 100 vol. (la collection complète) pour 10 fr.

Adresser les demandes à M. HENRI GAUTIER, éditeur, 55, quai des Grands-Augustins, à Paris.

CENT VOLUMES EN VENTE

Mme Adam : Types de Hongrie. — Général Ambert : Sedan. — Andersen : Contes. — Andrieux : Les Étourdis. — Auerbach : Nouvelles choisies. — Beaumarchais : Clavico. — Mme Belcher-Stowe : La Case de l'oncle Tom. — Bernardin de Saint-Pierre : La Chaumière indienne. — Boileau : Le Lutrin. — H. de Bornier : Nouvelles. — Bossuet : Henriette d'Angleterre. — Brueys et Palaprat : L'avocat Patelin. — Buffon : Les Époques de la Nature. — Lord Byron : Childe Harold ; le Prisonnier de Chillon. — René Caillié : Tombouctou. — Mme de Caylus : Les Coulisses du grand Règne. — Cervantès : Don Quichotte. — A. de Chamisso : L'Homme qui a perdu son ombre. — Chateaubriand : Le Dernier Abencérage ; le Génie du Christianisme. — A. Chénier : Poésies. — Mme de Choiseul : Une grand'maman à la cour de Louis XV. — J. Clarette : Nouvelles. — Collin d'Harleville : Monsieur de Crac. — François Coppée : Nouvelles. — P.-L. Courrier : Lettres et pamphlets. — Dancourt : Les Bourgeoises de qualité. — Alphonse Daudet : Nouvelles. — C. Delavigne : Les Enfants d'Édouard. — Desforges : Le Sourd. — Ch. Dickens : Nouvelles. — Diderot : L'art au xviiie siècle. — G. Eliot : Le Moulin sur le Floss. — Fénelon : De l'Éducation des Filles ; Histoires et contes. — Fléchier : Les grands jours d'Auvergne. — Daniel de Foë : Robinson Crusoé. — Franklin : La science du bonhomme Richard. — Gœthe : Hermann et Dorothée. — Grimm : Les Salons de Paris sous la Révolution. — H. Heine : Le Hartz. — Hoffmann : Contes fantastiques. — V. Jacquemont : Lettres de l'Inde. — La Bruyère : Caractères. — Mme de La Fayette : La Cour de France au xviiie siècle. — La Fontaine : Fables. — La Harpe : Portraits littéraires. — Ch. Lamb : Contes de Shakespeare. — Las Cases : Mémorial de Sainte-Hélène. — Le Sage : Gil Blas. — Mme de Maintenon : De l'Éducation. — Xavier de Maistre : La Jeune Sibérienne. — Marivaux : L'Épreuve ; le Legs. — Marmontel : La Société littéraire au xviiie siècle. — Guy de Maupassant : Nouvelles. — Michelet : L'Italie. — Molière : Le Malade imaginaire ; le Médecin malgré lui ; les Précieuses ridicules. — Montaigne : De l'Instruction des enfants. — Montesquieu : Lettres persanes, etc. — Hégésippe Moreau : Contes et poésies. — Mme de Motteville : Mémoires. — Napoléon Ier : Harangues et proclamations. — Ch. Nodier : Contes. — P. de Nolhac : Marie Antoinette. — Pellisson : Le Procès de Fouquet. — Petits poètes français du xviiie siècle. — Picard : La Petite Ville. — Les Poètes lyriques du xixe siècle. — Les Poètes français contemporains. — Les Poètes français contemporains de l'Allemagne. — Prescott : Christophe Colomb. — Rabelais : Gargantua et Pantagruel. — Racine : Esther ; les Plaideurs ; Port-Royal. — Regnard : Le Joueur. — Mme de Rémusat : Les Confidences d'une Impératrice. — De Retz : La Fronde. — J.-J. Rousseau : Œuvres choisies. — Camille Rousset : La Prise d'Alger, etc. — Sainte-Beuve : La Grande Mademoiselle. — Saint-Simon : Mémoires. — De Saussure : La Première ascension du Mont-Blanc. — Schiller : Marie Stuart. — Sedaine : Le Philosophe sans le savoir. — Mme de Sévigné : Lettres. — Jules Simon : Nos fils. — Mme de Staël : De l'Allemagne. — Stanley : À travers l'Afrique. — Swift : Voyage de Gulliver. — André de Theuriet : Nouvelles. — Aug. Thierry : Récits des temps mérovingiens. — Tolstoï : Nouvelles. — Tourgueneff : Nouvelles. — Les Vieux Poètes français. — De Vega : Lettres d'Abé. — Voltaire : Le Siècle de Louis XIV. — Walter Scott : Contes d'un Grand-Père.

Pour paraître le 26 octobre 1895

CHARLES NODIER

LE BANQUET DES GIRONDINS

Un romancier ingénieux, un fantaisiste étincelant comme Charles Nodier, lorsqu'il a touché à l'histoire, n'a pu le faire, cela va de soi, d'une façon bien stricte, bien scientifique, et les documents jouent dans ses récits un moindre rôle que son imagination. Mais cette imagination nous a valu, notamment dans *le Banquet des Girondins*, des scènes particulièrement dramatiques, vraies en un sens, puisqu'elles donnent — fût-ce en poétisant quelque peu — le caractère d'un moment de l'histoire, d'un événement, des hommes qui en furent les acteurs.

~~~~~~~~~~~~~~~~~~

ABONNEMENTS
à la
Nouvelle Bibliothèque populaire

La *Nouvelle Bibliothèque populaire* publie un volume par semaine.
On peut s'abonner aux cinquante-deux volumes d'une année. Les abonnements partent du 1er de chaque mois.
Tous les abonnés, aussi bien ceux de l'étranger et des colonies, que ceux de la France, recevront un volume par semaine.

PRIX DE L'ABONNEMENT D'UN AN

Paris, Départements, Algérie et Belgique . . . 7 francs.
Étranger (sauf la Belgique) et Colonies . . . 8 francs.

PRIME GRATUITE
EXCLUSIVEMENT RÉSERVÉE AUX ABONNÉS NOUVEAUX

Tout abonné nouveau a droit à recevoir, gratis et franco, dix volumes à choisir dans la liste de ceux déjà parus, ou un joli cartonnage pour conserver les volumes.

On s'abonne pour un an en envoyant, en mandat-poste, timbres français, ou autre valeur sur Paris, à M. Henri Gautier, 55, quai des Grands-Augustins, à Paris, 7 francs si l'on habite la France, la Belgique ou l'Algérie; 8 francs si l'on habite l'étranger ou les colonies. La prime est envoyée au reçu de l'abonnement.

ANGERS, IMPRIMERIE A. BURDIN ET Cie, 4, RUE GARNIER

CHARLES NODIER

LE BANQUET DES GIRONDINS

Edité par
HENRI GAUTIER
55, Quai des Grands Augustins
PARIS

Il paraît un volume par semaine

Directeur littéraire de la *Nouvelle Bibliothèque Populaire*

ALFRED ERNST

AVIS A NOS ABONNÉS

Nous rappelons à nos abonnés que tout changement d'adresse doit être accompagné d'une bande indiquant l'adresse ancienne et de cinquante centimes en timbres-poste français ou autre valeur sur Paris.

CHARLES NODIER

LE DERNIER BANQUET DES GIRONDINS

Notice littéraire

Dans cette œuvre curieuse, intéressante à un haut degré, dont nous donnons aujourd'hui à nos lecteurs la partie la plus considérable et la plus caractéristique, Charles Nodier a mis en scène le tragique banquet que firent les Girondins, à la Conciergerie, dans la nuit qui suivit leur condamnation à mort et précéda leur exécution. Partant de ce fait historique réel, il a montré, non sans adresse, non sans éloquence, les acteurs de ce drame sanglant, les imprudents et généreux députés de la Gironde, victimes de leurs utopies, de leurs faiblesses et de leurs passions, mais qui du moins avaient gardé de nobles chimères en leur cœur et ne méritaient pas le sort cruel que leur fit la proscription. Il les a quelque peu idéalisés, il a supposé des circonstances et des discours qui ne sont pas tout à fait conformes à ce que la rigoureuse histoire nous apprend; mais il a su donner tant de vraisemblance à son récit, il a intercalé avec tant de bonheur, dans la dernière conversation des Girondins, les mots célèbres que les historiens ont recueillis ou que la tradition leur attribue, que nulle étude critique, nulle dissertation appuyée sur les textes les plus authentiques ne saurait présenter à l'esprit, avec une couleur plus juste et une vie plus réelle, ce moment sinistre de la Révolution.

Moins connues que les *Contes* et les *Nouvelles* de Nodier, ces belles pages n'ont pas cependant un mérite moindre. Elles sont d'une lecture passionnante, et nous sommes persuadés que le public de la Bibliothèque populaire leur devra de profondes émotions. Jamais l'imagination brillante du conteur n'a su mieux tirer parti d'une érudition à la fois sûre et variée, ni mêler d'une façon plus heureuse les qualités séduisantes du roman aux graves enseignements de l'histoire.

ALFRED ERNST.

LE DERNIER
BANQUET DES GIRONDINS

Il était près de dix heures, le 30 octobre 1793 au soir, quand les portes de la Conciergerie s'ouvrirent, pour laisser rentrer vingt et un prisonniers qui descendaient du tribunal.

Quatre guichetiers les précédaient, armés de longues pelles de fer, sur lesquelles étaient plantées des torches de résine brûlantes. Un groupe de soldats s'arrêta dans l'intérieur; le bruit des fusils et des piques annonçait que l'extérieur était gardé. Ces militaires n'appartenaient à aucune troupe régulière; ils ne portaient le chiffre ou l'uniforme d'aucun bataillon. Leurs moustaches épaisses, leurs vêtements en désordre, leurs bonnets couleur de sang, le bruit rauque de leurs voix et de leurs rires, témoignaient assez qu'ils faisaient partie de ces janissaires de la Commune, dont le peureux Hébert avait stimulé le dévouement hideux à force de rage et de vin. C'était dans cette cohorte que les maîtres du palais recrutaient, depuis le 31 mai, des témoins, des juges, des geôliers, des bourreaux. C'était septembre armé.

Les portes se refermèrent. Tous les prisonniers en jugement étaient rentrés. Une partie des prisonniers de l'intérieur avaient attendu leur retour dans les salles, autant qu'on le leur avait permis, par complaisance pour les moins hostiles, par condescendance pour les plus riches. Les autres l'épiaient à travers les grilles des cours et les barreaux serrés des fenêtres. Un sentiment de curiosité inquiète, de profonde et muette attention, les suivait dans leur marche. Aucun cri ne s'éleva, car il avait été impossible de trouver sur la physionomie des accusés du matin l'éclaircissement d'un doute qui tourmentait tout le monde. On reprit courage, on espéra, on pensa qu'ils n'étaient pas jugés.

Le premier qui parut était un homme à peine parvenu à l'âge où l'on cesse d'être jeune pour commencer la vie sérieuse de la réflexion et de la maturité. Des formes élégantes; une tenue recherchée, un peu trop recherchée peut-être; une physionomie vive, spirituelle, mobile, qu'animait un sourire presque inaltérable dont l'expression riante, mordante, sardonique, suivant les occasions, révélait quelque arrière-pensée malicieuse, formaient les traits caractéristiques de ce député. Sa vaste chevelure renversée sur le front et chargée de poudre à la manière du temps, mais dans laquelle il aimait à passer souvent la main, sans craindre d'en déranger la symétrie, prêtait à sa tête élevée, faiblement penchée en arrière, un air de majesté très favorable à la pompe du débit oratoire. Il marchait avec l'aplomb d'un ministre qui va prendre possession du cabinet, et parlait en marchant, avec l'attention d'un homme qui veut être écouté, à ceux de ses collègues qui l'entouraient, dirigeant tour à tour sur chacun la portée de sa phrase infaillible, mais sans élever la voix, sans gestes, sans mouvements passionnés, sans inflexions véhémentes, du ton d'un causeur indifférent, avec la limpidité facile d'un discours qui coule de source, et dont aucune passion profonde, aucun intérêt pressant, aucune émotion sensible ne trouble le cours naturel. Autour de Gensonné, — c'est le nom de ce personnage à l'attitude calme et à l'esprit reposé, — gravitaient en quelque sorte, comme suspendus à ses paroles, avec une avidité curieuse mêlée de soumission et de respect, Lacaze, Gardien, Lesterpt-Beauvais, Antiboul, les clients les plus assidus de ce talent égal et pur qui avait honoré dix ans le barreau et la tribune. Ceux-ci, dont les traits ne manifestaient d'ailleurs d'autre impression que celle d'une déférence silencieuse, semblaient retenir leur haleine et suspendre leurs pas pour ne rien perdre de ces accents d'une éloquence grave et douce que le groupe suivant couvrait de moment en moment d'éclats tumultueux.

C'est que les trois hommes qui venaient ensuite se trouvaient rarement réunis sans qu'il s'élevât entre eux une contestation orageuse, quoiqu'il existât d'ailleurs à peu de chose près une grande analogie dans leurs affections et leurs principes; mais il ne fallait qu'une étincelle pour allumer dans ces âmes inflammables de violents incendies qu'un souffle éteignait aussi aisément. L'ardente exaltation de leur caractère était si connue à la Convention nationale, qu'on ne les aurait pas vus sans étonnement dévouer leur vie à la cause périlleuse de l'ordre et de la modération, si cette alliance d'une organisation impétueuse et d'une profonde bienveillance avait été alors un phénomène nouveau, surtout pour les observateurs qui ont étudié le tempérament moral de quelques-unes de nos provinces. Duperret, dont quarante-six hivers n'avaient pas refroidi la fougue languedocienne, était un de ces gentilshommes à l'éducation chevaleresque et aux traditions de duel et de guerre, dont les mœurs du castel, exemptes de l'influence de la cour, avaient conservé jusque-là sans altération le vieux type d'héroïsme barbare et de galante politesse qui distingua les paladins; amis sûrs, ennemis courtois comme les héros des Amadis, mais qui faisaient passer au-dessus de toutes les doctrines la dernière raison de l'épée. Viger, Angevin mobile à la tête bretonne, ne s'était arrêté à rien dans le choix de sa carrière sociale, mais il avait touché à tout. Officier de mer, officier de terre, homme de loi, magistrat, littérateur, académicien, il s'était fait simple soldat dans l'âge mûr, et l'esprit des camps avait prévalu sur ses autres penchants, quand il vint subir pendant quelques jours sa dernière métamorphose au sein d'un peuple en révolution. La vie pratique du troisième aurait dû le placer sur une ligne bien différente, mais Lasource était pénétré aussi des feux de ce soleil méridional qui fait bouillir le sang jusque dans les veines d'un ministre de paix. Pasteur du culte réformé, personne n'avait payé cependant un plus large tribut aux passions effrénées du temps. Sa dialectique impétueuse ne s'épanchait d'ordinaire qu'en agressions et en menaces, et ses emportements se prenaient souvent à ses propres amis dans les discussions les plus pacifiques. Une sympathie difficile à expliquer, à moins qu'elle ne résultât du besoin de la dispute, avait étroitement rapproché dans la prison ces trois tribuns de fer dont les formes anguleuses ne se heurtaient jamais sans fracas. On ne fut donc pas surpris de les entendre parler avec une violence qui leur était habituelle, et que la parole incisive et cavalière, mais plus euphémique et plus posée de Duperret, ne parvenait point à calmer. On ne supposait pas qu'ils pussent parler autrement. On se demandait seulement par quel hasard l'intrépide Valazé manquait à ce groupe querelleur où il avait coutume de faire sa partie avec une énergie de légiste profès, qui justifiait la réputation des imperturbables bretteurs de Caen et d'Alençon. On le chercha inutilement dans la foule. Valazé n'y était pas.

Derrière eux marchait un homme seul qui ne témoignait nulle envie de se rapprocher de personne, et qui se suffisait à lui-même dans un soliloque monotone dont on ne perdait pas une parole, tant il avait soin de le répéter à chaque station, mais qui n'en était pas moins inintelligible pour les écoutants. « Vive la république ! » disait Boileau, le juge de paix d'Avallon, en frappant à coups réitérés sur sa tabatière : « Vive la république une et indivisible ! vive la Montagne impérissable ! je ne suis pas fédéraliste, moi ! je suis un bon et sincère Montagnard ! »

Cette profession de foi, trop tardive dans le député naguère autrement inspiré, qui avait appelé Marat un *monstre* quelques mois auparavant, excitait à des degrés différents la gaieté de deux couples amis qui s'avançaient presque ensemble sur les pas de Boileau, la figure épanouie et les bras entrelacés. C'étaient quatre jeunes gens.

Des premiers, l'un avait la physionomie plus calme et plus réfléchie que les autres. On devinait à le voir que son front de vingt-sept ans avait pu déjà se rider au souci des passions et des affaires, et que ce qui lui manquait d'expansion tenait moins à une préoccupation momentanée qu'à une ancienne habitude. Le second avait toute la vivacité de son âge, et son œil assuré, radieux, resplendissant d'une pure joie, brillait de cette assurance étourdie qui ne messied pas à une forte jeunesse. Il fredonnait un refrain, essayait un air, improvisait un couplet, et puis il échangeait avec son compagnon un regard et un sourire, car ils étaient unis par un étroit attachement dont quelque alliance de famille avait encore resserré le lien fraternel, et l'histoire même embrassera dans un souvenir commun les noms jumeaux de Boyer-Fonfrède et Ducos.

L'autre couple était animé d'une gaieté plus bruyante, qui se manifestait d'ordinaire par des éclats étourdissants, mais qui semblait enchérir ce jour-là sur sa folie accoutumée. Aussi le nom des deux négociants d'Avignon, Duprat et Mainvielle, courait sur la bouche des spectateurs, longtemps avant qu'ils eussent paru. Le rôle violent et sans excuse qu'ils avaient joué dans les révolutions de leur malheureuse patrie paraissait cependant de nature à leur laisser des souvenirs assez austères pour tempérer ces joyeux emportements; mais, revenus depuis quelques mois à des sentiments plus doux, ils goûtaient le prix de leur retour aux idées sociales et de leur expiation précoce, Mainvielle surtout, qui n'avait fait dans la Convention nationale qu'une apparition d'un moment, et que les brutales antipathies de la Montagne avaient jeté dès le jour de son admission dans le parti modéré. Âgé de vingt-sept à vingt-huit ans, il était avec Duchâtel le plus beau des accusés, et la douceur de ses inclinations naturelles, rendues à leur propre instinct, avait promptement racheté les torts vrais ou faux que lui donnait sa réputation; car il y a des jours dans les annales d'un peuple en délire où la plus simple résipiscence peut avoir tout l'héroïsme de la vertu. On aurait dit que la Providence indulgente eût voulu le payer, même sur la terre, du courage de cette libre réparation, en lui épargnant jusqu'à la tristesse du remords. Son rire naïf et inextinguible, comme celui d'un enfant heureux de peu de chose, avait souvent troublé à la tribune le Montagnard le plus intrépide; il avait enrichi d'un accompagnement bizarre la basse solennelle de Danton et les glapissements féroces de Marat. Devant le tribunal révolutionnaire, on venait de l'entendre couvrir dix fois la voix fausse et vagissante de Fouquier-Tinville, les cris des huissiers, et la sombre rumeur de l'auditoire. Au moment où nous parlons, il l'interrompit tout à coup pour déployer les grâces de sa belle tournure, et rajuster d'une main nonchalante les boucles dérangées de ses cheveux.

Cette diversion subite permettait à Brissot d'achever quelques phrases qu'il adressait à son plus proche voisin. Le premier de ces interlocuteurs était un homme de trente-six à quarante ans grêle, court, un peu contrefait, dont la figure commune n'offrait de remarquable qu'une excessive pâleur encore augmentée par les veilles et par le travail. Ses vêtements étaient fort simples, mais d'un goût singulier, ses cheveux ronds, plats et sans poudre, comme ceux des quakers, et toutes ses manières empreintes d'une sorte d'originalité qu'on n'aurait retrouvée d'ailleurs ni dans ses discours ni dans ses écrits. Comme publiciste et comme philosophe, il ne s'était distingué de la foule des hommes qui ont acquis par l'étude un assez grand nombre d'idées, et qui ne les expriment pas mal, qu'à la faveur de quelque teinture des langues étrangères, et des nouvelles sciences politiques qui avaient produit la révolution. Comme orateur, il était plus riche en pensées qu'en formes et plus disert qu'éloquent; mais il possédait le genre de talent oratoire le mieux approprié au besoin des gouvernements représentatifs, l'érudition des affaires et la lucidité des expressions. Il avait commencé par affecter les manières de Jean-Jacques Rousseau à qui ses amis le comparaient volontiers, et s'il lui était fort inférieur en génie, il ne lui cédait pas du moins en probité de caractère et en chaleur de sentiments. Il est vrai de dire que dans toutes les circonstances où la fortune aurait pu le placer, Brissot aurait été un homme remarquable, et qu'entraîné au delà de sa portée naturelle par le véhicule des révolutions, il avait quelque droit de se regarder comme un homme extraordinaire. Cette conviction lui inspirait pour lui-même une sorte de complaisance qui se manifestait dans sa manière de s'exprimer, ou pour mieux dire dans l'attention caressante avec laquelle il s'écoutait. Aussi les explosions extravagantes de Mainvielle et de Duprat l'avaient désagréablement interrompu dans l'allocution qu'il adressait à Carra, quand elles commencèrent à éclater sous les voûtes de la prison.

Celui-ci était de tout le parti de la Gironde l'homme qui inspirait le moins d'intérêt. Cinquante années aventureuses passées à travers l'Europe dans des professions occultes et même suspectes, s'il fallait en croire les chroniques diffamatoires de la basse littérature ; une réputation au moins obscurcie par des préventions qui n'avaient jamais été entièrement justifiées, mais qui n'avaient jamais été entièrement détruites ; un genre d'instruction peu national qui ne se composait que de notions hétéroclites sur les subtilités de la physique ou sur les vaines hypothèses de l'étymologie ; une conversation diffuse et indigeste où se confondaient les opinions les plus disparates, les propositions les plus téméraires, les paradoxes les plus effrénés, dans un chaos d'hyperboles effrayantes d'exagération et de mensonge ; la violence enfin de ses doctrines politiques qui ne paraissaient se modérer que depuis le procès du roi, tout se réunissait pour mal disposer en sa faveur le grand nombre des esprits raisonnables ; et cependant, on convenait assez généralement dans le cercle étroit de ses habitudes familières, où il était mieux connu et devait être mieux apprécié, qu'il y avait de la bonne foi dans son charlatanisme et de la candeur dans sa folie. Brissot, qui en faisait peu de cas, ne dédaignait pourtant pas son entretien, parce qu'il lui trouvait quelque aptitude à le suivre dans ses raisonnements, et des connaissances d'ailleurs extrêmement rares parmi les membres les plus éclairés de la Convention. Pour cette fois, Carra ne l'avait écouté qu'imparfaitement. Il était préoccupé lui-même de sa grande théorie physique sur l'éternelle reproduction des modes et des accidents de la matière, la plus creuse, la plus vivace et la plus obstinée de ses chimères philosophiques, et il regrettait amèrement de la laisser imparfaite, car il doutait, non sans motif, qu'aucun de ses adeptes en eût conservé l'entier souvenir avec tous ses syllogismes, tous ses dilemmes, tous ses théorèmes et tous ses corollaires.

Quoique Brissot s'arrêtât de temps en temps pour insister par une pause calculée sur une nuance importante de sa pensée, on remarqua quelque vide entre eux et le député qui les suivait ; et on put juger à l'espèce d'affectation avec laquelle ce nouveau personnage s'isolait, que ce n'était pas sans dessein qu'il se tenait si soigneusement éloigné de ses collègues. Son âge était déjà assez avancé, mais la supériorité qu'il paraissait rechercher devait être fondée sur une autre espèce de droits, car il avait conservé dans ses manières quelque chose d'aisé, de poli et de gracieux

[6]

qui appelait la bienveillance et ne demandait pas le respect. Ce n'était, à le bien considérer, qu'un jeune homme vieilli par le temps et non par le caractère. Ses cheveux mêmes ne trahissaient pas ses années, tant les soins de la toilette en avaient habilement dissimulé la blancheur. Une propreté élégante que rehaussaient quelques ornements d'un luxe alors réprouvé; les bijoux qui étincelaient à ses doigts, et qu'il livrait au jeu de la lumière en déployant sa main à travers les nœuds flottants de sa cravate, son port droit et cérémonieux, sa marche courte et méthodique, le sourire même d'une haute bonté qui volait sur ses lèvres protectrices, et qui répondait de côté et d'autre à tous les regards, tout annonçait en lui un courtisan tombé dans les rangs populaires par l'effet des événements qui venaient de s'accomplir, et impatient de ce rôle déplacé qui l'avait assimilé malgré lui à de simples citoyens. Cet aristocrate de la Gironde était en effet un homme de cour qui passait pour n'avoir ambitionné la faveur de l'opinion que dans l'intention d'en faire hommage à une amitié élevée, mais dont la conscience naturellement droite avait depuis longtemps sacrifié l'une et l'autre aux devoirs de l'honnête homme. Satisfait d'échapper par la mort même à la responsabilité de sa vie historique, il reprenait avec fierté l'ascendant qu'il croyait tenir de son rang et de sa naissance; et le moment de sa chute du faîte des honneurs populaires l'avait replacé tout à coup à ses propres yeux au-dessus de ses égaux de la veille. C'était encore la familiarité complaisante du collègue, mais relevée par l'abandon sans conséquence du grand seigneur.

Sillery, que nous venons de voir, était le plus âgé de ces hommes d'État que la Convention muette de terreur avait abandonnés le 2 juin aux fureurs de la Montagne. Duchâtel, qui marchait après lui, aussi solitaire et plus pensif, en était le plus jeune. Élevé dans les soins d'une ferme, quoique sorti d'une famille qui avait, dit-on, des prétentions à la noblesse, son enfance robuste s'était développée au milieu des mâles exercices et des pratiques religieuses du Vendéen; mais la guerre civile le surprit à cet âge où aucune opinion n'est invariablement formée, et où les illusions deviennent facilement des passions quand elles ont de la grandeur. Duchâtel combattit pour la révolution contre ses compatriotes, et son nom ne resta pas sans gloire dans cette guerre française où il y avait du courage et de l'honneur sous les deux drapeaux. On apprit cependant qu'il s'était refusé à tout avancement, et à cette époque où deux hautes vertus des républiques, le désintéressement et la modestie, étaient, par une exception rare dans notre histoire, estimées à leur valeur, le soldat se vit avec surprise transformé en député, sans avoir ambitionné ces nouveaux hasards plus dangereux que ceux des batailles. C'est ainsi que Duchâtel était venu s'asseoir à vingt-cinq ans dans la Convention nationale, et qu'il y avait assisté à l'ouverture du procès de Louis XVI. L'aigreur de ces débats, si peu judiciaires, et si étrangers à ses mœurs, avait consterné son cœur; épouvanté de l'importance inattendue de sa mission, et des étranges devoirs qu'elle allait lui imposer, il fut près de succomber aux émotions douloureuses qui envenimaient de jour en jour ses blessures mal cicatrisées. L'héroïsme de l'humanité le défendit seul des atteintes de la maladie, et mourant, il se fit porter à la tribune, pour y proférer sous les menaces et sous les poignards un vote d'absolution. Cette circonstance solennelle avait laissé dans son caractère, dans ses habitudes, dans ses traits, une profonde impression d'attendrissement et d'effroi, que la rare beauté de ces formes et de cette figure apolloniennes dont parle Louvet, rendait encore plus pathétique. Aucun sentiment agréable n'avait semblé depuis éclaircir sa physionomie naturellement grave et rêveuse. On le voyait immobile, silencieux, pénétré d'une préoccupation inconnue, comme un homme qui cherche à se recueillir et à se rendre compte d'un mystère pénible et mal débrouillé. Dans la soirée du 30 octobre, on ne remarqua pas sans surprise qu'une sérénité qui indiquait l'oubli des inquiétudes et le calme du cœur, commençait à renaître sur son visage. Seulement, quand il traversa la partie de la cour intérieure où la coquetterie présomptueuse de Mainvielle avait été éveillée par une vision fugitive, il s'arrêta un moment, les regards fixés sur le même point, pour y chercher sans doute le même objet, qui parut en effet avec la rapidité d'une ombre, et puis disparut dans le corridor, derrière une porte qui redescendait lourdement sur ses gonds. Duchâtel avait imposé sa main sur son front, en élevant ses yeux vers le ciel; mais sa main était retombée, son front était aussi pur qu'auparavant, ses yeux brillaient d'une pensée douce qui n'avait plus rien de vague ni d'incertain; ses lèvres souriaient sans amertume; le bruit de l'absolution des accusés, qui n'avait cessé de s'accroître sur leur passage, finissait de se confirmer, quand un nouveau spectacle renouvela toutes les anxiétés, et les termina.

Dix-sept accusés étaient rentrés dans le parloir des prisonniers, et vingt et un le matin avaient franchi le préau. Ce calcul occupait tous les esprits quand survint un dernier groupe, qui offrait plus de profondeur apparente que les autres, quoiqu'on ne vît se dessiner que trois têtes au-dessus de cette masse projetée en ombres noires par la clarté des derniers flambeaux; et on en conclut que les hommes qui la fermaient devaient marcher courbés parce qu'ils portaient quelque chose.

Les deux premiers des arrivants étaient bien connus de leurs compagnons de captivité, qui avaient eu assez de temps pour se faire à leurs mœurs et à leur esprit, dans l'intimité de la prison où toutes les âmes se mettent à découvert, et personne ne s'étonnait de n'avoir pas encore aperçu Vergniaud, qui arrivait partout le dernier, parce que, dans ses distractions habituelles, il avait toujours oublié quelque chose. C'était donc Vergniaud d'abord, Vergniaud, le front haut, l'œil errant sur tous les objets sans les regarder, imposant, dans l'abandon même de sa démarche et de ses manières, de toute la grandeur qui s'attachait au souvenir de ses paroles; insouciant de la minute qui venait de s'écouler, insouciant de la minute à venir; la main droite occupée à jouer dans les breloques de sa montre, comme à la tribune du Manège; la main gauche égarée des plis de son jabot fatigué aux touffes mal ordonnées de ses cheveux qu'il avait laissés croître depuis qu'il n'avait plus de domestique; Vergniaud rêvant, et qui pourrait dire à quoi Vergniaud rêvait, si ce n'est à l'objet le plus étranger à sa situation présente, au thème imparfait de son premier plaidoyer, au mouvement interrompu de son dernier discours, à une idée, à un sentiment dont le fil allait se rompre dans sa vie.

A son oreille se penchait un homme beaucoup plus âgé, sans être vieux, qui murmurait d'une voix grave comme les chants de l'Église quelques paroles puissantes, car Vergniaud tournait de temps en temps la tête de son côté avec un commencement d'attention qui ne tardait pas à s'évanouir. Celui-ci était un prêtre en effet, et sa longue chevelure tonsurée, qui descendait sans soin sur ses épaules, annonçait qu'il avait repris dans la captivité les insignes respectables de son ancien état, comme il en avait repris le langage, car Fauchet avait abjuré depuis près d'un an sa phraséologie courante pour revenir aux magnifiques inspirations de la Bible. Ce grand caractère de la pensée qui s'était manifesté dans ses derniers discours, et qui avait souvent frappé Vergniaud lui-même, se reproduisait depuis dans les moindres élans de sa vive sensibilité, dans ses moindres détails de ses causeries familières.

— Et c'était ce prodigieux ascendant de la seule langue oratoire qu'il n'eût pas connue, qui saisissait par moments l'attention étonnée de Vergniaud, trop fidèle aux leçons des orateurs classiques dont il aurait été le maître.

Le troisième, c'était le bon docteur Le Hardy, sage et savant médecin de Dinan, fort ignoré aujourd'hui des biographes, quoique l'exemple de sa nomination ne soit pas à dédaigner chez un peuple qui cherche encore un bon système électoral, et qui n'est guère sur la route de le trouver, s'il faut s'en rapporter aux apparences. L'acte de son élection porte qu'il a été choisi à l'unanimité et par acclamation, *comme le plus homme de bien.*

Le Hardy soutenait de ses deux mains une tête abattue sur une espèce de claie couverte d'un drap sanglant.

Et on comprit alors pourquoi on n'avait compté que vingt Girondins.

Le convoi tout entier fut enfin réuni dans la salle où les députés s'assemblaient chaque soir pour prendre leur repas. La table était servie, les sièges disposés. Un vieux serviteur, étranger à la maison, mais qui était parvenu à s'y introduire; un guichetier à la mine sévère, mais aux soins compatissants, que nous avons déjà entrevu prêtant l'appui de son bras à une pauvre et tendre femme, en avaient fait les apprêts.

Les porteurs déposèrent leur charge au fond de cette salle, et précisément au-dessus du fauteuil où Vergniaud se laissait tomber négligemment, en vertu des droits non abrogés de sa dernière présidence.

Le Hardy, qui les avait accompagnés jusque-là d'un air d'attention religieuse que n'éclairait aucune lueur d'espérance, découvrit le cadavre de Velazé. Il détacha les vêtements qui cachaient sa blessure, en approcha un flambeau, la sonda du regard et du doigt fit deux pas dans la salle, et dit d'une voix ferme et posée:

— Le coup a pénétré le cœur; il est mort.

— Docteur, répondit Vergniaud, sacrifiez un coq à Esculape, voilà un de vos malades guéri.

C'est alors seulement que l'on fut vaguement informé à la Conciergerie des choses qui venaient de se passer au tribunal. Tous les accusés étaient condamnés sans exception, et ils avaient accueilli leur sentence par le cri de : *Vive la République!* On ne remarquait pas plus de quatre qui ne se fussent point unis à leurs collègues dans cet élan solennel, Fauchet, Duchâtel, Le Hardy et Valazé ; les trois premiers, distraits par une méditation inaltérable qui semblait les absorber depuis le commencement de la procédure, et qui les avait rendus étrangers à tous ses détails ; l'autre occupé à se dérober à ses bourreaux sans les avertir par un cri ni par un mouvement. Il dirigea le fer avec une impassibilité si sûre qu'on ne s'aperçut pas de la plus légère émotion dans ses traits ; et quand il échappa aux mains de Gensonné, qui s'efforçait de le retenir assis sur sa banquette, en lui disant : *Que fais-tu donc, Valazé? as-tu peur?...* — quand il répondit : *Je meurs,* avec le calme stoïque de Brutus, Valazé mourait en effet. Sa dernière parole, c'était son dernier soupir.

Les différents personnages de l'action que nous essayons de décrire s'étaient distribués sur différents points de la salle du festin, les uns en poursuivant l'entretien commencé, les autres en se rapprochant selon les affections ou les intérêts qui pouvaient les occuper encore ; et le bruit de quelques conversations confuses venait expirer autour de Vergniaud qui ne prenait part à aucune. Fauchet cependant ne s'était pas éloigné de lui, et ses paroles empruntaient une nouvelle majesté de l'appareil tragique qui l'entourait, car sa tête élevée se perdait presque dans les plis du linceul de Valazé : — Oui, disait-il, une main étendue dans l'attitude de la prédication, oui, Vergniaud, ceci est une des réparations que le vengeur s'était réservées dans sa colère, trop heureux le genre humain s'il les épuise sur nous! Le sang appelle le sang, et quiconque a tué de l'épée sera dévoué à l'épée.

— Sacrifice pour sacrifice, ajouta Duchâtel en les rejoignant ; après l'homicide, l'expiation.

La confusion des groupes et des discours allait toujours en s'augmentant, et ce n'était pas sans peine qu'on y pouvait saisir çà et là quelques phrases éparses, brusquement enveloppées par des voix confuses, que dominaient de loin en loin les rires bruyants de Ducos et de Mainvielle.

— Qui nous empêcherait plus longtemps, s'écria enfin celui-ci, de prendre place à un repas délectable, à un repas digne, s'il en fut jamais, des voluptueuses soirées d'Hérault-Séchelles, de Quinette et de Danton?

— La séance est ouverte, dit Vergniaud. Je vous convoque au repas libre des anciens chrétiens. Laissons rugir jusqu'à demain les tigres qui nous attendent.

Tout le monde était assis, à l'exception de Duprat, qui serrait la main d'un vieux serviteur que nous avons aperçu en passant et qui lui adressait d'un air presque filial des paroles d'amitié.

— Je te cherchais, Baptiste, et je m'étonnais de ne pas te voir.

Oublies-tu que j'aime à commencer le souper en échangeant avec toi une longue rasade? Il serait un peu tard aujourd'hui pour renoncer à mes habitudes.

— Je vous demande pardon, monsieur, répondit Jean-Baptiste Morand à demi-voix; mais j'étais si pressé de m'informer... et on ne sait à qui se fier dans cette maison... — Il y en a qui parlent des fers, de la détention à perpétuité, de la déportation... — de la mort!

Il se baissa jusqu'à l'oreille de son maître, qui s'asseyait à côté des autres pour lui dérober une émotion involontaire dont il avait honte.

— Quelques uns de ces messieurs seraient-ils en effet condamnés?... Mon Dieu! condamnés à mourir!...

— Nous le sommes tous, Baptiste, condamnés tous à mourir demain, sauf ce diable de Valazé, qui s'est tiré d'affaire pour ne pas avoir de comptes à régler avec le bourreau; et je me trouverais trop heureux de pouvoir faire la même espièglerie à mes créanciers, si ma femme Émilie... Pauvre Émilie! que va-t-elle devenir?

Jean-Baptiste s'était laissé presque défaillir au commencement de la réponse de Duprat, et il se retenait à peine au bois de la chaise de ce beau jeune homme, qu'il aimait tant: car Jean-Baptiste avait été son père nourricier. — A ces derniers mots, qui retentissaient plus loin que Duprat ne l'aurait voulu; à ce sanglot, qui trahissait le désespoir secret du rieur, et qui suspendit un moment la distribution du souper, Jean-Baptiste se releva aussi droit que le lui permettait sa longue stature, un peu courbée par le temps.

— Vos créanciers, monsieur? vous n'en avez plus, dit-il avec fermeté. Ils vous redevaient quelque chose, et ils ont été contents de tout prendre. Quant à madame, elle conserve cette petite maison de Villeneuve, qu'elle préférait à celle d'Avignon, et il lui reste avec son domaine, en pleine propriété, les dix-sept cent trente livres de rente de Jean-Baptiste Morand.

— Votre fortune, Baptiste, après avoir arrangé mes affaires, selon toute apparence, du produit de quelques autres épargnes que vous aviez faites dans mon commerce, au temps passager de sa prospérité! Mais que vous restera-t-il, à vous?

— L'amour et la crainte de Dieu où j'ai été élevé, monsieur, et puis du pain chez Mme Duprat. Je n'ai jamais eu d'autre ambition. J'ai commencé par votre pain, et je finirai par votre pain, en tout bien tout honneur, sans avoir fait tort à personne. J'aurais passé avec vous le peu de jours que j'ai encore à vivre. S'il faut que vous partiez le premier... — Hélas! cela est donc vrai? — je serai jusqu'à la mort le fidèle domestique de Mme Duprat et de vos enfants, comme j'ai été celui de votre père et le vôtre. Je ne me connaissais point de famille; je n'ai jamais eu qu'un fils à caresser au berceau, et c'est celui que vous êtes venu remplacer dans les bras de ma femme. Elle aussi s'en est allée sans me laisser aucun devoir à remplir sur terre. Le Seigneur soit loué en toutes choses! Tout ce que je possédais me provenait de vos parents, qui m'ont fait presque riche, et de vous, monsieur, qui preniez plaisir à grossir mon mince trésor de vos libéralités de jeune homme. — Je disais en moi-même : C'est bien, Jean éparpille sa fortune ; mais ses fants ne perdront pas tout. Et quand je vous grondais avec le respect que je vous dois, vous vous contentiez de rire comme un fou en appuyant vos mains sur mes épaules; car vou étiez si aimable et si doux avant la révolution, vous me traitiez si bien comme un ami, que j'ai pu m'accoutumer... pardon, monsieur Jean !... que j'ai pu me croire autorisé à vous regarder, moi, comme mon fils et mon héritier...

Duprat se jeta au cou du vieillard. Mainvielle les embrassa tous deux, et s'attendrit sans doute un instant, parce que tout ce qui intéressait Duprat lui devenait plus personnel que ses propres intérêts. Jean-Baptiste se prit à pleurer de leur émotion, comme un pauvre homme du peuple qui s'associe, sans la comprendre, à l'impression qu'il a produite, par la seule puissance de la naïveté et du sentiment; mais ce mouvement d'une âme généreuse, qui l'avait quelque temps distrait et soutenu, fit place aux plus cruelles agitations, quand il vint à se rappeler, ainsi qu'au sortir d'un rêve, que Duprat allait mourir.

— O mon Dieu! reprit-il, pourrez-vous permettre cela? Faudra-t-il qu'il meure ainsi, Jean, mon petit enfant, mon pauvre Jean, que j'ai tant réchauffé, tant dorloté sur ma poitrine en lui disant : Vois-tu, Jeannot, comme le Rhône est large et beau, comme les murailles des remparts sont festonnées, et veux-tu venir au pied des murailles des remparts pour les toucher de la main? Ah! je ne savais pas alors que je vous escorterais un jour jusqu'au pied... Malheur! malheur! que la Providence nous soit en aide!

Le guichetier enveloppa Jean Baptiste d'un bras vigoureux pour l'empêcher de tomber, et le traîna jusqu'à la porte qu'il lui ouvrit et qu'il referma sur lui.

— Monsieur Baptiste, dit le marquis de Sillery en se levant et en saluant respectueusement le vieux domestique à son passage, vous êtes notre ami à tous, et je m'honorerais longtemps, si j'avais longtemps à m'en honorer, de m'être trouvé dans une si belle et si noble conversation.

L'assemblée avait donc alors un aspect sérieux, trop naturel en pareille circonstance, mais qui réprimait péniblement l'expansion de Mainvielle, déjà distrait d'une impression momentanée; car rien n'était capable de fixer la mobilité de son imagination et de tiédir l'effervescence de son sang. Il rompit tout à coup le silence :

— En vérité, c'est donner trop de temps aux pensées pénibles dans une soirée de plaisir et de gloire, où tous les cœurs ne demandent qu'à s'épancher en commun dans les délices du banquet! Elle marche, la nuit joyeuse, et nous n'avons encore ni bu ni chanté. Nous n'avons pas encore salué les noms chéris de nos camarades, de nos femmes! A quiconque se souviendra de nous avoir aimés, joie et santé en ce monde!

Président, continua-t-il en se levant et en heurtant son verre contre celui de Vergniaud, vous me ferez raison de ce vieux madère, et je vous suis caution que vous n'en goûterez jamais un meilleur !...

VERGNIAUD

A vous, Mainvielle, et à tous ; mais c'est ici la coupe de Théramène. Laissons le reste au beau Critias !

FONFRÈDE

Le beau Critias, grand Dieu ! à qui destines-tu ce rôle parmi les repoussants tribuns de la Montagne ? à ce petit Saint-Just, si perpendiculaire, si raide, si empesé ?

LACAZE

A Robespierre, que ce fou de Mercier compare à un loup-cervier en toilette de bal ?

ANTIBOUL

A ce Danton dont la figure hideuse épouvante la liberté !?

GARDIEN

A Couthon, peut-être !

CARRA

Couthon que la prévoyante nature a sagement privé de ses facultés locomotives pour restreindre ses moyens de nuisibilité ?...

GENSONNÉ

Marat ne réclamera pas, messieurs. Il a pris le même parti que Vespasien. Il est devenu dieu.

DUCOS

Oublions ces malheureux pour ne nous occuper que de la patrie et de nos amis.

Les proscrits surtout occupaient toutes les pensées, comme s'il n'y avait eu de souffrances et de périls que pour eux. — Où sont-ils ? que font-ils ? que deviendront-ils ? — Ces questions se croisaient, se confondaient, se répétaient de tous les côtés, avec un intérêt d'émotion qui s'augmentait des moindres incertitudes.

— Faut-il le demander ? répondit Gensonné, de ce ton de sensibilité morose et de douce ironie qui était, ainsi que nous le disions tout à l'heure, le trait principal de son esprit. — Échappés depuis cinq mois aux fureurs de la Montagne, ils ont cherché longtemps à la suite de Guadet — puisse la mort épargner un si vigoureux défenseur à la liberté ! — ils ont trouvé sans doute quelque asile inviolable où ils attendent en paix le jour d'assister glorieusement au triomphe de la raison et des bonnes lois sur une faction en délire. L'enfer même leur en aurait servi, si le voyage d'Orphée pouvait se renouveler dans le monde prosaïque des jacobins, car la lyre d'Orphée, Girey-Dupré nous l'a dit en vers, a passé entre ses mains. — Là, dans une profonde sécurité sur leur sort, et peut-être sur le nôtre, il est aisé de deviner comment ils remplissent leur temps. Je crois, en vérité, que je les vois. — Salles relit et repolit cette éternelle tragédie qui doit incessamment détrôner Voltaire. Barbaroux achève de rimer un conte badin où bien l'Hercule de la révolution, vaincu par un

---

1. Mot de Saint-Just.

[13]

nouvel amour, file aux pieds d'une autre Omphale. Valady, frissonne au seul nom de l'échafaud qu'il ambitionnait comme le terme le plus glorieux d'une honorable vie, et se plaint, dans sa timidité ingénue, de ne pouvoir finir ses jours au fond de quelque modeste solitude, pareille à celle du vieillard de Virgile. N'entendez-vous pas Louvet, modulant sur tous les tons de sa prose cadencée, de tendres invocations. Buzot, plus enorgueilli qu'il ne le pense lui-même de la royauté imaginaire que lui ont conférée nos ennemis, déclame d'une voix imposante, ou gourmande les esprits irrésolus avec une rigueur impériale. Pétion, fier de ses beaux cheveux blanchis avant l'âge, prêche avec la gravité du patriarche ou la solennité du pontife. Cussy tempête contre sa goutte, et s'en console en buvant plus sec qu'il ne convient à son régime.....

— Je bois à tous, et à chacun d'eux en particulier, dit Mainvielle en multipliant les rouges-bords.

— Je bois à leur avenir et à celui de la France, dit Ducos.

— Je bois à la République une, indivisible et impérissable, dit Boileau.

VERGNIAUD

Être de raison! puérile chimère, bonne à bercer tout au plus désormais l'imagination d'un enthousiaste à la robe juvénile; Rappelez-vous ces mots de Barbaroux : « Si j'avais à recommencer ma vie, je la consacrerais tout entière aux nobles études qui élèvent la pensée de l'homme de bien au-dessus de la terre, et je ne m'aviserais jamais de vouloir conduire à la liberté un peuple sans mœurs. Cette foule furieuse n'est pas plus digne d'un gouvernement philosophique que les lazzaroni de Naples et les antropophages du Nouveau-Monde. » — Barbaroux disait vrai. Il fallait fonder sur une terre cachée aux scélérats la république idéale de Roland. Les vrais sages rêvent des législations avec Platon et des utopies avec Thomas Morus. Ils n'essaient pas de les réaliser.

GENSONNÉ

Vergniaud est décidément le Jacob Dupont de la République; il ne croit plus à la liberté[1].

VERGNIAUD

Je ne crois plus à cette déesse qui vient au milieu des hommes les mains pleines de bienfaits, mais à cette furie qui les enivre et qui les dévore. L'appelez-vous la liberté? Quand les nations reconnurent d'un commun accord la divinité du soleil, il n'était pas couvert du voile sanglant des orages.

FONFRÈDE

O Vergniaud! notre égalité sociale, qui est écrite dans la nature, ne serait aussi qu'un vain mot!

VERGNIAUD

Procuste avait un lit de fer à la mesure duquel il assujettissait tous les voyageurs, en disloquant les plus petits, en mutilant

---

1. Jacob Dupont, conventionnel qui, à la tribune, avait fait profession d'athéisme.

les plus grands. Ce tyran croyait comprendre fort bien l'égalité.

BRISSOT

Elle peut s'établir graduellement chez un peuple nouveau, ou renouvelé, comme en font les révolutions et les transmigrations ; chez un peuple où tout le monde est également intéressé à l'établissement et au progrès de l'institution qui est la sauvegarde de tous, parce que le mouvement des choses humaines l'a ramené des erreurs de la civilisation à l'innocence des tribus primitives ; — chez un peuple de frères.

VERGNIAUD

Quelle fraternité, grand Dieu, que celle d'Abel et de Caïn !

CARRA

Je crois, — moi, comme il est de l'intime essence des choses qui vivent, et même de l'essence des choses qu'abusivement on croit mortes, de parvenir de modification en modification, ou si vous voulez de forme en forme, à leur apogée possible de développement, — je crois, dis-je, que les sociétés actuelles tendent naturellement de toutes leurs forces motrices, et aussi en raison de quelque puissance incidente que je n'ai pas encore suffisamment examinée, à l'établissement définitif de la République.

BRISSOT

Moi, j'ai vu de près les malheurs des peuples, les vices des législations, et l'incurable démence des rois. Je crois, en mon âme et conscience, que la révolution triomphera.

VERGNIAUD

La révolution est comme Saturne. Elle dévorera tous ses enfants.

BRISSOT

Je lui adresserai en mourant un adieu de regret et d'espérance !

VERGNIAUD

Et moi aussi, je lui adresserai un adieu, l'adieu du gladiateur vaincu : Tyran aveugle et féroce, les mourants te saluent ! — Mais de la révolution sublime que ma pensée s'était faite, j'en emporterai le deuil dans mon cœur, comme Mirabeau celui de la monarchie.

BRISSOT

Ta misanthropie est justifiée par des crimes qui ne me font pas moins horreur qu'à toi, mais elle t'entraîne trop loin. Ton expérience tardive s'est formée dans des jours de désolation et de douleur. Vergniaud mourant n'a vu que le berceau d'Hercule.

VERGNIAUD

Hercule au berceau étouffait des serpents. Il n'en vomissait pas.

BRISSOT

Je te parle avec cette connaissance plus calme et plus approfondie des hommes et des événements que l'âge, la méditation et les voyages m'ont données. J'ai visité des nations innocentes dans leurs mœurs, simples dans leurs besoins, modérées dans leurs ambitions, et par conséquent heureuses de tout le bonheur que peuvent procurer la modération, la simplicité, l'innocence. J'ai compris alors que l'habitude des bonnes institutions fait les bonnes sociétés, et que cette habitude se contracte vite, car celles-là comme celle que nous nous proposions de fonder sortaient à peine d'une révolution qui avait éclaté et s'était accomplie en peu d'années sous nos yeux. Moïse lui-même disparut dans une tempête, et la législation de Moïse a traversé les siècles.

FAUCHET

Cette tempête venait du ciel, et les vôtres viennent des abîmes.

VERGNIAUD

Bien, Fauchet! ne justifions pas nos erreurs par des comparaisons forcées. La décrépitude n'enfante plus. On ne fait pas de jeunes institutions avec de vieux peuples.

BRISSOT

C'est un vieux peuple que les colonies américaines. Leur civilisation est née de la nôtre.

VERGNIAUD

Et assez péniblement pour que tous les âges s'en souviennent. Elle a coûté la vie à sa mère.

CARRA

J'opine que s'il est une claire, palpable et irrésistible réponse, une évidente et irréfragable solution au paradoxe sceptique de Vergniaud, c'est celle qui résulte ostensiblement de la révolution d'Amérique, révolution phénoménale, j'en conviens, mais expérimentale et complète.

VERGNIAUD

Je vous proteste, savant Carra, que vingt adjectifs à votre choix, placés, selon votre usage, au-devant de cette démonstration, ne me démontreraient rien de plus. Mes opinions sont arrêtées sur tout ce qui appartient à l'intelligence bornée de l'homme. Nous saurons le reste demain.

CARRA

Il est pourtant positif, incontestable, universellement reconnu...

VERGNIAUD

Que les nations ont leurs mœurs, les temps leurs besoins, les législations leurs *antécédents* nécessaires — passez-moi cette mauvaise expression, — et que toute organisation politique se compose de ces éléments. Brissot, qu'une instruction si vaste et si variée a initié aux secrets les plus relevés des polices humaines, n'a cessé de nous présenter pour exemple cette constitution atlantique, bonne peut-être aux peuples qui se la sont faite, mais qui n'est pas plus applicable à notre monde usé que les cultures de l'Amérique à nos froides régions et à notre sol appauvri. Nous auriez-vous donné un jour, ô mon cher Brissot! les végétaux des tropiques, avec les ravissantes harmonies de leur terre natale, la chaleur vivifiante de leur ciel, l'énergie de leurs saveurs et de leurs parfums? La question se renferme dans ce mystère. — Qu'est-ce, d'ailleurs, qu'un peuple colon? Une famille adulte, une société de jumeaux majeurs et émancipés, qui ont reçu d'une éducation uniforme des facultés presque toutes pareilles entre elles; un état de convention qui n'a de but que sa durée, de gloire que son indépendance, de liens que ses intérêts. Jeté simultanément dans un monde d'exil, ce peuple y arrive en voyageur, et s'y impose facilement un contrat qui n'est que l'expression des garanties matérielles de sa conservation, que la condition de cette existence relative dont le type n'est gravé nulle part dans la destination de l'homme ; pacte viager qui lie à peine quelques générations, qui n'emprunte rien au passé, qui ne doit rien à l'avenir parce qu'il n'y a ni passé ni avenir pour une nation d'un jour à laquelle le présent lui-même n'appartient que par hasard, car c'est au hasard qu'elle doit jusqu'à l'air qu'elle respire, et jusqu'à la lumière qui l'éclaire. Il n'y a point de loi fondamentale, il n'y a point de religion politique par une civilisation expatriée, car il n'y en a point sans patrie : il n'y a point de patrie dans le lieu où nos mères n'ont pas rêvé le berceau de leurs enfants, où nos enfants ne peuvent pas semer des fleurs sur le tombeau d'un aïeul. Le Scythe qui répondit à l'étranger : « Dirai-je aux ossements de nos pères de se lever et de marcher avec nous ? » définit très bien la patrie. La patrie de l'homme naturel n'est pas aussi large qu'on l'imagine. S'il a tracé un sillon, s'il a bâti une étable, s'il a planté un arbre et logé une femme, s'il a nourri un enfant entre la chaumière où il a été allaité, et le cimetière où il a suivi le convoi de son père, voilà la patrie. — La constitution passagère d'une caravane organisée en peuple est un beau modèle à proposer aux Arabes nomades et aux avanturiers bohémiens. Il faut d'autres bases aux législateurs du vieux monde. — Quand la statue de Pygmalion fut animée d'un souffle de Vénus, les hommes tombèrent à ses pieds et reconnurent qu'elle était belle ; mais Rousseau même ne lui a prêté que le sentiment confus d'une personnalité stérile. Aucun sein ne l'avait portée, aucun regard ami n'avait épié l'essai de ses premiers pas ; aucune oreille n'avait été réjouie du bruit si vague et si doux de ses premiers bégaiements ; jamais ses doigts n'avaient joué dans des cheveux blancs ; jamais son cœur inquiet et curieux n'avait palpité sur un cœur. Quand Moïse, dont vous parliez tout à l'heure, conduisit son peuple à la terre de Chanaan, il ne se contenta pas de lui dire : Je vous mène dans une contrée favorisée du Seigneur, où coulent des ruisseaux de lait et de miel ; il lui dit : Je vous promets une terre qui a été promise à vos ancêtres, et que Dieu a marquée pour le patrimoine d'Israël.

Je comprendrais, quoique avec peine, qu'on refît une civilisation dans notre Gaule celtique avec les souvenirs des druides. On n'en fondera point sur des idées purement morales. Telle est la destinée de l'homme. La divinité qui préside aux créations sociales ce n'est ni la doctrine du philosophe, ni l'expérience du légiste : c'est la nymphe du poète et la fée du romancier. La sagesse de Numa n'aurait pu se passer d'Égérie. — Venus à la fin d'une société, nous nous sommes follement épris de nos œuvres, en voyant s'entasser derrière nous des ruines sur des ruines, mais nous n'avons rien construit, et Fauchet vous en dira la raison, selon les termes de sa foi : c'est que le grand inconnu qui a tout fait de rien n'était pas avec nous, et que le miracle d'une création soumise aux lois de la parole ne se renouvellera plus. — Mon cœur était las comme le vôtre des longues erreurs de tant de générations abruties, et des longs malheurs de tant de générations esclaves. Comme le vôtre, il a ambitionné dans son aveuglement des améliorations impossibles qui ont déjà coûté trop de larmes et trop de sang au genre humain. Les amants de Pénélope n'ont pas été trompés plus amèrement que ceux de la liberté. L'intelligence des nations a des nuits profondes qui détruisent l'ouvrage de ses jours. Tant qu'un siècle léguera au siècle qui le suit une page de l'histoire, une tradition, un monument, il ne sera pas permis de rien édifier. Pour la société, comme pour l'homme qui a vu beaucoup d'années, il n'y a de nouveau que la mort. Les Péliades, qui égorgèrent leur vieux père pour le rajeunir, étaient d'habiles républicaines. Elles savaient le secret des révolutions. A la naissance d'un peuple, le sacrifice d'un homme est quelque chose; mais quand ce peuple a vieilli, le gouffre du Curtius ne se referme que sur le peuple tout entier.

BRISSOT

Quel jour as-tu attendu pour nous dévoiler cette pensée effrayante?

VERGNIAUD

Sais-tu à quel jour Brutus était arrivé, quand il s'aperçut que la vertu n'était qu'un nom?

GENSONNÉ

Est-ce à cela que se bornent les révélations de ton esprit familier? Gracchus égorgé dans le bois sacré jeta de la poussière vers le ciel, et de cette poussière naquit Marius qui écrasa l'orgueil des patriciens. Vergniaud, nous avons un lendemain!...

— Je le sais bien, dit Mainvielle, un lendemain qui n'en aura plus.

VERGNIAUD

Des républiques qui bâtissent la monarchie; des monarchies qui bâtissent la république; et le chaos après.

BRISSOT

La monarchie anglaise n'est pas le chaos; elle préside encore à la civilisation des deux mondes.

VERGNIAUD

La monarchie anglaise est d'hier; quand elle est née d'ailleurs, les éclairs du mont Sinaï n'étaient pas éteints. Ouvre les pages de cette histoire, tu y trouveras partout les traditions de l'Écriture vivantes comme aux premiers temps de l'Église. L'esprit de leur révolution, c'était l'esprit du Dieu de la Bible. Le sceptre de l'opinion, c'était la verge d'or du prophète. La constitution tombait page à page des textes sacrés, et les prêtres marchaient au-devant de la nation avec le glaive du Christ et le livre de la loi. Rends un pareil véhicule à ta république, ou jette un linceul sur son cadavre; il ne s'animera point.

SILLERY

Observez aussi, monsieur Brissot, que ce peuple éclairé de si hauts enseignements bravait, par sa position géographique, la menace des armes et l'invasion des doctrines; il est entouré de l'Océan comme d'une ceinture. Oserions-nous opposer à un pareil état de société celui d'une nation grande et généreuse, sans doute, mais d'une nation à coutumes disparates, à limites équivoques, à mœurs indécises et mobiles?

CARRA

D'une nation hybride, hétérogène, sans autochthonéité, sans amalgamation, sans sympathisme?

FAUCHET

D'une nation sans Dieu? L'histoire de toutes ces agrégations d'hommes qu'on appelle des sociétés est écrite en caractères ineffaçables dans la Genèse. L'homme séduit cueille avec ivresse le fruit de l'arbre de la science, et il apprend pour toute science qu'il doit mourir de mort. Le fruit de l'arbre de la science, messieurs, je vous le dis, ce sont les révolutions.

DUCOS

En vérité, mes amis, je ne sais si je me trompe, mais les paroles qui m'arrivent de ce côté ressemblent à celles qu'on entend dans les rêves. Il y a six mois que vous dissertiez comme des encyclopédistes, et voilà que vous prêchez comme des puritains!

FAUCHET

Ma vie n'est pas un exemple, Ducos, et mon heure dernière sera une réparation, si Dieu en reçoit le sacrifice. Il y a plus d'un obstacle à vaincre et plus d'un regret à dévorer sur le chemin du salut.

VERGNIAUD

Comme plus d'un outrage à subir sur celui du triomphe. Prends la main que t'offre Ducos; il n'a pas voulu te blesser.

MAINVIELLE

Allons, Fauchet, un peu d'indulgence pour la gaieté. Votre maître prenait plaisir à la joie des enfants. Nous ne rirons pas plus vieux de beaucoup.

FAUCHET

Que la paix du ciel descende sur toi, cher Ducos, avec les bénédictions que mon cœur te donne!

BRISSOT

Cela est bien! Quelle pitié pouvons-nous attendre de la postérité, si nous en manquons pour nous-mêmes, nous, hélas! qui nous sommes égarés les uns par les autres dans la recherche du bonheur public?

LASOURCE

Je me souviens que le sujet de mon dernier prêche au peuple fidèle de mon auditoire était le verset 22 du chapitre V de saint Matthieu en son Évangile : *Celui qui insultera son frère, ou qui lui adressera des paroles menaçantes, mérite d'être condamné dans le conseil.* Heureux qui a mieux profité que moi de cet enseignement! La fougue de mon caractère ne me livrait que trop vite aux égarements de la colère et des passions, quoique je fusse porté par mes inclinations naturelles autant que par mon ministère à des sentiments tolérants et doux. Je vous prie, Sillery, de vouloir bien oublier nos déplorables disputes.

SILLERY

D'honneur, monsieur de Lasource, vous ne pouviez rien me proposer de plus agréable. Vous m'avez vu ce soir jeter ma béquille de podagre au milieu du parquet, en disant : « Je suis arrivé ici infirme et malade, mais votre jugement me rend toute l'énergie de ma jeunesse et de ma santé; voici le plus beau jour de ma vie! » Eh bien, monsieur de Lasource, croyez que je ne me débarrasse pas moins aisément des infirmités de mon âme, et que je mourrai votre sincère ami. Je ne garde pas même rancune à ces messieurs du tribunal.

LASOURCE

Nous mourons le jour où le peuple a perdu la raison. Les infortunés mourront le jour où il l'aura recouvrée. Lequel vaut le mieux de leur sort ou du nôtre? Puisse au moins le ciel ne pas se fermer à leur repentir!

VERGNIAUD

La conscience d'une vie utile et bienveillante est, en vérité, le plus doux des privilèges d'une bonne mort. Il ne nous est pas donné comme à Scipion de forcer un sénat injuste à nous suivre au Capitole, mais la postérité nous y attend. Plus je réfléchis, moins je vois ce qui manquerait à la gloire de notre nom historique. Je déclare, quant à moi, que mon existence me paraît fort complète.

DUCOS

Fort complète en effet, à la durée près. Oh! qu'un esprit cultivé en notre barreau de Bordeaux est fertile en joies flatteuses et en consolantes vanités! La postérité est une chose magnifique, Vergniaud, et le Capitole aussi, moyennant que tout cela vienne à point; mais cette imposante perspective ne m'empêche pas de trouver quelque chose à dire au compte interrompu de mes jours. La mesure n'y est pas.

VERGNIAUD

Qu'importe la mesure des jours à qui meurt pour son pays? Le plus prochain est le meilleur quand il est le plus glorieux. Notre âge politique, c'est celui de nos titres à l'échafaud, et l'échafaud, Ducos, c'est le Capitole des temps mauvais. Ce bonheur était au-dessus de toutes mes ambitions!

DUCOS

En ce cas, réjouis-toi, couronne-toi de fleurs, et baigne-toi dans les parfums. Les compagnons de Léonidas en firent autant avant de passer du champ de bataille à leur vie immortelle.

CARRA

Avec une épitaphe de Simonide que j'ai deux ou trois raisons de croire apocryphe.

FONFRÈDE

Le martyr qui va mourir aux autels de la liberté n'est jamais trop pur ni trop paré.

Sillery rajusta ses cheveux, et releva les longs parements de son gilet blanc.

— Cet incident de la vie qu'on appelle la mort, dit-il, mérite à peine d'être pris en considération, quand on a le bonheur d'y être convenablement disposé par la foi ou par la vertu. Nous avons sur le reste des hommes le précieux avantage de l'attendre à une heure fixe. Inévitable, il faut le subir. Prématuré pour la plupart d'entre vous, messieurs, il est consolant de penser que vous n'aviez aucun moyen honorable d'en retarder le moment.

DUCOS
Il y en avait un. Pendant que nous étions en veine de décrets, et que nous en faisions à la journée, je regrette de n'avoir pas proposé l'indivisibilité de la tête et des vertèbres.
BOILEAU
Il y en avait un autre : c'était de prêter la main à l'œuvre de la Montagne, qui a peut-être sauvé la patrie.
MAINVIELLE
Et qui n'a pas sauvé Boileau, l'ingrate ! Hélas ! c'est une méprise.
BOILEAU
Vous rappelez-vous la menaçante prophétie de Danton? « Le bronze qui doit former la statue de la liberté est en pleine fusion. Si nous manquons le moment de le couler, il nous dévorera tous ! »
VERGNIAUD
Il les dévorera ! — Et notre gloire, à nous, sera d'avoir mieux aimé mourir leurs victimes que leurs complices !

— Malédiction ! dit Viger, en appuyant sa main sur la place où il avait l'habitude de chercher la poignée de son sabre, dans ses fougueuses argumentations à la Convention nationale ; — malédiction ! qui nous reproche de n'avoir pas été leurs complices ? Nous autres soldats, nous tournons la face à la mort, et nous ne transigeons pas avec le crime ! la responsabilité d'un forfait politique est le *sauve-qui-peut* des lâches. Que Dieu pardonne à ceux qui l'acceptent, comme dirait M. l'abbé Fauchet ! — Je m'étonne, messieurs, que vous n'ayez pas compris un meilleur moyen que les vôtres de réduire au silence une méchante cohue d'énergumènes qui pâlissaient à la vue du fer ! Je vous reconnais pour des avocats très diserts et des gens de beaucoup d'esprit, choses auxquelles je m'entends de profession, puisque j'étais membre de l'académie d'Angers ; mais jamais discours, si beau qu'il fût, n'a fini une révolution. La seule puissance qui fût capable d'assurer au milieu de nos désordres la conservation des idées sociales, ce n'était pas celle de la rhétorique avec ses phrases cadencées et ses précautions oratoires. C'était, mordieu ! celle de la force, d'une force virile et martiale qui procède par les démonstrations de l'épée. — Nous en avons des preuves mémorables dans les anciennes histoires. — A la pointe de l'épée, messieurs, rien qu'à la pointe de l'épée. — Duperret que voilà peut le dire, et Valazé que voilà aussi vous le dirait, s'il le pouvait ; — nous aurions mis à la raison en cinq minutes, pour ne pas exagérer, toute cette couarde et hargneuse louvetaille de la Montagne. Cela valait mieux que de vous complaire, comme des légistes, en longues harangues du goût d'Isocrate et de Cicéron : — Ah ! ah ! ah ! ah ! une, deux ! Robespierre est mort ! — Une, deux ! le beau Lacroix fera défaut à l'appel nominal du soir ! — Une, deux ! Collot d'Herbois crie merci, le misérable ! mais il ne l'obtiendra pas...

Et tout en parlant ainsi, Viger, entraîné par la chaleur de l'action, n'en oubliait pas la pantomime nécessaire.

— Quel horrible carnage ! s'écria Mainvielle ; arrêtez-moi cet homme-là !

[21]

— Voilà, continua Viger, comment se fondent les bonnes constitutions, et non pas avec je ne sais quel fatras élégant de prétendues raisons d'hommes d'État qui n'ont jamais rien enseigné à ceux qui ne veulent pas apprendre ! Excusez, Vergniaud ! pardon, Gensonné ! car je ne voudrais pas pour les oreilles de Chabot offenser le cœur d'un ami ; non, pardieu, je ne le voudrais pas ! mais je soutiens qu'il fallait me suivre, quand je vous montrais de la pointe de mon sabre le chemin de Versailles, et que cette canaille, plus peureuse encore qu'insolente, m'ouvrit par deux fois, s'il vous en souvient, un large passage sur la terrasse. — Ce n'est pas dans le cœur gangrené d'une ville impure, échue en patrimoine à toutes les tyrannies populaires, comme la voirie aux corbeaux, qu'on pouvait rassembler les éléments d'une saine république. C'était partout ailleurs, car le principe social nous aurait suivis, et c'est à lui que les nations se rallient toujours. Qui sait maintenant d'où il rentrera dans Paris, s'il y rentre jamais ? — de l'Orangerie de Saint-Cloud peut-être !

DUPERRET

Sans m'emporter comme M. Viger, moi dont le caractère est naturellement fort doux, et qui me flatte d'avoir vécu avec vous tous, messieurs, dans les termes de la politesse, je ne peux me dispenser de rendre témoignage à ce qu'il y a de judicieux dans son opinion. Le jardin était là, fort commode à mon avis pour ce genre de discussion, et c'était plaisir, raison, économie à nos commettants, que de vider ainsi les questions en deux ou trois passes d'épée, au lieu de les traîner scandaleusement en débats honteux qui tournent toujours, vous pouvez l'avoir remarqué, au profit des fourbes et des pervers. Je ne suis pas discoureur, mais j'ai le coup d'œil prompt et la main assurée. Vous m'auriez vu serrer la lame de ce bellâtre d'Hérault-Séchelles et de ce flandrin de Tallien ! Quelle boutonnière je réservais à Dubois-Crancé, l'Apollon du gros David ! Nous avions arrangé cela, Viger, Dufriche et moi...

DUCOS

Dans votre sagesse...

— Vous persiflez, je crois, M. Ducos, s'écria Duperret en le regardant de travers et en froissant impatiemment sa serviette.

DUCOS

Non, Duperret, non vraiment ! je badine selon mon usage, et je vous prie de ne pas m'ajourner à quelqu'un de ces rendez-vous où deux braves se coupent impitoyablement la gorge. C'est un soin qui ne nous regarde plus. Nous ferions tort à la Montagne d'un de ces privilèges.

DUPERRET

A la bonne heure, car, aussi bien, j'ai juré de ne me fâcher de ma vie ! Cependant, si on m'avait cru, et si, comme dit M. Viger, d'autres que Dufriche et moi l'avaient suivi dans son héroïque sortie, vous n'auriez pas les mains liées demain par un malotru de bourreau, pour aller recevoir, en place publique, ce que notre vénérable ami, M. Lamourette, appelle une chiquenaude sur le cou.

CARRA

En vertu de la figure de mots qui est communément nommée euphémisme.

DUPERRET

Par le saint Évangile ! on ne termine pas autrement les guerres de parti ; mais je n'eus pas ébloui un moment ces gens-là de la lueur de mon sabre, que vous autres GIRONDINS, vous avez tous crié haro, comme des Normands !

VERGNIAUD

Phocion était la hache des discours de Démosthène, Duperret, Dufriche et Viger étaient l'épée des trames de la Montagne.

DUPERRET

Et si vous l'aviez voulu, cette épée aurait coupé le nœud gordien de la révolution.

FAUCHET

Une autre épée le coupera.

GENSONNÉ

Celle de Cromwell...

DUCHATEL

Celle de Monck...

VERGNIAUD

Celle de Thrasybule, peut-être !

VIGER

Qui sait ? La France est en guerre avec l'Europ , et la guerre seule produit des hommes capables de diriger les États !

DUPERRET

Qui sauvent les peuples de leurs propres fureurs après les avoir défendus des attaques de l'étranger.

VERGNIAUD.

Comme Pélopidas !

DUCHATEL

Comme Alfred !

FAUCHET

Comme Macchabée, messieurs, comme Macchabée !

CARRA

Ce qui est arrivé devant irrésistiblement arriver encore, ainsi que je l'ai prouvé — ainsi que j'ai du moins commencé à le prouver ; ainsi que je le prouverais de la manière la plus évidente...

Ici Carra laissa échapper un long soupir. Ensuite il continua :

— Tous les événements de l'avenir n'étant, dis-je, qu'une inévitable répétition du passé, il me paraît vrai en principe qu'une épée terminera infailliblement la révolution. Cela arrive de toute nécessité quand l'avenir des nations est en litige entre le droit et la force.

LE HARDY

Et une révolution n'est autre chose que l'expression d'un intérêt nouveau qui lutte contre une possession ancienne, c'est-à-dire une tentative qui a pour objet de substituer le fait au droit et la tyrannie au pouvoir.

VERGNIAUD

Si ce n'est pas là le but de toute révolution, c'est, à la vérité, sa fin ordinaire; il vient alors un guerrier qui jette son glaive dans la balance comme Camille, et malheur aux vaincus.

DUPRAT

Vous me rappelez ce que me disait à ce sujet un jeune capitaine d'artillerie avec lequel je soupais il y a plus d'un an à Baucaire[1]. Je répéterais au besoin ses propres paroles... « Ils marcheront dans les révolutions, et ils n'en recueilleront pas les fruits. Ils feront des constitutions et ils les violeront. Ils se rendront odieux au peuple et au genre humain par des excès qui avaient disparu de l'histoire depuis Sylla et les triumvirs. Un homme alors paraîtra, guidé par la fortune et par le dieu de la gloire. Il dira : Je vous ai laissé des lois, et vous les avez foulées aux pieds. Qu'avez-vous fait du sang de nos braves, inutilement versé pour la patrie? — Et il les chassera devant lui comme une paille légère ! »

VERGNIAUD

Il y a de l'avenir dans ce capitaine à la parole poétique ! il sera Marcellus !

MAINVIELLE

Je l'ai vu. C'était un Corse d'assez petite taille, à l'œil noir, luisant, profond, au maigre et long profil, au teint couleur de pierre, aux cheveux plats et tombants, qui parlait peu, et ne parlait que par phrases sentencieuses et pittoresques. Il s'appelle, je crois, Bonaparte.

Vous avez cru détruire la monarchie; vous n'avez fait que la renouveler, en la réduisant par une réaction violente à la nécessité de subir, lors de son prochain rétablissement, les conséquences de son principe essentiel et les conditions de son origine. La monarchie ne fut en effet dans notre vieille civilisation que la garantie armée des libertés publiques. Elle tombait de vétusté dans sa forme altérée par des siècles de corruption sociale. Elle se relèvera puissante et rajeunie sur des fondements désormais inébranlables. Oui, la monarchie se relèvera ! les planches de l'échafaud n'ont pas bu la dernière goutte de ce noble sang des Bourbons qui est le sang même du pays, et qui n'a jamais coulé sans que la France en tressaillît d'épouvante et de douleur jusqu'aux entrailles de la terre !

Ici un vague murmure d'étonnement, d'inquiétude et de colère, couvrit peu à peu, et puis interrompit tout à fait le discours de Duchâtel.

— Oui, la monarchie se relèvera, et les Bourbons reviendront, s'écria Le Hardy, avec la vigueur sonore et stentorée de ces poumons de fer qui l'avaient rendu si redoutable à la Montagne.

— Ils reviendront de la captivité de Babylone, reprit Fauchet, en fixant son regard extatique aux voûtes de la prison comme si elles s'étaient couvertes pour lui montrer le ciel; — oui, la monarchie se relèvera triomphante, et les murailles du temple avec elle !...

— Vive la République ! dit Ducos, et respect aux opinions ! nous

---

1. Banaparte, plus tard Napoléon Ier, a écrit un opuscule, *le souper de Beaucaire*.

avons tous quelque raison pour les croire aujourd'hui fort dégagées entre nous d'ambition et d'intérêt. Il n'est pas clairement prouvé d'ailleurs continua-t-il en riant, que Fauchet soit visité de l'esprit de prophétie, ou bien il est un peu hors de propos comme cet homme dont parlait le vieux Cazotte, qui annonça pendant trois jours la ruine de Jérusalem et qui ne fut averti de sa propre mort qu'au moment où il lui était devenu impossible de l'éviter.

Tous les Girondins se réunirent à l'acclamation de Ducos, à l'exception de ces trois-là. Les cris de *République* et de *Liberté* retentirent longtemps dans ce triste séjour que Fouquier-Tinville avait appelé, avec le cynisme sanguinaire, mais pittoresque, de ce temps de malheur, *l'antichambre de la guillotine.*

Duchâtel se leva enfin, quand tous les bruits furent passés avec cet air calme et fier qui donnait à son jeune âge quelque chose de la gravité d'une vieillesse solennelle, comme à l'enfance boudeuse de Caton!

— Vive le Roi! répondit-il, vive le Roi et la liberté!... — Il ne serait pas Français, il ne mériterait pas d'être homme celui qui baisserait son front sans rougir devant un pouvoir fondé sur l'esclavage et l'avilissement de ses semblables. Malédiction, ô mon cher pays, sur celui de tes indignes enfants qui formerait à son heure suprême des vœux contraires à la gloire et à ton bonheur! Dieu m'est témoin, ou il me sera témoin bientôt que mon patriotisme ingénu et fidèle ne s'est réconcilié avec la pensée d'une monarchie populaire, assise sur les droits imprescriptibles de l'humanité, que dans le désespoir d'une république impossible, ou dans la honte d'une république mensongère et hypocrite qui s'allaite pour grandir du sang des plus pures victimes. Il me sera témoin, frères chéris de vie et de mort qu'il m'a donnés, que cette pensée nouvelle pour moi est éclose dans ma conscience comme un doux rêve dans le sommeil, sans combinaison, sans calculs, quand j'ai commencé à me dévouer pour elle, comme sans peur quand je vais lui payer le tribut de ma belle vie de vingt-six ans, au prix de tant d'amour et de félicité qui m'étaient promis! Que me demandez-vous? mon cœur naturellement chagrin n'était plus disposé à se nourrir des vaines espérances d'amélioration dont nous nous étions flattés. Je ne croyais plus au bonheur des peuples, et cependant je le cherchais encore, et je le cherchais partout, avec l'ardeur qui nous ferait payer le retour d'une illusion de quelques instants d'erreur et de folie. Je vous suivis de mon attention, de mes vœux, quelquefois de mes sympathies. Je ne trouvai rien, rien que le trouble et le néant. Vous vous débattiez dans le vague et vous ne pouviez plus vous diriger. C'est alors que je reportai mes yeux au rivage d'où vous étiez partis, et que je délibérai d'y retourner. Je m'explique cependant. Ne m'accusez pas d'avoir méconnu ce que les usurpations de l'aristocratie avaient d'humiliant et de douloureux pour une âme fière, ce qui devait l'irriter dans l'orgueil de la noblesse et des cours, la révolter dans leur dép**ravation! Quoique né loin de ce théâtre, et pur de ces affronts auxquels je n'ai jamais exposé ma libre et sauvage adolescence, je n'ai point ignoré les jours d'oppression et de détresse dont la révolution fut l'inévitable résultat. L'histoire m'a montré à nu la conspiration permanente de la tyrannie contre la liberté, du fanatisme contre la raison, d'une routine servile et intéressée contre les progrès de la pensée humaine, contre les idées et les découvertes qui élèvent notre espèce à la hauteur de sa destinée, et qui applanissent lentement, par des conquêtes successives, toutes les inégalités de notre vieux monde social. Eh! mes amis! le spectre caduc et abruti de l'ancien régime, vieillard obscène et fardé, tout chargé de turpitudes et d'extravagances, m'était odieux comme à vous, et j'avais juré de lui livrer une guerre aussi longue que ma vie. Mais je suis venu, et j'ai vu tomber les pouvoirs légitimes dans la ruine du despotisme, la religion et la morale sous le nom de superstitions et de préjugés, les saintes vérités avec le mensonge, les bonnes et antiques lois avec les abus, les innocents avec les coupables! Je suis venu, hélas! et vous m'avez montré Marat! Vous savez si j'hésitai alors entre l'échafaud et lui! Du moment où je me sentis consacré à la mort, je réfléchis avec plus de soin, parce que si j'étais sûr de ma bonne foi à l'égard de mes commettants, il me restait un dernier compte à régler avec moi-même, avant le jugement de Dieu. Je reconnus sans peine la vérité de ce que Vergniaud nous disait tout à l'heure, du haut d'une autorité qui vaut mieux que la mienne! Enfants étourdis et mutins, nous avions marché, heureux de traîner derrière nous les lambeaux de nos langes déchirés et de nos lisières rompues; nous nous étions précipités dans l'avenir, sans le prévoir, comme dans une route ouverte; coursiers aveugles et indomptés qui se croyaient attelés au char du monde civilisé, et qui ne traînaient d'abîme en abîme que la claie d'une société suicide. J'ignore ce que vous en pensez, mais c'est là ce que nous avons fait!... Les anciennes constitutions de la monarchie, que j'ai trop tard étudiées, contenaient mille fois plus d'éléments de liberté qu'il n'en sortirait en mille ans de tous les antres de la Montagne! Et voilà pourquoi je crie: Vive le Roi!

Les mêmes voix ne manquèrent pas d'étouffer ce cri, comme la première fois, sous un cri presque unanime.

VERGNIAUD

Et quelle est, suivant toi, Brissot, l'heure de toute une existence séculaire où un homme né pour aimer peut mourir sans jeter un regard de douleur sur ce qu'il aimait. C'est le lot de la pourpre comme celui de l'échafaud. Si la mort ne traînait pas cette cruelle compensation avec elle, connais-tu quelqu'un qui ne voulût de la mort avant le temps où Dieu l'envoie?

FONFRÈDE

Ne plaignons pas nos enfants de notre mort! Elle sera un jour la plus belle portion de leur héritage.

BRISSOT

Ou bien, suivant les vicissitudes que Vergniaud prévoit dans l'avenir incertain de la patrie, elle sera contre eux un jour un nouveau titre de proscription!...

FONFRÈDE

Qu'il en soit ainsi, quand les malheurs de la patrie imposeront cette destinée à leur courage ! Que mon Henri garde mémoire de son noble baptême de sang, et qu'il se dévoue plutôt à mourir comme nous qu'à transiger avec la faction féroce qui vient d'assassiner la liberté.... la liberté qu'elle assassinerait deux fois !

VERGNIAUD

Ta pensée planera sur lui d'une région inaccessible aux honteuses terreurs de l'homme mortel, et ton génie enflammera le sien d'inspirations dignes de toi ! La sollicitude qui nous occupe aujourd'hui pour les êtres qui nous sont chers est le dernier lien qui nous attache à notre faible humanité; mais elle se changera en pures délices quand nous pourrons les suivre d'une attention tranquille dans leur captivité passagère de la vie, nous voir renaître en eux, nous complaire dans leurs vertus, nous consoler dans leurs épreuves, en goûtant d'avance l'espoir infaillible de ne les plus quitter. Cette idée est tout pour qui sait en jouir !...

DUCOS

Et n'est rien pour qui la méconnaît. Vergniaud aborde ici une grande question, mais il ne l'a pas tranchée.

MAINVIELLE

Tu es bien pressé, Ducos ! La guillotine la tranchera tout à l'heure !

VERGNIAUD

J'ai dû remplir jusqu'à la fin les devoirs de mon ministère avant de m'en départir pour jamais. L'immortalité de l'âme est décidément la seule question qui reste à l'ordre du jour.

FONFRÈDE

Sa solution est tracée par la nature dans l'instinct intelligent du seul être organisé qui conçoive le besoin de revivre. Ce que la nature m'a fait désirer parce qu'elle me la fait pressentir, elle me le doit.

BRISSOT

Elle est tracée par le raisonnement pour le philosophe dans les écrits de Platon, et la raison humaine ne s'élèvera jamais plus haut. Ce que Platon m'a promis, au nom du grand architecte des mondes, je vais le chercher.

FAUCHET

Elle est tracée par la foi, plus savante que Platon, pour le chrétien plus riche en avenir que le philosophe. Ce que la foi m'a donné, au nom du Seigneur, je vais en prendre possession dans le ciel.

DUPRAT

Nous serons alors plus capables de juger en connaissance de cause;... et maintenant, messieurs, nous ne pouvons pas nous le dissimuler, nous n'avons pas la tête à nous.

MAINVIELLE

Au lieu que tantôt, ce sera merveille ! nous voterons pour la première fois à tête reposée.

Ces persiflages héroïques, saillies dignes de Socrate, où se complaisent les gens de cœur qui savent mourir, circulèrent au milieu des éclats de rire avec le punch qui remplissait tous les verres.

A compter de ce moment, la conversation devint plus générale, plus bruyante, plus expansive; les sentiments s'échangèrent avec plus de rapidité, les caractères se dessinèrent avec plus d'énergie. Quelques hautes réflexions, quelques souvenirs graves ou touchants, quelques regrets échappés à l'âme se firent encore entendre de loin en loin; mais le tumulte des émotions ne tardait pas à les entraîner, à les confondre dans une rumeur presque unanime qui n'exprimait que la joie portée jusqu'au délire. Vergniaud, retombé dans ses préoccupations ordinaires, ne riait que par intervalles, et quand un trait plaisant et inattendu le rappelait aux convenances d'un festin libre et amical qui s'égaye en finissant. Fauchet, Duchâtel, Le Hardy, Brissot, plus étrangers encore à ces effusions du plaisir et de la folie, ne les troublaient pas du moins par une attitude austère et mélancolique. Leurs visages étaient empreints d'une telle sérénité qu'il n'y avait pas un de leurs traits qui ne semblât sourire. — La plupart des autres, tout entiers au bonheur d'être encore une fois ensemble, s'y livraient avec cette verve d'enthousiasme, cette passion de jouir, et cet abandon de l'insouciance qui distinguent l'esprit français entre tous les caractères nationaux. L'approche d'une mort certaine était oubliée, ou plutôt elle stimulait par un attrait de plus, par la secrète satisfaction de la vanité qui aime à s'exercer chez nous contre les malheurs inévitables, les démonstrations de la gaieté commune. L'émulation du dévouement n'était qu'une chose vulgaire, et qui ne valait pas la peine d'être remarquée entre des âmes si puissantes; mais l'émulation d'une stoïque indifférence et d'une intrépidité sérieuse n'était pas sans charme pour des esprits si élevés. Les chances de la gloire politique devaient être fort inégales pour les Girondins aux yeux de la postérité; et s'il y avait quelque moyen de compensation pour les faibles et les obscurs, on pouvait le trouver dans la manière de prendre la mort, qui est, en dernière analyse, l'épreuve décisive des véritables supériorités.

Vergniaud avait cessé de prendre part à la délirante expansion de ses convives. Depuis quelque temps il roulait sa montre entre ses doigts sans la regarder. Tout à coup il l'ouvrit négligemment en la dégageant de sa double boîte cerclée en cuivre.

— Cinq heures! s'écria-t-il; oh! que les belles nuits passent vite! Ne nous reste-t-il plus rien de mieux à faire que de boire et de chanter? Ce n'est pas trop de deux heures peut-être pour penser, pour écrire, pour finir nos arrangements avec le monde, ou du moins pour dormir un peu.

Et quand il eut dit cela, il remonta sa montre par distraction.

— Le monde s'arrangera comme il pourra, répondit Mainvielle. Je ne me suis jamais fort soucié de lui, et je m'en soucie moins que jamais. Penser, je m'en avise rarement. Écrire, c'est un ennui. Quant à dormir, j'ai bien le temps.

Les Girondins, subitement ramenés cependant à une pensée sérieuse, s'étaient tournés en silence par un mouvement simultané du côté de Vergniaud, et paroissaient prêts à suivre son exemple, quand la porte de la salle s'ouvrit.

Les concierges et les guichetiers, accompagnés d'un huissier du tribunal, se rangèrent sur deux files pour les reconduire dans leurs cachots à mesure qu'ils répondraient à l'appel de l'officier judiciaire.

— Messieurs, dit Vergniaud en souriant, la séance est levée.

Gensonné s'était trouvé tout à coup séparé de ses compagnons ordinaires. Il s'étonna d'être conduit dans un cachot qu'il ne connaissait point, et qui ne paraissait pas pouvoir admettre plus d'un prisonnier. Quoiqu'il lui coûtât d'être éloigné de ses amis pour le peu de moments qu'il avait encore à passer avec eux, il ne pensa pas à se plaindre; car il avait toute la résignation qui vient de la force; mais sa surprise redoubla quand il vit le guichetier qui l'escortait refermer la lourde porte en dedans, poser sa lanterne sur le pavé, et s'asseoir sans façon au pied de l'étroite couchette qui composait tout l'ameublement de ce trou. Gensonné recula d'un pas. Le guichetier ôta son bonnet, passa la main dans ses cheveux et regarda fixement le député.

— Eh bien! dit Gensonné, dois-je vous avoir ici pour témoin ou pour gardien, maître Pierre, pendant ces heures d'agonie que les lois d'aucun pays n'ont disputées à la solitude et au recueillement?

— Non! lui répondit le guichetier, nous allons nous séparer. Mais répondez-moi d'abord : me reconnaissez-vous?

GENSONNÉ

J'ai quelque réminiscence de vous avoir vu ailleurs, une fois ou deux, je ne sais où, et cette impression m'a légèrement occupé quand je vous ai retrouvé ici.

PIERRE ROMOND

Ne vous rappelez-vous pas du moins le nom de Pierre Romond de Payerne, cent-suisse de Sa Majesté Louis XVI?

GENSONNÉ

Pierre Romond de Payerne!... C'est aussi un souvenir vague dans mon esprit, un souvenir qui tient du rêve... et qui ne me paraît important ni pour vous ni pour moi. L'occasion ne me paraît pas favorable pour s'en entretenir.

PIERRE ROMOND

Plus favorable que vous ne pensez. Vous n'avez pas oublié sans doute la journée du 10 août. Elle est assez mémorable!

— La journée du 10 août, dit Gensonné en couvrant son front de sa main, je m'en souviens! Elle n'aurait pas emporté tout l'avenir de la société européenne avec elle, continua-t-il à demi-voix, si des conseils insensés n'avaient prévalu sur les miens.

PIERRE ROMOND

Le 10 août, monsieur Gersonné, vous avez arraché un soldat suisse à la fureur du peuple.

GENSONNÉ

J'ai eu le bonheur d'en sauver quelques-uns, et un entre autres que vos traits me rappelle... Mais où voulez-vous en venir?

PIERRE ROMOND

Nous y sommes, grâce à Dieu. Après m'avoir délivré, vous m'avez conduit chez vous, vous m'avez couvert de vos vêtements; l'uniforme que je portais m'aurait livré à la mort, vous m'avez donné de l'argent pour vivre et pour regagner mon pays. Je n'ai pas quitté Paris où je pouvais cacher mon nom et mon existence dans un atelier, en travaillant d'un métier que je sais. — Quand vous fûtes arrêté l'été dernier, je ne pensai plus qu'à solder ma dette envers vous. Cela était cher et difficile, monsieur; je fus obligé de me faire jacobin pour devenir guichetier; je parvins à cette distinction, que je ne donnerais pas aujourd'hui pour un royaume, avec la protection des amis que je m'étais faits à clabauder dans les clubs et dans les sections. Depuis j'ai attendu, résolu mais patient. Absous, comme je l'espérais, vous n'auriez pas entendu parler de moi ni de ce que je vous dis; vous êtes condamné, et je m'acquitte.

GENSONNÉ

Qu'entendez-vous par là, mon bon ami?

PIERRE ROMOND

La chose la plus simple qu'il soit possible d'imaginer. — J'ai obtenu sans difficulté de la complaisance de mes camarades l'office peu ambitionné d'introduire ce matin l'homme que vous savez... le bourreau. Je dois sortir à six heures, voilà mon ordre. — Vous allez prendre mes habits, jeter les vôtres, et me lier les pieds et les mains sur ce grabat. Six heures sonnant à la chapelle, il ne s'en faut qu'un moment! vous sortirez à ma place avec ce trousseau de clefs. Vous avez ici la clef du premier guichet; celle-ci ouvre le second, celle-là le troisième; celle du quatrième, vous la voyez bien. Remarquez que je vous les présente dans leur ordre, et ne tourmentez pas les serrures comme un homme inexpérimenté, de peur de donner l'éveil. Une, deux, trois, quatre!... un enfant ne s'y tromperait pas. — Après cela, traversez hardiment la salle des guichetiers, comme ils ont veillé jusqu'au matin pour vous observer, et qu'ils ont prélevé d'amples gorgées sur votre vin, ils ne feront pas attention à vous : ils commencent à sommeiller. — A la dernière porte vers l'extérieur, il y a un gardien de service extraordinaire qui ne nous connaît ni vous ni moi. Il vient d'être dépêché de la commune. Présentez-lui votre ordre ouvert sans rien dire, sans répondre s'il vous parle; c'est la consigne; il ouvrira, vous sortirez; vous ne ferez pas ma commission, je suppose. — Vous gagnerez un asile, et facilement; j'en ai bien trouvé un, moi, pauvre soldat suisse, dans la maison d'un des premiers citoyens de France qui ne m'avait jamais vu, et qui, tout à l'heure, ne se souvenait pas assez de moi pour me reconnaître au visage ou à la voix ! Je voudrais bien y envoyer avec vous tous vos malheureux amis, mais l'ordre n'est que pour un, et je n'ai pas d'ailleurs la clef des corridors où ils sont renfermés.

Mais n'entendez-vous rien? continua Pierre, en faisant sauter les boutons de sa veste à force de se hâter.

Mon Dieu, monsieur, n'est-ce pas là six heures?

— Ce ne sont que les trois quarts, dit Gensonné, tu as le temps.

[30]

Ensuite il le regarda et appuyant doucement les mains sur ses épaules : — C'est de toi seul, dit-il, pauvre et noble garçon, que tu ne t'es pas occupé en concevant ce plan généreux ; — Quand l'homme viendra, mon ami, car le bourreau vient toujours, qu'on aille l'appeler ou non, qu'arrivera-t-il de toi ?

PIERRE ROMOND

Je n'en sais rien... mais on ne fera pas de moi un homme imposant, un grand orateur, un président du Corps Législatif et de la Convention nationale ; on en fera ce qu'on voudra ! Ce n'est pas la question. S'il faut souffrir quelques mois, quelques années de prison, je sais souffrir ; s'il faut mourir, je sais mourir ; soldat, c'est mon état, et je mourrai encore votre débiteur, arriéré envers vous de quatorze mois et vingt jours d'existence que vous m'avez conservés au péril de votre vie ! — Au nom de Dieu, finissons-en ; — Tout à l'heure, il sera trop tard pour tous deux !

Gensonné le pressa contre son cœur. — Pauvre Pierre ! lui dit-il, et il essuya quelques larmes. — Garat m'avait donné la même marque d'affection, mais il n'est pas de la destinée de tous les hommes de la recevoir deux fois.

— Conserve cet anneau à ton doigt en mémoire de mon amitié ! N'hésite pas... il est sans valeur... il ne vaut pas la peine d'être refusé...

— Vous acceptez donc ? dit le Suisse au comble de la joie.
— Non, mon ami, reprit Gensonné, je n'accepte pas, je refuse.

PIERRE ROMOND

Vous resteriez ? cela n'est pas possible !

GENSONNÉ

Écoute seulement ; quand je fus assez heureux pour sauver un homme tel que toi, que faisais-tu ?

PIERRE ROMOND

Ma compagnie était détruite, je restais seul, je venais de jeter mes armes, je me sauvais.

GENSONNÉ

Voilà qui est bien. Écoute-moi. Si une heure auparavant je t'avais proposé de te réfugier chez moi, en abandonnant ta compagnie, que m'aurais-tu répondu ?

PIERRE ROMOND

Cela ne fait pas de difficulté. Je vous aurais dit que j'étais à mon poste, et qu'un poste ne se quitte pas.

GENSONNÉ

Eh bien ! mon ami, ma place est où je suis, comme celle du soldat devant l'ennemi. Quand la liberté n'est plus, le poste des Girondins est à l'échafaud.

N'insiste pas, continua-t-il en l'embrassant encore, tu ne ferais que te compromettre sans me servir, car ma résolution est invariable..., et pour cette fois, six heures sonnent.

Pendant cette contestation généreuse, Gensonné ne s'était pas défait du trousseau de clefs que le Suisse avait remis entre ses mains. Il s'en servit pour ouvrir la porte du cachot, et il le rendit à Pierre qui le regardait tout consterné.

— Adieu, lui dit Gensonné, adieu, mon frère ; va où l'on t'envoie, je t'en prie, et, s'il le faut, je l'exige au nom de notre amitié. Si tu tardais, tu serais puni, et je n'aurais pas la consolation de te voir encore une fois ce matin.

Duchâtel et Le Hardy avaient obtenu d'être réunis, en ce dernier moment, aux saints abbés Émery et Lothringer, dont ils devaient recevoir les secours religieux, et qui n'eurent pas de peine à exciter dans ces âmes tendres et fidèles une ferveur déjà vivement ranimée par la persécution, mais qui ne s'était jamais entièrement amortie. Le premier de ces dignes et excellents prêtres pouvait compter, dans sa glorieuse captivité, des triomphes plus difficiles et plus précieux pour la foi. Sa douce et puissante parole avait réglé, depuis plusieurs mois, les écarts de l'imagination de Fauchet et rendu à lui au Dieu souverainement indulgent un esprit fait pour le comprendre et un cœur fait pour l'aimer. C'était une noble conquête. Aussi, bien sûr du néophyte qu'il venait de disposer pour le martyre, il s'était empressé d'effacer, par son absolution, l'apostasie passagère de l'évêque du Calvados, et de lui redonner les pouvoirs de l'Église, assez rachetés, sans doute, par la nouvelle ordination de l'échafaud et par le nouveau baptême du sang. Fauchet, rentré dans son auguste ministère, écoutait sous d'autres murailles la confession de Sillery.

Le temps amena enfin l'instant fatal et glorieux qui devait rassembler tous les condamnés pour la dernière fois. Le sourire de l'adieu fraternel ne semblait pas avoir quitté leurs lèvres, et leur abord fut si serein, qu'on aurait cru qu'ils s'étaient donné rendez-vous pour une fête. Brissot, qu'on avait toujours vu rêveur et abattu, paraissait ce jour-là moins sérieux qu'à l'ordinaire; Sillery plus expansif et moins cérémonieux, Vergniaud moins préoccupé, ou livré à des distractions plus riantes. Ducos se frottait les yeux en fredonnant encore. « En vérité, disait le docteur Le Hardy en secouant la tête avec une fine expression d'ironie, ceci ressemble à une grande leçon de clinique *in articulo mortis*. Voilà bien des gens qui n'en ont pas pour longtemps! » Viger promenait un œil menaçant sur les soldats; Duperret mesurait leur chef d'un regard de dédain; Fauchet parcourait les rangs de ses amis avec de brèves et tendres paroles, qui prenaient tour à tour, selon les personnes, la forme du conseil, de l'encouragement ou de la félicitation; et puis il les saluait tous à la fois d'une expression de physionomie religieuse et solennelle, comme s'il leur eût adressé dans son cœur une absolution commune. Boyer-Fonfrède se hâtait de reprendre place auprès de son frère d'adoption, pour ne pas s'en séparer à la mort. Le vieux Morand pressait de sa bouche les mains de son pauvre maître pendant qu'on les liait, et tout le monde plaignait amèrement ce vieillard en pleurs qui n'allait pas mourir.

Gensonné fut quelque temps à tourner sa vue sur le cercle nombreux des guichetiers pour y trouver Pierre Romond. Il le reconnut à ses yeux rouges de larmes, et il lui sourit.

— Messieurs, dit-il, je remarque avec orgueil que la députation de la Gironde est à son poste. Je vous propose de déclarer qu'elle a bien mérité de la patrie.

[32

— Je réclame le même honneur, dit Mainvielle, pour la députation des Bouches-du-Rhône, et je me porte caution de Barbaroux, qui ne fera pas défaut à son mandat.

— Tête et sang, s'écria Viger, je le réclame pour la France entière, qui est fort convenablement représentée ici, sans en excepter le digne mandataire de la commune de Paris.

— J'ai beau chercher, répondit Ducos en riant, je ne trouve pas celui-là...

— Le voilà, répliqua Viger en lui montrant le bourreau.

Pendant qu'ils parlaient ainsi, les condamnés se succédaient sur la sellette de bois où ils venaient subir les hideux préparatifs de l'exécution, avec autant de calme que s'il s'était agi de leur *toilette* du matin.

Quand ce fut au tour de Duchâtel, et au moment où il livrait aux valets de Samson sa belle et longue chevelure, une main qui ne fut pas vue fit tomber à ses pieds un bouquet de marguerites et d'immortelles qu'attachait un ruban bleu de ciel à liséré noir. Un billet s'en détacha.

— Encore une conspiration! dit l'officier de justice en se saisissant du papier; et il essaya de lire.

Le greffier vint au secours de son embarras. Il s'approcha et lut :

POUR M. DUCHATEL

« Mon cœur a partagé votre amour, cher Duchâtel, et cependant
« je n'y ai pas expressément répondu, parce qu'il n'y avait entre
« nous aucun rapprochement possible sur la terre.
« Aujourd'hui vous subissez votre arrêt, je reçois mon acte d'ac-
« cusation, et vous ne me précédez que de quelques jours à l'autel.
« Allez m'attendre, mon ami. Mon cœur et ma main vous appar-
« tiennent dans l'éternité.

« CÉCILE. »

— O bonheur! s'écria Duchâtel, ô jour qui rassemble plus de joies dans mon cœur que je ne le croyais capable d'en contenir!...

— Puis se tournant du côté de l'exécuteur : — Attache-moi ce bouquet et ce ruban, continua-t-il avec exaltation... C'est moi qui suis le marié!

— Sans rancune, heureux ami, interrompit Mainvielle; vous étiez digne sous tous les rapports d'une préférence qui me condamne à d'éternels regrets, mais que je ne saurais désapprouver. Montrez-vous seulement généreux en me choisissant pour garçon de noce. Vous verrez si je sais faire les honneurs d'un bal!...

Le rapprochement grotesque de ces idées aurait fourni un texte inépuisable à ses bruyantes plaisanteries, que Duchâtel n'entendait pas, absorbé comme il l'était dans le sentiment d'une grave et puissante félicité, si, dans l'instant où Mainvielle était prêt à redoubler d'éclats et de folies, la première porte de la Conciergerie ne se fût ouverte pour faire passage au convoi.

Et en même temps on s'aperçut d'un mouvement dans l'intérieur, et on entendit un cri.

— Ce n'est rien, dit le délégué du tribunal. Ce n'est pas une révolte. C'est une femme qui meurt.

Les vingt condamnés furent entassés dans la cour sur une longue charrette à ridelles. Ils sortirent suivis d'une autre charrette que traînait un seul cheval, et sur laquelle on avait jeté la claie de Valazé, mal couverte d'un linge grossier qui laissait échapper un de ses bras, un bras pâle et une main ensanglantée.

— Vive la Montagne! cria le peuple.
— Vive la République! répondirent les Girondins.

Jamais une des journées sombres et pluvieuses de l'automne ne s'était annoncée d'une manière plus lugubre que le 31 octobre. Jamais un brouillard plus ténébreux n'avait voilé le soleil; jamais une pluie subtile et plus pénétrante n'avait dû rebuter les curieux qu'appelle ordinairement de toutes parts le spectacle piquant d'un assassinat public commis au nom de la loi, par un égorgeur à brevet qui rentre ensuite paisiblement chez lui sous la protection de la justice, qui se lave les mains et déjeune avec sa femme. Cependant le concours fut immense, et tel qu'aucun événement du même genre n'en avait réuni un pareil. C'était une profonde cohue, mobile comme les flots d'une mer agitée, qui semblait tourmentée de passions et d'émotions diverses, parmi lesquelles dominaient, sans doute, l'étonnement et la terreur, et d'où s'échappaient par intervalles d'épouvantables clameurs, semblables aux grondements du tonnerre dans une tempête. Les condamnés y répondaient par le cri répété de *Vive la République!* ou par celui de *Vive la France!* dont la voix vigoureuse de Le Hardy frappa sur tout son passage les vitrages frémissants.

— Vive la République! reprenait Gensonné en persiflant... — la République que vous n'avez pas et que vous n'aurez jamais.

— Soyez soumis aux lois, disait Fonfrède, et n'oubliez pas la France qui est votre mère!...

— Combien faudrait-il de baïonnettes pour disperser cette canaille altérée de sang? murmurait entre ses dents l'intrépide Viger.

— Écartez ces enfants, criait Fauchet, les maladroits sont capables de les blesser!...

Souvent aussi toutes les voix confondues en chœur faisaient retentir les airs de ces beaux vers de Rouget de Lisle, qu'on aurait crus inspirés, par la prévision du poète, pour le supplice des Girondins :

> Allons, enfants de la patrie,
> Le jour de gloire est arrivé!
> Contre nous de la tyrannie
> L'étendard sanglant est levé!...

La voiture s'arrêta enfin, et la multitude suspendit un moment ses acclamations, afin de rester sans trouble et sans mélange au plaisir de ses yeux, car il se passait alors des choses propres à fixer son attention. Le corps de Valazé venait d'être enlevé du petit baquet qui l'avait conduit, pour être transporté sur un brancard placé au-dessus de l'échafaud; comme il y arrivait, le pied manqua sur les marches glissantes à un des deux porteurs, et le cadavre échappé à leurs mains roula en bondissant de degré en degré jusque sur le pavé de la place. Pendant ce temps-là d'autres aides de l'exécuteur achevaient de s'assurer du jeu de l'instrument, tandis que leur maître debout sous un parapluie vert, et le front couvert de son chapeau que masquait à demi une large cocarde aux trois couleurs, présidait de la parole et du geste aux dernières dispositions de cet exécrable appareil.

Bientôt une rumeur, qu'on ne peut comparer qu'à celle des bêtes féroces auxquelles on porte leur curée, roula sur cet océan d'hommes et de femmes impatients qui attendaient un supplice. Un vieillard montait, escorté et non soutenu, avec plus de légèreté que son âge et ses infirmités ne paraissaient le permettre, et saluait, en souriant à droite et à gauche, les innombrables spectateurs. Parvenu au point le plus élevé de l'estrade, il salua de nouveau en criant : *Vive la République!* après quoi il se jeta sous le fer, en répétant le même cri. Cette fois la mort l'empêcha d'achever.

Ses amis suppléèrent à sa voix interrompue. *Vive la République!* s'écrièrent-ils en se soulevant de leurs banquettes, dans le transport le plus immodéré d'enthousiasme. *Vive la République!* répondit le peuple en battant des mains.

La voix de Duprat retentissait encore, quand un souvenir subit des derniers entretiens de la veillée vint égayer l'imagination de Mainvielle : — Tais-toi, dit-il, c'est trop de bruit ! Sillery dort !

— Pourquoi, répondit Duprat, cette couchette n'en vaudrait-elle pas une autre, si elle avait un oreiller ?

— Tu me fais là, reprit Mainvielle avec le rire qu'on lui connaît, la plus sotte question que tu aies faite de ta vie ! A quoi servirait un oreiller quand on n'a plus de tête ?

Ses condamnés se succédèrent ainsi avec rapidité sur la planche sanglante, sans que le calme de leur esprit parût s'obscurcir du moindre nuage. Carra seul resta plongé dans une méditation plus morne et plus soucieuse que de coutume.

Boyer-Fonfrède et Ducos étaient assis l'un près de l'autre. Quand on vint pour les séparer, ils se donnèrent un baiser d'adieu.

— Mon frère, hélas ! dit Fonfrède, c'est moi qui t'ai conduit à la mort !

— Ne me plains pas, répliqua vivement Ducos, et console-toi ! ne mourons-nous pas ensemble ?

Chaque exécution fut suivie du cri qui avait suivi l'exécution de Sillery, réfléchi, comme par un écho, du haut de l'échafaud sur le char des mourants, et de là sur toute la vaste étendue de la place, mais s'affaiblissant peu à peu dans le groupe des martyrs à mesure qu'il s'éclaircissait d'un martyr de plus, et s'évanouissant out à fait au moment où la République descendit tout entière avec Brissot dans le tombereau des enterreurs.

Il était onze heures quand le massacre commença, et trente minutes après, vingt-et-un des juges du roi de France avaient comparu devant leur juge éternel.

PRIME DU MOIS D'OCTOBRE

Tout abonné direct à la *Nouvelle Bibliothèque populaire* aura droit de recevoir franco, pendant toute la durée du mois d'Octobre, aux prix réduits de 1 franc broché et de 1 fr. 30 relié, au lieu de 2 fr. broché et de 2 fr. 30 relié que coûte cet ouvrage en librairie :

UNE ANNÉE A LA FERME

Par M. MESPLET

1 volume in-12. — Prix : 2 francs en librairie.

Pour recevoir la prime franco, il suffit d'envoyer à M. Henri Gautier, éditeur, 55, quai des Grands-Augustins, à Paris, 1 franc si on veut recevoir le volume broché, 1 fr. 30 si on désire ce volume relié en toile grise avec ornements noirs.

Librairie BLÉRIOT, HENRI GAUTIER, successeur,
55, quai des Grands-Augustins, à Paris.

EMBOITAGES
POUR LA NOUVELLE BIBLIOTHÈQUE POPULAIRE
AVEC TITRE ET TABLE DES MATIÈRES

Nous conseillons à nos lecteurs de se servir de nos jolis emboîtages, en toile grise, avec fers spéciaux noir et or, pour faire relier leurs numéros aussitôt qu'ils en ont reçu treize. Ils constitueront ainsi peu à peu une bibliothèque contenant les maîtresses œuvres des plus grands auteurs.

Vient de paraître : Emboîtage pour les numéros 466 à 478 inclus (3 août au 26 octobre 1895).

Prix : 0 fr. 75, franco.

Les autres emboîtages, avec titres et tables des matières, précédemment parus, sont en vente au même prix.

Nous tenons également à la disposition de nos lecteurs des

EMBOITAGES PASSE-PARTOUT

semblables à nos autres emboîtages, et agrémentés d'attaches en soie qui permettent de conserver les numéros et de les classer au fur et à mesure de leur réception. Lorsque l'on a réuni treize numéros, il suffit de couper les attaches; on obtient ainsi un emboîtage propre à faire relier les numéros.

L'emboîtage passe-partout est vendu 0 fr. 75 franco.

Adresser les demandes à M. Henri GAUTIER, directeur de la *Nouvelle Bibliothèque populaire*, 55, quai des Grands-Augustins, à Paris.

Pour paraître le 9 novembre 1895

SCHILLER

LA MORT
DE WALLENSTEIN

Schiller, le puissant historien de la Guerre de Trente ans, fut spécialement frappé par le drame sanglant dont Wallenstein a été le héros et la victime. Cette énigme tragique, il l'a mise en scène dans une grande trilogie, dont les trois journées peuvent être considérées comme trois chefs-d'œuvre. La dernière, la *Mort de Wallenstein*, par son intérêt saisissant, sa forte vérité humaine, son admirable couleur historique, sera très appréciée de nos lecteurs.

ABONNEMENTS

À LA
Nouvelle Bibliothèque populaire

La *Nouvelle Bibliothèque populaire* publie un volume par semaine. On peut s'abonner aux cinquante-deux volumes d'une année. Les abonnements partent du 1er de chaque mois.

Tous les abonnés, aussi bien ceux de l'étranger et des colonies, que ceux de la France, recevront un volume par semaine.

PRIX DE L'ABONNEMENT D'UN AN

PARIS, DÉPARTEMENTS, ALGÉRIE ET BELGIQUE . . . 7 FRANCS
ÉTRANGER (sauf la Belgique) ET COLONIES . . . 8 FRANCS

PRIME GRATUITE
EXCLUSIVEMENT RÉSERVÉE AUX ABONNÉS NOUVEAUX

Tout abonné nouveau a droit à recevoir, gratis et franco, dix volumes à choisir dans la liste de ceux déjà parus, ou un joli cartonnage pour conserver les volumes.

On s'abonne pour un an en envoyant, en mandat-poste, timbres français, ou autre valeur sur Paris, à M. HENRI GAUTIER, 55, quai des Grands-Augustins, à Paris, 7 francs si l'on habite la France, la Belgique ou l'Algérie; 8 francs si l'on habite l'étranger ou les colonies. La prime est envoyée au reçu de l'abonnement.

ANGERS, IMP. BURDIN ET Cie, RUE GARNIER, 4.

SCHILLER

LA MORT DE WALLENSTEIN

Édité par
HENRI GAUTIER
55, Quai des Grands Augustins, 55
PARIS

Il paraît un volume par semaine

Directeur littéraire de la *Nouvelle Bibliothèque Populaire* :

ALFRED ERNST

AVIS A NOS ABONNÉS

Nous rappelons à nos abonnés que tout changement d'adresse doit être accompagné d'une bande indiquant l'adresse ancienne et de cinquante centimes en timbres-poste français ou autre valeur sur Paris.

SCHILLER

LA MORT DE WALLENSTEIN

La vie de Schiller est connue de nos lecteurs, et aussi l'ensemble de son œuvre. Mais, de même que nous leur avons dit quelques mots, en particulier, de *Marie Stuart* et de *Guillaume Tell*; de même nous appelons aujourd'hui leur attention sur *la Mort de Wallenstein*, — dont nous publions une traduction nouvelle, — dernière partie d'une trilogie dont la première pièce, sorte de prologue, a nom *le Camp de Wallenstein*, et dont le deuxième drame se nomme *les Piccolomini*.

Le génie du célèbre dramaturge allemand s'affirme avec une grande puissance dans cette œuvre, qui débute au moment où Wallenstein va se décider à quitter le service de l'Empereur d'Autriche, à se dégager du serment de fidélité, et, allié aux Suédois, les ennemis de l'Empire, à se faire roi de Bohême. Un émissaire de Wallenstein, Sesina, vient de tomber aux mains des partisans fidèles de l'Empereur, précisément à l'heure où s'ouvre le drame, et les événements se précipitent jusqu'à la fin, rendant la situation de plus en plus tragique et irréparable. La grandeur du caractère de Wallenstein domine toute la pièce, caractère énigmatique et que nous sentons très vrai cependant, fait de bonté et d'ambition, d'hésitations étranges et de résolution inébranlable, où la liberté d'esprit la plus révoltée s'allie à d'aveugles superstitions, comme la croyance aux influences astrologiques. Au-dessus et à côté de lui s'agitent d'autres ambitions, des rivalités, des haines, et le conflit est si terrible, l'action si fortement nouée, la situation si douloureuse, que le devoir semble obscur et que la fidélité même au souverain ne peut s'exercer que par le mensonge et la proscription. Dans ce drame moral effrayant, les touchantes amours du généreux Max Piccolomini et de l'innocente Thécla, la malheureuse fille de Wallenstein, sont là pour montrer que de souffrances, de sacrifices, de désespoirs, l'ambition politique occasionne inconsciemment autour d'elle. Bref, *la Mort de Wallenstein*, par l'ampleur du développement, la portée morale, la juste couleur historique, l'énergie dramatique, le ferme dessin des caractères, est l'un des chefs-d'œuvre du théâtre moderne.

ALFRED ERNST.

LA MORT DE WALLENSTEIN

PERSONNAGES :

WALLENSTEIN, duc de Friedland, généralissime des armées impériales.
OCTAVIO PICCOLOMINI, lieutenant-général.
MAX PICCOLOMINI, son fils, colonel des cuirassiers de Pappenheim.
TERZKY, beau-frère de Wallenstein, commandant de plusieurs régiments.
ILLO, feld-maréchal, confident de Wallenstein.
ISOLANI, général des Croates.
BUTTLER, commandant d'un régiment de dragons.
LE CAPITAINE NEUMANN, adjudant de Terzky.
UN ADJUDANT.
LE COLONEL WRANGEL, envoyé suédois.
GORDON, commandant d'Egra.
LE MAJOR GÉRALDIN.
DEVEROUX } capitaines dans l'armée
MACDONALD } de Wallenstein.
UN CAPITAINE SUÉDOIS.
LE BOURGMESTRE D'EGRA.
SENI, astrologue attaché à la personne de Wallenstein.
LA DUCHESSE DE FRIEDLAND, femme de Wallenstein.
LA COMTESSE TERZKY, sœur de la duchesse.
THÉCLA, fille de Wallenstein.
MLLE DE NEUBRUNN, dame de la princesse Thécla.
ROSENBERG, écuyer de la princesse.
UNE DÉPUTATION DES CUIRASSIERS.
DRAGONS.
DOMESTIQUES, PAGES, PEUPLE.

La scène est à Pilsen pendant les deux premiers actes, à Egra pendant les deux derniers.

ACTE PREMIER

Le théâtre représente un appartement disposé pour les études astrologiques ; il est meublé de sphères, de cartes, de cadrans et autres instruments d'astronomie. Un rideau ouvert laisse voir une salle ronde dans laquelle les figures des sept planètes sont renfermées en des niches éclairées vaguement. Seni observe les étoiles, Wallenstein est assis devant une grande table noire sur laquelle est figuré l'aspect des étoiles.

SCÈNE PREMIÈRE

WALLENSTEIN, SENI

WALLENSTEIN. — C'est bien, Seni, venez. L'aube se lève ; cette heure est sous l'influence de Mars. Le moment n'est plus propice pour opérer. Venez, nous en savons suffisamment.

SENI. — Que Votre Altesse me permette cependant d'observer encore Vénus. La voilà qui se lève; elle rayonne à l'orient comme un soleil.

WALLENSTEIN. — Oui, en ce moment elle est voisine de la terre et agit avec toute sa force. (*Il regarde les figures tracées sur la table.*) Heureux aspect! ainsi se forme le grand triangle auquel est attachée une mystérieuse puissance. Jupiter et Vénus, ces deux planètes bienfaisantes, renferment entre elles le perfide Mars et contraignent cet artisan de malheur à me servir. Longtemps il m'a été hostile, et, tantôt par sa position directe ou oblique, tantôt par l'aspect quadrate ou par le double reflet, il dardait ses rayons de flamme sur mes astres et anéantissait leur influence favorable. Maintenant ils ont vaincu mon ancien ennemi; ils le retiennent captif dans le ciel.

SENI. — Et ces deux nobles astres ne redoutent aucun maléfice. Saturne, impuissant à nuire, touche à son déclin.

WALLENSTEIN. — Le règne de Saturne est fini. C'est lui qui préside à la connaissance des choses cachées dans le sein de la terre ou dans les profondeurs de l'âme. Il règne sur tout ce qui redoute la lumière. Il n'est plus temps de réfléchir et de méditer; voici que le brillant Jupiter domine et attire par sa puissance dans l'empire de la lumière les œuvres préparées dans l'ombre. Maintenant il faut se hâter d'agir, avant que ces signes de bonheur ne cessent de luire sur ma tête; car à la voûte du ciel il s'opère des changements continuels. (*On frappe à la porte.*) On frappe; voyez qui c'est.

TERZKY, *au dehors*. — Ouvrez.

WALLENSTEIN. — C'est Terzky. Qu'y a-t-il donc de si pressant? Nous sommes au travail.

TERZKY. — Mettez de côté toutes autres affaires, je vous prie : celle-ci n'admet aucun retard.

WALLENSTEIN. — Ouvre, Seni.
(Il tire le rideau et couvre les images.)

SCÈNE II

WALLENSTEIN; LE COMTE TERZKY

TERZKY *entre*. — Le savez-vous déjà? Il est pris, livré à l'Empereur par Galas.

WALLENSTEIN. — Qui est pris? Qui est livré?

TERZKY. — Celui qui possède notre secret, et qui a été chargé de toutes nos négociations avec les Saxons et les Suédois.

WALLENSTEIN, *se reculant*. — Ce n'est pas Sésina? Dis-moi donc que ce n'est pas lui!

Terzky. — Comme il se rendait chez les Suédois à Ratisbonne, il a été saisi par quelques hommes apostés par Galas et qui le guettaient depuis longtemps. Il portait sur lui mes dépêches pour Kursky, Matthias de Thurn, Oxenstiern et Ibarnsen; tout est entre leurs mains, ils sont au courant de tout ce qui a été fait.

SCÈNE III

LES MÊMES, ILLO

Illo, *à Terzky*. — Le sait-il?

Terzky. — Il sait tout.

Illo, *à Wallenstein*. — Et maintenant, pensez-vous encore à faire votre paix avec l'empereur, à regagner sa confiance? Voudriez-vous renoncer à vos projets? On connaît votre dessein. Il faut marcher en avant, car il est impossible de reculer.

Terzky. — Ils ont en main des documents irrécusables.

Wallenstein. — Rien de ma main. Je t'accuserai d'imposture.

Illo. — En vain! Pensez-vous que, votre beau-frère ayant négocié en votre nom, on ne mettra pas ces négociations sur votre compte? Sa parole, les Suédois l'ont acceptée comme venant de vous, et vos ennemis de Vienne n'en feraient pas autant!

Terzky. — Vous n'avez rien donné d'écrit; mais dans vos entretiens avec Sésina, voyez jusqu'où vous êtes allé. Voudra-t-il se taire? Et s'il faut révéler votre secret pour se sauver, ne le fera-t-il pas?

Illo. — Vous le voyez bien vous-même. Puisque maintenant ils savent jusqu'où vous êtes allé, qu'attendez-vous? Parlez! Vous ne pouvez plus longtemps garder votre commandement, et, si vous le déposez, vous êtes perdu sans remède.

Wallenstein. — Ma sécurité, c'est l'armée, qui, elle, ne m'abandonnera pas. Eh! qu'importe ce qu'ils ont appris? C'est de mon côté que se trouve la force, il faut qu'ils en passent par là. Et si je leur donne un gage de ma fidélité, il faudra bien qu'ils s'en contentent.

Illo. — L'armée est à vous; elle est bien à vous maintenant. Mais redoutez l'action lente et sourde du temps. Aujourd'hui, demain encore, la faveur de l'armée vous protégera contre une tentative violente; mais accordez-leur du temps, et ils mineront sourdement cette faveur sur laquelle vous vous appuyez; ils vous enlèveront les soldats l'un après l'autre, jusqu'à ce que survienne enfin le tremblement de terre qui renversera l'édifice fragile et illusoire.

Wallenstein. — C'est un malheureux événement!

Illo. — Oh! c'est heureux que je le nommerais, s'il pouvait vous décider à agir sans retard... Le colonel suédois...

Wallenstein. — Est-il arrivé? Savez-vous quelle est sa mission?

Illo. — Il ne veut la dire qu'à vous seul.

Wallenstein. — Événement malheureux, oui, bien malheureux ! Sésina en sait trop long, et il ne se taira point.

Tersky. — C'est un rebelle de Bohême, un déserteur déjà condamné à la mort ; s'il peut se sauver en vous perdant, il n'y mettra pas de façons ; et aura-t-il la force de supporter la torture, si on l'y soumet !

Wallenstein, *absorbé dans ses réflexions*. — Non, jamais je ne pourrai leur rendre confiance en moi ; quoi que je fasse, je ne serai toujours qu'un traître à leurs yeux. Quand même je resterais honorablement dans mon devoir, cela ne me servirait de rien.

Illo. — Cela vous perdrait ; car c'est à votre impuissance et non pas à votre fidélité qu'on attribuerait cette façon d'agir.

Wallenstein, *très agité, marche à grands pas*. — Quoi ! ce qui n'était que le jouet de mes pensées, il faudrait l'accomplir sérieusement ! Oh ! maudit soit qui joue avec le démon !

Illo. — Si c'était là un jeu pour vous, croyez-moi, il vous faut l'expier par des pensées sérieuses.

Wallenstein. — Mais est-il nécessaire d'exécuter les choses aujourd'hui ? Quand j'ai le pouvoir en main, faut-il en venir là ?

Illo. — Oui, s'il est possible, avant qu'ils soient revenus, à Vienne, du coup qui les a frappés, et avant qu'ils puissent prendre les devants.

Wallenstein *regarde les signatures*. — J'ai la promesse des généraux par écrit. Le nom de Max y manque, pourquoi ?

Terzky. — Il était… il a cru…

Illo. — Simple singularité ! cela n'est pas nécessaire entre vous et lui.

Wallenstein. — Cela n'est pas nécessaire ? C'est vrai… Les régiments ne veulent pas aller en Flandre ; ils m'ont adressé une requête et se refusent positivement d'obéir. Le premier pas vers la révolte est franchi.

Illo. — Croyez-moi, vous les mènerez plus facilement à l'ennemi que vous ne les placerez sous les ordres de l'Espagnol.

Wallenstein. — Je veux pourtant savoir ce que le Suédois est chargé de me dire.

Illo, *avec empressement*. — Appelez-le, Terzky, il est près d'ici.

Wallenstein. — Attendez encore un instant… J'ai été surpris… tout cela s'est fait si vite… Je ne me laisse pas maîtriser et conduire en aveugle par le hasard.

Illo. — Écoutez-le d'abord ; ensuite réfléchissez.

(Ils sortent.)

SCÈNE IV

Wallenstein, *se parlant à lui-même*. — Serait-ce possible ? Je ne pourrais plus faire ce que je veux, revenir en arrière si tel est mon caprice ! Il faudrait que j'accomplisse un fait, parce que j'y ai arrêté ma pensée, parce que je n'ai pas repoussé la tentation, parce que je me suis gardé les moyens d'exécuter un projet encore incertain, parce que j'ai voulu tenir la route ouverte devant moi? Ciel! ce n'était pas une pensée sérieuse, ce n'était qu'un plan conçu dans mon esprit, jamais il ne fut résolu. La liberté et le pouvoir avaient du charme pour moi ; était-ce donc un crime de me complaire en l'image d'une espérance royale? Ma volonté n'était-elle pas libre dans mon cœur, et ne voyais-je pas près de moi la bonne route toujours ouverte pour le retour? Où donc me vois-je tout à coup amené? Tout chemin est fermé derrière moi ; mes propres œuvres ont élevé autour de moi un mur dont l'enceinte m'interdit de reculer. (*Il demeure profondément pensif*) Je parais coupable, et, quelque effort que je tente, je ne puis éloigner de moi le crime ; car ma vie se montre sous un double aspect qui m'accuse, et le soupçon qui pèse sur moi empoisonnerait des actions d'origine pure. Si j'étais en effet ce que je parais être, un traître, j'aurais conservé de meilleures apparences, je me serais couvert d'un voile épais, je n'aurais jamais fait entendre une parole de mécontentement. Mais, sûr de mon innocence, de la rectitude de ma volonté, je donnais libre carrière à mes caprices, à mes passions. La parole ne fut hardie que parce que l'action ne l'était pas. Maintenant, de tout ce qui est arrivé sans dessein ils feront un plan machiné, une trame habile de tout ce que la colère, une disposition violente, me faisait dire dans l'abondance de mon cœur ; cela formera une accusation terrible devant laquelle je ne pourrai que rester muet. C'est ainsi que moi-même je me suis, pour ma perte, enveloppé dans mes propres filets : seul, un acte énergique peut m'en tirer ! (*Il s'arrête*) Et comment pourrais-je faire autrement ! Le libre élan de mon courage m'a porté à des actions hardies, la nécessité les ordonne, ma conservation les exige. L'aspect de la nécessité est sévère ; ce n'est pas sans effroi que la main de l'homme plonge dans l'urne mystérieuse du destin. Tant qu'elles étaient renfermées dans mon âme, mes actions étaient encore à moi ; une fois échappées de l'asile certain du cœur, de la retraite où elles sont nées, une fois lancées dans le torrent de la vie, elles appartiennent à ces divinités méchantes qu'aucun art humain n'attendrit. (*Il marche à grands pas, puis tout à coup s'arrête.*) Et quels sont tes projets? Les connais-tu toi-même? Tu veux ébranler un pouvoir paisible, affermi sur le trône, un pouvoir dont les droits sont consacrés par l'habitude, par l'ancienneté de la possession, et qui a jeté mille bonnes racines dans la pieuse et naïve croyance des peuples? Ce n'est plus là le combat de la force contre la force ; celui-là, je ne le redoute pas. J'attaquerai tout adversaire que je puis regarder en face, et dont le courage enflammé le mien; mais ce que je redoute, c'est l'ennemi invisible qui lutte contre moi dans le cœur des hommes; voilà l'ennemi terrible et qui me rend timoré. Ce n'est pas ce qui se montre avec force, avec vivacité, qui est dangereux; ce qui l'est vraiment, c'est le train ordinaire et éternel du monde, ce qui a toujours été, ce qui sera toujours, ce qui subsistera demain parce que cela subsiste aujourd'hui; car l'homme est façonné par la coutume; la coutume, voilà sa nourrice. Malheur à qui vient le troubler dans son amour pour les choses anciennes, précieux legs de ses ancêtres! Le temps est une sorte de consécration; ce qui n'est que respectable pour les vieillards revêt un caractère divin pour les enfants. Qui a la possession a le droit; le respect du vulgaire lui servira de sauvegarde. (*Au page qui entre*) Le colonel suédois est-il là? Qu'il vienne! (*Le page sort; Wallenstein fixe un regard pensif sur la porte*) Elle n'est pas encore profanée... pas encore... Le crime n'a pas franchi le seuil. Ah! qu'elle est donc ténue, la limite qui sépare les deux lignes de la vie!

SCÈNE V
WALLENSTEIN ET WRANGEL

WALLENSTEIN, *après avoir fixé sur lui un regard pénétrant.* — Vous vous nommez Wrangel?

WRANGEL. — Gustave Wrangel, colonel du régiment de Sudermanie.

WALLENSTEIN. — Un Wrangel, par sa vaillante défense, me fit beaucoup de mal devant Stralsund et fut cause que la ville ne se rendit pas.

WRANGEL. — C'est le pouvoir des éléments qui luttait contre vous, monsieur le duc, et non pas moi. Ce qui sauva la ville, ce fut une violente tempête du Belt; un seul homme ne pouvait commander à la mer et à la terre.

WALLENSTEIN. — Vous enlevâtes de ma tête le chapeau d'amiral.

WRANGEL. — Je viens y mettre une couronne.

WALLENSTEIN *s'assied et lui fait signe de prendre place.* — Vos lettres de créance! Venez-vous avec des pleins pouvoirs?

WRANGEL. — Il y a encore quelques doutes à dissiper.

WALLENSTEIN, *après avoir lu la lettre.* — Cette lettre est en règle. Seigneur Wrangel, votre maître est un homme sage. Le chancelier écrit qu'il veut exécuter les projets de votre défunt roi et m'aider à ceindre la couronne de Bohême.

WRANGEL. — Ce qu'il dit est vrai. Le roi, de glorieuse mémoire, a toujours eu en haute estime l'esprit distingué et les talents militaires de Votre Excellence. Il aimait à dire que celui qui sait bien commander doit être maître et roi.

WALLENSTEIN. — Et il pouvait bien parler ainsi. (*Il lui prend la main avec confiance*) A parler franc, colonel Wrangel, au fond du cœur j'ai toujours été bon Suédois : vous l'avez bien vu en Silésie et devant Nuremberg. Plusieurs fois je vous ai tenu en mon pouvoir et toujours je vous ai laissé une porte de derrière pour vous sauver. Voilà ce qu'ils ne peuvent me pardonner à Vienne, et ce qui me pousse maintenant à cette démarche ; eh bien ! puisque nos intérêts sont communs, ayons l'un pour l'autre une pleine confiance.

WRANGEL. — La confiance viendra. Tout d'abord, il faut que chacun prenne ses garanties.

WALLENSTEIN. — A ce qui me semble, le chancelier ne se fie pas encore entièrement à moi. Je l'avoue, ma position ne me fait pas voir à mon avantage. Son Excellence se dit que, si j'ai pu tromper l'Empereur, mon maître, je puis bien aussi tromper l'ennemi, et que cette trahison serait plus aisément pardonnable que la première. N'est-ce point votre avis, seigneur Wrangel?

WRANGEL. — Je suis ici pour remplir une mission, et non pas pour exprimer un avis.

WALLENSTEIN. — L'Empereur m'a contraint aux dernières extrémités. Je ne puis plus le servir honorablement. C'est pour ma sécurité, pour ma juste défense, que j'accomplis un pas difficile que ma conscience condamne.

WRANGEL. — Je le crois. Personne ne va si loin sans y être forcé. (*Après un moment de silence*) Nous n'avons pas à juger ce qui soulève Votre Excellence contre votre Empereur et maître. Le Suédois se bat pour sa bonne cause avec sa bonne épée et sa conscience. Une circonstance propice apparaît ; à la guerre on tire parti de tous les avantages ; nous saisissons indifféremment celui qui se présente, et si tout s'arrange bien...

WALLENSTEIN. — De quoi doutez-vous encore? de ma volonté, de mes forces? J'ai promis au chancelier que s'il me prêtait seize mille hommes, en les joignant à mes dix-huit mille hommes de l'armée de l'Empereur, je pourrais...

WRANGEL. — Votre Excellence est réputée un guerrier de premier ordre, pour un second Attila, pour un Pyrrhus. On raconte encore avec admiration de quelle façon, il y a quelques années, contre l'attente de tous, vous avez su faire sortir une armée du néant. Cependant...

WALLENSTEIN. — Cependant?

WRANGEL. — Son Excellence pense qu'il est plus aisé de créer sans aucuns moyens une armée de soixante mille hommes que d'en entraîner la soixantième partie...

WALLENSTEIN. — Eh bien! parlez librement.

WRANGEL. — A commettre un parjure...

WALLENSTEIN. — C'est donc là sa pensée? Il juge de cela en Suédois et en protestant. Vous autres, vous vous battez pour votre Bible, pour votre cause à vous; vous suivez de cœur vos étendards, et celui qui les déserte pour se joindre à l'ennemi rompt le lien qui l'attache à un double devoir. Chez nous, il n'est pas question de telles choses.

WRANGEL. — Grand Dieu! dans ce pays on n'a donc ni patrie, ni famille, ni église?

WALLENSTEIN. — Voici ce qui en est. L'Autrichien a sa patrie et il l'aime; il a d'ailleurs des motifs de l'aimer. Mais cette armée impériale qui séjourne en Bohême n'en a aucune. C'est le rebut des nations étrangères, la lie des peuples, qui ne possède rien que sa part à la lumière du soleil. Quant à cette terre de Bohême pour laquelle nous combattons, elle n'a aucune affection pour son maître; c'est la fortune des armes et non pas son libre choix qui le lui a donné : la force l'a domptée, mais non soumise. Le souvenir des cruautés commises entretient dans les esprits les idées de vengeance. Un peuple qui a éprouvé de pareilles souffrances est terrible, soit qu'il supporte ses mauvais traitements, soit qu'il ait la volonté de s'en venger.

WRANGEL. — Mais la noblesse, mais les officiers? Une telle désertion est sans exemple dans l'histoire du monde.

WALLENSTEIN. — Ils sont à moi sans réserve. Si vous ne voulez m'en croire, du moins vous en croirez vos propres yeux. (Il lui donne la formule du serment. Wrangel la lit, puis la remet en silence sur la table) Eh bien! comprenez-vous à présent?

WRANGEL. — Comprenne qui pourra! Prince, j'ai plein pouvoir pour tout conclure. Le rhingrave avec quinze mille hommes se tient à quatre journées d'ici et n'attend qu'un ordre pour se joindre à vous. Cet ordre, je puis le donner dès que nous serons d'accord.

WALLENSTEIN. — Que demande le chancelier?

WRANGEL, *d'un ton sérieux*. — Il s'agit de douze régiments suédois; j'en réponds sur ma tête. Tout ceci pourrait bien n'être en fin de compte qu'un jeu mensonger...

WALLENSTEIN. — Seigneur suédois!...

WRANGEL *continue tranquillement*. — Il faut donc que le duc de Friedland rompe définitivement et sans possibilité de retour avec l'Empereur: sans cela, pas un seul soldat suédois.

WALLENSTEIN. — Au fait, que demande-t-on? Soyez bref et clair.

WRANGEL. — Que l'on désarme les régiments espagnols fidèles à l'Empereur! que l'on prenne Prague! que cette ville, ainsi que la forteresse d'Egra, soit livrée aux Suédois!

WALLENSTEIN. — C'est beaucoup demander. Prague! passe pour Egra; mais Prague! c'est impossible. Vous aurez toutes les garanties que vous pouvez raisonnablement demander, mais Prague!... la Bohême... je puis moi-même la défendre.

Wrangel. — Sans doute. Aussi ne songeons-nous pas seulement à la défendre : nous ne voulons pas avoir dépensé en vain des hommes et de l'argent.

Wallenstein. — C'est juste.

Wrangel. — Et Prague nous demeurera comme gage tant que nous ne serons pas indemnisés.

Wallenstein. — Vous fiez-vous si peu à nous ?

Wrangel se lève. — Il faut que les Suédois soient en garde contre les Allemands. On nous a appelés de l'autre rive de la Baltique. Nous avons sauvé l'empire de sa perte ; nous avons scellé de notre sang la liberté de conscience, le saint enseignement de l'Évangile. Maintenant, on a déjà oublié les bienfaits de notre présence, on n'en sent que le poids. On regarde avec malveillance ces étrangers campés au milieu de l'Empire, et on serait tout disposé à nous renvoyer dans nos forêts avec une poignée d'or. Non, ce n'est pas pour le salaire de Judas, pour un peu d'or et d'argent, que nous aurons perdu notre roi sur le champ de bataille ; et le sang si pur de nos Suédois n'aura pas coulé pour de l'or et de l'argent. Nous ne voulons pas revenir dans notre patrie avec de stériles lauriers ; nous voulons être citoyens de cette terre que notre roi a conquise par sa mort.

Wallenstein. — Aidez-moi à abattre l'ennemi commun, et la terre que vous désirez ne vous manquera pas.

Wrangel. — Et quand l'ennemi commun sera abattu, quel sera le lien de la nouvelle alliance ? Nous savons, prince, bien que les Suédois ne doivent rien savoir, que vous êtes en pourparlers secrets avec les Saxons. Qui nous assure que nous ne serons pas victimes du traité que l'on juge prudent de nous dissimuler ?

Wallenstein. — Le chancelier sait bien choisir ses hommes ; il ne pouvait en envoyer un plus tenace. (Il se lève), Gustave Wrangel, proposez une autre condition ; mais qu'il ne soit plus question de Prague.

Wrangel. — Mon plein pouvoir s'arrête là.

Wallenstein. — Vous remettre ma capitale ! j'aimerais mieux retourner à l'Empereur.

Wrangel. — S'il en est temps encore.

Wallenstein. — Je le puis maintenant encore, à chaque instant.

Wrangel. — Peut-être encore il y a quelques jours, mais aujourd'hui, non ; non, non, depuis que Sésina est pris. (Wallenstein se tait et paraît frappé) Prince, nous croyons que vous agissez franchement ; depuis hier nous en sommes certains. Puisque cette feuille nous répond de l'armée, rien ne doit plus paralyser notre confiance. Prague ne sera pas pour nous un sujet de discorde.

Monseigneur, le chancelier se contentera de la vieille ville ; il laisse à Votre Excellence le Hratschin et le petit quartier. Mais avant tout, Egra doit nous être livré; jusque-là, il ne faut songer à aucune jonction.

WALLENSTEIN. — Ainsi je dois me fier à vous, et vous ne vous fieriez pas à moi ! Je réfléchirai à une telle proposition.

WRANGEL. — N'y réfléchissez pas trop longtemps. Voilà deux ans que traînent ces pourparlers; si, cette fois, ils n'ont point de résultat, le chancelier les déclarera rompus pour toujours.

WALLENSTEIN. — Vous me pressez beaucoup. Une telle résolution doit être bien pesée.

WRANGEL. — Oui, il faut y réfléchir, prince, mais seule une rapide exécution peut la faire réussir.

SCÈNES VI ET VII

TERZKY et ILLO *encouragent* WALLENSTEIN *à se mettre d'accord avec* WRANGEL, *après le départ de celui-ci;* WALLENSTEIN *hésite toujours, mais la* COMTESSE TERZKY *achève de le décider à consentir aux propositions du Suédois.*

ACTE DEUXIÈME

SCÈNE PREMIÈRE

WALLENSTEIN *charge* OCTAVIO PICCOLOMINI *d'une mission de confiance.* MAX PICCOLOMINI *paraît sur ces entrefaites;* OCTAVIO PICCOLOMINI *s'éloigne en disant à son fils qu'il aura bientôt à lui parler.*

SCÈNE II

WALLENSTEIN, MAX PICCOLOMINI.

MAX *s'approche de lui.* — Mon général.

WALLENSTEIN. — Je ne suis plus ton général, si tu te dis encore officier de l'Empereur.

MAX. — Ainsi, c'est décidé? voulez-vous abandonner l'armée?

WALLENSTEIN. — J'ai renoncé à servir l'Empereur.

MAX. — Et vous voulez abandonner l'armée?

WALLENSTEIN. — Non pas : j'espère me l'attacher par des liens plus forts et plus durables. (*Il s'assied*) Oui, Max, je n'ai pas voulu m'ouvrir à toi avant que le moment d'agir fût venu. La jeunesse, dans son heureux caractère, a l'instinct rapide du juste, et elle a plaît à exercer son propre jugement, lorsqu'il s'agit de donner un honorable exemple. Cependant, lorsque nous avons à décider entre deux malheurs certains, où le cœur, dans la lutte du devoir n'aurait pas le dessus, c'est un bonheur que de n'avoir pas à choisir, et la nécessité est alors un bienfait du destin... La nécessité est là. Ne regarde pas en arrière, ce serait peine perdue ; regarde en avant. N'examine pas ; prépare-toi à agir. La cour a résolu ma perte ; je veux la prévenir. Nous allons nous réunir aux Suédois ; ce sont de braves soldats et de sûrs alliés. (*Il s'arrête, attendant la réponse de Piccolomini*). Je te surprends. Ne me réponds pas, je veux te donner le temps de te remettre.

(*Il se lève et va au fond du théâtre. Max reste longtemps immobile, plongé dans une violente douleur ; il fait un mouvement et Wallenstein vient se placer devant lui.*)

Max. — Mon général, aujourd'hui vous m'émancipez de la tutelle ; car, jusqu'à ce jour vous m'aviez évité la peine de me choisir ma voie et ma direction. Je vous suivais sans réfléchir. Je n'avais besoin que de vous regarder et j'étais sûr d'être dans la bonne route. Aujourd'hui pour la première fois vous me faites rentrer en moi-même, vous me contraignez de choisir entre vous et mon cœur.

Wallenstein. — Jusqu'à présent tu as été bercé doucement par le sort ; tu pouvais remplir ton devoir sans effort, suivre chacune de tes nobles impulsions, agir toujours avec un cœur sans déchirement. Maintenant cela ne peut plus être ; des routes opposées s'ouvrent à tes yeux ; les devoirs combattent contre les devoirs. Il te faut prendre un parti dans la guerre qui s'allume à présent entre ton ami et ton Empereur.

Max. — La guerre ! est-ce bien là le nom qui lui convient ? La guerre est affreuse comme un fléau de Dieu, mais elle peut être juste et utile. Est-ce une juste guerre que celle que vous vous apprêtez à faire à l'Empereur avec l'armée même de l'Empereur ! Dieu du ciel ! quel changement ! Est-ce à moi de vous parler ainsi, à vous qui m'êtes toujours apparu comme l'étoile inébranlable du pôle et la règle de ma vie ? Oh ! comme vous me bouleversez l'âme ! Faut-il donc que je renonce à attacher à votre nom le sentiment indéracinable du respect et l'habitude sacrée de l'obéissance ? Non, ne détournez pas votre visage de moi ; il fut toujours pour moi comme la face de Dieu et ne peut perdre en un instant son pouvoir. Mon âme n'y échappe que par un effort sanglant, mais mes sens, eux, sont encore retenus par les liens d'autrefois.

Wallenstein. — Max, écoute-moi !

Max. — Oh ! n'agis pas ainsi, n'agis pas ainsi ! Vois, ton noble et pur visage n'est pas encore troublé par cette funeste résolution. Ton imagination en a été seule ternie ; l'innocence ne peut disparaître de la sublime expression de ton regard. Repousse cette pensée hostile. Ce n'est qu'un mauvais rêve qui a obscurci ton austère vertu ; l'humanité est soumise à ces influences passagères, mais une noble nature doit les vaincre. Non, tu ne iniras pas de la sorte : ce serait décrier parmi les hommes les grands caractères et les facultés puissantes; ce serait justifier cette opinion du vulgaire qui ne veut point s'abandonner à ces caractères élevés quand ils peuvent agir librement, et qui ne se confie à eux que dans leur impuissance.

WALLENSTEIN. — Le monde me jugera sévèrement, je m'y attends. Je me suis déjà objecté moi-même tout ce que tu peux me dire. Qui ne voudrait éviter les partis extrêmes, s'il pouvait s'en dispenser? Mais ici le choix n'est pas possible; il faut user de la violence ou la souffrir; voilà où j'en suis : il n'y a pas d'autre alternative pour moi.

MAX. — Eh bien! soit. Maintenez-vous à votre poste par la force, résistez à l'Empereur s'il le faut, soyez par là en rébellion ouverte, je n'approuverai point ce parti, mais je l'excuserai, et tout en le blâmant je m'y associerai. Seulement ne devenez pas traître! le mot est prononcé : ne devenez pas traître, car ceci n'est plus un emportement excessif, ce n'est plus une faute où le courage se laisse entraîner par sa force. Non, c'est tout autre chose; c'est une action ténébreuse, ténébreuse comme l'enfer.

WALLENSTEIN, *avec un visage sombre, mais en se modérant.* — La jeunesse a la parole rapide et ne songe pas que ses discours doivent être maniés prudemment, comme le tranchant de l'épée. Avec son ardente imagination, elle juge les choses qui ne sont pas de son ressort; elle prononce à la hâte les mots de honte et de dignité, de bien et de mal, et applique aux hommes et à leurs actes les idées chimériques attachées à ces mots imposants. Le monde est borné et l'esprit vaste. Les pensées habitent facilement l'une près de l'autre, mais les choses se heurtent dans l'espace : pour que l'une prenne une place, il faut que l'autre se retire. Celui qui ne veut pas être repoussé doit repousser les autres; la lutte domine et le plus fort l'emporte. Oui, celui qui marche sans désirs à travers la vie, qui ne veut atteindre aucun but, peut vivre pur dans un élément pur et habiter comme la salamandre au sein des flammes subtiles. La nature m'a fait d'une étoffe plus rude; les désirs m'attachent à la terre; cette terre appartient au mauvais esprit et non pas au bon. Les biens que les dieux nous envoient d'en haut ne sont que des biens commun à tous les hommes; leur lumière nous réjouit, mais ne nous enrichit point, et dans leur empire on n'acquiert aucun pouvoir. Pour amasser l'or et les pierreries, il faut avoir recours aux divinités fausses et mauvaises qui habitent l'empire des ténèbres. On ne peut se les concilier que par des sacrifices, et nul homme ne quitte leur service avec une âme vierge de fautes.

MAX, *avec expression.* — Oh! crains ces divinités fausses, infidèles à leurs promesses. Ce sont des esprits de mensonge qui, par leurs artifices, te poussent vers l'abîme. Ne te fie pas à elles, je te le dis. Oh! rentre dans la voie de ton devoir. Tu le peux toujours; envoie-moi à Vienne. Oui, laisse-moi, laisse-moi faire ta paix avec l'Empereur. Il ne te connait pas; mais moi je te connais; il apprendra à te voir tel que moi je te vois et te rendra sa confiance.

WALLENSTEIN. — Il est trop tard, tu ne sais pas ce qui s'est passé.

MAX. — Et s'il est trop tard, si les choses en sont venues si loin qu'un crime puisse seul vous sauver de la chute, oh! tombez, tombez dignement comme vous avez vécu. Abandonnez votre commandement; quittez le théâtre. Vous pouvez le faire avec gloire; que ce soit aussi avec innocence. Vous avez tant vécu pour les autres, vivez enfin pour vous-même; je vous suivrai, je ne séparerai pas mon sort du vôtre.

WALLENSTEIN. — Pendant que tu perds tes discours, mes rapides courriers, chargés de mes ordres, voient fuir derrière eux le chemin de Prague et d'Egra. Mets-toi de mon côté; nous agirons comme nous le devons; nous marcherons avec dignité et d'un pas ferme dans la voie de la nécessité. En quoi suis-je plus criminel que ce César dont le nom a jusqu'à présent retenti dans l'univers avec tant d'éclat? Il conduisit contre Rome les légions que Rome lui avaient données pour sa défense. S'il eût déposé le glaive, il eût été perdu, comme je le serais si je désarmais. Je sens en moi quelque chose de son génie. Donne-moi sa fortune, et je supporterai le reste.

(Max, qui jusqu'alors a été dans une vive agitation, s'en va rapidement. Wallenstein le regarde avec surprise et reste plongé dans ses pensées.)

SCÈNES III, IV, V

ILLO *et* TERZKY *reprochent à* WALLENSTEIN *d'avoir chargé* OCTAVIO PICCOLOMINI *de conduire à la ville de Frauenberg les régiments espagnols et italiens; ils disent qu'*OCTAVIO *trahit* WALLENSTEIN *et qu'il va livrer ces troupes à Galas, chef dévoué à l'Empereur.* WALLENSTEIN *répond que, rassuré par les signes astrologiques, il a pleine confiance dans* OCTAVIO. *Nous assistons ensuite aux instructions qu'*OCTAVIO PICCOLOMINI *donne à son* ADJUDANT, *puis à son entretien avec* ISOLANI, *qu'il détache, par la crainte et l'ambition, de la cause de* WALLENSTEIN, *et à qui il ordonne, en lui montrant le sceau de l'Empereur, de se rendre la nuit même à Frauenberg avec les troupes croates.*

SCÈNE VI

OCTAVIO PICCOLOMINI, BUTTLER

BUTTLER. — Je suis à vos ordres, général.

OCTAVIO. — Soyez le bienvenu, digne camarade et ami.

Buttler. — C'est trop d'honneur pour moi.

(Ils s'asseoient tous deux.)

Octavio. — Vous n'avez pas répondu à mes avances d'hier; vous les avez regardées comme des formalités vides. Les souhaits que je vous exprimais étaient pourtant sérieux et partaient du cœur, car voici l'heure où les braves gens doivent étroitement se lier.

Buttler. — Ceux qui ont même opinion peuvent seuls se lier.

Octavio. — Tous les braves gens ont une même opinion. Je ne juge les hommes que par les actes où les porte librement leur nature. Car la violence et la mésintelligence aveugle jettent souvent les meilleurs hors de la bonne voie. Vous avez passé par Frauenberg : le comte Galas ne vous a-t-il rien dit? Dites-le-moi, Galas est mon ami.

Buttler. — Il ne m'a dit que des paroles inutiles.

Octavio. — J'en suis fâché; ses conseils étaient sages, et les miens auraient été pareils.

Buttler. — Épargnez-vous cette peine, et à moi l'ennui de me montrer indigne de votre bonne opinion.

Octavio. — Parlons franchement, car les instants sont précieux. Vous savez où en sont les choses. Le duc prépare une trahison; je puis vous en dire plus, il l'a accomplie. Depuis quelques heures le traité d'alliance est conclu avec les ennemis. Déjà des courriers sont partis pour Prague et pour Egra. Demain on veut nous conduire aux Suédois. Cependant il se trompe, car l'Empereur a encore par ici de fidèles amis, une ligue puissante bien qu'ignorée. Cet acte proscrit le duc, délie l'armée du devoir d'obéissance, et appelle tous les hommes bien intentionnés à se grouper sous mes ordres. Maintenant choisissez : voulez-vous avec nous défendre la bonne cause ou partager avec lui le malheureux sort des criminels?

Buttler. — Son sort sera le mien.

Octavio. — Est-ce là votre dernier mot?

Buttler. — Oui.

Octavio. — Songez à vous, colonel Buttler; il en est temps encore. Le mot que vous avez trop vite prononcé est encore enseveli dans ma fidèle poitrine. Reprenez-le; choisissez un meilleur parti : celui que vous avez choisi est mauvais.

Buttler. — N'avez-vous rien de plus à m'ordonner?

Octavio. — Regardez vos cheveux blancs; revenez en arrière.

Buttler. — Adieu!

Octavio. — Quoi! voulez-vous employer à ce combat sacrilège votre loyale épée? Voulez-vous changer en malédiction la reconnaissance qui vous est due par l'Autriche pour quarante ans d'un fidèle service?

BUTTLER, *avec un rire amer*. — La reconnaissance de l'Autriche!...

(Il veut sortir. Octavio le laisse aller jusqu'à la porte, puis le rappelle.)

OCTAVIO. — Buttler!
BUTTLER. — Que vous plaît-il?
OCTAVIO. — Comment se passa l'affaire du comté?
BUTTLER. — Du comté? Quoi?
OCTAVIO. — Oui, je veux dire ce titre de comte!...
BUTTLER, *avec colère*. — Mort et damnation!
OCTAVIO, *froidement*. — Vous le demandiez? On vous l'a refusé!...
BUTTLER. — Vous ne m'outragerez pas impunément : en garde!...
OCTAVIO. — Rengaînez votre épée, et dites-moi avec calme comment se passa cette affaire. Après cela, je ne vous refuserai pas satisfaction.
BUTTLER. — Eh bien! soit. Tout le monde saura une faiblesse, que je ne puis me pardonner. Oui, je suis ambitieux et je ne puis endurer le mépris; je souffre de voir qu'à l'armée la naissance et les titres l'emportent sur le mérite. Je ne veux pas être traité plus mal que mes pairs. Dans un malheureux moment de folie j'ai fait cette démarche; je n'aurais pas dû l'expier si cruellement. On pouvait me refuser ce que je demandais; pourquoi ajouter au refus un mépris offensant? insulter un vieillard, un serviteur fidèle? Pourquoi lui rappeler si durement la bassesse de son origine? Il s'est oublié dans une heure de faiblesse; mais la nature a donné au serpent un dard pour se venger de celui qui le foule aux pieds dans son orgueil.
OCTAVIO. — On a dû vous calomnier. Ne devinez-vous pas quel ennemi vous a rendu ce mauvais service?
BUTTLER. — Ce doit être quelque misérable courtisan, un Espagnol, peut-être un descendant d'une ancienne famille dont j'aurai offensé l'orgueil; un envieux drôle, chagriné de voir à quel rang je m'étais élevé par mes services.
OCTAVIO. — Dites-moi; le duc encouragea-t-il votre démarche?
BUTTLER. — Il m'y poussa et s'employa pour moi avec une chaleureuse amitié.
OCTAVIO. — En êtes-vous bien sûr?
BUTTLER. — J'ai lu la lettre.
OCTAVIO. — Moi aussi, moi aussi; mais elle était d'une tout autre teneur. (*Buttler est surpris*) Le hasard m'a mis entre les mains cette lettre; vous pouvez la lire.

(Il lui tend la lettre.)

BUTTLER. — Ah! qu'est-ce que ceci?
OCTAVIO. — Je crains, colonel Buttler, qu'on ne se soit indignement joué de vous. Le duc, dites-vous, vous a poussé à cette démarche... mais, dans cette lettre, il parle de vous avec dédain, et

même il engage le ministre à vous châtier de ce qu'il appelle votre impudence. (*Buttler a lu la lettre; ses genoux tremblent, il va s'asseoir*) Vous n'avez aucun ennemi; le duc seul est l'auteur de l'offense que vous avez reçue. En cela son dessein est clair; il veut vous détacher de votre Empereur; il espérait obtenir de votre vengeance ce qu'il ne pouvait attendre de votre fidélité éprouvée, dans le calme d'esprit. Il voulait faire de vous un instrument aveugle de ses projets coupables. Il n'a que trop réussi; il est parvenu à vous éloigner du droit chemin que vous aviez suivi pendant quarante années.

Buttler, *d'une voix tremblante*. — L'Empereur pourra-t-il me pardonner?

Octavio. — Il fait plus; il répare le honteux affront fait à un bon soldat. Il confirme de lui-même la faveur que le prince vous avait accordée dans des vues criminelles. Le régiment que vous commandez est à vous. (*Buttler, très ému, essaie en vain de parler; enfin il prend son épée et la présente à Octavio*) Que voulez-vous? Remettez-vous.

Buttler. — Prenez.

Octavio. — Pourquoi? Remettez-vous.

Buttler. — Prenez cette épée; je ne mérite pas de la porter.

Octavio. — Recevez-la de nouveau de mes mains, et servez-vous-en pour défendre la bonne cause.

Buttler. — J'ai manqué de fidélité envers mon Empereur si généreux.

Octavio. — Réparez votre faute; séparez-vous du duc.

Buttler. — Me séparer de lui?

Octavio. — Comment! à quoi pensez-vous?

Buttler. — Me séparer seulement! Oh! il faut qu'il meure!

Octavio. — Suivez-moi à Frauenberg où tous les fidèles sujets se rassemblent près de Galas et d'Altringer. J'en ai ramené beaucoup d'autres à leur devoir; ils quittent Pilsen cette nuit même.

Buttler, *très agité, se promène çà et là, puis s'avance vers Octavio, et d'un regard assuré*. — Comte Piccolomini, l'homme qui a renié sa foi peut-il parler d'honneur?

Octavio. — Il le peut, quand il se repent aussi sérieusement.

Buttler. — Eh bien! laissez-moi ici sur ma parole d'honneur.

Octavio. — Que méditez-vous?

Buttler. — Laissez-moi ici avec mon régiment.

Octavio. — Soit; je me fie à vous. Mais dites-moi ce que vous méditez.

Buttler. — La suite vous l'apprendra. Pour l'instant ne me demandez plus rien; vous pouvez vous en reposer sur moi. J'en jure le ciel, ce n'est pas à son bon ange que vous le confiez. Adieu.

(*Il sort.*)

Un domestique *apporte un billet.* — Un inconnu a apporté ceci et a disparu de suite. Les chevaux du prince sont en bas.

(Il sort.)

Octavio *lit.* — « Faites en sorte de partir. Votre fidèle Isolani. » Oh! que n'est-elle déjà loin de moi cette ville de malheur! Si près du port faudrait-il échouer? Partons! partons! il n'y a plus de sécurité ici pour moi. Mais où est mon fils?

SCÈNE VII

OCTAVIO PICCOLOMINI *veut décider son fils à quitter* WALLENSTEIN. *Mais ce fils,* MAX, *tout en déclarant que jamais il ne trahira l'Empereur et ne prêtera les mains aux desseins que* WALLENSTEIN *peut avoir contre le souverain et l'Empire, reproche à son père d'abuser de la confiance d'un général qui l'a aimé, protégé, et qui se repose sur sa parole. De plus, il aime* THÉCLA, *est aimé d'elle, espère l'épouser et ne veut pas s'éloigner, tant que* WALLENSTEIN *n'aura point consommé par des actes la défection dont on l'accuse. Il mourra peut-être, mais son cœur déchiré ne peut prendre parti ni pour son bienfaiteur et son chef, soupçonné de trahison, ni pour son père, fidèle sans doute au souverain légitime, mais qui trompe* WALLENSTEIN *et emploie des moyens tortueux pour atteindre son but.*

ACTE TROISIÈME

SCÈNES I A XIV

Dans cette longue série de scènes, nous voyons les inquiétudes de THÉCLA, *dont elle fait confidence à* MLLE DE NEUBRUNN; *la* DUCHESSE DE FRIEDLAND, *bien que ne sachant pas les projets réels de* WALLENSTEIN, *est dans une grande angoisse. D'ailleurs, les mauvaises nouvelles se succèdent, annoncées en hâte par* BUTTLER : *on apprend le départ d'*ISOLANI *et d'*OCTAVIO PICCOLOMINI, *qui sont allés rejoindre les troupes impériales, le refus d'obéissance de plusieurs régiments, etc.; le trouble, la sédition, règnent partout; une délégation des cuirassiers de Pappenheim, le régiment de* MAX, *demande à parler à* WALLENSTEIN *pour savoir de lui s'il est, oui ou non, fidèle à l'Empereur.*

SCÈNE XV

WALLENSTEIN, TERZKY, ILLO, DIX CUIRASSIERS *conduits par un* SOUS-OFFICIER.

(Ils se mettent en ligne devant le duc et font le salut militaire.)

WALLENSTEIN *les considère un moment, puis, au sous-officier.* —

Je te connais, toi, tu es de Bruges en Flandre, tu t'appelles Mercy.

Le sous-officier. — Je m'appelle Henri Mercy.

Wallenstein. — Coupé dans une marche et cerné par les Hessois, tu te fis jour avec cent quatre-vingts hommes à travers des milliers d'ennemis.

Le sous-officier. — Oui, mon général.

Wallenstein. — Qu'as-tu obtenu pour cet acte de courage?

Le sous-officier. — Ce que je demandais, mon général : l'honneur de servir dans les cuirassiers.

Wallenstein, *se tournant vers un autre*. — Tu étais des volontaires que je fis sortir d'Altenberg pour emporter d'assaut la batterie suédoise.

Deuxième cuirassier. — Oui, mon général.

Wallenstein. — Je n'oublie pas celui à qui j'ai parlé une seule fois. Dites-moi ce qui vous amène.

Le sous-officier *commande*. — Portez armes!

Wallenstein *s'adresse à un troisième*. — Tu t'appelles Risbeck et tu es né à Cologne.

Troisième cuirassier. — Risbeck, de Cologne.

Wallenstein. — Tu fis prisonnier et amenas au camp de Nuremberg le colonel suédois Dubald?

Troisième cuirassier. — Ce n'est pas moi, mon général.

Wallenstein. — Non, c'est vrai ; c'était ton frère aîné. Tu avais encore un frère plus jeune, où est-il?

Troisième cuirassier. — Il est à Olmutz, dans l'armée de l'Empereur.

Wallenstein, *au sous-officier*. — Eh bien! parlez : je vous écoute.

Le sous-officier. — Il nous est venu dans les mains une lettre de l'Empereur qui...

Wallenstein *l'interrompt*. — Qui vous a choisis?

Le sous-officier. — Chaque escadron a tiré son homme au sort.

Wallenstein. — Allons! au fait.

Le sous-officier. — Il nous est venu dans les mains une lettre de l'Empereur qui nous ordonne de ne plus obéir à ton commandement, parce que tu es un traître et un ennemi de la patrie.

Wallenstein. — Qu'avez-vous décidé?

Le sous-officier. — Nos camarades de Braunau, de Budweiss, de Prague, d'Olmutz, ont déjà obéi, et les régiments de Tiefenbach, de Toscane, ont fait comme eux... Mais nous ne croyons pas que tu sois un traître, un ennemi de la patrie, et nous regardons cela comme un mensonge et une invention de l'Espagne. (*Avec cordialité*) Toi-même, tu nous diras ce que tu projettes, car tu as toujours été sincère avec nous ; nous avons la plus grande confiance en toi ; entre un général et ses braves soldats il ne doit pas y avoir un tiers.

WALLENSTEIN. — Je reconnais bien là mes hommes de Pappenheim.

LE SOUS-OFFICIER. — Le régiment te demande donc si tu veux seulement garder le commandement qui t'appartient, que l'Empereur t'a remis, et servir l'Autriche comme un fidèle général; en ce cas nous nous mettrons de ton côté pour soutenir tes droits envers tous; et, quand même tous les autres régiments te quitteraient, nous seuls te resterions fidèles, et nous donnerions notre vie pour toi. Mais si les choses sont comme le dit la lettre de l'Empereur, s'il est vrai que, par des manœuvres perfides, tu veuilles nous mener aux ennemis, ce dont Dieu nous préserve! alors nous voulons te quitter et obéir aux ordres de l'Empereur.

WALLENSTEIN. — Écoutez, mes enfants.

LE SOUS-OFFICIER. — Il n'est pas nécessaire de beaucoup parler : dis oui ou non, et nous serons satisfaits.

WALLENSTEIN. — Écoutez-moi. Je sais que vous êtes des soldats intelligents, que vous voulez penser et juger par vous-même et ne pas suivre aveuglément la foule. Voilà pourquoi je vous ai toujours, comme vous le savez, distingués du restant de l'armée. L'œil rapide du général ne compte que les drapeaux; il ne remarque pas chaque individu; son ordre est sévère, il faut obéir aveuglément, et l'homme ne songe pas à juger la valeur de l'homme... Cependant, vous savez que je n'ai jamais agi ainsi avec vous; je vous ai toujours traités en hommes libres, et je vous ai laissé le droit d'avoir vous-mêmes votre opinion.

LE SOUS-OFFICIER. — Oui, mon général; tu nous as toujours traités dignement, tu nous a honorés de ta confiance et favorisés plus que tous les autres régiments. Aussi ne suivons-nous pas la foule des autres troupes; nous restons près de toi avec confiance. Dis un mot, dis que tu ne penses pas à trahir et que tu ne veux pas conduire l'armée aux Suédois.

WALLENSTEIN. — C'est moi qu'on trahit. L'Empereur me sacrifie à mes ennemis; je succombe, si mes braves troupes ne me sauvent pas. Je me repose sur vous. Voyez, c'est contre cette tête blanche qu'on dirige les coups. Voilà la reconnaissance des Espagnols pour toutes ces sanglantes batailles livrées dans les plaines de Lutzen et devant les forteresses; voilà pourquoi nous avons dormi sur la pierre et sur le sol chargé de glace. Nul torrent trop rapide pour nous; nulle forêt ne pouvait nous arrêter. Nous avons poursuivi l'infatigable Mansfeld dans tous les crochets tortueux de sa fuite; notre vie a été une marche incessante; semblables à ces tourbillons de vent qui ne séjournent nulle part, nous avons traversé le monde agité par la guerre; et maintenant que nous avons accompli ces rudes, ces ingrats, ces maudits travaux de la guerre, et rendu moins lourd son fardeau, cet enfant impérial viendrait conclure une paix facile et nous enlever la branche d'olivier qui devait être notre couronne, pour en parer ses cheveux blonds!

Le sous-officier. — Non, cela ne se fera pas, aussi longtemps que nous pourrons l'empêcher. Personne que toi ne peut finir cette guerre terrible que tu as glorieusement dirigée. Tu nous a guidés dans les champs sanglants de la mort ; il faut que ce soit toi et nul autre qui nous ramènes avec joie dans les champs de la paix, qui partages avec nous les fruits de nos longs exploits.

Wallenstein. — Vraiment? Ne croyez pas pouvoir goûter dans votre vieillesse les fruits que vous aurez recueillis! Vous ne verrez jamais la fin de cette guerre. L'Autriche ne veut point la paix; c'est parce que je la cherche que je succombe. Qu'importe à l'Autriche que cette guerre épuise l'armée et ravage le monde? Elle ne cherche qu'à gagner des domaines. Oh! vous êtes émus; une noble colère brille dans vos yeux : puisse mon âme vous animer encore et vous conduire hardiment au combat comme jadis! Vous voulez défendre mes droits avec vos armes; cela est généreux, mais ne pensez pas que votre petite troupe puisse accomplir cette résolution : vous vous sacrifieriez en vain pour votre général. (*D'un ton de confiance*) Non, laissez-moi, pour gage de notre sécurité, chercher des auxiliaires; les Suédois nous offrent leur secours; laissez-moi me servir d'eux en apparence, jusqu'à ce que, tenant entre nos mains redoutables le destin de l'Europe, nous offrions du milieu de notre camp, au monde ravi, la douceur de la paix.

Le sous-officier. — Alors tu ne traites avec les Suédois qu'en apparence, tu ne songes pas à trahir l'Empereur, tu ne veux pas faire de nous des Suédois; eh bien! voilà tout ce que nous voulions savoir.

Wallenstein. — Que m'importe le Suédois? Je le hais et je compte bientôt le chasser de l'autre côté de la Baltique. Mon cœur est touché de compassion en écoutant les plaintes du peuple allemand. Vous n'êtes que de simples soldats, cependant vous comprendrez votre valeur : c'est vous que, de préférence à tous les autres, j'ai jugés dignes de m'entendre parler à cœur ouvert. Voilà quinze ans que le flambeau de la guerre est allumé ; Allemands et Suédois, nul ne veut céder à l'autre, tous les bras sont armés l'un contre l'autre; partout des factions, nulle part des juges ; dites, quand cela prendra-t-il fin? Qui pourra dénouer ce fil qui s'embrouille sans cesse? Il faut le couper. Eh bien ! je sens que je suis l'homme du destin, et j'espère avec votre aide accomplir enfin ses décrets.

SCÈNE XVI
LES PRÉCÉDENTS, BUTTLER.

Buttler, *en toute hâte*. — C'est une action imprudente et qui vous compromettra auprès de ceux qui pensent bien ; c'est déclarer ouvertement la révolte.

WALLENSTEIN. — Mais qu'y a-t-il donc ?

BUTTLER. — Le régiment du comte Terzky arrache de ses drapeaux l'aigle impériale pour mettre à sa place votre écusson.

LE SOUS-OFFICIER, *aux cuirassiers*. — Demi-tour à droite, marche !

WALLENSTEIN. — Maudit soit ce fait et celui qui le conseilla ! (*Aux cuirassiers qui se retirent*) Arrêtez, mes enfants, c'est une erreur ; écoutez donc, restez. Ils ne m'entendent pas (*A Illo*) Suivez-les, tâchez de les ramener coûte que coûte. (*Illo sort*) Voilà qui nous précipite dans notre perte ! Buttler ! Buttler ! vous êtes mon mauvais génie. Pourquoi venir m'annoncer cette nouvelle en leur présence ? Tout était en bonne voie... ils étaient à demi convaincus... Oh ! la fortune se joue de moi cruellement ; c'est l'empressement de mes amis et non la haine de mes ennemis qui me précipite dans le gouffre.

SCÈNES XVII A XXII

TERZKY annonce que Prague est au pouvoir de l'Empereur et que les régiments ont de nouveau juré fidélité. WALLENSTEIN ordonne que l'on conduise sa femme et sa fille à Egra, où lui-même va se rendre. MAX PICCOLOMINI survient, en proie au plus violent désespoir à la pensée d'abandonner THÉCLA, de se trouver pris entre le devoir, la reconnaissance et l'amour. WALLENSTEIN, après l'avoir menacé et lui avoir reproché la conduite de son père, veut le retenir, l'attacher à sa fortune en lui faisant espérer la main de THÉCLA. Mais les cuirassiers redemandent avec fureur leur jeune colonel, et, d'autre part, MAX ne veut pas trahir son souverain. Une scène déchirante a lieu entre MAX et THÉCLA. La séparation s'accomplit. MAX se retire, désespéré, tandis que BUTTLER, ILLO et TERZKY l'insultent. Il n'a plus qu'un désir, la mort, une mort glorieuse, en pleine bataille, qui le délivre et laisse pure sa mémoire.

ACTE QUATRIÈME

La maison du bourgmestre à Egra.

SCÈNES I A IV

BUTTLER touche enfin à l'heure de la vengeance : WALLENSTEIN est arrivé à Egra et va se trouver en son pouvoir. GORDON, le gouverneur de la ville, est informé par lui de la défection de WALLENSTEIN à l'Empereur ; GORDON a peine à y croire, mais déclare qu'il sera fidèle à l'Empereur, s'il lui faut se prononcer ; WALLENSTEIN gagne à sa cause le bourgmestre d'Egra et, par lui, les habitants de la ville. TERZKY annonce que les Sué-

dois, alliés de WALLENSTEIN, viennent de vaincre à Neustadt les troupes impériales et s'approchent d'Egra; ils ont massacré les cuirassiers de Pappenheim qui avaient essayé de les arrêter par une charge, et Max a péri à la tête de ses troupes. THÉCLA est accablée de douleur en apprenant cette nouvelle.

SCÈNE V

BUTTLER et GORDON

GORDON, *avec surprise.* — Expliquez-moi ce que signifie cette agitation?

BUTTLER. — Elle a perdu celui qu'elle aimait, ce Piccolomini qui vient de mourir.

GORDON. — Infortunée jeune fille!

BUTTLER. — Vous avez entendu la nouvelle qu'Illo vient d'apporter : les Suédois vainqueurs approchent.

GORDON. — Oui, j'ai bien entendu.

BUTTLER. — Ils ont douze régiments, et le duc de Friedland en a cinq près d'ici pour le protéger. Moi, je n'ai que le mien, et la garnison ne monte pas à deux cents hommes.

GORDON. — C'est vrai.

BUTTLER. — Avec une troupe si faible il n'est pas possible de garder un prisonnier d'État.

GORDON. — Je le crois.

BUTTLER. — L'armée aurait bientôt désarmé nos soldats peu nombreux et délivré notre captif.

GORDON. — Je le crains

BUTTLER, *après un silence.* — Savez-vous que je me suis porté garant du succès, que j'ai engagé ma tête pour la sienne? De quelque façon que ce soit, il faut que je tienne mon serment, et, si on ne veut pas le garder vivant, on le gardera sûrement mort.

GORDON. — Vous ai-je compris? Juste Dieu! vous pourriez...

BUTTLER. — Il faut qu'il meure.

GORDON. — Vous pourriez...

BUTTLER. — Lui ou moi; il a vu sa dernière aurore.

GORDON. — Vous voulez donc le tuer?

BUTTLER. — C'est mon dessein.

GORDON. — Lui qui se confie à votre fidélité!...

BUTTLER. — C'est là son mauvais sort.

GORDON. — La personne sacrée du général...

BUTTLER. — Général? il ne l'est plus.

GORDON. — Aucun crime ne peut effacer en lui ce qu'il fut. Le tuer sans jugement...

BUTTLER. — L'exécution tiendra lieu de jugement.

GORDON. — Ce serait là un assassinat et non un acte de justice, car la justice doit écouter même la défense des plus coupables.

Buttler. — Sa félonie est évidente, l'Empereur l'a jugé, nous ne faisons qu'exécuter sa sentence.

Gordon. — Il ne faut pas se hâter d'obéir à un arrêt sanglant; une parole peut se rétracter, mais la vie, nul ne peut la rendre.

Buttler. — Les serviteurs empressés plaisent aux souverains.

Gordon. — Un honnête homme ne fait pas l'office de bourreau.

Buttler. — Un homme courageux ne tremble pas devant un action hardie.

Gordon. — On expose sa vie avec courage, non avec sa conscience.

Buttler. — Eh quoi! faudrait-il le laisser libre de rallumer l'incendie d'une guerre qui ne pourra plus s'éteindre?

Gordon. — Faites-le prisonnier, mais ne le tuez pas; il ne faut pas anéantir par un meurtre tout espoir de miséricorde.

Buttler. — Si l'armée impériale n'avait pas été vaincue nous pourrions le garder ici.

Gordon. — Oh! pourquoi lui ai-je ouvert cette forteresse?

Buttler. — Ce n'est pas le lieu où il est, c'est sa propre destinée qui cause sa mort.

Gordon. — J'aurais succombé honorablement sur les murailles d'Egra, en défendant la forteresse de l'Empereur.

Buttler. — Et des milliers de braves auraient reçu la mort!

Gordon. — En faisant leur devoir. L'homme est honoré par une telle mort, mais la nature maudit le ténébreux assassinat.

Buttler, *montrant un écrit*. — Voici l'ordre qui nous commande de nous emparer de lui; il vous concerne comme moi. Voulez-vous répondre des conséquences, si par notre faute il s'échappe et rejoint les ennemis?

Gordon. — Moi! pauvre homme sans pouvoir? Grand Dieu!

Buttler. — Prenez le fait à votre compte; chargez-vous des conséquences; advienne que pourra, je fais tout peser sur vous.

Gordon. — O ciel! ô Seigneur!

Buttler. — Connaissez-vous un autre moyen d'accomplir les ordres de l'Empereur? Parlez, car je veux le renverser, non le détruire.

Gordon. — Je vois aussi clairement que vous ce qui peut arriver, mais mon cœur ne peut partager vos sentiments!...

Buttler. — Il faudra aussi que cet Illo et ce Terzky succombent si le duc meurt.

Gordon. — Ah! ceux-là, je ne les regrette pas; c'est la perversité de leur cœur qui les a entraînés, et non la puissance des astres. Ce sont eux qui ont insinué dans son âme paisible le germe des passions mauvaises, et qui ont fait mûrir le fruit du malheur! Puissent-ils recueillir bientôt la récompense de leurs services maudits!

BUTTLER. — Aussi la mort les frappera avant lui. Tout est prêt. Ce soir, au milieu de la joie du festin, nous nous emparerons d'eux et nous les conduirons au château ; voilà le parti le plus court. Je vais sur l'heure donner les ordres nécessaires.

SCÈNES VII A XIV

ILLO et TERZKY, par leur joie, par les menaces qu'ils profèrent contre le pouvoir de l'Empereur, donnent plus de poids encore aux sinistres paroles de BUTTLER. Une fois encore, Gordon essaye de fléchir BUTTLER, qui affirme plus durement la nécessité où il se prétend être de frapper WALLENSTEIN. D'autre part, THÉCLA a voulu entendre le récit de la mort héroïque de MAX de la bouche même du CAPITAINE SUÉDOIS qui est venu annoncer la nouvelle de la bataille. Son père, sa mère et la COMTESSE TERZKY ne peuvent la consoler ; elle donne à MLLE DE NEUBRUNN l'ordre de faire préparer des chevaux et part avec elle, à l'insu de tous, pour aller prier, près de Neustadt, sur la tombe de MAX. On comprend qu'elle est mortellement atteinte et ne pourra survivre à une telle douleur.

ACTE CINQUIÈME

SCÈNE PREMIÈRE

L'appartement de Buttler à Egra.

BUTTLER donne l'ordre au major GÉRALDIN d'armer douze hommes sûrs et de se tenir prêt à entrer avec eux, le soir venu, dans la salle du festin et à frapper, au signal que lui-même BUTTLER donnera. Il lui enjoint aussi de prévenir le capitaine DEVEROUX et MACDONALD, car il a à leur parler.

SCÈNE II

BUTTLER, LE CAPITAINE DEVEROUX, ET MACDONALD

MACDONALD. — Mon général, nous voici.

DEVEROUX. — Quel est le mot de ralliement?

BUTTLER. — Vive l'Empereur!

TOUS DEUX, *se reculant*, — Comment? quoi?

BUTTLER. — Vive la maison d'Autriche!

DEVEROUX. — N'est-ce pas à Friedland que nous avons prêté serment?

MACDONALD. — Ne sommes-nous pas venus ici pour la protéger?

BUTTLER. — Nous? nous protégerions un ennemi, un traître à l'Empereur?

DEVEROUX. — Vous nous avez ordonnés de lui obéir et de le servir.

MACDONALD. — Et vous l'avez suivi jusqu'à Egra.

BUTTLER. — J'ai fait cela, pour le perdre avec plus de certitude.

DEVEROUX. — Ah! vraiment!

MACDONALD. — C'est une autre affaire.

BUTTLER, à Deveroux. — Misérable! peux-tu renoncer si aisément à ton devoir et à trahir si vite les drapeaux?

DEVEROUX. — Du diable! général, je suivais votre exemple; je me disais : Si celui-là a trahi, je puis bien trahir aussi.

MACDONALD. — Nous n'avons pas à réfléchir quand vous avez commandé, cela vous regarde. Vous êtes général, vous donnez un ordre, nous vous suivons, fallût-il aller au fin fond de l'enfer.

BUTTLER, d'un ton plus doux. — Bien. Nous nous connaissons l'un l'autre.

MACDONALD. — Oui, ça m'en a l'air.

DEVEROUX. — Nous autres, nous sommes des soldats de fortune et nous nous donnons au plus offrant.

MACDONALD. — Oui, c'est bien cela.

BUTTLER. — Maintenant, c'est l'heure d'agir en braves soldats.

DEVEROUX. — C'est ce que nous ferions volontiers.

BUTTLER. — ... et de faire votre fortune.

MACDONALD. — Ceci vaut mieux encore.

BUTTLER. — Ecoutez-moi!

TOUS DEUX. — Nous y sommes.

BUTTLER. — La volonté de l'Empereur est que l'on s'empare du duc de Friedland mort ou vif.

DEVEROUX. — Sa lettre le disait bien ainsi.

MACDONALD. — Oui, c'est ça, mort ou vif.

BUTTLER. — Une grande récompense en terre et en argent est réservée à celui qui accomplira cet ordre.

DEVEROUX. — Cela sonne bien; les paroles qui viennent de là-haut résonnent toujours magnifiquement. Oui, oui, nous connaissons cela; quelques chaînes d'or, un mauvais cheval, un parchemin ou quelque chose d'analogue... Le prince, lui, paie mieux.

MACDONALD. — Oui, il est généreux et prodigue.

BUTTLER. — C'en est fait du prince. L'étoile de son bonheur est tombée des cieux.

MACDONALD. — Bien sûr?

BUTTLER. — Je vous l'affirme.

DEVEROUX. — Son bonheur aurait-il pris fin?

BUTTLER. — Pour jamais. Le prince est aussi pauvre que nous.

MACDONAL. — Aussi pauvre que nous?

DEVEROUX. — En ce cas, Macdonald, il faut le quitter.

BUTTLER. — Vingt mille hommes l'ont quitté déjà. Il faut oser davantage, mon ami. Un coup sûr et rapide : il faut le tuer.

TOUS DEUX. — Le tuer!

Buttler. — Le tuer, vous dis-je ; et je vous ai choisis pour cela.
Tous deux. — Nous ?
Buttler. — Vous, vous, capitaine Deveroux, et vous, Macdonald.
Deveroux, *après un moment de silence.* — Choisissez-en un autre.
Macdonald. — Oui, c'est cela, choisissez-en un autre.
Buttler, *à Deveroux.* — Cela te fait peur, pauvre sire que tu es ! Toi tu as déjà plus de trente meurtres sur la conscience !
Deveroux. — Porter la main sur le général ! Pensez donc à cela !
Macdonald. — Celui à qui nous avons juré fidélité.
Buttler. — Votre serment est nul, puisque lui-même trahit le sien.
Deveroux. — Ecoutez, général, cela me paraît pourtant trop affreux.
Macdonald. — Oui, c'est vrai. On a aussi sa conscience.
Deveroux. — Si ce n'était pas le chef qui nous a si longtemps commandés et qui nous imposait le respect !...
Buttler. — C'est là ce qui vous arrête ?
Deveroux. — Ecoutez, pour celui-là, c'est inutile ; si le service de l'Empereur m'y obligeait, je plongerais mon épée dans le corps de mon propre fils... Mais voyez, nous sommes des soldats, : assassiner le général, c'est un péché, un crime dont pas un moine ne peut vous absoudre !
Buttler. — Je suis ton pape, et je t'absous. Décidez-vous à l'instant.
Deveroux, *d'un ton sérieux.* — Cela ne se peut pas.
Macdonald. — Non, vrai, cela ne se peut pas.
Buttler. — Soit ! envoyez-moi Pestalutz.
Deveroux, *surpris.* — Pestalutz !... Oh !
Buttler. — Vous refusez, j'en trouverai d'autres que vous.
Deveroux. — Non, non, s'il doit mourir, nous pouvons tout comme d'autres gagner la récompense. N'est-ce pas ton avis, camarade ?
Maldonald. — Oui, s'il doit mourir, je ne veux pas laisser la récompense à Pestalutz.
Deveroux, *après réflexion.* — Quand faut-il qu'il meure ?
Buttler. — Cette nuit, car demain les Suédois seront aux portes d'Egra.
Deveroux. — Réponds-tu des conséquences, général ?
Buttler. — Je réponds de tout.
Deveroux. — Est-ce la volonté de l'Empereur, sa claire et formelle volonté ? Quelquefois les gens aiment le meurtre et châtient le meurtrier.
Buttler. — L'ordre dit : « vivant ou mort. » On ne peut le garder vivant à l'empereur, vous le comprenez vous-mêmes.

Deveroux. — Eh bien ! mort ! oui, mort donc ! Mais comment parvenir jusqu'à lui ? La ville est pleine de soldats de Terzky...

Macdonald. — ...et ensuite restent Illo et Terzky.

Buttler. — On commencera par eux, cela va de soi.

Deveroux. — Quoi ! ils mourront aussi ?

Buttler. — Les premiers.

Macdonald. — Ecoute, Deveroux. Ça va être une nuit de sang.

Deveroux. — Avez-vous déjà un homme pour ceux-là ? Confiez-les-moi.

Buttler. — Le major Géraldin a accepté cette mission. Aujourd'hui il y aura un grand festin au château, on les surprendra à table, on les égorgera, Pestalutz et Lesley seront de la besogne.

Deveroux. — Ecoutez, général, cela doit vous être égal, laissez-moi changer de rôle avec Géraldin.

Buttler. — Avec le duc le danger est moindre.

Deveroux. — Le danger ? Diable ! quelle idée vous faites-vous donc de moi ? C'est le regard du duc, et non pas son épée qui m'effraye.

Buttler. — Quel mal peut te faire son regard ?

Deveroux. — Vous savez, par tous les diables, que je ne suis pas un lâche. Mais il n'y a pas huit jours que le duc m'a fait remettre vingt pièces d'or pour acheter cet habit d'hiver que je porte, et, quand il me verra avancer avec ma pique, s'il jette les yeux sur mon habit... eh bien !... eh bien !!... du diable je ne suis pas un lâche...

Buttler. — Le duc t'a donné cet habit d'hiver, et c'est pour cela que tu as peur, pauvre diable, de lui passer l'épée à travers le corps ?

L'Empereur lui avait donné un vêtement bien meilleur, le manteau de prince, et quelle reconnaissance lui en a-t-il offerte ? La révolte, la trahison !

Deveroux. — C'est juste. Au diable ma reconnaissance, à moi ! Je le tuerai.

Buttler. — Et si tu veux calmer ta conscience, tu n'as qu'à ôter cet habit, et alors tu agiras librement et hardiment.

Macdonald. — Oui, mais il faut encore se rappeler une chose.

Buttler. — Laquelle donc ?

Macdonald. — Que servent les armes contre lui ? Il est garanti de toute blessure par des sortilèges.

Buttler, avec colère. — Comment ! il est...

Macdonald. — Oui, à l'épreuve de la balle et de l'épée. Il est enchanté et protégé par un art diabolique. Son corps est invulnérable.

Deveroux. — Oui, oui, il y avait aussi à Ingolstadt un homme comme ça, avec une peau aussi dure que l'acier, si bien qu'il fallut l'assommer à coups de crosse de fusil.

MacDonald. — Écoutez ce que je ferai. Je vais faire dire un exorcisme contre ces enchantements.

Buttler. — Bon, Macdonald. Maintenant choisissez dans votre régiment vingt ou trentre solides gaillards; faites-leur jurer fidélité à l'Empereur; et, quand onze heures seront sonnées, conduisez-les en silence à la maison; je serai là; je vous conduirai par une porte de derrière qui n'est gardée que par un seul homme. Mon rang me permet d'entrer chez le duc à toute heure : je frapperai l'archer et vous entrerez.

Deveroux. — Et comment arriverons-nous dans la chambre à coucher du prince sans que les domestiques s'éveillent et appellent au secours.

Buttler. — Tous les domestiques logent dans l'aile droite ; il hait le bruit et habite seul l'aile gauche.

Deveroux. — Je voudrais que tout ça fût fini, Macdonald... Par le diable, cela produ.. sur moi un effet singulier.

Macdonald. — Sur moi aussi. C'est pourtant un trop haut personnage. On nous considère comme des scélérats.

Buttler. — Comblés d'honneurs, de richesses, de luxe, vous pourrez rire de l'opinion et du jugement des hommes.

Deveroux. — Si seulement nous étions bien sûrs que cela n'est pas contre l'honneur...

Buttler. — Soyez sans inquiétude. Vous sauvez à l'Empereur sa couronne et sa puissance; la récompense ne sera pas petite.

Deveroux. — Le duc veut donc détrôner l'Empereur ?

Buttler. — Oui, et lui ôter la couronne et la vie.

Deveroux. — Ainsi il serait mort de la main du bourreau si nous l'avions conduit à Vienne vivant.

Buttler. — Il ne pouvait se soustraire à une telle destinée.

Deveroux. — Viens, Macdonald, il tombera comme un général : il mourra honorablement sous la main des soldats.

(Ils sortent.)

SCÈNE III

WALLENSTEIN *est triste et sombre, mais a foi en son destin, et ne se laisse pas influencer par le récit que la* COMTESSE TERZKY *lui fait d'un songe menaçant qu'elle a eu la nuit précédente.*

SCÈNE IV

WALLENSTEIN, GORDON, *ensuite un* VALET DE CHAMBRE.

Wallenstein. — Tout est-il en repos dans la ville ?

Gordon. — Tout est tranquille.

Wallenstein. — J'entends résonner la musique; le château est illuminé; qui sont ces gens joyeux ?

Gordon. — On donne un banquet au comte Terzky et au feld-maréchal Illo.

Wallenstein, *à part*. — C'est pour fêter la victoire. Ces gens ne savent se réjouir qu'à table. (*Il sonne; un valet de chambre vient*). Déshabillez-moi, je veux me reposer. (*Il prend les clefs de Gordon*) Nous voilà donc en sûreté contre les ennemis et enfermés avec des amis fidèles; car je me trompe, ou une figure comme celle-ci (*il regarde Gordon*) n'est point celle d'un hypocrite. (*Le valet de chambre lui ôte son manteau et son hausse-col et sa toison d'or*) Regardez donc, qu'est-ce qui est tombé à terre?

Le valet de chambre. — C'est la chaîne d'or; elle s'est rompue.

Wallenstein. — Eh bien! elle a duré assez longtemps. Donnez (*il regarde la chaîne*). C'est la première faveur que l'Empereur m'accorda. Il me l'attacha au col lorsqu'il était archiduc et que nous guerroyions dans le Frioul; depuis ce jour je l'ai portée, par habitude! Peut-être est-ce une superstition, mais cette chaîne aura été pour moi un talisman, tant que j'ai pu la porter avec loyauté, et le bonheur éphémère de ma vie a dû se rattacher à cet ornement, qui en était le premier gage. A présent, soit! il faut qu'un autre bonheur commence, puisque cet ancien talisman a perdu sa vertu. (*Le valet de chambre s'éloigne avec les vêtements; Wallenstein se lève, se promène dans la salle et enfin s'arrête pensif devant Gordon*) Comme l'image des anciens temps reparaît à mes yeux! Je me vois encore à la cour de Burgau, où toi et moi nous étions ensemble, tout jeunes. Nous avions souvent des contestations; tu étais raisonnable, tu me faisais la morale, tu me reprochais d'aspirer avec ambition, sans frein, aux hautes destinées, de me laisser aller à des songes si téméraires, et tu vantais les jours d'or de la médiocrité. Eh bien! ta sagesse a fait erreur; elle a de bonne heure restreint ta destinée, et, si tu ne te rapprochais pas de l'influence magnanime de mon étoile, ta vie s'éteindrait, silencieuse, dans l'obscurité de cette retraite.

Gordon. — Prince, le pauvre pêcheur rattache sans peine sa fragile nacelle dans le port et voit le puissant navire sombrer dans la tempête.

Wallentein. — Ainsi, tu es déjà au port, vieillard; et moi je n'y suis point. Une ardeur que rien n'a diminuée me pousse impérieusement sur les vagues de l'existence; l'espérance est encore pour moi ma déesse, mon esprit est demeuré jeune, et, quand je me compare à toi, je constate, non sans fierté, que les années rapides ont passé sur ma tête sans la blanchir et sans me faire sentir leur puissance. (*Il se promène à grands pas, puis s'arrête en face de Gordon*) Pourquoi dit-on que la fortune est décevante? Elle m'a été fidèle, elle m'a élevé avec tendresse au-dessus de la foule humaine, elle m'a porté, comme une déesse, dans ses bras légers et puissants, me faisant gravir sans peine les degrés de la vie. Il n'y a rien de vulgaire dans ma destinée, ni dans les lignes de ma main. Nul ne me pourrait juger selon les règles de la sagesse commune. En ce moment, c'est vrai, je semble être tombé bien bas, mais je me relèverai, et la force du flux va succéder bientôt à la faiblesse de la marée basse.

Gordon. — Et pourtant je me rappelle l'ancien dicton : « Ne vous vantez pas d'un beau jour avant qu'il soit passé. » Un long bonheur n'est pas un motif d'espérance ; c'est pour les malheureux que l'espérance est faite. L'homme heureux doit vivre dans la crainte.

Wallenstein, *souriant*. — Il me semble entendre le Gordon d'autrefois. Je sais bien que les choses terrestres sont soumises au changement, les divinités mauvaises réclament leurs droits. Les antiques peuples le savaient bien, quand ils s'imposaient eux-même un sacrifice volontaire pour apaiser ces jalouses déités, lorsqu'ils immolaient des hommes sur l'autel de Typhon. (*Après un moment de silence*) Et moi aussi je lui ai fait un sacrifice. Mon meilleur ami est mort, et il est mort par ma faute. Aussi, depuis ce jour, aucune faveur de la fortune ne peut me causer autant de joie que cette perte m'a causé de douleur. La jalousie du sort doit être calmée ; il a pris une vie pour une autre, et la foudre qui me devait frapper est tombée sur cette tête si chère.

SCÈNE V

LES MÊMES, SENI.

Wallenstein. — N'est-ce pas Seni ? Quelle agitation le transporte ? Qui t'amène si tard, Baptiste ?

Seni. — Mes angoisses à votre sujet, monseigneur.

Wallenstein. — Parle ; qu'y a-t-il ?

Seni. — Fuyez avant que le jour se lève. Ne vous fiez pas aux Suédois.

Wallenstein. — Quelle idée singulière ?

Seni, *élevant la voix*. — Ne vous fiez pas aux Suédois.

Wallenstein. — Qu'est-ce donc ?

Seni. — N'attendez pas l'arrivée de ces Suédois. Un malheur tout proche vous menace, des amis trompeurs sont près de vous, des signes terribles vous annoncent des embûches fatales.

Wallenstein. — Tu rêves, Baptiste, la peur te fait divaguer.

Seni. — Oh ! ne croyez pas qu'un vain trouble me trompe. Venez, lisez vous-même dans les astres. De faux amis vous menacent.

Wallenstein. — Si mon malheur doit venir de faux amis, les signes qui m'en avertissent auraient dû m'apparaître plus tôt. En ce moment les étoiles n'ont plus rien à m'apprendre là-dessus.

SENI. — Oh! venez, voyez! Un ennemi est tout proche de vous; un funeste esprit s'est insinué dans les rayons de votre étoile. Écoutez-moi; ne vous livrez pas à ces païens qui font la guerre à notre religion sainte.

WALLENSTEIN, *souriant.* — Ah! c'est de là que vient l'oracle?... oui, oui, maintenant je le vois... Cette alliance avec les Suédois ne t'a jamais plu... Va te reposer, Baptiste. Je ne crains pas de tels signes.

GORDON, *qui, pendant cet entretien, a été vivement ému, se tourne vers Wallenstein*). — Prince, oserai-je parler? Souvent un homme sans importance a donné un avis profitable.

WALLENSTEIN. — Parle sans crainte.

GORDON. — Si cependant tout ceci n'était pas un vain fantôme, si la providence de Dieu se servait miraculeusement de cet organe pour vous sauver?

WALLENSTEIN. — Vous délirez l'un et l'autre. Comment mon malheur viendrait-il des Suédois? Ils ont cherché mon alliance, ils y trouvent leur intérêt...

GORDON. — Mais si c'était précisément l'arrivée de ces Suédois qui dût être la cause de votre perte au moment où vous êtes si tranquille?... (*Il se jette à genoux devant lui*) Oh! il est encore temps, prince, écoutez-moi!

SENI *se jette à genoux.* — Oh! écoutez-le, écoutez-le!

WALLENSTEIN. — ...temps de quoi faire? Levez-vous...

GORDON *se lève.* — Le rhingrave est encore loin; ordonnez que cette forteresse lui soit fermée. S'il veut nous assiéger, je vous le dis, lui et toute son armée périront sous nos murs avant de lasser notre courage. Cette action touchera l'Empereur et nous réconciliera avec lui, car son cœur est porté à la clémence; et Friedland, retournant à lui avec repentir, sera placé plus haut dans la faveur de son souverain que s'il ne l'avait jamais perdue.

WALLENSTEIN *le regarde avec surprise, puis se tait, profondément ému.* — Gordon, la chaleur de votre zèle vous entraîne bien loin. Seul un ami d'enfance peut se permettre un tel discours. Le sang a été répandu, Gordon; l'Empereur ne pourra jamais pardonner, et le voudrait-il que je n'accepterais pas le pardon. Si j'avais pu prévoir ce qui est arrivé, si j'avais su que j'y perdrais mon meilleur ami, peut-être aurais-je réfléchi, peut-être non! Mais maintenant que puis-je ménager? Les commencements de l'entreprise sont trop graves pour n'aboutir à rien... Qu'elle suive donc son cours. (*Il va vers la fenêtre*) Voyez il est nuit déjà; on n'entend plus rien. Allons, que l'on m'éclaire. (*Le valet de chambre, qui est entré en silence et qui a pris une part visible à l'entretien, s'avance vivement ému et se jette aux pieds du duc*) Toi aussi! mais je sais pourquoi il désire que je fasse la paix avec l'Empereur. Le pauvre homme, il a dans la Carinthie un petit bien, il a peur qu'on ne le lui enlève parce qu'il reste avec moi. Eh bien! je ne veux contraindre personne. Si tu crois que la fortune m'a abandonné, abandonne-moi à ton tour. Aujourd'hui tu peux me déshabiller pour la dernière fois, et ensuite te ranger du côté de l'Empereur. Bonne nuit, Gordon; je pense que je vais faire un long sommeil, car la journée a été dure. Ayez soin qu'on ne me réveille pas trop tôt.

(Il sort.)

SCÈNE VI

GORDON *voit arriver* BUTTLER; *il l'entend qui dit aux meurtriers d'attendre ses ordres* : ILLO *et* TERZKY *ont été massacrés; en tombant,* ILLO *a blessé* BUTTLER *au bras.* GORDON *supplie* BUTTLER *de retarder au moins le meurtre d'une heure.* BUTTLER *refuse.*

SCÈNE VII

GORDON, BUTTLER, MACDONALD, DEVEROUX, *hallebardiers, ensuite un* VALET DE CHAMBRE.

Gordon *se jette entre Buttler et les hommes armés.* — Non, barbare, il te faudra passer sur mon corps, car je ne souffrirai pas cette affreuse action.

Buttler *le repousse.* — Vieillard insensé !

(On entend des trompettes au loin.)

Macdonald *et* Deveroux. — Les trompettes suédoises! Les Suédois sont devant Egra! Dépêchons-nous!

Gordon. — Dieu! Dieu!

Buttler. — A votre poste, commandant!

(Gordon sort en toute hâte.)

Le valet de chambre *accourt.* — Qui ose faire du bruit ici? Silence! le duc sommeille.

Deveroux, *d'une voix terrible.* — Ami, il est temps de faire du bruit.

Le valet. — Au secours! à l'assassin !

Buttler. — Tuez-le! (*Le valet poignardé tombe à l'entrée de la galerie*). Brisez les portes!

(Voix confuses, bruit d'armes, puis silence.)

SCÈNE VIII

La comtesse Terzky, *une lumière à la main.* — La chambre à coucher de Thécla est vide; on ne l'a vue nulle part. Aurait-elle pris la fuite? Il faut courir après elle. De quelle façon le duc recevra-t-il cette nouvelle? Si seulement mon mari était revenu du banquet... Le duc est-il éveillé?... Je crois bien que j'ai entendu ici marcher et parler. Mais silence ! Qui va là ? On monte à toute hâte les escaliers.

SCÈNE IX

LA COMTESSE, GORDON, *ensuite* **BUTTLER.**

GORDON, *hors d'haleine*. — C'est une erreur ! ce ne sont pas les Suédois. Arrêtez-vous, Buttler, Dieu ! où est-il ? (*Il aperçoit la comtesse*) Comtesse, dites...

LA COMTESSE. — Vous arrivez du château ? Où est mon mari ?

GORDON, *avec effroi*. — Votre mari ! Oh ! ne me demandez pas ! rentrez. (Il veut sortir.)

LA COMTESSE *le retient*. — Non, pas avant que vous ne m'ayez dit...

GORDON *l'écarte vivement*. — Le sort du monde dépend de cette minute. Au nom du ciel, rentrez !... Pendant que nous parlons... (*Il crie*) Buttler ! Buttler.

LA COMTESSE. — Il est au château avec mon mari.

(Buttler sort de la galerie.)

GORDON. — C'était une erreur ! ce ne sont pas les Suédois ! ce sont les Impériaux qui entrent dans Egra. Le lieutenant-général Piccolomini m'envoie vous dire qu'il sera là dans un instant... suspendez tout.

BUTTLER. — Il vient trop tard.

GORDON. — Dieu de miséricorde !

LA COMTESSE. — Quoi ? trop tard ! Qui va venir ici ? Octavio dans la ville ? Trahison ! Où est le duc de Friedland ?

(Elle court dans la galerie.)

SCÈNE X

LES MÊMES, SENI, LE BOURGMESTRE, *un page, une femme de chambre, des valets accourent épouvantés sur la scène.*

SENI, *sortant de la galerie*. — Sanglante action ! abominable crime !

LA COMTESSE. — Qu'est-il arrivé, Seni ?

UN PAGE, *arrivant*. — O spectacle d'horreur !

LA COMTESSE. — Qu'y a-t-il, au nom de Dieu ?

SENI. — Vous le demandez ? Le prince est égorgé, et votre mari a été assassiné au château.

(La comtesse reste glacée d'effroi.)

LA FEMME DE CHAMBRE *accourt*. — Secourez la duchesse !

LE BOURGMESTRE. — Quels sont ces hurlements de douleur, troublant le repos de cette maison ?

GORDON. — Votre maison est maudite à jamais ! Dans votre maison le prince gît égorgé !

LE BOURGMESTRE. — Dieu nous en préserve ! (Il sort.)

PREMIER VALET. — Fuyez ! ils nous tueront tous !

SECOND VALET. — Par ici, les autres issues sont gardées. (*On entend crier derrière la scène*) Place au lieutenant général! (*La comtesse se relève de sa stupéfaction et sort promptement*) Fermez les portes! empêchez la foule d'entrer!

SCÈNE XI

LES MÊMES sans la comtesse; OCTAVIO PICCOLOMINI; DEVEROUX, MACDONALD et les hallebardiers; le corps de WALLENSTEIN enveloppé d'un drap rouge est apporté sur la scène.

OCTAVIO, *entrant précipitamment*. — Cela ne doit pas, cela ne peut pas être! Buttler, Gordon, c'est faux, impossible : dites-moi que cela n'est pas.

DEVEROUX, *à Buttler*. — Voici la Toison d'or et l'épée du duc de Friedland.

MACDONALD. — Vous ordonnerez qu'à la chancellerie...

BUTTLER, *montrant Octavio*. — Voici désormais le seul qui a des ordres à donner.

OCTAVIO, *à Buttler*. — C'était là votre projet lorsque nous nous séparâmes? Dieu de justice! vers toi je lève mes mains, je ne suis pas coupable de ce monstrueux assassinat.

BUTTLER. — Votre main est pure, vous vous êtes servi de la mienne.

OCTAVIO. — Misérable, devais-tu abuser ainsi des ordres de ton maître et commettre cet épouvantable assassinat au nom même de l'Empereur?

BUTTLER, *froidement*. — J'ai exécuté l'arrêt de l'Empereur, rien de plus.

OCTAVIO. — Oh! malédiction qui s'attache au pouvoir des rois! Leurs paroles ont une telle puissance que leur pensée la plus fugace entraîne à l'instant des actes irréparables. Pourquoi ravir à la clémence le temps de pardonner? Dieu seul, maître infaillible, peut faire suivre sans délai le jugement de l'exécution.

BUTTLER. — Que me reprochez-vous? J'ai fait une action louable, j'ai délivré l'empire d'un ennemi dangereux; j'ai droit à une récompense. La seule différence entre nous, c'est que vous avez aiguisé l'arme et que moi j'ai frappé. Vous demandiez du sang, et vous êtes surpris que le sang ait coulé? Avez-vous encore quelque ordre pour moi? De ce pas je vais à Vienne réclamer l'approbation qu'un juge équitable doit à une rapide et stricte obéissance.

SCÈNE XII

LES MÊMES, LA COMTESSE TERZKY, *pâle et défigurée*.

OCTAVIO. — O comtesse Terzky! voyez les conséquences de ces tentatives malheureuses!

LA COMTESSE TERZKY. — Ce sont les fruits de vos agissements. Le duc est mort, mon époux est mort, la duchesse se débat contre l'agonie, et ma nièce a disparu. Cette maison puissante et glorieuse est à présent déserte, et les serviteurs s'enfuient épouvantés ; je ferme cette demeure, et, restée la dernière, je vous en remets les clefs.

OCTAVIO, *avec douleur*. — O comtesse, ma maison aussi est morte !

LA COMTESSE TERZKY. — De qui veut-on encore la vie ? La vengeance de l'Empereur doit être satisfaite. Le duc est mort. Epargnez les anciens serviteurs, et qu'on ne leur fasse pas un crime de leur fidélité. La destinée a surpris mon frère, il n'a pu prendre soin de leur sort.

OCTAVIO. — Non, plus de vengeance, plus de châtiment ! Une grande faute a subi une grande punition ; l'Empereur est satisfait. La fille n'aura de l'héritage de son père que sa gloire et le souvenir de ses services. Pour vous, l'Impératrice vous ouvre ses bras maternels ; ayez confiance en la clémence de l'Empereur.

LA COMTESSE TERZKY. — Je me fie à la clémence d'un plus grand maître... Dans quel lieu sera déposée la dépouille du prince ? C'est à la Chartreuse de Gitschin que repose la comtesse Wallenstein ; c'est là qu'il a souhaité être enterré près d'elle. Accordez à sa gloire cette sépulture. Je demande la même faveur pour mon mari. L'Empereur est maître de nos biens ; qu'on nous laisse seulement une tombe auprès de nos aïeux.

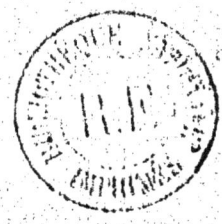

Le Gérant : HENRI GAUTIER.

PRIME DU MOIS DE NOVEMBRE

Tout abonné direct à la *Nouvelle Bibliothèque populaire* aura droit de recevoir, pendant toute la durée du mois de Novembre, aux prix réduits de 1 franc broché et de 1 fr. 30 relié, au lieu de 2 fr. broché et 2 fr. 30 relié que coûte cet ouvrage en librairie :

DE MONTRÉAL A WASHINGTON

PAR
LUCIEN VIGNERON

1 volume in-12. — Prix : 2 fr. en librairie.

Pour recevoir la prime franco, il suffit d'envoyer à M. Henri Gautier, éditeur, 55, quai des Grands-Augustins, à Paris, 1 franc si on veut recevoir le volume broché, ou 1 fr. 30 si on désire ce volume relié en toile grise avec ornements noirs.

BIBLIOTHÈQUE SCIENTIFIQUE DES ÉCOLES ET DES FAMILLES

Directeur : GUSTAVE PHILIPPON, *docteur ès-sciences*

Prix de chaque volume :

Quinze centimes chez tous les libraires, marchands de journaux, dans les gares et chez Henri Gautier, éditeur, 55, quai des Grands-Augustins, à Paris.

Vingt centimes franco par la poste, en écrivant à M. Henri Gautier, éditeur, 55, quai des Grands-Augustins, à Paris.
Les 27 volumes parus : 4 fr. 25 franco.

Derniers volumes parus :

26. **LES TRAVAUX D'ÉDISON**, téléphone, microphone, phonographe, plume électrique, etc., par E. Dumont, professeur à l'École des hautes études commerciales.
27. **LES VOITURES SANS CHEVAUX**, par E. Dumont, professeur à l'École des hautes études commerciales.

AUTRES VOLUMES EN VENTE

1. *La Photographie*, appareils et pose, par A. et L. Lumière.
2. *Les Fourmis*, leurs caractères, leurs mœurs, par H. Mercerau.
3. *Les Travaux de M. Pasteur*, microbes bienfaisants et microbes malfaisants, par G. Philippon.
4. *Les Parfums*, leurs origines, leur fabrication, par H. Coupin.
5. *Neiges et Glaciers*, par C. Velain.
6. *Lavoisier*, ses travaux, sa vie, par H. Mercereau.
7. *Les Aérostats*, par Capazza.
8. *Sucres, Sucrerie et Raffinerie*, par A. Hébert.
9. *Les Animaux travailleurs*, par Victor Meunier.
10. *Les plantes vénéneuses*, par A. Duclos.
11. *La Soie*, soie naturelle, soie artificielle, par H. Mercereau.
12. *Les Impôts sous l'ancien Régime*, par L. Prévaudeau.
13. *La Photographie*, développement des épreuves, par A. et L. Lumière.
14. *Le Collectionneur d'insectes*, par Henri Coupin.
15. *L'Éclairage électrique*, par E. Dumont.
16. *L'Industrie de l'alcool*, par A. Hébert.
17. *Les Microbes de l'air*, par R. Cambier.
18. *La Fièvre*, théories anciennes et modernes, par le Dr Garran de Balzan.
19. *Le Diamant*, par H. Mercereau.
20. *La Céramique et la Verrerie à travers les âges*, par Ch. Quillard.
21. *Hygiène du Chauffage*, par N. Grehant.
22. *Les Impôts depuis la Révolution*, par L. Prévaudeau.
23. *Les Pierres tombées du ciel*, par Stanislas Meunier.
24. *Le Soleil*, par Charles Martin.
25. *Les Maladies microbiennes : le croup*, par le Dr Lesage.

Adresser les demandes, accompagnées d'un mandat sur la poste, à M. HENRI GAUTIER, éditeur, 55, quai des Grands-Augustins, PARIS

Pour paraître le 9 novembre 1895

VOLTAIRE

HISTOIRE DE CHARLES XII

Modèle de narration brillante et concise, l'*Histoire de Charles XII* est, dans l'œuvre entière de Voltaire, celui de ses livres dont personne ne conteste l'extraordinaire valeur, et l'un de ceux qui ont le plus marqué dans une période importante de la littérature française.

ABONNEMENTS
À LA
Nouvelle Bibliothèque populaire

La *Nouvelle Bibliothèque populaire* publie un volume par semaine.

On peut s'abonner aux cinquante-deux volumes d'une année. Les abonnements partent du 1er de chaque mois.

Tous les abonnés, aussi bien ceux de l'étranger et des colonies, que ceux de la France, recevront un volume par semaine.

PRIX DE L'ABONNEMENT D'UN AN

Paris, Départements, Algérie et Belgique . . . . **7 francs**
Étranger (sauf la Belgique) et Colonies . . . . **8 francs**

PRIME GRATUITE
EXCLUSIVEMENT RÉSERVÉE AUX ABONNÉS NOUVEAUX

Tout abonné nouveau a droit à recevoir, gratis et franco, dix volumes à choisir dans la liste de ceux déjà parus, ou un joli cartonnage pour conserver les volumes.

On s'abonne pour un an en envoyant un mandat-poste, timbres français, ou autre valeur sur Paris, à M. Henri Gautier, 55, quai des Grands-Augustins, à Paris, 7 francs si l'on habite la France, la Belgique ou l'Algérie, 8 francs si l'on habite l'étranger ou les colonies. La prime est envoyée au reçu de l'abonnement.

ANGERS, IMPRIMERIE A. BURDIN ET Cie, 4, RUE GARNIER

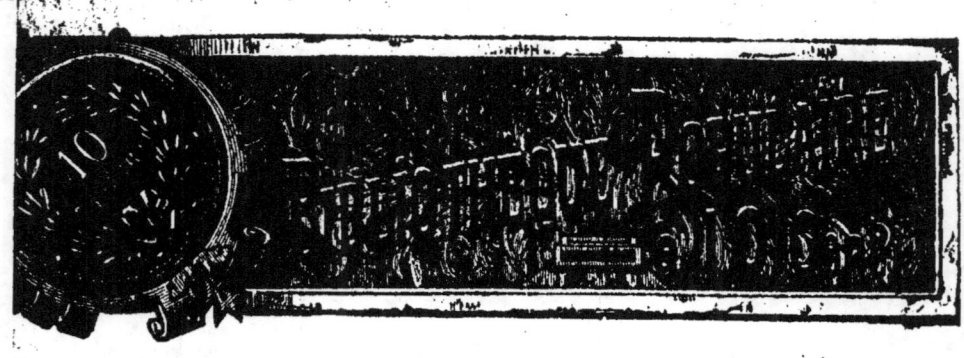

VOLTAIRE

HISTOIRE DE CHARLES XII

Édité par
HENRI GAUTIER
55, QUAI DES GRANDS AUGUSTINS, 55
PARIS

Il paraît un volume par semaine

Directeur littéraire de la *Nouvelle Bibliothèque Populaire* :

ALFRED ERNST

AVIS A NOS ABONNÉS

Nous rappelons à nos abonnés que tout changement d'adresse doit être accompagné d'une bande indiquant l'adresse ancienne et de *cinquante centimes* en timbres-poste français ou autre valeur sur Paris.

VOLTAIRE

HISTOIRE DE CHARLES XII

Sans revenir ici sur la biographie de Voltaire, sur son influence et son rôle, il convient de rappeler que dans sa production si vaste, où quelques vérités se mêlent à de nombreuses et funestes erreurs, deux ouvrages didactiques s'imposent particulièrement à l'attention par leur valeur littéraire propre et leur impartialité relative : c'est l'*Histoire de Charles XII* et le *Siècle de Louis XIV*. On n'y trouve point la passion antichrétienne qui dépare tant d'autres livres de Voltaire, ni la documentation hâtive, souvent même controuvée, qui ôte trop souvent tout crédit aux assertions du célèbre écrivain. Ils peuvent être lus, compris et admirés de tous ; leur style, où les qualités diverses de Voltaire prosateur sont comme réunies et concentrées, peut être pris pour un modèle du genre.

Si les publications de mémoires et de correspondances, la découverte de pièces historiques nouvelles, l'évolution enfin de nos idées sur les sociétés, la politique, l'art, les lettres et les sciences, nous font considérer aujourd'hui le grand siècle, ses hommes illustres, ses événements fameux et le prince dont il a gardé le nom, à un autre point de vue que celui de Voltaire, le *Siècle de Louis XIV*, comme résumé, comme jugements succincts et caractéristiques, comme mérite littéraire surtout, n'en a pas moins très peu vieilli. Quant à l'*Histoire de Charles XII*, elle demeure ce qu'elle fut dès le premier jour, un pur chef-d'œuvre de narration historique, et la critique des documents n'a presque rien à y reprendre. Jamais Voltaire ne s'est montré plus grand écrivain qu'en ce récit magistral, en ces pages d'un style si aisé, si rapide, cependant si fort et d'une condensation si admirable. Plusieurs épisodes, entre autres les batailles de Narva et de Poltava et Charles XII à Bender, sont absolument classiques, et l'œuvre entière, du commencement à la fin, est une de celles qui honorent le plus la littérature française du xviiie siècle.

ALFRED ERNST.

HISTOIRE DE CHARLES XII

LA SUÈDE AVANT L'AVÈNEMENT DE CHARLES XII

La Suède et la Finlande composent un royaume large d'environ deux cents de nos lieues, et long de trois cents; il s'étend du midi au nord, depuis le cinquante-cinquième degré, ou à peu près, jusqu'au soixante et dixième, sous un climat rigoureux, qui n'a presque ni printemps ni automne. L'hiver y règne neuf mois de l'année : les chaleurs de l'été y succèdent tout à coup à un froid excessif; et il y gèle dès le mois d'octobre, sans aucune de ces gradations insensibles qui amènent ailleurs les saisons, et en rendent le changement plus doux. La nature, en récompense, a donné à ce climat rude un ciel serein, un air pur. L'été, presque toujours échauffé par le soleil, y produit les fleurs et les fruits en peu de temps. Les longues nuits de l'hiver y sont adoucies par des aurores et des crépuscules qui durent à proportion que le soleil s'éloigne moins de la Suède ; et la lumière de la lune, qui n'y est obscurcie par aucun nuage, augmentée encore par le reflet de la neige qui couvre la terre, et très souvent par des feux semblables à la lumière zodiacale, fait qu'on voyage en Suède la nuit comme le jour. Les bestiaux y sont plus petits que dans les pays méridionaux de l'Europe, faute de pâturages. Les hommes y sont grands; la sérénité du ciel les rend sains ; la rigueur du climat les fortifie; ils vivent longtemps, quand ils ne s'affaiblissent pas par l'usage immodéré des liqueurs fortes et des vins, que les nations septentrionales semblent aimer d'autant plus que la nature les leur a refusés.

Les Suédois sont bien faits, robustes, agiles, capables de soutenir les plus grands travaux, la faim et la misère ; nés guerriers, pleins de fierté, plus braves qu'industrieux, ayant longtemps négligé et cultivant mal aujourd'hui le commerce, qui seul pourrait leur donner ce qui manque à leur pays. On dit que c'est principalement de la Suède, dont une partie se nomme encore Gothie, que se débordèrent ces multitudes de Goths qui inondèrent l'Europe et l'arrachèrent à l'empire romain, qui en avait été cinq cents années l'usurpateur, le législateur et le tyran.

Les pays septentrionaux étaient alors beaucoup plus peuplés qu'ils ne le sont de nos jours, parce que la religion laissait aux habitants la liberté de donner plus de citoyens à l'État par la pluralité de leurs femmes. Mais la Suède, avec ce qui lui reste aujourd'hui de la Finlande, n'a pas plus de quatre millions d'habitants. Le pays est stérile et pauvre ; la Scanie est sa seule province qui porte du froment. Il n'y a pas plus de neuf millions de nos livres en argent monnayé dans tout le pays. La banque publique, qui est la plus ancienne de l'Europe, y fut introduite par nécessité, parce que, les payements se faisant en monnaie de cuivre et de fer, le transport était trop difficile.

Suit un historique de l'état de la Suède jusqu'à l'avènement de Charles XII. Après avoir achevé cet historique, Voltaire fait un très beau portrait de Charles XII, raconte son enfance [1] et expose pour quelles raisons, à peine monté sur le trône, le jeune prince se trouva menacé à la fois par Frédéric IV, roi de Danemark, Auguste, roi de Pologne, et le tsar Pierre le Grand [2].

PREMIÈRE CAMPAGNE DE CHARLES XII. — SIÈGE DE COPENHAGUE

Trois puissants rois menaçaient ainsi l'enfance de Charles XII. Les bruits de ces préparatifs consternaient la Suède et alarmaient le conseil. Les grands généraux étaient morts ; on avait raison de tout craindre sous un jeune roi qui n'avait encore donné de lui que de mauvaises impressions. Il n'assistait presque jamais dans le conseil que pour croiser les jambes sur la table ; distrait, indifférent, il n'avait paru prendre part à rien.

Le conseil délibéra en sa présence sur le danger où l'on était ; quelques conseillers proposaient de détourner la tempête par des négociations ; tout d'un coup le jeune prince se lève avec l'air de gravité et d'assurance d'un homme supérieur qui a pris son parti : « Messieurs, dit-il, j'ai résolu de ne jamais faire une guerre injuste, mais de n'en finir une légitime que par la perte de mes ennemis. Ma résolution est prise ; j'irai attaquer le premier qui se déclarera ; et quand je l'aurai vaincu, j'espère faire quelque peur

---

1. Voir *Bibliothèque populaire* n° 127.
2. Voir *Bibliothèque populaire* n° 127.

aux autres. » Ces paroles étonnèrent tous ces vieux conseillers; ils se regardèrent sans oser répondre. Enfin, étonnés d'avoir un tel roi, et honteux d'espérer moins que lui, ils reçurent avec admiration ses ordres pour la guerre.

On fut bien plus surpris encore quand on le vit renoncer tout d'un coup aux amusements les plus innocents de la jeunesse. Du moment qu'il se prépara à la guerre, il commença une vie toute nouvelle, dont il ne s'est jamais depuis écarté un seul moment. Plein de l'idée d'Alexandre et de César, il se proposa d'imiter tout de ces deux conquérants, hors leurs vices. Il ne connut plus ni magnificence, ni jeux, ni délassements; il réduisit sa table à la frugalité la plus grande. Il avait aimé le faste dans les habits; il ne fut vêtu depuis que comme un simple soldat.

Il partit pour sa première campagne le 8 mai, nouveau style, de l'année 1700. Il quitta Stockholm, où il ne revint jamais. Une foule innombrable de peuple l'accompagna jusqu'au port de Carlscrona, en faisant des vœux pour lui, en versant des larmes, et en l'admirant. Avant de sortir de Suède, il établit à Stockholm un conseil de défense, composé de plusieurs sénateurs. Cette commission devait prendre soin de tout ce qui regardait la flotte, les troupes et les fortifications du pays. Le corps du sénat devait régler tout le reste provisionnellement dans l'intérieur du royaume. Ayant ainsi mis un ordre certain dans ses États, son esprit, libre de tout autre soin, ne s'occupa plus que de la guerre. Sa flotte était composée de quarante-trois vaisseaux; celui qu'il monta, nommé le *Roi Charles*, le plus grand qu'on ait jamais vu, était de cent vingt pièces de canon; le comte de Piper, son premier ministre, et le général Rehnskold s'y embarquèrent avec lui. Il joignit les escadres des alliés. La flotte danoise évita le combat et laissa la liberté aux trois flottes combinées de s'approcher assez près de Copenhague pour y jeter quelques bombes.

Il est certain que ce fut le roi lui-même qui proposa alors au général Rehnskold de faire une descente et d'assiéger Copenhague par terre, tandis qu'elle serait bloquée par mer. Rehnskold fut étonné d'une proposition qui marquait autant d'habileté que de courage dans un jeune prince sans expérience. Bientôt tout fut prêt pour la descente; les ordres furent donnés pour faire embarquer cinq mille hommes qui étaient sur les côtes de Suède et qui furent joints aux troupes qu'on avait à bord. Le roi quitta son grand vaisseau et monta une frégate plus légère : on commença par faire partir trois cents grenadiers dans de petites chaloupes. Entre ces chaloupes, de petits bateaux plats portaient des fascines, des chevaux de frise, et les instruments des pionniers. Cinq cents hommes d'élite suivaient dans d'autres chaloupes. Après venaient les vaisseaux de guerre du roi, avec deux frégates anglaises, et deux hollandaises, qui devaient favoriser la descente à coups de canon.

Copenhague, ville capitale du Danemark, est située dans l'île de Seeland, au milieu d'une belle plaine, ayant au nord-ouest le Sund, et à l'orient la mer Baltique, où était alors le roi de Suède. Au mouvement imprévu des vaisseaux qui menaçaient d'une descente, les habitants, consternés par l'inaction de leur flotte et par le mouvement des vaisseaux suédois, regardaient avec crainte en quel endroit fondrait l'orage : la flotte de Charles s'arrêta vis-à-vis Humblebek, à sept milles de Copenhague. Aussitôt les Danois rassemblent en cet endroit leur cavalerie. Des milices furent placées derrière d'épais retranchements, et l'artillerie qu'on put y conduire fut tournée contre les Suédois.

Le roi quitta alors sa frégate pour s'aller mettre dans la première chaloupe, à la tête de ses gardes. L'ambassadeur de France était alors auprès de lui : « Monsieur l'ambassadeur, lui dit-il en latin (car il ne voulait jamais parler français), vous n'avez rien à démêler avec les Danois; vous n'irez pas plus loin, s'il vous plaît. — Sire, lui répondit le comte de Guiscard en français, le roi mon maître m'a ordonné de résider auprès de Votre Majesté; je me flatte que vous ne me chasserez pas aujourd'hui de votre cour, qui n'a jamais été si brillante. » En disant ces paroles, il donna la main au roi, qui sauta dans la chaloupe, où le comte de Piper et l'ambassadeur entrèrent. On s'avançait sous les coups de canon des vaisseaux qui favorisaient la descente. Les bateaux de débarquement n'étaient encore qu'à trois cents pas du rivage. Charles XII, impatient de ne pas aborder assez près ni assez tôt, se jette de sa chaloupe dans la mer, l'épée à la main, ayant de l'eau par delà la ceinture : ses ministres, l'ambassadeur de France, les officiers, les soldats, suivent aussitôt son exemple, et marchent au rivage malgré une grêle de mousquetades. Le roi, qui n'avait jamais entendu de sa vie de mousqueterie chargée à balle, demanda au major général Stuart, qui se trouva auprès de lui, ce que c'était que ce petit sifflement qu'il entendait à ses oreilles. « C'est le bruit que font les balles de fusil qu'on vous tire, lui dit le major. — Bon ! dit le roi, ce sera là dorénavant ma musique. » Dans le même moment le major, qui expliquait le bruit des mousquetades, en reçut une dans l'épaule, et un lieutenant tomba mort à l'autre côté du roi.

Il est ordinaire à des troupes attaquées dans leurs retranchements d'être battues, parce que ceux qui attaquent ont toujours une impétuosité que ne peuvent avoir ceux qui se défendent, et que attendre les ennemis dans ses lignes, c'est souvent un aveu de sa faiblesse et de leur supériorité. La cavalerie danoise et les milices s'enfuirent après une faible résistance. Le roi, maître de leurs retranchements, se jeta à genoux pour remercier Dieu du premier succès de ses armes. Il fit sur-le-champ élever des redoutes vers la ville et marqua lui-même un campement. En même temps il renvoya ses vaisseaux en Scanie, partie de la Suède voisine de Copenhague, pour chercher neuf mille hommes de renfort. Tout conspirait à servir la vivacité de Charles : les neuf mille hommes étaient sur le rivage prêts à s'embarquer, et dès le lendemain un vent favorable les lui amena.

Tout cela s'était fait à la vue de la flotte danoise, qui n'avait osé s'avancer. Copenhague intimidée envoya aussitôt des députés au roi pour le supplier de ne point bombarder la ville. Il les reçut à cheval, à la tête de son régiment des gardes : les députés se mirent à genoux devant lui ; il fit payer à la ville quatre cent mille risdales, avec ordre de faire voiturer au camp toutes sortes de provisions qu'il promit de faire payer fidèlement. On lui apporta des vivres, parce qu'il fallait obéir ; mais on ne s'attendait guère que des vainqueurs daignassent payer : ceux qui les apportèrent furent bien étonnés d'être payés généreusement et sans délai par les moindres soldats de l'armée. Il régnait depuis longtemps dans les troupes suédoises une discipline qui n'avait pas peu contribué à leur victoire : le jeune roi en augmenta encore la sévérité. Un soldat n'eût pas osé refuser le payement de ce qu'il achetait, encore moins aller en maraude, pas même sortir du camp. Il voulut de plus que dans une victoire ses troupes ne dépouillassent les morts qu'après en avoir eu la permission ; et il parvint aisément à faire observer cette loi. On faisait toujours dans son camp la prière deux fois par jour, à sept heures du matin et à quatre heures du soir ; il ne manqua jamais d'y assister et de donner à ses soldats l'exemple de la piété. Son camp, mieux policé que Copenhague, eut tout en abondance ; les paysans aimaient mieux vendre leurs denrées aux Suédois, leurs ennemis, qu'aux Danois, qui ne les payaient pas si cher. Les bourgeois de la ville furent même obligés de venir plus d'une fois chercher au camp du roi de Suède des provisions qui manquaient dans leur marchés.

BATAILLE DE NARVA

Bientôt le roi de Danemark conclut la paix avec Charles XII, tandis que le roi de Pologne qui avait investi Riga en levait le siège. Il ne restait plus à Charles XII, pour achever sa première campagne, que de marcher contre son rival de gloire, le tsar Pierre Alexiowitz. Après avoir ravagé l'Ingrie, il résolut d'aller débloquer Narva que les Russes assiégeaient. Après une marche pénible en plein hiver, arrêtée à chaque instant par de petits combats, il parut avec huit mille hommes fatigués devant le camp des Russes, fort de quatre-vingts mille hommes et de cent cinquante canons.

A peine ses troupes eurent-elles pris quelque repos que, sans délibérer, il donna ses ordres pour l'attaque.

Le signal était deux fusées et le mot en allemand : « Avec l'aide de Dieu. » Un officier général lui ayant représenté la grandeur du péril : « Quoi ! vous doutez, dit-il, qu'avec mes huit mille braves Suédois je ne passe sur le corps à quatre vingts mille Moscovites ? » Un moment après, craignant qu'il n'y eût un peu de fanfaronnade dans ces paroles, il courut lui-même après cet officier : « N'êtes-vous donc pas de mon avis ? lui dit-il. N'ai-je pas deux avantages sur les ennemis : l'un, que leur cavalerie ne pourra leur servir, et l'autre que, le lieu étant resserré, leur grand nombre ne fera que les incommoder ? Et ainsi je serai réellement plus fort qu'eux. » L'officier n'eut garde d'être d'un autre avis, et on marcha aux Moscovites à midi, le 30 novembre 1700.

Dès que le canon des Suédois eut fait brèche aux retranchements, ils s'avancèrent la baïonnette au bout du fusil, ayant au dos une neige furieuse qui donnait au visage des ennemis. Les Russes se firent tuer pendant une demi-heure sans quitter les revers des fossés. Le roi attaquait à la droite du camp, où était le quartier du tsar ; il espérait le rencontrer, ne sachant pas que l'empereur lui-même avait été chercher quarante mille hommes, qui devaient arriver dans peu. Aux premières décharges de la mousqueterie ennemie, le roi reçut une balle à la gorge ; mais c'était une balle morte qui s'arrêta dans les plis de sa cravate noire et qui ne lui fit aucun mal. Son cheval fut tué sous lui. M. de Sparre m'a dit que le roi sauta légèrement sur un autre cheval, en disant : « Ces gens-ci me font faire mes exercices, » et continua de combattre et de donner les ordres avec la même présence d'esprit. Après trois heures de combat, les retranchements furent forcés de tous côtés. Le roi poursuivit la droite jusqu'à la rivière de Narva avec son aile gauche, si l'on peut appeler de ce nom environ quatre mille hommes ; ils en poursuivaient près de quarante mille. Le pont rompit sous les fuyards : la rivière fut en un moment couverte de morts ; les autres, désespérés, retournèrent à leur camp sans savoir où ils allaient. Ils trouvèrent quelques baraques derrière lesquelles ils se mirent ; là ils se défendirent encore, parce qu'ils ne pouvaient pas se sauver ; mais enfin leurs généraux, Dolgorowki, Golowkin, Federowitz, vinrent se rendre au roi et mettre leurs armes à ses pieds. Pendant qu'on les lui présentait, arriva le duc de Croï, général de l'armée, qui venait se rendre lui-même avec trente officiers.

Charles reçut tous ces prisonniers d'importance avec une politesse aussi aisée et un air aussi humain que s'il leur eût fait dans sa cour les honneurs d'une fête. Il ne voulut garder que les généraux. Tous les officiers subalternes et les soldats furent conduits jusqu'à la rivière de Narva : on leur fournit des bateaux pour la repasser et pour s'en retourner chez eux. Cependant la nuit s'approchait ; la droite des Moscovites se battait encore. Les Suédois n'avaient pas perdu six cents hommes : dix-huit mille Moscovites avaient été tués dans leurs retranchements ; un grand nombre étaient noyés ; beaucoup avaient passé la rivière : il en restait encore assez dans le camp pour exterminer jusqu'au dernier Suédois. Mais ce n'est pas le nombre des morts, c'est l'épouvante de ceux qui survivent qui fait perdre les batailles. Le roi profita du peu de jour qui restait pour saisir l'artillerie ennemie. Il se posta avantageusement entre leur camp et la ville : là il dormit quelques heures sur la terre, enveloppé dans son manteau, en attendant qu'il pût fondre au point du jour sur l'aile gauche des ennemis, qui n'avait point encore été tout à fait rompue. A deux heures du matin, le général Weyde, qui commandait cette gauche, ayant su le gracieux accueil que le roi avait fait aux autres généraux et comment il avait renvoyé tous les officiers subalternes et les soldats, l'envoya supplier de lui accorder la même grâce. Le vainqueur lui fit dire qu'il n'avait qu'à s'approcher à la tête de ses troupes et venir mettre bas les armes et les drapeaux devant lui. Ce général parut bientôt après avec ses Moscovites, qui étaient au nombre d'environ trente mille. Ils marchèrent tête nue, soldats et officiers, à travers moins de sept mille Suédois : les soldats, en passant devant le roi, jetaient à terre leurs fusils et leurs épées, et les officiers portaient à ses pieds les enseignes et les drapeaux. Il fit repasser la rivière à toute cette multitude, sans en retenir un seul soldat prisonnier. S'il les avait gardés, le nombre des prisonniers eût été au moins cinq fois plus grand que celui des vainqueurs.

Alors il entra victorieux dans Narva, accompagné du duc de Croï et des autres officiers généraux moscovites ; il leur fit rendre à tous leurs épées ; et, sachant qu'ils manquaient d'argent et que les marchands de Narva ne voulaient point leur en prêter, il envoya mille ducats au duc de Croï et cinq cents à chacun des officiers moscovites, qui ne pouvaient se lasser d'admirer ce traitement dont ils n'avaient pas même d'idée. On dressa aussitôt à Narva une relation de la victoire, pour l'envoyer à Stockholm et aux alliés de la Suède ; mais le roi retrancha de sa main tout ce qui était trop avantageux pour lui et trop injurieux pour le tsar. Sa modestie ne put empêcher qu'on ne frappât à Stockholm plusieurs médailles pour perpétuer la mémoire de ces évènements.

Entre autres, on en frappa une qui le représentait d'un côté sur un piédestal, où paraissaient enchaînés un Moscovite, un Danois, un Polonais; de l'autre était un Hercule armé de sa massue, tenant sous ses pieds un Cerbère, avec cette légende : *Tres uno contudit ictu*.

A la suite de cette défaite le tsar passe avec le roi de Pologne un traité d'alliance contre la Suède. Mais Charles XII en empêche les effets aussi bien par ses victoires que par ses intrigues auprès des factions polonaises mécontentes de leur roi. Après avoir vaincu Auguste sous les murs de Cracovie, il fait élire Stanislas Leczinski, roi de Pologne.

FONDATION DE SAINT-PÉTERSBOURG. — NOUVELLES VICTOIRES DE CHARLES XII.

Tandis qu'il donnait un roi à la Pologne soumise, que le Danemark n'osait le troubler, que le roi de Prusse recherchait son amitié et que le roi Auguste se retirait dans ses États héréditaires, le tsar devenait de jour en jour plus redoutable. Il avait faiblement secouru Auguste en Pologne, mais il avait fait de puissantes diversions en Ingrie.

Pour lui, non seulement il commençait à être grand homme de guerre, mais même à montrer l'art à ses Moscovites : la discipline s'établissait dans ses troupes; il avait de bons ingénieurs, une artillerie bien servie, beaucoup de bons officiers; il savait le grand art de faire subsister des armées. Quelques-uns de ses généraux avaient appris et à bien combattre et, selon le besoin, à ne combattre pas; bien plus, il avait formé une marine capable de faire tête aux Suédois dans la mer Baltique.

Fort de tous ces avantages dus à son seul génie et de l'absence du roi de Suède, il prit Narva d'assaut après un siège régulier et après avoir empêché qu'elle ne fût secourue par mer et par terre. Les soldats, maîtres de la ville, coururent au pillage; ils s'abandonnèrent aux barbaries les plus énormes. Le tsar courait de tous côtés pour arrêter le désordre et le massacre; il arracha lui-même des femmes des mains des soldats qui les allaient égorger. Il fut même obligé de tuer de sa main quelques Moscovites qui n'écoutaient point ses ordres. On montre encore à Narva, dans l'hôtel de ville, la table sur laquelle il posa son épée en entrant, et on s'y ressouvient des paroles qu'il adressa aux citoyens qui s'y rassemblèrent : « Ce n'est point du sang des habitants que cette épée est teinte, mais de celui des Moscovites que j'ai répandu pour sauver vos vies. »

Si le tsar avait toujours eu cette humanité, c'était le premier des hommes. Il aspirait à plus qu'à détruire des villes, il en fondait une alors peu loin de Narva même, au milieu de ses nouvelles conquêtes : c'était la ville de Pétersbourg, dont il fit depuis sa résidence et le centre du commerce. Elle est située entre la Finlande et l'Ingrie, dans une île marécageuse, autour de laquelle la Néva se divise en plusieurs bras avant de tomber dans le golfe de Finlande : lui-même traça le plan de la ville, de la forteresse, du port, des quais qui l'embellissent, et des forts qui en défendent l'entrée. Cette île inculte et déserte, qui n'était qu'un amas de boue pendant le court été de ces climats, et dans l'hiver qu'un étang glacé, où l'on ne pouvait aborder par terre qu'à travers des forêts sans route et des marais profonds, et qui n'avait été jusqu'alors que le repaire des loups et des ours, fut remplie, en 1703, de plus de trois cent mille hommes, que le tsar avait rassemblés de ses États. Les paysans du royaume d'Astrakhan et ceux qui habitent les frontières de la Chine furent transportés à Pétersbourg. Il fallut percer des forêts, faire des chemins, sécher des marais, élever des digues, avant de jeter les fondements de la ville : la nature fut forcée partout. Le tsar s'obstina à peupler un pays qui semblait n'être pas destiné pour des hommes : ni les inondations qui ruinèrent ses ouvrages, ni la stérilité du terrain, ni l'ignorance des ouvriers, ni la mortalité même, qui fit périr deux cent mille hommes dans ces commencements, ne lui firent point changer de résolution. La ville fut fondée parmi les obstacles que la nature, le génie des peuples et une guerre malheureuse y apportaient. Pétersbourg était déjà une ville en 1705, et son port était rempli de vaisseaux. L'empereur y attirait les étrangers par des bienfaits, distribuant des terres aux uns, donnant des maisons aux autres, et encourageant tous les arts qui venaient adoucir ce climat sauvage. Surtout il avait rendu Pétersbourg inaccessible aux efforts des ennemis. Les généraux suédois, qui battaient souvent ses troupes partout ailleurs, n'avaient pu endommager cette colonie naissante ; elle était tranquille au milieu de la guerre qui l'environnait.

Le tsar, en se créant ainsi de nouveaux États, tendait toujours la main au roi Auguste qui perdait les siens : il lui persuada par le général Patkul, passé depuis peu au service de Moscovie, et alors ambassadeur du tsar en Saxe, de venir à Grodno conférer encore une fois avec lui sur l'état malheureux de ses affaires. Le roi Auguste y vint avec quelques troupes, accompagné du général Schulenbourg, en qui il mettait sa dernière espérance. Le tsar y arriva, faisant marcher après lui une armée de soixante et dix mille hommes. Les deux monarques firent de nouveaux plans de guerre. Le roi Auguste détrôné ne craignait plus d'irriter les

Polonais en abandonnant leur pays aux troupes moscovites. Il fut résolu que l'armée du tsar se diviserait en plusieurs corps pour arrêter le roi de Suède à chaque pas. Ce fut dans le temps de cette entrevue que le roi Auguste renouvela l'ordre de l'aigle blanc : faible ressource alors pour lui attacher quelques seigneurs polonais, plus avides d'avantages réels que d'un vain honneur, qui devient ridicule quand on le tient d'un prince qui n'est roi que de nom. La conférence des deux rois finit d'une manière extraordinaire. Le tsar partit soudainement et laissa ses troupes à son allié, pour courir éteindre lui-même une rébellion dont il était menacé à Astrakhan.

Cependant, d'un côté, les soixante mille Russes, divisés en plusieurs petits corps, brûlaient et ravageaient les terres des partisans de Stanislas ; de l'autre, Schulenbourg s'avançait avec de nouvelles troupes : la fortune des Suédois dissipa ces deux armées en moins de deux mois. Charles XII et Stanislas attaquèrent les corps séparés des Moscovites l'un après l'autre, mais si vivement qu'un général moscovite était battu avant qu'il sût la défaite de son compagnon.

Nul obstacle n'arrêtait le vainqueur ; s'il se trouvait une rivière entre les ennemis et lui, Charles XII et ses Suédois la passaient à la nage. Un parti suédois prit le bagage d'Auguste, où il y avait deux cent mille écus d'argent monnayé ; Stanislas saisit huit cent mille ducats appartenant au prince Menzikoff, général moscovite. Charles, à la tête de sa cavalerie, fit trente lieues en vingt-quatre heures, chaque cavalier menant un cheval en main, pour le monter quand le sien serait rendu. Les Moscovites, épouvantés et réduits à un petit nombre, fuyaient en désordre au delà du Borysthène.

Auguste fait demander la paix à Charles XII ; celui-ci lui impose les conditions les plus dures et l'oblige à reconnaître Stanislas pour roi de Pologne.

MARCHE SUR MOSCOU. — ALLIANCE AVEC MAZEPPA. — BATAILLE DE POLTAVA. — FUITE DE CHARLES XII

Cependant le tsar cherche en vain à soulever l'Europe contre Charles XII, tandis que celui-ci humilie l'Empereur d'Allemagne et se prépare à de nouvelles conquêtes contre la Russie.

Enfin, toutes les difficultés étant aplanies, toutes ses volontés exécutées, après avoir humilié l'empereur, donné la loi dans l'empire, détrôné un roi, couronné un autre, se voyant la terreur de tous les princes, il se prépara à partir... Les délices de la Saxe, où il était resté oisif une année, n'avaient en rien adouci sa manière de vivre. Il montait à cheval trois fois par jour, se levait à quatre heures du matin, s'habillait seul, ne buvait point de vin, ne restait à table qu'un quart d'heure, exerçait ses troupes tous les jours et ne connaissait d'autre plaisir que celui de faire trembler l'Europe.

Les Suédois ne savaient point encore où le roi voulait les mener : on se doutait seulement dans l'armée que Charles pourrait aller à Moscou. Il ordonna, quelques jours avant son départ, à son grand maréchal des logis de lui donner par écrit la route depuis Leipsick... il s'arrêta un moment à ce mot ; et, de peur que le maréchal des logis ne pût rien deviner de ses projets, il ajouta, en riant, jusqu'à toutes les capitales de l'Europe. Le maréchal lui apporta une liste de toutes ces routes, à la tête desquelles il avait affecté de mettre en grosses lettres, *Route de Leipsick à Stockholm*. La plupart des Suédois n'aspiraient qu'à y retourner ; mais le roi était bien éloigné de songer à leur faire revoir leur patrie. « Monsieur le maréchal, dit-il, je vois bien où vous voudriez me mener ; mais nous ne retournerons pas à Stockholm sitôt. »

Charles partit enfin de Saxe en septembre 1707, suivi d'une armée de quarante-trois mille hommes, autrefois couverte de fer, et alors brillante d'or et d'argent, et enrichie des dépouilles de la Pologne et de la Saxe. Chaque soldat emportait avec lui cinquante écus d'argent comptant. Non seulement tous les régiments étaient complets, mais il y avait dans chaque compagnie plusieurs surnuméraires. Outre cette armée, le comte Levenhaupt, l'un de ses meilleurs généraux, l'attendait en Pologne avec vingt mille hommes ; il avait encore une autre armée de quinze mille hommes en Finlande, et de nouvelles recrues lui venaient de Suède. Avec toutes ces forces on ne douta pas qu'il ne dût détrôner le tsar.

Cet empereur était alors en Lithuanie, occupé à ranimer un parti auquel le roi Auguste semblait avoir renoncé : ses troupes, divisées en plusieurs corps, fuyaient de tous côtés au premier bruit de l'approche du roi de Suède. Il avait recommandé lui-même à tous ses généraux de ne jamais attendre ce conquérant avec des forces inégales ; et il était bien obéi.

Charles laissa en Pologne Stanislas, qui, assisté de dix mille Suédois et de ses nouveaux sujets, avait à conserver son nouveau royaume contre les ennemis étrangers et domestiques : pour lui, il se mit à la tête de sa cavalerie et marcha vers Grodno au milieu des glaces, au mois de janvier 1708.

Depuis Grodno jusqu'au Borysthène, en tirant vers l'orient, co sont des marais, des déserts, des forêts immenses ; dans les endroits qui sont cultivés, on ne trouve point de vivres ; les paysans enfouissent dans la terre tous les grains et tout ce qui peut s'y conserver : il faut sonder la terre avec de grandes perches ferrées pour découvrir ces magasins souterrains. Les Moscovites et les Suédois se servirent tour à tour de ces provisions ; mais on n'en trouvait pas toujours, et elles n'étaient pas suffisantes.

Le roi de Suède, qui avait prévu ces extrémités, avait fait apporter du biscuit pour la subsistance de son armée : rien ne l'arrêtait dans sa marche. Après qu'il eut traversé la forêt de Minsk, où il fallut abattre à tout moment des arbres pour faire un chemin à ses troupes et à son bagage, il se trouva, le 25 juin 1708, devant la rivière de Bérézina, vis-à-vis Borissov.

Le tsar avait rassemblé en cet endroit la plus grande partie de ses forces ; il y était avantageusement retranché. Son dessein était d'empêcher les Suédois de passer la rivière. Charles porta quelques régiments sur le bord de la Bérézina, à l'opposite de Borissov, comme s'il avait voulu tenter le passage à la vue de l'ennemi. Dans le même temps il remonte avec son armée trois lieues au delà vers la source de la rivière ; il y fait jeter un pont, passe sur le ventre à un corps de trois mille hommes qui défendait ce poste et marche à l'armée ennemie sans s'arrêter. Les Russes ne l'attendirent pas ; ils décampèrent et se retirèrent vers le Borysthène, gâtant tous les chemins et détruisant tout sur leur route pour retarder au moins les Suédois.

Charles surmonta tous les obstacles, avançant toujours vers le Borysthène. Il rencontra sur son chemin vingt mille Moscovites retranchés dans un lieu nommé Holowczin, derrière un marais, auquel on ne pouvait aborder qu'en passant une rivière. Charles n'attendit pas pour les attaquer que le reste de son infanterie fût arrivé ; il se jette dans l'eau à la tête de ses gardes à pied ; il traverse la rivière et le marais ayant souvent de l'eau au-dessus des épaules. Pendant qu'il allait ainsi aux ennemis, il avait ordonné à sa cavalerie de faire le tour du marais pour prendre les ennemis au flanc. Les Moscovites, étonnés qu'aucune barrière ne pût les défendre, furent enfoncés en même temps par le roi, qui les attaquait à pied, et par la cavalerie suédoise.

Cette cavalerie, s'étant fait jour à travers les ennemis, joignit le roi au milieu du combat ; alors il monta à cheval ; mais quelque temps après il trouva dans la mêlée un jeune gentilhomme suédois nommé Gyllenstierna, qu'il aimait beaucoup, blessé et hors d'état de marcher ; il le força à prendre son cheval et continua de commander à pied à la tête de son infanterie. De toutes les batailles qu'il avait données, celle-ci était peut-être la plus glorieuse, celle où il avait essuyé les plus grands dangers, et où il avait montré le plus d'habileté. On en conserva la mémoire par une médaille où on lisait d'un côté : *Silvæ, paludes, aggeres, hostes victi*; et de l'autre ce vers de Lucain :

Victrices copias alium laturus in orbem.

Les Russes, chassés partout, repassèrent le Borysthène, qui sépare la Pologne de leur pays. Charles ne tarda pas à les poursuivre; il passa ce grand fleuve après eux à Mohilev, dernière ville de la Pologne, qui appartient tantôt aux Polonais tantôt aux tsars : destinée commune aux places frontières.

Le tsar, qui vit alors son empire, où il venait de faire naître les arts et le commerce, en proie à une guerre capable de renverser dans peu tous ses grands desseins, et peut-être son trône, songea à parler de paix : il fit hasarder quelques propositions par un gentilhomme polonais qui vint à l'armée de Suède. Charles XII, accoutumé à n'accorder la paix à ses ennemis que dans leurs capitales, répondit : « Je traiterai avec le tsar à Moscou. » Quand on rapporta au tsar cette réponse hautaine : « Mon frère Charles, dit-il, prétend faire toujours l'Alexandre; mais je me flatte qu'il ne trouvera pas en moi un Darius. »

De Mohilev, place où le roi traversa le Borysthène, si vous remontez au nord le long de ce fleuve, toujours sur les frontières de Pologne et de Moscovie, vous trouvez à trente lieues le pays de Smolensk, par où passe la grande route qui va de Pologne à Moscou. Le tsar fuyait par ce chemin. Le roi le suivait à grandes journées. Une partie de l'arrière-garde moscovite fit plus d'une fois aux prises avec les dragons de l'avant-garde suédoise. L'avantage demeurait presque toujours à ces derniers; mais ils s'affaiblissaient à force de vaincre dans de petits combats qui ne décidaient rien et où ils perdaient toujours du monde.

Le 22 septembre de cette année 1708, le roi attaqua près de Smolensk un corps de dix mille hommes de cavalerie et de six mille Kalmouks.

Ces Kalmouks sont des Tartares qui habitent entre le royaume d'Astrakhan, domaine du tsar, et celui de Samarcande, pays des Tartares Usbecks, et patrie de Timur, connu sous le nom de Tamerlan. Le pays des Kalmouks s'étend à l'orient jusqu'aux montagnes qui séparent le Mogol de l'Asie occidentale. Ceux qui habitent vers Astrakhan sont tributaires du tsar : il prétend sur eux un empire absolu; mais leur vie vagabonde l'empêche d'en être le maître et fait qu'il se conduit avec eux comme le Grand Seigneur avec les Arabes, tantôt souffrant leurs brigandages et tantôt les punissant. Il y a toujours de ces Kalmouks dans les troupes de Moscovie. Le tsar était même parvenu à les discipliner comme le reste de ses soldats.

Le roi fondit sur cette armée n'ayant avec lui que six régiments de cavalerie et quatre mille fantassins. Il enfonça d'abord les Moscovites à la tête de son régiment d'Ostrogothie ; les ennemis se retirèrent. Le roi avança sur eux par des chemins creux et inégaux où les Kalmouks étaient cachés : ils parurent alors et se jetèrent entre le régiment où le roi combattait et le reste de l'armée suédoise. A l'instant et Russes et Kalmouks entourèrent ce régiment et percèrent jusqu'au roi; ils tuèrent deux aides de camp qui combattaient auprès de sa personne. Le cheval du roi fut tué sous lui : un écuyer lui en présentait un autre ; mais l'écuyer et le cheval furent percés de coups. Charles combattait à pied, entouré de quelques officiers qui accoururent incontinent autour de lui.

Plusieurs furent pris, blessés ou tués, ou entraînés loin du roi par la foule qui se jetait sur eux; il ne restait que cinq hommes auprès de Charles. Il avait tué plus de douze ennemis de sa main sans avoir reçu une seule blessure, par ce bonheur inexprimable qui jusqu'alors l'avait accompagné partout, et sur lequel il compta toujours. Enfin un colonel nommé Dahldorf se fait jour à travers des Kalmouks avec seulement une compagnie de son régiment; il arrive à temps pour dégager le roi : le reste des Suédois fit main basse sur ces Tartares. L'armée reprit ses rangs. Charles monta à cheval ; et, tout fatigué qu'il était, il poursuivit les Russes pendant deux lieues.

Le vainqueur était toujours dans le grand chemin de la capitale de la Moscovie. Il y a de Smolensk, auprès duquel se donna ce combat, jusqu'à Moscou, environ cent de nos lieues françaises ; l'armée n'avait presque plus de vivres. On pria fortement le roi d'attendre que le général Levenhaupt, qui devait lui en amener avec un renfort de quinze mille hommes, vînt le joindre. Non seulement le roi, qui rarement prenait conseil, n'écouta point cet avis judicieux; mais, au grand étonnement de toute l'armée, il quitta le chemin de Moscou et fit marcher au midi vers l'Ukraine, pays des Cosaques, situé entre la petite Tartarie, la Pologne et la Moscovie. Ce pays a environ cent de nos lieues du midi au septentrion, et presque autant de l'orient au couchant; il est partagé en deux parties à peu près égales par le Borysthène, qui le traverse en coulant du nord-ouest au sud-est ; la principale ville est Batoryn, sur la petite rivière de Sem. La partie la plus septentrionale de l'Ukraine est cultivée et riche; la plus méridionale, située près du quarante-huitième degré, est un des pays les plus fertiles du monde et les plus déserts; le mauvais gouvernement y étouffait le bien que la nature s'efforce de faire aux hommes. Les habitants de ces cantons de la petite Tartarie ne semaient ni ne plantaient, parce que les Tartares de Budjack, ceux de Pérécop, les Moldaves, tous peuples brigands, auraient ravagé leurs moissons.

L'Ukraine a toujours aspiré à être libre : mais étant entourée de la Moscovie, des États du Grand Seigneur et de la Pologne, il lui a fallu chercher un protecteur et, par conséquent, un maître dans l'un de ces trois États. Elle se mit d'abord sous la protection de la Pologne, qui la traita trop en sujette ; elle se donna depuis au Moscovite, qui la gouverna en esclave autant qu'il le put. D'abord les Ukrainiens jouirent du privilège d'élire un prince sous le nom de général ; mais bientôt ils furent dépouillés de ce droit, et leur général fut nommé par la cour de Moscou.

Celui qui remplissait alors cette place était un gentilhomme polonais nommé Mazeppa, né dans le palatinat de Podolie ; il avait été élevé page de Jean-Casimir et avait pris à sa cour quelque teinture des belles-lettres. Une intrigue qu'il eut dans sa jeunesse avec la femme d'un gentilhomme polonais ayant été découverte, le mari le fit lier tout nu sur un cheval farouche et le laissa aller en cet état. Le cheval, qui était du pays de l'Ukraine, y retourna et y porta Mazeppa demi-mort de fatigue et de faim. Quelques paysans le secoururent : il resta longtemps parmi eux et se signala dans plusieurs courses contre les Tartares. La supériorité de ses lumières lui donna une grande réputation parmi les Cosaques : sa réputation, s'augmentant de jour en jour, obligea le tsar à le faire prince de l'Ukraine.

Un jour, étant à table à Moscou avec le tsar, cet empereur lui proposa de discipliner les Cosaques et de rendre ces peuples plus dépendants. Mazeppa répondit que la situation de l'Ukraine et le génie de cette nation étaient des obstacles insurmontables. Le tsar, qui commençait à être échauffé par le vin et qui ne commandait pas toujours à sa colère, l'appela traître et le menaça de le faire empaler.

Mazeppa, de retour en l'Ukraine, forma le projet d'une révolte ; l'armée de Suède, qui parut bientôt après sur les frontières, lui en facilita les moyens ; il prit la résolution d'être indépendant et de se former un puissant royaume de l'Ukraine et des débris de l'empire de Russie. C'était un homme courageux, entreprenant et d'un travail infatigable, quoique dans une grande vieillesse. Il se ligua secrètement avec le roi de Suède pour hâter la chute du tsar et pour en profiter.

Le roi lui donna rendez-vous auprès de la rivière de Desna ; Mazeppa promit de s'y rendre avec trente mille hommes, des munitions de guerre, des provisions de bouche, et ses trésors qui étaient immenses. L'armée suédoise marcha donc de ce côté au grand regret de tous les officiers, qui ne savaient rien du traité du roi avec les Cosaques. Charles envoya ordre à Lewenhaupt de lui amener en diligence ses troupes et des provisions dans l'Ukraine, où il projetait de passer l'hiver, afin que, s'étant assuré de ce pays, il pût conquérir la Moscovie au printemps suivant; et cependant il s'avança vers la rivière de Desna, qui tombe dans le Borysthène à Kief.

Les obstacles qu'on avait trouvés jusqu'alors dans la route étaient légers en comparaison de ceux qu'on rencontra dans ce nouveau chemin. Il fallut traverser une forêt de cinquante lieues, pleine de marécages. Le général Lagercron, qui marchait devant avec cinq mille hommes et des pionniers, égara l'armée vers l'orient, à trente lieues de la véritable route. Après quatre jours de marche, le roi reconnut la faute de Lagercron : on se remit avec peine dans le chemin; mais presque toute l'artillerie et tous les chariots restèrent embourbés ou abîmés dans les marais.

Enfin, après douze jours d'une marche si pénible, pendant laquelle les Suédois avaient consommé le peu de biscuit qui leur restait, cette armée, exténuée de lassitude et de faim, arrive sur les bords de la Desna, dans l'endroit où Mazeppa avait marqué le rendez-vous; mais, au lieu d'y trouver ce prince, on trouva un corps de Moscovites qui avançait vers l'autre bord de la rivière. Le roi fut étonné; mais il résolut sur-le-champ de passer la Desna et d'attaquer les ennemis. Les bords de cette rivière étaient si escarpés qu'on fut obligé de descendre les soldats avec des cordes. Ils traversèrent la rivière selon leur manière accoutumée, les uns sur des radeaux faits à la hâte, les autres à la nage. Le corps des Moscovites, qui arrivait dans ce temps-là, n'était que de huit mille hommes; il ne résista pas longtemps, et cet obstacle fut encore surmonté.

Charles avançait dans ces pays perdus, incertain de sa route et de la fidélité de Mazeppa : ce Cosaque parut enfin, mais plutôt comme un fugitif que comme un allié puissant. Les Moscovites avaient découvert et prévenu ses desseins. Ils étaient venus fondre sur ses Cosaques, qu'ils avaient taillés en pièces : ses principaux amis, pris les armes à la main, avaient péri au nombre de trente par le supplice de la roue : ses villes étaient réduites en cendres, ses trésors pillés, les provisions qu'il préparait au roi de Suède saisies : à peine avait-il pu échapper avec six mille hommes et quelques chevaux chargés d'or et d'argent. Toutefois il apportait au roi l'espérance de se soutenir par ses intelligences dans ce pays inconnu, et l'affection de tous les Cosaques qui, enragés contre les Russes, arrivaient par troupes au camp et le firent subsister.

Charles espérait au moins que son général Levenhaupt viendrait réparer cette mauvaise fortune. Il devait amener environ quinze mille Suédois, qui valaient mieux que cent mille Cosaques, et apporter des provisions de guerre et de bouche. Il arriva à peu près dans le même état que Mazeppa.

Il avait déjà passé le Borysthène au-dessus de Mohilev, et s'était avancé vingt de nos lieues au delà, sur le chemin de Ukraine. Il amenait au roi un convoi de huit mille chariots, avec l'argent qu'il avait levé en Lithuanie sur sa route. Quand il fut vers le bourg de Lesno, près de l'endroit où les rivières de Pronia et Sossa se joignent pour aller tomber loin au-dessous dans le Borysthène, le tsar parut à la tête de quarante mille hommes.

Le général suédois, qui n'en avait pas seize mille complets, ne voulut pas se retrancher. Tant de victoires avaient donné aux Suédois une si grande confiance qu'ils ne s'informaient jamais du nombre de leurs ennemis, mais seulement du lieu où ils étaient. Levenhaupt marcha donc à eux sans balancer, le 7 octobre après midi. Dans le premier choc les Suédois tuèrent quinze cents Moscovites. La confusion se mit dans l'armée du tsar; on fuyait de tous côtés. L'empereur des Russes vit le moment où il allait être entièrement défait. Il sentait que le salut de ses États dépendait de cette journée et qu'il était perdu si Levenhaupt joignait le roi de Suède avec une armée victorieuse.

Dès qu'il vit que ses troupes commençaient à reculer, il courut à l'arrière-garde, où étaient des Cosaques et des Kalmouks : « Je vous ordonne, leur dit-il, de tirer sur quiconque fuira et de me tuer moi-même si j'étais assez lâche pour me retirer. » De là il retourna à l'avant-garde et rallia ses troupes lui-même, aidé du prince Menzikoff et du prince Gallitzin. Levenhaupt, qui avait des ordres pressants de rejoindre son maître, aima mieux continuer sa marche que recommencer le combat, croyant en avoir assez fait pour ôter aux ennemis la résolution de le poursuivre.

Dès le lendemain, à onze heures, le tsar l'attaqua au bord d'un marais et étendit son armée pour l'envelopper. Les Suédois firent face partout : on se battit pendant deux heures avec une opiniâtreté égale. Les Moscovites perdirent trois fois plus de monde; mais aucun ne lâcha pied, et la victoire fut indécise.

A quatre heures, le général Bayer amena au tsar un renfort de troupes. La bataille recommença alors pour la troisième fois avec plus de furie et d'acharnement; elle dura jusqu'à la nuit : enfin le nombre l'emporta; les Suédois furent rompus, enfoncés et poussés jusqu'à leur bagage. Levenhaupt rallia ses troupes derrière ses chariots. Les Suédois étaient vaincus, mais ils ne s'enfuirent point. Ils étaient environ neuf mille hommes, dont aucun ne s'écarta : le général les mit en ordre de bataille aussi facilement que s'ils n'avaient point été vaincus. Le tsar, de l'autre côté, passa la nuit sous les armes; il défendit aux officiers, sous peine d'être cassés, et aux soldats, sous peine de mort, de s'écarter pour piller.

Le lendemain encore il commanda au point du jour une nouvelle attaque. Levenhaupt s'était retiré à quelques milles dans un lieu avantageux, après avoir encloué une partie de son canon et mis le feu à ses chariots.

Les Moscovites arrivèrent assez à temps pour empêcher tout le convoi d'être consumé par les flammes; ils se saisirent de plus de six mille chariots qu'ils sauvèrent. Le tsar, qui voulait achever la défaite des Suédois, envoya un de ses généraux, nommé Phlug, les attaquer encore pour la cinquième fois. Ce général leur offrit une capitulation honorable : Levenhaupt la refusa, et livra un cinquième combat, aussi sanglant que les premiers. De neuf mille soldats qu'il avait encore, il en perdit environ la moitié ; l'autre ne put être forcée : enfin, la nuit survenant, Levenhaupt, après avoir soutenu cinq combats contre quarante mille hommes, passa la Sossa avec environ cinq mille combattants qui lui restaient. Le tsar perdit près de dix mille hommes dans ces cinq combats, où il eut la gloire de vaincre les Suédois, et Levenhaupt celle de disputer trois jours la victoire et de se retirer sans avoir été forcé dans son dernier poste. Il vint donc au camp de son maître avec l'honneur de s'être si bien défendu, mais n'amenant avec lui ni munitions ni armée.

Le roi de Suède se trouva ainsi sans provisions et sans communication avec la Pologne, entouré d'ennemis, au milieu d'un pays où il n'avait guère de ressource que son courage.

Dans cette extrémité le mémorable hiver de 1709, plus terrible encore sur ces frontières de l'Europe que nous ne l'avons senti en France, détruisit une partie de son armée. Charles voulait braver les saisons comme il faisait ses ennemis : il osait faire de longues marches de troupes pendant ce froid mortel. Ce fut dans une de ces marches que deux mille hommes tombèrent morts de froid sous ses yeux.

Charles, avec ses dix-huit mille Suédois, n'avait perdu ni le dessein ni l'espérance de pénétrer jusqu'à Moscou. Il alla, vers la fin de mai, investir Poltava, sur la rivière Vorskla, à l'extrémité orientale de l'Ukraine, à treize grandes lieues du Borysthène. Ce terrain est celui des Zaporaviens, le plus étrange peuple qui soit sur la terre : c'est un ramas d'anciens Russes, Polonais et Tartares, faisant tous profession d'une espèce de christianisme et d'un brigandage semblable à celui des flibustiers. Ils élisent un chef, qu'ils déposent ou qu'ils égorgent souvent. Ils ne souffrent point de femmes chez eux, mais ils vont enlever tous les enfants à vingt et trente lieues à la ronde et les élèvent dans leurs mœurs. L'été, ils sont toujours en campagne; l'hiver, ils couchent dans des granges spacieuses, qui contiennent quatre ou cinq cents hommes. Ils ne craignent rien; ils vivent libres; ils affrontent la mort pour le plus léger butin, avec la même intrépidité que Charles XII la bravait pour donner des couronnes.

Le roi s'aperçut, dès le commencement du siège, qu'il avait enseigné l'art de la guerre à ses ennemis. Le prince Menzikoff, malgré toutes ses précautions, jeta du secours dans la ville. La garnison par ce moyen se trouva forte de près de cinq mille hommes.

On faisait des sorties, et quelquefois avec succès; on fit jouer une mine; mais ce qui rendait la ville imprenable, c'était l'approche du tsar, qui s'avançait avec soixante et dix mille combattants. Charles XII alla les reconnaître le 27 juin, jour de sa naissance, et battit un de leurs détachements : mais comme il retournait à son camp, il reçut un coup de carabine, qui lui perça la botte et lui fracassa l'os du talon. On ne remarqua pas sur son visage le moindre changement qui pût faire soupçonner qu'il était blessé : il continua à donner tranquillement ses ordres et demeura encore près de six heures à cheval. Un de ses domestiques, s'apercevant que le soulier de la botte du prince était tout sanglant, courut chercher des chirurgiens : la douleur du roi commençait à être si cuisante qu'il fallut l'aider à descendre de cheval et l'emporter dans sa tente. Les chirurgiens visitèrent sa plaie; ils furent d'avis de lui couper la jambe. La consternation de l'armée était inexprimable. Un chirurgien, nommé Neuman, plus habile et plus hardi que les autres, assura qu'en faisant de profondes incisions il sauverait la jambe du roi. « Travaillez donc tout à l'heure, lui dit le roi; taillez hardiment; ne craignez rien. » Il tenait lui-même sa jambe avec les deux mains, regardant les incisions qu'on lui faisait, comme si l'opération eût été faite sur un autre.

Dans le temps même qu'on lui mettait un appareil, il ordonna un assaut pour le lendemain; mais à peine avait-il donné cet ordre, qu'on vint lui apprendre que toute l'armée ennemie s'avançait sur lui. Il fallut alors prendre un autre parti. Charles, blessé et incapable d'agir, se voyait entre le Borysthème et la rivière qui passe à Poltava, dans un pays désert, sans places de sûreté, sans munitions, vis-à-vis une armée qui lui coupait la retraite et les vivres. Dans cette extrémité, il n'assembla point de conseil de guerre, comme tant de relations l'ont débité : mais, la nuit du 7 au 8 de juillet, il fit venir le feld-maréchal Rehnskold dans sa tente et lui ordonna sans délibération, comme sans inquiétude, de tout disposer pour attaquer le czar le lendemain. Rehnskold ne contesta point et sortit pour obéir. A la porte de la tente du roi, il rencontra le comte Piper, avec qui il était fort mal depuis longtemps, comme il arrive souvent entre le ministre et le général. Piper lui demanda s'il n'y avait rien de nouveau : « Non », dit le général froidement, et passa outre pour aller donner ses ordres. Dès que le comte Piper fut entré dans la tente : « Rehnskold ne vous a-t-il rien appris? » lui dit le roi. « Rien », répondit Piper. « Hé bien ! je vous apprends donc, reprit le roi, que demain nous donnons bataille. » Le comte Piper fut effrayé d'une résolution si désespérée ; mais il savait bien qu'on ne faisait jamais changer son maître d'idée, il ne marqua son étonnement que par son silence et laissa Charles dormir jusqu'à la pointe du jour.

Ce fut le 8 juillet de l'année 1709 que se donna cette bataille décisive de Poltava, entre les deux plus singuliers monarques qui fussent alors dans le monde : Charles XII, illustre par neuf années de victoires, Pierre Alexiowitz, par neuf années de peines, prises pour former des troupes égales aux troupes suédoises ; l'un glorieux d'avoir donné des États, l'autre d'avoir civilisé les siens ; Charles aimant les dangers et ne combattant que pour la gloire, Alexiowitz ne fuyant point le péril et ne faisant la guerre que pour ses intérêts ; le monarque suédois libéral par grandeur d'âme, le moscovite ne donnant jamais que par quelque vue ; celui-là d'une sobriété et d'une continence sans exemple, d'un naturel magnanime, et qui n'avait été barbare qu'une fois ; celui-ci n'ayant pas dépouillé la rudesse de son éducation et de son pays, aussi terrible à ses sujets qu'admirable aux étrangers, et trop adonné à des excès qui ont même abrégé ses jours. Charles avait le titre d'*Invincible*, qu'un moment pouvait lui ôter ; les nations avaient déjà donné à Pierre Alexiowitz le nom de *Grand*, qu'une défaite ne pouvait lui faire perdre, parce qu'il ne le devait pas à des victoires.

Pour avoir une idée nette de cette bataille et du lieu où elle fut donnée, il faut se figurer Poltava au nord, le camp du roi de Suède au sud, tirant un peu vers l'orient, son bagage derrière lui à environ un mille, et la rivière de Poltava au nord de la ville, coulant de l'orient à l'occident.

Le tsar avait passé la rivière à une lieue de Poltava, du côté de l'occident et commençait à former son camp.

A la pointe du jour, les Suédois parurent hors de leurs tranchées avec quatre canons de fer pour toute artillerie ; le reste fut laissé dans le camp avec environ trois mille hommes ; quatre mille demeurèrent au bagage ; de sorte que l'armée suédoise marcha aux ennemis forte d'environ vingt et un mille hommes, dont il y avait environ seize mille Suédois.

Les généraux Rehnskold, Roos, Levenhaupt, Slipenbach, Hoorn, Sparro, Hamilton, le prince de Wurtemberg, parent du roi, et quelques autres, dont la plupart avaient vu la bataille de Narva, faisaient tous souvenir les officiers subalternes de cette journée où huit mille Suédois avaient détruit une armée de quatre-vingt mille Moscovites dans un camp retranché. Les officiers le disaient aux soldats ; tous s'encourageaient en marchant.

[21]

Le roi conduisait la marche, porté sur un brancard à la tête de son infanterie. Une partie de la cavalerie s'avança par son ordre pour attaquer celle des ennemis ; la bataille commença par cet engagement à quatre heures et demie du matin : la cavalerie ennemie était à l'occident, à la droite du camp moscovite ; le prince Menzikoff et le comte Golowin l'avaient disposée par intervalles entre des redoutes garnies de canons. Le général Slipenbach, à la tête des Suédois, fondit sur cette cavalerie. Tous ceux qui ont servi dans les troupes suédoises savent qu'il était presque impossible de résister à la fureur de leur premier choc. Les escadrons moscovites furent rompus et enfoncés. Le tsar accourut lui-même pour les rallier ; son chapeau fut percé d'une balle de mousquet ; Menzikoff eut trois chevaux tués sous lui ; les Suédois crièrent victoire.

Charles ne douta pas que la bataille ne fût gagnée. Il avait envoyé au milieu de la nuit le général Creutz avec cinq mille cavaliers ou dragons, qui devaient prendre les ennemis en flanc, tandis qu'il les attaquerait de front ; mais son malheur voulut que Creutz s'égarât et ne parût point. Le tsar, qui s'était cru perdu, eut le temps de rallier sa cavalerie ; il fondit à son tour sur celle du roi, qui, n'étant point soutenue par le détachement de Creutz, fut rompue à son tour ; Slipenbach même fut fait prisonnier dans cet engagement. En même temps soixante et douze canons tiraient du camp sur la cavalerie suédoise ; et l'infanterie russienne, débouchant de ses lignes, venait attaquer celle de Charles.

Le tsar détacha alors le prince Menzikoff pour aller se poster entre Poltava et les Suédois : le prince Menzikoff exécuta avec habileté et avec promptitude l'ordre de son maître ; non seulement il coupa la communication entre l'armée suédoise et les troupes restées au camp devant Poltava ; mais ayant rencontré un corps de réserve de trois mille hommes, il l'enveloppa et le tailla en pièces. Si Menzikoff fit cette manœuvre de lui-même, la Russie lui dut son salut ; si le tsar l'ordonna, il était un digne adversaire de Charles XII. Cependant l'infanterie moscovite sortait de ses lignes et s'avançait en bataille dans la plaine. D'un autre côté, la cavalerie suédoise se ralliait à un quart de lieue de l'armée ennemie ; et le roi, aidé de son feld-maréchal Rehnskold, ordonnait tout pour un combat général.

Il rangea sur deux lignes ce qui lui restait de troupes, son infanterie occupant le centre, sa cavalerie les deux ailes. Le tsar disposa son armée de même : il avait l'avantage du nombre et celui de soixante et douze canons, tandis que les Suédois ne lui en opposaient que quatre et qu'ils commençaient à manquer de poudre.

L'empereur moscovite était au centre de son armée, n'ayant alors que le titre de major-général, et semblait obéir au général Sheremotoff ; mais il allait, comme empereur, de rang en rang, monté sur un cheval turc, qui était un présent du Grand Seigneur, exhortant les capitaines et les soldats et promettant à chacun des récompenses.

A neuf heures du matin la bataille recommença. Une des premières volées du canon moscovite emporta les deux chevaux du brancard de Charles ; il en fit atteler deux autres ; une seconde volée mit le brancard en pièces et renversa le roi. De vingt-quatre drabans qui se relayaient pour le porter, vingt et un furent tués. Les Suédois consternés s'ébranlèrent, et, le canon ennemi continuant à les écraser, la première ligne se replia sur la seconde, et la seconde s'enfuit. Ce ne fut en cette dernière action qu'une ligne de dix mille hommes de l'infanterie russe qui mit en déroute l'armée suédoise : tant les choses étaient changées !

Déjà le prince de Wurtemberg, le général Relinskold et plusieurs officiers principaux étaient prisonniers, le camp devant Poltava forcé, et tout dans une confusion à laquelle il n'y avait plus de ressource. Le comte Piper avec quelques officiers de la chancellerie étaient sortis de ce camp et ne savaient ni ce qu'ils devaient faire ni ce qu'était devenu le roi ; ils couraient de côté et d'autre dans la plaine. Un major, nommé Bère, s'offrit de les conduire au bagage ; mais les nuages de poussière et de fumée qui couvraient la campagne et l'égarement d'esprit naturel dans cette désolation les conduisirent droit sur la contrescarpe de la ville même, où ils furent tous pris par la garnison.

Le roi ne voulut point fuir et ne pouvait se défendre. Il avait en ce moment auprès de lui le général Poniatowski, colonel de la garde suédoise du roi Stanislas, homme d'un mérite rare, que son attachement pour la personne de Charles avait engagé à le suivre en Ukraine sans aucun commandement. C'était un homme qui, dans toutes les occurrences de sa vie et dans les dangers où les autres n'ont tout au plus que de la valeur, prit toujours son parti sur-le-champ, et bien, et avec bonheur. Il fit signe à deux drabans, qui prirent le roi par-dessous les bras et le mirent à cheval malgré les douleurs extrêmes de sa blessure.

Poniatowski, quoiqu'il n'eût point de commandement dans l'armée, devenu en cette occasion général par nécessité, rallia cinq cents cavaliers auprès de la personne du roi ; les uns étaient drabans, les autres des officiers, quelques-uns de simples cavaliers ; cette troupe rassemblée, et ranimée par le malheur de son prince, se fit jour à travers plus de dix régiments moscovites et conduisit Charles au milieu des ennemis l'espace d'une lieue, jusqu'au bagage de l'armée suédoise.

Le roi fuyant et poursuivi eut son cheval tué sous lui ; le colonel

Gierta, blessé et perdant tout son sang, lui donna le sien. Ainsi on remit deux fois à cheval dans sa fuite ce conquérant qui n'avait pu y monter pendant la bataille.

Cette retraite étonnante était beaucoup dans un si grand malheur; mais il fallait fuir plus loin. On trouva dans le bagage le carrosse du comte Piper; car le roi n'en eut jamais depuis qu'il sortit de Stockholm : on le mit dans cette voiture, et l'on prit avec précipitation la route du Borysthène. Le roi, qui, depuis le moment où on l'avait mis à cheval jusqu'à son arrivée au bagage, n'avait pas dit un seul mot, demanda alors ce qu'était devenu le comte Piper. « Il est pris avec toute la chancellerie, » lui répondit-on. « Et le général Rehnskold, et le duc de Wurtemberg? » ajouta-t-il. « Ils sont aussi prisonniers, » lui dit Poniatowski. « Prisonniers chez des Russes! reprit Charles en haussant les épaules; allons donc, allons plutôt chez les Turcs. » On ne remarquait pourtant point d'abattement sur son visage; et quiconque l'eût vu alors et eût ignoré son état n'eût point soupçonné qu'il était vaincu et blessé.

Pendant qu'il s'éloignait, les Russes saisirent son artillerie dans le camp devant Poltava, son bagage, sa caisse militaire, où ils trouvèrent six millions en espèces, dépouilles des Polonais et des Saxons. Près de neuf mille hommes, Suédois ou Cosaques, furent tués dans la bataille; environ six mille furent pris. Il restait encore environ seize mille hommes, tant Suédois et Polonais que Cosaques, qui fuyaient vers le Borysthène, sous la conduite du général Levenhaupt : il marcha d'un côté avec ses troupes fugitives; le roi alla par un autre chemin avec quelques cavaliers. Le carrosse où il était rompit dans la marche; on le remit à cheval. Pour comble de disgrâce, il s'égara pendant la nuit dans un bois; là, son courage ne pouvant plus suppléer à ses forces épuisées, les douleurs de sa blessure devenues plus insupportables par la fatigue, son cheval étant tombé de lassitude, il se coucha quelques heures au pied d'un arbre, en danger d'être surpris à tout moment par les vainqueurs qui le cherchaient de tous côtés.

Enfin, la nuit du 9 au 10 juillet, il se trouva vis-à-vis le Borysthène. Levenhaupt venait d'arriver avec les débris de l'armée. Les Suédois revirent avec une joie mêlée de douleur leur roi qu'ils croyaient mort. L'ennemi approchait; on n'avait ni pont pour passer le fleuve, ni temps pour en faire, ni poudre pour se défendre, ni provisions pour empêcher de mourir de faim une armée qui n'avait mangé depuis deux jours. Cependant les restes de cette armée étaient des Suédois, et ce roi vaincu était Charles XII. Presque tous les officiers croyaient qu'on attendrait là de pied ferme les Russes et qu'on périrait ou qu'on vaincrait sur le bord du Borysthène. Charles eût pris sans doute cette résolution s'il n'eût été accablé de faiblesse. Sa plaie suppurait; il avait la fièvre; et on a remarqué que la plupart des hommes les plus intrépides perdent dans la fièvre de la suppuration cet instinct de valeur qui, comme les autres vertus, demande une tête libre. Charles n'était plus lui-même : c'est ce qu'on m'a assuré et qui est plus vraisemblable. On l'entraîna comme un malade qui ne se connaît plus. Il y avait encore par bonheur une mauvaise calèche qu'on avait amenée à tout hasard jusqu'en cet endroit : on l'embarqua sur un petit bateau; le roi se mit dans un autre avec le général Mazeppa. Celui-ci avait sauvé plusieurs coffres pleins d'argent; mais le courant étant trop rapide et un vent violent commençant à souffler, ce Cosaque jeta plus des trois quarts de ses trésors dans le fleuve pour soulager le bateau. Muller, chancelier du roi, et le comte Poniatowski, homme plus que jamais nécessaire au roi par les ressources que son esprit lui fournissait dans les disgrâces, passèrent dans d'autres barques avec quelques officiers. Trois cents cavaliers et un très grand nombre de Polonais et de Cosaques, se fiant sur la bonté de leurs chevaux, hasardèrent de passer le fleuve à la nage. Leur troupe bien serrée résistait au courant et rompait les vagues; mais tous ceux qui s'écartèrent un peu au-dessous furent emportés et abîmés dans le fleuve. De tous les fantassins qui risquèrent le passage aucun n'arriva à l'autre bord.

Tandis que les débris de l'armée étaient dans cette extrémité, le prince Menzikoff s'approchait avec dix mille cavaliers, ayant chacun un fantassin en croupe. Les cadavres des Suédois morts, dans le chemin, de leurs blessures, de fatigue et de faim, montraient au prince Menzikoff la route qu'avait prise le gros de l'armée fugitive. Le prince envoya au général suédois un trompette pour lui offrir une capitulation. Quatre officiers généraux furent aussitôt envoyés par Levenhaupt pour recevoir la loi du vainqueur. Avant ce jour seize mille soldats du roi Charles eussent attaqué toutes les forces de l'empire moscovite et eussent péri jusqu'au dernier plutôt que de se rendre; mais après une bataille perdue, après avoir fui pendant deux jours, ne voyant plus leur prince qui était contraint de fuir lui-même, les forces de chaque soldat étant épuisées, leur courage n'étant plus soutenu par aucune espérance, l'amour de la vie l'emporta sur l'intrépidité. Il n'y eut que le colonel Troutfetre qui, voyant approcher les Moscovites, s'ébranla avec un bataillon suédois pour les charger, espérant entraîner le reste des troupes; mais Levenhaupt fut obligé d'arrêter ce mouvement inutile. La capitulation fut achevée; cette armée entière fut faite prisonnière de guerre. Quelques soldats, désespérés de tomber entre les mains des Moscovites, se précipitèrent dans le Borysthène. Deux officiers du régiment de ce brave Troutfetre s'entretuèrent. Le reste fut fait esclave. Ils défilèrent tous en présence du prince

Menzikoff, mettant les armes à ses pieds, comme trente mille Moscovites avaient fait neuf ans auparavant devant le roi de Suède à Narva. Mais, au lieu que le roi avait alors renvoyé tous ces prisonniers moscovites, qu'il ne craignait pas, le tsar retint les Suédois pris à Pultava.

Charles XII, réfugié dans Bender sur la frontière de l'empire Turc, cherche, par des intrigues de sérail, à intéresser la Porte à sa cause; il ne réussit qu'à moitié. Cependant profitant des malheurs du roi de Suède, Auguste remonte sur le trône de Pologne et le roi de Danemark fait une descente en Suède, pendant que le tsar s'avance contre la Turquie après avoir passé un traité secret avec le prince de Moldavie. L'empereur de Russie est vaincu et demande la paix à la Turquie qui la lui accorde, mais sans imposer la moindre clause favorable à Charles XII. Celui-ci, furieux, recommence inutilement ses intrigues.

L'AFFAIRE DE BENDER

Le sultan, trouvant que la présence de Charles XII devient dangereuse, lui fait dire qu'il ait à quitter ses États. Charles, qui avait compté sur une armée turque pour entreprendre de nouvelles batailles, refuse de se retirer malgré l'offre qui lui est faite d'une nombreuse escorte. Enfin le sultan envoie au roi de Suède l'ordre définitif de quitter l'empire ottoman. Charles refuse d'obéir et se prépare à soutenir un assaut dans la maison qui lui sert de résidence.

Quand on eut bien barricadé la maison et que le roi eut fait le tour de ses prétendus retranchements, il se mit à jouer aux échecs tranquillement avec son favori Grothusen, comme si tout eût été dans une sécurité profonde. Heureusement Fabrice, l'envoyé de Holstein, ne s'était point logé à Varnitza, mais dans un petit village entre Varnitza et Bender, où demeurait aussi Jeffreys, envoyé d'Angleterre auprès du roi de Suède. Ces deux ministres, voyant l'orage prêt à éclater, prirent sur eux de se rendre médiateurs entre les Turcs et le roi. Le khan et surtout le bacha de Bender, qui n'avait nulle envie de faire violence à ce monarque, reçurent avec empressement les offres de ces deux ministres : ils eurent ensemble à Bender deux conférences, où assistèrent cet huissier du sérail et le grand maître des écuries qui avaient apporté l'ordre du sultan et le fetfa du mufti.

M. Fabrice leur avoua que Sa Majesté suédoise avait de justes raisons de croire qu'on voulait le livrer à ses ennemis en Pologne. Le khan, le bacha et les autres jurèrent sur leurs têtes, prirent

Dieu à témoin qu'ils détestaient une si horrible perfidie, qu'ils verseraient tout leur sang plutôt que de souffrir qu'on manquât seulement de respect au roi en Pologne; ils dirent qu'ils avaient entre leurs mains les ambassadeurs russes et polonais, dont la vie leur répondait du moindre affront qu'on oserait faire au roi de Suède; enfin ils se plaignirent amèrement des soupçons outrageants que le roi concevait sur des personnes qui l'avaient si bien reçu et si bien traité. Quoique les serments ne soient souvent que le langage de la perfidie, Fabrice se laissa persuader; il crut voir dans leurs protestations cet air de vérité que le mensonge n'imite jamais qu'imparfaitement. Il savait bien qu'il y avait eu une secrète correspondance entre le khan tartare et le roi Auguste; mais il demeura convaincu qu'il ne s'était agi dans leur négociation que de faire sortir Charles XII des terres du Grand Seigneur. Soit que Fabrice se trompât ou non, il les assura qu'il représenterait au roi l'injustice de ses défiances. « Mais prétendez-vous le forcer à partir? ajouta-t-il. — Oui, dit le bacha, tel est l'ordre de notre maître. » Alors il les pria encore une fois de bien considérer si cet ordre était de verser le sang d'une tête couronnée. « Oui, répliqua le khan en colère, si cette tête couronnée désobéit au Grand Seigneur dans son empire. »

Cependant tout étant prêt pour l'assaut, la mort de Charles XII paraissait inévitable; et l'ordre du sultan n'étant pas positivement de le tuer en cas de résistance, le bacha engagea le khan à souffrir qu'on envoyât dans le moment un exprès à Andrinople, où était alors le Grand Seigneur, pour avoir les derniers ordres de Sa Hautesse.

M. Jeffreys et M. Fabrice, ayant obtenu ce peu de relâche, courent en avertir le roi : ils arrivent avec l'empressement de gens qui apportaient une nouvelle heureuse; mais ils furent très froidement reçus : il les appela médiateurs volontaires et persista à soutenir que l'ordre du sultan et le fetfa du mufti étaient forgés, puisqu'on venait d'envoyer demander de nouveaux ordres à la Porte.

Le ministre anglais se retira, bien résolu de ne se plus mêler des affaires d'un prince si inflexible. M. Fabrice, aimé du roi et plus accoutumé à son humeur que le ministre anglais, resta avec lui pour le conjurer de ne pas hasarder une vie si précieuse dans une occasion si inutile.

Le roi, pour toute réponse, lui fit voir ses retranchements et le pria d'employer sa médiation seulement pour lui faire avoir des vivres. On obtint aisément des Turcs de laisser passer des provisions dans le camp du roi en attendant que le courrier fût revenu d'Andrinople. Le khan même avait défendu à ses Tartares, impatients du pillage, de rien attenter contre les Suédois jusqu'à nouvel ordre; de sorte que Charles XII sortait quelquefois de son camp avec quarante chevaux et courait au milieu des troupes tartares, qui lui laissaient respectueusement le passage libre; il marchait même droit à leurs rangs, et ils s'ouvraient plutôt que de résister.

Enfin l'ordre du Grand Seigneur était venu de passer au fil de l'épée tous les Suédois qui feraient la moindre résistance et de ne pas épargner la vie du roi, le bacha eut la complaisance de montrer cet ordre à M. Fabrice, afin qu'il fît un dernier effort sur l'esprit de Charles. Fabrice vint faire aussitôt ce triste rapport. « Avez-vous vu l'ordre dont vous parlez? dit le roi. — Oui, répondit Fabrice. — Hé bien! dites-leur de ma part que c'est un second ordre qu'ils ont supposé et que je ne veux point partir. » Fabrice se jeta à ses pieds, se mit en colère, lui reprocha son opiniâtreté; tout fut inutile. « Retournez à vos Turcs, lui dit le roi en souriant; s'ils m'attaquent, je saurai bien me défendre. »

Les chapelains du roi se mirent aussi à genoux devant lui, le conjurant de ne pas exposer à un massacre certain les malheureux restes de Poltava, et surtout sa personne sacrée, l'assurant de plus que cette résistance était injuste, qu'il violait les droits de l'hospitalité en s'opiniâtrant à rester par force chez des étrangers qui l'avaient si longtemps et si généreusement secouru. Le roi, qui ne s'était point fâché contre Fabrice, se mit en colère contre ses prêtres et leur dit qu'il les avait pris pour faire des prières, et non pour lui dire leurs avis.

Le général Hord et le général Dahldorf, dont le sentiment avait toujours été de ne pas tenter un combat dont la suite ne pouvait être que funeste, montrèrent au roi leurs estomacs couverts de blessures reçues à son service; et, l'assurant qu'ils étaient prêts de mourir pour lui, ils le supplièrent que ce fût au moins dans une occasion plus nécessaire. « Je sais par vos blessures et par les miennes, leur dit Charles XII, que nous avons vaillamment combattu ensemble; vous avez fait votre devoir jusqu'à présent, faites-le encore aujourd'hui. » Il n'y eut plus qu'à obéir; chacun eut honte de ne pas chercher à mourir avec le roi. Ce prince, préparé à l'assaut, se flattait en secret du plaisir et de l'honneur de soutenir avec trois cents Suédois les efforts de toute une armée. Il plaça chacun à son poste : son chancelier Muller, le secrétaire Ehrenpreus et les clercs devaient défendre la maison de la chancellerie; le baron Fief, à la tête des officiers de la bouche, était à un autre poste; les palefreniers, les cuisiniers, avaient un autre endroit à garder : car avec lui tout était soldat; il courait à cheval de ses retranchements à sa maison, promettant des récompenses à tout le monde, créant des officiers, et assurant de faire capitaines les moindres valets qui combattraient avec courage.

On ne fut pas longtemps sans voir l'armée des Turcs et des Tartares qui venaient d'attaquer le petit retranchement avec dix pièces de canon et deux mortiers. Les queues de cheval flottaient en l'air, les clairons sonnaient, les cris de *Allah! Allah!* se faisaient entendre de tous côtés. Le baron de Grothusen remarqua que les Turcs ne mêlaient dans leurs cris aucune injure contre le roi et qu'ils l'appelaient seulement *demirbash*, tête de fer. Aussitôt il prend le parti de sortir seul, sans armes, des retranchements : il s'avança dans les rangs des janissaires, qui presque tous avaient reçu de l'argent de lui. « Eh quoi ! mes amis, leur dit-il en propres mots, venez-vous massacrer trois cents Suédois sans défense? Vous, braves janissaires, qui avez pardonné à cent mille Russes quand ils vous ont crié *amman* (pardon), avez-vous oublié les bienfaits que vous avez reçus de nous ? et voulez-vous assassiner ce grand roi de Suède que vous aimez tant et qui vous a fait tant de libéralités? Mes amis, il ne demande que trois jours, et les ordres du sultan ne sont pas si sévères qu'on vous le fait croire. »

Ces paroles firent un effet que Grothusen n'attendait pas lui-même. Les janissaires jurèrent sur leurs barbes qu'ils n'attaqueraient point le roi et qu'ils lui donneraient les trois jours qu'il demandait. En vain on donna le signal de l'assaut : les janissaires, loin d'obéir, menacèrent de se jeter sur leurs chefs, si l'on n'accordait pas trois jours au roi de Suède ; ils vinrent en tumulte à la tente du bacha de Bender, criant que les ordres du sultan étaient supposés. A cette sédition inopinée le bacha n'eut à opposer que la patience.

Il feignit d'être content de la généreuse résolution des janissaires et leur ordonna de se retirer à Bender. Le khan des Tartares, homme violent, voulait donner immédiatement l'assaut avec ses troupes; mais le bacha, qui ne prétendait pas que les Tartares eussent seuls l'honneur de prendre le roi, tandis qu'il serait puni peut-être de la désobéissance de ses janissaires; persuada au khan d'attendre jusqu'au lendemain.

Le bacha, de retour à Bender, assembla tous les officiers des janissaires et les plus vieux soldats ; il leur lut et leur fit voir l'ordre positif du sultan et le fetfa du mufti. Soixante des plus vieux, qui avaient des barbes blanches vénérables et qui avaient reçu mille présents des mains du roi, proposèrent d'aller eux-mêmes le supplier de se remettre entre leurs mains et de souffrir qu'ils lui servissent de gardes.

Le bacha le permit : il n'y avait point d'expédient qu'il n'eût pris plutôt que d'être réduit à faire tuer ce prince. Ces soixante vieillards allèrent donc le lendemain matin à Varnitza, n'ayant dans leurs mains que de longs bâtons blancs, seules armes des janissaires quand ils ne vont point au combat; car les Turcs regardent comme barbare la coutume des chrétiens de porter des épées en temps de paix et d'entrer armés chez leurs amis et dans leurs églises.

Ils s'adressèrent au baron de Grothusen et au chancelier Muller; ils leur dirent qu'ils venaient dans le dessein de servir de fidèles gardes au roi et que, s'il voulait, ils le conduiraient à Andrinople, où il pourrait parler lui-même au Grand-Seigneur. Dans le temps qu'ils faisaient cette proposition, le roi lisait des lettres qui arrivaient de Constantinople, et que Fabrice, qui ne pouvait plus le voir, lui avait fait tenir secrètement par un janissaire : elles étaient du comte Poniatowski, qui ne pouvait le servir à Bender ni à Andrinople, étant retenu à Constantinople par ordre de la Porte Il mandait au roi que les ordres du sultan pour saisir ou massacrer sa personne royale en cas de résistance n'étaient que trop réels; qu'à la vérité le sultan était trompé par ses ministres, mais que, plus l'empereur était trompé dans cette affaire, plus il voulait être obéi; qu'il fallait céder au temps et plier sous la nécessité; qu'il prenait la liberté de lui conseiller de tout tenter auprès des ministres par la voie des négociations, de ne point mettre de l'inflexibilité où il ne fallait que de la douceur, et d'attendre de la politique et du temps le remède à un mal que la violence aigrirait sans ressource.

Mais ni les propositions de ces vieux janissaires ni les lettres de Poniatowski ne purent donner seulement au roi l'idée qu'il pouvait fléchir sans déshonneur : il aimait mieux mourir de la main des Turcs que d'être en quelque sorte leur prisonnier. Il renvoya ces janissaires sans les vouloir voir et leur fit dire que, s'ils ne se retiraient, il leur ferait couper la barbe, ce qui est dans l'Orient le plus outrageant de tous les affronts.

Les vieillards, remplis de l'indignation la plus vive, s'en retournèrent en criant : « Ah! la tête de fer! puisqu'il veut périr, qu'il périsse! » Ils vinrent rendre compte au bacha de leur commission et apprendre à leurs camarades, à Bender, l'étrange réception qu'on leur avait faite. Tous jurèrent alors d'obéir aux ordres du bacha sans délai et eurent autant d'impatience d'aller à l'assaut qu'ils en avaient eu peu le jour précédent.

L'ordre est donné dans le moment : les Turcs marchent aux retranchements; les Tartares les attendaient déjà, et les canons commençaient à tirer. Les janissaires d'un côté, les Tartares de l'autre, forcent en un instant ce petit camp. A peine vingt Suédois tirèrent l'épée ; les trois cents soldats furent enveloppés et faits prisonniers sans résistance. Le roi était alors à cheval entre sa maison et son camp avec les généraux Hord, Dahlorf et Sparre; voyant que tous les soldats s'étaient laissé prendre en sa présence, il dit de sang-froid à ces trois officiers : « Allons défendre la maison ; nous combattrons, ajouta-t-il en souriant, *pro aris et focis.* »

Aussitôt il galope avec eux vers cette maison, où il avait mis environ quarante domestiques en sentinelle, et qu'on avait fortifiée du mieux qu'on avait pu.

Ces généraux, tout accoutumés qu'ils étaient à l'opiniâtre intrépidité de leur maître, ne pouvaient se lasser d'admirer qu'il voulût de sang-froid et en plaisantant se défendre contre dix canons et toute une armée : ils le suivirent avec quelques gardes et quelques domestiques, qui faisaient en tout vingt personnes.

Mais quand ils furent à la porte, ils la trouvèrent assiégée de janissaires ; déjà même près de deux cents Turcs ou Tartares étaient entrés par une fenêtre et s'étaient rendus maîtres de tous les appartements, à la réserve d'une grande salle où les domestiques du roi s'étaient retirés. Cette salle était heureusement près de la porte par où le roi voulait entrer avec sa petite troupe de vingt personnes : il s'était jeté en bas de son cheval le pistolet et l'épée à la main, et sa suite en avait fait autant.

Les janissaires tombent sur lui de tous côtés ; ils étaient animés par la promesse qu'avait faite le bacha de huit ducats d'or à chacun de ceux qui auraient seulement touché son habit, en cas qu'on pût le prendre. Il blessait et il tuait tous ceux qui s'approchaient de sa personne. Un janissaire qu'il avait blessé lui appuya son mousqueton sur le visage ; si le bras du Turc n'avait fait un mouvement, causé par la foule qui allait et qui venait comme des vagues, le roi était mort : la balle glissa sur son nez, lui emporta un bout de l'oreille et alla casser le bras au général Hord, dont la destinée était d'être toujours blessé à côté de son maître.

Le roi enfonça son épée dans l'estomac du janissaire ; en même temps ses domestiques, qui étaient enfermés dans la grande salle, en ouvrent la porte : le roi entre comme un trait, suivi de sa petite troupe ; on referme la porte dans l'instant, et on la barricade avec tout ce qu'on peut trouver. Voilà Charles XII dans cette salle, enfermé avec toute sa suite, qui consistait en près de soixante hommes, officiers, gardes, secrétaires, valets de chambre, domestiques de toute espèce.

Les janissaires et les Tartares pillaient le reste de la maison et remplissaient les appartements. « Allons un peu chasser de chez moi ces barbares, » dit-il ; et se mettant à la tête de son monde, il ouvrit lui-même la porte de la salle qui donnait dans son appartement à coucher ; il entre et fait feu sur ceux qui pillaient.

Les Turcs, chargés de butin, épouvantés de la subite apparition de ce roi qu'ils étaient accoutumés à respecter, jettent leurs armes, sautent par la fenêtre ou se retirent jusque dans les caves : le roi, profitant de leur désordre, et les siens, animés par le succès,

[31]

poursuivent les Turcs de chambre en chambre, tuent ou blessent ceux qui ne fuient point, et en un quart d'heure nettoient la maison d'ennemis.

Le roi aperçut, dans la chaleur du combat, deux janissaires qui se cachaient sous son lit : il en tua un d'un coup d'épée ; l'autre lui demanda pardon en criant *amman*. « Je te donne la vie, dit le roi au Turc, à condition que tu iras faire au bacha un fidèle récit de ce que tu as vu. » Le Turc promit aisément ce qu'on voulut, et on lui permit de sauter par la fenêtre comme les autres.

Les Suédois, étant enfin maîtres de la maison, refermèrent et barricadèrent encore les fenêtres. Ils ne manquaient point d'armes : une chambre basse, pleine de mousquets et de poudre, avait échappé à la recherche tumultueuse des janissaires : on s'en servit à propos : les Suédois tiraient à travers les fenêtres presque à bout portant sur cette multitude de Turcs, dont ils tuèrent deux cents en moins d'un demi-quart d'heure.

Le canon tirait contre la maison ; mais les pierres étant fort molles, il ne faisait que des trous et ne renversait rien. Le khan des Tartares et le bacha, qui voulaient prendre le roi en vie, honteux de perdre du monde et d'occuper une armée entière contre soixante personnes, jugèrent à propos de mettre le feu à la maison pour obliger le roi de se rendre. Ils firent lancer sur le toit, contre les portes et contre les fenêtres, des flèches entortillées de mèches allumées : la maison fut en flammes en un moment. Le toit tout embrasé était prêt à fondre sur les Suédois. Le roi donna tranquillement ses ordres pour éteindre le feu. Trouvant un petit baril plein de liqueur, il prend le baril lui-même, et, aidé de deux Suédois, il le jette à l'endroit où le feu était le plus violent. Il se trouva que ce baril était rempli d'eau-de-vie ; mais la précipitation, inséparable d'un tel embarras, empêcha d'y penser. L'embrasement redoubla avec plus de rage : l'appartement du roi était consumé ; la grande salle où les Suédois se tenaient était remplie d'une fumée affreuse mêlée de tourbillons de feu qui entraient par les portes des appartements voisins ; la moitié du toit était abîmée dans la maison même ; l'autre tombait en dehors en éclatant dans les flammes.

Un garde, nommé Walberg, osa, dans cette extrémité, crier qu'il fallait se rendre. « Voilà un étrange homme, dit le roi, qui s'imagine qu'il n'est pas plus beau d'être brûlé que d'être prisonnier. » Un autre garde, nommé Rosen, s'avisa de dire que la maison de la chancellerie, qui n'était qu'à cinquante pas, avait un toit de pierre et était à l'épreuve du feu ; qu'il fallait faire une sortie, gagner cette maison et s'y défendre. « Voilà un vrai Suédois, » s'écria le roi ; il embrassa ce garde et le créa colonel sur-le-champ. « Allons, mes amis, dit-il, prenez avec vous le plus de poudre et de plomb que vous pourrez, et gagnons la chancellerie, l'épée à la main. »

Les Turcs, qui cependant entouraient cette maison tout embrasée, voyaient avec une admiration mêlée d'épouvante que les Suédois n'en sortaient point ; mais leur étonnement fut encore plus grand lorsqu'ils virent ouvrir les portes, et le roi et les siens fondre sur eux en désespérés. Charles et ses principaux officiers étaient armés d'épées et de pistolets : chacun tira deux coups à la fois à l'instant que la porte s'ouvrit ; et dans le même clin d'œil, jetant leurs pistolets et s'armant de leurs épées, ils firent reculer les Turcs plus de cinquante pas. Mais le moment d'après, cette petite troupe fut entourée. Le roi, qui était en bottes, selon sa coutume, s'embarrassa dans ses éperons et tomba ; vingt et un janissaires se jettent aussitôt sur lui : il jette en l'air son épée pour s'épargner la douleur de la rendre ; les Turcs l'emmènent au quartier du bacha, les uns le tenant sous les jambes, les autres sous les bras, comme on porte un malade que l'on craint d'incommoder.

Au moment que le roi se vit saisi, la violence de son tempérament et la fureur où un combat si long et si terrible avait dû le mettre firent place tout à coup à la douceur et à la tranquillité. Il ne lui échappa pas un mot d'impatience, pas un coup d'œil de colère. Il regardait les janissaires en souriant, et ceux-ci le portaient en criant *Allah* avec une indignation mêlée de respect. Ses officiers furent pris au même temps, et dépouillés par les Turcs et par les Tartares. Ce fut le 12 février de l'an 1713 qu'arriva cet étrange événement.

MORT DE CHARLES XII

Charles XII est alors reconduit hors de la Turquie avec tous les honneurs dont les Orientaux ont coutume de combler leurs hôtes. Rentré dans ses États, il veut recommencer la guerre ; mais battu à Stralsund, il tente une diversion en Norvège et, après une première campagne durant laquelle il pénètre jusqu'à Christiania, il vient mettre le siège devant Friderickshald.

A l'embouchure du fleuve Tistedal, près de la Manche de Danemark, entre les villes de Bahus et d'Anslo, est situé Friderickshald, place forte et importante, qu'on regardait comme la clef du royaume. Charles en forma le siège au mois de décembre. Le soldat, transi de froid, pouvait à peine remuer la terre endurcie sous la glace, c'était ouvrir la tranchée dans une espèce de roc : mais les Suédois ne pouvaient se rebuter en voyant à leur tête un roi qui partageait leurs fatigues. Jamais Charles n'en essuya de plus

[33]

grandes. Sa constitution, éprouvée par dix-huit ans de travaux pénibles, s'était fortifiée au point qu'il dormait en plein champ en Norvège, au cœur de l'hiver, sur de la paille ou sur une planche, enveloppé seulement d'un manteau, sans que sa santé en fût altérée. Plusieurs de ses soldats tombaient morts de froid dans leurs postes; et les autres, presque gelés, voyant leur roi qui souffrait comme eux, n'osaient proférer une plainte. Ce fut quelque temps avant cette expédition qu'ayant entendu parler en Scanie d'une femme, nommée Johns Dotter, qui avait vécu plusieurs mois sans prendre d'autre nourriture que de l'eau, lui qui s'était étudié toute sa vie à supporter les plus extrêmes rigueurs que la nature humaine peut soutenir, voulut essayer encore combien de temps il pourrait supporter la faim sans en être abattu. Il passa cinq jours entiers sans manger ni boire; le sixième matin il courut deux lieues à cheval et descendit chez le prince de Hesse, son beau-frère, où il mangea beaucoup, sans que ni une abstinence de cinq jours l'eût abattu, ni qu'un grand repas à la suite d'un si long jeûne l'incommodât.

Avec ce corps de fer, gouverné par une âme si hardie et si inébranlable, dans quelque état qu'il pût être réduit, il n'avait point de voisin auquel il ne fût redoutable.

Le 11 décembre, jour de saint André, il alla sur les neuf heures du soir visiter la tranchée, et, ne trouvant pas la parallèle assez avancée à son gré, il parut très mécontent. M. Mégret, ingénieur français, qui conduisait le siège, l'assura que la place serait prise dans huit jours : « Nous verrons, » dit le roi ; et il continua de visiter les ouvrages avec l'ingénieur. Il s'arrêta dans un endroit où le boyau faisait un angle avec la parallèle ; il se mit à genoux sur le talus intérieur et, appuyant ses coudes sur le parapet, resta quelque temps à considérer les travailleurs qui continuaient les tranchées à la lueur des étoiles.

Les moindres circonstances deviennent essentielles, quand il s'agit de la mort d'un homme tel que Charles XII : ainsi je dois avertir que toute la conversation que tant d'écrivains ont rapportée entre le roi et l'ingénieur Mégret est absolument fausse. Voici ce que je sais de véritable sur cet événement.

Le roi était exposé presque à demi-corps à une batterie de canon, pointée vis-à-vis l'angle où il était; il n'y avait alors auprès de sa personne que deux Français : l'un était M. Siquier, son aide de camp, homme de tête et d'exécution, qui s'était mis à son service en Turquie, et qui était particulièrement attaché au prince de Hesse; l'autre était cet ingénieur. Le canon tirait sur eux à cartouche; mais le roi, qui se découvrait davantage, était le plus exposé. A quelques pas derrière était le comte Schwerin, qui commandait la tranchée. Le comte Posse, capitaine aux gardes, et un aide de camp, nommé Kaulbar, recevaient des ordres de lui. Siquier et Mégret virent dans ce moment le roi de Suède qui tombait sur le parapet, en poussant un grand soupir; ils s'approchèrent : il était déjà mort. Une balle pesant une demi-livre l'avait atteint à la tempe droite et avait fait un trou dans lequel on pouvait enfoncer trois doigts; sa tête était renversée sur le parapet, l'œil gauche était enfoncé, et le droit entièrement hors de son orbite. L'instant de sa blessure avait été celui de sa mort; cependant il avait eu la force, en expirant d'une manière si subite, de mettre, par un mouvement naturel, la main sur la garde de son épée, et était encore dans cette attitude. A ce spectacle, Mégret, homme singulier et indifférent, ne dit autre chose sinon : « Voilà la pièce finie, allons souper. » Siquier court sur-le-champ avertir le comte Schwerin. Ils résolurent ensemble de dérober la connaissance de cette mort aux soldats jusqu'à ce que le prince de Hesse en pût être informé. On enveloppa le corps d'un manteau gris : Siquier mit sa perruque et son chapeau sur la tête du roi; en cet état on transporta Charles, sous le nom du capitaine Carlberg, au travers des troupes, qui voyaient passer leur roi mort sans se douter que ce fût lui.

Le prince ordonna à l'instant que personne ne sortît du camp et fit garder tous les chemins de la Suède, afin d'avoir le temps de prendre ses mesures pour faire tomber la couronne sur la tête de sa femme, et pour en exclure le duc de Holstein, qui pouvait y prétendre.

Ainsi périt, à l'âge de trente-six ans et demi, Charles XII, roi de Suède, après avoir éprouvé ce que la prospérité a de plus grand et ce que l'adversité a de plus cruel, sans avoir été amolli par l'une ni ébranlé un moment par l'autre. Presque toutes ses actions, jusqu'à celles de sa vie privée et unie, ont été bien loin au delà du vraisemblable. C'est peut-être le seul de tous les hommes, et jusqu'ici le seul de tous les rois, qui ait vécu sans faiblesse; il a porté toutes les vertus des héros à un excès où elles sont aussi dangereuses que les vices opposés. Sa fermeté, devenue opiniâtreté, fit ses malheurs dans l'Ukraine et le retint cinq ans en Turquie; sa libéralité, dégénérant en profusion, a ruiné la Suède; son courage, poussé jusqu'à la témérité, a causé sa mort; sa justice a été quelquefois jusqu'à la cruauté; et dans les dernières années, le maintien de son autorité approchait de la tyrannie. Ses grandes qualités, dont une seule eût pu immortaliser un autre prince, ont fait le malheur de son pays. Il n'attaqua jamais personne; mais il ne fut pas aussi prudent qu'implacable dans ses vengeances. Il a été le premier qui ait eu l'ambition d'être conquérant sans avoir l'envie d'agrandir ses États; il voulait gagner des empires pour les donner. Sa passion pour la gloire, pour la guerre et pour la vengeance, l'empêcha d'être bon politique :

qualité sans laquelle on n'a jamais vu de conquérant. Avant la bataille et après la victoire, il n'avait que de la modestie; après la défaite, que de la fermeté : dur pour les autres comme pour lui-même, comptant pour rien la peine et la vie de ses sujets aussi bien que la sienne; homme unique plutôt que grand homme, admirable plutôt qu'à imiter. Sa vie doit apprendre aux rois combien un gouvernement pacifique et heureux est au-dessus de tant de gloire.

Le Gérant HENRI GROTIER.

NOUVELLE BIBLIOTHÈQUE POPULAIRE A DIX CENTIMES

Envoi franco de un volume pour 15 cent.
Deux volumes pour 25 cent. — Vingt-cinq vol. pour 3 fr.

Écrire à M. Henri Gautier, *éditeur*, 55, *quai des Grands-Augustins, à Paris.*

Volumes en vente (suite) (¹)

LITTÉRATURE ANGLAISE (suite)

ROMANS, CONTES, NOUVELLES, VARIÉTÉS (suite)

- 36. *Washington Irving.* L'Héritage du More.
- 41. *Swift.* Voyage de Gulliver à Brobdignac.
- 51. *Sterne.* Histoire de Lefèvre. — Tobie. — Marie.
- 60. *Bret-Harte.* Récits californiens.
- 79. *Mark Twain.* La Grenouille sauteuse. — Le Vol de l'éléphant blanc.
- 82. *Ch. Dickens.* Pickwick.
- 84. *Thackeray.* Le Livre des Snobs.
- 92. *Hamilton.* Le Chevalier de Grammont.
- 94. *Walter Scott.* Contes d'un grand-père.
- 96. *Nath. Hawthorne.* Contes racontés deux fois.
- 110. *Addison.* Sir Roger de Coverley.
- 119. *Hamilton.* Histoire de Fleur d'Épine.
- 140. *Franklin.* La Science du Bonhomme Richard.
- 151. *Thackeray.* Mémoires de M. de la Peluche-Jaune. — Esquisses parisiennes, etc.
- 164. *Douglas Jarrold.* Sermons du soir de Mme Caudle.
- 167. *Wendel Holmes.* Le Poète et l'Autocrate à table.
- 172. *Mackenzie.* Histoire de Laroche.
- 177. *Edgeworth.* Contes moraux et populaires.
- 182. *Ch. Dickens.* La Petite Dorrit.
- 200. *Edgar Poë.* La Chute de la maison Usher.
- 202. *Ch. Lamb.* Contes de Shakespeare (2ᵉ partie).
- 207. *Marryat.* Japhet à la recherche d'un père.
- 212. *Marck Twain.* Les Français peints par un innocent.
- 217. *Habberton.* Les Bébés d'Hélène. — Les Enfants des autres.
- 221. *George Eliot.* Scènes de la vie cléricale.
- 257. *Washington Irving.* Rip, légende du Dormeur.
- 354. *Ouida.* Fresques.
- 362. *George Eliot.* Le Moulin sur la Floss.
- 378. *Walter Scott.* Les Deux Bouviers. — La Dame en sac.
- 386. *Mme Beecher-Stowe.* La Case de l'oncle Tom.
- 392. *Miss Cummins.* L'Allumeur de Réverbères.
- 412. *Lover.* L'Enterrement de la Dîme.
- 416. *Daniel de Foë.* Robinson Crusoé.
- 434. *Ch. Dickens.* Contes de Noël.
- 448. *Walter Scott.* L'Antiquaire.
- 453. *George Eliot.* Silas Marner.

Théâtre — Poésies

- 10. *Shakespeare.* Hamlet.
- 47. *Lord Byron.* Childe Harold. — Le Prisonnier de Chillon.
- 53. *Longfellow.* Évangéline.
- 58. *Shakespeare.* Macbeth.

- 78. *Alfred Tennyson.* Idylles et Poèmes.
- 101. *Shelley.* La Sensitive.
- 129. *Chaucer.* Contes de Canterbury.
- 154. *Milton.* Le Paradis perdu.
- 156. *Goldsmith.* Le Village abandonné.
- 215. *Poètes anglais contemporains.*
- 232. *Lord Lytton.* Fables chantées.
- 347. *Shakespeare.* Richard III.
- 371. *Chatterton.* La Bataille d'Hastings.
- 397. *Shakespeare.* La Tempête.
- 421. *Marlowe.* Tragique aventure du Dʳ Faust.
- 430. *Shakespeare.* Jules César.

Voyages — Histoire — Biographie

- 73. *Carlyle.* Les Hommes de la Révolution.
- 159. *Lord Macaulay.* Portraits littéraires.
- 230. *Parnell.* l'Irlande.
- 241. *Gladstone* : L'Angleterre et le home-rule.
- 273. *Stanley.* A travers l'Afrique.
- 301. *Lord Beaconsfield (Disraeli).* Masques et Portraits.
- 311. *O'Connell.* Le Martyre d'un peuple.
- 325. *Prescott.* Christophe Colomb et la découverte de l'Amérique.
- 350. *C. Bancroft.* La Naissance des États-Unis.
- 458. *Cook.* Les Iles du Pacifique.
- 467. *Whymper.* La Catastrophe du Cervin.
- 473. *Livingston.* Le Centre de l'Afrique.

Éloquence

- 367. *Les grands orateurs anglais.* Burke et Fo
- 395. *Mgr Ireland.* L'Église et le Siècle.

LITTÉRATURE ITALIENNE

Romans — Contes — Nouvelles — Varié

- 277. *Silvio Pellico.* Mes prisons. — Le Carce Duro, etc.
- 309. *Benvenuto Cellini* : Histoires florentines
- 352. *Jacques de Voragine.* La Légende dorée
- 427. *Manzoni.* La Peste de Milan.

Poésie — Théâtre

- 3. *Dante.* La Divine Comédie.
- 43. *Le Tasse.* La Jérusalem délivrée.
- 130. *Goldoni.* Le Bourru bienfaisant.
- 192. *L'Arioste.* Roland furieux.
- 249. *Alfieri.* Tragédies et Satires.
- 311. *Pétrarque.* Sonnets.
- 348. *Pétrarque.* Africa.

Voyages — Histoire — Philosophie

- 114. *Cantu.* Récits historiques de l'Italie.
- 122. *Marco Polo.* Un Vénitien chez les Chinoi
- 173. *Machiavel.* Œuvres choisies.
- 449. *S. Sᵗ Leon XIII.* L'Église et la Société.

(¹) Voir le numéro 470, 472, 474 et 476.

Pour paraître le 16 novembre 1895

CHANTS ARABES

Aux confins de l'Algérie et de la Tunisie, en ce pays que l'Arabe nomade parcourt depuis des siècles, dans les vieilles cités que décorent les vestiges d'une civilisation en ruine, dans les oasis et sur les plages de sable du désert, les chants que nous publions actuellement ont été recueillis. Ils plairont aux lecteurs de notre *Bibliothèque populaire*, par leur sens, leur beauté propre, la couleur de leurs images poétiques, les sentiments profonds et vrais qu'ils expriment.

ABONNEMENTS
A LA
Nouvelle Bibliothèque populaire

La *Nouvelle Bibliothèque populaire* publie un volume par semaine.

On peut s'abonner aux cinquante-deux volumes d'une année. Les abonnements partent du 1ᵉʳ de chaque mois.

Tous les abonnés, aussi bien ceux de l'étranger et des colonies, que ceux de la France, recevront un volume par semaine.

PRIX DE L'ABONNEMENT D'UN AN

Paris, Départements, Algérie et Belgique . . . 7 francs.
Étranger (sauf la Belgique) et Colonies . . . 8 francs.

PRIME GRATUITE
EXCLUSIVEMENT RÉSERVÉE AUX ABONNÉS NOUVEAUX

Tout abonné nouveau a droit à recevoir, gratis et franco, dix volumes à choisir dans la liste de ceux déjà parus, ou un joli cartonnage pour conserver les volumes.

On s'abonne pour un an en envoyant, en mandat-poste, timbres français, ou autre valeur sur Paris, à M. Henri Gautier, 55, quai des Grands-Augustins, à Paris, 7 francs si l'on habite la France, la Belgique ou l'Algérie; 8 francs si l'on habite l'étranger ou les colonies. La prime est envoyée au reçu de l'abonnement.

ANGERS, IMPRIMERIE A. BURDIN ET Cⁱᵉ, 4, RUE GARNIER